W9-AVP-109

McKAY'S MODERN

ENGLISH-SWEDISH
and
SWEDISH-ENGLISH

DICTIONARY

McKAY'S MODERN

ENGLISH-SWEDISH
and
SWEDISH-ENGLISH

DICTIONARY

By Ruben Nöjd
Astrid Tornberg
and
Margareta Ångström

DAVID McKAY COMPANY, INC.
New York

16 15

ISBN: 0-679-10079-2

All rights reserved.

MANUFACTURED IN THE UNITED STATES OF AMERICA

ENGLISH-SWEDISH

By Ruben Nöjd

ANVISNINGAR FÖR BEGAGNANDET.

Sammansatta och avledda ord.

Sammansättningar som ej erbjuda någon svårighet efter kännedom om de enkla ordens betydelse ha i regel ej medtagits. Likaledes saknas flertalet av sådana avledda ord, vilkas betydelse lätt kan framkonstrueras med ledning av följande överblick över de vanligaste suffixens funktion. (Prefixens betydelser anges på deras alfabetiska plats.)

-able -ible = -bar, -lig, 'som kan' + passiv inf. (*eatable, valuable*)
-ation, -ion, -ition = -ande, -[n]ing, -else, -an (*completion, persecution, competition*)
-ee = person som är föremål för en handling (*employee* anställd)
-er = -are, -ande (*reader, traveller*)
-ess = -erska, -essa, -inna (*actress, baroness, hostess*)
-fy = göra, -fiera (*intensify, electrify*)
-hood = -het, -skap, -dom (*likelihood, priesthood, godhood*)
-ing = -ande, -[n]ing, -else, -eri, -an (*building, dreaming, striving*)
-ish = -isk, -aktig, -[l]ig (*British, boyish, foppish, childish*)
-ity, -ty = -itet, -het (*humanity, novelty*)
-ive = -ande, -ende (*affirmative, coercive*)
-ize = -isera (*socialize*)
-less = -lös, o- + -lig (*joyless, ceaseless* oupphörlig)
-let = liten (*streamlet*)
-ly = 1 (adj.) -lig (*daily*) 2 (adv.) -t, -en, -vis (*happily*)
-ment = -[n]ing, -ande, -else, -an (*arrangement, encouragement*)
-ness = -het (*greatness, kindness*)
-or = -are (*narrator*)
-ship = -skap (*friendship*)
-y = -[l]ig (*bony, happy*)
Adjektiv på *-ic* och *-ical* motsvaras av adverb på *-ically* (*historically*).

Uttalet.

Uttalet anges dels genom ljudskrift efter vederbörande ord — och sådan användes regelbundet i alla svårare eller tveksamma fall — dels genom accentens placering, en bekväm metod att markera den betonade stavelsens vokalvärde (se nedan sid. VI). I många fall har det varit tillräckligt att blott uppta en del av ordet i ljudskrift, och i vissa fall har en förening av båda metoderna varit lämplig. För en mängd enstaviga ord, vilkas uttal lätt låter sig identifieras med hjälp av vissa enkla regler (se nedan sid. V, VI), har ingen som helst beteckning utsatts. Uttalet i likljudande ord, t. ex. **1 ball** .. **2 ball**, betecknas blott efter det första ordet.

Uttalsbeteckning.

1. **V o k a l e r.** Lång vokal betecknas med: efter vokalen (ɑ:, i: etc.).

ɑ: långt slutet *a*, ex. *park* [pɑ:k] (=sv. *a* i 'hat')
æ öppet *ä*, ex. *hat* [hæt] (öppnare än sv. *ä* i 'härja')
e kort *e*, ex. *bed* [bed] (=sv. *e* i 'penna')
ə 'mummelljud', ex. *sister* [si'stə] (ung. =sv. *e* i 'större')
ə: i t. ex. *bird* [bə:d] (ung. =sv. öppet *ö* i 'höra', men utan läpprundning)
i kort *i*, ex. *it* [it] (ung. =sv. *i* i 'ditt')
i: långt *i*, ex. *be* [bi:] (ung. =sv. *i* i 'bit')
o kort slutet *å*, ex. *yourself* [jose'lf] (=sv. *å* i 'gå', men kort)
ɔ kort öppet *å*, ex. *on* [ɔn] (öppnare än sv. *å* i 'fått')
ɔ: långt *å*, ex. *nor* [nɔ:] (öppnare än sv. *å* i 'gård')
u kort (sv.) *o*, ex. *full* [ful] (ung. =sv. *o* i 'bott')
u: långt (sv.) *o*, ex. *do* [du:] (ung. =sv. *o* i 'bov')
ʌ kort ljud mellan *a* och *ö*, ex. *cut* [kʌt]
ai öppet *a*+*i*, ex. *time* [taim] (=sv. *a* i 'hatt'+i)
au öppet *a*+(sv.) *o*, ex. *house* [haus]
ei *e*+*i*, ex. *day* [dei]
ɛə *ä*+ə, ex. *hair* [hɛə] (ung. =sv. *ä* i 'här'+ə)
ou *å*+(sv.) *o*, ex. *boat* [bout]
ɔi ɔ+*i*, ex. *boy* [bɔi]

2. **K o n s o n a n t e r.**

þ det tonlösa tandljudet i *think* [þiŋk] (ung. sv. läspat *s*)
ð det tonande tandljudet i *that* [ðæt]
ŋ *äng*-ljudet i *sing* [siŋ] (=sv. *ng* i 'ung'), även i ord som *finger* [fi'ŋgə] (=sv. *ngg* i 'kringgå')
s tonlöst (sv.) *s*, ex. *see* [si:] (=sv. *s* i 'se')
z tonande *s*, ex. *is* [iz]
ʃ tonlöst *sje*-ljud, ex. *she* [ʃi:], *nation* [neiʃn] (ung. =tunt sv. *sj* i 'sju')
tʃ *t*+*sje*-ljud, ex. *church* [tʃə:tʃ]
ʒ tonande *sje*-ljud, ex. *pleasure* [ple'ʒə]
dʒ *d*+tonande *sje*-ljud, ex. *joy* [dʒɔi]
w *o*-liknande konsonant, ex. *wish* [wiʃ] (ung. =sv. *o* i 'oas')

c uttalas [s] framför len vokal, annars [k]
ch framför konsonant uttalas [k], annars i regel [tʃ]
j uttalas [dʒ]
ph » [f]
qu » [kw]
Ett *r* framför konsonant och i ordslut är stumt. Se även sid. VI 3) o. 4).
Där ej annorlunda anges är *s* tonlöst =[s]. Ändelsen *s* uttalas [z] efter tonande ljud, ex. *plays* [pleiz], *runs* [rʌnz].
sh uttalas [ʃ]
Där ej annorlunda anges uttalas *th* [þ]. Om *y* se sid. VI.

Enstaviga ords uttal.

Till uttalet enstaviga ord — märk särskilt, att hit höra även tvåstaviga ord slutande på stumt e — tillhörande någon av följande fem typer ha i regel ej forsetts med ljudskrift.

1) Vokal före enkel konsonant+*e* uttalas med resp. vokals alfabetiska uttal. Ex. *name* [neim], *theme* [þi:m], *time* [taim], *home* [houm], *tune* [tju:n]. Jfr 3).

2) Vokal före slutkonsonant el. konsonantgrupp uttalas: *a* som [æ], *e* [e], *i* [i], *o* [ɔ], *u* [ʌ]. Ex: *hat* [hæt], *fence* [fens], *thing* [þiŋ], *hot* [hɔt], *luck* [lʌk]. Jfr 4).

3) Vokal före *r*+*e* uttalas som i *care* [kεə], *here* [hiə], *fire* [faiə], *more* [mɔ:(ə)], *pure* [pjuə].

4) Vokal före *r*+slutkonsonant el. konsonantgrupp uttalas som i *card* [kɑ:d], *hers* [hə:z], *fir* [fə:], *nor* [nɔ:], *fur* [fə:].

5) *ai, ay, ey*=[ei]; *ea, ee*=[i:]; *oo*=[u:]; *oi, oy*=[ɔi]; *ou*=[au]; *air*=[εə]; *eer*=[iə]; *oor*=[uə]; *our*=[auə].

Märk. Vokaliskt *y* behandlas som *i*. Konsonantiskt *y*=[j].

Accenten (′) som ljudbeteckning.

Accenten utmärker dels tonviktens läge, dels den betonade vokalens uttal. Genom accentens placering omedelbart efter tonvokalen (**rela′te**) betecknas vokalens alfabetiska uttal [rilei′t]. (Se ovan sid. V.) Accentens placering efter en konsonant[grupp] anger, att vokalen har motsvarande korta uttal (**relax′**=[rilæ′ks]). (Se ovan.) Vi få alltså följande typer:

a′n=[ei′n[	**an′**=[æ′n]
e′n=[i:′n]	**en′**=[e′n]
i′n =[ai′n]	**in′** =[i′n]
o′n=[ou′n]	**on′**=[ɔ′n]
u′n=[ju:′n]	**un′**=[ʌ′n]

I överensstämmelse med 5) betecknar **ai′** [ei′], **ea′** [i:′], **ee′r** [i′ə] etc.

Förbindelsen **a′r** uttalas [ε′ə], **e′r** [i′ə], **i′r** [ai′ə], **o′r** [ɔ:(ə)], **u′r** [ju′ə] (jfr 3)).

Förbindelsen vokal+*r*+konsonant uttalas enligt 4). Alltså är **ar′n**=[ɑ:′n], **er′n**= [ə:′n], **ir′n**=[ə:′n], **or′n**=[ɔ:′n], **ur′n**=[ə:′n].

Fullt regelbundet betecknar däremot **arr′** [æ′r], **err′** [e′r], **irr′** [i′r], **orr′** [ɔ′r], **urr′** [ʌ′r]. Till många av hithörande ord har för tydlighets skull ljudskrift utsatts.

Märk. Ord slutande på *-tion* ha i regel ingen accentbeteckning. Tonvikten ligger där på stavelsen närmast före *-tion*. Alltså uttalas *-ation* [ei′ʃn], *-ition* [i′ʃn], *-otion* [ou′ʃn], *-ution* [ju:′ʃn] och t. ex. *abstraction* [æbstræ′kʃn].

Alla ord sammanförda under ett och samma uppslagsord ha, om ej annat anges, samma accent som detta. Alltså **refi′ne . . -ment** (=**refi′nement**).

I ljudskriften placeras accenten alltid efter den betonade vokalen.

Ovan angivna regler gälla även för de fall, där tecknet ˋ (biaccent) användes.

Obetonade vokaler.

De obetonade vokalernas uttal ha endast i särskilda fall angivits. Några mönsterexempel må här anföras: *particular* [pəti′kjulə], *monastery* [mɔ′nəstəri], *perambulate* [pəræ′mbjuleit], *respectability* [rispektəbi′liti], *civilize* [si′vilaiz], *fertile* [fə:′tail], *rigorous* [ri′gərəs], *saturnine* [sæ′tənain].

I stavelser med biaccent såsom *revolution* [revəl(j)u:′ʃn], *compensation* [kɔmpensei′ʃn] har vokalen vanligen samma uttal som i betonad ställning. I dylika fall har i regel ljudskrift införts. — Här anges uttalet för de vanligaste obetonade prefixen och suffixen. (Avvikelser upptagas i ordboken.)

Prefix (obetonade).

a- [ə], *ab-* [əb], *ad-* [əd]	*ex-* [iks]	*pro-* [prə, pro(u)]
be- [bi]	*for-* [fə]	*re-* [ri]
com- [kəm], *con-* [kən]	*per-* [pə(r)]	*sub-* [səb]
de- [di]	*pre-* [pri]	*un-* [ʌn]

Suffix.

-*able* [əbl]
-*acle* [əkl]
-*acy* [əsi]
-*age* [idʒ]
-*al* [(ə)l]
-*an*|*ce*, -*t* [əns, ənt]
-*ary* [əri]
-*ate* [vb eit, adj. it]
-*dom* [dəm]
-*ed* [efter ton. ljud d, efter tonlöst ljud t, efter *d* o. *t* id]
-*en*|*ce*, -*t*, -*cy* [ən|s, -t, -si]
-*er* [ə], -*ery* [əri]
-*ess* [is]
-*et* [it]
-*ey* [i]

-*ful* [f(ə)l]
-*fy* [fai] o. -*fier* [faiə]
-*hood* [hud]
-*ible* [ibl]
-*ide* [aid]
-*ier* [iə]
-*ile* [ail]
-*ine* [ain]
-*ism* [izm]
-*ite* [ait]
-*ity* [iti]
-*ive* [iv]
-*ize* [aiz]
-*less* [lis]
-*let* [lit]
-*ly* [li]
-*ment* [mənt]

-*most* [moust]
-*ness* [nis]
-*on* [(ə)n]
-*or* [ə], -*ory* [əri]
-*ot* [ət]
-*our* [ə]
-*ous* [əs]
-*re* [ə]
-*some* [səm]
-*tion* [ʃn] (-*ation* etc., se sid. VI Märk.)
-*tude* [tju:d]
-*ual* [juəl]
-*us* [əs]
-*ward* [wəd]
-*y* [i]

Tecknens betydelse.

~ betecknar hela uppslagsordet. I sammansättningar användes ~ endast framför - (dvs. där ordet i engelskan skrives med -). Alltså short . . ~-sighted (=short-sighted). Annars ersättes uppslagsordet blott med -, t. ex. short . -en (=shorten).

|| och | skilja avskurna delar av uppslagsord: sea||-plane --power (=sea-power).

[ ] betecknar alternativt tillägg, t. ex. *by return* [*of post*] i stället för *by return of post* el. *by return*. [ ] användes ibland även för att ange olika ordklasser, t. ex. fife *s tr itr* [blåsa på] flöjt.

[ ] sättes omkring en konstruktion, ett exempel eller en upplysning.

( ) betecknar likvärdigt ord, t. ex. under odds: *lay* (*give*) ~ (=*lay odds* eller *give odds*).

′ = huvudton (jfr sid. VI).
‵ = biton.
⚔ = militärterm
⚓ = sjöterm

F = familjärt
P = vulgärt, lägre språk
S = slang
✱ = sällsynt

Förkortningar.

a adjektiv
abstr. abstrakt
adj adjektiv[isk]
adv adverb
Am. Amerika[nsk]
a p. = *a person* någon
art. artikel
a th. = *a thing* något
attr. attribut[ivt]
best. bestämd
bet. betydelse
bildl. bildlig[t]
biol. biologi
boktr. boktryckarkonst
bot. botanik
byggn. byggnadskonst
demonstr. demonstrativ
determ. determinativ

d. o. detta ord
el. eller
etc., &c m. m., o. d.
farm. farmakologi
ex. exempel
fem. femininum
flygv. flygväsen
fotb. fotboll
fr. fransk
f. ö. för övrigt
föreg. föregående
fören. förenad
gen. genitiv
geol. geologi
gram. grammatik
hand. handel
her. heraldisk term
hist. historia

imp. imperfekt
imper. imperativ
indef. indefinit
inf. infinitiv
interj interjektion
interr. interrogativ
isht i synnerhet
itj interjektion
itr intransitiv[t verb]
jakt. jaktterm
jfr jämför
jur. juridik
kok[k]. kokkonst
koll. kollektiv
komp. komparativ
konj konjunktion
konkr. konkret
kort. kortspel

litt. litterär stil
läk. läkarterm
mask. maskulinum
mek. mekanisk term
min. mineralogi
mod. modern
mus. musik
nek. nekande
neutr. neutrum
ngn[s] någon[s]
ngt något
npr nomen proprium, egennamn
o. och
obest. obestämd
o. d. och dylikt
opers. opersonligt verb

o. s. = *oneself*
o.'s = *one's*
p (p.) particip
pass. passiv form
p[ers]. person
pl. plural
poss. possessiv
pp. perfekt particip
prep preposition
pres. presens
pron pronomen
rfl reflexiv
reg. regelbunden
rel. relativ
räkn räkneord
s substantiv
s[in]g. singular[is]

självst. självständig
spel. spelterm
sport. sportterm
subst. substantiv
superl. superlativ
sv. svenska
teat. teater
tekn. teknisk term
t. ex. till exempel
tr transitiv[t] verb
ung. ungefär
univ. universitet
utt. uttal
vb verb
zool. zoologi
åld. ålderdomligt
äv. även

A

A, a [ei] *s* a
A 1 [eiwʌ'n] *a* förstklassig, utmärkt
a (an) [ei, vanl. ə; æn, vanl. ən] **I** *obest art pron* en, ett; *of a size* av samma storlek **II** *prep* på, i, till
a- [ə] *pref* på, i, till
aback' *adv* bakåt; back; ⚓ *be taken* ~ baxna
abaft [bɑ:'] *adv prep* ⚓ akter|ut, -om
aban'don *tr* **1** överlämna **2** uppge; överge, svika **-ed** *a* otyglad, utsvävande **-ment** *s* **1** över-, upp|givande **2** övergivenhet **3** hängivelse **4** otvungenhet; frigjordhet
abase [əbei's] *tr* sänka, förödmjuka **-ment** *s* för|nedring, -ödmjukelse
abash' *tr* förvirra, genera **-ment** *s* blygsel, förlägenhet
aba'te I *tr* **1** minska, dämpa, lindra; försvaga **2** slå av **3** avskaffa **4** upphäva **II** *itr* avtaga, minskas **-ment** *s* minskning; avdrag, rabatt
abb'||acy *s* abbots|värdighet, -döme **-ess** *s* abbedissa **-ey** [i] *s* kloster[kyrka]
abb'ot *s* abbot **-cy -ship** *s* abbots|-döme, -stift, -värdighet
abbre'viate *tr* förkorta
ABC [ei'bi:'si:'] *s* **1** abc, alfabet **2** [slags] kafé och matservering, byffé
ab'dicat||e *tr itr* avsäga sig; abdikera **-ion** *s* avsägelse, abdikation
abdo'men *s* abdomen, buk, bakkropp
abduct' *tr* bortföra, enlevera **-ion** *s* bortförande **-or** *s* kvinnorövare
abeam [əbi:'m] *adv* ⚓ ~ *of* tvärs för
abecedarian [eibisidɛ'ər] *s* nybörjare
abed' *adv* **1** till sängs **2** sängliggande
aberr'a||nt *a* **1** villfarande **2** abnorm **-tion** *s* **1** villfarelse; avvikelse **2** abnormitet; *mental* ~ sinnesrubbning
abet' *tr* uppvigla; uppmuntra
abey'ance *s*, *be in* ~ vila, ligga nere
abhor' *tr* avsky, hata **-r'ence** *s* avsky, fasa **-r'ent** *a* **1** motbjudande, förhatlig **2** oförenlig, stridande
abi'd||e I *itr* **1** stanna **2** förbli, fortfara, **3** ~ *by* stå fast vid **4** vistas **II** *tr* **1** vänta **2** möta; tåla **-ing** *a* bestående
abil'ity *s* förmåga, duglighet
ab'ject *a* **1** avsigkommen, usel **2** feg, föraktlig **-ion** *s* förnedring, elände
abjur||ation *s* avsvärjelse **-e** [æbdʒu'ə] *tr* avsvärja, förneka
abla'ze *adv a* i brand; i eld och lågor
able [ei'] *a* **1** duglig, skicklig; kompetent; *be* ~ *to* kunna **2** vederhäftig ~**-bodied** *a* stark, arbetsför
ablution [æblu:'ʃn] *s* tvättning
ab'nega||te *tr* avsäga sig, förneka; **avstå -tion** *s* avsägelse; försakelse
abnor'm||al *a* oregelbunden **-ity** *s* oregelbundenhet, miss|bildning, -foster
aboard [əbɔ:'d] *adv prep* **1** ombord [på] **2** längs efter, nära
abo'de *s* boning, bostad, hem; vistelse
abol'ish *tr* avskaffa, utplåna
abolition *s* avskaffande **-ist** *s* förkämpe för negerslaveriets upphävande
abom'in||able *a* avskyvärd **-ate** *tr* avsky **-ation** *s* avsky; styggelse
aborig'in||al [dʒ] *a* ursprunglig **-es** [i'dʒini:z] *spl* urinvånare
abor't *itr* **1** få missfall **2** förkrympa **-ion** *s* **1** missfall; fosterfördrivning **2** förkrympning, felslående **-ive** *a* **1** förkrympt; steril **2** misslyckad
abou'nd *itr* **1** finnas i överflöd **2** ~ *in* ha i överflöd; ~ *with* vimla av
abou't I *prep* **1** [runt] omkring; omkring i el. på; i närheten av; på, hos, med, över; *all* ~ överallt i el. på; *a man* ~ *town* en som lever med; *look* ~ *you!* se er för! se upp! **2** om, angående, i, i fråga om, för . . skull **3** *be* ~ *to* stå i begrepp att **II** *adv* **1** [runt] omkring; här och där, hit och dit; *all* ~ runt omkring; *right* ~ [*turn*]! höger om! *go* ~ gå över stag **2** ute, i rörelse; *be* ~ finnas **3** ungefär
above [ʌ'v] **I** *prep* över; ovan[för]; ~ *all* framför allt; *it is* ~ *me* det övergår mitt förstånd (min förmåga) **II** *adv* ovan[för]; där (här) ovan; *over and* ~ därtill, på köpet **III** *a s* ovanstående ~**-mentioned** *a* ovannämnd
abra'||de *tr* avskava **-sion** [ʒn] *s* avskavning; skavsår
abreast [e'] *adv* i bredd, sida vid sida
abridg||e [əbri'dʒ] *tr* förkorta; sammandraga; inskränka **-[e]ment** *s* **1** förkortning **2** sammandrag
abroad [ɔ:'] *adv* **1** vitt omkring **2** i omlopp, å färde **3** ut, ute, utomhus, bortrest **4** utrikes, utomlands; bort[a]
ab'rogate *tr* avskaffa, upphäva
abrupt' *a* **1** tvär, hastig, plötslig **2** ryckig **3** brant **-ion** *s* lösryckande **-ness** *s* **1** plötslighet **2** kärvhet **3** branthet
abscess [æ'bsis] *s* bulnad, abscess
abscon'd *itr* avvika, försvinna, hålla sig undan
ab'sence *s* frånvaro; brist· *leave of* ~ permission; ~ *of mind* tankspriddhet

absent I [æ'] *a* 1 frånvarande; ~ *with leave* permitterad 2 obefintlig 3 tankspridd **II** [-'] *r/l* avlägsna sig, hålla sig borta **-ee'** *s a* frånvarande ~**-minded** *a* tankspridd, förströdd
ab'sol|ute *a* 1 absolut; full|komlig, -ständig 2 ren, oblandad 3 oinskränkt **-uteness** *s* 1 oinskränkt makt 2 ovillkorlighet **-u'tion** *s* 1 befriande 2 [synda]förlåtelse **-utism** *s* envälde **-utist** *s* anhängare av envälde
absol've *tr* frikänna; lösa, fritaga
absor'b *tr* absorbera, upptaga; införliva **-ed** *a* fördjupad **-ing** *a* fängslande
absor'ption *s* 1 absorbering; insugning 2 försjunkenhet, upptagenhet
abstai'n *itr* avstå, avhålla sig **-er** *s* absolutist; *total* ~ helnykterist
abste'mious *a* återhållsam, måttlig
absten'tion *s* avhållelse [från röstning]
abster'|gent [dʒ] **I** *a* ren[gör]ande **II** *s* reningsmedel **-sion** *s* ren[gör]ing
ab'stinen|ce *s* avhållelse, återhållsamhet, nykterhet; fastande **-t** *a* av-, åter|hållsam, måttlig, nykter
ab'stract I *a* 1 abstrakt, teoretisk 2 djupsinnig **II** *s* sammandrag **III** [-'] *tr* 1 abstrahera; skilja; stjäla 2 sammandraga **-ed** [-'-] *a* tankspridd **-ion** *s* 1 avsöndring; undansnillande 2 tomt begrepp 3 tankspriddhet
abstruse [u:'s] *a* svårfattlig, dunkel
absurd [ə:'] *a* orimlig, befängd; dum, löjlig **-ity -ness** *s* orimlighet
abun'dan|ce *s* överflöd; mängd; rikedom **-t** *a* ymnig, riklig; rik
abu's|e I [s] *s* 1 missbruk; ogentlighet 2 ovett, skymford **II** [z] *tr* 1 missbruka 2 okväda, skymfa **-ive** [s] *a* 1 oegentlig 2 ovettig, smädlig
abut' *itr* 1 gränsa, stöta 2 stödja sig **-ment** *s* 1 sidostöd 2 stödjepunkt
abysmal [i'z] *a* avgrunds-; bottenlös
abyss [əbi's] *s* avgrund; svalg
A. C. [ei'si:'] f. Kr. **a/c** = *account*
academ|ic I *a* akademisk; teoretisk **II** *s* akademiker **-al** *a* akademisk **-ian** [i'ʃn] *s* akademimedlem
acad'emy *s* 1 akademi, högre undervisningsanstalt 2 rid-, konst|skola
accede [əksi:'d] *itr*, ~ *to* tillträda; [an|sluta sig till
accel'era|te I *tr* påskynda **II** *itr* bli snabbare, påskyndas **-ion** *s* 1 påskyndande 2 tilltagande hastighet
accent I [æ'ksnt] *s* 1 tonvikt 2 tonfall; brytning **II** [əkse'nt] *tr* betona **-uate** [se'n] *tr* betona **-uation** *s* betoning
accept' *tr* 1 an-, mot|taga 2 godtaga, erkänna **-able** *a* antaglig; välkommen **-ance** *s* 1 antagande 2 godtagande 3 ~ *of persons* anseende till person 4 växelacceptering; accept **-ation** *s* vedertagen betydelse **-or** *s* acceptant
access [æ'kses, -'] *s* 1 tillträde; ingång, väg 2 anfall, utbrott **-ary** *s* 1 [med]hjälpare, deltagare 2 tillbehör **-ible** [-'-] *a* tillgänglig, åtkomlig **-ion** [e'ʃn] *s* 1 tillträde 2 anslutning 3 tillägg **-ory I** *a* 1 åtföljande, bi- 2 medbrottslig **II** *s* tillbehör, bisak
accidence [æ'ks] *s* formlära
accident [æ'ks] *s* 1 tillfällighet, slump; 2 olycksfall, olycka 3 oväsentlig egenskap **-al** [e'ntl] **I** *a* 1 tillfällig, oavsiktlig 2 oväsentlig, bi- **II** *s* bisak
acclai'm I *tr* tilljubla bifall **II** *s* bifall
acclamation *s*, ~*s* bifallsrop
accli'matize *tr* acklimatisera
accliv'ity *s* stigning, backe
accom'mod|ate *tr* 1 lämpa, anpassa, rätta 2 försona 3 utrusta, förse 4 hysa **-ating** *a* tillmötesgående **-ation** *s* 1 anpassning, avpassande 2 tillmötesgående 3 sammanjämkning 4 bekvämlighet 5 utrymme; husrum 6 lån **-ation-ladder** *s* fallrepstrappa
accompan|iment [ʌ'm] *s* 1 tillbehör 2 ackompanjemang **-y** *tr* 1 [be]ledsaga; [åt]följa, följa med 2 ackompanjera **-[y]ist** *s* ackompanja|tör, -tris
accom'plice [is] *s* medbrottsling
accom'plish *tr* 1 utföra, verkställa; uppfylla 2 fullborda; sluta 3 ut|rusta, -bilda **-ed** *a* fulländad; fint bildad **-ment** *s* 1 utförande; fullbordande 2 prestation 3 fulländning, utbildning; ~*s* talanger; bildning
accor'd I *tr* bevilja **II** *itr* stämma överens **III** *s* 1 överensstämmelse 2 förlikning 3 *of o.'s own* ~ självmant **-ance** *s* överensstämmelse **-ing** *adv* 1 ~ *as* i mån som 2 ~ *to* enligt, efter **-ingly** *adv* 1 därefter 2 följaktligen
accor'dion *s* handklaver
accost' I *tr* tilltala **II** *s* tilltal
accouch|ement [əku:'ʃmɑ̃:] *s* förlossning **-euse** [ʃə:'z] *s* barnmorska
accou'nt I *tr* betrakta, anse **II** *itr*, ~ *for* 1 redovisa [för]; svara för 2 göra sig reda för, förklara, begripa **III** *s* 1 beräkning 2 räkning, konto; ~*s* räkenskaper; *on* ~ i avräkning; *on no* ~ på inga villkor; *on* ~ *of* på grund av 3 fördel, vinst; *turn to* ~ dra nytta av 4 redovisning, redo-, upp|görelse 5 uppskattning, vikt 6 berättelse, rapport **-able** *a* 1 ansvarig 2 förklarlig **-ant** *s* bokförare [och revisor]
accoutre [əku:'tə] *tr* utrusta, utstyra **-ment** *s*, ~*s* utrustning, utstyrsel
accred'it *tr* 1 ge tilltro åt 2 tillskriva
accre'tion *s* 1 tillväxt 2 hopväxning
accrue [u:'] *itr* 1 ~ *to* tillfalla 2 uppstå
accu'mula|te I *tr* hopa **II** *itr* hopa sig, ökas **-ion** *s* 1 hopande 2 hop, samling **-ive** *a* ständigt växande; hopad
accur|acy [æ'kju] *s* noggrannhet, omsorg, riktighet **-ate** [it] *a* 1 noggrann, punktlig 2 riktig, exakt

accur'sǁed **-t** *a* förbannad; avskyvärd
accusaǁtion [z] *s* anklagelse **-tory** [əkju:'] *a* anklagande; anklagelse-
accuse [əkju:'z] *tr* anklaga [*of* för]; klandra **-r** *s* anklagare
accus'tom *tr* vänja **-ed** *a* van; vanlig
ace [eis] *s* **1** äss, etta **2** jota, grand
acerbity [sə:'] *s* **1** surhet, bitterhet, syra **2** skärpa, fränhet
acetǁic [əsi:'tik] *a* ättik[s]- **-ous** [æ'sitəs] *a* ättiksur, ättiks-
1 ache [eik] **I** *itr* värka **II** *s* värk
2 ache [eitʃ] *s* [bokstaven] h
achievǁable [ətʃi:'vəbl] *a* utförbar, görlig, uppnåelig **-e** *tr* **1** utföra, uträtta **2** förvärva; nå **-ement** *s* **1** utförande **2** värv; gärning; verk; bragd
ac'id **I** *a* sur; bitter, syrlig **II** *s* syra **-ity** [əsi'd] **-ness** *s* syra, surhet
acknowledge [əknɔ'lidʒ] *tr* erkänna **-ment** *s* erkännande; kvitto
acme [æ'kmi] *s* höjd[punkt]
acock [əkɔ'k] *adv* [om hatt] på sned
acorn [ei'kɔ:n] *s* ekollon
acoustic **-al** [əkau'st] *a* ljud-, hör- **-s** *s* läran om ljudet, akustik
acquaint [wei'] *tr* **1** göra bekant med **2** underrätta, meddela **-ance** *s* **1** bekantskap, kännedom **2** umgänges|krets, -vän **-ed** *a* bekant, förtrogen
acquiesce [ækwie's] *itr* finna sig, låta sig nöja **-nce** *s* eftergivenhet, samtycke **-nt** *a* eftergiven, medgörlig
acquirǁe [əkwai'ə] *tr* förvärva, skaffa, få, vinna, uppnå **-ement** *s* **1** förvärvande **2** färdighet, kunskap
acquisitǁion [zi'ʃn] *s* **1** förvärvande, vinnande **2** förvärv, 'kap' **3** talang **-ive** [wi'z] *a* förvärvslysten
acquit' *tr* **1** betala **2** fri|taga, -känna **3** ~ *o. s.* sköta sig; ~ *o. s. of* full-göra **-tal** *s* frikännande **-tance** *s* **1** betalning **2** befrielse **3** [slut]kvitto
acre [ei'kə] *s* **1** 40.5 ar **2** åker, fält
ac'riǁd **-mo'nious** *a* bitter, skarp; frän
across' **I** *adv* **1** i kors **2** på tvären; [tvärs]över **3** på andra sidan **II** *prep* [tvärs] över, på, genom
act **I** *s* **1** handling, gärning, verk, åtgärd; *the A~s* Apostlagärningarna; ~ *of God* naturhinder **2** parlamentsbeslut, lag, ~ *of grace* amnesti **3** akt, urkund **4** [teat.] akt **II** *itr* **1** handla; ingripa; bete sig **2** fungera, tjänstgöra **3** [in]verka **4** spela **III** *tr* **1** utföra, göra **2** uppföra, spela **-ing** **I** *a* **1** verkställande **2** tjänstgörande, tillförordnad **II** *s* **1** handl|ande, -ing **2** spel[sätt] **-ion** *s* **1** handling; verksamhet; ingripande **2** verkan **3** handling; åtgärd[er] **4** rörelser; gång **5** rättegång, process **6** strid, aktion **-ive** *a* **1** aktiv, verk|ande, -sam **2** flitig; livlig; rörlig **-iv'ity** *s* **1** verksamhet, kraftutveckling **2** energi, iver
act'ǁor **-ress** *s* skådespel|are, -erska
act'uǁal *a* **1** faktisk, verklig, själv[a]; effektiv; aktiv; ~ *sin* verksynd **2** pågående, aktuell **-ate** *tr* [på]driva
acumen [əkju:'] *s* skarpsinn|ighet, -e
acu'te *a* **1** spetsig, skarp, fin **2** akut
A. D. [ei'di:'] anno domini, år
adage [æ'didʒ] *s* ordspråk, tänkespråk
ad'amant *s* diamanthård sten
adapt' *tr* **1** lämpa, avpassa; använda **2** bearbeta **-able** *a* anpassbar; användbar, lämplig **-ation** *s* **1** anpassning **2** jämkning; bearbetning
add **I** *tr* **1** lägga till; förena **2** addera; *~ed to* plus **II** *itr* **1** addera **2** ~ *to* öka
add'er *s* huggorm
addict' *tr*, ~ *o. s. to* ägna sig åt; *be ~ed to* vara begiven på
addition *s* **1** tillägg; till|sats, -skott **2** addition **-al** *a* ytterligare; extra
address' **I** *tr* **1** rikta, ställa **2** adressera **3** tilltala; titulera; ~ [*o. s. to*] vända sig till **III** *s* **1** skicklighet **2** adress; utanskrift **3** tal, föredrag **4** *~es* uppvaktning, frieri **-ee'** *s* adressat
addu'ce *tr* anföra, andraga, åberopa
adept' **I** *a* invigd **II** *s* mästare
ad'equǁacy *s* motsvarighet, lämplighet, tillräcklighet **-ate** *a* avpassad, passande, tillräcklig; *be* ~ *to* vara vuxen
adhe'ǁre *itr* **1** sitta fast; ~ *to* vidlåda **2** hålla (stå) fast **3** ansluta sig **-rence** *s* **1** vidhängande **2** fasthållande, tillgivenhet **3** anslutning **-rent** **I** *a* fastsittande, förbunden **II** *s* anhängare **-sion** [ʒn] = *-rence* **-sive** [s] *a* klibb|ig, -ande; gummerad
adieu [ədju:'] *interj s* farväl, avsked
ad'it *s* tillträde; ingång, stoll[gång]
adja'cenǁcy *s* grannskap **-t** *a* närliggande; grann-
adjoi'n *tr* stöta (gränsa) intill
adjourn [dʒə:'n] **I** *tr* framflytta, uppskjuta **II** *itr* åtskiljas; förflytta sig **-ment** *s* ajournering; åtskiljande
adjudge [ədʒʌ'dʒ] *tr* **1** till|döma, -erkänna **2** [av]döma **-ment** *s* **1** tillerkännande **2** ådömande **3** dom
adju'dicǁate **I** *tr* *itr* [av]döma **-ation** *s* **1** tilldömande **2** dom
ad'junct *s* **1** till|sats, -behör, -lägg, bihang **2** medhjälpare
adjurǁation *s* besvärjelse; enträgen maning **-e** [ədʒu'ə] *tr* besvärja
adjust' *tr* **1** ordna, rätta; reglera **2** avpassa, lämpa **3** bilägga **-able** *a* ställ-, flytt|bar, rörlig **-er** *s* justerare; *average* ~ dispaschör **-ment** *s* **1** ordnande; justering **2** avpassning **3** uppgörelse
admin'istǁer **I** *tr* **1** sköta **2** skipa **3** förrätta **4** giva, räcka, utdela **5** ~ *an oath* förestava en ed **II** *itr*, ~ *to* sörja för **-ration** *s* **1** skötsel, styrelse; [isht Am.] regering **2** skipande **3** till-, ut|delning **4** förestavande [av ed] **-rator**

s 1 direktör, föreståndare 2 förrättare; utdelare 3 utredningsman
ad'mirable *a* beundransvärd, utmärkt
ad'miral *s* amiral **-ty** *s* 1 amiralskap 2 sjöförsvarsdepartement, amiralitet; *First Lord of the A~* sjöminister
admir||ation *s* beundran **-e** [ai'ə] *tr* beundra; prisa **-er** [ai'] *s* beundrare
admiss'||ible *a* tillåt|lig, -en, antaglig **-ion** *s* 1 mot-, upp-, in|tagande, in-, till|träde 2 medgivande, erkännande
admit' I *tr* 1 släppa in, mottaga; an-, upp-, in|taga; släppa på' 2 rymma, ha plats för 3 erkänna II *itr*, ~ *of* tillåta, medgiva **-tance** *s* in-, till|träde **-tedly** *adv* obestridligen
admix'ture *s* blandning; tillsats
admon'||ish *tr* förmana; varna; påminna **-ition** *s* förmaning; varning
ado [ədu:'] *s* 1 möda 2 väsen, bråk
adolescen||ce [e's] **-cy** *s* uppväxttid, ungdom **-t** I *a* ung[domlig] II *s* yngling
adopt' *tr* 1 adoptera 2 an-, upp|taga **-ion** *s* 1 adoptering 2 upp-, an|tagande, val **-ive** *a* adoptiv-, val-
ador||able [ɔ:'] *a* tillbedjansvärd; förtjusande **-ation** *s* tillbedjan[de], dyrkan **-e** *tr* tillbedja, dyrka; avguda
ador'n *tr* pryda, smycka **-ment** *s* 1 försköning 2 dekoration
adrift' *adv a* i drift, vind för våg; bort
adroi't *a* skicklig; fintlig, behändig
ad'ul||ate [ju] *tr* smickra **-ation** *s* smicker
adult' *a s* fullvuxen [person], manbar
adult'er||ant *s* förfalskningsmedel **-ate** I [it] *a* förfalskad II *tr* förfalska; fördärva, besmitta **-ation** *s* förfalskning **-er** **-ess** *s* äktenskapsbryt|are, -erska **-y** *s* äktenskapsbrott
advance [ɑ:'ns] I *tr* 1 föra fram[åt] 2 befordra; [upp]höja 3 påskynda 4 upp-, fram|ställa, påstå 5 förskottera II *itr* 1 gå framåt, rycka fram; närma sig 2 göra framsteg, tilltaga III *s* 1 framåtgående 2 framsteg, befordran 3 närmande; erbjudande 4 förskott; lån 5 höjning 6 ~[*d*] *guard* förtrupp; *in* ~ före, framför, förut; på förhand; *in* ~ *of* framför, före **-d** *a* försigkommen; framskriden; extrem **-ment** *s* 1 befordran 2 [be]främjande 3 framåtskridande
advantage [ɑ:'n] *s* 1 företräde; övertag 2 för|mån, -del, nytta; *take* ~ *of* utnyttja, överlista; *take at* ~ överrumpla **-ous** [ei'dʒəs] *a* fördelaktig
ad'vent *s* 1 advent 2 an-, till|komst **-itious** [i'ʃ] *a* tillfällig, oegentlig
adven'tur||e [tʃə] *s* 1 äventyr; vågstycke 2 upplevelse 3 affärsföretag, risk **-er** *s* 1 äventyrare 2 spekulant 3 lycksökare **-ous** *a* äventyr|slysten, -lig
ad'vers||ary *s* motståndare; fiende **-e** *a* 1 fientlig 2 ogynnsam, olycklig 3 motsatt **-ity** [ə:'s] *s* motgång, olycka
adver't *itr*, ~ *to* antyda, beröra
ad'vertis||e [z] I *tr* 1 underrätta 2 tillkännage II *itr* annonsera **-ement** [və:'tiz] *s* annons; reklam **-er** *s* 1 annonsör 2 annonsblad **-ing** *s* annonsering
advi'ce *s* 1 råd 2 meddelande, avi
advis||abil'ity [aiz] *s* rådlighet **-able** [ai'] *a* rådlig; välbetänkt **-e** [--'] I *tr* 1 [till]råda 2 meddela; avisera II *itr* rådgöra **-ed** *a* klok, välbetänkt **-ory** [--'--] *a* rådgivande
ad'voc||acy *s* 1 advokatsyssla 2 försvar **-ate** I [it] *s* 1 advokat, sakförare 2 förkämpe II *tr* försvara
aerated [ɛ'əreitid] *a* kolsyrad
aerial [eii'ər, ɛ'ər] I *a* 1 luft-, av luft; gas- 2 luftig, eterisk 3 flyg-; ~ *service* lufttrafik; flyglinje II *s* antenn
aero||- [ɛ'əro] luft-; flyg- **-drome** *s* flyg-, landnings|plats **-field** [fi:ld] *s* flygfält **-gram** radiogram **-gun** *s* luftvärnspjäs **-lite** *s* meteorsten **-naut** *s* luftseglare **-nau'tics** *s* luftsegling, flygning **-plane** *s* flygmaskin
aesthet'ic[al] [i:sþ] *a* estetisk
afar [əfɑ:'] *adv* fjärran
aff'able *a* tillgänglig, förekommande
affair [əfɛ'ə] *s* 1 göromål 2 affär, åliggande, angelägenhet, sak
1 **affect'** *tr* 1 [läk.] drabba; angripa 2 göra intryck på, röra 3 påverka
2 **affect'** *tr* 1 ha förkärlek för 2 antaga 3 spela; föregiva 4 låtsa **-ation** *s* 1 förkärlek 2 briljerande, tillgjordhet **-ed** *a* 1 stämd, sinnad 2 tillgjord; låtsad
affect'ion *s* 1 påverkan 2 sinnesrörelse, känsla 3 tillgivenhet 4 sjuklighet **-ate** [it] *a* tillgiven, kärleksfull, öm
affi'anced *a* trolovad
affil'iate *tr* upptaga; ansluta; förena; ~*d company* dotterbolag
affi'n||ed *a* befryndad, besläktad **-ity** [əfi'n] *s* 1 släkt[skap] 2 släktdrag
affirm [əfə:'m] *tr itr* 1 försäkra, påstå; intyga 2 fastställa 3 [be]jaka **-ation** *s* försäkran; påstående **-ative** *a s* bekräftande, [be]jakande; ja
affix I [--'] *tr* 1 fästa 2 vidfoga II [æ'] *s* 1 tillägg 2 förstavelse, ändelse
afflict' *tr* pläga, hemsöka **-ed** *a* 1 bedrövad 2 angripen, pinad **-ion** *s* 1 bedrövelse 2 hemsökelse; olycka
aff'luen||ce *s* 1 till|opp, -strömning 2 överflöd 3 rikedom **-t** I *a* 1 överflödande; riklig 2 rik II *s* biflod
aff'lux *s* tillflöde, tillströmning
affor'd *tr* 1 ha råd [till] 2 skänka
affray' *s* slagsmål, tumult
affront [rʌ'] I *tr* 1 förolämpa, såra 2 möta, trotsa II *s* skymf, förolämpning
a||field [əfi:'ld] *adv* i fält **-fi're** *adv a* i brand **-fla'me** *adv a* i eld och lågor **-float** [ou'] *adv a* 1 flytande, flott 2 till sjöss 3 översvämmad 4 i [full] gång; i omlopp **-foot** [u'] *adv a* 1

till fots, på fötter 2 i gång; i görningen
afore [əfɔ:'] *adv prep* 1 ⚓ för ut (om) 2 före-, förut- **-said** *a* förutnämnd
afraid [əfrei'd] *a* rädd [*of* för]
afresh' *adv* ånyo, på nytt
aft [ɑ:ft] *adv* ⚓ akter ut (över)
after [ɑ:'] I *adv* 1 efter, bakom 2 efter[åt] II *prep* 1 efter, bakom, näst 2 enligt; i likhet med; ~ *a fashion* på sätt och vis III *konj* sedan IV *a* 1 senare, efter- 2 ⚓ akter- **-clap** *s* efterräkning **-glow** [ou] *s* aftonglöd **-grass** *s* efterslåtter **-noon** *s* eftermiddag **-thought** *s* efterklokhet **-wards** [ədz] *adv* efteråt, sedan
again [əgei'n, əge'n] *adv* 1 igen, åter, ånyo; ~ *and* ~, *time and* ~ gång på gång; *now and* ~ då och då 2 vidare; åter[igen]; å andra sidan **-st** *prep* 1 [e]mot 2 inemot, i avvaktan på
a‖ga'pe *a* gapande **-ga'ze** *adv* stirrande
age [eidʒ] I *s* 1 ålder; *be* (*come*) *of* ~ vara (bli) myndig 2 ålderdom 3 period; *the Middle A~s* medeltiden 4 lång tid, evighet II *itr* åldras **-d** *a* i en ålder av; gammal **-long** *a* [livs]lång
a'gency [dʒ] *s* 1 verksamhet 2 medverkan 3 verkan, makt 4 agentur; byrå
agen'da [dʒ] *s* program, notisbok
a'gent [dʒ] *s* 1 verkande medel, kraft; orsak; verktyg 2 ombud; förvaltare
agglom'erate *tr itr* hopa [sig]
agglutinate [u:'] *tr* limma ihop, förena
agg'randize *tr* förstora
agg'ravate *tr* 1 för|svåra, -värra 2 F reta, förarga
agg'regat‖e I [it] *a* förenad, sammanlagd II [it] *s* 1 summa 2 massa, samling, hop III *tr itr* hopa [sig], F samla[s] **-ion** *s* hopning, samling
aggress' *tr* angripa **-ion** *s* anfall, angrepp **-ive** *a* 1 angripande; anfalls- 2 stridslysten **-or** *s* angripare
aggrieve [əgri:'v] *tr* plåga; kränka
aghast [əgɑ:'st] *a* förskräckt; häpen
agile [æ'dʒail] *a* vig, lättrörlig, kvick
agitat‖e [æ'dʒ] I *tr* 1 röra, skaka 2 uppröra, oroa; uppvigla 3 avhandla, dryfta II *itr* agitera **-ion** *s* 1 rörelse, skakning 2 oro; jäsning 3 dryftande 4 agitation **-or** *s* agitator
aglow [əglou'] *adv a* glödande, het
ago' *prep* för . . sedan
agog' *adv a* F i rörelse; ivrig
ag'on‖ize I *tr* pina II *itr* våndas **-y** *s* själskval; dödskamp; [döds]ångest
agrarian [əgrɛ'əriən] *a m* agrar[-], jord-
agree' *itr* 1 samtycka, gå in [*to* på] 2 komma överens 3 vara ense 4 ~ *with* överensstämma med; passa för; bekomma väl **-able** *a* angenäm, trevlig; älskvärd **-d** *a* avgjord, beslutad; ense **-ment** *s* 1 överenskommelse, avtal; förlikning 2 överensstämmelse
agricult'ur‖al [tʃə] *a* jordbrukande; jordbruks- **-e** [æ'g] *s* jordbruk
agrou'nd *adv a* på grund
ague [ei'gju:] *s* 1 malaria, frossa 2 frosskakning; rysning[ar]
ah [ɑ:] *itj* ah! o! ack! ~ *me!* ve mig!
ahead [əhe'd] *adv* före; förut; framåt; rakt på; ~ *of* framför, för om
ahem [hm] *interj* hm!
aid I *tr* hjälpa, bistå; underlätta II *s* 1 hjälp, bistånd; hjälpmedel 2 medhjälpare **-e-de-camp** [ei'ddəkɑ̃:'ŋ] *s* adjutant **-er** *s* medhjälpare
ail *tr* plåga, besvära **-ment** *s* sjukdom; oro, bekymmer
aim I *tr itr* måtta, sikta II *s* 1 sikte 2 mål, avsikt **-less** *s* utan mål, planlös
ain't [eint] = F *are not, is not*; P *am not; have not; has not*
1 **air** [ɛə] I *s* 1 luft; atmosfär; *A~ Force* luftvapen 2 fläkt; drag 3 offentlighet II *tr* 1 vädra, lufta 2 torka
2 **air** *s* 1 utseende 2 min; åtbörd
3 **air** *s* melodi; sopranstämma
air‖-base *s* luft|bas, -station **-craft** [ɑ:] *s* luftfartyg **-ing** *s* promenad, tur **-man** *s* flygare **- -plane** se *aeroplane* **- -pocket** *s* luftgrop **- -raid** *s* luftanfall **- -tight** *a* lufttät **-y** *a* 1 luft- 2 luftig; hög 3 livlig; lätt; sorglös
aisle [ail] *s* 1 sidoskepp 2 gång
1 **ajar** [ədʒɑ:'] *adv* på glänt
2 **ajar** *adv* i strid, ur lag
akim'bo *adv* med händerna i sidan
akin' *adv a* släkt, besläktad
alac'rity *s* livlighet; beredvillighet
alarm [ɑ:'m] I *s* 1 [a]larm 2 bestörtning, oro, ängslan 3 se *alarum* II *tr* 1 alarmera 2 oroa ~**-bell** *s* stormklocka ~**-clock** *s* väckarklocka
alarum [əlɛ'ərəm] *s* alarmapparat
alas [əlɑ:'s, əlæ's] *interj* ack, tyvärr
albeit [ɔ:lbi:'it] *konj* ehuru; låt vara
albu'm‖en -in *s* äggvita
al'chem‖ist [k] *s* alkemist **-y** *s* alkemi
al'coh‖ol *s* alkohol **-ol'ic** *a* alkohol-
Alcoran [ælkɔrɑ:'n] *s* Koran[en]
alder [ɔ:'ldə, äv. ɔ'l-] *s* al
alderman [ɔ:'l] *s* 1 ålderman 2 F lerpipa
ale *s* öl; *pale* ~ ljust öl
aler't I *a* 1 vaken, beredd 2 pigg, livlig, rask II *s*, *on the* ~ på utkik
alfresc'o *adv a* i fria luften; frilufts-
a'lien I *a* 1 annans, andras 2 utländsk; främmande, annan; olik II *s* främling; utlänning **-ate** *tr* avlägsna; avyttra **-ation** *s* 1 avhändande 2 kallsinnighet 3 sinnesrubbning **-ism** *s* 1 främlingskap 2 psykiatri
1 **alight** [ai'] *itr* 1 stiga av 2 falla (slå) ner; hamna; landa
2 **alight** *a* [upp]tänd; i lågor; upplyst
align [ai'n] *tr* ställa upp i rät linje; ⚔ rätta **-ment** *s* 1 placering i [rak] linje 2 rad 3 ⚔ rättning

ali'ke I *a* lik[a] II *adv* på samma sätt
al'iment *s* näring[smedel], föda; stöd
al'imony *s* under|håll, -stöd
ali've *a* 1 i livet, levande 2 livlig; *be ~ with* myllra av; *look ~!* F raska på! 3 *~ to* känslig för, medveten om
all [ɔ:l] I *pron s* 1 all, allt, alla; *~ but* nästan; *~ of us* vi alla; *three ~* om tre; *at ~* alls, ens; *not at ~* inte alls; ingen orsak; *for ~ that* det oaktat; *in ~* inalles 2 hela II *adv* alldeles, bara, idel; *~ about* runtomkring; *~ along* utefter hela; hela tiden; alltigenom; *~ at once* plötsligt; *~ over* över hela; *~ right!* gott, klart, kör för det, gärna för mig; *it is ~ right* det är klart (bra); *~ the better* så mycket bättre; *~ the same* ändå
allay' *tr* 1 stilla, lugna 2 mildra, minska
alleg||ation *s* 1 anklagelse 2 påstående **-e** [əle'dʒ] *tr* 1 andraga, anföra; ursäkta sig med 2 påstå
alle'giance [dʒ] *s* tro och lydnad
allegor||ic[al] [ɔ'] *a* allegorisk **-y** [æ'l] *s* allegori, bildlig framställning
alleluia [ælilu:'jə] *interj s* halleluja
alle'viate *tr* lätta, lindra
alley [æ'li] *s* 1 allé; gång 2 gränd
All Fools' Day [ɔ:'lfu:'lzdei] *s* 1 april
All-Hallows [ɔ:'lhæ'l] *s* allhelgonadag
alli'||ance *s* 1 släktskap 2 förbund **-ed** *a* 1 släkt 2 förbunden, allierad
all'ocate *tr* tilldela, anvisa, anslå
allot' *tr* 1 fördela 2 tilldela; anvisa **-ment** *s* 1 fördelning 2 andel; lott
allow [au'] I *tr* 1 erkänna, medge 2 tillåta, låta 3 bevilja II *itr* 1 *~ for* ta hänsyn till; göra avdrag för 2 *~ of* erkänna; medge **-able** *a* tillåt|en, -lig **-ance** *s* 1 underhåll; understöd 2 ranson 3 avdrag, rabatt; ersättning 4 eftergift; *make ~ for* ta hänsyn till
alloy' I *s* 1 halt 2 legering 3 tillsats II *tr* 1 legera 2 försämra
all-round [ɔ:'lrau'nd] *a* mångsidig
allu'de *itr, ~ to* hänsyfta på; åsyfta
allu're *tr* 1 locka 2 tjusa **-ment** *s* 1 lockelse 2 lockbete 3 tjusning
allu's||ion [ʒn] *s* hänsyftning, anspelning **-ive** [s] *a* syftande [*to* på]
all-wool [ɔ:'lwu'l] *s a* helylle[-]
ally' I *tr* samman-, för|binda, förena, alliera II *s* bundsförvant
almighty [ai'] *a* allsmäktig; stor
almond [ɑ:'mənd] *s* mandel
almost [ɔ:'l] *adv* nästan, nära [nog]
alms [ɑ:mz] *s* [vanl. sg.] allmos|a, -or
aloft' *adv a* [högt] upp[åt]
alo'ne I *a* ensam; *leave (let) ~* låta vara [i fred], låta bli II *adv* endast
along' I *prep* längs, utmed; framåt II *adv* 1 framåt; *come ~!* kom nu! 2 *~ with* jämte **-side** *adv* ⚓ långsides
aloo'f *adv a* på avstånd, borta, undan **-ness** *s* hög[dragen]het

aloud [əlau'd] *adv* högt, med hög röst
alp *s* 1 alp, [hög]fjäll 2 betesmark
alph'abet *s* alfabet **-ic** [e't] *a* alfabetisk
alp'in||e *a* alp- **-ist** [in] *s* bergbestigare
already [ɔ:lre'di, ɔl-] *adv* redan
Alsatian [ælsei'ʃiən] *a* elsassisk
also [ɔ:'lso(u), ɔl-] *adv* också, även
altar [ɔ:'] *s* altare **~-piece** *s* altartavla
alter [ɔ:'ltə] I *tr* [för]ändra II *itr* förändras **-ation** *s* förändring
altercate [ɔ:'ltəkeit] *itr* gräla, träta
alternat||e I [ɔ:ltə:'nit] *a* omväxlande II [-'--] *tr itr* [låta om]växla, alternera, tura om **-ion** *s* växling **-ive** [ə:'n] *a s* alternativ
although [ɔ:lðou'] *konj* ehuru, även om
alt'itude *s* 1 höjd[punkt] 2 höghet
alt'o *s* [mus.] alt
altogether [ɔ:ltəge'ðə] *adv* helt och hållet, alldeles, fullt
alt'ru||ism *s* oegennytta **-ist** *s* idealist
al'um *s* alun **-in'ium** *s* aluminium
always [ɔ:'lwəz, -weiz] *adv* alltid
a. m. [ei e'm] f. m.
am [æm, əm, m] (av *be*) [jag] är
amal'gam *s* 1 amalgam 2 blandning **-ate** I *tr* blanda; förena II *itr* blandas
amass' *tr* hopa, lägga i (på) hög
amateur [tju'ə] *s* 1 älskare 2 amatör
am'atory *a* kärleks-, erotisk; förälskad
ama'z||e *tr* göra häpen (bestört) **-ement** *s* häpnad, bestörtning **-ing** *a* förvånande, häpnadsväckande
ambass'ador *s* ambassadör, sändebud
am'ber *s* bärnsten[sfärg], ambra
am'bient *a* omgivande
ambigu'||ity *s* tvetydighet; otydlighet **-ous** [bi'g] *a* tvetydig, dunkel; oviss
ambit||ion *s* äre|lystnad, -girighet; iver **-ious** *a* 1 ärelysten 2 anspråksfull
am'ble *s* 1 passgång 2 trippande
am'bula||nce *s* 1 fältlasarett 2 ambulansvagn **-tory** *a* kringvandrande
amb'||uscade -ush [u] *s* bakhåll, försåt
ame'liorate *tr itr* förbättra[s]
amen [ɑ:'me'n, ei'me'n] *interj* amen
ame'nable *a* 1 ansvarig; underkastad 2 mottaglig; foglig, medgörlig
amend' *tr* rätta; ändra; förbättra **-e** [amɑ̃:'ŋd] *s* bot; avbön **-ment** *s* 1 rättelse 2 tillägg, ändring[ar] **-s** *s* gottgörelse, upprättelse
ame'nity *s* behag[lighet], älskvärdhet
American [e'r] *s a* amerikan[sk]
amiab||il'ity [eimjə] *s* vänlighet; älskvärdhet **-le** [ei'm] *a* vänlig; älskvärd
am'icable *a* vänlig, vänskaplig
amid' *prep* mitt i (ibland, under) **-ships** *adv* mittskepps **-st** = *amid*
amiss' *adv a* på tok, illa; orätt; *not ~* inte illa, inte ur vägen
am'ity *s* vänskap[lighet], samförstånd
am'nesty *s* 1 tillgift 2 amnesti
among'[st] [ʌ'] *prep* [i]bland; *~ themselves* sinsemellan, inbördes

am'orous *a* 1 förälskad, kär 2 kärleks-
amortize [əmɔ:'tiz] *tr* amortera
amou'nt I *itr*, ~ *to* 1 uppgå till 2 innebära II *s* 1 belopp, [slut]summa; mängd 2 innebörd
amphib'ious *a* 1 amfibisk 2 dubbel-
am'pl||e *a* 1 vid[sträckt], omfattande; rymlig, stor 2 riklig; frikostig 3 utförlig **-ification** *s* 1 utvidgning, förstoring 2 utläggning **-ify** *tr* 1 utdraga, öka 2 utveckla **-itude** *s* 1 vidd, omfattning 2 riklighet 3 storhet
am'putate [ju] *tr* amputera, avskära
amuck' *adv*, *run* ~ bli vild (besatt)
amu'se [z] *tr* underhålla, roa **-ment** *s* nöje, förströelse; munterhet
an [æn; ən, n] se *a*
anaemia [əni:'miə] *s* blodbrist
anaesthet'ic [i:s] *s* bedövningsmedel
analog'||ic[al] [dʒ] *a* analogisk, analogi- **-ous** [ənæ'ləgəs] *a* analog, likartad **-y** [æ'l] *s* analogi; likhet
an'aly||se [aiz] *tr* analysera **-sis** [æ'lisis] *s* analys; undersökning **-st** [ist] *s* analytiker **-tic[al]** [i't] *a* analytisk
anarch||ic[al] [ɑ:'k] *a* anarkist[isk] **-ist** [æ'n] *s* anarkist **-y** [æ'n] *s* anarki
anath'ema *s* bannlysning, förbannelse
anatom'||ical *a* anatomisk **-ist** [ənæ'] *s* anatom **-y** [ənæ't] *s* 1 dissekering 2 anatomi 3 [kropps]byggnad; kropp
an'cest||or *s* stamfader; ~*s* förfäder **-ral** [se's] *a* fäderne-, fädernearvd **-ry** *s* 1 börd, anor 2 förfäder
an'chor [k] I *s* ankar[e]; *at* ~ för ankar II *tr itr* [för]ankra **-age** *s* 1 ankring 2 ankar|grund, -plats; fäste
anch'orite [k] *s* eremit; enstöring
an'chovy *s* ansjovis; sardell
ancient [ei'nʃənt] I *a* 1 forn[tida] 2 [ur]gammal II *s*; *the* ~*s* antikens folk
and [ænd, ən(d)] *konj* och; ~ *so on*, ~ *so forth* och så vidare
an'diron [aiən] *s* järnbock [i spis]
anemone [əne'məni] *s* sippa
anew [ənju:'] *adv* ånyo; om igen
angel [ei'n(d)ʒl] *s* ängel **-ic** [ændʒe'lik] *a* änglalik
anger [æ'ŋgə] *s* vrede
1 **angle** [ŋg] *s* vinkel, hörn; kantighet
2 **angle** *itr* meta **-r** *s* metare
Ang'li||can [ŋg] *a s* anglikan[sk], högkyrklig **-cize** *tr* förengelska
Ang'lo||- [ŋg] engelsk, anglo- **-In'dian** *s* anglo-indier **-ma'nia** *s* beundran för allt engelskt **-pho'bia** *s* engelskfientlighet **-Saxon** I *a* 1 anglosaxisk; fornengelsk 2 engelsk[talande] II *s* 1 anglosaxare 2 engelsman, amerikan **-Swedish** *a* engelsk-svensk
ang'ry [ŋg] *a* ond, arg, vred[gad]
anguish [æ'ŋgwiʃ] *s* smärta, kval
ang'ular [ŋgju] *a* vinkel-; kantig
an'imal I *s* levande varelse, djur II *a* 1 animal[isk], djur-; fysisk; ~ *spirits* livsandar 2 köttslig, sinnlig **-ism** *s* djuriskhet, sinnlighet **-ity** [æ'l] *s* 1 livskraft 2 djuriskhet
an'imat||e I [it] *a* 1 levande 2 livlig II *tr* 1 besjäla 2 liva, elda 3 påverka **-ion** *s* 1 livande [verkan] 2 liv[lighet]
animos'ity [s] *s* hätskhet, fientlighet
an'is||e [is] *s* anis **-ette** [ze't] *s* anislikör
ankle [æ'ŋkl] *s* fot|led, -knöl, ankel
ann'als *spl* annaler, årsberättelse
annex' I *tr* 1 tillägga; bifoga 2 förknippa, förena 3 införliva II se *-e* **-ation** *s* 1 tillägg 2 införlivning **-e** [æ'n] *s* 1 bilaga 2 tillbyggnad, flygel
anni'hilate *tr* tillintetgöra, förstöra
anniver'sary *s* årsdag; årsfest
ann'otat||e *tr* kommentera **-ion** *s* anteckning not; kommentar
annou'nce *tr* 1 tillkännage, kungöra 2 anmäla 3 ange, antyda **-ment** *s* anmälan, annons **-r** *s* hallåman
annoy [ənɔi'] *tr* förarga, reta, oroa, besvära, plåga **-ance** *s* 1 oroande 2 förargelse, obehag **-ing** *a* förarglig
ann'u||al *a* 1 årlig, års- 2 ettårig **-ity** [ənju'] *s* årligt underhåll; livränta
annul' *tr* 1 utplåna 2 upphäva, avskaffa
ann'ul||ar *a* ringformig **-et** *s* liten ring
annul'ment *s* utplånande; upphävande
annunciation *s* förkunnande; bebådelse
an'odyne [ai] *a s* smärtstillande [medel]
anoi'nt *tr* 1 smörja, inviga 2 gnida
anom'al||ous *a* oregelbunden; abnorm **-y** *s* avvikelse; missförhållande
anon [ənɔ'n] *adv* genast; snart; *ever and* ~ tid efter annan
anonym'||ity [i'm] *s* anonymitet, namnlöshet **-ous** [ənɔ'n] *a* anonym
another [ənʌ'ðə] *pron* 1 en annan 2 en till, ännu en 3 *one* ~ varandra
answer [ɑ:'nsə] I *s* 1 svar 2 försvar, svaromål II *tr* 1 [be]svara; bemöta; ~ *the bell* (*door*) gå och öppna 2 lösa 3 lyda, följa 4 honorera; inlösa 5 motsvara, uppfylla III *itr* 1 svara 2 ~ *to* lyda, motsvara 3 räcka till; lyckas, gå **-able** *a* ansvarig
ant [ænt, ɑ:nt] *s* myra
Antarctic [æ'ntɑ:'ktik] *a* sydpols-
ante [æ'nti] *pref* före
ant-eater [æ'nti:tə] *s* myrslok
an'te||ce'dence *s* företräde; förrang **-ce'dent** *a s* föregående **-chamber** *s* förrum **-date** *tr* antedatera **-dilu'vian** *a* hörande till tiden före syndafloden
an'te merid'iem (a. m. [ei'e'm]) f. m.
antenn'|a (pl. *-æ* [i:]) *s* spröt, antenn
ante'rior *a* 1 föregående 2 främre
anth'em *s* hymn; *national* ~ folksång
ant-hill *s* myrstack
anthrop||o- människo- **-ol'ogy** [dʒ] *s* antropologi, lära[n] om människan
anti- [æ'nti] *pref* anti-, mot-
anti-aircraft [ɛ'əkrɑ:ft] *a* luftvärns-
an'tic *s*, ~*s* krumsprång, upptåg

antic'ip||ate *tr* förekomma; föregripa; påskynda; förutse **-ation** *s* förskott; föregripande; aning, förväntan **-ative -atory** *a* förutseende; föregripande
an'ti||cli'max *s* antiklimax; bakslag **-dote** *s* motgift **-pathy** [i'p] *s* motvilja
an'tipode *s* motsats
antiquar||ian [kwɛ'əriən] I *a* antikvarisk, forn- II *s* antikvarie, fornforskare **-y** [æ'n] *s* fornforskare
antiquated [æ'ntikweitid] *a* föråldrad
antique [ænti:'k] I *a* 1 antik; forntida 2 gammal[dags]; ålderdomlig II *s* forn|sak, -lämning, antik[vitet]
antiq'uit|y *s* 1 uråldrighet 2 forntid; antiken 3 *-ies* fornminnen
an'tler *s* [gren på hjort]horn
an'vil *s* städ
anxi'||ety [gz] *s* 1 ängslan, bekymmer, oro; spänning 2 [ivrig] önskan **-ous** [æ'ŋ(k)ʃəs] *a* 1 ängslig 2 ivrig
any [e'ni] I *pron* 1 någon, några [alls] 2 vilken som helst, varje, all; hurudan som helst 3 någon nämnvärd (större, längre) II *adv* något **-body** *pron* 1 någon [alls] 2 vem som helst **-how** *adv* 1 på något sätt; hur som helst 2 i varje fall 3 på måfå **-one** = *-body* **-thing** *pron* 1 något [alls] 2 vad som helst; allt; ~ *but* allt annat än; *for* ~ *I know* inte annat än jag vet **-way** = *-how* **-where** *adv* var som helst, överallt; någonstädes
apace [əpei's] *adv* fort, hastigt
apar't *adv* 1 åt sidan, avsides; å sido 2 för sig själv; ~ *from* frånsett 3 isär, från varann **-ment** *s* rum; våning
apathet'ic *a* känslolös; likgiltig; slö
ape I *s* apa II *tr* efterapa, härma
ap'erture [juə] *s* öppning; glugg, lucka
a'pery *s* 1 efterapande 2 apkonster
a'pex *s* spets, topp
a'piary *s* bi|kupa, -hus
apiece [əpi:'s] *adv* per styck; i sänder
apolog||ize [əpɔ'l] *itr* be om ursäkt, ursäkta sig **-y** [ɔ'l] *s* 1 försvar[stal] 2 ursäkt, avbön 3 F surrogat
apople||c'tic *a* [läk.] slag- **-xy** [æ'] *s* slag
apostle [əpɔ'sl] *s* apostel
apost'roph||e [fi] *s* 1 tilltal 2 apostrof **-ize** *tr* vända sig till; fara ut mot
appalling [ɔ:'l] *a* för|färande, -skräcklig
appara'tus *s* apparat[er]; maskineri
apparel [æ'r] *s* dräkt, kläder
apparent [æ'r] *a* tydlig; synbarlig; skenbar
apparition *s* 1 framträdande 2 syn
appea'l I *itr* 1 vädja 2 ~ *to* åberopa, anropa, bönfalla, tilltala II *s* 1 appell, vad, besvär 2 vädjan, upprop; *sex* ~ erotisk dragningskraft
appear [əpi'ə] *itr* 1 bli (vara) synlig, visa sig 2 framträda 3 inställa sig 4 komma ut 5 framgå 6 synas **-ance** *s* 1 framträdande, inträde; förekomst; åsyn 2 uppträdande 3 inställelse 4 tecken; utseende, yttre; *for* ~'[*s*] *sake* för syns skull; *to all* ~ efter allt att döma 5 företeelse; syn; skepnad
appea'se [z] *tr* stilla, lugna; försona
appell'ant *s* vädjande part, kärande
appen'd *tr*, ~ *to* vidhänga, fästa vid; bifoga, tillägga **-age** *s* bihang; tillbehör **-icitis** [ai'tis] *s* blindtarmsinflammation **-ix** *s* bihang, bilaga
appercep'tion *s* uppfattning
appertai'n *itr*, ~ *to* tillhöra; röra
app'eti||te *s* böjelse, [mat]lust, aptit **-zer** *s* aptitretande medel **-zing** *a* aptitretande; aptitlig; lockande
applau'||d *tr* 1 applådera 2 prisa, gilla **-se** [ɔ:'z] *s* applåd[er]; bifall
apple *s* äpple; ~ *of the eye* ögonsten
appli'ance *s* användning; anordning
app'lic||able *a* användbar, tillämplig **-ant** *s* sökande **-ation** *s* 1 anbringande 2 användning 3 tillämpning 4 sysslande; flit 5 anmälan, ansökan; hänvändelse; begäran
apply [əplai'] I *tr* 1 anbringa, lägga (stryka) [på] 2 ägna; använda 3 tillämpa II *itr* 1 ~ *to* vara tillämplig på, gälla; vända sig till, anmäla sig hos 2 ~ *for a place* söka en plats
appoi'nt *tr* 1 bestämma, förordna 2 utnämna, tillsätta 3 ~*ed* utrustad **-ment** *s* 1 avtalat möte 2 anordning, bestämmelse; förordnande 3 utnämning; anställning 4 utrustning
appor'tion *tr* 1 fördela, skifta 2 tilldela
app'os||ite [zit] *a* välanbragt; träffande **-ition** *s* anbringande
apprais||al [əprei'zl] *s* värdering, taxering **-e** *tr* värdera, taxera
apprecia||ble [i:'ʃi] *a* 1 uppskattbar 2 märkbar; avsevärd **-ate** *tr* 1 värdera; uppskatta 2 inse **-ation** *s* 1 värdering; omdöme; granskning 2 uppfattning; uppskattning **-ative -atory** *a* 1 uppskattande, erkännsam 2 känslig
apprehen'||d *tr itr* 1 gripa, häkta 2 [upp-] fatta, begripa; märka 3 befara **-sion** *s* 1 häktning 2 fattningsgåva 3 uppfattning 4 farhåga **-sive** *a* orolig, rädd
appren'tice [is] I *s* lärling; nybörjare II *tr* sätta i lära
appri'se [z] *tr* underrätta
approach [ou'] I *itr* 1 nalkas, närma sig 2 komma nära, likna II *tr* 1 = *I 1* 2 vända sig till; få träffa 3 närma III *s* 1 närmande; första försök 2 tillträde; upp-, in|fart 3 ansats 4 ~*es* löpgravar **-able** *a* tillgänglig
approbation *s* gillande; bifall
appro'priat||e I [it] *a* 1 bestämd; egen-[domlig]; egentlig 2 lämplig II *tr* 1 tillägna sig 2 anslå, bestämma **-ion** *s* 1 tillägnande 2 anslående; anslag
approv||al [u:'] *s* bifall, gillande; *on* ~ till påseende **-e** *tr itr* 1 ~ [*of*] gilla,

godkänna 2 stadfästa **-ed** *a* 1 be-prövad 2 erkänd, aktad
approx'imat||e I [it] = *-ive* II *tr itr* närma [sig], nalkas **-ive** *a* ungefärlig
appur'tenance *s* tillhörighet; tillbehör
a'pricot *s* aprikos
a'pron *s* 1 förkläde; förskinn 2 fotsack
apropos [æ'prəpo(u)] *adv a* 1 passande, lämplig[t] 2 ~ *of* på tal om
apt *a* 1 lämplig; träffande 2 böjd, benägen; ägnad 3 skicklig, begåvad **-itude** *s* 1 lämplighet 2 benägenhet 3 skicklighet; fallenhet **-ness** = *-itude*
aqua||relle [e'l] *s* akvarell **-tic** [kwæ'] I *a* vatten- II *spl*, ~*s* vattensport
aq'ueduct *s* akvedukt; vattenledning
aquiline [æ'kwilain] *a* örnlik; örn-
Arab [æ'r] *s a* arab[isk]; *street*~ gatunge
arabes'que I *a* sällsam II *s* arabesk
Ara'b||ian *a s* arab[isk]; ~ *Nights* Tusen och en natt **-ic** [æ'r] *a* arabisk
arable [æ'r] *a* odlingsbar
arbiter [ɑ:'bitə] *s* skilje|man, -domare
ar'bitr||ary *a* 1 godtycklig; nyckfull 2 egenmäktig **-ation** *s* skiljedom
arborescent [e'snt] *a* träd|lik, -artad
arbour [ɑ:'bə] *s* berså, löv|sal, -valv
arc *s* [cirkel]båge; ~ *lamp* båglampa **-a'de** *s* valvgång; arkad
1 arch I *s* valv[båge] II *tr* 1 slå valv över 2 välva III *itr* välva sig
2 arch *a* 1 ärke- 2 listig, slug
archae||ologic[al] [ɑ:kiələ'dʒik] *a* arkeologisk **-ol'ogy** *s* arkeologi
archaic [ɑ:kei'ik] *a* föråldrad
archangel [ɑ:'kein(d)ʒl] *s* ärkeängel
archbishop [ɑ:'tʃbi'ʃəp] *s* ärkebiskop
arched [ɑ:tʃt] *a* välvd; valv-
archer [ɑ:'tʃə] *s* bågskytt
archipel'ago [k] *s* skärgård
architect [ɑ:'k] *s* 1 byggmästare, arkitekt 2 skapare, upphovsman **-ural** [---'ʃ(ə)rəl] *a* arkitektonisk **-ure** [ʃə] *s* arkitektur; byggnadsstil
archiv||e [ɑ:'kaiv] *s* arkiv **-ist** [ɑ:'kivist] *s* arkivarie
archness [ɑ:'tʃnis] *s* skälmaktighet
archway [ɑ:'tʃ] *s* valv|port, -gång
arctic [ɑ:'ktik] *a* arktisk; nordlig
ard||ent [ɑ:'dnt] *a* 1 het 2 ivrig, varm **-our** *s* 1 hetta, brand 2 iver, nit
arduous [ɑ:'djuəs] *a* 1 brant 2 svår
1 are [ɑ:] *s* ar
2 are [ɑ:, ə] är[o]
area [ɛ'əriə] *s* 1 [tomt]område, öppen plats 2 förgård 3 yta, areal ~**-bell** *s* köksdörrklocka
aren't [ɑ:nt] = *are not*
argentine [ɑ:'dʒ] *a* silver- **A**~ I *a s* argentin|sk, -are II *npr* Argentina
argil [ɑ:'dʒil] *s* [krukmakar]lera
argot [ɑ:'gou] *s* yrkesslang; tjuvspråk
ar'gu||able *a* omtvistlig, diskutabel **-e** I *itr* anföra skäl, tala; resonera; disputera; döma II *tr* 1 [be]visa; röja 2 påstå 3 diskutera **-ment** *s* 1 [anfört] skäl 2 bevisföring; resonemang **-men'tative** *a* 1 logisk 2 polemisk
arid [æ'r] *a* torr, förbränd; ofruktbar, kal **-ity** [ri'] **-ness** *s* torrhet, torka
arise [əraiz] (*arose arisen* [əri'zn]) *itr* upp|stå, -komma, framträda.
aristoc'ra||cy *s* aristokrati **-t** [æ'r] *s* aristokrat **-tic** [æ't] *a* aristokratisk
arith'metic *s* räkning; räknekonst **-al** [me't] *a* aritmetisk
ark *s* ark; låda, kista
1 arm *s* 1 arm 2 ärm 3 karm
2 arm I *s*, ~*s* vapen[slag]; *to* ~*s!* i gevär! II *tr* [be]väpna, utrusta; ~*ed fleet* krigsflotta III *itr* väpna sig **-ament** *s* rustning; bestyckning; beväpning **-ature** *s* beväpning, rustning, vapen
arm-chair [ɑ:'mtʃɛ'ə] *s* länstol
arm||ful *s* famn, fång **-hole** *s* ärmhål
armistice [ɑ:'mistis] *s* vapenvila
armlet *s* 1 armband 2 liten vik
armory [ɑ:'məri] *s* heraldik
armour [ɑ:'mə] I *s* 1 rustning; pansar 2 dykardräkt II *tr* pansra **-y** *s* vapenkammare; arsenal; vapensmedja
armpit *s* armhåla
army [ɑ:'mi] *s* här, armé
aroma [ərou'mə] *s* arom, doft, vällukt **-tic** [æ't] *a* aromatisk, välluktande
arose [ərou'z] imp. av *arise*
arou'nd *adv prep* runt omkring
arou'se [z] *tr* [upp]väcka, väcka till liv
arraign [ərei'n] *tr* 1 anklaga 2 klandra
arra'nge [dʒ] *tr* 1 ordna; uppställa; anordna 2 bilägga **-ment** *s* 1 ordnande 2 [an]ordning; uppställning 3 åtgärd 4 uppgörelse
arr'ant *a* ärke-, ur-, genom-
array [ərei'] I *tr* 1 ställa upp, ordna 2 kläda, pryda II *s* 1 stridsordning 2 uppbåd 3 trupp 4 skara 5 dräkt
arrear [əri'ə] *s* 1 *in* ~ *of* bakom, efter 2 ~*s* resterande skulder
arrest' I *tr* 1 hejda, stoppa 2 häkta; fängsla, fånga II *s* 1 hejdande 2 häktning, arrest[ering]
arri'v||al *s* 1 an-, fram|komst 2 ~*s* ankommande fartyg **-e** *itr* 1 anlända, [an]komma [*at, in* till] 2 inträffa
arr'og||ance **-ancy** *s* förmätenhet; övermod **-ant** *a* förmäten; övermodig; inbilsk **-ate** *tr* tillvälla sig
arrow [æ'rou] *s* pil ~**-head** *s* pilspets
arse [ɑ:s] *s* bakdel, ända
arsenic I [ɑ:'snik] *s* arsenik II [ɑ:se'] *a* arsenik-[haltig] [äv. **-ical**]
arson [ɑ:sn] *s* mordbrand
1 art [ɑ:t] [poet.], *thou* ~ du är
2 art *s* 1 konst 2 ~*s* [äv.] humaniora; *Master of A*~*s* fil. lic. 3 hantverk 4 konstfärdighet 5 förslagenhet, knep
arte'r||ial *a* arteriell **-y** [ɑ:'] *s* pulsåder
ar'tful *a* slug, listig
ar'tichoke *s* jordärtskocka

ar'ticle *s* 1 artikel 2 [huvud]punkt, post; del; detalj 3 ~*s* kontrakt, villkor 4 uppsats 5 sak, vara
articul||ar [ɑ:ti'kjulə] *a* led- **-ate I** [it] *a* 1 ledad 2 tydlig; artikulerad **II** [it] *s* leddjur **III** [eit] *tr itr* artikulera, [ut]tala [tydligt] **-ation** *s* 1 led[gång] 2 artikulation; tal
artifice [ɑ:'tifis] *s* 1 påhitt, knep 2 konst[färdighet] **-r** [ɑ:ti'fisə] *s* hantverkare, mekaniker; uppfinnare
artificial [fi'ʃl] *a* konst-, konstgjord; konstlad **-ity** [iæ'l] **-ness** *s* konstgjordhet; förkonstling
artill'er||ist *s* artillerist **-y** *s* artilleri
artisan' [z] *s* hantverkare, mekaniker
ar'tist *s* konstnär **-e** [--'] *s* [scenisk] artist, konstnär, sångare, dansös **-ic[al]** [ti'] *a* artistisk **-ry** *s* konstnärskap
ar'tless *a* 1 oskicklig 2 konstlös; klumpig 3 okonstlad 4 naiv
Aryan [ɛ'əriən] **I** *a* arisk; indoeuropeisk **II** *s* arier; indoeuropé
as [æz, əz] **I** *adv* så, lika **II** *adv konj* 1 [lik]som; i egenskap av 2 såsom, t. ex 3 hur . . än [*cold* ~ *it is*] 4 just då, [bäst] som; medan; alltefter-som 5 då, [efter]som **III** *pron* som **IV** *so* ~ *to* så [. .] att, för att; *such* ~ som till exempel; *such* ~ *to* sådan .. att; ~ *far* ~ så långt som; [ända] till; ~ *for* vad beträffar; ~ *it is* redan nu, ändå; ~ *it were* så att säga, liksom; *I thought* ~ *much* jag kunde väl tro det; ~ *per* enligt; ~ *to* vad beträffar, angående, om
asbestos [æzbe'stɔs] *s* asbest
ascend' **I** *tr* bestiga, gå (klättra, stiga) uppför (upp i el. på) **II** *itr* stiga [uppåt]; höja sig; gå uppför **-ancy** *s* över|lägsenhet, -välde; inflytande, makt **-ant I** *a* 1 uppstigande 2 överlägsen **II** *s* 1 överlägsenhet, inflytande; övervälde 2 stamfader **-ency** = *-ancy* **-ent** = *-ant*
ascen||sion [əse'nʃn] *s* 1 uppstigande 2 *A*~ Kristi himmelsfärd **-t** *s* 1 be-, upp|stigning 2 upphöjelse 3 sluttning; uppfart, trappa
ascertain [æsətei'n] *tr* förvissa sig om **-ment** *s* fastställande
ascetic [əse't] **I** *a* asketisk **II** *s* asket
ascri'be *tr* till|skriva, -lägga [*to*]
ascrip'tion *s* till|skrivande, -räknande
1 **ash** *s* ask[träd]; *mountain* ~ rönn
2 **ash** *s* [vanl.] ~*es* 1 aska 2 stoft
asha'med *a* skamsen, blyg, brydd; *be* ~ *for* blygas å . . vägnar
1 **ash'en** *a* av askträ, ask-
2 **ashen** *a* ask-, askgrå, blek
ashore [ɔ:'] *adv* i land; *run* ~ stranda
ash'||-tray *s* askkopp **-y** *a* ask-, asklik
Asiatic [eiʃiæ't] **I** *a* asiatisk **II** *s* asiat
asi'de **I** *adv* 1 avsides, åt sidan, åsido 2 i enrum **II** *s* avsides replik

ask [ɑ:sk] *tr itr* 1 fråga; höra efter; begära; bedja; anmoda; bjuda 2 *they were* ~*ed in church* det lyste för dem
askance [əskæ'ns] *adv* på (åt) sidan; sneglande; misstänksamt
askew [əskju:'] *adv a* sned, snett
aslant [əslɑ:'nt] *adv* på sned (tvären)
aslee'p *adv a* i sömn, sovande, till sömns; *be* ~ sova; *fall* ~ [in]somna
asparagus [æ'r] *s* sparris
as'pect *s* 1 läge; utsikt 2 sida; synpunkt 3 syftning 4 min; anblick
as'pen **I** *a* av asp, asp- **II** *s* asp[träd]
asperity [e'r] *s* sträv-, sträng|het; skärpa
aspers||e [əspə:'s] *tr* 1 [be]stänka 2 ned|stänka, -svärta **-ion** [ə:'ʃn] *s* 1 beständkning 2 smädelse, förtal
as'phalt *s tr* [belägga med] asfalt
asphyxia [fi'k] *s* kvävning **-te** *tr* kväva
aspir||ation *s* 1 andning 2 längtan; strävan **-e** [ai'ə] *tr* 1 längta, sträva 2 höja sig **-ing** *a* ärelysten
asquint' *adv a* snett, [på] sned
ass [æs] *s* åsna; *make an* ~ *of o. s.* göra sig löjlig
assai'l *tr* an|gripa, -falla, -sätta
assass'in *s* [lönn]mördare
assault [əsɔ:'lt] **I** *s* 1 fientligt anfall, angrepp 2 stormning 3 övervåld **II** *tr* an|gripa, -falla; storma
assay' **I** *s* prövning; prov **II** *tr* pröva
assem'bl||age *s* 1 sammanträd[and]e 2 [för]samling **-e I** *tr* [för]samla, sammankalla **II** *itr* samlas **-y** *s* 1 sammanträd[and]e; möte 2 församling; sällskap **-y-room** *s* festsal
assent' **I** *itr*, ~ *to* samtycka till; instämma i **II** *s* samtycke, bifall
assert [əsə:'t] *tr* 1 påstå 2 förfäkta; kräva; ~ *o. s.* hålla på sin rätt; göra sig gällande **-ion** [ə:'ʃn] *s* påståen-de; förfäktande **-ive** *a* bestämd
assess' *tr* 1 fastställa, bestämma 2 pålägga; beskatta 3 taxera **-ment** *s* 1 beskattning 2 skatt 3 värdering **-or** *s* 1 bisittare 2 taxeringsman
ass'et *s* 1 ägodel, sak 2 ~*s* tillgångar
assidu'||ity *s* 1 trägenhet 2 efterhängsenhet **-ous** [i'd] *a* trägen, ihärdig
assign [əsai'n] *tr* 1 tilldela, anvisa 2 avträda 3 bestämma 4 utpeka; angiva 5 ~ *to* hänföra till **-ation** [æsignei'ʃn] *s* 1 för-, till|delning, anvisning 2 överlåtelse 3 avtal **-ment** *s* 1 anvisning 2 överlåtelse 3 uppgift
assim'il||ate *tr itr* 1 assimilera[s], införliva[s] 2 göra (bli) lika **-ation** *s* 1 assimilering 2 likhet
assist' *tr itr* bistå, biträda, hjälpa [till]; närvara **-ance** *s* biträde, hjälp **-ant I** *a* behjälplig; biträdande, under- **II** *s* [med]hjälpare; biträde
assi'ze *s* domstol; ~*s* [lagtima] ting
associ||able [əsou'ʃiləbl] *a* förenlig **-ate I** [it] *a* förbunden; åtföljande

II [it] *s* 1 kompanjon; ämbetsbroder; kamrat 2 bundsförvant III *tr* för|ena, -binda; upptaga IV *itr* 1 sammansluta sig 2 sällskapa, umgås -ation *s* 1 förening; förbund, sällskap; ~ *football* fotboll 2 förbindelse; umgänge 3 [idé]association
assort [əsɔ:'t] I *tr* 1 ordna, sortera 2 förse med sorterat lager II *itr* passa ihop -ment *s* sort[ering]; urval
assuage [əswei'dʒ] *tr* mildra; blidka
assu'm||able *a* antaglig -e *tr* 1 antaga 2 lägga sig till med 3 åtaga sig 4 låtsa -ing *a* anspråksfull, inbilsk
assum'pt||ion *s* 1 himmelsfärd 2 antagande; bemäktigande 3 förmätenhet -ive *a* 1 antagen 2 övermodig
assur||ance [ʃu'ə] *s* 1 försäkr|an, -ing 2 säkerhet; övertygelse 3 förmätenhet -e *tr* 1 för|säkra, -vissa 2 trygga -ed *a* 1 säker[ställd] 2 trygg; dristig
astern [əstə:'n] *adv* akter [ut]
asthma [æ'smə] *s* astma, andtäppa
aston'ish *tr* förvåna -ment *s* förvåning
astou'nd *tr* slå med häpnad (bestörtning) -ing *a* häpnadsväckande
as'tral *a* stjärnlik, stjärn-; astral-
astray' *adv* vilse; på avvägar
astri'de *adv prep* grensle [över]
astring||e [i'ndʒ] *tr* binda ihop; hoppressa -ent *a* hopdragande; bindande
astrol'ogy [dʒ] *s* astrologi
astu'te *a* slug, skarpsinnig
asun'der *adv* i sär, sönder
asylum [ai'] *s* 1 asyl, fristad 2 *lunatic* ~ hospital
at [æt, ət] *prep* 1 vid, på, i; ~ *my house* hemma hos mig; ~ *my aunt's* hos min faster; ~ *that* till på köpet; *be* ~ *it* [ivrigt] hålla på 2 över, åt 3 till
at'avism *s* atavism; återfall; bakslag
ate [et, eit] imp. av *eat*
atheism [ei'biizm] *s* ateism
Athenian [əpi:'] *a s* aten|sk, -are
athlet||e [æ'þli:t] *s* atlet; idrottsman -ic [le'] *a* 1 idrotts-; atletisk 2 stark -ics [e'] *spl* allmän idrott
at-ho'me *s* mottagning [hemma]
athwart [əþwɔ:'t] I *prep* 1 tvärs över 2 mot II *adv* 1 tvärs över, på tvären, på sned 2 galet, bakvänt
atlan'tic *a* atlantisk; *the A*~ Atlanten
at'mosphere [fiə] *s* 1 atmosfär; luftkrets 2 stämning
at'om *s* 1 atom 2 smula -ic[al] [ɔ'] *a* atomisk, atom-
ato'ne *itr*, ~ *for* försona; gottgöra -ment *s* försoning; gottgörelse
atop' *adv* i toppen, överst; ~ *of* ovanpå
atrabil'ious *a* gallsjuk; melankolisk
atroc||ious [ou'ʃəs] *a* grym, skändlig, avskyvärd -ity [ɔ's] *s* skändlighet
attach' I *tr* 1 fästa 2 ~ *o. s. to* ansluta sig till; åtfölja 3 vinna 4 häkta; lägga beslag på II *itr*. ~ *to* vara förknippad med, vidlåda -e [ətæ'ʃei] *s* attaché -ed *a* 1 fastsittande; hopbyggd 2 fäst[ad], tillgiven 3 an|ställd, -sluten -ment *s* 1 band 2 bihang 3 tillgivenhet, böjelse
attack' I *tr* angripa II *s* anfall
attai'n *tr itr*, ~ [*to*] [upp]nå, hinna; vinna, förvärva -able *a* uppnåelig, åtkomlig -ment *s* 1 upp-, er|nående 2 ~*s* insikter, talanger
attempt' I *tr* försöka; ~ *the life of* begå attentat mot II *s* 1 försök 2 angrepp; attentat
attend' I *tr* 1 vårda, behandla, sköta; betjäna 2 uppvakta 3 [be]ledsaga 4 bevista, besöka II *itr* 1 ~ *to* ge akt på; expediera; ägna sig åt; ta vård om 2 ~ *on* passa upp på; uppvakta, åtfölja 3 deltaga -ance *s* 1 betjäning, uppassning; uppvaktning; vård 2 närvaro, deltagande 3 antal närvarande -ant I *a* 1 beledsagande; uppvaktande 2 närvarande II *s* 1 tjänare; ~*s* följe 2 deltagare, besökare
atten'ti||on *s* 1 uppmärksamhet; omtanke, omsorg 2 givakt 3 artighet -ive *a* uppmärksam; omsorgsfull; artig
atten'uat||e *tr* 1 göra smal 2 förtunna 3 [för]minska, försvaga; förmildra
attest' *tr* intyga, bevittna -ation *s* 1 bekräftelse; vittnesbörd 2 intyg
att'ic *s* vinds|våning, -rum
Att'ic *a* attisk; atensk
attire [ətai'ə] I *tr* kläda II *s* klädsel
att'itude *s* hållning; ståndpunkt
attorney [ətə:'ni] *s* 1 ombud 2 *A*~ *General* kronjurist, 'justitiekansler' 3 fullmakt; *by* ~ enligt uppdrag
attract' *tr* 1 draga till sig 2 ådraga sig 3 locka, vinna -ion *s* 1 dragning[skraft] 2 lockelse, behag -ive *a* tilldragande -iveness *s* dragningskraft
att'ribute I *s* egenskap, kännetecken; attribut II [i'b] *tr* tillägga, tillskriva
attu'ne *tr* stämma, bringa i samklang
auburn [ɔ:'bən] *a* röd-, guld|brun
auction [ɔ:'kʃn] *s* auktion -eer [ni'ə] *s* auktionsförrättare
audac||ious [ɔ:dei'ʃəs] *a* 1 djärv, oförvägen 2 fräck -ity [dæ's] *s* 1 djärvhet 2 fräckhet
audib||il'ity *s* hörbarhet -le [ɔ:'] *a* hörbar
audience [ɔ:'djəns] *s* 1 hörande 2 audiens 3 auditorium 4 läsekrets
audit [ɔ:'d] I *s* granskning II *tr* granska, revidera -or *s* 1 åhörare 2 revisor -ory I *a* hörsel- II *s* auditorium
aught [ɔ:t] *pron* [åld.] något; *for* ~ *I know* såvitt jag vet
augment [ɔ:gme'nt] I *tr* för|öka, -stora, utvidga II *itr* ökas, tilltaga
augur [ɔ:'gə] I *s* teckentydare II *tr itr* 1 spå; förutsäga; ana 2 båda, lova -y [ɔ:'gjuri] *s* 1 spådom, förutsägelse 2 [jär]tecken; aning; förebud

august [ɔ:gʌ'st] *a* hög, majestätisk
August [ɔ:'gəst] *s* augusti
aunt [ɑ:nt] *s* tant; faster, moster
aural [ɔ:'rəl] *a* öron-, hör[sel]-
aureate [ɔ:'riit] *a* gyllene
aureola [ɔ:ri'ələ] *s* gloria, strålkrans
auric||le [ɔ:'rikl] *s* ytteröra **-ular** [i'kjulə] *a* öron-, hörsel-
auriferous [ɔ:ri'f] *a* guldhaltig
aurochs [ɔ:'rɔks] *s* 1 uroxe 2 bison
aurora [ɔ:rɔ:'rə] *s* 1 morgonrodnad 2 ~ *australis* (*borealis*) syd- (norr-) sken
auscultation [ɔ:s] *s* lyssnande
auspic||e [ɔ:'spis] *s* 1 spådom 2 [jär]-tecken 3 ~*s* auspicier, beskydd **-ious** [i'ʃəs] *a* 1 lyckosam 2 gynnsam
auster||e [ɔ:sti'ə] *a* 1 kärv, bitter 2 sträng; allvarlig **-ity** [e'r] *s* 1 stränghet; strävhet 2 självtukt; enkelhet
austral [ɔ:'strəl] *a* sydlig
Austra'lian *a s* austral|isk, -ier
Au'strian *a s* österrik|isk, -are
authentic [ɔ:þe'ntik] *a* 1 pålitlig, trovärdig 2 äkta **-ate** *tr* bestyrka **-ity** [ti's] *s* trovärdighet; äkthet
author [ɔ:'þə] *s* 1 upphov[sman] 2 författar|e, -inna **-ess** *s* författarinna **-itative** [ɔ'r] *a* 1 auktoritativ; avgörande 2 befallande, myndig **-ity** [ɔ'r] *s* 1 myndighet; *in* ~ maktägande 2 bemyndigande; fullmakt 3 auktoritet, anseende **-ize** *tr* 1 bemyndiga 2 godkänna 3 berättiga [till]
auto||- [ɔ:'to] [i sms.] av sig själv, själv- **-biography** [baiɔ'grəfi] *s* självbiografi **-car** [ɔ:'to(u)kɑ:] *s* automobil **-cracy** [ɔ:tɔ'krəsi] *s* envälde **-graph** [ɔ:'tə] *s* namnteckning **-matic[al]** [æ't] *a* 1 automatisk; själv|rörlig, -reglerande 2 mekanisk **-n'omy** *s* autonomi, självstyrelse **-psy** *s* 1 självsyn 2 obduktion
autumn [ɔ:'təm] *s* höst **-al** [ʌ'mn] *a* höst-, höstlig
auxiliar|y [ɔ:gzi'ljəri] I *a* hjälpande, hjälp- II *s* 1 hjälpare 2 *-ies* hjälptrupper 3 hjälpverb
avai'l I *tr itr* 1 tjäna till, gagna 2 ~ *o. s.* begagna sig II *s* nytta, gagn **-able** *a* användbar, tillgänglig
av'alanche [ɑ:nʃ] *s* lavin, snöskred
avaric||e [æ'vəris] *s* girighet **-ious** [i'ʃəs] *a* girig
avenge [əve'ndʒ] *tr* hämnas; straffa
avenue [æ'vinju:] *s* allé; aveny
aver [əvɔ:'] *tr* förklara, försäkra
av'erage I *s* 1 haveri 2 medeltal II *a* genomsnitts-, medel-, vanlig III *tr* i medeltal uppgå till **~-adjuster** *s* dispaschör **~-sized** *a* medelstor
avers||e [əvə:'s] *a* ovillig, avog **-ion** [əvə:'ʃn] *s* motvilja, avsky
avert [əvə:'t] *tr* vända bort; avvända
a'viary *s* fågel|hus, -gård
a'viat||e *itr* flyga **-ion** *s* flygning, aviatik **-or** *s* flygare
av'id *a* begärlig, lysten; glupsk **-ity** [i'd] *s* glupskhet; [vinnings]lystnad
avoi'd *tr* 1 undvika, sky; undgå 2 upphäva **-ance** *s* undvikande
avoirdupois [ævədəpɔi'z] *s* handelsvikt (enhet: *1 pound = 16 ounces*)
avouch [əvau'tʃ] I *tr* 1 intyga 2 försäkra 3 erkänna II *itr* garantera
avow [əvau'] *tr* erkänna; kännas vid **-al** *s* bekännelse; erkännande
awai't *tr* invänta, vänta [på], avvakta
awa'ke I (*awoke awoke* el. *awaked*) *itr* 1 vakna 2 ~ *to* bli medveten om II *a* vaken; vaksam **-n** *tr* väcka **-ning** I *a* väckande II *s* vaknande
award [əwɔ:'d] I *tr* till|erkänna, -döma; bevilja II *s* dom, utslag
aware [əwɛ'ə] *a* medveten, underkunnig; uppmärksam; *be* ~ [äv.] veta
away' *adv* 1 bort, i väg, undan; *do* ~ [*with*] undanröja, avskaffa, döda; *make* ~ ta till schappen 2 borta, ute 3 på, vidare; *right* ~ genast
awe [ɔ:] I *s* bävan; skräck; vördnad II *tr* inge fruktan (respekt); skrämma
awful [ɔ:'] *a* fruktansvärd; F ryslig
awhi'le *adv* en tid bortåt, en stund
awkward [ɔ:'kwəd] *a* 1 tafatt, klumpig; förlägen 2 otrevlig, förarglig
awl [ɔ:l] *s* syl, pryl
awning [ɔ:'] *s* soltält; [fönster]markis
awo'ke imp. o. pp. av *awake*
awry [ərai'] *adv a* 1 vrid|et, -en, [på] sned, snett 2 på tok, galet
ax[e] *s* yxa **~-head** *s* yxhammare
ax'||ial *a* axel- **-is** *s* axel
axle *s* [hjul]axel **~-tree** *s* hjulaxel
ay[e] [ai] *adv* 1*s* ja[röst]; *the ~es have it* svaret är ja 2 [*äv.* ei] [poet.] alltid
azot'ic *a* kvävehaltig
azure [æ'ʒə, ei'ʒə] I *s* 1 lasursten 2 azur, himmelsblått II *a* azur-

B

B, b [bi:] b; [mus.: noten, tonen] h
B. A. [bi:'ei'] = *bachelor of arts*
baa [ɑ:] I *s* bräkande II *itr* bräka
babb'le I *itr* 1 babbla, jollra; pladdra 2 sorla II *s* 1 joller; pladder 2 sorl
ba'bel *s* 1 *B*~ Babels torn 2 hög byggnad 3 luftslott 4 förbistring
baboo'n *s* babian
ba'by *s* litet barn, barnunge **-hood** *s* barndom **-ish** *a* barnslig

baccalaureate [ɔ:'riit] *s* kandidatgrad
bacch||anal [bæ'k] I *a* backanalisk; rumlande; bullersam II *s* 1 back|ant, -usdyrkare 2 backanal **-ic** *a* rusig, yr
baccy [bæ'ki] *s* F tobak
bach'elor *s* 1 ungkarl 2 kandidat; ~ *of arts* filosofie kandidat **-hood** *s* ungkarlsstånd **-ship** se *baccalaureate*
bacill'|us (pl. *-i* [ai]) *s* bacill
back I *s* 1 rygg; *put up o.'s* ~ reta upp sig 2 bak[sida]; ryggstöd, karm; *at the ~ of* bakom 3 bakgrund 4 ~*s* sulläder 5 [sport.] back II *a* 1 bak-; av|lägsen, -sides 2 omvänd; gående bakåt; ~ *numbers* gamla nummer 3 resterande III *adv* 1 bakåt; tillbaka; åter, igen; för .. sedan 2 avsides, bort 3 ~ *of* bakom IV *tr* 1 ligga bakom 2 hålla om ryggen, [under]stödja 3 hålla [vad] på 4 bestiga; rida [in] 5 endossera, 'skriva på' 6 lägga (draga, skjuta) tillbaka; backa V *itr* 1 gå (träda) tillbaka; backa 2 ~ *down* stiga ned; uppge anspråk (en ståndpunkt); ~ *out* gå baklänges ut; dra sig tillbaka **-bite** *tr* baktala **-board** *s* 1 ryggbräde 2 ⚓ hackbräda **-bone** *s* ryggrad **~-current** *s* motström **-er** *s* 1 hjälpare 2 vadhållare **~-fire** *s* bakslag **-gamm'on** *s* brädspel **-ground** *s* bakgrund **-hand[ed]** *a* 1 med handryggen 2 bakåtlutad **-ing** *s* 1 stöd[jande] 2 rygg, bak|-sida, -stycke; foder **-most** *a* bakerst **-set** *s* bakslag; stopp; motgång, motström **~-settler** *s* nybyggare **-stairs** *spl* baktrappa; köksuppgång **-stroke** *s* slag tillbaka **~-sweep** *s* motsjö **-ward** [wəd] *a* 1 bak[åt]vänd; åter- 2 motsträvig; trög 3 efterbliven **-ward[s]** *adv* bak|åt, -ut, -länges, tillbaka **-water** *s* 1 bak|vatten, -ström 2 uppdämt flodvatten; dödvatten **-woods** *spl* avlägsna skogstrakter **~-yard** *s* bakgård
ba'con *s* sidfläsk; [bräckt] skinka
bad *a* 1 dålig, usel; F svår; *go* ~ ruttna, bli skämd; *not [half]* ~ inte oäven (illa) 2 oriktig, falsk; ~ *shot* felgissning 3 ond, elak 4 skadlig 5 sjuk
bade [bæd] imp. av *bid*
badge [bædʒ] *s* [möss]märke, armbindel; utmärkelse-, ordens|tecken
badger [bæ'dʒə] I *s* grävling II *tr* ansätta, plåga **~-dog** *s* tax
badly *adv* 1 dåligt, illa; svårt; *be ~ off* vara fattig 2 högeligen [*want* ~]
baffle *tr* gäcka, omintetgöra; trotsa
bag I *s* 1 säck, påse; väska 2 ~*s* S brallor II *tr* 1 stoppa i säck; stänga in; lagra 2 S knycka III *itr* pösa, stå ut, hänga [löst] **-ful** *s* säck [full]
bag'||gage *s* 1 tross; *bag and* ~ rubb och stubb 2 resgods **-ging** *s* säckväv **-gy** *a* påsig **-man** *s* provryttare
bagnio [bæ'njou] *s* fängelse; bordell
bag'pipe[s] *s* säckpipa
1 **bail** *s* [kricket] tvärpinne
2 **bail** I *s* borgen[sman]; *on* ~ mot borgen II *tr* 1 frigiva mot borgen 2 deponera
bail||ey [bei'li] *s* 1 ringmur 2 slottsgård **-iff** *s* 1 befallningsman; [slotts]fogde 2 exekutionsbetjänt
bait I *tr* 1 hetsa [på] 2 reta, pina 3 agna, sätta bete på; locka II *s* agn, bete
baize *s* boj [tyg]
bake I *tr* baka, grädda; bränna II *itr* hårdna, baka ihop sig **-house** *s* bageri **-r** *s* bagare **-ry** *s* bageri
ba'king-||plate *s* bakplåt **-powder** [au] *s* bak-, jäst|pulver
bal'ance I *s* 1 våg, vågskål 2 motvikt 3 jämvikt[släge] 4 över|makt, -vikt 5 bokslut; saldo, behållning, rest; ~ *due* brist; *strike a* ~ [äv.] gå en medelväg 6 oro [i ur] II *tr* 1 [av-] väga; jämföra; överväga 2 balansera 3 mot-, upp|väga 4 avsluta; saldera III *itr* 1 balansera; stå och väga 2 tveka **-d** *a* stadig, [väl] avvägd; sansad **~-sheet** *s* balans[räkning]
balcony [æ'] *s* balkong; [teat.] andra rad
bald [ɔ:] *a* 1 skallig, kal 2 naken **-ness** *s* skallighet, kalhet **-pate** *s* flintskalle
baldric [ɔ:'] *s* axelgehäng
1 **bale** *s* bal, packe
2 **bale** *tr* ösa [äv. ~ *out*]
ba'leful *a* olycksbringande
balk [bɔ:k] I *tr* 1 dra sig för, undvika, sky; försmå 2 hejda, hindra; gäcka, besvika II *itr* skygga, dra sig
1 **ball** [ɔ:] *s* bal, danstillställning
2 **ball** I *s* 1 boll, klot; ~ *of the eye* ögonsten; *no* ~ [kricket] kastet gillas inte; *three* ~*s* pantlånarskylt 2 kula 3 nystan II *tr* nysta ihop
ballad [bæ'] *s* ballad; visa; *street* ~ slagdänga **~-singer** *s* vis-, gat|sångare
ballast [bæ'] *s* 1 ballast; stadga, jämvikt 2 vägfyllnad **~-train** *s* gruståg
ball-bearings [bɔ:'l] *spl* kullager
ball||erina [bæləri:'nə] *s* balettdansös **-et** [bæ'l(e)i] *s* balett
balloon [bəlu:'n] *s* ballong
ballot [bæ'] I *s* 1 omröstningskula; valsedel 2 [röstnings]resultat 3 lottdragning II *itr* 1 omrösta 2 dra lott
bally [æ'] *a* S väldig, förfärlig
ballyrag [bæ'] F *tr itr* skälla [på]; skoja
balm [bɑ:m] *s* balsam **-y** *a* 1 balsamisk; doftande 2 vederkvickande
Baltic [ɔ:'] *a* baltisk; *the* ~ Östersjön
bamboo' *s* bamburör
bamboo'zle *tr* F lura; förbrylla
ban I *s* 1 uppbåd 2 bann[lysning] 3 förbannelse 4 förkastelsedom; *under a* ~ fågelfri, dömd II *tr* bannlysa
banana [bənɑ:'nə] *s* banan

band I *s* 1 band, snöre; bindel 2 [hjul]ring 3 skärp, bälte 4 ~*s* präst-, advokat|krage 5 sällskap; skara, musik|kår, -kapell II *tr* 1 sätta band på; banda 2 förena [sig] **-age** I *s* bindel II *tr* förbinda **-box** *s* hattask; kartong **-master** *s* musikanförare
bandol||eer -ier [oli'ə] *s* bantlär
band'||sman *s* musikant **-stand** *s* musikestrad
ban'dy I *tr* 1 kasta fram och tillbaka 2 dryfta 3 byta, växla II *s* bandy-[klubba] ~**-legged** *a* hjulbent
bane *s* undergång **-ful** *a* fördärvlig
bang I *tr itr* 1 smälla, slå 2 S bräcka II *s* smäll, knall, duns III *adv* pang
ban'ish *tr* 1 [lands]förvisa 2 visa bort; [bildl.] bannlysa **-ment** *s* förvisning
ban'ister *s* ledstångsstolpe; ~*s* räcke
1 **bank** I *s* 1 [sand]bank 2 driva 3 strand[sluttning] 4 kant II *tr* [in-]dämma III *tr itr* 1 ~ *up* hopa [sig], packa tätt ihop [sig] 2 [flygv.] kränga
2 **bank** *s* roddar-, verk|bänk
3 **bank** I *s* bank II *tr* 1 sätta in [på bank] 2 förvandla i pengar ~**-bill** *s* bankanvisning **-er** *s* bankir, bankdirektör ~**-holiday** *s* bankhelgdag
1 **bank'ing** *s* bankfiske
2 **bank'ing** I *s* bankrörelse II *a* bank-~**-house** *s* bankirfirma
bank'-||note *s* sedel **-rate** *s* diskonto
bank'rupt I *s* bankruttör II *a* bankrutt, konkursmässig **-cy** *s* konkurs
bann'er *s* baner, fana **-ed** *a* flaggprydd
banns *spl* lysning
banquet [bæ'ŋkwit] *s* bankett
bant *itr* banta
ban'ter I *s* skämt II *tr itr* retas [med]
ban'ting *s* bant|ande, -ning
baobab [be(i)'obæb] *s* apbrödsträd
bap't||ism *s* dop, döpelse **-ist** *s* 1 döpare 2 baptist **-ize** [ai'z] *tr* döpa
bar [bɑ:] I *s* 1 stång, spak; tacka 2 [färg]band, strimma 3 [mus.] takt-[streck] 4 rigel; [tull]bom; [stads-]port; hinder; skrank; domstol; advokatstånd 5 bar; disk; krog II *tr* 1 bomma till 2 ~ *out* utestänga 3 spärra; hindra 4 bortse från; ~ *one* utom en 5 protestera mot; S ogilla
barb *s* hulling; ~*ed wire* taggtråd
barbar||ian [bɑ:bɛ'əriən] *s a* barbar[isk] **-ic** [æ'rik] *a* barbarisk **-ism** [bɑ:'b] *s* barbari; barbariskt uttryckssätt **-ity** [æ'ri] *s* grymhet, omänsklighet; barbari **-ize** [bɑ:'b] *tr itr* förvilda[s], göra (bli) grym **-ous** [bɑ:'b] *a* barbarisk; omänsklig
bar'-bell *s* hantel, vikt
bar'ber *s* barberare
bar'berry *s* berberis
bare [bɛə] I *a* 1 bar, naken; kal; ödslig, folktom 2 luggsliten 3 fattig; [ut]blottad 4 blott[a] II *tr* blotta **-back[ed]** *a adv* barbacka **-faced** *a* oblyg, fräck **-foot** *a adv* barfota **-ly** *adv* nätt och jämnt, knappt **-ness** *s* 1 nakenhet 2 torftighet
bargain [bɑ:'gin] I *s* 1 handel, köp; uppgörelse; *into the* ~ [till] på köpet 2 [billigt] köp, rampris, kap II *itr* 1 köpslå, pruta 2 göra upp III *tr*, ~ *away* schackra bort
barge [bɑ:dʒ] I *s* 1 pråm; skuta 2 [prakt]slup; husbåt II *tr* forsla på pråm III *itr* S törna **-e** [i:'] **-man** *s* skut-, pråm|skeppare, roddare
bar-iron [bɑ:'raiən] *s* stångjärn
baritone [æ'] *s a* baryton[-]
1 **bark** I *s* 1 bark 2 S skinn II *tr* 1 barka, garva 2 skrapa skinnet av
2 **bark** I *itr* 1 skälla 2 muttra 3 F hosta II *s* 1 skall 2 gevärssmatter
3 **bark** *s* 1 se *barque* 2 julle, båt
bar'keeper *s* [Am.] krögare, krogvärd
barley [bɑ:'li] *s* korn, bjugg ~**-broth** *s* starkt öl **-corn** *s* korn; *John B*~ ölet ~**-sugar** *s* bröstsocker
barm *s* skum; jäst
bar'||maid -man *s* uppasserska, kypare
barn *s* lada, loge
1 **bar'nacle** *s* prutgås; [bildl.] igel
2 **bar'nacle** *s* nosklämma; S glasögon
bar'n-yard *s* log-, stall|gård
barom'et||er *s* barometer **-ric[al]** [me'] *a* barometer-, barometrisk
bar'on *s* baron; friherre **-age** *s* 1 samtliga baroner 2 adelskalender **-ess** *s* friherrinna **-ial** [ou'] *a* friherrlig
barque [bɑ:k] *s* bark[skepp]
barr'ack *s*, ~*s* [hyres]kasern
1 **barrage** [bɑ:'] *s* fördämning, damm
2 **barrage** [bæ'rɑ:ʒ] *s* spärreld
barr'el *s* 1 fat, tunna; cylinder 2 cylindrisk (rörformig) kropp; vals; bösspipa, lopp ~**-organ** *s* positiv
barr'en *a* 1 ofrukt|sam, -bar 2 torftig, karg; torr 3 gagnlös
barrica'de *s tr* barrikad[era]
barrier [bæ'riə] I *s* 1 barriär; skrank 2 [tull]bom 3 gräns, skiljemur; skranka; hinder II *tr* avskranka
barring [ɑ:'] *prep* F utom
barrister [æ'] *s* [överrätts]advokat
1 **barr'ow** [ou] *s* kummel, ättehög
2 **barrow** *s* bår; skott-, hand|kärra
bar'ter I *itr* idka byteshandel II *tr* byta; schackra bort III *s* byteshandel
bascule [bæ'skju:l] *s* klaff
1 **base** [beis] *a* 1 låg[t stående] 2 simpel, futtig; feg 3 oäkta, falsk
2 **base** I *s* 1 bas; grundval; sockel, fot 2 start-, mål|linje II *tr* basera, grunda **-ball** [bɔ:l] *s* baseboll
base-||born *a* 1 oäkta 2 av låg börd **-court** *s* yttre slottsgård; bakgård
ba'se||less *a* grundlös, overklig **-ment** *s* 1 grundmur, sockel 2 källarvåning
bash'ful *a* blyg, skygg; generad

ba'sic [s] *a* 1 grund- 2 basisk
basin [beisn] *s* 1 skål, [hand]fat 2 bäcken; rund (oval) dal 3 bassäng
bas|is [bei'ṣ|is] (pl. *-es* [i:z]) *s* bas[is]
bask [ɑ:] *itr* sola (gassa) sig
basket [ɑ:'] *s* korg **-ry** *s* korgarbeten
Basque [bæsk] *a s* bask[isk]
basque [bæsk] *s* skört, skörtblus
1 **bass** [æ] *s* bast[korg, -matta]
2 **bass** [ei] I *s* bas[röst, -stämma] II *a* låg, djup, bas-
3 **bass** [æ] *s* lageröl
bassoon [bəsu:'n] *s* fagott
ba'ss-viol [vaiəl] *s* basfiol; violoncell
bast [æ] *s* 1 bast 2 bast|rep, -matta
bastard [bæ'] *s a* oäkta [barn]
ba'ste *tr* tråckla ihop
bastille [bæsti:'l] *s* 1 fästning[storn] 2 *the B~* Bastiljen
1 **bat** *s* läderlapp, fladdermus
2 **bat** I *s* 1 boll-, slag|trä 2 slagman 3 slag 4 S fart II *tr* slå [till], piska III *itr* sköta bollträt, vara inne
batch *s* 1 bak, sats 2 hop; omgång
bate *tr* nedslå; minska, dämpa; dra av
bath [bɑ:þ] *s* 1 bad 2 bad|balja, -kar 3 badrum; *~s* badhus; bad|anstalt, -ort **~-chair** *s* rullstol
bath||e [beið] I *tr itr* 1 bada 2 badda [på] II *s* [frilufts]bad **-er** *s* badande; badgäst **-ing** *s* bad[ning]
bat'on *s* 1 kommandostav 2 battong 3 taktpinne
bat'sman *s* slagman [i kricket]
battal'ion *s* bataljon
1 **batt'en** *s* batten; ribba
2 **batten** *itr* 1 frossa, göda sig 2 fetma
1 **batt'er** *s* smet
2 **batter** *tr itr* 1 piska, slå, krossa; bearbeta 2 bombardera 3 illa till-tyga; nöta ut **-ing-ram** *s* murbräcka **-y** *s* 1 batteri 2 servis 3 misshandel
battle I *s* strid, drabbning, slag; duell II *itr* kämpa **~-array** *s* slagordning **~-cruiser** *s* slag-, linje|kryssare
batt'ledore *s* 1 klappträ 2 [slagträ i] fjäderboll[spel]
batt'le-||field *s* slagfält **-ground** *s* stridsfält **-piece** *s* krigs|målning, -skildring **-plane** *s* krigsflygplan **-ship** *s* slagskepp
battue [bætu:'] *s* klappjakt
bauble [ɔ:] *s* grannlåt; struntsak
Bavarian [bəvɛ'ər] *a s* baj|ersk, -rare
bawl [ɔ:] *tr itr* vråla, skråla
1 **bay** *s* lagerträd; *~s* lager[krans]
2 **bay** *s* havsvik, bukt
3 **bay** *s* 1 nisch 2 burspråk
4 **bay** *s* [stånd]skall; stånd; nödläge
5 **bay** I *a* rödbrun, fuxfärgad II *s* fux
bayonet [be(i)'ənit] *s* bajonett
bay-window [bei'] *s* burspråk
B. C. = *before Christ* f. Kr. **B. C. L.** = *Bachelor of Civil Law* jur. kand. **B. D.** = *Bachelor of Divinity* teol. kand.
be (*was been*) *itr* I *huvudv* 1 vara, finnas [till]; äga rum; [*that is*] *to ~* blivande; *~ it so, so ~ it then* ske alltså! 2 räcka, dröja 3 *here you are!* F här har du! var så god! 4 må; *how are you?* hur mår du? hur står det till? 5 betyda 6 kosta 7 *~ at* ha för sig; ha i kikarn; *~ off* ge sig i väg II *hjälpv* 1 vara, bli[va]; *they are building* de hålla på och bygga; *he is leaving to-morrow* han reser i morgon 2 *am* (*was*) *to* skall (skulle)
beach *s* [havs]strand; badstrand **~-comber** [koumə] *s* havsvåg
bea'con I *s* 1 vårdkas 2 fyr; sjömärke, båk 3 ledstjärna II *tr* lysa, leda
bead *s* 1 radband[skula]; *tell o.'s ~s* läsa sina böner 2 pärla 3 droppe
beadle *s* pedell, [kyrk]vaktmästare
bea'd||-roll *s* namnlista, lång rad **-y** *a* 1 pärl|formig, -prydd 2 pärlande
beagle *s* stövare; spion; spårhund
beak *s* 1 näbb 2 kroknäsa 3 tut, pip 4 udd[e] 5 S polisdomare
beam I *s* 1 bjälke, bom 2 däcksbalk; fartygs bredd (sida) 3 stråle II *tr itr* [ut]stråla; skina
bean *s* 1 böna; *broad ~s* bondbönor; *full of ~s*, *~-fed* F i hög form, livad; *give ~s* S ge på pälsen 2 S karl, gosse **~-feast** *s* kalas, hippa
1 **bear** [bɛə] I *s* 1 björn 2 baissespekulant II *itr* spekulera i prisfall
2 **bear** (*bore borne* o. *born* [i bet. 'född']) I *tr* 1 bära, föra; *~ a hand* hjälpa till 2 *~ o. s.* uppträda, [upp]föra sig 3 hysa 4 uthärda; tåla 5 frambringa; föda 6 *~ down* tynga (trycka) ned; besegra; pressa ned; *it was borne in upon me* det blev klart för mig; *~ out* försvara; bekräfta; *~ up* upprätthålla II *itr* 1 bära 2 tynga, trycka; vila 3 *bring to ~* låta verka; använda; rikta 4 segla, styra; sträcka sig 5 *~ away* länsa undan; *~ [up]on* ha betydelse för; syfta på, avse; ⚔ bestryka; *~ up* hålla modet uppe; hålla stånd; ⚓ hålla av, lova; *~ with* fördraga **-able** *a* dräglig
beard [biəd] I *s* 1 skägg 2 agn, borst II *tr* trotsa **-ed** *a* skäggig
bear||er [bɛ'ə] *s* 1 bärare 2 bud 3 innehavare 4 stöd, underlag **-ing** *s* 1 bärande 2 hållning, uppträdande 3 sköldemärke; *~s* vapen[sköld] 4 betydelse, räckvidd; samband, syftning 5 *~s* lager 6 läge; orientering; ⚓ bäring; *find o.'s ~s* orientera sig
bear||ish [ɛ'ə] *a* björnaktig; grov **-skin** *s* björnskinn[s|krage, -mössa]
beast *s* 1 djur 2 rid-, drag|djur 3 kreatur 4 rå karl, odjur **-ly** I *a* djurisk, rå; F avskyvärd II *adv* F gräsligt
beat (*beat beaten* o. *beat*) I *tr* 1 slå, piska; bulta, hamra; slå med 2 stöta; vispa 3 besegra, över|träffa,

-gå; *it* ~*s me how* F jag begriper inte hur 4 trampa 5 genomleta 6 ~ *it* S kila, gno 7 ~ *out* smida, hamra ut; ~ *up* vispa, röra till; stöta; ~ *up* [*for*] driva upp; trumma ihop II *itr* 1 slå, piska 2 klappa 3 ljuda, gå 4 segla mot vind; kryssa 5 ströva III *s* 1 [taktfast] slag (ljud); trumning 2 rond; pass; område -en *a* 1 slagen 2 besegrad; F utmattad 3 utnött -er *s* drevkarl
beati||fic [biəti'fik] *a* saliggörande -fy [æ'] *tr* göra lycklig; förklara salig
bea'ting *s* 1 slående; kryss &c 2 stryk
beatitude [biæ'] *s* salighet, sällhet
beau [bou] (pl. ~*x* [z]) *s* 1 sprätt 2 beundrare; älskare
beaut||iful [bju:'t] *a* vacker, skön, storartad, härlig -ify *tr* försköna -y *s* skönhet; prydnad; pärla -y-spot *s* 1 musch 2 F vacker plats
bea'ver *s* 1 bäver[skinn] 2 kastorhatt
becalm [ɑ:'] *tr* stilla, lugna
because [bikɔ'z] I *konj* emedan, därför att II *prep*, ~ *of* för [. . skull]
beck *s* vink, nick -on *tr itr* göra tecken [åt]; vinka till sig
becom||e [bikʌ'm] (*became become*) I *itr* bli[va] II *tr* passa, anstå -ing *a* passande, tillbörlig; klädsam
bed I *s* 1 bädd; säng; bolster; strö; *keep o.'s* ~ hålla sig i säng[en]; ligga sjuk; *make the* ~ bädda; *put to* ~ lägga 2 äkta bädd; äktenskap 3 rabatt II *tr* 1 bädda 2 strö åt 3 plantera
bedabb'le *tr* nedstänka, smörja ner
bedaub [ɔ:'] *tr* söla (kludda) ner
bed'||clothes *spl* sängkläder -ding *s* 1 sängkläder 2 strö 3 underlag
bedeck' *tr* pryda, smycka
bedev'il *tr* 1 tilltyga; pina 2 förhäxa
bed'gown [au] *s* natt|skjorta, -linne
bedim' *tr* för|mörka, -dunkla
bedi'zen *tr* grant utstyra
bed'lam *s* dårhus -ite *s* dårhushjon
bedragg'le *tr* smutsa ner
bed'||ridden *a* sängliggande -room *s* sovrum -side *s* [sjuk]bädd --sore *s* liggsår --spread *s* sängtäcke -stead *s* säng
bee *s* bi; *have a* ~ *in o.'s bonnet* ha flugan (en skruv lös)
beech *s* bok[träd] -en *a* av bok, bok-
beef *s* oxkött -eater *s* livgardist; vaktare i Towern -steak *s* biff[stek] ~--tea *s* buljong -y *a* tjock; muskulös
bee'||-hive *s* bikupa --line *s* fågelväg
been pp. av *be*
beer [biə] *s* öl; *small* ~ svagdricka -y *a* 1 öl- 2 rörd av öl
beeswax [bi:'z] I *s* bivax II *tr* bona
beet *s* beta; *red* ~ rödbeta
1 **beetle** *s* skalbagge
2 **beetle** *s* stor träklubba; 'jungfru'
3 **beetle** *itr* skjuta fram; hänga ~--browed *a* med buskiga ögonbryn
be||fall [ɔ:'] *tr itr* hända, ske, drabba -fit' *tr* passa, anstå -fog' *tr* 1 insvepa i dimma 2 förvirra -foo'l *tr* narra, lura
before [bifɔ:'] I *prep* framför; [in]för; före; ~ *long* inom kort II *adv* framför, före; förut III *konj* innan, förrän -hand *adv* på förhand, i förväg
befou'l *tr* smutsa ned, orena
befriend [fre'nd] *tr* hjälpa, gynna
beg *tr itr* 1 tigga 2 bedja [om]; [*I*] ~ *your pardon* förlåt!
began' imp. av *begin*
beget' *tr* avla, föda; frambringa
begg'ar I *s* 1 tiggare; fattig stackare 2 F rackare II *tr* göra till tiggare; utblotta; ~ *description* trotsa all beskrivning -ly *a* 1 nödställd, utblottad 2 torftig; lumpen, ömklig -y *s* armod
begin (*began begun*) I *itr tr* börja -ner *s* nybörjare -ning *s* början, ursprung
begird [gə:'d] *tr* omgjorda; omgiva
begone [gɔ'n] *interj* bort! försvinn!
be||gri'me *tr* inpyra med smuts -grudge [ʌ'dʒ] *tr* missunna -guile [gai'l] *tr* 1 bedraga, lura 2 locka, tjusa 3 förkorta, fördriva -gun' pp. av -*gin*
behalf [ɑ:'f] *s*, *on* (*in*) *a p.'s* ~ i ngns ställe, för ngn, [p]å ngns vägnar
beha'v||e I *itr* uppföra (bete) sig; bära sig åt; fungera II *rfl* uppföra sig [väl], skicka sig -ed *a* -artad -iour [jə] *s* uppförande; hållning; uppträdande; *during good* ~ för livstid
behead [he'd] *tr* halshugga
behi'nd I *prep* bakom, efter; *be* ~ *time* komma för sent II *adv* bakom; bak|på, -till; bakåt, tillbaka; efter [sig], kvar -hand *adv a* efter[bliven]; efteråt; för sen[t]
beho'ld *tr* skåda, se; ~! si! -en *a* tack skyldig [*to*] -er *s* åskådare
beho've *tr* hövas, passa
be'ing *s* 1 tillvaro, existens; liv; *in* ~ existerande 2 väsen; varelse
bela'bour *tr* prygla, klå upp; överösa
be||la'ted *a* 1 överraskad av mörkret 2 försenad -lay' *tr* belägga, göra fast
belch I *itr* rapa II *tr* utspy [eld &c] III *s* 1 rapning 2 utspyende, utbrott
beleaguer [li:'gə] *tr* belägra
bel'fry *s* klock|torn, -stapel
Belgian [be'ldʒn] *a s* belg|isk, -ier
belie [lai'] *tr* beljuga; förneka; svika
belie||f [li:'f] *s* tro; övertygelse; tilltro -vable *a* trovärdig -ve *tr itr* tro; tänka; ~ *in* tro [på]; *make* ~ låtsas
belitt'le *tr* minska; förringa
bell *s* klocka, bjällra; ⚓ glas
bell'i||cose *a* krigisk -gerent [i'dʒ] *a s* stridande, krigförande [makt]
bellow [be'lou] *itr* böla; ryta; dundra
bellows [be'louz] *spl* [blås]bälg
bell'-pull *s* klocksträng; ringknapp
bell'y I *s* 1 buk, mage 2 [ihåligt] inre 3 rundning II *itr* bukta sig, svälla

belong' *itr*, ~ *to* tillhöra; tillkomma; passa; ~ *under* (*in*) höra hemma i **-ings** *spl* tillhörigheter; grejor
beloved [ʌ'] I *a* älskad II *s* älskling
below [ou'] *prep adv* nedanför, under; nedan; nere
belt I *s* 1 bälte; skärp; rem; *hit below the* ~ slåss mot reglerna 2 gehäng II *tr* 1 omgjorda 2 prygla
bemi're *tr* ned|söla, -smutsa
bemoan [ou'] *tr* begråta, beklaga
bench *s* 1 bänk, säte 2 rätt, domstol; *King's B*~ överrätt, domare 3 *the Treasury B*~ regeringsbänken
bend (*bent bent*) I *tr* 1 böja, kröka 2 bända, spänna 3 [in]rikta; vända, styra 4 luta [ner] 5 kuva 6 ⚓ sticka på II *itr* 1 böja sig 2 luta sig [ner]; buga sig 3 [ge] vika III *s* 1 böjning; bukt, kurva 2 knut, knop
beneath [i:'þ] *adv prep* nedanför, nedom, under; ~ *him* ovärdigt honom
benedic'tǁine [beni] I *a* benediktiner- II *s* benediktin[er] **-ion** *s* välsignelse
benefac'tǁion *s* 1 välgörenhet 2 donation, gåva **-or** *s* 1 välgörare 2 gynnare, donator **-ress** *s* välgörarinna
beneficǁe [be'nifis] *s* pastorat **-ent** [bine'f] **-ial** [fi'ʃl] *a* välgörande **-iary** [fi'ʃəri] *s* 1 pastoratsinnehavare 2 understödstagare
ben'efit I *s* 1 fördel, nytta, vinst; understöd; ~ *club*, ~ *society* sjuk-, pensions|kassa; *medical* ~ fri läkarvård 2 recett[föreställning] II *tr* gagna III *itr* draga nytta, vinna
benev'olǁence *s* välvilja, godhet **-ent** *a* välvillig; välgörenhets-
benighted [ai't] *a* 1 överraskad av natten 2 okunnig
benign [ai'n] *a* 1 välvillig, god[hjärtad] 2 gynnsam; välgörande 3 godartad **-ant** [i'g] *a* 1 vänlig, nådig 2 gynnsam **-ity** [i'g] *s* välvilja
bent I *s* böjelse, håg, benägenhet; anlag II *a* 1 böjd, krokig; rynkad 2 *be* ~ *on* vara inriktad på, ha i sinnet
benumb [ʌ'm] *tr* göra stel; förlama
beǁqueath [kwi:'ð] *tr* efterlämna **-quest'** *s* testamente; donation
be|rea've (reg. el. *-reft -reft*) *tr* beröva, plundra, bortrycka från; ~*d* ensam, sörjande, fader-, moder|lös **-ment** *s* förlust, sorg, ensamhet; dödsfall
berr'y I *s* bär II *itr* plocka bär
berth [bə:þ] I *s* svajrum; ankarplats; koj, hytt; anställning II *tr* förtöja
beǁsee'ch (*-sought -sought* [ɔ:'t]) *tr* anropa, bedja **-see'm** *tr* passa [sig för], anstå
beset' *tr* 1 besätta, belägra, om-, in|ringa 2 ansätta, anfäkta; åtfölja **-ting** *a* inrotad; ~ *sin* skötesynd
besi'de *prep* 1 bredvid, nära 2 ~ *o. s.* utom sig **-s** [z] I *adv* dessutom II *prep* [för]utom, jämte
besiege [i:'dʒ] *tr* 1 belägra 2 bestorma
beǁslav'er -slobb'er *tr* dregla ner **-smea'r** *tr* smeta ner **-sot'** *tr* förslöa **-sought** se *-seech* **-spatt'er** *tr* 1 nedstänka; stänka omkring 2 överösa; nedsvärta
bespea'k *tr* 1 beställa 2 visa; förebåda
besprink'le *tr* bestänka; beströ
best I *a adv* bäst; ~ *girl* [Am.] fästmö; ~ *man* brudgums marskalk II *s* bästa, fördel; *at* ~ i bästa fall; *at o.'s* ~ som bäst; *get* (*have*) *the* ~ *of it* avgå med segern; *to the* ~ *of my knowledge* såvitt jag vet III *tr* F överlista
bes'tial *a* djurisk; rå **-ity** [æ'] *s* råhet
bestir [ə:'] *rfl* röra på sig; skynda sig
bestow [ou'] *tr* 1 ägna, använda 2 ~ [*up*]*on* bestå, skänka, bevilja
bestri'de *tr* sätta (ställa) sig (sitta, stå) grensle över; rida på
bet I *s* vad[hållning] II (*bet bet*) *tr itr* hålla (slå) vad [om]; tippa; *you* ~ S [isht Am.] var lugn för det
betake *rfl* bege sig; ta [sin tillflykt]
beti'de *tr itr* hända, vederfaras
beti'mes *adv* tidigt; i [god] tid
beto'ken *tr* 1 bebåda 2 vittna om
betray' *tr* 1 förråda; svika; röja, yppa 2 förleda **-al** *s* 1 svek 2 avslöjande
betro'th [ð] *tr* trolova **-al** *s* trolovning
1 **bett'er** *s* vadhållare; tippare
2 **better** I *a adv* bättre; *for* ~ *or for worse* i nöd och lust; *get the* ~ *of* besegra, överlista; *go one* ~ bjuda över; *you had* ~ *go* det är bäst du går II *s*, *o.'s* ~*s* bättre folk III *tr itr* 1 förbättra[s] 2 ~ *o. s.* skaffa sig bättre plats (lön) **-ment** *s* förbättring
bett'ǁing *s* vadhållning **-or** *s* vadhållare
betwee'n I *prep* [e]mellan; bland [ibl. *betwixt*]; ~ *us* tillsammans II *adv* däremellan **-whiles** *adv* emellanåt
bev'el I *s* sned kant II *tr* snedslipa
bev'erage *s* [läske]dryck
bev'y *s* flock; hop, sällskap
bewai'l *tr itr* klaga, sörja [över]
beware [wɛ'ə] *tr* akta sig, se upp
bewil'der *tr* för|villa, -virra, -brylla **-ment** *s* förvirring; virrvarr
bewit'ch *tr* förhäxa; [för]tjusa, bedåra
bewray [birei'] *tr* yppa, röja
beyon'd *prep* 1 (äv. *adv*) bortom, på andra sidan [om], längre [än till] 2 [ut]över; mer än, utom; ~ *belief* otrolig; *it is* ~ *me* det övergår mina krafter (min fattningsförmåga); ~ *recovery* räddningslös, obotlig
bias [bai'əs] I *s* 1 avvikning[smån] 2 benägenhet; förkärlek; partiskhet; fördom; [sido]inflytande II *tr* göra ensidig; påverka **-[s]ed** *a* 1 excentrisk; lutande 2 påverkad, partisk
bib I *s* hak-, bröst|lapp II *itr* supa
bi'blǁe *s* bibel **-ical** [bi'b] *a* biblisk
bib'lioǁmaniac [ei'niæk] *s* biblioman, bokvurm **-phile** [bi'b] *s* bokälskare

bibulous [bi'bju] *a* 1 som suger i sig; ~ *paper* läskpapper 2 supig
bicen'tenary [bai] *a* tvåhundraårs-
bick'er *itr* 1 träta, munhuggas 2 smattra, klappra; fladdra
bicycl|le [bai'sikl] I *s* cykel II *itr* cykla **-ist** *s* cyklist
bid (*bade bidden* äv. *bid bid*) I *tr* 1 befalla 2 bjuda 3 säga, hälsa 4 bjuda [pris] II *s* bud **-der** *s* spekulant **-ding** *s* 1 befallning 2 inbjudan 3 [an]bud
biennial [baie'njəl] *a* tvåårig
bier [biə] *s* lik|bår, -vagn
bifurcate [bai'fə:keit] *tr itr* dela [sig]
big *a* 1 stor, grov, tjock, väldig 2 dräktig; full 3 morsk, vräkig
bigamy [bi'gəmi] *s* tvegifte, bigami
bigaroo'n [bigə] *s* bigarrå
bight [bait] *s* vik, bukt
big'ness *s* storlek, grovlek
big'ot *s* fanatiker **-ed** *a* fanatisk
big'wig *s* F storgubbe, pamp
bijou [bi:'ʒu:] (pl. *-x* [-]) *s* smycke
bike *s itr* F cyk|el, -la
bilat'eral [bai] *a* tvåsidig
bil'berry *s* blåbär
bile *s* 1 galla 2 gallsjuka; dåligt lynne
bilge [bildʒ] *itr* 1 springa läck 2 svälla
bil'iary *a* hörande till gallan, gall-
bilingual [baili'ŋgwəl] *a* tvåspråkig
bil'ious *a* 1 gall-; gallsjuk 2 argsint
1 bill *s* 1 hillebard 2 trädgårdsskära
2 bill I *s* näbb II *itr* näbbas; ~ *and coo* kyssas och smekas
3 bill I *s* 1 lagförslag; proposition; motion 2 *find a true* ~ besluta om åtal 3 räkning, nota 4 anslag, affisch, program 5 växel; ~ *at sight* avistaväxel; *bank post* ~ postremissväxel 6 förteckning, lista; ~ *of divorce* skiljebrev; ~ *of fare* matsedel; ~ *of lading* konossement, fraktsedel; ~ *of sale* köpebrev II *tr* affischera ~-**-broker** *s* växelmäklare
1 bill'et *s* 1 vedträ 2 liten metallstång
2 billet I *s* 1 inkvartering; mål 2 F anställning II *tr* inkvartera ~-**-doux** [bi'leidu:'] *s* kärleksbrev
bill'-hook *s* trädgårdsskära
bill'iards *spl* biljard[spel]
bill'ingsgate *s* skällsord, rått språk
bill'ion *s* 1 billion 2 [Am.] milliard
bill'ow [ou] *s itr* bölja
bill'-|poster -sticker *s* affischör
bill'ycock *s* plommonstop
bill'y-goat *s* getabock
bimet'allism [bai] *s* dubbelmyntfot
bi-monthly [baimʌ'nþli] *a adv* varannan månad el. två gånger i månaden
bin *s* lår, binge; fack
bind [ai] (*bound bound*) *tr* 1 binda [fast], fästa; hopbinda 2 [om]vira; förbinda 3 kanta, sko 4 förplikta, ålägga; *I'll be bound* F [det] försäkrar jag; ~ *down* tvinga 5 ~ *up* binda ihop; förena; förbinda **-er** *s* 1 [bok]bindare 2 band; förbindning 3 lös pärm **-ing** *s* 1 bindning 2 förband 3 [bok]band 4 bård **-weed** *s* åkervinda
bine *s* [humle]ranka, reva
binn'acle *s* ⚓ nakterhus
binocular [bainɔ'kjulə] I *a* för (med) båda ögonen II *s*, ~*s* kikare
biograph|er [baiɔ'grəfə] *s* levnadstecknare **-ic[al]** [æ'] *a* biografisk **-y** *s* biografi, levnadsteckning
biolog|ic[al] [baiolɔ'dʒik] *a* biologisk **-ist** [ɔ'l] *s* biolog **-y** [ɔ'l] *s* biologi
biped [bai'ped] *s a* tvåfot|ing, -ad
bi'plane *s* biplan, tvådäckare
birch [bə:tʃ] I *s* 1 björk 2 [björk]ris II *tr* risa, piska **-en** *a* björk-
bird [bə:d] *s* fågel; ~ *of passage* flyttfågel ~-**call** *s* lockpipa ~-**cherry** *s* hägg ~-**fancier** *s* fågel|kännare, -vän, -handlare ~'**s-eye view** *s* 1 fågelperspektiv 2 överblick ~'**s-nest** I *s* fågelbo II *itr* leta fågelbon
birth [bə:þ] *s* 1 föd|else, -sel 2 upphov; ursprung 3 alster 4 börd **-day** *s* födelsedag **-place** *s* födelseort ~-**rate** *s* födelsetal, nativitet **-right** *s* förstfödslorätt; bördsrätt
bis'cuit [kit] *s* käx; oglaserat porslin
bisect' [bai] *tr* dela i två delar
bish'op *s* 1 biskop 2 [schack] löpare **-ric** *s* biskops|ämbete, -stift
bismuth [bi'zməþ] *s* vismut
bi'son *s* bisonoxe
bissex'tile [ail] *s a* skottår[s-]
bistre *a s* ljust smutsbrun [färg]
1 bit I *s* 1 borr-, hyvel|järn; nyckelax 2 bett; *draw* ~ hålla in II *tr* betsla
2 bit *s* 1 bit, stycke; smula, dugg; *do o.'s* ~ F göra sitt 2 [litet] mynt
bitch *s* hynda, tik; räv-, varg|hona
bi't|le I (*bit bitten* äv. *bit*) *tr itr* 1 bita [i]; bita sig i; sticka[s] 2 svida, bränna [i (på)] 3 gripa in i; nappa 4 *be bit* F bli lurad II *s* 1 bett 2 napp 3 beta, bit mat 4 tag, grepp
bitt'er I *a* 1 bitter, besk; *to the* ~ *end* ända till slut[et] 2 förbittrad 3 skarp, bitande II *s*, ~*s* bitter dryck
bitt'ern *s* [zool.] rördrom
bitt'erness *s* bitterhet; förbittring
bitu'men *s* asfalt, jordbeck
bivalve [bai'] *a s* tvåskalig [mussla]
bivouac [bi'vuæk] *s itr* bivack[era]
bi-wee'kly [bai] *s a adv* halvvecko-[upplaga]; var fjortonde dag
biz *s* S (=*business*) affär, jobb
bizarre [bizɑ:'] *a* bisarr
B. L. =*Bachelor of Law* jur. kand.
blab I *tr itr* babbla II *s* pratmakare
black I *a* svart; mörk; dyster; vred; ~ *eye* blått öga; ~ *friar* dominikan; ~ *game* orre och tjäder II *s* 1 svart färg 2 svärta 3 sotprick; sot [i säd] III *tr*

svärta; blanka; ~ *out* utplåna **-amoor** [əmuə] *s* svarting, morian **-ball I** *s* svart kula, nejsedel **II** *tr* **1** rösta ut (emot), utesluta **2** S ogilla **-beetle** *s* kackerlacka **-berry** *s* björnbär **-bird** *s* koltrast **-board** *s* svart tavla **-cock** *s* orrtupp; orre **-en I** *tr* [ned]svärta **II** *itr* svartna **-ing** *s* blanksvärta **-ish** *a* svartaktig **-guard** [blæ'gɑ:d] **I** *s* skurk, skojare **II** *tr* skälla ut **-guardly** *a* gemen, skurkaktig **-lead** *s* blyerts **-leg** *s* **1** falskspelare; svindlare **2** strejkbrytare ~**-letter** *s* [gammal] frakturstil **-mail I** *s* penningutpressning **II** *tr* utpressa pengar av ~**-pudding** *s* blodkorv **-smith** *s* [grov]-smed; hovslagare **-thorn** *s* slån[buske]

bladd'er *s* blåsa

blade *s* **1** blad, grässtrå **2** blad; klinga **3** skulderblad **4** F karl, kurre

blain *s* böld, blemma

bla'm|able *a* klander-, tadel|värd **-e I** *tr* klandra; förebrå **II** *s* klander, skuld **-ed** *a* S förbaskad **-eful** = **-able -eless** *a* oförsiktig

blanch [ɑ:] **I** *tr* **1** göra vit, bleka **2** ~ *over* släta över **II** *itr* blekna

bland *a* blid, mild, smekande; förbindlig; ironisk **-ish** *tr* fint smickra **-ishment** *s* **1** smicker **2** lockelse

blank I *a* **1** ren, blank, tom; *in* ~ in blanko; ~ *bill* blankett **2** slät, blind- **3** händelse-, innehålls-, uttrycks|lös **4** snopen, förbluffad **5** hjälp-, hopp|lös **6** pur, ren **7** orimmad; ~ *verse* blankvers **II** *s* **1** tomrum, lucka; rent blad **2** prick **3** nit **4** tankstreck

blan'ket [it] **I** *s* **1** [säng]filt; hästtäcke **2** *wet* ~ kalldusch **II** *tr* **1** täcka med filt **2** F nedtysta **-ing** *s* filtar

blank'ly *adv* **1** tomt, uttryckslöst; **1** förfäran **2** blankt, rent

blare [blɛə] **I** *itr* tuta **II** *s* smatter

blar'ney [i] *s* F smicker; skrävel

blasé [blɑ:'zei] *a* blaserad

blasphem|e [fi:'m] *itr tr* häda, smäda **-ous** [æ'] *a* hädisk **-y** [æ'] *s* hädelse

blast [ɑ:] **I** *s* **1** vindstöt, pust **2** [trumpet]stöt **3** blåster **4** explosion; sprängskott **II** *tr* **1** spränga **2** förtorka; skövla; fläcka **3** förbanna **-er** *s* stenssprängare ~**-furnace** *s* masugn

bla'tant *a* skränig, skrikig

1 blaze I *s* **1** stark eld, ljusan låga **2** ~*s* helvete **3** starkt sken; ljushav **4** utbrott **II** *itr* **1** flamma; brinna **2** stråla, lysa **3** ~ *away* F brassa (gå) på

2 blaze I *s* bläs **II** *tr* bläcka [träd]

3 blaze *tr* förkunna; utbasuna

bla'z|er *s* **1** klubbjacka **2** S grov lögn **-ing** *a* **1** flammande **2** hejdundrande

bla'zon I *s* **1** vapensköld **2** blasonering **3** beskrivning **II** *tr* **1** beskriva, måla **2** smycka **3** beskriva, prisa **-ry** *s* **1** heraldik **2** vapen

bleach I *tr* bleka **II** *itr* blekas, vitna

1 bleak *a* **1** kal; öppen och blåsig **2** kylig; kuslig, dyster

2 bleak *s* löja

blear [bliə] *a* **1** [om ögon] sur, röd, skum **2** suddig, dimmig ~**-eyed** *a* sur-, skum|ögd **-y** *a* sur[ögd], skum

bleat *itr tr s* bräka[nde], böla[nde]

bleb *s* bubbla, blåsa; blemma

bleed (*bled bled*) **I** *itr* **1** blöda **2** F punga ut **II** *tr* åderlåta; F pungslå

blem'ish I *tr* vanställa **II** *s* fläck, fel

blench I *itr* studsa **II** *tr* blunda för

blend I *tr* blanda; förena **II** *itr* blanda sig, sammansmälta **III** *s* blandning

bless *tr* **1** välsigna; lyckliggöra **2** prisa **-ed** [id] *a* **1** välsignad **2** lycklig; salig **3** helig **4** förbannad **-edness** [id] *s* sällhet; *single* ~ ungkarlsståndet **-ing** *s* **1** välsignelse; *ask a* ~ läsa bordsbön **2** nåd, gudagåva; lycka

blest *a* [poet.] = *blessed;* F förbaska mig

blether [ble'ðə] *s* munväder

blew [blu:] imp. av *blow*

blight [blait] **I** *s* **1** mjöldagg, rost, sot **2** fördärv **II** *tr* skada, fördärva; gäcka **-er** *s* S skojare; dumbom

blind [ai] **I** *a* **1** blind **2** dunkel, otydlig; dold, hemlig; ~ *alley* återvändsgränd **II** *s* **1** skygglapp **2** spjäljalusi, rullgardin **3** svepskäl **III** *tr* **1** göra blind, blända **2** förblinda; bedraga; ~ *o.s. to* blunda för **3** dölja **4** förmörka **5** blind[er]a **-fold I** *tr* binda för ögonen på **II** *a adv* med förbundna ögon; besinningslös[t] **-man's-buff** *s* blindbock **-ness** *s* blindhet; förblindelse ~**-worm** *s* ormslå

blink I *itr* **1** blinka; plira **2** glimta, skimra **II** *tr* blunda för **III** *s* **1** glimt **2** blink **-ers** *spl* skygglappar

bliss *s* lycksalighet **-ful** *a* lycksalig

blis'ter I *s* **1** blåsa, blemma **2** ⚓ ytterpansar **3** dragplåster **II** *tr* tråka ut

blithe [blaið] *a* munter, glättig

blizz'ard [əd] *s* snöstorm

1 bloat [ou] *tr itr* blåsa upp, svälla

2 bloat *tr* röka sill **-er** *s* böckling

blob *s* **1** droppe **2** färgfläck

block I *s* **1** stock; kloss, kubbe; [klipp]-block **2** stupstock **3** kliché; hattform; perukstock **4** [hiss]block **5** [kompakt] massa; stort parti; *in* ~ **i** klump **6** [byggnads]komplex; kvarter **7** träskalle **8** hinder; stockning **II** *tr* **1** spärra, blockera; innestänga; hindra, mota **2** skissera **-a'de I** *s* blockad **II** *tr* blockera; in[ne]stänga **-head** *s* tjockskalle **-ish** *a* tjockskallig; klumpig ~**-notes** *s* anteckningsbok

bloke *s* F karl

blond(e) **I** *a* blond, ljus **II** *s* blondin

blood [blʌd] **I** *s* **1** blod **2** [druv]saft **3** dråp; blodskuld **4** lidelse; *his* ~ *is up* det kokar i honom **5** ras; släkt,

börd 6 snobb II *tr* åderlåta **-feud** *s* blodshämnd **~-guiltiness** *s* blodskuld **~-guilty** *a* skyldig till mord **~-horse** *s* fullblodshäst **-hound** *s* 1 blod-, spår|hund 2 spion, detektiv **-less** *a* 1 blodlös; blek 2 oblodig **~-letting** *s* åderlåtning **~-poisoning** *s* blodförgiftning **-shed** *s* blodsutgjutelse **-shot** *a* blodsprängd **~-stained** *a* blodbefläckad **~-sucker** *s* 1 blodigel 2 blodsugare **~-vessel** *s* blodkärl **-y** *a* 1 blodig, blod- 2 grym, mordisk; P förbannad
1 bloom I *s* 1 blomma; blom[mor] 2 blomstring[stid], flor; glöd 3 fjun, doft 4 friskhet, fägring II *itr* blomma; blomstra; glöda
2 bloom *s* smältstycke; smälta
bloo'mer *s* 1 S misstag 2 byxkjol
bloo'm||ing *a* 1 blommande 2 S sabla **-y** *a* 1 blombevuxen; blomstrande 2 fjunig, daggig
bloss'om I *s* blomma; blom[mor]; blomning II *itr* blomma **~-faced** *a* rödbrusig **~-nosed** *a* sprit-, röd|näst
1 blot I *s* 1 plump, fläck 2 fel, brist II *tr* 1 bläcka ner 2 stryka ut, utplåna 3 läska III *itr* plumpa
2 blot *s* blotta; *hit a ~* slå en blotta
blotch *s* 1 blemma, finne 2 fläck 3 S läskpapper **-ed -y** *a* finnig; fläckig
blott'||er *s* 1 kludd 2 läskblock 3 kladd **-ing-paper** *s* läskpapper
blouse [blauz] *s* blus
1 blow [ou] (*blew blown*) I *itr* 1 blåsa 2 flåsa; flämta 3 *~ up* explodera II *tr* 1 blåsa; *~ kisses* kasta slängkyssar; *~ o.'s nose* snyta sig 2 *~ the bellows* draga bälgen; trampa orgeln 3 göra andfådd; spränga 4 spränga i luften 5 lägga ägg i, smutsa ner 6 [ut]sprida 7 S förbanna; ge katten i
2 blow (*blew blown*) *itr s* blom|ma, -ning
3 blow *s* slag, stöt; *~s* slagsmål
blow||er [ou'] *s* 1 blåsare 2 bläster 3 [isht Am.] skrävlare **~-fly** *s* spyfluga **~-out** *s* S skrovmål **~-up** *s* 1 explosion, utbrott 2 F ovett **-y** *a* blåsig
blowzy [au'] *a* 1 rödbrusig 2 rufsig
blub I *itr* F lipa II *s* F gråt **-ber** I *s* 1 valspäck, tran 2 manet 3 gråt II *a* tjock, utstående III *tr itr* 1 snyfta fram 2 tjuta **-bered** *a* förgråten
bluchers [blu:'tʃəz] *s* låga kängor
bludgeon [blʌ'dʒn] I *s* mankill, kort käpp, påk II *tr* slå [ned], klubba till
blue [u:] I *a* 1 blå; *the ~ ribbon* Strumpebandsordens band; blå bandet 2 blåklädd 3 nedslagen 4 *true ~* trogen, äkta 5 konservativ 6 lärd [kvinna] II *s* 1 blått; blåelse 2 *dark ~s, light ~s* Oxford-, Cambridge|lag; *win* (*get*) *o.'s ~* komma in i laget 3 konservativ 4 F se *-stocking* 5 *the ~s* F melankoli **~-bottle** *s* 1 blåklint 2 spyfluga **~-jacket** *s* blåjacka **-stocking** *s* blåstrumpa
1 bluff I *tr itr* bluffa; lura II *s* bluff
2 bluff I *a* tvär[brant]; plump; burdus II *s* brant udde (klippa)
bluish [blu'iʃ] *a* blåaktig [äv. *bluey*]
blun'der I *itr* 1 stövla, traska, stappla; *~ upon* stöta på 2 dumma sig II *tr* 1 vansköta 2 *~ away* slarva bort 3 *~ out* slunga fram III *s* grovt misstag, blunder, bock; dumhet
blun'derbuss *s* muskedunder
blunt I *a* 1 slö 2 trög, okänslig 3 rättfram II *tr* avtrubba III *s* S kova
blur [blə:] I *s* 1 fläck, plump 2 suddighet; otydlighet II *tr* 1 bläcka (smeta) ner 2 fläcka 3 sudda ut (över) 4 göra skum[ögd] III *itr* sudda
blurt [blə:t] *tr* skvallra om, slunga ut
blush I *itr* rodna; blygas; vara röd II *s* 1 rodnad 2 skär färg 3 anblick
blus'ter I *itr tr* storma, rasa; skrävla; *~ out* vräka ur sig II *s* skrän, skrävel **-er** *s* skränfock **-ous -y** *a* stormig, bullersam; skrävlande
boa [bou'ə] *s* 1 boa[orm] 2 [dam]boa
boar [ɔ:] *s* [far]galt; *wild ~* vildsvin
board [ɔ:] I *s* 1 bräd|e, -a 2 [anslags]tavla 3 bord; kost; *~ and lodging* inackordering 4 råd; styrelse, nämnd; departement; *B~ of Customs* tullverk; *~ of directors* styrelse; *B~ of Trade* handelsdepartement 5 [skepps]bord; *go by the ~* gå över bord; *on ~* ombord 6 *the ~s* tiljan 7 papp, kartong II *tr* 1 brädfodra 2 hålla mat åt; in-, ut|ackordera 3 äntra; gå ombord på III *itr* vara [hel]inackorderad **-er** *s* 1 inackordering 2 äntergast **-ing** *s* 1 brädvägg 2 inackordering 3 äntring **-ing-house** *s* pensionat **-ing-school** *s* skolhem **~-school** *s* folkskola **~-wages** *s* kostpengar
boast [ou] I *s* 1 skryt 2 stolthet II *itr tr* skryta [med] **-ed** *a* beprisad **-er** *s* storskrytare **-ful** *a* skrytsam
boat [ou] I *s* 1 båt; *take ~* gå ombord 2 [sås]snipa II *itr tr* fara (forsla) i båt **~-hook** *s* båtshake **-ing** *s* båtfärd **-man** *s* roddare **~-race** *s* kapprodd **-swain** [bousn] *s* båtsman
bob I *s* 1 tyngd, sänklod; flöte 2 hårknut; hänglock; polkahår 3 stubbsvans 4 knyck, ryck; knuff 5 S shilling II *itr* 1 hoppa, guppa, dingla; knixa 2 *~ for* nafsa efter III *tr* 1 smälla (stöta) [till] 2 slänga, knycka på; stoppa 3 *~bed hair* polkahår
bobb'in *s* [knyppel]pinne; spole; bobin
bobb'ish *a* S rask, kry .
bobb'y *s* S polis[konstapel]
bob'||sled -sleigh [slei] *s* lång sportkälke; bob **-tail** *s a* stubbsvans[ad]
bode *itr tr* [före]båda **-ful** *a* före-, olycks|bådande

bodice [bɔ'dis] *s* klännings-, under|liv
bod'ily **I** *a* kroppslig, kropps-; *in ~ fear* riktigt rädd **II** *adv* kroppsligen
bod'kin *s* **1** trädnål **2** lång hårnål
bod'y *s* **1** kropp **2** lik **3** *~ of Christ* Kristi lekamen **4** bål **5** [klännings]liv **6** huvuddel **7** stomme, skrov; vagnskorg **8** majoritet **9** människa, person **10** samfund, kår **11** skara; samling **12** styrka, must **~-guard** *s* livvakt
Boer [bo(u)'ə, bu'ə] *s* boer
bog *s* träsk, myr **~-berry** *s* tranbär
bogey [bou'gi] se *bogy*
boggle *itr* **1** studsa, haja till **2** tveka
bogg'y *a* sumpig
bogie [ou'] *s* boggi **~-car** *s* boggivagn
bo'gle *s* **1** fantom, spöke **2** buse
bo'gus *a* fingerad, falsk, sken-
bo'gy *s* **1** den onde **2** spöke; buse
Bohe'mian *a s* **1** böm|isk, -are **2** *b~* bohem[-] **b-ism** *s* bohem[liv]
1 boil *s* spikböld
2 boil *tr itr* koka, sjuda; upphetta **-er** *s* **1** kokkärl **2** ångpanna **3** reservoar
boi'sterous *a* **1** stormig **2** larmande
bold [ou] *a* **1** djärv, dristig, modig **2** framfusig **3** brant **~-faced** *a* fräck
bole *s* trädstam
bolide [bou'laid] *s* meteor, eldkula
boll'ard [əd] *s* pållare, dykdalb
Bol'shev|ik -ist *s a* bolsjevik[isk]
bo'lster **I** *s* **1** dyna, underkudde **2** valk; underlag **II** *tr* **1** stödja med dynor **2** understödja, hjälpa **3** stoppa upp
1 bolt [ou] **I** *s* **1** spik, bult, nagel; skruv **2** regel **3** trubbig pil **4** åskvigg; blixt **5** *make a ~* rusa **II** *itr* rusa; skena, smita **III** *tr* **1** F svälja **2** regla **IV** *adv*, *~ upright* kapprak
2 bolt [ou] *tr* **1** sålla, sikta **2** pröva
bo'lter *s* **1** skenande häst **2** såll, sikt
bo'lt-rope *s* lik [på segel]
bo'lus *s* stort piller
bomb [bɔm] *s* ⚔ bomb, [hand]granat **-ar'd** *tr* bombardera **-ing-raid** *s* luftrãd **-proof** **I** *a* bombsäker **II** *s* bombvalv, kasematt **~-shell** *s* granat
bonan'za *s* rik malmåder; guldgruva
bond *s* **1** [bildl.] band; boja **2** [mur.] förband **3** förbindelse; överenskommelse **4** revers; obligation **5** *in ~* på tullnederlag **6** liga, förbund **-age** *s* träldom **-ed** *a* **1** *~ warehouse* tullnederlag **2** obligations- **-[s]man** *s* **1** träl; slav **2** borgensman
bone **I** *s* **1** ben; knota **2** *~s* kastanjetter; tärningar; fjädrar [i korsett] **3** *~ of contention* tvistefrö; *~ to pick* F nöt att knäcka; gås oplockad; *make no ~s* inte tveka **II** *tr* bena; S knycka **-less** *a* benfri; ryggradslös
bonfire [bɔ'nfaiə] *s* lusteld; bål
bonn'et *s* **1** kapotthatt, huva; mössa **2** [skydds-, rök]huv **3** bulvan; bondfångare **~-box** *s* hattask
bonn'y *a* **1** näpen, söt **2** god, bra
bo'nus *s* premie; dyrtidstillägg
bo'ny *a* **1** ben-, benig **2** knotig
boo *interj* fy! pytt! uh!
boo'by *s* tölp, drummel; jumbo
boodle *s* S **1** pengar; mutfond **2** hop
book [u] **I** *s* **1** bok; häfte; *the B~* bibeln **2** librett **3** vad[lista]; *make a good ~* förtjäna på vad **II** *tr* **1** notera; bokföra; anteckna **2** polletterа **3** tinga, beställa **4** expediera biljett **5** F engagera; inbjuda **~-case** *s* bok|hylla, -skåp **-ing-clerk** *s* biljettförsäljare **-ing-office** *s* biljett|kontor, -lucka **-ish** *a* bok-, litterär; kammarlärd **~-keeper, ~-keeping** *s* bokför|are, -ing **-let** *s* broschyr **-maker** *s* yrkesvadhållare **~-plate** *s* exlibris **~-post** *s* korsband[sförsändelse] **-seller** *s* bokhandlare **~-stall** *s* bokstånd **~-store** *s* bokhandel **-worm** *s* bokmal
1 boom *s* ⚓ bom, spira
2 boom **I** *itr* surra; dåna, dundra **II** *s* dån, dunder, brus; [djup] klang
3 boom **I** *s* **1** hausse; kraftig prisstegring; högkonjunktur; uppsving **2** våldsam reklam **II** *tr* göra reklam för **III** *itr* häftigt stiga, gå framåt
boon *s* ynnest; välsignelse, förmån
boor [buə] *s* **1** bonde **2** tölp
boost *tr* F hjälpa fram, hissa upp
1 boot **I** *s* fördel, vinst; *to ~* till på köpet **II** *tr* båta, gagna
2 boot *s* **1** känga, stövel **2** vagnslåda
booth [bu:ð] *s* tält, salustånd, bod
boo't|jack *s* stövelknekt **-lace** *s* skorem **-legger** *s* spritsmugglare **-maker** *s* skomakare **-s** *s* skoputsare **--top** *s* stövelkrage **- -tree** *s* skoblock, läst
boo'ty *s* byte, rov
booze P **I** *itr* supa, dricka **II** *s* sprit
bo-peep [boupi:'p] *s* titt-ut
bor'der **I** *s* **1** kant; rand **2** gräns[land] **3** bård; list, ram **II** *tr* kanta, infatta **III** *itr*, *~ on* gränsa till; likna
1 bore [bɔ:] imp. av *bear*
2 bore **I** *s* **1** borrhål; rör, kaliber **2** plåga **3** tråkmåns, plågoande **II** *tr* **1** borra, urholka; genomtränga **2** [sport.] tränga ur banan **3** tråka ut
boreal [bɔ:'] *a* nord|lig, -isk
bore|d [bɔ:d] *a* uttråkad, blaserad **-dom** *s* tråkighet; leda **-r** *s* **1** borrare **2** borr
born *a* född; boren **-e** *a* **1** buren **2** född
borough [bʌ'rə] *s* **1** stad; köping **2** stadsvalkrets
borr'ow [ou] *tr* låna **-er** *s* låntagare
bos S **I** *s* bom; fel **II** *itr tr* bomma [på]
bosh *s* F strunt[prat], dumheter
bosk *s* snår, buskage
bosom [bu'zəm] *s* bröst, barm; famn; hjärta, själ; *~ friend* intim vän
1 boss [bɔs] S **I** *s* **1** chef; 'bas', förman; pamp **2** [Am.] ledare **II** *tr* leda

2 boss *s* buckla, knapp, knopp; knöl **-ed -y** *a* i drivet el. upphöjt arbete
botan‖ic[al] [æ′] *a* botanisk; *-ical case* (*tin*) portör **-ist** [ɔ′] *s* botanist **-ize** [ɔ′] *itr* botanisera **-y** [ɔ′] *s* botanik
botch I *s* fuskverk **II** *tr itr* [för]fuska, fuska bort; lappa ihop
both [bouþ] **I** *pron* båda **II** *konj* både
bother [bɔ′ðə] F **I** *tr* plåga, besvära, oroa **II** *itr* **1** vara besvärlig, bråka **2** göra sig besvär, oroa sig **III** *interj*, ~ [*it*]! för tusan! **IV** *s* besvär, bråk
bottle I *s* butelj, flaska **II** *tr* buteljera
bott′om I *s* **1** [det] nedersta, fot, undre del; F ända; [stol]sits **2** botten; djup **3** dalbotten **4** fartyg[sbotten], skrov, köl **5** *at* ~ i grund och botten **II** *a* **1** lägst, sist **2** grund- **III** *tr* **1** sätta botten i **2** nå botten på
bough [bau] *s* trädgren; lövruska
bought [bɔ:t] imp. o. pp. av *buy*
boulder [ou′] *s* **1** kisel-, rull-, buller|sten **2** flyttblock
bounc‖e [au] **I** *itr* **1** studsa; hoppa; störta, rusa **2** F skrodera **II** *tr* **1** F läxa upp; skrämma **2** [Am.] avskeda **III** *s* **1** duns, stöt, slag **2** studsning, hopp **3** F skryt; lögn **IV** *adv* bums, plötsligt **-er** *s* F **1** baddare **2** skrävlare **3** fräck lögn **-ing** *a* stor, grov
1 bound [imp. o. pp. av *bind*] *a* bunden, förpliktad; *is* ~ *to* måste
2 bound *a* segelklar; destinerad
3 bound I *itr* studsa; skutta; hoppa, ila **II** *s* hopp, språng; *by leaps and* ~*s* med väldig fart, med stormsteg
4 bound I *s* gräns **II** *tr* begränsa **-ary** *s* gräns[linje]; skranka
bou′nden *a* ålagd; ovillkorlig
bou′nder *s* S knöl; gåpåare; rackare
bou′nt‖iful *a* frikostig; rik[lig] **-y** *s* gåva; handpengar; premie
bouquet [bu′kei] *s* **1** bukett **2** bouquet
bourgeois [bu′əʒwɑ:] **I** *s* [kälk]borgare **II** *a* [kälk]borgerlig
bout *s* **1** varv, slag, tur **2** dryckeslag **3** dust, kamp **4** anfall
bov‖ine [bou′vain] *a* **1** oxlik, ox- **2** dum **-ril** [ɔ′] *s* köttextrakt, buljong
1 bow [au] **I** *tr* **1** böja, kröka; kuva **2** nicka [till] **3** ~ *in* bugande visa in **II** *itr* buga (böja) sig **III** *s* bugning
2 bow [au] *s* [ofta ~*s*] ⚓ bog, för
3 bow [ou] *s* **1** båge **2** regnbåge **3** stråke; stråkdrag **4** rosett; ~ *tie* 'fluga'
bowel [au′] *s* **1** tarm **2** ~*s* inälvor; mage; innandöme[n]
bower [au′] *s* lövsal; lusthus
1 bowl [ou] *s* **1** bål, skål, spilkum **2** piphuvud, skedblad [o. d.]
2 bowl I *s* boll, klot **II** *itr tr* **1** slå käglor **2** kasta, rulla **3** ~ *out* slå ut
bow-legged [bou′] *a* krok-, hjul|bent
bowler [ou′] *s* **1** kastare **2** ~[*-hat*] styv filthatt, kubb
bowline [bou′lin] *s* ⚓ bolin
bowling [ou′] *s* kul-, kägel|spel; **bowling** ~**-alley** *s* kägel|bana, -salong ~**-green** *s* gräsplan för kulspel
1 bowman [ou′] *s* bågskytt
2 bow‖man [au′] **--oar** [-′ɔ:] *s* etc., bogåra **-sprit** [ou] *s* bogspröt
bow-window [bou′] *s* burspråk
bow-wow [bau′wau′] *interj s* vov-vov
1 box *s* buxbom
2 box *s* **1** låda, kista, skrin; ask, dosa; bössa; koffert; ~*es* bagage **2** [sjuk-] kassa **3** kuskbock **4** avbalkning, bås; fack, box; spilta **5** [teater]loge; hytt **6** [vakt]kur; [jägar]koja
3 box I *s* slag med handen; ~ *on the ear* örfil **II** *tr itr* boxa[s]
box′-bed *s* sängskåp; turistsäng
box′‖er *s* boxare **-ing** *s* boxning
Box′ing-day *s* annandag jul
box′wood *s* buxbom
boy *s* **1** gosse, pojke **2** uppassare
boy′cott *s tr* bojkott[a]
boy′‖hood *s* gossår, barndom **-ish** *a* **1** pojkaktig **2** barnslig
brac‖e I *s* **1** spänne; band **2** ~*s* hängslen **3** klammer[tecken] **4** häng-, fjäder|rem **5** sträva **6** ⚓ brass **7** [hund]koppel; par **II** *tr* **1** binda om; dra till, spänna; stärka **2** ⚓ brassa **-elet** *s* armband; S handklove **-er** *s* armskena **-ing** *a* stärkande
brack′en *s* bräken; ormbunke
brack′et I *s* **1** kragsten, konsol **2** konsolhylla **3** gasarm **4** ~*s* klammer, parentes **II** *tr* sätta inom parentes; förena med klammer; jämställa
brack′ish *a* saltaktig, bräckt
brad′bury [əri] *s* S enpundssedel
brae [brei] *s* stup, sluttning
brag I *itr* skryta, skrävla **II** *s* skrävel **-gart I** *s* skrävlare **II** *a* skrävlande
braid I *s* **1** [hår]fläta **2** hårband **3** garnerings-, kant|band, snodd; träns **II** *tr* **1** fläta, sno **2** binda **3** kanta
brain *s* hjärna; ~*s* hjärnmassa; ~[*s*] förstånd, begåvning **-less** *a* tanklös, enfaldig ~**-pan** *s* huvudskål **-sick** *a* svagsint **-y** *a* F skarp[sinnig]
braise [z] *tr* steka, stuva
1 brake *s* = a) *bracken* b) *break III, 5*
2 brake I *s* [lin]bråka **II** *tr* bråka
3 brake *s tr* broms[a] **-sman** *s* bromsare ~**-van** *s* bromsvagn
bramble *s* björnbärsbuske
bran *s* kli, sådor
brancard [bræ′ŋkəd] *s* hästbår
branch [brɑ:nʃ] **I** *s* **1** gren, kvist; utgrening **2** filial **II** *itr* grena sig; ta av **III** *tr* grena **-let** *s* liten gren ~**-line** *s* bibana **-y** *a* grenig
brand I *s* **1** brand; fackla **2** brännjärn **3** brännmärke; stämpel **4** sort **II** *tr* [in]bränna; [bränn]märka **-ish** *tr* svänga, svinga ~**-new** *a* splitter ny

bran'dy *s* konjak
brass [ɑ:] *s* 1 mässing; brons; *sounding* ~ ljudande malm 2 minnes|plåt, -tavla 3 *the* ~[*es*] bleckinstrumenten 4 S pengar 5 F fräckhet
brassard [bræsɑ:'d] *s* armbindel
brass||**founder** [ɑ:'] *s* gälbgjutare **-y** *a* 1 mässings- 2 F fräck 3 skrällig
brat *s* [barn]unge
bravado [vɑ:'] *s* karskhet, skryt
brave I *a* modig, tapper II *tr* trotsa **-ry** *s* mod, tapperhet
bravo [ɑ:'] I *interj* bravo! II *s* bandit
brawl [ɔ:] I *itr* 1 träta, larma 2 sorla II *s* träta, oväsen **-er** *s* grälmakare
brawn [ɔ:] *s* 1 muskelkött 2 salt fläsk; sylta **-y** *a* stark, muskulös
1 **bray** I *itr* 1 skria 2 skrälla, smattra II *s* 1 skri[ande] 2 skräll
2 **bray** *tr* stöta, krossa
1 **braze** *tr* löda ihop
2 **braze** *tr* mässingsbeslå; bronsera **-n** *a* 1 av malm (brons, mässing) 2 stark (gul, skrällig) som mässing 3 fräck
1 **bra'zier** *s* gälbgjutare, kopparslagare
2 **brazier** *s* fyrfat, glödpanna
breach *s* 1 bryt|ande, -ning, brott 2 brottsjö 3 rämna, bräcka, bräsch
bread [bred] *s* 1 bröd; ~ *and butter* smörgås[ar] 2 levebröd ~**-crumb** *s* 1 inkråm 2 ~*s* brödsmulor, rivebröd ~**-stuff** *s* spannmål, brödsäd; mjöl
breadth [bredþ] *s* bredd, vidd; rum
bread'-winner *s* familjeförsörjare
break [ei] (*broke broken*) I *tr* 1 bryta [sönder], slå sönder; bräcka, knäcka; spränga 2 förstöra, tillintetgöra, krossa, undertrycka; ruinera 3 rådbråka 4 tämja, dressera 5 överträda 6 bryta [sig] genom (ut ur) 7 yppa, meddela 8 avbryta, störa; ~ *o. s. of* vänja sig av med 9 ~ *in* vänja [att lyda]; rida in; ~ *up* bryta (hugga, slita) sönder, upplösa II *itr* 1 brista; gå sönder; gå upp 2 förändras; ändra riktning 3 försvagas 4 lösgöra sig 5 ~ *into* bryta sig in i 6 bryta fram, framträda; spricka ut; gry 7 ~ *away* ge sig av, slita sig lös; ~ *down* falla ihop; gå sönder; misslyckas; svika; bli bruten; ~ *forth* bryta ut (fram); utbrista; ~ *in* bryta in, infalla; ~ *off* avbryta [sig]; lösgöra sig; ~ *out* bryta sig ut (fram); utbrista; ~ *up* bryta upp, skiljas [åt], upphöra III *s* 1 bryt|ande, -ning 2 bräckning, inbrott 3 riktningsändring 4 spricka; öppning; avbrott; lucka 5 vurst **-able** *a* brytbar, bräcklig **-age** *s* 1 krossande 2 [ersättning för] sönderslaget gods 3 [av]brott ~**-down** *s* 1 sammanbrott; misslyckande 2 trafikstörning **-er** *s* bränning **-fast** [bre'kfəst] *s itr* [äta] frukost **-neck** *a* hals-brytande ~**-up** *s* upplösning, slut **-water** *s* vågbrytare, pir, hamnarm
bream *s* braxen
breast [e] I *s* bröst, barm II *tr* möta ~**-pin** *s* kråsnål **-work** *s* bröstvärn
breath [breþ] *s* 1 andedräkt; anda; andning; *waste* ~ tala förgäves; *out of* ~ andfådd 2 ande|tag, -drag 3 andrum 4 fläkt 5 suck, viskning **-e** [bri:ð] I *itr* 1 andas 2 andas ut, vila litet 3 fläkta 4 ~ *of* ha en fläkt av II *tr* 1 [ut-, in]andas; sprida [doft] 2 [fram]viska 3 låta andas ut **-ing** [i:'ð] I *s* andning; fläkt II *a* levande **-less** *a* 1 and|fådd; -lös 2 utan en fläkt
bred imp. o. pp. av *breed*
breech *s* ⚔ bakstycke **-es** [bri'tʃiz] *s pl* [knä]byxor ~**-loader** *s* bakladdare
breed (*bred bred*) I *tr* 1 [fram]föda 2 alstra, väcka 3 uppföda 4 [upp-] fostra, utbilda II *itr* 1 få (ha) ungar; föröka sig 2 uppstå, sprida sig III *s* ras, avel; släkte **-er** *s* uppfödare **-ing** *s* 1 alstring; uppfödande 2 fostran
breez||**e** *s* 1 bris, fläkt, kultje 2 F gräl **-y** *a* 1 blåsig, luftig; sval 2 munter
brethren [bre'ðrin] *spl* bröder
Bret'on *a s* bretagn|isk, -are
brevity [e'] *s* korthet
brew [bru:] I *tr* 1 brygga 2 blanda, koka ihop II *itr* vara i annalkande (i görningen) III *s* brygd; bryggande **-er** *s* bryggare **-ery** *s* bryggeri
briar se *brier*
bribe I *s* mutor II *tr* muta, besticka **-ry** *s* bestickning, mutor
bric'-à-brac *s* antikviteter
brick I *s* 1 tegel[sten] 2 bit; bulle, kaka; brikett 3 S hedersprick II *tr*, ~ *up* mura igen ~**-field** *s* tegelslageri ~**-kiln** *s* tegelugn **-layer** *s* murare ~**-maker** *s* tegelslagare **-work** *s* 1 murverk 2 ~*s* tegelbruk
bri'dal I *s* bröllop II *a* bröllops-
bride *s* brud **-cake** *s* bröllopstårta **-groom** *s* brudgum **-smaid** *s* brudtärna **-sman** *s* brudgums marskalk
bridge [i'dʒ] I *s* 1 bro; brygga 2 näsrygg 3 fiolstall II *tr* slå bro över
bri'dle I *s* 1 betsel 2 tygel, tvång II *tr* 1 betsla 2 tygla III *itr* sätta näsan i vädret ~**-path** *s* ridväg
bridoo'n *s* bridong, tränsbetsel
brief [bri:f] I *s* 1 påvebrev 2 [jur.] sammandrag, resumé; talan II *a* kort[fattad, -varig]; *in* ~ kort sagt
1 **brier** [brai'ə] *s* törn-, nypon|buske; *sweet* ~ lukttörne
2 **brier** *s* 1 ljung[art] 2 briarpipa
brig||**a'de** *s* brigad; kår **-adier** [ədi'ə] *s* brigadchef **-'and** [ənd] *s* stråtrövare
brig'antine [i:n] *s* skonertbrigg
bright [brait] *a* 1 klar, ljus, lysande; blank 2 glad, lycklig 3 kvick, livlig, pigg, vaken **-en** I *tr* 1 upplysa, 'för-

gylla'; polera 2 uppmuntra, liva, II *itr* klarna, ljusna **-ness** *s* klarhet
Bri'ght's disease *s* [läk.] äggvita
brill *s* slätvar
brill'ian‖ce -cy *s* 1 glans, prakt 2 talang **-t** I *a* glänsande II *s* briljant
brim I *s* 1 brädd, kant 2 brätte II *tr* brädda III *itr* vara bräddad; ~ *over* flöda över **-mer** *s* bräddad bägare
brimstone [bri'mstən] *s* svavel
brin'dle[d] *a* brokig, strimmig
brine *s* salt|vatten, -lake; *the* ~ havet
bring (*brought brought*) *tr* 1 komma med; ha med sig; hämta, ta in (fram, ner); bringa, föra; ~ *a p. to himself* (*to his senses*) få ngn att ta reson 2 fram|bringa, -kalla; förorsaka; förmå, få; ~ *to pass* åstadkomma 3 framlägga; väcka 4 ~ *about* åstadkomma; ⚓ vända; ~ *down* skjuta ned, nedlägga; förödmjuka; sänka; ~ *down the house* väcka stormande applåder; ~ *down upon* ådraga; ~ *forth* fram|bringa, -föda; ~ *in* införa; framdraga; inbringa; ~ *on* förorsaka; bringa på tal; ~ *out* få fram; visa; införa i sällskapslivet; uppföra; ge ut; ~ *round* väcka till sans; ~ *through* rädda; ~ *to* hejda; ~ *under* kuva; ~ *up* föra (lyfta, driva) upp; uppfostra, utbilda; uppföda; inkalla; uppkalla; ankra; stanna
brink *s* rand, kant, brant
bri'ny *a* salt
briquet [bri'kit] **-te** [e't] *s* brikett
brisk I *a* 1 livlig, rask 2 frisk; munter II *tr*, ~ [*up*] uppliva; påskynda
bris'ket *s* bringa [av djur]
bristl‖e [brisl] I *s* [svin]borst II *itr* 1 resa sig, stå på ända 2 morska upp sig 3 ~ *with* vara full av III *tr* resa [hår] **-y** *a* borstlik, full av borst
Brit‖ann'ic -ish [i't] *a* brittisk; engelsk **-isher** [i't] *s* britt **-on** [itn] *s* britt
brittle *a* spröd, skör, bräcklig
broach [ou] I *s* 1 stekspett 2 tornspira II *tr* 1 slå upp 2 framkasta
broad [ɔ:] I *a* 1 bred; vid[sträckt]; ~ *way* stor landsväg 2 full, klar; ~ *daylight* ljusa dagen 3 tydlig; huvudsaklig; ~*ly speaking* i stort sett 4 rak på sak, rå, grovkornig; uppsluppen 5 fri[sinnad], fördragsam II *adv*, ~ *awake* klarvaken ~**-ax[e]** *s* timmeryxa ~**-bean** *s* bondböna **-cast** I *tr* så för hand; sprida II *tr itr* rundradiera III *s* 1 bredsåning 2 radioutsändning **-casting** *s* radio **-cloth** *s* svart kläde **-en** I *tr* göra bred; utvidga II *itr* bli bred, utvidgas ~**-gauge** I *s* bred spårvidd II *a* bredspårig ~**-minded** *a* fördomsfri **-sheet** *s* stort ark; plakat **-side** *s* 1 [fartygs]-sida 2 bredsida 3 = *-sheet* **-sword** *s* slagsvärd **-ways -wise** *adv* på bredden
brogue [broug] *s* 1 grov sko; sportkänga 2 landsmål; irländskt uttal
1 **broil** *s* larm, oväsen, bråk
2 **broil** I *tr* halstra, rosta; steka II *itr* vara glödhet III *s* halstrat kött
broke imp. av *break* **-n** [pp. av *break*] *a* 1 bruten, bräckt, sönder[slagen], trasig 2 [ned]bruten; förkrossad; ruinerad **-n-hearted** *a* [ned]bruten
bro'k‖er *s* 1 mäklare; agent 2 utmätningsman **-erage** *s* 1 mäkleri 2 mäklarearvode **-ing** *s* mäkleri
bromine [brou'min] *s* brom
bronch‖ia [brɔ'ŋkiə] *spl* bronker **-ial** *a* luftrörs- **-itic** [i't] *a* luftrörs- **-itis** [ai't] *s* bronkit, luftrörskatarr
bronze [brɔnz] *s* brons[sak, -figur]
brooch [ou] *s* brosch, bröstnål
brood [u:] I *s* 1 kull 2 avföda, yngel 3 hop, flock II *itr* 1 ruva 2 vila, hänga 3 grubbla III *tr* kläcka [ut] ~**-hen** *s* ligghöna **-y** *a* liggsjuk
1 **brook** [u] *tr* tåla, medge
2 **brook** *s* bäck **-let** *s* liten bäck
broom *s* 1 ginst 2 kvast
Bros. [brʌ'ðəz] = *brothers*
broth [brɔþ, pl. brɔ:ðz] *s* [kött]spad, buljong; köttsoppa
brothel [brɔðl] *s* bordell
brother [brʌ'ðə] *s* 1 (pl. ~*s*) broder 2 (pl. *brethren* [bre'ðrin]) med-, tros-, yrkes|broder; ~ *in arms* vapenbroder **-hood** *s* broderskap, samfund ~**-in-law** *s* svåger **-ly** *a* broderlig
brougham [bru:m] *s* kupé
brought [brɔ:t] imp. o. pp. av *bring*
brow [au] *s* 1 ögonbryn; *bend* (*knit*) *o.'s* ~*s* rynka pannan 2 panna; min, uppsyn 3 utsprång, rand; krön **-beat** *tr* spela översittare mot
brown [au] I *a* brun; ~ *study* funderingar II *s* S kopparslant III *tr* bryna
browse [brauz] I *s* 1 löv, skott; bete 2 betande II *itr tr* [av]beta
Bruin [bru'in] *s* Nalle
bruise [bru:z] I *s* blånad, blåmärke; stöt, fläck II *tr* 1 mörbulta 2 krossa III *itr* boxas **-r** *s* F yrkesboxare
brumm'agem [ədʒəm] *s a* imitation[s-]
brunt *s* värsta tyngd; stöt
brush I *s* 1 borste; kvast; pensel 2 [räv]svans 3 [av]borstning 4 nappatag 5 [elektr.] strålknippe 6 småskog, snår II *tr* 1 borsta [av]; sopa; skrubba; stryka; ~ *up* borsta [upp]; fiffa upp; friska upp 2 snudda vid; stryka förbi III *itr* svepa, fara, rusa **-maker** *s* borstbindare ~**-pencil** *s* pensel **-wood** *s* småskog; snår; ris **-y** *a* borstlik, raggig; buskig
brut‖al [u:'] *a* djurisk; grov; rå, brutal **-al'ity** *s* råhet **-alize** *tr* förråa, förfäa **-e** I *a* 1 oskälig 2 djurisk; rå [äv. *-ish*] II *s* 1 oskäligt djur 2 odjur
B. Sc. = *Bachelor of Science* **fil. kand.**

bubble I *s* 1 bubbla[nde] 2 humbug, svindel[företag] II *itr* bubbla; sjuda
buccanee'r *s* sjörövare, äventyrare
buck I *s* 1 bock, hanne 2 sprätt II *itr tr* 1 slå bakut; ~ *off* kasta av 2 ~ *up* S raska på; krya upp sig
buck'et *s* 1 hink; *kick the* ~ S kola av 2 skopa; hjulskovel 3 pumpkolv
buck'||**horn** *s* hjorthorn **-ish** *a* narraktig
buckle I *s* spänne, buckla II *tr* 1 spänna, knäppa 2 ~ *o. s. to* ta itu med III *itr* 1 ~ *to* lägga manken till 2 bågna **-r** *s* sköld
buck'ram *s* 1 styv kanfas 2 stelhet
buck'||**shot** *s* grova hagel **-skin** *s* 1 buckskin 2 ~*s* buckskinbyxor
buck'wheat *s* bovete
bucol'ic [bju] I *a* idyllisk II *s* herdedikt
bud I *s* knopp; öga [på växt] II *itr* knoppas, slå ut III *tr* okulera
budge [bʌdʒ] *itr* röra sig ur fläcken
bud'get [dʒit] *s* riksstat, budget
buff *s* buffel-, ox|läder; sämskskinn; mattgul färg **-alo** *s* buffel; bisonoxe
buff'er *s* buffert
1 **buff'et** I *s* knuff, stöt, slag II *tr* slå [till], knuffa III *itr* brottas
2 **buffet** *s* byffé: 1 [bu'fei] [serverings]disk 2 [bʌ'fit] [möbel] skänk
buffoo'n *s* gycklare, pajas
bug *s* 1 vägglus 2 liten insekt 3 S [Am.] *big* ~ pamp, högdjur
bug'bear [ɛə] *s* buse, spöke
1 **bu'gle** *s* stråpärla
2 **bugle** *s* jakt-, signal|horn
build [bild] (*built built*) I *tr* bygga, upp|föra, -rätta; skapa II *s* [kropps-] byggnad; konstruktion **-er** *s* bygg-[mäst]are **-ing** *s* bygg|ande, -nad, -ning
bulb I *s* 1 lök 2 kula, bulb; *electric* ~ elektrisk [glöd]lampa II *itr* svälla ut, runda sig **-ous** *a* lök-; lökformig
Bulgarian [bʌlgɛ'əriən] *s a* bulgar[isk]
bulge [bʌldʒ] I *s* utbuktning; ansvällning II *itr* bukta (svälla) ut
bulk *s* 1 skeppslast, helt parti; *by the* ~ i klump 2 volym; omfång, massa
bul'khead *s* ⚓ skott
bul'ky *a* skrymmande, stor
1 **bull** [u] *s* [påve]bulla
2 **bull** *s* 1 tjur 2 hanne 3 haussespekulant ~**-baiting** *s* tjurhetsning **-dog** *s* bulldogg; *the* ~ *breed* engelsmännen
bullet [u'] *s* kula ~**-proof** *a* skottsäker
bull||**fight** [bu'lfait] *s* tjurfäktning **-finch** *s* domherre **-frog** *s* bölgroda **- -headed** *a* dum; trilsk
bullion [u'] *s* guld-, silver|tacka
bullock [bu'lək] *s* stut, oxe
bull's-eye [bu'lzai] *s* 1 prick 2 fönsterventil 3 fönsteröppning
1 **bully** [u'] I *s* översittare, kaxe II *tr* tyrannisera, topprida; skrämma
2 **bully** *s* konserverat oxkött
bulrush [bu'lrʌʃ] *s* säv
bulwark [bu'lwək] *s* 1 bålverk 2 vågbrytare 3 ~*s* ⚓ brädgång, reling
bum'ble-bee *s* humla
bump I *s* 1 törn, stöt, duns 2 svulst, kula, bula II *tr itr* stöta, törna [på] **-er** *s* 1 bräddad bägare 2 kofångare 3 S baddare **-kin** *s* tölp **-tious** [ʃəs] *a* F viktig, dryg **-y** *a* skakig
bun *s* [korint]bulle; semla
bunch I *s* 1 klase; knippa; tofs 2 hop, samling II *tr* samla ihop **-y** *a* 1 knölig 2 klasliknande
bundle I *s* bunt, knyte, packe II *tr* 1 bunta (samla) ihop; vräka 2 fösa, köra III *itr* packa sig i väg
bung I *s* propp; tapp II *tr* täppa igen
bungalow [bʌ'ŋg] *s* [sommar]stuga
bung'-hole *s* tapphål, sprund
bungl||**e** [ŋg] I *itr* fuska, fumla; misslyckas II *tr* för|fuska, -därva III *s* fuskverk; röra **-er** *s* klåpare **-ing** *a* klumpig
bun'ion *s* öm knöl
bunk I *s* koj, brits II *itr* S schappa **-er** I *s* 1 kolbox 2 [golf.] hål, hinder II *itr* ta in kol
bun'kum *s* prat, slagord; humbug
bunn'y *s* kanin
1 **bun'ting** *s* sparv
2 **bunting** *s* flaggväv; flaggor
buoy [bɔi] I *s* boj II *tr* 1 ⚓ pricka ut 2 ~ *up* hålla flott **-ancy** *s* 1 flytförmåga 2 spänstighet **-ant** *a* 1 flytande 2 bärande 3 spänstig; livlig
bur [bə:] *s* kardborre
Burberry [bə:'bəri] *s* regnrock[styg]
burbot [bə:'bət] *s* lake
burden [bə:dn] I *s* 1 börda, last 2 pålaga 3 ⚓ dräktighet 4 omkväde, kör 5 huvudtema II *tr* be|lasta, -lamra, -tunga **-some** *a* betungande
burdock [bə:'dɔk] *s* kardborre
bureau [bju(ə)rou'] (pl. ~*x* [z]) *s* 1 skrivpulpet 2 ämbetsverk, byrå **-cracy** [ɔ'krəsi] *s* byråkrati
burg||**ess** [bə:'dʒis] **-her** [gə] *s* borgare
burgl||**ar** [ə:'] *s* inbrottstjuv **-ary** *s* inbrottsstöld **-e** *itr tr* föröva inbrott [i]
burgundy [bə:'gəndi] *s* bourgogne
burial [be'riəl] *s* begravning
bu'rin *s* gravstickel
burlesque [bə:le'sk] I *a* burlesk, farsartad II *s* burlesk pjäs, karikatyr
burly [bə:'li] *a* stor och tjock, stadig
burn [bə:n] (~*t* ~*t* el. reg.) I *tr* bränna [upp, vid] II *itr* 1 brinna, lysa, glöda 2 vidbrännas 3 brännas III *s* brännsår **-er** *s* brännare
burnish [ə:'] *tr itr* polera; bli blank
1 **burr** [bə:] se *bur*
2 **burr** I *tr itr* skorra II *s* skorrning
burrow [bʌ'ro(u)] I *s* håla, lya II *itr* 1 göra (bo i) en håla 2 gräva sig fram
bursar [bə:'sə] *s* 1 skattmästare 2 stipendiat **-y** *s* 1 kassa 2 stipendium

burst [bə:st] (~ ~) I *itr* 1 brista, rämna, spricka; slå ut; ~ *up* (F *bust up*) göra konkurs; 'spricka' 2 slita sig lös; bryta ut (fram); bryta sig, störta, tränga II *tr* spränga, slita sönder; ~ *open* bryta upp III *s* 1 bristning 2 explosion 3 utbrott; inbrott; ~ *of thunder* åskslag
bury [be'ri] *tr* 1 begrava 2 nedgräva
bus *s* omnibus, buss; S bil, 'kärra'
bush [u] *s* 1 buske; busksnår; *beat about the* ~ gå som katten kring het gröt 2 vildmark, obygd
bushel [u'] *s* [ung. 36¹/₃ l.] skäppa
bush|-fighter [bu'ʃ] *s* snapphane -**man** *s* 1 buschman 2 nybyggare - -**ranger** *s* stråtrövare -**y** *a* buskig; yvig
busily [bi'zili] *adv* ivrigt, flitigt
business [bi'znis] *s* *A* [utan pl.] 1 uppgift, göra, syssla; ärende; arbete; *good* ~! bra [gjort]! *he means* ~ F han menar allvar 2 angelägenhet[er], sak; F historia; *it's no* ~ *of yours* det angår er inte; *send a p. about his* ~ avskeda (avfärda) ngn 3 affär[er]; *on* ~ i affärer; *man of* ~ affärsman; agent *B* [pl. ~*es*] affärs|företag, -hus; butik -**like** *a* affärsmässig; systematisk, praktisk
bus'kin *s* 1 hög känga 2 koturn
bust *s* 1 byst 2 bröst, barm
bustl|e [bʌsl] I *itr* gno, jäkta, springa II *tr* jaga, jäkta III *s* brådska, spring, fläng, jäkt -**ing** *a* beställsam, ivrig
busy [bi'zi] I *a* 1 sysselsatt, upptagen; *be* ~ ha brått[om] 2 flitig 3 beskäftig 4 bråd, livlig II *tr* sysselsätta -**body** *s* beskäftig människa
but I *konj prep pron* 1 men, utan; dock 2 utom; mer än, annat än [att]; utan att; om icke; *all* ~ nästan; ~ *for you* om icke du vore; *last* ~ *one* näst sist; *not* ~ *that* nog för att; *it is impossible* ~ *that* det är omöjligt att inte 3 som icke II *adv* blott
butcher [u'] I *s* slaktare II *tr* 1 slakta 2 ta livet av; förstöra -**ly** *a* rå, grym -**y** *s* 1 slakt|eri, -ande 2 slaktaryrke
but'ler *s* hovmästare
1 **butt** *s* tunna; öl-, vin|fat
2 **butt** *s* 1 tjockända, handtag, kolv 2 plattfisk 3 sulläder 4 plankända
3 **butt** *s* skott|vall, -tavla; mål, syfte
4 **butt** I *tr itr* stöta till; stånga[s] II *s* puff, stångning
butt'-end' *s* tjockända; kolv
butt'er I *s* smör II *tr* 1 breda smör på, steka i smör 2 smickra -**cup** *s* smörblomma -**fly** *s* fjäril -**ine** [i:n] *s* margarin -**milk** *s* kärnmjölk -**y** I *a* smör-; smörliknande II *s* handkammare
buttock [bʌ'tək] *s*, ~*s* bakdel, säte
butt'on I *s* 1 knapp 2 knopp 3 dörrhandtag II *tr* 1 förse med knappar 2 knäppa; ~ *up* knäppa ihop -**hole** *s* knapphål[sblomma] -**hook** *s* [sko-, handsk]knäppare -**s** *s* F betjäntpojke
butt'ress *s* strävpelare, stöd
bux'om *a* frodig, fyllig
buy [bai] (*bought bought*) *tr itr* köpa; ~ *off* friköpa, lösa ut; ~ *out* lösa ut; ~ *over* muta -**er** *s* köpare
buzz I *s* 1 surr[ande] 2 sorl, mummel; tissel och tassel II *itr* 1 surra 2 sorla, mumla III *tr* 1 viska 2 F slunga
buzzard [bʌ'zəd] *s* [zool.] vråk
by [bai] I *prep* 1 bredvid, hos; på; ~ *o. s.* ensam; *North* ~ *East* nord till ost 2 längs[med], ut|med, -efter; förbi; över, via; ~ *the way* i förbi|farten, -gående 3 med, genom, vid, i; ~ *no means* ingalunda 4 av 5 per; *hired* ~ *the hour* hyrd för timme; ~ *the piece* per styck 6 ~ *far the best* den avgjort bäste; *not* ~ *far* inte på långt när 7 gånger (×), och, efter, för; *one* ~ *one* en och en; *day* ~ *day* dag efter dag; *little* ~ *little* så småningom 8 [att döma] av, enligt 9 *a*) gent emot; *b*) till [~ *trade*]; ~ *nature* av naturen; *Brown* ~ *name* vid namn Brown 10 *a*) till, senast kl. (om), strax före; *b*) om, under II *adv* 1 bredvid, till hands 2 förbi 3 ~ *and* ~ snart III = följ.
bye [bai] *a* [äv. *by*] 1 bi-, sido- 2 avsides belägen 3 hemlig, smyg-
1 **bye-bye** [bai'bai] *s* vyss, lull; sömn
2 **bye-bye** [baibai'] *interj* F adjö
by-election [bai'ile'kʃn] *s* fyllnadsval
by-end [bai'end] *s* biavsikt
bygone [ba'igɔn] I *a* [för]gången; föråldrad II *s*, ~*s* det förflutna
by'-lane *s* liten biväg, bakgata
by-law [bai'lɔ:] *s* förordning, stadga
by'-|name *s* till-, ök|namn -**path** *s* biväg -**play** *s* stumt spel; sidoaktion
by'|stander *s* åskådare - -**street** *s* bakgata - -**way** *s* bi-, bak-, av|väg; genväg -**word** *s* 1 ordstäv 2 åtlöje, visa - -**work** *s* bisyssla
byzantine [baizæ'n] *a* *s* bysantin[sk]

C

C, c [si:] *s* c **C.** = *Centigrade* **c.** = *cent*
cab I *s* drosk|a, -bil, hyrbil II *itr* F åka droska -**by** *s* F droskkusk
cabal [kəbæ'l] *s itr* intrig[era]
cabb'age *s* kål
cab'in *s* 1 stuga, koja 2 hytt; kajuta ~-**boy** *s* ⚓ passopp, kajutvakt
cab'inet *s* 1 skåp; hytt 2 kabinett, statsråd, ministär; konselj; *C~ Minister* statsråd ~-**maker** *s* möbelsnickare

ca'ble I *s* 1 kabel[längd] 2 ankar|tåg, -kätting 3 kabeltelegram II *tr* 1 fästa (förse) med kabel 2 telegrafera, kabla **-gram** *s* kabeltelegram
cab'man *s* droskkusk
caboose [kəbu:'s] *s* ⚓ kabyss
cab'stand *s* droskstation
cacao [kəka:'ou] *s* kakao[träd, -böna]
cackle I *itr tr* 1 kackla 2 pladdra, prata 3 fnittra II *s* kack|el, -lande
cad *s* 1 grabb, gatpojke; springpojke 2 slusk; bracka, knöl
cadav'erous *a* lik-; likblek, spöklik
cadd'ie *s* [golf.] 'klubbpojke'
cadd'ish *a* F ohyfsad, simpel; brackig
cadd'y *s* te|burk, -skrin
ca'dence *s* rytm; takt; tonfall; kadens
cadet' *s* 1 yngre son 2 kadett
cadge [kædʒ] *itr* gå omkring och sälja (tigga) **-r** *s* 1 torgmånglare 2 tiggare
cadre [ka:'də] *s* ⚔ kader
cadu'city *s* förgänglighet, skröplighet
café [kæ'fei] *s* kafé
cage [dʒ] I *s* 1 bur 2 huv, foder 3 hiss II *tr* inspärra **-ling** *s* burfågel
Cairene [kai'] I *a* Kairo- II *s* kairobo
cairn [kεən] *s* stenkummel, rös[e]
cajo'le *tr* smickra, fjäska för; locka
cak||e I *s* tårta, kaka; *a ~ of soap* en tvål II *itr* baka ihop sig, klabba
cal'abash *s* kalebass
calam'it||ous *a* olycklig **-y** *s* olycka
calc||areous **-arious** [ε'ər] *a* kalkartad, kalk- **-iferous** [si'f] *a* kalkhaltig
calcul||able [kæ'lkjuləbl] *a* beräknelig **-ate** *tr itr* beräkna, räkna [ut] **-ated** *a* beräknad, avsedd; ägnad, så beskaffad **-ation** *s* [be-, ut]räkning **-ative** *a* räkne-; beräknande **-ator** *s* 1 [be]räknare, räknekarl 2 räkne|tabell, -maskin **-us** *s* [läk.] sten, grus
caldron [ɔ:'] se *cauldron*
cal'endar *s* kalender; förteckning
cal'ender *s tr* mang|el, -la
1 **cal|f** [ka:f] (pl. *-ves*) *s* vad [på ben]
2 **cal|f** (pl. *-ves*) *s* 1 kalv 2 F fårskalle, kräk **~-binding** *s* [hel]franskt band
cal'ib||er **-re** *s* 1 kaliber 2 halt, värde
cal'ico *s* kalikå; kattun
Califor'nian [kæl] *a s* kaliforn|isk, -ier
ca'liph *s* kalif **-ate** [it] *s* kalifat
calk [kɔ:k] *tr* kalkera
call [kɔ:l] I *tr* 1 kalla [för], benämna; uppkalla 2 ropa på (till sig), in-, till|kalla; *~ to mind* påminna sig; *~ forth* framkalla, uppbjuda; *~ in* kalla (ropa) in; uppsäga; *~ off* dra bort, avleda; *~ out* kalla ut; uppbåda; utmana; ut-, upp|ropa; *~ over* uppropa; *~ up* uppkalla; fram|mana, -kalla 3 uppsäga 4 väcka II *itr* 1 ropa; *~ for* ropa på (efter), påkalla, kräva; *~ out* [ut]ropa, skrika till; *~ [up]on* åkalla; ta i anspråk; uppmana; *be ~ed upon to* nödgas att 2 göra visit, hälsa på; *~ at* titta in på (till); stanna vid; *~ for* komma efter, avhämta; *to be left till ~ed for* poste restante; *~ in* titta i'n; *~ [up]on* hälsa på', besöka III *s* 1 rop 2 läte, lockton 3 signal; påringning 4 upprop 5 maning; [in]kallelse; inropning; *within ~* inom hör-, räck|håll 6 krav, fordran 7 F anledning 8 efterfrågan 9 indrivning; *on (at) ~* vid anfordran 10 besök; *pay ~s* göra visiter **~-bird** *s* lockfågel **~-box** *s* telefonkiosk **-er** *s* besökande
callig'raphy *s* 1 skönskrift 2 [hand]stil
call||ing [ɔ:'] *s* 1 rop 2 [in]kallelse 3 [levnads]kall, yrke 4 skrå, klass **--office** *s* telefonstation
call||osity [kælɔ'siti] *s* 1 hårdnad, valk 2 känslolöshet **-ous** [kæ'ləs] *a* 1 valkig, hård 2 okänslig
call-over [ɔ:'l] *s* upprop
call'ow [ou] *a* 1 ofjädrad 2 omogen
calm [ka:m] I *a* 1 lugn, stilla 2 F fräck II *s* lugn; vindstilla III *tr* lugna, mildra **-ness** *s* stillhet; ro, lugn
calor||ic [ɔ'r] *s* [fys.] värme **-ie** [kæ'ləri] *s* kalori, värmeenhet
calum'n||iate *tr* förtala, smäda **-iation** *s* förtal **-ious** *a* smädlig, ärerörig
Cal'vary *s* Golgata; kalvarieberg
calve [ka:v] *itr* kalva
came [ei] imp. av *come*
cam'el *s* kamel **-ee'r** *s* kameldrivare
camell'ia *s* kamelia
camelopard [kæ'miləpa:d] *s* giraff
cameo [kæ'miou] *s* kamé
cam'era *s* kamera
cam'omile [ail] *s* kamomill
cam'ouflage [ufla:ʒ] *s* förklädnad
camp I *s* 1 läger 2 här [i fält] 3 läger-, krigar-, frilufts|liv II *itr* 1 slå läger; ligga i läger 2 F kampera, slå sig ned 3 *~ out* bo i tält, 'kampa'
campaign [pei'n] I *s* fälttåg II *itr* deltaga i fälttåg **-er** *s* veteran
camp'||-bed *s* tältsäng **--chair** *s* fällstol
camphor [kæ'mfə] *s* kamfer
cam'pus *s* [Am.] skolområde; gård
1 **can** *hjälpv* kan, får
2 **can** I *s* kanna; burk II *tr* [Am.] lägga in, konservera
Cana'dian *a s* kanadens|isk, -are
canal [kənæ'l] *s* kanal **-ize** [kæ'nəlaiz] *tr* kanalisera; göra segelbar
canard [kəna:'(d)] *s* [tidnings]anka
canar||y [kənε'əri] *s* 1 pl. *the C-ies* Kanarieöarna 2 kanariefågel
canas'ter *s* knaster, grov tobak
can'cel *tr* annullera; upphäva
can'cer *s* [astr. läk. bildl.] kräfta
candelabr||a [la:'] **-um** *s* kandelaber
candescent [kænde'snt] *a* vitglödande
can'did *a* uppriktig; opartisk
can'didate [it] *s* kandidat, sökande

candle *s* ljus **-light** *s* eldsljus **C-mas** [məs] *s* kyndelsmässa **~-power** *s* normalljus **-stick** *s* ljusstake
can'dour *s* uppriktighet; opartiskhet
can'dy *s* kanderad frukt; kandisocker; [Am. äv.] karameller, konfekt
cane I *s* **1** [socker]rör **2** [promenad]-käpp **3** spö, rotting **II** *tr* **1** klå upp; piska **2** sätta rör (rotting) i **~-chair** *s* rottingstol **~-sugar** *s* rörsocker
canil|c'ular *a; the ~ days* rötmånaden **-ne** [kæ'nain] **I** *a* hund-; *~ madness* vattuskräck **II** *s* hörntand
ca'ning *s* prygel, stryk
can'ister *s* kanister; bleck|dosa, -låda
can'ker *s* **1** kräftsår, munkräfta **2** rost **3** kräftskada **-ed** *a* **1** kräftsjuk **2** fördärvad **3** förgrämd, elak **-ous** *a* frätande; kräftartad
cann'ibal *s a* kannibal[isk] **-ism** *s* **1** människoätande **2** blodtörst
cann'on *s* kanon; artilleri[pjäser] **-a'de** *s* kanonad **~-ball** *s* kanonkula **-ee'r** *s* artillerist **~-proof** *a* bombfast **-ry** *s* **1** kanoner **2** kanonad
cannot [kæ'nɔt] se *1 can*
cann'y *a* **1** försiktig i affärer **2** sparsam **3** lugn; snäll, beskedlig
canoe [kənu:'] *s itr* [ro i] kanot
can'on *s* **1** ka'non, regel, rättesnöre **2** påbud **3** kanik; domkyrkopräst **-ical** [ɔ'n] *a* kanonisk **-ize** *tr* kanonisera
can'opy *s* **1** baldakin **2** tak; himlavalv
1 cant *s* **1** argot, tjuvspråk; rotvälska **2** jargong; fraser; hyckleri; hycklare
2 cant I *s* **1** sned kant (yta); lutning **2** stöt, knyck **II** *tr* **1** snedda **2** ställa på kant **3** knuffa **III** *itr* stjälpa; kantra; luta
can't [kɑ:nt] F = *cannot*
Cantabrigian [i'dʒ] *s* cambridgestudent
cantank'erous *a* F grälsjuk, elak, led
cantee'n *s* **1** marketenteri **2** fältflaska
1 can'ter *s* hycklare; frasmakare
2 canter *s itr* [rida i] kort galopp
cantharides [þæ'ridi:z] *s* dragplåster
can'ticle *s* koral; *the C~s* Höga Visan
cantle *s* **1** bit, stycke **2** sadelbom
canton [kæntu:'n] *tr* inkvartera, förlägga **-ment** *s* [in]kvarter[ing]
can'vas *s* **1** segel-, tält-, målar|duk; kanfas; linne **2** duk, tavla
can'vass I *tr* **1** dryfta **2** bearbeta; agitera [i, bland] **II** *s* röstvärvning, agitation **-er** *s* röstvärvare
canyon [kæ'njən] *s* kanjon
cap I *s* **1** mössa; barett; hätta; *~ and bells* narrmössa; *set o.'s ~ at* F lägga sina krokar för **2** huv, hylsa, kappa **II** *tr* **1** sätta mössa (huv) på **2** betäcka; kröna **3** slå, bräcka
capab|il'ity [kei] *s* förmåga; duglighet, skicklighet; anlag **-le** [kei'] *a* **1** *~ of* mottaglig för; i stånd till **2** duglig, skicklig; begåvad
capacious [kəpei'ʃəs] *a* rymlig; vid
capac'it|ate *tr* göra kompetent **-y** *s* kapacitet; kubikinnehåll; fattningsförmåga; duglighet; kompetens; egenskap
cap-a-pie [əpi:'] *adv* från topp till tå
capar'ison [s] **I** *s* schabrak **II** *tr* utrusta
1 cape *s* udde, kap; *the C~* 'Kap'
2 cape *s* cape, [kapp]krage
1 ca'per *s* [bot.] kapris
2 caper *s* glädjeskutt, luftsprång
capercailzie [kæpəkei'lji, lzi] *s* tjäder
capill'ary *a* **1** hår- **2** hårfin; hårrörs-
1 cap'ital *s* kapitäl
2 capital I *a* **1** [jur.] döds-, livs- **2** ödesdiger **3** huvudsaklig; förnämst **4** ypperlig **5** stor [bokstav] **II** *s* **1** huvudstad **2** stor bokstav **3** kapital **-ism** *s* kapitalism **-ist** *s* kapitalist
capitul|ar [kəpi'tjulə] *a* domkapitels- **-ate** *itr* kapitulera **-ation** *s* kapitulering
ca'pon *s* kapun
capric|e [i:'] *s* kapris, nyck[fullhet] **-ious** [i'ʃəs] *a* nyckfull, godtycklig
cap'riole *s itr* [göra] luftsprång
capsi'z|al *s* kantring **-e** *tr itr* kantra
cap'stan *s* ⚓ gångspel
capsule [kæ'psju:l] *s* kapsel
captain [kæ'ptin] *s* ledare; fältherre; kapten; ryttmästare; kommendör; förman **-cy -ship** *s* kaptensbefattning; ledareskap
cap'tious [ʃəs] *a* snärjande, försåtlig
cap't|ivate *tr* fängsla, tjusa **-ive I** *a* fången, fängslad **II** *s* fånge **-iv'ity** *s* fångenskap **-or** *s* tillfångatagare, erövrare **-ure** [ʃə] **I** *s* **1** tillfångatagande; gripande; erövring; uppbringande **2** fånge; fångst, pris **II** *tr* tillfångataga; gripa, erövra
car *s* **1** vagn **2** kärra **3** bil **4** spårvagn **5** järnvägsvagn **6** [flygv.] gondol
carabinee'r [kær] *s* karabinjär
caramel [kæ'] *s* **1** bränt socker **2** kola
carapace [kæ'] *s* [sköldpaddas] ryggsköld
caravan' *s* **1** karavan **2** resvagn
caraway [kæ'] *s* kummin
car'bon *s* **1** kol; *~ copy* genomslagskopia **2** kolspets **-aceous** [ei'ʃəs] *a* kol-, kolhaltig **-ic** [ɔ'] *a* kol- **~-paper** *s* karbon-, kopie|papper
car'c|ase -ass [kəs] *s* **1** lik; as; kropp **2** F liv **3** spillror **4** stomme, skrov
1 card *s tr* karda
2 card *s* **1** kort; *~ up o.'s sleeve* hemlig plan; *the ~* F vad som är korrekt **2** program, lista; meddelande
car'damom [əm] *s* kardemumma
car'dboard [ɔ:] *s* papp, kartong
cardiac [kɑ:'diæk] *a s* hjärt-; hjärtstärkande [medel]
car'dinal I *a* **1** huvudsaklig, främst; *~ number* grundtal; *the ~ points* [de fyra] väderstrecken **2** mörkröd **II** *s* kardinal

car'd-sharper *s* falskspelare
care [kɛə] I *s* 1 bekymmer 2 omsorg, omtänksamhet; försiktighet; *take* ~ akta sig, se opp; *take* ~ *to* vara noga med (angelägen) att 3 vård, uppsikt; *take* ~ *of* ta vård om, ta vara på; sköta [om] II *itr* 1 ~ *for* bry sig om, sörja för; tycka om; *for all I* ~ gärna för mig 2 ha lust, vilja
caree'n *tr* ⚓ kölhala -age *s* kölhalning
caree'r *s* 1 fullt lopp, karriär 2 bana
care||ful [kɛ'əl] *a* 1 omtänksam, aktsam, rädd [*of* om] 2 omsorgsfull, noggrann; försiktig, noga; *be* ~ akta sig -less *a* 1 sorglös, obekymrad 2 vårdslös, oförsiktig
caress' I *tr* smeka II *s* smekning
care-taker [kɛ'əl *s* vårdare; vice värd
car'go *s* [skepps]last
caricatur||e [kæ'rikətju'ə] I *s* karikatyr II *tr* karikera, förlöjliga -ist *s* karikatyrtecknare; parodiförfattare
caries [kɛ'ərii:z] *s* benröta
carillon [kæ'rilən] *s* klockspel
car'mine *s a* karmin[röd]
car'n||age *s* blodbad -al *a* köttslig
1 **carna'tion** *s a* ljusröd (skär) [färg]
2 **carnation** *s* nejlika
car'nival *s* fastlag; karneval
carniv'orous *a* köttätande
carol [kæ'rəl] I *s* lovsång; julsång II *itr tr* jubla, lovsjunga
carous||al [kərau'zl] *s* dryckesgille -e I *itr* rumla, festa II *s* rumlande
1 **carp** *s* karp
2 **carp** *itr* gnata; ~ *at* häckla, klandra
car'pent||er I *s* grov-, byggnads[snickare II *itr tr* timra -ry *s* snickaryrke, [timmermans]arbete
car'pet I *s* matta; *on the* ~ på tapeten II *tr* mattbelägga -ing *s* mattor
carriage [kæ'ridʒ] *s* 1 forsling, transport, frakt 2 antagande 3 hållning, gång; uppträdande 4 personvagn 5 ekipage, droska ~-drive *s* körväg
carrier [kæ'riə] *s* 1 bärare; bud 2 forman 3 pakethållare 4 brevduva
carr'ion *s* kadaver, as
carrot [kæ'rət] *s* morot
carr'y I *tr* 1 bära; föra, frakta, forsla; leda, driva 2 frambära 3 medföra 4 över[föra, -flytta 5 hemföra, vinna; ~ *the day*, ~ *it* avgå med segern 6 erövra, [in]ta; övertyga; driva igenom; ~ *o.'s point* vinna sitt mål 7 stödja 8 [inne]hålla; ~ *o. s.* [upp]föra sig 9 ~ *away* [äv.] hänföra, rycka med [sig]; ~ *off* [äv.] bortrycka; hemföra, vinna; ~ *it off* [*well*] visa sig modig; vinna seger; ~ *on* föra vidare; fortsätta; bedriva, idka; ~ *out* (*through*) genom-, ut[föra II *itr* 1 frakta 2 kunna transporteras 3 gå, nå; [kunna] höras 4 ~ *on* F fortsätta, gå på'; ~ *on with* flörta med

cart I *s* kärra II *tr* 1 forsla, köra 2 S klå -age *s* 1 körning 2 forlön
car'tel *s* 1 utmaningsbrev 2 kartell
car't||er *s* forman, åkare --horse *s* arbets-, drag[häst
car'tilage *s* brosk
cartoo'n *s* kartong, utkast; politisk karikatyr -ist *s* karikatyrtecknare
car'tridge [dʒ] *s* patron
car't||-wheel *s* 1 kärrhjul 2 hjulning; *turn* ~*s* hjula -wright *s* vagnmakare
carv||e [kɑ:v] *tr itr* 1 uthugga; [ut]skära; snida; gravera 2 skära fö'r
car'vel-built *a* ⚓ kravellbyggd
car'v||er *s* 1 träsnidare 2 förskärare
casca'de *s* kaskad; vattenfall
1 **case** [s] *s* 1 fall, förhållande; händelse; läge; fråga; sak; [fakta i] mål; rättsgrund; prejudikat 2 kasus
2 **case** I *s* 1 låda, skrin, ask, etui 2 fodral, hylsa; huv, foder; boett; lös pärm 3 [glas]monter 4 fack II *tr* 1 lägga (packa) in [i låda] 2 [be]kläda, infatta ~-bottle *s* resflaska; korgbutelj ~-knife *s* slidkniv
ca'semate *s* kasematt
ca'sement *s* fönster [av svensk typ]
ca'se-shot *s* ⚔ kartesch[er]
cash I *s* kontanter, reda pengar; kassa; *out of* ~ pank; ~ *down* [extra] kontant II *tr* förvandla i kontanter, diskontera ~-account *s* kassakonto ~-box *s* kassa[skrin, -låda
1 **cashier** [kæʃi'ə] *s* kassör
2 **cashier** [kəʃi'ə] *tr* avskeda; kassera
ca'sing *s* 1 inpackning, omslag, fodral; hylsa, huv 2 fönster-, dörr[ram
casino [kəsi:'nou] *s* konsert-, dans[sal
cask [ɑ:] *s* 1 fat, tunna 2 [smör]drittel -et *s* skrin, schatull
cassation *s* upphävande
cass'erole *s* eldfast form
cass'ock [ək] *s* prästrock, kaftan
cast [ɑ:] I (*cast cast*) *tr* 1 kasta; ~ *a vote* avge röst[sedel] 2 kasta av; krypa u'r; tappa, fälla 3 förkasta; kassera, avskeda 4 räkna [ner, ut], addera 5 tilldela [roll]; utse 6 forma, gjuta, stöpa 7 *be* ~ *down* vara ned[slagen, -stämd; ~ *off* kasta (lägga) av; förkasta, övergiva; [jakt.] släppa lös; ⚓ kasta loss; ~ *up* kasta upp; lyfta [på]; räkna [ner, ihop] II *itr* 1 räkna; addera 2 [om trä] slå sig 3 ~ *about* se sig om; fundera III *s* 1 kast[ande] 2 utläggning, utkastande 3 skelögdhet 4 räkning, addering 5 rollfördelning 6 gjutform; av[gjutning, -tryck 7 anstrykning; läggning, prägel, typ
cas'tanet *s* kastanjett
castaway [kɑ:'stəwei] *s a* 1 bort-, ut[kastad; utstött 2 skeppsbruten
caste [ɑ:] *s* kast[väsende]
cas'tigate *tr* tukta

casting [ɑ:'] *s* gjut|ning, -gods **~-net** *s* fisknot **~-vote** *s* utslagsröst
cast-iron [ɑ:'] *s a* gjutjärn[s-]; järnhård
castle [kɑ:sl] I *s* 1 slott, borg; *~s in Spain* luftslott 2 torn II *tr itr* rockera
cast-off [ɑ:'] *a* av-, bort|kastad, avlagd
1 castor [ɑ:'] *s* 1 hjul, trissa 2 sockerdosa, pepparflaska; *~s* bordställ
2 castor *s* bävergäll **~-oil** *s* ricinolja
castor-sugar [kɑ:'stə] *s* strösocker
casual [kæ'ʒ(j)uəl] I *a* 1 tillfällig 2 oberäknelig, oregelbunden, oviss; lättvindig II *s*, *~s* förolyckade **-ly** *adv* tillfälligt[vis], i förbigående **-ty** *s* 1 olycksfall 2 *-ties* döda och sårade
cat *s* katt[a]
cat'aclysm [izm] *s* 1 översvämning; syndaflod 2 omstörtning, jordskred
cat'alogue [ɔg] *s tr* katalog[isera]
cat'aplasm [zm] *s* [gröt]omslag
cat'aract *s* 1 katarakt 2 grå starr
catarrh [kətɑ:'] *s* katarr; snuva, fluss
catastroph|e [kətæ'strəfi] *s* katastrof **-ic** [ɔ'] *a* katastrofal, ödeläggande
catcall [kæ'tkɔ:l] I *s* visselpipa; protestvissling II *itr tr* vissla [åt]
catch I (*caught caught*) *tr* 1 fånga, taga 2 hinna fatt; hinna till, komma med 3 fatta [tag i], ta, gripa; fatta i 4 överraska; ertappa, komma på' 5 träffa, slå 6 ådraga sig, få; *~ [a] cold* förkyla sig; *~ it* F få på pälsen 7 upp|fånga, -fatta; begripa 8 fängsla; hejda 9 *~ up* lyfta upp; hinna fatt; avbryta II *itr* 1 fatta tag, haka upp sig, fastna 2 *~ at* gripa [efter] 3 *~ on* gripa tag; F slå an III *s* 1 gripande, ertappande; [upp]fångande 2 lyra; lyrtagare 3 fångst; notvarp 4 byte; vinst, gott parti; fördel 5 knep, fälla 6 effekt 7 stockning 8 hake, klinka 9 rundsång **-ing** *a* 1 smitt|ande, -sam 2 anslående **-penny** *a* gottköps- **-up** = *ketchup* **-word** *s* 1 uppslagsord 2 lystringsord 3 slagord **-y** *a* F 1 anslående 2 lättlärd 3 ryckig
cat'echism [kizm] *s* katekes
categor|ical [ɔr] *a* kategorisk, bestämd; **-y** [æ'] *s* kategori; klass
ca'ter *itr* 1 [an]skaffa (hålla) mat 2 *~ for* leverera till, förpläga, tillgodose **-er** *s* mathållare, leverantör [av mat]
cat'erpillar *s* 1 kålmask 2 ⚔ tank
caterwaul [kæ'təwɔ:l] I *itr* jama; väsnas II *s* kattskrik; oljud
catgut [kæ'tgʌt] *s* 1 kattgut, tarmsträng 2 stränginstrument[er]
cathedral [kəþi:'drəl] *s* domkyrka
catherine-wheel [kæ'þərin] *s* 1 hjul-, ros|fönster 2 [fyrv.] sol, hjul
catholic [kæ'þəlik] I *a* 1 allmän[nelig] 2 rättrogen; [romersk] katolsk II *s* katolik **-ism** [ɔ'lis] *s* katolicism
cat'|kin *s* [bot.] hänge **-lap** *s* [te]blask, slask **-tish** *a* kattlik, katt-
cattle *spl* nötkreatur, boskap
Caucasian [ei'ʃn] *a s* kaukas|isk, -ier
cau'cus I *s* 1 [Am.] förberedande valmöte 2 [Engl.] politisk valorganisation II *itr* hålla val-, boss|möte
cau'dal *a* svans-, stjärt-
caught [kɔ:t] imp. o. pp. av *catch*
ca[u]ldron [ɔ:'l] *s* kittel
cauliflower [kɔ'liflauə] *s* blomkål
caulk [kɔ:k] *tr* ⚓ dikta, driva och becka
cau'sa|l [z] *a* orsaks-; kausal **-tion** *s* förorsakande; orsakssammanhang
cause [kɔ:z] I *s* 1 orsak, grund, anledning 2 sak; mål, process II *tr* [för-] orsaka, föranleda; förmå, låta **-rie** [kou'zəri] *s* kåseri
causeway [kɔ:'zwei] *s* 1 chaussé, landsväg 2 gångbana
caustic [ɔ:'] I *a* 1 brännande, frätande 2 skarp; bitande II *s* frätmedel; *common (lunar) ~* lapis
cauterize [ɔ:'t] *tr* bränna
cauti|on [kɔ:ʃn] I *s* 1 borgen 2 försiktighet 3 varning II *tr* varna, förmana **-ous** *a* försiktig, varsam
caval|ca'de *s* kavalkad **-ier** [i'ə] *s* 1 ryttare 2 riddare; kavaljer **-ry** [kæ'] *s* kavalleri, rytteri
cave I *s* håla, grotta, källare II *tr* urholka III *itr* F störta in, rasa
cav'ern *s* håla, jordkula **-ous** *a* hålig
caviar[e] [kævɑ:'] *s* kaviar
cav'il I *itr* anmärka, hacka II *s* häcklande, klander **-ler** *s* häcklare
cav'ity *s* hålighet
caw [kɔ:] *itr s* kraxa[nde]
cayenn'e *s* kajennpeppar
cease [si:s] *itr tr* upphöra [med], sluta upp **-less** *a* oupphörlig
ce'dar *s* ceder[trä]
cede *tr* av|träda, -stå
ceiling [si:'liŋ] *s* [innan]tak
cel'ebr|ate *tr* 1 fira, begå 2 prisa **-ated** *a* berömd **-ation** *s* 1 firande 2 förhärligande; pris **-ity** [e'b] *s* berömdhet
celerity [e'r] *s* snabbhet, hastighet
celes'tial *a* himmelsk, himla-, himmels-
cel'ibacy *s* celibat, ogift stånd
cell'ar *s* källare
cellul|ar [se'ljulə] *a* cell-; cellformig **-e** *s* cell, hålighet **-oid** *s* celluloid
Celt *s* kelt **-ic** *a* keltisk
cement' I *s* cement; kitt II *tr* cementera; kitta; sammanfoga
cemetery [se'mitri] *s* kyrkogård
cen'otaph [ɑ:f] *s* minnes[grav]vård
cen'ser *s* rökelsekar
cen'sor I *s* censor; granskare II *tr* censurera **-ship** *s* censorskap; censur
censur|able [se'nʃə] *a* tadelvärd **-e** I *s* 1 klander, kritik, ogillande 2 censur II *tr* kritisera
cen'sus *s* folkräkning
cent. = *centigrade; central; century*
centen|arian [ɛ'ə] *a s* hundraåri[n]g

-**ary** [ti:′] I *a* hundra|års-, -årig II *s* hundraårs|dag, -fest
cen′ti|**grade** I *a* hundragradig II *s* Celsius[termometer] -**gramme** *s* centigram -**litre** *s* centiliter -**metre** *s* centimeter -**pede** *s* mångfoting
cen′tral *a* central; mitt-; ~ *heating* värmeledning -**ize** *tr* centralisera
centre [se′ntə] I *s* centrum, center, mitt, medelpunkt; central; ~ *of gravity* tyngdpunkt II *tr itr* koncentrera[s] ~-**piece** *s* bordsuppsats
centrifugal [i′fjugəl] *a* centrifugal
century [se′ntʃəri] *s* 1 århundrade, sekel 2 hundra poäng [i kricket]
ceram′ics *s* keramik; lergods
cereal [si′əriəl] *s*, ~*s* säd[esslag]
cerebral [e′r] *a* hjärn-, hjärnans
ceremo′ni|**al** *a s* ceremoniel[l] -**y** [se′riməni] *s* ceremoni; högtidlighet
certain [sə:tn] *a* säker, viss; *make* ~ *of* förvissa sig om -**ly** *adv* 1 säkert, bestämt 2 förvisso; minsann 3 visserligen, nog 4 ja visst, jo gärna -**ty** *s* säkerhet, visshet
certificate [səti′fikit] *s* intyg; betyg
certi|**fy** [sə:′tifai] *tr* 1 intyga; konstatera 2 underrätta -**tude** *s* visshet
cerumen [ru:′] *s* örvax
cessation *s* upphörande, avbrott
cession [seʃn] *s* 1 överlåtande, avträdande 2 cession
cess′pool *s* kloakbrunn; [bildl.] dypöl
cf. [kəmpɛ′ə] jämför, jfr
chafe *tr itr* 1 gnida, skrapa, skrubba [sig] 2 reta [upp sig], upphetsa
cha′fer *s* ollonborre
chaff [ɑ:] *s* 1 agnar 2 hackelse 3 **skräp**, bosch 4 F drift; skoj
chaff′er *tr itr* schackra [bort]
chaff′inch *s* bofink
chaff|**ing** [ɑ:′] *s* nojs, gyckel -**y** *a* värdelös, strunt-
chagrin [ʃægri:′n] *s tr* förtret[a]
chain I *s* 1 kedja; kätting 2 ~*s* bojor II *tr* fastkedja, fängsla, fjättra; ~ *up* binda ~-**cable** *s* ankarkätting -**let** *s* liten kedja ~-**mail** *s* ringbrynja
chair [tʃɛə] *s* 1 stol 2 lärostol 3 ordförande-, talmans|stol; ~! ~! till ordningen! -**man** *s* ordförande
chaise [ʃeiz] *s* schäs; lätt vagn
chalet [ʃæ′lei] *s* alp-, schweizer|hydda
chalice [tʃæ′lis] *s* [nattvards]kalk
chalk [tʃɔ:k] *s* krita ~-**pit** *s* kritbrott -**y** *a* krit|ig, -vit
challenge [tʃæ′lindʒ] I *s* 1 anrop; uppfordran 2 utmaning; jäv II *tr* 1 anropa; utmana; trotsa 2 jäva 3 kräva
cha′mber *s* 1 kammare; [sov]rum 2 ~*s* lägenhet, dubblett; [jurist]kontor; ämbetsrum -**lain** [lin] *s* kammarherre -**maid** *s* jungfru, städerska
chamois [ʃæ′mwɑ:] *s* 1 stenget 2 o. ~-**leather** [ʃæ′mi] *s* sämskskinn
champ *tr itr* tugga [på]
cham′pion I *s* 1 [för]kämpe 2 mästare II *a* rekord- -**ship** *s* mästerskap
chance [ɑ:] I *s* 1 tillfällighet, händelse; slump; *by* ~ händelsevis; *ill* ~ olycka 2 tillfälle, chans; möjlighet; risk II *a* tillfällig, oförutsedd III *itr* hända sig, råka IV *tr* F riskera
chancel [tʃɑ:nsl] *s* [hög]kor
chancell|**ery** [ɑ:′] *s* kanslers|ämbete, -bostad, kansli -**or** *s* kansler; *Lord* [*High*] *C*~ lordkansler [eng. justitieminister] -**orship** *s* kanslersämbete
chancery [ɑ:′] *s* 1 lordkanslerns domstol 2 *in* ~ i klämma
chancy [ɑ:′] *a* F osäker, riskabel
chandelier [ʃændili′ə] *s* ljuskrona
chandler [ɑ:′] *s* handlande, hökare
change [tʃeindʒ] I *tr* 1 [för]ändra 2 byta [om]; byta ut 3 växla; ge tillbaka på II *itr* 1 byta; ~ *for H.* byta tåg till H. 2 [för]ändras, ändra sig III *s* 1 [för]ändring; omkastning; [mån]skifte 2 [om-, ut]byte; omväxling: *for a* ~ F för omväxlings skull 3 omgång 4 *C*~, *'C*~ börsen 5 växel; småpengar -**abil′ity** *s* ombytlighet -**able** *a* ombytlig, ostadig -**less** *a* oföränderlig -**ling** *s* bortbyting
chann′el *s* 1 flodbädd 2 strömfåra; segelränna 3 kanal, sund, gatt; *the C*~ [Engelska] Kanalen 4 fåra, räffla
chant [ɑ:] I *tr itr* [be]sjunga; mässa II *s* sång; mässande -**age** *s* penningutpressning -**er** *s* [kor]sångare; kantor
chaos [kei′ɔs] *s* kaos
1 **chap** I *tr* spräcka II *itr* spricka [sönder]; rämna III *s* spricka
2 **chap** *s* F karl, gosse, grabb; kurre
3 **chap** *s* 1 [under]käk 2 ~*s* käft
chap′el *s* 1 kapell 2 gudstjänst[lokal]
chaperon [ʃæ′pəroun] *s* förkläde
chap′-fallen *a* slokörad
chaplain [tʃæ′plin] *s* [hus]kaplan; legations-, regements-, sjömans|präst
chap′let *s* radband
chapp′ie *s* F gammal vän, gosse
chapp′y *a* söndersprucken
chap′ter *s* [äv. dom-, ordens]kapitel
1 **char** [tʃɑ:] se *chare*
2 **char** *tr* [för]kola
character [kæ′riktə] *s* 1 [skriv]tecken, bokstav, siffra; skrift, tryck; handstil 2 karaktär; egenskap 3 rykte 4 vitsord, betyg 5 person[lighet]; F original 6 roll -**is′tic** I *a* karakteristisk II *s* känne|märke, -tecken -**ize** *tr* karakterisera
charcoal [tʃɑ:′koul] *s* trä-, ben|kol
chare [tʃɛə] *itr* gå som hjälpgumma
charge [tʃɑ:dʒ] I *tr* 1 [be]lasta 2 fylla [i′, på′]; ladda; mätta 3 uppdra åt, anförtro 4 anbefalla, förmana 5 anklaga 6 debitera, notera; pålägga 7 ta [betalt] 8 anfalla, rusa

på' 9 ~ *bayonets* fälla bajonett **II** *itr* storma fram, göra chock **III** *s* **1** last. börda **2** laddning **3** uppdrag; ämbete **4** vård, uppsikt; *in* ~ tjänstgörande, jourhavande **5** förvar; *take in* ~ arrestera **6** anförtrodd sak; skyddsling **7** befallning; instruktion **8** anklagelse **9** pris; av-, ut|gift, kostnad **10** pålaga **11** anfall, chock **-able** *a* **1** ansvarig; åtalbar **2** belagd med avgift; kostsam **-r** *s* stridshäst
chariot [æ'] *s* strids-, triumf-, gala|-vagn
charitable [æ'r] *a* **1** kärleksfull, barmhärtig; välgör|ande, -enhets- **2** mild
charit|y [æ'r] *s* **1** människokärlek, [kristlig] kärlek, godhet; ~ *begins at home* var och en är sig själv närmast **2** överseende **3** barmhärtighet; välgörenhet; allmosa; *-ies* barmhärtighetsverk **4** välgörenhetsinrättning ~**-school** *s* fattig-, fri|skola
charivari [ʃɑ:'rivɑ:'ri] *s* larm, oljud
charlatan [ʃɑ:'l] *s* kvacksalvare
charm I *s* **1** troll|sång, -formel; trolldom, förtrollning **2** amulett **3** berlock **4** tjusning; behag, charm **II** *tr* **1** [för]trolla **2** tjusa; hänföra **-er** *s* tjus|are, -erska **-ing** *a* förtjusande
char'nel-house *s* benhus
chart I *s* **1** sjökort **2** tabell; väggplansch **II** *tr* kartlägga
char'ter I *s* **1** kungabrev; frihetsbrev; *the Great C*~ [hist.] Magna Charta **2** [stiftelse]urkund **3** kontrakt **4** privilegium **II** *tr* **1** privilegiera **2** befrakta **-ed** *a* auktoriserad **-er** *s* befraktare
charwoman [tʃɑ:'] *s* hjälpgumma
chary [ɛ'ə] *a* varsam, försiktig; rädd
1 chase [tʃeis] *tr* ciselera, driva
2 chase I *tr* jaga; förfölja **II** *s* jakt; *give* ~ *to* sätta efter, förfölja
chasm [kæzm] *s* rämna, svalg, klyfta
chassis [ʃæ'si(s)] *s* [bil]chassi
chaste [ei] *a* kysk, ren; sträng; enkel **-n** [eisn] *tr* tukta, straffa; rena
chastise [ai'z] *tr* straffa, tukta, aga **-ment** [tʃæ'stiz] *s* straff, aga
chas'tity *s* kyskhet, renhet
chasuble [tʃæ'zjubl] *s* mässhake
chat I *itr* språka, prata **II** *s* prat[ande], samspråk
chatt'el *s*, ~*s* lösören, tillhörigheter
chatt'||er I *itr* snattra; sladdra, prata; skallra, skramla **II** *s* pladder, prat **-erbox** *s* pratmakare **-y** *a* pratsam
chauffeur [ʃou'fə] *s* chaufför, bilförare
cheap I *a* billig; gottköps- **II** *adv* billigt [äv. ~*ly*] **-en** *tr* förbilliga
cheat I *tr* bedraga; narra, lura; fördriva [tid &c] **II** *itr* spela falskt; fuska **III** *s* bedragare, fuskare
check I *s* **1** hejdande; stopp, avbrott; hinder **2** tygel, tvång **3** kontroll[ering]; kontrolltecken, 'kråka' **4** kontramärke **5** = *cheque* **6** schack **7** rutigt mönster (tyg) **II** *tr* **1** hejda, stoppa **2** tygla, hålla i styr **3** schacka **4** kontrollera; kollationera, pricka fö'r **5** [Am.] pollettera **-ed** *a* rutig **-er** *s* **1** kontrollör **2** = *chequer* **-mate** *s tr* [göra] schack och matt ~**-till** *s* kontrollkassa ~**-up** *s* granskning
cheek I *s* **1** kind **2** F 'panna', fräckhet **II** *tr* F vara fräck mot **-y** *a* F fräck
cheep *itr tr s* pip[a]
cheer [tʃiə] **I** *s* **1** sinnesstämning **2** glädje, jubel **3** undfägnad; mat; *make good* ~ kalasa **4** uppmuntran, tröst **5** bifallsrop, hurra[rop] **II** *tr* **1** uppmuntra, trösta; ~ *up* pigga upp **2** tilljubla bifall, hurra för **III** *itr* **1** ~ *up* liva (gaska) upp sig **2** ropa bravo, hurra **-ful** *a* **1** glad [av sig], gladlynt **2** [upp]livande; trevlig **-fulness** *s* glättighet **-io** [ou'] *interj* F skål! hej! **-less** *a* dyster **-y** F = *-ful*
1 cheese [z] *s* ost; *green* ~ färsk ost
2 cheese *s* F *that's the* ~ så ska det vara
chee'sy [z] *a* **1** ostlik **2** S fin, gentil
chef [ʃef] *s* kock, köksmästare
chemical [ke'm] *a* kemisk
chemise [ʃimi:'z] *s* damlinne
chemist [ke'm] *s* **1** kemist **2** apotekare; ~*'s shop* apotek **-ry** *s* kemi
cheque [tʃek] *s* check, bankanvisning
chequer [tʃe'kə] *s* **1** ~*s* schackbräde **2** rutigt mönster **3** [Am.] ~*s* damspel **-ed** *a* **1** rutig **2** brokig, skiftande
cherish [e'r] *tr* vårda; hysa; omhulda
cheroot [ʃəru:'t] *s* [jämntjock] cigarr
cherr'y *s* körsbär[sträd] ~**-brandy** *s* körsbärs|likör, -brännvin
cherub [e'r] *s* kerub **-ic** [u:'] *a* änglalik
chess *s* schack[spel] ~**-board** *s* schackbräde ~**-man** *s* schackpjäs
chest *s* **1** kista, låda; ~ *of drawers* dragkista, byrå **2** bröst[korg]
chestnut [tʃe'snʌt] **I** *s* **1** kastanje[träd] **2** fux **II** *a* kastanjebrun
chevalier [ʃevəli'ə] *s* riddare
chew [tʃu:] **I** *tr itr* **1** tugga; ~ *the cud* idissla **2** grubbla [på] **II** *s* **1** tuggning **2** buss **-er** *s* tobakstuggare
chic [ʃi(:)k] *s a* schvung, stil[ig]
chicane [ʃikei'n] **I** *s* chikan **II** *itr tr* begagna knep; lura **-ry** *s* knep
chick *s* **1** kyckling **2** F unge, barn
chicken *s* **1** kyckling **2** ungdom ~**-pox** *s* vattenkoppor
chic'ory *s* cikoria
chide (*chid chid*) *tr itr* banna, klandra
chief [tʃi:f] **I** *s* hövding, styresman; chef, ledare **II** *a* förste, över-, huvud-, förnämst; ledande **-ly** *adv* framför allt; huvudsakligen **-tain** [tən] *s* hövding; huvudman
chil'blain *s* kylskada, frostknöl
child [ai] (pl. ~*ren* [tʃi'l]) *s* barn; *from a* ~ från barndomen **-hood** *s*

barndom -ish *a* barnslig, enfaldig -like *a* barnslig -'s-play *s* barnlek
chill I *s* köld, kyla; frysning, rysning II *a* kall, kylig, isig III *tr* [av]kyla, isa -y *a* 1 kylig, kulen 2 frusen
chime I *s* 1 klock|spel, -ringning; låt, melodi 2 harmoni II *itr* 1 ringa; klinga 2 harmoniera 3 ~ *in* instämma
chimney [tʃi'mni] *s* 1 rökfång, skorsten 2 lampglas ~-corner *s* spiselvrå ~-cowl ~-jack *s* rökhuv ~-piece *s* spiselkrans ~-pot *s* 1 skorsten[spipa] 2 F cylinder ~-stack *s* skorsten[sgrupp] ~-sweep[er] *s* sotare
chimpanzee [pænzi:'] *s* schimpans
chin *s* haka
chi'na *s* porslin C-man (pl. *-men* o. *Chinese*) *s* kines -ware *s* porslin
chine *s* 1 ryggrad 2 ryggstycke
Chinese [tʃaini:'z] *s a* kines[isk]
1 **chink** *s* spricka, remna; springa
2 **chink** I *s* klang, skrammel; S kontanter II *itr tr* klinga, skramla [med]
chintz *s* sits, möbelkattun
chip I *s* 1 flisa, spån; skärva; skiva; ~s avfall; stekt [skivad] potatis 2 F hack 3 spelmark II *tr* 1 spänta, tälja, hugga [sönder] 2 slå av (ur); knäcka III *itr* gå i flisor -py *a* S 1 torr, tråkig 2 ruggig, 'bakom'
chiro- [kaiəro] [i sms.] hand-
chi'ro‖**mancy** *s* konsten att spå i handen -pody [ɔ'p] *s* manikur; pedikur
chir‖**p** [tʃə:p] I *itr tr* kvittra, pipa; knarra II *s* kvitter, pip; knarr -py *a* munter; livlig -rup [tʃi'rəp] I *itr* 1 kvittra 2 smacka II *s* kvitter
chisel [tʃizl] I *s* mejsel; stäm-, hugg|järn II *tr* mejsla, uthugga
chit *s* 1 barnunge 2 jäntunge
chit'-chat *s* [små]prat; snack
chitt'erlings *spl* innanmäte
chivalr‖**ic** [ʃi'v] -ous *a* ridderlig, tapper, ädel -y *s* ridder|skap, -lighet
chive *s* gräslök
chlorine [klɔ:'rin] *s* klor[gas]
chloro‖**form** [klɔ'rəfɔ:m] *s tr* kloroform[era] -sis [ou'sis] *s* bleksot
chock I *s* kil, kloss; [båt]klamp II *tr* stötta [med klossar]; ~ *up* kila fast; belamra ~-full *a* proppfull
chocolate [tʃɔ'klit] *s* choklad[pralin] ~-cream *s* chokladpralin
choice I *s* 1 val; *at* ~ efter behag 2 urval II *a* utsökt, utvald
choir [kwai'ə] *s* 1 kör 2 kor
choke I *tr* 1 strypa; kväva 2 till|täppa, -stoppa; spärra; ~ *down* svälja 3 fullstoppa 4 ~ *off* F avskräcka; få att tiga II *itr* kvävas; storkna III *s* kvävning[sanfall] ~-pear *s* kalldusch
choler‖**a** [kɔ'lərə] *s* kolera -ic *a* kolerisk, hetlevrad
choose [tʃu:z] (*chose chosen*) *tr itr* 1 välja 2 föredraga 3 behaga, vilja

1 **chop** I *tr itr* 1 hugga: ~ [*up*] hugga sönder 2 ~ *and change* ideligen ändra sig 3 ~ *about* kasta (slå) om II *s* 1 hugg 2 kotlett 3 krabbsjö
2 **chop** *s*, ~*s* käft, käk[e]
chop-house *s* mat-, närings|ställe
chopp'‖**er** *s* 1 [ved]huggare 2 köttyxa, hackkniv -ing *a* 1 kraftig, bastant 2 ⚓ krabb -ing-block *s* huggkubbe -ing-board *s* skärbräde -y *a* 1 sprickig 2 ⚓ krabb 3 ostadig
choral [kɔ:'] *a* kör-; kor- -e [kɔra:'l] *s* koral, psalm -ist *s* körsångare
1 **chord** [kɔ:d] *s* sträng; *vocal* ~ stämband; *spinal* ~ ryggmärg
2 **chord** *s* [mus.] ackord
chorister [kɔ'] *s* kor|gosse, -sångare
chorus [kɔ:'rəs] *s* korus, kor, kör; *in* ~ i kör ~-girl *s* flicka i balettkör
chose [tʃouz] -n imp. o. pp. av *choose*
chrism [krizm] *s* invigd olja
christen [krisn] *tr* döpa, kristna
C-dom [kri'sndəm] *s* kristenhet[en]
Christian [kri'st] *a s* krist|en, -lig; ~ *name* dop-, för|namn -ity [iæ'n] *s* kristendom[en] c-ize *tr* kristna
Christmas [kri'sməs] *s* jul[en]; juldagen; ~ *Eve* julafton ~-box *s* jul|pengar, -klapp [dusör] ~-tide *s* jul[en], jultid[en] ~-tree *s* julgran
chrom‖**e** *s* krom[gult] -o- färg-
chron'ic *a* kronisk; ständig; P svår
chron'icle I *s* krönika II *tr* uppteckna, skildra -r *s* krönikeskrivare
chrono‖**logical** [krɔnəlɔ'dʒ] *a* kronologisk -logy [ɔ'l] *s* tidräkning
chrysal‖**id** [kri'səlid] -is *s* puppa
chubb'y *a* knubbig, trind
1 **chuck** I *s* skrockande II *itr tr* skrocka; locka [på]; mana på [häst]
2 **chuck** *tr* 1 klappa [under hakan] 2 F slänga; ~ *it!* S låt bli!
chuckle I *itr* 1 skrocka 2 [små]skratta II *s* 1 skrockande 2 skratt, flin[ande] ~-headed *a* fårskallig
chum *s* [rums]kamrat; god vän -my *a* F 'god vän'; sällskaplig
chump *s* 1 träklots 2 F [trä]skalle
chunk *s* F tjockt stycke
church [tʃə:tʃ] *s* 1 kyrka; *Established C*~ statskyrka 2 gudstjänst ~-goer *s* kyrksam person; ~*s* kyrkfolk ~-going I *s* kyrkogång II *a* kyrksam -man *s* statskyrko|medlem, -präst; kyrksam man -warden *s* 1 kyrk|värd, -ofullmäktig 2 F lång kritpipa -y *a* högkyrklig -yard *s* kyrkogård
churl [ə:] *s* tölp -ish *a* ohyfsad, rå
churn [tʃə:n] I *s* 1 [smör]kärna 2 mjölkflaska II *tr itr* kärna
chute [ʃu:t] *s* 1 [fall]ström 2 [timmer]ränna 3 kälkbacke; rutschbana
cica'da *s* [zool.] sångstrit
cic'atr‖**ice** [is] *s* ärr -ize *itr* läkas
ci'der *s* cider, äpplevin

c. i. f., cif = *cost, insurance, freight* cif
cigar' *s* cigarr **-ette** [e't] *s* cigarrett **~-holder** *s* cigarrmunstycke
cin'der *s* 1 slagg 2 askmörja; **~s** aska **C-ell'a** *npr* Askungen; styvbarn
cin'ema *s* bio[graf]; ~ *play* film
cin'er||ary *a* ask- **-ation** *s* förbränning
cinnamon [si'nəmən] *s* kanel
cinq[ue] [siŋk] *s* femma, 'sinka'
ci'pher I *s* nolla; siffra; chiffer[skrift]; monogram, firmatecken **II** *itr* räkna **III** *tr* räkna ut; chiffrera
circle [sə:kl] **I** *s* 1 cirkel; ring; [om-] krets 2 kretsgång 3 [teat.] rad; *dress* ~ första rad; *upper* ~ andra rad **II** *tr* gå (fara) omkring **III** *itr* kretsa
circuit [sə:'kit] *s* 1 kretsgång, omlopp 2 omkrets; område 3 domsaga; tingsresa 4 [elektr.] [ström]ledning; *short* ~ kortslutning **-ous** [kju'it] *a* kringgående, indirekt; ~ *road* omväg
circul||ar [sə:'kjulə] **I** *a* cirkelrund; cirkel-, rund; kretsformig; ~ *letter* cirkulär; ~ *ticket* rundresebiljett; ~ *tour* rundresa **II** *s* cirkulär **-ate** *tr itr* [låta] cirkulera **-ation** *s* 1 omlopp 2 spridning 3 betalningsmedel
circum- [sə:kəm] *pref* omkring, om-
circum||cise [sə:'kəmsaiz] *tr* omskära **-cision** [i'ʒn] *s* omskärelse **-ference** [kʌ'm] *s* omkrets, periferi **-locu'tion** *s* om|skrivning, -svep **-nav'igate** *tr* kringsegla **-nav'igator** *s* världsomseglare **-scribe** *tr* 1 begränsa; kringskära 2 omskriva **-scrip'tion** *s* 1 begränsning 2 omkrets 3 område **-spect** *a* försiktig **-stance** *s* omständighet; förhållande **-stan'tial** [ʃəl] *a* 1 beroende på omständigheterna 2 omständlig 3 tillfällig **-stan'tiate** [ʃieit] *tr* framställa i detalj **-vent'** *tr* snärja; överlista **-ven'tion** *s* bedrägeri, överlistande **-volution** *s* varv; vindling; krumbukter
circus [sə:'kəs] *s* 1 cirkus 2 runt torg
cirr'|us (pl. *-i* [ai]) *s* fjädermoln
cit||ation *s* 1 [jur.] stämning, kallelse 2 åberopande, citat **-e** [sait] *tr* 1 [jur.] [in]stämma; kalla 2 åberopa; citera
cit'izen *s* [med]borgare **-ship** *s* [med]-borgar|rätt, -skap
cit'y *s* 1 stiftsstad; [stor] stad; ~ *of refuge* fristad 2 *the C~* City [i London]; ~ *man* affärs-, finans|man
civ'ic *a* medborgerlig, medborgar-
civies [si'viz] *s* S civildräkt
civ'il *a* 1 [med]borgerlig, medborgar-; ~ *war* inbördeskrig 2 hövlig, artig, hygglig 3 civil; världslig; ~ *servant, service* civil|ämbetsman, -förvaltning **-ian** [i'l] *s a* civil[ist] **-ity** [i'l] *s* hövlighet **-ization** [lai] *s* civilis|erande, -ation **-ize** *tr* civilisera; bilda
clack I *itr tr* [prata och] slamra; smälla [med] **II** *s* slammer, smäll; F prat
clad *a* klädd
claim I *tr* fordra, kräva; göra anspråk på; påstå [sig] **II** *s* 1 fordran, krav; [rätts]anspråk; *lay* ~ *to* göra anspråk på 2 rätt 3 jordlott, inmutning **-ant** *s* fordringsägare; [rätts]sökande
clam *s* mussla
cla'mant *a* larmande
clam'ber I *itr* klättra; klänga **II** *s* klättring
clamm'y *a* fuktig [och klibbig]; degig
clam'||orous *a* larmande, högljudd, bullersam **-our I** *s* rop, skri[k]; larm **II** *itr* larma, ropa; högljutt klaga
clamp *s* 1 krampa; kloss 2 skruvtving
clan *s* 1 klan; stam 2 kotteri, klick
clandestine [de'stin] *a* hemlig
clang I *s* klang, skrammel [äv. **-our** [ŋg]] **II** *itr tr* klinga, skalla; skramla [med] **-orous** [ŋg] *a* klingande, skramlande
clank I *s* rassel **II** *itr tr* rassla [med]
clann'ish *a* klanartad, klan-
clap I *tr itr* 1 slå ihop, klappa; slå med; smälla [med] 2 applådera 3 F sätta, lägga, stoppa **II** *s* skräll, knall, smäll; handklappning **-per** *s* [klock]kläpp **-trap** *s* teatereffekt, tom fras
claque [klæk] *s* [teat.] klack
claret [æ'] *s* rödvin, Bordeaux
clar'||ify [æ] **I** *tr* klara **II** *itr* klarna **-ion** [æ] *s* klarin, trumpet **-ity** [æ] *s* klarhet
clash I *itr* 1 skrälla, skramla 2 drabba ihop, kollidera 3 stå i strid, strida [mot]; vara oförenlig [med] **II** *tr* 1 skramla (ringa) med 2 stöta emot **III** *s* 1 skräll, smäll; skrammel, rassel 2 sammanstötning; strid, konflikt
clasp [ɑ:] **I** *s* 1 knäppe, spänne; haspe; lås 2 omfamning; handslag **II** *tr* 1 knäppa, spänna, låsa 2 omfamna; trycka, krama **~-knife** *s* fällkniv
class [ɑ:] **I** *s* klass **II** *tr* inordna; klassificera **~-book** *s* läro-, skol|bok **~-fellow** *s* klasskamrat [äv. *~-mate*]
class'ic I *a* klassisk **II** *s* klassiker
classify [klæ'sifai] *tr* klassificera
clatt'er I *itr* 1 slamra, klappra, rassla 2 prata **II** *s* 1 slammer 2 prat, oväsen
clause [klɔ:z] *s* 1 [kort] sats; bisats 2 klausul, bestämmelse; moment
clav'icle *s* nyckelben
claw [klɔ:] **I** *s* klo; tass, ram **II** *tr* klösa; riva [till sig]
clay *s* 1 ler|a, -jord 2 stoft [och aska] 3 F krit-, ler|pipa **-ey** [i] *a* ler-, lerig
clean I *a* 1 ren[lig] 2 tom; fri, klar; oskriven; renskriven 3 slät, glatt; jämn; fin 4 skicklig, väl utförd, flott **II** *adv* totalt, rent, rakt **III** *tr* 1 göra ren; snygga [upp]; putsa; borsta; rensa 2 tömma, länsa 3 ~ *down* borsta (torka) av; ~ *out* rensa, tömma; S pungslå; ~ *up* städa [undan] **~-bred** *a* fullblods- **~-cut** *a* skarpt

skuren ~-limbed *a* välväxt, smärt -liness [kle'n] *s* renlighet, snygghet -ly I [i:'n] *adv* rent; klart; fint II [e'] *a* renlig, snygg -ness *s* renhet -se [klenz] *tr* 1 rengöra; rensa 2 rena, rentvå ~-shaven *a* slätrakad ~-up *s* F rengöring, städning
clear [iə] I *a* 1 klar, ljus, glänsande; ren, frisk 2 tydlig 3 på det klara 4 hel, full 5 fri; öppen; tom; *keep ~ of* undvika II *adv* 1 klart, ljust 2 alldeles, rakt, rätt 3 *stand ~* gå ur vägen III *tr* 1 göra klar, klara 2 klargöra 3 fritaga 4 befria; göra (ta) loss; rensa, tömma; utrymma; [av]röja; ⚓ lossa; *~ the table* duka av; *~ the way* bana väg, gå ur vägen 5 ⚓ gå klar för; komma förbi (igenom) 6 [tull.] klarera 7 slutförsälja 8 *~ away* undanröja; *~ off* göra sig kvitt; *~ out* skaffa bort; tömma; slutförsälja; ⚓ utklarera; *~ up* ordna, städa IV *itr* 1 klarna, ljusna 2 tömmas 3 skingra sig; försvinna 4 avsegla 5 *~ away* duka av; försvinna; *~ off* se *IV 3*; *~ out* F ge sig av; *~ up* klarna -ance *s* 1 [upp]klarande 2 befriande; rensning; röjning 3 = *-ing 3* 4 tullklarering 5 *~ sale, general ~* slutrealisation ~-cut *a* skarpt skuren (markerad) -ing *s* 1 klarnande 2 röjning 3 avräkning, clearing -ness *s* klarhet; tydlighet; frihet från hinder ~-sighted *a* klar-, skarp|synt
clea'vage *s* klyvning
1 **cleave** *itr*, *~ to* klibba (hänga) fast vid
2 **cleave** (*cleft* el. *clove cleft*) I *tr* klyva [sönder] II *itr* klyva sig, spricka
clef [klef] *s* [mus.] klav
cleft I se *2 cleave* II *s* klyfta, spricka
clem'ency *s* mildhet; nåd
clench I *tr* 1 klinka, nita 2 bita ihop; gripa hårt om; spänna; *~ o.'s fist* knyta näven II *s* 1 nitning 2 grepp
cler||gy [klə:'dʒi] *s* präster[skap] -gyman *s* präst -ical [e'r] *a* 1 klerikal; prästerlig 2 skriv[ar]-; bokhållar-
clerk [klɑ:k] *s* 1 klockare 2 sekreterare, notarie 3 bokhållare, kontorist -ship *s* bokhållare-, notarie|plats
clev'er *a* 1 skicklig, styv 2 begåvad, kvick, talangfull; slipad; sinnrik 3 [Am.] F snäll; trevlig -ness *s* skicklighet
clew [klu:] *s* [garn]nystan; se äv. *clue*
click I *itr* knäppa [till], klicka, ticka II *tr* knäppa med; *~ o.'s tongue* smacka med tungan III *s* 1 knäpp[ning] 2 smackljud 3 spärrhake
cli'ent *s* 1 skyddsling 2 klient; kund -age *s* klientel; kundkrets
cliff *s* klippa; stup -y *a* klippig; brant
climate [klai'mit] *s* klimat, luftstreck
cli'max *s* klimax, höjdpunkt
climb [klaim] I *itr* 1 klättra; klänga; kliva 2 stiga, höja sig II *tr* klättra uppför (upp i) III *s* klättring -er *s* 1 klättrare; *~s* klätterfåglar 2 klängväxt
clime *s* luftstreck, trakt, nejd
clinch se *clench* -er *s* F dräpande (avgörande) svar, slag i saken, 'knuten'
cling (*clung clung*) *itr* klänga sig fast; sluta tätt; fastna -ing *a* åtsittande
clin'ic *s* klinik -al *a* klinisk; *~ thermometer* febertermometer
clink I *itr tr* klirra, klinga, skramla [med] II *s* klirr, klingande
1 **clip** *s* hållare, klämma[re]
2 **clip** I *tr* klippa; stympa II *s* klippning -per *s* 1 klippare 2 *~s* sax 3 S huggare -ping I *s* 1 klippning 2 av-, ur|klipp II *a* S styv, utmärkt
clique [kli:k] *s* klick, kotteri
cloak [ou] I *s* kappa, mantel II *tr* bemantla, dölja ~-room *s* garderob, förvaringsrum; *ladies' ~* damrum
clock *s* ur, klocka; *at ten o'~* klockan tio; *what o'~ is it?* hur mycket är klockan? ~-case *s* klockfodral ~-face *s* urtavla -wise *adv* medsols
clod *s* 1 klump; jord[koka] 2 tölp; tjockskalle ~-hopper *s* [bond]tölp
clog I *s* 1 klamp, black 2 hämsko, hinder; börda 3 träsko II *tr* 1 tynga; besvära 2 spärra III *itr* klibba fast -gy *a* 1 klimpig 2 klibbig
cloi'st||er I *s* 1 kloster 2 pelargång II *tr* instänga -ral *a* klosterlik, kloster-
1 **close** [z] I *tr* 1 stänga; sluta; *~ up* tillsluta, fylla 2 [av]sluta II *itr* 1 stänga[s]; sluta [sig]; förenas 2 ta livtag, brottas 3 *~ in* inbryta, falla [på]; *~ in upon* omsluta; *~ [up]on* gripa om, omsluta; enas om; ej se; *~ with* gå in på, antaga III *s* 1 slut, avslutning 2 nappatag
2 **close** [s] I *a* 1 stängd, sluten; förbjuden 2 [undan]gömd; hemlig[hetsfull] 3 tryckande, kvav 4 snål, knusslig 5 tät, fast, hopträngd; närbelägen; knapp; *~ fight* handgemäng; närkamp; *it was a ~ thing* det satt hårt åt 6 åtsittande, trång 7 nära; intim 8 sträng, logisk; noggrann, ingående 9 trägen, flitig 10 svåravgjord, mycket jämn II *adv* nära, strax; tätt [ihop]; ⚓ dikt III *s* inhägnad [plats] ~-cropped *a* kortklippt ~-fisted *a* snål, knusslig ~-fitting *a* tätt åtsittande -ly *adv* 1 tätt, nära 2 noggrant; flitigt; strängt 3 snålt -ness *s* 1 slutenhet 2 avskildhet 3 instängdhet, kvalm 4 snålhet 5 täthet 6 närhet 7 noggrannhet 8 nära likhet, jämnhet
clos'et [z] *s* 1 rum, kammare 2 klosett
clo's||e-up [s] *s* närbild -ing-time [ou'z] *s* stängningstid -ure [klou'ʒə] *s* tillslutning, stängning; avslutning, slut
clot I *s* 1 klimp, klump 2 blodlever;

~ *of blood* blodpropp **II** *itr* klimpa sig; skära (levra) sig, koagulera
cloth [klɔþ] (pl. ~*s*) *s* 1 tyg, kläde 2 duk; *lay the* ~ duka 3 [bokb.] klot **-e** [klouð] *tr* [be]kläda; täcka, hölja
clothes [klouðz] *spl* 1 kläder 2 tvätt, linne **~-line** *s* klädstreck **~-peg** *s* 1 klädnypa 2 ~*s* klädhängare **~-press** *s* kläd-, linne|skåp
cloth||ier [klou'ðiə] *s* klädes|fabrikör, -handlare **-ing** *s* beklädnad; kläder
cloud I *s* 1 moln, sky 2 svärm, skara **II** *tr* 1 hölja i moln; ~*ed* mulen 2 för|mörka, -dunkla; fördystra **-berry** *s* hjortron **~-burst** *s* skyfall **~-capped** *a* molnhöljd; skyhög **-y** *a* molntäckt; mulen; dunkel; dyster
clough [klʌf] *s* bergsklyfta, ravin
1 clove *s* lökklyfta
2 clove *s* kryddnejlika
3 clove imp. av *2 cleave* **-n** *a* kluven
clo'ver *s* klöver; *be in* ~ ha det bra
clown [au] *s* 1 tölp 2 klaun, pajas
cloy *tr* över|mätta, -lasta
club I *s* 1 klubba 2 klöver[kort] 3 klubb **II** *tr* 1 klubba [till el. ned] 2 sammanskjuta; slå sig tillsammans om, dela **~-foot** *s* klumpfot **~-house** *s* klubblokal **-man** *s* klubbmedlem
cluck *itr s* skrocka[nde]
clue [klu:] *s* nystan; ledtråd; [röd] tråd
clump I *s* 1 klump 2 klunga; buskage **II** *itr* klampa
clum's||iness [z] *s* klumpighet **-y** *a* klumpig; otymplig, tafatt
clung imp. o. pp. av *cling*
clus'ter I *s* 1 klunga; klase 2 svärm; skock **II** *tr* samla i klunga **III** *itr* växa i klunga; skocka sig
clutch I *tr* gripa tag i (om); fasthålla **II** *itr* nappa, gripa **III** *s* 1 grepp, tag 2 [tekn.] klo; koppling
co- [i sms.] med-, sam-, tillsammans
Co. [kou] = *Company* **c/o** = *care of* [på brev] [under] adress
coach [ou] **I** *s* 1 statsvagn, kaross 2 [post]diligens 3 [person]vagn; sovvagn 4 F privatlärare; tränare **II** *tr itr* ge (ta) lektioner; träna **~-box** *s* kuskbock **-man** *s* kusk, körsven
coagulate [æ'gju] *tr itr* [få att] stelna
coal [ou] **I** *s* kol; ~ *gas* lysgas; *carry* ~*s to Newcastle* ge bagarbarn bröd **II** *tr itr* kola **~-dust** *s* kol|damm, -stybb
coal||esce [kouəle's] *itr* samman|växa, -smälta, -sluta sig **-ition** [i'ʃn] *s* sammansmältning, förening; koalition
coal||mine [ou'] *s* kolgruva **-mouse** *s* kolmes **- -pit** *s* kolgruva **- -scuttle** *s* kol|pyts, -box **- -trimmer** *s* kollämpare **-y** *a* kolhaltig; kol-; kolsvart
coarse [kɔ:s] *a* 1 grov[byggd] 2 enkel, torftig 3 rå, plump **~-fibred ~-grained** *a* grov[trådig, -kornig]
coast [ou] *s* kust **-al** *a* kust- **-er** *s* kust|farare, -fartyg **-ing** *s* kust|fart, -handel **-wise** *adv* utefter kusten
coat [ou] **I** *s* 1 rock 2 [dräkt]kappa, jacka 3 päls, hår-, fjäder|beklädnad 4 hinna, skal 5 lager; bestrykning **II** *tr* bestryka; be|kläda, -täcka **-ing** *s* 1 beläggning; lager; överdrag 2 rocktyg **~-tail** *s* rockskört
coax [ou] **I** *tr* lirka (kela) med; narra, locka **II** *itr* ställa sig in, smickra
cob *s* ridhäst, klippare
1 cobb'le *s* kuller-, gat|sten
2 cobble *tr* lappa [ihop] **-r** *s* 1 skoflickare 2 fuskare
cob'-nut *s* stor hasselnöt
co'bra *s* glasögonorm
cob'web *s* spindel|nät, -väv
cocaine [kokei'n] *s* kokain
1 cock I *s* 1 tupp 2 hane 3 'övervkucku' 4 kran, pip, tapp 5 tunga 6 knyck; blinkning; hatt på sned; hattbrätte **II** *tr* 1 sätta rätt upp; sätta i vädret; ~ [*up*] *o.'s ears* spetsa öronen; ~ *o.'s eye* blinka; ~ *o.'s hat* sätta hatten på sned 2 spänna **III** *itr* sticka (stå) rätt upp
2 cock *s tr* stack[a], volm[a]
cocka'de *s* kokard
cock'-a-doodle-doo' *s interj* kuckeliku
Cockaigne [ei'n] *npr* Schlaraffenland
cock-and-bull *a*, ~ *story* rövarhistoria
cockatoo' *s* kaka|du, -dora
cock'boat *s* julle
cock'-brained *a* tanklös, yr [i mössan]
cock'||chafer *s* ollonborre **- -crow** *s* hanegäll **-ed** *a*, ~ *hat* trekantig hatt
cock'erel *s* tuppkyckling
cock'-||eyed *a* S vindögd **-fight[ing]** *s* tuppfäktning **-horse** *adv* grensle
1 cockle *s* [bot.] klätt, åkerklint
2 cockle *s* 1 hjärtmussla 2 eka
3 cockle *itr tr s* skrynkla [sig]
cock'ney [ni] *s* 1 genuin londonbo 2 obildad londonengelska, vulgärspråk
cock'pit *s* tuppfäktningsarena
cock'roach [routʃ] *s* kackerlacka
cock'||scomb *s* tuppkam **- -sure** *a* tvärsäker **-tail** *s* 1 stubbsvans[ad kapplöpningshäst] 2 uppkomling 3 cocktail **-y** *a* F högfärdig; stursk
coco [kou'kou] *s* kokospalm
cocoa [kou'kou] *s* kakao
co'co[a]-nut *s* kokos|nöt, -palm
cocoon [kɔku:'n] *s* kokong
C. O. D. = *cash* (*collect*) *on delivery* betalning vid leverans[en]; efterkrav
cod *s* torsk; kabeljo
coddle *tr* klema bort
code *s* 1 lagsamling, lag[bok] 2 regler; kodex 3 telegram|kod, -nyckel
codger [kɔ'dʒə] *s* gubbstrutt; kurre
coeducation [kou'edjukei'ʃn] *s* samundervisning **-al** *a* samskole-
coequal [koui:'kwəl] *s* jämlike

coerce [kouə:'s] *tr* be-, fram|tvinga
coe'val [kou] *a* samtidig; jämnårig
co'exist' *itr* finnas till samtidigt
coffee [kɔ'fi] *s* kaffe **~-house** *s* kafé; restaurang **~-pot** *s* kaffe|panna, -kanna **~-room** *s* frukostrum; matsal
coff'|er *s* [kassa]kista **-in** *s* likkista
cog *s* kugge
co'gent [dʒ] *a* bindande, tvingande
cog'itate [dʒ] *itr tr* tänka, fundera [ut]
cog'nate [eit] **I** *a* besläktad **II** *s* släkting
cog'nizance [kɔ'(g)nizns] *s* **1** kännedom **2** undersökning; behörighet
cogno'men [gn] *s* tillnamn; [bi]namn
co|hab'it [kou] *itr* sammanbo **-heir** [ɛ'ə] *s* medarvinge **-here** [hi'ə] *itr* hänga ihop **-herence** [hi'ə] **-hesion** [hi:'ʒn] *s* sammanhang
coil **I** *tr* rulla (ringla) ihop **II** *itr* ringla (slingra) sig; **~** *up* rulla ihop sig **III** *s* **1** rulle **2** ring[ling], bukt
coin **I** *s* slant, mynt **II** *tr* **1** mynta, prägla **2** slå mynt av **3** [ny]bilda **-age** *s* **1** prägling **2** myntsystem
coinci'de [kou] *itr* samman|falla, -träffa **-nce** [i'nsidəns] *s* samman|fallande, -träffande
coi'ner *s* [falsk]myntare; uppfinnare
coke *s* koks
cold [ou] **I** *a* **1** kall; frusen **2** kallsinnig **3** nedslående **4** fadd, matt **II** *s* **1** köld, kyla **2** förkylning; *catch* [*a*] **~** förkyla sig; **~** *in the head* snuva **~-blooded** *a* kallblodig **~-hearted** *a* kallsinnig **-ness** *s* köld, kallsinnighet
cole *s* kål **~-seed** *s* kålraps
col'ic *s* kolik
collab'orat|e *itr* sam-, med|arbeta **-ion** *s* samarbete **-or** *s* medarbetare
collap's|e **I** *s* **1** hopfallande, utmattning **2** sammanbrott, fall **II** *itr* falla ihop; misslyckas **-ible** *a* hopfällbar
coll'ar **I** *s* **1** [hals]krage **2** hals|band, -ring **3** ordenskedja **4** loka, bogtra **5** ring, hylsa; fläns **II** *tr* **1** förse med krage **2** fatta i kragen; taga **~-bone** *s* nyckelben **-et'** *s* spets-, päls|krage
coll|la'te *tr* kollationera; jämföra **-lat'eral** *a* **1** parallell; motsvarande **2** indirekt, bi-, sido- **-lation** *s* **1** kollationering, jämförelse **2** lätt måltid
colleague [kɔ'li:g] *s* kollega
collect' **I** *tr* **1** samla [ihop] **2** **~** *o.s.* hämta sig **II** *itr* samla sig, hopas **-ed** *a* lugn, sansad **-ion** *s* **1** samlande **2** [in]samling; kollekt **3** inkassering **-ive** *a* samlad, samman|lagd, -fattande; kollektiv **-or** *s* **1** samlare **2** biljettupptagare **3** uppbördsman
colleg|e [kɔ'lidʒ] *s* **1** kollegium **2** [univ.] college[byggnad] **3** högskola; institut; högre läroverk **-ian** [li:'dʒ] *s* medlem av college **-iate** [i:'dʃiit] *a* college-; **~** *school* högre skola
coll'et *s* ring, fläns; infattning
colli'de *itr* kollidera, stöta ihop
collie [kɔ'li] *s* collie, fårhund
collier [kɔ'liə] *s* **1** kolgruvarbetare **2** kolfartyg **-y** *s* kolgruva
collision [kəli'ʒn] *s* sammanstötning
coll|ocat|e *tr* ställa [ihop], anbringa **-ion** *s* sammanställning; placering
coll'ocutor *s* deltagare i samtal
coll'op *s* kottskiva; *Scotch* **~s** kalops
colloqu|ial [kəlou'kwiəl] *a* samtals-, vardaglig, familjär **-ialism** *s* talspråksuttryck **-y** [kɔ'lə] *s* samtal
collusion [ju:'ʒn] *s* maskopi
colonel [kə:nl] *s* överste
colonial [lou'] **I** *a* kolonial[-] **II** *s* invånare i (soldat från) kolonierna
col'on|ist *s* kolonist, nybyggare **-ization** [ai] *s* kolonisering **-ize** **I** *tr* kolonisera **II** *itr* slå sig ned **-y** *s* koloni
coloration [kʌl] *s* färggivning, kolorit
coloss'|al *a* kolossal **-us** *s* koloss
colour [kʌ'lə] **I** *s* **1** färg **2** **~s** flagga, fana; *desert o.'s* **~s** desertera **3** utseende, [viss] dager; svepskäl; sken **4** klangfärg **5** karaktär, prägel **II** *tr* **1** färg[lägg]a **2** bemantla; försköna **III** *itr* få färg; rodna **-able** *a* skenbar, falsk **~-box** *s* färglåda **-ed** *a* färgad; kulört; **~** *people* negrer **-ing** *s* **1** färg[läggning] **2** sken **-man** *s* färghandlare **~-sergeant** *s* fanjunkare
colt [ou] *s* föl **sfoot** *s* hasthov[sört]
col'umn [əm] *s* **1** kolonn **2** kolumn, spalt
col'za *s* kålraps
comb [koum] **I** *s* **1** kamm; karda **2** honungskaka **II** *tr* kamma; rykta; karda
combat [ɔ'm, ʌ'm] **I** *s* kamp, strid; *single* **~** envig **II** *tr itr* [be]kämpa, strida [mot] **-ant** *a s* stridande, kämpe **-ive** *a* stridslysten
comber [kou'mə] *s* **1** kardare; kardmaskin **2** rullvåg, bränning
com|bination *s* **1** kombination **2** förening **3** **~s** combination[s], helunderdräkt **-bi'ne** **I** *tr* sammanställa, förena **II** *itr* förena sig; samverka **III** [-'-] *s* F sammanslutning; ring
combust'|ible **I** *a* **1** brännbar **2** [bildl.] lättantändlig, hetsig **II** *s* brännbart ämne **-ion** [ʃn] *s* förbränning
come [kʌm] (*came come*) *itr* **1** komma; komma hit (dit); resa **2** sträcka sig, räcka, gå **3** ske, hända **4** bli, visa (ställa) sig; **~** *undone* gå upp, lossna **5** **~** [**~**]*!* **~** *now!* se så! nå! lugna dig! raska på! **6** *to* **~** kommande, blivande; *for a year to* **~** under ett år framåt **7** **~** *across* komma över, träffa på; **~** *at* komma åt; rusa på; **~** *by* komma över; **~** *for* komma för att hämta; **~** *into* [äv.] få arva; tillträda; **~** *on* = **~** *upon;* **~** *over* F överlista; **~** *round* F över|lista, -tala; **~** *to* vederfaras; tillträda, få ärva; belöpa sig till; innebara; **~** *to*

nothing gå om intet; ~ *upon* anfalla; drabba; gripa; träffa på, komma över 8 ~ *about* inträffa; ~ *along* följa (gå) med; raska på! ~ *by* fara (gå) förbi; ~ *down* [äv.] sträcka sig [ned]; leva kvar; falla; sjunka; ~ *down upon* överfalla; sätta å't; ~ *down* [*with*] F punga ut [med]; ~ *in* komma (gå, stiga) in; komma till målet (makten); komma på modet; börja; komma till pass; ~ *in for* få [sin del av]; ~ *off* gå av, lossna; gå av stapeln, bli av; utgå, komma ifrån saken, reda sig; ~ *on* fortsätta; närma sig; framträda; komma före; in-, ut|bryta, börja; ta sig, frodas; ~ *on!* följ med! kom [an]! ~ *out* komma (gå) ut; [börja] strejka: gå ur, falla av; visa sig; slå ut; utfalla, bli; debutera; börja i sällskapslivet; ~ *round* komma hit (ner), titta in; slå om; hämta sig; kvickna till [äv. ~ *to*]; ~ *up* komma upp (fram); bli aktuell; ~ *up to* uppgå till; vara vuxen **II** *tr* S spela [herre]; försöka [konster] **~-at'-able** *a* F åtkomlig, tillgänglig

come'dian *s* **1** komiker, komediskådespelare **2** lustspelsförfattare

come-down [au'n] *s* fall, förnedring

com'edy *s* lustspel, komedi

come||liness [kʌ'm] *s* behagligt utseende **-y** *a* behaglig, täck, fin, vacker

come||-off' *s* F undanflykt **-r** *s* besökare

comest'ible *s*, [vanl.] **~s** matvaror

comfort [kʌ'mfət] **I** *s* **1** tröst; ro; tröstare **2** väl|befinnande, -stånd **3** bekvämlighet; [hem]trevnad **II** *tr* **1** trösta; *be* **~ed** låta trösta sig **2** vederkvicka, uppliva **-able** *a* **1** bekväm, skön, behaglig, [hem]trevlig; välbärgad; *be* ~ ha det lugnt och bra **2** lugn, lätt om hjärtat; nöjd och belåten **-er** *s* **1** tröstare **2** yllehalsduk **-less** *a* **1** tröstlös **2** otrevlig, torftig

com'ic *a* komisk, rolig, lustig; ~ [*paper*] skämttidning **-al** *a* komisk, löjlig

coming [ʌ'] *s a* ankomst; annalkande

com'ity *s* hövlighet, älskvärdhet

comm'a *s* komma[tecken]; *inverted* **~s** citationstecken

command [ɑ:'] **I** *tr* **1** befalla; bjuda, kräva **2** behärska; kommendera **3** förfoga över **4** tilltvinga sig **5** erbjuda [utsikt över] **II** *itr* befalla; härska; föra befälet **III** *s* **1** befallning; bud; order **2** makt, myndighet; ⚔ befäl; *in* ~ befälhavande **3** välde; *at* ~ till förfogande **-eer** [kɔmən‍di'ə] *tr itr* ⚔ tvångsuttaga **-er** *s* **1** [be]härskare **2** befälhavare **3** [kommendör]kapten **4** *Knight C~* kommendör [av orden] **-er-in-chief** *s* högste (över)befälhavare **~-in-chief** *s* överbefäl **-ing** *a* **1** härskande **2** imponerande **3** högt liggande; vid, omfattande **-ment** *s* bud

commem'orat||e *tr* fira (hugfästa) minnet av **-ion** *s* firande; åminnelse[gudstjänst, -fest] **-ive** *a* minnes-

commen'ce I *itr tr* [på]börja **-ment** *s* **1** början **2** promotion[sfest]

commend' *tr* **1** anförtro **2** anbefalla, rekommendera; prisa, lovorda **-able** *a* lovvärd **-ation** *s* rekommendation

comment [kɔ'ment] **I** *s* förklarande anmärkning; kommentar **II** *itr*, ~ *upon* kommentera **-ary** *s* kommentar

comm'er||ce *s* **1** [världs]handel[n] **2** umgänge **-cial** [kəmə:'ʃ(ə)l] *a* handels-

comming'le [ŋg] *tr itr* [hop]blanda[s]

commiser||ate [kəmi'zəreit] *tr* hysa medlidande med **-ation** *s* medlidande

comm'issary *s* **1** ombud **2** intendent

commission [kəmi'ʃn] **I** *s* **1** order, uppdrag; förordnande **2** [officers]fullmakt **3** anförtroende **4** kommission; kommitté **5** beställning; provision **6** begående **II** *tr* **1** bemyndiga, förordna; **~ed** *officer* officer **2** uppdraga åt; beställa **~-agent** *s* kommissionär **-aire** [kəmisjənɛ'ə] *s* [stads]bud **-er** *s* **1** kommitterad, ombud **2** chef; [general]kommissarie

commit' *tr* **1** anförtro, överlämna **2** [låta] häkta **3** remittera **4** begå **5** blottställa; ~ *o. s.* binda sig; F för|säga, -råda sig **-ment** *s* **1** överlämnande **2** häktning[sorder] **3** utskottsremiss **4** förbindelse, åtagande **-tal** *s* **1** = *-ment 1—3* **2** begående **3** komprometterande **-tee** [ti] *s* kommitté, utskott

comm||o'dious *a* rymlig, bekväm **-od'ity** *s* nyttighet, nyttig sak; vara

commodore [kɔ'mədɔ:] *s* kommendör

comm'on I *a* **1** gemensam **2** allmän; offentlig; ~ *council* stadsfullmäktige; ~ *law* sedvanerätt, oskriven lag **3** vanlig, gängse; ~ *sense* [vanligt] sunt förnuft **4** menig, enkel, gemen; *the ~ people* gemene man **5** ordinär, simpel **II** *s* **1** allmänning **2** nyttjanderätt **3** *out of the ~* ovanlig **4** *in ~* gemensamt, tillsammans **-er** *s* **1** ofrälse [person] **2** underhusmedlem **-ly** *adv* vanlig[en, -tvis **-place I** *s* **1** allmän sanning, banalitet **2** vardaglighet **II** *a* alldaglig, banal **~-room** *s* lärarrum; sällskapsrum **-s** *spl* **1** gemene man, ofrälse **2** [ledamöter av] underhuset [*the House of C~s*] **3** gemensam spisning; portion; *short* ~ klen kost **-wealth** *s* [fritt] samhälle; republik

commotion [kəmou'ʃn] *s* **1** skakning **2** oordning, oväsen **3** oroligheť

commu'n||al *a* kommunal, kommun- **-e I** [kɔ'mju:n] *s* kommun **II** [ju:'n] *itr* meddela sig; umgås

commu'nic||able *a* meddel|bar, -sam **-ant** *s* nattvardsgäst **-ate I** *tr* meddela, överföra **II** *itr* **1** meddela sig [med varandra], sätta sig (stå) i för-

bindelse 2 begå nattvarden -ation *s* 1 meddelande 2 förbindelse; umgänge 3 kommunikation; ~ *trench* löpgrav -ative [ətiv] *a* meddelsam
commu'nion *s* 1 gemenskap; umgänge 2 kyrkosamfund 3 nattvardsgång; [attr.] altar- ~-cup *s* nattvardskalk
comm'un||ism [ju] *s* kommunism -ist *s* kommunist -ity [ju:'] *s* 1 gemen|samhet, -skap 2 överensstämmelse 3 umgänge 4 sam|hälle, -fund; koloni
commut||ation [ju] *s* utbyte; förvandling -e [ju:'t] *tr* utbyta, förvandla
compact I [ɔ'] *s* överenskommelse, fördrag II [æ'] *a* fast, tät; koncis III [æ'] *tr* sammanpressa, förena
compan'ion *s* 1 följeslagare; kamrat, deltagare 2 sällskap[sdam] 3 riddare 4 handbok 5 motstycke, pendang -able *a* sällskaplig, trevlig -ship *s* kamratskap; sällskap
company [kʌ'm] *s* 1 sällskap; *part* ~ skiljas 2 umgänge; främmande 3 kompani 4 bolag 5 besättning
compar||able [kɔ'mpərəbl] *a* jämförlig -ative [pæ'r] *a* 1 jämförande 2 relativ -atively [pæ'] *adv* jämförelsevis -e [pɛ'ə] I *tr* 1 jämföra; likna 2 komparera II *itr* jämföras; tävla III *s* jämförelse -ison [pæ'risn] *s* 1 jämförelse 2 komparation
compar'tment *s* 1 bås, fack, rum 2 kupé
compass [kʌ'mpəs] I *s* 1 [om]krets 2 område, yta 3 omfång; omfattning; förmåga 4 omväg 5 kompass 6 [*pair of*] ~*es* passare II *tr* 1 gå runt 2 omgiva 3 fatta 4 [söka] vinna
com||passion [pæ'ʃn] *s* medlidande -pat'ible *a* förenlig -pat'riot *s* landsman -pee'r *s* jämlike, kamrat -pel' *tr* [fram]tvinga
com'pensat||e *tr* uppväga; ersätta, gottgöra -ion *s* gottgörelse; skadestånd
compe't||e *tr* tävla; konkurrera -ence -ency [kɔ'm] *s* 1 välstånd 2 sakkunskap; behörighet -ent [kɔ'm] *a* duglig, skicklig; tillräcklig -ition [piti'ʃn] *s* täv|lan, -ling; konkurrens -itive [pe't] *a* tävlings- -itor [pe'] *s* [med]tävlare; konkurrent
compi'le *tr* plocka ihop; utarbeta
compla'cen||ce -cy *s* [själv]belåtenhet; välbehag -t *a* självbelåten, förnöjd
complai'n *itr* beklaga sig, klaga -t *s* 1 klagan; klagomål 2 ont, åkomma
complaisan||ce [ci'z] *s* förbindlighet, artighet -t *a* artig, älskvärd
com'plement *s* fyllnad -al -ary [me'n] *a* komplement-, kompletterande
comple't||e I *a* fullständig; färdig II *tr* komplettera; fullborda -ion [ʃn] *s* komplettering; fullbordan[de]
com'plex I *a* 1 sammansatt 2 invecklad II *s* sammanfattning -ion [e'kʃn] *s* 1 hudfärg, hy 2 utseende -ity [e'k] *s* invecklad beskaffenhet
compli'an||ce *s* samtycke -t *a* medgörlig
com'plic||ate *tr* inveckla, komplicera -ation *s* in-, för|veckling, virrvarr
complic'ity *s* medbrottslighet
com'pliment I *s* komplimang, artighet; hyllning; ~*s* hälsning[ar]; ~*s of the season* jul- och nyårsönskningar II [e'nt] *tr* 1 komplimentera; lyckönska 2 förära -ary [e'n] *a* artig[hets-]
comply [ai'] *itr* ge vika, foga sig; ~ *with* gå in på, villfara, uppfylla
com'||po *s* stuck, puts -po'nent *s* beståndsdel -por't *rfl* uppföra sig
compos||e [ou'z] *tr* 1 bilda, utgöra 2 författa 3 komponera 4 ordna; uppgöra 5 [boktr.] sätta 6 ~ *o. s.* samla (lugna) sig 7 bilägga, stilla -ed *a* 1 sammansatt 2 lugn -er *s* tonsättare -ite [kɔ'mpəzit] *a* sammansatt -ition [zi'ʃn] *s* 1 sammansättning, bild|ande, -ning 2 författande 3 stil 4 skrift; konstverk; komposition 5 uppsats[skrivning] 6 sättning 7 läggning 8 förlikning 9 kompromiss; ackord -itor [pɔ'z] *s* sättare -sure [ʒə] *s* fattning, lugn
1 **compound** I [-'] *tr* 1 blanda ihop, sammansätta 2 göra upp II [-'] *itr* 1 förlikas 2 ~ *for* gottgöra 3 göra ackord III [kɔ'm] *a* sammansatt; ~ *interest* ränta på ränta IV ['-] *s* sammansättning
2 **com'pound** *s* inhägnad
comprehen'||d *tr* 1 fatta, begripa 2 omfatta -sible *a* begriplig -sion [ʃn] *s* 1 fattningsförmåga 2 uppfattning 3 omfattning -sive *a* 1 ~ *faculty* fattningsförmåga 2 [vitt]omfattande
compress' I *tr* pressa ihop II [ɔ'] *s* vått omslag -ion [e'ʃn] *s* 1 sammanpressning 2 koncentration
compri'se [z] *tr* omfatta, innesluta
com'promise [aiz] I *s* kompromiss II *tr* 1 bilägga genom kompromiss 2 kompromettera III *itr* kompromissa
compuls||ion [ʌ'lʃn] *s* tvång -ory *a* nödtvungen, obligatorisk
compunc'tion *s* samvetsagg
compu'te *tr* beräkna
comrade [kɔ'mrid] *s* kamrat
1 **con** *tr* [ofta ~ *over*] studera
2 **con** se *pro*
con'cav||e *a* konkav -ity [æ'] *s* urholkning
con||cea'l *tr* dölja, gömma -ce'de *tr* medge
conceit [si:'t] *s* 1 inbilskhet, högfärd 2 inbillning; tankelek -ed *a* inbilsk
conceiv||able [si:'] *a* fattbar; upptänklig -e *tr* 1 avla 2 fatta 3 [ut]tänka; bilda sig; förstå 4 avfatta
con'centr||ate *tr itr* koncentrera[s] -ic [e'n] *a* koncentrisk

concep'tion *s* 1 befruktning, avlelse 2 föreställning, uppfattning 3 tanke
concer'n I *tr* 1 beträffa, gälla, angå 2 ~ *o.s.* bekymra (befatta) sig II *s* 1 befattning, förbindelse 2 *of* ~ av vikt 3 bekymmer, oro 4 angelägenhet; sak; intresse 5 affär[sföretag] **-ed** *a* 1 bekymrad, ledsen 2 intresserad; inblandad; berörd; *be* ~ ha att göra, ha del; *as far as I am* ~ för min del **-ing** *prep* angående
concert I [-'-] *s* 1 samförstånd 2 konsert II [--'] *tr* avtala **-ina** [i:'] *s* dragspel
concession *s* medgivande; koncession
concil'iat‖e *tr* 1 tillvinna sig 2 för\|ena, -lika 3 vinna; försona **-ion** *s* 1 förenande; försoning; förlikning 2 försonlighet **-or** *s* förlikningsman; fredsstiftare **-ory** [si'l] *a* försonlig
concis‖e [sai's] *a* koncis, kortfattad **-ion** [si'ʒn] *s* korthet, koncentration
con'clave *s* kardinalförsamling
conclu‖de [u:'d] I *tr* [av]sluta, sluta sig till II *itr* 1 sluta; avslutas 2 draga slutsats **-sion** [ʒn] *s* 1 slut, avslutning 2 slutsats; resultat **-sive** [siv] *a* 1 slutlig; slutgiltig 2 avgörande
concoct' *tr* koka ihop **-ion** *s* hopkok
concom'itant *a* beledsagande
con'cord *s* 1 sam-, en\|dräkt 2 harmoni **-ance** [kɔ:'d] *s* överensstämmelse
concourse [kɔ'ŋkɔ:s] *s* 1 samman\|lopp, -träffande, tillopp 2 folkmassa
concret‖e I [-'-] *a* konkret; verklig II *s* betong III [--'] *tr* ge fast form åt IV [--'] *itr* hårdna **-ion** [i:'ʃn] *s* sammanväxning; fast massa; förhårdning
concur [kənkə:'] *itr* 1 sammanträffa 2 samverka, bidraga 3 in-, överens\|stämma **-rence** [kʌ'r] *s* 1 sammanträffande 2 sam-, med\|verkan 3 instämmande; samstämmighet **-rent** [kʌ'r] *a* 1 jämlöpande 2 samverkande
concussion [kʌ'ʃn] *s* [hjärn]skakning
condemn [de'm] *tr* 1 [för]döma; fälla 2 utdöma **-ation** [mnei'ʃn] *s* dom; fördömelse; utdömning; konfiskering
condens‖ation *s* kondensering; förtätning **-e** [e'ns] *tr itr* förtäta[s]
condescend [dise'nd] *itr* nedlåta sig
con'diment *s* krydda
condition I *s* 1 villkor 2 ~*s* förhållanden 3 tillstånd, skick; kondition, form 4 [levnads]ställning II *tr* betinga [sig] **-al** *a* villkorlig
condo'le *itr* uttrycka sitt deltagande; ~ *with* kondolera **-nce** *s* beklagande
con‖do'ne *tr* förlåta; försona **-du'ce** *itr* leda, bidraga
conduct I [kɔ'n] *s* 1 skötsel 2 upp\|förande, -trädande, hållning II [dʌ'kt] *tr* 1 föra, leda; ledsaga 2 handha, sköta 3 ~ *o.s.* uppföra sig **-ible** [ʌ'] **-ive** [ʌ'] *a* ledande **-or** [ʌ'] *s* 1 ledare 2 anförare 3 konduktör
con'duit [dit] *s* [vatten-, rör]ledning
cone *s* 1 kon, kägla 2 kotte
con'fab *s itr* F = båda följ. **-ulate** [fæ'bj] *itr* samspråka **-ulation** *s* samspråk
confect'ion I *s* 1 sötsaker, konfekt 2 konfektionsvara II *tr* tillverka **-er** *s* konditor **-ery** *s* konditori[varor]
confed'era‖cy *s* 1 förbund 2 sammansvärjning **-te** I [it] *a s* 1 förbunden, konfedererad 2 medbrottsling II *tr* förena **-tion** *s* [stats]förbund
1 **confer** [kɔ'nfə] [förk. cf.] jämför, jfr
2 **confer** [kənfə:'] I *tr* förläna, skänka [[*up*]*on a p.*] II *itr* överlägga **-ence** [kɔ'n] *s* överläggning; konferens
confess' I *tr* 1 bekänna 2 bikta II *itr* 1 ~ *to* vidgå 2 bikta sig **-edly** [id] *adv* obestridligen **-ion** [ʃn] *s* [synda]bekännelse; bikt **-ional** I *a* 1 bekännelse-, bikt- 2 konfessionell II *s* biktstol **-or** *s* 1 bekännare 2 biktfader
confidan't[e] *s* förtrogen
confi'de I *itr* lita, tro II *tr* anförtro
con'fiden‖ce *s* 1 förtroende; tillit; förtröstan; förtrolighet 2 tillförsikt **-t** I *a* 1 tillitsfull 2 säker, trygg II *s* förtrogen **-tial** [e'nʃəl] *a* förtrolig
configuration *s* gestalt
confine I [ɔ'] *s* gräns[område] II [fai'n] *tr* 1 in\|spärra, -stänga; ~*d to bed* sängliggande 2 begränsa, inskränka **-ment** [ai'] *s* 1 fångenskap 2 sjukdom; barnsäng 3 inskränkning
confirm [ə:'m] *tr* 1 befästa 2 bekräfta 3 konfirmera **-ation** *s* 1 [be]styrkande, bekräftelse 2 konfirmation **-ed** *a* inbiten; obotlig
con'fisc‖ate *tr* konfiskera **-ation** *s* konfiskering; indragning
conflagration *s* stor brand
conflict I [kɔ'n] *s* konflikt, strid II [i'] *itr* strida; komma (stå) i strid
con'fluence *s* 1 sammanflöde 2 tillopp
confor'm I *tr* lämpa, foga; bringa i överensstämmelse II *itr* lämpa (rätta) sig; överensstämma **-able** *a* 1 överensstämmande 2 medgörlig, foglig **-ity** *s* överensstämmelse
confou'nd *tr* 1 göra om intet, gäcka 2 förvirra 3 förväxla 4 ~*ed* förbaskad; ~ *it!* anfäkta! anamma!
confront [ʌ'nt] *tr* 1 konfrontera 2 möta
confu's‖e [z] *tr* 1 förvirra 2 bringa i oordning 3 förväxla **-ed** *a* 1 häpen, förbryllad 2 rörig; oredig **-ion** [ʒn] *s* förvirring, oreda; förväxling
con‖fu'te *tr* vederlägga **-gea'l** [dʒ] *tr itr* frysa
congenial [dʒi:'] *a* 1 besläktad 2 sympatisk, behaglig **-ity** [æ'] *s* [själs]frändskap; överensstämmelse
conger [kɔ'ŋgə] ~**-eel** *s* havsål
congest [dʒe'st] I *rfl itr* stocka (skocka) sig II *tr* förorsaka stockning i; ~*ed* [blod]överfylld; över\|befol-

kad, -belastad -ion *s* 1 blodträngning 2 stockning; överbefolkning
congiom'erat||e I [it] *a* [hop]gyttrad II [it] *s* gyttring III *tr itr* gyttra[s]
congrat'ulat||e [ju] *tr* lyckönska **-ion** *s* lyckönskning **-ory** *a* lyckönsknings-
con'gregat||e *tr itr* hop-, för|samla [sig] **-ion** *s* [för]samling
congru||ence [kɔ'ŋgru] **-ency** *s* överensstämmelse **-ent** *a* överensstämmande **-ity** [gru'] *s* 1 överensstämmelse 2 [följd]riktighet **-ous** *a* 1 överensstämmande 2 följdriktig 3 lämplig
con'ic[al] *a* konisk, kägelformig
co'nifer *s* barrträd
conjec'ture [tʃə] *tr itr s* giss|a, -ning
conjoi'n *tr itr* förena [sig]
con'jug||al *a* äktenskaplig **-ate** *tr* konjugera **-ation** *s* konjugation
conjunc'tl||ion *s* 1 för|ening, -bindelse 2 konjunktion **-ive** *a* förbindande **-ure** [tʃə] *s* sammanträffande; tidpunkt, situation, kris; konjunktur
conjur||ation [dʒuə] *s* besvärjelse **-e** I [dʒu'ə] *tr* besvärja, uppfordra II [kʌ'ndʒə] *tr itr* fram|besvärja, -mana; trolla **-er** [kʌ'ndʒərə] *s* trollkarl
connect' I *tr* för|ena, -binda II *itr* sammanhänga **-ive** *a* förenande
connexion [kəne'kʃn] *s* 1 för|ening, -bindelse; sammanhang; anslutning 2 befattning [med] 3 släkting 4 [kund]krets 5 anhang; samfund
conni'v||ance *s* efterlåtenhet; tyst medgivande **-e** *itr* se genom fingrarna
connoisseur [kɔnisə:'] *s* kännare
connotation *s* bibetydelse
connu'bial *a* äktenskaplig
conquer [kɔ'ŋkə] *tr itr* 1 erövra 2 [be]segra **-or** *s* erövrare; [be]segrare
con'quest [kwe] *s* erövring; seger
consanguin||eous [kɔnsæŋgwi'niəs] *a* blodsförvant **-ity** *s* blodsfrändskap
conscien||ce [kɔnʃns] *s* samvete; *in all* ~ sannerligen; med gott samvete **-tious** [ie'nʃəs] *a* samvetsgrann; ~ *objector* samvetsöm [värnpliktig]
conscious [kɔ'nʃəs] *a* medveten
conscri'be *tr* uttaga till krigstjänst
con'script *s* rekryt, värnpliktig **-ion** *s* tvångsuttagning; värnplikt
con'secrate *tr* inviga; helga; ägna
consec'utive [ju] *a* på varann följande
consen'sus *s* samstämmighet
consent' *s itr* samtyck|e, -a, bifall[a]
con'sequen||ce *s* 1 följd; slutsats; *in* ~ följaktligen 2 vikt, betydelse 3 rang, inflytande **-t** *a* 1 följande 2 följdriktig, konsekvent **-tial** [e'nʃl] *a* 1 följande 2 viktig **-tly** *adv* följaktligen
conserv||ation *s* bibehållande; bevarande **-ative** [sə:'v] *a s* konservativ, [samhälls]bevarande **-atory** [sə:'v] *s* 1 drivhus; orangeri 2 konservatorium **-e** [--'] *tr* be-, för|vara; vidmakthålla
consid'er I *tr* 1 ta i betraktande, överväga, besinna; ~*ing* [*the circumstances*] med hänsyn till (efter) omständigheterna 2 ta hänsyn till 3 anse [som] II *itr* tänka; betänka sig **-able** *a* betydande; ansenlig, större **-ate** [it] *a* omtänksam, hänsynsfull **-ation** *s* 1 övervägande, betraktande 2 synpunkt, skäl 3 ersättning; vederlag 4 hänsyn[sfullhet], omtanke 5 betydenhet 6 aktning
consign [ai'n] *tr* 1 överlämna, anförtro 2 deponera 3 av-, över|sända **-ation** [ign] *s* 1 utbetalning, deposition 2 avsändande **-ee** [sini:'] *s* emottagare **-er** = **-or** **-ment** *s* 1 ut-, över|lämnande 2 [av]sändning; konsignation **-or** [sinɔ:'] *s* leverantör
consist' *itr* bestå **-ence -ency** *s* 1 konsistens 2 fasthet; stadga 3 överensstämmelse; konsekvens **-ent** *a* överensstämmande; följdriktig; konsekvent
conso'l||able *a* tröstlig **-ation** *s* tröst **-atory** [ɔ'l] *a* tröst|ande, -erik, tröste-
1 **conso'le** *tr* trösta
2 **con'sole** *s* konsol; kragsten
consol'||idate *tr* befästa, stärka; ~*d annuities* o. **-s** [-'-] *s* statsobligationer
1 **consort** [kɔ'nsɔ:t] *s* make, maka, gemål; *king* (*prince*) ~ prinsgemål
2 **consor't** *itr tr* förena [sig]; umgås
conspic'uous [kjuəs] *a* 1 iögonfallande 2 fram|stående, -trädande, bemärkt
conspir||acy [i'r] *s* sammansvärjning **-ator** *s* konspiratör **-e** [ai'ə] *itr* 1 sammansvärja sig 2 samverka; bidraga
constable [kʌ'nstəbl] *s* 1 kommendant [vid slott] 2 [polis]konstapel
con'stan||cy *s* 1 beständighet, varaktighet 2 ståndaktighet; trofasthet **-t** *a* 1 [be]ständig; konstant; ~*ly* ständigt 2 stadig; ståndaktig; trogen
consternation *s* bestörtning
constipation *s* förstoppning
constit'uen||cy [ju] *s* valmanskår; valkrets **-t** I *a* 1 integrerande, bestånds- 2 konstituerande 3 väljande, val[mans]- II *s* beståndsdel
con'stitute [ju:] *tr* 1 insätta, förordna 2 inrätta, konstituera 3 utgöra, bilda
constitu'tion *s* 1 bildande; sammansättning 2 [kropps]konstitution, fysik 3 temperament 4 författning; grundlag **-al** I *a* konstitutionell; medfödd II *s* [motions]promenad
con'stitutive [ju:] *a* 1 konstitu|erande, -tiv 2 väsentlig; bestånds-
constrai'n *tr* 1 tvinga; ~*ed* [av]tvungen 2 fängsla 3 begränsa; inskränka **-t** *s* tvång; band; våld
constrict' *tr* sammandraga **-or** *s* 1 boaorm 2 slutmuskel
constringe [i'ndʒ] *tr* pressa ihop
construct' *tr* konstruera; uppföra, bygga **-ion** *s* 1 konstruktion; upp-

förande, byggande 2 byggnad 3 tolkning -ive a uppbyggande, skapande -or s konstruktör
construe [kɔ'nstru:] tr konstruera; översätta; tyda, förklara
consul [kɔnsl] s konsul -ate [julit] s konsulat ~-gen'eral s generalkonsul
consult' I tr 1 rådfråga; se efter (slå upp') i; ~ o.'s *pillow* sova på saken 2 ta hänsyn till II itr överlägga, rådgöra -ant s 1 rådsökande 2 konsulterande läkare -ation s rådplägning; konsultation -ative a rådgivande -ing a 1 rådfrågande 2 rådgivande
consu'me tr förtära; förbruka
consummate [sʌ'mit] a fulländad
consump'tǁion s 1 förtäring, förstöring 2 lungsot 3 förbrukning -ive a 1 förtärande 2 lungsiktig [äv. s]
con'tact [æ] s kontakt; beröring
contagǁion [ei'dʒn] s 1 smitta 2 smittosam sjukdom -ious a smittosam
conǁtai'n tr 1 innehålla, rymma 2 ~ o.s. behärska sig -tam'inate tr fläcka, besmitta -temn [te'm] tr förakta
con'templatǁe tr 1 beskåda, betrakta 2 begrunda 3 räkna med 4 ha för avsikt, planera -ion s 1 beskådande; betraktelse; begrundande 2 avsikt -ive a begrundande, tankfull
contemporǁaneous [ei'njəs] a -ary [te'm] a s samtidig, jämnårig; samtida
contempt' s förakt, ringaktning -ible a föraktlig -uous [ju] a förakt-, hån|full
contend' I itr strida; tävla II tr påstå
1 **con'tent** s 1 inne|håll, -börd 2 volym
2 **content'** I s belåtenhet II a 1 nöjd, belåten 2 ja[röst] III tr tillfredsställa; nöja -ed a nöjd; förnöjsam
conten'tǁion s 1 strid[ighet]; tvist 2 tävlan 3 påståendе -ious [ʃəs] a 1 stridslysten 2 tvistig; tviste-
content'ment s belåtenhet
contest I [-'-] s 1 [ord]strid, tvist 2 tävlan II [--'] tr 1 bekämpa; bestrida 2 kämpa (tävla) om; ~*ed* omtvistad
con'ǁtext s sammanhang -tex'ture s byggnad -tig'uous [juəs] a angränsande
con'tinenǁce s återhållsamhet -t I a återhållsam II s 1 fastland 2 världsdel -tal [e'nt] I a kontinental, fastlands- II s fastlandseuropé
contingenǁcy [ti'ndʒ] s 1 tillfällighet 2 eventualitet -t I a 1 oviss 2 tillfällig 3 ~ *to* hörande till II s kontingent
contin'uǁal [ju] a ständig, oupphörlig -ance s fort|varo, -sättande; varaktighet -ation s fortsättning -e I tr 1 fortsätta 2 förlänga 3 [bi]behålla II itr fort|sätta, -leva; förbli -ity [ju'] s oavbruten följd -ous a oavbruten
contor't tr sno; [för]vrida -ion s grimas -ionist s ormmänniska
con'tour [tuə] s omkrets; grunddrag
con'tra prep s mot[skäl]; motsida
con'traband I s kontraband II a förbjuden, olaglig -ist s smugglare
con'trabass [beis] s basfiol
1 **con'tract** [æ] s överenskommelse, fördrag, kontrakt; entreprenad
2 **contract'** I tr 1 ingå 2 ådraga sig; fatta; få, skaffa sig 3 sammandraga; rynka; förkorta; inskränka II itr 1 avsluta kontrakt, göra upp; förbinda sig; -*ing party* kontrahent 2 dra ihop sig, minskas -ion s 1 sammandragning; förkortning 2 inskränkning 3 ådragande -or s leverantör; entreprenör
contradict' tr bestrida, dementera; motsäga -ion s motsägelse; bestridande, dementi -ious [ʃəs] a motsägelselysten -ory a 1 motsägande; rakt motsatt 2 = -*ious*
contradistinction s [åt]skillnad
contrarǁi'ety s 1 motsats, stridighet 2 motighet -iwise [ɔ'] adv däremot, tvärtom; omvänt -y [ɔ'] I a 1 motsatt; stridande; ~ *to* tvärtemot 2 motig, vidrig 3 [ɛ'ə] F enveten, omöjlig II s motsats; *on the* ~ tvärtom; *to the* ~ tvärt-, där|emot
con'trast I [æ] s kontrast, motsats II [æ'] tr uppställa som motsats, jämföra; *as* ~*ed with* i jämförelse med III [--'] itr sticka av, bilda motsats
contrave'ne tr kränka, överträda
contrib'utǁe [ju] tr itr bidraga [med], lämna [bidrag] -ion s bidrag; tillskott; krigsskatt -ive a bidragande -or s bidragsgivare; medarbetare
con'trite [ait] a förkrossad
contri'vǁable a upptänk|lig, -bar -ance s 1 utfunderande; plan[läggning] 2 uppfinning[sförmåga] 3 påhitt; anordning -e I tr 1 hitta på; planera 2 ställa [så till], lyckas II itr stämpla
contro'l I s herravälde; myndighet; kontroll, uppsikt; behärskning II tr behärska; övervaka -lable a kontrollerbar -ler s kontrollant, behärskare
controversy [kɔ'] s strid, tvist, polemik
con'tumǁacy s tredska, genstäviighet -ely [ili] s skymf[ord], hån; vanära
contu'sǁe [z] tr stöta, ge blåmärke[n] -ion [ʒn] s krosskada, blåmärke
conun'drum s vitsgåta
convalescence [le'sns] s tillfrisknande
conve'nǁe itr sammanträda, samlas -ience s lämplighet; bekvämlighet; *at o.'s* ~ vid tillfälle -ient a lämplig, läglig, passande; bekväm
con'vent s [nunne]kloster
conven'tion s 1 sammankomst 2 avtal 3 vedertagen sed -al a 1 fördragsenlig 2 vedertagen; konventionell
conven'tual [ju] a kloster-, klosterlik
converge [ə:'dʒ] itr sammanlöpa

conver's able *a* sällskaplig **-ant** [kɔ'n] *a* nära bekant, förtrolig; förtrogen
conversation *s* samtal **-al** *a* samtals- **-alist** *s* sällskapsmänniska
1 **conver'se** *itr* konversera, samtala
2 **con'vers||e** I *a* omvänd, motsatt II *s* motsats **-ion** [ə:'ʃn] *s* 1 förändring, förvandling 2 omvändelse
convert I [ɔ'] *s* omvänd; proselyt II [ə:'] *tr* 1 förvandla 2 omvända 3 omsätta.
convey' *tr* 1 föra, befordra, transportera; leda, överföra 2 överlåta 3 meddela, ge, säga **-ance** *s* 1 befordran, transport; överförande, ledning 2 överlåtelse[handling] 3 for-, åk|don
convict I [i'] *tr* överbevisa, fälla II [ɔ'] *s* straffånge **-ion** [vi'kʃn] *s* 1 överbevisande 2 övertyg|ande, -else
convin'ce *tr* över|bevisa, -tyga
convivial [i'v] *a* 1 festlig 2 sällskaplig
convoke [ou'k] *tr* in-, samman|kalla
convolution *s* buktighet; vindling
convoy I [- -'] *tr* konvojera II [-' -] *s* eskort, konvoj
convul's||e *tr* upp|skaka, -röra **-ion** [ʃn] *s* krampryckning **-ive** *a* krampaktig
coo *itr tr s* kuttra[nde]
cook [u] I *s* kock; kokerska, köksa II *tr itr* koka, laga [mat] **-er** *s* kok|-spis, -kärl **-ery** *s* kokkonst, matlagning **-ie** [i] *s* liten kaka **-ing-range** **-ing-stove** *s* kok-, järn|spis **-y** *s* F köksa
cool I *a* 1 kylig, sval[kande] 2 kallblodig, lugn 3 ogenerad, fräck II *s* svalka III *tr* avkyla; svalka IV *itr* svalna, avkylas **-er** *s* kyl|are, -fat; S [fängelse]cell **~-headed** *a* kallblodig
coolie [ku:'li] *s* kuli
coo'lish *a* något kylig, sval
coop I *s* hönsbur II *tr* sätta i bur; stänga in **-er** *s* tunnbindare
co-op'er||ate *itr* samarbeta; samverka **-ation** *s* samarbete; kooperation **-ative** *a* samverkande; kooperativ **-ator** *s* 1 medarbetare 2 kooperatör
co-or'dinate *tr* göra likställd, samordna
coot *s* sothöna
cop S I *s* polis, byling II *tr* haffa
co'par'tner *s* kompanjon, kamrat
1 **cope** *s* 1 [präst]kåpa 2 valv, kupol
2 **cope** *itr* mäta sig, tävla; gå i land
co'per *s* hästhandlare
cop'ier *s* 1 avskrivare 2 efterapare
co'pious *a* ymnig, riklig; vidlyftig
1 **copp'er** *s* S byling
2 **copp'er** *s* koppar[mynt] **-plate** *s* kopparplåt, **-stick** **~-smith** *s* kopparslagare **-y** *a* koppar-; kopparaktig
cop'||pice [is] **-se** *s* skogsdunge
cop'ul||ate *itr* para sig **-ation** *s* parning
cop'y I *s* 1 kopia; avskrift 2 skriv|prov, -[öv]ning 3 exemplar 4 manuskript; korrektur 5 förskrift; mönster, original II *tr* 1 kopiera, avskriva 2 efterlikna **~-book** *s* förskrift; skrivbok **-ing-ink** *s* kopiebläck **-ist** *s* avskrivare **-right** *s* författar- och förlagsrätt
coquet [kɔke't] I *a* kokett II *se -te II* **-ry** [kou'kitri] *s* koketteri **-te** [- -'] I *s* kokett II *itr* kokettera; flörta
coral [ɔ'r] *s* korall **-line** *a* korall[röd]
cord I *s* 1 rep, snöre, streck, snodd, sträng; *spinal* ~ ryggmärg; *vocal* ~ stämband 2 upphöjd rand; kordero**j** II *tr* binda **-age** *s* tågvirke
cor'dial *a s* 1 hjärtlig 2 hjärtstyrkande [medel] **-ity** [æ'l] *s* hjärtlighet
cor'don *s* 1 ⚔ kedja 2 band, snodd
core [kɔ:] *s* 1 kärnhus 2 kärna, märg
cork I *s* 1 kork 2 flöte II *tr* [till]korka [äv. ~ *up*] **-age** *s* korkning; uppdragning **-er** *s* slående argument; **~-screw** *s* korkskruv **~-tree** *s* korkek
cor'morant *s* [zool.] skarv
1 **corn** *s* liktorn
2 **corn** I *s* 1 korn, frö 2 säd, spannmål 3 [Am.] majs II *tr* salta, konservera **-cob** *s* majskolv **-crake** *s* ängsknarr
cornea [kɔ:'niə] *s* [ögats] hornhinna
cor'ner I *s* 1 vinkel, hörn 2 [skam]vrå; avkrok; snibb; trångmål 3 ring, corner II *tr* tränga; få fast
cor'net *s* 1 [mus.] kornett 2 strut
cor'n-||field *s* sädesfält **-flake** *s* majsflinga **-flour** *s* finsiktat mjöl; majsmjöl **-flower** *s* blåklint; klätt
cor'nice [is] *s* karnis; kornisch
cor'ny *a* sädes-; sädesrik
coroll'a *s* [blom]krona **-ry** *s* följd[sats]
coron||ation [kɔr] *s* kröning **-er** [-' - -] *s* undersökningsdomare **-et** [-' - -] *s* 1 [furste-, adels]krona 2 diadem
cor'poral I *s* korpral II *a* kroppslig
cor'porat||e [it] *a*, ~ *body* korporation **-ion** *s* 1 korporation; *municipal* ~ stadsstyrelse; ~ *spirit* allmänanda 2 bolag 3 skrå 4 F [ister]mage
corporeal [pɔ:'ri] *a* kroppslig
corp||s [kɔ:] (pl. ~ [kɔ:z]) *s* kår **-se** [kɔ:ps] *s* lik **-uscle** [pʌsl] *s* blodkropp
corral' *s* inhägnad [för hästar &c]
correct' I *tr* 1 rätta, korrigera, ändra; 2 tillrättavisa; bestraffa II *a* 1 korrekt; oklanderlig 2 riktig, rätt, felfri; *be* ~ vara (ha) rätt **-ion** *s* 1 rätt|ning, -else, ändring; *under* ~ med reservation 2 tillrättavisning **-ional** *a* förbättrings- **-ive** *a s* förbättrings[medel]; neutraliserande [medel] **-or** *s* 1 en som rättar 2 kritiker
correlation *s* växelförhållande
correspond' *itr* 1 ~ *to* motsvara 2 stå i förbindelse; brevväxla **-ence** *s* 1 motsvarighet; överensstämmelse 2 brevväxling
corr'igible [dʒ] *a* förbätterlig
corrob'orate *tr* bestyrka, bekräfta
corro'||de I *tr* fräta (nöta) bort, fräta på II *itr* fräta[s] **-sion** [ʒn] *s* frät-

ning; sönder-, bort|frätande -sive [siv] I *a* frätande II *s* frätmedel
corr'ugate *tr itr* skrynkla [sig], vecka[s]
corrupt' I *a* 1 fördärvad; mutad 2 förvrängd, förvanskad II *tr* 1 fördärva, besmitta; muta 2 förvanska **-ible** *a* besticklig, mutbar **-ion** *s* 1 förskämning 2 sedefördärv 3 mutning 4 för|vrängning, -vanskning **-ive** *a* skämmande; fördärvande **-ness** *s* förskämning; moralisk uselhet
corsage [kɔ:sɑ:'ʒ] *s* klänningsliv
corsair [kɔ:'sɛə] *s* korsar, sjörövare
cortex [kɔ:'teks] *s* [hjärn]bark
cose [z] *itr* göra det trevligt åt sig
cosh'er *tr* kela (klema) med
cosmet'ic [z] *a s* skönhets-[medel]
cos'm||ic[al] [z] *a* kosmisk **-opol'itan** [z] I *a* kosmopolitisk II *s* världsborgare **-os** *s* värld[sordning]
coss'et *tr* kela med, klema bort
cost I (*cost cost*) *itr* kosta II *s* pris; [be]kostnad; ~ *price* inköpspris
cos'tal *a* revbens-
cos'ter F, **-monger** [mʌŋgə] *s* fisk-, frukt-, grönsaks|månglare
cos'tive *a* 1 förstoppad 2 njugg, snål
cos't||less *a* kostnadsfri **-ly** *a* dyrbar
cos'tume [ju] *s tr* kostym[era]
co'sy [z] I *a* [hem]trevlig, bekväm II *s* 1 hörnsoffa 2 tehuva; äggvärmare
1 **cot** *s* skyddshus; fålla; koja [äv. *-e*]
2 **cot** *s* [baby]säng, vagga
co'terie *s* kotteri
cott'age *s* 1 litet hus, stuga 2 villa, landställe 3 ~ [*piano*] pianino
cott'er *s* kil, sprint
cott'on *s* bomull[s|tråd, -tyg] **~-mill** *s* bomullsspinneri **-oc'racy** *s* bomullsmagnaterna **~-plant** *s* bomullsbuske **~-waste** *s* trassel **~-wool** *s* råbomull; bomullsvadd **-y** *a* bomullslik, ullig
couch I *tr* avfatta, uttrycka; dölja II *s* 1 [vilo]bädd, läger; schäslong 2 lager
cou'ch[-grass] *s* kvickrot
cough [kɔ(:)f] *itr tr s* hosta
could [kud, kəd] (imp. av *can*) kunde; skulle kunna **-n't** F = *could not*
cou'ncil *s* 1 kyrkomöte 2 råd[sförsamling]; *County C~* 'landsting'; *town (city)* ~ stadsfullmäktige 3 styrelse **-lor** *s* rådsmedlem
cou'nsel I *s* 1 rådplägning; *take* ~ rådgöra 2 råd, anvisning; plan 3 advokat[er] II *tr* råda **-lor** *s* rådgivare
1 **count** *s* [utländsk] greve
2 **count** I *tr itr* 1 räkna[s]; samman-, upp|räkna; ~ *out* ajournera; ~ *up* räkna ihop 2 medräkna[s]; *~ing* medräknad II *s* 1 räkning 2 slutsumma
cou'ntenance I *s* 1 ansikt|suttryck, -e 2 fattning, lugn min 3 uppmuntran II *tr* uppmuntra, gilla
1 **cou'nter** *s* 1 räknare; räkneapparat 2 spelmark 3 disk
2 **cou'nter** I *adv*, ~ *to* tvärtemot II *tr s* [ge en] motstöt III *pref* mot-
counter||act' *tr* motverka, bekämpa **-ac'tion** *s* mot|arbetande, -stånd **-balance** I [-'bæl] *s* motvikt II [bæ'l] *tr* mot-, upp|väga **-clock'wise** *adv* motsols **-feit** [-'fit] I *a* efterapad, [för]falsk[ad] II *s* efterapning, förfalskning III *tr* 1 efterapa, förfalska 2 låtsa, hyckla **-feiter** *s* förfalskare; falskmyntare **-'foil** *s* talong **-mand** [ɑ:'] *tr* annullera, återkalla **-'mark** *s* kontramärke; kontrollstämpel **-mine** [-'--] *s* kontramina **-'move** *s* motdrag **-'pane** *s* sticktäcke **-'part** *s* mot|stycke, -bild, -svarighet, kopia **-'point** *s* kontrapunkt **-poise** I *s* 1 motvikt 2 jämvikt II *tr* mot-, upp|väga **-'sign** I *s* ⚔ lösen II [--'] *tr* kontrasignera; bekräfta **-vai'l** *tr* upp-, mot|väga, ersätta
cou'ntess *s* grevinna
cou'nting-house *s* [handels]kontor
cou'ntless *a* otalig, oräknelig
countrified [kʌ'ntrifaid] *a* lantlig
country [kʌ'n] *s* rike; [fädernes]land; trakt; terräng; hembygd **~-dance** *s* angläs **~-gentleman** *s* lantjunkare, godsägare **~-house** *s* herrgård, [lant]gods, lantställe **-man** *s* 1 landsman 2 lantman **~-seat** *s* herresäte, [lant]gods **-side** *s* trakt, landskap
cou'nty *s* grevskap; län
couple [kʌpl] I *s* 1 [jakt]koppel 2 par II *tr* [hop]koppla; förena **-t** *s* verspar
courage [kʌ'ridʒ] *s* mod; *have the ~ of o.'s opinions* stå för sin mening **-ous** [kərei'dʒəs] *a* modig, tapper
courier [ku'riə] *s* ilbud, kurir
cours||e [kɔ:s] I *s* 1 lopp; väg, kosa; kurs 2 strömbädd 3 bana, fält 4 levnadslopp 5 [fort]gång, [för]lopp; ordning, tur; följd; *in the ~ of time* i sinom tid; *matter of ~* självklar sak; *of ~* naturligtvis; ja visst 6 sätt 7 kurs 8 följd 9 [mat]rätt 10 skikt, lager 11 segel II *tr itr* jaga [hare] **-er** *s* 1 springare 2 [har]jägare 3 harhund **-ing** *s* harjakt
court [kɔ:t] I *s* 1 gård[splan]; borggård 2 spel-, tennis|plan 3 hov; kur; *the C~ of St. James's* brittiska hovet 4 domstol; [sittande] rätt, session; rättssal; *Supreme C~ of Judicature* högsta domstol; *in ~* inför rätta 5 uppvaktning II *tr* uppvakta; fria till; söka vinna; locka **~-dress** *s* hov-, gala|dräkt **-eous** *a* hövisk; artig, vänlig **-esan** [izæ'n] *s* kurtisan; sköka **-esy** [kə:'tisi] *s* 1 höviskhet, artighet; vänlighet 2 *by ~* som en gunst; titulär- 3 nigning **-house** *s* domstols-, tings|hus **-ier** *s* hovman **-like** = *-ly 1* **-ly** *a* 1 hovmannamässig, hövisk; elegant 2 fjäskande; underdå-

nig --mar'tial [ʃl] *s tr* [ställa inför] krigsrätt --plaster *s* muschplåster -ship *s* kurtis, frieri -yard *s* gård[splan]
cousin [kʌzn] *s* kusin [äv. ~ *german, first* ~]; *second* ~ syssling
cove *s* 1 liten vik 2 vrå, håla
covenant [kʌ'v] *s* avtal, kontrakt; fördrag, pakt; bestämmelse; förbund
cover [kʌ'və] I *tr* 1 [be]täcka, övertäcka; *be* ~*ed* behålla hatten på 2 dölja, skydda 3 sikta på 4 tillrygga-lägga 5 ~ *in* inhölja; ~ *up* insvepa II *s* 1 betäckning 2 täcke, överdrag; omslag; fodral; huv; *under* ~ under tak 3 lock 4 kuvert 5 pärm[ar] 6 skydd; gömställe 7 täckmantel, förevändning 8 snår, ide, lya; *ride to* ~ deltaga i parforsjakt 9 [hand.] täckning; likvid 10 [bords-] kuvert -let -lid *s* 1 täcke 2 hölje -t I *a* förstulen, hemlig; förklädd II *s* 1 skydd, gömställe 2 snår, lya -ture [juə] *s* betäckning; skydd; förklädnad
covet [kʌ'vit] *tr* eftertrakta, åtrå -ous *a* begärlig, lysten, girig
covey [kʌ'vi] *s* [rapphöns]kull; flock
1 **cow** [kau] *s* ko
2 **cow** *tr* skrämma, kuscha
coward [kau'əd] *a s* feg [stackare] -ice [is] *s* feghet, rädsla -ly *a* feg, rädd
cow||**boy** [kau'] *s* vallpojke; boskapsherde -catcher *s* 'kofångare'
cower [kau'ə] *itr* krypa ihop
cowl [au] *s* 1 kåpa 2 huva 3 rökhuv
co'-worker *s* medarbetare
cow-pox [kau'] *s* kokoppor
cowrie [kau'ri] *s* porslinssnäcka
cow||**shed** [au'] *s* lagård -slip *s* gullviva
cox *s* F = -*swain* -comb *s* fåfäng narr -swain [kɔksn] *s* styrman
coy *a* blyg[sam]; pryd; skygg
coyote [kɔiou't(i)] *s* prärievarg
cozen [kʌzn] *tr* lura, bedraga
cozy [kou'zi] = *cosy* **cp.** = *compare*
1 **crab** *s* vild|apel, -äpple; 'surkart'
2 **crab** *s* 1 krabba 2 kran, vinsch -bed [id] *a* 1 sur, knarrig [äv. -*by*] 2 svår-[fattlig]
crack I *itr* 1 knaka, braka, smälla; klatscha 2 spricka II *tr* 1 klatscha (knäppa) med 2 spräcka, knäcka, slå sönder; ~ *up* F berömma III *s* 1 knak, knall, smäll, skräll; klatsch[ande]; ~ *of doom* domsbasun; *in a* ~ F vips, strax 2 F slag, rapp 3 spricka, rämna 4 F favorit 5 S inbrott[stjuv] IV *a* F finfin ~-brained, F -ed *a* förryckt, vriden -er *s* 1 en som knäcker 2 nötknäppare 3 smällare 4 smällkaramell 5 käx 6 S lögn ~-jaw *a* F tungvrickande -le *itr s* spraka[nde], knastra[nde], frasa[nde] -nel *s* käx -sman *s* S inbrottstjuv
cra'dle *s tr* vagga
craft [ɑ:] *s* 1 skicklighet 2 list[ighet], slughet 3 hantverk; yrke, konst; skrå 4 (pl. ~) fartyg, skuta, båt ~-guild *s* hantverksgille ~-sman *s* hantverkare -smanship *s* hantverk: yrkes-, konst|skicklighet -y *a* slug
crag *s* brant (skrovlig) klippa; klippspets -ged [id] -gy *a* klippig; skrovlig
crake I *s* ängsknarr II *itr* knarra
cram I *tr* stoppa, packa; göda; plugga med, slå i' II *itr* proppa i sig; plugga III *s* 1 F trängsel 2 plugg 3 S lögn
cram'bo *s* rimlek
cram||**-full** [-' -'] *a* proppfull -mer *s* 1 privatlärare 2 S lögn
cramp I *s* 1 kramp 2 krampa, klamra; skruvtving [äv. ~-*frame*] 3 tvång II *a* 1 krånglig, svårläst 2 trång; stel III *tr* 1 instänga; hindra 2 hålla ihop -ed *a* 1 med kramp; styv, stel 2 trång; hopdragen ~-fish *s* darrocka ~-iron *s* krampa, klamra; ankarjärn
cran'berry *s* tranbär
crane I *s* 1 trana 2 lyftkran 3 hävert, sifon II *tr* 1 lyfta med kran 2 sträcka på -'s-bill *s* geranium
cra'nium *s* kranium, skalle
1 **crank** *s* vev; start; knäböjd axel
2 **crank** *s* 1 ordvrängning 2 underlig idé (individ), original
3 **crank** *a* lös, ostadig, rank[ig]
cran'ky *a* 1 = *3 crank* 2 lynnig; vresig 3 excentrisk, vriden 4 vindlande
crann'||**ied** *a* sprucken, sprickig -y *s* springa, skreva; vrå
crape *s* kräpp, sorg|flor, -band
crap'ul||**ent** -ous *a* omåttlig; supig
crash I *itr* braka, skrälla II *tr* slå i kras III *s* 1 brak, skräll 2 krasch
crass *a* grov, krass; dum
crate *s* spjällåda, packkorg
crave *tr* be om: längta efter, åtrå
cra'ven *a s* feg [stackare]
cra'ving *s* åtrå, begär
craw [krɔ:] *s* [fågel]kräva
crawfish [krɔ:'] [Am.] = *crayfish*
1 **crawl** [krɔ:l] *s* fiskkatsc
2 **crawl** I *itr* 1 kräla, krypa 2 kråla II *s* 1 krälande, krypande 2 kràl[sim] -er *s* 1 kryp; kräldjur 2 krålare
cray'fish *s* [zool.] kräfta
cray'on *s* 1 rit-, färg|krita 2 pastell
craz||**e** *s* mani, dille; förryckthet -y *a* 1 skröplig; klen 2 förryckt, tokig
creak I *itr* knarra, gnissla II *s* knarr, gnisslande -y *a* knarrande
cream I *s* 1 grädd|e, -a 2 efterrätt; sötsak 3 skum 4 *cold* ~ salva II *a* gräddfärgad III *itr* grädda (fradga) sig -ery *s* mejeri[butik] ~-jug *s* gräddkanna -y *a* grädd|lik, -rik, grädd-
crease [s] I *s* 1 veck, rynka; vikning 2 mållinje II *tr* vecka, rynka, skrynkla [ned]; vika III *itr* rynka (vecka) sig
creat||**e** [kriei't] *tr* 1 skapa; åstadkomma 2 utnämna [till] -ion *s* 1

-skap|ande, -else 2 skapad varelse; produkt 3 utnämning -ive a skapande -or s skapare; upphov -ure [kri:'tʃə] s 1 skapelse, produkt, [skapad] varelse; ~ comforts livets nödtorft 2 djur 3 kreatur, verktyg
crèche [kreiʃ] s barnkrubba
cre'den|ce s [till]tro; letter of ~ = följ. -tial [e'nʃl] s, ~s rekommendationsbrev, kreditiv[brev]
cred'ible a trovärdig, trolig
cred'it I s 1 tilltro 2 anseende; inflytande; heder, beröm; give ~ for hålla räkning för 3 a) kredi't; b) tillgodohavande; letter of ~ kreditiv; c) kre'dit[sida] II tr 1 tro 2 kreditera, gottskriva 3 tillskriva -able a hederlig, aktningsvärd; be ~ to hedra -or s 1 borgenär 2 kre'dit[sida]
credu'l|ity s lätt-, god|trogenhet -ous [e'] a godtrogen
creed s tro[sbekännelse]
creek s 1 liten vik, bukt 2 å, biflod
creep I (crept crept) itr krypa, [in]smyga [sig] II s 1 krypande 2 kryphål 3 ~s F krypande känsla, rysning -er s 1 kryp[are] 2 [zool.] trädkrypare 3 klängväxt; Virginia[n] ~ vildvin -y a 1 krypande 2 kuslig
crema't|e tr bränna -ion s eldbegängelse -ory [e'm] s krematorium
crep'itate itr spraka, knastra
crept imp. o. pp. av creep
crep'uscule [ju:l] s skymning
crescent [kresnt] I a 1 tillväxande 2 halvmånformig II s 1 [månens] tilltagande 2 halvmåne 3 giffel
cress s krasse
crest I s 1 [tupp]kam, [hår]tofs 2 hjälmbuske, plym 3 'vapen' 4 berg-, våg|kam; topp, krön II tr 1 kröna -fallen [ɔ:] a nedslagen, modfälld
cretaceous [ei'ʃəs] a krit|artad, -haltig
crev'ice [is] s springa, spricka, skreva
crew [kru:] s 1 besättning; manskap; [båt]lag 2 skara
crib I s 1 krubba; bås; kätte 2 barnbädd 3 F plats 4 F plagiat 5 S lathund, moja II tr itr 1 instänga 2 F knycka; plagiera; skriva av; fuska
1 crick'et s syrsa
2 cricket s kricket[spel]; not ~ F inte rent spel -er s kricketspelare
cri'er s [offentlig] utropare
crime s brott, förbrytelse
crim'in|al I a brottslig; brott[måls]-; ~ connexion äktenskapsbrott; ~ law strafflag II s förbrytare -ality [æ'] s brottslighet -ate tr anklaga; överbevisa; påtala -ation s anklagelse
1 crimp s tr värva[re]
2 crimp tr krusa, vecka -ing-irons spl krustång
crim'son [z] I a s högröd [färg] II tr itr färga (bli) högröd; rodna djupt
crin'ge [ndʒ] I itr 1 krypa ihop, huka sig 2 krypa, svansa II s kryperi
crinkle I itr tr sno, vecka, krusa [sig] II s bukt; veck; våg [i hår]
cripple I s krympling II tr göra till krympling; förlama; omintetgöra; ramponera -d a lam, ofärdig
cri's|is [sis] (pl. -es [i:z]) s kris
crisp I a 1 krusig 2 mör, frasig 3 frisk 4 kort, skarp; rapp II tr itr krusa[s]
criss'-cross a adv kors och tvärs
criterion [kraiti'əriən] s kännetecken
crit'ic s 1 kritiker; granskare 2 klandrare -al a kritisk -ism s kritik -ize tr itr kritisera
croak [ou] itr s kväka[nde]; kraxa[nde] -er s olycksprofet -y a kraxande, hes
crochet [krou'ʃei] I s virkning; virk|-garn, -tråd II tr itr virka
crock -ery s ler|kärl, -gods, porslin
croft s åkerlott, täppa -er s 'torpare'
crom'lech [lek] s dolmen, dös
crone s käring; gubbe; gammal tacka
cro'ny s gammal god vän
crook [u] I s 1 krok, hake 2 herdestav; kräkla 3 böjning, krök[ning], krok; fel; prövning; knep 4 S svindlare II tr itr kröka (böja) [sig] -ed [id] a 1 krokig, böjd, krökt 2 ohederlig; förvänd, skev; F olaglig
croon tr itr s gnola[nde]
crop I s 1 kräva 2 piskskaft; ridpiska 3 växtlighet 4 kortklippt hår; ~ of hair hårväxt 5 [avhuggen] bit II tr 1 av|-hugga, -skära; stubba, [kort]klippa 2 avbeta 3 avmeja, skörda III itr, ~ up (out) visa sig, dyka upp ~-eared a stubbörad -ped a 1 kortklippt, stubbad 2 odlad -per s 1 kroppduva 2 F fall
croquet [krou'kei] s tr krock|et, -era
crosier [krou'ʒə] s kräkla, biskopsstav
cross I s 1 kors; on the ~ diagonalt, snett; S ohederligt 2 åtsida; ~ and pile krona och klave 3 = crux 4 korsning; blandning 5 S bedrägeri II a 1 kors-, tvär-, sido-; ⚓ kryss- 2 korslagd 3 ömsesidig 4 motig, förtretlig 5 vresig, arg 6 S ohederlig III tr 1 korsa, lägga i kors 2 göra korstecknet över 3 skriva tvärs över 4 stryka över (ut) 5 F sitta [upp] i (på) 6 fara [tvärs] över (genom); korsa, skära 7 möta 8 förhindra; göra emot IV itr 1 ligga i kors; korsa varandra 2 ~ [over] gå över ~-bar s tvärslå ~-beam s tvärbjälke -bill s korsnäbb ~-bones spl [dödskalle med] korslagda ben ~-bow s armborst ~-bred a hybrid, bastard- ~-breed s korsning[sprodukt]; hybrid ~-country s terränglöpning ~-cut s 1 tvärsnitt 2 genväg ~-exam'ine tr korsförhöra ~-eyed a vindögd ~-fire s korseld ~-grained a 1 med tvärgående fibrer 2 tvär,

vresig -ing *s* 1 [över]korsning 2 överresa 3 gathörn; korsväg; *level* ~ vägövergång ~-piece *s* tvärstycke, slå ~-purpose *s* motsatt avsikt; missförstånd ~-question *s tr* korsförhör[a] ~-reference *s* hänvisning ~-road *s* kors-, bi|väg ~-stitch *s* korsstygn ~-street *s* tvärgata -wise *adv* 1 i kors, korsvis 2 på tvären -word *s* korsord
crot'chet *s* 1 klyka, hake 2 1/4-not 3 nyck, infall -y *a* underlig, fantastisk
crouch *itr* 1 huka sig ner, ligga (sitta) hopkrupen 2 [bildl.] krypa
1 **croup** [u:] *s* strypsjuka, krupp
2 **croup[e]** [u:] *s* gump; [häst]länd
1 **crow** [ou] *itr s* gala[nde]
2 **crow** *s* 1 kråka; *as the* ~ *flies* fågelvägen 2 o. ~-bar *s* bräckjärn, kofot
crowd [au] I *s* trängsel, stort tillopp; [folk]massa; hel mängd; F sällskap II *itr* tränga sig; trängas III *tr* 1 hop|pressa, -packa; proppa [full]; tränga på 2 ⚓ ~ *sail* pressa [med] segel
crow-foot [krou'fut] *s* [bot.] ranunkel
crown [au] I *s* 1 krans; krona; *the C*~ kronan, Kungl. Maj:t 2 = 5 *shillings* 3 hjässa; topp 4 hattkulle II *tr* 1 bekransa; prisbelöna 2 [be]kröna; *to* ~ [*it*] *all* till råga på allt
crow's-foot [ou'z] *s* rynka [i ögonvrån]
cruci||al [kru:'ʃiəl] *a* 1 korsformig 2 avgörande, kritisk -ble [s] *s* smältdegel -fixion [sifi'kʃn] *s* korsfästelse -form [s] *a* korsformig -fy [s] *tr* korsfästa
crud||e *a* 1 rå; obearbetad 2 osmält; omogen 3 grov, ohyfsad -ity *s* 1 råhet, naturtillstånd; [pl.] råprodukter 2 omogenhet 3 grovhet
cruel [u'] *a* grym -ty *s* grymhet
cruet-stand [u'] *s* bordställ
cruise [kru:z] I *itr* kryssa II *s* kryssning, tur -r *s* kryssare
crumb [krʌm] I *s* 1 [bröd]smula 2 inkråm II *tr* söndersmula -le [bl] I *tr* söndersmula II *itr* falla sönder; förfalla -ly [bli] *a* smulig -y [mi] *a* 1 mjuk 2 full av brödsmulor
crumm'y *a* S 1 mullig, trind 2 tät, rik
crump F I *tr* slå [till] hårt II *s* slag; duns
crum'pet *s* tekaka
crumple *tr itr* skrynkla [sig]
crunch *tr itr* krossa; knapra [på]
crupp'er *s* 1 svansrem 2 hästländ
crusa'de [u:s] *s* korståg -r *s* korsfarare
crush I *tr* 1 krossa; mala sönder 2 pressa, trycka 3 skrynkla till 4 kuva; ~ *out* utplåna II *itr* 1 krossas 2 tränga sig fram III *s* 1 krossande; kläm, pressning 2 trängsel 3 F stor bjudning ~-hat *s* fällhatt, chapeau claque -ing *a* förkrossande, dräpande
crust I *s* 1 skorpa, skal; kant 2 skare 3 vinsten; pannsten II *tr itr* betäcka[s] med skorpa C-acea [ci'ʃiə] *spl* kräftdjur -y *a* 1 skorpartad 2 vresig
crutch *s* 1 krycka; stöd 2 ⚓ klyka
crux *s* crux, svårighet
cry I *itr* 1 skrika; [ut]ropa 2 skria; locka; ge skall 3 gråta 4 ~ *for* ropa på, gråta efter; ~ *off* ge återbud; ~ *out* skrika till; ~ *out against* protestera mot II *tr* 1 = *I 1* 2 ~ *down* förbjuda; nedgöra; ~ *up* prisa, puffa för III *s* 1 skrik; rop; gaturop; *a far* ~ lång väg, långt 2 [an]skri, [opinions]storm 3 lösen; slagord 4 rykte 5 skall; *at full* ~ för full hals; i full fart 6 gråt; klagan
crypt [i] *s* krypta -ic *a* hemlig, mystisk -ogram *s* chiffer[skrift]
crystal [i'] *s* kristall
cub *s* 1 unge 2 F pojkvalp -bing *s* jakt på ungräv -bish *a* valpig, tölpig
cub||e *s* kub; tärning -ic[al] *a* kubisk
cu'bicle *s* sovskrubb
cuck'old [əld] *s tr* [göra till] hanrej
cuckoo [ku'ku:] I *s* gök II [-' -'] *interj* kucku! ~-spit *s* grodspott
cu'cumber [kəm] *s* gurka
cud *s* boll av idisslad föda
cuddle I *tr* krama, kela med II *itr* krypa ihop (ner) III *s* omfamning
cudd'y *s* 1 ⚓ matsalong 2 skänk; skrubb
cudgel [kʌdʒl] I *s* [knöl]påk; *take up the* ~*s* ta parti II *tr* klå, prygla; bry
cu'dos [ɔs] *s* S ära, berömmelse
1 **cue** [kju:] *s* 1 replik 2 vink, antydan 3 roll; sak 4 humör
2 **cue** *s* biljardkö
1 **cuff** *s* 1 ärmuppslag 2 manschett
2 **cuff** I *tr* slå till II *s* slag; örfil
cuirass [kwiræ's] *s* harnesk, kyrass
cuisine [kwizi:'n] *s* kök, matlagning
cul-de-sac' [ku'l] *s* återvändsgränd
cu'linary *a* matlagnings-, köks-
cull *tr* plocka [ut]
culm *s* 1 kolstybb 2 strå, halm
cul'min||ate *tr* kulminera, nå (stå på) höjdpunkten -ation *s* höjdpunkt
culp||abil'ity *s* brottslighet -able [ʌ'] *a* brottslig; skyldig; klandervärd -rit [ʌ'] *s* brottsling; missdådare
cult *s* kult; dyrkan -ivate *tr* 1 odla, bruka 2 [ut]bilda, förfina; öva 3 ägna sig åt -ivation *s* 1 odling; brukning, kultur 2 idkande, utövning; utvecklande 3 bildning -ivator *s* 1 odlare 2 utövare, idkare 3 [lantbr.] kultivator -ural [ʃərəl] *a* kulturell, bildnings- -ure [ʃə] I *s* odling, kultur; bildning II *tr* odla, bilda, förfina
cum'ber *tr* be|tunga, -lamra -some
cum'brous *a* hindersam, klumpig
cum'[m]in *s* kummin
cumul||ate I [kju:'mjulit] *a* hopad II *tr itr* hopa [sig] -ative *a* växande, hopad, ökad; upprepad
cu'neiform I *a* kilformig II *s* kilskrift
cunn'ing I *a* 1 slug, listig 2 [Am.] F näpen, lustig II *s* slughet, list

cup I *s* 1 kopp; bägare; kalk 2 [pris]-pokal: *challenge* ~ vandrings|pokal, -pris 3 bål, dryck II *tr* [kir.] koppa ~**-bearer** *s* munskänk
cupboard [kʌ'bəd] *s* skåp, skänk ~**-love** [lʌv] *s* matfrieri
cupid'ity [kju] *s* vinningslystnad
cupola [kju:'pələ] *s* kupol
cur [kə:] *s* 1 hund-, by|racka 2 grinvarg; gemen karl
cu'ra||ble *a* botlig **-cy** *s* kommunistratur **-te** [it] *s* pastorsadjunkt **-tive I** *a* botande **II** *s* botemedel
curb [kə:b] **I** *s* 1 kindkedja 2 band, tvång 3 brunnskar 4 trottoarkant **II** *tr* tygla, kuva ~**-bit** *s* stångbett ~**-stone** *s* kantsten; trottoarkant
curd [kə:d] *s.* ~*s* ostkram **-le** *tr itr* ysta [sig], [komma att] stelna; ~*d milk* fil|bunke, -mjölk **-y** *a* löpnad
1 cure [kjuə] **I** *s* 1 själavård; prästbefattning 2 kur; bot[ande] **II** *tr* 1 bota, kurera 2 konservera, salta, röka
2 cure *s* S underlig kurre
curfew [kə:'fju:] *s* aftonringning
cu'ri||o *s* konstsak, kuriositet **-osity** [ɔ's] *s* 1 vetgirighet; nyfikenhet 2 kuriositet, antikvitet **-ous** *a* 1 vetgirig; nyfiken 2 underlig, märkvärdig
curl [kə:l] **I** *tr* krulla, ringla; krusa; ~ *up* rulla ihop **II** *itr* locka (kröka) sig; ~ *up* rulla ihop sig **III** *s* 1 lock 2 ring[el], bukt 3 krusning, krökning
curlew [kə:'lju:] *s* [zool.] storspov
curling [kə:'liŋ] *s* 1 krusning 2 curling ~**-irons** = **-tongs** ~**-rink** *s* curlingbana ~**-tongs** *spl* lock-, krus|tång
curl||-paper [kə:'l] *s* papiljotter **-y** *a* krusig, lockig
curmudgeon [kə:mʌ'dʒn] *s* snålvarg
curr'ant *s* 1 korint 2 vinbär
curr'en||cy *s* 1 [om]lopp; cirkulation; tid 2 gångbarhet; kurs 3 spridning; hävd 4 betalningsmedel; mynt, valuta **-t I** *a* 1 löpande, innevarande; dennes; dagens 2 gångbar; kurant 3 gängse, allmän[t spridd]; rådande **II** *s* 1 ström 2 lopp, [fort]gång 3 tendens **-tly** *adv* allmänt, överallt
curric'ulum *s* studie-, läro|kurs
currish [kə:'riʃ] *a* grälsjuk; gemen
1 curry [kʌ'ri] *s* currystuvning
2 curry *tr* 1 rykta 2 bereda 3 F klå
curse [kə:s] **I** *s* 1 förbannelse; svordom, ed; *not a* ~ inte ett dugg 2 syndastraff, plåga 3 bann **II** *tr* 1 för|banna, -döma 2 hemsöka, plåga **III** *itr* svärja **-d** [id] *a* förbannad
cursory [kə:'s] *a* hastig, ytlig, flyktig
curt [kə:t] *a* 1 kort[fattad] 2 tvär
curtai'l [kə:] *tr* avkorta, stympa
curtain [kə:tn] *s* 1 förhänge; gardin; täckelse 2 ridå ~**-fire** *s* ⚔ spärreld ~**-lecture** *s* sparlakansläxa ~**-pole** ~**-rod** *s* gardin|stång, -käpp
curts[e]y [kə:'tsi] *s itr* nigning, niga
curv||ature [kə:'vətʃə] *s* krökning, krokighet **-e I** *s* krökning, kurva **II** *tr itr* böja (kröka) [sig]
cushion [kuʃn] **I** *s* 1 kudde, dyna; hyende 2 valk 3 vall **II** *tr* 1 förse med dynor 2 nedtysta 3 dubblera
cushy [u'] *a* S 1 bekväm 2 ofarlig
cusp *s* [månens] horn
cus'pidor[e] [dɔ:] *s* [Am.] spottlåda
cuss *tr itr s* S [Am.] förbann|a, -else; svärja
cus'tard [əd] *s* vaniljsås
custo'd||ian *s* väktare, vårdare; förmyndare **-y** [ʌ's] *s* 1 förmynderskap, vård 2 fängsligt förvar; häkte
cus'tom *s* 1 sed[vänja], bruk, vana; praxis 2 tull[avgift]; tullverk; ~*s duties* tull[avgifter]; ~[*s*] *officer* tulltjänsteman 3 kundkrets **-ary** *a* [sed]-vanlig, bruklig **-er** *s* kund; F individ ~**-house** *s* tull|hus, -kammare; ~ *officer* tulltjänsteman
cut I (*cut cut*) *tr* 1 skära [i]; såra 2 skära, hugga [av, sönder]; klippa; [av-] meja; slå; fälla; kapa 3 skära upp 4 förskära 5 ~ *o.'s teeth* få tänder 6 beskära, av-, för|korta; ~ *short* avbryta; avsnoppa 7 hugga, skära [till, ut, in]; gravera; slipa; ~ *and dry* (*dried*) fix och färdig; schablonmässig 8 göra, utföra; ~ *faces* göra grimaser 9 avbryta bekantskapen med, ej hälsa på; ~ *it* = *II 5* 10 F skolka från, strunta i 11 ~ *down* avmeja; F slå, stuka; knappa in på; ~ *off* av-, ute|stänga; [tvärt] avbryta; avspisa; *be* ~ *off* ryckas bort; ~ *out* stryka; bortsnappa; uttränga, 'peta'; klippa (skära) till; forma; urringa; bereda; sluta med; ~ *out for* klippt och skuren till; ~ *under* F underbjuda; slumpa bort; ~ *up* rycka upp; stycka, sönderdela, splittra; spränga; riva upp; nedgöra; kränka **II** *itr* 1 skära, jfr *I 2;* bita, ta 2 gå att skära 3 gå [tvärs över], ta en genväg 4 kupera, dra 5 S ge sig i väg, smita; kila 6 göra luftsprång 7 ~ *away* ge sig i väg; ~ *in* infalla; ~ *out* skära (klippa) till; [om tand] komma fram; koppla av (ur); ~ *up* bete sig **III** *s* 1 [genom]skärning 2 hugg, stick; rapp, slag 3 skåra, skråma; huggsår; ränna; öppning; [genom]gång 4 nedsättning 5 snärt, elakhet 6 stycke, skiva 7 kupering 8 snitt; sort 9 träsnitt 10 [*short*] ~ genväg 11 F ignorerande; *give the* ~ = *I 9*
cut'-away *s* jackett
cute *a* F 1 slug 2 [Am.] söt, näpen
cut'l||ass [əs] *s* huggare **-er** *s* knivsmed **-ery** *s* kniv|smide, -ar; eggjärn
cut'let *s* kotlett
cut||-off *s* genväg **- -out** *s* säkerhets-

propp -purse s tjuv, rånare -ter s 1 tillskärare 2 kniv, stål, fräs 3 ⚓ kutter - -throat s mördare, bandit -ting I a 1 skärande, vass 2 bitande, sårande II s 1 skärning; F ignorerande 2 stycke, bit; [pl.] remsor, avfall 3 urklipp 4 stickling
cuttle s bläckfisk [äv. ~-fish]
cwt. = hundredweight
cycl||e [ai] I s 1 krets[lopp], omloppstid; period 2 cykel II itr 1 kretsa 2 cykla -ist s cyklist -one s cyklon -op[a]edia [pi:'diə] s encyklopedi -ope'an -o'pian a cyklopisk; jättestor -ops [ɔps] s cyklop; enögd man
cylind||er [si'l] s 1 cylinder, vals, rulle 2 lopp, rör -rical [li'n] a cylindrisk
cymric [ki'm] a kymrisk, walesisk
cynic [si'n] I s cyniker; misantrop II [äv. -al] a cynisk; misantropisk; hånfull -ism s cynism; människoförakt
Czech, Czekh [tʃek] s a tjeck[isk]

D

D, d [di:] s d D. = Doctor d. (D.) = date; day; died d. = penny, pence
'd F = had, would d- [di:] d-d = damn
1 dab s plattfisk
2 dab I tr slå till, klappa; badda; torka II s 1 slag, klapp 2 hackande 3 klick, stänk 4 F överdängare -ble I tr väta; stänka ner II itr 1 plaska, slaska 2 fuska -bler s fuskare -ster s 1 F överdängare 2 fuskare
dad s F pappa -dy s F pappa -dy--long-legs [lɔ'] s [zool.] harkrank
daff'odil s påsklilja
dagg'er s dolk
daggle tr nedsöla
Dail Eireann [dailɛ'ərən] s Irländska fristatens parlament
dai'ly I a adv daglig[en] II s daglig tidning
dai'nty I s läcker|bit, -het II a 1 läcker 2 utsökt, fin; ren 3 kräsen
dairy [ɛ'ə] s mjölkkammare; mejeri; mjölkmagasin -maid s mejerska
dais [dei'is] s estrad
daisy [dei'zi] s tusensköna, bellis
dall'||iance s flört, kurtis -y itr 1 leka, skämta 2 flörta
1 dam s [om djur] moder
2 dam I s damm, fördämning II tr 1 för-, upp|dämma 2 stänga in
dam'age I s skad|a, -or; förlust; ~s skadestånd II tr skada -able a ömtålig
dam'ask s 1 damast 2 damaskenerstål
damn [dæm] I tr 1 för|banna, -döma; svär[j]a över; ~ [it]! fan [anamma]! fördömt! 2 förkasta, [ut]döma II itr svär[j]a III s 1 svordom 2 F dyft -able [mn] a 1 fördömlig 2 P avskyvärd -ation [mn] s 1 fördömelse 2 utvissling 3 P för|dömt, -bannat! -atory [mn] a fördömande; ödesdiger
damp I s 1 gruvgas 2 fukt 3 missmod II a fuktig III tr 1 fukta 2 kväva, dämpa -er s 1 fuktare 2 dämpare; [mus.] dämmare, sordin 3 spjäll
dam'sel [z] s ung dam, [liten] fröken
danc||e [ɑ:] I itr tr 1 dansa; låta dansa; -ing dans[-]; ~ attendance upon träget uppvakta 2 gunga på armarna II s dans[melodi]; bal -er s dans|an-de, -ör, -ös -ing-girl s dansös, balettös
dandelion [dæ'ndilai'ən] s maskros
dand||i'acal a snobbig, sprättig -ify [-'ifai] tr F snobba upp, göra fin
dandle tr 1 gunga, vyssa 2 kela med
dan'dr||iff -uff s mjäll
dan'dy s a snobb, sprätt; elegant -ish a snobbig -ism s snobberi
Dane s 1 dansk 2 dansk dogg
danger [dei'nʒə] s fara -ous a farlig
dangle [ŋg] itr tr dingla [med]; ~ after (about, round) hänga efter -r s dagdrivare; kurtisör
Da'nish a dansk
dank a fuktig
dapp'er a 1 prydlig, nätt 2 flink
dapple a spräcklig, apelkastad
dare [dɛə] (~d (durst) ~d) I itr hjälpv 1 våga, töras 2 I ~ say nog; kanske [det] II tr 1 riskera, våga [sig på] 2 trotsa ~-devil s a våghals[ig]
daring [ɛ'ə] I a djärv II s djärvhet
dark I a 1 mörk, dyster, mulen 2 dunkel 3 hemlig II s 1 mörker 2 dunkel; okunnighet -en itr tr mörkna; förmörka[s] -ish a mörk[lagd], skum -ness s 1 mörker; dunkel 2 okunnighet -y s F svarting, nigger
dar'ling I s älskling II a älsklings-; ömt älskad; söt, bedårande, rar
1 darn tr P för|banna, -baska
2 darn I tr stoppa II s stopp[ning]
dart I s 1 kastspjut; pil 2 språng 3 kast[håll] II tr kasta; slunga III itr rusa, störta; ~ up fara upp
dash I tr 1 slå, kasta, slänga, stöta, köra 2 [be]stänka 3 uppblanda, utspäda 4 nedkasta [på papper] 5 krossa, gäcka 6 nedslå 7 S förbaska II itr 1 stöta, törna 2 rusa 3 [~ off, out] F briljera III s 1 slag, stöt 2 [be]stänkning; störtskur 3 [färg]-stänk 4 anstrykning; tillsats 5 penndrag; slang; tankstreck 6 rusning, anfall 7 kläm, fart 8 F vräkighet ~-board s stänkskärm -er s 1 F flott person 2 = ~-board 3 F kläm, fart -ing a käck; livlig; elegant, flott
das'tard [əd] s a feg [usling] -ly a feg
1 date s 1 dadel 2 S dumbom

2 dat‖e I *s* **1** datum **2** tid[punkt]; nutid; möte; *of to-day's* ~ tidsenlig; *out of* ~ gammalmodig, föråldrad; *up to* ~ till dags dato; fullt modern; hemma[stadd] **II** *tr* datera **III** *itr* **1** räkna [tiden] **2** vara daterad; datera (förskriva) sig, härröra **-um** *s* faktum
daub [ɔ:] **I** *tr* **1** [be]stryka; smörja, smeta [ner] **2** kludda ihop **II** *itr* kludda **III** *s* **1** smet, smörja; färgklick **2** kludd[eri] **-er -ster** *s* kluddare **-y** *a* smetig; kluddig
daughter [dɔ:'tə] *s* dotter **~-in-law** *s* **1** sonhustru **2** styvdotter
daunt [ɔ:] *tr* skrämma; *nothing* ~*ed* [lika] oförfärad **-less** *a* oförfärad
dav'enport *s* skrivbord, sekretär
dav'it *s* ⚓ dävert
daw [ɔ:] *s* kaja [vanl. *jack*~]
dawdle [ɔ:'] **I** *itr* förspilla tid[en], slå dank **II** *tr*, ~ *away* söla bort **III** o. **-r** *s* dagdrivare, latmåns
dawn [ɔ:] **I** *itr* dagas, gry; *it* ~*ed upon me* det gick upp för mig **II** *s* gryning
day *s* **1** dag; *the other* ~ häromdagen; *some* ~ *or other* någon dag (gång); *one of these* ~*s* endera dagen; *this* ~ *week* i dag 8 dagar sedan, i dag om 8 dagar; *have a* ~ *of it* göra sig en glad dag; *know the time of* ~ veta vad klockan är slagen; ~ *by* ~ dag för dag **2** dager, dagsljus **3** dygn **4** *win the* ~ segra **5** ~*s* tid[sålder]; *evil* ~*s* fattigdom **~-boarder** *s* halvpensionär **~-boy** *s* internatelev som bor hemma **-break** *s* gryning **~-dream[s]** *s* drömmeri[er], luftslott **~-fly** *s* dagslända **~-labour** *s* dagsverke **~-labourer** *s* daglönare **-light** *s* **1** dagsljus; dagning **2** tomrum **~-school** *s* vanlig [dag]skola **-time** *s* dag; *in the* ~ om dagen
dazl‖e *tr* förvirra, blända **-zle** [æ] **I** *tr* blända, förblinda; förvirra **II** *s* bländande ljus, skimmer; skyddsfärg
D. C. L. = *Doctor of Civil Law* jur. dr **D. D.** = *Doctor of Divinity* teol. dr
dea'con[ess] *s* diakon[issa]
dead [ded] **I** *a* **1** död, livlös; ~ *fence* (*hedge*) plank, mur; ~ *heat* oavgjort (dött) lopp **2** okänslig **3** slocknad **4** matt; dov **5** stilla[stående] **6** jämn, slät **7** F absolut, fullständig, ren; ~ *shot* mästerskytt; ~ *wind* rak motvind **II** *s* dödsstillhet **III** *adv* **1** F döds-, totalt **2** rakt, rätt **~-beat** *a* F dödstrött **-en** *tr* **1** döva; dämpa, försvaga; minska **2** göra okänslig **-lock** *s* stillastående; [bildl.] baklås, stopp **-ly I** *a* **1** dödlig, döds-; giftig **2** dödslik **3** F förfärlig **II** *adv* dödligt, döds- **~-march** *s* sorgmarsch **~-nettle** *s* blindnässla
deaf [def] *a* döv; ~ *and dumb* dövstum; *turn a* ~ *ear to* slå dövörat till för **-en** *tr* göra döv; bedöva, dämpa; överrösta; ~*ing* öronbedövande
1 deal *s* gran-, furu|planka, -virke
2 deal I *s* **1** *a* [*great*] ~ en hel del, mycket **2** giv **3** F affär, spekulation **II** (~*t* ~*t* [e]) *tr* ut-, för|dela; tilldela; ge **III** *itr* **1** ge **2** ta itu **3** handla; uppträda; ~ *with* [äv.] behandla **4** F underhandla **-er** *s* **1** givare **2** *a plain* ~ en hederlig karl **3** handlande, -handlare **-ing** *s* **1** förbindelse; affär **2** beteende; handel och vandel
dean *s* **1** domprost; *rural* ~ prost **2** dekanus **-ery** *s* domprost|syssla, -gård
dear [diə] **I** *a* dyr; kär, [i brev] bäste; *for* ~ *life* för brinnande livet **II** *s*, *my* ~ kära du; *there's* (*that's*) *a* ~ F så är du snäll **III** *adv* dyrt **IV** *interj*, ~ *me!* kors! *oh* ~! aj, aj! **-ly** *adv* **1** innerligt **2** [bildl.] dyrt **-ness** *s* **1** tillgivenhet **2** dyr[bar]het **-th** [də:þ] *s* **1** dyrhet; dyrtid **2** brist
death [e] *s* död[sfall]; *the Black D*~ pesten; *put to* ~ ta livet av **~-blow** *s* dödande slag; dödsstöt **-like** *a* dödslik **-ly** *a adv* dödlig; döds- **~-rate** *s* dödlighet **~-roll** *s* dödslista **~-trap** *s* dödsfälla **~-warrant** *s* dödsdom
debar' *tr* **1** utestänga **2** förbjuda
debar'k *tr itr* se *disembark*
debase [ei's] *tr* försämra; förfalska
deba't‖able *a* omtvistlig; omstridd **-e I** *itr tr* dryfta, diskutera, debattera **II** *s* diskussion; debatt
debauch [ɔ:'] **I** *tr* fördärva; förföra **II** *s* utsvävning **-ed** *a* utsvävande **-ery** *s* utsvävning[ar], liderlighet
debil'ity *s* svaghet
deb'it I *s* debet **II** *tr* debitera
debonair [ɛ'ɔ] *a* belevad; älskvärd
debris [de'bri:] *s* spillror
debt [det] *s* skuld; *pay the* ~ *of nature* dö; *run in*[*to*] ~ sätta sig i skuld **-or** *s* **1** gäldenär **2** *D*~, *Dr* debet
dec‖a- [de'kə] [i sms.] tio- **-ade** *s* tiotal
dec'aden‖ce -cy *s* förfall **-t** *a* dekadent
decamp' *itr* bryta upp, avtåga; rymma
decant' *tr* hälla [av]; klara **-er** *s* karaff
decap'itate *tr* halshugga
decay' I *itr* **1** förfalla; försvagas; förstöras **2** multna, murkna; vissna **II** *tr* **1** fördärva **2** röta **III** *s* **1** förfall **2** avtynande **3** bortvissnande; förmultnande, förruttnelse
decease [si:'s] **I** *s* död[sfall] **II** *itr* avlida **-d** *a s* avliden
deceit [i:'t] *s* bedrägeri **-ful** *a* bedräglig
deceive [si:'v] *tr* **1** bedraga, narra; *be* ~*d* missräkna sig **2** gäcka
de'cen‖cy *s* anständighet; ärbarhet; *in* [*common*] ~ anständigtvis **-t** *a* **1** anständig; ärbar **2** F hygglig, snäll; städad; ordentlig
decep't‖ion *s* **1** bedrägeri, svek; knep **2** villa, villfarelse **-ive** *a* bedräglig

deci'de *tr itr* 1 avgöra; bestämma 2 besluta [sig] [*on* för] 3 döma
dec'im‖al *a s* decimal[-] **-ate** *tr* decimera
deci'pher *tr* dechiffrera, [ut]tyda
decis‖ion [si'ʒn] *s* 1 avgörande; utslag, dom 2 beslut[samhet] **-ive** [ai's] *a* 1 avgörande 2 beslutsam
deck I *s* däck II *tr* 1 smycka 2 däcka **~-hand** *s* däcks|karl, -gast **~-house** *s* däckshus, ruff
declai'm *itr tr* orera, dundra; deklamera
declamat‖ion *s* vältalighet[sprov]; harang **-ory** [æ'm] *a* högtravande
declar‖ation *s* 1 förklaring 2 deklaration, anmälan, uppgift **-e** [ɛ'ə] I *tr* 1 förklara, tillkännagiva 2 deklarera, anmäla II *rfl itr* 1 förklara (uttala) sig 2 ~ *off* F taga tillbaka **-edly** [id] *adv* uttryckligen, öppet
de‖clen'sion [ʃn] *s* 1 nedgång 2 deklination **-cli'ne** I *itr* 1 slutta nedåt, luta; böja sig ned 2 sjunka; nalkas sitt slut 3 avtaga; [för]falla 4 avböja II *tr* 1 böja ned 2 avböja; vägra 3 deklinera III *s* avtagande, nedgång; förfall **-cliv'ity** *s* sluttning
decoc'tion *s* 1 [av]kokning 2 dekokt
decoll'ate *tr* halshugga
decolo[u]rize [di:kʌ'] *tr* [ur]bleka
decompos‖e [di:kəmpou'z] *tr itr* upplösa[s]; vittra **-ition** [pəzi'ʃn] *s* upplösning; förruttnelse
dec'or‖ate *tr* dekorera; pryda, smycka **-ation** *s* 1 [ut]smyckning 2 prydnad **-ous** [ɔ:'r] *a* hövisk, anständig, värdig **-um** [ɔ:'] *s* [skick och] anständighet
decoy' I *s* lock|fågel, -bete II *tr* locka [i fällan]; narra **~-duck** *s* lockfågel
decrease I [i:'s] *itr tr* [för]minska[s], avtaga II [di:'] *s* [för]minskning
decree' I *s* 1 dekret; förordning 2 dom II *tr* påbjuda, bestämma
decrep'it *a* orkeslös, skröplig **-ude** [ju:d] *s* orkeslöshet
decrescent [kre'snt] *a* avtagande
decry' *tr* nedsätta, racka ner på
dec'uple [ju] *a tr* tiofaldig[a]
ded'icat‖e *tr* 1 helga, inviga 2 [till-]ägna **-ion** *s* 1 invigning 2 hängivande 3 tillägnan **-ory** *a* dedikations-
dedu'c‖e *tr* 1 följa tillbaka 2 härleda, sluta [sig till] **-t** [ʌ'] *tr* avdraga **-tion** [ʌ'] *s* 1 avdrag 2 härledande; slutsats
deed *s* 1 handling; gärning 2 bragd 3 dokument, kontrakt
deem I *tr* anse, [för]mena II *itr* döma
deep I *a* 1 djup 2 svårfattlig 3 djupsinnig; grundlig 4 F slug 5 försjunken; ~ *in love* kär över öronen 6 intensiv II *adv* djupt; långt III *s*, ~*s* [havs]djup **~-drawing** *a* djupgående **-en** I *tr* fördjupa II *itr* bli djupare; sänka sig **~-level** *a* djupt under marken **~-set** *a* djupt liggande
deer [diə] (pl. ~) *s* rådjur, hjort; *red* ~ kronhjort **~-stalker** *s* hjortskytt **~-stealer** *s* tjuvskytt [på hjort]
defa'ce *tr* 1 vanställa 2 utplåna
defalcation [di:] *s* försnillning; brist
defame [fei'm] *tr* nedsvärta, förtala
default [fɔ:'lt] *s* 1 brist 2 försummelse; uraktlåtelse [att betala] **-er** *s* 1 skolkare 2 bankruttör 3 försnillare
defea't I *s* 1 nederlag 2 omintetgörande II *tr* 1 besegra, nedgöra 2 tillintetgöra 3 upphäva
defect' *s* 1 brist 2 fel[aktighet], lyte **-ion** *s* avfall **-ive** *a* bristfällig; ofullkomlig; *mentally* ~ sinnesslö
defen'ce *s* 1 försvar; skydd, värn 2 *art of* ~ fäktkonst; boxning
defend' I *tr* 1 försvara, värna 2 *God* ~ Gud förbjude II *itr* försvara sig **-ant** *s a* [jur.] svarande **-er** *s* försvarare
defen's‖ible *a* hållbar; berättigad; skälig **-ive** *s a* försvar[s-]; defensiv
1 **defer** [fə:'] *tr itr* uppskjuta, dröja
2 **defer** *itr*, ~ *to* böja sig för, foga sig efter **-ence** [de'f] *s* underkastelse, hänsyn[sfullhet]; aktning **-ential** [e'nʃl] *a* undfallande, hänsynsfull
defi'an‖ce *s* utmaning; trots; hån; *set at* ~ trotsa **-t** *a* utmanande; trotsig
deficien‖cy [fi'ʃnsi] *s* brist[fällighet] **-t** *a* bristande, otillräcklig
defi'er *s* utmanare; trotsare
1 **defi'le** I *s* trångt pass II *itr* defilera
2 **defi'le** *tr* orena; [be]fläcka
defi'n‖e *tr* 1 be-, av|gränsa; fixera 2 definiera; bestämma; förklara **-ite** [de'finit] *a* exakt, bestämd **-ition** *s* 1 definition; förklaring 2 tydlighet **-itive** [fi'n] *a* definitiv, slutgiltig
defla'te *tr itr* 1 tömma 2 höja värdet [på]
de‖flec'tion **-flex'ion** *s* böjning, avvikelse **-foliation** [fou] *s* lövfällning
defor'm *tr* vanställa; vanpryda **-ation** [di:] *s* vanställande **-ed** *a* vanskap|t, -lig **-ity** *s* vanskaplighet, fulhet; lyte
defrau'd *tr* bedraga **-er** *s* bedragare
defray' *tr* bestrida [kostnad]
deft *a* flink, [be]händig
defunct' *a s* avliden, död
defy' *tr* 1 utmana 2 trotsa
degener‖acy [dʒe'n] *s* degeneration; förfall **-ate** I [it] *a* degenererad II *itr* degenerera[s], urarta
degrad‖ation [de] *s* 1 degradering 2 förnedring; förfall **-e** [ei'] *tr* 1 degradera 2 förnedra; nedsätta; försämra
degree' *s* 1 grad; *by* ~*s* gradvis, så småningom 2 [släkt]led 3 rang, ställning 4 grad, examen
dei‖fication [di:i] *s* förgudning **-fy** [di:'ifai] *tr* för-, av|guda, dyrka
deign [ein] *tr* värdigas; bevärdiga med
de'ity *s* gudom[lighet]
deject [dʒe'kt] *tr* ned|slå, -stämma **-ion** *s* nedslagenhet, modfälldhet
dela'te *tr* anmäla, angiva

delay' I *tr* 1 uppskjuta 2 fördröja II *itr* dröja III *s* dröjsmål, uppskov
delect'able *a* nöjsam, behaglig
del'egate I [it] *s* delegerad, ombud II *tr* 1 bemyndiga 2 anförtro
dele'te *tr* utstryka, utplåna
deleterious [deliti'əriəs] *a* skadlig
delib'erat||e I [it] *a* 1 överlagd, avsiktlig 2 försiktig, betänksam II *tr itr* 1 överväga; betänka sig 2 rådslå **-ely** [it] *adv* 1 efter övervägande, med flit 2 försiktigt **-ion** *s* över|vägande, -läggning; försiktighet
del'ica||cy *s* 1 finhet 2 späd-, vek-, ömtålig|het 3 känslighet; finess 4 grannlagenhet 5 delikatess **-te** [it] *a* 1 fin, utsökt; mild 2 späd, ömtålig 3 granulaga 4 [fin]känslig 5 läcker
delicious [li'ʃəs] *a* 1 ljuv[lig], härlig; behaglig 2 läcker, utsökt
delict' *s* förseelse
delight [lai't] I *s* nöje, glädje, förtjusning II *tr* glädja III *itr* finna nöje, njuta; fröjdas **-ed** *a* glad, förtjust **-ful** *a* förtjusande, underbar
delineat||e [i'ni] *tr* 1 teckna, skissera 2 skildra **-ion** *s* 1 teckning; skiss 2 beskrivning **-or** *s* tecknare; skildrare
delinquen||cy [i'ŋ] *s* brottslighet; förseelse **-t** *a s* försumlig; brottsli[n]g
deliri||ous [i'r] *a* yr[ande], yrsel-; rasande **-um** *s* yrsel, yra; vansinne
deliv'er *tr* 1 befria, frälsa 2 förlossa 3 ~ *o. s.* uttala sig 4 av-, ut-, över|lämna; leverera; utdela; framföra 5 avlossa; kasta; rikta 6 yttra; framföra, hålla [tal] **-ance** *s* 1 befrielse, räddning 2 yttrande **-er** *s* befriare **-y** *s* 1 förlossning, nedkomst 2 uppgivande; utlämnande 3 av-, fram|lämnande; leverans; utdelning; tur; *cash on* ~ se *C.O.D.* 4 kast 5 framförande, hållande
dell *s* däld
delu'de *tr* narra, bedraga, förleda
del'uge [ju:dʒ] *s* översvämning; skyfall
delus||ion [(j)u:'ʒn] *s* [själv]bedrägeri, villa, illusion **-ive** [s] **-ory** [s] *a* bedräglig, illusorisk
demand [ɑ:'] I *tr* 1 begära, fordra, kräva 2 fråga [efter] II *s* 1 begäran, krav; anspråk; *on* ~ vid anfordran 2 efterfrågan
de'marca'tion [mɑ:] *s* avgränsning
demea'n *rfl* uppträda, uppföra sig **-our** *s* hållning, uppträdande
demen'ted *a* förryckt, vansinnig
demerit [di:me'r] *s* fel, brist
demesne [ei'n] *s* gods, domän; område
dem'i- [i sms.] halv-
demise [ai'z] I *s* 1 överlåtelse 2 frånfälle II *tr* överlåta, testamentera
demission [mi'ʃn] *s* avsägelse, avgång
de'mobiliz||a'tion [bilaiz] *s* demobilisering **-e** [ou'] *tr* demobilisera
democ'ra||cy *s* demokrati **-t** [de'm] *s* demokrat **-tic** [æ'] *a* demokratisk
demol'||ish *tr* nedriva, rasera; förstöra **-ition** *s* [ned]rivning; förstöring
de'mon *s* demon; ond ande; djävul **-iac** [mou'niæk] **-i'acal** [di:] *a* djävulsk, demonisk
dem'onstr||able *a* bevislig **-ate** *tr itr* 1 bevisa; på-, upp|visa 2 demonstrera **-ation** *s* 1 på-, upp-, be|visande; bevis[föring] 2 demonstration **-ative** [dimɔ'n] *a* 1 bevisande; övertygande 2 åskådlig 3 demonstrativ
demoraliz||ation [mɔ'rəlaizei'ʃn] *s* sedefördärv **-e** [ɔ'r] *tr* demoralisera
demur [mə:'] *itr s* [göra] invändningar
demu're *a* värdig; korrekt; pryd
den *s* 1 håla, lya 2 tillhåll; F kula
denaturalize [di:næ'tʃrəlaiz] *tr* beröva medborgarskap
deni'al *s* 1 vägran, avslag 2 förnekande 3 självförsakelse
den'izen *s* [naturaliserad] utlänning
denom'inat||e *tr* benämna, beteckna **-ion** *s* 1 benämning, beteckning, namn 2 religiös sekt **-ional** *a* sekt-, konfessionell **-or** *s* [mat.] nämnare
deno'te *tr* utmärka, beteckna, tyda på
denou'nce *tr* 1 an|giva, -mäla 2 brännmärka, fördöma **-ment** *s* fördömande
dens||e *a* 1 tät, fast; tjock 2 dum, slö **-ity** *s* 1 täthet 2 dumhet
dent *s tr* buckla **-al** *a* tand- **-ifrice** [is] *s* tand|pulver, -pasta **-ist** *s* tandläkare **-ition** *s* tandsprickning **-ure** [de'ntʃə] *s* tand|rad, -garnityr
denu'de *tr* blotta, avkläda; beröva
denunciat||ion [nʌ'n] *s* 1 angivelse 2 fördömande, klander **-ive** [nʌ'n] *a* 1 anklagande 2 fördömande
deny' *tr* [för]neka, bestrida; vägra
deo'dorize [di:] *tr* desinficera
depar't *itr* 1 gå bort, avresa; avgå 2 avvika, skilja sig **-ed** *a* [hädan]gången; avliden **-ment** *s* 1 område 2 departement; avdelning **-men'tal** *a* departements- **-ure** [ʃə] *s* 1 av|resa, -gång 2 bortgång, död 3 avvikelse; *new* ~ nytt försök; nyhet
depend' *itr* 1 bero; vara beroende 2 lita 3 anstå, vila **-able** *a* pålitlig **-ant** *s* underlydande; anhängare **-ence** *s* 1 beroende 2 tillit **-ency** *s* lyd-, bi|land **-ent** I *a* 1 nedhängande 2 beroende; underordnad; hänvisad II = *-ant*
depict' *tr* 1 av|måla, -bilda 2 skildra
deple'te *tr* [ut]tömma
deplor||able [ɔ:'] *a* beklag|ansvärd, -lig; sorglig **-e** *tr* sörja, beklaga
de||plume [u:'] *tr* plocka **-po'nent** *s* edligt vittne
depop'ulat||e [di:] *tr itr* avfolka[s]
depor't I *tr* bortföra; deportera II *rfl* uppföra sig **-ation** [di:] *s* deportering **-ment** *s* hållning

depo'se [z] *tr* 1 avsätta 2 vittna
depos'it [z] I *tr* 1 nedlägga, sätta ned 2 av|sätta, -lagra 3 deponera; anförtro, insätta II *s* 1 fällning, bottensats; avlagring; lager 2 anförtrott gods; insatta pengar 3 pant, hypotek; förskott **-ion** *s* 1 avsättning 2 vittnesmål 3 nedläggande 4 [ut]fällning 5 insättning **-or** *s* insättare **-ory** *s* förvaringsrum; nederlag
depot [di:'pou] *s* 1 depå; högkvarter 2 nederlag 3 [Am.] järnvägsstation
deprav||ation *s* fördärv[ande] **-e** [rei'] *tr* fördärva **-ity** [æ'] *s* fördärv
dep'recat||e *tr* söka avvärja; bedja [om nåd]; ogilla **-ion** *s* 1 bön om nåd 2 avvärjande; ogillande **-ive -ory** *a* 1 böne- 2 avvärjande; urskuldande
depreciat||e [pri:'ʃieit] *tr itr* 1 minska (falla) i värde; depreciera 2 förringa **-ion** *s* 1 minskning i värde 2 förringande **-ory** *a* nedsättande
depredation [de] *s* plundring, härjning
depress' *tr* 1 nedtrycka; sänka 2 hämma 3 ned|slå, -stämma **-ion** [pre'ʃn] *s* 1 nedtryckning 2 fördjupning 3 nedgång; depression 4 lågtryck 5 [kraft]nedsättning 6 nedslagenhet **-ive** *a* ned|tryckande, -slående
depriv||ation [de] *s* berövande; förlust; försakelse **-e** [ai'] *tr* beröva
depth [þ] *s* djup; djupsinnighet; *in the ~ of winter* mitt i [den kallaste] vintern; *get out of o.'s ~* råka ut på djupet; ta sig vatten över huvudet
deput||ation [de] *s* deputation **-e** [ju:'] *tr* 1 anförtro 2 utse till representant **-y** [de'pjuti] *s* fullmäktig, ombud
derai'l *tr itr* [bringa att] urspåra
dera'nge [dʒ] *tr* bringa i oordning; störa **-d** *a* sinnesrubbad **-ment** *s* störning; [sinnes]rubbning
Derby [ɑ:'] *s* 1 *the ~* Derbyloppet 2 F plommonstop
derelict [e'r] I *a* övergiven, herrelös II *s* herrelöst gods; [skepps]vrak **-ion** *s* 1 torrlagt land 2 försumlighet
deri'||de *tr* håna, förlöjliga **-sion** [i'ʒn] *s* förlöjligande, åtlöje **-sive** [s] *a* hånfull
deri'v||able *a* som kan härledas **-ation** [de] *s* 1 hämtande 2 härled|ande, -ning **-ative** [ri'v] *s* avledning **-e** I *tr* 1 hämta, draga, ha [fått] 2 av-, här|leda II *itr* härleda sig
derogat||e [e'r] *itr* sjunka; *~ from* inskränka **-ion** *s* inskränkning; intrång; motsats; för|ringande, -nedring **-ory** [rɔ'] *a* inkräktande; nedsättande
derr'ick *s* lyftkran, hissbock
derr'ing-do' [du:] *s* oförvägenhet
descant' *itr*, *~ on* utbreda sig över
descen'||d I *itr* 1 gå ned, nedstiga; sjunka, falla 2 slutta 3 *~ upon* slå ned på 4 *~ to* sänka (förnedra) sig till; genom arv tillfalla II *tr* 1 stiga (gå) nedför 2 *be ~ed from* härstamma från **-dant** *s* avkomling **-dent** *a* härstammande **-t** *s* 1 ned|stigande, -gång; nedfärd 2 sluttning 3 invasion, landstigning 4 fall 5 härstamning 6 led 7 nedärvande
descri'be *tr* beskriva; skildra
descrip't||ion *s* 1 beskrivning; skildring 2 slag, sort **-ive** *a* beskrivande
descry' *tr* varsna; upptäcka
desecrate [de's] *tr* vanhelga
1 **desert** [dizə:'t] *s* förtjänst; lön
2 **desert** I [de'zət] *a* öde, obebodd; kal II [-'-] *s* öken; ödemark III [dizə:'t] *tr* övergiva; rymma från; *~ed* öde IV [--'] *itr* svika; desertera, rymma **-er** [--'-] *s* desertör; överlöpare **-ion** [zə:'ʃn] *s* 1 övergiv|ande, -enhet 2 desertering
deserv||e [zə:'v] *tr itr* förtjäna, vara förtjänt [av] **-edly** [id] *adv* med rätta
desiccate [de's] *tr* [ut]torka, göra torr
design [zai'n] I *tr* 1 avse, 2 ämna 3 planera, uttänka 4 teckna, skissera; skapa II *itr* teckna; rita mönster III *s* 1 plan; anslag 2 avsikt; ändamål[senlighet]; *by ~* avsiktligt 3 utkast; ritning; *school of ~* konst-, tecknings|skola 4 mönster; konstnärlig idé **-ate** [de'zigneit] *tr* 1 angiva; beteckna 2 bestämma **-ation** [dezig] *s* angivande; bestämmande; utnämning; benämning **-edly** [id] *adv* avsiktligt **-er** *s* planläggare; ränksmidare; ritare, artist
desi'r||able [z] *a* önskvärd **-e** I *tr* 1 önska [sig], åstunda 2 begära, bedja om II *s* önskan, begär[an], längtan **-ous** *a* önskande; ivrig
desist' [z] *itr* avstå, upphöra
desk *s* pulpet; kateder; kassa
des'olat||e I [solit] *a* 1 ensam, övergiven 2 öde, folktom; ödslig 3 tröstlös, bedrövad II *tr* 1 avfolka; ödelägga 2 bedröva **-ion** *s* 1 ödeläggelse 2 ödslighet 3 enslighet; tröstlöshet
despair [ɛ'ə] *s itr* förtvivla[n], misströsta[n]
des'perat||e [it] *a* förtvivlad **-ion** *s* desperation; förtvivlan
des'picable *a* föraktlig, usel
despi'se [z] *tr* förakta, försmå
de||spi'te *s* 1 illvilja, agg; oudska 2 [*in*] *~* [*of*] trots **-spoi'l** *tr* [be]röva
despond' *itr* misströsta **-ency** *s* modfälldhet, förtvivlan **-ent** *a* förtvivlad
dessert [dizə:'t] *s* dessert, efterrätt
destin||ation *s* bestämmelse[ort], mål **-e** [de'stin] *tr* besluta, bestämma, ämna **-y** [e'] *s* öde
des'titut||e [ju:'] *a* utblottad; nödlidande **-ion** *s* brist; armod, nöd
destroy' *tr* riva ner; förstöra; tillintetgöra **-er** *s* 1 förstörare 2 ⚓ jagare
destruct'||ible *a* förstörbar **-ion** *s* för-

stör|ande, -else; undergång -ive a förstörande; fördärvlig
desultory [de's] a ostadig; osammanhängande; planlös; ytlig
detach' tr lösgöra, [av]skilja **-ed** a 1 avskild, fristående; spridd 2 opartisk **-ment** s lösgörande, avskiljande; avdelning; avskildhet; ovåld
de||tail I [ei'l] tr 1 utförligt relatera, uppräkna 2 ⚔ uttaga II [di:'] s 1 detalj[er], enskildhet 2 detaljerad redogörelse **-tai'n** tr 1 uppehålla, hindra 2 [kvar]hålla i häkte
detect' tr upp|täcka, -daga **-ion** s upptäckt; ertappande **-ive** s detektiv
deten'tion s 1 uppehåll[ande] 2 kvarhållande [i häkte]; arrest **~-camp** s koncentrationsläger
deter [ditə:'] tr avskräcka
dete'riorate tr itr försämra[s]
determin||ation [tə:] s 1 bestämmande 2 utslag; avgörande 3 föresats; beslut[samhet] **-e** [tə:'min] I tr bestämma; avgöra; förmå; besluta II itr besluta [sig] **-ed** a beslut|en, -sam
detest' tr avsky **-able** a avskyvärd
dethro'ne tr störta **-ment** s störtande
det'onat||e tr itr [få att] explodera med knall **-ion** s explosion, knall
détour [dei'tuə] s omväg, avvikelse
detract' tr itr borttaga, fråndraga; ~ *from* förringa, minska **-ion** s förringande; förtal **-ive** a förringande; smädlig **-or** s förtalare
det'ri||ment s skada, förfång **-men'tal** a skadlig **-tion** [i'ʃn] s avnötning
1 deuce [dju:s] s tvåa, dus
2 deuce s F tusan **-d** a F förbaskad
Deuteron'omy [dju:] s Femte Mosebok
dev'astat||e tr härja **-ion** s ödeläggelse
devel'op [əp] I tr 1 utveckla 2 framkalla II itr utveckla sig; framträda **-ment** s 1 utveckling 2 framkallning
de'viat||e itr avvika, göra en avvikelse **-ion** s avvikelse; missvisning
devi'ce s 1 plan; påhitt; knep; uppfinning, anordning 2 mönster 3 emblem 4 valspråk
dev'il s 1 djävul, satan, sate; tusan, sabla 2 F sabla fart (kläm) **-ish** a djävulsk; P djävlig, förbannad **~-may-care** a oförvägen; sorglös **-ry** s 1 djävul|skap, -skhet, sattyg 2 djävlar
de'vious a 1 avsides [liggande] 2 slingrande, irrande; *~ly* på omvägar
devi's||able [z] a upptänkbar **-e** tr hitta på, uttänka **-er** s uppfinnare
devoi'd a, ~ *of* blottad på, utan
devol||u'tion [di:] s överlåtande **-ve** [divɔ'lv] I tr överlåta II itr övergå
devo't||e tr helga, inviga, offra; ägna **-ed** a hän-, till|given **-ee** [devouti:'] s dyrkare, anhängare; fanatiker **-ion** s 1 fromhet, gudsfruktan; *~s* andakt 2 helgande; hängivenhet
devour [au'ə] tr 1 [upp]sluka 2 förtära
devou't a 1 from, gudfruktig 2 innerlig
dew [dju:] s dagg **-y** a daggig
dext||erity [e'r] s färdighet, händighet **-[e]rous** [de'] a flink, händig; skicklig
diabetes [daiəbi:'ti:z] s sockersjuka
dia||bol'ic[al] [daiə] a diabolisk, djävulsk **-dem** [-'--] s diadem; krona
diagnos||e [dai'əgn|ouz] tr diagnosticera **-is** [ou'sis] s diagnos
di'al s 1 urtavla [äv. ~-plate] 2 visartavla 3 [telef.] nummerskiva, 'petmoj'
dialogue [dai'əlɔg] s samtal[sform]
diamet||er [dai|æ'mitə] s diameter **-rical** [əme't] a diametr|isk, -al
di'amond s 1 diamant; briljant; ~ *cut* ~ hårt mot hårt 2 romb 3 ruter
diapa'son [daiə] s ton-, röst|omfång
di'aper [əpə] s 1 dräll 2 [rut]mönster
diaphanous [daiæ'f] a genomskinlig
diaphragm [dai'əfræm] s 1 mellangärde 2 skiljevägg
di'arist s dagboksförare
diarrhoea [daiəri'ə] s diarré
di'ary s diarium, dagbok
di'atribe s stridsskrift; smädelse
dib itr [vid metning] pimpla **-ble** s tr [plantera med] sättpinne
dibs *spl* 1 spelmarker 2 S pengar
dice *spl* (sg. *die*) tärningar; tärningsspel **~-box** s tärningsbägare
dickens [di'kinz] s F tusan
dick'er itr köpslå, schackra
1 dickey [di'ki] a S dålig; ostadig
2 dickey s F 1 [skjort]veck 2 kuskbock; betjäntsäte 3 F pippi
dict'||aphone s diktafon **-ate** I [-'-] s bud, befallning II [--'] tr itr diktera, föreskriva; förestava **-ation** s 1 dikta|men, -t 2 föreskrift; [makt]bud **-a'tor** s diktator **-atorial** [ɔ:'r] a diktatorisk **-a'torship** s diktatur **-ion** s uttryckssätt, språk, stil **-ionary** [di'kʃnri] s ordbok, lexikon
diddle tr S narra, lura
didn't F = *did not*
1 die [dai] s (pl. *dice*) tärning
2 die itr 1 dö; omkomma; dö **ut**, slockna; ~ *hard* sälja sitt liv dyrt 2 brinna av längtan att]
1 di'et s 1 konferens 2 riksdag
2 di'et I s diet; föda, kost II tr sätta på diet; ~ *o. s.* hålla diet **-ary** I a dietisk, diet- II s 1 diet 2 utspisning
diff'er itr 1 vara olika, skilja sig [åt], avvika 2 vara av olika mening, vara oense **-ence** s 1 olikhet; [åt]skillnad; *it makes all the* ~ det blir stor skillnad 2 meningsskiljaktighet; tvistepunkt **-ent** a olik, skild, [helt] annan; särskild **-en'tial** [ʃəl] a särskiljande, utmärkande **-en'tiate** [ʃieit] tr itr skilja [sig] **-ently** *adv* annorlunda, olika
difficult [di'f] a svår **-y** s svårighet

diff'iden||ce *s* försagdhet **-t** *a* försagd
diffu'sl||e I [s] *a* 1 [ut]spridd 2 vidlyftig, svamlig II [z] *tr itr* sprida[s], ut|breda[s], -gjuta[s] **-ion** [ʒn] *s* [kring]spridning; utbredning **-ive** [s] *a* 1 vida spridd 2 vidlyftig
dig (*dug dug*) I *tr* 1 gräva; gräva i (upp, ut); ~ *in* gräva ner 2 stöta, sticka, peta II *itr* 1 gräva [sig] 2 [Am.] S plugga, knoga
digest I [dai'dʒest] *s* sammandrag II [- -'] *tr* 1 ordna 2 genomtänka 3 smälta **-ible** [- -' -] *a* smältbar **ion** [- -' -] *s* [mat]smältning; mage **ive** [- -' -] *a* matsmältnings-
digg'||er *s* [guld]grävare **-ing** *s* 1 grävning 2 ~*s* guldfält; F bostad, lya
digit [dʒ] *s* 1 finger[bredd] 2 siffra
dig'ni||fied [faid] *a* värdig; upphöjd; högtidlig; vårdad **-fy** *tr* 1 upphöja 2 hedra **-tary** *s* dignitär, hög ämbetsman **-ty** *s* värdighet; värde, höghet
digress' *itr* avvika; göra en utvikning **ion** [e'ʃn] *s* avstickare, av-, ut|vikning **-ive** *a* som går från ämnet
digs *spl* F bostad, lya
dike *s* 1 dike 2 strandvall, bank
dilap'idat||e *tr itr* [låta] förfalla **ion** *s* 1 förfall; vanvård 2 klippras
dila't||able *a* [ut]tänjbar **-ation** *s* uttänjning, utvidgning **-e** I *tr* utvidga, uttänja II *itr* 1 [ut]vidga sig 2 [bildl.] utbreda sig **-ion** *s* utvidgning
dil'atory *a* senfärdig, sölande, långsam
dil'igen||ce [dʒ] *s* 1 arbetsamhet, flit 2 diligens **-t** *a* flitig, arbetsam, ivrig
dill'y-dally *itr* F vackla, vela; söla
dilu't||e I *tr* utspäda, förtunna II *a* utspädd **-ion** *s* utspädning
dilu'vi||al **-an** *a* syndaflods-; diluviansk
dim I *a* dunkel, matt; skum; oklar II *tr itr* fördunkla[s]; omtöckna[s]
dime *s* 1/10 *dollar*
dimin'||ish *tr itr* [för]minska[s]; försvaga[s] **-u'tion** *s* förminskning; avtagande **-utive** [ju] *a* liten, obetydlig
dimpl||e I *s* liten [smil]grop II *tr itr* bilda gropar; krusa[s] **-y** *a* [små-] gropig; lätt krusad
din I *s* dån, brus, larm II *tr* bedöva III *itr* dåna, larma
dine *itr tr* äta (bjuda på) middag **-r** *s* 1 middagsgäst 2 restaurangvagn
dingey, dinghy [di'ŋgi] *s* jolle
din'g||iness [dʒ] *s* smutsighet; smutsbrun färg **-y** *a* smutsig; smutsfärgad
di'ning||-car *s* restaurangvagn **- -room** *s* matsal **-table** *s* matbord
din'ky *a* F nätt, prydlig
dinn'er *s* middag; bankett **~-jacket** *s* smoking **~-party** *s* middagssällskap; middag[sbjudning]
dint I *s* 1 *by* ~ *of* i kraft av, genom 2 märke, bula II *tr* göra märken i
diocese [dai'əsis] *s* stift, biskopsdöme

dip I *tr* 1 doppa, nedsänka 2 stöpa 3 ösa II *itr* 1 dyka [ned], doppa sig 2 sjunka 3 ~ *into* ösa ur; titta i 4 luta, stupa III *s* 1 doppning, [ned-] sänkning 2 dopp, bad 3 [talg]ljus. dank 4 titt 5 lutning
diphtheria [difþɪ'əriə] *s* difteri
diplo'ma *s* diplom **-cy** *s* diplomati **-t** [di'plomæt] *s* diplomat **-tic** [æ'] *a* diplomatisk **-tist** *s* diplomat
dipp'er *s* 1 doppare 2 ös'kar, **-slev**
dire *a* gräslig, hemsk
direct' I *tr* 1 rikta; vända 2 styra, leda, dirigera; instruera 3 visa [vägen] 4 adressera 5 beordra, tillsäga; anordna II *a* 1 direkt rak, rät; omedelbar 2 rättfram, öppen III *adv* direkt, rakt **ion** *s* 1 riktning; håll 2 ledning; överinseende 3 anvisning, föreskrift 4 förvaltning, styrelse 5 adress **ive** *a* [väg]ledande **ly** I *adv* direkt; omedelbart; genast II *konj* F så fort **or** *s* 1 ledare, styresman 2 rådgivare 3 styrelsemedlem *board of* ~*s* styrelse **-orial** [ɔ.'] *a* ledande, styrande **-orship** *s* ledarställning; direktörspost **ory** *s* adresskalender, katalog **-ress** *s* ledarinna
di'reful *a* förfärlig, gruvlig
dirge [də:dʒ] *s* sorgesång
dirigible [i'ridʒ] I *a* styrbar II *s* luftskepp
dirk [də:k] *s* dolk
dirt [də·t] *s* 1 smuts, smörja 2 F jord; *yellow* ~ guld **~-cheap** *a* urbillig, för vrakpris **-y** I *a* 1 smutsig, osnygg 2 snuskig; lumpen 3 ruskig II *tr* smutsa ner; fläcka
disabil'ity *s* odugligliget, oförmåga
disa'ble *tr* 1 göra oduglig (oförmögen), sätta ur stånd 2 ramponera, fördärva 3 diskvalificera **-d** *a* vanför; [strids-, sjö]oduglig **-ment** *s* odugliglighet, obrukbarhet; invaliditet
dis||abu'se [z] *tr*, ~ *of an error* ta ur en villfarelse **-accor'd** *s* motsättning
disadvantage [ɑ:'n] *s* 1 olägenhet; nackdel; *be at a* ~ vara handikappad 2 förlust, skada **-ous** [ædvɑ:ntei'dʒəs] *a* ofördelaktig, ogynnsam
disaffect'||ed *a* missnöjd, fientligt stämd **-ion** *s* ovilja, missnöje
disagree' *itr* 1 ej stämma överens 2 vara av olika mening, vara oense 3 ~ *to* ogilla 4 ~ *with* ej passa för **-able** *a* obehaglig; otrevlig **-ment** *s* 1 motsättning 2 oenighet
disallow [au'] *tr* 1 ogilla 2 förbjuda
disappear [i'ə] *itr* försvinna **-ance** *s* försvinnande
disappoi'nt *tr* 1 [be]svika, göra besviken, gäcka 2 bedraga, lura **-ment** *s* 1 svikande 2 besvikelse
disapproba'tion [æpro] *s* ogillande
disapprov||al [u:'] *s* ogillande **-e** *tr itr.* ~ [*of*] ogilla, förkasta

disar'm *tr itr* av|väpna, -rusta **-ament** *s* av|väpning, -rustning
dis||arra'nge [dʒ] *tr* bringa i oordning **-array'** *s tr* [bringa i] oordning **-asso'ciate** [ʃieit] *tr* skilja
disast||er [zɑ:'] *s* svår olycka; nederlag **-rous** *a* olycks|bringande, -diger
disavow [au'] *tr* ej vilja kännas vid; desavuera; förneka **-al** *s* förnekande
disband' *tr itr* upplösa [sig]
disbelie||f [i:'f] *s* misstro, tvivel **-ve** *tr itr* icke tro [på], [be]tvivla
disburden [ə:'] *tr* lätta; avlasta
disburse [ə:'] *tr itr* utbetala; lägga ut [pengar] **-ment** *s* utbetalning, utlägg
disc se *disk*
discar'd *tr* 1 kasta bort; förkasta; lägga av; kassera 2 avskeda
discern [ə:'n] *tr* urskilja, skilja [på], märka **-ible** *a* urskiljbar, skönjbar **-ing** *a* omdömesgill, skarpsynt **-ment** *s* urskillning[sförmåga], omdöme
discharge [ɑ:'dʒ] I *tr* 1 avlasta; lossa; avlyfta 2 avlossa, [av]skjuta, urladda 3 uttömma; avsöndra; lätta 4 lösa; befria, släppa, frigiva; utskriva; avskeda 5 betala, fullgöra 6 upphäva II *itr* 1 lossa; urladda sig 2 vara sig 3 utmynna III *s* 1 avlastning, lossning 2 avlossande; skott, salva; urladdning 3 uttömning, utflöde, avlopp; avsöndring 4 [ansvars]befrielse 5 frikännande 6 frigivning; avsked[ande] 7 betalning 8 fullgörande 9 kvitto **~-pipe** *s* avloppsrör
disci'ple *s* lärjunge
discipline [di'siplin] I *s* 1 skolning 2 disciplin, tukt, ordning 3 bestraffning 4 botövning II *tr* 1 fostra 2 disciplinera 3 tukta, straffa
disclai'm *tr* 1 avstå [från anspråk på] 2 förneka; förkasta **-er** *s* 1 avstående 2 dementi; protest
disclo's||e [z] *tr* 1 blotta, visa 2 avslöja **-ure** [ʒə] *s* avslöjande; upptäckt
discolour [kʌ'l] *tr* urbleka, avfärga
discomfit [kʌ'm] *tr* 1 besegra 2 gäcka, korsa; bringa ur fattningen **-ure** [ʃə] *s* 1 nederlag 2 besvikelse
discomfort [kʌ'm] *s* obehag, otrevnad
discompos||e [ou'z] *tr* bringa ur jämvikt; oroa **-ure** [ʒə] *s* upprördhet; oro
disconcert [ə:'t] *tr* 1 bringa förvirring i; omintetgöra 2 förvirra
disconnect' *tr* skilja; av|koppla, -stänga **-ed** *a* 1 skild; lösryckt; fristående 2 osammanhängande **-ion disconnexion** *s* skiljande; frånkoppling
discon'solate [it] *a* tröstlös, otröstlig
discontent' I *a tr* [göra] missnöjd II *s* missnöje **-ment** *s* missnöje
discontin'u||ance [ju] *s* avbrytande; avbrott **-e** *tr* avbryta, sluta, upphöra med **-ity** [ju:'] *s* brist på sammanhang, avbrott **-ous** *a* avbruten

discord I [di'] *s* oenighet; oförenlighet, strid[ighet]; missljud II [- -'] *itr* vara oense, tvista; vara oförenlig **-ance** [- -' -] *s* oenighet; oöverensstämmelse; disharmoni **-ant** [- -' -] *a* oförenlig; motsatt; oenig; disharmonisk
discount I [di'skaunt] *s* 1 diskont[o]; [växel]avdrag; rabatt 2 diskontering; *at a ~* under pari II [- -'] *tr* 1 diskontera 2 avdraga; reducera 3 föregripa **~-broker** *s* diskontör
discou'ntenance *tr* 1 bringa ur fattningen 2 ogilla; motarbeta
discourage [kʌ'r] *tr* 1 göra modfälld, nedslå 2 avskräcka [från] **-ment** *s* 1 avskräckande 2 modlöshet
discourse [ɔ:'s] I *s* föredrag, tal, predikan; avhandling II *itr* 1 [sam]tala 2 predika; *~ upon* av-, be|handla
discourteous [kə:'] *a* oartig, ohövlig
discover [ʌ'] *tr* upptäcka **-er** *s* upptäckare **-y** *s* upptäckt
discred'it I *s* 1 vanrykte, misskredit; vanheder, skam 2 misstro II *tr* 1 betvivla, misstro 2 misskreditera **-able** *a* vanhederlig, skamlig
discree't *a* grannlaga, finkänslig
discrep'an||cy *s* skiljaktighet, oförenlighet **-t** *a* skiljaktig, avvikande
discretion [e'ʃn] *s* 1 gottfinnande; godtycke; behag; *at ~* på nåd och onåd 2 urskillning, omdöme; takt; varsamhet; *years of ~* mogen ålder
discrim'inat||e *tr itr* skilja, åt-, ur|skilja; göra skillnad; *~ against* ta parti emot **-ing** *a* 1 särskiljande 2 skarp[sinnig] **-ion** *s* 1 skiljande 2 urskillning; skarpsinne **-ive** *a* 1 utmärkande 2 skarp[sinnig]
dis||crown [au'] *tr* avsätta **-cursive** [ə:'s] *a* 1 vittsvävande, fri 2 logisk
discuss' *tr* diskutera, dryfta
disdai'n I *s* förakt, ringaktning II *tr* förakta; försmå **-ful** *a* föraktfull
disease [zi:'z] *s* sjukdom **-d** *a* sjuk[lig]
disembar'k *tr itr* land|sätta, -stiga; lossa **-ation** *s* land|stigning, -sättning
disembarrass [æ'rəs] *tr* befria, lösgöra
dis||embogue [ou'g] *itr tr* utgjuta (uttömma) [sig] **-embowel** [au'] *tr* ta inälvorna ur; slita sönder
disenchant [ɑ:'] *tr* ta ur en villa, öppna ögon **-ment** *s* desillusion; besvikelse
disengage [ei'dʒ] *tr* lösa; avleda; avgiva; löskoppla **-d** *a* 1 löst; fri[stående] 2 ledig 3 obunden; oförlovad
disentan'gle [ŋg] *tr* lösgöra; reda ut
dis||estee'm *tr s* ringakt|a, -ning **-fa'vour** I *s* 1 impopularitet, ogillande 2 onåd; nackdel II *tr* ogilla; missgynna
disfigure [fi'gə] *tr* van|ställa, -pryda
dis||fran'chise [aiz] *tr* beröva rösträtt (medborgarrätt) **-gorge** [ɔ:'dʒ] *tr* 1 utspy 2 ge tillbaka 3 utgjuta
disgra'ce I *s* 1 ogunst, onåd 2 vanära;

skam[fläck] II *tr* 1 bringa i onåd 2 vanhedra -ful *a* vanhedrande
disguise [gai'z] I *tr* 1 för-, ut|kläda 2 förställa 3 bemantla, dölja II *s* 1 förklädnad; mask; *in* ~ förklädd 2 förställning; sken; omsvep
disgust' I *s* 1 avsmak; äckel, vämjelse 2 motvilja, leda; harm II *tr* 1 ingiva avsmak, äckla, förtreta 2 ~*ed at* utledsen på -ing *a* vämjelig; vidrig
dish I *s* 1 fat; skål 2 [mat]rätt II *tr* lägga upp, servera ~-**cloth** *s* disktrasa ~-**cover** *s* fatlock
dishearten [hɑ:'tn] *tr* beröva modet
dishevelled [diʃe'vld] *a* [med] upplöst, utslaget [hår]; rufsig
dishonest [disɔ'nist] *a* ohederlig, oredlig -y *s* oredlighet, oärlighet
dishonour [disɔ'nə] I *s* vanära, skam, skymf II *tr* 1 skända 2 vanhedra -**able** *a* 1 vanhedrande 2 ohederlig
disillusion [u:'ʒn] *s tr* desillusion[era]
disinclin||ation *s* obenägenhet -e [ai'n] *tr* göra obenägen
disinfect' *tr* desinfic[i]era -**ant** I *a* desinfic[i]erande II *s* desinfektionsmedel -**ion** *s* desinfektion
disinherit [e'r] *tr* göra arvlös -**ance** *s* arvlöshet[sförklaring]
disin'tegrate *tr itr* upplösa[s]
dis||inter [tə:'] *tr* uppgräva -**in'terested** *a* opartisk; oegennyttig -**inter'ment** *s* upp-, ut|grävning
disjoi'n *tr* skilja -t *tr* 1 rycka (vrida) ur led 2 sönderdela; bryta sönder
disjunct'ion *s* åtskiljande, skilsmässa
disk *s* skiva
disli'ke I *tr* tycka illa om; ogilla; icke vilja II *s* motvilja, avsky
dis'locat||e *tr* 1 rubba 2 rycka ur led, vricka, sträcka -**ion** *s* 1 för|skjutning, -kastning 2 vrick-, sträck|ning
dislodge [lɔ'dʒ] *tr* driva bort, fördriva; [för]flytta, rubba
disloy'al *a* trolös, förrädisk; illojal
dis'mal [z] *a* dyster; hemsk, olycklig
dis||man'tle *tr* slopa, rasera, förstöra -**mast** [ɑ:'] *tr* avmasta -**may'** I *tr* förskräcka II *s* bestörtning, förfäran -**mem'ber** *tr* sönder|slita, -dela
dismiss' *tr* 1 skicka bort; upplösa; hemförlova 2 avskeda 3 avvisa; slå bort -**al** *s* 1 bortskickande; upplösning; frigivande; hemförlovning 2 avsked[ande] 3 bort-, av|visande
dismou'nt I *itr* stiga ned (ur), sitta av II *tr* 1 stiga (kasta) av 2 demontera
disobe'dien||ce *s* olydnad -t *a* olydig
disobey' *tr itr* vara olydig [mot], icke lyda; överträda
disoblig||e [ai'dʒ] *tr* ej tillmötesgå; misshaga; stöta -**ing** *a* ogin, ovänlig
disor'der I *s* 1 oordning; förvirring 2 tumult 3 opasslighet II *tr* förvirra -**ed** *a* i olag, förstörd; sjuk -**ly** *a* 1 oordentlig; förvirrad 2 bråkig, orolig; förargelseväckande 3 illa beryktad; utsvävande
disorganiz||ation [nai] *s* upplösning -**e** [ɔ:'] *tr* desorganisera, nedbryta
disown [ou'] *tr* ej erkänna; förneka
disparage [æ'r] *tr* nedsätta; förringa; ringakta -**ment** *s* förringande; förtal
dis||parate [di'spərit] *a* olikartad -**passionate** [pæ'ʃnit] *a* lidelsefri
dispatch' I *tr* expediera; avsända; göra undan (av med) II *s* 1 avsändande; expediering; spedition 2 undanstökande 3 dödande 4 skyndsamhet 5 rapport ~-**box** *s* 1 dokumentskrin 2 reseskrivetui -**er** *s* avsändare; speditör ~-**goods** *spl* ilgods
dispel' *tr* förjaga, skingra
dispen's||able *a* umbärlig -**ary** *s* dispensär; apotek -**ation** *s* 1 ut-, för|delning 2 försynens skickelse 3 dispens, befrielse 4 undvarande -**e** I *tr* 1 fördela 2 [tillreda och] utdela 3 skipa; sköta 4 lösa, frikalla II *itr*, ~ *with* suspendera; ge dispens från, av-, und|vara -**er** *s* apotekare
dispers||al [ə:'] *s* [ut]spridning -**e** *tr itr* sprida [sig]; skingra [sig], upplösa[s] -**ion** [ʃn] *s* spridande; förskingring
dispirit [i'r] *tr* göra modfälld
displa'ce *tr* 1 flytta, rubba; undanröja 2 avsätta -**ment** *s* 1 omflyttning, rubbning 2 ⚓ deplacement
display' I *tr* 1 utveckla, utbreda; framlägga; visa 2 lysa (skryta) med II *s* 1 utvecklande, [fram]visande; uppvisning 2 ståt[ande], skryt; *make a* ~ *of* lysa (briljera) med
displeas||e [pli:'z] *tr* misshaga; stöta, förarga; ~*d* missnöjd -**ing** *a* obehaglig; stötande -**ure** [e'ʒə] *s* missnöje
dispor't *itr rfl* leka, roa sig, tumla om
dispos||able [ou'z] *a* disponibel; avytterlig -**al** *s* anordning; [fritt] förfogande, användning; avyttrande; placering -**e** I *tr* 1 [an]ordna 2 göra benägen, beveka II *itr* bestämma; ~ *of* förfoga över, [få] använda; avyttra, [för]sälja, överlåta; expediera, göra slut på -**ed** *a* sinnad; böjd, hågad -**ition** [pəzi'ʃn] *s* 1 anordning; uppställning 2 förberedelse 3 överlåtelse; avyttrande 4 förfogande 5 sinnelag, lynne 6 fallenhet; benägenhet
dis||possess [ze's] *tr* fördriva; ~ *of* beröva -**prai'se** I *tr* klandra II *s* klander -**proo'f** *s* vederläggning; motbevis
dispropor'tion *s* disproportion -**ate** [it] *a* oproportionerlig
disprove [u:'] *tr* vederlägga
dispu't||able *a* omtvistlig -**ant** [i'] *a s* tvistande -**ation** *s* [ord]strid, dispyt -**e** I *itr* disputera, tvista II *tr* 1 diskutera, tvista om 2 bestrida III *s* dispyt, tvist; *beyond* ~ obestridlig[t]

disquali||fica'tion [kwɔl] *s* diskvalifikation; hinder; inkompetens **-fy** [--'-ai] *tr* diskvalificera; *-fied* jävig
disquiet [kwai'ət] **I** *tr* oroa **II** *s* oro
disregar'd **I** *tr* ej bry sig om, förbise; ringakta **II** *s* ignorerande, likgiltighet **-ful** *a* likgiltig, överlägsen
dis||rel'ish *tr s* [känna] motvilja [för] **-repair** [ripɛ'ə] *s* dåligt skick, förfall
disrep'ut||able [ju] *a* **1** vanhedrande, skamlig **2** ökänd **-e** [ju:'t] *s* vanrykte
disrespect' *tr s* [visa] missaktning **~-ful** *a* vanvördig, ohövlig
disro'be *tr* avkläda
disrupt' *tr* sönderslita, spränga **-ion** *s* sönderslitning; remna; sprängning
dissatis||fac'tion *s* missnöje **-fac'tory** *a* otillfredsställande **-fied** [æ'] *a* missnöjd
dissect' *tr* **1** skära sönder (upp) **2** dissekera; obducera **3** analysera **-ion** *s* **1** dissektion; obduktion **2** analys
dissem'ble **I** *tr* [för]dölja **II** *itr* förställa sig, hyckla
dissem'inate *tr* ut|så, -strö, sprida
dissen'||sion [ʃn] *s* oenighet, split **-t** **I** *itr* skilja sig i åsikter, avvika; *~ing minister* frikyrkopräst **II** *s* **1** motsättning; reservation **2** frikyrklighet **-ter** *s* oliktänkande; frikyrklig **-tient** [ʃnt] *a s* oliktänkande, reservant
dis||sertation *s* avhandling **-sev'er** *tr* skilja, söndra
diss'iden||ce *s* [menings]skiljaktighet **-t** *a s* oliktänkande; dissenter
dissim'il||ar *a* olika **-arity** [æ'] **-itude** [mi'l] *s* olikhet
dissim'ulat||e [ju] **I** *tr* dölja **II** *itr* förställa sig, hyckla **-ion** *s* förställning
diss'ipat||e *tr itr* **1** skingra [sig]; upplösa **2** förslösa; splittra **-ed** *a* utsvävande **-ion** *s* **1** skingrande **2** utsvävningar
disso'ci||ate [ʃieit] *tr* [åt]skilja; upplösa **-ation** [sou'si] *s* upplösning
dissol'||uble [ju] *a* upplös|lig, -bar **-ute** [di's] *a* utsvävande, liderlig **-u'tion** *s* upplösning, förstöring
dissolv||e [dizɔ'lv] **I** *tr* [upp]lösa; upphäva **II** *itr* [upp]lösas; smälta
diss'onan||ce *s* **1** missljud **2** oenighet **-t** *a* **1** missljudande **2** stridig
dissua||de [wei'] *tr* avråda **-sion** [ʒn] *s* avrådande **-sive** [s] *a* avrådande
dis'taff [ɑ:] *s* slända; *~ side* spinnsida
dis'tan||ce **I** *s* sträcka; stycke; avstånd; *in the ~* i fjärran (bakgrunden); *within ~* inom skotthåll (räckhåll) **II** *tr* distansera, överflygla **-t** *a* **1** avlägsen; långt åtskild **2** dunkel, svag **3** reserverad
dista'ste *s* avsmak, motvilja **-ful** *a* osmaklig, vidrig
distem'per *s* **1** sjukdom, illamående **2** *~s* förvirring **-ed** *a* sjuk[lig]; rubbad
disten'||d *tr itr* utvidga[s] **-sion** [ʃn] *s* **1** utvidgning **2** vidd

distil' *itr tr* **1** droppa, drypa **2** destillera[s] **-lation** *s* **1** droppande **2** destillering **-lery** *s* bränneri
distinct' *a* **1** [sär]skild **2** tydlig, klar; uttrycklig, bestämd **-ion** *s* **1** särskiljande; skillnad **2** sär-, känne|märke **3** stil; förnämhet **4** utmärkelse **5** anseende; betydenhet **-ive** *a* utmärkande, typisk; utpräglad
distin'guish [gwiʃ] *tr* **1** [åt]skilja, särskilja; *as ~ed from* till skillnad från **2** känneteckna **3** utmärka **4** urskilja **-able** *a* märkbar, [ur]skiljbar **-ed** *a* **1** framstående, utmärkt; *D~ Service Order* tapperhetsorden **2** distingerad
distor't *tr* förvrida; förvränga **-ion** *s* förvridning; förvrängning
distract' *tr* **1** dra bort, distrahera **2** [sönder]slita **3** förvirra, oroa **-ion** *s* **1** distraktion; förströelse **2** söndring, oro; förvirring **3** raseri
distrai'n **I** *tr* ta i mät **II** *itr* göra utmätning **-t** *s* utmätning
distress' **I** *s* **1** betryck; hemsökelse; [sjö]nöd **2** smärta, sorg **3** utmattning **4** utmätning **II** *tr* **1** ansätta; utmatta **2** plåga; oroa **3** göra utmätning hos **-ed** *a* **1** nödställd **2** bedrövad; ängslig **~-gun** *s* nöd|signal, -skott **-ing** *a* beklämmande; oroande
distrib'ut||e *tr* **1** ut-, för|dela **2** [kring-] sprida **-ion** [ju:'ʃn] *s* **1** ut-, för|delning **2** utbredning **-ive** *a* ut-, för|delande **-or** *s* distributör; spridare
dis'trict *s* område, bygd; stadsdel
distrust' **I** *s* misstroende, tvivel **II** *tr* misstro, tvivla på **-ful** *a* **1** misstrogen; skeptisk **2** *~* [*of o. s.*] försagd
disturb [ə:'] *tr* **1** oroa; uppröra; rubba **2** störa **-ance** *s* **1** störande **2** oro; störning **3** tumult **-er** *s* fredsstörare
disu'nion *s* skiljande, upplösning; split
disu'se *s*, *fall into ~* komma ur bruk **-d** [zd] *a* av-, bort|lagd; obruklig
disyllab'||ic *a* **-le** [i'l] *s* tvåstavig[t ord]
ditch **I** *s* dike; grav **II** *tr* **1** [ut]dika **2** omge med grav
ditt'||o *a s* dito **-y** *s* visa, sång
diurnal [daiə:'nəl] *a* dag[s]-; daglig
divagation [dai] *s* avvikelse, förirring
dive **I** *itr* **1** dyka **2** sticka ned handen; gräva **3** försvinna **4** forska **II** *tr* sticka ned **III** *s* dykning **-r** *s* dykare
diverge [daivə:'dʒ] *itr* **1** divergera, gå åt olika håll **2** avvika **-nce** **-ncy** *s* **1** divergens **2** avvikelse
divers [dai'vəz] *a* åtskilliga, diverse **-e** [ə:'s] *a* olika; mångfaldig **-ely** [ə:'s] *adv* på olika sätt **-ify** [ə:'s] *tr* göra olik; variera **-ified** *a* [mång]skiftande **-ion** [ə:'ʃn] *s* **1** avled|ande, -are; avstickare **2** förströelse **-ity** [ə:'s] *s* olikhet; skillnad; olika slag
diver't *tr* **1** avleda, avvända; förskingra **2** förströ **-ing** *a* underhållande

Di'ves [i:z] *s* [bibl.] den rike mannen
divest' *tr* 1 avkläda 2 avhända
divi'de I *tr* 1 [upp]dela 2 dividera 3 [åt]skilja 4 splittra **II** *itr* 1 dela [sig], sönderfalla 2 vara oense 3 rösta, votera **-nd** [di'v] *s* utdelning
divin||ation *s* 1 förutsägelse, spådom 2 aning **-e** [ai'n] **I** *a* gudomlig **II** *s* teolog **III** *tr* ana; spå, förutsäga
di'ving *s* dykning **~-bell** *s* dykarklocka
divi'ning-rod *s* slagruta
divin'ity *s* 1 gudom 2 gud 3 teologi
divis||ible [i'z] *a* delbar **-ion** [i'ʒn] *s* 1 delning; upp-, in-, för|delning 2 division 3 avdelning; krets; distrikt 4 grad 5 skilje|linje, vägg 6 skiljaktighet, oenighet 7 omröstning
divor'ce I *s* skilsmässa **II** *tr itr* skilja[s]; [låta] skilja sig [från] **-e** [i·'] *s* frånskild **-ment** *s* skilsmässa
divul'ge [dʒ] *tr* utsprida
divul'sion [ʃn] *s* lösryckning
dizz'||iness *s* yrsel, svindel **-y I** *a* 1 yr [i huvudet] 2 svindlande **II** *tr* göra yr i huvudet, förvirra
1 do [di'to(u)] [= *ditto*] dito, d:o
2 do [du:] (*did done* [dʌn]) **I** *tr* 1 göra, hålla på med; uträtta; *be* **~ne** ske, gå till; *it is not* **~ne** det kan (gör) man inte 2 [av]sluta 3 **~** [..*-ing*] sköta [om], utföra, stå för, **~** *the talking* sköta konversationen 4 lända till, ge 5 *a*) ordna, göra i ordning; städa; **~** *o.'s. hair* kamma sig, sätta upp håret; **~** *a house* måla (tapetsera) i ett hus; *b*) arbeta (läsa) på; lösa; översätta; lära sig; *c*) laga, anrätta, steka; *enough* **~ne** genom|kokt, -stekt; *d*) spela [viss] roll, uppträda som; *e*) [med adj.] visa sig, vara; **~** *the pleasant to* göra sig till för; *f*) trötta ut; *g*) F kugga, lura; *h*) tillryggalägga; *i*) F expediera, göra [ifrån sig], bese; *j*) S **~** *o.'s. time* sitta av sitt straff; *k*) S ge (ha) mat och rum åt; *l*) vara nog för 6 **~** *in* S göra kål på; **~** *up* göra i ordning; städa; fästa upp; reparera, piffa upp; packa (slå) in; snöra; knäppa, F ruinera; **~ne** *up* F utschasad **II** *itr* 1 *a*) göra, handla, arbeta; *b*) **~ing** som göres; *there is nothing* **~ing** det är ingenting i gång, det görs inga affärer 2 bära sig åt 3 sluta, bli färdig; *have you* **~ne?** är du färdig? **~ne!** avgjort! kör till! 4 reda (sköta) sig, lyckas, ha det [bra el. illa]; må, gå [bra, illa], lyckas; **~** *with* reda sig med; *I can* **~** *with another* jag vill gärna ha en till; *he is* **~ing** *very well* det går mycket bra för honom; *how* **~** *you* **~?** god dag; [äv.] hur står det till? 5 räcka, duga, gå an; *that'll* **~!** det är bra! *that won't* **~** det går inte an 6 **~** *away with* avskaffa, göra av med; **~** *for* duga till; F hushålla för; fördärva; göra slut på **III** *hjälpv* 1 göra; *yes, I* **~** ja, det gör jag 2 verkligen; *I* **~** *wish* jag önskar verkligen; **~** *come!* kom är du snäll! 3 *I* **~n't** *know* jag vet inte; *when did he come?* när kom han? **~n't** *move* rör er inte! **IV** *s* F 1 bedrägeri, skoj 2 fest
do'cil||e *a* läraktig; foglig **-ity** [si'l] *s* läraktighet; foglighet
1 dock *s* [bot.] syra
2 dock I *s* 1 svans[stump] 2 svansrem **II** *tr* stubba; beskära; förminska
3 dock I *s* 1 [skepps]docka 2 **~s** varv; kaj 3 'skrank', de anklagades bänk **II** *tr itr* [ta[s] i] docka **-age** *s* dockavgift **-er** *s* dockarbetare
dock'et I *s* 1 register, förteckning; *on the* **~** på dagordningen 2 påskrift **II** *tr* inregistrera, anteckna
dock'-tailed *a* stubbsvansad
dock'yard *s* [skepps]varv
doc'tor I *s* doktor; läkare **II** *tr* F 1 behandla, kurera 2 lappa ihop 3 förfalska **III** *itr* F praktisera som läkare **-al** *a* doktors- **-ate** [it] *s* doktorsgrad **-ess** *s* kvinnlig doktor
doc'trine [in] *s* lära, doktrin, dogm
doc'ument I [ənt] *s* dokument, handling **II** [ent] *tr* dokumentera, styrka
dodd'er *itr* darra, skälva; stappla
dodge [dʒ] **I** *itr* 1 springa fram och tillbaka, kila undan, gömma sig 2 krångla, bruka knep; leka **II** *tr* 1 gäckas (leka) med; lura 2 undvika 3 smyga sig efter **III** *s* 1 språng åt sidan, kast 2 F fint, knep[ig inrättning] **-r** *s* skojare, filur
doe [dou] *s* 1 hind 2 har-, kanin|hona
do||er [du(:)'ə] *s* verkställare, förövare; handlingsmänniska **-es** [dʌz] gör **-est** [du'ist] [*thou* **~**] **-eth** [du'iþ] [åld. 2 o. 3 p. sing. pres. av *do*] gör
doff *tr* ta av [sig]
dog I *s* 1 hund; *hot* **~** varm korv [i pajdeg]; *to the* **~s** F åt skogen; *throw to the* **~s** kasta bort 2 usling, stackare; F [flott] karl; *gay* (*jolly*) **~** glad själ; *lazy* **~** latoxe 3 krampa 4 **~s** järnbock; eldhund **II** *tr* 1 följa hack i häl 2 hålla fast **~-box** *s* hundkupé **~-cart** *s* doggkart, jaktvagn **~-cheap** *a* för rampris **~-collar** *s* 1 hundhalsband 2 S rak (hög) krage; prästkrage **~-days** *spl* rötmånad **~-fancier** *s* hunduppfödare **~-fox** *s* rävhane **-ged** [id] *a* envis, seg **-gerel I** *a* burlesk; haltande, usel; knittel- **II** *s* knittelvers; rimsmideri **-gie** *s* F vovve **-gish** *a* hundaktig; cynisk; argsint **-gy** = *-gie* **~-hole ~-hutch** *s* kyffe
dog'ma *s* dogm, lärosats **-tic** [æ'] *a* 1 dogmatisk 2 bestämd **-tics** [æ'] *s* dogmatik **-tist** *s* dogmatiker

dog'||rose *s* nyponblomma **- - sleep** *s* lätt sömn **-'s-meat** *s* 1 hundmat 2 avfall, skräp **- -tired** *a* dödstrött
doi'ly *s* 1 dessertservett 2 underlägg
doing [du'] *s* görande; arbete; verk
doit *s* styver; dyft
dol'drums *spl* dåligt humör; stiltje
dole I *s* 1 lott, öde 2 allmosa; arbetslöshetsunderstöd II *tr* utdela
do'leful *a* 1 sorglig 2 sorgsen
do'les[wo]man *s* understödstagare
doll [dɔl] I *s* docka II *tr* utstyra
doll||'s-house *s* dockskåp **-y** I *s* docka II *a* dockaktig; barnslig
dol'||orous *a* 1 smärtsam 2 sorglig 3 sorgsen **-our** [dou'] *s* sorg, smärta
dol'phin *s* 1 delfin 2 ⚓ pollare
dolt [ou] *s* dumhuvud
domai'n *s* 1 domän, gods 2 område
dome *s* dom, kupol
domes'tic I *a* 1 hus-, hem-, familje-, hushålls-; ~ *art* (*industry*) hemslöjd 2 huslig, hemkär 3 tam 4 inrikes; inhemsk; hemgjord II *s* tjänare **-ate** *tr* 1 naturalisera 2 civilisera; tämja; odla **-ity** [ti's] *s* 1 hem|känsla, -liv; huslighet 2 tamt tillstånd
dom'icil||e I *s* hemvist, bostad II *tr itr* göra (bli) bofast; ~*d* bosatt **-iary** [si'l] *a* bostads-, hus-
dom'in||ant *a* [för]härskande; dominerande **-ate** I *tr* behärska, styra II *itr* härska, dominera; höja sig **-ation** *s* herra-, över|välde **-ee'r** *tr itr* [be]härska **-ee'ring** *a* tyrannisk **-ical** [mi'n] *a* Herrens; söndags- **-ion** [mi'n] *s* 1 välde; makt 2 besittning [med självstyrelse] 3 äganderätt
1 **don** *tr* ta på [sig]
2 **don** *s* 1 herr[e] 2 hög herre; F överdängare 3 [univ.] lärare
don||a'te *tr* donera; skänka **-ee'** *s* mottagare [av gåva]
don'jon *s* huvudtorn, kärna
don'key [i] *s* åsna
donn'ish *a* akademisk; pedantisk
do'nor *s* givare, donator
do-nothing [du:'nʌ'þiŋ] I *s* odåga, dagdrivare II *a* lättjefull
don't [ou] = *do not*; ~*!* låt bli! tyst!
doo'dle *s* F dumbom, fåne
doom I *s* dom, öde, lott; död, undergång II *tr* döma, bestämma **-ed** *a* dödsdömd **-sday** *s* domedag
door [ɔ:] *s* dörr; ingång; port; *front-* (*street-*)~ huvudingång; *lay a th. at a p.'s* ~ tillvita ngn ngt; *out of* (*in, within*) ~*s* utom(inom)hus, ute(inne) ~**-case** ~**-frame** *s* dörrkarm ~**-keeper** *s* dörr-, port|vakt ~**-money** [ʌ] *s* inträdesavgift ~**-nail** *s* dubb; *dead as a* ~ stendöd ~**-sill** *s* [dörr]tröskel ~**-step** *s* dörrtrappsteg **-way** *s* dörr[öppning], ingång
dope I *s* 1 sås 2 smörja; smet 3 fernissa 4 S stimulans; narkotika 5 S tips; tippning 6 S humbug II *tr* smörja; impregnera; S bedöva; späda [ut]; ~ *out* S räkna ut, finna [på'] ~**-fiend** [i:] *s* S morfinist, kokainist
dor[-beetle] *s* tordyvel; skalbagge
dor'm||ant *a* 1 sovande 2 vilande, obegagnad; ~ *warrant* fullmakt in blanco **-er** *s* vindskupefönster **-itory** *s* 1 sovsal 2 [Am.] studenthem
dor'mouse *s* sjusovare; hasselmus
dor'sal *a* rygg-
do's||age [s] *s* dos[ering] **-e** I *s* dos[is] II *tr* ge medicin; dosera; uppblanda
doss S *s* bädd i natthärbärge
doss'ier *s* dossier, bunt handlingar
dost [dʌst] [åld.] 2 p. sing. pres. av *do*
dot I *s* 1 prick, punkt; märke 2 litet pyre II *tr* 1 pricka 2 [be]strö, översålla; ~ *down* skriva upp, 'klottra ner'
do't||age *s* [ålderdoms]slöhet; fjollighet, svaghet **-ard** [əd] *s* gammal narr
dotation [dou] *s* donation
dote *itr* 1 vara fjollig (barn på nytt) 2 ~ [*up*]*on* vara svag för
doth [dʌþ] [åld.] 3 p. sing. av *do* gör
dott'y *a* 1 spridd 2 S knäsvag; fnoskig
double [ʌ] I *a* 1 dubbel; ~ *event* dubbelseger; ~ *time* ⚔ språngmarsch 2 vikt, böjd 3 tvetydig II *s* 1 [det] dubbla 2 dubblett; dubbelgångare; avbild 3 krökning 4 krokväg, knep 5 språngmarsch III *tr* 1 [för]dubbla 2 vara dubbelt så stor (stark) som 3 dubblera 4 lägga dubbel; vika [ihop]; knyta; ~ *o. s. up* krypa ihop; ~ *up* vrida sig IV *itr* 1 fördubblas, bli dubbel 2 dubblera 3 vika sig 4 gå hastig marsch, springa; ~ *up!* språngmarsch! F raska på! ~**-barrel** *s* dubbelbössa ~**-barrelled** *a* 1 tvåpipig 2 dubbel[tydig] ~**-bass** *s* kontrabas ~**-bedded** *a* med två bäddar ~**-breasted** *a* tvåradig ~**-dealer** *s* bedragare ~**-dyed** *a* ärke- ~**-edged** *a* tveeggad ~**-glasses** *s* pincené ~**-lock** *tr* låsa med dubbla slag ~**-minded** *a* vankelmodig **-ness** *s* dubbelhet ~**-quick** *s* språngmarsch **-t** *s* 1 jacka 2 dubblett 3 ~*s* allor
doubling [ʌ'] *s* 1 fördubbling 2 fodring, förstärkning; foder 3 veck[ning] 4 undanflykt; knep
doubt [aut] I *s* tvivel[smål]; ovisshet; *no* ~ utan tvivel; *beyond* (*without*) ~ utom allt tvivel; *be in* ~ tveka II *itr* tvivla; tveka III *tr* betvivla **-ed** *a* tvivelaktig **-ful** *a* 1 tvivelaktig, oviss 2 tvivlande; tveksam **-less** *adv* utan tvivel
douche [du:ʃ] *s tr itr* dusch[a]
dough [ou] *s* 1 deg 2 S pengar ~**-nut** *s* [kokk.] munk
doughty [dau'ti] *a* kraftig, manhaftig
doughy [dou'i] *a* degig; mjuk, blöt

dove [ʌ] *s* duva **-cot[e]** *s* duvslag
dovetail [dʌ'v] *s tr* [hop]sinka
dowager [dau'ədʒə] *s* änkefru, 'änkenåd'; *Queen* ~ änkedrottning
dowdy [au'] **I** *a* sjaskig **II** *s* slampa
dowel [au'] *s* trä-, järn|tapp, dymling
dower [au'] **I** *s* **1** änkesäte **2** = *dowry* **3** gåva **II** *tr* **1** ge hemgift **2** begåva
1 down [au] *s* **1** kulligt hedland **2** dyn
2 down *s* dun, fjun
3 down I *adv* **1** ned, ner; nedåt, utför; ~ [, *sir*]*!* kusch! *up and* ~ [äv.] fram och tillbaka **2** nere **3** på (till) marken, omkull; nedfallen; *one* ~ en straff; ~ *at heel* kippskodd; sjaskig **4** upp[e], ut[e] [från London]; tillbaka [hem]; *go* ~ [univ.] resa hem; *send* ~ relegera **5** sängliggande **6** nere, slagen; nedstämd; avsigkommen **7** kontant **8** antecknad, uppskriven **II** *prep* utför, ned|för, -åt, utefter; ~ *the course* [om häst] efter; *go* ~ *hill* gå utför; ~ *town* nere (inne) i staden; ~ *the wind* med vinden; 'på båten' **III** *tr* **F** sätta ner, slå (kasta) omkull; få bukt med **IV** *s* **1** nedgång; motgång **2 F** *have a* ~ *on* vilja å't **-cast** *a* nedslagen **-fall** *s* **1** skyfall **2** fall, nedgång ~**-grade** *s* **1** lutning **2** nedgång ~**-hearted** *a* missmodig **-hill I** *s* sluttning, utförsbacke **II** *a* sluttande **III** *adv* [- -'] utför [backen] **-most** *a adv* nederst, längst ner[e] **-pour** *s* hällregn **-right I** *adv* riktigt; grundligt **II** *a* **1** rättfram, bestämd **2** ren, fullständig **-stairs I** *a* i nedre våningen **II** *adv* ner[e], därnere **-stream** *adv* med strömmen, nedåt floden ~**-train** *s* nedgående tåg, tåg från London ~**-trodden** *a* förtrampad **-ward** [wəd] **I** *a* nedåtgående, fallande **II** o. **-wards** *adv* ned[åt], utför
1 downy [au'] *a* backig
2 downy *a* dun|ig, -beklädd; luddig
dowry [au'] *s* **1** hemgift **2** gåva, talang
dowsing-rod [au'] *s* slagruta
doze I *itr* dåsa **II** *s* lätt sömn, lur
dozen [dʌzn] *s* dussin; *some* ~ ett dussintal; *by the* ~ dussinvis
do'zy *a* dåsig, sömnig, slö
1 drab *s* **1** slampa **2** slinka
2 drab I *a* **1** gråbrun, smutsgul **2** enformig **II** *s* **1** gulbrunt [kläde]; ~*s* gulbruna byxor **2** enformighet
drabble I *itr* pulsa **II** *tr* smutsa ner
drachm [dræm] *s* **1** drakma **2** [farm.] 3,88 g; [hand.] 1,77 g **3** smula, uns
draff [æ] *s* drav, drägg
draft [ɑ:] **I** *s* **1** detache|ring, -ment **2** tratta, växel; anspråk **3** plan, utkast, koncept **II** *tr* **1** uttaga, detachera **2** avfatta, formulera; rita **-sman** *s* **1** ritare, tecknare **2** författare
drag I *tr* **1** släpa, draga; ~ *the anchor* driva för ankaret **2** ~ [*on*] dra ut på, förlänga; framsläpa **3** dragga på (i), uppmuddra **4** harva **5** ~ *the wheels* bromsa [in] **6** ~ *up* **F** hårdhänt uppfostra **II** *itr* **1** släpa [sig fram]; gå trögt **2** tala släpigt **3** dragga; söka **4** draga not **III** *s* **1** släpande, släpighet, tröghet **2** hämsko, broms **3** dragg; mudderskopa **4** dragnät **5** drög; tung harv; charabang **6** släp[jaktklubb]; ~*-hunt* släpjakt ~**-anchor** *s* drivankare **-gle** *tr itr* **1** släpa i smuts **2** släpa sig fram ~**-net** *s* släpnot
drag'on *s* drake ~**-fly** *s* trollslända
dragoo'n *s* **1** dragon **2** vildsint sälle
drain I *tr* **1** ~ [*off*] låta avrinna; uttappa **2** dränera; torrlägga, täckdika **3** tömma i botten **4** filtrera **5** utblotta; beröva **II** *s* **1** uttömmande; [bildl.] åderlåtning **2** avlopp[srör]; kloak[ledning]; täckdike **-age** *s* **1** dränering, torrläggning; åderlåtning **2** avrinnande **3** avlopp[sledningar]; kloaksystem ~**-pipe** *s* avloppsrör
1 drake *s* metfluga [dagslända]
2 drake *s* ankbonde, anddrake
dram *s* **1** = *drachm* **2** sup, snaps
drama [ɑ:'m] *s* drama, skådespel **-tic** [æ't] *a* dramatisk **-tist** [æ'm] *s* dramatiker **-tize** [æ'm] *tr* dramatisera
drape *tr* drapera; kläda; smycka **-r** *s* klädeshandlare **-ry** *s* **1** manufaktur|varor, -affär **2** draperi[ng]
dras'tic *a* kraftig, drastisk
drat *interj*, ~ [*it*]*!* förbaskat!
draught [drɑ:ft] **I** *s* **1** drag|ande, -ning; dragrem **2** notvarp; fångst **3** dryck, klunk; [ande]drag; dosis **4** djupgående **5** [luft]drag **6** tappning; *beer on* ~ fatöl **7** teckning, utkast **8** ~*s* damspel **II** *tr* rita, skissera ~**-beer** *s* fatöl ~**-board** *s* damspelsbräde **-s|man** *s* **1** ritare **2** skrivare, notarie **3** damspelsbricka **-y** *a* dragig
draw [ɔ:] **I** (*drew drawn*) *tr* **1** draga; föra, leda **2** draga ihop, förvrida **3** draga för (in, undan, upp, ut) **4** ⚓ gå (ligga) . . djupt **5** spänna; ~ *the long bow* skära till i växten **6** inandas **7** draga [till sig]; locka **8** rensa; ta [inälvorna] ur **9** [av]tappa, [ut]tömma; pumpa (tappa) upp **10** få ut (upp) [räv] **11** taga, hämta; få, vinna **12** framlocka; **F** få att yttra sig; 'pumpa' **13** uppbära; lyfta, ta ut **14** rita, teckna; skildra **15** uppsätta **16** ~ *off* dra tillbaka (bort); avtappa; ~ *out* [äv.] 'pumpa'; skriva ut, sätta upp; teckna; ~ *up* [äv.] hålla in [häst]; ställa upp; avfatta; ~ *o. s. up* räta på sig; ~ [*up*]*on* bringa [olycka] över, ådraga **II** *itr* **1** draga[s]; ~ *to a close* närma sig slutet **2** samlas **3** draga blankt **4** draga lott **5** låna, hämta stoff **6** rita **7** ~ *in*

lida mot kvällen (slutet); ~ *near* närma sig; ~ *on* närma sig; vinna på; trassera (draga) på; dra växlar på; anlita; ~ *out* ställa upp [sig]; bli längre; ~ *up* stanna; köra fram; ställa upp; få försprång; ~ *up with* hinna fatt **III** *s* **1** drag[ning] **2** F attraktion, dragplåster **3** fångst, vinst **4** lott[dragning]; lotteri **5** oavgjord strid (tävlan), remi **6** trevare **-back** *s* olägenhet; avbräck **-bridge** *s* vindbrygga **-ee'** *s* trassat
1 drawer [drɔː'ə] *s* **1** ritare **2** författare [till dokument] **3** trassent
2 drawer [drɔː] *s* byrå-, bords|låda; *chest of* ~*s* byrå **-s** *spl* benkläder, kalsonger; *bathing* ~ simbyxor
drawing [ɔː'] *s a* ritning, teckning; utkast; rit- ~**-board** *s* ritbräde ~**-master** *s* ritlärare ~**-pen** *s* linjerstift ~**-pin** *s* häftstift ~**-room** *s* **1** ritsal **2** salong, förmak; mottagning
drawl [ɔː] **I** *tr itr* släpa (dra) på [orden] **II** *s* släpigt [ut]tal
drawn *a* **1** dragen; ~ *face* fårat ansikte **2** oavgjord ~**-work** *s* hålsöm
draw-well [ɔː'] *s* djup brunn, dragbrunn
dray *s* bryggar-, lång|kärra ~**-horse** *s* bryggarhäst **-man** *s* ölutkörare
dread [dred] **I** *tr* frukta, bäva för **II** *s* fruktan, skräck, fasa **III** *a* fruktad; fruktansvärd **-ful** *a* förskräcklig; *penny* ~ F rafflande historia **-less** *a* oförfärad **-nought** *s* ⚓ slagskepp
dream I *s* dröm **II** (~*t* [e] ~*t* el. regelb.) *tr itr* drömma; *I never* ~*t of it* jag hade inte en tanke på det **-er** *s* drömmare; svärmare ~**-reader** *s* drömtydare **-y** *a* dröm|mande, -lik
drear [driə] **-y** *a* dyster; ödslig; hemsk
1 dredge [dʒ] **I** *s* släpnät, bottenskrapa; mudderverk **II** *tr* **1** fiska (skrapa) upp **2** muddra [upp]
2 dredge *tr* [be]strö [med mjöl] &c
1 dred'g|er *s* **1** ostronfiskare **2** bottenskrapa; mudderverk [= *-ing-machine*]
2 dredger *s* ströflaska
dreg *s*, ~*s* drägg, bottensats **-gy** *a* grumsig; oren
drench I *s* hällregn, rotblöta [äv. *-er*] **II** *tr* **1** låta dricka **2** genomdränka
dress I *tr* **1** kläda; ~ *out* utstyra; ~ *up* kläda [ut] **2** uppsätta [teaterstycke]; [flagg]smycka **3** bearbeta, bereda; hyvla; häckla; putsa; rusta upp; tillreda, laga; gödsla; beskära, frisera, lägga upp, kamma, borsta; rykta; ansa; lägga om [sår] **4** F sträcka upp, ge smörj **5** ⚔ rätta **II** *itr* **1** ⚔ inta rättning; *right* ~! rättning höger! **2** klä [på] sig; ~ *up* klä sig fin; maskera sig **III** *s* dräkt, kläder, kostym; klänning; [*evening*] ~ aftondräkt, frack; *full* ~ gala, stor toalett, frack; *morning* ~ förmiddagsdräkt ~**-coat** *s* frack **-er** *s* **1** skänk-, köks|bord **2** påklädare; matlagerska ~**-guard** *s* kjolskydd
dress'ing *s* **1** ⚔ rättning **2** på-, om|klädning, toalett **3** utstyrsel, klä|d|er, -sel **4** beredning **5** sås, fyllning, garnering **6** gödsel **7** förband, salvor **8** glans; glasyr; stärkelse **9** F skrapa, stryk ~**-case** *s* resnecessär, toalettväska ~**-gown** *s* kamkofta, morgonrock ~**-room** *s* toalettrum; klädloge ~**-table** *s* toalett|bord, -byrå
dress'‖maker *s* damskräddare, sömmerska **- -suit** *s* frack[kostym] **-y** *a* stilig[t klädd]; kokett
drew [druː] imp. av *draw*
dribble I *itr tr* **1** droppa, drypa **2** [fotb.] dribbla **II** *s* **1** dropp|ande, -e **2** dregel **3** duggregn **4** dribbling
drift I *s* **1** yrsnö; yrsand; damm-, rök|moln; driva **2** drift; ström[sättning]; drivkraft; fart **3** avdrift **4** boskapsdrift **5** tendens; kurs; mening **6** overksamhet **7** drivgarn **8** stoll [i gruva] **II** *itr* driva [fram]; yra; hopas i drivor; ~ *up* bli igensnöad **III** *tr* driva [ihop el. fram]; hopa i (täcka med) drivor **-age** *s* **1** drivgods **2** avdrift ~**-net** *s* drivgarn
drill I *tr itr* **1** drilla; [genom]borra **2** exercera, drilla; öva, träna **II** *s* **1** drillborr **2** drill, träning; gymnastik **3** grovt tyg ~**-hall** [ɔː] *s* exercishus; gymnastiksal **-ing** *s* exercis, drill
dri'ly *adv* torrt [&c se *dry*]
drink I (*drank drunk*) *itr tr* dricka; tömma **II** *s* **1** dryck **2** starka drycker, sprit; drickande, dryckenskap; *the worse for* ~ full **3** glas, sup **-able I** *a* drickbar **II** *s*, ~*s* dryckesvaror **-er** *s* **1** en som dricker **2** drinkare **-ery** *s* F krog **-ing I** *a* supig **II** *s* drickande, dryckeslag; dricks-; dryckes- **-ing-bout** *s* supgille
drip I *itr tr* drypa; droppa **II** *s* **1** drypande; [tak]dropp **2** vattenlist **-ping I** *a* drypande våt **II** *s* dropp[ande]; stekflott **-ping-pan** *s* stekpanna
dri've (*drove driv'en*) **I** *tr* **1** driva **2** fösa; jaga **3** köra; skjutsa **4** mana på; tröttköra **5** förmå, tvinga; ~ *mad* göra galen **6** borra **7** knuffa till **8** [be]driva; [genom]föra **II** *itr* **1** driva[s] **2** rusa, störta **3** köra, åka **4** [om spik, boll &c] gå **5** ~ *at* måtta åt, driva ti'll; mena; F knoga på med **III** *s* **1** [fram-, undan]drivande; *full* ~ i full fart **2** [jakt.] drev **3** åktur **4** körväg; uppfartsväg **5** attack; framstöt **6** press, slag; kraft, kläm **7** tendens; syftning
driv'el I *itr* **1** dregla **2** prata smörja **II** *s* **1** dregel **2** smörja **-ler** *s* idiot
dri'v‖er *s* **1** drivare; oxfösare **2** kusk, chaufför; förare **3** drivhjul **-ing** *s a*

drivande; körning, åkning; driv- -ing- -box s kuskbock
drizzl||e *itr s* dugg[a] **-y** *a* duggande
droll [ou] *a* rolig, lustig **-ery** *s* [puts-] lustighet, skämt
dron||e I *s* 1 drönare 2 surr, brummande 3 brumbas **II** *itr tr* 1 surra, brumma 2 dröna, slöa **-ish** *a* slö, lat
droop I *itr* 1 sloka, hänga ned; sänka sig 2 avtyna, falla [ihop]; bli modlös **II** *tr* hänga med; sänka; låta falla
drop I *s* 1 droppe 2 F tår, glas 3 pastilj 4 örhänge; prisma 5 fall[ande], nedgång 6 ridå 7 fall|bräde, -lucka **II** *itr* 1 droppa [ned]; drypa 2 falla 3 stupa; dö 4 undfalla 5 gå, komma; ~ *asleep* somna; ~ *behind* sacka efter; ~ *short of* ej [lyckas] nå 6 sluta 7 ~ *across* (*on*) råka på'; F slå ned på; ~ *away* falla ifrån, troppa av; ~ *in* titta i'n; ~ *into* titta i'n i; falla in i; ~ *off* falla av; avtaga, slumra in; dö; ~ *out* bortfalla **III** *tr* 1 droppa 2 släppa, tappa; fälla; låta undfalla sig; ~ *a hint* ge en vink; ~ *a line* skriva ett par rader 3 utelämna 4 överge, upphöra med 5 avlämna 6 sänka **~-curtain** *s* ridå **-let** *s* liten droppe **~-off ~-out** *s* utspark **~-scene** *s* ridå; slutakt
drop'sy *s* vattusot
dross *s* 1 slagg 2 skräp, avskräde **-y** *a* 1 slaggig 2 oren
drought [draut] *s* torka **-y** *a* torr
drove I imp. av *drive* **II** *s* [kreaturs]-skock; hjord **-r** *s* kreatursbandlare
drown [au] **I** *itr* drunkna [vanl. *be ~ed*] **II** *tr* 1 dränka 2 översvämma
drows||e [drauz] **I** *itr* dåsa **II** *tr* göra dåsig (slö) **III** *s* dåsighet **-y** *a* dåsig
drub *tr* prygla **-bing** *s* stryk
drudge [dʒ] **I** *s* arbetsslav **II** *itr* [släpa och] träla **-ry** *s* slavgöra, slit
drug I *s* drog; sömnmedel, gift; *~s* narkotika **II** *tr* förgifta; bedöva **III** *itr* använda (ta) narkotika **~-fiend** =*dope-fiend* **-gist** *s* 1 droghandlare 2 apotekare **-gy** *a* drog-; narkotisk **-store** *s* [Am.] apotek
drum I *s* 1 trumma 2 trumslagare 3 trumvirvel 4 trumhåla 5 tebjudning **II** *itr tr* 1 trumma [med]; dunka [på]; surra 2 värva **~-fire** *s* trumeld **~-head** *s* 1 trumskinn 2 trumhinna **~-major** *s* regementstrumslagare **-mer** *s* trumslagare **~-roll** *s* trumvirvel **~-stick** *s* trumpinne
drunk pp. av *drink* **-ard** [əd] *s* drinkare **-en** *a* 1 drucken 2 supig **-enness** *s* 1 fylla, rus 2 dryckenskap
dry [drai] **I** *a* 1 torr; uttorkad; *run ~* torka ut 2 ~ *bread* bara brödet 3 torr[lagd] 4 F törstig 5 kall, hård **II** *s* torka **III** *tr itr* [ut]torka **-ness** *s* 1 torka; torrhet 2 tråkighet; stelhet, kyla **~-nurse** *s* barnsköterska **~-rot** *s* torröta **-saltery** [ɔ:l] *s* kemikalie|r, -handel **-shod** *a* torrskodd
D. S. C. =*Distinguished Service Cross*
D. Sc. =*Doctor of Science* fil. d:r
d. t. =*delirium tremens* **D. Th.** =*Doctor of Theology* teol. d:r
du'al *a* dubbel **-ity** [æ'] *s* dubbelhet
dub *tr* 1 dubba; kalla 2 smörja
dubi||ety [dju:bai'əti] *s* tvivel[aktighet]; ovisshet **-ous** [dju:'biəs] *a* 1 tvivelaktig 2 tveksam, tvivlande **-tation** *s* tvivel; tvekan
du'c||al *a* hertiglig **-at** [ʌ'] *s* dukat
duch'||ess *s* hertiginna **-y** *s* hertigdöme
1 duck *s* segelduk; *~s* buldansbyxor
2 duck I *s* 1 anka; and 2 F raring 3 [kricket] ~ (*~'s-egg*) noll poäng 4 *play ~s and drakes* kasta smörgås 5 dykning, dopp; bock[ning], nick **II** *itr* 1 dyka ned, doppa sig 2 böja sig, väja undan **III** *tr* 1 doppa 2 böja ned **-ing** *s* 1 doppning 2 andjakt **-ling** *s* ankunge **-y** *s* F raring
duct *s* [rör]ledning, rör, gång **-ile** *a* tänjbar; böjlig **-il'ity** *s* tänjbarhet
dud S *s* 1 bluff 2 strunt 3 *~s* paltor
dud'geon [dʒn] *s* vrede; *in ~* förargad
due [dju:] **I** *a* 1 förfallen [till betalning] 2 skyldig; veder-, till|börlig; riktig; *in ~ time* i rättan (sinom) tid 3 beroende [*to* på]; *be ~ to* bero på, härröra från 4 väntad; *be ~ to* skola **II** *adv* rakt, precis **III** *s* 1 rätt 2 skuld 3 *~s* tull, avgift[er]
du'el I *s* duell; envig **II** *itr* duellera
duff *tr* S 1 fiffa upp 2 lura 3 förstöra
duff'el *s* 1 doffel 2 ombyte kläder
duff'er *s* F 1 svindlare; skojare 2 skräp 3 odugling; idiot
1 dug *s* juver; spene
2 dug imp. o. pp. av *dig* **~-out** *s* 1 kanot 2 jordkula, skyddsrum
duke *s* hertig **-dom** *s* hertigdöme
dul'cet *a* ljuv, mild
dull [ʌ] **I** *a* 1 långsam, trög, slö; dum 2 känslolös; matt, svag; dov; ~ *of hearing* lomhörd 3 dyster; tråkig, enformig; död [bildl.] 4 slö, trubbig **II** *tr itr* förslöa[s]; dämpa[s]; fördunkla[s] **-ard** [əd] *s a* trög[måns], slö[fock] **-ness** *s* tröghet [äv. *dul'ness*] **~-witted** *a* tjockskallig, dum
du'ly *adv* vederbörligen; lagom
dumb [dʌm] **I** *a* 1 stum; oskälig; mållös; ~ *show* pantomim 2 tyst; ljudlös **II** *tr* förstumma **~-bell** *s* hantel **-fou'nd** *tr* göra mållös (stum) **~-waiter** *s* [flyttbart] serveringsbord
dumm'y I *s* 1 F stum 2 träkarl; blindpipa, nolla; fårskalle 3 bulvan; mannekäng **II** *a* falsk, sken-, blind-
1 dump *s* 1 klump 2 S styver
2 dump I *tr* 1 avstjälpa, tippa 2 dumpa **II** *itr* 1 dunsa ned 2 dumpa [va-

ror] III *s* 1 duns 2 avstjälpningsplats **-ing** *s* avstjälpning, dump[n]ing **-ing-cart** *s* tippkärra **-ish** *a* dyster
dump'ling *s* 1 [äpple]munk; kroppkaka 2 F tjockis
dumps *spl, in the* ~ F ur humör
dum[p]ty *a* undersätsig, satt
1 dun *a* grå-, mörk|brun
2 dun I *s* fordringsägare; 'björn' II *tr* kräva, 'björna'
dunce *s* dumhuvud
dune *s* dyn, sand|kulle, -ås
dung I *s* dynga, gödsel II *tr* gödsla ~**-beetle** *s* tordyvel
dun'geon [dʒ] *s* fångtorn, fängelse
dung'hill *s* gödselhög
dunno [dənou'] P = *don't know*
dupe I *s* lättnarrad person; *be the* ~ *of* låta lura sig av II *tr* lura; dupera **-ry** *s* bedrägeri
du'plic||ate I [it] *a* dubbel, duplett II [it] *s* 1 duplikat, duplett 2 pantkvitto 3 [ord]dubblett III *tr* 1 fördubbla 2 duplicera; avskriva **-ion** *s* fördubbling **-ity** [i's] *s* dubbel|het, -spel
dura||bil'ity [djuə] *s* varaktighet **-ble** [-'--] *a* varaktig; hållbar **-nce** [- --] *s* fångenskap **-tion** *s* fortvaro
dur||ess' [dju] *s* 1 fångenskap 2 tvång, våld, hot **-ing** [-'-] *prep* under [om tid]
durst [ə:] (imp. av *dare*) vågade
dusk I *a* dunkel, mörk II *s* dunkel; skymning **-y** *a* dunkel, skum; mörk
dust I *s* 1 damm, stoft; dammoln; *bite the* ~ bita i gräset; *throw* ~ *in a. p.'s eyes* slå blå dunster i ögonen på ngn 2 sopor 3 frö-, borr|mjöl 4 stofthydda 5 F oväsen II *tr* 1 damma ner 2 [be]strö, pudra 3 damma [av]; borsta, piska ~**-bin** *s* soplår ~**-cart** *s* sopkärra ~**-coat** *s* damm-, städ|rock **-er** *s* damm|borste, -trasa, -vippa ~**-guard** *s* stänkskärm **-ing** *s* S kok stryk **-man** *s* 1 sophämtare 2 F Jon Blund ~**-pan** *s* sopskyffel ~**-wrap** *s* dammrock; överdrag **-y** *a* 1 dammig; matt 2 urtråkig
Dutch *a* 1 holländsk; ~ *tile* kulört kakel; *talk to a p. like a* ~ *uncle* läsa lagen för ngn 2 F dålig; falsk **-man -woman** *s* holländ|are, -ska
du't||eous = *-iful* **-iable** [ti] *a* tullpliktig **-iful** *a* plikt|trogen, -skyldig **-y** *s* 1 lydnad; plikt, skyldighet; *in* ~ *bound* pliktskyldigast 2 tjänst[göring]; uppgift; vakt; *do* ~ *for* tjäna som; *off* ~ ledig; *on* ~ i tjänst; vakthavande 3 avgift, skatt, tull
dwarf [ɔ:] I *s* dvärg[växt] II *a* dvärglik; förkrympt III *tr* förkrympa **-ish** *a* dvärglik, förkrympt
dwell (*dwelt dwelt*) *itr* 1 dväljas, vistas, bo 2 ~ *on* dröja vid, utbreda sig över **-er** *s* invånare **ing** *s* bostad
dwindle *itr* smälta (krympa) ihop, förminskas; urarta
dye [dai] I *s* färg[ämne, -medel]; slag II *tr itr* färga[s] ~**-house** *s* färgeri **-r** *s* färgare ~**-stuff** *s* färgämne
dy'ing *s a* döende; döds-
dyke [daik] se *dike*
dynam'ic [dai] *a* dynamisk; kraft-
dy'namit||e *s tr* [spränga med] dynamit **-er** *s* dynamitard
dyspep'tic [dis] *a s* [person] med dålig mage; dyster, 'magsur'

E

E, e [i:] *s* e **E.** = *East*
each *pron* 1 var[je], var och en [äv. ~ *one*]; vardera 2 ~ *other* varandra
ea'ger *a* ivrig, angelägen; häftig **-ness** *s* iver, begär; häftighet
eagle [i.gl] *s* örn ~**-owl** [aul] *s* uv
eagre [ei'gə] *s* springflod
1 ear [iə] *s* [sädes]ax
2 ear *s* 1 öra; *all* ~*s* idel öra; *have a dull* ~ höra illa; inte ha ngt öra; *by* ~ efter gehör; *set by the* ~*s* tussa ihop 2 handtag, grepe; ögla **-ache** [eik] *s* örsprång **-drum** *s* trumhinna
eared [i'əd] *a* [som gått] i ax
earl [ə:] *s* greve **-dom** *s* grevevärdighet
earl|y [ə:'] I *adv* tidigt, i god tid; *as* ~ *as* redan [på] II *a* tidig; ~ *bird* 'morgonfågel'; *be an* ~ *riser* stiga upp tidigt; *at your* -*iest convenience* så snart som möjligt
earn [ə:] *tr* [för]tjäna; vinna, skörda
1 earnest [ə:'] *s* handpenning; löfte
2 earnest I *a* allvarlig; innerlig II *s* allvar; *be in* ~ mena allvar [**-ness** *s* allvar; iver, nit
earnings [ə:'] *spl* förtjänst[er]
ea'r||-phone *s* hörlur **--piece** *s* hörlur **--ring** *s* örring **-shot** *s* hörhåll
earth [ə:þ] I *s* 1 jord; mark 2 jord[klot]; *how on* ~? hur i all världen? 3 lya, kula 4 jordkontakt II *tr* 1 täcka med jord 2 [äv. *itr*] [tvinga [räv] att] gå under (ner i lya) 3 jorda [antenn] **-en** *a* 1 jord-, ler- 2 jordisk **-enware** *s* ler-, sten|kärl, keramik **-ling** *s* jordinvånare, dödlig **-ly** *a* 1 jordisk, världslig 2 F tänkbar; *it is no* ~ [*use*] det tjänar inte ett dugg till **-quake** *s* jordbävning ~**-wire** *s* jordledning **-work** *s* jordvall **-worm** *s* 1 daggmask 2 jordkryp **-y** *a* jord-, jordisk; jordaktig
ea'r||trumpet *s* hörlur **--wax** *s* örvax **-wig I** *s* tvestjärt II *tr* intrigera hos
ease [i:z] I *s* 1 välbehag; lugn, ro; otvungenhet; bekvämlighet; mak-

[lighet]; *at* [*o.'s*] ~ i lugn och ro, lugn, obesvärad, makligt; *stand at* ~! ⚔ på stället vila! *ill at* ~ illa till mods, orolig; *take* (*enjoy*) *o.'s* ~ ha det skönt; vila sig 2 lätthet 3 lättnad II *tr* 1 lätta; befria 2 lossa; moderera; ⚓ fira på; sakta III *itr* 1 ~ *off* lätta [på]; ta det lugnare 2 ~ [*up*] sakta farten; ~ *all* stanna **-ful** *a* 1 vilsam 2 bekväm [av sig]
easel [i:zl] *s* staffli
easi||ly [i:'z] *adv* 1 lugnt, behagligt 2 lätt, ledigt **-ness** *s* 1 lugn 2 lätthet 3 otvungenhet 4 maklighet 5 mildhet
east I *a adv* östlig, ostlig, östra; öster[ut]; *the E~ End* östra London II *s* 1 öster 2 *the E~* Österlandet
Ea'ster *s* påsk[en]; ~*-eve* påskafton; ~*-Monday* annandag påsk
ea'ster||ly *a adv* ostlig[t]; åt öster **-n** *a s* 1 östlig, [åt] öster, östra 2 *E~* österlän|dsk, -ning **-nmost** *a* ostligast
Ea'st In'di||a *a* ostind|ie-, -isk **-an** *s* *a* indi|er, -sk **-es** [iz] *spl* Ostindien
ea'stward [əd] *adv a* mot (åt) öster
ea'sy [z] I *a* 1 bekväm, behaglig; [lagom] vid 2 välbärgad 3 obekymrad, sorglös 4 ledig, otvungen 5 lätt 6 medgörlig 7 maklig 8 sakta, mild; lindrig; ~ *does it!* inte så häftigt! 9 flau; moderat II *adv* F lätt; bekvämt; lugnt III *s* kort vila ~**-chair** *s* länstol ~**-going** *a* lättsinnig; maklig
eat (*ate* [et] ~*en*) I *tr* 1 äta; förtära; ~ *o.'s terms* (*dinners*) utbilda sig (studera) till jurist 2 tära på, fräta II *itr* 1 äta, spisa 2 fräta 3 F smaka **-able** I *a* ät|lig, -bar II *s*, ~*s* mat[varor] **-er** *s*, *great* (*hearty*) ~ storätare; *he is a poor* ~ han äter litet **-ing-house** *s* matställe, restaurang
eaves *spl* tak|fot, -skägg **-drop** I *s* takdropp II *itr* lyssna i smyg **-dropper** *s* dörrlyssnare
ebb I *s* 1 ebb 2 avtagande, förfall; *be at a low* ~ stå lågt II *itr* ebba; avtaga ~**-tide** *s* ebb
eb'ony *s* ebenholts
ebulli||ent [ʌ'] *a* kokande; översvallande **-tion** *s* 1 kokning 2 utbrott
E. C. = *East Central* [London]
eccen'tric [ks] I *a* excentrisk, originell; fantastisk II *s* 1 original; fantast 2 excenter[skiva] **-ity** [i's] *s* excentricitet; överspändhet
Ecclesiast||es [ikli:ziæ'sti:z] *s* Salomos predikare **e-ic** [æ'] *s* präst **e-ical** [æ'] *a* kyrko-; kyrklig, prästerlig
echinus [ekai'nəs] *s* [zool.] sjöborre
echo [e'kou] I *s* eko II *itr* genljuda III *tr* återkasta; upprepa
eclat [ei'klɑ:] *s* glans; succé; rykte
eclip'||se I *s* 1 [sol-, mån|]förmörkelse 2 fördunklande II *tr* 1 förmörka 2 fördunkla **-tic** *a* förmörkelse-
econom'||ic [i:kɔ] I *a* 1 ekonomisk 2 praktisk II *s*, ~*s* hushållning; [national]ekonomi **-ical** *a* ekonomisk, sparsam; noga **-ist** [ɔ'n] *s* 1 hushållare 2 nationalekonom [*political* ~] **-ize** [ɔ'n] *itr tr* hushålla [med], spara [på], utnyttja **-y** [ɔ'n] *s* 1 hushållning, förvaltning; *political* ~ nationalekonomi 2 organisation 3 sparsamhet; besparing
ec'st||asy *s* extas **-at'ic** *a* hänförd
eczema [e'ksimə] *s* eksem
edacious [idei'ʃəs] *a* glupsk, [rov]girig
edd'y I *s* [vatten]virvel II *itr* virvla
edge [edʒ] I *s* 1 egg, kant, udd; skärpa; *put an* ~ *on* skärpa; *on* ~ ivrig 2 ås, kam 3 rand, brädd, bryn; *inside* ~ innerskär; *be on the* ~ *of* stå i begrepp att; *gilt* ~*s* guldsnitt II *tr* 1 vässa, skärpa 2 kanta, infatta 3 tränga, maka; ~ *in* skjuta in III *itr* maka (tränga) sig ~**-tool** *s* eggjärn, mejsel **-ways -wise** *adv* på kant, på tvären; kant mot kant
edgy *a* 1 skarp, vass 2 kantig
edib||il'ity *s* ätlighet **-le** [e'] I *a* ät|bar, -lig II *s*, ~*s* mat[varor]
e'dict *s* påbud, förordning
edi||fication *s* uppbyggelse **-fice** [e'difis] *s* byggnad **-fy** [e'd] *tr* uppbygga
ed'it *tr* utgiva; redigera **-ion** [idi'ʃn] *s* upplaga **-or** *s* 1 utgivare 2 [huvud-] redaktör **-orial** [ɔ:'] I *a* redaktion|s-, -ell II *s* ledare **-ress** *s* utgivarinna
educ||able [e'dju] *a* bildbar **-ate** *tr* [upp]fostra; [ut]bilda; undervisa; lära
education [ju] *s* [upp]fostran; undervisning; [ut]bildning; *primary* ~ folkskoleundervisning; *secondary* ~ högre undervisning; *Board of E~* skolöverstyrelse **-al** *a* undervisnings-, pedagogisk **-[al]ist** *s* pedagog; bildningsivrare
ed'ucat||ive [ju] *a* uppfostrings-; bildande; pedagogisk **-or** *s* uppfostrare; lärare
edu'c||e *tr* framdraga; få fram **-tion** [ʌ'kʃn] *s* 1 utveckling 2 avlopp
eel *s* ål ~**-fork** ~**-spear** *s* ålljuster
e'en [i:n] se *even* **e'er** [ɛə] se *ever*
eer||ie -y [i'əri] *a* kuslig; trolsk, spöklik
effa'ce *tr* 1 utplåna, [ut]stryka 2 fördunkla; ~ *o. s.* träda i bakgrunden
effect' I *s* 1 verkan, verkning[skraft]; *take* ~ träda i kraft; göra verkan; lyckas; *bring to* (*carry into*) ~ sätta i verket 2 inne|håll, -börd; *in* ~ i själva verket 3 ~*s* lösören; *personal* ~*s* reseffekter 4 tillgångar; täckning II *tr* åstadkomma; genomföra **-ive** I *a* 1 verksam; effektfull 2 tjänst-, strids|duglig 3 faktisk II *s* effektiv styrka **-ual** [ju] *a* effektiv **-uate** *tr* ut-, genom|föra
effem'in||acy *s* veklighet **-ate** I [it] *a* förvekligad, kvinnlig II *tr* förvekliga
effervesce [efəve's] *itr* bubbla, skum-

ma; jäsa, brusa **-nt** *a* skummande, brusande, [över]svallande
effe'te *a* utsliten; uttjänt
efficac||ious [ei'ʃəs] *a* verksam, effektiv **-y** [e'f] *s* verkan, kraft
efficien||cy [ifi'ʃnsi] *s* 1 verkningskraft, verkan 2 prestationsförmåga; [strids]duglighet **-t** *a* 1 verksam, effektiv 2 kompetent; [strids]duglig
effigy [e'fidʒi] *s* bild; *in* ~ in effigie
efflorescense [e'sns] *s* blomning
eff'lu||ence *s* utflöde **-ent** *a* [ut]flytande **-vium** [lu:'] *s* [ut]dunst[ning] **-x** [e'flʌks] *s* 1 utflöde 2 [för]lopp
effort [e'fət] *s* 1 ansträngning; försök 2 prestation, kraftprov
effrontery [ʌ'] *s* oförskämdhet
effulgent [ʌ'ldʒ] *a* strålande
effu's**||e** [z] *tr* utgjuta, sprida **-ion** [ʒn] *s* 1 utgjut|ande, -else 2 hjärtlighet **-ive** [s] *a* översvallande
eft *s* [vatten]ödla
e. g. [i:'dʒi:', fərigzɑ:'mpl] t. ex.
1 **egg** *tr*, ~ *on* egga, driva på
2 **egg** *s* ägg; *bad* ~ skämt ägg, röt-ägg **~-flip** *s* äggtoddy
eglantine [e'gləntain] *s* lukttörne
eg'ot||ism *s* egenkärlek, självisk het **-ist** *s* egoist **-is'tic[al]** *a* egoistisk
egre'gious [dʒiəs] *a* utomordentlig
e'gress -ion [e'ʃn] *s* ut-, bort|gång
Egyptian [idʒi'pʃn] *a s* egypt|isk, -ier
eh [ei] *interj* va? eller hur? va[sa]? åh!
eider [ai'] *s* ejder **-down** [au] *s* ejderdun **~-duck** *s* ejder[hane]
eight [eit] *räkn s* åtta[mannalag] **-een** [-'-'] *räkn* aderton **-eenth** [-'-'] *räkn s* adertonde[del] **-fold** *a* åttafaldig **-h** [þ] *räkn s* åttonde[del] **-ieth** [iiþ] *räkn s* åttionde[del] **-y** *räkn* åttio; *the -ies* åttiotalet
either [ai'ðə] I *pron* vardera, båda; endera; någon II *adv* heller III *konj*, ~ . . *or* antingen (vare sig) . . eller
ejac'ulat||e [ju] *tr* ut|stöta, -gjuta; ropa **-ion** *s* utgjutning; bönesuck; utrop
eject' *tr* 1 kasta ut (upp) 2 utdriva, förvisa; vräka **-ion** *s* 1 utstötande 2 fördrivande **-or** *s* utkastare
e'ke *tr*, ~ *out* utfylla; ~ *out a livelihood* nödtorftigt dra sig fram
elab'orate I [it] *a* i detalj utarbetad, fulländad; raffinerad; sorgfällig II *tr* ut-, genom|arbeta; bereda; utveckla
elan [ei'lɑ̃:ŋ] *s* fart, schvung
elap'se *itr* förflyta, förgå
elas'tic I *a* 1 elastisk; spänstig; tänjbar 2 resår-, gummi- II *s* resår, gummiband; *~s* [äv.] strumpeband
ela't||e I *a* stolt; upprymd II *tr* fylla med stolthet; [be]rusa **-ion** *s* upprymdhet, stolthet; segerglädje
el'bow [ou] I *s* 1 armbåge; *out at ~s* luggsliten 2 vinkel, hörn; krök[ning] II *tr* armbåga[s], tränga[s]

1 **el'der** *a s* äldre; ~ *hand* förhand
2 **elder** *s* fläder
el'd||erly *a* äldre **-est** *a* äldst
elect' I *a s* utvald; utsedd II *tr* välja; föredraga; utse **-ion** *s* val **-ionee'r** I *itr* agitera II *s* [val]agitator **-ive** *a* väljande, väljar-; val- **-or** *s* 1 väljare; elektor 2 *E*~ kurfurste **-oral** *a* valmans-, val- **-orate** [it] *s* 1 valmanskår 2 kurfurstendöme; kurvärdighet **-ress** *s* kvinnlig väljare
elec'tric I *a* elektrisk; ~ *torch* ficklampa II *s* [elektrisk] spårvagn, järnväg, lampa **-ian** [i'ʃn] *s* elektriker, montör **-ity** [i's] *s* elektricitet
electr||ification *s* elektrifiering **-ify** [--'-fai] *tr* elektrifiera; elektrisera **-ocute** [e'k] *tr* [Am.] avrätta med elektricitet **-oplate** [e'k] *tr s* galvanisera[t nysilver]
el'egan||ce *s* elegans; förfining **-t** *a* fin, förnäm; smak-, stil|full; förfinad
eleg||iac [elidʒai'ək] *a* klagande **-ist** [e'l] *s* elegiker **-y** [e'l] *s* elegi
el'ement *s* 1 grund-, ur|ämne 2 [grund-] drag 3 grundvillkor **-al** [e'n] *a* 1 elementarisk 2 enkel 3 elementär, väsentlig **-ary** [e'n] *a* grund-, enkel; element|är-, -ar-; ~ *school* folkskola
el'ephant *s* 1 elefant 2 *white* ~ ekonomisk börda **-ine** [æ'n] *a* elefant|-, -lik
el'evat||e *tr* upp|lyfta, -höja; höja **-ed** *a* hög; ~ [*railway*] luftbana; F upprymd **-ion** *s* 1 höjning 2 höjd 3 höghet, storhet **-or** *s* 1 höjdroder 2 paternosterverk; hiss
elev'en I *räkn* elva II *s* elva[mannalag] **-th** *räkn s* elfte[del]
elf *s* 1 alf, älva; troll 2 dvärg 3 byting **-in** I *a* älvlik, trolsk; liten II *s* 1 alf, älva 2 byting **-ish** *a* älvlik **-struck** *a* förhäxad
e||lic'it *tr* framlocka **-li'de** *tr* utstöta
el'igible [dʒ] *a* 1 valbar 2 önskvärd
elim'inate *tr* eliminera; avlägsna
elision [ili'ʒn] *s* utstötande; utelämning
elk *s* älg
ell *s* aln [= *45 inches*]
elm *s* alm **-y** *a* alm-; full av almar
elocu'tion *s* välläsning; uttal; recitation **-ist** *s* talteckniker; uppläsare
elo'pe *itr* rymma **-ment** *s* rymning
el'oquen||ce *s* vältalighet **-t** *a* vältalig
else *adv* 1 eljest, annars; *or* ~ eller också, annars [så] 2 anna|n, -t, andra **-where** *adv* annorstädes
elu'cidate *tr* belysa, förklara, illustrera
elu'||de *tr* skickligt undgå; kringgå; gäcka **-sion** [ju:'ʒn] *s* undgående, gäckande **-sive** [s] **-sory** [s] *a* bedräglig, gäckande, illusorisk; oåtkomlig
elv||es [elvz] pl. av *elf* **-ish** = *elfish*
Elysian [i'z] *a* elyseisk; himmelsk
'em = *them* F dem, dom
emaciate [imei'ʃi] *tr* utmärgla; utsuga

em'anate *itr* ut|flöda, -strömma, -stråla
eman'cipate *tr* fri|giva, -göra
emas'culate *tr* kastrera
embalm [ɑ:'m] *tr* 1 balsamera 2 fylla med vällukt
embank' *tr* indämma **-ment** *s* 1 indämning 2 [väg]bank; kaj
embar'go *s* 1 beslag 2 förbud, spärr
embar'k I *tr* inskeppa II *itr* 1 gå ombord 2 inlåta sig [i]
embarrass [bæ'rəs] *tr* 1 besvära, hindra 2 förvirra, genera 3 tilltrassla, inveckla **-ment** *s* 1 besvär, hinder 2 förvirring 3 förlägenhet
embassy [e'mbəsi] *s* beskickning
em||batt'le *tr* 1 uppställa i slagordning 2 befästa 3 krenelera **-bed'** *tr* inbädda
embell'ish *tr* försköna, smycka, pryda
em'ber *s* glödkol; ~*s* glöd, askmörja
Em'ber-days *spl* böne- och fastedagar
embezz'le *tr* försnilla, förskingra
embitt'er *tr* förbittra; förvärra
embla'zon *tr* 1 praktfullt utstyra, pryda 2 förhärliga **-ry** = *blazonry*
em'blem *s* sinnebild, symbol
embod'||iment *s* förkroppsligande &c, se följ. **-y** *tr* 1 förkroppsliga; uttrycka; omsätta i handling 2 in|ordna, -förliva, innefatta 3 samla; organisera
embo'lden *tr* göra djärv; uppmuntra
em'bolism *s* blodpropp
embosom [bu'zəm] *tr* innesluta; omge
emboss' *tr* 1 ciselera; ~*ed map* reliefkarta 2 utbuckla 3 praktfullt smycka **-ment** *s* upphöjt arbete, relief
embowel [imbau'əl] *tr* ta [inälvorna] ur
embower [au'] *tr* inbädda i en lövsal
embra'ce I *tr* 1 omfamna 2 omgiva 3 innefatta 4 om|fatta, -spänna 5 gripa; välja; [an]taga II *s* omfamning
embranchment [brɑ:'nʃ] *s* förgrening
embra'sure [ʒə] *s* 1 fördjupning, fönstersmyg 2 skottglugg
embroi'der *tr* 1 brodera, sy 2 utbrodera **-y** *s* [ut]brodering, broderi
embroi'l *tr* 1 tilltrassla; förvirra 2 inveckla **-ment** *s* oreda, förvirring
emend' *tr* förbättra, emendera **-ation** *s* textförbättring
em'erald *s* smaragd; *E~ Isle* Irland
emerge [imə:'dʒ] *itr* 1 dyka upp, höja sig; framträda; resa sig 2 uppkomma; framgå **-nce** *s* = *emersion* **-ncy** *s* 1 oförutsedd händelse, svår (kritisk) situation; nödläge, fara; ~ *brake* nödbroms; ~ *door* reservutgång 2 reserv **-nt** *a* 1 upp|dykande, -skjutande; framträdande 2 uppstående
emer'sion [ʃn] *s* framträdande
em'ery *s* smärgel **~-cloth** *s* smärgelduk
emet'ic *s* kräkmedel
em'igr||ant *s* utvandrare **-ate** *itr* 1 utvandra 2 F flytta **-ation** *s* emigration

em'inen||ce *s* 1 upphöjning, höjd, kulle 2 hög ställning; höghet **-t** *a* hög; framstående **-tly** *adv* i hög[sta] grad
em'iss||ary *s* sändebud, agent **-ion** [imi'ʃn] *s* 1 utsändande; utstrålning, utveckling 2 utgivande
emit' *tr* 1 utsända; utveckla 2 yttra
emm'et *s* myra
emoll'ient *a s* lenande [medel]
emol'ument *s*, ~*s* inkomst, förmåner
emo'tion *s* 1 [sinnes]rörelse, upprördhet 2 känsla; [känslo]stämning **-al** *a* känslo-; lättrörd, känslo|betonad, -sam **-alism** *s* känslosamhet
emo'tive [iv] *a* känslo-
em'peror *s* kejsare
empha||sis [e'mfəsis] *s* eftertryck; intensitet; betoning **-size** *tr* [starkt] betona, framhäva **-tic** [æ't] *a* 1 kraftig, eftertrycklig 2 starkt betonad
em'pire [aiə] *s* 1 kejsardöme 2 imperium, [världs]välde 3 makt 4 empir
empiric [i'r] I *a* = *-al* II *s* 1 empiriker 2 kvacksalvare **-al** *a* 1 empirisk, erfarenhetsmässig 2 ovetenskaplig **-ism** *s* empiri[sm]; erfarenhetsrön
empla'cement *s* placering; läge
employ' I *tr* 1 använda 2 sysselsätta; ~*ed* anställd II *s* tjänst **-ee** [e'mplɔii:'] *s* anställd, löntagare **-er** *s* arbetsgivare **-ment** *s* sysselsättning; plats; *out of* ~ arbetslös
emporium [ɔ:'] *s* 1 stapelplats, marknad 2 P varuhus
empower [au'] *tr* = *enable*
em'press *s* kejsarinna
em'pt||iness *s* tomhet; brist, fåfänglighet **-y** I *a* 1 tom; fåfäng 2 enfaldig, tanklös II *s* tom|kärl, -flaska, -låda III *tr* 1 [ut]tömma; lasta av 2 ~ *itself* utfalla IV *itr* tömmas
em'ul||ate [ju] *tr* tävla med **-ation** *s* tävlan **-ous** *a* tävlings-[lysten], tävlande
en- se äv. *in-*
ena'ble *tr* 1 sätta i stånd; möjliggöra; *be ~d* få tillfälle 2 bemyndiga
enact' *tr* 1 antaga [som lag]; föreskriva 2 uppföra; spela; utföra **-ment** *s* [upphöjande till] lag; antagande
enam'el I *s* emalj[arbete]; glasyr II *tr* emaljera; glasera **-ler** *s* emaljör
enamoured [æ'məd] *a* förälskad [*of* i]
enca'ge [dʒ] *tr* sätta i bur, inspärra
encamp' I *tr* förlägga i läger; ~*ed* lägrad II *itr* 1 ligga i (slå) läger 2 kamp[er]a **-ment** *s* läger[plats]; tält
enca'se [s] *tr* 1 innesluta, inpacka 2 omgiva **-ment** *s* hölje; fodral
encash' *tr* inkassera; diskontera
enchai'n *tr* fjättra, fängsla
enchant [ɑ:'] *tr* 1 förtrolla 2 tjusa, hänföra **-er** *s* 1 trollkarl 2 tjusare **-ing** *a* bedårande **-ment** *s* förtrollning **-ress** *s* 1 häxa 2 förtrollerska
en||cha'se *tr* infatta; ciselera; gravera

-circle [ə:'] *tr* om|ge, -ringa; [om-]famna **-clasp** [ɑ:'] *tr* om|sluta, -famna
enclo'sǁe [z] *tr* 1 inhägna, omgärda; instänga; omge; innehålla 2 inlägga; bifoga; *~d* inneliggande **-ure** [ʒə] *s* 1 inhägn|ande, -ad; gård 2 bilaga
encompass [ʌ'm] *tr* om|giva, -fatta
encore [ɔŋkɔ:'] *s* dakapo[rop]
encou'nter I *tr* möta; sammandrabba med **II** *s* möte; sammanstötning
encouragǁe [ʌ'] *tr* 1 ingiva mod 2 uppmuntra 3 [be]främja **-ement** *s* uppmuntran; eggelse; understöd
encroach [ou'] *itr* inkräkta **-ment** *s* intrång
encrust' *tr itr* täcka med (bilda) en skorpa **-ment** *s* skorpa
encum'bǁer *tr* 1 besvära, belasta; hindra 2 inteckna 3 överhopa **-rance** *s* 1 hinder; besvär 2 inteckning
encyclic[al] [sai'] *a* cirkulär-
encyclop[a]edǁia [sai'klopi:'diə] *s* 1 konversationslexikon 2 allmänvetande **-ian -ic** *a* encyklopedisk
end I *s* 1 ände, slut; gräns; kant, ända 2 stump; ⚓ tamp, sladd, nock 3 [ända]mål 4 *put an ~ to* göra slut på; *make [both] ~s meet* få det att gå ihop; *no ~ of* F fullt upp med; oändligt; *at (in) the ~* till slut; i längden; *on ~* upprätt; i sträck; *~ over ~* ⚓ botten upp; *bring to an ~* göra slut på; *come to an ~* ta slut, upphöra **II** *tr itr* sluta; göra slut på
enda'nger [dʒ] *tr* sätta i fara, blottställa
endea'r *tr* göra omtyckt (kär) **-ing** *a* älskvärd; öm **-ment** *s* 1 omtyckthet; tjusning 2 ömhetsbetygelse
endeavour [de'və] **I** *itr tr* bemöda sig; sträva; försöka **II** *s* strävan, försök
end'ǁing *s* 1 [av]slut[ning] 2 ändelse **-less** *a* ändlös, evig
endor'se *tr* 1 endossera, *~ over* transportera 2 intyga; S rekommendera **-e** [i:'] *s* endossat **-ment** *s* 1 endossement; påteckning om överlåtelse 2 bekräftelse **-r** *s* endossent
endow [au'] *tr* 1 donera till, *~ed school* donationsskola 2 förläna, begåva **-ment** *s* 1 donation 2 begåvning
endu'e *tr* 1 ikläda sig; bekläda 2 förse
endu'rǁable *a* uthärdlig **-ance** *s* 1 uthärdande; tålamod 2 varaktighet 3 lidande **-e I** *tr* uthärda, lida **II** *itr* räcka; hålla ut **-ing** *a* varaktig
end'ǁways -wise *adv* på ända, upprest
enema [e'nimə] *s* lavemang[sspruta]
en'em|y I *s* 1 fiende; ovän; *make -ies* stöta sig med folk 2 *how goes the ~?* F vad lider tiden? **II** *a* fientlig
energǁetic [e'nədʒe'tik] *a* verksam; energisk **-y** [e'n] *s* energi, kraft
enervatǁe I [ə:'vit] *a* slapp, svag **II** [e'n] *tr* försvaga **-ion** *s* förslappning
enfee'ble *tr* försvaga **-ment** *s* försvagande
enfeoff [fe'f] *tr* 1 belåna 2 överlämna
enfo'ld *tr* 1 svepa in; omsluta 2 vecka
enforce [ɔ:'] *tr* 1 [fram]tvinga, tilltvinga sig; forcera 2 upprätthålla; hävda; indriva **-d** *a* påtvingad; ofrivillig; tillkämpad **-ment** *s* 1 framtvingande; genomdrivande, tillämpning 2 hävdande, indrivande
enfran'chise [aiz] *tr* 1 befria, frigiva 2 ge representations-, röst|rätt
enga'gǁe [dʒ] **I** *tr* 1 förplikta, [för]binda 2 förlova 3 anställa; bjuda upp; *~ o. s.* ta anställning 4 tinga, hyra 5 fängsla, upptaga; *~d* sysselsatt 6 inveckla (insätta) i strid 7 angripa 8 koppla [ihop] **II** *itr* 1 förplikta sig 2 garantera 3 *~ with* anställa; ta plats hos 4 *~ in* inlåta sig i, börja 5 gripa (passa) in **-ement** *s* 1 förbindelse; löfte; avtal; möte; sak att göra 2 förlovning 3 förhyrande 4 anställning; sysselsättning 5 ⚔ slag **-ing** *a* förbindlig, intagande
engen'der [dʒ] *tr* alstra, skapa
engine [e'ndʒin] *s* [ång]maskin, motor; lokomotiv; brandspruta **~-driver** lokomotivförare
enginee'r I *s* 1 ingenjörssoldat 2 ingenjör 3 maskinist; [Am.] lokförare **II** *tr* 1 anlägga, bygga, leda 2 F [an]ordna **-ing** *s* 1 ingenjörskonst; maskinteknik 2 F arbete; knep
engird [gə:'d] **-le** *tr* om|gjorda, -sluta
English [i'ŋgliʃ] *a s* engelsk[a]; *the King's ~* det engelska riksspråket; *the ~* engelsmännen **-man** *s* engelsman **-woman** *s* engelska
enǁgorge [ɔ:'dʒ] *tr* [upp]sluka **-graft** [ɑ:'] *tr* inympa; in|planta, -prägla **-grai'n** *tr* genomdränka; *~ed* inbiten
engra'vǁe *tr* 1 inrista, gravera 2 inprägla **-er** *s* gravör **-ing** *s* 1 gravering; träsnideri 2 gravyr
enǁgro'ss *tr* 1 pränta, texta 2 tillskansa sig 3 upptaga **-gulf'** *tr* uppsluka **-hance** [ɑ:'] *tr* höja, stegra; förstora
enig'ma *s* gåta **-tic[al]** [æ't] *a* gåtfull, dunkel
enjoi'n *tr* ålägga, föreskriva, inskärpa
enjoy' *tr* 1 njuta av, tycka om; ha roligt på (av) 2 åtnjuta; äga 3 *~ o. s.* ha det skönt; roa sig; *~ yourself!* mycket nöje! **-able** *a* 1 njutbar 2 behaglig, trevlig **-ment** *s* 1 njutning, nöje, glädje 2 åtnjutande, besittning
enǁkin'dle *tr* tända **-la'ce** *tr* omsluta
enlarge [lɑ:'dʒ] *tr itr* 1 förstora[s], [ut]vidga[s], tillbygga, utsträcka 2 *~ upon* utbreda sig över **-ment** *s* utvidgning, förstoring; ökning
enlighten [lai'tn] *tr* upplysa, göra upplyst **-ment** *s* upplysning
enlink' *tr* hop|länka, -kedja

enlist I *tr* 1 värva 2 söka få, vinna II *itr* ta värvning **-ment** *s* värvning
enli'ven *tr* upp|liva, -friska, ge liv åt
enmesh' *tr* insnärja; fånga
en'mity *s* fiendskap; fientlighet
enno'ble *tr* 1 adla 2 förädla
enor'm||ity *s* ngt oerhört; gräslighet; hemskt dåd **-ous** *a* oerhörd, väldig
enough [inʌ'f] *a adv* 1 nog, tillräcklig[t]; *just* ~ alldeles lagom; *be kind* ~ *to* vara god och; *I have had* ~ jag är mätt 2 ganska
enounce [inau'ns] *tr* uttala
enquir||e -y se *inquir|e, -y*
enra'ge [dʒ] *tr* göra rasande, [upp]reta
enrapture [ræ'ptʃə] *tr* hän|rycka, -föra
enrich' *tr* 1 göra rik, berika; utveckla 2 göra fruktbar 3 smycka; höja [smaken på] **-ment** *s* 1 berikande, förmögenhetsökning 2 pryd|ande, -nad
enro'be *tr* kläda
enro'l[l] *tr* 1 enrollera; värva; inskriva; ~ *o. s.* ta värvning 2 in-, upp|taga
en||scon'ce *tr*, ~ *o. s.* förskansa (gömma) sig **-shri'ne** *tr* nedlägga i skrin, förvara; omsluta **-shrou'd** *tr* insvepa
ensign [e'nsain] *s* 1 [tjänste]tecken; märke 2 flagga; fana 3 fanbärare
ensla've *tr* göra till slav[ar]; underkuva; förslava **-ment** *s* slaveri
ensnare [ɛ'ə] *tr* snärja, fånga; förleda
ensue [sju:'] *itr* följa; bli följden
ensure [ʃu'ə] *tr* tillförsäkra; trygga
entai'l *tr* 1 *o. s* [testamentera som] fideikommiss 2 pålägga 3 medföra
entan'gle [ŋg] *tr* 1 inveckla, trassla in (till); *be* ~*d* fastna 2 bringa i svårigheter **-ment** *s* 1 oreda 2 hinder
en'ter I *itr* 1 inträda, gå (komma) in; 2 skriva in sig; ~ *for* anmäla sig till 3 ~ *into* inlåta sig i, öppna; ingå, avsluta; ingå i (på); tillträda 4 ~ [*up*]*on* ta i besittning, tillträda, börja; inlåta sig på II *tr* 1 gå (komma) in i, inträda i; stiga upp i; beträda; ~ *o.'s head* falla en in 2 föra (sticka, skjuta) in 3 anteckna, skriva upp, in-, bok-, upp|föra 4 ingiva, anmäla 5 an-, mot|taga, anställa
enter||ic [e'r] *a* tarm-; ~ *fever* tyfus **-i'tis** [s] *s* tarmkatarr
en'terpris||e [z] *s* företag[samhet] **-ing** *a* företagsam, driftig
entertai'n I *tr* 1 underhålla 2 mottaga som gäst; bjuda, undfägna; roa 3 reflektera på 4 hysa II *itr* ha bjudning[ar] **-er** *s* värd[inna] **-ment** *s* 1 underhållning, nöje; soaré 2 härbärgerande, förplägnad 3 hysande
en||thral[l] [ɔ:'] *tr* fånga, förtrolla **-thro'ne** *tr* upphöja på tronen; installera
enthus||e [þju:'z] F I *itr tr* entusiasmera[s] **-iasm** *s* hänförelse **-iast** *s* entusiast; svärmare **-ias'tic** *a* hänförd
enti'ce *tr* locka **-ment** *s* lockelse
enti're *a* 1 hel [och hållen], fullständig, total 2 blott och bar **-ty** *s* helhet
enti'tle *tr* 1 betitla, kalla 2 berättiga
en'tity *s* väsen
entomb [tu:'m] *tr* gravlägga, begrava
entomol'ogist [dʒ] *s* insektskännare
entourage [ɔnturɑ:'ʒ] *s* omgivning
en'trails [z] *spl* inälvor, innanmäte
entrai'n *tr itr* inlasta[s] på tåg
entramm'el *tr* fjättra, snärja
1 **en'trance** *s* 1 inträd|e, -ande; intåg 2 in-, upp|gång; infart; inlopp
2 **entrance** [ɑ:'] *tr* hän|föra, -rycka
entrap' *tr* 1 fånga, snärja 2 [för]leda
entrea't *tr* bedja, besvärja **-y** *s* bön
en||trench' *tr* förskansa **-trenchment** *s* förskansning **-trust'** *tr* anförtro, betro
en'try *s* 1 inträd|e, -ande; intåg; ~ *permit* inresetillstånd 2 tillträde 3 ingång 4 anteckning; [införd] post; notis; *make an* ~ *of* anteckna 5 tullangivning 6 anmälning
en||twi'ne **-twist'** *tr* 1 hopfläta 2 fläta om; omslingra
enu'merat||e *tr* uppräkna; nämna **-ion** *s* [upp]räkning; förteckning
enun'ciate *tr* 1 uttrycka, formulera 2 förklara 3 uttala
envel'op *tr* in|svepa, -linda; innesluta **-e** [e'nviloup] *s* [om]hölje; kuvert
enven'om *tr* förgifta; förbittra
en'vi||able *a* avundsvärd **-ous** *a* avundsjuk
envi'ron *tr* omgiva; innesluta, omringa **-ment** *s* omgivning[ar]; miljö **-s** [e'nvirənz] *spl* omgivningar
en||vis'age [z] *tr* se i ansiktet: möta; betrakta **-voy** [-'-] *s* sändebud
en'vy I *s* [föremål för] avund II *tr* avundas; se med avund
enwrap [inræ'p] *tr* [in]hölja; innesluta
enwreathe [inri:'ð] *tr* in-, hop|fläta; [be]kransa
ephemeral [ife'm] *a* kortlivad, flyktig
ep'ic I *a* episk II *s* epos
ep'icur||e [juə] *s* läckergom, finsmakare **-e'an** I *a* epikureisk; njutningslysten II *s* epikuré **-ism** *s* vällevnad
epidem'ic *a s* epidemi[sk]
epidermis [epidə:'mis] *s* överhud
ep'igraph [æf, ɑ:f] *s* 1 inskrift 2 motto
ep'ilep||sy *s* fallandesot **-tic** [---'-] I *a* epileptisk II *s* epileptiker
Epiphany [ipi'fəni] *s* trettondagen
epis'cop||al *a* biskops-, biskoplig **-a'lian** *s* medlem av episkopalkyrkan
epist||le [ipi'sl] *s* epistel[text]; brev **-olary** [i'S] *a* brev-; skriftlig
ep'itaph [ɑ:f] *s* epitaf, gravskrift
ep'ithet *s* epitet; attribut, binamn
epitom||e [ipi'təmi] *s* sammandrag; koncentrat **-ize** *tr* sammanfatta
epoch [e'pɔk] *s* epok
equable [e'kw, i:'] *a* jämn, likformig

equal [i:'kwəl] I *a* 1 lika [stor]; samma; *other things being* ~ under i övrigt lika förhållanden 2 likställd 3 motsvarande; ~ *to* vuxen; stark nog för 4 likformig, jämn; opartisk II *s* [jäm]like, make III *tr* vara (bli) lik; kunna mäta sig med **-ity** [ɔ'] *s* [jäm]likhet; likställdhet; likformighet **-ize** *tr* likställa; göra likformig; utjämna
equanim'ity [i:'kwə] *s* jämnmod, lugn
equat||e [ikwei't] *tr* lik-, jäm|ställa **-ion** *s* 1 utjämning; jämkning; jämvikt 2 ekvation **-or** *s* ekvator
equerry [e'kwəri] *s* [hov]stallmästare
eques'trian I *a* rid-, ryttar- II *s* ryttare; konstberidare **-ism** *s* ridkonst
equi||- [i:'kwi] lik-, lika **-librist** [i'l] *s* ekvilibrist, lindansare **-librium** [li'b] *s* 1 jämvikt[släge] 2 balanserande
equi||noctial [nɔ'kʃ] *a* dagjämnings- **-nox** [i:'k] *s* dagjämning
equip [ikwi'p] *tr* [ut]rusta; bemanna; förse; ekipera **-ment** *s* utrustning
equi||poise [e'kwipɔiz] I *s* jämvikt II *tr* uppväga; hålla i jämvikt **-table** [e'kwi] *a* rättvis; skälig, billig
equitation [ekwi] *s* rid|ning, -konst
equity [e'kw] *s* 1 [rätt och] billighet; rättvisa 2 [jur.] billighetsrätt
equivalent [ikwi'] I *a* lik|värdig, -tydig II *s* 1 full ersättning 2 motsvarighet
equivoc||al [ikwi'v] *a* 1 dubbel-, tve|-tydig 2 oviss, tvivelaktig **-ate** *itr* uttrycka sig tvetydigt, slingra sig
eq'uivo||ke -que [k] *s* vits; tvetydighet
era [i'ərə] *s* tideräkning; tid[evarv]
erad'icate *tr* utrota
era's||e *tr* radera [ut], skrapa bort; utplåna **-er** *s* rader|kniv, -gummi **-ion** [ʒn] **-ure** [ʒə] *s* utstrykning, radering
ere [ɛə] I *prep* före II *konj* innan
erect' I *a* 1 upp|rät[t], -rest, rak; upplyft 2 fast, rakryggad II *tr* 1 [upp-]resa, räta [på] 2 [upp]bygga; uppställa 3 upphöja **-ion** *s* 1 [upp]resande 2 uppförande; inrättande 3 byggnad **-ness** *s* upprätt ställning
er'mine [ə:'min] *s* hermelin[smantel]
ero'de *tr* fräta (nöta) bort, tära på
eros||ion [irou'ʒn] *s* bortnötande, [sönder]frätning **-ive** [siv] *a* bortnötande, frätande
erot'ic *a* erotisk, kärleks-
err [ə:] *itr* misstaga sig; fara vill, fela
errand [e'rənd] *s* ärende ~**-boy** *s* springpojke ~**-girl** *s* springflicka
err'ant I *a* 1 kringvandrande 2 vilsegången; felande II *s* vandrande riddare **-ry** *s* kringflackande
errat'||ic *a* 1 [kring]irrande 2 ~ *block* flyttblock 3 oregelbunden; underlig **-um** [rei'] (pl. *-a*) *s* tryck-, skriv|fel
erro'neous *a* felaktig, oriktig
error [e'rə] *s* 1 misstag, villfarelse; fel; *be in* ~ ta fel 2 förvillelse, synd

eructa'tion [i:r] *s* uppstötning; rapning; utbrott
erudit||e [e'ru] *a* lärd **-ion** *s* lärdom
erupt' *itr* bryta ut **-ion** *s* 1 utbrott 2 tandsprickning 3 [hud]utslag
erysipelas [erisi'piləs] *s* [läk.] ros
escala'de I *s* stormning II *tr* storma
escalator [e'skəleitə] *s* rulltrappa
escapa'de *s* upptåg; snedsprång
esca'pe I *itr* 1 [lyckas] undkomma, fly 2 strömma (rinna) ut II *tr* 1 undkomma; undgå; falla ur [ngns minne] 2 undslippa III *s* 1 undkomst, räddning; flykt; utväg 2 utströmmande, läcka; avlopp, slussport **-ment** *s* 1 avlopp 2 gång [i ur] ~**-ladder** *s* räddningsstege ~**-pipe** *s* avloppsrör ~**-valve** *s* avloppsventil
escheat [istʃi:'t] *s* hemfall; danaarv
eschew [istʃu:'] *tr* undvika
escort I [e'skɔ:t] *s* eskort; följe II [--'] *tr* eskortera, ledsaga
escut'cheon [ʃn] *s* 1 vapensköld 2 namnplåt 3 låsskylt
especial [ispe'ʃ(ə)l] *a* särskild; speciell **-ly** *adv* i synnerhet; synnerligen
espi'al *s* [ut]spionerande, [be]spejande
es'pionage [äv. ɑ:'ʒ] *s* spion|eri, -age
espou's||al [z] *s* 1 ~*s* äktenskap; trolovning 2 omfattande **-e** *tr* 1 [taga till] äkta 2 omfatta
espy [ispai'] *tr* urskilja, se; upptäcka
Esq. = *Esquire* herr [i adress]
esquire [iskwai'ə] *s* 1 väpnare 2 herr
essay I [-'-] *s* 1 försök 2 essä, uppsats II [--'] *tr itr* pröva; försöka
ess'ence *s* 1 väsen; [innersta] natur; [det] väsentliga 2 extrakt
essential [ise'nʃl] I *a* väsentlig, nödvändig; förnämst II *s* huvud|sak, -punkt; [det] väsentliga
estab'lish *tr* 1 upprätta, grund|a, -lägga; inrätta; skapa [sig] 2 insätta, installera; placera; ~ *o. s.* börja egen affär; slå sig ned 3 fast|ställa, -slå **-ed** *a* 1 bestående; stadgad, hävdvunnen 2 stats- **-ment** *s* 1 upprättande, grundande 2 fastslående 3 *the* [*Church*] *E*~ statskyrkan 4 fast ställning; inkomst 5 kår; styrka; personal; *naval* ~ flotta 6 inrättning, anstalt 7 affär; fabrik 8 hus[håll]
esta'te *s* 1 statsmakt; ~*s* ständer 2 egendom, ägodelar; *real* ~ fast egendom, fastighet 3 förmögenhet, bo; ~ *duty* arvsskatt 4 gods, egendom; ~ *agent* fastighetsagent ~**-owner** *s* gods-, fastighets|ägare
estee'm I *tr* 1 [upp]skatta, [hög]akta; ~*ed* ärad 2 anse II *s* [hög]aktning
es'tim||able *a* aktningsvärd **-ate** I *tr* 1 uppskatta, taxera 2 bedöma II [it] *s* 1 uppskattning, beräkning 2 kost-nads-, budget|förslag 3 omdöme **-a-**

tion *s* 1 aktning 2 uppskattning 3 uppfattning
estra'nge [dʒ] *tr* stöta (draga) bort; ~ *o.s.* dra sig undan **-ment** *s* brytning
estuary [e'stjuəri] *s* flodmynning
etch *tr itr* etsa **-ing** *s* etsning
etern‖al [ə:'n] *a* evig **-alize** *tr* föreviga **-ity** *s* 1 evighet 2 odödlighet
ether [i:'þə] *s* eter **-eal** [i'əriəl] *a* eterisk; lätt; förandligad; eter- **-ize** *tr* söva med eter
ethic‖al [e'þ] *a* sedlig **-s** *spl* etik
eth'nic[al] *a* ras-, folk-; etnologisk
ethno- [eþno] ras-, folk[slags]- **-graphic[al]** [æ'fik] *a* etnografisk
etiquette [ke't] *s* etikett; god ton
eucalyptus [ju:kəli'p] *s* gummiträd
eucharist [ju:'k] *s* nattvard; hostia
eugenics [judʒe'niks] *s* rashygien
eulog‖ist [ju:'lədʒist] *s* lovtalare **-ize** *tr* [lov]prisa **-y** *s* lovtal
euphem‖ism [ju:'f] *s* förskönande uttryck[ssätt] **-is'tic** *a* eufemistisk
euphon'‖ic [ju:] *a* välljudande; välljuds- **-y** [-'əni] *s* välljud
euphuism [ju:'fju] *s* konstlad stil
Europe'an [juə] *a s* europe|isk, -é
evac'u‖ant [ju] *a s* avförande [medel] **-ate** *tr* 1 tömma [ut]; beröva 2 föra bort, flytta 3 utrymma **-ation** *s* 1 [ut]tömmande; avföring 2 utrymning
eva'de I *tr* 1 und|gå, -vika; komma ifrån; kringgå 2 gäcka, undandraga sig II *itr* göra undanflykter
evanescent [i:vəne'sənt] *a* 1 förbleknande; flyktig 2 försvinnande [liten]
evangelical [i:vændʒe'likl] *a* 1 evangelisk 2 protestantisk; lågkyrklig
evan'ish *itr* försvinna; dö bort
evap'or‖able *a* lätt bortdunstande **-ate** I *itr* 1 av-, bort|dunsta 2 försvinna II *tr* 1 låta bortdunsta 2 torka, ångpreparera **-ation** *s* avdunstning
evas‖ion [ivei'ʒn] *s* 1 undvikande 2 undflykt[er] **-ive** [s] *a* undvikande
eve [i:v] *s* afton (dag) före; *on the* ~ *of* dagen (strax) före
e'ven I *a* 1 jämn, plan, slät; parallell 2 likformig, lika 3 lugn 4 kvitt II *adv* 1 till och med; ens, även; redan; ~ *if* (*though*) även om; ~ *now* redan (just) nu 2 alldeles, just; ända III *tr* [ut]jämna ~**-handed** *a* opartisk
evening [i:'v] *s* afton, kväll
e'ven‖mi'nded *a* jämn till lynnet, lugn **-ness** *s* 1 jämnhet; lik[formig]het 2 [sinnes]lugn 3 opartiskhet
e'vensong *s* aftonsång
event' *s* 1 händelse; evenemang; företeelse 2 möjlighet 3 [sport.] nummer, tävling 4 utgång, resultat, slut **-ful** *a* 1 händelserik 2 betydelsefull **-ual** *a* 1 möjlig 2 slut|lig, -giltig
ev'er *adv* 1 *for* ~ för alltid; *England for* ~*!* leve England! ~ *after* (*since*) allt sedan [dess]; *yours* ~ din tillgivne 2 någonsin; *did you* ~*?* F har du nånsin hört på maken? 3 F i all världen 4 F över huvud taget, 'aldrig'; ~ *so* väldigt; ~ *so much better* betydligt bättre **-green** *a s* ständigt grön [växt] **-lasting** I *a* ständig; evig II *s* evighet[sblomster] **-more** *adv* 1 ständigt 2 [nek.] längre, mera
every [e'vri] *pron* 1 varje, var[enda]; alla; [nek.] vilken som helst; ~ *other* (*second*) *day* varannan dag; ~ *bit as much* fullkomligt lika mycket; ~ *now and then* (*again*) då och då 2 all [möjlig] **-body** *pron* var och en, alla; [nek.] vem som helst; ~ *else* alla andra **-day** *a* [all]daglig; vardags- **-one** = *-body* **-thing** *pron* allting, allt[-sammans]; allt möjligt; [nek.] vad som helst **-where** *adv* överallt; allmänt
evict' *tr* 1 vräka; fördriva 2 återfå
ev'idence I *s* 1 tydlighet; *be in* ~ vara tillstädes (synlig) 2 bevis, spår, tecken; vittnes|mål, -börd; vittne; *call* [*in*] ~ inkalla vittnen; *carry* ~ utgöra bevis II *tr* [be]visa; bestyrka
ev'ident *a* tydlig, uppenbar, [själv]klar **-ial** [e'nʃl] *a* bevis|ande, -nings-
e'vil I *a* (*worse, worst*) ond; elak; dålig; svår, skadlig II *adv* illa, ont III *s* ont [ting], det onda, olycka, *deliver us from* ~ fräls oss ifrån ondo ~**-doer** *s* missdådare
evin'ce *tr* [be]visa; röja
evo'ke *tr* fram|mana, -kalla, väcka
evolution [i:vəl(j)u:'ʃn] *s* 1 förlopp, gång 2 utveckling; framväxande 3 virvlande, piruett **-ary** *a* utvecklings- **-ism** *s* utvecklingslära[n]
evol've I *tr* 1 upprulla; utveckla; framlägga 2 frambringa 3 härleda; utarbeta II *itr* 1 utvecklas 2 härledas
evulsion [ʌ'] *s* uppryckning, utrivande
ewe [ju:] *s* tacka, honfår
ewer [ju(:)'ə] *s* vatten-, hand|kanna
ex *prep* från, ur; utan **ex-** f. d., ex
exac'erbate *tr* förvärra; uppreta
exact [igzæ'kt] I *a* noggrann; riktig, precis; ordentlig; punktlig II *tr* [ut-] kräva; [av]fordra **-ion** *s* 1 utkrävande; fordran, krav 2 utpressning **-itude** *s* noggrannhet, punktlighet **-ly** *adv* riktigt, precis; just; alldeles; egentligen **-or** *s* utpressare
exaggerat‖e [igzæ'dʒ] *tr* överdriva; karikera **-ion** *s* överdrift; förstoring
exalt [egzɔ:'lt] *tr* 1 upphöja; lyfta, stärka 2 prisa **-ation** *s* 1 upphöjelse; lyftning; hög grad 2 hänförelse; överspändhet **-ed** *a* hög[t uppsatt]; ädel
exam [igzæ'm] *s* F examen **-ination** *s* 1 undersökning, besiktning; förhör 2 examen, prövning **-ine** [in] I *tr* 1 undersöka, granska; visitera 2 exa-

minera, förhöra II *itr*, ~ *into* undersöka -iner *s* 1 granskare 2 examinator
example [igzɑ:′] *s* 1 mönster; exemplar 2 exempel; föredöme; motstycke
exanthema [eksənþi:′mə] *s* hudutslag
exasperat‖e [igzɑ:′] *tr* 1 förvärra, skärpa 2 förbittra; [upp]reta -ing *a* ret[sam, -full -ion *s* 1 förvärrande 2 uppretande; förbittring
ex′cavat‖e [kə] *tr* 1 urholka 2 [ut-]gräva; gräva upp; schakta -ion *s* 1 urholkande 2 [fram-, ut]grävning 3 fördjupning -or *s* [ut]grävare
excee′d *tr* över|skrida, -stiga, -skjuta, -träffa -ing *a* ytterlig, utomordentlig
excel′ I *itr* vara främst, utmärka sig II *tr* övertraffa
ex′cellen‖ce *s* förträfflighet; överlägsenhet -cy *s* excellens -t *a* utmärkt
except′ I *tr* undantaga, utesluta II *itr* göra invändningar III *prep* utom; ~ *for* utan; så när som på -ing *prep* utom -ion *s* 1 undantag; *by way of* ~ undantagsvis 2 invändning; *take* ~ *to* ogilla -ionable *a* tvivelaktig; klandervärd -ional *a* undantags-, ovanlig
excerpt I [-′-] *s* 1 utdrag 2 särtryck II [--′] *tr* excerpera, plocka ut
excess′ *s* 1 överskridande; ~*es* övergrepp, framfart 2 omåttlighet, utsvävning 3 över|drift, -mått; *in* ~ *of* överstigande 4 överskott; ~ *luggage* övervikt -ive *a* överdriven, ytterlig; omåttlig, häftig, svår
exchange [tʃei′ndʒ] I *s* 1 [ut]byte; [ut]växling; ombyte, förändring 2 växling; växel|kontor, -kassa; [*rate of*] ~ [växel]kurs 3 växel [*bill of* ~] 4 börs 5 central, växel II *tr* [ut]byta [*for* mot]; [ut]växla -able *a* bytbar, utbytlig ~-broker *s* växelmäklare
exchequer [tʃe′kə] *s* 1 kunglig räntkammare; statskontor[et]; *Chancellor of the E*~ finansminister; ~ *bill* statsobligation 2 skattkammare
1 **excise** [eksai′z] *tr s* [pålägga] accis
2 **excise** *tr* skära bort (ut); stryka
exci′t‖able *a* 1 retbar 2 lättretlig; rörlig -ation [sit] *s* 1 retning 2 uppeggande; eggelse -e *tr* 1 reta 2 [upp]egga; pigga upp; uppröra 3 väcka; framkalla -ed *a* uppjagad; ivrig, häftig; nervös -ement *s* 1 [över]retning 2 spänning; oro; iver; upphetsning; hög stämning 3 eggelse; retmedel -ing *a* spännande
exclai′m *itr tr* [ut]ropa; skrika [ti′ll]
exclamat‖ion *s* [ut]rop; *note* (*mark, point*) *of* ~ utropstecken -ory [æ′mə] *a* utrops-; skrikande
exclu‖de [klu:′d] *tr* utesluta; undantaga -sion [ʒn] *s* uteslutning -sive [s] *a* 1 uteslutande [*of*]; exklusiv; ~ *of* ej inberäkna[d (-t) 2 enda
excommu′nicate *tr* bannlysa
excrescence [ikskre′sns] *s* utväxt
excre′t‖e *tr* avsöndra -ion *s* avsöndring; avföring -ive *a* avsöndrande
excruciate [kru:′ʃi] *tr* plåga, tortera
exculpate [e′kskʌ] *tr* fritaga, urskulda
excurs‖ion [kə:′ʃn] *s* utflykt, tur -ionist *s* nöjesresande -ive [s] *a* 1 irrande, planlös 2 vittsvävande
excu′s‖able [z] *a* ursäktlig -e I [--′] *tr* 1 urskulda; förlåta; ursäkta 2 fritaga; låta slippa; ~ *o. s.* be att få slippa; *be* ~*d* slippa II [kju:′s] *s* 1 ursäkt; förevändning 2 befrielse; [anmälan om] förfall 3 F surrogat
exeat [e′ksiæt] *s* lov [i skola &c]
ex′ecr‖able *a* avskyvärd -ate *tr* förbanna; avsky -ation *s* förbannelse; avsky
ex′ecut‖able [ju] *a* utförbar -e *tr* 1 utföra, verkställa; uträtta, sköta 2 exekvera, spela 3 utfärda 4 avrätta -er *s* verkställare -ion *s* 1 utförande; verkställ|ande, -ighet 2 [mus.] föredrag; 'teknik' 3 utställande; häktning; utmätning 4 avrättning 5 förödelse, manspillan -ioner *s* bödel -ive [igze′k] *a s* verkställande [myndighet] -or [igzə′k] *s* god man, testamentsexekutor
exem′pl‖ar [igz] *s* 1 urtyp 2 exemplar -ary *a* 1 förebildlig 2 typisk 3 avskräckande -ify *tr* 1 exemplifiera 2 ta bestyrkt avskrift av
exempt′ [igz] I *a* fri[tagen]; förskonad; immun II *tr* befria; förskona -ion *s* befrielse; undantag
exercise [e′ksəsaiz] I *s* 1 utövande, bruk 2 övning; kroppsrörelse, motion; ~*s* exercis, idrott 3 skriv[öv]ning; uppsats; examensprov; ~ *book* skrivbok 4 andaktsövning II *tr* 1 utöva; begagna; förvalta 2 [in]öva; exercera; träna; motionera 3 sysselsätta 4 sätta på prov; oroa III *itr* 1 öva sig, exercera 2 ta motion
exert [igzə:′t] *tr* utöva; använda; uppbjuda; anstränga; ~ *o. s.* bemöda sig -ion *s* utövande, användning; ansträngning
exhal‖ation [eksə] *s* utdunstning; utandning; dunst, ånga; utbrott -e [hei′l] *tr itr* utdunsta; utandas; ge luft åt
exhaust [igzɔ:′st] I *tr* 1 [ut]tömma; förbruka; utsuga; utblotta 2 utmatta II *s* 1 utströmning, avlopp 2 ventileringsapparat -ion *s* 1 uttömning; förbrukning; utsugning 2 utmattning -ive *a* uttömmande -less *a* outtömlig ~-pipe *s* avlopps-, avgas|rör
exhib′it [igz] *tr* 1 [upp]visa; uppenbara 2 ingiva, framlägga 3 förevisa; utställa; skylta med -ion [eksibi′ʃn] *s* 1 [fram]visande; framläggande 2 utställning; syn 3 stipendium -ioner [i′ʃ] *s* stipendiat -or *s* utställare

exhilar||ate [igzi'l] *tr* upp[liva, -muntra **-ation** *s* upplivande; munterhet
exhort [egzɔ:'t] *tr* [upp]mana; uppmuntra
exhume [ekshju:'m] *tr* gräva upp
exigenc||e [e'ksidʒ] **-y** *s* **1** nöd[vändighet]; behov, krav **2** svårighet
exigu'||ity *s* ringhet **-ous** [egzi'] *a* ringa
ex'ile I *s* **1** lands[förvisning, -flykt **2** landsförvist **II** *tr* [lands]förvisa
exist [igzi'st] *itr* **1** finnas [till]; existera **2** leva; bestå **-ence** *s* tillvaro; förekomst; liv; bestånd; *come into* ~ uppkomma; *in* ~ existerande
ex'it I *itr* [teat.] går **II** *s* utgång; sorti
exodus [e'ksədəs] *s* **1** uttåg[ande]; utvandring **2** *E*~ andra Mose bok
exon'erate [igz] *tr* avbörda, befria
exor'bitant [igz] *a* omåttlig, orimlig
ex'orcise [ɔ:saiz] *tr* besvärja; utdriva
exot'ic *a* exotisk, främmande
expand' *tr itr* **1** utbreda, utveckla, öppna [sig]; öppna sitt hjärta **2** [ut]vidga[s], svälla
expans'||e *s* **1** vidd, vid yta **2** rymd **3** utvidgning; utsträckning **-ible** *a* uttänjbar **-ion** [ʃn] *s* utbred[ande, -ning, utvidgning, utsträckning **-ive** *a* **1** utvidgbar **2** expansions-; expansiv **3** vid[sträckt] **4** öppen[hjärtig]
ex||patiate [ei'ʃi] *itr* utbreda sig **-pat'riate** *tr* landsförvisa; ~ *o. s.* utvandra
expect' *tr* **1** vänta [sig], emotse **2** F förmoda **-ancy** *s* förvänt[an, -ning, utsikt; väntad förmögenhet **-ant** *a* **1** väntande, förväntningsfull **2** avvaktande **-ation** *s* **1** [för]väntan, förhoppning; utsikt **2** sannolikhet
expec'torate *tr* hosta upp, spotta ut
expe'dien||ce -cy *s* **1** ändamålsenlighet **2** opportunitetsskäl; egennytta **-t I** *a* ändamålsenlig **II** *s* medel, utväg
ex'pedit||e *tr* påskynda; expediera **-ion** [i'ʃn] *s* **1** expedition **2** skyndsamhet **-ious** [i'ʃəs] *a* snabb
expel' *tr* driva ut; förvisa; utestänga
expend' *tr* utgiva, nedlägga, använda; förbruka **-iture** [itʃə] *s* **1** utgivande; förbrukning, åtgång **2** utgifter
expens'||e *s* utgift; utlägg; kostnad; bekostnad **-ive** *a* kostsam, dyr[bar]
expe'rience I *s* erfarenhet; upplevelse **II** *tr* erfara, uppleva; få pröva på
experiment [e'ri] **I** *s* försök **II** *itr* experimentera **-al** [e'n] *a* erfarenhets-; experimentell, försöks-
expert I [ekspə:'t, -'-] *a* förfaren, skicklig, [sak]kunnig **II** *s* [-'-] fackman **-ness** [--'-] *s* sakkunskap
ex'pi||ate *tr* [för]sona **-ation** *s* [för]son[ande, -ing **-atory** *a* [för]sonings-
expir||ation *s* **1** utandning **2** utlöpande; utgång **-e** [ai'ə] *tr itr* **1** utandas [sin sista suck], dö **2** gå till ända; utlöpa, förfalla; upphöra **-y** [ai'ə] = *-ation* **2**
explai'n *tr* förklara **-able** *a* förklarlig
explanat||ion *s* förklaring **-ory** [æ'n] *a* förklarande, upplysande
exple'tive [iv] **I** *a* utfyllande, fyllnads- **II** *s* fyllnad[sord], svordom
ex'plica||ble *a* förklarlig **-te** *tr* utveckla **-tion** *s* utveckling; förklaring **-tive -tory** *a* förklarande, förklarings-
explic'it *a* **1** tydlig, klar **2** rättfram
explo'de I *tr* **1** utdöma, förkasta **2** få att (låta) explodera **II** *itr* **1** explodera; brinna av **2** bryta ut
exploit I [-'-] *s* bedrift, bragd **II** [--'] *tr* utnyttja **-ation** *s* exploatering
explor||ation *s* [ut]forskning **-e** [lɔ:'] *tr* utforska; undersöka; pejla **-er** [ɔ:'] *s* [ut]forskare; upptäcktsresande
explo's||ion [ʒn] *s* explosion, sprängning; knall; utbrott **-ive** [siv] **I** *a* **1** explosiv, exploderande; spräng-; ~ *air* knallgas **2** häftig **II** *s* sprängämne
expo'nent *s* representant; uttryck
export I [--'] *tr* utföra, exportera **II** [-'-] *s* export[vara] **-able** [--'-] *a* export- **-ation** *s* export **-er** *s* exportör
expos||e [ou'z] *tr* **1** utsätta [*to* för]; blott[ställ]a, prisgiva **2** exponera; utställa **3** röja; avslöja **-ition** [pozi'ʃn] *s* **1** utsättande **2** utställande, framvisande; utställning **3** framställning; utredning; förklaring
expostulation *s* förebråelse, -ställning
expo'sure [ʒə] *s* **1** utsättande, blottställande; exponering **2** utställ[ande, -ning **3** avslöjande **4** [utsatt] läge
expou'nd *tr* framställa; förklara; tyda
express' I *a* **1** uttrycklig **2** speciell **3** express-, il-, snäll- **II** *adv* med ilbud (snälltåg) **III** *s* **1** ilbud **2** express, snälltåg **IV** *tr* **1** pressa ut; frampressa **2** avgiva **3** uttrycka **-age** *s* expressavgift **-ible** *a* som kan uttryckas **-ion** [ʃn] *s* **1** uttryck[ande], uttalande **2** *beyond* ~ outsäglig **3** utpressande **-ive** *a* uttrycksfull **-ly** *adv* **1** uttryckligen **2** enkom
expro'priate *tr* expropriera
expul'sion [ʃn] *s* ut[drivande, -visning
expunge [pʌ'ndʒ] *tr* utstryka, utplåna
expurgate [e'kspə:geit] *tr* rensa [bort]
exquisite [e'kskwizit] **I** *a* **1** utsökt, fin, härlig **2** intensiv **II** *s* snobb
ex'tant *a* ännu befintlig, bevarad
extempor||a'neous -ary [te'm] *a* improviserad **-e** [--'-i] **I** *adv* på rak arm **II** *a* improviserad **-ize** [te'm] *tr itr* extemporera, improvisera
extend' I *tr* **1** sträcka [ut] **2** förlänga utvidga; sprida **3** giva, visa **4** S anstränga, pressa **5** ren-, ut[skriva **II** *itr* utsträckas; utvidgas, ökas; utbreda (sträcka) sig; räcka
exten's||ible *a* uttänjbar, sträckbar **-ion** [ʃn] *s* **1** utsträckande, utvidgande; förlängning **2** utsträckning, vidd **3**

tillbyggnad; *University E~* folkuniversitet -ive *a* vidsträckt; omfattande; utförlig -ively *adv* i stor utsträckning -iveness *s* vidd
extent *s* 1 utsträckning 2 sträcka, yta
ex||ten'uate [ju] *tr* förringa; förmildra, ursäkta -te'rior *a s* yttre; ytter-, utvärtes -ter'minate *tr* utrota, förgöra -ter'nal *a* yttre; utvärtes; utrikes-
extinct *a* [ut]slocknad; utdöd -ion *s* utslackande; utslocknande, utdöende; utplånande; avskaffande
extin'guish [gwiʃ] *tr* 1 utsläcka 2 fördunkla 3 tillintetgöra, avskaffa; utplåna -er *s* eldsläckningsapparat
ex'tirpate [tə:] *tr* rycka upp; utrota
exto'l *tr* upphöja, prisa
extor't *tr* utpressa; av- fram|tvinga -ion *s* utpressning -ioner *s* utpressare
ex'tra I *adv a* extra [fin]; särskilt II *s* extra|avgift, -blad, nummer, -arbete
extra- *pref* utom-, utanför
extract I [--'] *tr* 1 draga (taga) ut 2 avlocka; utvinna; hämta; få fram 3 göra utdrag ur II [-'-] *s* utdrag -ion [--'-] *s* 1 utdrag[ning]; uttagning; citat; avskrivning 2 härkomst
ex'tradit||e *tr* utlämna -ion *s* utlämning
ex'tramu'ral *a* utanför murarna
extra'neous *a* yttre; främmande
extraordinary [ikstrɔ:'dnri] *a* 1 särskild, extra 2 utomordentlig; ovanlig
extrav'agan||ce *s* 1 överdrift, orimlighet 2 överspändhet; besynnerlighet 3 oregelbundenhet 4 slöseri -t *a* 1 överdriven, fantastisk, orimlig; överspänd; våldsam; besynnerlig 2 oregelbunden; otyglad 3 slösaktig
extre'm||e I *a* 1 ytterst[a]; längst bort (fram, ut) 2 ytterlig, utomordentlig 3 ytterlighets- II *s* ytterlighet -ely *adv* ytterst -ist *s* ytterlighetsman -it|y [re'm] *s* 1 yttersta punkt (ända) 2 -*ies* extremiteter 3 höjdpunkt 4 ytterlighet; ytterlig nöd (fara), förtvivlan; [det] yttersta
ex'tricate *tr* lös-, fri|göra, befria
extrin'sic *a* yttre; oväsentlig
extru||de [u:'] *tr* utstöta, bortdriva -sion [ʒn] *s* utdrivande
exuberan||ce [igzju:'] -cy *s* över|mått, -flöd; översvallande [glädje] -t *a* överflödande; frodig, ymnig
exudation [ju] *s* ut|svettning, -söndring
exult' [egz] *itr* jubla -ation *s* jubel
eye [ai] I *s* 1 öga; blick; *my ~[s]!* du store! *all ~s* idel uppmärksamhet; *set (lay, clap) ~s on* få syn på, [få] se; *strike a p.'s ~s* falla ngn i ögonen; *by [the] ~* efter ögonmått; *have in o.'s ~* ha i sikte; *up to the (o.'s) ~s* upp över öronen; *with an ~ to* med hänsyn till 2 [liten rund] fläck; hål; nålsöga; ögla; hyska II *tr* betrakta, syna -ball *s* ögonsten -brow *s* ögonbryn ~-glass *s* monokel; ~*es* pincené -hole *s* 1 ögonhåla 2 titthål -lash *s* ögonhår -let *s* litet öga (hål); titthål -lid *s* ögonlock ~-opener *s* tankeställare; överraskning -shot *s* synhåll -sight *s* syn[sinne] ~-wink *s* blink[ning] -witness *s* ögonvittne
eyot [ei'ət, ai'ət] *s* holme

F

F, f [ef] *s* f; *F = Fahrenheit; f = farthing[s]; feet*
fa'ble *s* 1 fabel; saga, dikt 2 innehåll
fab'ric *s* 1 byggnad 2 tyg, väv, textil; stoff -ate *tr* hitta på; förfalska
fab'ul||ist *s* fabeldiktare -ous *a* fabulös
face I *s* 1 ansikte; närvaro, åsyn; *full ~* en face; *set o.'s ~ against* sätta sig emot, *in [the] ~ of* i [ngns] åsyn; infor, mitt för; *to a p.'s ~* öppet, rent ut 2 ansiktsuttryck; min; *on the ~ of it* uppenbarligen; *put a good ~ on a matter* hålla god min 3 grimas; *pull ~s* göra grimaser 4 fattning; 'panna', fräckhet; *save [o.'s] ~* rädda skenet 5 yta; fram-, ut-, rät|sida; urtavla; [klipp]vägg; egg; *~ value* nominellt värde II *tr* 1 möta, trotsa, se i ansiktet; stå ansikte mot ansikte med; *~ down* stuka, trotsa 2 stå (vara) vänd mot, ligga mitt emot; vetta åt 3 vända på 4 beklädа, överdraga 5 släta, jämna III *itr* vara vänd, vetta; *right ~!* höger om! ~-guard *s* skyddsmask -r *s* slag
facetious [fəsi:'ʃəs] *a* lustig, skämtsam
facial [fei'ʃ(ə)l] *a* ansikts-
fac'il||e [ail] *a* 1 lätt 2 ledig; flytande; rörlig 3 tillgänglig, vänlig, medgörlig
facil'i||tate *tr* [under]lätta, befordra -ty *s* 1 lätthet 2 möjlighet, tillfälle 3 ledighet; färdighet 4 svaghet
fa'cing *s* 1 ~*s* vändning 2 [yt]beklädnad 3 ~*s* garnering[ar], revärer
fact *s* faktum, förhållande; sak; skäl; *in ~, in point (as a matter) of ~* faktiskt, i själva verket; nämligen
facti||on *s* 1 parti[grupp], klick 2 partiväsen; tvedräkt -ous [ʃəs] *a* partisinnad; upprorisk; parti-
factitious [i'ʃəs] *a* konst|gjord, -lad
fac'tor *s* 1 agent 2 faktor; omständighet; orsak -y *s* 1 faktori 2 fabrik
fac'ulty *s* 1 förmåga, fallenhet; lägg-

ning 2 [själs]förmögenhet 3 fakultet; *the F~* F läkarkåren 4 rätt[ighet]
fad *s* vurm, mani **-dist** *s* fantast
fade I *itr* 1 vissna 2 blekna; fördunklas 3 mattas; avtyna; för|svinna, -tona; vika **II** *tr* [radio] ~ *in* tona in
fag I *itr* 1 slita, knoga 2 vara pennal ('slav') **II** *tr* trötta ut; tyrannisera; *~ging system* pennalism **III** *s* 1 knog, slit, jobb 2 pennal, 'slav' 3 S cigarrett **~'-end'** *s* tamp, stump
fagg'ot I *s* risknippe, bunt stickor; knippa, samling **II** *tr* bunta
fail I *itr* 1 fattas, saknas; tryta, svika 2 tackla av; bli matt (skum); dö bort 3 ~ *in* brista i, sakna; svika 4 misslyckas, slå fel; klicka; strejka; bli kuggad; bli besviken; ~ *of* förfela; sakna 5 göra konkurs **II** *tr* 1 svika 2 försumma; undgå; icke kunna 3 F kugga[s i] **III** *s*, *without* ~ säkert, ofelbart **-ing I** *s* brist, fel **II** *prep* i brist på; ~ *this* i annat fall **-ure** [jə] *s* 1 utebllivande; brist; försummelse 2 trytande, svikande; motorstopp 3 misslyckande; kuggning; konkurs; *a* ~ förfelad, misslyckad
fain I *a* glad: tvungen **II** *adv* gärna
faint I *a* svag, matt; vanmäktig **II** *s* svimning **III** *itr* 1 svimma 2 bli modlös (svag) **~-hearted** *a* feg, rädd
1 fair [fɛə] *s* marknad, mässa
2 fair I *a* 1 fager, vacker; *the ~ sex* det täcka könet 2 blond, ljus; skär 3 klar, tydlig, ren[skriven] 4 ärlig, just, renhårig, uppriktig; rättvis; rimlig; *be ~ game* förtjäna att bli lurad; *by ~ means or foul* med godo eller ondo; ~ *play* rent spel 5 [rätt] bra; skaplig; rimlig; vacker 6 god, gynnsam 7 mild 8 fri, öppen; jämn **II** *adv* 1 *speak* ~ tilltala hövligt (vänligt) 2 tydligt, rent 3 rättvist, ärligt; efter reglerna 4 *bid* ~ se lovande ut 5 sakta, vackert 6 rakt, pladask **~-haired** *a* ljushårig
fairing [fɛ'əriŋ] *s* marknadsgåva
fair||ly *adv* 1 rättvist; opartiskt; ärligt 2 lämpligen 3 riktigt 4 tämligen **--minded** *a* rätt|sinnig, -vis **-ness** *s* 1 skönhet 2 blondhet 3 rättvisa; ärlighet **--spoken** *a* vänlig, hövlig
fairy [fɛ'əri] **I** *s* fe, älva **II** *a* felik, sago-; trolsk; underbar **-land** *s* sagoland[et] **~-ring** *s* älvdans **~-tale** *s* 1 [fe]saga 2 historia
faith [feiþ] *s* 1 förtroende, tillit [*in* till] 2 tro 3 trohet[splikt]; hedersord, löfte 4 redlighet; *bad* ~ bedräglig avsikt; *good* ~ redlighet; god tro **-ful** *a* trogen; hederlig; trovärdig **-less** *a* otrogen, trolös; opålitlig
fake F **I** *tr* fiffa upp; för|sköna, -falska; sätta ihop **II** *itr* bluffa **III** *s* knep, svindel; bedragare

falchion [ɔ:'ltʃ] *s* bred huggare; svärd
falcon [fɔ:'l] *s* falk **-er** *s* falkenerare **-ry** *s* falkjakt
fall [ɔ:] **I** (*fell fallen*) *itr* 1 falla [ned, av]; falla på' 2 sjunka; sänka sig; avtaga; minskas; *his face fell* han blev lång i ansiktet 3 utfalla [*into* i] 4 gå under; stupa 5 sönderfalla 6 infalla 7 bli 8 a) ~ *across* stöta på'; ~ *among* råka in i (bland); ~ *into* [äv.] inläta sig i; hemfalla till, råka ut för; gå med på; ~ *on* över-, an|falla; komma på'; ~ *to* börja [på att]; b) ~ *away* bort-, av|falla; tackla av; ~ *back* [äv.] svika; ~ *behind* bli efter; ~ *in* falla i (in), rasa; bli infallen; förfalla; bli ledig; ~ *in!* uppställning! ~ *in upon* överraska; ~ *in with* råka på; gå in på; instämma med; passa ihop med; sammanfalla med; ~ *off* falla av; avvika; svika; avtaga; avtyna; ~ *on* hugga in, sätta i; ~ *out* utfalla; gå ur ledet, bli efter; råka i gräl; hända sig; ~ *over* falla över ända; ~ *to* hugga in; falla (slå) igen **II** *s* 1 fall[ande]; nedgång, baisse; förfall; *the ~ [of man]* syndafallet 2 nederbörd 3 [Am.] höst 4 utfallande 5 lutning 6 sänkning 7 nappatag 8 avverkning 9 slöja; ~ *of lace* spets|garnering, -krage 10 fall, löpare [i block]
falla'||cious [ʃəs] *a* bedräglig, falsk **-cy** [fæ'] *s* 1 bedräglighet 2 vanföreställning; villfarelse
fal-lal [fælæ'l] *s* grannlåt, bjäfs
fall'ible *a* 1 felbar 2 bedräglig, osäker
1 fallow [fæ'lo(u)] *a s* [i] träda
2 fallow *a* rödgul **~-deer** *s* dovhjort
false [ɔ:] *a* 1 falsk, osann; felaktig; ogrundad, fel- 2 oäkta; lös-; låtsad, hycklad; ~ *bottom* dubbelbotten **-hood** *s* 1 falskhet, osanning 2 lögn[er] **-ness** = *falsity*
fals||ify [ɔ:'-fai] *tr* 1 förfalska 2 svika 3 vederlägga **-ity** *s* 1 oriktighet 2 falskhet, lögn[aktighet]
falter [ɔ:'] *itr* 1 stappla 2 sväva på målet, stamma 3 vackla, tveka, svika
fame *s* anseende; rykte **-d** *a* berömd
familiar [fəmi'ljə] *a* 1 förtro|lig, -gen 2 [väl]bekant; vanlig 3 ledig, otvungen **-ity** [æ'r] *s* förtroligt umgänge, förtrolighet, förtrogenhet **-ize** *tr* göra bekant (förtrogen); vänja
fam'ily *s* 1 familj; hus[håll]; *in the ~ way* F i grossess 2 barn[skara] 3 ätt, släkt, stam, ras, god familj
fam'ine [in] *s* [hungers]nöd; brist; svält
fam'ish *itr tr* lida hunger; svälta
fa'mous *a* 1 berömd 2 F utmärkt
1 fan I *s* 1 solfjäder 2 sädesvanna 3 fläkt **II** *tr* 1 fläkta; svalka, underblåsa 2 vanna; fläkta [bort]
2 fan *s* S entusiast, vurmare; dyrkare

anat'ic I [äv. *-al*] *a* fanatisk **II** *s* fanatiker **-ism** *s* fanatism
fan'ci||ed *a* 1 inbillad 2 omtyckt, favorit- **-er** *s* [hund]kännare, uppfödare **-ful** *a* fantas|ifull, -tisk; nyckfull
fan'cy I *s* 1 fantasi, inbillning; föreställning, dröm; idé, infall, nyck 2 lust; tycke; smak; svärmeri; *take a p.'s* ~ slå an på ngn 3 *the* ~ sport-[värld]en; box|arna, -ningen 4 uppfödning [av rasdjur] **II** *a* 1 dekorativ; fin; fantasi-, lyx-, mode-; mångfärgad; ~ *dish* smårätt; ~ *dog* ras- lyx|hund; ~ *dress* maskeraddräkt; ~ [*dress*] *ball* maskerad-, kostym|bal; ~ *fair* välgörenhetsbasar; ~ *garden* blomsterträdgård; ~ *shooting* nöjesskjutning; ~ *shop* galanterivaruaffär; ~ *skating* konståkning 2 fantastisk, nyckfull **III** *tr* 1 föreställa (tänka) sig; *just* ~*!* tänk bara! 2 tro, förmoda 3 F ha höga tankar om 4 tycka om, vara förtjust i 5 uppföda, odla ~**-work** *s* finare handarbete; ~ *shop* tapisseriaffär
fan'far||e [fɛə] *s* fanfar **-ona'de** *s* 1 skryt, skrävel 2 fanfar
fang *s* 1 bete, huggtand; gifttand 2 klo
fann'er *s* fläkt[vanna]; kastmaskin
fantasia [zi'ə] *s* fantasi; potpurri
fan'tast *s* fantast; svärmare **-ic** [-- ·] *a* fantastisk, nyckfull; sällsam
fan'tasy *s* 1 fantasi[bild] 2 påhitt, infall
far [ɑ:] **I** *a* fjärran, avlägsen; lång-[väga]; bortre **II** *adv* 1 fjärran, långt bort[a]; vida, långt; *go* ~ [äv.] räcka länge, vara dryg; *few and* ~ *between* tunnsådda, sällsynta; *as* ~ *as* [ända] till; så vitt; *as* ~ *as that goes* vad det beträffar, *from* ~ fjärran ifrån; *so* ~ så till vida; hittills; [*in*] *so* ~ *as* så vitt som, i den mån; *so* ~ *as to* ända därhän att 2 [*by*] ~ vida, mycket; i hög grad, ojämförligt ~**-away** *a* avlägsen
farc||e [ɑ:] *s* 1 fars 2 köttfärs **-ical** *a* farsartad; komisk
fare [fɛə] **I** *s* 1 avgift, taxa, biljett-[pris]; [skjuts]pengar 2 resande 3 mat, kost[håll]; *bill of* ~ matsedel **II** *itr* 1 far[d]as; gå 2 fara [väl, illa], leva, ha det **-well'** *s* farväl, avsked
far-fetched [·' ·'] *a* långsökt
fari'na *s* 1 mjöl[igt stoff] 2 stärkelse
farm I *s* [lant]gård, bondgård; farm **II** *tr* 1 bruka; odla 2 [ut]arrendera; bortackordera **III** *itr* driva jordbruk **-er** *s* bonde; arrendator ~**-hand** *s* jordbruksarbetare **-ing** *s* jordbruk **-stead** *s* bondgård **-yard** *s* [stall]gård
far'-off *a* fjärran, avlägsen; reserverad
farouche [fəru:'ʃ] *a* trumpen; skygg
far'-rea'ching *a* vittgående
farrier [æ'] *s* 1 hovslagare 2 regementsveterinär
far'||-si'ghted *a* fram-, fjärr-, lång|synt; förutseende **-ther** [ð] *a adv* avlägsnare; bortre; längre [bort] **-thest** *a adv* avlägsnast; längst [bort]
far'thing [ð] *s* $^1/_4$ penny; vitten; dugg
fascic||le [fæ'sikl] **-ule** *s* 1 knippa, bunt 2 del, häfte
fascinat||e [fæ's] *tr* tjusa; fängsla, hänföra **-ion** *s* tjusning; lockelse
fashion [fæʃn] **I** *s* 1 fason, mönster, snitt 2 sätt, vis; *after a* ~ någorlunda 3 bruk, sed 4 mod; *people of* ~ fint folk; *in* ~ på modet; *out of* ~ omodern; ~ *parade* mannekänguppvisning **II** *tr* forma, gestalta **-able** *a* 1 modern 2 societets-, fin, förnäm; elegant ~**-monger** *s* mode|herre, -docka
1 fast [ɑ:] *s itr* fasta
2 fast I *a* 1 fast; stängd, låst; stark, [tvätt]äkta; djup [*sleep*]; trofast; *make* ~ fastbinda; stänga 2 hastig, snabb; strid; *my watch is* ~ min klocka går för fort; ~ *train* snälltåg 3 nöjeslysten, lättsinnig, vild; fri [av sig]; *a* ~ *liver* en vivör **II** *adv* 1 fast; stadigt, hårt; *sleep* ~, *be* ~ *asleep* sova djupt 2 fort; snabbt
fasten [fɑ:sn] **I** *tr* 1 fästa; sätta fast; ~ *down* fast|låsa, -spika, klistra ihop; ~ *up* knäppa igen 2 stänga, regla **II** *itr* 1 fastna; gå att stänga; fästas 2 ~ *on* bemäktiga sig; slå ned på; gripa fatt i **-er** *s* spänne, lås; tryckknapp **-ing** *s* 1 [hop]fästning 2 band, knäppe, lås, regel, hake
fastid'ious *a* granntyckt, kinkig, kräsen
fastness [ɑ:'] *s* 1 fasthet; snabbhet; hållbarhet; frihet 2 fästning, fäste
fat I *a* 1 fet; tjock; gödd; slakt-, göd- 2 flottig; klibbig; *cut it* ~ S slå på stort 3 bördig; indräktig 4 trög, dum **II** *s* 1 fett 2 [det] fetaste (bästa) **III** *tr* göda **IV** *itr* fetma
fa'tal *a* 1 ödes-; ödes|diger, -bestämd 2 olycksbringande; fördärvlig 3 dödlig **-it|y** [fətæ'] *s* 1 [olycks]öde 2 [det] olycksdigra; fördärvlighet; dödlighet 3 *-ies* [döds]olycka; död
fate *s* 1 ödet 2 bestämmelse, lott; ~ *of war* krigslycka 3 död, undergång 4 *F*~*s* ödesgudinnor **-d** *a* 1 ödesbestämd 2 dömd till undergång **-ful** *a* 1 ödes|diger, -bestämd 2 dödlig
father [fɑ:'ðə] **I** *s* 1 fader; far, pappa; *F*~ *Christmas* jultomten 2 upphov[sman] 3 nestor, ålderspresident 4 ~*s* förfäder; ledande män **II** *tr* avla; ge upphov till **-hood** *s* faderskap ~**'-in-law** *s* svärfar **-land** *s* fädernesland **-ly** *a* faderlig; öm
fathom [fæ'ðəm] **I** *s* famn, 1,83 m **II** *tr* loda; mäta; utforska **-less** *a* bottenlös, omätlig ~**-line** *s* ⚓ lodlina
fatigue [fəti:'g] **I** *s* 1 trötthet 2 ansträngning, strapats 3 ⚔ handräck-

ning, arbetstjänst II *tr* [ut]trötta, utmatta ~-dress *s* ⚔ släpmundering
fat'||ling *s* göd|kalv, -lamm **-ten I** *tr* göda **II** *itr* fetma **-tish** *a* fetlagd **-ty I** *a* fetthaltig, fet; oljig **II** *s* F tjockis
fatu'||ity *s* dumhet, enfald **-ous** [æ'] *a* enfaldig, dåraktig; meningslös
faucal [fɔ:'kl] *a* svalg-, strup-
faucet [fɔ:'sit] *s* kran, tapp
faugh [pf:] *interj* fy! tvi! fy tusan!
fault [ɔ:] *s* 1 fel, brist; *to a* ~ till överdrift 2 fel[steg], förseelse; *find* ~ *with* klandra 3 *be at* ~ ha tappat spåret; vara alldeles villrådig 4 förkastning ~-finder *s* häcklare ~-finding *a s* klandersjuk[a] **-less** *a* felfri; oklanderlig **-y** *a* 1 bristfällig; oriktig 2 klandervärd; skyldig
fa'vour I *s* 1 gunst, ynnest; gillande; *out of* ~ i onåd 2 tjänst, för|mån, -del; tillåtelse 3 hjälp, skydd 4 brev; *your* ~ edert ärade 5 rosett, kokard; märke **II** *tr* 1 gilla, hylla 2 gynna, uppmuntra; befordra; tala [till förmån] för, bekräfta; hedra; ~*ed* gärna sedd, eftersökt 3 favorisera 4 F skona, spara 5 F likna **-able** *a* välvillig; gynnsam; fördelaktig; lovande **-ite** [it] **I** *s* gunstling **II** *a* älsklings- **-itism** *s* gunstlingssystem
1 **fawn** [ɔ:] **I** *s* dovhjortskalv **II** *a s* ljust gulbrun [färg]
2 **fawn** *itr* 1 visa sig vänlig 2 svansa
fay [fei] *s* fe, älva
fe'alty *s* länsplikt; tro och huldhet
fear [fiə] **I** *s* 1 fruktan [*of* för]; farhåga; *be* (*stand*) *in* ~ *of* vara rädd för 2 oro, ängslan 3 fara **II** *tr itr* frukta; befara; ~ *lest* frukta att; *never* ~ var inte rädd **-ful** *a* 1 rädd; ängslig 2 fruktansvärd; F förskräcklig **-less** *a* oförfärad **-some** *a* förskräcklig
feasible [fi:'z] *a* 1 görlig, möjlig 2 F användbar 3 sannolik
feast [i:] **I** *s* 1 fest, högtid 2 bankett; kalas; traktering; njutning **II** *tr* förpläga; fägna **III** *itr* festa; frossa
feat *s* 1 hjältedåd, bragd 2 kraftprov
feather [fe'ðə] **I** *s* fjäder; fjädrar; plym; *in full* ~ i full stass; *white* ~ feghet **II** *tr* 1 [be]fjädra 2 skeva [med] [åror] **III** *itr* 1 sväva, vaja; fjädra 2 skeva ~-bed *s* [fjäder]bolster ~-brush ~-duster *s* dammvippa **-ed** *a* 1 [be]fjädrad 2 bevingad; snabb ~-head *s* dumbom **-ing** *s* fjäderbeklädnad **-weight** *s* fjädervikt[are] **-y** *a* fjäder|beklädd, -lik; lätt
feature [fi:'tʃə] **I** *s* 1 [anlets]drag; del, detalj; min 2 [grund]drag; egenskap; kännetecken 3 [huvud]nummer **II** *tr* prägla; skissera; [upp-]visa, bjuda på; framhäva, göra reklam för **-less** *a* 1 formlös 2 enformig
febrile [fi:'brail] *a* feberaktig, feber-
February [fe'bruəri] *s* februari
fec'ulent *a* grumlig; smutsig
fe'cund *a* frukt|bar, -sam **-ate** *tr* befrukta **-ity** [ʌ'n] *s* frukt|samhet, -barhet; växt-, alstrings|kraft
fed'er||al *a* förbunds-; förenade; [Am.] nordstats- **-ate I** *tr itr* förena [sig] till ett förbund **II** [it] *a* förenad; förbunds- **III** [it] *s* förbunds|medlem, -stat **-ation** *s* förening, förbund[sstat]
fee I *s* 1 län; arvgods 2 avgift; arvode; drickspengar **II** *tr* betala, honorera
feeble *a* svag, klen; matt, dunkel ~-minded *a* 1 klenmodig 2 sinnesslö
feed (*fed fed*) **I** *tr* 1 föda; bespisa; [ut]fodra; ~ *up* göda, mätta; *fed up* F mätt; trött, led 2 mata 3 tillfredsställa 4 förse 5 föra i bet; avbeta **II** *itr* 1 F äta 2 livnära sig **III** *s* 1 ätning; [ut]fodring; matande 2 foder; [havre-, hö]ranson; bete 3 F mål, kalas; mat 4 matning; laddning, sats **-er** *s* 1 *large* ~ storätare 2 uppfödare; matare **-ing-bottle** *s* diflaska
feel (*felt felt*) **I** *tr* 1 känna, förnimma, erfara 2 känna (treva) på; ~ *o.'s way* treva sig fram **II** *itr* 1 känna; ~ *for* ha medkänsla med; ~ *with* sympatisera med 2 känna [sig för]; treva, leta 3 känna sig; må; ~ *ashamed* skämmas; ~ *like doing* vara upplagd för att göra; ~ *o. s.* känna sig som människa 4 kännas **III** *s* käns|el, -la **-er** *s* 1 antenn, känselspröt 2 spanare; trevare **-ing I** *a* känslig; deltagande **II** *s* 1 känsel 2 [med]känsla; *bad* ~ missämja; *good* ~ välvilja 3 inställning 4 känslighet 5 intryck
feet pl. av *foot*
feign [fein] **I** *tr* 1 uppdikta, hitta på 2 låtsa, föregiva **II** *itr* förställa sig; låtsa [sig], simulera
feint *s* [krigs]list; fint; falskt sken
felic'it||ate *tr* lyckönska [*on* till] **-ation** *s* lyckönskan **-ous** *a* lyckad, träffande; lycklig **-y** *s* sällhet; välsignelse; lyckligt drag (grepp, uttryck)
fe'line I *a* katt-, kattlik **II** *s* kattdjur
1 **fell** imp. av *fall*
2 **fell I** *tr* fälla **II** *s* avverkning
3 **fell** *s* 1 fäll, skinn 2 hårbeklädnad
4 **fell** *a* grym, vild; skarp; dödlig
fell'er *s* 1 timmerhuggare 2 P = *fellow* 6
felloe [fe'lo(u)] *s* hjul|löt, -ring
fellow [fe'lo(u)] *s* 1 ~*s* kamrater; *good* (*jolly*) ~ stallbroder; glad gosse 2 medmänniska 3 make, pendang; like, motstycke; [pl.] par 4 medlem 5 [univ.] stiftelseledamot; docent-[stipendiat] 6 F karl, pojke; *poor* ~ stackare; *a* ~ [äv.] man [pron.] 7 med- ~'-cit'izen *s* medborgare; landsman ~'-countryman [ʌ'] *s* landsman ~'-crea'ture *s* medmänniska ~'-fee'ling *s* medkänsla **-ship** *s* 1 kam-

ratskap; umgänge; gemenskap 2 sammanslutning 3 docentstipendium, 'docentur' ~'-so'ldier s vapenbroder ~'-trav'eller s reskamrat
felly s fälg, hjulring
fel'on I s brottsling; missdådare **II** a grym, mordisk **-y** s [urbota] brott
1 felt imp. o. pp. av *feel*
2 felt s filt[hatt] **-ing** s filtning; filt
fe'male I a kvinno-, kvinnlig; hon-; ~ *child* flicka **II** s 1 kvinna 2 hona
fem'in|ine [nin] a 1 kvinnlig 2 feminin **-in'ity** s kvinnlighet **-ize** tr itr förkvinnliga[s]; förvekliga[s]
fem'oral a höft-, lår-
fen s kärr, träsk, sank mark
fence I s 1 fäkt|ning, -konst 2 stängsel, staket, plank, gärdesgård, häck; hinder **II** tr 1 skydda, värna 2 in-, om|hägna **III** itr 1 fäkta; parera; göra undanflykter 2 sätta upp staket 3 ta hinder 4 S köpa (sälja) tjuvgods **-less** a oinhägnad; försvarslös
fen'cing s 1 fäkt|ning, -konst; parerande 2 inhägnande 3 stängsel, gärdesgårdar ~**-master** s fäktmästare ~**-wire** s stängseltråd
fend I tr avvärja, parera, hålla tillbaka **II** itr F ~ *for* sörja för **-er** s 1 skydd; ⚓ frihult 2 eld-, sprak|galler
Fe'nian I s fenier **II** a fenisk
fenn'el s fänkål ~**-seed** s fänkål
fenn'y a sank, träskartad; kärr-, träsk-
feoff [fef] = *fief* **-ee'** s läntagare **-er -or** s länsherre
fe'rial a 1 söckendags- 2 ferie-, fri[-]
ferment I [fə:'] s jäsämne; jäsning **II** [--'] itr jäsa **III** [--'] tr 1 bringa i jäsning 2 uppegga; underblåsa **-ation** s jäsning **-ative** [e'n] a jäsnings-
fern [fə:n] s bräken, ormbunke
fero'c|ious [ʃəs] a vild[sint]; grym **-ity** [ɔ's] s vildhet, grymhet
ferr'et I s 1 vessla, iller 2 spårhund, detektiv **II** itr tr 1 jaga med vessla 2 ~ *about* snoka; ~ *out* spåra (snoka) upp
ferriage [fe'riidʒ] s färj|ning, -pengar
ferr|if'erous a järnhaltig **-ous** [e'] a järn- **-uginous** [u:'dʒ] a järnhaltig
ferr'ule s ring, skoning; doppsko
ferr'y s tr färj|a, -ställe, -förbindelse ~**-bridge** s tågfärja **-man** s färjkarl
fertil|e [fə:'] a fruktbar, bördig; rik **-ity** [i'l] s fruktbarhet **-ize** [il] tr 1 göda 2 befrukta **-izer** s gödningsämne
ferule [fe'ru:l] **I** s färla **II** tr ge stryk
ferv|ency [fə:'] s värme; iver **-ent** a 1 het, brinnande 2 innerlig, ivrig **-id** a brinnande, glödande **-our** s värme, glöd; innerlighet, iver
fescue [fe'skju:] s pekpinne
fes'tal a festlig, glad; fest-
fes'ter I itr 1 bulna; vara sig 2 [fr]äta omkring sig 3 ruttna **II** tr fräta på; förgifta **III** s var|sår, -bildning
fes't|ival s fest; högtid[lighet] **-ive** a festlig, glad; fest- **-iv'ity** s 1 högtidlighet, fest[lighet] 2 festställning
fetch I tr 1 hämta, skaffa; framkalla; draga 2 inbringa, betinga 3 F göra intryck på, ta, fånga; reta 4 F ge [slag] 5 ⚓ [upp]nå 6 ~ *down* slå (skjuta) ned; nedbringa; ~ *out* hämta (draga) fram; ~ *round* F övertala; ~ *up* kasta upp; bringa i dagen; ta igen **II** itr 1 [om pump] börja ta 2 ⚓ röra sig 3 ~ *away* lossna; ~ *round* F hämta sig; ~ *up* [tvär]stanna **III** s 1 avstånd, sträcka 2 knep, fint **-ing** a F förtjusande
fête [feit] **I** s fest; namnsdag **II** tr fira
fet'id a stinkande **-ness** s stank
fe'tish s fetisch **-ee'r -er** s trollkarl, präst **-ism** s fetischdyrkan
fetlock [fe'tlɔk] s hovskägg
fett'er I s [fot]boja; black; tjuder **II** tr tjudra, fjättra; [klav]binda
fettle s skick, kondition
1 feud [fju:d] s [släkt]fejd, hämnd
2 feud s län, förläning **-al** a läns-; feodal- **-alism** s feodalsystem
fe'ver s feber; upphetsning **-ed** a febersjuk **-ish -ous** a 1 febrig 2 feberaktig 3 feber|smittad, -alstrande
few [fju:] a s få; lite [~ *people*]; a ~ några [få]; *not a* ~ inte så få; *of* ~ *words* fåordig; *no* ~*er* ej mindre; *at the* ~*est* minst **-ness** s fåtalighet
fiancé, -e [fiɑ̃:'(n)sei] s fäst|man, -mö
1 fib I tr itr S slå[ss] **II** s slag
2 fib F **I** s [nöd]lögn **II** itr narras
fi'br|e [bə] s 1 fiber, tråd 2 virke, natur **-ed -ous** a fibrig, [fin]trådig
fib'ster s lögnare
fibula [fi'bjulə] s 1 spänne 2 vadben
fickle a ombytlig, vankelmodig
fict|ion [ʃn] s 1 uppdiktande 2 dikt, saga, historia 3 skönlitteratur, romaner, noveller **-itious** [i'ʃəs] a 1 oäkta 2 uppdiktad; spelad, falsk **-ive** a dikt[ar]-; uppdiktad, falsk
fiddl|e I s 1 F fiol; *as fit as a* ~ pigg som en mört 2 prat! dumheter! **II** itr 1 F spela fiol 2 F fingra; peta; knåpa, pilla **III** tr 1 F spela [på fiol] 2 ~ *away* plottra bort; *-ing* futtig; fjantig 3 S lura ~**-case** s fiollåda ~'**-de-dee'** s nonsens, prat ~**-faddle** s 1 strunt, skrap 2 fjant ~**-head** s galjon **-r** s fiolspelare ~**-stick** s 1 fiolstråke 2 ~s skrap, dumheter, prat
fidel'ity s 1 trofasthet, [plikt]trohet 2 naturtrohet, riktighet
fid'get [dʒ] **I** s 1 oro, nervositet 2 fjantande 3 orolig själ **II** itr oroligt flytta sig; vara nervös **III** tr göra nervös, irritera **-y** a orolig, nervös
fie [fai] *interj* fy! ~ *upon you!* fy skam!
fief [fi:f] s län
field [fi:ld] **I** s 1 fält; åker, gärde, äng;

mark 2 [slag]fält; krigsskådeplats; fältslag; *take the* ~ draga i fält 3 idrottsplats, [lek]plan 4 deltagare i tävling (jakt); fält 5 [kricket] uteparti II *tr* 1 hejda och skicka tillbaka [boll] 2 ställa upp [lag] III *itr* ta lyror **~-bed** *s* tältsäng **~-day** *s* 1 manöver[dag] 2 stor dag **~-dressing** *s* sjukvårdsattiralj **-er** *s* lyrtagare **~-glass** [ɑ:] *s* kikare **~-officer** *s* regementsofficer **~-piece** *s* fältkanon **-sman** = *-er* **~-sports** *s* friluftssport

fiend [fi:nd] *s* 1 djävul; ond ande 2 odjur, plågoande 3 F fantast, dåre; slav **-ish** *a* djävulsk, grym

fierce [fiəs] *a* vild; våldsam; rasande

fi'ery *a* 1 eld-; brännande; eldröd; förtärande 2 eldig, livlig; hetsig

fife *s tr itr* [blåsa på] flöjt **-r** *s* flöjtblåsare, pipare

fif'||tee'n I *räkn* femton II *s* femtonmanna-, rugby|lag **-teenth** *räkn s* femtonde[l] **-th** *räkn s* femte[del] **-'tieth** [tiiþ] *räkn s* femtionde[l] **-'ty** *räkn* femtio; **~-~** S jämn[t], lika; delad

1 fig *s* 1 fikon 2 struntsak; 'dugg'

2 fig I *s* 1 dräkt, stass 2 form, kondition II *tr*, ~ *out* fiffa (pigga) upp

fight [fait] (*fought fought*) I *itr* 1 strida, kämpa, fäkta, slåss; duellera; boxas 2 ~ *shy of* undvika II *tr* 1 strida mot, bekämpa, slå[ss med]; ~ *off* tillbakaslå 2 [ut]kämpa; [ut]spela 3 strida för (om), processa om 4 tillkämpa sig; ~ *o.'s way* kämpa (slå) sig fram 5 anföra, leda 6 tussa ihop III *s* 1 strid, fäktning, slag; slagsmål; duell; boxning 2 stridshumör, mod **-er** *s* krigare; [slags]kämpe; boxare **-ing** *a s* strid[ande]; strids-

fig'ment *s* påfund

figur||ant [fi'gju] *s* balettdans|ör, -ös; statist **-ation** *s* gestaltning, form[ning]; bildlig framställning **-ative** *a* 1 figurlig, bildlig 2 bildrik

figure [fi'gə] I *s* 1 form, fason 2 gestalt, figur, kropp; utseende, uppträdande; *cut a* ~ spela en roll 3 person[lighet] 4 bild; illustration; mönster 5 symbol; förebild 6 [dans]tur 7 siffra; *~s* [äv.] räkning; *do ~s* räkna 8 F belopp, pris II *tr* 1 avbilda, [av]teckna 2 föreställa [sig] 3 pryda med figurer, mönstra 4 [Am.] beräkna; ~ *out* räkna ut; ~ *up* räkna ihop III *itr* 1 räkna 2 ~ *out* ge till resultat; bli 3 upp-, fram|träda; ståta **~-head** *s* galjonsbild **-less** *a* oformlig

fil'||agree = *-igree* **-ament** *s* tråd, fiber

fil'bert *s* hasselnöt

filch *tr* snatta; knipa

1 file I *s* 1 fil 2 S filur, kniv[ig karl]; *close* ~ gnidare II *tr* fila, glätta

2 file I *s* 1 pappershållare 2 brev-, samlings|pärm 3 dokumentbunt; *on* ~ ordnad; i samlingen 4 nummer i följd, årgång II *tr* träda upp; ordna; lägga in; in|ge, -registrera

3 file I *s* 1 ⚔ rote; *in single* (*Indian*) ~ i gåsmarsch 2 fil, rad II *itr* ⚔ gå i fil (rotar); ~ *off* (*away*) defilera

fil'i||al *a* sonlig, dotterlig, barnslig **-ation** *s* 1 här-, upp|komst 2 [för]gren[ing], avläggare

fil'ibuster *s* fribytare; sjörövare

fil'igree *s* filigran[sarbete]

fi'lings *s* filspån

fill I *tr* 1 [upp]fylla; komplettera, ~ *in* fylla i[gen]; stoppa (sätta) i; ~ *out* slå i, fylla ut; ~ *up* [upp]fylla; fylla i[gen] 2 tillfredsställa; mätta 3 bekläda [ämbete]; be-, till|sätta 4 utföra [order] II *itr* 1 fyllas; svälla; ~ *out* bli fylligare 2 slå i III *s* lystmäte; fyllning; *eat o.'s* ~ äta sig mätt; *a* ~ *of tobacco* en pipa tobak

fill'et I *s* 1 hår-, pann|band 2 band[age]; remsa 3 filé; rulad 4 list, band; kant II *tr* binda upp

fill'ing *s* fyll|nad, -ning

fill'ip I *s* fingerknäpp; eggelse, stimulans II *tr itr* knäppa [till]; pigga upp

fill'y *s* 1 stoföl; ungt sto 2 F yrhätta

film I *s* 1 hinna, tunt skinn 2 film[rulle]; *talking* ~ talfilm 3 [dim-] slöja 4 [spindel]tråd II *tr itr* 1 täcka[s] med en hinna 2 filma **~-fan** *s* filmbiten **-land** *s* filmvärlden **~-pack** *s* filmrulle **-y** *a* hinnaktig, tunn

fil'ter I *s* sil II *tr itr* sila[s], filtrera[s]

filth *s* smuts; orenhet **-y** *a* smutsig, otäck; oanständig

fil'tr||ate I *s* filtrat II *tr itr* = *filter II*

fin *s* 1 fena 2 S tass; labb

fi'nal I *a* 1 slutlig, slut-; avgörande; ~ *schools* slutexamen 2 avsiktlig; avsikts-, final II *s* 1 final 2 *~s* slutexamen 3 F senaste [kvälls]upplaga **-e** [finɑ:'li] *s* 1 [mus.] final 2 avslutning; slut **-ity** [æ'l] *s* slutgiltighet; avgörande; slut[akt] **-ly** *adv* slutligen

finan'c||e I *s* 1 finansväsen 2 *~s* finanser; ekonomi II *tr* finansiera **-ial** [ʃəl] *a* finansiell, finans-, ekonomisk **-ier** [iə] *s* 1 finansman 2 kapitalist

finch *s* fink

find [ai] (*found found*) I *tr* 1 finna, på-, an|träffa; hitta; möta; erhålla; få; ~ *o.'s feet* börja kunna stå 2 söka upp, ta reda på; skaffa; ~ *time* hinna; ~ *o.'s way* leta sig fram; hitta [en utväg] 3 slå [an på], gripa 4 [in]se, förstå; anse; *be found* befinnas 5 döma, besluta; avkunna 6 bekosta; förse; [under]hålla; ~ *a p. in* (*with*) *a th.* bestå ngn [med] ngt; *and all found* och allt fritt; *well found* välutrustad 7 ~ *out* söka upp, ta reda på; lösa, uttänka; uppdaga; genomskåda II *rfl* 1 [be]finna sig 2 finna

sin plats 3 hålla sig [in med] III s [fynd]ställe -er s upp|hittare, -täckare
1 fine I s böter, vite II tr bötfälla
2 fine I a 1 fin; utsökt, förfinad; the ~ arts de sköna konsterna 2 tunn, smal, liten; nätt 3 känslig; skarp 4 utmärkt, härlig, präktig; ~ doings snygga historier 5 vacker; grann, välväxt, ståtlig 6 elegant; 'bildad' II tr rena; klara III itr 1 klarna 2 förtunnas, minskas, försvinna ~-drawn a tunn, findragen; hårdragen ~-grained a finkornig -ry s grannlåter, bjäfs ~-spoken a som uttrycker sig väl ~-spun a finspunnen; hårfin -sse [fine's] s 1 slughet; knep 2 [kortsp.] mask
finger [fi'ŋgə] I s finger; first ~ pekfinger; second (middle) ~ långfinger; fourth ~ lillfinger II tr 1 fingra på, plocka med 2 snatta; ta [mutor] 3 spela på III itr fingra, riva; leka ~-board s klaviatur ~-bowl s sköljkopp ~'-end' s fingerspets; at my ~s på mina fem fingrar -ing s 1 fingrande 2 anslag, 'teknik'; fingersättning ~-post s vägvisare ~-print s fingeravtryck ~-stall s fingertuta ~-tip s fingerspets
fin'ic||al -king -ky a petig, pedantisk
fin'ish I tr 1 [av]sluta, fullborda; göra slut på; äta upp 2 avputsa; förädla; bearbeta 3 F ge nådestöten; ta död på; avliva II itr 1 sluta, upphöra, bli färdig 2 fullfölja [lopp] III s 1 slut, avslutning; slut|kamp, -spurt; slutscen; fight to a ~ slåss på liv och död 2 avputsning; polering; dekorering; inredning 3 fulländning; glans; fernissa -ed a färdig, fulländad; utsökt, elegant; ~ product helfabrikat -er s F dråpslag, nådestöt -ing I a slut- II s avslutning; slutbehandling
fi'nite a 1 begränsad, ändlig 2 finit
fin'-keel s ⚓ fenköl, kölfena
Finn s finne; ~ish finsk
finn'||ed a med fenor -y a fenig, fen-
fir [fə:] s gran; tall; barrträd; Scotch (Norwegian, Swedish) ~ tall
fire [fai'ə] I s 1 eld; be on ~ brinna 2 brasa; bål; låga 3 brand, eldsvåda; ~! elden är lös! 4 skottlossning; line of ~ skottlinje; miss ~ klicka 5 glans, sken 6 feber 7 hetta, glöd; entusiasm II tr 1 sätta i brand 2 av|-fyra, -lossa; ~ a salute salutera 3 ~ [out] F köra ut; ge sparken 4 steka; bränna; torka 5 elda III itr ge eld (fyr), skjuta; brinna av; ~ away F börja, klämma i; bli het; rodna; ~ up elda; blossa upp ~-alarm s brandsignal[apparat]; ~ box brandskåp; ~ post brandpost ~-arm s skjutvapen ~-ball s eldkula, klotblixt ~-brand s 1 eldbrand 2 orostiftare ~-brick s eldfast tegel ~-brigade s brandkår ~-clay s eldfast lera ~-damp s gruvgas ~-dog s järnbock, eldhund ~-eater s 1 eldslukare 2 F bråkmakare; hetsporre ~-engine s brandspruta ~-escape s livräddningsredskap; brandstege ~-guard s 1 sprakgaller 2 [Am.] brandsoldat ~-hose s sprutslang ~-insurance s brandförsäkring -lock s flintlås[gevär] -man s 1 brand|soldat, -man 2 eldare ~-office s brandförsäkringskontor ~-pan s fyrfat, glödpanna ~-place s eldstad, spis[el]; härd ~-plug s brandpost -proof a eldfast, brandfri -side s härd; by the ~ vid brasan ~-station s brandstation ~-wood s ved -work s fyrverkeri
fi'ring s 1 antändning, eldning 2 bränsle 3 avskjutande; skottlossning
firkin [fə:'kin] s fjärding, kagge
1 firm [fə:m] s [handels]firma
2 firm I a 1 fast, tät, stark 2 säker, stadig; orubblig; trofast II adv fast -ament s himlavalv -ness s fasthet
firry [fə:'ri] a gran-; fur-
first [ə:] I a först[e]; främst; förnämst, prima; ~ cost inköps-, fabriks|pris II adv först; ~ of all först [och främst]; he will die ~ förr dör han; ~ and last allt som allt III s 1 först[e]; förstaklassvagn 2 etta 3 at ~ i början ~-class a förstklassig ~-fruits spl förstlingar, primörer -ly adv för det första ~-mate s förste styrman ~-night s premiär ~-rate a adv förstklassig[t]
firth [fə:þ] s fjord, fjärd
fisc s skattkammare; statskassa -al a skatte-, finans-; räkenskaps-
1 fish s spelmark
2 fish I s fisk; cool ~ ogenerad herre; odd ~ lustig kurre II itr tr 1 fiska, fånga 2 fiska i ~-ball ~-cake s fiskbulle ~-carver s fiskspade -erman s fiskare -ery s 1 fiske[ri] 2 fiskevatten ~-hook s metkrok -ing I a fiskar-, fiske- II s fiskande, fiske[vatten]; ~-ground fiske|bank, -vatten; ~-line metrev; ~-rod metspö; ~-tackle fiskredskap ~-market s fisktorg -monger s fiskhandlare ~-pot s tina, bur, ålkorg ~-slice s fiskspade ~-sound s simblåsa ~-spear s ljuster -wife s fiskgumma -y a 1 fisklik, fisk-; S slö 2 F misstänkt; fantastisk
fiss||ion [fiʃn] s klyvning -ure [fi'ʃə] s klyfta, spricka; klyvning
fist I s [knyt]näve; F labb II tr bulta på; hugga tag i -icuffs spl knytnävskamp; slagsmål ~-law s nävrätt
fis'tula [ju] s 1 fistel[gång] 2 rör
1 fit s 1 [kramp]anfall, attack; cold ~ frosskakning; beat into ~s F slå sönder och samman; go off into a ~ få en nervattack 2 utbrott; ~s of

laughter gapskratt 3 ryck; *by* ~*s* [*and starts*] stötvis 4 nyck, infall
2 fit I *a* 1 lämplig, duglig, skickad, livskraftig; passande, värd[ig]; ~ *for service* vapenför 2 färdig, redo; F nära 3 F i bästa form; spänstig, pigg **II** *tr* 1 anstå 2 passa [i, till, in på] 3 göra lämplig (duglig); förbereda; anpassa 4 sätta in (på); ~ *on* prova 5 utrusta; bereda, inreda; [in]montera; ~ *out* utrusta; ~ *up* inreda; utrusta; montera **III** *itr* passa, sitta **IV** *s* passform; välsittande plagg; *a tight* ~ trång[t]
fitch *s* iller[skinn]
fit'‖ful *a* ryckig; ostadig, nyckfull **-ness** lämplighet, duglighet; riktighet **- -out** *s* utrustning **-ted** *a* passande, lämplig; avpassad **-ter** *s* avpassare; provare; tillskärare; montör **-ting** *s* 1 av-, hop|passning; utrustning; [in]montering 2 ~*s* tillbehör, inredning; beslag; maskindelar· armatur **- -up** *s* utstyrsel
five I *räkn* fem **II** *s* femtal, femma **-r** *s* F femma **-s** *s* handboll
fix I *tr* 1 fästa, fastsätta; inprägla 2 göra fast (hållbar), stadga; fixera; ~*ed idiom* stående uttryck 3 fixera; fängsla 4 [in]sätta, placera; inleda; etablera 5 fastställa; bestämma 6 F ordna, sätta ihop, laga, rätta till, snygga upp, hyfsa till; muta; förstöra **II** *itr* 1 fastna, slå sig ned 2 hårdna; stelna 3 ~ *on* bestämma [sig för]; utvälja **III** *s* F 1 klämma, knipa 2 [Am.] form, kondition; *out of* ~ i olag **-ation** *s* 1 fästande 2 bestämmande 3 fixering 4 fasthet **-ed** *a* 1 fix; fast; inrotad; stadig 2 orörlig, stel **-edly** [idli] *adv* fast, stadigt **-edness** [id] *s* fasthet **-ing-bath** *s* fixerbad **-ings** *spl* utrustning; tillbehör **-ity** *s* fasthet; oföränderlighet **-ture** [tʃə] *s* 1 fast tillbehör, inventarium; ~*s* [väggfast] inredning 2 [dag för] tävling (match, jakt)
fizz I *itr* väsa, fräsa **II** *s* 1 väsning, surr 2 F fart, liv 3 F champagne **-le I** *itr* 1 småfräsa 2 ~ [*out*] spraka till, F göra fiasko **II** *s* 1 väsning, fräs 2 F fiasko **-y** *a* fräsande; musserande
flabb'ergast [ɑ:st] *tr* F göra flat
flabb'y *a* slapp, lös, slak
flaccid [flæ'ksid] *a* lös, slapp; svag
1 flag *s* svärdslilja
2 flag *s* sten|platta, -häll, -läggning
3 flag I *s* flagga; fana; *white* ~, ~ *of truce* parlamentärflagga **II** *tr* 1 flaggpryda 2 [flagg]signalera [till]
4 flag *itr* 1 hänga [slappt ner] 2 vissna 3 slappna, [av]mattas
flag'ell‖ant [dʒ] *s* [själv]gisslare **-ate** *tr* gissla, piska **-ation** *s* gissling
flagg'ing *s* stenläggning
flag'on *s* vinkanna; krus
fla'gran‖cy *s* 1 bar gärning 2 ohygglighet **-t** *a* 1 pågående; *in* ~ *delict* på bar gärning 2 uppenbar, skändlig
flag'‖staff *s* flaggstång **-stone** = *2 flag*
flail *s* slaga
flair [flɛə] *s* väderkorn, fin näsa
flak‖e I *s* flaga; flinga; flak; flisa, skiva; lager **II** *itr* 1 flagna, fjälla sig 2 falla **-y** *a* flagig, skivig, fjällig
flam *s* F lögn; bedrägeri; bluff
flamboy'ant *a* praktfull, flammande
flam‖e I *s* flamma, låga, eld **II** *itr* flamma **-ing** *a* flammande; lidelsefull; *a* ~ *lie* en fräck lögn
flange [flændʒ] *s* fläns; list
flank I *s* flank, flygel; sida; *turn a p.'s* ~ överlista ngn **II** *tr* 1 flankera 2 anfalla (hota) i flanken
flann'el *s* 1 flanell[trasa] 2 ~*s* flanell|kostym, -byxor; sportdräkt
flap I *tr* 1 klappa, slå, smälla [till] 2 slå (flaxa, vifta) med **II** *itr* 1 flaxa 2 smälla; slå; dingla; ~*ping hat* slokhatt **III** *s* 1 dask, smäll 2 flaxande 3 flugsmälla 4 flik; skört; [fick-] lock; snibb; brätte; klaff; läm; ~ *table* klaffbord **-jack** *s* 1 pannkaka 2 F puderdosa **-per** *s* 1 flugsmälla; fläkta; skramla 2 and-, rapphöns|unge 3 S backfisch 4 bred fena; stjärt 5 S hand, labb **-per-bracket -per-seat** *s* F sid[o]vagn; 'bönholk'
flar‖e [flɛə] **I** *itr* 1 fladdra; blossa; skimra; flamma upp 2 bukta ut **II** *s* 1 fladdrande låga (sken); flygbåk 2 prål, skrävel **-ing** *a* lysande, grann
flash I *itr* 1 lysa (blänka) [till]; blixtra, gnistra; framträda; ~*ing light* blinkfyr 2 susa (rusa, strömma) fram **II** *tr* 1 lysa med; [ut]skjuta, [ut]kasta, spruta; svänga 2 utslunga; telegrafera **III** *s* 1 plötsligt sken, glimt; blixt, blink; ~ *of lightning* blixt; ~ *of wit* snilleblixt 2 uppflammande, utbrott 3 glans, prål **IV** *a* 1 = *-y* 2 efterapad, falsk 3 slang-; tjuv- ~*-lamp* *s* ficklampa ~*-light* *s* 1 blinkfyr 2 blixtljus **-y** *a* lysande, prålig; flott
flask [ɑ:] *s* fick-, fält|flaska, plunta
1 flat *s* våning, lägenhet
2 flat I *a* 1 flat, plan 2 raklång; *fall* ~ falla till marken 3 jämn, slät, platt; ~ *race* slätlopp 4 enhetlig; jämnstruken; enformig 5 slapp, livlös; trög, slö; matt, flau; fadd; dov 6 sänkt en halv ton; *G* ~ gess 7 direkt; ren; ~ *calm* blickstilla; ~*ly refuse* säga bestämt nej **II** *adv* 1 absolut; rent [ut] 2 *sing* ~ sjunga för lågt (falskt) **III** *s* 1 flackt land, slätt; sank mark; [långgrund] strand 2 platta; [hand]-flata; platt tak 3 pråm; låg korg 4 fonddekoration 5 halvtonsteg nedåt; förtecknet ♭; *sharps and* ~*s* svarta

tangenter IV *tr* = *-ten* **~-boat** *s* pråm **~-iron** *s* strykjärn **-ten** I *tr* 1 göra flat &c 2 [mus.] sänka II *itr* 1 bli platt &c; uthamra, valsa 2 göra tråkig (fadd)
flatt'er *tr* 1 smickra [*on* för] 2 uppmuntra 3 tilltala, smeka 4 försköna **-er** *s* smickrare **-y** *s* smicker
flat'ul|ence [ju] *s* väderspänning **-ent** *a* 1 väder|spänd, -alstrande 2 pösig
flaunt I *itr* pråla, prunka; brösta sig, stoltsera [äv ~ *o. s.*] II *tr* demonstrera, briljera med III *s* hoverande
flautist [flɔ:'tist] *s* flöjtist
fla'vorous *a* välsmakande, doftande
fla'vour I *s* arom, smak, doft, buké, krydda bismak II *tr* sätta arom (piff) på, krydda; *~ed with* smakande III *itr* ha en [bi]smak **-ing** *s* 1 smaksättning 2 krydda **-less** *a* smaklös
1 **flaw** [flɔ:] *s* [storm]by; vindkast
2 **flaw** I *s* 1 spricka 2 fel; fläck II *tr* spräcka; skämma **-less** *a* felfri
flax *s* lin **~-dressing** *s* linberedning **-en** *a* lin-; lingul **~-mill** *s* linspinneri
flay *tr* flå; avdraga; skala; skinna, klå
flea *s* loppa **~-bite** *s* loppbett; fläck
fleck I *s* fläck; fräkne II *tr* göra fläckig (brokig); tigrera **-er** *tr* = *fleck*
fledge [edʒ] *tr* befjädra; bevinga **-d** *a* flygfärdig **-ling** *s* flygfärdig fågelunge; [bildl.] gröngöling
flee (*fled fled*) *itr tr* fly [från], undvika
fleec|e I *s* 1 päls, fäll; [klipp]ull; *the Golden F~* Gyllene Skinnet 2 kalufs 3 snöflinga; molntapp II *tr* 1 klippa 2 plundra 3 beströ **-y** *a* ullig
fleer I *itr* hånle, flina; flabba; [äv. tr.] håna II *s* [kall]grin; speglosor
1 **fleet** *s* flotta; flottilj
2 **fleet** I *itr* fly[ga], ila; glida bort; skymta förbi II o. **-ing** *a* snabb, hastig
Fleet Street *s* [bildl.] pressen
Flem'|ing *s* **-ish** *a* flamländ|are, -sk
flen|ch **-se** *tr* flänsa, avspäcka; flå
flesh I *s* 1 kött 2 hull; *in ~* vid gott hull; *lose ~* magra 3 människo|-släkte, -natur; köttslighet II *tr* ge blodad tand; vänja **-ly** *a* 1 köttslig 2 kroppslig 3 världslig **~-meat** *s* köttmat **-y** *a* köttig; fet
flew [flu:] imp. av *fly*
flex *s* [elektr.] sladd **-ible** *a* 1 böjlig, smidig 2 medgörlig **-ion** [ʃn] *s* böjning; bukt **-uous** [juəs] *a* krokig, buktig **-ure** [ʃə] *s* böj|ande, -ning, krök
flibb'ertigibb'et [dʒ] *s* odåga; slarver
flick I *tr* 1 snärta till, slå 2 slänga (klatscha) med II *s* knäpp, släng, snärt; klick **-er** I *itr* fladdra, flämta; fläkta; *~ out* slockna II *s* fladdrande
flier [flai'ə] = *flyer*
1 **flight** *s* flykt; *put to ~* slå på flykten
2 **flight** [flait] *s* 1 flykt, flyg|ande, -ning; flyg- 2 flygavdelning 3 flock, svärm; skur 4 trappa; rad av hinder **-y** *a* flyktig; fantastisk
flim'sy [z] I *a* 1 tunn, bräcklig 2 tom, ytlig II *s* 1 kopiepapper 2 S sedel
flinch *itr* rygga; svikta; rycka till
fling (*flung flung*) I *itr* 1 rusa, störta; flänga 2 slå bakut 3 *~ out* bryta ut; bli ovettig II *tr* 1 kasta; [ut]slunga; *~ open* rycka upp; *~ o. s. into* hänge sig åt; *~ to* slänga igen 2 slå omkull; kasta av III *s* 1 kast 2 attack; hugg, stickord; gliring 3 släng, slag, stöt 4 *have o.'s ~* rasa ut, slå sig lös
flint *s* flinta; *skin a ~* snåla **~-lock** *s* flintlås **-y** *a* flint-; stenhård
1 **flip** I *tr* 1 knäppa i väg (till); slänga, kasta 2 vifta (slå) med II *itr* 1 knäppa 2 skutta 3 F flyga III *s* 1 knäpp, smäll, klatsch; ryck 2 F flygtur
2 **flip** *a* mumma, glögg
flip'-flap *s* F 1 kullerbytta 2 [fyrv.] svärmare 3 luftgunga
flipp'an|cy *s* lättvindighet; näsvishet **-t** *a* nonchalant; respektlös; flyktig
flipp'er *s* 1 sim|fot, -vinge 2 S labb
flirt [ɔ:] I *tr* 1 slänga, kasta; knäppa i väg 2 vifta med II *itr* 1 skutta, kila; fladdra 2 kokettera, flörta; leka III *s* 1 släng; knyck; kast 2 flört[ig person] **-ation** *s* kurtis, flört **-atious** [ei'ʃəs] **-ish** **-y** *a* flörtig, kokett
flit *itr* ila, fara; sväva, flyga; fladdra
flitch *s* fläsksida
flitt'er *itr* flaxa **~-mouse** *s* fladdermus
flitt'ing *a* flyktig, övergående
flivv'er *s* billig bil; 'fordhoppa'
float [ou] I *itr* flyta; simma; sväva; [s]vaja II *tr* 1 hålla flytande; göra flott 2 flotta 3 översvämma 4 starta, grunda; utsläppa III *s* 1 drivis-, sjögräs|fält 2 flotte 3 flöte; flottör; simdyna 4 flytorgan, simblåsa **-age** *s* 1 flyt|ande, -förmåga 2 sjöfynd, vrakgods; pråmar **~-bridge** *s* flottbro **-er** *s* 1 flottare 2 flaskpost 3 statsobligation **-ing** *a* 1 flytande, flyt-, driv-; *~ bridge* flottbro; ångfärja; *~ light* fyrskepp 2 sjö[farts]- 3 lös[t hängande] 4 rörlig
flocculent [flɔ'kjulənt] *a* ullig, dunig
1 **flock** I *s* flock, skara; hjord II *itr* skocka sig
2 **flock** *s* tapp, tofs, tott **-y** *a* flockig
floe [flou] *s* isflak
flog *tr* prygla, piska, klå **-ging** *s* smörj
flood [flʌd] I *s* 1 högvatten, flod 2 översvämning; [stört]flod, ström; *the F~* syndafloden 3 bölja II *tr* översvämma, dränka; [be]vattna III *itr* flöda över; strömma **~-gate** *s* dammlucka **~-light** *s* 1 strålkastare 2 [fasad]belysning **~-mark** *s* högvattensmärke **~-tide** *s* flod
floor [ɔ:] I *s* 1 golv; botten; *double* trossbotten 2 slät mark (yta) 3 vå

ning; *the first* ~ våningen 1 tr. upp II *tr* 1 [golv]belägga 2 slå omkull; golva; göra konfys; kugga ~-cloth *s* linoleummatta; golvtrasa -er *s* F 1 dråpslag 2 dräpande argument; kuggfråga; jobspost -ing *s* golvläggning; golv[yta]; ~*s* bräder
flop F I *itr* slänga, flaxa, smälla; plumsa II *tr* kasta; flaxa med III *s* flaxande; smäll[ande], duns IV *adv* plums -py *a* flax[ande, -ig
flor‖a [flɔ:'rə] *s* flora -al [ɔ:'r] *a* blom- -escent [e'snt] *a* blommande -iculture *s* blomsterodling -id [ɔ'] *a* blomsterprydd; blomstrande -in [ɔ'] *s* 1 gulden 2 [i Engl.] 2 shilling -ist *s* blomster[odlare, -handlare
floss *s* dun ~-silk *s* flocksilke -y *a* dunig
flotilla [flo(u)ti'lə] *s* flottilj
flotsam [flɔ'tsəm] *s* vrakgods, sjöfynd
1 flounce *tr s* [garnera med] volang[er]
2 flounce I *itr* 1 rusa 2 sprattla, sparka, plumsa II *s* sprattling; knyck
1 flounder [flau'ndə] *s* flundra
2 flounder *itr* 1 plumsa [i], knoga i väg; sprattla, tumla 2 trassla [till] sig
flour [flau'ə] *s* vetemjöl; [fint] mjöl
flourish [flʌ'r] I *itr* 1 blomstra, frodas 2 uttrycka sig sirligt 3 briljera II *tr* 1 svänga, svinga 2 utsira 3 lysa med III *s* 1 blom[ning] 2 snirkel, släng 3 grannlåt 4 elegant sväng 5 ståt[ande] 6 fanfar; preludium
floury [flau'əri] *a* av mjöl, mjölig
flout *s tr itr* hån[a]
flow [ou] I *itr* 1 flyta, rinna; flöda 2 härflyta 3 falla, bölja, fladdra 4 stiga II *s* 1 flöde, flod, ström 2 överflöd 3 svall, fall 4 översvämning 5 stigande, flod [*ebb and* ~]
flower [au'] I *s* 1 blomma, växt 2 blom[ning] 3 arom, buké II *itr* blomma -age *s* blom[ning] ~-bed *s* rabatt -ed *a* blommig ~-piece *s* blomsterstycke ~-pot *s* blomkruka ~-stand *s* blombord, blomsterställ -y *a* 1 blomrik; blom[ster]- 2 blommig
flown [floun] pp. av *fly*
fluc'tuate *itr* fluktuera, växla; vackla
1 flu[e] [flu:] *s* F influensa, S flunsa
2 flue *s* 1 rökgång 2 varmluftsrör
3 flue *s* [fint] fjun
flu‖ency [u:'] *s* jämnt flöde; språkbehärskning -ent *a* ledig; flytande; talför
fluff I *s* 1 ludd, dun 2 päls, hår; fjun II *tr itr* 1 ludda (burra) upp 2 S staka sig [på] -y *a* luddig; silkesfin
fluid [u:'] I *a* flytande II *s* vätska -ity [i'd] *s* 1 flytande tillstånd 2 ledighet
1 fluke [flu:k] *s* 1 [ankar]fly 2 hulling
2 fluk‖e *s* F tur -y *a* F tursam, turflung [ʌ] imp. o. pp. av *fling*
flun'key *s* lakej[själ] -ism *s* kryperi
flurry [ʌ'] I *s* 1 [kast]by 2 förvirring; brådska, hast II *tr* uppröra, förvirra
1 flush I *itr* flyga II *tr* skrämma upp
2 flush I *itr* 1 flöda; rusa 2 skjuta skott 3 glöda 4 blossa upp, rodna II *tr* 1 [ren]spola 2 göra röd 3 egga III *s* 1 ström, fors, svall 2 överflöd 3 renspolning 4 svall, utbrott 5 rodnad; glöd 6 växt, flor; styrka
3 flush I *a* 1 [brädd]full; riklig; ~ *times* gyllene tider 2 i jämnhöjd; jämn; rak, direkt II *tr* jämna; släta
4 flush *s* [kort.] svit
flus'ter I *tr* 1 förvirra 2 upphetsa II *itr* bli het (nervös); flänga, flyga III *s* nervositet, förvirring
flut‖e [flu:t] I *s* 1 flöjt 2 räffla II *itr* blåsa flöjt III *tr* 1 spela på flöjt; ~*d* flöjtlik 2 räffla -ist *s* flöjtspelare
flutt'er I *itr* 1 fladdra, flaxa 2 bulta 3 darra; vara orolig II *tr* 1 fladdra (flaxa) med; [upp]röra 2 förvirra, oroa III *s* 1 fladdrande 2 oro; förvirring; virrvarr 3 S försök; spel
fluty [flu:'ti] *a* flöjtlik, flöjt-
fluvial [flu:'viəl] *a* flod-
flux *s* 1 flytning, fluss 2 flod; flöde, ström 3 omlopp 4 ständig växling
fly [ai] (*flew flown*) I *itr* 1 flyga [upp] 2 ila, fara; rusa; *let* ~ skjuta; utslunga 3 fladdra, svaja 4 springa [sönder] 5 fly II *tr* 1 låta flyga, avskjuta; släppa upp; skicka 2 flyga, föra, köra; flyga över 3 hissa 4 fly [från]; undvika III *s* 1 flykt 2 droska 3 julp; tältlucka 4 flagglängd 5 svänghjul; oro [i ur] 6 fluga
fly'‖-away *a* löst sittande, vid; flyktig - -blow *s* flug[ägg, -smuts - -catcher *s* 1 flugsnappare 2 flugfångare -er *s* 1 flygare 2 flygmaskin 3 flykting - -flap *s* flugsmälla -ing *a* 1 flyg-; ~ *man* flygare 2 [s]vajande 3 snabb; flyktig; provisorisk; ~ *jump* hopp med ansats; väldigt hopp 4 rörlig, lätt -man *s* 1 droskkusk 2 scenarbetare - -sheet *s* flygblad - -trap *s* flugfångare - -weight *s* flugvikt - -wheel *s* svänghjul
foal [foul] I *s* föl, fåle II *itr tr* föla
foam [ou] *s itr* skum[ma], fradga -y *a* fradgande
1 fob *s* [ur]ficka
2 fob *tr* lura; ~ *off with* avspisa med
3 fob = *f. o. b.* [*free on board*] fob
fo'c'sle [fouksl] *s* ⚓ back; skans
fo'cus I *s* 1 brännpunkt 2 härd, centrum II *tr itr* 1 samla [sig] i en brännpunkt; koncentrera[s] 2 inställa
fodd'er I *s* foder II *tr* [ut]fodra
foe [fou] *s* fiende, ovän
foetus [fi:'təs] *s* foster
fog I *s* dimma, tjocka; töcken; oklarhet II *tr* omtöckna, förmörka -gy *a* dimmig; suddig ~-horn *s* mistlur
fo'gy *s*, *old* ~ F gammal stofil
foible [ɔi] *s* svaghet

1 **foil** I *s* [spegel]folie, botten; bakgrund II *tr* framhäva
2 **foil** I *tr* 1 korsa, springa över 2 besegra; gäcka II *s* spår
3 **foil** *s* fäktvärja, florett
foist *tr* insmussla, insmuggla; lura
1 **fold** [ou] I *s* 1 fålla 2 hjord II *tr* instänga i fålla
2 **fold** I *tr* 1 [dubbel]vika; ~ *up* lägga (vika) ihop 2 falsa 3 slå; sluta; knäppa [händerna]; ~ *o.'s arms* lägga armarna i kors 4 insvepa; ~ *up* slå in II *itr* 1 vikas; veckas; ~ *up* fällas (vikas) ihop 2 ~ *about* slå (slingra) sig om III *s* 1 veck 2 fals 3 slinga, bukt; ring 4 blad; [dörr]flygel 5 vikning, veckning **-ing-bed** *s* fäll-, tält|säng **-ing-chair** *s* fällstol **~-ing-doors** *spl* flygeldörr
fo'li|age *s* löv[verk] **-ate** I [it] *a* 1 bladlik 2 bladbärande II *tr* 1 pryda med bladornament 2 foliera
folk [fouk] *s*, **~s** F folk, människor **-lore** *s* folktro; folkloristik
foll'icle *s* liten blåsa (säck)
foll'ow [ou] I *tr* 1 [efter]följa; ~ *suit* bekänna färg; följa exemplet 2 ägna sig åt 3 följa med, [upp]fatta 4 ~ *out (up)* fullfölja II *itr* följa III *s* ny portion **-er** *s* följeslagare; anhängare
foll'y *s* dår|aktighet, -skap, tokeri
foment' *tr* 1 lägga om 2 underblåsa
fond *a* 1 öm; tillgiven 2 innerlig 3 *be ~ of* vara förtjust i, tycka om; *-ly* gärna **-le** *itr tr* kela [med], smeka[s] **-ness** *s* svaghet; ömhet; [för]kärlek
font *s* dopfunt
food *s* föda, näring; födoämne; mat; stoff **~-card** *s* livsmedelskort
1 **fool** I *s* dåre, dumbom; [hov]narr; *make a ~ of* driva [gäck] med; *make a ~ of o.s.* blamera sig; *All F~s' Day* 1:a april II *tr* 1 skoja med; narra 2 ~ *away* slarva bort III *itr* bete sig som en stolle; slå dank; skoja; leka
2 **fool** *s* kräm
foo'l|ery *s* 1 dårskap 2 narri, gyckel, skämt **~-hardy** *a* dumdristig **-ish** *a* dåraktig, dum; löjlig
foot [fut] I (pl. *feet*) *s* 1 fot; *put o.'s best ~ foremost* lägga benen på ryggen; ligga i; *set o.'s ~ upon* sätta sig emot, undertrycka; *on ~* till fots; på fötter (benen); i gång; *carry a p. off his feet* hänföra ngn; *jump (rise) to o.'s feet* springa (stiga) upp 2 under-, neder|del, nedre ända 3 fotfolk 4 versfot 5 fot [3,05 dm] 6 bottensats II *tr* addera ihop; F betala **-ball** *s* fotboll **~-board** *s* fot|bräde, -steg **-boy** *s* betjäntpojke **~-bridge** *s* gångbro **-er** *s* F fotboll **-fall** *s* [ljud av] steg **-gear** [giə] *s* fotbeklädnad **-hold** *s* fotfäste **-ing** *s* 1 fotfäste; fast fot; insteg 2 [bildl.] fot; förhållande; *on a war ~* på krigsfot 3 nedsummering; summa **-lights** *spl* ramp **-man** *s* 1 infanterist 2 betjänt **-mark** *s* fotspår **~-pace** *s* gående, skritt **-pad** *s* stråtrövare **~-page** = *-boy* **~-passenger** *s* fotgängare **-path** *s* gångstig **-print** *s* fotspår **-sore** *a* ömfotad **-step** *s* fotspår; steg **-stool** *s* pall **-way** *s* gångstig; trottoar **-wear** *s* fotbeklädnad
fop *s* sprätt, snobb **-pery** *s* 1 sprättighet 2 bjäfs **-pish** *a* narraktig
for [fɔ:; fə, fo] I *prep* 1 [i stället] för, [i utbyte] mot; ~ *nothing* [äv.] förgäves 2 för . . skull; ~ *o. s.* på egen hand, själv 3 om, efter, till, mot; *now ~ it!* nu gäller det! *be ~ it* S vara (åka) fast 4 å, på 5 på grund av, [till följd] av 6 trots 7 i fråga om, angående; ~ *all I know* så vitt jag vet; ~ *all I care* för mig; *as ~ me* för min del 8 såsom, för att vara 9 under, i II *konj* ty, för; nämligen
forage [ɔ'] I *s* foder[anskaffning] II *itr tr* furagera; söka efter (förse med) foder **~-cap** *s* lägermössa **-r** *s* furagör
forasmuch'as *konj* alldenstund
foray [ɔ'] *tr itr s* plundr|a, -ingståg
1 **forbear** [fɔ:'bɛə] *s*, **~s** förfäder
2 **forbear** [bɛ'ə] I *tr* låta bli, underlåta; upphöra med II *itr* 1 ~ *from* låta bli, undvika 2 ha fördrag **-ance** *s* 1 avhållelse 2 fördrag[samhet], tålamod **-ing** *a* överseende
forbid' *tr* 1 förbjuda; förvisa från 2 utesluta, omöjliggöra **-ding** *a* frånstötande; ogästvänlig
force [ɔ:] I *s* 1 kraft, styrka, makt; *in ~* i stort antal; *in great ~* F i god form; *the ~* polisen; **~s** stridskrafter, trupper 2 våld; tvång 3 eftertryck; beviskraft; verkan; laga kraft; innebörd, mening II *tr* 1 bruka våld mot 2 [be]tvinga 3 pressa [upp], forcera, anstränga, hårdraga 4 storma; bryta upp (igenom), spränga 5 fram-, på-, till|tvinga sig; avpressa; ~ *o.'s way* tränga sig 6 driva; ~ *away* fördriva; bryta lös **-d** *a* 1 tvungen, påtvingad, tvångs- 2 konstlad, onaturlig 3 brådmogen
for'ce-meat *s* köttfärs; ~ *ball* köttbulle
forceps [fɔ:'seps] *s* tång
for'ce-pump *s* tryckpump
for'cib|le *a* 1 tvångs-, våldsam; *-ly* med våld 2 kraftig, eftertrycklig
for'cing-house *s* drivhus
ford I *s* vad[ställe] II *tr itr* vada [över]
fore [fɔ:] I *adv* ⚓ ~ *and aft* i för och akter II *a* främre III *s* ⚓ för; *to the ~* till hands; aktuell; fullt synlig IV *interj* se upp! V *prefix* 1 för[e]-, fram-; ⚓ för-, fock- 2 förut, i förväg
fore|arm [fɔ:'] *s* underarm **-bo'de** *tr* 1 förebåda 2 ana **-bo'ding** *s* 1 förebud 2 aning **-cast** I [ɑ:'] *tr* förut|se, -säga

II *s* [förhands]beräkning; väderleksrapport **-castle** [fouksl] = *fo'c'sle* **-clo'se** [z] *tr* 1 utesluta; hindra, avstänga 2 på förhand avgöra **-father** *s* för-, stam|fader **-finger** *s* pekfinger **-foot** *s* framfot **-front** *s* främsta del (led) **-go'** I *tr itr* föregå II = *forgo* **-gon'e** *a* 1 förgången 2 ~ *conclusion* förutfattad mening, given sak **-ground** *s* förgrund **-head** [fɔ'rid] *s* panna
foreign [fɔ'rin] *a* 1 utländsk; utrikes; *Minister (Secretary of State) for F~ Affairs* utrikesminister; *F~ Office* utrikesdepartement 2 främmande **-er** *s* utlänning, främling
fore||land [fɔ:'lənd] *s* udde, kap **-leg** *s* framben **-lock** *s* pannlugg; *take time by the* ~ gripa tillfället i flykten **-man** *s* 1 ordförande i jury 2 förman, bas **-mast** *s* fockmast; ~ *man (hand)* simpel matros **-most** *a adv* främst, först **-noon** *s* förmiddag
foren'sic *a* juridisk, rätts-
for'e||runn'er *s* förelöpare **-'sail** *s* fock-[segel] **-see'** *tr* förutse **-shad'ow** *tr* förebåda, låta ana **-'sight** *s* 1 förutseende 2 [gevärs]korn
forest [fɔ'rist] *s* skog[strakt]
forestall [ɔ:'l] *tr* före|komma, -gripa
forest||er [ɔ'] *s* 1 skogvaktare 2 skogsbo **-ry** *s* skogs|vård, -bruk
fore||taste I [fɔ:'teist] *s* försmak II [--'] *tr* smaka i förväg **-tell'** *tr* förutsäga; förebåda **-thought** *s* beräkning; för-, om|tänksamhet **-token** I *s* förebud II [--'] *tr* förebåda **-yard** *s* fockrå
forfeit [fɔ:'fit] I *s* böter, plikt; pant-[lek] II *a* för|verkad, -bruten III *tr* 1 förverka; böta; ~*ed* förfallen 2 mista **-ure** [ʃə] *s* förverkande, förlust
forfend' *tr* avvända; förbjuda
1 **forge** [ɔ:dʒ] *itr*, ~ *ahead* tränga fram
2 **forge** I *s* 1 smedja 2 ässja 3 järnverk 4 smides-, stång|järn 5 [bildl.] härd II *tr* 1 smida 2 hopsmida; efterapa, förfalska **-r** *s* 1 smed; ~ *of plots* ränksmidare 2 förfalskare **-ry** *s* förfalskning, efterapning
for||get' (*-got -gotten*) *tr* glömma [bort], ha glömt; ~ [*all*] *about it* [alldeles] glömma bort det **-ful** *a* glömsk; försumlig **-giv'e** *tr* förlåta; efterskänka **-go'** *tr* avstå från, uppge
fork I *s* 1 tjuga, grep; [stäm]gaffel 2 förgrening; vägskäl; korsväg II *itr* 1 grena (dela) sig 2 F sticka fram III *tr* lyfta, langa [med gaffel]
forlor'n *a* 1 övergiven; ödslig 2 hopplös 3 eländig 4 ~ *hope* stormtrupp; sista djärvt försök
form I *s* 1 form; skepnad; figur; gestalt[ning] 2 formel; formulär, blankett 3 form[alitet]; *matter of* ~ formsak; *good* ~ F korrekt, god ton; *bad* ~ F obelevat, taktlöst 4 kondition 5 [skol]bänk 6 [skol]klass II *tr* 1 bilda; forma, gestalta 2 utbilda 3 [an]ordna, inrätta; grunda; formera 4 ut|tänka, -forma, uppgöra; fatta; bilda sig [mening] 5 förvärva, stifta, vinna 6 utgöra III *itr* 1 ~ *into* bilda 2 formera (uppställa) sig 3 bilda sig **-al** *a* 1 form|ell, -enlig, -alistisk, -lig; uttrycklig 2 stel; ~ *call* artighetsvisit 3 yttre; sken- **-al'ity** *s* formalitet; formsak **-ation** *s* 1 formande; bildning, gestaltning 2 formering; gruppering; formation
for'mer *a pron* 1 *the* ~ den (det, de) förr|e, -a 2 föregående; förgången, forn **-ly** *adv* fordom, förr
for'midable *a* fruktansvärd; förfärlig
for'mless *a* formlös; oformlig
for'mul||a [ju] *s* recept **-ate** *tr* formulera
fornication *s* otukt; hor
for|sa'ke (*-sook -saken*) *tr* över-, upp|ge
forsoo'th *adv* sannerligen, minsann
for||swear [ɛ'ə] *tr itr* 1 avsvärja 2 ~ [*o.s.*] försvärja sig **-swor'n** *a* menedig
fort *s* fästning, fort; skans **-e** 1 [fɔ:t] *s* starka sida 2 [ti] *adv a s* forte
forth [fɔ:þ] *adv* 1 fram 2 bort, ut **-coming** [ʌ'm] *a* förestående, annalkande; redo **-with'** *adv* genast
fortieth [fɔ:'tiiþ] *räkn* fyrtionde
forti||fication *s* befästning[s|konst, -verk] **-fy** [-'-fai] *tr* 1 befästa 2 [för]stärka; styrka **-tude** [ɔ:'] *s* mod
fortnight [fɔ:'t] *s* fjorton dagar **-ly** *a adv* [utkommande] var fjortonde dag
for'tress *s* fästning; fäste, borg
fortu'it||ous *a* tillfällig **-y** *s* tillfällighet
fortunate [fɔ:'tʃ(ə)nit] *a* lyck|lig, -ad; *be* ~ ha tur **-ly** *adv* lyckligt[vis]
fortune [fɔ:'tʃ(ə)n] *s* 1 lycka[n]; öde, lott; tur, framgång; *Dame F~* fru Fortuna; *adverse* ~ olycka; *tell* ~*s* spå 2 välstånd; rikedom; rikt parti; förmögenhet **~-hunter** *s* lycksökare, hemgiftsjägare **-less** *a* utan hemgift **~-teller** *s* spå|man, -kvinna
forty [fɔ:'] I *räkn* fyrtio II *s* fyrtiotal
forward [fɔ:'wəd] I *a* 1 främre; ⚓ för- 2 framåt[riktad], fram- 3 avancerad, ytterlig[hets-] 4 framtida; väntad 5 försigkommen; brådmogen 6 ivrig, 'het' 7 framfusig II *s* [sport.] forward III *adv* 1 fram[åt]; ⚓ för|ut, -över; *charges* ~ [att] betalas vid framkomsten; *bring* ~ komma fram med, transportera; *look* ~ *to* emotse; glädja sig åt 2 vidare; 'på'; långt fram 3 före, i förväg IV *tr* 1 befrämja, gynna 2 påskynda 3 befordra vidare, eftersända; *to be* ~*ed* för vidare befordran 4 [av-, till-] sända **-er** *s* 1 befrämjare 2 avsändare, speditör **-s** *adv* fram|åt, -länges
fosse [fɔs] *s* [fästnings]grav
foss'il *a s* fossil; försten|ad, -ing

fos'ter *tr* fostra, uppamma; gynna; underhålla, nära, omhulda **-er** *s* 1 uppfostrare; foster|fader, -moder 2 gynnare **-ling** *s* fosterbarn; skyddsling
fought [fɔ:t] imp. o. pp. av *fight*
foul I *a* 1 stinkande, vidrig, skämd, osund; smutsig; grumlig; sotig; oren; oklar; farlig; ~ *copy* kladd; *fall* ~ *of* törna på; stöta emot; anfalla; ~ *wind* motvind 2 gemen, skamlig; ovettig; S otäck 3 ogiltig, ojust; orättvis; ~ *means* olagliga medel; ~ *play* falskt spel; oredlighet II *s* 1 *through* ~ *and fair* i vått och torrt 2 kollision 3 otillåtet spel, fel III *adv* oriktigt; mot reglerna IV *tr* 1 förorena; fläcka 2 trassla till; hindra; köra emot **~-mouthed** *a* rå, grov
1 **found** imp. o. pp. av *find*
2 **found** *tr* gjuta, stöpa
3 **found** *tr* grund[lägg]a; stifta
foundation *s* 1 grundande; [in]stiftande 2 grund[val] 3 stiftelse, inrättning; donation[sfond] **-er** *s* frielev
1 **founder** [fau'ndə] *s* gjutare
2 **founder** *s* grundläggare, stiftare
3 **founder** I *itr* 1 störta in, ramla 2 [snava och] falla 3 sjunka, förlisa; gå under II *tr* 1 tröttköra 2 segla i kvav 3 fördärva [boll]
fou'ndling *s* hittebarn
fou'ndress *s* stiftar-, grundar|inna
fou'ndry *s* gjuteri
fou'ntain [tin] *s* 1 källsprång, källa 2 springbrunn 3 reservoar **~-head** *s* [flods] källa **~-pen** *s* reservoarpenna
four [fɔ:] *räkn* fyra **-fold** *a adv* fyrdubbel[t] **~-in-hand** *s* 1 fyrspann 2 kravatt **~-legged** *a* fyrbent **~-oar** [-'rɔ:] *s* fyra[årad båt] **~-part** *a* fyrstämmig **~-seater** *s* fyrsitsig bil **~-stroke** *s a* fyrtakt[s-] **-teen** [-'-'] *räkn* fjorton **-teenth** *räkn s* fjortonde[del] **-th** *räkn s* fjärde[del]
fowl [au] I *s* [höns]fågel, fjäderfä II *itr* jaga fågel **-er** *s* fågeljägare **-ing-piece** *s* fågelbössa **~-run** *s* hönsgård
fox *s* räv; ~ *and geese* rävspel **~-brush** *s* rävsvans **~-earth** *s* rävlya **~-hunt** *s* rävjakt **~-trap** *s* rävsax
fract'||ion *s* 1 bit, stycke 2 [mat.] bråk **-ious** [ʃəs] *a* bråkig, oregerlig **-ure** [tʃə] I *s* brytning; brott II *tr* bryta
fragil||e [æ'dʒ] *a* bräcklig, skör; skröplig **-ity** [i'l] *s* bräcklighet, skröplighet
frag'ment *s* stycke, bit, skärva; fragment **-ary** *a* lösryckt, fragmentarisk
fra'gran||ce *s* doft **-t** *a* doftande
frail *a* bräcklig; skör; svag
frame I *tr* 1 hop|foga, -timra, [upp-] bygga, inrätta 2 [ut]forma; uppgöra; utarbeta; bilda 3 S ~ *up* hitta på, 'ordna'; justera 4 inrama, infatta II *itr* arta sig III *s* 1 konstruktion; byggnad 2 form, system 3 ~ [*of mind*] [sinnes]stämning 4 kropp[sbyggnad] 5 bjälklag; stomme, skrov; ⚓ spant 6 ram, karm infattning; fodral 7 drivbänk 8 vävstol **-r** *s* 1 upphovsman, konstruktör; författare 2 inramare **~-up** *s* S komplott **-work** *s* stomme; ram
franchise [fræ'n(t)ʃaiz] *s* privilegium
Fran'co-Ger'man [dʒ] *a* fransktysk
fran'gible [dʒ] *a* bräcklig, skör, spröd
frank *a* öppen[hjärtig], fri[modig], uppriktig; uppenbar, ren; *-ly* [äv.] uppriktigt sagt **-incense** *s* rökelse
frank'lin *s* storbonde
fran'tic *a* rasande, vanvettig; utom sig
frap *tr* ⚓ surra
fratern||al [tə:'] *a* broderlig **-ity** *s* 1 broder|skap, -lighet 2 brödraskap, samfund; [Am.] student-, elev|förening **-ize** [fræ'] *itr* förbrödra sig
frat'ricide *s* broder|mord, -mördare
fraud [ɔ:] *s* 1 bedrägeri, svek; svindel 2 F bedragare **-ulent** [ju] *a* bedräglig
fraught [frɔ:t] *a* lastad, laddad; fylld
1 **fray** [frei] *s* 1 gräl, bråk 2 strid
2 **fray** I *tr* nöta, slita [ut] II *s* frans
freak *s* nyck, infall; upptåg; ~ [*of nature*] underdjur **-ish** *a* underlig
freckle I *s* fräkne; fläck, prick II *tr itr* göra (bli) fräknig (fläckig)
free I *a* 1 fri; oförhindrad; frivillig; *set* ~ fri|giva, -göra 2 kostnadsfri 3 ledig, otvungen; frispråkig; *make* ~ *with* ta sig friheter med 4 frikostig II *tr* befria, fri|giva, -kalla **-booter** *s* fribytare **~-born** *a* friboren **-dom** *s* 1 frihet 2 otvungenhet 3 lätthet 4 fri- och rättighet **~-handed** *a* frikostig **~-hearted** *a* öppen[hjärtig]; hjärtlig; frikostig **-hold** *s* odaljord **-holder** *s* odalbonde **~-kick** *s* frispark **~-lance** *s* fri journalist, frilans; [politisk] vilde **~-liver** *s* goddagspilt **-ly** *adv* 1 fritt 2 [fri]villigt 3 öppet 4 rikligt; flott; frikostigt **-mason** *s* frimurare **~-port** *s* frihamn **~-spoken** *a* frispråkig **-stone** *s* sand-, kalk|sten **~-trade** *s* frihandel
freez||e (*froze frozen*) I *itr* [till]frysa; frysa fast; ~ *to death* frysa ihjäl II *tr* 1 isbelägga; frysa, isa, förlama 2 förfrysa III *s* frost; köldknäpp **-er** *s* 1 frysmaskin 2 F kalldusch 3 F kall vinterdag **-ing** *s* frys|ande, -punkt
freight [freit] I *s* frakt[gods]; [skepps]last II *tr* 1 lasta 2 [be]frakta **-age** *s* 1 ⚓ hyra; frakt 2 transport 3 [skepps]last **-er** *s* 1 befraktare 2 speditör 3 lastbåt **~-train** *s* godståg
French *a* fransk; ~ *bean* skärböna; ~ *floor[ing]* parkettgolv; *take* ~ *leave* smita; ~ *plums* katrinplommon; ~ *window* flygelfönster, glasdörr **-ify** *tr* förfranska **-man** *s* fransman **-woman** *s* fransyska

fren'z|y I *s* ursinne, raseri; vanvett **II** *tr* göra vanvettig; *-ied* vanvettig, vild
fre'quen||cy *s* vanlighet, talrikhet, täthet **-t I** [-'-] *a* vanlig, allmän; snabb, flitig **II** [--'] *tr* ofta besöka **-tation** *s* flitigt besökande; nära umgänge **-ter** [--'-] *s* stam|gäst, -kund **-tly** *adv* ofta
fresh I *a* **1** ny, annan, ytterligare **2** färsk, frisk; ny|gjord, -anländ; sval; osaltad; ~ *water* [äv.] sötvatten **3** oerfaren, grön **4** blomstrande; pigg **5** F påstruken **II** *adv* nyss, ny- **-en I** *tr* **1** friska (färska) upp **2** urvattna **II** *itr* **1** bli frisk[are] **2** friska i **-er** S =*-man* **-et** *s* översvämning **-ly** *adv* nyligen, ny- **-man** *s* recentior
1 fret I *tr* **1** gnaga, äta [på], nöta [av]; fräta [bort]; skamfila **2** reta [upp], plåga **3** ~ *away* genomlida; ~ *o.s.* gräma (oroa) sig **4** uppröra, krusa **II** *itr* **1** gnaga; fräta, tära **2** vara sur, gräma (oroa) sig; *~ting* otålig, retlig **3** svalla **III** *s* harm; upprördhet
2 fret I *s* **1** nät-, flät|verk **2** meander[mönster] **II** *tr* utskära; pryda
fret'|ful *a* retlig; upprörd [äv. *-ty*]
fret'||saw *s* lövsåg **-work** *s* nätverk
fri'able *a* lös; spröd
fri'ar *s* [tiggar]munk; *Black F~* dominikan; *Grey F~* franciskan
fric'tion *s* **1** gnidning: frottering **2** spänning **~-bath** *s* massagebad
Fri'day [di] *s* [*Good* ~ lång]fredag
friend [frend] *s* vän[inna]; kamrat; bekant; *~s* anhöriga; *make ~s* få (bli) vänner; *a ~ at court* en vän i viken **-ly** *a* vän[skap]lig; vänskaps-; välvillig; gynnsam **-ship** *s* vänskap
frieze [fri:z] *s* fris
frig'ate [it] *s* fregatt[skepp]; kryssare
fright [frait] *s* **1** [för]skräck[else], skrämsel; *give a ~* skrämma; *take ~* bli skrämd; skygga **2** F fågelskrämma **-en** *tr* skrämma **-ful** *a* hemsk
frig'id [dʒ] *a* kall, isig, kylig; stel **-ity** [i'd] *s* köld; kyla
frill I *s* **1** krås, veckad remsa, krage; krusat papper **2** *~s* F grannlåter **II** *tr* rynka, krusa **-ing** *s* krus, rysch
fring||e [frindʒ] **I** *s* **1** frans[ar]; bård **2** marginal **3** lugg **II** *tr* befransa, kransa **-y** *a* frans-; fransprydd
fripp'ery *s* **1** bjäfs, prål **2** småkram
frisett'e [iz] *s* krusad lugg, pannlock
frisk I *itr* hoppa, dansa **II** *s* upptåg, skoj **-y** *a* lekfull, yster
1 fritt'er *s* struva, [äpple- &c]munk
2 fritter *tr* bryta i småbitar; splittra
frivol'||ity *s* **1** futtighet; tomhet **2** ytlighet, flärd **-ous** [i'v] *a* **1** obetydlig, futtig, tom **2** ytlig, lättsinnig
friz[z] I *tr* krusa **II** *s* krusning; lockar
1 frizzle *tr itr* steka, fräsa
2 frizz||le I *tr itr* locka, krusa [sig] **II** *s* hårlock; krusat hår **-ly** *a* krusig
fro *adv*, *to and ~* fram och tillbaka
frock I *s* **1** munkkåpa **2** klänning **3** arbetsblus **~-coat** *s* bonjour
1 frog *s* kordongknapp
2 frog *s* **1** groda **2** S fransman
frol'ic I *s* **1** skoj, upptåg; yra **2** förlustelse, fest **II** *itr* leka, rasa, hoppa; roa sig **-some** *a* munter, uppsluppen
from *prep* **1** från, bort[a] från **2** från [att ha varit] **3** av, ur **4** [på grund] av; att döma av **5** efter **6** för, mot **7** ~ *above* ovanifrån; ~ *among* [fram] ur; ibland; ~ *behind* bakifrån; ~ *there* därifrån; ~ *under* fram från (under); ~ *within* inifrån
front [ʌ] **I** *s* **1** panna, uppsyn; fräckhet **2** framsida; fasad; front; skjortbröst **3** promenad **4** löshår **5** *in ~* framtill; i spetsen; *in ~ of* fram-, in|för; *come to the ~* bli aktuell (bekant) **II** *a* fram-, främre, första; ~ *box* fondloge; ~ *door* huvudingång; ~ *room* rum åt gatan **III** *itr* **1** vetta **2** ⚔ vända [sig] framåt **IV** *tr* **1** vetta (vara vänd) mot **2** möta, trotsa **-age** *s* **1** framsida **2** frontlinje **3** läge **-al** *a* **1** pann- **2** front-; fasad- **-ier** [jə] *s* gräns[område] **-ispiece** [spi:s] *s* **1** fasad; huvudingång **2** frontespis **3** titelplansch **-let** *s* **1** pannband **2** ansikte
frost [ɔ(:)] **I** *s* **1** frost; tjäle; köld, kyla **2** rimfrost **3** S fiasko **II** *tr* **1** frostskada **2** bekläda med rimfrost **3** brodda **4** glasera **5** mattslipa **6** göra [hår] vitt **~-bite** *s* frost-, kyl|skada **~-nail** *s* isbrodd **~-work** *s* isblommor, rimfrost **-y** *a* **1** frost-, frostig. [is]-kall, kylig; rimfrostklädd **2** grånad
froth I *s itr* fradga, skum[ma] **II** *tr* göra (vispa) till skum **-y** *a* **1** skummande **2** tom, ytlig· tunn
frown [au] **I** *itr* rynka pannan; se bister ut **II** *tr* skrämma **III** *s* **1** rynkad panna; bister uppsyn **2** ogunst
frowzy [au'] *a* unken; vidrig; snuskig
froze [frouz] **-n** imp. o. pp. av *freeze*
fruc'tify I *itr* bära frukt **II** *tr* befrukta
frugal [u:'] *a* sparsam, måttlig; enkel
fruit [fru:t] *s* frukt; produkt; resultat **-arian** [ɛ'ər] *s* frukt-, råkost|ätare **~-cake** *s* korintkaka **~-drop** *s* fruktpastill **-erer** *s* frukthandlare **-ful** *a* frukt|bar, -sam **-ion** [i'ʃn] *s* [åt]njutande **-less** *a* **1** ofruktbar **2** fruktlös
frump *s* F [gammal] tant **-y** *a* tantig
frustra't||e *tr* gäcka, svika; neutralisera **-ion** *s* gäckande; missräkning
1 fry *s* **1** gli, småfisk; [*salmon*] ~ unglax **2** yngel **3** svärm
2 fry I *tr* steka, bryna **II** *s* [ngt] stekt **-er -ing-pan** *s* stekpanna
fuddle I *tr* **1** berusa **2** förvirra **II** *itr* supa [sig full] **III** *s* **1** supperiod **2** rus
fudge [fʌdʒ] **I** *s* **1** prat **2** fuskverk **II** *tr*, ~ [*up*] lappa (fuska) ihop

fu'el *s* bränsle; näring; ~ *oil* brännolja
fug *s* F instängdhet, kvalm[ighet]
fugacious [fju:gei'ʃəs] *a* flyktig
fugg'y *a* F instängd, kvav
fu'gitive [dʒ] *a s* flykti[n]g, flyende
fulfil [fulfi'l] *tr* uppfylla, utföra; fullborda **-ment** *s* uppfyllelse; fullbordan
1 full [ful] *tr* valka, stampa
2 full I *a* **1** full **2** ~ *of* upptagen av **3** rik[lig], ymnig; utförlig **4** full|ständig, -talig; hel; ~ *beard* helskägg; *at* ~ *length* raklång; utförligt **5** stark; djup; kraftig **6** fyllig, rund; vid **II** *adv* fullt, fullkomligt; drygt; rakt, rätt **III** *s* full[ständig]het, helhet; *in* ~ till fullo **IV** *tr* vecka **~-back** *s* back **~-blood[ed]** *a* fullblods- **~-blown** *a* fullt utslagen; mogen
full-||flavoured [fu'l] *a* kryddad, pikant, stark **-grown** *a* fullväxt, vuxen
ful[l]ness [u'] *s* **1** fullhet **2** rikedom; överflöd **3** fyllighet **4** fullbordan
ful'min||ant *a* dundrande, blixtrande **-ate I** *itr* ljunga, åska; dundra **II** *tr* **1** fördöma **2** framdundra, utslunga
fulsome [fu'lsəm] *a* äcklig, osmaklig
ful'vous *a* gulbrun
fumble I *itr* fumla; famla, treva **II** *tr* fumla med, fingra på **-r** *s* klåpare
fume I *s* **1** dunst, rök, doft; 'stank'; ånga **2** inbillning **3** upprördhet, ilska **II** *itr* **1** ryka, ånga **2** ~ *away* dunsta bort **3** vara retlig **III** *tr* röka
fu'migat||e *tr* **1** [in]röka, desinficiera **2** parfymera **-ion** *s* **1** rökning, desinfektion **2** parfymering; rök[else]
fumy [fju:'] *a* rökig; röklik; dunstig
fun *s* nöje; roligt; skämt, skoj, upptåg; *for the* ~ *of it* för ro skull; *in* ~ på skämt; *great* ~ väldigt roligt; *make* ~ *of, poke* ~ *at* göra narr av
funam'bulist [fju:] *s* lindansare
func'tion I *s* **1** verksamhet, uppgift; syssla **2** ceremoni; F festlighet; bjudning **II** *itr* fungera **-al** *a* **1** ämbets- **2** specialiserad **-ary I** *s* funktionär, tjänsteman **II** *a* ämbets-, officiell
fund I *s* **1** fond; grundkapital **2** [*public*] ~*s* stats|obligationer, -papper **3** F ~*s* tillgångar, pengar; *in* ~*s* vid kassa **II** *tr* **1** fondera **2** placera i statspapper **-amen'tal I** *a* grund-; grundläggande **II** *s* grundprincip
fu'ner||al I *a* begravnings-; ~ *pile* (*pyre*) bål; ~ *service* jordfästning **II** *s* begravning **-eal** [i'əriəl] *a* begravnings-; dyster
fung'|us [gəs] (pl. *-i* [dʒai]) *s* svamp
funic'ular [ju] *a* rep-; kabel-; lin-
funk S **I** *s* **1** förskräckelse, rädsla; *in a* [*blue*] ~ skraj, nervös **2** mes, hare **II** *tr* **1** vara rädd för **2** smita ifrån **~-hole** *s* S 'gömställe' **-y** *a* S rädd
funn'el *s* tratt; lufthål, rör; skorsten
funn'y *a* rolig, lustig; komisk; konstig **~-bone** *s* tjuvsena [i armbågen]
fur [fə:] **I** *s* **1** pälshår; skinn; päls[foder, -krage]; pälsdjur **2** beläggning **II** *tr* **1** päls|fodra, -kläda **2** belägga
fur'bish *tr* polera; putsa (piffa) upp
furcation *s* [gaffelformig] förgrening
fu'rious *a* rasande, ursinnig; våldsam
furl [fə:l] *tr itr* hop|rulla[s], -fälla[s]
fur'long *s* $^{1}/_{8}$ engelsk mil, 201,17 m
fur'lough [ou] *s tr* permi|ssion, -ttera
fur'nace [is] *s* **1** mas-, smält|ugn **2** värmeledningspanna
furnish [ə:'] *tr* **1** förse **2** inreda, möblera **3** leverera, ombesörja, skaffa; lämna, ge **-er** *s* möbelhandlare; leverantör **-ing** *s* **1** utrust|ande, -ning **2** dekoration **3** inredning; tillbehör
fur'niture [tʃə] *s* **1** beslag, montering **2** möbl|er, -emang; *piece of* ~ möbel; *set* (*suite*) *of* ~ möbel [koll.]
furrier [fʌ'riə] *s* pälsvaruhandlare
furrow [fʌ'ro(u)] **I** *s* fåra; ränna, räffla; spår **II** *tr* plöja; fåra; räffla
furry [ə:'] *a* **1** päls-; päls|klädd, -fodrad **2** pälslik **3** grumsig, belagd
further [fə:'ðə] **I** *a adv* **1** avlägsnare, bortre; längre bort (fram); *till* ~ *notice* (*orders*) tills vidare; *wish a man* ~ önska ngn dit pepparn växer **2** vidare, ytterligare, närmare **II** *tr* befrämja, gynna **-ance** *s* [be]främjande **-er** *s* [be]främjare **-more** *adv* vidare, dessutom **-most** *a* borterst
furthest [fə:'ðist] **I** *a* avlägsnast, borterst **II** *adv* längst bort, ytterst
furtive [ə:'] *a* förstulen; hemlig; lömsk
fu'ry *s* **1** raseri; våldsamhet **2** furie
furze [fə:z] *s* gul-, ärt|törne
1 fuse [fju:z] **I** *tr itr* **1** [samman]smälta; sammanslå **2** F slockna **II** *s* [säkerhets]propp
2 fuse *s* brand-, tänd|rör, lunta **-e** [i:'] *s* **1** snäcka [i ur] **2** se *2 fuse* **3** storm[tänd]sticka
fuselage [fju:'zəlidʒ] *s* flygkropp
fusel-oil [fju:'zlɔi'l] *s* finkelolja
fu'sible *a* smältbar, lättsmält
fusilla'de [fju:z] **I** *s* gevärssalva; fysiljering **II** *tr* beskjuta; fysiljera
fusion [fju:ʒn] *s* [samman]smältning
fuss F **I** *s* bråk, besvär, väsen; *make a* ~ bråka **II** *itr* göra mycket väsen, bråka; fara omkring **III** *tr* irritera **-y** *a* F **1** beskäftig; nervös **2** utstyrd
fus'ty *a* **1** unken **2** gammalmodig
fu'til||e *a* **1** fåfäng, frukt-, menings|lös **2** innehållslös, tom **-ity** [i'l] *s* det fåfänga, gagnlöshet; intighet
future [fju:'tʃə] **I** *a* [till]kommande, framtida, blivande; ~ [*tense*] futurum **II** *s* **1** framtid **2** futurum
fuzz *s* fjun, dun; stoft **-y** *a* **1** fjunig, trådig **2** suddig **3** krusig, burrig
fylfot [fi'lfɔt] *s* hakkors

G

G, g [dʒi:] *s* g g = *guinea*
gab *s* S prat, gafflande
gabble I *itr tr* pladdra; prata; snattra II *s* prat; snatter
gab'erdine [i:n] *s* 1 kapprock 2 gabardin
gable [ei] *s* gavel
1 **gad** *interj*, *by* ~ för tusan
2 **gad** *s* 1 pigg, metallspets 2 pik[stav]
3 **gad** *itr* 1 stryka omkring 2 förgrena sig **-about** *s* dagdrivare
gadfly [gæ'dflai] *s* broms, styng
gad'get [dʒ] *s* F anordning, moj; knep
Gael [geil] *s* gael[er] **-ic** *a* gaelisk
1 **gaff** [gæf] *s* 1 hugg, krok 2 ⚓ gaffel
2 **gaff** *s* S usel teater (varieté)
3 **gaff** *s* S *blow the* ~ skvallra
gaffe [gæf] *s* F blunder, gubbe
gaff'er *s* gamling, gubbe
gag I *tr* sätta munkavle (munkorg) på; lura II *s* munkavle; munkorg; S lögn
1 **gage** [geidʒ] I *s* 1 [under]pant 2 utmaning II *tr* sätta i pant
2 **gage** se *gauge*
gai'ety *s* 1 glädje, livlighet 2 förlustelse 3 grannlåt **-ly** *adv* glatt
gain I *s* 1 vinst; förvärv; förmån 2 ökning II *tr* 1 vinna; förvärva; erhålla 2 [för]tjäna 3 [upp]nå 4 dra sig före III *itr* 1 vinna [*by* på]; tilltaga; stiga 2 ~ [*up*]*on* [äv.] inkräkta på; vinna insteg hos **-er** *s* vinnare **-less** *a* ofördelaktig; gagnlös
gainsay' *tr* 1 bestrida 2 motsäga
gait *s* gång, sätt att gå
gai'ter *s* damask **-ed** *a* damaskklädd
gal [gæl] P S = *girl*
gala [gɑ:'lə] *s* *a* [stor] fest; gala-
gal'antine [i:n] *s* aladåb
gal'axy *s* Vintergata; lysande samling
1 **gale** *s* blåst; kultje, storm
2 **gale** *s* [bot.] pors
1 **gall** [ɔ:] *s* 1 galla 2 bitterhet, hat
2 **gall** *s* galläpple
3 **gall I** *tr* 1 skava [sönder]; skamfila 2 plåga; oroa; reta; såra II *s* 1 skavsår 2 irritation
gallant I *a* [gæ'lənt, jfr 3] 1 ståtlig, präktig 2 tapper, käck 3 [gəlæ'nt] artig, chevaleresk II [-'] *tr* eskortera; uppvakta **-ry** *s* [-'--] *s* 1 [hjälte]mod; ridderlighet 2 artighet; kurtis
gall'ery *s* 1 galleri 2 balkong 3 läktare; [teat.] tredje rad, 'hylla' 4 hall, ateljé; [täckt] bana; gång
galley [gæ'li] *s* ⚓ galär; slup; kök
Gall'ic [gæ'lik] *a* gallisk; fransk
gallipot [gæ'lipɔt] *s* [apoteks]burk
gallivant' *itr* gå och driva; kurtisera
gall-nut [gɔ:'lnʌt] *s* galläpple
Galloma'nia *s* stark fransvänlighet
gall'on *s* 4,543 liter: [Am.] 3,785 l
galloon [gəlu:'n] *s* galon, träns
gallop [gæ'ləp] *itr* *s* galopp[era]
Gall'o||phil *s* franskvän **-phobe** *s* franskhatare
gallows [gæ'lo(u)z] *s* galge
galore [gəlɔ:'] *s* *adv* [i] överflöd
galosh [gəlɔ'ʃ] *s* 1 galosch 2 damask
galvan'ic *a* galvanisk; ~ *pile* Voltas stapel
gamba'de *s* 1 skutt, hopp 2 påhitt
gambl||e I *itr* spela, dobbla; spekulera, jobba II *s* [hasard]spel **-er** *s* spelare; jobbare **-ing** *s* hasardspel
gam'bol I *s* 1 hopp, skutt, glädjesprång 2 upptåg II *itr* hoppa [och dansa]
game I *s* 1 nöje; S skoj 2 lek, spel; *athletic* ~*s* sport, idrott; *play the* ~ vara just 3 [spel]parti, match 4 vunnet spel, vinst 5 ~*s* sportartiklar 6 företag, plan, knep; *play a p.'s* ~ spela ngn i händerna 7 vilt; byte 8 flock 9 mod II *a* stridslysten; morsk; hågad III *itr tr* spela **~-bag** *s* jaktväska **~-cock** *s* stridstupp **~-keeper** *s* skogvaktare **~-law** *s* jaktstadga **-some** *a* yster **-ster** *s* spelare **~-tenant** *s* jaktinnehavare
ga'ming *s* spel **~-house** *s* spelhus
gamm'er *s* mor[a]; [kära] mor
1 **gamm'on** *s* skinka
2 **gammon** *s* [brädsp.] dubbelt spel
3 **gammon** F I *s* skoj, [strunt]prat II *itr* prata; bluffa III *tr* lura
gamp *s* F paraply
gamut [gæ'mət] *s* skala
ga'my *a* rik på villebråd
gan'der *s* 1 gåskarl 2 dumbom
gang *s* grupp, lag; gäng, band **~-board** *s* landgång **-er** *s* förman
ganglion [gæ'ŋgli] *s* ganglie, nervknut
gangrene [gæ'ŋgri:n] *s* kallbrand
gang'ster *s* bandit
gangue [gæŋ] *s* [bergv.] gångart
gang'way *s* 1 gång, passage 2 ⚓ landgång; gångbord
gan'tlet = *gauntlet* **gan'try** = *gauntry*
gaol [dʒeil] *s* fängelse [= *jail*]
gap *s* 1 öppning, gap; bräsch; klyfta 2 lucka, hål, brist; svalg **-e I** *itr* 1 gapa; öppna sig [vitt] 2 starrbliga II *s* 1 gap[ande] 2 *the* ~*s* gäspattack
garage [gæ'ridʒ, gærɑ:'ʒ] *s* garage
garb I *s* dräkt, skrud II *tr* kläda
gar'bage *s* 1 inälvor 2 avskräde; smörja
garble *tr* stympa; vanställa
gar'den *s* 1 trädgård; ~ *suburb* trädgårds-, villa[stad 2 ~*s* park **~-engine** *s* trädgårdsspruta **-er** *s* trädgårdsmästare **~-frame** *s* drivbänk ~-

-house *s* lusthus -ing *s* trädgårdsskötsel ~-plot *s* trädgårdsanläggning ~-stuff *s* trädgårdsprodukter
garfish [gɑ:'fiʃ] *s* [zool.] näbbgädda
gargle I *itr* gurgla sig II *s* gurgelvatten
garish [ɛ'ə] *a* grann; bländande; gräll
gar'land I *s* krans, girland II *tr* kransa
gar'lic *s* vitlök
gar'ment *s* klädesplagg; ~*s* kläder
gar'ner I *s* spannmålsbod; förrådsbod II *tr* magasinera, lagra; samla
gar'net *s* [miner.] granat
gar'ni|sh I *tr* 1 ~*ed with* försedd med 2 pryda, pynta II *s* garnering; utstoffering -ture [tʃə] *s* 1 tillbehör 2 prydnad[er]; garnering 3 dräkt
garret [gæ'] *s* vinds|rum, -våning
garr'ison [sn] *s tr* [förlägga i] garnison
garru'l|ity *s* pratsjuka -ous [gæ'r] *a* prat|sam, -sjuk
gar'ter *s* 1 strumpeband 2 [*the order of*] *the G*~ strumpebandsorden
gas I *s* 1 [lys]gas; *lay on* [*the*] ~ inleda gas 2 bedövnings-, gift|gas 3 prat; skrodcrande 4 [Am.] F bensin II *tr* 1 förse (upplysa) med gas 2 bedöva (döda) med gaser; ~*sed* [äv.] gasförgiftad ~-attack *s* gasanfall ~-bag *s* 1 gasbehållare 2 F ballong, luftskepp 3 F pratmakare
Gas'con *s* gascognare g-na'de *s* skrävel
gas-cooker [gæ'skukə] *s* gasspis
gaseous [gei'ziəs] *a* gas|formig, -artad
gash I *tr* skära djupt i, fläka upp II *s* skåra, djupt sår
gas'|-heater *s* gaskamin --helmet *s* gas|mask, -hjälm --holder *s* gasklocka -ify *tr itr* förgasa[s] --jet *s* gas|brännare, -låga --lamp *s* gas|lykta, -lampa --light *s* gas|låga, -ljus --main *s* gasledning[shuvudrör] --man *s* 1 gas[verks]arbetare 2 gasuppbördsman --meter *s* gasmätare; ~ *tester* gasmätare [pers.]
gas'o|lene -line [li:n] *s* 1 gasolin; gasolja 2 [Am.] bensin -meter [ɔ'm] *s* gasometer; gasklocka
gasp [ɑ:] I *itr* gapa (kippa) efter andan, flämta II *tr*, ~ *out* flåsa fram III *s* flämtning; andetag
gas'|pipe *s* gasrör --protector *s* gasskydd --range *s* gasspis --shell *s* gasbomb --stove *s* gas|kamin, -kök -sy *a* gas-; mångordig --tight *a* gastät
gas'tric *a* mag-; ~ *fever* tyfoidfeber
gas'tronome *s* gastronom, finsmakare
gas'works *spl* gasverk
gate *s* 1 port[gång]; grind 2 bergpass 3 dammlucka; slussport -house *s* 1 grindstuga 2 porthus ~-keeper *s* grind-, port|vakt ~-money *s* inträdesavgift[er] ~-post *s* grindstolpe -way *s* port|gång, -valv; in-, ut|gång
gather [æ'ð] I *tr* 1 [för]samla 2 förvärva 3 plocka; [in]bärga; ta upp 4 få, vinna; ~ *breath* [åter] hämta andan; ~ *head* vinna styrka; tilltaga; ~ *way* ⚓ börja skjuta fart 5 sluta sig till, förstå 6 draga ihop; rynka; vecka 7 ~ *up* ta upp; draga (lägga) ihop; räta på II *itr* 1 [för]samlas 2 samla sig; [till]växa, förstoras 3 mogna, bulna III *s*, ~*s* veck -ing *s* 1 samling 2 möte 3 böld
gaud *s* grannlåt; flärd -y *a* prålig
gaug|e [geidʒ] I *tr* 1 mäta; gradera; justera 2 beräkna 3 mäta ut II *s* 1 [normal]mått; dimensioner; storlek 2 spårvidd 3 ⚓ djupgående; läge 4 [grad]mätare 5 likare; modellskiva -er *s* mätare, justerare; uppbördsman -ing-office *s* justeringsbyrå
Gaul *s* galler; fransman -ish *a* gallisk
gaunt *a* 1 mager, avtärd 2 spöklik
1 gauntlet [ɔ:'] *s* järn-, sport|handske
2 gauntlet *s* gatlopp
gauntry [gɔ:'] *s* ställning, underlag
gauz|e *s* 1 gas, flor; ~ *bandage* gasbinda 2 dimslöja -y *a* florlik, tunn
gav'el *s* ordförande-, auktions|klubba
gawky [gɔ:'ki] *a* tafatt, dum
gay *a* 1 glad, lustig 2 nöjeslysten; lättsinnig 3 ljus, grann; brokig
gaze I *itr* stirra, blicka, se, speja, titta II *s* blick, stirrande; beskådande
gazett'e *s* [officiell] tidning -er [gæziti'ə] *s* geografiskt lexikon
G.B. = *Great Britain* G.B.S. = *G.B. Shaw*
gear [giə] I *s* 1 redskap, verktyg, grejor 2 kugg-, driv|hjul; mekanism 3 koppling, utväxling; *in* (*out of*) ~ in-(från|)kopplad; *transmission* ~ växellåda; [*on*] *top* ~ i högsta fart 4 ⚓ tackel 5 seldon 6 lösöre[n] II *tr* 1 [på]sela 2 in-, på|koppla; *be* ~*ed up* ha stor utväxling III *itr* gripa in ~-case *s* kedjelåda -ing *s* 1 redskap 2 utväxling ~-wheel *s* kugghjul
gee [dʒi:] *interj* 1 smack! 2 S jösses!
geese [gi:s] pl. av *goose*
geld (reg. el. *gelt gelt*) *tr* kastrera
gelid [dʒe'lid] *a* frusen, isig, [is]kall
gem [dʒ] *s* ädelsten, juvel; pärla
Gemini [dʒe'minai] I *spl* [astr.] Tvillingarna II *g*~ *interj* P Herre je[mine]!
gemm'y [dʒ] *a* juvelprydd; skimrande
gender [dʒe'ndə] *s* kön, genus
genealog|ist [dʒi:niæ'lədʒ] *s* släktforskare -y *s* släktforskning; stamtavla
general [dʒe'] I *a* 1 allmän; *in* ~, *as a* ~ *rule* i allmänhet; *G*~ *Post Office* huvudpostkontor; *the* ~ *public* den stora allmänheten 2 vanlig 3 ~ *dealer* diverschandlare; ~ *knowledge* allmänbildning; ~ *practitioner* praktiserande läkare; ~ [*servant*] ensamjungfru 4 general-, över-; *Major-G*~ generalmajor II *s* general; fältherre -ity [æ'l] *s* 1 allmängiltighet; allmän sats 2 huvudmassa -ize *tr itr*

1 popularisera 2 förallmänliga -ly *adv* i allmänhet, på det hela taget -ship *s* 1 generalspost; överbefäl 2 fältherretalang; ledning
generat|e [dʒe′] *tr* frambringa, skapa, alstra; åstadkomma -ion *s* 1 fortplantning; alstring, skapande; framställning 2 släktled; mansålder -ive *a* 1 fortplantnings- 2 skapande, produktiv -or *s* 1 alstrare 2 generator
gener|ic [dʒene′r] *a* släkt-; allmän[t omfattande] -osity [ərɔ′s] *s* 1 ädelmod 2 frikostighet -ous [e′nə] *a* 1 ädel[modig], storsint 2 frikostig 3 rik[lig] 4 [om vin] eldig, stark
gen|esis [dʒe′n] *s* uppkomst; *G*~ 1. Mose bok -et′ic *a* genetisk -et′ics *spl* uppkomst; utvecklingslära; ärftlighetsforskning
geneva [dʒini:′və] *s* genever
Gene′van [dʒ] *a s* Genève-[bo]
genial [dʒi:′] *a* 1 mild, blid; [upp]livande; behaglig 2 vänlig, gemytlig, sympatisk -ity [æ′l] *s* 1 blidhet, mildhet 2 hjärtlighet, gemytlighet
genista [dʒini′stə] *s* [bot.] ginst
genital [dʒe′] *a* fortplantnings- -s *spl* könsorgan
geni|us [dʒi:′] *s* 1 skyddsande 2 (pl. -*i* [iai]) ande, genie [äv. -*e*] 3 anda, kynne 4 begåvning, snille, geni
Genoese [dʒenoi:′z] *s a* genues[isk]
gent [dʒ] *s* P 'gentleman' -ee′l *a* fin
gentian [dʒe′nʃiən] *s* stålört
gen′tile [dʒ] I *a* hednisk II *s* hedning
gentil′ity [dʒ] *s* finhet; fint folk (sätt)
gentle [dʒ] *a* 1 ädel, förnäm 2 blid, mild; vänlig, stilla; lätt; behaglig; sakta; from [häst]; *the* ~ *craft* (*art*) metning -folk *spl* fint folk, herrskap
gentle|man [dʒe′ntlmən] *s* 1 man av börd; ståndsperson 2 [verklig] gentleman 3 [fin] herre; man; ~ *player* amatör[spelare] 4 -*men* mina herrar! ~ *author* författare; ~ *dog* hanhund; -*men's boots* herrkängor ~-at-ar′ms *s* kunglig livdrabant ~-farmer *s* possessionat ~-in-waiting *s* uppvakt|ande, [pl.] -ning -like -ly *a* gentlemannamässig, fin, bildad
gentle|ness [dʒe′] *s* mildhet, vänlighet; ömhet; varsamhet -woman *s* fin (förnäm, fint bildad) dam
gently [dʒe′] *adv* sakta; vänligt, ömt
gentry [dʒe′] *s* lågadel; herrskapsklass
genuflec′tion [dʒenju] *s* knäböjande
genuine [dʒe′njuin] *a* äkta, ren; sann, verklig -ness *s* äkthet
gen|us [dʒi:′] (pl. -*era* [dʒe′]) *s* släkte; slag, klass
geo|grapher [dʒiɔ′g] *s* geograf -graph′ical *a* geografisk -graphy [ɔ′g] *s* geografi -logic[al] [ɔ′dʒ] *a* geologisk -logist [ɔ′l] *s* geolog -logy [ɔ′l] *s* geologi -metry [ɔ′m] *s* geometri
germ [dʒə:m] *s itr* 1 gro[dd] 2 bakterie
1 **German** [dʒə:′mən] *a s* tysk[a]; ~ *measles* röda hund; ~ *silver* nysilver
2 **german** *a* 1 hel-, köttslig; *cousins* ~ kusiner 2 o. -e [ei′n] nära förbunden
German′|ic [dʒ] *a* germansk -ize [ə·′] *tr itr* förtyska[s] -ophil *s a* tyskvän[lig] -ophobe *s a* tyskhata|re, -nde
germi|cide [dʒə:′] *a s* bakteriedödande [ämne] -nal *a* grodd- -nate I *itr* gro; skjuta knopp; utvecklas II *tr* alstra
gestation [dʒ] *s* dräktighet; grossess
gestic′ulat|e [dʒ] *itr* gestikulera -ion *s* gest[ikulerande]
gesture [dʒe′stʃə] *s* åtbörd, gest
get (*got got*) I *tr* 1 få, erhålla; förvärva, skaffa [sig], ta; [för]tjäna, vinna; F äta; ~ *the better of* övervinna; komma före 2 ådra sig, råka ut för 3 få in; bärga 4 få tag i; F få fast; träffa, döda; F reta 5 [Am.] F fatta, förstå 6 *have got* F ha, äga; *have got to* F måste 7 låta 8 ~ *off* ta av; undanskaffa; ~ *on* ta på [sig], sätta på; ~ *out* få (ta) fram (ut); ~ *over* undanstöka; ~ *round* övertala; ~ *up* få (lyfta) upp; [an]ordna; hitta på; utstyra; kamma; uppsätta; ta igen; få (arbeta) upp; plugga (slå) in II *itr* 1 komma, nå [fram], gå, fara; stiga 2 ~ *to* komma därhän att man, lära sig att 3 bli 4 a) ~ *at* komma [fram] till; komma åt (underfund med); syfta på; S driva med; ~ *behind* få reda på; ~ *over* komma över, övervinna; undanstöka; S lura; ~ *round* överlista; kringgå; ~ [*up*]*on* stiga upp på; b) ~ *abroad* (*about*) [om rykte] komma ut; ~ *ahead* komma fram, lyckas; ~ *along* [äv.] klara (reda) sig; komma överens; ~ *away* [äv.] starta; lyckas; ~ *behind* bli efter; ~ *by* komma förbi; F klara sig; ~ *in with* komma i lag med; ~ *off* ge sig av; komma undan; ~ *on* fortsätta; raska på; gå [undan]; komma (ta sig) fram; reda sig, ha det bra; börja bli gammal; ~ *onto* komma upp på; få tag i; [Am.] F begripa; märka; ~ *out* komma ut (upp, undan); ge sig av; ~ *out of* komma [ut] ur; ~ *round* hämta sig, bli frisk; ~ *through* [äv.] komma fram (till slut); ~ *to* börja; ~ *together* samlas; ~ *up* resa sig; komma fram; flyga upp; stiga [upp]; blåsa upp, tilltaga ~-at′-able *a* tillgänglig ~-away *s* F 1 start 2 flykt ~-up *s* utstyrsel; klädsel
gewgaw [gju:′gɔ:] *s* grannlåt, bjäfs
geyser [gi:′zə] *s* 1 gejser, varm[spring]källa 2 varmvattensberedare
ghastly [ɑ:′] *a* förskräcklig; spöklik
gherkin [gə:′kin] *s* gurka
Ghetto [ge′to(u)] *s* judekvarter, getto

ghost [ou] *s* 1 anda 2 ande; vålnad, spöke 3 F aning, spår **-like** *a* spöklik **-ly** *a* spöklik, spök-, ande-
giant [dʒai'ənt] *s a* jätte[lik]
gibb'er *itr s* prat[a], snattra[nde] **-ish** *s* rotvälska; babbel; smörja
gibbet [dʒi'] I *s* galge II *tr* hänga
gibb'ous *a* 1 bucklig 2 puckelryggig
gibe [dʒ] I *tr itr* håna, pika; smäda II *s* hån, spe[glosa]
gidd'iliness *s* 1 yrsel, svindel 2 tanklöshet **-y** *a* 1 yr [i huvudet], vimmelkantig 2 svindlande, virvlande 3 tanklös; obeständig 4 vanvettig
gift I *s* 1 givande; gåvorätt 2 gåva, skänk 3 begåvning II *tr* begåva **~-book** *s* presentbok **~-card** *s* presentkort **-ed** *a* begåvad
gig *s* 1 gigg [äv. båt] 2 ljuster
gigan'tic [dʒai] *a* gigantisk; väldig
giggle I *itr* fnissa II *s* fnitter
gig'-lamps *spl* S glasögon
giglet **giglot** [gi'glət] *s* yrhätta
gild *tr* förgylla; *~ed youth* överklassungdom **-ing** *s* förgyllning
1 **gill** *s* 1 gäl 2 slör 3 hak-, kind|påse
2 **gill** [dʒil] *s* (1/4 *pint*) ung. 1 1/2 dl
gillyflower [dʒi'liflauə] *s* 1 [trädgårds]nejlika 2 lackviol 3 lövkoja
gilt I *a* förgylld II *s* 1 förgyllning 2 S pengar **~-edged** *a* 1 med guldsnitt 2 [börs.] guldkantad, prima
gimcrack [dʒi'] *s* grannlåt, skräp
gim'let *s* hand-, vrick-, svick|borr
gimp *s* 1 kantsnodd 2 metrevstafs
1 **gin** [dʒ] *s* [enbärs]brännvin, genever
2 **gin** I *s* 1 snara, giller 2 kran, vinsch; rensmaskin II *tr* 1 fånga 2 rensa
ginger [dʒi'ndʒə] I *s* 1 ingefära 2 S kurage, stridshumör 3 rödgul färg II *tr* 1 krydda; peppra 2 F sätta liv i **~-beer** *s* ingefärs-, socker|dricka **~-bread** *s* pepparkaka **-ly** *a* varsam, försiktig [äv. adv.] **~-nut** *s* pepparnöt **~-pop** F = *~-beer* **-y** *a* 1 rödaktig 2 [bildl.] pepprad, skarp
gin-‖palace [dʒi'npæ'lis] **-shop** *s* krog
gipsy [dʒi'] *s* zigen|are, -erska, tattare **-dom** *s* zigenar|folket, -världen
giraffe [dʒira:'f, ræ'f] *s* giraff
girandole [dʒi'] *s* 1 armstake 2 sol, hjul 3 örhänge
gird (reg. el. *girt girt*) *tr* 1 omgjorda; fästa, binda; rusta 2 om|ge, -ringa; belägra **-er** *s* bär-, bind|bjälke **-le** I *s* 1 gördel, bälte, skärp 2 infattning II *tr* om|gjorda, -ge
girl [ə:'] *s* flicka; *~ clerk* kontorsflicka; [*best*] *~* F fästmö **-hood** *s* flicktid **-ie** *s* F tös **-ish** *a* flick-[aktig]
girt [ə:] I se *gird* II = *girth I, II 2*
girth [gə:þ] I *s* 1 [sadel]gjord 2 gördel; omfång II *tr* 1 om|sluta, -ge 2 mäta
gist [dʒist] *s* kärn-, huvud|punkt

give [giv] (*gave given*) I *tr* 1 giva, ge, skänka; bevilja; *~ me* tacka vet jag..! 2 lämna; erbjuda; *~ into custody* överlämna åt polisen 3 offra, ägna 4 fram|bringa, -kalla; vålla 5 fram|lägga, -ställa; uppge; införa; upptaga; *~ the time of day* hälsa; *~ to understand* låta förstå 6 sjunga, läsa, spela; hålla; utbringa 7 avge 8 ge ifrån sig, utstöta; göra 9 *~ away* skänka bort; överlämna; S förråda; dela ut; *~ forth* ge ifrån sig; utsända; ut-, tillkänna|ge; *~ in* inlämna; anmäla; *~ off* avge, utsända; *~ out* utsända; utlämna; utdela; förkunna; sprida; *~ over* över-, upp|ge; över|lämna, -låta; *~ o. s. over to* hänge sig åt; *~ up* uppge, ut-, över|lämna; överge; förråda; ägna, anslå; *~ it up* ge tappt II *itr* 1 ge vika, svik[t]a 2 vetta 3 *~ in* ge [med] sig; ge efter; *~ out* ge sig; svika, tryta; krångla, 'strejka'; *~ over* upphöra; *~ up* upphöra, sluta; ge tappt III *s*, *~ and take* kompromiss; kohandel **-n** *a* 1 skänkt; *~ name* förnamn 2 begiven, fallen 3 förutsatt 4 daterad
gizzard [gi'zəd] *s* [zool.] kräva
gla'brous *a* hårlös; glatt
glaci‖al [glei'ʃiəl] *a* 1 is-, glacial, glaciär- 2 isig, iskall **-ation** *s* nedisning; jökelbildning **-er** *s* glaciär, jökel
glad *a* 1 glad, [för]nöjd; [*I'm*] *~ to see you* det var roligt att få träffa dig 2 glädjande 3 härlig **-den** *tr* glädja
glade *s* glänta
glad‖ly *adv* gärna **-ness** *s* glädje
gladstone [glæ'dstən] *s* kappsäck
glam'our *s* förtrollning; trollglans
glance [ɑ:] I *itr* 1 snudda; studsa 2 häntyda, beröra; *~ off* halka över 3 blänka, glänsa [till] 4 titta, ögna II *tr* kasta [blick] III *s* 1 studsande 2 [ljus]glimt 3 blick; ögonkast
gland *s* körtel **-ular** [ju] *a* körtel-[artad]
glar‖e [ɛə] I *itr* 1 lysa [skarpt], glänsa 2 vara påfallande 3 glo, stirra II *s* 1 sken, ljus 2 glans, prål 3 [vild] blick **-ing** *a* 1 bländande, skarp 2 bjärt, gräll; påtaglig; fräck 3 stirrande
glass [ɑ:] *s* glas; spegel; kikare; mikroskop; timglas; barometer; fönsterruta; *~es* glasögon; pincené; *~ eye* konstgjort öga **~-case** *s* glas|etui, -monter **~-house** *s* 1 glashytta 2 glashus; växthus **-ware** *s* glasvaror **-works** *spl* glasbruk **-y** *a* 1 glas-, glasartad 2 glatt, blank
Glaswe'gian [dʒn] *a s* glasgow-[bo]
glaucous [glɔ:'k] *a* sjö-, blå-, grå|grön
glaz‖e I *tr* 1 sätta glas i 2 glasera 3 [mål.] lasera 4 polera, lackera, glätta; *~d* glansig II *itr* bli glasartad, stelna III *s* 1 glasyr 2 [mål.] lasur 3 glansig yta **-ier** *s* glasmästare

gleam I *s* glimt, stråle; skimmer **II** *itr* glimma, lysa [fram]
glean *tr itr* plocka [ax]; [hop]samla **-er** *s* axplockare; samlare
glebe *s* jord, 'torva'
glee *s* **1** glädje, munterhet **2** flerstämmig sång **~-club** *s* sångförening
glen *s* trång dal, däld
glib *a* lätt, ledig, flytande **-ness** *s* **1** glatthet **2** talförhet
glide I *itr* **1** glida [fram]; framflyta; sväva **2** smyga sig **3** övergå **II** *tr* låta glida **III** *s* **1** glid[ning] **2** glidflykt **-r** *s* segel[flyg]plan; segelflygare
glimm'er I *itr* glimma, blänka, lysa **II** *s* sken; glimt, skymt
glimpse I *s* [ljus]glimt; blick, skymt **II** *itr* **1** glimta, skimra; skymta [fram] **2** titta **III** *tr* skymta
glint I *itr* glittra **II** *s* glimt; glitter
glisten [glisn] *itr* glittra, tindra
glitt'er I *itr* glittra; lysa **II** *s* glans
gloaming [glou'miŋ] *s* skymning
gloat [ou] *itr* glo, stirra
globe *s* **1** klot, kula; [ögon]glob; *the* ~ jordklotet **2** riksäpple **3** [lamp]kupa **~-trotter** *s* globetrotter, långresenär
glob'ul||ar [ju] *a* klotformig, sfärisk **-e** *s* **1** litet klot **2** blodkropp **3** piller
gloom I *itr* **1** se bister (ond, dyster) ut, rynka pannan; mörkna **2** skymta fram **II** *tr* fördystra **III** *s* **1** mörker; skugga **2** dysterhet, förstämning **-y** *a* mörk, dyster; mulen; bister
glor||ification [glɔ:] *s* **1** förhärligande **2** [bibl.] förklaring **-ify** [-'--] *tr* **1** förhärliga; [lov]prisa **2** ge glans åt **-ious** [-'--] *a* **1** ärorik, lysande **2** härlig, strålande, underbar **-y** [-'-] **I** *s* **1** ära, ryktbarhet **2** stolthet **3** lov och pris **4** salighet; *go to* ~ F gå till Gud, dö **5** härlighet, glans; gloria **II** *itr*, ~ *in* jubla över, sätta sin ära i
1 gloss I *s* glans; [bildl.] fernissa, förgyllning **II** *tr* glätta, polera; förgylla upp; ~ *over* bemantla
2 gloss I *s* glosa; glossar; kommentar **II** *tr* glossera; kommentera; [bort]förklara **-ary** *s* ordförteckning
gloss'y *a* **1** glansig, blank **2** skenfager
glove [ʌ] **I** *s* handske; *fit like a* ~ passa precis **II** *tr* behandska **~-kid** *s* glacéläder **-r** *s* handskmakare
glow [ou] **I** *itr* glöda; brinna **II** *s* glöd, rodnad; hetta
glower [glau'ə] *itr* stirra; blänga
glow||ing [ou'] *a* **1** glödande **2** glänsande; varm; het **- -worm** *s* lysmask
gloze *tr* över|skyla, -släta, förmildra
glucose [glu:'kous] *s* druvsocker
glue [u:] **I** *s* [djur]lim **II** *tr* [hop-, fast]limma; fästa **-y** *a* limmig, klibbig
glum *a* trumpen, surmulen; dyster
glut I *tr* [över]mätta, proppa full; ~ *o.'s appetite* få sitt lystmäte **II** *s* [över]mättnad; lystmäte
glut||en [u:'] *s* växtlim **-inous** *a* klibbig
glutt'on *s* **1** storätare, matvrak **2** järv **-ize** *itr* frossa **-ous** *a* glupsk; omättlig **-y** *s* frosseri, glupskhet
gnarl||ed [nɑ:l] **-y** *a* knotig, knölig
gnash [næʃ] *itr tr* skära [tänder]; *~ing of teeth* tandagnisslan
gnat [næt] *s* mygga
gnaw [nɔ:] *tr itr* **1** gnaga [på, av, bort] **2** fräta på (bort) **-er** *s* gnagare
1 gnome [noum] *s* dvärg, jordande
2 gnome *s* tänkespråk, aforism
go (*went gone* [gɔn]) **I** *itr* **1** resa, fara, åka, gå, bege sig; ~ *to see* [be]söka; *here ~es!* F nu börjar vi; kör! *let* ~ [äv.] släppa [lös] **2** vara i gång, arbeta; röra sig; slå; gå av, smälla; *who ~es?* verda! *the bell ~es* det ringer; ~ *bang* smälla [igen] **3** vara gångbar (i omlopp); lyda **4** utfalla, slå ut; ~ *Republican* rösta republikanskt; *that ~es without saying* det är självklart **5** gå bort; säljas; förbrukas, gå [åt]; försvinna; ta (vara) slut **6** gå sönder; ge vika; avtaga **7** [över]gå, tillfalla **8** bidraga, leda **9** sträcka sig, räcka, nå; förslå; ~ *a long (great) way* betyda mycket **10** bli[va] **11** *be ~ing to* ämna, [just] skola **12** [med prep.] ~ *about* ta itu med; bära sig åt med; ~ *at* angripa, hugga i med; ~ *by* fara över (via); rätta sig efter; ~ *for* sträva efter; F gå löst på; gälla för; ~ *into* gå in i (på); deltaga i; slå sig på; kläda sig i; ~ *on* debiteras; ~ *over* genomse; ~ *upon* gå (handla) efter; ~ *with* [äv.] passa till; ~ *without* få vara utan **13** [med adv.] ~ *about* gå [omkring]; göra en omväg; ⚓ stagvända; ~ *along* resa [vidare]; ge sig i väg; ~ *back from* (F *upon*) undandraga sig, svika; ~ *by* gå förbi; förflyta; ~ *down* gå ned; försämras; sjunka; [om vind] lägga sig; stupa; göra lycka, taga [skruv]; ~ *in* delta; [kricket] bli slagman; ~ *in for* F omfatta; ägna sig åt; vara för; anmäla sig till; ~ *off* [av]resa; gå [bort]; dö; försvinna; falla av; försämras; brinna av; återgå; F gå å't; gå av stapeln; utfalla; brista ut; bli medvetslös; ~ *off to sleep* somna; ~ *on* gå (fara) vidare; fortsätta, övergå till [att]; uppträda; F äsch! ~ *out* [äv.] delta i sällskapslivet; ta examen; träda tillbaka; strejka; slockna; dö; försvinna; gå ur modet; ~ *round* [äv.] gå (fara) över; räcka [till]; ~ *through with* fullborda **II** *tr* **1** gå, göra **2** våga, slå vad om; ~ [*one*] *better* bjuda över **3** slå **4** ~ *it* S gå (köra) på; hålla i; klämma i; leva

vilt III *s* 1 F S händelse, tillställning; *a near* • ~ nätt och jämnt 2 F kläm, fart, rusch 3 F tag, försök 4 F högsta mod 5 F sup, glas 6 *little* ~ [univ.] förberedande examen

goad [ou] I *s* 1 pikstav 2 [bildl.] styng; sporre II *tr* driva på; egga, sporra

goal [ou] *s* [sport.] mål **~-keeper** *s* målvakt **~-post** *s* målstolpe

goat [ou] *s* 1 get; *he-~* bock; *she-~* get; *get a p.'s* ~ S reta ngn 2 S dumbom **-ee'** *s* bock-, hak|skägg **-herd** *s* getherde **-ling** *s* killing

gobble *tr itr* sluka, sörpla [i sig]: klucka **-r** *s* 1 storslukare 2 kalkontupp

gob'elin *s* gobeläng

go'-between *s* mellanhand

gob'let *s* 1 bägare 2 glas på fot

gob'lin *s* alf; troll

go'-cart *s* gångstol [för barn]

god gud; *G~* Gud; *G~ grant, would to G~* Gud give! *G~ willing* om Gud vill; *thank G~ !* gudskelov! **~-child** *s* gudbarn **-dess** *s* gudinna **~-fearing** *a* gudfruktig **~-forsaken** *a* gudsförgäten; eländig **-head** **-hood** *s* gudom **-like** *a* gudomlig **-ly** *a* gudaktig, from **-parent** *s* gud|far, -mor; *~s* gudföräldrar **G-'s-acre** *s* kyrkogård **~-send** *s* oväntad (Guds) gåva, fynd **G--speed** *s* välgång, lycka på resan

go'f||er *s* voffla **-fer** [ɔ'] *tr* goffrera, vecka

goggle I *itr* glo, blänga; skela II *spl*, *~s* 1 [skydds]glasögon 2 skygglappar 3 S ögon **~-eyed** *a* glosögd

go'ing I *s* 1 terräng; väg[lag]; före 2 *~s-on* förehavanden II *a* in-, upp|arbetad; *keep* ~ hålla i gång [jfr *go*]

goitre [gɔi'tə] *s* struma

gold [ou] *s* guld; ~ *brick* S humbug, båg; ~ *plate* guldservis **~-digger** *s* 1 guldgrävare 2 [Am.] S lycksökerska **~-digging** *s* 1 guldgrävning 2 *~s* guldfält **~-dust** *s* guldstoft **-en** *a* guld-; guldgul, gyllene **~-filling** *s* guldplomb **-finch** *s* steglitsa; S guldmynt, pund **~-foil** *s* bladguld **~-lace** *s* guldgalon **~-leaf** *s* bladguld **~-rimmed** *a* guldbågad

golf *s itr* [spela] golf **~-course** **~-green** **~-links** *s* golfbana

goll'iwog *s* 1 ful docka 2 buse

golosh [gəlɔ'ʃ] = *galosh*

goluptious [golʌ'pʃ] *a* delikat, läcker

gon'dol||a *s* gondol **-ier** [i'ə] *s* gondoljär

gone [gɔn] *a* 1 [bort]gången; borta; slut; *be ~! get you ~!* ge dig i väg! *let us be* ~ låt oss gå 2 förlorad; död; *far* ~ utmattad 3 [för]gången, förbi; *be ~ twenty* vara över tjugu [år] 4 ~ *on* S tokig i

gonfalon [gɔ'nfələn] *s* baner

gong *s* gonggong

good [u] I *a* 1 god, bra; äkta; färsk; [*very*] *~!* gott! skönt! *and a ~ thing, too* F och väl var det 2 snäll; präktig; vänlig; ~ *feeling* samförstånd, välvilja; ~ *offices* [pl.] vänlig tjänst; förmedling 3 glad, trevlig, rolig 4 lämplig; nyttig, hälsosam; lycklig; angenäm 5 duglig; skicklig; styv [*at* i] 6 vederhäftig, säker, solid; *be ~ for* [äv.] orka med 7 giltig; *hold* ~ hålla [streck], gälla 8 [rätt] stor, betydlig, ordentlig; dryg 9 *make* ~ gottgöra; betala; utjämna; ta igen, köra in; reparera; utföra; bevisa; F lyckas II *adv* ganska, riktigt III *s* 1 *the* ~ det (de) goda; bästa, fördel; nytta; *it is no* ~ det är inte lönt; *do* ~ handla rätt; göra gott; duga till ngt; *much ~ may it do you!* väl bekomme! *for ~* [*and all*] på allvar, för alltid; *for ~ or ill* det må bära eller brista; *come to* ~ slå väl ut; *to the* ~ sig till godo, i vinst 2 *~s* tillhörigheter, varor, gods **~-bye** [-'-'] *s* adjö, farväl **~-day'** *s* god dag; adjö **~-fel'l'owship** *s* kamrat|skap, -lighet **~'-for-nothing** *s* odåga **~'-hu'moured** *a* godmodig **-ish** *a* ganska god, betydlig **~-looking** *a* vacker; stilig **-ly** *a* 1 vacker, behaglig 2 stor, ansenlig 3 utmärkt, fin **~'-na'tured** *a* godmodig, hygglig **-ness** *s* 1 godhet; dygd; vänlighet 2 F = *God; ~ gracious!* kors bevare mig! *for ~' sake* för guds skull **~'-tem'pered** *a* god|lynt, -modig **G- Tem'plar** *s* godtemplare **-'will'** *s* 1 god vilja, välvilja; samförstånd 2 [bered]villighet 3 [överlåtelse av] kundkrets **-y** I *s*, *-ies* F sötsaker II *a* fromlande, gudsnådelig

go'-off *s* F början, start

goose (pl. *geese* [gi:s]) *s* gås; *green* ~ gåsunge; *get the* ~ S bli utvisslad

gooseberry [gu'z] *s* krusbär: *play* ~ spela förkläde **~-fool** *s* krusbärskräm

goo'se||-flesh *s* 'gås|hud, -skinn' **-gog** [gu'z] *s* F krusbär **--quill** *s* gåspenna **--skin** = *--flesh* **--step** *s* på stället marsch, paradmarsch

Gor'dian *s* gordisk [*the ~ knot*]

1 **gore** [gɔ:] *s* levrat blod

2 **gore** I *s* kil [i plagg]; våd; sektor II *tr* 1 sätta kil i 2 stånga [ihjäl]

gorge [gɔ:dʒ] I *s* trång(t) klyfta (pass), hålväg II *tr* 1 fullproppa 2 sluka, svälja III *itr* äta glupskt

gorgeous [gɔ:'dʒəs] *a* lysande, praktfull, kostbar; härlig **-ness** *s* prakt

gor'get [dʒ] *s* 1 halsband 2 [färg]fläck

gor'gonize *tr* förstena

gor'mandize I *s* frosseri II *itr* äta glupskt III *tr* sluka **-r** *s* frossare

gorse *s* gultörne

gory [gɔ:'ri] *a* blod|ig, -besudlad

gosh *interj* [Am.] [*by*] ~ vid Gud!

goshawk [gɔ'shɔ:k] *s* duv-, höns|hök

gos'ling [z] *s* gåsunge; 'gröngöling'
gos'pel *s* evangelium
goss'amer I *s* sommartråd; fin väv, flor **II** *a* lätt, luftig, skir
goss'ip I *s* **1** skvallerbytta, pratmakare **2** [äv. **-ry**] skvaller, prat **II** *itr* skvallra; prata **-y** *a* skvalleraktig
got imp. o. pp. av *get;* ~ *up* F utstyrd; uppfiffad; påhittad
Goth [gɔþ] *s* got, göt **-ic I** *a* gotisk, götisk; ~ *type* fraktur[stil] **II** *s* gotik
gott'en [Am.] = *got*
gou'ge [dʒ] *s tr* [urholka med] håljärn
gourd [guəd] *s* kurbits; kalebass
gour‖mand [gu'əmənd] **I** *a* glupsk **II** *s* läckergom **-mandize** *itr* frossa **-met** [mei] *s* finsmakare
gout *s* gikt, podager **-y I** *a* gikt|sjuk, -bruten; gikt- **II** *s* pampusch
govern [gʌ'] *tr itr* **1** styra, regera, härska [över]; leda, bestämma **2** behärska, tygla **-ess** *s* guvernant **-ment** *s* **1** styr|ande, -else, ledning **2** styrelsesätt, statsskick **3** regering; ministär; ~ *bond* statsobligation; ~ *office* departement; [ämbets]verk **4** guvernement, län **-men'tal** *a* regerings- **-or** *s* **1** styresman; härskare **2** guvernör; landshövding **3** direktör; F chef; farsgubbe **G-'or-Gen'eral** *s* generalguvernör, överståthållare
gown [au] *s* **1** klänning, dräkt; *bath* ~, *bathing*-~ badkappa **2** toga **3** talar, ämbetsdräkt; *cap and* ~ akademisk dräkt **-sman** *s* **1** jurist **2** akademisk medborgare
G. P. O. = *General Post Office*
grab I *tr itr* gripa [tag i] **II** *s* **1** grepp, hugg **2** rofferi **3** gripskopa **-ble** *itr* **1** treva **2** kravla **-by** *s* ⚓ S soldat
grace I *s* **1** behag, charm; älskvärdhet; *with a good, bad* ~ älskvärt, motvilligt; *saving* ~ försonande egenskap; *airs and* ~*s* koketteri **2** [mus.] koloratur **3** gunst; ynnest[bevis], tjänst; *by the* ~ *of God* med Guds nåde **4** [kristlig] dygd **5** förstånd, takt **6** nåd[atid]; frist; *act of* ~ amnesti; *days of* ~ respitdagar; *his G*~ hans nåd **7** bordsbön **II** *tr* **1** smycka; *well* ~*d* behagfull **2** förära, hedra ~**-cup** *s* tackskål **-ful** *a* behagfull, graciös **-less** *a* ohyfsad
gracile [græ'sil] *a* smal, smärt, slank
gra'cious [ʃəs] *a* **1** artig; vänlig **2** nådig; *most* ~ [aller]nådigste; *good (my)* ~! ~ *me!* herre gud! [o,] du milde!
grada't‖e *itr tr* [låta] övergå gradvis **-ion** *s* grad[ering]; skala; nyans
grad‖e I *s* **1** grad, steg; rang; klass **2** sort, kvalité **3** lutning; stigning, backe **4** [vertikal]plan; ~ *crossing* plankorsning **II** *tr itr* **1** gradera[s]; sortera **2** uppblanda; nyansera **3** planera, jämna **-ient** *s* stig-, lut|ning **-in** *s* avsats **-ual** [græ'] *a* gradvis; långsam; ~*ly* [äv.] så småningom
grad'uat‖e I [juit] *s* graduerad **II** *itr* **1** avlägga akademisk examen; kvalificera sig **2** gradvis övergå **III** *tr* **1** graduera **2** gradera **-ion** *s* **1** graduering, promotion **2** gradering
graeco [gri:'ko(u)] [i sms.] grekisk-
1 graft [ɑ:] **I** *s* **1** ymp[kvist] **2** [läk.] transplanterad vävnad **3** ympning; transplantering **II** *tr itr* **1** [in]ympa **2** transplantera, överföra
2 graft [Am.] F *s itr tr* [praktisera el. förtjäna genom] korruption
grail *s* gral [*the Holy G*~]
1 grain *s*, ~*s* ljuster
2 grain I *s* **1** [sädes]korn, frö **2** [bröd]-säd, spannmål; ~ *elevator* spannmålsmagasin **3** ~*s* maltdrav **4** gran = 1/7000 *pound;* [bildl.] grand, uns **5** [purpur]färg; *dyed in* ~ äkta [färgad]; *in* ~ äkta, alltigenom, innerst **6** kornighet, skrovlighet; narv; lugg-[sida] **7** ådrighet; struktur **8** natur, kynne; *against the* ~ mot veden, mothårs; mot [ngns] natur (vilja) **II** *tr* **1** göra kornig **2** ådra, marmorera **-ed** *a* **1** kornig; skrovlig **2** ådrad **-y** *a* **1** kornig **2** kornrik **3** ådrig
gramin'‖eous *a* gräs-, gräsartad **-iv'orous** *a* gräsätande
gramm'ar *s* **1** grammatik **2** språkriktighet **3** elementer **-ian** [ɛ'ər] *s* grammatiker ~**-school** *s* **1** högre läroverk **2** [Am.] mellanskola
grammat'ical *a* grammat[ikal]isk
gram[me] [græm] *s* gram
gram'ophone [əfoun] *s* grammofon
gran'ary *s* spannmålsmagasin; kornbod
grand I *a* stor[artad], väldig, ståtlig, härlig, förnäm; ärevördig; ~ *stand* huvudläktare; ~ *total* slutsumma **II** *s* **1** *do the* ~ F uppträda vräkigt **2** ~ [*piano*] flygel **3** *the G*~ Grand hotell **-child** *s* barnbarn **-[d]ad** *s* F far-, mor|far ~**-daughter** *s* son-, dotter|dotter ~**-duke** *s* stor|hertig, -furste **-ee'** *s* **1** grand [av Spanien] **2** storman, 'storhet' **-eur** [dʒə] *s* **1** stor[slagen]het, majestät **2** värdighet **3** prakt, ståt **-father** *s* far-, mor|-far **-il'oquent** *a* högtravande **-iose** [ious] *a* **1** storslagen **2** pompös **-iosity** [iɔ's] *s* **1** storslagenhet **2** bombast, svulst **-mamma -mother** *s* far-, mor|mor **-parent** *s* far|far, -mor, mor|-far, -mor **-sire** *s* **1** far-, mor|far **2** förfader **-son** *s* son-, dotter|son
gra'nge [dʒ] *s* lantgård **-r** *s* förvaltare
granite [græ'nit] *s* granit
grann'y *s* F **1** far-, mor|mor **2** gumma
grant [grɑ:nt] **I** *tr* bevilja; medge; förunna, skänka; anslå; giva; överlåta; ~ *that* medgivet (förutsatt) att; ~*ed!* må så vara! **II** *s* **1** beviljan-

de; förlänande, anslående 2 förläning; anslag; koncession; [stats]bidrag 3 överlåtelse -ee [i:′] s övertagare

granul||ar [græ′njulə] a [små]kornig, grynig -ate I tr göra kornig (knottrig) II itr korna sig III [it] a kornig; knottrig -ation s söndersmulning -e s litet korn (kropp) -ous = -ar

grape s 1 vindruva 2 = ~-shot ~-house -ry s vin[driv]hus ~-shot s druvhagel, kartesch[er] ~-stone s vindruvskärna ~-sugar s druvsocker

graph [æf] s 1 diagram 2 hektograf -ic a 1 grafisk; skriv-, ritnings-, graverings- 2 målande, åskådlig, livlig

graphite [græ′fait] s grafit, blyerts

grap′nel s 1 [änter]dragg 2 ankare

grappl||e I s 1 = *grapnel 1* 2 fast tag, grepp; handgemäng, kamp II tr hugga tag i, gripa; fästa, fasthålla III itr 1 fatta tag 2 ~ *with* haka sig fast vid; brottas med; ta itu med 3 dragga -ing-iron = *grapnel 1*

gra′py a druv-, druvlik

grasp [grɑ:sp] I tr 1 fatta [tag i], gripa 2 hålla fast (i) 3 begripa II itr, ~ *at* gripa efter; [ivrigt] ansluta sig till III s 1 grepp, tag; räckhåll 2 våld; [herra]välde 3 uppfattning, fattningsförmåga; [andlig] bredd -ing a 1 grip-, gripande 2 lysten

grass [ɑ:] I s 1 gräs[matta] 2 bete[smark]; *at* ~ ledig II tr 1 utfodra (täcka) med gräs 2 F slå i backen; skjuta; fånga ~-blade s grässtrå ~-cutter a slåtterkarl ~-hopper s gräshoppa ~-plot s gräs|matta, -plan -y a 1 gräsbevuxen; gräs- 2 grön

1 grate I tr 1 riva, söndersmula 2 skära [tänder]; skrapa mot II itr gnissla, knarra; ~ *on* skära i, stöta

2 grate s spis[galler]; rost -d a galler-

gra′teful a 1 tacksam 2 behaglig

gra′ter s rasp; rivjärn

grati||fication [græt] s tillfredsställ|lande, -else; nöje; gåva, gratifikation -fy [-′--] tr tillfredsställa; glädja

gra′ting s galler[verk]

gratitude [græ′titju:d] s tacksamhet

gratu′it||ous a gratis; ogrundad; oförtjänt; onödig -y s gåva; dricks

grat′ulatory [ju] a lyckönsknings-

1 grave a 1 allvar|lig, -sam; högtidlig; viktig 2 djup

2 grave s grav ~-clothes spl svepning ~-digger s dödgrävare

grav′el I s 1 grus, sand 2 [njur]grus II tr 1 grusa, sanda 2 förbrylla; [Am.] reta -ly a grus|ig, -aktig ~-pit s grusgrop ~-walk s sandgång

gra′veness s allvar[samhet]

gra′ve||r s gravstickel -yard s kyrkogård

grav′||id a havande -id′ity s havandeskap -itate itr gravitera; luta, dragas -itation s tyngdkraft; dragning; *law of* ~ tyngdlag -ity s 1 allvar, värdighet; högtidlighet 2 tyngd[kraft]; vikt; *centre of* ~ tyngdpunkt

gra′vy s kött|saft, -sås; ~ *beef* soppkött ~-boat s såsskål ~-soup s buljong

gray [grei] = *grey* -ling s harr [fisk]

graz||e I tr itr 1 snudda [vid]; skava, skrubba 2 [låta] beta [på] II s 1 gräsning; snuddning 2 skrubbsår -ier s boskapsuppfödare

grease I [i:s] s 1 fett, talg, ister, flott 2 smörj|olja, -a II [i:z] tr 1 smörja, olja 2 smörja ned ~-box s smörjburk -r [i:′zə] s smörjare; förste eldare

grea′sy a 1 fet; oljig, talgig; hal; ~ *pole* såpad stång 2 flottig; smörjig; smutsig, ruskig

great [ei] a 1 stor; *G~ Britain* Storbritannien; *G~er Britain* Storbritannien med kolonier 2 lång; hög 3 viktig; huvud-; ~ [*go*] slutexamen för B. A.; ~ *house* herrgård 4 mäktig, förnäm 5 framstående; storsint 6 F styv [*at, on* i]; intresserad, pigg 7 F utmärkt, härlig -coat s överrock ~-grandchild s barnbarnsbarn ~-grandfather s farfars (morfars, farmors, mormors) far -ly adv storligen, i hög grad -ness s 1 storlek 2 storhet, höghet; härlighet

greaves [gri:vz] spl [talg]grevar

Grecian [gri:ʃn] a grekisk [om stil]

greed s glupskhet; snikenhet; lystnad -y a 1 glupsk 2 lysten; girig 3 ivrig

Greek I s 1 grek[iska] 2 bedragare II a grekisk; grekisk-katolsk

green I a 1 grön[skande] 2 grönsaks- 3 färsk; omogen; icke torkad (rökt); [halv]rå 4 frisk, ungdomlig 5 [grå]blek II s 1 grön färg 2 gräsplan, äng 3 grönska 4 ~s F grönsaker 5 ungdom III itr grönska ~-back s sedel -er s S gröngöling -ery s grönska, löv -gage s renklo -grocer s frukt-, grönsaks|handlare -horn s gröngöling -house s växthus -ing s grönt äpple -ish a grönaktig G-lander s grönländare -sickness s bleksot ~-stuff s grönsaker -y a grönaktig

greet tr hälsa; ta emot -ing s hälsning

gregarious [ɛ′ər] a 1 levande i flock; mass- 2 sällskaplig

grena′d||e s granat -ier [ədi′ə] s grenadjär

gressorial [gresɔ:′riəl] a [zool.] gång-

grew [gru:] imp. av *grow*

grey I a grå, grånad II s 1 grå färg 2 grå häst, grålle III itr gråna; gry, skymma -cing F = *-hound racing* ~-haired a gråhårig ~-hen s orrhöna -hound s vinthund; ~ *racing* hundkapplöpning -ish a gråaktig

grid s 1 galler 2 ledningsnät 3 rutsystem 4 bagagehållare 5 = *-iron* -dle s lagg, bakplåt -e [ai] itr skära, skra-

pa -iron *s* 1 halster, grill 2 ⚓ upphalningsslip 3 [Am.] F fotbollsplan
grief [i:] *s* sorg, grämelse; smärta; *come to* ~ råka illa ut, stranda, slå fel
griev||ance [i:'] *s* [orsak till] klagan, besvär; missförhållande, ont **-e** I *tr* bedröva, smärta; *~d* ledsen, sorgsen II *itr* sörja, gräma sig **-ous** *a* sorglig, smärtsam; bitter; grym; farlig, allvarlig **-ously** *adv* hårt, svårt; djupt
griff'in *s* grip [sagodjur]
grill I *tr* 1 halstra 2 steka, pina. II *s* 1 halstrat kött 2 halster, grill 3 grill[rum] -[e] *s* galler
grim *a* 1 hård, sträng 2 bister, dyster
grima'ce *s itr* grimas[era]; grin[a]
grimal'kin *s* gammal katta (käring)
grim||e I *s* smuts, svärta II *tr* smutsa (sota) ned **-ed -y** [ai'] *a* svart, smutsig
grin *itr s* grin[a]; flin[a]; visa tänderna
grind [ai] (*ground ground*) I *tr itr* 1 mala[s] [sönder]; riva 2 förtrycka [~ *down*] 3 slipa[s]; polera 4 skrapa [med]; skära, gnissla 5 draga; veva, F träla; plugga II *s* 1 malning, skrapning; tag, vevning 2 F knog, slit; plugg 3 S plugghäst 4 S hinderritt; promenad **-er** *s* 1 malare; [skär]slipare 2 kvarnsten 3 [kind]tand 4 F privatlärare; plugghäst 5 utsvettare **-ery** *s* sliperi **-stone** *s* slipsten
grip I *s* 1 grepp, tag; våld 2 handtryckning 3 handtag 4 *~s* nappatag II *tr* gripa [om]; sätta åt
gripe I *tr* 1 gripa [tag om] 2 klämma, pressa; *be ~d* ha knip i magen II *itr* 1 hålla fast tag 2 gnida och spara III *s* 1 grepp; kramning; *~s* nappatag 2 *~s* magknip 3 handtag, fäste
grippe [grip] *s* influensa
grip||p'er *s* hållare - **-sack** *s* kappsäck
gris'kin *s* svin-, fläsk|rygg
grisly [gri'zli] *a* hemsk, kuslig
1 **grist** *s* finhet, storlek
2 **grist** *s* 1 mäld; vinst, fördel 2 mjöl 3 gröpe 4 [Am.] F mängd
gristl||e [grisl] *s* brosk **-y** *a* broskig
grit I *s* 1 grus, grov sand 2 grovkornig sandsten 3 [gott] gry II *itr tr* gnissla [med]; skära **-s** *spl* havregryn; gröpe **-ty** *a* 1 grusig, grynig 2 F morsk
grizzl||e -ed -y *a* grå[hårig], gråsprängd
groan [ou] I *itr* stöna; sucka, längta; digna; knaka II *tr* 1 stöna fram 2 ~ *down* hyssja ned III *s* 1 stönande, suck; knakande 2 mummel, sorl
groat [grout] *s* vitten, styver
groats [grouts] *spl* [havre]gryn
gro'cer *s* specerihandlare; ~ *and general dealer* speceri- och diversehandlare **-y** *s* specerihandel; *-ies* specerier
grog *s itr* [dricka] grogg **-gy** *a* F 1 druc-ken; supig 2 ostadig
groin *s* 1 ljumske 2 kryssbåge
groom I *s* 1 stalldräng, ridknekt 2 ~ *of the chamber* kammarjunkare II *tr* sköta; rykta **-sman** *s* marskalk
groove I *s* 1 räffla, skåra; fals 2 hjulspår, slentrian II *tr* urholka, räffla
grope *itr* treva, famla; leta
gross [ou] I *a* 1 grov; tjock; fast; frodig; fet, pussig 2 total-, brutto- 3 rå; snuskig II *s* 1 gross 2 brutto
grotesque [gro(u)te'sk] *s a* grotesk
grotto [grɔ'to(u)] grotta
grouch *itr* [Am.] F vara trumpen
1 **ground** imp. o. pp. av *grind*
2 **ground** I *s* 1 jord, mark; *lose o.'s* ~ förlora fotfästet 2 [havs]botten; *break* ~ lyfta ankar; *take [the]* ~ stranda 3 *~s* bottensats, sump 4 jordkontakt 5 grund[val]; bakgrund 6 grund, anledning 7 terräng, område; position; plan; *give* ~ ge vika, retirera; *stand o.'s* ~ hålla stånd; *take* ~ fatta posto 8 egendom, ägor II *tr* 1 grunda, basera 2 [in]lära grunderna [av] 3 lägga ned 4 [elektr.] jorda 5 ⚓ sätta på grund III *itr* ⚓ stöta på grund **~-floor** *s* bottenvåning **~-game** *s* fyrfotavilt **-ing** *s* grund[ande] **~-ivy** *s* jordreva **-ling** *s* 1 [zool.] sandkrypare 2 krypande växt 3 enkel åskådare (läsare) **~-nut** *s* jordnöt **~-plan** *s* grundritning **~-plot** *s* [hus]tomt **~-swell** *s* dyning **-work** *s* grund[val, -princip]; underlag **-y** *a* sumpig
group [u:] I *s* grupp; klunga II *tr itr* gruppera [sig]; sammanföra
1 **grouse** [aus] (pl. ~) *s* vild hönsfågel; moripa [*red* ~]; *black* ~ orre; *great (wood)* ~ tjäder; *white* ~ [fjäll]ripa
2 **grouse** *s itr* S knot[a]
grout *itr tr* böka [upp]
grove *s* 1 skogsdunge, lund 2 aveny, allé
grov'el *itr* kräla, krypa **-ler** *s* jordkrypare **-ling** *a* jordbunden; simpel
grow [ou] (*grew ~n*) I *itr* 1 växa [upp]; tilltaga; ökas; ~ *into a habit* bli en vana; ~ *to* lära sig att, komma att 2 gro; spira 3 uppstå [äv. ~ *up*] 4 ~ [*up*]*on* vinna insteg hos; mer och mer tilltala 5 bli; *be ~ing [late]* börja bli [sent] II *tr* 1 odla; producera; frambringa 2 låta växa, anlägga **-er** *s* odlare, producent
growl [au] I *itr* 1 morra, brumma; mullra 2 knota, knorra II *s* morrande; mummel **-er** *s* 1 brumbjörn 2 F fyrhjulig droska
grow||n [ou] [pp. av *grow*] *a* [full]vuxen [äv. *~-up*] **-th** *s* 1 [till]växt; stigande, utveckling 2 odling, produktion 3 växt[lighet], bestånd; skörd, 'årgång', alster
grub I *itr* 1 gräva, böka 2 F knoga 3 S äta II *tr* 1 gräva [i]; gräva (rensa) upp 2 S föda III *s* 1 larv, mask 2 arbetsträl; [dussin]skribent; slusk 3

S mat; godsaker **-ber** *s* 1 flitig arbetare 2 rotbrytare 3 S en som äter **-by** *a* smutsig; snuskig
grudg||e [grʌdʒ] I *tr* 1 ogärna [med]giva; knorra över, misstycka; ~ *no pains* icke spara ngn möda 2 missunna II *s* avund; groll, agg **-ing** *a* missunnsam; motsträvig; *~ly* ogärna
gruel [u'] *s* välling; havresoppa
gruesome [gru:'] *a* hemsk, ohygglig
gruff *a* grov, sträv, barsk, butter
grumble I *itr* 1 muttra, morra; mullra 2 knota II *s* 1 morrande; knot; mullrande 2 F grälsjuka **-r** *s* grinvarg
grum'py *a* knarrig, vresig
grunt I *itr* grymta; knorra, knota II *s* grymtning **-er** *s* gris
gs. = *guineas* **Gt Br.** = *Great Britain*
guarant||ee [gærənti:'] I *s* 1 garanti; säkerhet, borgen 2 garantimottagare 3 borgesman II *tr* garantera; gå i god för; [till]försäkra **-or** [ɔ:'] *s* borgesman **-y** [-'--] *s* garanti, borgen
guard [gɑ:d] I *tr* bevaka, vakta, skydda, bevara; gardera; *~ed* försiktig II *itr* hålla (vara på sin) vakt III *s* 1 vakt, bevakning, skydd; vaksamhet; *put a p. off his* ~ invagga ngn i säkerhet 2 värn, försvar 3 försvarsställning 4 väktare; [vakt]post; *mount* ~ gå på vakt 5 *~s* livvakt, garde 6 konduktör; tågmästare 7 skydd[sanordning]; bygel; parerplåt; skärm; räcke; galler; kofångare; klockkedja; cykelspänne **~-book** *s* samlingspärm **~-chain** *s* 1 urkedja 2 säkerhetskedja **-ian** *s a* 1 väktare; skydds-; *board of ~s* fattigvårdsstyrelse 2 förmyndare; målsman **-ianship** *s* 1 förmynderskap 2 [be]skydd, vård **-less** *a* värnlös **~-rail** *s* skyddsräcke, bröstvärn **~-room** *s* vaktstuga; arrestrum **-sman** *s* 1 vakt[post] 2 gardist; gardesofficer
gudgeon [gʌdʒn] *s* 1 sandkrypare 2 lockbete 3 lättlurad stackare
guer[r]illa [gəri'lə] *s* gerillakrig
guess [ges] I *tr* 1 gissa [sig till]; gissa rätt 2 F anta, tro II *s* gissning, förmodan **~-work** *s* gissning[ar]
guest [gest] *s* gäst; *paying* ~ inackordering **~-chamber** *s* gästrum
guffaw [gʌfɔ:'] *s* gapskratt
guidance [gaidns] *s* ledning; rättesnöre
guide [gaid] I *tr* 1 visa väg, ledsaga 2 styra, leda; *be ~d* låta leda sig II *s* 1 vägvisare, förare; rådgivare 2 ⚔ riktbefäl 3 *girl* ~ flickscout 4 [rese]handbok 5 [styr]stång, gejd **~-board** *s* vägvisartavla **~-book** *s* vägvisare, resehandbok **~-post** *s* vägvisare **~-rod** *s* styrstång **~-rope** *s* [led]band, [löp]lina **-way** *s* ränna, spår
guiding-star [gai'] *s* ledstjärna
guild [gild] *s* gille, skrå; sällskap **-hall** *s* 1 gilles|hus, -sal 2 råd-, stads|hus
guile [gail] *s* svek, förräderi; list **-ful** *a* svekfull, lömsk **-less** *a* sveklös, ärlig
guillotine [gilәti:'n] *s tr* giljotin[era]
guilt [gilt] *s* skuld; brottslighet **-less** *a* 1 oskyldig 2 okunnig **-y** *a* brottslig; skyldig [*of* till]; *find* ~ förklara skyldig; *plead* ~ erkänna sig skyldig
guinea [gi'ni] *s* 21 shilling **~-fowl ~-hen** *s* pärlhöna **~-pig** *s* marsvin
guise [gaiz] *s* utseende, yttre; mask; *in the ~ of* i form av; under sken av
guitar [gitɑ:'] *s* gitarr
gulf *s* 1 golf, havsbukt; *the G~ Stream* Golfströmmen 2 avgrund 3 malström **~-weed** *s* sargassogräs
gull I *s* 1 mås 2 enfaldig stackare, narr II *tr* lura, narra
gull'et *s* 1 [mat]strupe 2 vattenränna
gull'ible *a* lättlurad
gull'y I *s* 1 ränna, klyfta, ravin 2 dike, rännsten, avlopp II *tr* urholka
gulp I *tr* svälja, stjälpa i sig II *s* 1 sväljning; *at a* ~ i ett tag 2 munfull
1 **gum** *s*, *~s* tandkött
2 **gum** I *s* gummi II *tr* 1 gummera 2 [Am. S] lura III *itr* klibba [fast] **-boil** *s* tandböld **-my** *a* 1 gummi-, gummiartad; klibbig 2 svullen
gump'tion *s* F fyndighet, förstånd
gun *s* 1 kanon; bössa, gevär; *great* (*big*) ~ pamp; *son of a* ~ skojare 2 F revolver, pistol 3 skytt; jägare **~-barrel** *s* gevärspipa; kanonrör **~-carriage** *s* ⚔ lavett **~-cotton** *s* bomullskrut **~-factory** *s* styckebruk, kanonfabrik **~-fight** *s* revolverstrid **~-fire** *s* kanoneld **-man** *s* revolverman, bandit **-nel** = *-wale* **-ner** *s* 1 artiller|ist, -ikonstapel 2 skytt, jägare **-nery** *s* artillerivetenskap; skjutning
gunny [gʌ'ni] *s* jute, säckväv
gun'||-port *s* kanonport **-powder** *s* krut **- -room** *s* ⚓ gunnrum, kadettmäss **- -running** *s* vapensmuggling **- -shot** *s* skott|vidd, -håll **- -smith** *s* gevärssmed **-wale** [gʌnl] *s* ⚓ reling
gurgitation [gә:dʒi] *s* svall[ande]
gurgle [ә:] I *itr* klunka; sorla, porla II *tr* skrocka fram III *s* klunk[ande]; sorl; skrockande
gush I *itr* 1 strömma [ut, fram], forsa [fram]; ~ *out* brista ut 2 F utgjuta sig; orera, gå på II *tr* utgjuta, spruta ut (fram) III *s* 1 ström, fors 2 F doft, pust 3 [känslo]utbrott; F utgjutelse **-ing** *a* över|svallande, -spänd
guss'et *s* kil [i kläder]
gust *s* vind|stöt, -il, by; utbrott
gus't||atory *a* smak- [~ *nerve*] **-o** *s* smak, förkärlek; njutning, välbehag
gus'ty *a* byig, stormig
gut I *s* 1 *~s* P inälvor; buk; innehåll; S energi, kläm 2 tarm[kanal] 3 tafs

4 trångt pass, sund II *tr* 1 rensa; tömma 2 = *-tle* ~-scraper *s* F birfilare
gutt'er I *s* 1 [tak]ränna 2 rännsten 3 avlopps|ränna, -rör 4 räffla II *itr* rinna [i fåror], strömma ~-child = - *-snipe* ~-man *s* gatuförsäljare ~-snipe *s* rännstensunge
guttle *tr itr* äta glupskt, vräka i sig
gutt'ural I *a* strup- II *s* strupljud
gutt'y *s* [guttaperka]boll
1 **guy** [gai] *s tr* ⚓ [stötta med] gaj
2 **guy** I *s* 'fågelskrämma', löjlig figur; karl, 'prick'; typ II *tr* driva (skoja) med III *itr* S smita
guzzle I *tr itr* supa, pimpla; vräka i sig II *s* 1 sprit 2 supande
gybe [dʒaib] *tr itr* ⚓ gipa, skifta över
gym [dʒim] F, -nasium [ei'ziəm] *s* gymnastik-, idrotts|lokal -nas'tic I *a* gymnastisk II *s*, ~*s* gymnastik
1 **gyp** [dʒip] *s* studentuppassare
2 **gyp** *s* S *give a p.* ~ ge ngn på huden
gyps||[e]ous [dʒi'] *a* gips-, gipsartad -um *s* gips -y = *gipsy*
gyrat||e [dʒaiərei't] *itr* virvla, rotera -ion *s* virv|lande, -el, kretslopp -ory [dʒai'] *a* kretsande, krets-
gyre [dʒai'ə] I *s* virvel II *itr* virvla

H

H, h [eitʃ] *s* h; *drop o.'s* ~*s* ej uttala h
ha [hɑ:] *interj* ha ha! ah! åh!
hab'erdasher [dæʃə] *s* kortvaruhandlare -y *s* 1 korta varor 2 kortvaruhandel 3 [Am.] herrekiperingsaffär
habile [hæ'bil] *a* händig, habil
habil'iment *s* skrud; ~*s* dräkt; F kläder
hab'it *s* 1 vana; *be in the* ~ *of* bruka 2 karaktär 3 kroppskonstitution 4 munkdräkt -able *a* beboelig -at [ət] *s* fyndort -ation *s* boning[splats]; bostad -ual [i'tju] *a* invand; [sed]vanlig; vane- -uate [i't] *tr* vänja -ude *s* vana -ué [i'tjuei] *s* stam|gäst, -kund
1 **hack** I *s* 1 hacka 2 hack, skåra; bläcka II *tr itr* 1 hacka [i]; hugga; bläcka; hacka (hugga) sönder 2 råsparka 3 hacka och hosta
2 **hack** I *s* 1 [åkar]kamp; ridhäst 2 dagakarl; skribent II *a* 1 hyr-, lejd 2 uttröskad, banal III *tr* slita ut
hackle I *s* 1 häckla 2 nackfjäder II *tr* 1 häckla 2 hacka (hugga) sönder
hack'ney *s* 1 [vagns]häst 2 hyrdroska 3 dagakarl -ed *a* utnött, banal
hack'work *s* träl-, släp|göra
haddock [hæ'dək] *s* kolja
had||n't = *had not* -st [åld.; du] hade
haemorrh||age [he'məridʒ] *s* blödning -oids *spl* hemorrojder
haft *s* handtag, skaft
hag *s* häxa, trollpacka
haggard [hæ'gəd] *a* vild; utmärglad
haggle I *tr* hacka [sönder]; skära till II *itr s* pruta[nde] -r *s* prutmakare
hagiology [ɔ'lədʒi] *s* helgonlitteratur
ha-ha [hɑ(:)hɑ:'] *s* dike med stängsel
1 **hail** I *s* hagel II *itr tr* [låta] hagla
2 **hail** I *tr* 1 hälsa 2 ropa an (till sig); preja II *itr* höra hemma III *interj* hell! IV *s* hälsning; [an]rop
hail'||-stone *s* hagelkorn - -storm *s* hagel|by, -skur -y *a* hagel-
hair [hɛə] *s* hår; *do o.'s* ~ kamma sig; *split* ~*s* bruka hårklyverier; *to a* ~ på håret, precis -breadth *s* hårs|bredd, -mån ~-cloth *s* hårduk; tageltyg ~-cut *s* hårklippning -dresser *s* frisör ~-dye *s* hårfärg -pin *s* hårnål ~-slide *s* hårspänne ~-splitting *s* hårklyverier -wash *s* hårvatten -y *a* 1 hårig; luden 2 hår-, tagel-
hal'berd *s* hillebard
hal'cyon [siən] I *s* isfågel II *a* stilla
hale *a* kry, spänstig; kraftig; ~ *and hearty* frisk och kry
hal|f [hɑ:f] I (pl. *-ves*) *s* halva, hälft; *go -ves with* dela lika med; *by* ~ mycket; *by -ves* halvt II *a* halv; ~ *the* hälften av III *adv* halvt, halvvägs; *not* ~ *bad* inte så illa; *at* ~ *past twelve* klockan halv 1 ~'-bi'nding *s* halvfranskt band ~-bred *a* halvblods- ~-breed *s* halvblod ~-caste *s* halvblod[shindu] ~-cock *s* halvspänn -crown *s* $2^1/_2$ shilling [ung. 2,25 kr.] ~-hearted *a* likgiltig; klenmodig; svag ~'-hol'iday *s* eftermiddagslov ~'-hou'r *s* halvtimme ~'-length' *s* halvfigur ~-mast [-' -'] *s*, *at* ~ på halv stång ~'-pay' *s a* [på] halv sold -penny [hei'pni] *s* halvpenny ~-sole *s tr* halvsula ~'-way' *a adv* halvvägs; halv[-] ~'-witt'ed *a* [halv]fnoskig
hal'ibut *s* helgeflundra
hall [ɔ:] *s* 1 hall, sal, aula 2 [univ.] matsal; middag 3 [för]hall, förstuga 4 [samlings]lokal; rådhus; gilleshus 5 herresäte, slott ~-mark I *s* kontrollstämpel II *tr* [kontroll]stämpla
hallo[a] [həlou'] I *interj s* hallå[rop]; god dag! tjänare! II *itr* ropa [hallå]
halloo [həlu:'] I *interj s* [jakt.] hallå[rop]; [o]hoj! II *itr* hojta
1 **hallow** [hæ'lo(u)] *tr* helga
2 **hallow** = *halloo II*
ha'lo *s* mån-, ljus|gård; ring; gloria
1 **halt** [hɔ:lt] *itr* [bildl.] halta, vackla
2 **halt** I *s* halt; rast[ställe]; anhalt II *itr tr* [låta] stanna
halter [ɔ:'] I *s* 1 grimma 2 rep, snara;

hängning II *tr* 1 sätta grimma på; binda med grimma 2 hänga
halve [hɑːv] *tr* halvera **-s** se *half*
halyard [hɔː'ljəd] *s* ⚓ fall
ham *s* 1 has; lår 2 [rökt] skinka
hame *s* bogträ
ham'let *s* liten by
hamm'er I *s* 1 hammare; slägga; *throwing the* ~ släggkastning; ~ *and tongs* F av alla krafter 2 [auktions]klubba 3 hane II *tr* 1 hamra [på]; spika fast (upp); slå in (ut); bearbeta 2 smida 3 hitta på 4 F klå III *itr* slå, hamra; dunka **-man -smith** *s* [hammar]smed
hamm'ock *s* häng|matta, -koj ~**-chair** *s* liggstol, trädgårdsstol
1 **ham'per** *s* [flätad] korg
2 **ham'per** I *tr* 1 hindra, [klav]binda; belamra 2 bringa (ha) i olag
ham'shackle *tr* binda upp, klavbinda
ham'string *s tr* [avskära] hassena[n på]
hand I *s* 1 hand; a) *kiss o.'s* ~ ge en slängkyss; *lay* ~*s on* lägga beslag på; bära hand på; *put o.'s* ~ *to* ta itu med; *try o.'s* ~ *at* försöka sig på [med]; *win* ~*s down* vinna med lätthet; ~*s off!* bort med fingrarna! b) *at* ~ till hands, nära; *at the* ~[*s*] *of* från [ngns] sida, av; *by* ~ för hand; på fri hand; med bud; *by the* ~*s of* genom [ngns] medverkan; *take by the* ~ ta i hand (hand om); *in* ~ i [sin] hand; i sin ägo; på hand; föreliggande; på lager, i kassan, kontant; för händer; *take in* ~ företaga (åtaga) sig; *on* ~ i sin ägo; på lager; *on o.'s* ~ i sin vård; på halsen; *out of* ~ genast, på stående fot; obändig; *to* ~ till hand|s, -a; *under* ~ hemlig; c) ~ *to* ~ man mot man; ~ *and foot* till händer och fötter; med kropp och själ; ~ *and glove with* intim med 2 framfot 3 tvärhand 4 sida; håll; *change* ~*s* byta ägare 5 hand|räckning, -tag, hjälp 6 arbetare; [sjö]man 7 *a poor* ~ *at* dålig i; *cool* ~ fräck herre; *knowing* ~ filur; *new* ~ nybörjare 8 handlag, anlag 9 [hand]stil 10 namnteckning 11 [spel]parti 12 visare; *short* ~ timvisare 13 bunt; klase; fem stycken II *tr* 1 leda, föra, hjälpa 2 räcka, lämna, giva; skicka; ~ *down* överlämna [i arv]; ~ *out* utdela ~**-bag** *s* hand-, res|väska **-bell** *s* hand-, bords|klocka **-bill** *s* reklam|lapp, -blad; affisch ~**-cart** *s* dragkärra **-cuff** *s* handklove **-ful** *s* 1 handfull 2 F besvärlig individ (sak) ~**-gallop** *s* kort galopp ~**-glass** *s* hand-, nack|spegel; förstoringsglas **-grip** *s* grepp; handslag; ~*s* handgemäng **-icap** I *s* handikap[tävling]; nackdel, olägenhet; börda II *tr* handikappa; nedtynga **-icraft** *s* handarbete, slöjd, hantverk **-iwork** *s* 1 verk, skapelse 2 praktiskt arbete **-kerchief** [hæ'ŋkətʃif] *s* 1 näsduk 2 hals-, huvud|duk
handle I *tr* 1 ta i, vidröra, bläddra (röra) i 2 hantera; begagna, handha, behandla 3 sköta [om], leda 4 handla med II *s* 1 handtag, skaft, grepe 2 verktyg ~**-bar** *s* styrstång
hand'||**maid[en]** *s* [bildl.] tjänarinna **- -organ** *s* positiv **- -rail** *s* ledstång
han[d]sel [hænsl] *s* [nyårs]gåva; handpenning; förstling; försmak
hand'shake *s* hand|slag, -tryckning
handsome [hæ'nsəm] *a* vacker, ståtlig; ädel[modig]; frikostig; ordentlig
hand'||**spike** *s* hävstång; handspak **- -wheel** *s* ratt **- -work** *s* manuellt (hand-)arbete **-writing** *s* handstil
han'dy *a* 1 till hands; väl till pass 2 lätthanterlig; praktisk 3 händig
hang (*hung hung*) I *tr* 1 hänga [upp]; sätta upp; ~ *up* [äv.] uppskjuta 2 (*-ed -ed*) hänga, avliva; ~ [*it*]! sablar! ~ *you!* dra åt helsike! 3 hänga [med] 4 behänga, pryda; tapetsera II *itr* 1 hänga; dingla; ~ *about* gå och driva; stryka kring; ~ *out* S hålla till, bo 2 hänga[s] 3 sväva 4 tveka; dröja; ~ *off* dra sig 5 ~ [*up*]*on* hänga (bero) på; hänga [fast] vid; fastna i; tynga på; ~ *up* F ringa av III *s* 1 hängning; fall 2 sluttning; lutning 3 *get the* ~ *of* [Am.] F komma på det klara med 4 *not a* ~ F inte ett dugg ~**-dog** *s* galgfågel **-er** *s* 1 [upp]hängare; tapetserare 2 [klädes]galge; [gryt]krok 3 hirschfängare **-er-on'** *s* F anhängare; 'påhäng', snyltgäst **-ing** *s* 1 [upp]hängning 2 förhänge, gobeläng **-man** *s* bödel ~**-out** *s* S tillhåll
han'ker *itr s* längta[n], åtrå
han'ky-pan'ky *s* hokuspokus; fuffens
Hanse *s* Hansa[n] **-atic** [iæ't] *a* hanse-
han'som *s* [tvåhjulig] droska
hap I *s* lycka; slump II *itr* hända; råka **-haz'ard** *s a adv* [av en] slump, tillfällig; lyckträff; *at* ~ på måfå **-less** *a* olycklig **-ly** *adv* till äventyrs
ha'p'orth [hei'pəþ] = *halfpennyworth*
happ'en *itr* 1 hända, ske; falla sig 2 råka; komma [att] **-ing** *s* händelse
happ'i||**ly** *adv* lyckligt[vis] **-ness** *s* lycka
happ'y *a* 1 lycklig; glad; *I shall be* ~ *to* jag skall gärna 2 lyckad, träffande; fyndig ~**-go-lucky** *a* sorglös
harangue [həræ'ŋ] I *s* tal; utfall; harang II *itr tr* hålla tal [till]; orera
harass [hæ'rəs] *tr* oroa; plåga, jäkta; ~*ed* förpinad; ~*ing* pin-, ret|sam
har'binger [dʒə] *s* förebud; budbärare
harbour [hɑː'bə] I *s* 1 hamn; ~ *wall* hamnarm 2 tillflyktsort II *tr* här-

bärgera; hysa -age *s* 1 härbärge 2 tillflyktsort 3 hamn
hard I *a* 1 hård, fast; ~ *cash* (*money*) kontanter; ~ *facts* nakna fakta 2 ihärdig; seg 3 svår; mödosam 4 hård[hjärtad], grym; sträng; ~ *swearing* fräck mened 5 snål 6 grov; kärv **II** *adv* 1 hårt; häftigt, skarpt; strängt; ivrigt 2 illa; svårt; ~ *hit* F illa däran; ~ *put to it* svårt pressad; *die* ~ sälja sig dyrt; ~ *up* F i knipa 3 nära; ~ *by* strax bredvid **~-bake** *s* mandelknäck **~-boiled** *a* 1 hård[kokt] 2 F hårdfjällad **-en I** *tr* 1 göra hård[are]; skärpa 2 [för]härda; vänja **II** *itr* 1 hårdna; [för]härdas 2 bli fast[are] **~-featured** *a* med grova (stränga) anletsdrag; ful **~-fisted** *a* snål, njugg **~-fought** *a* hård[nackad] **~-headed** *a* nykter, praktisk **-ihood** *s* djärvhet; fräckhet **-ly** *adv* knapp[ast]; ~ *anybody* nästan ingen **-set** *a* sammanbiten; stel; oböjlig **-ship** *s* [veder]möda; prövning; försakelse **-ware** *s* smidesvaror; ~ *shop* järnaffär **~-working** *a* arbetsam, ihärdig **-y** *a* 1 djärv; [dum]dristig; fräck 2 härd|ig, -ad
hare [hɛə] *s* hare **~-bell** *s* blåklocka **~-brained** *a* tanklös; yr **~-lipped** *a* harmynt
haricot [hæ'rikou] *s* ragu; tursk böna
hark *itr* 1 lyssna 2 ~ *back* [åter]vända
harlequin [hɑ:'likwin] *s* harlekin
harlot [hɑ:'lət] *s* sköka
harm I *s* ont, skada; men; *keep out of* ~*'s way* ej utsätta sig för fara **II** *tr* skada, göra [ngn] ont (illa) **-ful** *a* skadlig, farlig **-less** *a* oskadlig, ofarlig
harmon'|ic *a* harmonisk **-ica -icon** *s* glas-, mun|harmonika **-ious** [mou'] *a* harmonisk; välljudande; samstämmig **-ize** [hɑ:'] **I** *itr* harmoniera, stämma överens **II** *tr* bringa i samklang; för|ena, -sona **-y** [-'əni] *s* 1 harmoni; välljud 2 endräkt, samförstånd
har'ness I *s* 1 sele, seldon; *die in* ~ dö på sin post 2 harnesk; rustning **II** *tr* 1 sela [på]; spänna för 2 utnyttja
harp *s itr* 1 spela [harpa] 2 ~ *on* 'idissla' **-er -ist** *s* harpspelare
harpoo'n *s tr* harpun[era]
har'py *s* harpya; [bildl.] blodsugare
harr'ier *s* stövare
Harro'vian *s* [f. d.] elev vid Harrow
harr'|ow [ou] **I** *s* harv **II** *tr* 1 harva 2 plåga, oroa **-y** *tr* härja; plåga, oroa
harsh *a* 1 hård, sträv; sträng 2 skarp, frän 3 skärande 4 [från]stötande
hart *s* hjort; ~ *of ten* tiotaggare
ha'rum-sca'rum [ɛ'ə] *a s* F tanklös [individ]; tokstolle
har'vest I *s* 1 skörd[etid] 2 gröda; vinst **II** *tr* skörda, inhösta; spara **-er** *s* skörde man, -maskin
has [hæz, həz] [3. pers.] har **~-been** [hæ'z] *s* F fördetting
hash I *tr* hacka [sönder] **II** *s* ragu; uppkok; röra
hasn't [hæznt] = *has not*
hasp I *s* [dörr]hasp; klinka **II** *tr* haspa
hassock [hæ'sək] *s* tuva; kudde, pall
hast [hæst] [åld.; du] har [*thou* ~]
haste [ei] **I** *s* hast, skyndsamhet; brådska; *make* ~ raska på **II** *itr* hasta **-n** [heisn] *tr itr* [på]skynda
ha'sty *a* hastig; förhastad; häftig
hat *s* hatt; *high* (*silk, tall, top*) ~ hög hatt; *opera* ~ chapeau claque; *talk through o.'s* ~ S bluffa, skryta **~-box** *s* hattask **~-case** *s* hattfodral
1 hatch *s* nedre dörrhalva; skeppslucka
2 hatch I *tr* 1 kläcka [ut] 2 uttänka **II** *itr* 1 häcka 2 [ut]kläckas **III** 1 häckande, [ut]kläckning 2 kull
hat'chet *s* yxa; *throw the* ~ breda på
hatch'way *s* skeppslucka, lucköppning
hate *s tr* hat[a] **-ful** *s* 1 hätsk 2 förhatlig; avskyvärd
hath [hæþ] [åld. 3. pers.] har
hat'|pin *s* hattnål **-rack** *s* klädhängare
hatred [hei'trid] *s* hat, ovilja, avsky
hat'|stand *s* hatt-, kläd|hängare **-ter** *s* hattmakare **-trick** *s* tre [kricket]grindar i rad; tre mål i en match
hauberk [hɔ:'bə:k] *s* brynja
haughty [hɔ:'ti] *a* hög[dragen], stolt
haul I *tr* 1 [äv. *itr*] hala, draga; släpa, bogsera 2 transportera, frakta 3 ~ *up* anhålla **II** *itr* 1 = *I 1* 2 ⚓ ändra kurs; ~ [*round*] kasta om; ~ *up* stanna, lägga till **III** *s* 1 halning, tag 2 notvarp, drag; kap, vinst
haulm [hɔ:m] *s* 1 stjälk 2 blast, ris
haunch [ɔ:] *s* höft, länd; lår[stycke], kyl
haunt [ɔ:] **I** *tr* 1 ofta besöka, hålla till i (på, hos); umgås med 2 [för]följa, hemsöka 3 spöka i (på, hos) **II** *itr* hålla till **III** *s* tillhåll, uppehållsort
have [hæv, həv] (*had had*) **I** *tr* 1 ha[va]; äga 2 göra, ta sig, få sig [~ *a bath*] 3 *will* ~ hävda, påstå 4 få, erhålla; äta, dricka, ta 5 ~ *it* segra, ha övertaget; [äv.] få stryk (skäll); säga, berätta 6 F ha [fått] fast; *had* S lurad 7 ~ *to* vara tvungen att, måste 8 ~ *a th. done* få ngt gjort; låta göra ngt 9 ~ *a p. do a th.* låta ngn (få ngn att) göra ngt **II** *itr*, *you had better* det är bäst att du; *I had rather* jag skulle hellre vilja
ha'ven *s* hamn; tillflyktsort
haven't [hævnt] = *have not*
hav'ersack *s* ryggsäck, tornister
hav'oc I *s* förstörelse **II** *tr* ödelägga
1 haw [hɔ:] *s* hagtorn[sbär]
2 haw I *itr* hacka [i tal] **II** *s* hackning
Hawaiian [hɑ:wai'jən] *a s* havaj[isk]
haw-haw [hɔ:'hɔ:'] *s itr* gapskratt[a]

1 **hawk** [ɔ:] I *s* 1 falk, hök 2 bedragare II *itr* idka falkjakt; jaga
2 **hawk** *tr* ut|kolportera, -bjuda
3 **hawk** *itr* harska, harkla sig
hawk||er *s* gatuförsäljare; kolportör **-ing** *s* falkjakt **-ish** *a* hök-, falk|liknande - **-nosed** *a* med örnnäsa
hawse||-hole [hɔ:'z] *s* ⚓ klys[gatt] **-r** *s* ⚓ tross, kabeltåg, kätting
hawthorn [hɔ:'þɔ:n] *s* hagtorn
hay I *s* hö; *make* ~ bärga hö II *itr* bärga hö[et] **-cock** *s* hövolm **~-fork** *s* högaffel **~-loft** *s* höskulle **-maker** *s* slåtterkarl **~-rick** *s* höstack
haz'ard [əd] I *s* 1 hasard 2 slump; lyckträff 3 risk, fara II *tr* riskera, våga **-ous** *a* 1 slump- 2 riskabel
haze I *s* 1 dis, töcken, dimma; solrök 2 dimmighet II *tr* fördunkla
ha'zel *s a* 1 hassel 2 nötbrun [färg]
ha'zy *a* disig; dimmig; S 'omtöcknad'
he *pron* han; ~ *who* den som
head [hed] I *s* 1 huvud; förstånd, begåvning; *give a horse his* ~ ge häst fria tyglar; *keep o.'s* ~ hålla huvudet kallt; *take into o.'s* ~ få för sig; *off o.'s* ~ F kollrig; ~ *and shoulders* huvudet [högre än]; avsevärt; *over* ~ *and ears* över öronen; ~ *of hair* hår[växt]; ~ *over heels* hals över huvud 2 framsida; ~ *or tail* krona eller klave; *make* ~ *or tail of* bli klok på 3 horn 4 a) person; individ; *a (per)* ~ per man, var; b) styck, djur; c) antal 5 chef, ledare; rektor 6 spets 7 avdelning, moment; punkt 8 höjd-, vänd|punkt, kris; *gather* ~ vinna krafter 9 motstånd; *keep* ~ hålla stånd; *make* ~ rycka fram 10 [träd]krona 11 topp; knopp; kapitäl; källa; huvudgård; *at the* ~ först, överst 12 överskrift, titel 13 skum, bornyr 14 främsta (främre) del; front, tät; ⚓ förstäv, bog 15 udde 16 F huvudvärk II *a* överst, främst, först; huvud-, över- III *tr* 1 topp[hugg]a, tukta 2 stå överst på (i spetsen för); leda 3 förse med rubrik 4 gå före (om); överträffa 5 möta; segla emot 6 vända, styra 7 nicka, skalla IV *itr* vända sig, vetta; gå, leda; styra [kosan] **-ache** *s* huvudvärk **~-dress** **~-gear** *s* huvudbonad **-ing** *s* 1 toppning 2 överstycke, framdel; rubrik 3 ort; tunnel 4 nickning **-land** *s* udde **~-light** *s* framlykta **~-line** *s tr* [förse med] rubrik **-long** I *adv* på huvudet; huvudstupa II *a* vild; brådstörtad **-master** *s* rektor **-mistress** *s* föreståndarinna **~-money** *s* mantalspengar **-most** *a* främst[e] **~-phone** *s* hörlur **~-piece** *s* 1 hjälm; huvudbonad 2 F huvud[knopp] **~-quarters** *spl* högkvarter; huvudkontor **~-sail** *s* försegel **-sman** *s* skarprättare **-stone** *s* 1 hörnsten 2 gravsten **-strong** *a* hårdnackad, envis **~-waiter** *s* hovmästare **~-water** *s* källflod **-way** *s* 1 [fram]fart 2 öppning **~-wind** [wind] *s* motvind **-y** *a* 1 brådstörtad, häftig 2 stark, rusande
heal *tr itr* hela[s], läka[s], bota[s]
health [helþ] *s* 1 hälsa; *bad (ill)* ~ sjuklighet 2 välgång, skål **-ful** *a* hälsosam; sund **~-resort** *s* kurort **-y** *a* 1 frisk; sund 2 hälsosam
heap I *s* 1 hög; hop; *struck all of a* ~ F fullkomligt handfallen 2 F hel hög, massa; ~*s better* mycket bättre II *tr* 1 hopa; samla 2 överhopa, fylla
hear [hiə] (~*d* ~*d* [hə:d]) *tr itr* 1 [å]höra 2 förhöra 3 få veta; ~ *from* höra a'v; ~ *of* höra talas om **-er** *s* åhörare **-ing** *s* 1 hör|ande, -sel; *within* ~ inom hörhåll; *dull (hard) of* ~ lomhörd 2 gehör; förhör **-ing-trumpet** *s* hörlur **-ken** [hɑ:'] *itr* lyssna **-say** *s* hörsägen, rykte, prat
hearse [ə:] *s* likvagn **~-cloth** *s* bårtäcke
heart [hɑ:t] *s* 1 hjärta 2 själ, sinne, ande, håg; känsla; mod; *bless my* ~! kors i all min dar! *lose* ~ tappa modet; *wear o.'s* ~ *upon o.'s sleeve* öppna sitt hjärta för vem som helst; *at* ~ i själ och hjärta; *sick at* ~ nedstämd; *by* ~ utantill; *from o.'s* ~ av allt hjärta; *take to* ~ ta illa vid sig av 3 hjärtevän; *dear (sweet)* ~! kära du! 4 medelpunkt; kärna; ~ *of oak* kärnkarl 5 hjärter **~-ache** *s* [hjärte]sorg, oro **~-breaker** *s* hjärtekrossare **~-breaking** *a* hjärtslitande **~-broken** *a* förtvivlad **-burn** *s* halsbränna **-burning** *s* bitterhet; agg **-en** *tr* liva, elda **~-felt** *a* djupt känd, uppriktig
hearth [hɑ:þ] *s* eldstad, spis, [huslig] härd **-stone** *s* spishäll; härd
heart||ily [hɑ:'] *adv* 1 hjärtligt 2 tappert; ivrigt 3 med aptit **-less** *a* hjärtlös - **-rending** *a* hjärtslitande - **-sick** - **-sore** *a* bedrövad - **-stirring** *a* gripande - **-whole** *a* 1 oförskräckt 2 uppriktig; hjärtlig - **-wood** *s* kärn|ved, -timmer **-y** *a* 1 hjärtlig; uppriktig; ivrig 2 kraftig; duktig, frisk, stark
heat I *s* 1 hetta, värme 2 omgång, tag; [försöks]heat, uttagningstävling 3 upphetsning 4 brunst II *tr* upp|hetta, -värma; elda; [upp]hetsa **-er** *s* 1 eldare 2 värme|apparat, -element
heath *s* 1 hed 2 ljung **~-bell** *s* ljungblomma **~-cock** *s* orrtupp
hea'then [ð] I *a* hednisk II *s* hedning **-dom** *s* hed|endom; -navärld **-ish** *a* hednisk; F djävulsk **-ism** *s* hedendom
heather [e'ð] *s* ljung; ~*-bell* klockljung
hea'ting *s* uppvärmning, eldning
hea't||-spot *s* fräkne - **-stro'ke** *s* värmeslag, solsting - **-wave** *s* värmebölja

heave I *tr itr* **1** häva[s]; lyfta; svälla, svalla; ~ *in sight* komma i sikte **2** utstöta **3** hiva **4** ⚓ vinda [upp], hala; hissa; ~ *about* stagvända; gå över stag; ~ *down* kränga; ~ *to* dreja (lägga) bi; ~ *ho* hi å hå **5** flämta, kippa **6** vilja kräkas **II** *s* **1** hävning, lyftning, tag **2** höjning; svallning; våg; sjögång **3** ⚓ hivning **4** suck

heaven [hevn] *s* himmel; himlavalv; rymd; *would to* ~ Gud give! **-ly** *a* himmelsk; gudomlig; himmels- **-ward** [əd] *a adv* mot himmelen

heavy [he′vi] *a* **1** tung; grov; tjock, bastant, kraftig **2** svår, dryg, allvarlig; stor, omfattande; häftig; stark, skarp; djup; stadig; riklig; ~ *sea* hög sjö **3** fylld, mättad **4** gravid, dräktig **5** klumpig; trög, långsam; flau **6** tråkig, enformig **7** mulen, mörk **8** hård; nedslående; sorgsen **9** sömnig, dåsig ~**-hearted** *a* tungsint, dyster ~**-weight** *s* tungvikt[are]

hebdomad‖al [dɔ′məd] **-ary** *a* vecko-

hebetate [he′biteit] *tr itr* förslöa[s]

Hebraic [hibrei′ik] *a* hebreisk

Hebrew [hi:′bru:] *s a* hebr|é, -eisk

heckle *tr* **1** häckla [lin] **2** ansätta

hec′tic *a* **1** hektisk, lungsiktig **2** F passionerad; laddad

hec′to‖gram[me] *s* hektogram **-graph** *s tr* hektograf[era]

hedge [dʒ] **I** *s* **1** häck, inhägnad; gärdesgård **2** skrank, hinder **II** *tr itr* **1** inhägna; kringgärda; avspärra; ~ *off* avstänga **2** gardera [sig] **3** slingra sig **-hog** *s* igelkott **-row** [ou] *s* häck

heed I *tr* bekymra sig om **II** *s* uppmärksamhet, hänsyn; *take* ~ akta sig **-ful** *a* uppmärksam, omsorgsfull **-less** *a* obekymrad; sorglös

1 heel I *s* **1** häl; fot; ~*s* bakfötter, hovar; *take to o.'s* ~ ta till schappen; *trip up a p.'s* ~*s* sätta krokben för ngn; *turn* ~*s over head* slå en volt (kullerbytta) **2** sporre **3** klack; *down at* ~*s* med nötta klackar; sjaskig **4** [det] sista, ände, slut, sladd **II** *tr* **1** klacka **2** följa hack i häl

2 heel ⚓ *itr s* kräng|a, -ning; slagsida

hegemony [he′dʒiməni] *s* ledning

heifer [he′fə] *s* kviga

heigh [hei] *interj* hej! va?

height [hait] *s* höjd; längd, storlek; *the* ~ *of fashion* högsta modet **-en** *tr itr* [för]höja[s]; öka[s]

hei′nous *a* skändlig, fruktansvärd

heir [ɛə] *s* arvinge; *general (sole)* ~ universalarvinge; ~*-apparent* bröstarvinge **-ess** *s* arvtagerska **-loom** *s* släktklenod; arv **-ship** *s* arv[rätt]

held imp. o. pp. av *hold*

he′lio‖- sol- **-scope** *s* solkikare

he′lix *s* **1** spiral **2** snirkel **3** rullsnäcka

hell *s* **1** helvete[t]; *a* ~ *of a row* ett helvetiskt oväsen **2** spelhåla

he'll [hi:l] = *he will*

Hell′en‖e *s* grek **-ic** [li:′] *a* hellensk

hell′ish *a* helvetisk; djävulsk

1 helm *s* roder; ratt; rorkult; styre

2 helm *s* [åld.] hjälm **-et** *s* hjälm; kask

helmsman [he′lmz] *s* rorgängare

help I *tr* **1** hjälpa; bistå; befordra; lindra; ~ *on* [be]främja; ~ *out* [äv.] hjälpa till rätta (upp) **2** [för]hjälpa; servera; ~ *o. s.* ta [för sig] [*to* av] **3** *not longer than you can* ~ inte längre än du behöver; *cannot* ~ *laughing* kan inte låta bli att skratta **II** *itr* hjälpa [till], bidraga **III** *s* hjälp, bistånd; botemedel **-er** *s* [med]hjälpare; biträde **-ful** *a* hjälpsam, behjälplig; bra; nyttig **-ing** *s* servering; portion **-mate -meet** *s* [med]hjälpare; make, maka

hel′ter-skel′ter I *adv* huller om buller **II** *s* virrvarr

helve *s* handtag, skaft

Helvet‖ian [i:′ʃiən] **-ic** [e′t] *a* helvetisk, schweizisk

hem I *s* fåll, kant **II** *tr* **1** fålla, kanta **2** ~ *in* inne|sluta, -stänga, omringa

hem′i‖- halv- **-cycle** *s* halvcirkel **-sphere** *s* halvklot **-stich** [istik] *s* halvvers

hem′lock *s* **1** odört **2** gift[dryck] **3** [*fir, spruce*] nordamerikansk gran

hemorrh‖age, -oid = *haemorrh|age, -oid*

hemp *s* **1** hampa **2** S [hängnings]rep **3** haschisch **-en** *a* hamp-, av hampa

hem′stitch *tr s* [sy med] hålsöm

hen *s* **1** höna **2** hona **-bane** *s* bolmört

hence *adv* **1** härifrån [äv. *from* ~]; hädan[efter] **2** härav: följaktligen **-for′th -for′ward** *adv* hädanefter

hen′-‖coop *s* hönsbur **-party** *s* F fruntimmersbjudning **-pecked** *a* F som står under toffeln: ~ *husband* toffelhjälte **-roost** *s* hönshus **-run** *s* hönsgård **-witted** *a* enfaldig, dum

hepat′ic *a* lever-[färgad] **-a** *s* blåsippa

hepta- [he′ptə] sju-

her [hə:] *pron* **1** henne; *it's* ~ F det är hon **2** hennes, sin

herald [e′r] **I** *s* **1** härold; heraldiker **2** förkunnare; budbärare **II** *tr* utropa; införa; förebåda **-ic** [æ′l] *a* heraldisk **-ry** *s* **1** heraldik **2** vapensköld

herb *s* **1** ört; växt **2** ~*s* grönsaker **-age** *s* örter, växtlighet; bete **-alist** *s* ört|kännare, -handlare **-iv′orous** *a* gräsätande **-orize** *itr* botanisera

1 herd [ə:] **I** *s* herde **II** *tr* vakta, valla

2 herd I *s* **1** hjord **2** hop, skock; massa **II** *itr* gå i flock **-sman** *s* herde

here [hiə] *adv* **1** här; ~*'s to you!* skål! ~ *we are* nu äro vi framme; ~ *you are* här har du, var så god! **2** hit **-about[s]** *adv* här på trakten **-by** [ai′] *adv* här|igenom, -av, -med

hered'it||able *a* ärftlig **-ary** *a* arv[s]-, ärftlig[hets-]; [ned]ärvd; medfödd **-y** *s* ärftlighet; nedärvande
herein [hi'ərin'] *adv* häri
her||esy [he'rəsi] *s* kätteri; irrlära **-etic** *s* kättare **-etical** [e't] *a* kättersk
here||tofore [fɔ:'] *adv* förut **-un'der** *adv* här nedan **-upon'** *adv* härpå; i följd härav **-with** *adv* härmed
herit||able [e'r] *a* ärftlig **-age** *s* arv[edel]
hermet'ic[al] *a* lufttät[t tillsluten]
her'mit *s* eremit **-age** *s* eremithydda
hernia [hə:'njə] *s* [läk.] brock
he'ro *s* hjälte **-ic** [ou'] *a* 1 heroisk; hjälte-; hjältemodig 2 djärv, våldsam **-ine** [he'rouin] *s* hjältinna **-ism** [he'r] *s* hjältemod
heron [he'rən] *s* häger
herpes [hə:'pi:z] *s* [läk.] revorm
herr'ing *s* sill; *red* ~ rökt sill **~-bone** *s* 1 sillben 2 kryssförband; sicksack-[mönster]; ~ *stitch* kråkspark **~-pond** *s*, *the* ~ Atlanten
her||s [hə:z] *pron* hennes; sin **-self'** *pron* [hon, henne] själv; sig [själv]
hesit||ant [he'z] *a* tvek[ande, -sam **-ate** *itr* tveka; dra sig [för]; betänka sig **-ation** *s* tvekan, villrådighet
Hes'per *s* aftonstjärna[n]
het'ero||- *pref* olika **-dox** *a* irrlärig; kättersk **-doxy** *s* irrlärighet **-geneous** [dʒi:'niəs] *a* olikartad
hew [hju:] (~*ed* ~*ed* o. ~*n*) *tr itr* 1 hugga [i] 2 släthugga; tillyxa; forma, skapa **-er** *s* 1 ved-, sten huggare 2 gruvarbetare
hex'agon *s* sexhörning
hey [hei] *interj* hej! hurra! håhå! va?
hey'-day I *interj* hejsan! hå hå! II *s* höjd[punkt], glanstid
H. H. = *His (Her) Highness*
hi [hai] *interj* ohoj! hör hit!
hia'tus [hai] *s* gap, lucka; vokalmöte
hibern||al [haibə:'nl] *a* vinter-, vinterlig **-ate** [-'--] *itr* övervintra
Hiber'nian [hai] *a s* irländ[sk, -are
hiccup [hi'kʌp] *s itr* hick[ning, -a
hick'ory *s* amerikanskt valnötsträd
1 **hide** I *s* hud; skinn II *tr* F klå
2 **hide** (*hid hid[den]*) *tr itr* gömma [sig], hålla [sig] gömd **~'-and-see'k** *s* kurra-gömma
hi'de-bound *a* 1 skinntorr 2 inskränkt
hideous [hi'diəs] *a* otäck, ruskig
1 **hi'ding** *s* F kok stryk, smörj
2 **hiding** *s* undangömdhet; gömställe
hierarch [hai'ərɑ:k] *s* kyrkofurste **-ic[al]** [ɑ:'k] *a* hierarkisk **-y** *s* 1 änglaskara 2 hierarki, prästvälde
hi'eroglyph [if] *s* hieroglyf; symbol
higgle *itr* schackra, pruta **-'dy-pigg'-ledy** I *adv* huller om buller II *s* röra
high [hai] I *a* 1 högt; högländ; hög-; höjd-; *on* ~ i höjden (himmelen); ~ *and dry* på torra landet; strandad; förbenad 2 upphöjd, förnäm; ~ *life* [livet i] den förnäma världen 3 förnämst; över-; ~ *street* storgata 4 ädel, fin 5 stor, stark, kraftig, livlig 6 allvarlig; högtidlig 7 hög[modig], dryg; högröstad, vred; *on the* ~ *ropes* F hög[dragen]; ~ *words* stora (vredgade) ord 8 sträng; högkyrklig 9 upprymd, glad 10 ankommen; välhängd; ~ *flavour* viltsmak II *adv* 1 högt 2 starkt, häftigt; dyrt **-ball** *s* [Am.] viskygrogg **~-bred** *a* 1 högättad 2 förfinad **~-brow** F I *s* [intelligens]aristokrat; byråkrat; *the* ~*s* intelligensen II *a* höglärd, överlägsen; förnäm **~-flown** *a* högtravande; överspänd **~-handed** *a* egenmäktig **-lander** *s* [skotsk] högländare **-ly** *adv* 1 högt 2 högeligen 3 berömmande **~-minded** *a* upphöjd; storsinnad **-ness** *s* 1 höghet 2 höjd, storlek **~-pitched** *a* 1 hög, gäll 2 högstämd; livlig **~-power** *a* starkströms- **~-priest** *s* överstepräst **~-reaching** *a* högtsträvande, ärelysten **~-road** *s* landsväg; allfarväg **~-school** *s* högre [flick]skola; [Am.] läroverk **~-sounding** *a* högtravande **~-speed** *a* snabbgående **~'-spirited** [i'r] *a* modig; eldig **~-strung** *a* 1 hårt spänd; över[känslig, -spänd 2 hög, gäll **-way** *s* 1 landsväg; ~*s and byways* [på] vägar och stigar 2 stråkväg **-wayman** *s* stråtrövare
hike *s itr* F [fot]vandr[ing, -a
hilari||ous [ɛ'ə] *a* munter **-ty** [læ'r] *s* munterhet, glädje och gamman
hill *s* 1 kulle, berg; backe 2 stack, hög **-man** *s* bergs[bo, -bestigare **-ock** *s* kulle; hög **~-ridge** *s* [berg]backe, ås **~-side** *s* sluttning **-y** *a* bergig, backig
hilt *s* fäste, handtag
him *pron* 1 honom; *it's* ~ F det är han 2 sig 3 ~ *who* den som **-self'** *pron* han (honom) själv; sig [själv]
1 **hind** [haind] *s* hind
2 **hind** *s* 1 dräng 2 bonde; bondtölp
3 **hind** *a* bakre, bak- [äv. **-er**]
hin'der *tr itr* [för]hindra; vara i vägen
hindmost [hai'nd] *a* bakerst; borterst
hin'drance *s* hinder [*to* för]
Hindu [hi'ndu:'] *s a* hindu[isk], indisk
hinge [hindʒ] I *s* 1 gångjärn; dörrhake; *off the* ~*s* ur gängorna 2 huvudsak; vändpunkt II *tr* fästa; [an]knyta III *itr* vända sig; bero [på]
hint I *s* antydan, vink; anspelning II *tr itr* antyda; anspela
1 **hip** *s* nypon
2 **hip** F I *s* melankoli II *tr* göra dyster
3 **hip** *s* höft, länd; sida; ~ *and thigh* i grund **~-bath** *s* sittbad **~-flask** *s* plunta **~-joint** *s* höftled
hipp'o||- häst- **-drome** *s* hippodrom: cirkus **-griff -gryph** *s* hästgrip; vinghäst **-pot'amus** *s* flodhäst

hire I *s* 1 hyra, avgift; ut-, för|hyrning 2 lön II *tr* 1 [för]hyra 2 leja 3 muta 4 uthyra **-ling** *s* legohjon; mutkolv **~-purchase** *s* avbetalningsköp
hirsute [hə:'sju:t] *a* luden; strävhårig
his [hiz] *pron* hans; sin **-n** P=*his*
Hispan'o- [ou] spansk-[~-*American*]
his'pid *a* strävhårig; borstig
hiss I *itr* väsa, fräsa, vina II *tr* vissla [åt] III *s* väsning; [ut]vissling
hist [s:t] *interj* st! tyst! hysch!
histor||**ian** [ɔ:'] *s* historiker **-ic[al]** [ɔ'r] *a* historisk **-iog'rapher** *s* histori|eskrivare, -ograf **-y** [hi'stəri] *s* historia
histrion'ic I *a* teater-; teatralisk II *s* ~*s* skådespelarkonst, 'teater'
hit (*hit hit*) I *tr* 1 slå [till]; träffa; drabba; ~ *it* träffa (gissa) rätt 2 stöta 3 komma (hitta) på', finna 4 passa; slå an på 5 ~ *off* ta på kornet, få fram; skaka ur ärmen: ~ *it off* F komma överens II *itr* slå; träffa; ~ [*up*]*on* råka; komma (hitta) på' III *s* slag, stöt, träff; gliring, hugg; lyckträff, tur; lyckat uttryck; succé; schlager
hitch I *tr* 1 rycka [på], flytta; ~ *up* draga upp 2 sticka (stoppa) in 3 fästa; häkta (binda) fast II *itr* 1 röra (flytta) sig; linka 2 fastna III *s* 1 ryck, knyck; stöt 2 linkande 3 fastnande; stopp; hinder, hake
hith'er [ð] *adv* hit **-to** [tu:'] *adv* hittills
hit'-off *s* S skicklig efterbildning
hive I *s* 1 bikupa 2 [bi]svärm II *tr* 1 ta in [svärm] 2 hysa 3 [in]samla III *itr* 1 gå in i kupan 2 skocka sig
H. M. =*His* (*Her*) *Majesty* **H. M. S.** =*His Majesty's Service* (*Ship*)
ho *interj* 1 [å]hoj! hallå! 2 åh! håhå!
hoar [hɔ:]= ~-*frost* o. -*y*
hoard [ɔ:] I *s* förråd II *tr* samla [ihop]; lagra; gömma **-er** *s* girigbuk
hoarding [hɔ:']*s* plank [kring bygge]
hoar-frost [hɔ:'frɔst] *s* rimfrost
hoarse [hɔ:s] *a* hes, skrovlig
hoary [hɔ:'ri] *a* grå[hårig]
hoax [ou] I *tr* lura II *s* spratt, puts
hob *s* 1 spishäll 2 målpinne 3 = -*nail*
hobble I *itr* 1 guppa, hoppa 2 stappla; linka II *tr* binda [fötterna på] III *s* 1 stapplande; haltande 2 fotklamp 3 F knipa **-dehoy** *s* F spoling
hobb'y *s* vurm **~-horse** *s* käpphäst
hob'goblin *s* tomte, nisse; buse, spöke
hob'nail *s* skospik
hob'nob *itr* dricka och skåla; umgås
1 **hock** *s* has, knäled
2 **hock** *s* Hochheimer; renvin
ho'cus *tr* 1 lura 2 bedöva **~'-po'cus** I *s* hokuspokus; knep II *tr* lura
hod *s* [murbruks]tråg
hodgepodge [hɔ'dʒpɔdʒ] =*hotchpotch*
hod'man *s* 1 hantlangare 2 klåpare
hoe [hou] *s tr itr* hacka; skyff|el, -la
hog I *s* 1 svin; *go the whole* ~ ta steget fullt ut 2 [bil]drulle II *tr itr* 1 stubba 2 skjuta [rygg], kuta 3 ~ [*it*] köra fort (drulligt) **-gish** *a* svin-, svinaktig **-s|head** *s* 1 oxhuvud [ung. 238 liter] 2 fat **~-wash** *s* skulor
hoi[c]k *tr itr* F häftigt resa [aeroplan]
hoist I *tr* hissa; hala (vinda) upp; lyfta; ~ *out* sätta i sjön; *be* ~ *with o.'s own petard* själv falla i gropen II *s* 1 hissning 2 hiss[verk]
hoi'ty-toi'ty I *s* stoj, bråk II *a* 1 yster 2 högfärdig III *interj* hör på den!
hold [ou] (*held held*) I *tr* 1 hålla [i]; sköta, föra 2 innehålla; rymma 3 inneha, besitta 4 behärska; ~ *o.'s own* hålla i sig, hävda sig 5 kvar-, uppe|hålla; upptaga 6 hålla i gång, upprätthålla; fortsätta 7 [åter]hålla; ~ *o.'s peace* hålla tyst 8 anse, hysa, förakta 9 ~ *back* [äv.] undanhålla; ~ *down* [äv.] förtrycka; ~ *off* hålla på avstånd; ~ *out* räcka fram; erbjuda; fullfölja; ~ *over* reservera; uppskjuta, låta ligga; ~ *up* uppe-, fram|hålla, prisgiva; preja, [Am.] råna II *itr* 1 hålla [tag]; ~ *to* (*by*) hålla fast vid 2 hålla [i] sig 3 gälla, hålla streck [äv. ~ *good, true*] 4 ~ *back* avhålla (dra) sig; ~ *forth* orera, orda; ~ *off* hålla sig borta; ~ *on* hålla sig fast; fortsätta; hålla ut ; F stopp! ~ *up* hålla sig (modet) uppe; hålla ut (uppe); [Am.] hejda sig III *s* 1 håll, tag, grepp; fäste; inflytande 2 last-, köl|rum **~-all** *s* bär-, pläd|rem **~-back** *s* hinder **-er** *s* 1 innehavare; ägare 2 handtag, skaft; [be]hållare **-fast** *s* 1 fast grepp 2 krampa, [håll]hake; stöd **-ing** *s* 1 tag, grepp, fäste 2 hållhake, band; inflytande 3 innehav[ande] 4 arrende[gård] 5 ~*s* värdepapper; fordringar; andel **~-up** *s* 1 överfall; rån 2 rånare 3 stopp
hole I *s* 1 hål[a], hålighet; grop 2 hål, näste 3 öppning; ⚓ gatt; fel; *pick* ~*s in* finna fel hos 4 F klämma II *tr* 1 urholka 2 göra [boll] **~'-and-cor'ner** *a* hemlig, smyg-
hol'i||**day** [di] *s* fri-, helg|dag; ledighet; ~*s* ferier **-ness** [ou'] *s* helighet
holl'||**er** P, **-o** I *interj* hallå! II *itr* hojta
holl'ow [ou] I *a* 1 [i]hålig; urholkad; insjunken 2 tom; hungrig 3 opålitlig, falsk 4 F fullständig II *s* [i]hålighet; sänka, dal III *tr* urholka, utgräva
holl'y *s* järnek **-hock** *s* stockros
holm[e] [houm] *s* 1 holme 2 sankmark
hol'ocaust *s* 1 brännoffer 2 förödelse
ho'lster *s* pistolhölster
ho'ly I *a* 1 helig; helg-; ~ *terror* S [ren] plåga; ~ *water* vigvatten; *H*~ *Week* påskvecka 2 gudfruktig, from II *s* helgedom **-stone** *s* skursten
hom'age *s* trohet[s|ed]; hyllning
home I *s* hem[bygd, -land, -vist]; bo;

mål; *at* ~ hemma; förtrogen; *from* ~ hemifrån; borta II *a* 1 hem[ma]-; hemgjord; huslig 2 inhemsk; inrikes; *H~ Office* civildepartement; *H~ Rule* självstyrelse; *H~ Secretary* civilminister 3 skarp, slående III *adv* 1 hem[åt] 2 hemkommen, framme 3 precis, rätt; ända fram; fast; skarpt, eftertryckligt; *bring* ~ klargöra, bevisa; *come (go)* ~ *to* ta, träffa, gå [ngn] till hjärtat; *drive* ~ driva (slå) in; klargöra **~-born** **~-bred** *a* infödd, inhemsk **~-farm** *s* huvudgård **~-grown** *a* inhemsk **~-keeping** *a* hemmasittande **-like** *a* hemtrevlig **-ly** *a* 1 enkel, torftig; anspråkslös 2 oansenlig; ful **-r** *s* brevduva **-sickness** *s* hemlängtan **-spun** *a* hem|vävd, -gjord; enkel **-stead** *s* [bond]gård **-ward** [əd] I *adv* hemåt [äv. ~s]; *~-bound* på väg hem II *a* hem-

hom'icide *s* dråp[are], mördare; mord

hom||[o]- lika, lik-; samma **-œop'athist** [houmi] *s* homöopat **-oge'neous** [hɔmodʒ] *a* likartad **-onym** [-'--] *s* homonym; namne **-on'ymous** *a* likljudande

ho'my *a* hem|liknande, -trevlig

Hon. = *honourable, honorary*

hone I *s* slip-, bryn|sten II *tr* slipa

honest [ɔ'nist] I *a* 1 hederlig, redbar, ärlig; uppriktig; ~ *Injun* S = *honour bright* 2 äkta, riktig II *adv* ärligt; uppriktigt [sagt] **-y** *s* heder[lighet]; ärlighet; uppriktighet

honey [hʌ'ni] *s* 1 honung 2 sötma, ljuvhet **-comb** I *s* vaxkaka II *tr* genomdraga [med hål]; *~ed* genombruten **-moon** *s* smekmånad; bröllopsresa **-suckle** *s* kaprifol[ium]

honk I *s* 1 skrik, snattrande 2 tut[ande] II *itr* tuta

honor||ary [ɔ'nə] *a* äre-, heders-; förtroende- **-if'ic** *a* artighets-, heders-

honour [ɔ'nə] I *s* 1 ära, heder; vördnad; anseende; värdighet; *roll of* ~ förteckning över fallna; *maid of* ~ hovfröken 2 *Your H~* Ers Nåd (Höghet) 3 heders|ord, -känsla; *point of* ~ hederssak; ~ *bright* F det försäkrar jag 4 ärbarhet 5 *~s* hedersbetygelser; äreställen; *do the ~s* utöva värdskapet 6 [univ.] *~s* [examen med] höga betyg 7 *~s* honnörer II *tr* 1 hedra, ära 2 honorera, inlösa 3 antaga **-able** *a* 1 hedervärd 2 ärofull; heder|lig, -s- 3 rättskaffens, ärlig 4 förnäm, hög; välboren, ärad; *Right H~* högvälboren

hood [u] *s* 1 kåpa; huva; luva 2 huv, tak; sufflett **-wink** *tr* 1 binda för ögonen på 2 föra bakom ljuset, lura

hoof I *s* hov; klöv II *tr* sparka [i väg]

hook [u] I *s* 1 hake, krok; [kläd]hängare; gryt-, met|krok; ~ *and eye* hake och hyska; *on o.'s own* ~ S på eget bevåg 2 snara; *by* ~ *or (and) by crook* på vad sätt som helst 3 skära 4 krök 5 udde II *tr* 1 fånga, gripa 2 haka fast (på', i'); spänna för 3 ~ *it* S smita III *itr* haka sig fast

hookah [hu'kə] *s* vattenpipa

hook||ed [hukt] *a* böjd, krokig **-er** *s* S [klock]tjuv **- -nosed** *a* med örnnäsa

hoo'ligan *s* ligapojke, ligist; bov

1 **hoop** *s tr* tjut[a], skrik[a]; kikn[a, -ing

2 **hoop** I *s* 1 tunn-, rull|band; beslag; ring 2 *~s* krinolin[band] 3 båge II *tr* banda **-er** *s* tunnbindare

hoo'ping-cough [kɔ:f] *s* kikhosta

hoot I *itr* 1 skräna, skri[k]a 2 blåsa, tuta II *tr* mottaga med skrän; ~ *out* vissla ut III *s* skrän, [hån]skri **-er** *s* 1 skrikhals 2 ångvissla; bilhorn

1 **hop** I *itr* 1 hoppa [och skutta], F dansa 2 linka 3 F starta; flyga II *tr* hoppa (flyga) över; F hoppa upp på; ~ [*it*] S rymma III *s* 1 hopp[ande]; *~, step, and jump* trestegshopp 2 F sväng[om] 3 flyg|ning, -tur

2 **hop** *itr s* [plocka] humle **~-bind** [ai] **~-bine** *s* humleranka

hope I *s* hopp, förhoppning; förtröstan; *beyond all* ~[s] över all förväntan; *past all* ~ hopplöst II *itr tr* hoppas; förtrösta **-ful** *a* förhoppningsfull; lovande; uppmuntrande **-less** *a* hopplös

hop'-garden *s* humlegård

hop'-off *s* F [flygmaskins] start

Hop-o'-my-thumb [hɔ'pəmiþʌ'm] tummeliten

hop'||per **- -picker** *s* humleplockare

hop||p'ing *s* dans **-scotch** *s* hoppa hage

horde *s* hord; nomadstam; svärm, flock

hori'zon *s* horisont, synkrets; nivå **-tal** [rizɔ'n] *a* horisont-; vågrät

horn I *s* 1 horn; bilhorn; ~ *of plenty* ymnighetshorn 2 tratt 3 antenn, spröt 4 flodarm 5 *the H~* Kap Horn II *tr* stånga **-beam** *s* avenbok **-ed** *a* behornad; hornformig **-et** *s* bålgeting **-rimmed** *a* hornbågad **-y** *a* horn-; hornartad; valkig; hornig, taggig

horologe [hɔ'rəlɔdʒ] *s* solvisare; ur

horr'||ible *a* ryslig, fruktansvärd **-id** *a* otäck **-if'ic** *a* hårresande **-ify** *tr* förfära; uppröra; *~ing* skräckinjagande

horr'or *s* rädsla, fasa, skräck; avsky **~-stricken** **~-struck** *a* skräckslagen

horse *s* 1 häst; *mount (ride) the high* ~ F sätta sig på sina höga hästar; *take* ~ stiga till häst; *white ~s* vita gäss 2 kavalleri; *captain of* ~ ryttmästare; *Master of the H~* överhovstallmästare 3 [tork]ställning; [såg]bock 4 ⚓ tåg, stång **-back** *s* hästrygg; *on* ~ till häst **~-boy** *s* stallpojke **~-breaker** *s* hästtämjare, beridare **~-cloth** *s* hästtäcke **~-collar** *s* bogträ **~-coper** **~-dealer** *s* hästhandlare **~-laugh** *s* gapskratt **~-leech** *s* häst-

igel; blodsugare -man s ryttare; häst|karl, -skötare -manship s ridkonst ~-nail s hästskosöm ~-play s hårdhänt lek; plumpt skämt ~-power s hästkraft ~-race s [häst]kapplöpning, ridtävling ~-radish s pepparrot ~-rake s hästräfsa -way s ridväg; körbana -whip s tr piska [upp] -woman s ryttarinna
horsy [hɔː'si] *a* häst[sport]intresserad
hor'ticulture [tʃə] *s* trädgårdsodling
hose [z] I *s* 1 långstrumpor 2 slang 3 hylsa II *tr* vattna
hosier [hou'ʒə] *s* trikåvaruhandlande -y *s* 1 strumpor, trikåvaror 2 strumpfabrik 3 trikå[varu]affär
hos'pi|ce [is] *s* klosterhärbärge; skyddshem -table *a* gäst|fri, -vänlig; mottaglig -tal *s* 1 sjukhus; lasarett; *mental* ~ hospital; ~ *nurse* sjuksköterska; *walk the* ~*s* praktisera [på sjukhus] 2 from stiftelse -tal'ity *s* gästfrihet
1 **host** [ou] *s* 1 här[skara] 2 stor hop
2 **host** *s* [värdshus]värd
3 **host** *s* hostia
hos'tage *s* gisslan; pant
hos'tel *s* hospits; härbärge; [student]hem -ry *s* värdshus; hotell
ho'stess *s* [värdshus]värdinna
hos'til|e *a* fiende-; fientlig[t stämd]; motsatt -ity [i'l] *s* fiendskap
hostler [ɔ'slə] *s* stalldräng
hot *a* 1 het, varm; *red* ~ glödhet; ~ *and* ~ alldeles varm; *go like* ~ *cakes* F gå åt som smör; ~-*water bottle* sängvärmare 2 brännande, skarp 3 brinnande, ivrig; häftig; hetsig 4 skarp, våldsam; *in* ~ *haste* i flygande fart 5 svår, farlig; ~ *stuff* varmblodig [person]; baddare 6 ny, färsk; *you are getting* ~ det bränns! ~-air *a* varmlufts- -bed *s* driv|bänk, -hus; härd ~-blooded *a* hetlevrad; varmblodig
hotch'pot[ch] *s* 1 hotch-potchsoppa 2 mischmasch, röra
hotel' *s* hotell ~-keeper *s* hotellvärd
hot'|-foot *adv* i flygande fart --headed *a* het[levrad], våldsam -house *s* driv-, växt|hus --plate *s* elektrisk värmeplatta --pot *s* ragu --room *s* bastu
hound I *s* 1 jakt-, räv|hund; stövare; *follow the* (*ride to*) ~*s* jaga räv 2 usling II *tr* jaga; hetsa
hour [au'ə] *s* 1 timme; ~*s* tjänste-, mottagnings|tid; *by the* ~ timvis; *for* ~*s* [*together*] i timtal 2 stund ~-hand *s* timvisare -ly *a adv* [inträffande] varje timme; tim-; stundlig[en] ~-plate *s* urtavla
house I [s] (pl. ~*s* [ziz]) *s* 1 hus; bostad; hem; ~ *dinner* klubbmiddag; *keep the* ~ hålla sig hemma; *take a* ~ hyra bostad 2 orden[shus]; kloster 3 elevhem 4 [riksdags]hus, kammare; *the H~ of Commons, the* [*Lower*] *H~* underhuset; *the H~ of Lords, the Upper H~* överhuset 5 [teat.] salong 6 handelshus, firma; F fondbörs 7 hushåll; *keep a p.'s* ~ hushålla för ngn 8 familj, ätt II [z] *tr* hysa, härbärgera; [in]rymma III [z] *itr* bo ~-agent *s* fastighetsagent ~-breaker *s* inbrottstjuv ~-dog *s* gårdvar ~-front [ʌ] *s* fasad ~-furnisher *s*, ~'*s* bosättningsaffär -hold I *s* hus[håll], familj; *H~* hov[stat] II *a* hus[hålls]-, hem-, vardags-; ~ *word* bevingat ord -holder *s* husfader -keeper *s* 1 hushållerska; husmoder 2 vaktmästare -keeping *s* hushåll[ning] -leek *s* taklök -less *a* hemlös -maid *s* husa ~-party *s* främmande [på lantställe] ~-physician ~-surgeon *s* lasarettsläkare ~-top *s* [hus]tak -wife *s* 1 husmoder 2 [hʌ'zif] handarbetsväska -wifery -work *s* hushållsgöromål
1 **hou'sing** [z] *s* 1 inhysande; magasinering 2 bostad[sbygge]; ~ *accommodation* bostad; logi 3 skydd, tak
2 **housing** *s* häst-, sadel|täcke
hov'el *s* 1 skjul, lider 2 ruckel, kåk
hov'er *itr* sväva, kretsa, fladdra; stryka
how [hau] *adv* hur; ~ *about?* nå, hur är det med? ~ *kind!* så snäll[t]! ~ *do you do?* god dag! -ev'er *adv* hur . . än; emellertid; F hur [i all världen]
howl [au] I *itr* 1 tjuta, yla 2 jämra sig II *s* 1 tjut 2 skrik; skrän -er *s* S grovt fel, groda -ing *a* 1 tjutande 2 vild, ödslig 3 S gräslig, dunder-
howsoever [hauso(u)e'və] *adv* hur.. än
1 **hoy** *s* pråm
2 **hoy** *interj* ohoj! hallå!
hoy'den *s* yrhätta, vildkatt[a]
h. p. = *horse-power* **H. R. H.** = *His* (*Her*) *Royal Highness*
hub *s* 1 hjulnav 2 [bildl.] centrum
hubbub [hʌ'bʌb] *s* larm, sorl; oväsen
hubb'y *s* F make, 'gubbe' [= *husband*]
huck'aback [əbæk] *s* handduksväv
huckle *s* höft, länd ~-backed *a* kutig
huck'ster I *s* 1 månglare; hökare 2 schackrare, skojare II *itr tr* schackra [med], [gå och] sälja
huddle I *tr* 1 vräka (stuva) ihop; ~ [*o. s.*] *up* krypa ihop 2 hafsa, slarva, fuska II *itr* skocka sig, trängas III *s* 1 massa; hop, skock 2 röra
hue [hjuː] *s* färg[ton]; nyans
hue and cry *s* 1 efterlysning; förföljande 2 stridsrop, anstorm
huff I *tr* kuscha; fnysa åt; ~*ed* förnärmad II *itr* bli arg III *s* misshumör
hug I *tr* 1 omfamna; krama 2 omfatta, hylla; klamra sig fast vid 3 ~ *o. s. on* lyckönska sig till 4 ⚓ hålla nära II *s* 1 omfamning 2 livtag
huge [hjuːdʒ] *a* stor, väldig, kolossal
hugg'er-mugger I *s* 1 hemlighet 2 röra,

virrvarr II *a adv* hemlig[t]; rörigt III *tr* tysta ned IV *itr* handla i smyg
hulk *s* skrov; logementsfartyg; åbäke **-ing -y** *a* F tung, klumpig
1 **hull** I *s* 1 skida, balja; skal 2 omhölje II *tr* sprita; skala
2 **hull** *s* [fartygs]skrov; flygplanskropp
hullo[a] [hʌ'lou'] = *hallo[a]*
hum I *itr tr* 1 surra; sorla 2 mumla; ~ *and ha[w]* stamma 3 gnola II *s* 1 surr; sorl 2 mummel 3 gnolande
human [hju:'] I *a* mänsklig, människo- II *s* människa **-e** [ei'] *a* human, mänsklig **-itarian** [tɛ'ə] *a s* humanitär; filantrop[isk] **-it|y** [æ'n] *s* 1 människonatur; mänsklighet[en] 2 *-ies* humaniora **-ize** *tr* humanisera, civilisera **-kind** *s* mänsklighet[en]
humble I *a* ödmjuk, blygsam; ringa, låg II *tr* förödmjuka ~**-bee** *s* humla
hum'bug F I *s* humbug, bluff[makare] II *tr itr* lura, bluffa
hum'drum I *a* enformig; banal, tråkig II *s* 1 tråkmåns 2 enformighet [&c]
hu'mer||al *a* skulder- **-us** *s* överarm
hu'mid *a* fuktig **-ity** [i'd] *s* fuktighet
humil'i||ate [hju] *tr* förödmjuka **-ation** *s* förödmjukelse; förnedring **-ty** *s* ödmjukhet; anspråkslöshet; ringhet
humm'ing *a* 1 surrande 2 F kraftig ~**-bird** *s* kolibri ~**-top** *s* brumsnurra
hummock [hʌ'mək] *s* kulle, hög
hu'mor||al *a* [kropps]vätske- **-ous** *a* humoristisk; lustig **-ousness** *s* humor
hu'mour I *s* 1 lynne; humör, stämning; nyck, infall; *out of* ~ vid dåligt lynne 2 lustighet; humor; *for the* ~ *of it* för ro skull II *tr* tillfredsställa [nyck]; låta [ngn] få sin vilja fram
hump I *s* 1 puckel, knöl 2 kulle, hög 3 S misshumör II *tr itr* 1 skjuta rygg; bli arg 2 förarga **-back** *s* puckelrygg
humph [m̥m, həm] *interj* hm!
hum'pty-dum'pty *s* liten tjockis; ägg
hum'py *a* knölig, pucklig
humus [hju:'məs] *s* matjord, mylla
Hun *s* 1 hunn[er] 2 barbar 3 S tysk
hunch I *tr* göra bucklig; kröka [rygg] II *s* 1 knöl, puckel 2 stycke
hun'dred I *räkn, a (one)* ~ [ett]hundra II *s* hundra[tal] **-th** *räkn s* hundrade[del] **-weight** *s* centner, 50,8 kg
hung [ʌ] imp. o. pp. av *hang*
Hungarian [gɛ'ə] *a s* ung|ersk, -rare
hun'g||er [ŋg] I *s* hunger II *itr tr* vara hungrig; svälta; hungra **-ry** *a* 1 hungr|ig, -ande 2 karg
hunk *s* F stort stycke **-s** *s* girigbuk
hunt I *tr itr* 1 jaga; förfölja; ~ *down* jaga till döds; få fast 2 jaga med (på, i) 3 leta II *s* [hets-, räv]jakt; jakt|sällskap, -klubb; jaktmark **-er** *s* [räv]jägare; jakt|hund, -häst
hun'ting *s* [räv]jakt ~**-box** *s* jakthydda ~**-crop** *s* rid-, jakt|piska
hunt'||ress *s* jägarinna **-sman** *s* 1 jägare 2 jakttjänare
hurdle [ə:] I *s* 1 spjälverk; stängsel 2 bödelskärra 3 häck, hinder; ~*s* häcklöpning II *tr itr* 1 inhägna 2 hoppa över, ta [hinder] ~**-race** *s* häck-, hinder|löpning
hurdy-gurdy [hə:'] *s* positiv
hurl [ə:] *tr s* [ut]slunga, kast[a]
hurr||ah [hurɑ:'] **-ay'** *s itr tr* hurra [för]
hurricane [hʌ'rikən] *s* orkan
hurried [hʌ'rid] *a* brådstörtad; hastig
hurr'y I *tr* 1 rycka bort; driva [på]; ~ *on o.'s clothes* kasta på sig kläderna 2 påskynda II *itr* skynda [sig]; rusa; ~ *up* F raska på III *s* brådska; hast; *be in a* ~ ha bråttom; *not in a* ~ inte i brådrasket ~**'-scurr'y** F I *adv* i flygande fläng, om vartannat II *s* vild oordning, rusning
hurt [ə:] (*hurt hurt*) I *tr* 1 skada, göra illa; göra ont på 2 såra, stöta II *itr* 1 vålla skada 2 göra ont III *s* 1 skada, slag, stöt, sår 2 förfång, men, **-ful** *a* skadlig **-less** *a* 1 ofarlig 2 oskadd
husband [hʌ'zbənd] I *s* make, [äkta] man II *tr* hushålla med **-ry** *s* 1 åkerbruk 2 hushållning, sparsamhet
hush I *tr* 1 [ned]tysta; ~*ed* dämpad 2 lugna, undertrycka II *itr* tystna, tiga; ~ *up!* F håll mun! III *s* tystnad, stillhet IV [ʃ:] *interj* tyst! hysch! **-aby** [əbai] *interj* vyss[j]a lull!
husk I *s* skal, hylsa, skida; ~*s* agnar II *tr* skala **-y** *a* 1 full av skal 2 torr; hes, skrovlig 3 [Am.] F stor, stark
hussar [huzɑ:'] *s* husar
huss'y *s* 1 F näbbgädda 2 slinka
hus'tings *s* talartribun; parlamentsval
hustle [hʌsl] I *tr* 1 knuffa, stöta; driva, fösa 2 F påskynda II *itr* 1 knuffas, trängas; tränga sig 2 F skynda sig; gno III *s* knuffande, jäkt
hut *s* hydda, koja; barack
hutch *s* 1 kista 2 kyffe; hydda, koja
huzza [huzɑ:'] *s tr itr* hurra [för]
hybrid [hai'] *s* hybrid; bastard; blandprodukt **-ism** *s* hybriditet; korsning
hydr||angea [haidrei'ndʒə] *s* hortensia **-au'lics** *spl* vattenbyggnadskonst
hydro [hai'drou] *s* F vattenkuranstalt **-car'bon** *s* kolväte **-gen** [idʒən] *s* väte **-graphy** [ɔ'g] *s* sjömätning **-pathy** [ɔ'p] *s* vattenkur **-pho'bia** *s* vattuskräck **-plane** *s* hydroplan **-psy** = *dropsy* **-therapy** [e'r] *s* vattenläkekonst
hygien||e [hai'dʒi:n] *s* hygien; hälsovård **-ic** [--'-] *a* hygienisk
hymen [ai'] *s* hymen **-e'al** *a* bröllops-
hymn [him] *s* hymn, lovsång; psalm **-al** [nəl] I *a* hymn- II *s* psalmbok **-ic** [nik] *a* hymn-, psalm- **-ology** [nɔ'l] *s* psalm|diktning, -er
hyper||- [hai'pə(r)] *pref* hyper-, över-

-aesthetic [i:sþe'] *a* överdrivet känslig -bole [ə:'bəli] *s* retorisk överdrift -bol'ic *a* överdrivande -borean [ɔ:'ri] *a s* hyperbor|eisk, -é; nordbo
hyphen [haifn] *s tr* [förena med] bindestreck -ated *a* bindestrecks-
hypnosis [hipnou'sis] *s* hypnos
hypnot'||ic *a s* 1 sömngivande [medel] 2 hypnotisk; hypnotiserad -ism [-'--] *s* 1 hypnotism 2 hypnos -ist [-'--] *s* hypnotisör -ize [-'--] *tr* hypnotisera
hypochondr||ia [haipokɔ'n] *s* mjältsjuka -iac *s a* mjältsjuk [person]
hypo||crisy [hipɔ'krisi] *s* hyckleri; förställning -crite [-'-it] *s* hycklare, skrymtare -crit'ical *a* hycklande, skenhelig -thesis [ɔ'þisis] *s* hypotes, antagande -thet'ic[al] *a* villkorlig
hyssop [hi'səp] *s* isop
hyste'r||ia *s* hysteri -ic [te'] *a* hysterisk -ics [e'r] *spl* hysteri[skt anfall]
-ot'omy *s* kejsarsnitt

I

I, i [ai] *s* .
I [ai] *pron* jag
iamb [ai'æmb] *s* jamb
Ibe'rian [aib] I *a* iberisk II *s* iberer
ice I *s* 1 is; *cut no* ~ S bli 'pannkaka' 2 glass II *tr* 1 isa, förvandla till is; isbelägga; lägga på is; frysa 2 kandera ~-age *s* istid ~-bag *s* isblåsa -berg [ə:] *s* isberg ~-boat *s* 1 isjakt 2 isbrytare ~-bound *a* till-, in|frusen ~-cream *s* [vanilj]glass ~-floe *s* isflak; packis ~-house *s* iskällare
Iceland||er [ai'sləndə] *s* isländning -ic [æ'n] *a* isländsk
i'ce||man *s* is-, glass|handlare ~-pack *s* packis ~-pit *s* is|grop, -hög ~-run *s* kälkbacke ~-safe *s* isskåp
i'c||icle *s* is|tapp, -pigg -iness *s* isande köld -y *a* isig, istäckt; iskall, isande
I'd [aid] = *I had, I would*
idea [aidi'ə] *s* idé; begrepp, tanke; F aning -l I *a* 1 ideell 2 idealisk 3 inbillad II *s* ideal -lity [æ'l] *s* idealitet -lize *tr* idealisera, försköna
iden'ti||ical [aid] *a* identisk; [en och] samma -ification *s* identifiering; ~ [*papers*] legitimering -ify *tr* identifiera; igenkänna; ~ *o. s. with* ansluta sig till -ity *s* identitet
idiocy [i'diəsi] *s* idioti[sm], fånighet
idiom [i'diəm] *s* språkegen[domlig]het -at'ic[al] *a* idiomatisk
idiosyncrasy [si'ŋkrəsi] *s* egenhet
idiot [i'diət] *s* idiot -ic [ɔ'] *a* idiotisk
idle [ai] I *a* 1 gagnlös, fåfäng 2 sysslolös; lat; overksam; oanvänd; ~ *hour* ledig stund II *itr tr* förnöta [tiden] -r *s* dagdrivare
idol [aidl] *s* 1 avgud[abild] 2 fantom -ater [ɔ'l] *s* [avguda]dyrkare -atry [ɔ'l] *s* avguderi -ize *tr* av-, för|guda
idyl[l] [ai'd] *s* idyll -lic [i'l] *a* idyllisk
i. e. = *id est* [läses *that is*] d. v. s.
if *konj* 1 om, ifall; *make as* ~ låtsa som om; *not* ~ *I know* inte såvitt jag vet; ~ *not* [äv.] annars; ~ *anything* snarare, närmast 2 om, huruvida
ign||eous [i'g] *a* 1 eld- 2 vulkanisk -itable *a* antänd|lig, -bar -i'te I *tr* [an]tända II *itr* fatta eld -ition [igni'ʃn] *s* [an]tändning; upphettning
igno'ble [ig] *a* oadlig; ringa, tarvlig
ignomin'||ious [ig] *a* skymflig; skamlig -y [i'g] *s* vanära, skam; neslighet
ignor||a'mus [ig] *s* okunnig människa -ance [i'g] *s* okunnighet -rant *a* okunnig, ovetande -e [ignɔ:'] *tr* ignorera, ej låtsa (bry sig) om, strunta i
ilex [ai'leks] *s* järnek, kristtorn
I'll [ail] = *I will* **Ill.** = *Illinois*
ill I *a* 1 sjuk; *be taken* ~, *fall* ~ bli sjuk 2 dålig 3 illvillig, elak; farlig 4 olycklig, ofördelaktig; olämplig II *s* 1 ont, det onda 2 skada 3 ~*s* olyckor III *adv* illa; ~ *at ease* besvärad, orolig ~'-advi'sed [z] *a* oklok, obetänksam ~'-affec'ted *a* illasinnad ~'-bo'ding *a* olycksbådande ~'-bred' *a* ouppfostrad ~'-dispo'sed [z] *a* 1 illvillig 2 obenägen 3 illa ordnad
ille'gal *a* olaglig -ity [æ'l] *s* olaglighet
illeg'ible [dʒ] *a* oläslig
illegit'im||acy [dʒ] *s* oäkta börd; orättmätighet -ate [it] I *a* 1 olaglig; falsk 2 oäkta II *s* oäkta barn
ill'-||fa'med *a* illa beryktad -'fa'ted *a* olyck|lig, -sbringande -'fa'voured *a* vanlottad; ful -'gott'en *a* orättfången -'hu'moured *a* vresig
il||lib'eral *a* 1 tarvlig, vulgär 2 inskränkt 3 snål -lic'it *a* olovlig, olaglig -lim'itable *a* gränslös -lit'erate [it] *a s* obildad, olärd
ill'||-jud'ged *a* oförståndig -'-loo'king *a* ful; misstänkt -'-luck' *s* olycka, otur -'-mann'ered *a* obelevad -'-na'tured *a* elak; hätsk -ness *s* sjukdom
illogical [ilɔ'dʒik(ə)l] *a* ologisk
ill'||-o'mened *a* olyck|sbådande, -lig -'-sea'soned *a* olämplig -'-star'red *a* olycksfödd, olycklig -'-tem'pered *a* elak, knarrig -'-ti'med *a* oläglig -'-trea't *tr* behandla illa; misshandla
illu'min||ate *tr* upp-, be|lysa; illuminera -ation *s* upplysning; ljus, glans -ative *a* upp-, be|lysande -e [in] *tr* upplysa
ill-use [i'lju:'z] = *ill-treat*
illu||sion [(j)u:'] *s* villa, inbillning; dröm-

[bild] -sionist s trollkonstnär -'sive -'sory a bedräglig; förvillande [lik]
ill'ustr||ate tr 1 belysa, förklara 2 illustrera -ation s 1 belysning, förklaring; exempel 2 illustration -ative a belysande -ious [lʌ's] a lysande, berömd
im'age I s 1 [av]bild; motstycke 2 föreställning II tr 1 avbilda 2 avspegla 3 föreställa sig [to o. s.] 4 framställa; beskriva -ry s 1 bildverk 2 sceneri 3 bild|prakt, -språk
imagin||able [æ'dʒ] a tänkbar -ary a inbillad, imaginär -ation s inbillning[skraft]; fantasi -ative a fantasirik, fantasi- -e [in] tr 1 föreställa (tänka) sig 2 misstänka; inbilla sig
im'becil||e [i(:)l] a 1 sinnesslö; idiotisk 2 svag -ity [si'l] s sinnesslöhet
imbi'be tr uppsuga, inandas; insupa
imbroglio [ou'liou] s röra; härva
im||brue [u:'] tr fläcka, söla -brute [u:'t] tr för|fäa, -råa -bu'e tr 1 genomdränka, -syra; färga 2 = -brue 3 inge
im'it||ate tr efter|likna, -bilda, imitera -ation s efterbildning -ative a 1 [ljud]härmande 2 imiterad, oäkta -ator s efter|bildare, -apare
immac'ulate [it] a obefläckad, ren
im||mate'rial a 1 okroppslig, andlig 2 oväsentlig -matu're a [bildl.] omogen
immeasurable [e'ʒə] a omätlig, oändlig
immediate [imi:'djət] a omedelbar -ly I adv genast II konj så snart [som]
immemorial [ɔ:'] a ur|minnes, -åldrig
immen's||e a ofantlig; F väldig -ity s ofantlighet; oerhörd mängd
immers||e [imə:'s] tr 1 sänka ned; döpa 2 för|sänka, -djupa; ~d in överhopad med -ion [ə:'ʃn] s 1 nedsänkning; doppning; dop 2 uppgående
imm'igr||ant s a invandr|are, -ande, -ad -ate itr in|flytta, -vandra
imm'inent a hotande; förestående
immit'igable a oblidkelig, oförsonlig
immo'bil||e [bil] a orörlig, orubblig -ity [i'l] s orörlighet
immod'erate [it] a omåttlig; hejdlös
immod'est a oblyg, oförsynt; oanständig -y s oblyghet; oanständighet
imm'olat||e tr offra -ion s offer
immoral [ɔ'] a omoralisk; osedlig
immor'tal a odödlig; evig -ity [æ'l] s odödlighet -ize tr odödliggöra
immovable [u:'v] I a orörlig, orubblig; fast II s, ~s fast egendom
immu'n||e a immun, oemottaglig -ity s 1 immunitet 2 frihet; privilegium
immure [imju'ə] tr instänga
immu'table a oföränderlig; orubblig
imp s smådjävul; satunge
imp. = *imperial, imperfect, imperative*
impact I [-'-] s stöt; sammanstötning II [--'] tr samman-, in|pressa
impair [ɛ'ə] tr för|sämra, -svaga, skada
impa'le tr spetsa på påle; fastnagla
impal'pable a omärk|lig, -bar
impar't tr meddela, giva, förläna
impartial [ɑ:'ʃl] a opartisk -ity [ʃiæ'liti] s oväld
impass||able [ɑ:'s] a oframkomlig; oöverstiglig -ible a okänslig, känslolös
impassioned [pæ'ʃ] a passionerad
impass'ive a känslolös, likgiltig
impa'ti||ence [ʃns] s otålighet -ent a otålig; ivrig
impawn [ɔ:'] tr pantsätta; sätta i pant
impea'ch tr 1 ifrågasätta; nedsätta 2 anklaga; tadla 3 åtala -able a ansvarig -ment s 1 nedsättande 2 åtal
impecc'able a ofelbar; oklanderlig
impecu'nious a pank; fattig
impe'd||e tr hindra, hejda -iment [pe'd] s 1 hinder; svårighet; [tal]fel 2 ~s bagage, tross
impel' tr 1 [fram]driva 2 förmå, tvinga
impend' itr 1 hänga, sväva 2 hota; vara förestående
impen'etrable a ogenomtränglig, outgrundlig
impen'itent a obotfärdig, förhärdad
imperative [e'r] I a befallande; avgörande; oavvislig II s imperativ
impercept'ible a oförnimbar; omärklig
imperfect [pə:'] I a ofull|bordad, -ständig, -komlig II s imperfektum -ion [fe'k] s ofullständighet; brist
impe'rial I a 1 kejserlig, kejsar- 2 riks-; suverän; ~ *city* riksstad 3 imperie- II s 1 diligenstak 2 pipskägg
imperil [pe'ril] tr äventyra, riskera
impe'rious a 1 övermodig, myndig 2 tvingande
im||perishable [e'r] a oförgänglig; ovansklig -permeable [ə:'miə] a ogenomtränglig -permiss'ible a otill|åtlig, -ständig
imperson||al [pə:'] a opersonlig -ate tr 1 personifiera 2 spela [ngns] roll
impertin||ence [pə:'] s 1 näsvishet; oförskämdhet 2 [ngt] ovidkommande; olämplighet; dårskap -ent a 1 näsvis, närgången; oförskämd 2 opassande; absurd; dåraktig
impertur'bable a orubblig[t lugn]
imper'vious a ogenomtränglig, oframkomlig; otillgänglig
impet'||uous a häftig, våldsam; impulsiv -us [i'm] s energi; fart; impuls
impi'ety s gudlöshet; pliktförgätenhet
impinge [impi'ndʒ] itr stöta; kollidera
im'pious [pi] a ogudaktig, gudlös
im'pish a djävulsk; djäklig
impla'cable a oförsonlig, obeveklig
implant [ɑ:'] tr 1 in|planta, -prägla 2 [in]plantera
im'plement s, ~s verktyg, tillbehör; grejor; husgeråd
im'plic||ate tr 1 hop-, in|fläta; inveckla 2 innebära; omfatta; draga med sig -ation s 1 inbegripande; innebörd;

slutsats 2 inblandning **-it** [i's] *a* 1 underförstådd, tyst 2 obetingad
impli'ed *a* inbegripen; underförstådd
implore [ɔ:'] *tr* bönfalla, anropa; bedja
imply [plai'] *tr* 1 innebära; betyda 2 antyda; mena
im||poli'te *a* oartig **-pol'itic** *a* oklok; olämplig **-pon'derable** *a* ovägbar
import I [-'-] *s* 1 import 2 innebörd, mening 3 vikt **II** [--'] *tr* 1 importera, införa 2 innebära, betyda 3 meddela **-ance** [ɔ:'] *s* vikt, betydelse **-ant** [ɔ:'] *a* viktig, betydande; angelägen **-ation** *s* import[erande], införsel **-er** [ɔ:'] *s* importör
impor'tun||ate [it] *a* efterhängsen, envis **-e** *tr* besvära, ansätta, plåga **-ity** [tju:'] *s* enträgenhet, envishet
impo's||e [z] **I** *tr* [p]ålägga; påtvinga; ~ *upon* lura (pracka) på' **II** *itr* 1 imponera 2 ~ [*up*]*on* lura, dupera **-ing** *a* 1 befallande 2 imponerande, ståtlig **-ition** *s* 1 [p]åläggande; påbud 2 pålaga, skatt 3 straff|pensum, -läxa 4 bedrägeri, uppskörtning
imposs||ibil'ity *s* omöjlighet **-ible** [--'-] *a* omöjlig
impos't||or *s* bedragare, skojare **-ure** [ʃə] *s* bedrägeri, skoj
im'potent *a* vanmäktig, oförmögen
impou'nd *tr* 1 instänga 2 beslagta
impov'erish *tr* ut|arma, -suga, försämra
imprac'ticable *a* 1 omöjlig; oanvändbar 2 oframkomlig 3 omedgörlig
im'prec||ate *tr* nedkalla **-ation** *s* [uttalad] förbannelse
impreg'n||able *a* ointaglig; oövervinnelig **-ate** [-'--] *tr* 1 befrukta 2 impregnera; genom|dränka, -syra; fylla **-ation** *s* befruktning; impregnering
imprescrip'tible *a* omistlig [~ *rights*]
1 impress I [i'mpres] *s* avtryck, märke, stämpel **II** [--'] *tr* 1 påtrycka; stämpla, prägla 2 inprägla 3 göra intryck på; *~ed with* imponerad av
2 impress' *tr* pressa; med våld värva; tvångs|utskriva, -värva
impress||ion [e'ʃn] *s* 1 påtryckande 2 märke, stämpel 3 avtryck; upplaga; [om]tryckning 4 intryck; verkan **-ionable** *a* mottaglig [för intryck] **-ive** [e's] *a* verkningsfull; eftertrycklig
imprint I [-'-] *s* 1 intryck, märke, prägel 2 tryck|ort, -år **II** [--'] *tr* 1 stämpla, sätta [märke] 2 inprägla
impris'on [z] *tr* sätta i fängelse; hålla fängslad **-ment** *s* fängslande; fångenskap; fängelse[straff]
improb||abil'ity *s* osannolikhet **-able** [ɔ'b] *a* osannolik **-ity** [ɔ'b] *s* oredlighet
impromp'tu [tju:] **I** *adv a* oförbe|rett, -redd **II** *s* improvisation
improp'||er *a* 1 oegentlig; oriktig; olämplig 2 opassande **-ri'ety** *s* 1 oriktighet; olämplighet 2 oanständighet
improv||able [u:'v] *a* 1 förbätterlig 2 odlingsbar **-e I** *tr* 1 förbättra; fullkomna; främja; odla [bekantskap]; ~ *away* (*off*) göra sig av med; utrota 2 begagna **II** *itr* förbättras; göra framsteg; stiga; ~ *on* förbättra; överträffa; vinna vid (på); ~ *in looks* växa till sig **-ement** *s* 1 förbättring; framsteg 2 begagnande
improv'id||ence *s* brist på förutseende **-ent** *a* oförutseende; oförsiktig
improvis||ation [aiz] *s* improvisation **-e** [-'--] *tr itr* improvisera
impru'dent *a* oklok, oförsiktig
im'pud||ence *s* oförskämdhet, fräckhet **-ent** *a* oförskämd **-ic'ity** *s* skamlöshet
impugn [pju:'n] *tr* bestrida, motsäga
im'puls||e *s* 1 stöt 2 impuls; ingivelse; drivfjäder **-ion** [ʌ'lʃn] *s* 1 stöt; påverkan; tryck 2 ingivelse, instinkt **-ive** [--'-] *a* [på]drivande; impulsiv; lättrörd **-iveness** *s* lättrördhet
impu'nity *s* strafflöshet
impu'r||e *a* oren **-ity** *s* orenhet
imput||ation *s* tillvitelse, beskyllning **-e** [ju:'] *tr* till|skriva, -vita [*to*]
in I *prep* 1 i, uti; på; ~ *my opinion* enligt min åsikt 2 hos; *cruel* ~ *you* grymt av er 3 [tid] i, på, om, under; ~ [*the year*] *1930* [år] 1930; ~ *five minutes* på (om) fem minuter; ~ *crossing* när jag [&c] gick över 4 på, till [~ *English*, ~ *this way; one* ~*ten; seven* ~ *number*] 5 [i anseende] till, i [fråga om] 6 till [~ *memory of;* ~ *reply to, arrival* ~] 7 *not* ~ *it* ingen allvarlig konkurrent **II** *adv* 1 in 2 inne, hemma; framme; ~ *for* invecklad i; engagerad för; anmäld till; uppe i [examen] **III** *s*, *~s* 1 regeringsparti 2 [spel] innesida 3 *~s and outs* [alla] vinklar och vrår; konster och knep
inabil'ity *s* oförmåga; odugighet
inaccess'ible *a* otillgänglig, oåtkomlig
inacc'ur||acy *s* felaktighet **-ate** [it] *a* 1 slarvig 2 felaktig, oriktig
inac't||ion *s* overksamhet; slöhet **-ive** *a* overksam; slö **-iv'ity** *s* overksamhet
inadequ||acy [æ'dikwəsi] *s* otillräcklighet **-ate** [it] *a* ej fullt träffande, otillräcklig; oriktig
inadmiss'ible *a* otillåtlig; oantaglig
inadverten||ce [və:'] *s* vårdslöshet, slarv **-t** *a* 1 vårdslös 2 oavsiktlig
ina'lienable *a* oavhändlig, oförytterlig
inalterable [ɔ:'ltərəbl] *a* oföränderlig
ina'n||e *a* tom, innehållslös; andefattig; fånig **-imate** [æ'nimit] *a* livlös **-ition** [əni'ʃn] *s* 1 tomhet 2 utmattning **-ity** [æ'n] *s* tomhet, meningslöshet
in||appea'sable [z] *a* otröstlig, omättlig; oförsonlig **-app'licable** *a* oanvändbar
inappreci||able [i:'ʃ] *a* 1 omärklig; oväsentlig 2 ouppskattlig **-ative** *a* oförstående

in'apprehen'sible *a* ofattbar, obegriplig
in||approachable [ou'] *a* oåtkomlig, otillgänglig **-appro'priate** [it] *a* olämplig; otillbörlig **-apt'** *a* 1 olämplig 2 tafatt, oduglig **-artic'ulate** [it] *a* 1 oledad 2 otydlig 3 stum
inasmuch' *adv*, *~ as* eftersom
inatten't||ion *s* ouppmärksamhet **-ive** *a* ouppmärksam; försumlig
inau'dible *a* ohörbar
inau'gur||al *a* invignings-, inträdes- **-ate** *tr* 1 inviga; avtäcka; installera 2 inleda; införa **-ation** *s* 1 invigning; avtäckning 2 inledning, införande
inboard [i'nbɔ:d] *adv a* inombords
in'||born **-bred** *a* medfödd, naturlig **-breeding** *s* inavel
incal'culable *a* o[be]räknelig
incandescent [kænde'snt] *a* glödande; uppflammande; *~ lamp* glödlampa
incantation *s* besvärjelse[formel], förtrollning; troll|konst, -sång
incap||abil'ity [kei] *s* oförmåga **-able** [-'-] *a* 1 oförmögen, ur stånd [*of* till] 2 oemottaglig [*of* för] 3 oduglig, inkompetent; obehörig
incapac'it||ate *tr* göra oduglig (oförmögen, obehörig) **-y** *s* oförmåga, oduglighet; obehörighet
incarcerate [kɑ:'s] *tr* fängsla, inspärra
incar'n||ate I [it] *a* förkroppsligad; F inbiten II *tr* för|kroppsliga, -verkliga
incau'tious *a* oförsiktig, förhastad
incen'diary I *a* 1 mordbrands-; *~ shell* brandgranat 2 uppviglande II *s* 1 mordbrännare 2 uppviglare
in'cense I *s* rökelse; vällukt II *tr* 1 bränna rökelse (rökoffer) för; fylla med doft 2 [-'] *tr* [upp]reta
in||cen'tive I *a* [upp]eggande II *s* eggelse; motiv **-cep'tion** *s* [på]början[de]
incertitude [sə:'titju:d] *s* ovisshet
incess'ant *a* oavbruten, ständig
incest [i'nsest] *s* blodskam
inch *s* tum; smula; *by ~es* tum för tum; *to an ~* till punkt o. pricka
in'cid||ence *s* 1 [in]fallande 2 räckvidd; omfattning **-ent** I *s* händelse, episod II *a* 1 fallande 2 vanlig 3 tillhörande [*to*] **-en'tal** *a* tillfällig; oväsentlig; sido-, bi- **-en'tally** *adv* tillfälligtvis, i förbigående
incin'erate *tr* förbränna till aska
incip'ient *a* begynn|ande, -else-
incis||e [sai'z] *tr* in|skära, -rista **-ion** [i'ʒn] *s* inskärning; skåra **-ive** [ai's] *a* [in]skärande; skarp **-or** *s* framtand
inci'te *tr* egga, sporra, driva **-ment** *s* egg|ande, -else, sporre; motiv
incivil'ity *s* ohövlighet
inclem'||ency *s* stränghet **-ent** *a* omild
inclin||ation *s* 1 lutning; böjning 2 benägenhet; fallenhet, böjelse; tycke **-e** [ai'n] I *tr itr* 1 luta [ned]; böja 2 göra (vara) böjd (benägen) II *s* lutning; stigning **-ed** *a* 1 lutande 2 böjd
inclu||de [u:'] *tr* omfatta; inberäkna; *-ding* inklusive **-sion** [ʒn] *s* inbegripande; medräknande **-sive** [s] *a* inberäknad; *~ terms* pris i ett för allt
incog' F, **-nito** *a adv* inkognito, okänd
incohe'rent *a* osammanhängande, lös[lig]; oförenlig; motsägande
incombust'ible *a* oförbrännelig; eldfast
in'com||e *s* inkomst[er], avkastning **-ing** *s*, *~s* inkomster
incommo'd||e *tr* besvära, hindra **-ious** *a* obekväm, trång
incom'parable *a* ojämförlig; makalös
incompat'ible *a* oförenlig
incom'pet||ence *s* inkompetens, oförmåga; obehörighet **-ent** *a* inkompetent, oförmögen, oduglig; obehörig
in||comple'te *a* ofullständig **-comprehen'sible** *a* obegriplig **-conceivable** [si:'] *a* ofattbar; F otrolig **-conclusive** [u:'s] *a* ej bevisande
incongru||ity [u'] *s* omotsvarighet; olämplighet; motsägelse **-ous** [kɔ'ŋ] *a* oförenlig; olämplig; orimlig
incon'sequ||ent *a* osammanhängande **-en'tial** [ʃl] *a* 1 = *-ent* 2 oviktig
inconsid'er||able *a* obetydlig **-ate** [it] *a* 1 tanklös, obetänksam 2 hänsynslös
in||consist'ent *a* 1 oförenlig, inkonsekvent 2 ombytlig **-conso'lable** *a* otröstlig **-conspic'uous** *a* omärklig; tillbakadragen **-con'stant** *a* ombytlig, flyktig; ostadig **-contest'able** *a* obestridlig
inconve'ni||ence I *s* olägenhet; besvär II *tr* besvära; störa **-ent** *a* oläglig; obekväm; besvärlig
incor'por||ate *tr itr* 1 införliva[s], förena [sig] 2 [upp]blanda 3 inkorporera **-ation** *s* införlivande
in||correct' *a* oriktig, felaktig **-corr'igible** [dʒ] *a* oförbätterlig, ohjälplig **-corrupt'ible** *a* oförgänglig; omutlig
increas||e I [inkri:'s] *itr tr* växa; öka[s], föröka sig; stiga II [-'-] *s* [ut]ökning, förhöjning; förökelse
incred'||ible *a* otrolig **-u'lity** *s* klentrogenhet **-ulous** [e'd] *a* klentrogen
in'crement *s* till|växt, -ökning, -lägg
incriminate [kri'mineit] *tr* anklaga
incrustation *s* skorpa; beläggning
incub||ation [kju] *s* ruvande; äggkläckning; inkubation **-us** [i'n] *s* mara
inculpate [i'nkʌlpeit] *tr* anklaga
incum'bent I *s* kyrkoherde II *a* vilande
incur [kə:'] *tr* ådraga sig, utsätta sig för
incurable [kju'ərəbl] *a* obotlig
incursion [kə:'ʃn] *s* infall, anfall
indebted [de't] *a* 1 skyldig, skuldsatt 2 tack skyldig, förbunden; *be ~ to* ha att tacka **-ness** *s* [tacksamhets]skuld
inde'c||ency *s* oanständighet **-ent** *a* otillbörlig, oanständig
indecipherable [sai'f] *a* oläslig

indecis||ion [i'ʒn] *s* obeslutsamhet **-ive** [ai's] *a* 1 icke avgörande 2 obeslutsam, tveksam
indecli'nable *a* [gram.] oböjlig
indecor||ous [kɔ:'] *a* opassande **-um** *s* opassande beteende
indee'd *adv* i sanning, verkligen, faktiskt: visserligen; ja visst, sååå? jaså
in||defat'igable *a* outtröttlig **-defen'sible** *a* ohållbar; oförsvarlig **-defi'nable** *a* obestämbar **-def'inite** *a* obestämd; obegränsad **-del'ible** *a* outplånlig
indel'ic||acy *s* taktlöshet; plumphet **-ate** [it] *a* ogrannlaga, taktlös
indem'ni||fy *tr* 1 skydda, trygga 2 gottgöra **-ty** *s* 1 säkerhet 2 skadestånd
indent' I *tr* 1 tanda, udda 2 duplicera 3 göra märke (bula) i II *s* 1 inskärning 2 kontrakt 3 rekvisition; order 4 [-'-] märke, buckla **-ation** *s* 1 inskärning, hak 2 intryck, märke **-ed** *a* 1 inskuren, tandad, naggad 2 lagstadd **-ure** [ʃə] I *s* kontrakt II *tr* städja
independ'||ence *s* oberoende, självständighet **-ent** *a* oberoende, självständig
indescri'bable I *a* obeskrivlig II *s*, ~*s* S 'onämnbara', byxor
indestruct'ible *a* oförstörbar
in'dex *s* 1 pekfinger 2 visare 3 register; index 4 kännetecken
In'dia||man *s* ⚓ ostindiefarare **-n** I *a* 1 indisk 2 indiansk; ~ *corn* majs; ~ *file* gåsmarsch II *s* 1 anglo-indier 2 indian [*Red* ~] - **-rubber** *s* gummi
in'dic||ate *tr* ange, [ut]visa **-ation** *s* 1 angivande 2 [känne]tecken; symptom, spår **-ative** [di'k] I *a* utvisande; *be* ~ *of* tyda på II *s* indikativ
indict [ai't] *tr* anklaga, åtala **-able** *a* åtalbar **-ment** *s* anklagelse, åtal
indiff'eren||ce *s* likgiltighet **-t** *a* 1 likgiltig 2 oviktig 3 medelmåttig, klen
in'digence [dʒ] *s* fattigdom, armod
indig'enous [dʒ] *a* infödd; inhemsk
indigest'||ible [dʒ] *a* osmältbar, svårsmält **-ion** *s* dålig matsmältning
indig'n||ant *a* harmsen, förnärmad **-ation** *s* harm **-ity** *s* kränkning
indirect' *a* indirekt, medelbar; förtäckt
indiscr||ee't *a* obetänksam, tanklös; indiskret, taktlös **-etion** [e'ʃn] *s* oförsiktighet; taktlöshet
indiscrim'in||ate [it] *a* 1 utan åtskillnad; förvirrad 2 omdömeslös **-ation** *s* kritik-, omdömes|löshet
indispen'sable *a* oumbärlig; nödvändig
indispo's||ed [z] *a* 1 obenägen, ej upplagd 2 opasslig **-ition** *s* 1 obenägenhet, olust 2 avoghet 3 opasslighet
in||dis'putable *a* obestridlig **-dissol'uble** *a* oupplöslig, fast **-distinct'** *a* otydlig; oklar **-disting'uishable** [gw] *a* omärklig, svår att urskilja
indi'te *tr* av-, för|fatta
individ'ual [ju] I *a* individuell, särskild; egenartad II *s* individ **-ity** [æ'l] *s* individualitet, egenart
indivisible [vi'z] *a* odelbar
in'dol||ence *s* lojhet, lättja **-ent** *a* slö, loj
indom'itable *a* okuvlig; outtröttlig
indoor [i'ndɔ:] *a* **-s** *adv* inomhus[-]
indu'bitable *a* otvivelaktig
indu'ce *tr* 1 förmå, få 2 medföra, framkalla 3 sluta sig till, härleda **-ment** *s* lockelse; anledning
induct' *tr* insätta, installera; införa
indulge [ʌ'ldʒ] I *tr* 1 vara efterlåten mot; skämma bort; ~ *o. s.* hänge sig, slå sig lös 2 tillfredsställa; hysa, nära II *itr*, ~ *in* hänge sig åt; unna sig **-nce** *s* 1 överseende, mildhet 2 efterlåtenhet 3 hängivelse; njutning[ar] 4 ynnest, förmån; lyx 5 avlat **-nt** *a* överseende, mild; eftergiven
in'durate I *tr* göra hård; [för]härda II *itr* hårdna; förhärdas
indus'trial I *a* industri- II *o.* **-ist** *s* industriman **-ize** *tr* industrialisera
indus'tr||ious *a* flitig, idog; nitisk **-y** [i'n] *s* 1 flit, nit 2 industri
ine'br||iate [it] I *a* berusad II *s* alkoholist **-i'ety** *s* berusning; alkoholism
in||ed'ible *a* oät|lig, -bar **-eff'able** *a* outsäglig **-effa'ceable** *a* outplånlig
ineffect'||ive *a* ineffektiv; otillräcklig; oduglig **-ual** se följ.
inefffic||a'cious [ʃəs] *a* frukt-, gagn|lös **-iency** [fi'ʃn] *s* ineffektivitet; oduglighet **-ient** [i'ʃ] *a* ineffektiv; oduglig
inel'igible [dʒ] *a* 1 ovalbar 2 olämplig
inept' *a* orimlig; dåraktig, löjlig
inequality [kwɔ'] *s* 1 olikhet; ojämnhet 2 otillräcklighet
ineq'uit||able *a* orättvis **-y** *s* orättvisa
in||erad'icable *a* outrotlig **-errable** [ə:'r] *a* ofelbar
iner't *a* trög, slö **-ia** [ə:'ʃiə] *s* tröghet
ines'timable *a* ovärderlig, oskattbar
inev'itable *a* oundviklig
inexact' [gz] *a* ej [fullt] riktig, felaktig
inexcusable [ikskju:'z] *a* oursäktlig
inexecutable [igze'kjut] *a* outförbar
in||exhau'stible [gz] *a* 1 outtömlig 2 outtröttlig **-ex'orable** *a* obeveklig **-expen'sive** *a* billig
in||expe'rience *s* oerfarenhet **-experienced** *a* oerfaren **-ex'plicable** *a* oförklarlig
inexpress'||ible I *a* obeskrivlig II *s*, ~*s* 'onämnbara' **-ive** *a* uttryckslös
inexpug'nable *a* 1 ointaglig 2 orubblig
in||exting'uishable [ŋgw] *a* o[ut]släcklig; oförstörbar **-ex'tricable** *a* 1 invecklad, tilltrasslad 2 ofrånkomlig **-fall'ible** *a* ofelbar; osviklig
infam||ous [i'nfəməs] *a* 1 illa beryktad 2 avskyvärd 3 vanfrejdad **-y** *s* 1 vanära 2 skändlighet 3 vanfrejd
in'fan||cy *s* 1 barndom 2 minderårighet **-t** *s* 1 [späd]barn 2 omyndig person **-ticide** [fæ'n] *s* barna|mord.

-mördare -tile *a* barnslig; ~ *paralysis* barnförlamning -try *s* infanteri
infat'uat||ed *a* förblindad, bedårad; passionerad; blint förälskad **-ion** *s* dårskap; blind förälskelse
infect' *tr* smitta; fördärva **-ion** *s* smitta; smittosam sjukdom; [bildl.] fördärv -ious [ʃəs] -ive *a* smittosam
infer [fə:'] *tr* 1 sluta sig till 2 innebära -ence [in'] *s* slutsats
infe'rior *a* lägre, ringare, under|lägsen, -ordnad -ity [ɔ'r] *s* underlägsenhet
infer'nal *a* infernalisk; F avskyvärd
infertile [fə:'tail] *a* ofruktbar
infest' *tr* hemsöka -ation *s* hemsökelse
in'fidel *s* 1 otrogen 2 fritänkare; tvivlare -ity [e'l] *s* trolöshet; otro[het]
in'finit||e [it] *a* oändlig; omätlig -y [fi'n] *s* oändlighet
infirm [ə:'] *a* 1 skröplig; [ålderdoms]-svag 2 obeslutsam -ary *s* sjuk|hus, -avdelning -ity *s* 1 [ålderdoms]svaghet; [pl.] krämpor; lyte 2 vacklan
infla'm||e I *tr* 1 [an]tända 2 upphetsa, reta 3 upphetta 4 underblåsa II *itr* 1 ta eld 2 bli het 3 inflammeras -mable [æ'm] *a* lättantändlig -mation *s* 1 antändning 2 upphetsning
infla't||e *tr* 1 blåsa upp 2 göra uppblåst 3 driva upp -ed *a* 1 uppblåst; inbilsk 2 svulstig -ion *s* 1 uppblåsthet; bombasm 2 prisstegring
inflect' *tr* böja -ion = *inflexion*
inflex'||ible *a* oböjlig -ion [ʃn] *s* böj|ande, -ning, krökning
inflict' *tr* [p]ålägga, till|foga, -dela; påtvinga -ion *s* 1 [p]åläggande 2 hemsökelse, straff[dom]; F plåga
in'fluen||ce I *s* inflytande II *tr* påverka; förmå -tial [e'nʃl] *a* inflytelserik
influen'za *s* influensa
in'flux *s* till|strömning, -flöde; uppsjö
infor'm I *tr* meddela, underrätta II *itr*, ~ *against* anklaga
infor'mal *a* 1 formvidrig, oformlig 2 anspråkslös; utan formaliteter
infor'm||ant *s* sagesman -ation *s* 1 [utan pl.] meddelande; underrättelse[r], upplysning[ar]; kunskap[er] 2 angivelse -ative -atory *a* upplysande; upplysnings- -er *s* angivare
infrac'tion *s* brytande, överträdande
infre'quent *a* ovanlig, sällsynt
infringe [i'ndʒ] *tr itr* överträda, kränka -ment *s* kränkning; intrång
infu'riated *a* rasande, ursinnig
infu's||e [z] *tr itr* 1 in|gjuta, -ge 2 [låta] stå och dra -ible *a* osmältbar -ion [ʒn] *s* ingjutande; pågjutning; tillsats
ingen||ious [dʒi:'] *a* fyndig, sinnrik -u'ity *s* fyndighet; sinnrikhet -uous [e'nju] *a* öppen, frimodig, okonstlad
inglorious [ɔ:'] *a* skamlig, neslig
ingot [i'ŋgət] *s* tacka, stång
ingrai'n I *a* 1 äkta färgad 2 in|grodd, -rotad [äv. ~*ed*] II *tr* färga i ullen; genomdränka; inpräglа
ingratiate [ei'ʃi] *rfl* ställa sig in
ingrat'itude *s* otacksamhet
ingre'dient *s* ingrediens, beståndsdel
in'gress *s* in-, till|träde
inhab'it *tr* bebo -able *a* beboelig -ant invånare
inhale [hei'l] *tr* in|andas, -supa
inhe'rent *a* inneboende, medfödd
inherit [e'r] *tr itr* ärva -able *a* ärftlig -ance *s* arv[edel] -or *s* arv|inge, -tagare -ress -rix *s* arvtagerska
inhib'it *tr* 1 hämma, förhindra, inhibera 2 förbjuda -ion *s* 1 hämning, förhindrande 2 förbud
inhos'pitable *a* ogästvänlig
inhu'man *a* omänsklig, grym
inhume [hju:'m] *tr* jorda, begrava
inim'ical *a* fientlig[t sinnad]
inim'itable *a* oefterhärmlig; oförliknelig
iniq'uit||ous *a* orätt|färdig, -vis -y *s* 1 orättvisa; ondska 2 ogärning
initi||al [ini'ʃl] *a s* begynnelse-[bokstav] -ate I [ieit] *tr* 1 [på]börja, inleda, starta 2 införa; inviga II [iit] *a* invigd -ation *s* 1 begynnelse 2 invigning -ative [iət] I *s* initiativ II *a* = -*al* -ator *s* upphovsman, banbrytare
inject' *tr* spruta in -ion *s* insprutning
injudicious [i'ʃ] *a* omdömeslös; oklok
injunc'tion [indʒʌ'ŋ(k)ʃn] *s* åläggande; befallning; föreskrift
injur||e [i'ndʒə] *tr* 1 skada 2 förorätta -ious [dʒu'ə] *a* 1 skadlig 2 orättfärdig 3 skymflig; smädlig -y *s* 1 skada; men 2 oförrätt
injustice [dʒʌ'stis] *s* orätt[visa]
ink I *s* 1 bläck; *Chinese* (*India*[*n*]) ~ tusch 2 trycksvärta II *tr* bläcka ned ~-blot *s* bläckplump
ink'ling *s* 1 aning, 'nys' 2 vink
ink'||-pad *s* färgdyna -pot *s* bläckhorn -stand *s* skrivställ; bläckhorn -y *a* bläckig; bläcksvart
in'land *s a* inland[s-]; inländsk, inrikes
in||lay I [- -'] *tr* inlägga II [-'-] *s* inläggning 'let *s* 1 sund; vik 2 ingång, inlopp -'mate *s* invånare -most [i'nmoust] *a* innerst
inn *s* 1 gästgivargård, värdshus 2 *I*~ *of Court* advokatsamfund
innate [i'nei't] *a* medfödd, naturlig
inn'er *a* inre; invändig -most *a* innerst
inn'ings *s* tur [att vara 'inne']
inn'keeper *s* gästgivare; värdshusvärd
inn'oc||ence *s* oskuld, oskyldighet -ent *a* 1 oskyldig; menlös 2 lättrogen 3 o. -uous [ɔ'kjuəs] *a* oskadlig
inn'ov||ate *itr* införa nyheter (förändringar) -ation *s* nyhet[smakeri]
innoxious [ɔ'kʃəs] *a* oskadlig
innuen'do *s* anspelning, gliring
innu'merable *a* oräknelig, otalig

inobser'vance *s* ouppmärksamhet; åsidosättande
inoc'ulate *tr* ympa; ~ *with* besmitta
in||offen'sive *a* oförarglig; oskadlig, oskyldig -opp'ortune [ətju:] *a* oläglig
in||or'dinate [it] *a* 1 omåttlig; överdriven 2 regellös -organ'ic *a* oorganisk
in'quest *s* [jur.] undersökning; jury
inqui'etude *s* oro; bekymmer
inqui'r||e *itr tr* 1 förfråga sig 2 fråga 3 ~ *into* undersöka -y *s* 1 förfrågan; efterfrågan 2 [efter]forskning; undersökning 3 fråga
inquisit||ion [zi'ʃn] *s* 1 efterforskning 2 undersökning 3 inkvisition -ive [i'z] *a* frågvis, nyfiken
in'road *s* in|fall, -kräktande, -trång
insa'n||e *a* vansinnig; ~ *asylum* hospital -itary [sæ'n] *a* ohälsosam -ity [sæ'n] *s* van|sinne, -vett
insati||able [ei'ʃiəbl] *a* omåttlig, osläcklig -ate [it] *a* omättlig
inscr||i'be *tr* 1 [in]skriva, [in]rista; förse med inskrift 2 inregistrera 3 tillägna -ip'tion *s* inskrift
inscrutable [u:'] *a* outgrundlig, mystisk
in'sect *s* insekt; kryp -icide [se'k] *s* insektspulver
insecu'r||e *a* osäker -ity *s* osäkerhet
insem'inate *tr* inså
insen's||ate [it] *a* 1 okänslig 2 oförnuftig -ibil'ity *s* okänslighet -ible *a* 1 omärklig 2 okänslig; likgiltig; känslolös 3 medvetslös -itive *a* okänslig
insentient [e'nʃiə] *a* okänslig; livlös
insep'arable *a* oskilj|aktig, -bar
inser't *tr* in|föra, -sätta, -sticka
in'shor'e *adv a* nära (inåt) land
in'si'de I *s* 1 insida; ~ *out* ut och in 2 inre II *a* inre, in|vändig, -värtes III *adv* inuti, invändigt; ~ *of* på mindre än IV *prep* innanför; inom, inuti; in i -r *s* 1 medlem 2 initierad
insid'ious *a* försåtlig, lömsk
in'sight [ait] *s* insikt, skarpsinne
insignif'icant *a* 1 obetydlig; betydelselös 2 meningslös
insince're *a* hycklande; falsk
insin'u||ate [ju] I *tr* 1 insmyga, införa 2 insinuera, antyda II *rfl* smyga sig in, ställa sig in -ation *s* 1 insmygande 2 insinuation 3 inställsamhet -ative *a* 1 insinuant 2 inställsam
insip'id *a* fadd; banal; tråkig -ity [i'd] *s* faddhet; banalitet
insist' *itr* 1 insistera, hålla [fast]; ~ *on* vidhålla 2 yrka, prompt vilja -ence -ency *s* 1 envishet 2 yrkande, krav -ent *a* en|vis, -trägen
insobriety [sobrai'əti] *s* onykterhet
in'sol||ence *s* oförskämdhet -ent *a* oförskämd, fräck
insol'||uble [ju] *a* olöslig -vency *s* insolvens -vent *a* oförmögen att betala
insom'nia *s* sömnlöshet
inspect' *tr* syna, granska; besiktiga; övervaka -ion *s* granskning; [av]syn[ing]; uppsikt; beskådande; *for* ~ till påseende -or *s* inspekt|ör, -or
inspir||ation *s* 1 inandning 2 inspiration -e [ai'ə] *tr* 1 inandas 2 inblåsa 3 inspirera, in|giva, -tala; besjäla -it [i'r] *tr* [upp]liva; uppmuntra
inst. [i'nstənt] = *instant 3*
instabil'ity *s* ostadighet; obeständighet
instal||l [ɔ:'l] *tr* installera, inviga; ~ *o. s.* slå sig ned -ment *s* 1 avbetalning 2 [små]portion
in'stance I *s* 1 exempel; fall; *for* ~ t. ex. 2 *at the* ~ *of* på yrkande av 3 instans II *tr* anföra som exempel
in'stant I *a* 1 enträgen 2 omedelbar 3 [= *inst.*] innevarande, 'dennes' II *s* ögonblick; *the* ~ så snart som -a'neous *a* ögonblicklig -ly *adv* genast
instead [e'd] *adv*, ~ [*of*] i stället [för]
in'step *s* vrist
in'stig||ate *tr* 1 uppegga 2 anstifta -ation *s* anstiftan -ator *s* anstiftare
instil' *tr* 1 indrypa 2 in|gjuta, -ge
instinct I [-'-] *s* instinkt; drift; ingivelse II [--'] *a* genomandad, fylld -ive [--'-] *a* instinktiv, omedveten
in'stit||ute I *tr* 1 inrätta, grunda, stifta 2 sätta i gång [med] 3 utnämna; insätta II *s* stiftelse, institut[ion] -u'tion *s* 1 in-, upp|rättande 2 institut[ion], anstalt, stiftelse 3 installation
instruct' *tr* 1 undervisa, handleda; instruera; visa, underrätta 2 beordra -ion *s* undervisning -ive *a* lärorik -or *s* lärare -ress *s* lärarinna
in'strument *s* instrument; verktyg; [hjälp]medel -al [e'n] *a* 1 verksam, bidragande 2 instrumental
insubor'din||ate [it] *a* upp|studsig, -rorisk -ation *s* uppstudsighet
insuff'erable *a* odräglig
insufficient [fi'ʃnt] *a* otillräcklig
in'sul||ar [ju] *a* insulär, ö-; trångsynt -arism -arity [æ'] *s* öbokaraktär; trångsynthet -ate *tr* isolera, av|skilja, -stänga -ation *s* isolering
insult I [in'sʌlt] *s* förolämpning II [--'] *tr* förolämpa, skymfa
insu'perable *a* oöverstiglig
insuppor'table *a* outhärdlig
insuppress'ible *a* oemotståndlig
insur||ance [ʃu'ə] *s* försäkring, assurans -ant *s* försäkringstagare -e *itr tr* försäkra -er *s* försäkringsgivare
insurgent [ə:'dʒ] *a s* upprorisk
insurmou'ntable *a* oöverstiglig
insurrec'tion *s* resning, uppror
insuscep'tible *a* oemottaglig, okänslig
intact' *a* orörd; välbehållen
intan'gible [dʒ] *a* ej påtaglig; ofattbar
in'tegr||al *a* 1 integrerande 2 hel, full-

ständig -ate *tr* 1 fullständiga 2 förena -ity [te'g] *s* 1 integritet, okränkbarhet 2 redbarhet
integ'ument *s* hud, skinn, skal, hinna
in'tellect *s* förstånd -ual [e'k] *a* intellektuell; förstånds-
intell'ig‖ence [dʒ] *s* 1 förstånd; begåvning 2 underrättelse[r], upplysning[ar] -ible *a* begriplig; tydlig
intem'per‖ance *s* omåttlighet, överdrift -ate [it] *a* omåttlig, otyglad
intend' *tr* 1 ämna, tänka 2 mena, avse, åsyfta -ed *s* fäst|mö, -man
inten's‖e *a* intensiv, stark, häftig -ify *tr itr* stegra[s] -ion [ʃn] *s* 1 anspänning 2 intensitet -ity *s* kraft, våldsamhet -ive *a* fördjupad; rationell
intent' I *a* uppmärksam, [in]riktad; upptagen [*on* av] II *s* syfte, avsikt; *to all ~s and purposes* praktiskt taget -ion *s* avsikt, syfte; mål -ional *a* avsiktlig -ness *s* uppmärksamhet; iver
inter [intə:'] *tr* jorda, begrava
in'ter- *pref* mellan; bland; ömsesidig
inter‖act I [-'--] *s* mellan|akt, -spel II [---'] *itr* påverka varandra -ac'tion *s* växelverkan -bree'd *tr itr* korsa[s] -ce'de *itr* lägga sig ut; medla
intercept' *tr* 1 upp|snappa, -fånga 2 av|stänga, -skära; hejda
intercess‖ion [e'ʃn] *s* förbön -or [e's] *s* förespråkare; medlare
interchange I [ei'ndʒ] *tr* 1 utbyta, utväxla 2 [låta] omväxla II [-'--] *s* utväxling; [handels]utbyte -ably *adv* utan åtskillnad; omväxlande
in'tercourse *s* umgänge; förbindelse
interdict I [-'--] *s* förbud II [---'] *tr* förbjuda; förhindra -ion *s* förbud
interest [i'ntrist] I *s* 1 intresse; *take an ~ in* intressera sig för 2 [an]del, insats; *the moneyed ~* finansvärlden 3 ränta; *compound ~* ränta på ränta 4 inflytande II *tr* intressera [*in* för]; *~ed* [äv.] partisk; *~ing* intressant
interfe'r‖e *itr* ingripa, inskrida; *~ in* lägga sig i; *~ with* störa, hindra -ence *s* inblandning
inte'rior I *a* 1 inre; invändig 2 inrikes II *s* 1 inre; insida; interiör 2 [departement för] inrikesärenden; *Minister of the I~* inrikesminister
interja'cent *a* mellanliggande
interject' *tr* inskjuta -ion *s* 1 in|kast, -pass 2 utrop; interjektion
inter‖la'ce *tr itr* samman-, in|fläta[s] -lar'd *tr* späcka, uppblanda -li'ne *tr itr* skriva mellan raderna -lock' I *itr* gripa i varandra, hänga ihop II *tr* låsa (koppla) ihop; hopfläta
interloc'utory [ju] *a* samtals-, dialog-
in'ter‖lude *s* mellanspel; paus -medd'le *itr* lägga (blanda) sig i
interme'di‖ary I *a* 1 förmedlande 2 mellan- II *s* mellanhand; förmedling
-ate I [jət] *a* mellan-[liggande] II [jət] *s* mellan|led, -länk III *itr* [för]medla
interment [tə:'mənt] *s* begravning
interminable [tə:'minəbl] *a* oändlig
inter‖min'gle [ŋg] *tr itr* [in]blanda [sig] -mission [i'ʃn] *s* uppehåll, avbrott -mitt'ent *a* ojämn; periodisk; *~ fever* frossfeber; *~ light* blinkfyr -mix' *tr itr* [in]blanda [sig]
inter'nal *a* inre; in|värtes, -vändig; inhemsk; *~ combustion engine* explosionsmotor
international [næ'ʃn] *a s* internationell
interne'cine *a* förödande; *~ war* utrotnings-, inbördes|krig
internment [tə:'nmənt] *s* internering
interpo'se [z] I *tr* in|lägga, -skjuta II *itr* 1 ingripa; lägga sig ut 2 falla in
inter'pret *tr* [ut]tolka, [ut]tyda -ation *s* tolkning, tydning -er *s* tolk
interrog‖ate [te'r] *tr* [ut]fråga; förhöra -ation *s* 1 förhör 2 fråga; *point (mark, note) of ~* frågetecken -ative [ɔ'] -atory [ɔ'g] *a* frågande, fråge-
interrupt' *tr* avbryta; störa -er *s* strömbrytare -ion *s* avbrytande; avbrott -ive -ory *a* avbrytande
intersect' *tr itr* skära [varandra]; korsa[s] -ion *s* skärning
in'ter‖space *s* mellanrum -sper'se *tr* in-, upp|blanda -stice [tis] *s* mellanrum; springa -twi'ne -twist' *tr itr* sammanfläta[s] -val [vl] *s* mellan|rum, -tid, avbrott; paus, rast
interve'n‖e *itr* ingripa; tillstöta; inskrida; medla -tion [ve'n] *s* ingripande
in'ter‖view I *s* sammanträffande; intervju II *tr* intervjua -wea've *tr* samman|väva, -fläta, in|väva, -fläta
intes'tin‖al *a* tarm-, inälvs- -e [tin] I *s*, *~s* tarmar II *a* in|ländsk, -hemsk
in'tim‖acy *s* förtrolighet; intim bekantskap -ate I [it] *a* förtrolig, intim; ingående II *tr* meddela; antyda -ation *s* tillkännagivande; antydan
intim'idate *tr* skrämma
into [i'ntu] *prep* 1 [in] i, upp i, ned i, ut i, fram i 2 [förvandla &c] till
intol'er‖able *a* outhärdlig -ance *s* ofördragsamhet -ant *a* ofördragsam; ur stånd att uthärda [*of*]
in'ton‖ate = -e -ation *s* 1 mässande 2 intonation; tonfall -e [ou'] *tr itr* 1 läsa sjungande, mässa 2 intonera
intox'ic‖ant I *a* berusande II *s* rusdryck -ate *tr* [be]rusa -ation *s* 1 berusning, rus 2 förgiftning
in'tra- *pref* inom, innanför; inuti
intrac'table *a* motspänstig, obändig
intramu'ral *a* innanför murarna
in‖tran'sigent [dʒ] *a* omedgörlig, oförsonlig -trep'id *a* oförskräckt, modig
in'tric‖acy *s* trasslighet; virrvarr -ate [it] *a* hoptrasslad; invecklad
intrigu‖e [i:'g] I *s* intrig, ränker, an-

slag II *itr* intrigera, stämpla III *tr* förbrylla -er *s* intrigmakare
intrin'sic *a* inre, inneboende
introdu'c||e *tr* 1 föra (sticka) in 2 inleda, börja 3 presentera, föreställa [*to* för]; föra ut i sällskapslivet 4 väcka [motion] -er *s* introduktör; inledare; framställare -tion [ʌ'k] *s* införande; inledning; presentation
intru'||de I *itr* tränga (truga) sig; störa; tränga in II *tr* truga, tvinga -der *s* objuden gäst; påhäng -sion [ʒn] *s* 1 på|trugande, -flugenhet; intrång 2 inträngande; inkräktande, påhäng -sive [s] *a* 1 påträngande, efterhängsen 2 inträngande; tillagd
intuit||ion [tjui'ʃn] *s* ingivelse -ive [tju'] *a* omedelbart uppfattande
in'undate *tr* översvämma
inu're I *tr* härda, vänja II *itr* verka
inutil'ity [ju] *s* onyttighet, gagnlöshet
inva'de *tr* 1 infalla (intränga) i; [an]gripa 2 inkräkta på -r *s* inkräktare
invalid I [i'nvəli:d] *s* sjukling; invalid II *a* 1 [i'n] sjuklig; vanför 2 [æ'] ogiltig III [i:'d] *tr itr* göra till (bli) invalid -ate [væ'lideit] *tr* göra ogiltig, upphäva; kullkasta -ity [i'd] *s* 1 sjuklighet; invaliditet 2 ogiltighet
inval'uable [ju] *a* ovärderlig
invari||able [vɛ'ə] *a* oföränderlig; beständig -ably *adv* ständigt, alltid
inva'||sion [ʒn] *s* 1 infall 2 in|kräktning, -trång -sive [s] *a* 1 invasions-; in-, an|fallande 2 inkräktande
invec'tive *s* smädelse[r], skymford
inveigh [vei'] *itr* fara ut, smäda
inveigle [i:'gl] *tr* locka, förleda
invent' *tr* upp|finna, -dikta -ion *s* uppfinning[sförmåga], påfund -ive *a* uppfinningsrik, fyndig -or *s* uppfinnare -ory [i'n] I *s* inventarium, lösöre II *tr* inventera
inverac'ity *s* osannfärdighet
in'ver'||se *a* om|vänd, -kastad, motsatt -sion [və:'ʃn] *s* omkastning; omvänd ordföljd -t [- -'] *tr* kasta (flytta) om, vända upp och ned [på]
inver'tebrate [it] *a s* ryggradslös[t djur]
invest' I *tr* 1 bekläda, förläna; installera 2 belägra 3 placera [pengar]
inves'tig||ate *tr* utforska, undersöka -ation *s* undersökning -ator *s* forskare
invest'ment *s* 1 [kapital]placering 2 belägring; blockad
invet'erate [it] *a* inrotad; inbiten
invid'ious *a* stötande, förhatlig
invig'orate *tr* stärka, styrka; liva
invin'cible *a* oövervinnelig
invi'ol||able *a* okränkbar, helig; obrottslig -ate [it] *a* okränkt
invisible [i'z] *a* osynlig
invit||ation *s* 1 inbjudan 2 kallelse, uppmaning -e [ai't] *tr* [in]bjuda, bedja, uppmana; framkalla
invoca'tion *s* åkallan, anropande
in'voice *s* faktura, [varu]räkning
invo'ke *tr* åkalla, anropa
invol'untary *a* ofrivillig; oavsiktlig
invol've *tr* 1 inveckla, insvepa; hoprulla; förbinda 2 innebära, medföra
invul'nerable *a* osårbar; oanfäktbar
inward [i'nwəd] I *a* inre; in|vändig, -värtes; andlig II *adv* inåt -ly *adv* invärtes; i själ och hjärta -s *adv* inåt
i'odine *s* jod
I. O. G. T. =*International Order of Good Templars* godtemplarorden
Ion||ian [aiou'njən] -ic [aiɔ'] *a* jonisk
IOU [ai'ouju:'] *s* (=*I owe you*) revers
ir||ascible [æ'si] *a* lättretlig, argsint -a'te [aiər] *a* vred
irides'cent [sn] *a* regnbågsskimrande
i'ris *s* 1 regnbågshinna 2 svärdslilja, iris
I'rish *a* irisk, irländsk -man *s* irländare
ir'ksome *a* tröttsam, ledsam, tråkig
iron [ai'ən] I *s* järn; strykjärn; [golf] järnklubba; ~s bojor II *a* järn-; järnhård, sträng III *tr* 1 järnbeslå 2 stryka, pressa 3 fjättra ~-bar *s* järnstång; ~s stångjärn; ~ *lever* järnspett ~-bound *a* 1 järnbeslagen 2 klippig 3 hård ~-clad I *a* bepansrad II *s* pansarbåt
ironic[al] [ai(ə)rɔ'nik] *a* ironisk
iron||ing [ai'ən] *s* strykning -monger *s* järnhandlare -mongery *s* 1 järnvaror, smide 2 järnhandel --shod *a* järn|skodd, -beslagen I-side *s* 'järnsida', tapper krigare -work *s* 1 smide 2 ~s järnverk
1 **irony** [ai'əni] *a* järn-, järnaktig
2 **irony** [ai'ərəni] *s* ironi
irra'di||ance *s* utstrålning; strålglans -ant *a* strålande -ate *tr* bestråla, upplysa -ation *s* [ut]strålning; glans
ir||rational [iræ'ʃənl] *a* 1 irrationell; orimlig 2 oskälig -reclai'mable *a* oförbätterlig; oåterkallelig -rec'ognizable [əgnaiz] *a* oigenkännlig -reconci'lable *a* oförsonlig; oförenlig
irrecusable [ju:'z] *a* oavvislig
irredee'mable *a* oåterkallelig; oförbätterlig
irref'utable [ju] *a* oveder|säglig, -lägglig
irreg'ular [ju] *a* oregelbunden; irreguljär; oordentlig -ity [æ'r] *s* oregelbundenhet; oordentlighet
irrel'evant *a* ej tillämplig; likgiltig
irreligious [i'dʒ] *a* irreligiös, gudlös
irreme'diable *a* obotlig, ohjälplig
ir||remiss'ible *a* oförlåtlig; oeftergivlig -removable [u:'] *a* orubblig; oavsättlig
irresol||ute [e'z] *a* obeslutsam -ution [u:'ʃn] *s* obeslutsamhet
ir||rep'arable *a* ohjälplig, obotlig -repla'ceable *a* oersättlig -repress'ible *a* okuvlig; F oförbätterlig -reproachable [ou'] *a* oförvitlig; oklanderlig -resistible [zi's] *a* oemotståndlig

ir||resolvable [zɔ'l] *a* olöslig **-respec'tive** *a*, ~ *of* utan hänsyn till, oavsett
irrespon'si||ible *a* oansvarig; ansvarslös **-ive** *a* okänslig
irretrievable [i:'v] *a* oersättlig; obotlig
irrev'er||ence *s* vanvördnad **-ent** *a* vanvördig
ir||rever'sible -rev'ocable *a* oåterkallelig
irr'igate *tr* bevattna
irr'it||able *a* [lätt]retlig **-ant** *s* retmedel **-ate** *tr* [upp]reta, irritera, förarga **-ation** *s* retning; förbittring **-ative** *a* irriterande
irrup'tion *s* infall
is [iz] (av be) är; *that* ~ det vill säga
islam [i'zləm] *s* islam **-ic** [æ'] *a* muhammedansk **-ite** *s* muhammedan
island [ai'lənd] *s* ö **-er** *s* öbo
isle [ail] *s* ö **-t** *s* liten ö, holme
isn't = *is not*
iso||- [ai'so] iso-; lik-, lika-
i'sol||ate *tr* isolera **-ation** *s* isolering
issue [i'sju:, i'ʃu:] **I** *s* **1** utgående **2** utgång, väg ut, utväg; utlopp **3** följd, resultat; slut **4** avkomma, barn **5** avkastning **6** [strids-, rätts]-fråga, problem; kärna; *at* ~ omstridd; oense **7** diskussion; tvist **8** ut|givande, -färdande, -släppande; emission; dagsupplaga, nummer; publikation **II** *itr* **1** utgå; utströmma **2** utfalla; resultera, sluta **3** [här]stamma **4** utsläppas; utkomma **III** *tr* **1** utsända, avgiva, utdela; utfärda; sälja; utsläppa; emittera; utställa; utge **2** utrusta **-less** *a* barnlös
isthmus [i'sməs] *s* näs, landtunga
it *pron* den, det; sig; S 'höjden'; det rätta (bästa); 'det'; *that's* ~ det är (var) rätt; *by* ~ därigenom
Ital'ian I *a* italiensk **II** *s* italienare
ital'ic I *a* **1** *I*~ fornitalisk **2** kursiv **II** *s*, ~*s* kursivering **-ize** *tr* kursivera
itch I *s* **1** klåda; begär, lystnad **2** skabb **II** *itr* **1** känna klåda (begär) **2** klia **-ing I** *s* klåda **II** *a* begärlig, hungrig [efter] **-y** *a* skabbig, kliande
i'tem I *adv* likaledes; vidare **II** *s* **1** post, sak, artikel; nummer **2** ~ [*of news*] notis **-ize** *tr* specificera
it'er||ate *tr* upprepa **-ation** *s* upprepning **-ative** *a* upprep|ande, -ad
itin'er||ant I *a* kring|vandrande, -resande **II** *s* resepredikant, vandrande spelman **-ary I** *s* **1** resväg **2** rese|beskrivning, -handbok; resplan **II** *a* rese-, väg- **-ate** *tr* vandra (resa) omkring
its *pron* dess; sin, sitt
it||'s = *it is* **-self'** *pron* själv[t]; sig [själv(t)]; *by* ~ för (av) sig själv
I've [aiv] = *I have*
ivied *a* överväxt med murgröna
i'vor|y *s* elfenben[sfärg]; *-ies* elefantbetar; tärningar, biljardbollar, tangenter, tänder; *black* ~ S negerslavar
ivy [ai'vi] *s* murgröna

J

J, j [dʒei] *s* j
jab *tr s* stöt[a]
jabb'er I *itr tr* snattra; prata [smörja]; rådbråka; ~ *away* prata på **II** *s* snatter; 'smörja'; rotvälska
jack I *s* **1** *J*~ hantlangare, passopp; 'jycke'; *Cheap* ~ schackrare; ~*-in-the-box* trollgubbe; domkraft; ~ *of all trades* tusenkonstnär; ~*-o'lantern* lyktgubbe, irrbloss; *before you could say J~ Robinson* innan man visste ordet av **2** sjöman **3** [kort.] knekt **4** stek[spett]vändare **5** vinsch, vindspel **6** domkraft **7** maskindel **8** gädda **9** ⚓ gös, mindre flagga **10** S pengar **II** *tr* **1** hissa, lyfta [*up*] **2** F ~ *up* överge, ge upp
jack'al [ɔ:l] *s* schakal; underhuggare
jack'||anapes [eips] *s* glop, narr **-ass** [æs] *s* **1** åsnehane **2** [ɑ:s] åsna, fårskalle **-boot** *s* **1** kragstövel **2** *J~s* 'borstis' [på hotell] **-daw** [dɔ:] *s* kaja
jack'et *s* **1** jacka; tröja, blus; kofta **2** fodral, beklädnad, mantel **3** omslag **4** skinn, hårbeklädnad; skal
jack'-||knife *s* fällkniv **-plane** *s* skrubbhyvel **-screw** *s* domkraft **-snipe** *s* enkelbeckasin **-straw** *s* **1** [bildl.] nolla **2** ~*s* skrapnosspel **-tar** *s* sjöman **-towel** *s* rullhandduk
1 jade *s* jade, nefrit
2 jade *s* **1** hästkrake **2** fruntimmer; jänta **-d** *a* trött, utsliten; blaserad
jag I *s* utsprång, tinne; tand; skärva **II** *tr* tanda; nagga **-ged** [id] *a* ojämn, tandad **-ger** *s* brödsporre; krusjärn **-gy** *a* tandad, naggad
jail *s tr* [sätta i] fängelse ~**-bird** *s* fängelsekund **-er -or** *s* fångvaktare
1 jam *s* sylt, marmelad
2 jam I *tr* **1** klämma, trycka, pressa **2** fylla, blockera; ~*med* proppfull **3** stoppa; störa **II** *itr* fastna; hänga upp (låsa) sig **III** *s* **1** klämma, press **2** trängsel **3** stopp, låsning; störning
jamb [dʒæm] *s* [sido]post
jamboree' *s* **1** [Am.] S hippa, 'skiva' **2** jamboré, lägermöte
jangl||e [ŋg] **I** *itr* gnissla, slamra, skära **II** *s* slammer, o-, miss|ljud **-ing** *s* **1** oljud **2** käbbel
jan'itor *s* dörrvaktare; portvakt
Jan'uary *s* januari
Jap *s* F japan

Japan' I *npr* Japan II *j~ s* 1 japanlack 2 japanskt [lack]arbete **-ese** [i:'z] I *a* japansk II *s* japan
jape *itr s* skämt[a], skoj[a]
1 **jar** *s* kruka, burk; tillbringare
2 **jar** I *itr tr* 1 [komma ngt att] låta falskt, gnissla; skära [i öronen på] 2 skramla [med]; [komma ngt att] vibrera 3 stöta, irritera, ta [på] [nerverna] 4 strida; tvista II *s* 1 skärande ljud, gnissel; skrammel, knarr; skakning 2 chock, uppskakning 3 konflikt; miss|hällighet, -ljud; gräl
3 **jar**, *on [the]* ~ F på glänt
jar'gon *s* 1 gallimatias 2 rotvälska 3 jargong **-ize** *itr* prata jargong
jarring [ɑ:'] *a* skärande; disharmonisk
jar'vey [vi] *s* F åkardräng, hyrkusk
jas'per *s* jaspis[sten]
jau'ndice [is] *s* 1 gulsot 2 svartsjuka, fördomsfullhet
jaunt *itr s* [göra en] utflykt
jau'nty *a* obesvärad; överlägsen, självbelåten
Javan [dʒɑ:'] **-ese** [i:'z] *a s* javanes[isk]
jav'elin *s* [kast]spjut
jaw [dʒɔ:] I *s* 1 käk[e] 2 *~s* mun, gap; käft 3 *~s* ⚓ klyka 4 *~s* trångt pass 5 F ovett; käftande II *itr* gaffla, prata III *tr* F läxa upp **~-breaker** *s* F svårt ord **~-tooth** *s* oxeltand
jay *s* 1 [zool.] skrika 2 gaphals
jazz [dʒæz] I *s itr* jazz[a] II *a* F disharmonisk; skrikande, gräll [äv. -y]
J. C. = *Jesus Christ* **J. C. D.** = *Juris Civilis Doctor* jur. dr
jealous [dʒe'] *a* 1 svartsjuk; avundsjuk 2 rädd, mån 3 misstänksam, vaksam 4 nitälskande **-y** *s* 1 svartsjuka; avund 2 månhet 3 nitälskan
jeer [dʒiə] I *itr* göra narr, gyckla II *tr* håna, begabba III *s* hån; speglosa
Jehu [dʒi:'hju:] *s* kusk, snabbkörare
jejune [dʒidʒu:'n] *a* torr, torftig
jell'y *s* gelé **~-fish** *s* manet
jemi'ma *s*, *~s* F pampuscher
jemm'y *s* 1 kofot 2 kokt fårhuvud
jenn'y *s* 1 spinnmaskin 2 lyftkran
jeopardize [dʒe'pədaiz] *tr* äventyra
jeremi'ad [əd] *s* jeremiad, klagovisa
jerk [ə:] I *s* stöt, kast; ryck[ning]; knyck; språng; *by ~s* ryck-, stöt|vis II *tr itr* slänga, rycka (vrida) till
jer'kin *s* jacka, tröja
jer'ky *a* ryckig, stötig; krampaktig
jerr'y I *s* 1 ölkrog 2 S potta 3 *J~* S tysk soldat II *a* fuskigt byggd, 'uppsmälld' **~-builder** *s* husskojare
jersey [dʒə:'zi] *s* [ylle]tröja
Jerusalem [u:'s] *npr*; *~ artichoke* jordärtskocka; *~ [pony]* åsna
jess'amine [in] *s* jasmin
jest I *s* 1 skämt; drift, gyckel; *make a ~ of* skämta med; ta som ett skämt; *in ~* på skämt; *be in ~* skämta 2 driftkucku II *itr* skämta; gyckla **-er** *s* gycklare, narr; kvickhuvud
1 **jet** I *s* 1 stråle; ström, låga 2 pip, rör; munstycke II *tr itr* spruta ut
2 **jet** *s* jet, gagat **~-black** *a* kolsvart
jet'|sam *s* kastgods; vrakgods **-tison** [isn] *s tr* kasta[nde] över bord
jett'on *s* skådepenning, spelmark
1 **jett'y** *s* 1 pir, vågbrytare 2 kaj
2 **jetty** *a* kolsvart
Jew [u:] *s* jude **~-baiting** *s* judehets
jewel [dʒu'] *s* juvel, ädelsten; klenod **~-case** *s* juvelskrin **-led** *a* juvelprydd **-ler** *s* juvelerare **-lery** *s* juveler
Jew|ess [dʒu'] *s* judinna **-ish** *a* judisk **-ry** *s* 1 judar[na] 2 judekvarter **-'s-harp** *s* mungiga
1 **jib** I *s* 1 ⚓ klyvare 2 kranarm II *tr* ⚓ skifta, flytta över
2 **jib** *itr* stanna; skygga, vara istadig
jibe = *gibe*
jiff'[y] *s* F ögonblick, handvändning
jig I *s* 1 jigg[melodi] 2 [tekn.] jigg 3 [gäd]drag II *itr* jigga; skutta **-ger** *s* 1 jiggdansare 2 ⚓ hjälptalja; [fiskebåt med] drivsegel 3 redskap; F manick **-gered** *a*, *I'm ~ if* F ta mig katten om **-gle** *tr* vagga; vicka
jilt I *s* trolös kvinna II *tr* svika
jingle [ŋg] I *itr tr* 1 klinga, skramla, klirra [med] 2 pråla, rimma banalt II *s* 1 klingande; skramlande 2 klingklang, ordspråk; karamellvers
jin'go [ŋg] *s* 1 F *by ~!* vid Gud! 2 krigsivrare, aktivist; chauvinist **-ism** *s* chauvinism **-is'tic** *a* chauvinistisk
jinks *spl*, *high ~* upptåg, skoj
jiu-jitsu = *ju-jutsu*
job I *s* 1 [tillfälligt] arbete; ackordsarbete [äv. *~-work*]; F plats, jobb; *by the ~* på beting; *odd ~s* småsysslor; *do a p.'s ~* S göra kål på ngn; *make a ~ of* klara av; *on the ~* S i farten 2 F sak, affär, historia; *a good ~* en välsignad sak, tur 3 jobberi; *~ lot* jobbarlager II *itr* 1 arbeta på beting (ackord); F jobba 2 [äv. *tr*] spekulera, jobba [i] **-ber** *s* 1 tillfällighets-, ackords|arbetare 2 mellanhand; mäklare; jobbare; skojare **-bery** *s* jobberi; korruption
jock'ey [i] I *s* 1 jockej 2 hantlangare, underhuggare II *tr* 1 lura; omintetgöra 2 rida på' III *itr* begagna knep
jock'o *s* schimpans
joc|ose [ou's] *a* munter, skälmaktig; skämtsam **-osity** [ɔ's] *s* munterhet [&c] **-ular** [dʒɔ'] *a* skämtsam, glad; lustig **-ularity** [æ'] *s* munterhet [&c] **-und** [dʒɔ'kənd] *a* munter, glad
jog I *tr* 1 knuffa, stöta till 2 friska upp II *itr* 1 skaka, ruska 2 lunka, knoga; knalla i väg III *s* 1 knuff; [på]stöt[ning] 2 lunk **-gle** I *tr itr* skaka, stöta II *s* skakning **~-trot**

I *s* jämn lunk; slentrian II *a* lugn och maklig; slentrianmässig
John [dʒɔn] *npr;* ~ *the Baptist* Johannes Döparen; ~ *Bull* engelska nationen; engelsmannen **j-ny** *s* S karl, individ; jazzgosse
join I *tr* 1 för|ena, -binda; sammanslå; hopfoga; koppla; ~ *battle* sammandrabba 2 förena sig med; deltaga i; gå in i, sluta sig till; uppsöka; följa med; upphinna; ~ *a ship* ta hyra; embarkera 3 gränsa till II *itr* 1 förenas; förena sig; råkas; ~ *in* deltaga i, blanda sig i 2 gränsa till varandra III *s* hopfogning, fog, skarv **-er** *s* snickare **-ery** *s* snickeri
joint I *s* 1 sammanfogning, föreningspunkt; fog, skarv; förband; gångjärn 2 led[gång]; mellanled; *out of* ~ ur led; i olag 3 stek II *a* förenad, med-; gemensam, sam-; ~ *business* (*concern*) bolagsaffär; ~ *stock* aktiekapital III *tr* 1 förbinda, hopfoga; 2 sönderdela, stycka **-ed** *a* ledad **-er** *s* 1 fog|järn, -hyvel 2 hopfogare ~-**-heir** *s* medarvinge **-ure** [ʃə] *s* änkesäte
joist *s* tvärbjälke
jok||e I *s* skämt; kvickhet, vits; puts; *put* (*pass*) *a* ~ *upon* spela ett spratt; *crack* (*cut, make*) ~*s* säga kvickheter; *it is a* ~ *to* det är ingenting mot; *practical* ~ skoj, upptåg; *in* ~, *by way of a* ~ på skämt; *be in* ~ skämta II *itr tr* skämta, gyckla, driva [med] **-er** *s* 1 skämtare 2 S karl **-ing** *s* skämt **-y** *a* upplagd för skämt
jolli||fication *s* F muntration; glatt lag **-fy** [ɔ′] *itr tr* F festa [om], supa [full] **-ty** [ɔ′] *s* 1 munterhet 2 fest[ande]
joll′y I *a* 1 glad, lustig, livad 2 F utmärkt, prima; 'snygg'; ~ *good fellow* hedersknyffel II *adv* F riktigt, väldigt III *s* 1 S flottist 2 S skoj 3 = ~-*boat* IV *tr* S skoja med ~-**boat** *s* julle
jolt [ou] I *tr itr* skaka, ruska II *s* skakning, stöt **-erhead** *s* dumhuvud
Jon′athan *npr;* [*Brother*] ~ Förenta staterna; amerikanare
jonquil [dʒɔ′ŋkwil] *s* gul narciss
jorum [ɔ:′] *s* pokal; bål
jos′||kin *s* S bondlurk **-ser** *s* S 'typ', idiot
jostle [sl] I *tr* knuffa, skuffa [undan]; ränna emot; ~ *o.'s way* armbåga sig fram II *itr* knuffas, trängas III *s* knuff[ande], sammanstötning
jot I *s* jota II *tr,* ~ *down* anteckna; skissera **-ting** *s* anteckning
jounce I *itr tr* skaka; dunsa; skumpa II *s* skakning; duns; lunk
journal [dʒə:′nl] *s* 1 dagbok; liggare 2 *J*~*s* [parlaments]protokoll 3 loggbok 4 tid|ning, -skrift; handlingar **-ese** [i:′z] *s* tidningsspråk **-ism** *s* journalistik **-ist** *s* tidningsman
journey [dʒə:′ni] *s itr* resa; *pleasant* ~! lycklig resa! **-man** *s* 1 gesäll 2 underhuggare ~-**work** *s* gesällarbete
joust [u:] *s itr* dust, torner|ing, -a
Jov||e *npr* Jupiter; *by* ~! min själ! sannerligen! **j-ial** *a* gemytlig **j-iality** [æ′] *s* jovialitet, munterhet
jowl [au] *s* käk|ben, -e; kind; dubbelhaka; fettvalk; hudfåll 2 [fisk]huvud
joy *s* glädje, fröjd; *wish a p.* ~ lyckönska ngn **-ful** *a* 1 glad 2 glädjande **-ous** *a* 1 glad; glättig 2 glädjande ~-**-ride** *s* S tjuvåkning; nöjestur
J. P. = *Justice of the Peace* **jr.** = *junior*
jubil||ance [dʒu:′] *s* jubel **-ant** *a* jublande **-ate** *itr* jubla **-ation** *s* jubel **-ee** *s* jubileum; jubel[fest]
Jud||a′ic *a* judisk **-aism** [u:′] *s* judendom
judge [dʒʌdʒ] I *s* domare; bedömare, kännare; *be a good* ~ *of* förstå sig bra på II *tr* 1 [av]döma; avgöra; bestämma 2 klandra, [för]döma 3 bedöma 4 F anse [för]; förmoda III *itr* döma, sitta till doms; medla
judg[e]ment [dʒʌ′dʒ] *s* 1 dom; utslag; *give* (*pass, pronounce*) ~ fälla utslag; *sit in* ~ sitta till doms; *day of* ~ domedag 2 straffdom 3 omdömes[förmåga]; urskillning, takt; åsikt; *to the best of my* ~ efter bästa förstånd
judgeship [dʒʌ′dʒ] *s* domarämbete
ju′dicature *s* 1 rättsskipning, domsrätt 2 domar|ämbete, -tid, -kår; domstol
judici||al [i′ʃl] *a* 1 rättslig, juridisk, dom[stol]s-; dömande; ~ *murder* justitiemord 2 opartisk **-ary** *s* domarkår **-ous** *a* klok, omdömesgill
jug I *s* 1 krus, kruka, tillbringare; stånka 2 S fängelse II *tr* S bura in
jugg′ins *s* S dummerjöns
juggle I *itr* trolla, jonglera II *tr* lura III *s* trollkonst; bedrägeri **-r** *s* taskspelare, trollkarl, jonglör; skojare **-ry** *s* trolleri; knep, skoj
jug′ul||ar *a* hals- **-ate** *tr* döda; hejda
juic||e [dʒu:s] *s* 1 saft 2 S bensin; [elektrisk] ström **-y** *a* saftig; F våt
ju′jube [dʒub] *s* 1 bröstbär 2 karamell
ju-jutsu [dʒu:dʒʌ′tsu:] *s* jiujitsu
July [dʒulai′] *s* juli
jumbl||e I *tr* blanda (röra) ihop II *s* 1 virrvarr, röra 2 skakning; F åktur **-e-shop** *s* lumpbod **-y** *a* rörig
jum′bo *s* 1 åbäke; elefant 2 pamp
jump I *itr* 1 skutta; guppa; hoppa [till]; ~ *at* gripa, anamma 2 stiga 3 stämma (komma) överens [*together*] II *tr* 1 hoppa över 2 förmå (hjälpa) att hoppa; skrämma; driva upp 3 överfalla; plundra 4 steka III *s* 1 hopp; skutt, språng; *from the* ~ F från början; *on the* ~ F i rörelse; *give a* ~ hoppa till; *the* ~*s* S nervösa darrningar; 'dille' 2 gupp, hinder 3 stegring 4 förkastning **-y** *a* 1 hopp|ande, -ig 2 nervös

junct||ion [dʒʌ'ŋkʃn] *s* förening[spunkt]; järnvägsknut **-ure** [tʃə] *s* 1 förening[spunkt]; fog 2 [kritiskt] ögonblick, situation
June [dʒu:n] *s* juni
jungl||e [ŋg] *s* djungel **-y** *a* snårig
ju'nior *a* [den] yngre, junior; lägre
juniper [dʒu:'nipə] *s* [bot.] en
1 junk *s* djonk
2 junk *s* 1 ⚓ tågstumpar; gods; skräp, smörja 2 ⚓ salt kött 3 kloss
jun'ket I *s* kalvdans; kalas II *itr* festa
jun't||a -o *s* junta, liga
ju'r||al -id'ical *a* juridisk, rättslig
juris||dic'tion *s* jurisdiktion, rättsskipning; domsaga **-prudence** [pru:'] *s* juridik **-prudent** [u:'d] *a s* rättslärd
ju'r||ist *s* rätts|lärd, -lärare **-or** *s* juryman; prisdomare
jury [dʒu'əri] *s* jury, nämnd; *common (petty, trial)* ~ vanlig jury; *grand* ~ brottmålsnämnd **-man** *s* juryman
ju'ry-mast [ɑ:] *s* ⚓ nödmast
1 just I *a* 1 rätt|vis, -rådig, -färdig; skälig; berättigad 2 rätt, riktig II *adv* 1 just; alldeles, precis; ~ *by* strax bredvid 2 nyss, nyligen; ~ *now* just nu; nyligen 3 genast, strax 4 nätt och jämnt; *that's* ~ *possible* det är ju möjligt 5 bara 6 F fullkomligt; helt enkelt; *not* ~ *yet* inte riktigt ännu
2 just = *joust*
just'ice [is] *s* 1 rätt[visa]; rättsskipning; *bring to* ~ dra inför rätta; *court of* ~ domstol; *do o. s.* ~ [äv.] hedra sig 2 [rätt och] billighet; befogenhet; *in* ~ rätteligen 3 domare; justitieråd; *Lord Chief J~ of England* president i högsta domstolen; *J~ of the Peace* fredsdomare
justici||able [i'ʃi] *a* rätts-; lydande under [viss] domvärjo **-ary** I *s* lagskipare II *a* lagskipnings-
justi||fi'able *a* försvarlig, rätt|mätig, -färdig **-fication** *s* försvar; berättigande; urskuldande **-fy** [ʌ'] *tr* 1 försvara; rättfärdiga; urskulda; berättiga 2 bestyrka; helga 3 justera
just'||ly *adv* rättvist; med rätta **-ness** *s, the* ~ *of* det rättvisa (berättigade) i
jut I *itr* skjuta ut II *s* utsprång
juvenile [dʒu:'] *a* ung; ungdoms-

K

Ord, som saknas på K, sökas under C.

K, k [kei] *s* k **K.** = *Knight*
Kaf[f]ir [kæ'fə] *s* kaffer
kaleidoscop||e [kəlai'd] *s* kalejdoskop **-ic[al]** [ɔ'p] *a* kalejdoskopisk, brokig
kangaroo [kæŋgəru:'] *s* känguru
K. B. = *King's Bench* **K. C.** = 1 *King's Counsel* 2 *Knight Commander*
kedge [kedʒ] *s tr* ⚓ varp[a]
keel I *s* köl; *on an even* ~ på rät köl II *tr itr* kantra; vända **-son** = *kelson*
keen *a* 1 skarp; intensiv; bitande; häftig; bitter; livlig, stark; frisk; klok, klipsk; ~*-eyed* skarpsynt; ~*-witted* skarpsinnig 2 ivrig; ~ *on* F pigg på, livad för; S förtjust i **-ness** *s* skärpa
keep I (*kept kept*) *tr* 1 [be]hålla, hålla kvar, fasthålla; ~ *waiting* låta vänta 2 hå'lla på, spara (gömma) på; för-, be|vara 3 hålla [sig med]; hålla till salu, föra 4 under-, uppe|hålla 5 iakttaga; fira 6 sköta, vårda; städa; leda 7 skydda, bevara; försvara 8 stanna i; ~ *the house* hålla sig hemma 9 avhålla; hindra; dölja 10 ~ *at it* hålla i arbete; ~ *in* hålla inne [med]; tygla; ~ *on* fortsätta med; behålla [på]; ha kvar; ~ *out* utestänga; ~ *over* hå'lla på; ~ *under* undertrycka; ~ *up* uppehålla; hålla i stånd (gång); ~ *it up* hänga i' II *itr* 1 hålla [sig]; förbli 2 F hålla till, bo 3 fortsätta [ideligen] 4 ~ *at it* ligga i'; ~ *in with* F hålla sig väl med; ~ *off* hålla sig undan; ~ *on* fortfara, hålla i' [sig]; ~ *out of a p.'s way* undvika ngn; ~ *to* hålla (stå) fast vid; ~ *up* hålla sig (modet) uppe; ~ *up with* hålla jämna steg med III *s* 1 torn 2 underhåll; uppehälle, kost 3 *for* ~*s* [Am.] S för alltid **-er** *s* [skog]vaktare; vårdare; -hållare; -innehavare **-ing** *s* 1 förvar, vård 2 samklang, harmoni; *in* ~ *with* i stil med **-sake** *s* minne[sgåva]
keg *s* kagge, kutting
kel'son *s* ⚓ kölsvin
ken *s* synhåll; synkrets
1 kenn'el *s* 1 hund|gård, -koja 2 kyffe
2 kennel *s* rännsten
kerb *s* trottoarkant ~**-stone** *s* kantsten
kerchief [kə:'tʃif] *s* huvudduk
ker'nel *s* kärna; [frö]korn
kerosene [e'r] *s* fotogen
ket'chup [əp] *s* skarp-, tomat|sås
kettle *s* kastrull, kittel **-drum** *s* puka **-drummer** *s* pukslagare
1 key [ki:] *s* låg [korall]ö, rev
2 key I *s* 1 nyckel; klav, lösning; *golden (silver)* ~ mutor 2 ur-, skruv-, stäm-, tand|nyckel 3 tangent; klaff 4 tonart 5 kil, sprint [o. d.]; bjälkband; slutsten II *tr* 1 [mus.] stämma; ~ *up* stimulera 2 kila fast ~**-bit** *s* nyckelax **-board** [ɔ:] *s* klaviatur ~**-bugle** *s* [mus.] ventilhorn **-hole** *s*

nyckelhål ~-note *s* grundton; klav -stone *s* slutsten; grundval
K. G. = *Knight of the Garter*
khaki [ɑ:'] *s a* kaki[färgad]
kibble *s* malmhink
kibe *s* kylsår
kick I *tr* sparka [till]; ~ *the bucket*, ~ *it* S dö, kola av; ~ *up a row* ställa till bråk II *itr* 1 sparka[s]; slå bakut; ~ *off* göra avspark 2 protestera; vara uppstudsig 3 stöta III *s* 1 spark 2 [fotbolls]spelare 3 F spänstighet; S 'susen' 4 stöt, rekyl 5 *the* ~ S sista modet 6 S sixpence 7 S ficka 8 S ögonblick ~-off [-'-'] *s* avspark
kick'shaw *s* småsak, leksak; smårätt
1 kid *s* ⚓ matback
2 kid S I *tr* lura II *s* skoj
3 kid *s* 1 killing[skinn]; ~*s* glacéhandskar 2 S barn, unge -dy *s* S litet barn ~-gloves [lʌ'] *s* glacéhandskar
kid'nap *tr* bortröva
kid'ney [ni] *s* 1 njure 2 slag, sort ~-bean *s* tur[ki]sk böna; rosenböna
kill I *tr* 1 döda; slakta; slå ihjäl; göra slut på; ~ *off* utrota; ~-*or-cure* hästkur 2 F överväldiga II *s* [jakt.] död[ande]; byte -er *s* dråpare; slaktare -ing *a* dödande; oemotståndlig; F urkomisk ~-joy *s* glädjestörare
kiln *s* brännugn; torkugn; kölna
kil'o||gram[me] *s* kilogram -metre [i:tə] *s* kilometer -watt *s* kilowatt
kilt I *s* kilt II *tr* 1 uppskörta 2 vecka -ie -y [i] *s* F högländare
kin *s* släkt[ingar]; härkomst, familj
1 kind [ai] *s* slag, sort; art; *nothing of the* ~ ingenting ditåt; visst inte! ~ *of* a) slags, sorts; b) F på sätt och vis; *in* ~ in natura; 'med samma mynt'
2 kind *a* vänlig, hjälpsam, hygglig; ~ *regards* hjärtliga hälsningar ~-hearted *a* godhjärtad
kin'dle *tr itr* [upp]tända[s]; lysa upp
ki'ndliness *s* välvilja, godhet
kin'dling *s* 1 upp|tändande, -flammande 2 torrved, stickor
ki'nd||ly I *a* 1 vänlig, välvillig 2 mild; angenäm II *adv* vänligt; *take a th.* ~ uppta ngt väl; *take* ~ *to* trivas med, tycka om -ness *s* vänlighet, godhet
kin'dred [id] I *s* 1 släktskap; frändskap, likhet 2 släkt[ingar] II *a* besläktad
king *s* k[on]ung K~-at-Arms *s* överhärold ~-bird *s* paradisfågel ~-cup *s* smörblomma -dom *s* 1 k[on]unga|rike, -döme 2 rike, område -hood *s* konungslighet -let *s* 1 småkonung 2 kungsfågel -ly *a* kunglig, furstlig -ship *s* k[on]unga|döme, -värdighet
kink I *s* 1 fnurra; ⚓ kink 2 hugskott II *itr tr* sno [sig] -y *a* tovig; krullig
kin'||sfolk [zfouk] *s* släkt[ingar] -ship *s* släktskap; likhet -sman *s* släkting
kip I *s* härbärge; bädd II *itr* sova
kipp'er I *s* [rök]torkad fisk; böckling II *tr* [rök]torka
kirk [kə:k] = *church*
kiss I *tr itr* kyssa[s]; ~ *o.'s hand to* kasta slängkyssar åt II *s* 1 kyss 2 maräng; konfekt
kit *s* 1 ämbar, bytta 2 utrustning; kappsäck; packning, ränsel 3 *the whole* ~ F hela bunten 4 = *kitten*
kit'chen *s* kök -er *s* [kok]spis -ette [e't] *s* litet kök, kokvrå ~-maid *s* kökspiga ~-range *s* [kok]spis ~-stuff *s* matvaror; grönsaker
kite *s* 1 glada 2 skojare, bondfångare 3 [pappers]drake; *fly a* ~ sända upp en drake; skicka ut en trevare; S göra en växel 4 ~*s* lätta segel
kith *s*, ~ *and kin* släkt och vänner
kitt'||en I *o.* -y *s* kattunge II *itr* få ungar -enish *a* lekfull, smeksam
kn- uttalas [n]
knack *s* 1 skicklighet, handlag; knep[ighet] 2 benägenhet
knack'er *s* 1 hästslaktare 2 skrotuppköpare
knack'y *a* händig, knepig
knag *s* kvist; pinne
knap'sack *s* ränsel
knav||e *s* 1 kanalje, skojare 2 [kort.] knekt -ery *s* skoj; skurkstreck -ish *a* skurkaktig
knead *tr* knåda -ing-trough *s* baktråg
knee [ni:] *s* knä ~-breeches *s* knäbyxor ~-cap *s* 1 knäskål [äv. ~-*pan*] 2 knä|skydd, -förband ~-deep *a* [nedsjunken] till knäna ~-joint *s* knäled
kneel (reg. el. *knelt knelt*) *itr* knäböja; ~ *down* falla på knä -er *s* 1 knäböjande 2 knä|pall, -dyna
knell *s* klämtning; dödsklocka
knelt se *kneel* knew [nju:] se *know*
knick'er||bocker *s* 1 *K*~ newyorkbo 2 ~*s* knäbyxor -s *s* F = -*bockers*
knick'-knack *s* prydnadsföremål, småsak; lätt maträtt -ery *s* krimskrams
knife I *s* (pl. *knives*) kniv; *play a good* ~ *and fork* äta duktigt II *tr* skära, knivhugga ~-grinder *s* [skär]slipare ~-rest *s* kniv|ställ, -hållare
knight [nait] I *s* 1 riddare; adelsman; ~ *commander* kommendör [av lägsta rang]; *blue* ~ F riddare av strumpebandsorden [*K*~ *of the Garter*]; [nu] knight, adelsman 2 häst [i schack] II *tr* dubba till riddare; adla -age *s* ridderskap; [förteckning över] samtliga knights ~'-err'ant *s* vandrande riddare -hood *s* 1 riddar-, knight|värdighet 2 ridderskap -ly *a adv* ridderlig[t]
knit (regelb. el. *knit knit*) I *tr* 1 sticka 2 rynka [pannan] 3 sammanknyta 4 ~ *up* laga; avsluta II *itr* 1 sticka 2 knyta sig, sätta frukt; växa ihop;

fast förenas **-ter** *s* stick|are, -erska, -maskin **-ting-needle** *s* strumpsticka
knives [naivz] se *knife*
knob *s* 1 knöl, kula, knapp, knopp; dörrvred 2 bit **-by** *a* knölig, skrovlig **-stick** *s* knölpåk; S strejkbrytare
knock I *tr* 1 slå [till]; bulta, knacka; stöta 2 S slå med häpnad, ta 3 F väcka 4 ~ *about* slå (kasta) hit och dit; misshandla; ~ *down* fälla; besegra; slå omkull; köra på; [på auktion] slå bort; F uppmana; F pressa ned; ta sönder; ~ *off* slå av [på]; sluta [med]; F klara av; 'smälla ihop'; ~ *a p.'s head off* 'klå' ngn; ~*ed off his legs* som fallen från skyarna; ~ *over* slå omkull; ~ *up* knacka upp; väcka; F göra [upp], improvisera; ~*ed up* utmattad, slut II *itr* 1 knacka, slå 2 stöta (slå) ihop, kollidera 3 ~ *about* F driva omkring; slå dank; leva om; ~ *against* stöta emot (på); ~ *off* sluta arbetet; lägga upp, S dö; ~ *over* F duka under, dö; ~ *under* ge tappt; ~ *up* tröttna; ~ *up against* F stöta ihop med III *s* slag; knackning **~-about** *a* 1 bullersam 2 kringflackande; bohem-; vardags-, res-; ~ [*hat*] slokhatt **~-down** I *a* 1 dråp-; dräpande 2 minimi- II *s* 1 dråpslag; [boxn.] nedslagning 2 allmänt slagsmål **-er** *s* portklapp **~-kneed** *a* kobent; knäsvag **~-out** *s* 1 knockout[slag] 2 S skenauktion **~-up** *s* träning[smatch]
1 **knoll** [noul] *s* [rund] kulle
2 **knoll** *tr itr* ringa [i], klämta
knot I *s* 1 knut; *running* ~ löpknut 2 [band]rosett, kokard 3 ⚓ knop 4 skärningspunkt; nervknut; bergknut 5 band 6 knöl, [ut]växt; kvist [i trä]; knopp 7 klunga II *tr* 1 knyta [ihop]; ⚓ knopa 2 rynka 3 inveckla **-ted** *a* knutig; knölig **-ty** *a* knutig; knotig; kvistig
know [nou] (*knew known*) I *tr* 1 veta, känna till; ~ *what one is about* veta vad man gör; *give to* ~ låta veta; *not if I* ~ *it* F det aktar jag mig nog för; ~ *a thing or two*, ~ *what's what* F ha väl reda på sig; ~ *the ropes* S känna till knepen; *you* ~ [som] ni vet, ju; *don't you* ~ eller hur? inte sant? 2 ~ *all about* väl känna till 3 kunna 4 ~ *how to* kunna, förstå (veta) att 5 känna 6 känna igen, kunna skilja II *itr* veta; ~ *about* (*of*) känna till **-able** *a* vetbar **-ing** I *a* 1 kunnig 2 medveten 3 slug; menande 4 F stilig II *s* vetande
knowledge [nɔ'lidʒ] *s* kunskap[er]; vetskap; kännedom; lärdom; sakkunskap; *to* [*the best of*] *my* ~ såvitt jag vet **-able** *a* F [sak]kunnig
know||n [ou] *a* känd, bekant; *be* ~ *by* kännas igen på; gå under [benämning]; *make* ~ meddela; *make o. s.* ~ [äv.] ge sig tillkänna **- -nothing** *s* 1 dumbom 2 agnostiker
knuckle I *s* knoge II *tr* slå (gnida) med knogarna; kasta III *itr*, ~ *under* (*down*) ge tappt **~-duster** *s* boxslag|ring **~-joint** *s* ledgång
knurl [ə:] *s* knopp, knapp; skruv
Kt. = *Knight*
kudos [kju·'dɔs] *s* S beröm, ära

L

L, l [el] *s* l
£, l. [paund(z)] = *libra* = *pound* [*sterling*] pund (= 20 shillings)
lab = *laboratory* **Lab.** = *Labour*
la'bel I *s* etikett; adresslapp II *tr* förse med påskrift; pollettera; beteckna
la'bi||al *a s* labial, läppljud **-ate** [-ət] *a* [bot.] läpp|formig, -blomstrig
labor [Am.] = *labour* **-atory** [læ'b] *s* laboratorium; verkstad **-ious** [ɔ:'r] *a* 1 arbetsam 2 mödosam; tung
la'bour I *s* 1 arbete, möda, ansträngning; *hard* ~ straffarbete 2 arbetskraft; arbetare [koll.]; *skilled* ~ yrkesarbete, yrkesskickliga arbetare; ~ *exchange* arbetsförmedling 3 *L*~ arbetar|klass, -parti 4 barnsnöd II *itr* 1 arbeta 2 anstränga sig 3 ~ *under* ha att dras (kämpa) med; lida av III *tr* utarbeta; utförligt behandla **-ed** *a* konstlad, tung; besvärad **-er** *s* [grov-, jordbruks]arbetare **-ing** *a* 1 arbetande 2 betryckt **-ite** *s* medlem av arbetarpartiet
laburnum [ləbə:'nəm] *s* gullregn
lac *s* 1 gummilacka 2 lackarbete
lace I *s* 1 snör|e, -band; snodd 2 träns, galon 3 spets[ar] II *tr* 1 snöra 2 ~*d* galonerad; spetsgarnerad 3 ~*d with* med strimmor av 4 F piska [upp] 5 F 'spetsa' [dryck] III *itr* snöra sig **~-bobbin** *s* knyppelpinne **~-boot** *s* snörkänga **~-pillow** *s* knyppeldyna
lac'erate *tr* slita sönder, sarga; plåga
lachrymose [læ'krimous] *a* tårfylld
la'cing *s* 1 [till]snörning 2 snöre; galon; garnering 3 strimma 4 F smörj
lack I *s* brist; fattigdom II *tr* lida brist på, sakna III *itr* 1 *be* ~*ing* tryta, fattas 2 *be* ~*ing in* sakna
lacker = *lacquer*
lack'ey [i] *s* lakej [äv. *lacquey*]
lack'||land *a*, *John L*~ Johan utan land **- -lustre** *a* glanslös, enformig

lacquer [læ'kə] I *s* 1 [lack]fernissa 2 lackarbete II *tr* lackera
lact||ation *s* digivning **-ic** [æ'] *a* mjölk-
lad *s* pojke; spoling; F karl ›
ladd'er *s* stege; ⚓ lejdare **~-dredge** *s* paternosterverk
ladd'ie [i] *s* [liten] pojke, gosse
lade (*~d ~n*) *tr* lasta; ta ombord **-n** *a* 1 lastad 2 mättad; fylld; tyngd
la'ding *s* lastning
la'dle I *s* slev; skopa II *tr* ösa, sleva
la'dy *s* 1 dam; *~-in-waiting* hovdam; *~'s man* fruntimmerskarl 2 *L~* lady; *my ~* ers (hennes) nåd 3 härskarinna; *the ~ of the house* värdinnan 4 *Our L~* Vår Fru; *L~ day* vårfrudagen 5 *~ author* författarinna; *~ doctor* kvinnlig läkare; *~ friend* väninna; *~ dog* hynda **~-bird ~-bug** *s* [Marie] nyckelpiga **~--chair** *s* 'gullstol' **~-killer** F *s* kvinnotjusare **-like** *a* förnäm, fin **~-love** *s* hjärtas dam **-ship** *s* ladys rang; *her* (*your*) *~* hennes (ers) nåd **~'s-maid** *s* kammarjungfru
1 lag I *s* S straffånge; *old ~* fängelsekund II *tr* deportera; gripa
2 lag *itr* bli efter, söla; *~ on* masa i väg **-gard** [əd] I *a* sölig, långsam II *s*. **-ger** *s* sölkorv, efterliggare
lagoo'n *s* lagun
la'ic *s a* lekman[na-]; världslig
laid se *lay; be ~ up* ligga till sängs
lain se *2 lie*
lair [lɛə] *s* 1 läger, lya, ide 2 inhägnad
laird [ɛə] *s* godsägare; *~ of* herre till
laity [lei'iti] *s, the ~* lekmännen
1 lake *s* lackfärg
2 lake *s* sjö; *L~ Leman* Genèvesjön
lam *tr* S piska upp, klå
lamb [læm] I *s* lamm II *itr* lamma
lam'bent *a* fladdrande; klar; lekfull
lambkin [læ'mkin] *s* litet lamm
lame I *a* lytt, ofärdig, halt[ande]; lam II *tr* 1 göra ofärdig 2 förlama
lament' I *itr* klaga, jämra sig II *tr* beklaga, begråta; *~ed* djupt saknad III *s* 1 veklagan 2 klagosång **-able** [læ'm] *a* 1 beklaglig, sorglig 2 F bedrövlig **-ation** *s* veklagan, sorg
lam'in||a *s* tunn skiva, tunt lager **-ate** *tr* 1 utvalsa 2 plätera
lamp *s* lampa; lykta **~-chimney** *s* lampglas **~-globe** *s* lampkupa **-ion** *s* marschall **~-lighter** *s* lykttändare
lampoo'n *s* pamflett
lamp'-post [ou] *s* lyktstolpe
lam'prey [i] *s* [zool.] nejonöga
lamp'-||shade *s* lampskärm **-stand** *s* lampfot
lance [ɑ:] I *s* lans; lansiär II *tr* öppna med lansett **-let** *s* lansettfisk **-r** *s* lansiär **-t** *s* 1 lansett 2 spetsbåge
land I *s* 1 land; *by ~* landvägen; *make* [*the*] *~* få landkänning; göra an land; *~ ho!* ⚓ land i sikte! 2 jord, mark; teg; *~s* [jord]egendomar; ägor II *tr* 1 landsätta, lossa, sätta av 2 dra i land (upp); fånga; F ta in (hem) 3 föra 4 S slå in, ge 5 placera [häst] som vinnare III *itr* 1 landa, lägga till; gå i land 2 hamna, råka; sluta 3 stiga ur; ta mark; komma ned 4 S gå in, träffa 5 vinna [löpning] **~-agent** *s* 1 egendomsagent 2 förvaltare **-ed** *a* jordägande; jord-; *~ proprietor* godsägare **-fall** *s* landkänning **-holder** *s* 1 arrendator 2 jordägare **-ing** *s* 1 landning; *forced ~* nödlandning; *~-net* håv; *~-waiter* tullvaktmästare 2 landningsplats; kaj; *~-stage* flottbrygga 3 trappavsats **-lady** *s* värdinna **-lord** *s* 1 värd 2 jordägare **~-lubber** *s* 'landkrabba' **-mark** *s* land-, gräns-, rå|märke; [bildl.] milstolpe; märke, kännetecken **~-plane** *s* land[aero]plan **-scape** *s* landskap, natur **-slide -slip** *s* jord|-skred, -ras **-sman** *s* 'landkrabba' **--surveyor** *s* lantmätare **--tax** *s* grundskatt **-ward** [wəd] *a* land- **-ward[s]** *adv* mot (inåt) land
lane *s* 1 smal väg; bakgata, gränd 2 'häck' 3 farled 4 råk 5 *red ~* F strupe
language [læ'ŋgwidʒ] *s* språk; *bad ~* ohyfsat språk, svordomar
langu||id [læ'ŋgwid] *a* slapp, svag, matt; slö, blaserad; trög; långsam; tråkig **-ish** *itr* 1 avmattas; försmäkta, tyna bort 2 tråna, trängta; *~ing* trånsjuk, smäktande **-ishment** *s* trånad **-or** [gə] *s* matthet, svaghet; förslappning; vemod; tröghet; dåsighet **-orous** *a* matt; trist
lank *a* 1 slapp 2 gänglig; spenslig 3 stripig **-y** *a* gänglig, skranglig
lant'ern *s* 1 lykta, lanterna; *dark ~* blindlykta; skioptikon 2 lanternin
lan'yard [jəd] *s* ⚓ taljerep
1 lap *s* 1 skört, flik; snibb 2 knä, sköte
2 lap I *tr* 1 linda (knyta) in 2 omgiva 3 lägga [ngt] kant över kant 4 [sport.] varva II *itr* skjuta ut III *s* 1 överskjutande del 2 varv; skarv
3 lap I *tr* 1 lapa; sörpla i sig 2 plaska mot II *itr* skvalpa III *s* 1 hundmat; S 'blask'; sprit 2 lapande 3 skvalp
lap'-dog *s* knähund
lapel' *s* [upp]slag [på rock]
lap'id||ary I *a* [som] huggen i sten, koncis; *~ style* stenstil II *s* stenslipare **-ate** *tr* stena **-ify** [pi'] *tr* förstena
lapis lazuli [læ'pislæ'zjulai] *s a* lasur|-sten, -blått; azurblå
lapp'et *s* flik, snibb; lob; skört; slag
Lapp'ish *a* lapsk
lapse I *s* 1 förbiseende 2 felsteg, avvikelse 3 nedsjunkande, [åter]fall 4 flöde 5 [för]lopp; tidrymd II *itr* 1

nedsjunka; förfalla 2 hem-, till|falla 3 glida; förflyta; försvinna
lap'wing s [tofs]vipa
lar'board [ɔ:] s babord
lar'cen||ous a tjuv-; tjuvaktig -y s stöld; *petty* ~ snatteri
larch s lärkträd [äv. ~-*tree*]
lard I s ister[flott] II tr späcka -er s skafferi; visthus -on -oo'n s späcktärning -y a fet
lares [lɛ'əri:z] s husgudar
large [lɑ:dʒ] I a stor; vid, rymlig; ansenlig; talrik; *in a* ~ *way* på stor fot II s 1 *at* ~ fri[tt]; lös, på fri fot; [ut] i vida världen; i detalj; i stort; i största allmänhet 2 *in* ~ i stor skala -ly *adv* 1 till stor del; i hög grad 2 rikligt ~-minded a storsint; vidsynt
lar'gish [dʒ] a ganska stor, större
1 lark I s F skoj II *itr tr* skoja [med]
2 lark s lärka
larr'ikin s ligapojke, ligist
lar'v|a (pl. -*ae* [i:]) s larv
laryn||gal [i'ŋgl] -gic [i'ndʒik] a strup-[huvuds]- -x [æ'] s struphuvud
Las'car [kə] s [ost]indisk matros
lascivious [si'v] a lysten, liderlig
lash I tr 1 piska [på']; prygla, gissla 2 ⚓ surra, göra fast II *itr* 1 piska; ~ *out* bråka, rasa; slå bakut 2 störta [sig]; rusa III s 1 snärt; piska, gissel 2 [pisk]rapp; spydighet, sarkasm 3 spö|rapp, -straff 4 = *eyelash* -ing s 1 prygel 2 ~*s of* F massor av 3 surrtåg
lass s flicka, tös -ie [i] s tös[unge]
lass'itude s trötthet; leda
1 last [ɑ:] I s läst II tr lästa [ut]
2 last I a 1 sist; slutlig 2 sist[liden], senast; ~ *year* i fjol; ~ *night* (*evening*) i går kväll 3 [allra] störst, ytterst II *adv* [till] sist III s [den, det] sista; slut; *see the* ~ *of a p.* se ngn för sista gången
3 last *itr* 1 räcka, vara 2 hålla [sig], stå sig -ing a 1 varaktig 2 hållbar
lastly [ɑ:'] *adv* för det sista, slutligen
latch s 1 [dörr]klinka 2 säkerhetslås -key [ki:] s portnyckel
late I a 1 sen; försenad; *be* ~ [äv.] komma [för] sent; *in* ~ *August* i slutet av augusti; ~ *riser* sjusovare 2 framliden; förre, före detta (f. d.) 3 nyligen inträffad; senast; *of* ~ på sista tiden; nyligen II *adv* [för] sent; *as* ~ *as* [äv.] ännu
latee'n a, ~ *sail* latinsegel
la'tely *adv* nyligen; på sista tiden
la'tent a latent, dold
la'ter I a senare; yngre, nyare II *adv* senare; efteråt; ~ *on* längre fram
lat'eral I a sido- II s sidogren
lath [ɑ:] s ribba, spjäla; ~ *and plaster* rappning -e [leið] s 1 svarv[stol] 2 drejskiva 3 slagbom
lath'er [ð] I s lödder II tr tvåla in; F tilltvåla III *itr* löddra sig; bli löddrig -y a löddrig; lös[lig], tom
lath||ing [ɑ:'þ] s spjälverk -y a lång och smal
Lat'in I a latinsk II s latin; *dog* ~ kökslatin; *thieves'* ~ tjuvspråk
lat'itud||e s 1 latitud, bredd 2 frihet -inarian [ɛ'ər] a s tolerant [person]
latt'er a senare; ~ *end* slut; död; F bakdel; *these* ~ *days* dessa yttersta dagar; ~-*day* modern, nutida -ly *adv* 1 mot slutet 2 på sista tiden
latt'ice [is] s galler[verk] -d a galler försedd; rutig
Lat'vian a s lett[isk]
laud I s lov, pris; lovsång II tr prisa -able a 1 prisvärd 2 sund
laudanum [lɔ'dnəm] s opietinktur
laudat||ion s pris, beröm -or [ei'] s lovprisare -ory [lɔ:'] a prisande, lov-
laugh [lɑ:f] I *itr tr* skratta; le; ~ *away* (*off, out*) slå bort med ett skratt; ~ *down,* ~ *out of court* utskratta; ~ *to scorn* hånskratta åt II s skratt, *have* (*get*) *the* ~ *of* triumfera över -able a skrattretande -ing-gas s lustgas -ing-stock s åtlöje; driftkucku -ter s skratt; munterhet; *loud* (*burst of*) ~ gapskratt; *roars* (*fits, peals*) *of* ~ skallande skrattsalvor
1 launch [lɔ:nʃ] I tr 1 slunga [ut], avskjuta 2 sjösätta; skjuta ut 3 sätta i gång [med], hjälpa fram; lansera II *itr,* ~ *out* 1 utbreda sig; brista ut 2 slösa 3 [äv.] ~ *forth* ge sig ut (in); ~ *out into* inlåta sig på III s sjösättning
2 launch s barkass; ångslup, motorbåt
lau'ndr||ess s tvätterska -y s 1 tvätt|-stuga, -inrättning 2 tvätt[kläder]
laureate [lɔ:'riit] a lager|krönt, -prydd; lager-; [*poet*] ~ hovskald
laurel [ɔ'] s lager -led a lagerkrönt
lava'||bo s 1 rituell tvagning 2 tvättställ; ~*s* toalettrum -tion s tvättning -tory [læ'v] s toalettrum
lave tr tvätta; skölja -ment s lavemang
lav'ender s lavendel
lav'ish I a 1 slösaktig, frikostig 2 ymnig II tr [för]slösa -ness s slöseri
1 law [lɔ:] *interj* P jösses! [äv. ~*s*]
2 law s 1 lag; rätt; regel; *in* ~ laggill, i laga form 2 juridik, rättsvetenskap; *doctor of* ~ juris doktor; *court of* ~ domstol 3 *the* ~ juristyrket 4 process; *go to* ~ börja process; *have* (*take*) *the* ~ *of* stämma 5 handikap; andrum ~-abiding a laglydig ~-court s domstol -ful a lag[en]lig, laga; legitim; lovlig; lagvigd -less a laglös; otyglad ~-maker s lagstiftare
1 lawn [ɔ:] s fint linne; batist
2 lawn s gräs|matta, -plan ~-mower s gräsklippningsmaskin
law||suit [lɔ:'sju:t] s rättegång, mål

- -term s 1 lagterm 2 rättegångstermin -yer [jə] s jurist; advokat
lax a lös[lig], slapp; vag -ative I a avförande II s laxermedel -ity -ness s lös[lig]het, slapphet; obestämdhet
1 lay [lei] s sång; ballad
2 lay a 1 lekmanna-; ~ *figure* mannekäng; leddocka; ~ *reader* lekman som leder gudstjänst 2 ej trumf
3 lay se *2 lie*
4 lay I (*laid laid*) *tr* 1 lägga; placera; för-, an|lägga, ordna; lägga på', belägga; slå ned; rikta [in]; ~ *bricks* mura; ~ *the fire* lägga in brasan; ~ *a ghost* besvärja (driva bort) en ande; ~ *hold on* (*of*) fatta tag i, gripa; ~ *the keel* sträcka kölen; ~ *siege to* belägra 2 duka [fram] 3 våga, hålla; ~ *a wager* (*a bet*) slå vad 4 lägga fram 5 göra upp, tänka ut 6 pålägga 7 ~ *bare* blotta; ~ *low* slå ned; förödmjuka; ~ *open* öppna; blotta; utsätta; ~ *waste* ödelägga 8 ~ *about* F ge på huden; ~ *about o. s.* bråka, väsnas; ~ *aside* lägga bort (av); uppge; bortse från; ~ *by* lägga av; ~ *down* [äv.] deponera, betala; offra; utstaka, sträcka [köl]; fastslå; utarbeta; ~ *in* lägga in (upp); ~ *into* F puckla på; ~ *on* [äv.] anbringa, utdela; ge på'; leda in; ~ *it on thick* smickra grovt; 'peppra'; ~ *out* [äv.] duka fram; svepa; S ta kål på; ge ut; anlägga, planera; ~ *o. s. out* sträva; ~ *up* [äv.] lagra; spara II *itr* 1 värpa 2 slå vad, hålla 3 ⚓ P ligga 4 ~ *by* ⚓ lägga bi; ~ *on* slåss; ~ *to* hugga i'; ⚓ lägga bi; ~ *up* F lägga sig sjuk III s 1 läge, riktning 2 S jobb
lay'er s 1 vadhållare; värphöna 2 lager 3 [trädg.] avläggare -ed a lagrad
lay'man s lekman
lay'||ou't s planering, anläggning; reklam -stall s gödsel-, skräp|hög
laz||e I *itr* lata sig; slå dank II *tr*, ~ *away* slöa bort -iness s lättja -y I a lat, lättjefull; dåsig II = *laze*
lb. [paund] (= [lat.] *libra* = *pound*) skålpund L. C. C. = *London County Council* Ld. = *Lord; limited*
leach *tr* utluta; urlaka
1 lead [led] I s 1 bly; *red* ~ mönja; *white* ~ blyvitt 2 blyerts; ~*s* blyertsstift 3 kula 4 ⚓ [sänk]lod 5 plomb 6 ~*s* bly|tak, -infattning II *tr* 1 infatta i bly 2 plombera
2 lead [li:d] I (*led led*) *tr itr* 1 leda, föra; vägleda; anföra; vara först; ~ *the field* ligga i täten; ~ [*the way*] gå först, ta ledningen; ~ *off* öppna, inleda; ~ *on* locka 2 föranleda 3 föra, leva [liv]; ~ *a p. a life* göra livet surt för ngn 4 spela ut, dra II s 1 ledning; ledtråd; ledande plats; exempel 2 förhand, drag; första kast [o. d.]; *get the* ~ komma in 3 huvudroll 4 [is]ränna 5 koppel [rem]
leaden [le'd] a bly-; tung; dyster
leader [i:'] s 1 ledare; [an]förare, chef; dirigent; tätkarl 2 [topp]skott; ranka 3 sena -ette s kort ledare
1 leading [e'] s bly[infattning]
2 leading [i:'] a ledande, led[ar]-; förnämst; ~ *case* prejudikat
lead||-line [e'] s ⚓ lodlina - -pencil s blyertspenna -work s 1 blyarbete 2 ~*s* bly|verk, -hytta -y a blygrå
leaf I s (pl. *leaves*) 1 löv, blad; lövverk; *fall of the* ~ lövfällning, höst; *turn over a new* ~ börja ett nytt liv 2 flygeldörr; [fönster]lucka 3 klaff; skiva 4 tand [i drev] 5 S permis[sion] II *itr* lövas -age s lövverk -ed a -bladig -ing s lövsprickning -less a kal -let s litet blad; flygblad ~-work s bladverk -y a lövad, lummig
1 league [li:g] s [fransk] mil, 'halvmil'
2 league I s liga, förbund; komplott; *the L~ of Nations* Nationernas förbund II *itr rfl* ingå förbund
leak s *itr* läcka; ~ *out* sippra ut -age s 1 läck|ande, -age 2 [bildl.] åderlåtning; utsipprande; försvinnande -y a 1 läck, otät 2 lösmynt
1 lean a mager; torftig
2 lean I (reg. el. *leant* [e] *leant*) *itr tr* 1 luta [sig]; stödja [sig]; förlita sig 2 vara böjd (benägen, svag) II s lutning -ing s 1 lutning 2 böjelse, tendens
leap I (reg. el. *leapt* [e] *leapt*) *itr tr* hoppa [över] II s hopp, språng; hinder; *by* ~*s and bounds* med stormsteg ~-day s skottdag ~-frog s *itr tr* hoppa bock [över] ~-year s skottår
learn [ə:] (reg. el. -*t* -*t*) *tr itr* 1 lära [sig]; läsa på 2 få veta (höra) -ed [id] a lärd -er s lärjunge; nybörjare -ing s 1 studium 2 lärdom; *the new* ~ humanismen; renässansen
lease [s] I s arrende, uthyrning; arrende-, hyres|tid, -kontrakt II *tr* arrendera, hyra [ut]
leash [li:ʃ] I s 1 koppel, rem 2 [jakt.] tre [stycken] 3 solv II *tr* koppla
least I a *adv* minst; ~ *of all* allra minst II s [det] minsta; *at* ~ åtminstone; *at* [*the*] ~ minst; *to say the* ~ minst sagt -ways *adv* P eller åtminstone
leather [le'ðə] I s 1 läder; skinn; *patent* ~ blankläder; ~ *apron* förskinn 2 läder|rem, -bit, packning; S läder[kula], boll; ~*s* benläder; ridbyxor; skor II *tr* F piska upp -ett'e s läderimitation -n -y a läderartad
1 leave I (*left left*) *tr* 1 lämna [kvar (efter sig)]; ~ *hold of* släppa; ~ *go* P släppa taget; ~ *it at that* lämna det därhän 2 testamentera 3 gå (resa) ifrån; ~ *this* (*here*) resa härifrån; ~ *school* sluta skolan 4 över|låta, -läm-

na; låta 5 ~ *behind* [efter]lämna; glömma; lämna i sticket (efter sig); ~ *off* sluta; lägga av; ~ *out* utelämna; förbigå; ~ *over* låta stå över t. v. II *itr* [av]gå, [av]resa; flytta III *s* 1 lov, tillåtelse 2 permission [äv. ~ *of absence*]; *ticket of* ~ frisedel 3 avsked, farväl; *take French* ~ smita

2 leave *itr* lövas, spricka ut

leaven [e] I *s* surdeg II *tr* genomsyra

leaves [li:vz] se *leaf*

lea'ving *s*, ~*s* kvarlevor; avfall

lech'er||ous *a* liderlig **-y** *s* liderlighet

lect'ern *s* korpulpet

lec'ture [tʃə] I *s* före|läsning, -drag; *read a p. a* ~ läxa upp ngn II *itr* föreläsa III *tr* läxa upp **-r** *s* föreläsare; docent

led se *2 lead*

ledg||e [dʒ] *s* 1 list, hylla 2 klipp|avsats, -rev 3 malmlager 4 tvärslå **-er** *s* 1 huvudbok; liggare 2 gravsten

lee *s* lä[sida]; ~ *shore* läland

1 leech *s* blodigel; [bildl.] blodsugare

2 leech[-**rope**] *s* ⚓ lik

leek *s* purjolök

leer I *s* sneglande (lömsk) blick II *itr* snegla, blänga **-y** *a* S slug; dolsk

lees [z] *spl* drägg, bottensats

lee||ward [lju:'əd] I *a adv* lä-, i lä; *L~ Islands* Små Antillerna II *s* lä; *to* ~ ner i lä **-way** [li:'] *s* ⚓ avdrift

1 left (av *1 leave*) *a* kvar; *to be* ~ *till called for* poste restante

2 left I *a adv* [till] vänster II *s* vänster[hand, -sida]; *over the* ~ S tvärtom förstås ~**-hand** *a* vänster- ~**-handed** *a* 1 vänsterhänt; vänster- 2 tafatt, avig; tvetydig 3 morganatisk **-ward[s]** [ə] *adv* till (åt) vänster

leg I *s* 1 ben; *feel* (*find*) *o.'s* ~*s* lära sig stå (gå); känna sig säker; trivas; *give a p. a* ~ [*up*] hjälpa ngn [upp]; *keep o.'s* ~*s* hålla sig på benen; *pull a p.'s* ~ F driva med ngn; *put o.'s best* ~ *foremost* lägga benen på ryggen; lägga manken till 2 lägg, lår[-stycke] 3 S svindlare 4 ⚓ slag II *itr*, ~ *it* F lägga i väg

leg'acy *s* testamentarisk gåva; arv

le'gal *a* 1 laga, lag-; lag[en]lig; rättslig; juridisk; *the* ~ *profession* juristerna 2 lagisk **-ity** [æ'] *s* 1 lag[en]lighet 2 formalism 3 utvärtes laglydnad **-ize** *tr* legalisera, göra laglig

leg'-and-leg' *a* S lika, i jämnbredd

leg'at||e [it] I *s* legat, påvligt sändebud II [ei't] *tr* testamentera **-ee'** *s* arvinge **-ion** *s* beskickning **-or** [ei'] *s* testator

leg'end [dʒ] *s* 1 legend; sägen 2 inskrift; devis **-ary** I *a* legendarisk; sagolik II *s* legendsamling

leg'||ging *s*, ~*s* benläder, damasker **-guard** *s* benskydd **-gy** *a* långbent

leg'ible [dʒ] *a* läslig, tydlig

legion [li:'dʒən] *s* stor skara; legio **-ary** *s* legionär

leg'isl||ate [dʒ] *itr* stifta lagar **-ation** *s* lagstiftning **-ative** *a* lagstiftande **-ator** *s* lagstiftare **-ature** [eitʃə] *s* lagstiftande församling

le'gist [dʒ] *s* rättslärd

legit'im||acy [dʒ] *s* laglighet; äkta börd; rättmätighet **-ate** I [it] *a* 1 legitim, laglig; äkta; befogad 2 normal II *tr* legitimera; rättfärdiga

leg'ume [ju:] *s* skidfrukt; ~*s* legymer

leister [li:'stə] I *s* ljuster II *tr* ljustra

leisure [le'ʒə] *s* ledighet, frihet; lägligt tillfälle, [fri]tid; *at* ~ ledig; i lugn och ro; *at your* ~ efter behag; ~ *hours* (*time*) lediga stunder **-ly** I *a* ledig; lugn, maklig II *adv* i lugn och ro

lemm'ing *s* fjällämmel

lem'on *s* citron; citronfärg[ad] ~**-drop** *s* citronkaramell ~**-juice** *s* citronsaft

lend (*lent lent*) *tr* 1 låna [ut] 2 ~ *o. s. to* [äv.] lämpa sig för 3 giva, skänka; ~ *an ear* lyssna **-er** *s* långivare

length *s* 1 längd; utsträckning; [lång] sträcka; *of some* ~ längre; *full* ~ raklång; ~ *of rope* repstump; *go to any* ~ gå hur långt som helst; *go the whole* ~ ta steget fullt ut 2 *at* ~ a) utförligt; b) slutligen, äntligen **-en** *tr itr* förlänga[s]; ~*ed* längre; utdragen **-ways -wise** *adv* på längden, längsefter **-y** *a* lång[randig]

le'ni||ence -ency *s* mildhet **-ent** *a* mild, överseende **-tive** [le'n] *a s* smärtstillande [medel] **-ty** [e'] *s* mildhet

lens [lenz] *s* [fys.] lins

lent se *lend*

Lent *s* fasta[n], fastlag[en]; ~ *term* vårtermin; ~*s* roddtävlingar

lent||ic'ular *a* linsformad **-'il** *s* [bot.] lins

le'onine *a* lejon-; majestätisk

leopard [le'pəd] *s* leopard

lep'||er *s* spetälsk **-rosy** [rəsi] *s* spetälska **-rous** *a* spetälsk

les||e-maj'esty [li:z] *s* majestätsbrott, högförräderi **-ion** [li:ʒn] *s* skada

less I *a adv s* mindre; *the* ~ ju (desto) mindre; *in* ~ *than no time* i en handvändning II *prep* minus, så när som på

lessee' *s* arrendator, hyresgäst

less'||en I *tr* [för]minska II *itr* minskas; avtaga **-er** *a* mindre

less'on I *s* 1 läxa; *say o.'s* ~ läsa upp sin läxa 2 lektion 3 läxa, lärdom; skrapa 4 bibeltext II *tr* läxa upp

lessor [lesɔ:'] *s* utarrenderare; värd

lest *konj* 1 för (så) att icke; ifall 2 att

let I (*let let*) *tr* 1 låta 2 hyra (arrendera) ut; ~ *o. s. go* låta sig ryckas med 3 släppa; ~ *down* [äv.] svika; förödmjuka; ~ *in* [äv.] fälla (lägga) in; F lura; ~ *into* [äv.] inviga i; F anfalla; ~ *off* av|skjuta, -fyra; låta slippa; släppa [ut]; hyra ut II *itr* 1

uthyras 2 ~ *on* S skvallra, låtsa 3 ~ *out* F slå; gräla III *s* uthyrande ~-down *s* besvikelse
letharg‖ic[al] [ɑ:ˈdʒ] *a* sömnsjuk **-y** [leˈþədʒi] *s* letargi, dvala
1 lett'er *s* en som hyr ut
2 letter *s* 1 bokstav; *to the* ~ till punkt och pricka 2 brev; *dead* ~ obeställbart brev; ~ *to the paper* (*editor*) insändare; ~*s patent* öppet (kungligt) brev 3 ~*s* litteratur; lärdom; *man of* ~*s* författare ~**-box** *s* brevlåda ~**-card** *s* kortbrev **-ed** *a* bildad, boksynt; litterär **-press** *s* text ~**-weight** *s* brevpress; brevvåg
lett'uce [ɪs] *s* laktuk; [huvud]sallat
levant' *itr* rymma, smita
lev'el I *s* 1 vattenpass 2 [vågrät] yta, plan, nivå; jämnhöjd 3 jämn mark, slätt II *a* 1 jämn, slät, plan 2 vågrät; i jämnhöjd, jämställd; likformig; *do o.'s* ~ *best* göra sitt allra bästa 3 avpassad 4 redig, klar III *tr* 1 jämna, planera 2 nivellera; utjämna; göra likställd 3 jämna med jorden 4 av-, an|passa 5 rikta
le'ver I *s* hävstång; spak; *gear* ~ växelspak; ~ *watch* ankarur II *tr* lyfta med hävstång, baxa
levi'athan *s* havsvidunder; koloss
lev'ity *s* ytlighet; lättsinne
lev'y I *s* 1 uttaxering 2 uppbåd II *tr* 1 uttaxera, pålägga; utpressa 2 utskriva, uppbåda; ~ *war* börja krig
lewd [lju:d] *a* liderlig
liab‖il'it|y [lai] *s* 1 ansvar[ighet]; skyldighet 2 utsatthet; benägenhet; fara 3 *-ies* skulder **-le** [ˈ--] *a* 1 ansvarig; underkastad; förpliktad; ~ *to duty* tullpliktig 2 utsatt; benägen; *be* ~ *to* [äv.] riskera att; lätt kunna
liar [laiˈə] *s* lögn|are, -erska
libation *s* libation; dryckes|offer, -lag
li'bel I *s* 1 smädeskrift; skymf 2 käromål II *tr* 1 smäda 2 [jur.] stämma **-ler** *s* smädeskrivare **-lous** *a* smädlig
lib'er‖al *a* 1 frikostig; riklig 2 [fördoms]fri; ~ *education* högre bildning **-ality** [æˈ] *s* frikostighet **-ate** *tr* frigiva; befria **-ation** *s* befrielse
lib'ertine I *s* vällusting II *a* utsvävande
lib'ert|y *s* frihet; *-ies* [äv.] privilegier; *you are at* ~ *to* det står er fritt att
libid'inous *a* vällustig
librar‖ian [laibrɛˈə] *s* bibliotekarie **-y** [laiˈ] *s* bibliotek
lice se *louse*
li'cen‖ce I *s* 1 licens, tillstånd; rättighet[er]; körkort 2 självsvåld; lättsinne 3 frihet II *tr* se följ. **-se** *tr* bevilja rättighet[er], tillåta **-tious** [eˈnʃəs] *a* utsvävande; självsvåldig
lichen [laiˈken] *s* 1 lav 2 revorm
lic'it *a* tillåten, laglig
lick I *tr* 1 slicka [i sig]; ~ *into shape* sätta fason på 2 S klå; besegra II *itr* S 1 segra 2 sätta i väg III *s* 1 slickning 2 S rapp 3 S fart **-ing** *s* F smörj **-spittle** *s* F tallriksslickare
licorice [liˈkəris] = *liquorice*
lid *s* 1 lock 2 ögonlock
1 lie [lai] I *s* lögn, osanning; *give the* ~ *to* vederlägga II *itr* ljuga
2 lie I (*lay lain*) *itr* 1 ligga 2 [om väg] gå, föra 3 ~ *down* lägga sig; ~ *in* [äv.] bero på; ligga i barnsäng; ~ *on* [äv.] åligga, bero på; ~ *to* ⚓ ligga bi; ~ *to o.'s work* ligga i'; ~ *up* lägga sig, ligga; lägga upp; ~ *with* tillkomma II *s* läge; riktning; tillstånd ~**-abed** *s* sjusovare
lief [li:f] *adv* gärna
liege [li:dʒ] I *a* länspliktig; ~ *lord* länsherre II *s* 1 [läns]herre 2 ~*s* vasaller
lieu [lju:] *s*, *in* ~ *of* i stället för
lieuten‖ancy [lefteˈn] *s* 1 ståthållarskap 2 löjtnants tjänst (rang) **-ant** *s* 1 ställföreträdare; ~*-governor* viceguvernör 2 löjtnant
life (pl. *lives*) *s* 1 liv, livs|tid, -längd; *for dear* ~ för brinnande livet; *at my time of* ~ vid min ålder; *early* ~ ungdom[en] 2 levnad[ssätt]; *see* ~ leva me'd; *high* ~ societet[slivet] 3 levnadsteckning 4 verklighet, natur[lig storlek]; *to the* [*very*] ~ naturtroget ~**-blood** *s* hjärt[e]blod ~**-buoy** *s* livboj ~**-guard** *s* livvakt; *Life Guards* livgarde ~**'-in'terest** *s* livränta **-like** *a* livslevande **-long** *a* livslång, för livet ~**-office** *s* livförsäkringsanstalt ~**-preserver** *s* 1 liv|räddningsredskap, -bälte 2 blydagg ~**-saving** *s a* livräddning[s-] ~**-size** *a* i kroppsstorlek ~**-string** *s* livs|nerv, -tråd ~**-weary** *a* levnadstrött
lift I *tr* 1 lyfta [upp, av], höja; ~ *o.'s hand* gå ed; ~ *a hand* ta ett handtag 2 F stjäla II *itr* lyfta; höja sig III *s* 1 lyftande, höjning; börda 2 hjälp, handtag; *give a p. a* ~ [äv.] låta ngn få åka med 3 lyft-, fall|höjd 4 hiss 5 upphöjning ~**-boy** *s* hisspojke **-er** *s* 1 lyft|verk, -arm 2 tjuv
1 light [lait] I *s* 1 ljus; sken; dagsljus, dager; belysning; *set to* ~ sätta eld på; *get out of my* ~ stå inte och skym mig 2 himlakropp; lampa, låga, eld; tändsticka 3 ⚓ fyr; lanterna 4 ~*s* förstånd, vett 5 ljusöppning; fönsterruta 6 ~*s* S ögon II *a* ljus; be-, upp|lyst III (reg. el. *lit lit*) *tr* 1 tända [på]; ~ *up* F tända [sin pipa] 2 [be-, upp|]lysa IV *itr* (se III) 1 tändas, ta eld 2 ~ *up* lysa upp
2 light I *a* 1 lätt [mots. *heavy*]; ~ *hand* lättmatros; ~ *of touch* lätt på handen; *fall* ~ ⚓ mojna 2 ej fullviktig 3 lätt lastad; ⚓ tom 4 lös; porös; tunn 5 oviktig; *make* ~ *of*

ringakta, negligera 6 tank-, sorg|lös; flyktig; lättsinnig II *adv* lätt
3 light (reg. el. *lit lit*) *itr* stiga av; falla (slå) ner; ~ [*up*]*on* råka på, hitta
light-bulb [lai't] *s* glödlampa
1 lighten [laitn] I *tr* upplysa II *itr* 1 ljusna 2 blixtra
2 lighten *tr itr* lätta
1 lighter [lai'tə] *s* [lykt]tändare
2 lighter *s* ⚓ liktare, pråm
light-||fingered [lai't] *a* långfingrad -handed *a* lätt på handen; försiktig -headed *a* yr; förryckt -hearted *a* sorglös; lättsinnig -heeled *a* lättfotad
lighthouse [lai't] *s* fyr[torn]
lightning [lai't] *s* blixt[rande]; *a flash of* ~ en blixt; *summer (sheet)* ~ kornblixt; ~ *fastener* blixtlås ~--conductor ~-rod *s* åskledare
lightship [lai'tʃip] *s* fyrskepp
light||some [lai't] *a* 1 lätt, luftig 2 glad 3 flink - -weight *s* lättvikt[are]
lig'neous [gni] *a* träartad; trä-
1 like I *a* 1 lik[a]; *be* ~ likna, se ut som; *what is he* ~? hurdan är han? *feel* ~ [äv.] F ha lust att; *look* ~ likna; *something* ~ omkring; någorlunda; *something* ~ *a day* F en särdeles [lyckad] dag; *there is nothing* ~ ingenting går upp mot 2 samma; liknande; ~ *master* ~ *man* sådan herre sådan dräng II *konj* [lik]som, lik[t]; ~ *this* så[dan] här; ~ *that* på det sättet; så[dan] där; ~ *anything* oerhört; *nothing* ~ F visst inte; inte på långt när III *s* dylikt, sådant [*the* ~]; like, make[n]; *and the* ~ [äv.] med flera; *the* ~*s of me* F sådana som jag; *such* ~ dylik|t, -a
2 like I *tr* tycka om; vilja; *I don't* ~ *him to come* jag tycker inte om att han kommer II *s*, ~*s* sympatier -able *a* tilltalande, behaglig
li'ke||lihood *s* sannolikhet -ly I *a* 1 sannolik; *we are* ~ *to get* vi få troligen 2 lämplig; ägnad; lovande II *adv* sannolikt [i uttr. *more (most, very)* ~] -n *tr* likna [*to* vid] -ness *s* 1 likhet 2 skepnad; form 3 porträtt -wise *adv* också, likaledes
li'king *s* tycke, sympati; smak
li'lac [ək] *s a* 1 syren 2 lila
lil'y *s* lilja; ~ *of the valley* liljekonvalje
limb [lim] I *s* 1 lem; ben; *sound in* ~ frisk och färdig 2 F rackarunge 3 trädgren 4 led II *tr* lemlästa; stycka
lim'ber *a* böjlig, smidig
lim'bo *s* förgård till helvetet; S fängelse
1 lime *s* lind [= ~-*tree*]
2 lime I *s* kalk II *tr* 1 kalka 2 bestryka med lim; fånga med lim; snärja ~-cast *s* rappning ~-light *s* kalkljus; rampljus ~-quarry *s* kalkbrott
lim'it I *s* gräns; *that's the* ~! S det är då höjden! II *tr* begränsa; inskränka; ~*ed* [*liability*] *company* aktiebolag -ation *s* 1 begränsning, inskränkning; gräns 2 fatalietid
1 limp *a* mjuk, böjlig; vek
2 limp I *itr* halta II *s* haltande
lim'pid *a* genomskinlig, klar
li'my *a* 1 kalk-; kalkhaltig 2 klibbig
li'nage *s* radantal; arvode per rad
linch'pin *s* hjulsprint
lin'den *s* lind
1 line I *s* lin II *tr* fodra, beklåda; fylla
2 line I *s* 1 lina; [met]rev; streck; tråd, kabel; *by rule and* ~ efter linjal 2 linje; kontur; rynka, fåra; strimma; ~*s* [anlets]drag; *toe the* ~ hålla sig på mattan; *in* ~ i ordning 3 gräns[linje] 4 *the* ~ ekvatorn, 'linjen' 5 *the* ~ linjetrupperna; fronten; *in* ~ på linje; *fall into* ~ falla in; *down the* ~ ur eldlinjen; *ship of the* ~, ~-*of-battle ship* linjeskepp 6 [trafik]led, linje, rutt; spår; bana; *branch* ~ bibana; *get off the* ~ spåra ur; *the up* ~ Londonspåret 7 rad; räcka; kö 8 ätt, familj; *the male* ~ manssidan 9 riktning, kurs, väg; ~ *of thought* tankegång 10 bransch, gren 11 [hand.] order; lager 12 ~*s* lott, öde; *hard* ~*s* otur II *tr* 1 linjera; teckna, skissera; ~*d* randig, fårad; ~ *through* överkorsa 2 ordna i linje 3 kanta 4 S klå III *itr* bilda linje (kö)
line||age [li'ni] *s* 1 härstamning 2 ätt-[lingar] 3 = *linage* -al *a* i rätt nedstigande led -aments *spl* [anlets]drag -ar *a* 1 linje-, linear- 2 jämbred -ation *s* kontur; linjesystem -man [ai'] *s* linjearbetare; kabelläggare; banvakt
lin'en *s* linne, lärft; underkläder; *dirty* ~ smutskläder, tvätt
li'ne||r *s* oceanångare, linjefartyg -sman *s* 1 linjesoldat 2 linjeman
ling *s* ljung
lin'ger [ŋg] I *itr* 1 dröja [sig kvar]; tveka; söla 2 [fort]leva II *tr*, ~ *away (out)* förhala; förspilla -er *s* sölare -ing *a* dröjande; lång[sam]
lingo [li'ŋgou] *s* språk, rotvälska
lingu||ist [li'ŋgwist] *s* språkkunnig person -is'tic *a* språk[vetenskap]lig
li'ning *s* foder; *silver* ~ ljuspunkt
1 link I *s* 1 länk, led; ögla, maska 2 manschettknapp II *tr itr* sammanlänka[s], förena [sig]; gå arm i arm
2 link *s* fackla, bloss
links *spl* 1 strandhed 2 golfbana
linn'et *s* hämpling
lin'seed *s* linfrö
lint *s* charpi, linneskav
lin'tel *s* överstycke, dörrträ
li'ny *a* 1 streckad; fårad 2 smal
li'on *s* lejon; *the* ~*'s share* lejonparten; ~*s* sevärdheter -ess *s* lejoninna
lip I *s* 1 läpp; *smack o.'s* ~*s* slicka sig om munnen 2 brädd, kant; pip 3

S prat; nosighet II *tr* 1 kyssa 2 viska ~-service *s* tomma ord
liqu||efy [li'kwifai] *tr itr* smälta; kondensera[s] -**eur** [likju'ə] *s* likör
liq'uid I *a* 1 flytande 2 [bildl.] klar, genomskinlig; smältande 3 disponibel **II** *s* vätska -**ate** *tr* likvidera -**ator** *s* utredningsman -**ity** [i'd] -**ness** *s* flytande tillstånd
liquor [li'kə] **I** *s* 1 [rus]dryck, sprit; *in* ~, *the worse for* ~ berusad 2 vätska; spad, lut **II** *tr* 1 S 'fylla' 2 blöta
liquorice [li'kəris] *s* lakrits[rot]
liquorish [li'kə] *a* begiven på sprit
lisp I *itr tr* läspa **II** *s* läspning
liss'om[e] *a* smidig, mjuk; vig
1 list *s* 1 list 2 ~*s* tornerplats; arena
2 list I *s* lista; rulla **II** *tr* 1 anteckna 2 prissätta **III** *itr* P ta värvning
3 list *itr s* ⚓ [få (ha)] slagsida
listen [lisn] *itr* lyssna, höra på; ~ *in* höra radio -**er** *s* åhörare; lyssnare
list'less *a* lik|nöjd, -giltig
lit se *light*
lit'any *s* litania
lit'er||acy *s* läs- och skrivkunnighet -**al** *a* 1 ordagrann 2 bokstavlig, egentlig 3 fantasilös -**ally** *adv* 1 ordagrant 2 bokstavligen; i egentlig betydelse -**ary** *a* litterär; vitter; ~ *critic* litteraturkritiker -**ate** [it] *a* bildad; läs- och skrivkunnig -**ator** *s* skriftställare -**ature** [li'tritʃə] *s* litteratur
lithe [laið] *a* böjlig, smidig, mjuk
Lithua'nian [ju] **I** *a* litauisk **II** *s* litauer
lit'ig||ate *itr tr* processa [om]; tvista [om] -**ation** *s* rättstvist -**ious** [i'dʒəs] *a* 1 processlysten 2 bestridd 3 process-
lit'mus *s* lackmus
litre [li:'tə] *s* liter
litt'er I *s* 1 bår 2 strö; gödsel 3 skräp; oreda; *in a* ~ huller om buller 4 kull **II** *tr* 1 strö under (på) 2 beströ; skräpa ner [på] 3 yngla -**y** *a* skräpig
little I *a* 1 liten; obetydlig; *the* ~ *ones* småttingarna; ~ *man* småkapitalist; [min] gosse; ~ *thing* småsak; pyre 2 futtig 3 litet, föga; *a* ~ [något] litet, en smula **II** *adv s* litet, föga; *a* ~ jfr *I 3*; ~ *by* ~ så småningom ~-**go** *s* 'filen' [förbered. exam.]
litt'oral *a* kust-, strand-
livable = *liveable*
1 live [ai] *a* 1 [livs]levande 2 kraftfull, 'vaken' 3 aktuell 4 glödande 5 laddad, skarp; livsfarlig 6 rörlig
2 live [liv] **I** *itr* 1 leva; ~ *on'* fortleva; ~ *through* upp-, över|leva; ~ *up to* leva enligt (efter), leva upp; hävda; ~ *to see* uppleva; ~ *close* leva snålt; ~ *and learn* man lär så länge man lever 2 bo; vistas 3 ⚓ hålla sig flytande [~ *afloat*] **II** *tr* leva; ~ *down* bringa i glömska; övervinna -**able** *a* 1 dräglig 2 beboelig -**lihood** [lai'v] *s* uppehälle -**long** *a* hel[a] lång[a] -**ly** [lai'] *a* livlig; [levnads]glad; spännande -**n** [ai] *tr itr*, ~ *up* liva upp, bli livligare, ljusna
1 liv'er *s*, *a good* ~ en goddagspilt
2 liver *s* 1 lever 2 leversjuka
liveried [li'vərid] *a* livréklädd
1 liv'er|y *a* 1 lever|artad, -brun 2 leversjuk; F retlig [äv. -*ish*]
2 liv'ery *s* 1 livré; dräkt 2 gille, korporation -**man** *s* gillebroder ~-**stable** *s* hyrstall; hyr[kusk]verk
lives I [ai] se *life* **II** [i] se *2 live*
li've-stock *s* kreatursbesättning
liv'id *a* bly-, ask|grå, dödsblek
liv'ing *s* 1 liv; vistelse 2 uppehälle, utkomst; ~ *wage* existensminimum 3 pastorat ~-**room** *s* vardagsrum
lizard [li'zəd] *s* ödla
Lizz'ie *s* 1 S [Ford]bil, 'kärra' 2 S stor kanon (granat)
L.L. D. = *Doctor of Laws* juris doktor
lo *interj* si! se! tänk!
load [ou] **I** *s* 1 last; lass; börda; tyngd 2 belastning 3 laddning 4 ~*s* F massor **II** *tr itr* 1 lasta; lassa 2 belasta 3 ladda 4 över|lasta, -fylla, -hopa -**star** = *lodestar* -**stone** *s* magnet
1 loaf [ou] **I** *s* (pl. *loaves*) 1 bröd, bulle, limpa 2 sockertopp 3 [kål]huvud **II** *itr* knyta sig [äv. *loave*]
2 loaf I *itr* 1 slå dank 2 stryka omkring; flanera **II** *s* 1 dagdriveri 2 promenad -**er** *s* dagdrivare; flanör
loam [ou] *s* ler|a, -jord -**y** *a* lerig
loan [ou] **I** *s* lån; *on* ~ till låns **II** *tr* låna [ut] ~-**office** *s* lånekontor; pantbank ~-**society** *s* lånekassa
loath [ou] *a* ohågad, ovillig; *nothing* ~ ej ovillig (ogärna) -**e** [louð] *tr* avsky -**ing** [lou'ðiŋ] *s* avsky -**ness** *s* motvilja -**some** *a* vämjelig; avskyvärd
loav||ed [lou] -**es** se *1 loaf*
lobb'y *s* [för]hall, korridor; foajé -**ist** *s* korridorpolitiker
lobe *s* lob; flik; snibb
lobscouse [lɔ'bskaus] *s* lapskojs
lob'ster *s* hummer
lo'cal I *a* lokal[-], plats-, orts-; rums-; ~ *government* kommunal självstyrelse; ~ *taxes* kommunalskatt **II** *s* 1 'inföding' 2 lokaltåg -**e** [ɑ:'l] *s* plats, scen -**ism** *s* 1 lokal natur 2 lokalpatriotism 3 provinsialism -**ity** [æ'] *s* 1 läge 2 plats 3 ort -**ize** *tr* lokalisera; begränsa
loc||a'te [ou] *tr* 1 lokalisera 2 placera; ~*d* [äv.] belägen -**ation** *s* 1 lokalisering 2 placerande; läge, plats
loch [lɔk] *s* 1 [in]sjö 2 fjord
1 lock *s* 1 [hår]lock 2 tapp, tott
2 lock I *s* 1 lås 2 spärr, sprint; broms 3 [trafik]stockning 4 sluss **II** *tr* 1 låsa [igen], stänga; ~ *out* utestänga; avstänga från arbete; ~ *up* låsa till (in,

ner); stänga [in]; arrestera; spärra 2 innesluta; ~ed [äv.] sluten; invecklad 3 slussa III itr 1 gå i lås; gå att låsa 2 låsa sig, fastna; gripa 3 ⚔ sluta upp 4 slussa -age s sluss|höjd, -avgift ~-chamber s slussbassäng -er s skåp; fack; pulpet -et s medaljong ~-gate s slussport ~-nut s stoppmutter -smith s låssmed ~-up s 1 stäng|ning, -dags 2 finka
locomo't||ion [lou] s 1 förflyttning; rörelseförmåga 2 fortskaffningssätt; *means of* ~ samfärdsmedel -ive a s rörlig; rörelse-; ~ [*engine*] lokomotiv
lo'cust [əst] s 1 gräshoppa 2 akacia
locu'tion s talesätt; uttryck
lode s malm|åder, -gång -star s polstjärna; ledstjärna -stone s magnet
lodg||e [lɔdʒ] I s 1 hydda 2 [grind-] stuga; bostad 3 kula, lya 4 [ordens-] loge II tr 1 inhysa; hyra ut rum åt; *be* ~*d* bo 2 placera; inge III itr 1 bo 2 slå ned; fastna -[e]ment s [in-] kvarter[ing]; fast fot -er s hyresgäst -ing s husrum; logi; *board and* ~ inackordering; ~*s* [möblerade] rum, bostad -ing-house s privathotell
loft s 1 loft, vind; skulle 2 duvslag 3 läktare -y a hög; ståtlig; upphöjd
log I s 1 stock; trä|kloss, -kubb 2 F träskalle 3 ⚓ logg[bok]; *heave the* ~ logga II tr 1 hugga i stockar 2 anteckna [i loggbok] ~-cabin s blockhus -gerhead s 1 träskalle 2 *be at* ~*s* vara osams ~-house ~-hut s blockhus
log'ic [dʒ] s logik -al a logisk -ian [dʒi'ʃn] s logiker
log'-||line s ⚓ logglina -reel s ⚓ loggrulle -roll itr kompromissa; hjälpas åt
loin s 1 ~*s* länder, njurtrakt 2 njurstek ~-cloth s skynke
loi'ter I itr söla; gå och driva II tr, ~ *away* förslösa -er s sölare; dagdrivare -ing I a sölig II s söl; dagdriveri
loll itr sträcka (vräka, lata) sig; hänga
loll'ipop s, ~*s* gotter, 'klubbor'
loll'op itr F 1 lata sig 2 skumpa
London [lʌ'ndən] npr, ~ *particular* F londondimma -er s londonbo
lone a ensam; enslig -liness s ensamhet -ly -some a en|sam, -störig, enslig
1 long itr längta
2 long I a 1 lång[sträckt, -varig, -dragen]; stor; ~ *beer* F stort glas öl; ~ *train* fjärrtåg 2 dryg; ~ *dozen* 13 3 längd- 4 långsam, sen; *be* ~ *about* (*in*) hålla på länge med II adv länge; långt; *before* ~ inom kort, snart; *as* ~ *as* [äv.] om bara; *so* ~*!* adjö så länge! ~-bow s pilbåge; *draw the* ~ F 'skarva' ~-clothes spl linda
longev||al [lɔndʒi:'vəl] a långlivad -ity [e'] s långt liv; hög ålder
long'ing a s längtan[sfull]
long'||ish a ganska lång; avlång --lived [ai] a lång|livad, -varig --range a långskjutande --shore a längs kusten, land- -shoreman s sjåare; landkrabba --sighted a 1 långsynt 2 skarpsynt --spun a långdragen --suffering a s långmodig[het] --term a långfristig -ways adv längsefter --winded [wi] a mångordig, långrandig -wise = -*ways*
loo'by s tölp, drummel
look [luk] I itr 1 se, titta; ~ *sharp* F raska på; ~ *here!* se hit! hör på! 2 se (titta) e'fter; se sig för 3 vetta; vara riktad; peka 4 se ut, synas; *you* ~ *it* det ser du ut för 5 ~ *about* se sig om (för); ~ *at* se' på; *to* ~ *at him* av hans utseende att döma; ~ *for* leta efter, söka; hoppas på; ~ *forward to* längta efter, glädja sig åt; ~ *into* [äv.] undersöka; vetta åt; ~ *out* [äv.] hålla utkik; leta; se upp, passa på; vetta; ~ *to* se' på; se e'fter (ti'll); se o'm; akta, tänka på, räkna på; emotse; ~ [*up*]*on* anse II tr 1 se, titta 2 se ut som, likna 3 ~ *down* 'titta ihjäl', tysta ner; ~ *out* utvälja; söka upp; ~ *over* se ige'nom; förbise; ~ *up* söka upp; slå upp III s 1 blick; titt, ögonkast 2 min, uppsyn; utseende; *have the* ~ *of* se ut som; *by the* ~ *of it* av utseendet att döma -'er-on' s åskådare -ing-glass s spegel[glas] ~-ou't s utkik; utsikt; ensak
1 loom s 1 vävstol 2 [år]lom
2 loom I itr skymta [fram]; höja sig; förtona; ~ *large* [bildl.] dominera II s skymt; förtoning
loon s [stor]lom; islom
loo'ny S I a galen II s galning
loop I s 1 ögla, slinga; krökning; stropp, träns; knut, rosett 2 sidobana; ringlinje 3 [flygv.] cirkel, 'loop' 4 ring, hylsa II tr 1 göra ögla på 2 sno, fläta; fästa III itr bilda (gå i) en ögla; göra en loop ~-hole s 1 skottglugg; titthål 2 kryphål
loose [s] I a 1 lös, loss; fri; glappande; vid, ledig; slapp; *at a* ~ *end* F sysslolös; *come* (*work, get*) ~ lossna; komma lös 2 lös[lig]; vårdslös; vag; lättsinnig; tvetydig; ~ *fish* F rucklare II tr 1 lösa, släppa [lös]; lösgiva 2 ⚓ lossa -n I tr lossa på, lösa [upp]; mildra II itr 1 lossna; gå upp 2 upplösas -ness s lös[lig]het
loot I s byte, rov II tr itr plundra; röva; S knycka -er s plundrare; tjuv
1 lop I s grenar, kvistar II tr klippa, skära bort, kapa [av]; hugga av
2 lop itr tr 1 sloka [med], hänga 2 [gå och] driva 3 [om sjön] vara gropig
lope itr s skutt[a]
lopp'ings s avhuggna grenar
lop'-si'ded a sned; skev
loqua'c||ious [ʃəs] a talträngd; lösmynt -ity [æ'] s talträngdhet

lor, lor' [lɔ:] *interj* P jösses!
lord I *s* 1 herre, härskare; magnat; *her ~* hennes herre och man 2 *the L~* Herren, Gud; *Our L~* Kristus 3 lord; *~-in-waiting* kammarherre; *my ~* [milɔ:'d] ers nåd II *tr* 1 *~ [it] over* spela herre över; tyrannisera 2 adla **~-lieutenant** *s* landshövding **-ling** *s* smålord, junker **-ly** *a* 1 förnäm[lig] 2 högdragen; myndig **L~ Mayor** *s* [över]borgmästare; *~'s Show* lord-mayorsprocessionen **-ship** *s* 1 herravälde 2 gods 3 *your ~* ers nåd; *his ~* lorden, hans nåd
lore [ɔ:] *s* kunskap, kännedom
lorr'y *s* 1 last-, gods|vagn 2 lastbil
los|e [lu:z] (*lost lost*) **I** *tr* 1 förlora, tappa [bort]; bli av med; gå miste om; förlora ur sikte; *~ o.'s train* komma för sent till tåget; *~ o.'s way*, *~ o. s.* gå vilse; *-ing game* hopplöst spel (företag) 2 förspilla, ödsla 3 beröva, kosta **II** *itr* 1 förlora; bli slagen 2 dra sig [efter] **-r** *s* förlorande, slagen; *be a ~ by* förlora på; *be a good ~* ta ett nederlag med jämnmod
loss *s* 1 förlust; frånfälle; undergång; förlisning; *at any ~* till varje pris 2 *be at a ~* vara villrådig; ej veta
lost [av *lose*] *a* förlorad; försvunnen, borta; för|tappad, -dömd; bortkastad; *be ~* försvinna; gå vilse; omkomma; förlisa; *~ in* fördjupad i; *~ to* renons på
lot I *s* 1 lott; *cast in o.'s ~ with* förena sitt öde med 2 parti, post 3 F sällskap, 'gäng'; familj; *bad ~* F pack; odåga 4 F massa; *a ~ of, ~s of* [äv.] mycket, många; *~s of time* gott om tid **II** *tr*, *~ out* stycka i lotter
loth [louþ] = *loath*
lo'tion *s* skönhets-, hår|vatten; S sprit
lott'ery *s* lotteri
loud I *a* 1 ljudlig, hög[ljudd]; bullersam; *in a ~ voice* med hög röst 2 skrikande, bjärt **II** o. **-ly** *adv* högt, högljutt **~-speaker** *s* högtalare
lough [lɔk] *s* [Irl.] se *loch*
loung|e [dʒ] **I** *itr* 1 driva, flanera 2 vräka (lata) sig, slöa **II** *s* 1 flanerande; promenad 2 slöande 3 hall; sällskapsrum 4 schäslong 5 *~ suit* kavajkostym **-er** *s* dagdrivare **-ing-chair** *s* vilstol
lour [lau'ə] *itr* se bister ut; mörkna **-ing** *a* bister; mulen **-y** *a* mulen
louse [s] (pl. *lice*) *s* lus
lout *s* drummel **-ish** *a* tölpaktig
lovable [ʌ'] *a* intagande, älsklig
love [ʌ] **I** *s* 1 kärlek; smak, böjelse; *in ~ with* förälskad (kär) i; *make ~ to* uppvakta; *for ~* av kärlek; för ingenting; för ro skull; *for the ~ of God* för guds skull 2 hälsning[ar] 3 älskling; F raring 4 noll; *~ game* blankt game **II** *tr itr* älska; gärna vilja **-able** = *lovable* **~-child** *s* oäkta barn **-liness** *s* ljuvlighet, skönhet **-lorn** *a* trånande **-ly** *a* förtjusande, vacker **~-making** *s* kurtis **-r** *s* 1 fästman; älskande 2 älskare; beundrare **~-sick** *a* kärlekskrank **~-token** *s* kärleksgåva, 'minne' **-y** *s* älskling
loving [ʌ'] *a* kärleksfull; tillgiven
1 low [ou] *itr* *s* råma[nde], böla[nde]
2 low I *a* 1 låg; djup; *the L~ Countries* Nederländerna; *~ tide* lågvatten, ebb; *run ~* börja tryta 2 simpel 3 klen; undernärd; knapp; *in ~ spirits* nedstämd, 'nere' 4 lågkyrklig 5 *bring ~* reducera; förödmjuka; ruinera; *lay ~* kasta omkull; döda; *lie ~* ligga hopkrupen ([kull]slagen); S hålla sig undan; lurpassa; *turn ~* skruva ner **II** *adv* 1 lågt; djupt; billigt; simpelt; *~ down* lumpet 2 knappt **~-bred** *a* ohyfsad
1 lower [au'] = *lour*
2 low|er [ou'] **I** *a adv* lägre; undre; under-, nedre **II** *tr* 1 sänka; släppa ner; ⚓ fira, hala ner; fälla; skruva ner; dämpa; *~ the colours* stryka flagg 2 förminska; nedsätta; *~ o. s.* nedlåta sig **III** *itr* 1 falla, gå ner; dämpas 2 minskas **-ly** *a* ödmjuk, blygsam; ringa **~-minded** *a* lågsinnad **-ness** *s* låghet; ringhet; gemenhet **~-pitched** *a* 1 lågstämd 2 låg[rest]
loy'al *a* lojal, [plikt]trogen, trofast **-ty** *s* lojalitet, tro[fast]het, vänfasthet
loz'enge [indʒ] *s* romb; ruta; pastill, tablett; tärning
Ltd = *lim'ited* A.-B., Ab.
lubb'er *s* 1 tölp 2 landkrabba
lubric|ant [lu:'] *s* smörj|olja, -ämne **-ate** *tr* smörja, olja **-ation** *s* [in]smörjning **-ator** *s* 1 smörjämne 2 smörjapparat **-ity** [i's] *s* 1 halhet, glatthet 2 obeständighet 3 slipprighet **-ous** *a* 1 insmord, hal 2 osäker
luce [lu:s] *s* gädda
lu'c|ent *a* 1 lysande 2 genomskinlig **-id** *a* genomskinlig, klar; ljus
luck *s* lycka, tur; slump; *good ~!* lycka till! *here's ~!* skål [och lycka till]! *bad (ill) ~* olycka, otur; *be in ~* ha tur; *no such ~!* så väl var det inte! *worse ~* tyvärr; *down on o.'s ~* F nere; i knipa; *by ~* händelsevis **-ily** *adv* lyckligtvis **-less** *a* olyck[sa]lig **-y** *a* 1 lycklig; *be ~* ha (vara) tur 2 lyckosam; lycko-
lucr|ative [lu:'] *a* lönande **-e** *s* vinning
lucubration [lu:kju] *s*, *~s* nattliga studier; lärda mödor; 'snillefoster'
ludicrous [lu:'] *a* löjlig, absurd
luff *itr tr* ⚓ lova [äv. *spring o.'s ~*]
1 lug *tr itr* draga, släpa [på]
2 lug *s* handtag; tapp
lugg'age *s* resgods **~-label** *s* pollet-

teringsmärke; adresslapp **~-office** *s* resgodsinlämning **~-rack** *s* bagagehylla **~-van** *s* bagagevagn
lugg'er *s* ⚓ loggert
lugu'brious [lu] *a* sorglig, dyster
lukewarm [lu:'kwɔ:m] *a* ljum
lull I *tr* 1 lulla, vyssja 2 lugna; in|söva, -vagga **II** *itr* lugna sig, bedarra **III** *s* stiltje; avbrott **-aby** [əbai] *s* vaggvisa
lumb||a'go *s* ryggskott **-ar** [ʌ'] *a* länd-
1 lum'ber *itr* klampa, lufsa; [om vagn] skramla; *-ing* klumpig
2 lum'ber I *s* 1 skräp; bråte 2 timmer **II** *tr* 1 belamra 2 vräka ihop (undan) **III** *itr* skräpa **-er** *s* [Am.] sågverksarbetare **-mill** *s* [Am.] såg[verk]
lu'min||ary *s* lysande kropp, ljus; snille **-ous** *a* [själv]lysande; ljus; klar
lump I *s* 1 klump, stycke; klimp; *~ of sugar* sockerbit; *~ sugar* bitsocker; *have a ~ in o.'s throat* ha gråten i halsen 2 F mängd, massa 3 svulst, knöl 4 trögmåns **II** *tr* slå ihop; skära över en kam **III** *itr* 1 klumpa sig; *~ together* skocka sig 2 *~ along* pallra [sig] i väg **-er** *s* 1 sjåare 2 entreprenör **-ing** *a* F stor; tung **-ish** *a* 1 klumpig 2 fånig **-y** *a* klumpig; knölig; gropig
lun||acy [lu:'] *s* van|sinne, -vett **-ar** *a* mån-; halvmånformig **-atic I** *a* vansinnig **II** *s* dåre; *~ asylum* hospital
lunch [lʌn(t)ʃ] **-eon** [ʃn] *s itr* [äta] lunch **-[eon]er** *s* lunch|ätare, -gäst
lung *s* lunga
1 lunge [dʒ] **I** *s itr* 1 [göra] utfall; [slå] rakt slag 2 rusa **II** *tr* sticka; slå
2 lunge *s* språnglina
lupine [lu:'] *a* varg-, varglik
1 lurch [ə:] **I** *s* överhalning **II** *itr* kränga; F ragla
2 lurch *s, leave in the ~* lämna i sticket
lurcher *s* 1 tjuv 2 spion
lure [luə] **I** *s* 1 lockbete 2 frestelse **II** *tr* locka, lura
lu'rid *a* 1 spöklik 2 brandröd 3 kuslig
lurk [ə:] **I** *itr* gömma sig; ligga på lur, lura **II** *s, lie on the ~* ligga på lur
luscious [lʌ'ʃəs] *a* 1 läcker; ljuvlig 2 sliskig 3 överlastad [stil]
1 lush *a* yppig, saftig
2 lush S **I** *s* sprit **II** *tr itr* supa **-y** *a* full
lust *s* lust[a]; begär **-ful** *a* vällustig **-iness** *s* [livs]kraft, levnadslust
lustr||a'te *tr* rena **-ation** *s* rening **-e** *s* glans; ljuskrona **-ous** *a* glänsande
lus'||trum *s* femårsperiod [äv. *-tre*]
lus'ty *a* frisk [och stark]; kraftig
1 lute [lju:t] *s* luta
2 lute *s tr* kitt[a]
lu'tist *s* lutspelare
luxa'te *tr* vrida ur led, vricka
luxur||'iance [lʌgzju'ər] *s* yppighet, överflöd **-iant** *a* frodig, ymnig **-iate** *itr* leva i överflöd; frossa **-ious** *a* 1 lyx-; praktfull; bekväm; kräslig 2 njutningslysten **-y** [lʌ'kʃəri] *s* 1 lyx; överflöd; delikatess 2 njutning
lye [lai] *s* lut
lying [lai'iŋ] av *lie*
lymph [limf] *s* lymfa
lynch [linʃ] *tr* lyncha **-ing** *s* lynchning
lynx [liŋks] *s* lo[djur]
lyr||e [lai'ə] *s* lyra **-ic** [li'r] **I** *a* lyrisk **II** *s* lyrisk dikt; *~s* lyrik **-ical** [li'r] *a* lyrisk, högstämd **-icism** [li'r] *s* lyrisk karaktär; lyriskt uttryck (patos) **-ist** *s* 1 lyrspelare 2 [li'r] lyriker

M

M, m [em] *s* m
M., m. = *Master, Member; metre[s], mile[s]* **M'** = *Mac* **'m** = *am, ma'am*
M. A. = *Master of Arts*
ma [mɑ:] = *mamma*
ma'am [məm; mæm] = *madam* frun
Mac [mæk, mək-] *s* son [i namn]
1 mace *s* muskotblomma
2 mace *s* 1 [spik]klubba 2 spira
machin||ate [mæ'k] *itr* stämpla, intrigera **-ation** *s* intrig; [pl.] stämplingar
machin||e [məʃi:'n] *s* 1 maskin; cykel, bil 2 [Am.] partiledning **-ery** *s* maskiner[i] **-ist** *s* maskin|konstruktör, -ingenjör, -sömmerska
mack'erel *s* makrill
mack'intosh *s* regn|rock, -kappa
mac'ul||ate [julit] **-ated** *a* fläckig
mad *a* 1 vansinnig, galen; *like ~* som en galning 2 ilsken; F arg
mad'am *s* min fru (fröken); frun
mad'||cap *s* vildhjärna **-den** *tr itr* göra (bli) galen (ursinnig); rasa; *~ing* vild, ursinnig; outhärdlig
made I [av *make*] *be ~ up of* bestå av **II** *a* [konst]gjord, konstruerad; byggd; *a ~ man* en som gjort sin lycka **~-up** *a* 1 hop|satt, -gjord 2 sminkad, pudrad 3 fast besluten
mad||house *s* dårhus, hospital **-man** *s* dåre, galning **-ness** *s* 1 vansinne, galenskap 2 raseri
magazine [i:'n] *s* 1 ⚔ förråd[shus]; ⚓ krutdurk 2 magasin, tidskrift
magg'ot [ət] *s* 1 mask 2 hugskott, F 'fluga' **-y** *a* 1 full av mask 2 konstig
Magi [mei'dʒai] *spl* mager; *the [three] ~* de [tre] vise männen
mag'ic [dʒ] **I** *a* magisk, troll[doms]- **II** *s* magi, trolldom; tjuskraft; *black*

~ svartkonst **-al** *a* magisk; förtrollande **-ian** [mədʒi'ʃn] *s* trollkarl
magist||e'rial [mædʒ] *a* myndig[hets-], ämbets- **-rate** [-'-it] *s* [polis]domare
magnanim'||ity [mæg] *s* storsinthet **-ous** [æ'n] *a* storsint
mag'netize *tr* magnetisera; hypnotisera
magnif'||icence [mæ'g] *s* storslagenhet, prakt **-icent** *a* storartad, praktfull; underbar **-ier** [mæ'gnifaiə] *s* **1** förstoringsglas **2** [ljud]förstärkare **-y** [æ'g] *tr* för|stora, -stärka; överdriva
magnil'oqu||ence [mæg] *s* högtravande språk; skryt **-ent** *a* stporordig
mag'nitude [mæ'g] *s* storlek; vikt
mahog'any *s* **1** mahogny **2** F [mat]bord
Mahom'etan *a s* muhammedan[sk]
maid *s* jungfru; hembiträde: ~ *of honour* hovfröken **-en** *s a* **1** jungfru[lig]; ogift; ~ *name* flicknamn **2** oprövad; obruten; ~ *speech* jungfrutal: ~ *trip* (*voyage*) första resa **-enhood** [u] *s* **1** jungfrulighet **2** flicktid **-enlike** *a* flickaktig; blyg[sam] **-enly** *a* jungfrulig; ärbar **-servant** *s* jungfru **-y** *s* tös
1 mail I *s* brynja; pansar **II** *tr* pansra
2 mail I *s* post[säck] **II** *tr* [av]sända; posta ~**-bag** *s* post|säck, -väska ~**-box** *s* brevlåda ~**-coach** *s* postvagn; diligens **-man** *s* brevbärare
maim *tr* lemlästa, stympa
main I *a* **1** förnämst, störst; huvud-; ⚓ stor; ~ *chance* egen fördel **2** *by* ~ *force* med våld **II** *s* **1** huvudsak **2** [världs]hav **3** huvudledning **-land** *s* fastland **-ly** *adv* huvudsakligen **-mast** *s* stormast **-spring** *s* **1** huvud-, slag|-fjäder **2** drivfjäder **-stay** *s* **1** ⚓ storstag **2** förnämsta stöd
main||tai'n *tr* **1** uppe-, vidmakt-, [bi]be|hålla; [under]hålla; stödja **2** livnära **3** vidhålla; hävda **-tenance** [mei'n] *s* **1** vidmakt-, bibe|hållande; underhåll[ande]; försvar **2** uppehälle
mai'n-top *s* ⚓ stormärs, mastkorg
maize *s* majs ~**-cob** *s* majskolv
majest'||ic *a* majestätisk **-y** [æ'] *s* majestät
ma'jor I *a* **1** större; viktigare; äldre, högre; stor **2** myndig **II** *s* **1** major; S = *sergeant-* ~ **2** dur **3** myndig person ~**-general** *s* generalmajor **-ity** [ɔ'] *s* **1** flertal; majoritet **2** myndig ålder
make (*made made*) **I** *tr* **1** göra; tillverka, producera; frambringa; skapa; laga till, koka; anlägga; sy **2** [för]tjäna; skaffa [sig]; inbringa; öka **3** tillryggalägga **4** ⚓ sikta; angöra **5** äta **6** utgöra, bilda, bli; ~ *one* vara med **7** utnämna (upphöja) till **8** uppskatta (få) till; ~ *it 20!* säg 20! ~ *of* [äv.] tolka; ~ *little of* ej bry sig om; ej komma långt med; ~ *much of* få mycket ur; sätta stort värde på; ~ *nothing of* inte bli klok på; ej bry sig om **9** få (komma, förmå) att; ~ *believe* låtsas **10** ~ *the cards* blanda; ~ *no doubt* ej hysa ngt tvivel **11** ~ *away with* undanröja; göra av med; ~ *into* [äv.] förvandla till; ~ *out* skriva [ut], utfärda; få ihop; bevisa; tycka; göra [till]; påstå; fundera ut; bli klok på; tyda; urskilja; ~ *over* överlåta; ~ *up* utfylla; gottgöra; ta igen; samla; sätta (blanda) ihop; hitta på; utgöra, bilda; maskera; förvandla; göda; avsluta; ordna; slå in, packa **II** *itr* **1** styra kurs; skynda **2** bidraga, verka **3** ~ *as if* (*though*) låtsa som om **4** försöka, börja **5** ~ *against* vara till skada för; ~ *away* ge sig i väg; ~ *for* gå mot; befrämja; stödja, tala för; leda till; ~ *off* ge sig i väg; ~ *up* maskera sig; pudra (måla) sig; ~ *up for* ersätta, uppväga, ta igen; ~ *up to* närma sig; smickra; 'slå' för **III** *s* **1** tillverkning; märke **2** sammansättning, form, fason; byggnad **3** läggning **4** S lyckat kap ~**-believe I** *s* förställning; bedrägeri; sken[bild] **II** *a* låtsad, falsk **-peace** *s* fredstiftare **-r** *s* tillverkare; -makare; skapare **-shift** *s* surrogat; nödfallsutväg ~**-up** *s* **1** sammansättning **2** påhitt; lögn **3** maskering; smink[ning] &c
ma'king *s* **1** tillverkning; *in the* ~ under vardande **2** *be the* ~ *of* bana väg för **3** ~*s* förtjänst **4** ~*s* anlag, gry
mal'||administra'tion *s* dålig förvaltning **-adroi't** *a* fumlig, tafatt
mal'ady *s* sjukdom, ont
mal'apropism *s* felsägning; 'groda'
mal'content [ent] *a s* missnöjd
male I *a* manlig; han- **II** *s* hanne; manlig individ
male||dic'tion [mæli] *s* förbannelse **-factor** [mæ'] *s* missdådare **-ficent** [məle'] *a* **1** skadlig **2** brottslig **-volent** [məle'] *a* illvillig
mal'forma'tion *s* missbildning
malic||e [mæ'lis] *s* **1** elakhet; skadeglädje; agg **2** brottslig avsikt **-ious** [əli'ʃ] *a* **1** illvillig, elak **2** uppsåtlig
malign [məlai'n] **I** *a* skadlig; elakartad **II** *tr* baktala **-ant** [i'g] *a* **1** ond[skefull], elak **2** fördärvlig; ogunstig; giftig **3** elakartad **-ity** [i'g] *s* **1** illvilja **2** elakartad beskaffenhet
malin'ger [ŋg] *itr* simulera [sjukdom]
mall'ard [əd] *s* [vild]and, gräsand
malleable [mæ'li] *a* smid|bar, -ig; foglig
mall'et *s* klubba
mall'ow [lou] *s* malva, kattost
mal||nutrition *s* undernäring **-o'dorous** *a* illaluktande **-prac'tice** [is] *s* felgrepp
malt [ɔ:] **I** *s* malt **II** *tr itr* mälta
maltrea't *tr* misshandla, behandla illa
malversation *s* förskingring
mamill'a *s* **1** bröstvårta **2** utvä[x]t

mam||**[m]a** [məmɑ:′] *s* mamma **-m′al** *s* däggdjur **-ma′lia** *spl* däggdjur
mamm′oth [əþ] **I** *s* mammut **II** *a* jätte-
mamm′y *s* **1** mamma **2** [*Am.*] svart barnsköterska
man I *s* (pl. *men*) **1** människa; *the fall of* ~ syndafallet; ~ *and beast* folk och fä; *to a* ~ till sista man; som en man **2** man, karl; *the old* ~ F kapten, chefen; [fars]gubben; ~ *to* ~ man mot man; *a* ~ [äv.] man [pron.]: *I'm your* ~ det går jag in på; *the* ~ *in the street* F en vanlig dödlig **3** tjänare; dräng; biträde; *men* [arbets]folk **4** *men* pjäser; brickor **II** *tr* bemanna; besätta
man′acle *tr s* [sätta] handboja [på]
man′age [mæ′nidʒ] **I** *tr* **1** hantera; sköta; ha hand om; förvalta; styra; manövrera; dressera **2** lyckas med, klara; ordna **II** *itr* **1** lyckas; laga, förmå **2** reda (klara) sig **-able** *a* [lätt]-hanterlig; medgörlig **-ment** *s* **1** hanterande; sköt|ande, -sel, drift; förvaltning; styrelse; manövrering **2** 'behandling' **-r** *s* **1** direktör; chef; ledare, föreståndare **2** impressario; *stage* ~ regissör **3** hus|hållare, -mor **-ress** *s* direktris; föreståndarinna
man′aging *a* **1** ledande; verkställande **2** försiktig, sparsam **3** maktlysten
man′date *s* mandat; uppdrag; avtal
man′dible *s* käk
man′drake *s* [*bot.*] alruna
mane *s* man [på häst &c]
man′eater *s* människoät|are, -ande tiger
man′ful *a* manlig, modig
mange [meindʒ] *s* skabb
ma′nger [dʒə] *s* krubba
1 mangle [ŋg] *s tr itr* mang|el, -la
2 mangle *tr* **1** hacka sönder; massakrera **2** fördärva
ma′ngy [dʒ] *a* skabbig; smutsig; eländig
man′hood [u] *s* **1** mannaålder, mandom **2** [allt] mankön
ma′nia *s* mani, vanvett; vurm, 'fluga' **-c** [æk] **I** *a* = *-cal* **II** *s* dåre **-cal** [mənai′əkl] *a* vansinnig
man′ifest I *a* uppenbar, tydlig **II** *tr* lägga i dagen, [be]visa **III** *itr* demonstrera **-ation** *s* **1** ådagaläggande; utslag **2** opinionsyttring, demonstration **-o** [e′] *s* manifest, förklaring
manifold [æ′nifou] **I** *a* mångfaldig **II** *s* kopia **III** *tr* mångfaldiga, kopiera
man′ikin *s* **1** pyssling, dvärg **2** modell[docka], mannekäng
manip′ul||**ate** [ju] *tr* **1** hantera, sköta; använda; manipulera [med]; förfalska **2** påverka **-ation** *s* **1** handgrepp; hanterande; åtgärd **2** manipulation
man′||**-killer** *s* [man]dråpare **-kind** *s* **1** [ai′] människosläktet **2** [-′ai] mankön[et], männen **-like** *a* **1** manlig **2** karlaktig **-ly** *a* manlig; manhaftig
mann′equin [k(w)in] *s* mannekäng
mann′er *s* **1** sätt, vis; uppträdande; ~*s* levnadsvett, god ton; *what* ~*s!* sådana fasoner! *teach a p.* ~*s* lära ngn skicka sig **2** ~*s* seder **3** stil; maner; ~ *and matter* form och innehåll **4** sort, slag **-ed** *a* [för]konstlad **-ism** *s* förkonstling; maner **-less** *a* obelevad **-ly** *a* belevad, artig
mann′ish *a* manhaftig; karlaktig
manoeuvre [mənu:′və] **I** *s* manöver **II** *itr tr* manövrera [med]
man-of-war *s* örlogsman, krigsfartyg
man′or *s* säteri; herrgård [äv. ~*-house*]
man′-servant *s* [manlig] tjänare
man′sion [ʃn] *s* **1** byggnad, herrgård **2** ~*s* hyreshus **~-house** *s* **1** herrgård **2** residens
man′||**slaughter** *s* manspillan, massmord; dråp **-slayer** *s* mördare; dråpare
man′tel||**piece -shelf** *s* spiselhylla
mantill′a *s* mantilj
man′tle I *s* **1** mantel, kappa **2** glödstrumpa **II** *tr* [be]täcka; bemantla
man′ual I *a* manuell, hand-; ~ *labour* kroppsarbete; ~ *training* slöjd **II** *s* hand-, elementar|bok **-ly** *adv* för hand
manufact′||**ory** [ju] *s* fabrik **-ure** [ʃə] **I** *s* **1** tillverkning **2** industri[gren] **II** *tr* **1** tillverka **2** förarbeta **-urer** [ʃərə] *s* fabriksidkare; tillverkare **-uring** [ʃəriŋ] **I** *s* tillverkning **II** *a* fabriks-
manu′re I *tr* gödsla **II** *s* göd|sel, -ning
Manx I *a* Man-, mansk **II** *spl*, *the* ~ manxfolket [på *Isle of Man*]
many [e′] **I** *a* många; ~ *a* mången; ~ *people* mycket folk; *these* ~ *years* nu i (på) många år; *one too* ~ en för mycket; överflödig **II** *s*, *a good* ~ ganska många; *a great* ~ en mängd, många
map I *s* karta **II** *tr* kartlägga
maple [ei] *s* lönn
mar *tr* fördärva; vanpryda
marau′d *itr* plundra **-er** *s* marodör
mar′bl||**e** *s* **1** marmor[skulptur] **2** [lek-] kula **-ed** *a* marmorerad; ådrig; spräcklig **-y** *a* marmorlik
March *s* mars
march I *itr* marschera; tåga; gå [framåt]; vandra **II** *tr* föra; sätta i marsch **III** *s* **1** marsch; tåg, vandring; ~ *past* förbimarsch; *forced* ~ ilmarsch; *quick* ~ vanlig marsch **2** framsteg; utveckling; bana; gång
marchioness [mɑ:′ʃənis] *s* markisinna
mar′chpane *s* marsipan, mandelmassa
mare [mεə] *s* sto, F märr
mar′gin [dʒ] **I** *s* **1** kant, rand; strand **2** marginal **II** *tr* förse med kant (marginal; randanmärkningar) **-al** *a* kant-, rand-; marginal-
mar′guerite [gərit] *s* prästkrage
marigold [mæ′rigould] *s* ringblomma
marine [məri:′n] **I** *a* marin, havs-;

sjö[farts]- II s 1 marin, flotta 2 marinsoldat -r [æ'] s sjöman; seglare
marital [æ'] a makes; äktenskaplig
maritime [æ'] a 1 sjö[farts]-; ~ *trade* sjöfart 2 belägen vid havet, kust-
marjoram [mɑ:'dʒərəm] s mejram
mark I s 1 märke, [känne]tecken; spår; fabrikat, sort; 'typ'; mått, belopp; *below the* ~ undermålig; för låg; *be up to the* ~ hålla måttet; vara i sitt ässe (form); *make o.'s* ~ utmärka sig; *of* ~ betydande 2 betyg, poäng 3 skottavla, prick, mål; *miss the* ~ träffa (ta) fel; misslyckas II *tr* 1 märka; stämpla; prissätta 2 markera, beteckna, ange, visa; prägla; ~ *time* göra på stället marsch 3 betygsätta, bedöma 4 ~ *off* pricka för; avgränsa; ~ *out* staka ut; utvälja, bestämma 5 lägga [noga] märke till **-ed** *a* utpräglad; tydlig **-er** *s* 1 märkare; stämplare 2 markör 3 [spel]mark
mar'ket I s torg, marknad[splats]; saluhall; torgdag; marknad[spris]; avsättning[sort]; *make a* ~ *of* schackra bort; *make o.'s* ~ göra sina uppköp II *itr* torga, handla III *tr* 1 torgföra 2 sälja **-er** *s* torghandlare; **~s** torg-, marknads|folk **~-hall** **~-house** *s* saluhall **-ing** *s* 1 torg|handel, -uppköp: varutillförsel 2 torg-, marknads|varor 3 försäljning **~-stall** *s* salustånd **~-town** *s* köping, [köp]stad
mar'ksman *s* skicklig skytt **-ship** *s* skjutskicklighet
marl I *s* märgel II *tr* märgla
mar'mot [ət] *s* murmeldjur
marocain [æ'] *s* marokäng
maroo'n I *tr* landsätta på en obebodd ö II *s* neger; landsatt person
marquee [ki:'] *s* [officers]tält
mar'quess [kwis] = *marquis*
mar'quetry [kitri] *s* inläggning
mar'quis *s* markis **-ate** [it] *s* markisvärdighet **-e** [ki:'z] *s* markisinna
marriage [mæ'ridʒ] *s* 1 äktenskap, gifte[rmål]; *ask in* ~ fria till; *give in* ~ gifta bort; *take in* ~ gifta sig med; ~ *articles* äktenskapskontrakt; ~ *portion* hemgift; ~ *settlement* äktenskapsförord 2 vigsel, bröllop; ~ *certificate* vigselattest; ~ *service* vigselformulär; vigsel[akt] **-able** *a* giftasvuxen **~-bed** *s* äkta säng
married [æ'] *a* gift [*to* med]; äkta; *be* ~ [äv.]gifta sig; ~ *life* äktenskap[et]
marrow [mæ'rou] *s* märg; kärna **-fat** *s* stora ärter **-y** *a* märgfull
marry [æ'] I *tr* 1 gifta sig med; ~ *a fortune* gifta sig rikt 2 gifta bort 3 viga; förena II *itr* gifta sig
marsh *s* sump[mark], moras, myr, kärr
mar'shal I *s* marskalk II *tr* 1 placera 2 ordna; ställa upp 3 föra högtidligt; bana väg för
mar'shy *a* sumpig, sank; kärr-
marsu'pial *s* pungdjur
mar'ten *s* mård
martial [mɑ:'ʃl] *a* krigisk; krigs-; stridslysten; martialisk; *court* ~ krigsrätt
Mar'tian [ʃən] *a s* Mars-[invånare]
mar'tin *s* svala; *black* ~ tornsvala
martinet' *s* disciplintyrann; pedant
mar'tingale *s* martingal, språngrem
Mar'tinmas *s* mårtensmässa [11 nov.]
mar'tyr [tə] I *s* martyr; offer; *be a* ~ *to* lida av II = *-ize* **-dom** *s* martyrdöd; kval **-ize** *tr* 1 göra till martyr 2 martera **-y** *s* martyr|kyrka, -grav
mar'vel I *s* under[verk] II *itr* 1 förundra sig 2 undra **-lous** *a* 1 underbar 2 övernaturlig
mas'culine [in] I *a* 1 manlig 2 maskulin; manhaftig II *s* maskulinum
1 mash I *s* 1 mäsk 2 sörp; sörja; röra 3 mos II *tr* mäska; sörpa; mosa
2 mash S *tr* 'tjusa till'; *~ed on* kär i
mash'er *s* S kvinnotjusare, charmör
mash'||ie **-y** [i] *s* golfklubba
mask [ɑ:] I *s* 1 mask; förklädnad; sken 2 maskerad person 3 = *masque* II *tr* maskera; dölja; *~ed ball* maskeradbal **-er** *s* mask[erad person]
ma'son [s] I *s* 1 murare, stenarbetare 2 frimurare [*free* ~] II *tr* mura; förstärka **-ic** [ɔ'] *a* frimurar- **-ry** *s* 1 mur|ning, -verk 2 frimureri[et]
masque [mɑ:sk] *s* maskspel **-ra'de** *s* maskerad
1 mass [æ] *s* mässa; *high* ~ högmässa, högtidlig mässa; *low* ~ stilla mässa
2 mass I *s* massa; mängd; ~ *of fire* eldhav II *tr itr* hopa [sig], samla[s]
mass'acre [əkə] I *s* massaker, massmord II *tr* massakrera, nedhugga
mass||age [ɑ:'ʒ] *s tr* mass|age, -era **-eur** [sə:'] *s* massör **-euse** [ə:'z] *s* massös
mass'||ive **-y** *a* massiv, tung; väldig
1 mast [ɑ:] *s* ollon
2 mast *s* mast; stång
1 master [ɑ:'] *s* -mastare
2 master I *s* 1 herre, husbonde; [pl.] herrskap 2 härskare; överman; ägare 3 ⚓ kapten 4 lärare; *head* ~ rektor 5 [univ.] magister 6 mästare; mäster 7 *M*~ föreståndare, ledare, chef; *M*~ *of the Rolls* riksarkivarie 8 *M*~ unga herr II *a* mästerlig; mästar-; mäster-; överhuvud-; behärskande III *tr* 1 övervinna 2 behärska, bemästra 3 förestå **~-builder** *s* byggmästare **-ful** *a* 1 egenmäktig 2 mästerlig **-hood** [u] *s* mästerskap **~-key** *s* huvudnyckel **-less** *a* herrelös **-ly** *a* mästerlig **~-mason** *s* byggmästare **-piece** *s* mästerverk **-ship** *s* 1 herravälde 2 lärarbefattning; chefskap 3 magistergrad 4 = *-y* 2 **~-stroke** *s* mäster|drag, -kupp **-y** *s* 1 herravälde 2 mästerskap; kunnighet

mast-head [ɑ:′] *s* ⚓ mast-, märs|topp
mas′tic *s* mastix; cement **-ate** *tr* tugga
mas′tiff *s* mastiff, stor dogg
mas′todon *s* mastodont
1 mat I *s* **1** [dörr]matta **2** underlägg **3** hoptovad massa **II** *tr* **1** [be]täcka [med mattor] **2** fläta (sno) ihop; *~ted* tovig, snårig **III** *itr* tova ihop sig
2 mat I *a s* matt [yta] **II** *tr* matt|förgylla, -slipa
1 match *s* tändsticka; lunta; stubin
2 match I *s* **1** [jäm]like; motstycke, make; *be a ~ for* kunna mäta sig med **2** match, tävling **3** giftermål, parti **II** *tr* **1** kunna mäta sig med; motsvara, passa till **2** ställa upp, jämställa; para ihop; avpassa; finna motstycke till; *be well ~ed* passa bra ihop; *ill ~ed* omaka; *not to be ~ed* makalös **3** gifta bort **III** *itr* passa [ihop]; *to ~* av samma sort; i samma stil **-board** *s*, *~s* spontning
match′-box *s* tändsticksask
match′||less *a* makalös, storartad **-maker** *s* giftermåls-, match|arrangör
1 mate *s tr itr* [göra] matt [i schack]
2 mate I *s* **1** kamrat **2** [god] make, maka **3** styrman **4** ⚓ mat, biträde **II** *tr* **1** gifta [bort] **2** para **III** *itr* **1** sällskapa **2** gifta sig **3** para sig
matelot [mæ′tlou] *s* S sjöman
ma′ter *s* S mamma, mor[sa]
mate′rial I *a* **1** materiell; saklig **2** väsentlig; viktig **II** *s* ämne; tyg **-ize** *tr itr* **1** förkroppsliga[s] **2** förverkliga[s] **-ly** *adv* **1** i sak **2** i hög grad
mater′n||al *a* **1** moderlig; moders- **2** möderne-; *~ aunt* moster; *~ grandfather* morfar **3** moderskaps- **-ity** *s* **1** moderskap; *~ hospital* barnbördshus **2** moderlighet
mathemat′ic||al [mæþ] *a* matematisk **-ian** [əti′ʃn] *s* matematiker **-s** *s* matematik [S *maths* 'matte']
mat′in *s*, *~s* ottesång; morgonbön **-ee** [ei] *s* matiné
ma′tricide *s* moder|mord, -mördare
matric′ul||ate [ju] **I** *tr* inskriva **II** *itr* inskrivas; undergå inträdesexamen **-ation** *s* **1** inskrivning; *~ book* matrikel **2** studentexamen [S *matric′*]
matrimo′n||ial *a* äktenskaplig; giftermåls- **-y** [mæ′] *s* äktenskap
ma′trix *s* **1** livmoder **2** matris
ma′tron *s* gift kvinna, fru; matrona; husmor **-hood** *s* fru-, matron|värdighet **-like -ly** *a* matronlik, värdig
matt′er I *s* **1** materia; stoff; ämne **2** innehåll **3** orsak; föremål **4** vikt, betydelse; *no ~* det gör detsamma; *what ~?* vad gör det? **5** sak, angelägenhet; fråga; *~s* förhållanden[a], saken, det; *in the ~ of* i fråga om; *for that ~, for the ~ of that* vad det beträffar; förresten; *it is no ~ of mine* det angår inte mig **6** *a ~ of course* en självklar sak; *~ of fact* faktum; *as a ~ of fact* faktiskt **7** *what is the ~?* vad står på? vad är det [för fel]? *not much the ~* ingenting att tala om; *something the ~* något fel **8** *postal ~* postförsändelse[r]; *printed ~* trycksak **9** text **10** [läk.] var **II** *itr* **1** betyda, göra [till el. ifrån] **2** vara sig *~′-of-course* [ɔ:′] *a* självklar *~′-of-fact′* *a* [torr och] saklig, 'praktisk'
matt′ing *s* matta; [material till] mattor
matt′ins = *matin*
matt′ock [ək] *s* [dubbel]hacka
matt′ress *s* madrass
mat′ur||ate *itr* mogna **-ation** *s* **1** mognad **2** varbildning **-e** [mətju′ə] **I** *a* **1** mogen **2** [om växel] förfallen **II** *tr* **1** bringa till mognad; utveckla **2** fullborda **III** *itr* **1** mogna **2** förfalla **-ity** [tju′] *s* **1** mognad **2** förfallo|tid, -dag
matuti′nal [mætju] *a* morgon-; tidig
mau′dlin *a* gråtmild; halvfull
maul I *s* trähammare, klubba **II** *tr* **1** mörbulta **2** misshandla; gå illa åt
mau′lstick *s* målarkäpp
mau′nder *itr* **1** fantisera **2** gå och drömma (driva)
mauve [ou] *s a* malvafärg[ad]
maw [mɔ:] *s* **1** [löp]mage; buk **2** gap
maw′kish *a* **1** fadd **2** sentimental
maxill′a *s* [över]käk[e]
max′im *s* grundsats, regel **-um I** (pl. *-a*) *s* maximum, höjdpunkt **II** *a* högst, störst; maximi-
May *s* **1** maj **2** *m~* hagtorn
may *hjälpv* (imp. *might*) **1** kan; tör, torde; *you ~ not go* ni kanske inte går; [*it*] *~ be that* det kan hända att **2** får, kan **3** må, måtte; skall; *however that ~ be* vare därmed hur som helst; *go where you ~* vart du än går **-be** [bi:] *adv* kanske [äv. *-hap*]
May′||-day *s* första maj **--flower** *s* vårblomma **m-ing** *s* [första]majfirande; *go a ~* plocka [vår]blommor [och löv]
mayor [mɛə] *s* borgmästare
may′pole *s* majstång
maz||e I *s* labyrint; virrvarr **II** *tr*, *~d* förbryllad; bestört; *be ~d* gå vilse **-y** *a* villsam, invecklad; virvlande
M. B. = *Bachelor of Medicine* med. kand. **M. C.** = *Master of the Ceremonies; Member of Congress* **Mc** = *Mac*
M. D. = *Doctor of Medicine* med. dr
me *pron* **1** mig; *ah ~! dear ~!* kors! bevare mig! **2** F jag [*it's ~*]
mead *s* mjöd
meadow [me′dou] *s* äng
mea′gre [gə] *a* mager; knapp; torftig
1 meal *s* mål[tid]; *hot ~s* lagad mat
2 meal *s* mjöl *~-bin* *s* mjölbinge
mea′l-time *s* måltid[stimme]
mea′ly *a* mjölig; pudrad; blek **-mouthed** [mauðd] *a* försiktig; sliskig, mör

1 mean I *a* medel-; ~ *quantity* medel|-värde, -tal; ~ *time* = *-time* II *s* 1 medelväg, mitt 2 medel|värde, -tal
2 mean *a* 1 låg, ringa 2 torftig, tarvlig; simpel 3 snål, knusslig
3 mean (*meant* [e] *meant*) *tr* 1 mena [*by* med]; ämna, tänka 2 syfta på, avse; vilja säga 3 betyda; innebära
meander [miæ'] I *s* 1 ~*s* slingringar; irrgångar; krokvägar 2 meander-[slinga] II *itr* slingra sig; irra omkring
mea'ning *s* mening, betydelse
mea'nness *s* 1 ringhet 2 torftighet 3 nedrighet 4 snålhet
means [z] *s* 1 [hjälp]medel; utväg, sätt; *by* ~ *of* medelst, genom; *by some* ~ *or other* på ett eller annat sätt; *by fair* ~ *or foul* på vad sätt som helst; *by all* ~ på alla sätt; ovillkorligen; för all del: *by no* ~, *not by any* ~ ingalunda 2 tillgångar; råd
mea'n||time -while *s adv*, [*in the*] ~ under tiden
measl||es [mi:zlz] *s* mässling[sutslag] **-y** *a* 1 sjuk i mässling[en] 2 S usel
measur||able [me'ʒə] *a* mätbar; överskådlig **-e** I *s* 1 mått; storlek; *weights and* ~*s* mått, mål och vikt; *to* ~ efter mått 2 mån, grad: *in a* (*some*) ~ i viss mån 3 gräns: *beyond* ~, *out of* [*all*] ~ övermåttan; ~ *for* ~ lika för lika 4 ~*s* skikt, lager 5 versmått 6 rytm, takt 7 åtgärd 8 lag[förslag] II *tr itr* 1 mäta; ta mått på; mäta av (upp); räkna; ~ *o.'s length* falla raklång 2 avpassa, lämpa; ~*d* [äv.] metrisk; taktfast; avmätt; väl avvägd **-eless** *a* omätlig **-ement** *s* 1 mätning 2 mått **-er** *s* [skepps]mätare; justerare
meat *s* 1 kött; *make* ~ *of* slakta; F döda 2 mat [i vissa uttr.]; *green* ~ grön|saker, -foder **~-pie** *s* köttpastej **~-safe** *s* köttskåp **-y** *a* köttmechan||ic [kæ'n] *s* hantverkare; yrkesarbetare; mekaniker **-ical** *a* mekanisk; hantverks-, teknisk **-ician** [i'ʃn] *s* mekaniker, maskiningenjör **-ics** *s* 1 mekanik 2 maskinlära
med'al *s tr* medalj[era] **-list** *s* medaljör
meddl||e *itr* blanda sig i' [*in*]; ~ *with* befatta sig med; fingra på **-er** *s* 'klåfinger'; klåpare **-esome** *a* beskäftig **-ing** *s* inblandning, 'fingrande'
medi||aeval = *medieval* **-al** [mi:'] *a* mitt-, mellan-; medelstor
me'di||ate I [it] *a* medelbar II *tr* [för]-medla **-ation** *s* 1 medling, förlikning 2 förmedling **-ator** *s* medlare; förlikningsman **-atory** *a* medlande
med'ic||able *a* som kan botas **-al** *a* medicinsk; läkar[e]-; medicinal-; ~ *man* läkare; ~ *officer* [tjänste]läkare; ~ [*student*] medicinare **-ate** *tr* behandla; bota; ~*d water* hälsovatten **-ation** *s* 1 läkarbehandling; medicinerande 2 preparering
medic'||inal *a* läkande, hälsobringande **-ine** [me'ds(i)n] *s* medicin; läkekonst; läkemedel; *take* ~ [äv.] laxera **-o** [e'] *s* F doktor; medicinare
medieval [medii:'vl] *a* medeltid[a, -s-
mediocre [mi:'diouke] *a* medelmåttig
med'it||ate I *tr* fundera på, planera II *itr* meditera; grubbla **-ation** *s* begrundan[de] **-ative** *a* begrundande
Mediterra'nean [ed] *s a* Medelhav[s-]
me'dium I *s* 1 medium; [hjälp]medel; förmedl|ing, -are; *by the* ~ *of* medelst 2 miljö 3 medel|sort, -väg II *a* medel|stor, -stark, -god; medel-
med'ley [li] I *s* blandning; potpurri II *a* blandad, brokig III *tr* röra ihop
medulla [medʌ'lə] *s* märg
meek *a* 1 ödmjuk 2 foglig, beskedlig
mee'rschaum [ʃəm] *s* sjöskum[spipa]
meet I (*met met*) *tr* 1 möta; träffa; lära känna; tillmötesgå 2 bekämpa; [be-] möta; övervinna 3 motsvara; uppfylla; infria; bestrida [utgift]; ~ *a bill* inlösa en växel II *itr* mötas; träffas; församlas; ~ *with* träffa (stöta) på; lida; råka ut för; röna III *s* samling; möte[splats]; jaktsällskap **-ing** *s* 1 möte; sammanträde; församling: *full* ~ plenum 2 duell
meg'a||lith *s* stenblock **-loma'nia** *s* storhetsvansinne
me'grim *s* nyck; ~*s* griller
melanchol||ic [kɔ'l] *a* melankolisk **-y** [me'l] I *s* melankoli, svårmod II *a* melankolisk, dyster; sorglig
mêlée [me'lei] *s* strid[svimmel]
melli||f'erous *a* honungsalstrande **-fluent** [i'f] **-fluous** [i'] *a* [honungs]ljuv
mell'ow [ou] I *a* 1 mogen; saftig; mör; fyllig 2 fruktbar 3 mjuk, dämpad; mild; F godmodig 4 F rörd, lite glad II *tr itr* 1 bringa till mognad; mogna 2 uppluckra[s] 3 mildra[s], dämpa[s] 4 F göra (bli) lite 'rörd'
melo'd||ious *a* melodisk **-y** [me'lə] *s* melodi; välljud; musik
melt I *itr tr* 1 smälta; upplösa[s]; [komma att] smälta ihop 2 röra[s] II *s* smälta **-ing-pot** *s* smältdegel
mem'ber *s* 1 del; led 2 medlem; [parl.] representant **-ship** *s* 1 medlem|skap, -santal 2 F medlemmar
mem'brane *s* membran, hinna
memen'to *s* 1 påminnelse 2 minne
memoir [me'mwɑ:] *s*, ~*s* memoarer
mem'or||able *a* minnesvärd; märklig **-an'dum** *s* 1 anteckning; promemoria 2 not **-ial** [ɔ:'] I *a* minnes- II *s* 1 minnes|märke, -vård 2 ~*s* krönika; memoarer 3 inlaga **-ialize** [ɔ:'] *tr* hugfästa minnet av **-ize** *tr* lära sig utantill **-y** *s* minne; *to the best of my* ~ såvitt jag kan minnas; *from* ~ ur

minnet; *of blessed* ~ salig i åminnelse; *within the* ~ *of man* i mannaminne
men pl. av *man I*
menace [me'nəs] **I** *s* hot[else], fara **II** *tr itr* hota [med]
mend I *tr* **1** laga; lappa, stoppa **2** avhjälpa **3** [för]bättra; F övertrumfa **II** *itr* bli bättre; tillfriskna **III** *s* **1** lapp, stopp **2** *on the* ~ på bättringsvägen **-able** *a* som kan lagas
menda'c||ious [ʃəs] *a* lögnaktig **-ity** [æ'] *s* lögnaktighet
men'dic||ant I *a* tiggande **II** *s* tiggar|e, -munk **-ity** [i's] *s* tiggeri; armod
me'nial I *a* tjänar-, simpel **II** *s* lakej
men'surable [ʃur] *a* mätbar; rytmisk
men'tal *a* själslig, själs-, sinnes-; andlig; intellektuell; ~ *arithmetic* huvudräkning; ~ *hospital* sinnessjukhus; ~*ly* [äv.] i tankarna (huvudet) **-ity** [æ'] *s* **1** förstånd **2** kynne
men'tion I *s* omnämnande; *make* ~ *of* nämna **II** *tr* [om]nämna; tala om; *don't* ~ *it!* för all del, ingen orsak
men'u [(j)u:] *s* matsedel, meny
mer'cantile *a* merkantil, handels-
mer'cenary I *a* **1** vinningslysten **2** lejd, lego- **II** *s* legosoldat
mer'cer *s* manufakturhandlare **-y** *s* manufaktur|varor, -affär
mer'chandise [aiz] *s* [handels]varor
mer'chant I *s* köpman; gross|handlare, -ist **II** *a* handels-; ~ *service* handelsflotta **-able** *a* säljbar, kurant **-man** *s* handelsfartyg
mer'ci||ful *a* barmhärtig; nådig **-less** *a* obarmhärtig
mercu'r||ial *a* **1** kvicksilver- **2** livlig; flyktig **-y** [mə:'] *s* kvicksilver
mer'cy *s* **1** barmhärtighet; nåd; ~ [*on us*]! F bevare mig väl! **2** F lycka, tur **3** våld, godtycke
mere [miə] *a* blott [och bar]: ren, bar[a] **-ly** *adv* bara
meretricious [me'ritri'ʃəs] *a* prålig
merge [mə:dʒ] *itr tr* [låta] uppgå, sammansmälta
merid'||ian *s a* **1** meridian[-] **2** middag[shöjd]; höjdpunkt **-ional** *a* sydlig; sydfransk
meringue [məræ'ŋ] *s* maräng
merit [e'r] **I** *s* förtjänst; värde; *the* ~*s of a case* det verkliga förhållandet **II** *tr* förtjäna, vara värd **-orious** [ɔ:'] *a* förtjänstfull, aktningsvärd
mer'maid *s* sjöjungfru
merr'iment *s* munter-, uppsluppen|het
merr'y *a* munter; glad; *make* ~ roa sig; *a* ~ *Christmas* god jul ~**-go-round** *s* karusell ~**-making** *s* förlustelse; fest
mesee'ms *opers* det synes mig
mesh I *s* maska; ~*es* nät **II** *tr* fånga; [in]snärja **III** *itr* fastna **-y** *a* nätlik
mess I *s* **1** röra, gröt; mischmasch; smörja; knipa; *he looked a* ~ han såg ryslig ut; *make a* ~ *of* se *II* **2** mäss **II** *tr* röra ihop; fördärva; trassla till; smutsa ner **III** *itr* **1** ~ *about* knåpa; traska omkring **2** äta
mess'||age *s* **1** bud[skap], meddelande **2** telegram **3** ärende **-enger** [indʒə] *s* **1** bud[bärare] **2** kurir
mess'||mate *s* mässkamrat **-room** *s* mäss
Messrs. [me'səz] *s* Hrr, herrar[na]
mess'y *a* rörig, oredig; kinkig; smutsig
mestizo [mesti:'zo(u)] *s* mestis
met imp. o. pp. av *meet*
me'tage *s* mätning; mätavgift
met'al I *s* **1** metall **2** legering **3** makadam **4** ~*s* skenor, spår **II** *tr* **1** belägga med metall **2** makadamisera **-lic** [æ'] *a* metallisk; metall- **-line** *a* **1** metallisk **2** mineralhaltig
metamor'phosis [sis] *s* förvandling
metaphor [me'təfə] *s* bild, liknelse
meteor [mi:'tjə] *s* meteor **-ic** [iɔ'] *a* **1** meteor- **2** atmosfärisk **-ite** *s* meteorsten **-ol'ogist** [dʒ] *s* meteorolog
me'ter *s* mätare
method [me'þəd] *s* metod; ordning, system **-ical** [ɔ'] *a* metodisk
metic'ulous [ju] *a* minutiös[t noggrann]
metre [mi:'tə] *s* **1** meter **2** versmått
met'ric *a* meter- **-al** *a* **1** metrisk **2** måtts- **-s** *s* verslära
metrop'||olis *s* huvud-, världs|stad **-ol'itan** *a s* huvudstads-; London-[bo]
mettle *s* **1** skrot och korn **2** liv[lighet], mod; rutor; *be on o.'s* ~ göra sitt yttersta **-d** **-some** *a* eldig; morsk; yster
1 mew [mju:] *itr* jama; skria
2 mew I *s* **1** bur **2** [stall]byggnader; bakgata [äv. pl. ~*s*] **II** *tr*, ~ [*up*] inspärra
mewl [mju:l] *itr* gnälla, skrika; jama
miaow [miau'] *itr s* jama[nde]
miasma [maiæ'zmə] *s* smittämne
miaul [miɔ:'l] *itr* jama
mi'ca *s* glimmer; *yellow* ~ kattguld
mice pl. av *mouse*
mi'cro||- [isms.] mikro-, liten **-be** [oub] *s* mikrob **-scop'ic** *a* mikroskopisk
mid *a* mellan-, mitt-, mid-; *in* ~ *Channel* mitt i Kanalen **-day** *s* middag; klockan 12
middle I *a* mellerst, mellan-, medel-; ~ *weight*[*er*] mellanvikt[are] **II** *s* **1** mitt; *in the* ~ *of* mitt i (på) **2** midja **III** *tr* placera i mitten; [sport.] centra ~**-aged** *a* medelålders **-man** *s* mellanhand ~**-sized** *a* medelstor
midd'ling I *a* **1** medelgod, ordinär **2** medelmåttig **II** *adv* någorlunda
midd'y F för *midshipman*
midge [dʒ] *s* mygga; kryp **-t** *s* kryp
mid'||most I *a* mellerst **II** *adv* i mitten **-ship** *s* mittskepp **-shipman** *s* sjökadett **-st** *s*, *in the* ~ *of* mitt i **-stream** *adv* midströms **-way** *adv* halvvägs

mid'wife *s* barnmorska
mien [mi:n] *s* min, uppsyn; hållning
miff *s* F fnurra; förargelse
1 might [mait] imp. av *may;* kunde; fick, finge; skulle; måtte
2 might *s* makt; kraft; *with all o.'s* ~, *with* ~ *and main* av alla krafter **-y** I *a* 1 mäktig; kraftig 2 väldig II *adv* F väldigt, mäkta
mi'grant I *a* vandrande II *s* flyttfågel **-ate** *itr* flytta; utvandra **-ation** *s* flyttning; [ut-, folk]vandring **-atory** *a* flyttande; utvandrande; flytt-
mike S *itr* [gå och] slå dank; 'maska'
milage = *mileage*
milch *a* mjölkande, mjölk-
mild [ai] *a* mild; svag; lindrig; stillsam; beskedlig
mildew [mi'ldju:] *s* rost, sot [på säd]; mögel **-ed -y** *a* rostskadad; möglig
mile *s* mil [*English* ~ 1609 m]: ~*s* miltals **-age** *s* 1 antal mil 2 kostnad per mil ~**-post** *s* milstolpe **-r** *s* F millöpare **-stone** *s* milstolpe
mil'itlant *a s* stridande **-arize** *tr* militarisera **-ary** I *a* militär[isk], krigs-; *compulsory* ~ *service* allmän värnplikt II *s, the* ~ militären **-ate** *itr* strida **-ia** [mili'ʃə] *s* milis, lantstorm
milk I *s* mjölk II *tr itr* 1 mjölka 2 S uppsnappa ~**-cart** *s* mjölkkärra **-er** *s* 1 mjölk|are, -erska 2 mjölkko 3 mjölkmaskin **-maid** *s* 1 mjölkpiga 2 mejerska **-man** *s* mjölk|försäljare, bud ~**-pail** *s* stäva ~**-shop** *s* mjölkbutik **-sop** *s* mes, kräk **-y** *a* 1 mjölklik; grumlig 2 mjölkrik 3 mild; klemig 4 *the M* ~ *Way* Vintergatan
mill I *s* 1 kvarn 2 fabrik; spinneri; -verk, -bruk II *tr* 1 mala, krossa 2 valka; valsa 3 räffla 4 vispa 5 S klå **-board** *s* papp ~**-dam** *s* kvarndamm
millenn'ilal I *a* tusenårig II *s* tusenårsjubileum **-um** *s* 1 årtusende 2 = *-al II* 3 *the* ~ det tusenåriga riket
millepede [mi'lipi:d] *s* tusenfoting
mill'er *s* 1 mjölnare 2 -fabrikant
millesimal [e's] *a s* tusendel[s]
mill'iner *s* modist **-y** *s* 1 modevaror 2 modistyrket
mill'ion *s* million **-aire** [ɛ'ə] *s* millionär **-th** *a s* milliondel[s]
mill'||-pond *s* 1 kvarndamm 2 *the* ~ Atlanten **-race** *s* kvarn|ränna, -vatten **-wheel** *s* kvarnhjul
milt *s* 1 mjälte 2 mjölke
mi'mlic I *s* 1 mim; fars 2 komiker II *itr* spela pantomim **-ic** [mi'm] I *a* 1 mimisk; härmande 2 imiterad II *s* imitatör III härma **-icry** [mi'm] *s* efterapning; skyddande likhet
mince I *tr* 1 hacka, skära sönder; ~*d meat* köttfärs 2 släta över; dämpa; skräda [orden] 3 läspa fram II *itr* 1 tala tillgjort 2 trippa III *s* 1 köttfärs 2 o. **-meat** *s* pastejblandning [russin, mandel m. m.]; [bildl.] hackmat ~**-pie** *s* pastej **-r** *s* köttkvarn
mind [ai] I *s* 1 sinne; själ; förstånd; ande, intelligens; tänkesätt; *in o.'s right* ~, *of sound* ~ vid sina sinnens fulla bruk 2 åsikt, tanke; *change o.'s* ~ ändra åsikt (sig); *give a p. a piece of o.'s* ~ säga ngn sitt hjärtas mening 3 lust, håg; smak; önskan; *give o.'s* ~ *to* ägna sig åt; *know o.'s own* ~ veta vad man vill; *make up o.'s* ~ bestämma (besluta) sig; *in two* ~*s* villrådig 4 *bear* (*have, keep*) *in* ~ komma ihåg, betänka; *bring* (*call*) *to* ~ påminna [sig]; *time out of* ~ sedan urminnes tid; *put in* ~ påminna II *tr itr* 1 ge akt på; tänka på; se till (efter), observera 2 se upp [för]; akta [sig] 3 bry sig om, fråga efter; *do you* ~ *my smoking?* har ni något emot att jag röker? *I don't* ~ gärna för mig; *never* ~*!* det betyder ingenting; ingen orsak **-ed** *a* 1 hågad 2 -sinnad, -sint **-ful** *a* uppmärksam **-less** *a* 1 själlös 2 glömsk, tanklös
1 mine *pron* min; *a friend of* ~ en vän till mig; *I and* ~ jag och de mina
2 mine I *s* 1 gruva 2 järnmalm 3 mina II *tr itr* 1 bryta; bearbeta 2 gräva [hål i]; underminera 3 minera **-r** *s* 1 gruvarbetare 2 ⚔ minör
min'eral *s a* mineral[isk]
mi'ne-sweeper *s* minsvepar|e, -fartyg
mingle [ŋg] *tr itr* blanda [sig]; blandas; umgås; deltaga
min'iature [jətʃə, itʃə] *s* miniatyr
min'ify *tr* förminska; förringa
min'ikin *a* 1 liten 2 tillgjord
min'im *s* 1 halvnot 2 litet kryp, kräk
mi'ning *s a* gruvdrift; bergsbruk; gruv-
min'ion *s* gunstling; 'kreatur'
min'istler I *s* 1 minister; *prime* ~ premiär-, stats|minister; ~ *for foreign affairs* utrikesminister 2 tjänare [~ *of God*]; präst II *itr* 1 ~ *to* hjälpa; vårda; sörja för 2 officiera, tjänstgöra **-e'rial** *a* 1 minister-; regerings[vänlig] 2 prästerlig 3 verkställande; ämbets- **-ration** *s* 1 vård; hjälp 2 förrättning **-ry** *s* 1 ministär 2 departement 3 präst|ämbete, -erskap
min'iver *s* gråverk [ekorrskinn]
minn'ow [ou] *s* spigg; småfisk
mi'nor I *a* 1 mindre; oväsentlig, lägre 2 [mus.] liten; moll- II *s* 1 moll[tonart] 2 omyndig, minderårig **-ity** [ɔ'] *s* 1 minoritet 2 minderårighet
min'ster *s* kloster-, dom|kyrka
min'strel *s* sångare, trubadur; skald
1 mint *s* mynta
2 mint I *s* 1 mynt[verk] 2 stor summa II *tr* mynta, prägla **-age** *s* mynt[ning]; präg|ling, -el
minuet [juc't] *s* menuett

1 minute [mainju:'t] *a* 1 liten; obetydlig; hårfin 2 minutiös; noggrann
2 minute [mi'nit] I *s* 1 minut; ögonblick; *this* ~ genast; nyss 2 anteckning; ~*s* protokoll II *tr* 1 ta tid på 2 anteckna ~-**book** *s* protokollsbok
minx *s* flicksnärta, jänta
mir'ac||le *s* 1 under[verk] 2 mirakel[spel] [= ~-*play*] -**ulous** [æ'kju] *a* under|bar, -görande; övernaturlig
mirage [mira:'ʒ] *s* hägring
mire I *s* träsk, kärr; dy; smuts II *tr* 1 *be* ~*d in* fastna i 2 smutsa ner
mirr'or I *s* spegel II *tr* [av]spegla
mirth [mə:þ] *s* munterhet -**ful** *a* munter
mi'ry *a* sank; dyig; smutsig; nersmord
mis- *pref* orätt, illa, miss-, fel-, van-
mis||adven'ture *s* olyckshändelse, missöde -**alli'ance** *s* mesallians, missgifte
misanthrop||e [mi'zən] *s* människohatare; enstöring -**ic[al]** [ɔ'p] *a* människofientlig -**ist** [æ'n] = -*e*
misappl||ication *s* missbruk; förskingring -**y** [ai'] *tr* missbruka; förskingra
misapprehen'||d *tr* miss|förstå, -uppfatta -**sion** [ʃn] *s* missförstånd
mis||beha've *refl itr* uppföra sig illa -**belief** [i:'f] *s* villomening, kätteri -**cal'culate** [ju] *tr itr* räkna fel [på]
miscarr||iage [æ'ridʒ] *s* 1 missfall 2 felexpediering -**y** *itr* 1 misslyckas 2 få missfall 3 komma bort
miscella'n||eous [jəs] *a* 1 blandad 2 diverse 3 mångsidig -**y** [mi'] *s* 1 blandning 2 -*ies* blandade skrifter
mischance [tʃa:'ns] *s* missöde, otur
mis'chief [tʃif] *s* 1 skada; åverkan; ofog; *make* ~ stifta ofred; *mean* ~ ha ont i sinnet 2 odygd, okynne; spratt; *be up to* ~ hålla på med något rackartyg 3 skälmskhet 4 rackarunge 5 F tusan, fanken ~-**maker** *s* orostiftare; skvallerbytta
mis'||chievous [iv] *a* 1 skadlig 2 okynnig 3 skälmsk -**comprehend'** *tr* missförstå -**con'duct** I *s* vanskötsel; dåligt uppförande; äktenskapsbrott II [ʌ'kt] *tr* vansköta; ~ *o. s.* begå äktenskapsbrott -**construc'tion** *s* feltolkning -**con'strue** *tr* feltolka -**creant** [kriənt] *a s* skurk[aktig] -**dee'd** *s* missgärning -**demea'nour** *s* förseelse; brott
miser [mai'zə] *s* gnidare, girigbuk
mis'erable [z] *a* förtvivlad; eländig
mi'serly [z] *a* gnidig, snål, girig
mis'ery [z] *s* elände; olycka; förtvivlan
mis||fortune [fɔ:'tʃən] *s* olycka; otur -**giving** [gi'] *s* farhågor; tvivel
misgovern [ʌ'] *tr* vanstyra; ~*ed* misskött, självsvåldig -**ment** *s* vanstyre
mis||guided [gai'] *a* miss|ledd, -riktad -**hap'** *s* missöde -**hea'r** *tr itr* höra fel -**inter'pret** *tr* feltolka; missuppfatta -**judg'e** *tr* 1 felbedöma 2 misskänna -**lay'** *tr* förlägga -**lea'd** *tr* vilse-, missleda -**man'age** *tr* missköta; förfuska -**pla'ce** *tr* felplacera; ~*d* malplacerad -**print'** I *tr* trycka fel II *s* tryckfel -**pronou'nce** *tr* feluttala -**represen't** *tr* framställa oriktigt; förtala -**rule** [-'ru:'l] *s* vanstyre; villervalla
1 miss *s* fröken
2 miss I *tr* 1 förfela; missa; förbise; inte få tag i; förlora; ~ *fire* klicka; ~ *the train* inte hinna med tåget 2 gå miste om; försumma 3 [råka] utelämna 4 sakna II *itr* bomma; misslyckas III *s* bom, miss · *give a p. a* ~ undvika ngn, strunta i ngn
miss'al *s* [katolsk] mässbok
mis-sha'pen *a* vanskapt, missbildad
miss'ile *s* kastvapen, kastat föremål
miss'ing *a* felande; *be* ~ saknas
mission [miʃn] *s* mission; beskickning; legation; uppdrag; uppgift; kall[else] -**ary** *s* missionär
miss'is *s* F (= *mistress*) frun
miss'ish *a* flick-, mamsell|aktig
miss'ive *s* skrivelse
mis-||spell' *tr* felstava -**spell'ing** *s* felstavning, stavfel -**spent'** *a* illa använd, förspilld -**sta'te** *tr* förvränga
miss'us [mi'səs] = *missis*
miss'y I *s* [liten] fröken II = *missish*
mist *s* mist, tjocka; dimma; imma
mista'ke I *tr* 1 missförstå 2 ta fel på 3 ~ *for* ta för, förväxla med II *s* misstag; *my* ~ det är mitt fel; *and no* ~ var säker på det -**n** *a* 1 *be* ~ missta sig; förväxlas 2 felaktig; förfelad -**nly** *adv* av misstag; med orätt
mis'ter *s* herr[n]
mis'tiness *s* dimmighet; dis; oklarhet
mistletoe [mi'sltou] *s* mistel
mis'tress *s* 1 husmoder; fru; härskarinna, mästarinna 2 älskarinna 3 lärarinna; [*head*] ~ föreståndarinna
mistrust' *tr s* misstro -**ful** *a* misstrogen
mis'ty *a* 1 dimmig; disig 2 otydlig, oklar, dunkel
misunderstand' *tr* missförstå -**ing** *s* 1 missuppfattning 2 oenighet
misuse I [ju:'s] *s* missbruk II [ju:'z] *tr* 1 missbruka 2 misshandla
mite *s* 1 skärv; smula 2 pyre, parvel
mit'ig||ate *tr* 1 mildra, lindra; dämpa 2 blidka -**ation** *s* mildring, lindring
mitre [mai'tə] *s* mitra, biskopsmössa
mitt[en] *s* tum-, halv|vante, -handske
mix I *tr* blanda [till]; förena; ~ *up* förväxla II *itr* 1 [låta] blanda sig, gå ihop 2 umgås; deltaga -**ed** *a* 1 blandad; ~ *bathing* gemensamhetsbad; ~ *school* samskola; ~ *up* inblandad 2 F förvirrad; omtöcknad -**ture** [tʃə] *s* 1 blandning 2 tillsats, inslag ~-**up** *s* F förväxling; röra
miz'en *s* mesan[segel] [= ~-*sail*]
mizzle *itr* 1 dugga 2 S smita
mo S = *moment* **M. O.** = *money order*

moan [ou] **I** *itr* jämra sig; klaga **II** *tr* beklaga, begråta **III** *s* jämmer
moat [ou] *s* vall-, borg-, slotts|grav
mob I *s* **1** pöbel; ~ *law* pöbelvälde **2** S gäng; ficktjuv **II** *tr* ofreda; anfalla **III** *itr* skocka sig **-bish** *a* pöbelaktig
mo'bil||e *a* **1** rörlig **2** ombytlig **-ity** [i'l] *s* **1** rörlighet **2** ombytlighet **-ize** *tr* mobilisera; uppbjuda
mocha [mou'kə] *s* mocka[kaffe]
mock I *tr* **1** förlöjliga, driva med; håna **2** härma **3** gäcka, lura **4** trotsa, F strunta i **II** *itr* gyckla, skoja **III** *a* **1** falsk, imiterad; sken-; låtsad **2** burlesk **-er** *s* **1** begabbare; gycklare **2** härmare **-ery** *s* **1** gäckeri, gyckel, drift; hån; spe **2** åtlöje **3** vrångbild **4** besvikelse **~-turtle** *a*, ~ *soup* falsk sköldpaddssoppa
mode *s* **1** sätt **2** bruk; mod **3** tonart
mod'el I *s* **1** modell **2** mönster, förebild **3** F avbild **II** *a* mönster-; idealisk **III** *tr* **1** modellera **2** [ut]forma
mod'er||ate I [it] *a* **1** måtttlig, -full; skälig, billig; lindrig **2** medelmåttig **II** *tr* moderera, mildra, dämpa **-ation** *s* måtta, måttlighet; sans, lugn
mod'ern [ən] *a* modern, nutida; nymodig **-ism** *s* nymodighet; nybildning **-ize** *tr* modernisera
mod'est *a* **1** blygsam; anspråkslös **2** anständig **-y** *s* blygsamhet &c
mod'i||cum *s* [liten] smula; minimum **-fication** *s* **1** [för]ändring; jämkning **2** variation **-fy** *tr* modifiera; [för]ändra; mildra; bestämma
mo'dish *a* modern, på modet, 'fin'
mod'ul||ate [ju] *tr* modulera; variera; anpassa **-e** *s* mått[stock]
moist *a* fuktig; regnig **-en** [sn] *tr itr* fukta[s] **-ure** [tʃə] *s* fukt[ighet]; imma
mo'lar *a* malande; ~ [*tooth*] kindtand
molasses [məlæ'siz] *s* melass; sirap
1 mole *s* [födelse]märke, fläck
2 mole *s* vågbrytare, hamnarm, pir
3 mole *s* mullvad **-skin** *s* mollskinn; **~s** mollskinnsbyxor
molest' *tr* ofreda, antasta, besvära
moll'ify *tr* blidka, lugna
moll'y-coddle *s* vekling, stuggris
mo'lten *a* smält; gjuten
mo'ment *s* **1** ögonblick; [liten] stund; tidpunkt; *this* ~ genast; alldeles nyss; *at a* ~*'s notice* med detsamma; *on the spur of the* ~ på rak arm **2** vikt **3** moment **-ary** *a* ögonblicklig; tillfällig; flyktig **-ous** [e'nt] *a* viktig; kritisk **-um** [e'n] *s* energi, fart
mon'ac[h]al [kəl] *a* munk-, kloster-
mon'arch [ək] *s* monark, härskare **-ic[al]** [ɑ:'] *a* monarkisk **-y** *s* monarki
mon'ast||ery *s* kloster **-ic** [æ's] *a* klosterlig; kloster-, munk- **-icism** [æ's] *s* kloster|väsen, -liv
Monday [mʌ'ndi] *s* måndag; *on* ~ om måndag; i måndags; *Easter* ~ annandag påsk; *Saint* ~ frimåndag
monetary [mʌ'n] *a* penning-; valuta-
money [mʌ'ni] *s* **1** pengar; *be short of* ~ ha ont om pengar; *out of* ~ pank; *ready* ~ kontanter; *not my* ~ F ingenting för mig; *make* ~ tjäna pengar **2** mynt[sort] **~-bill** *s* finansbill **~-box** *s* sparbössa; kassaskrin **~-broker** *s* mäklare **-ed** *a* **1** penningstark, rik **2** penning-; *the* ~ *interest* finansvärlden **~-grub[ber]** *s* girigbuk **~-lender** *s* procentare **~-making** *s* penningförvärv **~-taker** *s* biljettförsäljare
monger [ʌ'ŋg] *s* -handlare, -månglare
mongrel [mʌ'ŋg] *s* **1** byracka **2** bastard
monit||ion *s* varning; förebud **-or** [mɔ'] *s* ordningsman **-ory** [mɔ'] *a* varnande, varnings-
monk [ʌ] *s* munk **-ery** *s* munkväsen
monkey [mʌ'ŋki] **I** *s* **1** apa; *put a p.'s* ~ *up* S reta ngn **2** hejare **II** *tr* efterapa **III** *itr* spela apa; bråka **~-nut** *s* jordnöt **~-wrench** *s* skiftnyckel
monk||hood [mʌ'ŋk] *s* **1** munk|stånd, -väsen **2** munkar **-ish** *a* munk-
mono||- [mɔ'nə] mono-, en-, ensam- **-chrome** *a* enfärgad **-gamy** [ɔ'g] *s* engifte **-logue** [lɔg] *s* monolog
monoma'nia *s* fix idé; vurm **-c** [æk] *s* monoman **-cal** [ənai'] *a* monoman
monop'ol||ize *tr* monopolisera; lägga beslag på **-y** *s* monopol, ensamrätt
monosyll||ab'ic *a* enstavig **-able** [si'l] *s* enstavigt ord
mon'oton||e I *a s* entonig [sång [o. d.]], entonighet **II** *tr* 'mässa' **-ous** [ɔ'tə] *a* enformig **-y** [ɔ'tə] *s* enformighet
mon'ster *s* monster, vidunder; odjur
monstr||osity [ɔ's] *s* vanskaplighet; vidunder[lighet]; missfoster; ofantlighet; avskyvärdhet **-ous** [mɔ'n] *a* missbildad; ofantlig; orimlig; ohygglig
mon'tane *a* berg[s]-, bergig
month [mʌnþ] *s* månad; *this day* ~ om en månad **-ly I** *a adv* månatlig[en], månads- **II** *s* månadsskrift
monticule [mɔ'ntikju:l] *s* kulle
mon'ument [ju] *s* minnes|märke, -vård **-al** [e'n] *a* minnes-; monumental
mooch S *itr tr* stryka omkring; knycka
mood *s* lynne, stämning; humör; lust; *in the* ~ upplagd **-y** *a* **1** trumpen, tvär; missmodig **2** nyckfull
moon I *s* måne; *cry for the* ~ begära det orimliga **II** *itr* gå och drömma (fåna) **-beam** *s* månstråle **~-calf** *s* idiot **-light** *s a* månljus **-lit** *a* månljus **-shine** *s* **1** fantasier **2** S smuggelsprit **-shiner** *s* [Am.] S spritsmugglare **-shiny** *a* **1** månljus **2** fantastisk **-struck** *a* vansinnig **-y** *a* **1** mån- **2** fånig
1 moor [muə] *s* [ljung]hed; **~-*cock***, **~-*hen***, **~-*game*** moripa

2 moor *tr itr* förtöja **-age** *s* förtöjnings|plats, -avgift **-ing** *s* förtöjning; ~*s* förtöjnings|boj, -plats
Moorish [mu'əriʃ] *a* morisk
moo'r||ish *a* hed- **-land** *s* hed[land] **-y** *a* 1 hed- 2 myr-, moss-
moose [mu:s] *s* [amer.] älg
moot I *a* omtvistad **II** *tr* diskutera
1 mop I *s* mopp; ⚓ svabb **II** *tr* torka [av]; S lägga beslag på; ta kål på
2 mop *s*, ~*s and mows* grimaser
mop||e I *itr refl* [sitta och] grubbla (tjura) **II** *s* 1 F döddansare 2 ~*s* nedstämdhet **-ed** *a* nedstämd
mopp'y *a* 1 tovig 2 S 'lurvig', full
moral [ɔ'] **I** *a* 1 moralisk; moral-; sedlig 2 inre, andlig; ~ *certainty* till visshet gränsande sannolikhet **II** *s* 1 [sens]moral 2 P avbild 3 ~*s* moral; vandel **-e** [mɔrɑ:'l] *s* moral, [god] anda **-ity** [æ'l] *s* 1 moral; sedlighet 2 moraliserande **-ize** *itr tr* moralisera; dra moralen ur; göra moralisk **-izer** *s* moralpredikant
morass' *s* träsk, kärr, myr; [bildl.] dy
Mora'vian *a s* mähr[isk]; herrnhutare
mor'bid *a* sjuklig **-ity** [i'd] *s* sjuklighet
mord||ac'ity -ancy [mɔ:'] *s* skärpa, bitterhet **-ant** [mɔ:'] *a* 1 vass, sarkastisk 2 skarp; frätande
more [mɔ:] **I** *a* mer[a] **II** *adv* mer[a]; ytterligare, till; *no* ~ ej heller; lika litet; *one* ~ en till; *one word* ~ ännu ett ord; ~ *easily* lättare
morel' *s* [topp]murkla
moreo'ver [ɔ:r] *adv* dessutom; vidare
Moresque [mɔre'sk] *a* morisk
moribund [mɔ'ribʌnd] *a s* [en] döende
mor'ning *s* morgon; förmiddag; *this* ~ i morse; *yesterday* ~ i går morse; ~ *coat* jackett; ~ *gown* förmiddagsklänning, morgonrock; ~ *service* högmässa ~**-dress** *s* förmiddags-, vardags|dräkt ~**-room** *s* vardagsrum
Moroccan [mərɔ'kən] *a s* marockan[sk]
moro'se [mə] *a* surmulen, vresig; dyster
mor'ph||ia [iə] **-ine** [i:n] *s* morfin
morr'ow [ou] *s* morgondag; [*on*] *the* ~ följande dag
morsel [mɔ:sl] *s* [muns]bit; smula
mor'tal I *a* 1 dödlig; förgänglig; dödande; ödesdiger, döds- 2 F urtråkig 3 F väldig **II** *s* dödlig, människa **-ity** [æ'l] *s* dödlighet
1 mor'tar *s* 1 mortel 2 mörsare
2 mortar *s* murbruk ~**-board** *s* 1 murbruksbräda 2 student-, skol|mössa
mortgag||e [mɔ:'gidʒ] **I** *s* inteckning **II** *tr* 1 inteckna 2 sätta i pant, lova bort **-ee** [ədʒi:'] *s* inteckningshavare **-or** [dʒɔ:'] *s* inteckningsgäldenär
mortice [mɔ:'tis] = *mortise*
mortif||ication *s* 1 förödmjukelse 2 harm; missräkning 3 späkning 4 kallbrand **-y** [mɔ:'tifai] **I** *tr* 1 förödmjuka 2 gräma 3 späka; kuva **II** *itr* angripas av kallbrand
mor'tise [is] **I** *s* tapphål **II** *tr* [in]tappa
mor'tuary I *a* grav-; döds- **II** *s* bårhus
mosaic [mozei'ik] *s a* mosaik[-]
Mos'lem [z] *s a* muhammedan[sk]
mosque [mɔsk] *s* moské
mosquito [məski:'to(u)] *s* mygga
moss *s* mossa **-ed** ~**-grown** [oun] *a* mossbevuxen **-y** *a* mossig; moss-
most [ou] **I** *a* 1 mest; störst; den (det) mesta 2 de flesta **II** *s* 1 [det] mesta; *make the* ~ *of* utnyttja på bästa sätt; göra mycket väsen av; *at* [*the*] ~ på sin höjd; i bästa fall 2 [de] flesta **III** *adv* 1 mest; ~ *of all* allra mest; ~ *famous* ryktbarast; ~ *easily* lättast 2 högst; synnerligen **-ly** *adv* för det mesta, mest[adels]; huvudsakligen
mote *s* [sol]grand, stoft-, damm|korn
moth *s* mott, mal; [natt]fjäril
mother [mʌ'ðə] **I** *s a* 1 moder; mor; mamma; ~*'s help* hembiträde; *queen* ~ änkedrottning 2 moder[s]-; ~ *hen* kycklinghöna; ~ *tongue* modersmål; ~ *wit* sunt förnuft; fyndighet **II** *tr* 1 föda, frambringa 2 adoptera; vårda 3 [be]skydda 4 erkänna **-craft** *s* barnavård **-hood** *s* moderskap ~**-in-law** *s* svärmor **-ly** *a* moderlig, moders- ~**-of-pearl** *s* pärlemo[r]
mothy [mɔ'þi] *a* full av mal; maläten
mo'tion I *s* 1 rörelse; hållning; åtbörd, gest, tecken; ~ *picture*[*s*] film, bio 2 tempo; manöver 3 förslag 4 maskindel; mekanism 5 avföring **II** *itr tr* ge tecken, vinka [åt] **-less** *a* orörlig
mo'tiv||ate *tr* 1 motivera 2 formå **-e**[**iv**] **I** *s* motiv; skäl **II** *a* rörelse-, driv- **III** = *-ate* **-eless** *a* omotiverad
mot'ley [li] **I** *a* brokig **II** *s* 1 brokig blandning 2 narr[dräkt]
mo'tor I *s* 1 drivkraft 2 motor 3 F bil; motor|cykel, -båt 4 motorisk muskel (nerv) **II** *itr* bila; köra motor|cykel, -båt ~**-bike** *s* motorcykel ~**-cab** *s* [drosk]bil ~**-car** *s* bil; ~ *driver* chaufför ~**-coach** *s* turistbil **-dom** *s* motorism ~**-drive** *s* biltur **-ed** *a* försedd med motor ~**-failure** *s* motorstopp ~**-horn** *s* signalhorn **-ial** [tɔ:'] *a* motorisk **-ing** *s* bilkörning; ~ *accident* bilolycka; ~ *tour* bilfärd **-ist** *s* bilist **-ize** *tr* motorisera ~**-launch** *s* motorbåt ~**-lorry** *s* lastbil **-man** *s* förare ~**-power** *s* motordrift ~**-race** *s* biltävling ~**-ride** *s* biltur ~**-road** *s* bilväg ~**-trouble** *s* motor|skada, -stopp ~**-van** *s* lastbil ~**-vehicle** *s* motorfordon ~**-vessel** *s* motorfartyg
mottle I *s* fläck[ighet] **II** *tr*, ~*d* fläckig, brokig
1 mould [ou] *s tr* mylla [över]
2 mould *s* 1 mögel 2 mögelsvamp
3 mould I *s* 1 [gjut]form; pudding

2 [kropps]byggnad; gestalt 3 typ, art 4 modell, schablon **II** *tr* 1 gjuta, forma, bilda 2 gestalta
moulder [ou'] *itr* 1 vittra (falla) sönder 2 förmultna 3 för|falla, -tvina
moulding [ou'] *s* 1 gjutning; modellering 2 list[verk] **~-board** *s* bakbräda
mouldy [ou'] *a* 1 möglig; unken 2 gammalmodig 3 S urtråkig
moult [ou] **I** *itr* rugga; [bildl.] byta skinn **II** *tr* fälla **-ing** *s* ruggning; hårfällning; skal-, skinn|ömsning
mound **I** *s* 1 [grav]hög; jordvall 2 kulle **II** *tr* hopa; omge med vall[ar]
1 mount *s* berg; *the M~ of Olives* Oljeberget
2 mount **I** *tr* 1 bestiga; klättra upp på (i); gå uppför; *~ed* ridande, beriden 2 placera 3 hjälpa upp i sadeln 4 montera; sätta upp; klistra upp; infatta; besätta, beslå 5 iscensätta 6 *~ guard* gå på vakt **II** *itr* 1 stiga [upp]; gå uppför; höja sig 2 sitta upp **III** *s* 1 ridhäst; ridning 2 montering; kartong; infattning; beslag [äv. *~ing*]
mou'ntain [tin] *s* 1 berg; *promise ~s* lova guld och gröna skogar 2 *~ ash* rönn **-eer** [i'ə] *s* 1 bergsbo 2 alpinist **-ee'ring** *s* bergbestigning[ar] **-ous** *a* 1 bergig 2 ofantlig
mou'ntebank *s* kvacksalvare; charlatan; gycklare
mourn [mɔ:n] **I** *itr* sörja; *~ for* sörja **II** *tr* sörja [över] **-er** *s* sörjande **-ful** *a* sorglig; klagande; sorg[e]-; sorgsen **-fulness** *s* sorg[lighet] **-ing** *s* sorg-[dräkt]; *be in ~ for* sörja, ha sorg efter; *go into (put on) ~* anlägga sorg
mouse **I** [s] (pl. *mice*) *s* 1 mus, råtta 2 S blått öga **II** [z] *itr* 1 fånga råttor 2 snoka **-r** [z] *s* 1 råttfångare 2 S detektiv **-trap** *s* råttfälla
moustache [məstɑ:'ʃ] *s* mustasch[er]
mousy [mau'si] *a* råttlik[nande]; tyst
mouth [þ] **I** *s* 1 mun; *corner of the ~* mungipa; *by word of ~* muntligen; ordagrant; *give ~* ge hals; *have o.'s heart in o.'s ~* ha hjärtat i halsgropen; *take the ~* skena 2 grimas 3 S fräckhet 4 mynning; öppning; hål **II** [ð] *tr itr* 1 'deklamera' 2 hugga efter 3 konsumera 4 grimasera **-ed** [ðd] *a* med .. mun, -mynt **~-filling** *a* svulstig **-ful** *s* mun full; munsbit **-piece** *s* 1 munstycke 2 språkrör **~-wash** *s* munvatten **-y** [ð] *a* 1 bombastisk 2 taltrangd
movable [mu:'] **I** *a* 1 rörlig, flyttbar 2 lös, personlig **II** *s*, *~s* lösöre; bohag
move [u:] **I** *tr* 1 röra [på], [för]flytta; rubba 2 sätta i gång; driva, draga 3 *be ~d* finna köpare, gå åt 4 [upp]väcka 5 göra rörd, gripa 6 inverka på, förmå; *~d* [äv.] manad, böjd 7 föreslå; yrka på; *~ a motion* väcka ett förslag **II** *itr* 1 röra ([för]flytta) sig; gå, tåga 2 sätta sig i rörelse bryta upp; flytta; F ge sig av; *~ out* gå ut; [av]flytta 3 gå [åt] 4 väcka förslag, yrka **III** *s* 1 [schack]-drag; åtgärd 2 röre se; *be on the ~* vara på rörlig fot; ge sig av; *get a ~ on* S raska på; *make a ~* bryta upp 3 flyttning **-ment** *s* 1 rörelse; [för]flyttning 2 beteende; hållning 3 urverk; mekanism 4 tempo; rytm; utveckling **-r** *s* 1 [*prime*] *~* upphov[sman]; drivkraft 2 förslagsställare
mov||ie [mu:'vi] *s* F film; *~s* bio **-ing** **I** *a* 1 rörlig; *~ pictures* bio[graf] 2 rörande; ledande **II** *s* förflyttning
1 mow [au] *s* 1 stack; [hö]volm 2 [hö]skulle, loge
2 mow [ou] *tr itr* meja; slå, skära; klippa **-er** *s* 1 slåtterkarl; gräsklippare 2 slåtter-, gräsklippnings|maskin **-ing** *s* slåtter; slaget gräs; äng; [gräs]vall **-n** pp. av *2 mow*
M. P. [e'mpi:'] (=*Member of Parliament*) riksdagsman **Mr** [mi'stə] herr **Mrs** [mi'siz] fru **MS.** = *manuscript* **M. S.** (Sc.) = *Master of Science* **M/S** = *motor ship* **Mt** = *Mount*
much **I** *a s* 1 mycke|t, -n; *not ~* F visst inte; *not ~ of a linguist* inte någon vidare språkkarl; *nothing ~* F just ingenting 2 *he said as ~* han sade så; *I thought as ~* jag kunde just tro det; *so ~* [så och] så mycket; *so ~ so* till den grad [att]; *so ~ for* så var det med **II** *adv* 1 mycket; *not ~* [äv.] icke vidare; *~ as* hur mycket än; *~ to my delight* till min stora förtjusning; *~ against my will* högst ogärna; *ever so ~ early* alldeles för tidigt; *~ the best plan* den absolut bästa planen 2 ungefär **-ness** *s* myckenhet
mu'cilage *s* 1 slem 2 gummi[lösning]
muck **I** *s* 1 dynga 2 F smörja; *in a ~* F nersmord **II** *tr* 1 F smörja ner 2 S förstöra **III** *itr*, *~ about* F larva omkring **-er** *s* 1 S fall; fiasko; *come (go) a ~* S störta; ramla; misslyckas; *go a ~* vräka ut pengar 2 S kräk **~-heap** *s* dynghög **~-rake** *s* dynggrep; skandaljägare **-worm** *s* 1 dyngmask 2 girigbuk 3 rännstensunge
mu'c||ous *a* slemmig; slem- **-us** *s* slem
mud *s a* 1 gyttja, dy; slam; smuts 2 jord- **~-boat** *s* mudderpråm
muddle **I** *tr* 1 omtöckna; förvirra; *~d* [äv.] sluddrig 2 *~ up* röra ihop 3 fördärva, trassla till 4 *~ away* slarva bort **II** *itr* klåpa, plottra, söla; *~ on* krångla sig fram; *~ through* krångla sig igenom (fram) **III** *s* oreda
mudd'y *a* 1 gyttjig; smutsig 2 grumlig 3 dunkel; mörk 4 sluddrig 5 virrig
mud'||guard *s* stänkskärm **-head** *s* dumbom **-lark** *s* [rännstens]unge

1 muff I *s* 1 dumbom; kräk 2 miss-[lyckande] **II** *tr itr* förstöra; missa
2 muff *s* muff **-etee** [əti:′] *s* mudd
muff′in *s* [te]kaka **-ee′r** *s* ströburk
1 muffle *s* mule
2 muffle I *s* läderhandske; tum-, halv|vante **II** *tr* 1 linda om 2 madrassera; dämpa **-r** *s* 1 halsduk 2 ljuddämpare
muf′ti *s* 1 'lagtolkare' 2 civildräkt
1 mug *s* 1 mugg 2 bägare
2 mug I *s* ansikte; trut **II** *itr* grimasera
3 mug *s* S kräk, dumbom; klåpare
4 mug S **I** *itr tr* plugga **II** *s* plugghäst
mugg′y *a* kvav, tung, tryckande
mul′berry *s* mullbär[sträd]
mulct I *s* böter **II** *tr* bötfälla; beröva
mul‖e *s* 1 mulåsna 2 tjurskalle 3 bastard **-eteer** [iti′ə] *s* mulåsnedrivare **-ish** *a* istadig; halsstarrig, trilsk
mull *tr* glödga; *~ed wine* glögg
mull′igrubs *s* F dysterhet; ont i magen
mull′ion *s* fönsterpost **-ed** *a* tvärdelad
mul′ti‖- mång- **--colour[ed]** *a* mångfärgad **-farious** [fɛ′ə] *a* mång|faldig, -ahanda **-form** *a* mångformig **-lat′eral** *a* mångsidig **-plane** *s* flerdäckare
mul′tipl‖e *a* mångfaldig **-ication** *s* 1 multiplikation 2 mångfaldigande; ökning **-icity** [i′s] *s* mångfald **-ier** [aiə] *s* multiplikator **-y** [ai] *tr itr* 1 multiplicera 2 mångfaldiga[s], öka[s]
mul′titud‖e *s* mängd; [folk]massa **-inous** [ju:′d] *a* mångfaldig; otalig
1 mum *s* mumma, starköl
2 mum *interj* tyst! tig!
3 mum *itr* klä ut sig, spela pantomim
4 mum F = *2 mummy* o. *ma′am*
mumble I *itr tr* 1 mumla 2 mumsa [på] **II** *s* mummel
mumm′ery *s* pantomim; jul-, narr|spel
mumm′ify *tr* förvandla till mumie
1 mumm′y *s* 1 mumie 2 brun färg
2 mummy *s* mamma, F mams
mump *itr* 1 F tjura; S gnälla 2 S bettla **-er** *s* S tiggare, bettlare **-s** *s* 1 påssjuka 2 F surmulenhet
munch [mʌn(t)ʃ] *itr tr* mumsa [på]
mundane [mʌ′n] *a* jordisk, världslig
munic′ipal [mju:] *a* kommunal; stads-, kommun-; *~ council* kommunal-, stads|fullmäktige **-ity** [æ′l] *s* kommun[alstyrelse], stad[smyndigheter]
munif′icent [ju] *a* frikostig; storslagen
munition *s*, *~s* 1 krigsförnödenheter; ammunition 2 utrustning, medel
mu′ral *a* mur-, vägg-
mur′der I *s* mord; *cry ~* ropa på hjälp; *the ~ is out* F mysteriet är uppklarat **II** *tr* 1 mörda 2 fördärva; rådbråka **-er** *s* mördare **-ous** *a* 1 mordisk; mord- 2 mördande
mure [mjuə, mjɔ:] *tr*, *~ up* inspärra
murk [ə:] *s* mörker **-y** *a* mörk, skum; mulen; svart
mur′mur I *s* 1 sorl, brus, sus; surr 2 mummel; knot **II** *itr* 1 sorla, brusa, susa; surra 2 mumla; knota, knorra **III** *tr* mumla fram
murrain [mʌ′rin] *s* mjältbrand
mus′ca‖dine [in] *s* muskatelldruva **-t** [kət] *s* muskat|druva, -vin **-tel** [e′l] *s* muskatell|druva, -vin
musc‖le [mʌsl] *s* muskel **-ular** [mʌ′sk] *a* muskel-; muskulös, kraftig
1 muse [z] *s* sång|gudinna, -mö; musa
2 muse *itr* fundera, grubbla; drömma
museum [mju(:)zi′əm] *s* museum
1 mush *s* S 1 paraply 2 droskägare
2 mush *s* 1 mos, röra, sörja; [majs]gröt 2 [radio]störning 3 S smörja
mushroom [mʌ′ʃrum] *s* 1 champinjon; [ätlig] svamp 2 uppkomling 3 S paraply 4 F damhatt
mush′y *a* 1 mosig, lös, blöt 2 grötig
mu′sic [z] *s* 1 musik; *rough ~* kattmusik 2 not|er, -häften 3 [jakt.] skall **-al** *a* 1 musikalisk; melodisk 2 musik-; *~ box* speldosa; *~ comedy* operett **~-book** *s* notbok **~-case ~-folio** *s* notportfölj **~-grinder** *s* gatmusikant **~-hall** *s* varieté **-ian** [zi′ʃn] *s* musik|er, -ant **~-master** *s* musiklärare **~-rack** *s* nothylla **~-sheet** *s* not|häfte, -blad **~-stand** *s* notställ **~-stool** *s* pianostol
mu′sing *a* tankfull, grubblande
musk *s* mysk[djur, -ört] **~-bag** *s* myskpung **~-deer** *s* myskdjur
mus′ket *s* musköt **-eer** [i′ə] *s* musketör **-ry** *s* skjutning; gevärseld
musk′‖rat *s* bisam[råtta]; silverbisam
muslin [mʌ′z] *s* 1 muslin 2 F *bit of ~* kvinna, flicka
musquash [mʌ′skwɔʃ] *s* bisam
mussel [mʌsl] *s* [blå]mussla
1 must *s* druv|must, -saft, **nytt vin**
2 must *s* unkenhet; mögel
3 must [mʌst, məs(t)] *hjälpv* 1 måste 2 *~ not* får (fick) inte
mus′tard *s* senap **~-pot** *s* senapsburk
mus′ter I *s* 1 mönstring, besiktning 2 uppbåd; [för]samling, skara **II** *tr* 1 mönstra, inspektera; *~ in, out* in-, av|mönstra 2 uppbåda; samla; upp|driva, -bjuda, -visa **III** *itr* 1 mönstra, inspektera[s] 2 samlas **~-book** *s* rulla **~-roll** *s* [mönster]rulla
mustn′t [mʌsnt] = *must not*
mus′ty *a* 1 unken; instängd; möglig, skämd; sur 2 för|legad, -åldrad
mu′t‖able *a* föränderlig; ostadig **-ation** *s* förändring; mutation; omljud
mute I *a* stum; tyst **II** *s* 1 stum person 2 statist 3 sordin **III** *tr* dämma; dämpa **-ness** *s* stumhet; tystnad
mu′tilate *tr* stympa; förvanska
mutin‖eer [ni′ə] **I** *s* myterist **II** *itr* göra myteri **-ous** [mju:′] *a* upprorisk **-y** [mju:′] *s itr* [göra] myteri
mu′tism *s* [döv]stumhet; tystnad

mutt'er I *itr tr* mumla, muttra; knota, knorra II *s* mum|lande, -mel; knot
mutt'on *s* fårkött; *roast* ~ fårstek ~-**-chop** *s* 1 lammkotlett 2 ~*s* polisonger
mu'tual *a* 1 ömsesidig; inbördes 2 gemensam
muzzle I *s* 1 nos, tryne; S käft 2 munkorg 3 [gevärs]mynning II *tr* sätta munkorg på [äv. bildl.]; tysta ner
muzz'y *a* F dåsig, slö; omtöcknad
my [mai] *pron* min; ~ *dear* kära du
mylord [milɔ:'d] se *lord I 3*
myo'p||ia [mai] **-y** [-'opi] *s* närsynthet
myriapod [mi'riəpɔd] *s* mångfoting
myrmidon [mə:'] *s* hejduk, legodräng
myrrh [mə:] *s* myrra
myrtle [mə:tl] *s* myrten
myself' *pron* [jag] själv; mig [själv]
myst||e'rious *a* mystisk, hemlighetsfull **-ery** [mi's] *s* mysterium; gåta, hemlighet **-ic** [-'-] I *a* mystisk; förborgad II *s* mystiker **-ical** [-'--] *a* mystisk **-ification** *s* bedrägeri, skoj; mysterium **-ify** [-'--] *tr* 1 förbrylla; driva med 2 göra mystisk, hölja i dunkel
myth [miþ] *s* myt, saga; dikt, lögn **-ic[al]** *a* mytisk; [upp]diktad **-ol'ogy** [dʒ] *s* mytologi, gudalära

N

N, n [en] *s* n
N., n. = *North; national; neuter; new; noon; note[s]; noun; number*
nab *tr* S gripa, nappa, hugga [åt sig]
na'bob *s* indisk guvernör; stenrik knös
nacre [nei'kə] *s* pärlemo[r]
1 **nag** *s* [rid]häst, klippare
2 **nag** *tr itr* hacka, gnata [på]
nail I *s* 1 nagel; klo; *tooth and* ~ med näbbar och klor 2 spik, söm II *tr* 1 spika [fast]; få fast 2 beslå med spik 3 spika igen 4 S hugga **-er** *s* 1 spiksmed 2 S överdängare **-ing** *a* S utmärkt
naked [nei'kid] *a* naken, blottad; kal
nam'by-pam'by *a* känslosam, sipp
name I *s* 1 namn; *first* ~ förnamn; *what is the* ~ *of* . .? vad heter . .? *Tom by* ~, *of the* ~ *of Tom* vid namn Tom; [*bad*] ~*s* öknamn, skällsord 2 rykte, ryktbarhet II *tr* 1 kalla, benämna 2 [om]nämna 3 ut|nämna, -se **-ly** *adv* nämligen ~-**-part** *s* titelroll **-sake** *s* namne
nanny [næ'ni] ~**-goat** *s* get
1 **nap** *s itr* [ta sig en] lur
2 **nap** I *s* ludd; fälb II *tr* noppa, rugga
nape *s* nacke [*the* ~ *of the neck*]
naphtha [næ'fþə] *s* nafta
nap'kin *s* servett; handduk; blöja
napp'y *a* långhårig, lurvig
narco'||sis [sis] *s* narkos **-tic** [ɔ'] *s a* narkotisk[t medel]
narghile [nɑ:'gili] *s* vattenpipa
narra't||e *tr itr* berätta **-ion** *s* berätt|ande, -else **-ive** [næ'rə] I *s* = *-ion* II *a* berättande **-or** *s* berättare
narrow [næ'rou] I *a* 1 trång, smal 2 knapp, snäv; *have a* ~ *escape* med knapp nöd slippa undan 3 trångbröstad 4 noggrann II *s*, ~*s* trångt farvatten (pass) III *itr tr* göra (bli) trängre (smalare), inskränka[s] ~-**-gauge** *s* smal spårvidd ~**-hearted** *a* lågsint ~**-minded** *a* inskränkt
nasal [neizl] I *a* nasal, näs- II *s* näsljud **-ize** *itr* [ut]tala genom näsan
nastur'tium [ʃəm] *s* vattenkrasse
nasty [ɑ:'] *a* 1 smutsig 2 snuskig 3 vidrig; otrevlig 4 elak, otäck, F nedrig
na'tal *a* födelse- **-ity** [ætæ'] *s* nativitet
nata't||ion [nei] *s* simning **-orial** [ətɔ:'] **-ory** [nei'tə] *a* sim-
nation [nei'ʃn] *s* nation, folk[slag]
national [næ'ʃnəl] *a* nationell, national-, folk-; riks-; stats- **-ity** [æ'l] *s* 1 nationalitet 2 fosterländskhet **-ize** *tr* 1 nationalisera 2 naturalisera
na'tiv||e I *a* 1 medfödd; ~ *country* fosterland; ~ *tongue* modersmål; ~ *place* födelseort 2 infödd, inhemsk 3 naturlig II *s* inföding **-ity** [əti'v] *s* 1 födelse, börd 2 horoskop
natt'y *a* nätt, fin, prydlig; flink
natural [næ'tʃərəl] I *a* naturlig, natur- II *s* idiot ~**-born** *a* infödd **-ist** *s* naturforskare, biolog **-ize** *tr* 1 naturalisera 2 införliva **-ly** *adv* 1 av naturen 2 naturligt[vis]
nature [nei'tʃə] *s* 1 natur[en]; *pay the debt of* ~ dö; *size of* ~ naturlig storlek 2 naturell, kynne **-d** *a* -artad
naught [nɔ:t] I *pron* ingenting; *come to* ~ gå om intet; *set at* ~ ringakta II *s* noll[a] III *a* värdelös **-y** *a* 1 stygg, okynnig 2 oanständig
nause||a [nɔ:'siə] *s* 1 äckel, illamående 2 sjösjuka **-ate** *itr tr* vämjas [vid]; äckla **-ous** *a* vämjelig
nau'tical *a* nautisk, sjö-
na'val *a* skepps-, örlogs-, sjö-
1 **nave** *s* huvudskepp [i kyrka]
2 **nave** *s* [hjul]nav
navel [nei'vl] *s* navle; medelpunkt
nav'ig||able *a* 1 segelbar 2 styrbar **-ate** *tr itr* navigera; segla [på] **-ation** *s* segling, sjöfart **-ator** *s* navigatör
navv'y *s* 1 kanal-, järnvägs|arbetare, 'rallare' 2 grävningsmaskin
navy [nei'vi] *s* [örlogs]flotta, marin
nay *adv* 1 [åld.] nej 2 ja, till och med
N. B. [e'nbi:'] = 1 *nota bene* märk väl 2 *North Britain, North British* **N. C. O.** = *non-commissioned officer*
neap I *s* nip|flod, -tid II *a* låg

near [niə] I *a* 1 nära; närbelägen 2 trogen 3 knapp 4 vänster II *adv* 1 nära 2 sparsamt III *prep* nära IV *tr itr* närma sig **-ly** *adv* 1 [på] nära [håll] 2 nästan, nära på; *not* ~ (äv. *near*) inte på långt när **-ness** *s* 1 närhet 2 nära släktskap ~**-sighted** *a* närsynt
1 **neat** *s* [horn]boskap; nötkreatur
2 **neat** *a* 1 ren, klar 2 nätt och fin, snygg; prydlig 3 fyndig
neb'ul‖a [ju] *s* nebulosa **-ous** *a* töcknig
necessar|y [ne'si] I *a* nödvändig II *s* *-ies* [*of life*] förnödenheter
necess'i‖tate *tr* göra nödvändig, kräva **-tous** *a* behövande, fattig **-ty** *s* 1 nödvändighet; nöd[tvång]; *in case of* ~ i nödfall; vid behov; *the -ties of life* livets nödtorft 2 tvingande behov
neck *s* 1 hals; *back of the* ~ nacke; ~ *and* ~ jämsides; ~ *and crop* med hull och hår; ~ *or nothing* F på liv och död 2 långsmalt näs (pass) ~**-band** *s* halslinning **-cloth** *s* halsduk **-erchief** [ətʃif] *s* halsduk **-lace** [lis] *s* halsband **-let** *s* halsband; prydnad; boa ~**-tie** *s* halsduk, slips
nec'ro‖mancy *s* svartkonst, magi **-polis** [ɔ'p] *s* nekropol, begravningsplats
need I *s* 1 behov; *if* ~ *be* om så erfordras 2 nöd, brist; *a friend in* ~ *is a friend indeed* i nöden prövas vännen II *tr itr* behöva[s] **-ed** *a* behövlig **-ful** *a* behövlig, nödig; *the* ~ F pengar **-iness** *s* brist, nöd[ställdhet]
needle I *s* 1 [sy]nål 2 barr 3 klippspets 4 obelisk 5 S *the* ~ nervattack II *itr* 1 sy 2 tränga sig III *tr* sticka genom ~**-case** *s* nålfodral ~**-lace** *s* sydd spets ~**-point** *s* 1 nålsudd 2 fin sydd spets
needless [ni:'dlis] *a* onödig
nee'dle‖woman *s* sömmerska **-work** *s* sömnad; tapisserisöm; *do* ~ sy
need‖s *adv* nödvändigt **-y** *a* nödställd
nefarious [fɛ'əriəs] *a* skändlig, nedrig
nega‖tion *s* 1 [för]nekande, negerande 2 negation **-tive** [ne'g] I *s a* 1 nekande [svar, ord] 2 negativ II *tr* 1 förneka; förkasta 2 neutralisera
neglect' I *tr* 1 försumma 2 vårdslösa; ringakta II *s* 1 försummelse 2 likgiltighet, ringaktning; vanvård **-ful** *a* försumlig, vårdslös
neg'lig‖ence [dʒ] *s* försumlighet, vårdslöshet **-ent** *a* 1 försumlig, vårdslös 2 likgiltig **-ible** *a* betydelselös
negoti‖able [nigou'ʃi] *a* 1 säljbar 2 fram-, över|komlig **-ate** I *tr* 1 [äv. *itr*] underhandla [om] 2 vinna, utverka 3 avyttra; förmedla 4 övervinna **-ation** *s* 1 underhandling 2 uppgörande 3 växel|slut, -handel 4 övervinnande **-ator** *s* underhandlare
ne'gr‖ess *s* negress **-o** (pl. ~*es*) *s* neger
negus [ni:'gəs] *s* vintoddy
neigh [nei] *itr s* gnägg|a, -ning
neighbour [nei'bə] I *s* 1 granne 2 nästa II *tr* gränsa intill **-hood** *s* 1 grannskap, närhet 2 trakt; stadsdel 3 grannar 4 grannsämja **-ing** *a* närbelägen; angränsande **-ly** *a* vänskaplig **-ship** *s* grann|skap, -sämja
neither [nai'ðə, ni:'] I *pron* ingendera II *konj*, ~ . . *nor* varken . . eller III *adv* [ej] heller
nenuphar [ne'njufɑ:] *s* vit näckros
neo‖- [nio(u)] ny- **-lithic** [ni'oli'þik] *a* från yngre stenåldern
neol'og‖ism [dʒ] **-y** *s* nybildning; nylära
nephew [ne'vju] *s* bror-, syster|son
nephri'tis *s* njurinflammation
nerv‖e [nə:v] I *s* 1 nerv; ~*s* [äv.] nervsystem; nervositet; *fit of* ~*s* nervattack 2 kraft, mod, [själs]styrka II *tr* ge styrka åt **-eless** *a* kraftlös **-ous** *a* 1 nerv- 2 kraftfull 3 orolig, retlig; nervös **-y** *a* 1 kraftig 2 S ogenerad 3 nervös
nescient [ne'ʃi] *a s* okunnig; fritänkare
ness *s* näs; udde, landtunga
nest I *s* 1 näste, bo 2 [rövar]kula 3 kull, svärm; följe II *itr tr* 1 bygga bo [åt] 2 leta efter fågel|bon, -ägg ~**-egg** *s* 1 lock-, bo|ägg 2 grundplåt **-le** [nesl] *itr tr* 1 trycka (smyga) sig [intill]; krypa in, ligga inbäddad 2 [in]hysa; pyssla om; ~ *o. s.* slå sig ned **-ling** *s* nykläckt fågelunge
1 **net** I *s* 1 nät; garn, snara 2 tyll II *tr* fånga [i nät] III *itr* knyta nät
2 **net** I *a* netto II *tr* [ut]göra i netto
nether [ne'ðə] *a* nedre, undre; neder-, under- **-most** [ou] *a* nederst, underst
net'‖ted *a* nät|lik, -betäckt **-ting** *s* nät|bindning, -verk
nettle I *s* nässla II *tr* bränna; reta; egga **-rash** *s* nässelfeber
net'‖ty = *-ted* **-work** *s* nätverk; labyrint
neur‖al [nju'ə] *a* nerv- **-al'gia** [dʒə] *s* nervvärk **-asthe'nia** *s* neurasteni **-ol'ogist** [dʒ] *s* nervspecialist **-o'sis** *s* neuros, nervsjukdom **-ot'ic** I *a* nerv-[stärkande] II *s* 1 nervmedel 2 nervsjuk
neut‖er [nju:'] I *a* neutral; intransitiv II *s* neutrum **-ral** *a* neutral **-ral'ity** *s* neutralitet **-ralize** *tr* motverka
nev'er *adv* aldrig; F inte [alls]; [*well*] *I* ~ F jag har då aldrig sett maken ~**-ceasing** ~**-ending** *a* oupphörlig **-theless'** *adv* icke dess mindre ~**-to-be-forgotten** *a* oförgätlig
new [nju:] *a* 1 ny; ~ *man* uppkomling 2 färsk 3 ovan ~**-blown** *a* nyutsprucken **-comer** *s* nykomling
newel [nju:'əl] *s* trappspindel
new-‖fangled [nju:'fæ'ŋgld] *a* nyhetslysten; nymodig **-fashioned** [-'fæ'ʃnd] *a* nymodig **-fledged** *a* nyfjädrad
Newfou'ndlander *s* 1 invånare på Newfoundland 2 newfoundlandshund

new||ish [nju:'] *a* tämligen ny **- -laid** *a* nyvärpt **-ly** *adv* nyligen, nynews [nju:z] *s* nyhet[er], underrättelse[r]; *a piece of* ~ en nyhet **~-agency** *s* telegrambyrå **~-agent** *s* innehavare av tidningskontor **~-boy** *s* tidningspojke **-man** *s* tidningsförsäljare **-monger** *s* nyhetskrämare **-paper** *s* tidning **~-stand** *s* tidningskiosk **-vendor** *s* tidningskolportör
newt [nju:t] *s* vattenödla
next *a adv* näst; ~ *to* näst intill; nära nog
nib I *s* 1 udd 2 [stål]penna II *tr* vässa
nibble *tr itr* 1 knapra [på] 2 nafsa [efter]; nappa; hacka
Nibs *s*, *His* ~ F 'gubben', 'husbonden'
nice *a* 1 trevlig; snäll; vacker; söt; hygglig; [iron.] snygg 2 läcker 3 noggrann 4 taktfull 5 granntyckt; kinkig 6 känslig 7 [hår]fin **-ty** *s* 1 finhet 2 läckerhet 3 noggrannhet; *to a* ~ precis 4 taktfullhet 5 kräsenhet; ömtålighet; spetsfundighet
niche [nitʃ] I *s* nisch II *refl* krypa undan
nick I *s* 1 skåra, hak 2 *in the* ~ *of time* i grevens tid 3 träff, högt kast II *tr* 1 hacka; stubba 2 komma på; S gripa
nickel *s* 1 nickel 2 F femcentslant
nick'name *s tr* [kalla med] öknamn
nid'[dle]-nod'[dle] *itr a* nicka[nde]
niece [ni:s] *s* brors-, syster|dotter
nigg'ard [əd] I *s* girigbuk II *a* snål, girig **-ly** *a* 1 knusslig, snål 2 knapp
nigg'er *s* F neger; färgad
niggle *itr* knåpa; vara petig
nigh [nai] *adv prep* nästan; nära
night [nait] *s* natt; kväll; *first* ~ premiär; *last* ~ i går kväll; *make a* ~ *of it* F göra sig en glad kväll; *by* ~ om natten **~-dress** *s* nattdräkt **-fall** *s* nattens inbrott; kvällsdags **~-gown** = *~-dress* **-ingale** *s* näktergal **-ly** I *a* nattlig II *adv* varje natt **-mare** *s* mara **-shade** *s* Solanum, Belladonna **~-shirt** *s* nattskjorta
nil *s* intet; noll
nimble *a* 1 lätt, vig, flink 2 livlig, pigg
nim'bus *s* 1 helgongloria 2 regnmoln
nincompoop [ni'ŋ] *s* F dumhuvud, våp
nine I *räkn* nio II *s* nia; [*up*] *to the* ~*s* F utsökt **-fold** *a* niofaldig **-pin** *s* kägla **-'tee'n** *räkn* nitton **-'tee'nth** *a s* nittonde[del] **-ty** *räkn* nittio
ninn'y *s* våp, dummerjöns
ninth [nainþ] I *a* nionde II *s* niondel
nip I *tr* 1 nypa [av]; klämma 2 bita [av]; fördärva 3 S nappa åt sig II *itr* S kila III *s* 1 nyp[ning] 2 frostskada 3 skarp kyla 4 sarkasm **-per** *s* 1 ~*s* kniptång 2 ~*s* S pincené 3 S hjälpgosse; gatpojke
nipple *s* 1 bröstvårta 2 napp 3 kulle
nipp'y *a* 1 S rask, spänstig 2 kall
ni'tr||e [tə] *s* salpeter **-ogen** [dʒən] *s* kväve **-ous** *a* salpeter-
1 **nix** S *pron* ingen[ting]
2 **nix** *s* sjörå **-ie** [i] *s* vattennymf
no I *pron* ingen; ~ *one* ingen II *adv* 1 nej 2 icke, inte [~ *better*]; ~ *more did* [etc.] *he* och inte han heller
no. (**No.**) = *number* nummer
1 **nob** *s* S [huvud]knopp
2 **nob** *s* S herreman, 'överklassare'
nobble *tr* S fördärva; lura; knycka
nobb'y *a* S flott, stilig, snobbig
nobil'ity *s* 1 högadel 2 adel[skap]
noble [ou] I *a* 1 [hög]adlig 2 förnäm[lig] 3 ädel II *s* ädling **-man** *s* adelsman **~-minded** *a* ädel, högsint
no'body [bədi] I *pron* ingen II *s* nolla
noct||am'bulist [ju] *s* sömngångare **-urnal** [ə:'n] *a* nattlig
nod I *itr* 1 [sitta och] nicka; slumra 2 luta; vaja II *tr* nicka [med] III *s* nick[ning], lur; *N*~ Jon Blund
1 **noddle** *s* F skalle, skult
2 **noddle** *tr* nicka [med]
nodd'y *s* dummerjöns, tok, stolle
node *s* 1 [led]knut 2 [gikt]knöl 3 nod
no'how *adv* ingalunda, på intet vis
noise [nɔiz] I *s* ljud, buller, larm, stoj II *tr* utbasuna **-less** *a* ljudlös
noi'some *a* skadlig; osund; vämjelig
noi'sy [zi] *a* bullersam; högljudd
nom'ad [əd] *s a* nomad[isk] **-ism** *s* nomadliv
nom'in||al *a* nominell; så kallad **-ally** *adv* till namnet **-ate** *tr* 1 föreslå, nominera 2 utnämna **-ation** *s* 1 föreslående 2 utnämning **-ee'** *s* kandidat
non *adv* icke; o- **-age** *s* omyndighet
nonagenarian [ədʒinɛ'ə] *s* nittioåring
non||appe'arance -atten'dance *s* uteblivande, frånvaro
nonce *s*, *for the* ~ för tillfället **~-word** *s* tillfällig nybildning
non'chalant [ʃəl] *a* sorglös, likgiltig
non-||com'. = *non-commissioned* **-com'batant** *s* icke stridande **-commissioned** [kəmi'ʃnd] *a* utan [kunglig] fullmakt; ~ *officer* underofficer **-committ'al** *a* obunden; reserverad
nonconfor'mi||st *s* frikyrklig **-ty** *s* 1 separatism; de frikyrkliga 2 brist på överensstämmelse
non||-deliv'ery *s* 1 utebliven leverans 2 [post.] obeställbarhet **-descript** [-'--] *a* obestämbar; diverse; sällsam
none [nʌn] I *pron* ingen, intet, inga; ~ *of that* ingalunda II *adv* icke
nonen'tity *s* intighet; obetydlighet, nolla
non'-pay'ment *s* utebliven betalning
non'plus' I *s* bryderi, förlägenhet; *be at a* ~ vara rådlös (svarslös) II *tr* göra förlägen (rådvill)
non'-||res'idence *s* frånvaro från boningsort **-resist'ance** *s* passiv lydnad
non'sens||e [səns] *s* nonsens, dumheter **-ical** [e'n] *a* meningslös, dum
non'such *s* makalös person (sak)

noodle *s* dumhuvud, våp, stolle
nook [nuk] *s* vrå, hörn, vinkel
noon *s* **1** middag, kl. 12 **2** höjdpunkt
noose I *s* [ränn]snara, löpknut **II** *tr* fånga, snara
nor [ɔ:] *konj* eller; och icke, ej heller
Nor'man *s a* normand[isk]
Norse [nɔ:s] *a* norsk **-man** *s* norrman
north I *s a* norr; nord[lig]; ~ *by east* nord till ost; [*to the*] ~ *of* norr om; *the N~ Sea* Nordsjön **II** *adv* norr[ut] **~'-ea'st I** *s* nordost **II** *o*. **~'-ea'sterly ~'-ea'stern** *a* nord|östra, -ostlig
norther||ly [nɔ:'ð] *a* nordlig **-n** *a* nordlig, norra **-ner** *s* nordbo; nordstatsman **-nmost** [mou] *a* nordligast
north||ing [nɔ:'þ] *s* nordlig riktning **- -star** *s*, *the N~* Polstjärnan **-ward** [wəd] **I** *a* nordlig **II** *adv* mot norr **-'-west' I** *s* nordväst **II** *a o*. **-'-west'erly -'-west'ern** *a* nordväst|lig, -ra
Nor'w||ay *npr* Norge **-e'gian** [dʒən] **I** *a* norsk **II** *s* norrman
nose [z] **I** *s* **1** näsa, nos; *pay through the* ~ F bli klådd; *turn up o.'s* ~ rynka [på] näsan; *lead by the* ~ föra i ledband **2** väderkorn **3** pip, spets **II** *tr* **1** vädra; spåra upp **2** nosa på **III** *itr* **1** nosa **2** snoka **3** ~ *down* sänka sig; ~ *up* stiga **~-dive** *s* störtflygning **-gay** *s* bukett **-r** *s* motvind
nostal'g||ia [dʒ] *s* hemsjuka **-ic** *a* hemsjuk
nos'tril *s* näsborr
nostrum [nɔ'strəm] *s* patentmedicin
no'sy [z] *a* stornäst; starkt luktande
not [nɔt, nt] *adv* icke, ej, inte; ~ *I* jag betackar mig; ~ *that* icke som om
notabil'ity [nou] *s* märk|lighet, -värdighet; notabilitet, bemärkt person
no'tabl||e *a s* märklig, bemärkt [person] **-y** *adv* märkligt; i synnerhet
no'tary *s*, ~ *public* notarius publicus
notch I *s* skåra, hack **II** *tr* göra skåror i
note I *s* **1** not; ton **2** tangent **3** [känne]tecken **4** anteckning; koncept; *take ~s* göra anteckningar **5** biljett, kort brev **6** revers **7** sedel **8** rykte; *of* ~ bemärkt **9** uppmärksammande; vikt; *take* ~ *of* lägga märke till **II** *tr* **1** märka, uppmärksamma **2** framhålla **3** anteckna **4** sätta noter till **~-book** *s* anteckningsbok **-d** *a* bekant **-less** *a* obemärkt **~-paper** *s* brevpapper **-worthy** *a* märklig
nothing [nʌ'þiŋ] **I** *pron* ingenting; *there is* ~ *for it but to* det finns ingen annan råd än att; *come to* ~ gå om intet **II** *s* **1** noll[a] **2** intighet **3** bagatell **III** *adv* icke alls **-ness** *s* intighet
no'tice [is] **I** *s* **1** notis; meddelande; tillkännagivande; anslag; uppsägning; *give* ~ underrätta; säga upp [sig]; *receive* ~ bli uppsagd; *at short* ~ med kort respit[tid]; *at a moment's* ~ vilket ögonblick som helst; *till further* ~ tills vidare **2** uppmärksamhet, beaktande; *take* ~ *of* lägga märke till; bry sig om; *come into* ~ tilldra sig uppmärksamhet **3** tidningsartikel, recension **II** *tr* **1** märka, ge akt på, uppmärksamma **2** omnämna **3** säga upp **-able** *a* **1** märkbar **2** märklig **~-board** *s* anslagstavla
noti||fication [nou] *s* kungörelse; anmälan **-fy** [-'--] *tr* **1** kungöra **2** underrätta **-on** [nouʃn] *s* **1** föreställning, begrepp; tanke **2** F aning; infall **3** åsikt **4** *~s* småartiklar
notorious [tɔ:'] *a* **1** välbekant **2** ökänd **-ly** *adv* veterligen
notwithstan'ding *prep konj* oaktat
nought [nɔ:t] = *naught*
noun [naun] *s* substantiv
nourish [nʌ'] *tr* **1** uppföda; underhålla **2** nära, hysa, fostra; underblåsa **-ment** *s* näring[smedel]
nov'el I *a* ny[modig], ovanlig **II** *s* roman **-ett'e** *s* novell **-ist** *s* romanförfattare **-ty** *s* ny[modig]het
novice [nɔ'vis] *s* **1** novis **2** nybörjare
now [nau] **I** *adv* **1** nu; ~ . ., ~ än . ., än; ~ *and then* då och då; *before* ~ förut; *by* ~ vid det här laget; *just* ~ [alldeles] nyss, [nu] strax **2** emellertid; nå[väl]; ~ *then!* se så! nå väl! **II** *konj* nu då **-adays** *adv* nu för tiden
no'||way[s] *adv* ingalunda **-where** *adv* ingenstädes **-wise** *adv* på intet vis
nox'ious [kʃəs] *a* skadlig; ohälsosam
nozzle *s* nos, tryne; pip, munstycke
nub *s* klump, bit **-ble** *s* liten klump
nu'cleus [iəs] *s* kärna; centrum, stomme
nude *a* **1** naken, bar **2** ogiltig
nudge [dʒ] *tr s* knuff[a till], 'stöta på'
nu'dity *s* nakenhet; naken figur (bild)
nugg'et *s* klump; [guld]klimp
nuisance [nju:'sns] *s* **1** ofog; ohägn **2** besvär; obehag; plågoris
null *a* **1** ogiltig; ~ *and void* av noll och intet värde **2** värde-, betydelse|lös; tom **-ify** *tr* upphäva **-ity** *s* **1** ogiltighet **2** betydelselöshet; nolla
numb [nʌm] **I** *a* stel, domnad **II** *tr* göra stel, förlama
num'ber I *s* **1** nummer, siffra; ~ *one* F en själv **2** [an]tal, mängd; hop **3** *~s* övermakt **4** häfte, nummer **5** numerus **II** *tr* **1** räkna **2** numrera **III** *itr* räknas **-less** *a* otalig
nu'mer||al I *a* tal- **II** *s* räkneord, siffra **-ation** *s* **1** räkning **2** numrering **-ator** *s* **1** räknare **2** [mat.] täljare **-ical** [me'] *a* numerisk **-ous** *a* talrik
num'skull *s* F dumhuvud, träskalle
nun *s* **1** nunna **2** duva **-nery** *s* kloster
nup'tial [ʃl] **I** *a* bröllops-; äktenskaplig **II** *s*, *~s* bröllop, vigsel
nurse [ə:] **I** *s* **1** amma; barn|sköterska, -flicka **2** sjuksköterska; vårdarinna **II** *tr itr* sköta; fostra; [upp]amma,

nära; hysa; omhulda, vårda; stryka, smeka ~-child -ling s 1 dibarn 2 fosterbarn ~-maid s barnjungfru
nursery [nə:'] s 1 barnkammare 2 träd-, plant|skola ~-governess s barnfröken ~-rhyme s barnvisa ~-tale s barnsaga
nur'ture [tʃə] I s [upp]fostran; näring II *tr* nära, [upp]föda; [upp]fostra
nut I s 1 nöt 2 ~s S läckerbit, njutning; [*dead*] ~s *on* S tokig i; styv i 3 S [huvud]knopp 4 F kurre; snobb 5 skruvmutter II *itr* plocka nötter -cracker s nötknäppare -hatch s nötväcka ~-key s skruvnyckel -let s liten nöt -meg s muskot[nöt, -träd]
nu'tri||ment s näring, föda -tion [i'ʃn] s näring[sprocess] -tious [i'ʃəs] *a* närande -tive I *a* närande, närings- II s näringsmedel
nut'shell s nötskal; *in a* ~ i korthet
nut'ty *a* 1 nötrik 2 nötliknande 3 kärnfull 4 S underlig; ~ *upon* tokig i
nuzzle *tr itr* 1 rota [i], böka [upp] 2 gnida nosen [mot]; smyga sig [intill]
N. W. = 1 *North Wales* 2 *north-west*
nymph [nimf] s 1 nymf 2 puppa

O

O, o [ou] s o
o [ou] *interj* 1 o! å[h]! ack! ~ *for* . .! ack, den som hade . .! ~ *no* visst inte! ~ *yes* ja visst 2 jaså
o' [ə, o] *prep* = *of* el. *on*
oaf [ouf] s 1 bortbyting 2 fåne, idiot
oak [ouk] s 1 ek; *heart of* ~ käck karl 2 [univ.] S ytterdörr ~-apple s galläpple -en *a* av ek, ek- -let s ung ek
oakum [ou'] s drev; *pick* ~ repa drev
oar [ɔ:] I s 1 åra 2 roddare II *tr itr* ro -sman s roddare
oas|is [o(u)ei's|is] (pl. -*es* [-'i:z]) s oas
oat [out] s havre -cake s havrekaka
oath [ouþ] s 1 ed, edgång; *take an* (*the*) ~ gå ed, svärja 2 svordom
oatmeal [ou'tmi:l] s havre|mjöl, -gryn
ob'durate [jurit] *a* för|härdad, -stockad
obe'dien||ce s lydnad -t *a* lydig, hörsam; [i brev] ödmjuk
obeisance [ei's] s 1 bugning 2 hyllning
obes||e [o(u)bi:'s] *a* däst -ity s dästhet
obey' *tr itr* [åt]lyda, hörsamma
ob'fuscate *tr* förmörka; omtöckna
obit'uary [ju] s döds|runa, -notis
object I [-'-] s 1 objekt 2 ting; föremål 3 avsikt, [ända]mål II [--'] *tr* 1 invända 2 förevita III [--'] *itr* protestera, ha ngt att invända
objec'tion s invändning -able *a* 1 tvivelaktig 2 misshaglig; anstötlig
objec'tive *a* objektiv; saklig, verklig
ob'ject||-lesson s åskådningslektion -or [e'k] s opponent; *conscientious* ~ samvetsöm [krigstjänstvägrare]
oblation s offer[gåva]
obligat||ion s 1 förbindelse; skyldighet 2 tacksamhetsskuld; vänlighet -ory [li'gə] *a* bindande; obligatorisk
oblig||e [əblai'dʒ] *tr* 1 för|binda, -plikta 2 göra [sig] förbunden, göra en tjänst; ~*d* förbunden, tacksam; *much* ~*d!* tack så mycket! 3 tvinga -ing *a* förekommande, tjänstvillig
oblique [i:'k] *a* 1 sned, skev 2 [gram.] indirekt; oblik 3 smyg-; förtäckt
oblit'erate *tr* stryka ut, utplåna
obliv'i||on s glömska -ous *a* glömsk
ob'long *a* avlång; rektangulär
obloquy [ɔ'blokwi] s förtal; vanrykte
obnox'ious [kʃəs] *a* anstötlig; förhatlig
obsce'ne *a* vidrig; oanständig, slipprig
obscu'r||e I *a* 1 mörk 2 otydlig; svårfattlig 3 obemärkt; ringa 4 undangömd II *tr* förmörka, fördunkla -ity s mörker; oklarhet; obemärkthet
obsecration s anropande, enträgen bön
obse'qui||al *a* begravnings- -es [ɔ'bsikwiz] s likbegängelse
obse'quious *a* inställsam, krypande
observ||able [zə:'] *a* märk|bar, -lig -ance s 1 efterlevnad; firande; iakttagande 2 bruk, regel -ant *a* 1 noggrann 2 uppmärksam -ation s 1 iakttagelse; uppmärksamhet 2 anmärkning, yttrande -atory s observatorium -e *tr* 1 efterleva; iakttaga; fira 2 observera, märka 3 anmärka, yttra
obsess' *tr* anfäkta, ansätta, oroa -ion [se'ʃn] s anfäktelse
obsol||escent [e'snt] *a* nästan föråldrad, sällsynt -ete [ɔ'b] *a* föråldrad
ob'stacle [ɔ'bstəkl] s hinder
ob'stin||acy s envishet -ate [it] *a* envis, hårdnackad
obstrep'erous *a* bullersam; oregerlig
obstruct' *tr* 1 täppa till, spärra 2 [för]hindra, hejda 3 skymma -ion s 1 till|täppning, -spärrning 2 hejdande, hinder 3 obstruktion -ive *a* hämmande, hinderlig
obtai'n I *tr* vinna, erhålla; få; utverka II *itr* gälla, råda, vara i bruk -able *a* möjlig att erhålla
obtru||de [u:'] *tr* truga, [på]tvinga -sion [tru:'ʒn] s 1 påtvingande 2 påflugenhet -sive [s] *a* påträngande
obtuse [əbtju:'s] *a* 1 trubbig; slö 2 trög; matt 3 dov
ob'verse s 1 åtsida 2 mot|stycke, -sida -ly [--'-] *adv* omvänt
ob'viate *tr* förebygga, undanröja
ob'vious *a* tydlig, påtaglig
occasion [əkei'ʒn] I s 1 tillfälle; *rise to the* ~ vara situationen vuxen; *on the* ~ *of* vid 2 angelägenhet 3 an-

ledning **II** *tr* för|anleda, -orsaka **-al** *a* tillfällig, enstaka **-ally** *adv* emellanåt
Occident [ɔ'ks] *s*, *the* ~ Västerlandet **-al** [e'n] *a* västerländsk
occlude [u:'] *tr* **1** tillsluta **2** absorbera
occult' *a* dold, hemlig **-ing** *a* blänk-
occ'up||ancy [ju] *s* innehavande **-ant** *s* innehavare; hyresgäst; passagerare **-ation** *s* **1** besittning[stagande], besättande **2** sysselsättning; yrke **-ier** [aiə] *s* innehavare **-y** [ai] *tr* **1** ockupera, besätta **2** inneha, besitta **3** bebo **4** sysselsätta; upptaga
occur [əkə:'] *itr* **1** förekomma, finnas **2** falla [ngn] in [*to*] **3** inträffa **-rence** [ʌ'r] *s* **1** förekomst, uppträdande; inträffande **2** händelse
ocean [ouʃn] *s* [världs]hav, ocean **-og'raphy** [ʃiə] *s* [djup]havsforskning
ochr||e [ou'kə] *s* ockra **-[e]ous -y** *a* ockrafärgad
o'clock [əklɔ'k] se *clock*
oc't||agon *s* åttahörning **-ave** *s* [mus.] oktav **-avo** [ei'v] *s* oktav[format]
oc'to||- åtta- **-genarian** [dʒinɛ'ə] *a s* åttioåri[n]g
oc'ul||ar [ju] *a* ögon- **-ist** *s* ögonläkare
odd *a* **1** udda, ojämn **2** över|skjutande, -talig; *at forty* ~ vid några och 40 års ålder; *the* ~ *trick* 'tricken' **3** omaka **4** extra, tillfällig; varjehanda; ~ *moments* [lediga] stunder **5** avsides **6** besynnerlig, konstig **-ity** *s* **1** egen[domlig]het **2** underlig typ (sak) **-ments** *spl* rester, stuvar, diverse
odds *spl* **1** olikhet, [åt]skillnad **2** oenighet; *at* ~ oense **3** över|lägsenhet, -makt **4** fördel, handikap **5** *lay* (*give*) ~ våga större summa mot en mindre **6** utsikt[er] **7** ~ *and ends* slumpar, rester, småskräp; småbestyr
ode *s* **1** sång **2** ode, kväde
o'dious *a* förhatlig; avskyvärd; gemen
o'dor = *-our* **-if'erous -ous** *a* doftande
o'dour *s* lukt; doft; anstrykning
Odyssey [ɔ'disi] *s* odyssé
oecumen'ic[al] [i:'kju] *a* ekumenisk
oedema [idi:'mə] *s* ödem, vattensvulst
of [ɔv, ov, əv] *prep* **1** av, från **2** åt, över **3** *the isle* ~ *Wight* ön W.; *the whole* ~ *Sweden* hela Sverige **4** om, angående **5** bland **6** i, på, till, vid; *be* ~ deltaga i, vara med i **7** ~ *an evening* F en kväll: om kvällarna
off [ɔ:f, ɔf] **I** *adv* bort, i väg, av, ur; borta; utanför; *hands* ~*!* bort med händerna! ~ *and on* av och på, upp och ned; då och då; *be* ~ vara borta; ge sig i väg; slippa ifrån; vara ledig; vara förbi (slut); *be well* ~ ha det bra [ställt] **II** *prep* bort[a] från; ⚓ utanför, på höjden av; [ned] från; *dine* ~ äta till middag; *eat* ~ äta på **III** *a* bortre, [mest] avlägsen; höger; ledig; *the* ~ *season* den döda säsongen; ~ *side* [kricket] vänster; [fotb.] offside; ~ *street* sido-, tvär|gata **IV** *itr*, *be* ~*ing* ⚓ styra ut till sjöss
offal [ɔ'f(ə)l] *s* [slakt]avfall; as; avskräde, skräp
offen'||ce *s* **1** anfall **2** stötesten; anstot, förargelse; harm; förolämpning **3** förseelse, brott **-celess** *a* oförarglig **-d I** *tr* stöta, besvära; såra; förolämpa, kränka; förtörna **II** *itr* **1** väcka anstöt **2** fela, bryta **-der** *s* förbrytare, syndare **-sive I** *a* **1** anfalls- **2** anstötlig; sårande; obehaglig **II** *s* offensiv
off'er I *tr* **1** offra; hembära **2** [er]-bjuda **3** bjuda ut **4** hota med **5** framlägga; förete **II** *itr* erbjuda sig **III** *s* erbjudande; [an]bud **-ing** *s* **1** offrande **2** offer[gåva]; gärd, gåva **3** anbud **-tory** *s* **1** körsång under mässoffret **2** kollekt
off'hand' I *adv* genast, på stående fot; från bladet **II** [-'-] *a* **1** oförberedd, improviserad **2** ogenerad; otvungen
office [ɔ'fis] *s* **1** tjänst; vänlighet **2** göromål, funktion **3** ämbete, post, tjänst; *be in* ~ inneha ett ämbete; vara vid makten; *come into* ~, *take* ~ tillträda sitt ämbete; komma till makten; *do the* ~ *of* fungera som **4** gudstjänst; ritual; mässa **5** ämbets|-verk, -lokal; byrå; kontor **6** *O* ~ departement **7** ~*s* ekonomibyggnader, uthus; köksdepartement **8** S tecken **-r I** *s* **1** ämbetsman **2** funktionär **3** officer **4** rättstjänare; poliskonstapel **II** *tr* kommendera; anföra
official [əfi'ʃəl] **I** *s* ämbets-, tjänste|-man **II** *a* officiell, ämbets-, tjänste-; offentlig **-ism** *s* byråkrati[sm]
officiate [əfi'ʃi] *itr* officiera; fungera
offic'inal *a* officinell, medicinal-
officious [əfi'ʃəs] *a* **1** beställsam, fjäskig **2** officiös
off'ing *s* öppen ('rum') sjö
off'ish *a* F hög av sig, tillbakadragen
off'||-print *s* särtryck **-scouring** *s*, ~*s* av|skrap, -fall, -skum **-set** *s* **1** telning; utlöpare **2** balanserande summa; motvikt **3** offset[tryck] **-shoot** *s* sidoskott; utlöpare **-spring** *s* avkomma; ättling; alster
often [ɔfn] *adv* ofta **-times** *adv* ofta
ogee [ou'dʒi:] *s* karnis, våglist
ogive [ou'dʒaiv] *s* spetsbåge
o'gle *itr tr* snegla [på]; kisa [åt]; kokettera [med]
ogr||e [ou'gə] *s* jätte, troll **-ess** *s* jättekvinna **-ish** *a* gräslig
O. H. M. S. = *On His Majesty's Service*
oh [ou] = *o* **-o** [ohou'] *interj* åhå! jo, jo!
oil I *s* **1** olja **2** F ~*s* oljefärgstavla [äv. = *-skin*] **II** *tr* **1** olja, smörja; muta **2** behandla (impregnera) med olja **-cloth** *s* vaxduk **-er** *s* **1** smörjare **2** F oljerock ~**-hole** *s* smörjhål **-skin**

s **1** vaxduk, oljetyg **2** ~*s* oljekläder ~**-well** *s* oljekälla **-y** *a* **1** oljig, olje-; flottig **2** inställsam; salvelsefull
oi'ntment *s* salva, smörjelse
O. K. [ou'kei'] F *a adv* riktig[t], rätt; bra, väl; fin, gentil
old [ou] *a* **1** gammal; ~ *age* ålderdom; *my* ~ *man* F min 'gubbe'; *of* ~ fordom **2** gammal och van; S slug **3** forn[tida] [äv. *-en*] ~**'-estab'lished** *a* **1** gammal **2** hävdvunnen ~**'-fash'ioned** *a* gammal[dags, -modig **-ish** *a* äldre
ole||aginous [oulıæ'dʒ] *a* oljig, oljehaltig **-ograph** [ou'l] *s* oljetryck
olfac't||ion *s* lukt[sinne] **-ory I** *a* lukt- **II** *s* luktorgan
olive [ɔ'liv] *s a* **1** oliv[träd] **2** olivgrön[t]
Olympic [li'm] *a* olympisk; ~ *games* olympiska spel [äv. ~*s*]
o'men I *s* järtecken, förebud **II** *tr* båda
om'inous *a* bådande; olycksbådande
om||ission [i'ʃn] *s* utelämnande, förbigående; underlåtenhet **-it'** *tr* ute|lämna, -glömma, förbigå; försumma
om'ni||bus I *s* omnibuss **II** *a*, ~ *train* persontåg **-potent** [ni'] *a* allsmäktig **-pres'ent** [z] *a* allestädes närvarande **-scient** [--'siənt] *a* allvetande **-vorous** [ni'v] *a* allätande
on I *prep* **1** på **2** vid, nära, på stranden av **3** [i riktning] mot **4** [tid] **a)** på, om, vid [el. ingen prep.]; ~ *Sunday* om söndag; **b)** efter, vid **5** med avseende på, om, över; med anledning av **6** i; ~ *fire* i brand **II** *adv* på, i; vidare; fram[åt]; an; *be* ~ vara inne (uppe); vara i gång; vara påsläppt; S vara påstruken; *from that day* ~ från och med den dagen; ~ *to* över till, ut på **III** *a* [kricket] höger
once [wʌns] **I** *adv* **1** en gång; ~ *a day* en gång om dagen; ~ *again* (*more*) en gång till; ~ *and again* gång efter annan; ~ *in a way* (*while*) någon gång, då och då; ~ *or twice* ett par gånger; *at* ~ med ens, genast; [*all*] *at* ~ plötsligt; på en (samma) gång **2** fordom, förr; ~ *upon a time* en gång **II** *konj* när (om) en gång [väl]
one [wʌn] **I** *räkn a* **1** en, ett; [den, det] ena; ense; *go* ~ *better* bjuda en [poäng] mera; ~ *or two* ett par; *at* ~ ense; *I for* ~ jag för min del; *for* ~ *thing* först och främst; ~ *or other* den ene eller den andre; *it is all* ~ *to me* det gör mig detsamma **2** [en, ett] enda **II** *pron* **1** ~ *another* varandra **2** man; en **3** en viss **4** en [sådan], någon; *that was a nasty* ~ det var ett rysligt slag; *the Evil O*~ den Onde; *the little* ~*s* de små **5** *the* ~ den; *this* (*that*) ~ den här (där); *which* ~? vilken? **III** *s* etta ~**-horse** *a* enbets- ~**-legged** *a* enbent **-ness** *s* en[ig]het **-r** *a* S **1** baddare **2** smocka
on'erous *a* betungande; tung, besvärlig
one||self' *pron* sig (en) själv, sig **--sided** [-'-'-] *a* ensidig
onion [ʌ'njən] *s* **1** rödlök **2** S berlock
on'looker *s* åskådare
o'nly I *a* enda; ensam **II** *adv* **1** endast, bara; ~ *look!* ser man på bara! ~ *not* nästan **2 a)** först, icke förrän; **b)** senast; ~ *just* alldeles nyss **III** *konj* men . . [bara]; ~ *that* utom det att; om . . icke ~**'-begott'en** *a* enfödd
onomatopoet'ic [pou] *a* ljudhärmande
on'||rush *s* stormning **-set** *s* **1** anfall; stormning **2** ansats **-slaught** [ɔ:t] *s* an|grepp, -lopp, stormlöpning
onus [ou'nəs] *s* börda; skyldighet
onward [ɔ'nwəd] *a adv* framåt[gående]
oof [u:f] *s* S pengar **-y** *a* S 'tät', rik
ooz||e [u:z] **I** *itr* sippra fram (ut), rinna fram, dunsta ut; drypa **II** *tr* avsöndra, utsläppa **III** *s* **1** framsipprande **2** dy, gyttja, slam **3** träsk **-y** *a* **1** fuktig, drypande; sipprande **2** gyttjig
opac'ity *s* ogenomskinlighet; dunkel
opaque [ei'k] *a* ogenomskinlig; trög
o'pen I *a* **1** öppen; *the* ~ *air* fria luften; *fling* ~ slänga upp **2** fri, obehindrad; tillgänglig; offentlig; ~ *time* lovlig tid **3** blid, mild; ⚓ dimfri **4** uppriktig, frimodig **5** ledig **6** uppenbar **7** mottaglig, tillgänglig **8** utsatt; underkastad; *lay o. s.* ~ blottställa sig **9** frikostig **II** *s*, *the* ~ öppna fältet; det fria; öppna sjön; *in* ~ öppet **III** *tr* **1** öppna **2** börja, inleda **3** yppa **4** ~ *out* packa upp; utveckla; framlägga **IV** *itr* **1** öppnas **2** börja **3** bli mildare **4** vetta; leda, mynna ut **5** öppna sig; framträda; bli synlig; ~ *up* yppa sig **6** uttala sig; tala (sjunga) ut **7** ge hals ~**-eyed** *a* **1** med öppna ögon; vaken **2** storögd ~**-handed** *a* frikostig ~**-hearted** *a* **1** öppenhjärtig **2** varmhjärtad **-ing I** *a* inlednings- **II** *s* **1** öppnande; början, upptakt **2** öppning **3** vik, bukt **4** utsikt, tillfälle ~**-minded** *a* **1** fördomsfri **2** frimodig ~**-work** *s* genombrutet arbete
op'era *s* opera; *comic* ~ operett ~**-cloak** *s* teaterkappa ~**-glass** *s* teaterkikare ~**-hat** *s* chapeau claque
op'erat||e I *itr* **1** verka; arbeta, vara i gång; ~ *on* [äv.] påverka; operera [ngn]; *-ing table* telegrafbord **2** operera **3** spekulera **II** *tr* **1** åstadkomma **2** sköta; leda, driva **-ion** *s* **1** verksamhet; funktion; gång **2** kraft [och verkan] **3** process, förrättning **4** operation; förfarande **5** drift **-ive** [ɔ'p] **I** *s* arbetare **II** *a* **1** verk|ande, -sam, aktiv; praktisk **2** operativ **3** arbetande **-or** *s* **1** upphovsman **2** operatör **3** maskinist, mekaniker; *telegraph* ~ telegrafist **4** driftchef

o'piate I *s* opiat; narkotiskt medel II *tr* 1 söva [med opium]; döva 2 ~*d* försatt med opium
op||i'ne *itr* mena, antyda; tänka, förmoda -**in'ion** *s* 1 mening, åsikt, tanke; *I am of* ~ jag anser 2 utlåtande
oppo'nent *s* mot|ståndare, -spelare
opp'ortun||e [ju:] *a* läglig, lämplig; tillfällig -**ity** [ətju:'] *s* tillfälle, möjlighet
oppos||e [ou'z] I *tr* 1 ~ *to* sätta emot (som motsats) 2 göra motstånd mot, sätta sig emot, motarbeta II *itr* opponera [sig]; göra motstånd -**ed** *a* motsatt; stridig; *be* ~ *to* vara fiende till; motsätta sig -**er** *s* motståndare -**ite** [ɔ'pəzit] I *a* mitt emot, motsatt II *prep adv*, ~ [*to*] mitt emot III *s* motsats -**ition** [ɔpəzi'ʃn] *s* 1 motsatt ställning; opposition 2 mot|sättning, -sats 3 motstånd, strid
oppress' *tr* 1 ned|tynga, -trycka, betunga; överlasta; ~*ed* beklämd 2 under-, för|trycka -**ion** [e'ʃn] *s* 1 nedtryckande; [be]tryck; beklämning 2 förtryck -**ive** *a* betungande; besvärande; överväldigande; kvav; [för]tryckande -**or** *s* förtryckare
oppro'bri||ous *a* skymflig, ärerörig -**um** *s* skymf[ord]; vanära
opt *itr* välja; ~ *for* uttala sig för
op'tic I *a* optisk, syn- II *s* F öga -**al** *a* optisk -**ian** [i'ʃn] *s* optiker -**s** *spl* optik
op'time [imi] *s* student i 2. el. 3. hedersklassen vid examen (*tripos*)
op'tion *s* 1 [fritt] val, valfrihet; *local* ~ lokalt veto 2 alternativ 3 prioritetsrätt -**al** *a* frivillig, valfri
op'ulen||ce [ju] *s* rikedom -**t** *a* välmående
o'pus *s* [musik]verk, komposition
or *konj* eller; ~ [*else*] eljest, annars
orac||le [ɔ'r] *s* orakel[svar] -**ular** [æ'kju] *a* orakel-; dunkel, gåtlik
oral [ɔ:'] *a* muntlig
orange [ɔ'rindʒ] *s* apelsin -**a'de** *s* apelsinlemonad -**ry** *s* drivhus
ora't||e *itr* orera -**ion** *s* oration, tal
orator [ɔ'rətə] *s* [väl]talare -**ial** [tɔ:'r] -**ical** [tɔ'r] *a* oratorisk, vältalig -**io** [tɔ:'] *s* oratorium -**y** *s* vältalighet
orb I *s* 1 klot, sfär; krets 2 himlakropp 3 öga 4 riksäpple II *tr* omge -**ed** -**ic'ular** *a* 1 cirkel-, klot|formig 2 avrundad -**it** *s* 1 ögonhåla 2 [astr.] bana
orchard [ɔ:'tʃəd] *s* fruktträdgård
orchestr||a [ɔ:'kistrə] *s* 1 orkester; ~ *stalls* första parkett 2 musik|estrad, -paviljong -**al** [ke's] *a* orkester- -**ate** *tr* orkestrera
orchid [ɔ:'k] *s* orkidé
ordai'n *tr* 1 prästviga 2 föreskriva
ordeal [ɔ:di:'l] *s* gudsdom; eldprov
or'der I *s* 1 klass, stånd; *holy* ~*s* det andliga ståndet; prästvigning; *take* [*holy*] ~*s* bli prästvigd 2 slag, sort 3 orden 4 pelarordning 5 ordning; system, metod; ordentlighet; *out of* ~ i oordning, i olag 6 [ordnings]stadga, regel, föreskrift; *in* ~ reglementsenlig; *O* ~ *in Council* kunglig förordning 7 order, befallning 8 beslut, utslag 9 anvisning; växel; *money* ~ postanvisning; *postal* ~ postcheck 10 order, beställning; kommission; *to* ~ på beställning; *large* ~ F jättearbete 11 *in* ~ *to* (*that*) för att II *tr* 1 [an]ordna, inrätta; styra, leda 2 bestämma 3 beordra, befalla; tillsäga; förordna; ~ *about* skicka hit och dit, kommendera 4 ordinera 5 beställa -**ly** I *a* 1 välordnad; metodisk; ordentlig 2 ⚓ order-, ordonnans-; ~ *officer* dagofficer 3 renhållnings- II *s* ordonnans
ordinal [ɔ:'din] *a s* ordnings-[tal]
or'dinance *s* 1 förordning 2 kyrkobruk
or'din||ary I *a* 1 ordinarie; ~ *seaman* lättmatros 2 vanlig, bruklig; vardaglig; F ordinär, tarvlig; *out of the* ~ ovanlig II *s* 1 gudstjänstordning 2 vardaglig sak (människa) 3 *in* ~ tjänstgörande, ordinarie -**ation** *s* 1 anordning, inrättning 2 prästvigning
or'dnance *s* artilleri[materiel]; ~ *map* generalstabskarta
ordure [ɔ:'djuə] *s* dynga; smuts
ore [ɔ:] *s* malm; metall; [poet.] guld
organ [ɔ:'gən] *s* 1 organ 2 verktyg, redskap 3 orgel 4 positiv ~-**blower** *s* orgeltrampare ~-**grinder** *s* positivspelare -**ic[al]** [æ'n] *a* organisk -**ization** [aiz] *s* 1 organisation 2 organism -**ize** *tr* 1 ~*d* levande, organisk 2 organisera, ordna ~-**loft** *s* orgelläktare ~-**stop** *s* orgel|register, -stämma
or'gasm [z] *s* upphetsning, ursinne
orgy [ɔ:'dʒi] *s* orgie, utsvävning
oriel [ɔ:'] *s* burspråk
orient I [ɔ:'] *s*, *the O*~ Österlandet II [e'] *tr* orientera; justera III [e'] *itr* vända sig -**al** [e'] *a s* öster|ländsk, -länning -**ate** [ɔ:'] = *orient II, III*
orifice [ɔ'rifis] *s* mynning, öppning
origin [ɔ'ridʒ] *s* ursprung, uppkomst; upphov, härkomst -**al** [əri'dʒ] I *a* 1 ursprunglig, begynnelse-, ur-; ~ *from* hemmahörande i; ~ *sin* arvsynd 2 originell II *s* urtext -**al'ity** *s* egendomlighet -**ate** [i'dʒ] I *tr* vara upphov till, skapa II *itr* härröra; uppstå -**ation** *s* 1 frambringande 2 upprinnelse -**ator** [i'dʒ] *s* upphovsman
oriole [ɔ:'rioul] *s* [zool.] gylling
or'lop *s* ⚓ lägsta däck; trossbotten
or'nament I *s* 1 prydnad[sföremål] 2 utsmyckning 3 fagert sken II *tr* smycka -**al** [e'n] *a* prydlig, prydnads-, dekorativ -**ation** *s* 1 utsmyckande, dekorering 2 ornament
orna'te *a* utsirad; sirlig, blomsterrik
ornithol'ogist [dʒ] *s* fågelkännare

orphan [ɔ:′fən] *s a* föräldralös[t barn] **-age** *s* 1 föräldralöshet 2 barnhem
ortho‖- [ɔ:′þo] rak-, rät-, rätt- **-dox** *a s* rättrogen **-doxy** *s* rättrogenhet **-graphy** [ɔ′grəfi] *s* rättstavning
oscillate [ɔ′si] *itr* oscillera, pendla
osier [ou′ʒə, ou′ziə] *s* vide, korgpil
os′prey [i] *s* 1 fiskgjuse 2 espri, ägrett
oss′‖eous *a* ben-, förbenad; benrik **-ification** *s* benbildning, förbening **-ify** *itr tr* förvandla[s] till ben **-uary** [ju] *s* ben|hus, -urna; samling ben
ostens′‖ible *a* syn-, sken|bar; påstådd **-ory** *s* monstrans
ostentati‖on *s* skryt, ståt, prål **-ous** *a* ostentativ, braskande, prålande
ostler [ɔ′slə] *s* stalldräng
os′tracize *tr* landsförvisa; bannlysa
ostrich [ɔ′stritʃ, idʒ] *s* struts
other [ʌ′ðə] *pron* annan; [den] andra; annorlunda; olik; ytterligare, . . till; *the* ~ *day* häromdagen; *some time or* ~ någon gång **-where** *adv* annorstädes **-wise** *adv* 1 annorlunda, på annat sätt 2 annars, i annat fall
otiose [ou′ʃious] *a* ofruktbar, gagnlös
otter [ɔ′tə] *s* utter
ought [ɔ:t] *hjälpv*, ~ *to* bör, borde
ounce [auns] *s* uns (1/16 *pound*)
our [au′ə] **-s** [z] *pron* [fören. o. självst.] vår; *this garden of* ~*s* denna vår trädgård **-sel′ves** *pron* vi (oss) själva, oss
oust [aust] *tr* 1 bortköra; vräka; beröva 2 uttränga **-er** *s* vräkning
out I *adv* 1 ute, utanför, utomhus; ~ *there* därute 2 ut, bort; fram 3 utkommen; utslagen; utbrunnen; slut; till ända; i strejk; oense; ur spelet; ur modet; ur led; *be* ~ [äv.] ta fel; ha svämmat över; *her Sunday* ~ hennes lediga söndag; *now it's* ~ F nu är det sagt; ~ *and away* framför alla andra 4 ~ *of* a) ut från, ur; ut[e] ur, borta från, utom, utanför; ~ *of doubt* otvivelaktigt; ~ *of drawing* felritad; ~ *of o. s.* utom sig; ~ *of it* övergiven, bortkommen; okunnig; b) utan; c) [ut]av **II** *s*, ~*s* utesida [i kricket o. d.], opposition **III** *a* yttre, utanför befintlig; bortre; ute-; ytter- **IV** *itr* fara ut, ge sig ut
ou′t‖-and-ou′t *adv a* F fullständig[t], helt och hållet; ~*er* F överdängare **-bal′ance** *tr* uppväga **-bid′** *tr* överbjuda; överträffa **-board** *adv* utombords **-break** *s* 1 utbrott 2 uppror **-building** *s* uthusbyggnad **-burst** *s* utbrott **-cast** *a s* ut|kastad, -stött, hemlös **-class** [- -′] *tr* överträffa; utklassa **-come** *s* resultat **-crop′** *itr* komma i dagen **-cry** *s* anskri, larm **-dis′tance** *tr* lämna bakom sig **-do** [- -′] *tr* över|träffa, -vinna **-′door** *a* utomhus-, frilufts-; ~*s* [- -′] utomhus, ute **-′er** *a* yttre, ytter- **-′ermost** *a* ytterst
out‖fa′ce *tr* bringa ur fattningen; trotsa **-′fall** *s* utlopp, mynning
ou′tfit I *s* utrustning; ekipering **II** *tr* utrusta **-ter** *s* skeppsfurnerare; *gentlemen's* ~ herrekipering
out‖flank′ *tr* överflygla **-′flow** *s* utflöde **-gro′w** *tr* växa om; växa ur; lämna bakom sig **-′growth** *s* utväxt; produkt
ou′t‖guard *s* för-, ut|post **- -herod** [e′r] *tr* överträffa **-ing** *s* 1 utflykt 2 fridag, ledighet 3 *the* ~ öppna sjön **-last** [ɑ:′] *tr* räcka längre än; överleva **-law** *s* fredlös; flykting **-lay** *s* utgift[er], utlägg **-let** *s* av-, ut|-lopp; utväg **-line I** *s* kontur; utkast, översikt; ~*s* grunddrag **II** *tr* skissera; *be* ~*d* avteckna sig **-live** [i′] *tr* överleva **-look I** *s* 1 utkik[spunkt] 2 vaksamhet 3 utsikt; syn **II** [- -′] *tr* bringa ur fattningen **-lying** *a* avsides belägen, avlägsen; ut- **-mat′ch** *tr* överträffa **-most** *a* ytterst **-num′ber** *tr* överträffa i antal; ~*ed* underlägsen **- -of-door[s]** se *outdoor[s]* **- -of--the-way** *a* 1 avsides belägen 2 ovanlig **-pa′ce** *tr* springa om **-play′** *tr* spela bättre än **-pour I** *s* utflöde; översvämning **II** [- -′] *tr* utgjuta **-put** *s* produktion, tillverkning
ou′trage I *s* [över]våld; våldsdåd; skymf; kränkning **II** *tr* förolämpa, kränka **-ous** [ei′dʒ] *a* omåttlig; våldsam; skändlig; skymflig, kränkande
out‖rea′ch *tr* sträcka sig utöver, överstiga **-ri′de** *tr* 1 rida om 2 rida ut **-rider** [-′- -] *s* förridare **-′ri′ght** *adv* 1 helt och hållet; på stället 2 rent ut, öppet **-ri′val** *tr* besegra **-run′** *tr* 1 springa om; undgå 2 över|skrida, -träffa **-sell′** *tr* 1 få mer betalt än 2 betinga högre pris än **-′set** *s* början, inledning **-shi′ne** *tr* överglänsa
ou′tsi′de I *s* 1 ut-, ytter|sida, yta 2 F *at the* ~ på sin höjd **II** *a* 1 utvändig, yttre, utvärtes; ytter- 2 maximum- **III** *adv* ut[e], utan|för, -på; ~ *of* utanför **IV** *prep* utan|för, -på, utom **-r** [-′-′-] *s* 1 utomstående; oinvigd, 'lekman'; utböling 2 'outsider', 'icke favorit'
ou′t‖skirts *spl* utkanter; bryn **-spo′ken** *a* rättfram, frispråkig **-stan′ding** *a* ut-, fram|stående, -trädande **-stare** [ɛ′ə] = **-***face* **-stay′** *tr* stanna längre än **-step′** *tr* överskrida **-strip′** *tr* springa om; överträffa **-vo′te** *tr* överrösta
ou′tward [əd] **I** *a* riktad utåt; yttre, utvärtes **II** *adv* ut[åt]; utanpå **III** *s* yttre; utseende ~**-bound** *a* stadd på utgående (utresa) **-ly** *adv* 1 utåt, utanpå 2 i (till) det yttre **-s** = *outward II*
out‖wear [- -′] *tr* härda (hålla) ut **-wei′gh** *tr* uppväga **-wit′** *tr* överlista **-′work I** *s* 1 ⚔ utanverk 2 utomhusarbete **II** [- -′] *tr* arbeta mer (längre) än
oval [ou′vəl] *a s* oval; ellips

ovation [o(u)vei'ʃn] *s* livlig hyllning
oven [ʌvn] *s* ugn; [järn]spis
o'ver I *prep* **1** över, ovanför; ~ *there* där borta, dit bort; ~ *the fire* vid brasan **2** på andra sidan [av]; ~ *the way* mitt emot; *the whole day* ~ hela dagen i ända **II** *adv* **1** över; överända, omkull; ~ *against* mitt emot; i motsats till; ~ *and above* dessutom; *ten times* ~ tio gånger om; ~ *and* ~, ~ *again* om och om igen **2** alltför, över sig **III** över-, för- **-act'** *tr* överdriva **-all** *s* ytter|plagg, -rock; ~*s* overalls **-awe** [rɔ:'] *tr* imponera på; skrämma **-bal'ance I** *tr* uppväga; stjälpa **II** *itr rfl* förlora jämvikten **III** *s* över|vikt, -skott **-bear** [ɛ'ə] *tr* undertrycka; ~*ing* övermodig **-board** [ɔ:'d] *adv* överbord; utombords **-brim'** *itr tr* flöda över **-bur'den** *tr* överbelasta **-'busy** [bi'] *a* för mycket upptagen; beskäftig **-cast** [ɑ:'] *tr* betäcka; förmörka; [pp.] molnbetäckt **-charge** [ɑ:'] *tr* **1** överbelasta; överdriva **2** överdebitera, uppskörta **-come** [ʌ'] *tr* övervinna, besegra; överväldiga **-crow'd** *tr* över|befolka, -fylla **-do** [u:'] *tr* **1** överdriva **2** ~*ne* för hårt kokt (stekt) **3** överanstränga, uttrötta **-draft** *s* överskridande av bankkonto **-draw'** *tr* **1** överskrida **2** överdriva **-dress' I** *tr* utstyra **II** *itr* styra ut sig **-du'e** *a* länge sedan förfallen; försenad **-ea't** *rfl* föräta sig ~**-es'timate** *tr* överskatta ~**'-exer'tion** *s* överansträngning ~**-fee'd** *tr* över|mätta, -göda **-flo'w I** *tr* översvämma **II** *itr* flöda över; överflöda **III** [-'--] *s* **1** översvämning **2** överflöd **-gro'wn** *a* **1** övervuxen **2** förvuxen **-'growth** *s* alltför frodig (hastig) växt; yppighet **-hang' I** *tr* hänga över; hota **II** *itr* skjuta fram **-hau'l** *tr* ⚓ **1** hala in på **2** undersöka **3** vinna på **-head'** *adv* över huvudet, uppe i luften; ovanpå **-hear** [hi'ə] *tr* råka få höra, uppsnappa **-hea't** *tr* överhetta **-joy'ed** *a* utom sig av glädje ~**-la'bour** *tr* **1** överanstränga **2** utarbeta för noggrant **-land I** [---'] *adv* landvägen **II** [-'--] *a* gående på land **-lap'** *tr itr* skjuta ut över, delvis täcka
overlook' I *tr* **1** se över **2** förbi|se, -gå **3** överse med **4** överblicka; höja sig över, behärska **5** övervaka, iakttaga **II** [-'--] *s* **1** granskning **2** överblick, utsikt[spunkt] **3** förbiseende
over||master [ɑ:'] *tr* betvinga **-match' I** *tr* över|väldiga, -träffa **II** *s* överman **-'much** *adv* alltför mycket **--ni'ce** *a* alltför noga **-ni'ght** *adv* **1** över natten **2** natten (kvällen) förut **-pass** [ɑ:'] *tr* **1** över|skrida, -träffa **2** genomgå, utstå **-power** [pau'ə] *tr* över|väldiga, -manna **-ra'te** *tr* överskatta **-rea'ch** *tr* **1** sträcka (utbreda) sig över; täcka **2** [för]sträcka **3** lura **--rea'd** *itr, rfl* bli förläst **-ri'de** *tr* **1** rida igenom (över) **2** rida fördärvad **3** trampa under fötterna; åsidosätta; missbruka **-'-ri'pe** *a* övermogen **-rule** [u:'] *tr* **1** behärska, befalla över **2** övertala **3** avvisa, ogilla; upphäva **-run'** *tr* **1** översvämma **2** betäcka; hemsöka; [pp.] övervuxen **3** överskrida **-sea' I** *a* transmarin **II** *adv* på (från) andra sidan havet **-see'** *tr* övervaka **-'seer** *s* tillsyningsman **-set' I** *tr* kullkasta; [om]störta **II** *itr* välta, kantra **-shad'ow** *tr* **1** överskugga; förmörka **2** ställa i skuggan **3** beskydda **-shoo't** *tr rfl* skjuta över [målet] **-'sight** *s* förbiseende **-slee'p I** *tr* sova över **II** *itr rfl* försova sig **-spread'** *tr* breda [sig] över **-sta'te** *tr* överdriva **-step'** *tr* överskrida **-stock'** *tr* överfylla **-'strai'n I** *tr* över|anstränga, -driva **II** *s* överansträngning **-strung'** *a* ytterligt spänd; hypernervös
overt [ou'və:t, --'] *a* öppen, offentlig
over||ta'ke *tr* upphinna; överraska, drabba **-task** [ɑ:'] *tr* överanstränga **-tax'** *tr* taxera för högt; ställa för stora krav på **-thro'w I** *tr* kullkasta; [om]störta; tillintetgöra **II** [-'--] *s* kullkastande; störtande; nederlag, fall
o'verture *s* **1** uvertyr **2** förslag, anbud
over||tur'n *tr itr* välta [omkull], stjälpa; [om]störta; kantra **- -val'ue** *tr* överskatta **-watch'** *tr* **1** vaka över **2** ~*ed* utvakad **-wee'ning** *a* övermodig; omåttlig **-weigh'** *tr* **1** uppväga **2** nedtynga **-'weight** *s* övervikt **-whelm'** *tr* över|hopa, -väldiga; förkrossa **-work I** *s* **1** [-'--] övertidsarbete **2** [-'--'] överansträngning **II** [-'--'] *tr itr rfl* överanstränga [sig] **-wrought** [ɔ:'t] *a* utarbetad; överansträngd
oviform [ou'vifɔ:m] *a* äggformig
ow||e [ou] *tr* vara skyldig; ha att tacka för; ~ *a grudge* hysa agg **-ing** *a* som skall betalas; *be* ~ *to* bero på; ~ *to* på grund av, tack vare
owl [au] *s* uggla **-ery** [əri] *s* ugglebo
own [ou] **I** *a* egen; *he has a house of his* ~ han har eget hus; *name your* ~ *price* bestäm själv priset; *hold o.'s* ~ stå på sig; *make o.'s* ~ tillägna sig; *in your* ~ [*good*] *time* vid lägligt tillfälle; *a world of its* ~ en värld för sig; *on o.'s* ~ S på egen hand **II** *tr* **1** äga, rå om **2** erkänna [äv. ~ *to*]
owner [ou'] *s* ägare **-ship** *s* äganderätt
ox (pl. ~*en*) *s* oxe
ox'id||e *s* oxid **-ize** [id] *tr* syrsätta
Ox'on = **1** *Oxford*[*shire*] **2** *Oxonian* **-ian** [ou'n] *a s* Oxford-[student]
oxygen [ɔ'ksidʒən] *s* [kem.] syre
oy||es -ez [ouje's] *interj* hör[en]!
oy'ster *s* ostron ~**-bed** *s* ostronbank
oz. [auns] = *1 ounce*

P

P, p [pi:] *s* p; *mind o.'s P's and Q's* tänka på vad man säger (gör)
P., p. =*page; participle; past; P. & O.* =*Peninsular and Oriental* [ångbåtslinje] **p. a.** =*per annum* årligen
pa [pɑ:] *s* F pappa
pab'ulum [ju] *s* föda, näring; stoff
pace I *s* **1** steg **2** gång; hastighet, tempo; [full] fart; *keep ~ with* hålla jämna steg med **3** skritt **II** *itr* gå [i skritt] **III** *tr* gå av och an på (i)
pachyderm [pæ'kidə:m] *s* tjockhuding
pacif'ic *a* fredlig, frid|sam, -full; *the P~ [Ocean]* Stilla havet **-ation** *s* pacificering **-atory** *a* fredsstiftande
pac'i||fism *s* fredsrörelse **-fist** *s* fredsvän **-fy** *tr* återställa fred i
pack I *s* **1** packe, knyte; packning **2** band, hop **3** svärm, flock **4** [kort]lek **5** [*polar*] ~ drivis **6** inpackningsbad **II** *itr* **1** packa **2** skocka ihop sig **3** packa sig [av] **III** *tr* **1** packa [ihop]; förpacka; fylla; ~ *up* packa ner **2** lassa **-age** *s* packe, kolli; förpackning
pack'et I *s* **1** paket **2**= ~*-boat* **II** *tr* slå in **~-boat ~-ship** *s* [post]ångare
pact *s* överenskommelse, fördrag, pakt
1 pad I *s* **1** S stig, väg, stråt; *gentleman of the* ~ stråtrövare **2** passgångare **II** *tr itr* traska, luffa
2 pad I *s* **1** dyna, kudde **2** [sadel]puta **3** stoppning, valk **4** benskydd **5** [skriv]-underlägg **II** *tr* stoppa, madrassera **-ding** *s* stoppning, fyllnad
paddle I *s* **1** paddel; *double* ~ kanotåra **2** ⚓ skovel **II** *itr* **1** paddla **2** plaska **3** tulta **~-wheel** *s* skovelhjul
padd'ock [ək] *s* hästhage; sadelplats
pad'lock *s tr* [sätta] hänglås [för]
padre [pɑ:'drei] *s* S fältpräst
paean [pi:'ən] *s* tacksägelse-, lov|sång
pa'gan *s a* hedn|ing, -isk **-dom** *s* hedendom **-ish** *a* hednisk **-ism** *s* hedendom
1 page [dʒ] **I** *s* sida; blad **II** *tr* numrera
2 page *s* **1** page **2** betjäntpojke
pageant [pædʒnt] *s* skådespel; festtåg
paginate [pæ'dʒ] *tr* paginera
paid [peid] se *pay*
pail [peil] *s* ämbar, spann, stäva, hink
pain I *s* **1** smärta, pina, plåga; *it gives me* ~ det gör mig ont **2** ~*s* besvär, möda **3** *on (under)* ~ *of death* vid dödsstraff **4** sorg, ångslan **II** *tr* smärta, plåga **-ful** *a* smärt-, pin|sam **-less** *a* smärtfri **-s|taking I** *a* flitig, omsorgsfull **II** *s* flit, möda
paint I *s* färg; smink; *wet* ~*!* nymålat! **II** *tr itr* **1** måla; färga; sminka [sig] **2** skildra **~-box** *s* **1** färglåda **2** sminkburk **-er** *s* målare **-ing** *s* målning, tavla **-ress** *s* målarinna

pair [ɛə] **I** *s* par **II** *tr* para [ihop] **III** *itr* **1** bilda par; para sig; passa **2** kvitta
pal [pæl] S *s* kamrat, god vän
pal'ace [is] *s* palats, slott
palan||keen -quin [ki:'n] *s* bärstol
pal'at||able *a* välsmakande **-al** *s a* gomljud; palatal **-e** [lit] *s* gom; smak
palati||al [pəleiʃl] *a* palatslik **-ne** [pæ'lətain] *s* pfalzgreve
palaver [ɑ:'və] **I** *s* överläggning; prat; smicker **II** *itr* prata **III** *tr* smickra
1 pale I *s* **1** påle; stake; spjäla **2** gräns; område **II** *tr* inhägna
2 pale I *a* blek; matt; ljus **II** *itr* [för]blekna **III** *tr* göra blek
palfrey [pɔ(:)'lfri] *s* ridhäst, gångare
pa'ling *s* plank; staket, inhägnad
1 pall [ɔ:] *s* pallium; [bår]täcke; päll
2 pall *itr tr* bli (göra) övermätt
pall'et *s* **1** palett **2** liten spade
pall'iat||e *tr* bemantla, förmildra; lindra **-ive** *s* lindring[smedel]
pall'||id *a* blek **-id'ity -or** *s* blekhet
1 palm [pɑ:m] **I** *s* **1** flata handen; *grease a p.'s* ~ muta ngn **2** fotsula **3** handsbredd **II** *tr* pracka, lura; muta
2 palm *s* palm[kvist]; seger[pris] **-ary** [æ'l] *a* främst **-er** *s* pilgrim; munk
pal'miped [ped] *s a* sim|fågel, -fotad
palmy [pɑ:'mi] *a* **1** palmlik; palmrik **2** segerrik, lycklig
pal'pa||ble *a* **1** känn-, märk|bar **2** påtaglig; tydlig **-te** *tr* känna [på]
pal'pitate *itr* klappa, slå häftigt; skälva
palsy [ɔ:'lz] **I** *s* slag[anfall] **II** *tr* förlama
palter [ɔ:'] *itr* slingra sig; krångla; pruta
paltry [ɔ:'] *a* eländig, usel, futtig
paludal [pælu:'dl] *a* träskartad, träsk-
pam'per *tr* övergöda; klema bort
pam'phlet *s* broschyr; strö-, flyg|skrift
pan I *s* **1** skål, bunke **2** panna **3** hjärnskål **II** *tr* vaska **III** *itr* avge guld
pan||- all[t]- -ace'a *s* universalmedel
pancake [pæ'nkeik] *s* pannkaka
pan'creas [ŋkriæs] *s* bukspottkörtel
pandemo'nium *s* helvete; kaos; oväsen
pan'der *s itr tr* [vara] kopplare [åt]
pane *s* **1** slät sida; fält **2** [glas]ruta
panegyric [pænidʒi'] *s a* lovord|ande]
pan'el I *s* **1** ruta, spegel, fält; panel **2** sadelputa **3** jury[lista] **II** *tr* panela
pang *s* smärta, styng; kval
pan'ic I *s* panik, skräck **II** *a* panisk
panicle [pæ'nikl] *s* [bot.] vippa
pannier [pæ'niə] *s* korg
pannikin [pæ'nikin] *s* liten bleckmugg
pan-pipe [pæ'npaip] *s* pan|flöjt, -pipa
pansy [pæ'nzi] *s* pensé, styvmorsviol
pant I *itr* **1** flämta, flåsa; kippa **2** slå, bulta **3** längta **II** *s* flämtning
pantile [pæ'ntail] *s* tegelpanna

pan'tomime *s* pantomim, stumt spel
pan'try *s* skafferi, handkammare
pants *spl* F byxor; kalsonger
pap *s* 1 [barn]välling 2 [grötlik] massa
papa [pəpɑ:'] *s* pappa
pa'pa||cy *s* påve|värdighet, **-döme -l** *a* påvlig **-lism** *s* påvemakt
papa'verous *a* vallmoliknande, vallmo-
pa'per I *s* 1 papper; ~ *of pins* knappnålsbrev 2 värdepapper, sedlar 3 S fribiljetter 4 dokument, handling; avsked[sansökan] 5 examensskrivning 6 tidning 7 uppsats; föredrag 8 tapet[er] 9 ~*s* papiljotter **II** *tr* tapetsera **~-chase** *s* snitseljakt **~-clip** *s* pappersklämma **~-cover** *s* omslag **~-cutter** *s* papperskniv **~-hanging -ing** *s* tapet[sering] **~-mill** *s* pappersbruk **~-weight** *s* brevpress
par *s* 1 jämlikhet, lika värde; *on a* ~ likställd 2 pari[kurs] 3 medeltal
parable [pæ'rəbl] *s* parabel, liknelse
parachute [pærəʃu:'t, -'--] *s* fallskärm
para'de I *s* 1 ståt, prål 2 parad[plats] 3 promenad[plats] **II** *itr tr* 1 [låta] paradera 2 promenera [på] 3 lysa med
paradise [pæ'] *s* 1 paradis 2 djurgård
paraffin [pæ'] *s* paraffin; fotogen
paragon [pæ'] *s* mönster, förebild
paragraph [pæ'rəgrɑ:f] *s* 1 paragraf; stycke, moment 2 notis
parallel [pæ'rəlel] **I** *a* 1 parallell, jämlöpande 2 motsvarande **II** *s* 1 parallell linje 2 breddgrad 3 motstycke; jämförelse **III** *tr* 1 jäm|ställa, **-föra** 2 motsvara, gå upp emot
paraly||se [æ'rəlaiz] *tr* förlama **-sis** [æ'li] *s* förlamning **-tic** [li't] *a s* förlamad
paramount [pæ'] *a* förnämst, överlägsen
para||pet [pæ'r] *s* 1 bröstvärn, balustrad 2 skyttevärn **-ph** [pæ'] **I** *s* namnmärke **II** *tr* underskriva **-pherna'lia** *s* utrustning, grejor **-phrase** [z] *s tr* omskriv|ning, -a **-site** [s] *s* parasit, snyltgäst
parboil [pɑ:'bɔil] *tr* förvälla
parcel [pɑ:sl] **I** *s* 1 jordlott 2 paket, kolli, bunt 3 [varu]parti **II** *tr* 1 [ut]dela, stycka 2 paketera
parch I *tr* 1 rosta 2 sveda, förtorka; bränna **II** *itr* förtorka; försmäkta av törst **-ment** *s* pergament
par'don I *s* 1 förlåtelse; [*beg*] ~ förlåt! *I beg your* ~ va falls? 2 benådning 3 avlat **II** *tr* 1 förlåta 2 benåda **-able** *a* förlåtlig **-er** *s* avlatskrämare
pare [εə] *tr* skava, skrapa; skala; klippa; [kring]skära, minska
parent [pε'ə] *s* fader, moder; ~*s* föräldrar **-age** *s* härkomst, börd **-al** [e'n] *a* faderlig, moderlig; föräldra-
paren'thesis [þisis] *s* parentes
paring [pε'ə] *s* skal[ning], klippning
parish [pæ'] *s* socken, församling; kommun; ~ *clerk* klockare **-ioner** [i'ʃənə] *s* församlingsbo

Parisian [pəri'z] *a s* paris|isk, -are
parity [pæ'riti] *s* paritet, likhet
park I *s* park **II** *tr* inhägna; parkera
par'l||ance *s* [tal]språk **-ey** [li] **I** *s* 1 överläggning 2 underhandling **II** *itr* [sam]tala; parlamentera
parliament [pɑ:'ləmənt] *s* parlament; riksdag; *the Houses of P* ~ parlamentshuset **-ary** [me'] *a* parlamentarisk; ~ [*train*] persontåg
parlour [pɑ:'lə] *s* 1 samtalsrum 2 vardagsrum, förmak 3 [Am.] rakstuga, ateljé, salong **~-maid** *s* husa
parochial [pərou'k] *a* socken-; småsint
parody [pæ'] *s tr* parodi[era]
paro'le *s* 1 hedersord 2 lösen, paroll
parquet [pɑ:'ki] *s tr* parkett, -era
parr'icide *s* 1 fader|mördare, -mord 2 landsförräd|are, -eri
parr'ot I *s* papegoja **II** *tr itr* pladdra
parr'y I *tr* parera, avvärja **II** *s* parad
parse [pɑ:z] *tr itr* [gram.] analysera
parsimo'n||ious *a* sparsam; knusslig; knapp **-y** [-'-məni] *s* sparsamhet
parsley [pɑ:'sli] *s* persilja
parsnip [pɑ:'snip] *s* palsternacka
parson [pɑ:sn] *s* kyrkoherde; F präst **-age** *s* prästgård
part I *s* 1 del; stycke; ~ *and parcel* väsentlig beståndsdel; *three* ~*s* tre fjärdedelar; ~ *of speech* ordklass; *in* ~ delvis; *take in good* ~ ta väl upp 2 andel, lott; uppgift 3 kroppsdel 4 häfte 5 roll 6 stämma 7 parti, sak 8 bena 9 ~*s* a) intelligens; b) trakt[er], ort **II** *adv* delvis **III** *itr* 1 skiljas [åt] 2 öppna (dela) sig 3 S betala **IV** *tr* 1 dela; bena [hår] 2 [sär]skilja
parta'ke *itr* 1 deltaga 2 ~ *of* dela; intaga; äta 3 ha en anstrykning av
partial [pɑ:'ʃəl] *a* 1 partisk, ensidig; ~ *to* svag för 2 partiell **-ity** [ʃiæ'l] *s* partiskhet; svaghet **-ly** *adv* delvis
partic'ip||ant *a s* deltaga|nde, -re **-ate I** *itr* 1 deltaga 2 ~ *of* ha ngt av [egenskap] **II** *tr* dela, deltaga i **-ation** *s* del|tagande, -aktighet **-ator** *s* deltagare **-le** [ɑ:'] *s* particip
par'ticle *s* partikel; liten del
par'ti-coloured *a* mångfärgad
partic'ular [ju] **I** *a* 1 särskild; [någon] viss 2 egen[domlig] 3 *in* ~ i synnerhet 4 noggrann; utförlig 5 noga, 'kinkig' **II** *s* detalj; enskildhet **-ity** [læ'r] *s* noggrannhet, utförlighet; kinkighet
par'ting *s* 1 delning; ~ *of the ways* vägskäl, skiljeväg 2 skilsmässa; avsked, hädanfärd 3 bena
partisan [zæ'n] *s* anhängare, partigängare **-ship** *s* partiväsen
partition [ti'ʃn] **I** *s* 1 [in-, för]delning; del 2 skilje|vägg, -mur **II** *tr* [av]dela
par'tner *s* 1 del|tagare, -ägare, kompanjon 2 äkta hälft 3 moatjé; medspelare **-ship** *s* kompanjonskap, bolag

partridge [pɑ:'tridʒ] *s* rapphöna
par'ty *s* 1 parti 2 sällskap 3 trupp 4 bjudning, samkväm 5 part; kontrahent 6 deltagare, intressent 7 P individ ~-wall *s* brandmur
parvenu [pɑ:'vənju:] *s* uppkomling
pas'quil *s* smädeskrift
1 **pass** [ɑ:] I *itr* 1 passera, förflytta sig; färdas; gå [förbi, vidare] 2 vara gångbar, cirkulera; [gå och] gälla 3 övergå; förvandlas 4 utbytas, växlas 5 gå bort, försvinna 6 förgå, förflyta; gå över, upphöra 7 komma igenom (fram); antagas 8 hända 9 avkunnas 10 [kort.] passa II *tr* 1 passera; gå (fara) förbi (om); gå igenom (över); ~ *by* gå förbi; förbi|gå, -se; ~ *over* förbigå 2 ~ *through* genomgå 3 tillbringa; ~ *away* fördriva 4 antaga[s av]; gå igenom, avlägga 5 över|skrida, -gå 6 befordra; [in]föra 7 godkänna, besluta 8 skicka, räcka; ~ *in* lämna in; ~ *off* avvärja; ~ *over* [över]lämna 9 utsläppa; ~ *off* utprångla 10 överlåta 11 [av]giva, avlägga 12 uttala; [ut]byta; avkunna
2 **pass** *s* [berg]pass; [trång] väg; led
3 **pass** *s* 1 godkännande 2 läge; vändpunkt; *be at a pretty* ~ vara illa ute; *bring to* ~ åstadkomma; *come to* ~ uppkomma 3 [res]pass, passersedel; fribiljett 4 stöt **-abl|e** *a* framkomlig; gångbar; hjälplig, dräglig; *-y* tämligen
passage [pæ'] *s* 1 färd, resa, gång; överfart; genom|resa, -gång; *make a* ~ bana sig väg; *work o.'s* ~ arbeta för överresan 2 gång, förlopp 3 [fri] passage 4 antagande 5 väg, bana; korridor; [in-, ut]gång 6 utbyte; dust; ordväxling 7 ställe; avsnitt
pass-book [ɑ:'] *s* motbok
pass||enger [pæ'sin(d)ʒə] *s* passagerare **-er-by** [ɑ:'] *s* förbigående
passible [pæ'] *a* känslig, mottaglig
passing [ɑ:'] I *a* flyktig II *s* förbi-, genom|fart, bortgång; *in* ~ i förbigående ~**-bell** *s* själaringning **-ly** *adv* i förbigående, flyktigt
passion [pæʃn] *s* 1 *P*~ Kristi lidande 2 lidelse; förkärlek 3 utbrott; vrede **-ate** [it] *a* hetsig; lidelsefull; eldig
pass'ive *a s* passiv[um]; overksam
pass-key [pɑ:'] *s* huvud-, port|nyckel
Passover [ɑ:'] *s* påsk|högtid; -alamm
pass||port [ɑ:'] *s* pass **-word** *s* lösen
past [ɑ:] I *a* [för]gången, förfluten; *for some time* ~ sedan ngn tid tillbaka II *prep* 1 förbi; utöver, utom; ~ *recovery* obotlig 2 över, efter; *at half* ~ *one* halv två III *adv* förbi
pa'ste I *s* 1 massa, deg; klister, pasta 2 glasfluss II *tr* klistra [över] **-board** *s* papp, kartong; S kort; tågbiljett
pas'til -le [i:'l] *s* 1 tablett 2 rökgubbe
pastime [pɑ:'staim] *s* tidsfördriv, nöje
pastor [ɑ:'] *s* pastor, kyrkoherde **-al** I *a* herde-, idyllisk; ~ *cure* själavård II *s* 1 herde|dikt, -drama 2 idyll 3 herdabrev **-ate** [it] *s* 1 kyrkoherdetjänst 2 pastorer
pa'stry *s* finare bakverk, bakelser ~-**-cook** *s* konditor
pastur||age [pɑ:'s] *s* 1 betande, bete 2 = *-e I* **-e** [tʃə] I *s* bete[smark] II *tr itr* [låta] beta; avbeta **-e-ground -e-land** *s* betesmark
pasty I [æ'] *s* [kött]pastej II [ei'] *a* degig; blek[fet]
pat I *s* 1 slag, smäll, klapp 2 klimp, klick 3 trippande II *tr itr* 1 slå, klappa; släta till 2 trippa III *adv* precis; till hands; lämpligt
patch I *s* 1 lapp, klut, flik, stycke 2 fläck, ställe 3 jordlapp; täppa II *tr* lappa; laga; ~ *up* lappa ihop, ordna upp **-work** *s* lapp- fusk|verk; röra **-y** *a* lappig, hoplappad
paten [pætn] *s* paten, oblattallrik
pa'tent I *a* 1 öppen 2 klar, tydlig 3 *letters* ~ se *II* II *s* 1 privilegie-, fri|brev 2 patent[brev] III *tr* bevilja (få) patent på **-ee'** *s* patentinnehavare ~**-leather** *s* blankskinn; [i sms.] lack-
pa'ter *s* F pappa **-nal** [pətə:'] *a* faderlig, faders-; ~ *aunt* faster; ~ *grandmother* farmor **-nity** [ə:'n] *s* faderskap
path [pɑ:þ] *s* stig, gång; [gång]bana
pathet'ic *a* gripande, rörande
path||finder [ɑ:'] *s* 'stigfinnare', pionjär **-less** *a* obanad
pa'thos *s* patos, [lidelsefull] känsla
pathway [pɑ:'þ] *s* [gång]stig; väg
patien||ce [peiʃns] *s* 1 tålamod; ihärdighet; *out of* ~ otålig 2 patiens **-t** I *a* tålig; fördragsam II *s* patient
patrician [i'ʃn] *s a* patrici|er, -sk; adlig
pat'rimony *s* fädernearv, arvegods
pat'riot *s* fosterlandsvän **-ic** [ɔ't] *a* patriotisk **-ism** *s* fosterlandskärlek
patro'l *s itr tr* patrull[era]
pat'ron *s* 1 patronus; skydds|herre, -patron; beskyddare 2 kund; gynnare **-age** *s* 1 patronatsrätt 2 beskydd, ynnest; välvilja **-ize** *tr* beskydda, gynna, uppmuntra
patten [pætn] *s* träsko, yttersko
1 **patt'er** I *itr* 1 smattra, piska 2 tassa, trippa II *s* smatter; trippande
2 **patter** I *tr itr* 1 mumla [fram], rabbla 2 S pladdra II *s* rotvälska; F prat
patt'ern I *s* 1 mönster, förebild; modell 2 prov[bit] II *tr* forma; teckna
patt'y *s* pastej **-pan** *s* pastejform
pau'city *s* fåtalighet; brist
paunch [ɔ:] I *s* buk II *tr* skära upp
pau'per *s* fattig[hjon]; understödstagare **-ism** *s* fattigdom **-ize** *tr* utarma
pause [pɔ:z] I *s* paus; avbrott; tvekan II *itr* hejda sig; tveka
pave *tr* sten|lägga, -sätta, täcka; ~

the way bana väg -ment *s* 1 gat-, sten|läggning 2 gångbana, trottoar
paw [ɔ:] I *s* tass; F hand, labb II *tr itr* 1 slå med tassen 2 skrapa, stampa [på] 3 F stryka [över], fingra [på]
1 pawn [pɔ:n] *s* [schack]bonde
2 pawn *s tr* pantsätta, [sätta i] pant -broker *s* pantlånare -ee' *s* pantinnehavare -er *s* pant|givare, -ägare -shop *s* pantlånekontor
pay (*paid paid*) I *tr* 1 betala; ~ *o.'s way* betala för sig; ~ *down*-betala kontant; ~ *off* [av]betala 2 ersätta, löna 3 betyga, visa; ~ *a visit* göra ett besök II *itr* 1 löna sig 2 ~ *for* betala [för] III *s* betalning; lön; sold; hyra -able *a* 1 betalbar 2 lönande ~-day *s* 1 avlöningsdag 2 förfallodag -ment *s* betalning, avlöning
p. c. = *post card; per cent*
pea *s* ärt; *as two* ~*s* som två bär
peace *s* frid, fred; lugn, ro; allmän ordning; *make* ~ sluta fred -able *a* fredlig, fridsam -ful *a* fridfull, stilla; fredlig -maker *s* fredsstiftare ~-offering *s* försoningsoffer
1 peach *s* persika; persikoträd
2 peach *itr* F skvallra; ~ *on* ange
pea'||cock I *s* påfågel[stupp] II *rfl itr* kråma sig -hen *s* påfågelhöna
peak I *s* 1 spets 2 skärm 3 ⚓ pik 4 bergstopp II *tr* ⚓ pika; toppa -ed -y *a* 1 spetsig 2 F avtärd, ynklig
peal I *s* 1 klockringning 2 skräll, dunder; brus; ~ *of applause* applådåska; ~ *of laughter* skrattsalva II *itr* skrälla, skalla; brusa
pea'||nut *s* jordnöt - -pod *s* ärtskida
pear [pɛə] *s* päron; päronträd [=~-*tree*]
pearl [ə:] I *s* 1 pärla 2 pärlemor[-] II *itr* 1 pärla 2 fiska pärlor -ed = -*y* ~-oyster *s* pärlmussla ~-powder ~-white *s* pärlvitt, vitt smink -y *a* pärl|skimrande, -rik, -prydd
peasant [peznt] *s* bonde -ry *s* allmoge pea||se [z] *s* ärter - -soup *s* ärtsoppa
peat *s* torv ~-bog *s* torvmosse
pebble *s* [kisel]sten; bergkristall
pecc'a||ble *a* syndfull -dill'o *s* småsynd -nt *a* 1 syndig 2 osund 3 oriktig -vi [ei'vai] *s* syndabekännelse
1 peck *s* 1 9,087 l 2 F mängd, massa
2 peck *tr itr* 1 picka [på, i], hacka [hål i] 2 plocka upp 3 F äta; peta i 4 S slänga -ish *a* F hungrig
pec'toral *s a* bröstmedel; bröst-
pecu'liar *a* 1 [sär]egen, egendomlig 2 särskild -ity [æ'r] *s* egen[domlig]het
pecu'niary *a* pekuniär, penning-
ped'al *s tr itr* [använda] pedal, trampa
ped'ant *s* pedant -ry *s* pedanteri
peddle I *itr* 1 idka gårdfarihandel 2 pyssla, knåpa II *tr* bjuda ut
ped'estal *s* piedestal, fotställning, bas
pedes'trian *s* fot|gängare, -vandrare
ped'i||cure [juə] *s* fotvård, pedikur[ist] -gree *s* stam|träd, -tavla; härkomst
ped'lar *s* 1 gårdfarihandlare 2 knåpare
peek *itr* kika, titta
1 peel *s* bak-, ugns|spade
2 peel I *s* skal II *tr* skala [av] III *itr* 1 förlora skal (bark) 2 gå (falla) av, fjälla 3 F klä av sig
pee'ler *s* S polisman, 'byling'
1 peep I *itr* pipa II *s* pip[ande]
2 peep I *itr* 1 kika, titta 2 titta fram II *s* 1 titt, blick 2 ~ *of dawn* (*day*) gryning 3 siktskåra -er *s* S ~*s* ögon ~-hole *s* titthål ~-show *s* tittskåp
1 peer *itr* 1 stirra 2 titta fram; visa sig
2 peer *s* 1 [jäm]like 2 pär; ~ *of the realm* adelsman med säte i överhuset -age *s* pärs|stånd, -värdighet, -kalender -ess *s* pärs hustru -less *a* makalös
pee'vish *a* kinkig, knarrig, vresig
peg I *s* 1 pinne, bult, sprint; tapp; pligg; skruv 2 F [trä]ben 3 S grogg II *tr* 1 fästa (markera) med pinne; pligga; [fast]binda 2 stöta, slänga III *itr* 1 F gå (knoga) på'; ~ [*it*] S dricka grogg 2 ~ *out* S kola av
pekin' [pi:] *s* 1 sidentyg 2 civil
pell'et *s* liten kula; piller; [bly]hagel
pell'-mell' I *adv* huller om buller; huvudstupa II *a* förvirrad III *s* tumult
pellucid [(j)u:'s] *a* genomskinlig, klar
1 pelt I *tr itr* 1 kasta [på] 2 dunka på' 3 piska II *s* kastande; slag; fart
2 pelt *s* fäll, päls; skinn
1 pen *s tr* [instänga i] fålla, kätte, bur
2 pen I *s* penna II *tr* [ned]skriva
pe'n||al *a* 1 kriminell, straff-; ~ *servitude* straffarbete 2 straffvärd -alize *tr* 1 belägga med straff 2 handikappa -alty [pe'n] *s* 1 straff, vite 2 handikap; straffspark -ance [pe'n] *s* bot
pence [pens] pl. av *penny*
pen'cil I *s* [blyerts]penna; ritstift II *tr* 1 [an]teckna 2 pensla ~-case *s* blyerts|stift, -fodral
pen'd||ant I *s* 1 örhänge; ljuskrona; bygel 2 ⚓ topprep; vimpel 3 [pä:dä:] motstycke II *o.* -ent *a* 1 ned-, över|hängande 2 oavgjord -ing I *a* pågående; oavgjord; anhängig II *prep* under; i avvaktan på
pen'dul||ate [ju] *itr* pendla, tveka -ous *a* nedhängande, pendlande -um *s* pendel
pen'etr||able *a* genomtränglig, tillgänglig -ate I *tr* genom|tränga, -skåda II *itr* intränga, tränga fram -ation *s* 1 genom-, in|trängande 2 skarpsinne -ative [eit] *a* genomträngande, skarp
penguin [pe'ŋgwin] *s* pingvin
penholder [pe'nhouldə] *s* pennskaft
penin'sul||a [ju] *s* halvö; *the P* ~ Pyreneiska halvön -ar *a* halvö-
pen'iten||ce *s* botfärdighet -t I *a* botfärdig, ångerfull II *s* botgörare, biktbarn -tiary [e'nʃ] *s* tukthus

pen||knife *s* pennkniv **-man** *s* 1 skriftställare 2 [skön]skrivare **-manship** *s* [hand]stil - **-name** *s* pseudonym
pen|nant 1 = *-dant I* 2 = *-non*
penn'iless *a* ut|fattig, -blottad, F pank
pennon [pe'nən] *s* vimpel, lansflagg
penn'y *s* (1/12 *shilling*) 7 1/2 öre; *turn an honest* ~ tjäna en extra slant ~**-post-[age]** *s* normalporto ~**-wise** *a* småsnål **-worth** *s* 'för 1 penny'; valuta
pen'sile [sil] *a* hängande, svävande
pen'sion [ʃn] **I** *s* 1 pension, underhåll 2 [pɑ:'ŋsiɔ:ŋ] pensionat **II** *tr*, ~ [*off*] pensionera **-able** *a* pensionsmässig, pensions- **-ary** *s a* pension|är, -erad **-er** *s* 1 pensionär 2 dräng
pen'sive [siv] *a* tankfull, grubblande
pent *a* inspärrad; undertryckt
pen'ta||- fem- **-thlon** [æ'þ] *s* femkamp
Pen'tecost *s* [judarnas] pingst[högtid]
pent'house *s* skjul, skydds-, regn|tak
penu'r||ious *a*. snål **-y** [pe'] *s* brist
peony [pi'əni] *s* pion
people [i:'] **I** *s* 1 nation 2 folk; människor[na], personer; *my* ~ de mina **II** *tr* befolka, bebo; [upp]fylla
pep *s* S kraft, fart, kläm
pepp'er I *s* peppar **II** *tr* 1 peppra 2 beskjuta ~**-and-salt** *a* gråspräcklig ~**-caster** *s* peppardosa **-mint** *s* pepparmynta **-y** *a* pepprad, skarp
per *prep* genom, med, 'per', i; ~ *annum* om året; ~ *cent* procent; *as* ~ enligt
peram'bulat||e [ju] *tr* genom|vandra, -resa **-ion** *s* strövtåg **-or** *s* barnvagn
perceiv||able [si:'v] *a* förnimbar **-e** *tr* 1 förnimma; märka 2 fatta, inse
percen'tage [pə(:)] *s* procent[siffra]
percept'||ible *a* märkbar; fattbar **-ion** *s* 1 förnimmelse 2 uppfattning **-ive** *a* förnimmande; snabb att uppfatta
1 **perch** [pə:tʃ] *s* abborre
2 **perch I** *s* 1 pinne; upphöjd plats; *hop the* ~ S 'trilla av pinn' 2 ⚓ prick **II** *itr* sätta sig; sitta [uppflugen]
perchance [tʃɑ:'ns] *adv* till äventyrs
per'colate I *tr* genomtränga **II** *itr* sila (sippra, rinna) igenom
percussion [kʌ'ʃn] *s* slag, stöt
perdition [di'ʃn] *s* för|därv, -störelse
peregrin||ation *s* vandring **-ate** [pe'r] *itr* vandra **-e** [pe'rigrin] *s* pilgrimsfalk
perem'ptory *a* definitiv; bestämd
perenn'ial *a s* perenn, flerårig [växt]
perfect I [pə:'] *a* 1 fulländad; hemmastadd 2 fullkomlig **II** [-- '] *tr* full|-borda, -komna; fullt utbilda **-ible** [fe'k] *a* utvecklingsmöjlig **-ion** *s* full|-ändning, -komlighet; *to* ~ förträffligt
perfid'||ious *a* svekfull **-y** [pə:'] *s* svek
per'forate *tr* perforera, genomborra
perfor'ce *adv* av tvång, nödvändigt
perfor'm I *tr* 1 utföra, uträtta, fullgöra 2 [teat.] spela; föredraga **II** *itr* uppträda; spela **-able** *a* utförbar **-ance** *s* 1 utförande, fullgörande 2 prestation, verk 3 uppträdande; uppförande; framställning; föreställning
per'fume I [ju:] *s* doft; parfym **II** [- -'] *tr* parfymera, fylla med vällukt
perfunc'tory *a* likgiltig, mekanisk, ytlig
perhap's *adv* kanske; ~ *so* kanske det
peril [e'] **I** *s* fara, våda, risk **II** *tr* sätta i fara, riskera **-ous** *a* farlig, vådlig
pe'riod *s* 1 period, tid[rymd] 2 mening 3 paus; punkt (.) **-ical** [ɔ'd] *a s* periodisk [skrift]; tidskrift
periph'ery *s* omkrets, periferi
perish [e'] *itr tr* omkomma, förgås; fördärva[s] **-able** *a* förgänglig
periwig [pe'riwig] *s* peruk
periwinkle [e'] *s* 1 vintergröna 2 strandsnäcka
per'jur||e [dʒə] *rfl* begå mened: **-ed** menedig **-er** *s* menedare **-y** *s* mened
perk F **I** *itr* brösta sig; tränga sig fram; sticka upp (fram) **II** *tr* 1 pynta (styra) ut 2 sträcka (sätta) upp **-y** *a* framfusig; morsk; vrakig
per'manen||ce *s* beständighet; varaktighet **-t** *a* ständig, varaktig; fast
per'mea||ble *a* genomtränglig **-ate** *tr itr* genom-, in|tränga [i]
permiss'||ible *a* tillåtlig **-ion** [i'ʃn] *s* tillåtelse, lov
permit I [- -'] *tr itr* tillåta, medge **II** [-'-] *s* tillstånd[sbevis]
permu'te *tr* om|kasta, -flytta
pernicious [i'ʃ] *a* fördärvlig, dödlig
pernick'ety *a* F noga, kinkig, ömtålig
per||oration *s* tal; föredrag **-pendic'ular** [ju] *a* lodrät; upprätt; ~ *style* sengotik
per'petrat||e *tr* föröva, begå **-ion** *s* 1 förövande 2 ogärning **-or** *s* förövare
perpet'u||al *a* ständig; ~ *motion* perpetuum mobile **-ate** *tr* föreviga **-ity** [tju'] *s* 1 beständighet 2 ständig besittning 3 livränta
perplex' *tr* för|virra, -brylla **-ity** *s* förvirring, bryderi; virrvarr
perquisite [pə:'kwizit] *s* biinkomst; ~*s* sportler; drickspengar, rättighet
per'secut||e [ju:] *tr* förfölja; ansätta, plåga **-ion** *s* förföljelse **-or** *s* förföljare
perseve'r||ance *s* ihärdighet, uthållighet **-e** *itr* framhärda, hålla ut **-ing** *a* ihärdig, ståndaktig, uthållig
Persian [pə:'ʃən] *a s* pers|isk, -er
persist' *itr* 1 framhärda; envisas 2 fortleva **-ence** **-ency** *s* 1 framhärdande, envishet 2 fortlevande **-ent** *a* ståndaktig, envis, ihärdig
per'son *s* person; gestalt; *young* ~ ung dam; *in* ~ personligen; *of* (*in*) ~ till växten **-age** *s* person[lighet] **-al** *a* 1 personlig 2 yttre, kroppslig **-al'ity** *s* person[lighet] **-ally** *adv* personligen; för egen del **-ate** *tr* 1 spela 2 utge sig för **-ator** *s* framställare **-ify** [ɔ'nifai] *tr* förkroppsliga **-nel'** *s* personal

perspec'tive *s* perspektiv; utsikt
perspic||a'cious [ʃəs] *a* skarpsynt **-uous** [i'kju] *a* klar, åskådlig
perspir||ation *s* svett[ning] **-e** [ai'ə] *itr tr* [ut]svettas; utdunsta
persua'||de [sw] *tr* 1 övertyga; intala; ~ *out of* avråda 2 förmå **-sion** [ʒn] *s* 1 övertalning[sförmåga] 2 övertygelse; tro **-sive** [s] *a* övertalande
pert *a* näsvis, näbbig; ~ *girl* näspärla
pertai'n *itr*, ~ *to* tillhöra; gälla, angå
pertin||a'cious [ʃəs] *a* envis **-ac'ity** *s* envishet **-ent** [pə:'] *a* dithörande, tilllämplig
pertur'b *tr* rubba; förvirra, oroa
perus||al [ru:'z] *s* läsning **-e** *tr* läsa
Peruvian [u:'] *s a* peruan[sk]
perva'||de *tr* gå (tränga) genom; uppfylla **-sive** [s] *a* genomträngande
perver'||se *a* förvänd; förstockad; gensträvig **-sion** [ə:'ʃn] *s* för|vrängning, -därv **-sity** *s* förvändhet **-t I** *tr* för|vränga, -därva **II** [-'-] *s* avfälling
per'vious *a* genom|tränglig, -skinlig; framkomlig; tillgänglig
pest *s* plågoris, otyg, odjur
pes'ter *tr* ansätta, plåga, besvära
pesti||f'erous *a* 1 pestbringande, förpestad 2 fördärvlig **-lence** [pe'] *s* pest, farsot **-lent** [pe'] *a* 1 döds-, fördärv|bringande 2 pestartad 3 F odräglig **-lential** [e'nʃl] *a* pestartad
pestle I *s* mortelstöt **II** *tr itr* stöta
1 pet I *s* favoritdjur; kelgris; älskling; ~ *name* smeknamn **II** *tr* kela med
2 pet *s* anfall av dåligt lynne
pet'al *s* kronblad
petar'd *s* ⚔ petard; svärmare
pe'ter *itr* S F ~ *out* ta slut, tryta
petition I *s* begäran; bön[eskrift]; framställning; [konkurs]ansökan **II** *tr itr* begära, anhålla [om]; petitionera **-er** *s* petitionär; kärande
pet'rel *s* stormfågel
petri||fac'tion *s* förstening, petrifikat **-fy** [pe't] *tr itr* förstena[s]; lamslå
pet'r||ol *s* bensin **-o'leum** *s* bergolja
pett'icoat *s* [under]kjol
pett'ifogger *s* lagvrängare **-y** *s* advokat|knep, -yr, lagvrängning
pett'ish *a* knarrig, retlig, F grinig
pettitoes [pe'titouz] *spl* grisfötter
pett'y *a* liten, ringa; futtig; lägre; ~ *officer* underofficer
pet'ulan||ce [tju] *s* retlighet **-t** *a* knarrig
pew [pju:] *s* kyrkbänk
pewit [pi:'wit] *s* tofsvipa
pewter [pju:'] *s* britanniametall; tenn
phal'an||ge [dʒ] **-x** *s* falang, fylking
phan'tasm [z] *s* fantasi-, dröm|bild, fantom; vålnad **-agor'ia** *s* bländverk
phan'tom *s* spöke, vålnad; fantom
Pharis||a'ic[al] [færis] *a* fariseisk **-ee** [fæ'] *s* farisé
phar'macy *s* farmaci; apotek[aryrke]
phase [feiz] *s* fas, skede
Ph. D. [pi:'eitʃdi:'] = *Doctor of Philosophy* fil. doktor
pheasant [feznt] *s* fasan **-ry** *s* fasangård
phenom'en||al *a* fenomenal **-on** (pl. **-a**) *s* fenomen
phew [f:, fju:] *interj* asch! usch!
phial [fai'əl] *s* medicin-, glas|flaska
philan'der *itr* flörta **-er** *s* kurtisör
phil||an'thropist *s* filantrop, människovän **-at'elist** *s* frimärkssamlare
phil'istine *s a* 1 *P*~ filisté[isk] 2 kålkborg|are, -erlig
philol'ogy [dʒ] *s* språkvetenskap
philosoph||er [ɔ'sə] *s* filosof; ~*s' stone* de vises sten **-ic[al]** [sɔ'] *a* filosofisk **-ize** *itr* filosofera **-y** *s* filosofi
philt||er -re [fi'ltə] *s* kärleksdryck
phiz [fiz] *s* F ansikte, uppsyn
phlegm [flem] *s* 1 slem 2 flegma, tröghet **-atic** [flegmæ'] *a* trög
Phoenician [fini'ʃ] *a s* fenic|isk, -ier
phoenix [fi:'] *s* fågel Fenix
phon||e *s tr itr* F telefon[era] **-et'ic** *a* fonetisk, ljudenlig **-et'ics** *spl* fonetik
phosphate [fɔ'sfit, -fe(i)t] *s* fosfat
phosphor||esce [e's] *itr* lysa i mörkret **-ic** [ɔ'r] *a* fosfor- **-us** [fɔ's] *s* fosfor
photo [fou'to(u)] F o. **-graph** [æf, ɑ:f] *s tr itr* fotograf|i, -era **-grapher** [ɔ'g] *s* fotograf **-graph'ic** *a* fotografisk **-graphy** [ɔ'g] *s* fotografering
phrase [freiz] **I** *s* fras, uttryck[ssätt]; stil **II** *tr* uttrycka; beteckna **-ology** [iɔ'lədʒi] *s* uttryckssätt
phrenet'ic *a* frenetisk, ursinnig
phthisis [(f)þai'sis, tai-] *s* lungsot
physic [fi'z] **I** *s* 1 läkekonst 2 F medicin **II** *tr* behandla; bota **-al** *a* 1 fysisk 2 fysikalisk 3 kroppslig, kropps **-ian** [i'ʃn] *s* läkare **-ist** *s* fysiker **-s** *spl* fysik
physi||ognomy [ɔ'n] *s* fysionomi, ansiktsuttryck **-ol'ogist** [dʒ] *s* fysiolog **-que** [zi:'k] *s* kroppsbeskaffenhet
pian||ino [ni:'] *s* pianino **-o** [æ'n] **I** *s* piano; *cottage* (*upright*) ~ pianino; *grand* ~ flygel **II** [ɑ:'] *adv* piano, sakta
pick I *tr* 1 hacka [upp] 2 peta 3 skala, rensa; gnaga av 4 plocka; ~ *out* urskilja; leta (ta) ut; ~ *up* plocka (ta) upp, hämta; hitta, snappa upp, lära sig; [radio] ta in; få 5 välja [ut]; ~ *a quarrel* söka (börja) gräl; ~ *o.'s steps* gå försiktigt 6 plocka i sig; F äta 7 bestjäla 8 dyrka upp 9 plocka (riva) sönder **II** *itr* 1 plocka, välja 2 ~ *and steal* snatta 3 ~ *at* hacka på 4 ~ *up* krya till sig; ge sig i slang **III** *s* 1 hacka 2 val; det bästa; *have o.'s* ~ F få välja **-erel** *s* unggädda
pick'et I *s* 1 stake, påle 2 ⚔ postering 3 blockad; ~*s* strejkvakter **II** *tr* 1 inhägna 2 tjudra 3 ⚔ postera 4 blockera; bevaka ~**-boat** *s* vedettbåt
pick'ing *s*, ~*s* smulor; utskottsvaror

pickle I *s* 1 [salt]lake, lag 2 ~*s* pickels 3 F klämma II *tr* lägga in i lag
pick'||lock *s* inbrottstjuv; dyrk **- -me--up** *s* cocktail **-pocket** *s* ficktjuv
pic'nic *s* picknick, utflykt
pictorial [ɔ:'r] *a s* illustrerad [tidning]
pic'ture [tʃə] I *s* 1 tavla; bild; ~*s* bio; ~ *postcard* vykort 2 avbild 3 tablå 4 skildring II *tr* avbilda, måla; skildra; föreställa sig **~-gallery** *s* tavelgalleri **-sque** [e'sk] *a* pittoresk
pid'gin [dʒ] *s*, ~ *English* rotvälska
1 **pie** [pai] *s* pastej, paj
2 **pie** *s* skata **-bald** [ɔ:] =*pied*
piece [i:] I *s* 1 stycke, bit, del; exemplar; *a* ~ *of advice* ett råd; *a* (*the, per*) ~ per styck; *by the* ~ styckevis; *of a* ~ av samma slag; *in* ~*s*, *to* ~*s* sönder 2 pjäs 3 mynt 4 tavla II *tr* 1 laga, lappa [ihop] 2 sätta (binda) ihop **-meal** *adv* i stycken, styckevis **-work** *s* ackordsarbete
piecrust [pai'] *s* bakverk [till pastej]
pied [paid] *a* fläckig, skäckig; brokig
pier [i'ə] *s* pir, vågbrytare, brygga
pierce [i'ə] *tr* genom|borra, -bryta, -ila
pier-glass [pi'ə] *s* trymå, väggspegel
pi'ety *s* fromhet, pietet; vördnad
pig *s* 1 gris, svin 2 [metall]tacka
pigeon [pi'dʒin] I *s* duva; S gröngöling II *tr* lura [av] **P~-English** se *pidgin* **~-hole** I *s* 1 öppning till duvslag; gömsle 2 lucka; fack II *tr* sortera; ordna **~-house -ry** *s* duvslag
pig'||gery *s* 1 svin|hus, -stia 2 svineri **-gish** *a* gris[akt]ig; glupsk **-headed** *a* tjurskallig; dum **- -iron** *s* tackjärn
pig'ment *s* pigment, färgämne
pig'||skin *s* svinläder **-sty** [stai] *s* svinstia **-tail** *s* 1 grissvans 2 fläta-, rull|tobak 3 stångpiska; fläta **-wash** *s* skulor **-weed** *s* svinmolla
1 **pike** *s* 1 tull|bom, -port 2 tull
2 **pike** *s* 1 spets, pigg; pik 2 gädda
pilchard [pi'ltʃəd] *s* småsill, sardin
1 **pile** I *s* 1 hög; stapel; massa; bål 2 byggnad[skomplex] 3 ⚔ gevärskoppel II *tr* 1 stapla (trava) upp, hopa; ⚔ koppla 2 lasta III *itr* hopas
2 **pile** *s* hårbeklädnad; lugg, flor
3 **pile** I *s* påle II *tr* påla
pil'fer *tr itr* snatta **-age -ing** *s* snatteri
pil'grim I *s* pilgrim II *itr* vallfärda **-age** *s* pilgrimsfärd
pill *s* 1 piller 2 S boll, kula; ~*s* biljard
pill'age *s tr* plundr|ing, -a
pill'ar *s* [stödje]pelare; stolpe, post **~-box** *s* brevlåda [i stolpe]
pill'ion *s* 1 lätt damsadel 2 dyna
pill'ory *s tr* [ställa vid] skampåle[n]
pill'ow [ou] *s* kudde, örngott **~-case ~-slip** *s* örngottsvar
pi'lot I *s* lots; pilot II *tr* lotsa; vägleda **-age** *s* lots|ning, -pengar, -styrelse **~-boat** *s* lotsbåt
pimen'to [pi] *s* kryddpeppar
pim'pernel *s*, *scarlet* ~ rödarv
pimpl||e *s* finne, blemma **-ed -y** *a* finnig
pin I *s* 1 [knapp]nål; *not a* ~ F inte ett dugg 2 bult, sprint, tapp; pinne, plugg; skruv; S ~*s* ben 3 kägla 4 kutting II *tr* 1 [hop]fästa, fastnagla 2 hålla fast 3 sticka 4 instänga **-afore** [-əfɔ:] *s* förkläde
pin'cers *spl* 1 [knip]tång 2 klo
pinch I *tr* 1 nypa, knipa [ihop], klämma 2 [av]pressa 3 pina; bita, sveda 4 hålla knappt; *be* ~*ed* ha det knappt (trångt) II *itr* 1 klämma 2 ha det knappt; snåla III *s* 1 nyp, klämning, knipning 2 nypa 3 knipa; trångmål; *at a* ~ om det kniper
1 **pine** *itr* 1 tyna [bort] 2 tråna
2 **pine** *s* barrträd; fura, tall, pinje **~-apple** *s* ananas **~-cone** *s* tallkotte
pin'fold [ou] *s tr* [instänga i] fålla
1 **pin'ion** I *s* ving|spets, -penna; vinge II *tr* vingklippa; [bak]binda
2 **pinion** *s* drev, litet kugghjul
pink I *s* 1 nejlika 2 *the* ~ 'höjden' 3 skärt 4 röd rock; rävjägare II *a* skär
pinn'acle *s* 1 tinne, takspira, småtorn 2 bergstopp; höjd **-d** *a* med tinnar
pint [paint] *s* 0,57 l; halv|stop, -liter
pi'ny *a* furu-, furuklädd
pioneer [paiəni'ə] I *s* pionjär; banbrytare II *itr tr* bana väg [för]
pious [pai'əs] *a* from, gudfruktig
1 **pip** *s* kärna
2 **pip** I *s* prick; märke II *tr* slå; träffa
pipe I *s* 1 pipa; flöjt 2 [fågel]sång; pip 3 rör 4 ~*s* luftrör II *itr tr* 1 blåsa på pipa (flöjt) 2 vissla, vina; pipa; sjunga 3 F lipa 4 förse med (leda i) rör **-r** *s* [säckpips]blåsare **~-stem ~-stick** *s* pipskaft
piquant [pi:'k] *a* pikant, skarp, pigg
pique [pi:k] I *s* missämja; förtrytelse II *tr* 1 såra, reta 2 egga, väcka; ~ *o. s.* [*up*]*on* yvas över
pi'ra||cy *s* 1 sjöröveri 2 olaglig efterapning; tjuvtryck **-te** [it] I *s* 1 pirat; [sjö]rövare 2 tjuvtryckare II *tr* 1 röva 2 tjuvtrycka **-tic[al]** [æ't] *a* 1 sjörövar- 2 *-tical* tjuvaktig, tjuv-
pisciculture [pi'si] *s* fiskodling
pish [piʃ, pʃ] *interj* pytt! asch!
pis'tol-shot *s* pistol|skott, -håll
pis'ton *s* kolv **~-rod** *s* kolvstång
pit I *s* 1 grop, grav, hål[a]; gruvschakt 2 [kopp]ärr 3 parterr II *tr* 1 lägga i grop 2 hetsa 3 ~*ted* ärrig
1 **pitch** I *tr* 1 fästa, anbringa; slå (ställa) upp 2 stensätta 3 ~*ed battle* ordnad batalj 4 saluföra 5 stämma, anslå 6 kasta, slunga; ~ *hay* lassa hö 7 S berätta, 'dra' II *itr* 1 slå läger 2 stampa, gunga 3 falla, tumla; ~ *in* F hugga i'n (i'); ~ *into* F flyga på'; ~ [*up*]*on* slå ned på

III *s* 1 kast; ⚓ stampning; ~*-and-toss* krona och klave 2 gatsten 3 saluförd mängd 4 [stånd]plats 5 kricketplan 6 höjd[punkt]; tonhöjd 7 sluttning, brant
2 **pitch I** *s* beck; kåda **II** *tr* becka; förmörka **-er** *s* handkanna, tillbringare **-fork** *s* högaffel **-y** *a* beck|ig, -svart
piteous [pi'tiəs] *a* sorglig, ynklig
pitfall [pi'tfɔ:l] *s* fallgrop, fälla
pith *s* märg; kärna; kraft **-less** *a* slapp, matt **-y** *a* 1 märgfull 2 kärnfull
pit'i||able *a* ömklig **-ful** *a* 1 medlidsam 2 ömklig; ynklig **-less** *a* obarmhärtig
pit'||man *s* gruvarbetare; planksågare **-prop** *s* gruvstötta **--saw** *s* kransåg
pitt'ance *s* knapp lön; obetydlighet
pit'y I *s* 1 medlidande; *for* ~*'s sake* för Guds skull 2 'skada'; *what a* ~*!* så synd! **II** *tr* ömka, beklaga
piv'ot I *s* pivå, svängtapp; medelpunkt **II** *itr* svänga [sig]; hänga, bero
pix||ie -y [pi'ksi] *s* älva
pla'cable *a* försonlig
plac'ard *s* anslag, plakat, affisch
placate [pleikei't] *tr* blidka, försona
place I *s* 1 [öppen] plats 2 ställe; *in the first* ~ i första rummet; *in* ~*s* på sina ställen; *out of* ~ 'ur vägen', opassande; *take* ~ äga rum; *take o.'s* ~ ta plats 3 ort; *of this* ~ härifrån 4 hus; herrgård 5 lokal 6 ställning, rang **II** *tr* placera, sätta, ställa **-man** *s* ämbetsman, byråkrat
plac'id *a* mild, stilla **-ity** [i'd] *s* mildhet
pla'giarize [dʒ] *tr itr* plagiera
plagu||e [eig] **I** *s* 1 [lands]plåga; F plågoris 2 [böld]pest 3 ~ *on!* må hin ta! **II** *tr* F pina, besvära **-esome** *a* F besvärlig, förarglig **-e-spot** *s* pestböld **-y** *a* plågsam; F förarglig, ryslig
plaice [pleis] *s* rödspotta
plaid [æd] *s* pläd, schal, filt
plain I *a* 1 plan, slät, flat, jämn 2 klar, tydlig; ~ *speaking* rent språk 3 ren, idel 4 enkel; vanlig, simpel; alldaglig; ful 5 rättfram, uppriktig; ~ *dealing* rättframhet **II** *s* slätt
plaint *s* klagomål; besvär **-iff** *s* kärande **-ive** *a* klagande, jämmerlig
plait [æ] *s tr* 1 veck[a]; rynka 2 fläta
plan I *s* plan[ritning]; utkast **II** *tr* planlägga; planera
1 **plane** *s* platan [= ~*-tree*]
2 **plane** *s* aeroplan[vinge]
3 **plane I** *s* 1 plan 2 hyvel **II** *a* plan, jämn **III** *tr* 1 jämna 2 hyvla [av]
plan'et *s* planet **-ary** *a* planet|-, -arisk
plank I *s* 1 plank[a] 2 programpunkt **II** *tr* 1 plankbelägga 2 punga ut med
plant [ɑ:] **I** *s* 1 planta, växt 2 skörd 3 *in* ~ uppkommen; *miss* ~ ej komma upp 4 ställning 5 anläggning, maskineri 6 S [stöld]kupp; tjuvgods; detektiv **II** *tr* 1 sätta, plantera, så 2 ställa, placera 3 grunda 4 in|föra, -plantera; ~ *o. s.* slå sig ned
plan'tain [in] *s* 1 groblad 2 pisang
plant||ation *s* plant|ering, -age; grundande; koloni[sering] **-er** [ɑ:'] *s* odlare; nybyggare; plantageägare
plash *s tr itr* pöl; plask[a]; stänka [på]
plaster [ɑ:'] **I** *s* 1 plåster 2 murbruk, puts; gips, stuck **II** *tr* 1 lägga plåster på 2 rappa, putsa; gipsa; smeta över, lappa ihop **-er** *s* gipsarbetare
plas'tic *a* plastisk, mjuk **-ine** [si:n] *s* modellermassa
plate I *s* 1 platta, [namn]plåt 2 koppar-, stål|stick, plansch 3 bordsilver 4 tallrik 5 pris[pokal] **II** *tr* 1 plåtbeslå; bepansra 2 plätera
plateau [plæ'tou] *s* högslätt, platå
pla'te||ful *s* tallrik full **--glass** *s* spegelglas **-r** *s* 1 pläterare 2 plåtslagare
plat'form *s* 1 plattform; perrong; estrad 2 platå 3 [parti]program
plat'inum *s* platina
plat'itud||e *s* platthet, smaklöshet **-inous** [tju:'] *a* platt, banal
platoo'n *s* 1 pluton 2 gevärssalva
plau'||dit *s* bifalls|yttring, -rop **-sible** [z] *a* rimlig, sannolik; trovärdig
play I *itr* 1 spela, leka; vara i gång; ~ *it* [*low*] *on* S lura; ~ *up* F hugga i' 2 driva, skoja 3 strejka, F fira **II** *tr* 1 sätta i gång; låta spela 2 leka; spela [mot]; ~ *the game* F spela ärligt spel; ~ *off* utge, utprångla; ~*ed out* ut|mattad, -sliten **III** *s* 1 rörelse, gång; *make* ~ ligga i'; *at* (*in*) ~ i gång; *bring into* ~ sätta i gång 2 fritt spel[rum] (lopp) 3 lek, spel; ~ [*up*]*on words* ordlek; *in* ~ på skämt 4 sysslolöshet 5 skådespel, pjäs, föreställning; *at the* ~ på teatern ~**-bill** *s* teateraffisch ~**-day** *s* lovdag **-fellow** *s* lekkamrat **-game** *s* barnlek **-goer** *s* teaterbesökare **-ground** *s* lekplats **-mate** = *-fellow* **-wright** [rait] ~**-writer** *s* skådespelsförfattare
plea *s* 1 process, mål 2 åberopande, svaromål 3 inlägg; försvar, ursäkt **-d I** *itr* 1 plädera, tala; föra talan; bedja 2 genmäla; ~ *guilty* erkänna [sig skyldig] **II** *tr* 1 försvara 2 åberopa; förebära **-der** *s* 1 sakförare 2 försvarare **-ding I** *s* 1 försvar, yrkande 2 inlaga **II** *a* bönfallande
pleasant [ple'z] *a* behaglig, trevlig; glad; lycklig **-ry** *s* skämt[samhet]
pleas||e [i:z] **I** *itr* behaga; vilja; [imper.] var snäll och; *yes,* ~ ja, var så god; ja, tack; *coffee,* ~ får jag be om kaffe; ~ *God* om Gud vill; *you will* ~ *to* ni torde vara god och; *if you* ~ om jag får be **II** *tr* behaga, tilltala, roa, göra till viljes; ~ *o. s.* finna nöje; ~ *yourself!* som ni vill! **-ed** *a* road; glad; nöjd **-ing** *a* behaglig, angenäm

pleasur||able [ple'ʒə] *a* angenäm **-e** *s* **1** välbehag, nöje; njutning **2** gottfinnande, vilja; *at (during)* ~ efter behag **-e-trip** *s* lustresa
pleb||eian [i:'ən] *a s* plebej[isk]; simpel **-iscite** [ple'bisit] *s* folkomröstning **-s** [plebz] *s* underklass, massa
pledge [dʒ] **I** *s* **1** [under]pant; säkerhet **2** skål **3** löfte **II** *tr* **1** sätta i pant; ~ *o. s.* förplikta sig; gå i borgen **2** förbinda **3** dricka [ngn] till **4** [ut]lova **-e** [i:'] *s* pantinnehavare
ple'n||ary *a* full[talig]; ~ *meeting* plenum **-ipoten'tiary** [plc] *a s* oinskränkt; ambassadör **-itude** [ple'] *s* fullhet
plen't||iful *a* rik[lig]; välförsedd; 'gott om' **-y I** *s* **1** riklighet, fullt upp; överflöd; *horn of* ~ ymnighetshorn **2** rikedom **II** *a* F riklig **III** *adv* F alldeles
plethoric [ɔ'r] *a* blodfull; svällande
pli'a||ble -nt *a* böjlig, smidig; eftergiven
pliers [plai'əz] *spl* flack-, böj|tång
1 plight [ait] **I** *s* pant; löfte **II** *tr* sätta i pant; *be ~ed* vara bunden
2 plight *s* tillstånd, belägenhet
plod *s itr* lunk[a]; knog[a]; släp[a]
plop I *interj s* plums **II** *itr* plumsa
plot I *s* **1** jordlott, tomt, täppa **2** handling, intrig; plan **II** *itr* smida ränker **III** *tr* **1** kartlägga **2** planera; anstifta **-ter** *s* konspiratör, anstiftare
plough [au] **I** *s* **1** plog **2** plöjt fält **3** S kuggning **II** *tr itr* **1** plöja; **fåra 2** S kugga **-share** *s* plogbill
plover [plʌ'və] *s* brockfågel, pipare
pluck I *tr* **1** plocka; ~ *up o.'s heart* hämta mod **2** rycka, nappa **3** F kugga **II** *itr* rycka **III** *s* **1** ryck[ning] **2** F kuggning **3** [slakt.] hjärtslag **4** F friskt mod **-y** *a* F käck, modig
plug I *s* **1** propp, tapp **2** brandpost **3** tobaksbuss **II** *tr* **1** plugga igen **2** S skjuta [ner] **III** *itr* S knoga på'
plum *s* **1** plommon **2** russin **3** godbit
plumage [u:'] *s* fjäderbeklädnad
plumb [plʌm] **I** *s* bly|lod, -kula, sänke **II** *a adv* **1** lodrät[t] **2** ren[t], fullkomlig[t] **III** *tr* loda; pejla **-ago** [bei'] *s* blyerts, grafit **-eous** [biəs] *a* bly|aktig, -färgad **-er** *s* rörarbetare; vattenledningsentreprenör **-ing** *s* rörarbete ~**-line** *s* lodlina
plume [u:] **I** *s* fjäder, plym **II** *tr* **1** pryda med fjädrar; ~ *o. s.* yvas, stoltsera **2** plocka
plumm'et *s* [sänk]lod; [bildl.] tyngd
plumm'y *a* plommon-, russin-; finfin
1 plump I *a* fyllig, knubbig **II** *itr* svälla **III** *tr* [ut]fylla; göda
2 plump I *itr* dimpa ned, plumsa i **II** *s* plums[ande] **III** *a* tvär; burdus; grov **IV** *adv* bums, plums; tvärt
plumy [u:'] *a* fjäder-; fjäder|lik, -prydd
plun'der I *tr* [ut]plundra; stjäla **II** *s* plundring, byte **-ous** *a* rovlysten
plunge [dʒ] **I** *itr* **1** störta [sig], dyka ned, rusa; kasta sig in **2** slå bakut; ⚓ stampa **3** S spela, spekulera **II** *tr* stöta, köra (doppa) ned; störta; *~d* försänkt **III** *s* **1** sänkande, språng, dykning **2** sparkande bakut **-r** *s* **1** dykare **2** kolv **3** S spelare
plural [u:'] *a s* plural[is], flertal[s-] **-ity** [æ'l] *s* mängd; flertal, röstövervikt
plush *s* plysch; *~es* plyschbyxor
plutoc'racy [plu:] *s* penningvälde
pluvi||al [u:'] **-ous** *a* regn-; regn|ig, -rik
1 ply [plai] *s* **1** veck, fåll **2** riktning
2 ply I *tr* **1** bruka; bedriva; öva **2** bearbeta; truga **3** fara över **II** *itr* **1** arbeta **2** kryssa; gå [i trafik]; hålla till
p. m. [pi:'e'm] (*post meridiem*) e. m.
pneum||at'ic [nju] **I** *a* luft-; ~ *dispatch* rörpost; ~ *engine* luftpump **II** *s* luftring **-o'nia** *s* lunginflammation
P. O. = *postal order*; *post office*
1 poach [poutʃ] *tr* förlora [ägg]
2 poach *tr itr* **1** sticka **2** trampa ned **3** tjuv|jaga, -fiska [på] **4** S tillskansa sig **5** bli gyttjig **-er** *s* tjuv|skytt, -fiskare **-ing** *s* tjuv|skytte, -fiske
pock'et I *s* **1** säck **2** ficka; *be £ 1 in* ~ ha vunnit 1 pund **II** *tr* **1** stoppa i fickan **2** svälja, dölja ~**-book** *s* **1** plånbok **2** annotationsbok ~**-flap** *s* ficklock ~**-piece** *s* lyckoslant
pock'-mark *s* koppärr **-ed** *a* koppärrig
pod I *s* **1** skida, balja, kapsel **2** stim **II** *tr* sprita; skala **-ded** *a* **1** baljbärande **2** S välbärgad, 'tät'
podg||e [pɔdʒ] *s* F tjockis **-y** *a* knubbig
poem [po(u)'im] *s* poem, dikt
po'et *s* skald **-as'ter** *s* versmakare **-ic[al]** [e'] *a* poetisk **-ize** *tr itr* skriva vers [om] **-ry** *s* poesi; diktning
poignan||cy [pɔi'n] *s* **1** skärpa **2** bitterhet **-t** *a* skarp; bitter, stickande
point I *s* **1** punkt; prick; ~ *of view* synpunkt **2** skiljetecken **3** del, moment; ~ *of conscience* samvetssak; *in* ~ *of* i fråga om; *on (at) the* ~ *of* nära att **4** sida, utmärkande drag; kärnpunkt; [huvud]sak; *make a* ~ *of* lägga an på att; *in* ~ hithörande, typisk; *be to the* ~ höra till saken **5** syfte, mål; mening; *give up o.'s* ~ go med sig **6** poäng; *give ~s to* ge handikap **7** spets, udd[e]; *come to ~s* drabba ihop; *not to put too fine a* ~ *on it* för att tala rent ut **8** etsnål, gravstickel **9** *~s* [spår]växel **10** kompasstreck **11** [jakt.] stånd **II** *tr* **1** [inter]punktera **2** spetsa; skärpa; poängtera **3** peka (sikta) med; rikta **4** ~ *out* peka ut; påpeka **5** [jakt.] stå för **6** fogstryka **III** *itr* **1** peka; vetta; syfta, tendera **2** [jakt.] göra stånd, stå ~**-blank** *a adv* snörrät[t]; rak[t] på sak, rättfram; ren ~**-duty** *s* tjänstgöring **-ed** *a* **1** spetsig; skarp,

vass 2 tydlig, påfallande -er s 1 pekpinne 2 visare 3 rapphönshund 4 [Am.] F vink ~-lace s spets -less a trubbig; svag; poänglös; slät -sman s 1 växlare 2 trafikkonstapel
poise [z] I s 1 jämvikt, balans 2 hållning 3 ovisshet II tr itr 1 balansera; avväga; uppbära 2 överväga 3 sväva
poi'son [z] I s gift II tr förgifta -er s giftblandare -ous a giftig
pok||e I tr itr 1 stöta, knuffa [till], peta [på]; stånga; sticka [näsan]; snoka 2 ~ *up* F stänga in 3 röra om 4 sticka fram; ~ *fun at* göra narr av 5 larva; knåpa II s 1 stöt, knuff 2 brätte ~-bonnet s damhatt; 'kråka' -er s 1 eldgaffel 2 glödritningsstift -y a trång; sliten, sjaskig
po'lar a polar, pol-; ~ *bear* isbjörn; ~ *lights* söder-, norr|sken
Pole [poul] s polack
1 **pole** s pol
2 **pole** I s 1 påle, stolpe, stör; [tistel]stång; *up the* ~ S i klämma 2 ⚓ mast; bärling, kaltopp II tr staka fram ~-axe s strids-, slaktar|yxa -cat s iller ~-jump s stavhopp
polem'ic I a stridslysten II s polemik
po'le-star s polstjärna; ledstjärna
police [i:'s] I s polis; ~ *officer* poliskonstapel II tr behärska, bevaka
1 **pol'icy** s 1 politik 2 klokhet, slughet
2 **policy** s försäkringsbrev
Polish [pou'liʃ] a polsk
pol'ish I s pol|ering, -ityr; glans; belevenhet II tr 1 polera, bona, putsa 2 hyfsa [till], förfina; F fiffa upp 3 ~ *off* F klara [av] III itr bli blank
poli'te a artig, hövlig, bildad, fin
pol'itic a klok; beräknande -al [li't] a politisk, stats-; ~ *economy* nationalekonomi -ian [i'ʃn] s statsman; politiker -s *spl* politik, statskonst
pol'ity s styrelseform; stat[sbildning]
polk [ou] itr dansa polka -a s polka
1 **poll** [ou] I s 1 hjässa; nacke 2 hornlöst [boskaps]djur 3 [hatt]kulle 4 röstning; vallokal; röst|räkning, -etal; valresultat II tr 1 [av]toppa; avskära hornen på 2 räkna; erhålla [röster]; avge [röst] III itr rösta
2 **poll** [ɔ] s F [pape]goja
po'll||able a röstberättigad; giltig -ard [pɔ'ləd] I s 1 hornlöst [boskaps]djur 2 toppat träd 3 kli II a 1 toppad 2 flintskallig III tr [av]toppa
pollen [pɔ'lin] s pollen, frömjöl
po'll-tax s mantalspengar
pollu'te tr [för]orena, smutsa; vanhelga, kränka
poltroo'n s kruka -ery s feghet
poly||- [pɔ'li] mång-, fler- -g'amy s månggifte -glot a s mångspråkig; polyglott[bibel] -gon s månghörning -ph'onous a flerstämmig -pus s polyp
pomade [pəmɑ:'d] s tr pomad|a, -erå
pom'egranate [grænit] s granatäpple
Pomera'nian [ɔ] a s pom|mersk, -rare
po'miculture s fruktodling
pommel [ʌ'] I s 1 [värj]knapp 2 sadelknapp II tr slå, mörbulta
pom'pous a praktfull; pösig, skrytsam
pond I s damm; tjärn II tr dämma upp
pon'der I tr betänka II itr grubbla, fundera -able a vägbar -ing a fundersam -ous a tung; mödosam
poniard [pɔ'njəd] s dolk
pon'tiff s påve; överstepräst
pontonee'r s ⚔ brobyggare
po'ny s 1 ponny 2 S 25 pund; moja
poodle s pudel [äv. ~-*dog*]
pooh [pu:] interj asch! pytt! ~-**poo'h** I interj asch! II tr avvisa med förakt
1 **pool** s 1 pöl, damm 2 djupt flodställe
2 **pool** I s 1 pulla, pott 2 insatsskjutning 3 sammanslutning II tr sammanslå; dela
poop s akter; akter-, hytt|däck
poor [pu'ə] a 1 fattig [*in* på] 2 klen, skral, dålig 3 ynklig; stackars; ~ *thing!* stackars liten 4 'salig' ~-box s fattigbössa ~-law s fattigvårdslag[stiftning] -ly a F skral, krasslig
pop I interj paff! pang! vips! II s 1 knall, smäll 2 S pistol 3 F 'skum', 'smällkork' 4 prick, märke 5 S *in* ~ 'på stampen' III itr 1 smälla, knalla; F skjuta 2 kila, rusa; ~ *in* titta in; ~ *off* S kola av; ~ *out* titta fram 3 F fria IV tr 1 smälla av 2 skjuta; stoppa, sticka; ~ *out* blåsa ut; ~ *down* skriva upp 3 F kläcka ur sig
pope s 1 påve 2 pop -ry s papism
pop'-gun s luftbössa; knallpistol
pop'injay s papegoja; narr
po'pish a påvisk, papistisk
pop'lar s poppel; *trembling* ~ asp
poppy [pɔ'pi] s vallmo; *P~ Day* 11 nov.
populace [pɔ'pjuləs] s hop, pöbel
pop'ular [ju] a 1 folk-, allmän 2 populär; folklig -ity [æ'r] s popularitet -ize tr göra känd (omtyckt)
pop'ul||ate [ju] tr befolka -ation s befolkning; folkmängd -ous a folkrik
porcelain [pɔ:'slin] s a porslin; bräcklig
porch s portal; [Am.] veranda
porcupine [pɔ:'kjupain] s piggsvin
1 **pore** [pɔ:] s por, liten öppning
2 **pore** itr stirra; titta; ~ *over* studera
pork s svinkött; fläsk ~-chop s fläskkotlett -er s gödsvin -et -ling s spädgris -y a F fläskig, fet
porous [pɔ:'rəs] a porös, full av porer
porphyry [pɔ:'firi] s porfyr
porpoise [pɔ:'pəs] s [zool.] tumlare
porr'||idge s gröt -inger [dʒ] s spilkum
1 **port** [pɔ:t] s portvin [äv. ~-*wine*]
2 **port** s hamn[stad, -plats]
3 **port** ⚓ s tr itr [vända åt] babord
4 **port** s hållning -able a lös, flyttbar

-age *s* transport[kostnad] -ative *a* flyttbar, hand-, fick-
porten'‖d *tr* förebåda -t [-'-] *s* 1 förebud, järtecken 2 vidunder -tous [--'-] *a* 1 olycksbådande 2 vidunderlig
1 por'ter *s* portvakt, vaktmästare
2 porter *s* 1 bärare 2 porter -age *s* bärarlön
por't‖fire *s* stubintråd -fo'lio *s* portfölj
por't‖-hole *s* ⚓ styckeport; hyttglugg; skottglugg -ico *s* portik, pelargång
portion [pɔ:'] I *s* 1 [an]del, stycke 2 [arvs]lott; öde 3 portion 4 hemgift II *tr* [för]dela -less *a* lottlös
por'tly *a* 1 ståtlig, förnäm 2 fetlagd
portman'teau [tou] *s* kappsäck
por'trait [it] *s* 1 porträtt; bild 2 skildring -ist *s* porträtt|målare, -ör
portray' *tr* porträttera, avbilda -al *s* porträtt[ering] -er *s* porträttör
portress [pɔ:'tris] *s* portvakterska
Portuguese [jugi:'z] *s a* portugis[isk]
pose [z] I *s* pose II *tr* 1 fram|ställa, -lägga 2 placera 3 bry; snärja III *itr* posera -r *s* brydsam fråga, kuggfråga
posit [pɔ'z] *tr* förutsätta -ion [pəzi'ʃn] *s* 1 ställning; ståndpunkt; läge, plats; *be in a* ~ *to* vara i tillfälle att 2 samhällsställning -ive I *a* positiv; uttrycklig, bestämd; [tvär]säker; verklig, faktisk; jakande; fastställd II *s* 1 positiv 2 verklighet
posse [pɔ'si] *s* grevskapsuppbåd; polis
possess [ze's] I *tr* 1 besitta; äga, ha 2 behärska; ~ *o. s. of* bemäktiga sig -ed *a* besatt; behärskad; ~ *of* i besittning av -ion [ze'ʃn] *s* 1 besittning; ägo; *take* ~ *of* bemäktiga sig 2 egendom; ~*s* ägodelar 3 besatthet -ive *a* 1 besittnings- 2 possessiv; ~ *case* genitiv -or *s* innehavare; ägare
posset [pɔ'sit] *s* ölost
possib‖il'ity *s* möjlighet -le [-'-] *a* möjlig; eventuell; *do o.'s* ~ göra sitt yttersta -ly [-'--] *adv* möjligen; kanske
1 post [ou] I *s* [dörr]post, stolpe; stötta; mål[stolpe] II *tr* 1 anslå, sätta upp 2 tillkännage
2 post I *s* 1 ⚔ post 2 [strategisk] ställning 3 militärstation 4 ⚔ tapto 5 handelsstation 6 befattning, plats II *tr* postera, placera
3 post I *s* post; post|vagn, -verk, -kontor II *itr* ila III *tr* 1 posta 2 bokföra, avsluta 3 informera
post- [ou] *pref* efter-, följande
po'st‖age *s* [post]porto; ~ *stamp* frimärke -al *a* postal, post- -card *s* brevkort --chaise *s* resvagn
postdate [pou'stdei't] *tr* efterdatera
po'ster *s* affischör; anslag, affisch
post‖e'rior *a* senare; bakre, bak- -erity [e'r] *s* efter|kommande, -värld
po'stern *s* sidodörr, enskild ingång
po'st-free' *a* portofri, franko
po'st-grad'uate [juit] *s* [ung.] licentiat
po'st-ha'ste *s adv* [med] ilande fart
pos'thumous [juməs] *a* efterlämnad
postill'ion *s* postiljon, spannryttare
po'st‖ing *s a* skjutsning; skjuts- -man *s* brevbärare -mark *s* poststämpel -master *s* postmästare; *P~ General* generalpostdirektör
po'st-‖merid'ian *a* eftermiddags- -mor'tem *s* likbesiktning
po'st-‖office *s* post|kontor, -verk; ~ *box* postfack -paid *a* betald, frankerad
postpo'ne *tr* uppskjuta; tillbakasätta
pos'tul‖ate I [julit] *s* förutsättning II *tr* 1 begära 2 antaga; förutsätta
pos'ture [tʃə] I *s* ställning, hållning; läge II *itr* posera ~-maker *s* akrobat
pot I *s* 1 kruka, burk; gryta; *go to* ~ F gå åt pipan 2 kanna; stop; pokal; ~ *hat* F plommonstop 3 F massa; vadsumma; S favorit; F pamp 4 lergods II *tr* 1 insalta, konservera 2 plantera i kruka 3 F skjuta; vinna; lura -able [ou'] *a* drickbar -ash *s* pottaska; soda -ation [ou] *s* drickande; dryck[enskap]
potato [pətei'tou] *s* potatis
pot'-‖belly *s* isterbuk -boy *s* kypare
po'ten‖cy *s* makt, kraft -t *a* mäktig, stark -tial [e'nʃl] *a* potentiell; möjlig
pother [pɔ'ðə] I *s* 1 rök, dammoln 2 bråk, stoj; oro II *itr* bråka III *tr* oroa
pot'‖-herb *s* köksväxt --house *s* ölstuga, värdshus --hunter *s* pokaljägare
po'tion *s* läskedryck; giftdryck
pot'‖-luck *s* husmanskost -sherd *s* krukskärva --shot *s* skott på måfå
1 pott'er I *itr* 1 plottra, fuska 2 pladdra 3 lunka II *tr*, ~ *away* förspilla
2 potter *s* krukmakare -y *s* 1 krukmakeri 2 lerkärl[stillverkning]
potty [pɔ'ti] *a* S liten, obetydlig
pouch I *s* 1 pung 2 ⚔ patronkök II *tr* 1 stoppa på sig 2 svälja 3 S ge dricks
pouf[fe] [puf] *s* hårvalk; puff
poulterer [ou] *s* fågelhandlare
poultice [pou'ltis] *s* grötomslag
poultry [ou'] *s* fjäderfä, höns ~-farm *s* hönseri ~-yard *s* hönsgård
pounce I *s* 1 klo 2 nedslag, angrepp II *itr tr* slå ned [på]; rusa, störta [sig]
1 pound *s* 1 skålpund, 454 gram 2 pund [äv. ~ *sterling*], ung. 18 kr
2 pound I *s* inhägnad II *tr* instänga
3 pound I *tr* 1 stöta, pulvrisera 2 dunka på' II *itr* 1 dunka, banka 2 lunka; ⚓ stampa III *s* slag, blånad
pou'ndage *s* provision; tantiem
pou'nder *s* mortelstöt; mortel
pour [pɔ:] I *tr* 1 hälla, slå; ~ *out* slå ut (i); servera 2 utsända; avlossa; utösa II *itr s* ström[ma]; hällregn[a]
pout *itr tr* puta ut [läpparna]; tjura
pov'erty *s* fattigdom; brist ~-stricken *a* utarmad
powder [au'] I *s* 1 stoft, damm 2 pu-

der 3 pulver 4 krut; ~ *and shot* ammunition II *tr* 1 [be]strö, pudra 2 smula sönder; ~*ed sugar* strösocker ~-flask *s* kruthorn ~-puff *s* pudervippa -y *a* 1 pulverlik 2 dammig
power [au'ə] *s* 1 förmåga 2 makt; myndighet; välde; våld; *the ~s that be* överheten 3 befogenhet 4 styrka, kraft 5 F massa -ful *a* mäktig; stark, kraftig -less *a* makt-, kraft|lös
pow-wow [pau'wau'] I *s* medicinman; [relig.] fest; rådplägning II *tr* kurera
pox [pɔks] *s* hudutslag; syfilis
prac'tic||able *a* 1 möjlig, utförbar 2 framkomlig -al *a* 1 praktisk 2 utövande 3 faktisk -ally *adv* praktiskt taget
prac'ti||ce [is] *s* 1 praktik; övning; *put in[to]* ~ sätta i verket; *out of* ~ ovan 2 tillämpning, utövning 3 praxis; bruk, vana -se [is] I *tr* 1 tillämpa, använda 2 utöva 3 öva [sig i] II *itr* 1 praktisera 2 öva sig 3 ~ *on* narra, lura -tioner [i'ʃnə] *s* prakt. läkare (jurist); *general* ~ läkare
prairie [prɛ'əri] *s* prärie, gräsöken
praise [z] I *tr* prisa; lov[ord]a II *s* pris, beröm; lov -worthy *a* berömvärd
pram *s* 1 barnvagn 2 mjölkkärra
prance [ɑ:] *itr* kråma sig; dansa
1 prank I *tr* styra ut II *itr* pråla
2 prank *s* upptåg -ish *a* skälmaktig
prate *itr* 'orera' -r *s* pratmakare
prattle I *itr* pladdra II *s* prat, joller
prawn [prɔ:n] *s* [zool.] räka
pray *tr itr* bedja [till]; be om; ~ 'var god' -er [prɛə] *s* bön; ~*s* andakt
pre- [pri(:)] *pref* före-, förut-, förpreach I *itr tr* predika; förkunna; ~ *down* predika mot II *s* F [moral]predikan -er *s* predik|are, -ant
precarious [ɛ'ə] *a* osäker, farlig
precauti||on [prikɔ:'ʃn] *s* försiktighet[smått] -onary *a* varnings-; försiktighets- -ous *a* försiktig
prece'de *tr* 1 föregå, gå framför (före) 2 inleda -nce *s* företräde, försteg; *order of* ~ rangordning -nt [pre'] *s* prejudikat; motstycke
pre||cen'tor *s* kantor -cept [pri:'] *s* föreskrift -ceptor [e'p] *s* fostrare, lärare
pre'cinct *s* område; ~*s* omgivningar
precious [pre'ʃ] I *a* 1 dyr-, kost|bar; värdefull; ~ *stone* ädelsten 2 pretiös 3 F snygg II *adv* F fasligt
precipice [pre'sipis] *s* brant, bråddjup
precip'it||ate I [tit] *a* 1 huvudstupa 2 brådstörtad 3 överilad II [tit] *s* fällning III *tr* 1 nedstörta 2 påskynda 3 fälla ut IV *itr* rusa [i väg] -ation *s* 1 nedstörtande 2 brådska 3 överilning 4 [ut]fällning 5 nederbörd -ous *a* 1 tvärbrant 2 brådstörtad
preci'se||e I *a* precis, noggrann; petig; fullständig II *tr* precisera -ion [i'ʒn] *s* noggrannhet

preclu||de [u:'] *tr* 1 spärra 2 utesluta, hindra -sion [ʒn] *s* förhindrande
preco'ci||ous [ʃəs] *a* brådmogen -ty [kɔ's] *s* brådmogenhet
precur'sor *s* före|löpare, -gångare
preda'||cious [ʃəs] -tory [pre'də] *a* rovgirig; rovdjurs-; rov-, plundrings-
pre'||decessor *s* före|trädare, -gångare -des'tinate [in] *tr* förutbestämma
predic'ament *s* läge; kinkig (obehaglig) belägenhet
predict' *tr* förutsäga -ion *s* förutsägelse
pre||dilec'tion [pri:] *s* förkärlek -dispo'se [z] *tr* göra benägen (mottaglig)
predom'in||ance *s* över|makt, -vikt -ant *a* övervägande, rådande -ate *itr* råda; vara förhärskande
pre-em'inent *a* framstående, överlägsen; ~*ly* i högsta grad
preface [pre'fis] *s* förord, företal
prefer [prifə:'] *tr* 1 föredraga; hellre vilja 2 befordra 3 fram|lägga, -bära -able [pre'] *a* att föredraga, bättre -ably [pre'] *adv* företrädesvis; helst -ence [pre'] *s* 1 företräde; *in ~ to* framför [att] 2 ngt som man föredrar 3 förmånsrätt -ential [prefəre'nʃl] *a* företrädes- -ment *s* befordran
pre'fix *s* 1 förstavelse 2 titel
pregnant [e'gn] *a* 1 havande 2 innehållsdiger 3 betydelsefull
pre'histor'ic[al] [ɔ'] *a* förhistorisk
prej'udic||e [is] I *s* 1 förfång, men 2 fördom II *tr* 1 skada 2 göra partisk -ed *a* partisk -ial [i'ʃl] *a* menlig
prel'acy *s* prelat|välde, -stånd
prelim'inary *a s* förberedande [åtgärd]
prel'ude [ju:] *s* förspel; preludium
pre||matu're *a* förtidig; brådmogen; förhastad; ~*ly* i otid (förtid) -med'itated *a* överlagd, avsiktlig
prem'ier I *a* först; främst II *s* stats-, premiär|minister
prem'ise [is] *s* 1 premiss, försats 2 ~*s* inledning 3 ~*s* fastighet, gård; plats
pre'mium *s* 1 pris 2 premie 3 tillägg
pre||monit'ion [pri:] *s* föregående varning -occupation *s* 1 fördom 2 främsta intresse (sysselsättning) 3 tankfullhet -ordai'n *tr* förutbestämma
prepar||ation [pre] *s* 1 förberedelse; utrustning 2 tillagning; utarbetande 3 preparat -atory [pripæ'] *a* förberedande -e [pripɛ'ə] I *tr* 1 förbereda; ~*d* redo 2 läsa över 3 tillaga; framställa; utarbeta II *itr* bereda sig, reda sig
pre'pay' *tr* förutbetala, frankera
prepense [pripe'ns] *a* uppsåtlig
pre||pon'derant *a* övervägande; [för]härskande -possessing [pri:pəze's] *a* intagande, sympatisk -pos'terous *a* bakvänd, orimlig, befängd -rog'ative *s* företrädesrätt -sage [e's] *s tr* före|bud, -båda -scri'be *tr itr* 1 före-

skriva, ålägga 2 ordinera **-scription** *s* föreskrift, recept, ordination
presence [e'z] *s* 1 närvaro; *in*[*to*] *the* ~ *of* inför 2 varelse; gestalt 3 hållning, yttre **~-chamber** *s* audiensrum
1 **present** [e'z] I *a* närvarande; nuvarande; föreliggande II *s* 1 *at* ~ för närvarande 2 presens
2 **present** I [-'-] *s* present, gåva II [--'] *tr* 1 presentera 2 fram|föra, -ställa; [fram-, upp]visa 3 förete, erbjuda 4 framlägga; inlämna 5 ⚔ lägga an med; ~ *arms* skyldra gevär 6 föreslå 7 skänka, överlämna 8 ~ *o.s.* visa sig **-ation** *s* 1 framställning, skildring 2 upp|visning, -förande
presen'timent *s* förkänsla, aning
presently [e'z] *adv* strax, inom kort
preserv||ation [prez] *s* 1 bevarande, konservering 2 bibehållande, vård **-ative** [zə:'və] *a s* skydd|ande, -smedel **-e** [zə:'v] I *tr* 1 skydda, bevara; bibehålla 2 konservera, sylta II *s* 1 sylt, kompott 2 jaktpark
presi'de [z] *itr* presidera; leda **-ncy** [pre'zi] *s* ordförandeskap; presidentskap **-nt** [pre'zi] *s* 1 president, ordförande 2 direktör
1 **press** I *s* 1 trängsel 2 brådska, jäkt 3 pressning 4 [tryck]press; tryck|eri, -ning; korrektur 5 skåp II *tr* 1 pressa, trycka; klämma 2 tränga på, ansätta; *be* ~*ed for* ha ont om 3 nedtrycka 4 tvinga 5 påskynda 6 påyrka; inskärpa 7 framhålla III *itr* 1 trycka; ~ *for* fordra 2 tränga[s]
2 **press** *tr* pressa; tvångsuttaga
press'||-cutting *s* tidningsurklipp **-ing** *a* trängande; enträgen, angelägen **-ure** [e'ʃə] *s* 1 tryck[ning], pressning 2 betryck; nöd 3 brådska, jäkt
presu'm||able [z] *a* trolig **-e** *tr itr* 1 ta sig frihet|en, -er 2 antaga; förmoda 3 ~ [*up*]*on* missbruka **-ption** [ʌ'] *s* 1 övermod 2 antagande; sannolikhet **-ptive** [ʌ'm] *a* sannolik; närmast **-ptuous** [ʌ'mtju] *a* förmäten, övermodig
presuppo'se [pri:sə] *tr* förutsätta
preten'||ce *s* 1 anspråk[sfullhet], prål; hyckleri 2 förevändning **-d** I *tr* 1 låtsa, förege, hyckla 2 försöka II *itr*, ~ *to* fria till; göra anspråk på **-der** *s* 1 pretendent 2 charlatan **-sion** [ʃn] *s* anspråk[sfullhet] **-tious** [ʃəs] *a* anspråksfull
pre'text I *s* förevändning II [--'] *tr* förege
pretty [pri'ti] I *a* näpen, nätt, vacker II *adv* rätt, ganska; ~ *much* nästan
prevai'l *itr* 1 vinna seger 2 ~ [*up*]*on* övertala, förmå 3 råda, vara rådande
prev'alent *a* vanlig, gängse
prevaricate [æ'r] *itr* söka slingra sig
prevent' *tr* [för]hindra, förekomma **-ion** *s* [för]hindrande **-ive** *a s* förebyggande [medel]
pre'vious *a* 1 föregående; ~ *to* före 2 F förhastad **-ly** *adv* förut
pre||vision [i'ʒn] *s* förutseende **- -war** [-'-] *a* förkrigs-
prey [prei] I *s* rov, byte II *itr* plundra; ~ [*up*]*on* leva (tära) på
price I *s* pris, kostnad II *tr* sätta pris på; värdera **~-current** *s* priskurant **-less** *a* ovärderlig; F kostlig
prick I *s* 1 stick, styng 2 pikstav; *kick against the* ~*s* spjärna mot udden II *tr* 1 sticka [hål i] 2 stinga 3 pricka av (för), punktera; [ut]pricka 4 spetsa III *itr* sticka[s], stinga **-er** *s* sticknål, syl **-le** I *s* tagg, torn II *tr itr* sticka[s] **-ly** *a* 1 taggig 2 stickande; ~ *heat* nässelfeber 3 kinkig
pride I *s* 1 stolthet; övermod 2 glans, prakt II *rfl*, ~ *o. s. on* yvas över
priest [i:] *s* präst **-ess** *s* prästinna **-hood** *s* präst|ämbete, -erskap
prig I *s* 1 pedant 2 S tjuv II *tr* S snatta **-gish** *a* självgod, petig
prim I *a* pryd, prudentlig II *tr itr* snörpa på [munnen]
pri'm||acy *s* över|lägsenhet, -höghet **-ary** *a* 1 primär, först, grund-; folkskole-; ~ *rock* urberg; ~ *school* folkskola 2 huvudsaklig **-ate** [it] *s* primas
prim||e I *a* 1 först, ursprunglig; ~ *cost* inköpspris 2 högst, främst; ~ *minister* statsminister 3 prima II *s* 1 vår, blomstring; [det] bästa 2 [fäkt.] prim III *tr* 1 grund[mål]a 2 fylla **-er** *s* abcbok; elementarbok **-e'val** *a* ursprunglig, ur[tids]- **-ing** *s* 1 tändsats; stubin 2 grundning **-itive** [i'm] *a* 1 ursprunglig, ur-, äldst; gammaldags 2 stam-, rot- **-ogeniture** [dʒe'nitʃə] *s* förstfödsl|el, -lorätt **-or'dial** *a* ursprunglig **-rose** [i'm] *s* [gull]viva
prince *s* prins, furste; *P~ Consort* prinsgemål **-like -ly** *a* furstlig **-ss** [e's] *s* prinsessa, furstinna
prin'cip||al I *a* huvudsaklig, förnämst, huvud- II *s* 1 chef; rektor 2 huvudman 3 upphovsman 4 kapital **-al'ity** *s* furstendöme **-le** *s* 1 princip; grund[sats] 2 grundämne
print I *s* 1 märke, in-, av|tryck, spår 2 stämpel 3 tryckt tyg; gravyr 4 tryck; stil; *out of* ~ utgången 5 tryckning, upplaga; tryckalster II *tr* 1 in-, på-, av|trycka 2 [låta] trycka **-er** *s* [bok]tryckare
prin'ting *s* 1 tryck[ning] 2 boktryckarkonst **~-ink** *s* trycksvärta **~-office** *s* boktryckeri
pri'or I *a* tidigare, äldre; ~ *to* före II *s* prior **-ess** *s* priorinna **-y** *s* kloster
prism [z] *s* prisma
pris'on [z] *s* fängelse; fångenskap **-er** *s* fånge; *make* (*take*) ~ tillfångataga
pri'va||cy *s* avskildhet **-te** [it] I *a* 1 privat, enskild; ~ [*soldier*] menig 2

hemlig 3 undangömd II *s*, *in* ~ privat; i hemlighet -tee'r *s* kapare; fribytare -tion [ei'] *s* umbärande
priv'||**ilege** [idʒ] I *s* privilegium II *tr* 1 privilegiera 2 fritaga -y *a* 1 ~ *to* invigd i 2 hemlig; *P*~ *Council* riksråd
1 **prize** *s* *tr* uppbringa[t skepp]; fynd
2 **prize** I *s* pris, premium; vinst II *tr* värdera ~-**fighter** *s* prisboxare -**man** *s* pristagare ~-**ring** *s* ring; prisboxning
1 **pro** I *prep* för; -vän [~-*German*] II *s*, ~*s and cons* skäl för och emot
2 **pro** *s* F = *professional*
prob||**abil'ity** *s* sannolikhet -**able** [ɔ'] *a* sannolik -**ation** *s* prövning, prov; villkorlig dom -**e** [ou] *s* *tr* sond[era]; undersöka -**ity** [-'--] *s* redlighet
proce'dure *s* tillvägagångssätt; åtgärd
procee'd I *itr* 1 fortsätta 2 förfara, handla 3 lagligen inskrida 4 övergå 5 härröra II [ou'] *s*, ~*s* avkastning, behållning -**ing** *s* 1 förfarande 2 ~*s* [för]handlingar 3 [laglig] åtgärd
pro'cess *s* 1 [fort]gång, förlopp 2 process; förfaringssätt -**ion** [e'ʃn] *s* *itr* [gå i] procession; tåg[a]
procla||**i'm** *tr* 1 utropa, kungöra, förklara 2 på-, för|bjuda -**mation** *s* utropande, upprop, kungörelse
procras'tinate *itr* förhala tiden, söla
pro'create [krieit] *tr* avla, alstra
proc'tor *s* 1 uppsyningsman 2 sakförare
procur||**ation** [prɔkju] *s* 1 anskaffande 2 ombudsmannaskap; prokura -**e** [ju'ə] *tr* [an]skaffa, [för]skaffa sig
prod I *tr* sticka; egga II *s* stöt; brodd
prod'igal *a* *s* slös|aktig, -are; *the* ~ [*son*] den förlorade sonen -**ity** [æ'l] *s* slöseri
prodig||**ious** [i'dʒəs] *a* vidunderlig, underbar; ofantlig -**y** [prɔ'] *s* under[verk], vidunder
produ'ce I *tr* 1 fram|ställa, -bringa; avkasta; åstadkomma 2 [fram]visa; ta fram II [ɔ'] *s* alster, avkastning; resultat -**r** *s* 1 producent 2 regissör
prod'uct *s* produkt; alster -**ion** [ʌ'k] *s* 1 produkt[ion]; verk 2 framvisande -**ive** [ʌ'k] *a* produktiv; fruktbar
profa'n||**e** I *a* profan; världslig; ohelig, oren, hädisk II *tr* vanhelga -**ity** [æ'n] *s* gudlöshet; hädelse[r]
profess' *tr* 1 förklara 2 göra anspråk på 3 bekänna sig till 4 utöva [som yrke] 5 undervisa i -**ed** *a* 1 förklarad 2 yrkes-; ~*ly* [id] enligt uppgift
profession [e'ʃn] *s* 1 för|klaring, -säkring 2 [tros]bekännelse 3 yrke, fack -**al** I *a* yrkes-, fackmässig; professionell II *s* [lärd] fackman; yrkes| sportsman, -musiker [&c]
profess'or *s* professor -**ship** *s* professur
proffer [prɔ'fə] *tr* framräcka, erbjuda
proficien||**cy** [i'ʃnsi] *s* färdighet -**t** *a* skicklig, sakkunnig
prof'it I *s* 1 vinst, förtjänst; ~*s* intäkter 2 nytta II *tr* gagna III *itr* dra nytta, begagna sig -**able** *a* nyttig, fördelaktig; lönande -**ee'r** *s* [kristids]-jobbare -**ee'ring** *s* jobberi
prof'ligate [it] *a* lastbar; slösaktig
pro||**fou'nd** *a* djup[sinnig] -**fun'dity** *s* djup[sinne]
profu's||**e** *a* 1 frikostig, slösaktig 2 riklig -**ion** [ʒn] *s* 1 slöseri 2 överflöd
progeny [ɔ'dʒ] *s* avkomma; alster
prognos'tic [gn] *s* förebud; förutsägelse -**ate** *tr* 1 förutsäga 2 bebåda
progress I [ou'] *s* 1 resa 2 gång, [för]lopp; *in* ~ under arbete 3 framsteg, utveckling II [e'] *itr* gå framåt; fortgå; göra framsteg -**ion** [e'ʃn] *s* 1 fortgång; följd 2 framsteg -**ive** [e'] I *a* 1 framåtgående; fortskridande 2 framstegsvänlig II *s* framstegsman
prohib'it *tr* 1 förbjuda 2 [för]hindra -**ion** [i'ʃn] *s* [rusdrycks]förbud -**ionist** [i'ʃ] *s* förbudsman -**ive** -**ory** *a* förbuds-
project' I *tr* 1 plan|lägga, -era, uppgöra 2 kasta [fram] 3 framhäva 4 projiciera II *itr* skjuta fram III [ɔ'] *s* förslag, plan -**ion** *s* 1 framslungande 2 utsprång 3 planläggande
proletarian [oulitɛ'ə] *s* *a* proletär[-]
pro||**lif'ic** *a* frukt|bar, -sam; rik -**lix** [ou'] *a* vidlyftig, långrandig -**long'** *tr* förlänga, utdraga; ~*ed* lång[varig]
promenade [prɔminɑ:'d] *s* *tr* *itr* promen|ad, -era [på, med]
prom'inen||**ce** *s* framskjuten ställning; bemärkthet -**t** *a* 1 fram-, ut|skjutande 2 framstående, bemärkt
promiscu'||**ity** *s* blandning, virrvarr -**ous** [i's] *a* 1 [hop]blandad, oordnad; ~*ly* om vartannat 2 F tillfällig
pro||**m'ise** [is] I *s* löfte; *of great* ~ lovande II *tr* *itr* lova -**montory** *s* udde
promo't||**e** *tr* 1 befordra 2 främja, gynna -**er** *s* 1 främjare 2 stiftare -**ion** *s* 1 befordran 2 främjande
prompt I *a* rask, ivrig, färdig; snabb, omedelbar II *tr* 1 driva, mana 2 sufflera 3 framkalla ~-**box** *s* sufflörlucka -**er** *s* 1 tillskyndare 2 sufflör -**itude** *s* skyndsamhet, iver
prom'ulgate *tr* kungöra, utfärda
prone *a* 1 framstupa; raklång 2 sluttande 3 benägen
prong *s* gaffel[udd]; spets, utsprång
pronoun [prou'naun] *s* pronomen
pronou'nce I *tr* uttala; avkunna; förklara, yttra II *itr* uttala sig -**d** *a* [äv.] tydlig; avgjord -**ment** *s* förklaring
pronunciation [nʌnsiei'ʃn] *s* uttal
proof I *s* 1 bevis 2 prov, prövning 3 styrka, grad 4 korrektur II *a* motståndskraftig, fast -**less** *a* obevisad
prop *s* *tr* stötta [upp], stöd[ja]
pro||**p'agate** *tr* *itr* fortplanta [sig]; utbreda, sprida[s] -**pen'sity** *s* benägenhet
prop'er *a* 1 egen [~ *name*] 2 säregen,

egendomlig 3 egentlig; ~*ly* [*speaking*] egentligen, i egentlig mening 4 F ordentlig 5 lämplig, passande; tillbörlig, riktig, rätt 6 anständig, korrekt **-ty** *s* 1 ägande[rätt] 2 egendom; ägodelar; [teater]rekvisita 3 egenskap
proph'e||cy *s* profetia; förutsägelse **-sy** [sai] *tr itr* profetera **-t** *s* profet, spåman **-tic[al]** [e't] *a* profetisk
prophylac'tic *a s* förebyggande [medel]
propiti||ate [i'ʃi] *tr* blidka, försona **-ous** [ʃəs] *a* nådig, blid; gynnsam
proportion [ɔ:'ʃn] I *s* 1 [an]del 2 förhållande; *in* ~ *as* i samma mån som 3 överensstämmelse; *out of* ~ oproportionerlig 4 storlek, mått II *tr* avpassa **-ate** [it] *a* proportionerlig
propo'sa||al [z] *s* förslag; frieri **-e** I *tr* 1 fram|lägga, -ställa; föreslå 2 ämna II *itr* fria **-ition** [prɔpəzi'ʃn] *s* 1 påstående; förslag 2 sats 3 S affär, sak
propou'nd *tr* framlägga, föreslå
propri'et||or -ress *s* ägar|e, -inna **-y** *s* 1 lämplighet 2 anständighet
propulsion [pʌ'lʃn] *s* framdrivning
prosa||ic [zei'ik] *a* prosaisk **-ist** [prou'zəist] *s* prosaförfattare
proscr||i'be *tr* landsförvisa; förbjuda **-ip'tion** *s* landsförvisning; förbud
prose [z] *s* 1 prosa 2 andefattigt språk
pros'ecut||e *tr* 1 fullfölja, bedriva 2 åtala, åklaga **-ion** *s* 1 fullföljande &c 2 åtal 3 kärande **-or** *s* kärande, åklagare
pros'elyte [ait] *s* proselyt, nyomvänd
prospect I [-'-] *s* 1 utsikt; vy, landskap 2 [gruv.] försöks|plats, -arbete; malmprov II [--'] *itr* 1 leta, söka [guld] 2 ~ *well* se lovande ut III [--'] *tr* undersöka **-ive** [--'-] *a* framtida, blivande **-or** *s* guldsökare
pros'per *itr tr* ha (skänka) framgång, blomstra, lyckas **-ity** [e'r] *s* lycka, framgång; välstånd **-ous** *a* 1 blomstrande, lyckosam 2 gynnsam
pros'titute [ju:] *s tr* prostituera[d]; förnedra; missbruka
prostrat||e I [-'-] *a* utsträckt; slagen till marken; utmattad II [--'] *tr* 1 kullstörta, slå ned; ~ *o. s.* kasta sig till marken 2 utmatta **-ion** *s* 1 nedfallande 2 förnedring; utmattning
prosy [prou'zi] *a* prosaisk, andefattig
protag'onist *s* huvudperson; förkämpe
protect' *tr* [be]skydda, bevara **-ion** *s* 1 beskydd, hägn 2 pass, lejd 3 tullskydd **-ionist** *s* tullskyddsivrare **-ive** *a* skyddande, skydds- **-or** *s* beskyddare **-orate** [rit] *s* protektorat; beskydd **-ress** *s* beskyddarinna
protest I [ou'] *s* protest, gensaga II [--'] *itr tr* 1 protestera 2 försäkra; bedyra **-ation** *s* bedyrande; protest
pro'totype [taip] *s* urbild
protract' *tr* dra ut [på], förlänga **-ion** *s* förlängning
protru||de [u:'] *tr itr* skjuta ut (fram) **-sive** [s] *a* 1 utskjutande 2 påträngande
protu'berance *s* utbuktning; utväxt
proud *a* 1 stolt [*of* över] 2 ståtlig
prove [u:] *tr itr* bevisa [sig vara], styrka
prov'||enance *s* ursprung[sort] [äv. *-e'nience*] **-ender** *s* foder; föda
prov'erb *s* ordspråk **-ial** [və:'] *a* ordspråks-[mässig]
provi'd||e I *tr* 1 ombesörja, anskaffa 2 förse II *itr* 1 sörja, dra försorg; ~ *for* försörja 2 föreskriva; ~*ed* (~*ing*) [*that*] om blott **-ence** [prɔ'vi] *s* 1 om-, för|tänksamhet 2 *P*~ Försynen **-ent** [ɔ'vi] *a* om-, för|tänksam
prov'inc||e *s* 1 provins, landskap 2 område, fält; fack **-ial** [i'nʃl] I *a* landskaps-, lantlig II *s* landsortsbo
provis||ion [i'ʒn] I *s* 1 försörjning; anstalt[er] 2 förberedelse 3 förråd; ~*s* livsmedel, proviant 4 stadgande II *tr* proviantera **-o** [ai'z] *s* förbehåll
pro||vocation *s* 1 retning 2 utmaning; anledning **-vo'ke** *tr* egga, förarga; uppväcka; vålla **-vo'king** *a* förarglig
prow [prau] *s* för[stäv], framstam
prowl [au] *itr tr* stryka omkring [i]
prox||im'ity *s* närhet, grannskap; frändskap **-imo** [ɔ'k] *a* nästkommande **-y** [ɔ'] *s* 1 ombud 2 fullmakt
prud||e [u:] *s* pryd kvinna **-ence** *s* klokhet **-ent** *a* klok, försiktig **-ery** *s* prydhet **-ish** *a* pryd, sipp
1 **prune** [u:] *s* sviskon; ~*s and prism* tillgjort sätt
2 **prune** *tr* [be]skära; klippa; rensa
prurience [u:'] *s* klåda; lystenhet
Prussian [ʌ'ʃn] *a s* preuss|isk, **-are**, ~ *blue* berlinerblått
pry *itr* titta, kika; snoka **-ing** *a* nyfiken
psal||m [sɑ:m] *s* psalm **-modist** *s* psalmsångare **-ter** [sɔ:'l] *s* Psaltare
pseudo||- [sju:'dou] falsk **-nym** [ənim] *s* pseudonym, antaget namn
pshaw [(p)ʃɔ:] *interj* äsch, pytt
psych||e [sai'ki:] *s* 1 psyke, själ 2 trymå **-ic[al]** *a* psykisk **-ol'ogist** [dʒ] *s* psykolog **-ol'ogy** *s* psykologi
ptarmigan [tɑ:'migən] *s* [snö]ripa
P. T. O. (=*please turn over!*) vänd!
pub [pʌb] F=*public-house*
pub'lic I *a* offentlig, allmän; ~ *school* högre läroverk; [Am.] folkskola II *s* allmänhet; *in* ~ offentligt **-an** *s* värdshusvärd **-ation** *s* 1 offentliggörande; ~ *of the banns* lysning 2 utgivande; publikation ~**-house** *s* krog, värdshus **-ist** *s* 1 publicist 2 folkrättsexpert **-ity** [li's] *s* offentlighet
pub'lish *tr* 1 offentlig-, kun|göra 2 utgiva, förlägga; ~*ing house* bokförlag **-er** *s* förläggare
puce [pju:s] *a* 'loppbrun', purpurbrun
puck *s* tomte, nisse
puck'er *tr itr s* rynka [sig], veck[a]

pudding [u'] *s* pudding; *black* ~ blodpudding; *plum-*~ plumpudding
puddle I *s* 1 pöl; göl 2 dy; F röra II *tr* 1 söla ned; grumla 2 älta
pu'er‖ile *a* barnslig **-il'ity** *s* barnslighet
puff I *s* 1 pust, vindstöt 2 puff 3 bakverk 4 pudervippa II *itr tr* 1 blåsa, pusta; flåsa; ~*ed* andfådd 2 svälla 3 blossa [på] 4 pudra 5 puffa (göra reklam) för **-ery** *s* reklam **-y** *a* 1 byig 2 andtäppt 3 pösande; uppblåst
pug *s* 1 mops; ~*-nose* trubbnäsa 2 mickel 3 [äv. *tr*] älta[d lera]
pu'gilis‖m [dʒ] *s* boxning **-t** *s* boxare
pugnacious [pʌgnei'ʃəs] *a* stridslysten
puisne [pju:'ni] *a* yngre; lägre
pull [pul] I *tr* 1 draga [i], rycka [i]; slita; ~ *faces* F göra grimaser; ~ *a p.'s leg* S skoja med ngn; ~ *down* riva ned; störta; sänka; nedlägga; ~ *in* hålla in, hejda; ~ *o. s. together* rycka upp sig; ~ *up* stanna; gripa; läxa upp 2 ro; ~ *o.'s weight* ro med all kraft, ligga i' II *itr* 1=*I 1*; ~ *in* stanna; ~ *out* [ut]gå; ~ *round* repa sig; ~ *through* gå igenom; lyckas; ~ *together* samarbeta; ~ *up* hejda sig; rycka fram 2 ro 3 knoga [på'] III *s* 1 drag[ning], ryck, [år]tag 2 rodd[tur] 3 klunk 4 övertag 5 nappatag 6 handtag 7 F knog
pullet [pu'lit] *s* unghöna
pulley [pu'li] *s* block, talja; remskiva
pul'monary *a* lung-
pulp I *s* märg; 'kött'; [pappers-, trä]massa II *tr* krossa
pulpit [u'l] *s* talar-, predik|stol
pul'p‖ous -y *a* köttig, lös, mjuk
pulsa'te *itr* pulsera, slå, klappa, vibrera
1 **pulse** I *s* puls[slag] II *itr* pulsera, slå
2 **pulse** *s* baljfrukter
pumice [pʌ'mis] *s* pimpsten [~*-stone*]
1 **pump** *s* dans-, lack|sko
2 **pump** *s tr* pump[a]; [ut]ösa
pumpkin [pʌ'm(p)kin] *s* [bot.] pumpa
pump-room *s* brunnssalong
pun I *s* ordlek, vits II *itr* vitsa
1 **Punch** *npr* 'Kasper'; ~ *and Judy* kasperteater
2 **punch** I *s* 1 stans, stamp, håljärn 2 slag 3 S kläm II *tr* 1 slå hål i 2 sticka till 3 slå
punctil'ious *a* noggrann, granntyckt
punc'tu‖al *a* punktlig **-al'ity** *s* punktlighet **-ate** *tr* 1 interpunktera, kommatera 2 understryka **-ation** *s* interpunktion **-re** [tʃə] I *s* stick[ning], styng; punktering II *tr* sticka hål i (på) III *itr* F få punktering
pun'gen‖cy [dʒ] *s* 1 stickande smak (lukt) 2 skärpa **-t** *a* 1 stickande, skarp; bitter 2 pikant
pun'ish *tr* 1 straffa 2 F gå illa åt; hugga in på **-able** *a* straffvärd **-ment** *s* 1 straff 2 F 'stryk'
punster [pʌ'nstə] *s* vits|are, -makare
1 **punt** I *s* ekstock II *tr itr* staka; ro
2 **punt** I *s* [dropp]spark II *tr* sparka
puny [pju:'ni] *a* liten, späd, klen
pup I *s* valp; pojkvalp II *tr itr* valpa
pu'pil *s* 1 myndling 2 elev 3 pupill
pupp'et *s* [led]docka, marionett ~*-show* *s* dockteater
puppy *s* valp; flabb, glop
pur'blind *a* skumögd, närsynt; slö
purchase [pə:'tʃəs] I *s* 1 köp 2 årlig avkastning 3 [fot]fäste 4 ⚓ vindspel II *tr* 1 köpa 2 ⚓ hyva, hissa
pure [pju'ə] *a* 1 ren, oblandad, äkta 2 pur, idel **-ly** *adv* blott och bart
purg‖ation *s* ren|ing, -ande; laxering **-ative** [pə:'] *a s* laxer|ande, -medel **-atory** [pə:'] *s* skärseld **-e** [pə:dʒ] *itr tr* 1 rena; rensa; laxera 2 rentvå; sona
puri‖fy [pju'] *tr* rena; luttra **-st** *s* purist **P-tan** *s a* puritan[sk] **-ty** *s* renhet
1 **purl** [ə:] *s itr* porla[nde], sorl[a]
2 **purl** F *itr s* [göra en] kullerbytta
pur‖lieu [pə:'lju:] *s* utkant; ~*s* omgivningar **-loi'n** *tr* stjäla, snatta
purple [ə:] I *s* purpur[färg, -dräkt] II *a tr* purpurfärga[d]
purport [pə:pɔ:'t] I *tr* avse, uppge sig II [-'-] *s* innebörd, mening
purpose [pə:'pəs] I *s* syfte, ändamål, mening; avsikt, föresats; uppsåt; *on* ~ avsiktligt [= ~*ly*]; *to the* ~ hithörande; ändamålsenlig, till saken, *to no* ~ till ingen nytta II *tr* ämna, planera; ~*d* avsiktlig **-ful** *a* avsiktlig; målmedveten
purr [pə:] *s itr* [om katt] spinna[nde]
purse [ə:] I *s* 1 börs, portmonnä; kassa 2 gåva; pris II *tr*, ~ *up* dra ihop, rynka **-r** *s* ⚓ överhovmästare
pursu'‖ance *s* fullföljande; *in* ~ *of* i enlighet med **-e** *tr itr* förfölja; efter sträva; [full]följa; fortsätta; utöva **-it** [sju:'t] *s* förföljande, jakt; efterspaning; strävan[de]; sysselsättning
pu'rulence *s* var|bildning, -ighet
purvey [pə:vei'] *tr itr* proviantera, anskaffa [livsmedel] **-or** *s* leverantör
pus [pʌs] *s* [läk.] var
push [u] I *tr* 1 skjuta [på], stöta [till], knuffa [till]; driva [på, fram]; ~ *o. s.* tränga sig fram 2 ansätta, driva [på]; forcera 3 fullfölja 4 *be* ~*ed for* ha ont om II *itr* tränga, skjuta [på], knuffas III *s* 1 stöt, knuff 2 tag, försök; framstöt 3 trångmål 4 energi, fart 5 [elektr.] tryckknapp 6 S skara ~*-bike* *s* trampcykel
pusillan'imous [pju:s] *a* modlös
puss [pus] *s* kisse; jösse **-y** *s* kattunge
pus'tule *s* blemma, finne
1 **put** [put] (*put put*) I *tr* 1 lägga, sätta, ställa, stoppa, sticka; försätta ~ *a p. through a th.* låta ngn genomgå (utföra) ngt 2 stöta; ~ *the shot*

(*weight*) stöta kula 3 uppskatta 4 framställa, uttrycka 5 framkasta, rikta 6 ansätta, driva, tvinga; *hard* ~ *to it* i knipa 7 översätta 8 ~ *about* ⚓ låta gå över stag; utsprida; oroa; ~ *away* göra av med; lägga undan; köra bort; S lägga in; bura in; pantsätta; ~ *by* lägga undan (av); avvärja; undvika; ~ *down* kväsa, snäsa av; nedslå, kuva; anteckna; nedskriva; uppskatta, ta [*as, for* för]; tillskriva [*to*]; ~ *forth* framställa; utveckla; uppbjuda; utgiva; ~ *in* inlämna; framkasta, in|flicka, -skjuta, -taga; ~ *off* lägga bort (av); ⚓ skjuta ut; avtaga; avvisa; slå bort; avhålla; uppskjuta; lura [på]; förvirra; S kursa bort; ~ *on* sätta (ta) på [sig]; låtsa; vrida fram; släppa på; öka; sätta in; ~ *out* räcka fram (ut); jaga bort, köra ut, slå ut; vricka; släcka; utplåna; förvirra; förarga; förvilla, störa; uppbjuda; låna ut, placera; ~ *through* F utföra; släppa fram; ~ *to* sätta för; ~ *up* slå upp; lägga ner (in, ihop); stoppa (slå) in; höja; fram|föra, -ställa; utbjuda; ställa in; hysa, ge logi; planlägga; ~ *up to* F inviga i, egga **II** *itr* 1 styra, segla 2 ~ *upon* topprida, lura 3 ~ *about* ⚓ [stag]vända; ~ *in* ⚓ löpa in; ~ *in for* F söka; anmäla sig till; ~ *off* (*out*) ⚓ löpa ut; ~ *to* ⚓ lägga till; ~ *up* taga in [*at an inn*]; ~ *up with* tåla, finna sig i

2 put [pʌt] *tr itr* slå [boll] sakta

pu'tr‖efy *itr* ruttna **-id** *a* rutten; F otäck

putt = *2 put*

puttee [pʌ'ti] *s* benlinda

putt'y I *s* 1 tennaska 2 kitt **II** *tr* kitta

puzzle I *tr itr* förbrylla, bry [sin hjärna]; ~ *out* fundera ut **II** *s* 1 bryderi 2 huvudbry, gåta; läggspel

pyjamas [pədʒɑː'məz] *spl* pyjamas

pyre [pai'ə] *s* bål [isht för likbränning]

Pyrenean [pirəniː'ən] *a* pyrenéisk

pyro‖- [pairou] eld- **-technic** [pairote'k] *a* pyroteknisk; ~ *display* fyrverkeri **-tech'nics** *spl* fyrverkerikonst

python [pai'þən] *s* pytonorm

Q

Q, q [kjuː] *s* q; *Q-boat, Q-ship* U-båtsförstörare; *qu.* = *query*

1 quack [kwæk] *itr* snattra, pladdra

2 quack I *s* kvacksalvare; humbugsmakare **II** *itr* 1 kvacksalva 2 skrodera **-ery** *s* kvacksalveri; humbug

quad [kwɔd] = *-rangle 2* **-ragenarian** [dʒinɛ'ə] *s a* fyrtioåri[n]g **-rangle** [ŋg] *s* 1 fyrhörning 2 [borg]gård **-rilat'eral** *a s* fyrsidig [figur], fyrkant **-rille** [k(w)ədri'l] *s itr* [dansa] kadrilj **-roo'n** *s* kvarteron **-ruped** [kwɔ'druped] *s a* fyrfot|ing, -ad **-ruple** [ru] *a tr itr* fyrdubb|el, -la[s]

quaff [ɑː] *tr itr* dricka i djupa drag

quag *s* gungfly, moras [= *-mire*]

1 quail [kweil] *s* [zool.] vaktel

2 quail *itr* bäva, förlora modet; svika

quaint *a* sällsam, gammalmodig, egen

quake I *itr* bäva, skälva, darra; skaka **II** *s* skälvning **-r** *s* kväkare

quali‖fication [kwɔ] *s* 1 inskränkning 2 förutsättning; lämplighet **-fy** [-'--] *tr* 1 beteckna 2 [gram.] bestämma 3 kvalificera [sig] 4 begränsa; mildra 5 utspäda **-ty** [-'--] *s* 1 [hög] kvalitet, beskaffenhet, art; sort 2 egenskap; talang 3 skicklighet

qualm [kwɔːm] *s* 1 illamående, kväljningar 2 oro; ~*s* samvetskval

quandary [kwɔ'] *s* bryderi, knipa

quantity [kwɔ'] *s* kvantitet, mängd

quarantine [kwɔ'rəntiːn] *s* karantän

quarrel [kwɔ'] **I** *s* tvist, kiv; gräl **II** *itr* 1 gräla, tvista 2 vara missnöjd **-ler** *s* grälmakare **-some** *a* grälsjuk

1 quarry [kwɔ'ri] *s* villebråd, byte

2 quarry I *s* stenbrott; [bildl.] gruva **II** *tr itr* bryta; forska

quart *s* 1 [kwɔːt] stop (¼ *gallon*) 2 [kɑːt] [fäkt.] kvart

quarter [kwɔː'] **I** *s* 1 fjärdedel; 'fjärding'; 12,7 kg; kvarter, ¼ *yard*; ¼ famn 2 kvartal; termin; ~ *of an hour* kvart; *at a* ~ *to ten* en kvart i tio 3 väderstreck; håll; trakt; stadsdel 4 kvarter, logi, bostad; *take up o.'s* ~*s* ta in, slå sig ned 5 ⚔ post 6 pardon 7 ⚓ låring 8 fält, ruta **II** *tr* 1 fyrdela 2 inkvartera; placera 3 genomsöka ~**-deck** *s* akter-, halv|däck **-ly** *a adv s* fjärdedels-, kvartals|vis, -skrift **-master** *s* ⚓ understyrman; kvartermästare **-n** *s* limpa ~**-sessions** *spl* grevskapsting

quart‖et'[te] [kwɔː] *s* kvartett **-o** [-'·] *s* kvartformat

quash [kwɔʃ] *tr* annullera; nedslå

quater'nary [kwə] **I** *a* fyra-; kvartär[-] **II** *s* fyrtal

qua'ver I *itr* darra, skälva; tremulera **II** *s* 1 skälvning; tremulering 2 ⅛ not

quay [kiː] *s* kaj **-age** *s* kaj|avgift, -er

quea'sy [z] *a* 1 vämjelig 2 kräsmagad; ömtålig; illamående

queen *s* drottning; [kort.] dam

queer [kwiə] *a* underlig, konstig, egen

quell [kwel] *tr* kuva, kväva; dämpa

quench *tr* 1 släcka 2 dämpa; kväva, stilla; S stuka **-er** *s* F styrketår

querulous [e'] *a* klagande, pjunkig

que'‖ry *s itr tr* fråga; nu frågas; be-

tvivla[s] -st [e] I *s* 1 undersökning 2 sökande; *in* ~ *of* för att söka II *itr tr* söka [efter]
question [kwe'stʃən] I *s* 1 fråga; förhör; *call in* ~ ifrågasätta; *out of the* ~ otänkbar 2 ämne, sak II *itr tr* 1 [ut]fråga 2 ifrågasätta **-able** *a* tvivelaktig ~**-mark** *s* frågetecken **-naire** [kestiənɛ'ə] *s* frågeformulär
queue [kju:] *s* 1 kö 2 nackfläta
quibbl|e *s itr* [bruka] spetsfundighet[er], ord[rytteri, -lek; krångla, slingra sig -er *s* ordryttare
quick I *a* 1 levande 2 livlig, kvick, snar; snabb; rörlig; styv; *be* ~*!* skynda dig! 3 skarp, fin II *adv* fort; kvickt III *s, the* ~ [friska] köttet, det ömma; *to the* ~ ända in i själen; kännbart **-en** I *tr* liva; sporra, skärpa; påskynda II *itr* få liv; bli hastigare ~**-fence** *s* häck ~**-firing** *a* snabbskjutande ~**-grass** *s* kvickrot ~**-match** *s* stubintråd **-ness** *s* snabbhet; skärpa **-sand** *s* flygsand **-set** *s* [hagtorns]häck ~**-sighted** *a* skarpsynt ~**-tempered** *a* hetsig ~**-witted** *a* kvicktänkt
1 **quid** *s* [*pl* ~] S (= *sovereign*) pund
2 **quid** *s* tugg-, tobaks[buss
quidd'ity *s* 1 väsen 2 spetsfundighet
quiet [kwai'ət] I *a* 1 stilla, tyst 2 lugn; stillsam 3 fridfull, ostörd 4 hemlig; *on the* ~ F i smyg II *s* lugn, frid, ro, tystnad; *in* ~ i fred III *tr* lugna, stilla **-ness -ude** *s* lugn, ro, stillhet **-us** [kwaii:'təs] *s* död, nådestöt
quill I *s* 1 gås-, ving[penna; flöte; tandpetare 2 spole 3 [herde]pipa 4 tagg, pigg II *tr itr* vecka; spola
quilt I *s* täcke II *tr* 1 vaddera, stoppa; sticka 2 plocka ihop 3 S klå
quince [kwins] *s* [bot.] kvitten
quinine [kwini:'n, -'-] *s* kina, kinin
quinqu|agenarian [dʒinɛ'ə] *s a* femtioåri[n]g **-enn'ial** *a* femårig, femårs-
quinquina [kiŋki:'nə] *s* kinabark
quinsy [kwi'nzi] *s* strupkatarr
quin'tl|al *s* centner, 100 kg **-ess'ence** *s* kvintessens, kärna **-uple** [ju] *a tr itr* femdubb[el, -la[s]
quip I *s* 1 spydighet; kvickhet 2 spetsfundighet II *tr itr* vara spydig [mot]
quire [kwai'ə] *s* 1 bok, 24 ark 2 = *choir*
quirk [kwə:k] *s* 1 sarkasm, kvickhet 2 egenhet 3 snirkel, slang
quit I *a* fri, kvitt, klar II *tr* 1 avstå från 2 lämna III *itr* flytta; ge sig av
quitch [kwitʃ] *s* kvickrot [= ~*-grass*]
quite *adv* alldeles, fullkomligt; riktigt, helt; ~ *a* en riktig; ~ *a woman* stora damen; ~ *the thing* just det rätta
1 **quiv'er** *s* koger
2 **quiver** *itr s* skälv[a, -ning; fladdra
quixot'ic *a* överspänd, romanesk
quiz I *s* 1 spefågel 2 gyckel, skämt II *tr* 1 gyckla med 2 betrakta spefullt (nyfiket) **-zical** *a* lustig; skojfrisk
quod S I *s* fängelse; finka II *tr* bura in
quoin [kɔin] *s* 1 hörn[sten] 2 kil
quoit [kɔit] *s* diskus; kast[skiva, **-ring**
quon'dam *a* förutvarande, förre, f. d.
quot|a [kwou'] *s* andel, bidrag **-able** *a* värd (lämplig) att citera **-ation** *s* 1 citat; ~ *marks* citationstecken 2 notering **-e** *tr* citera, anföra; notera **-id'ian** *a*, [all]daglig **-ient** [ʃnt] *s* kvot

R

R, r [ɑ:] *s* r; *the three Rs* = *Reading*, (*W*)*riting*, (*A*)*rithmetic* **R.** = *Regina* (= *Queen*); *Rex* (= *King*); *Royal*; **R. A.** = *Royal Academy*
rabb'et I *s* fals, spont II *tr* falsa
rabb'it *s* kanin; *Welsh* ~ rostat bröd med ost
rabble *s* folkhop, pack, slödder
rab'i|d *a* rasande; galen [hund] **-es** [rei'b(i)i:z] *s* vattuskräck
1 **race** *s* ras, stam, ätt; släkt[e]
2 **race** I *s* 1 [kapp]löpning, lopp, kapp[körning, -segling; *flat* ~ slätlöpning; *run a* ~ springa i kapp 2 [levnads]lopp 3 strömdrag II *itr tr* kappas [med]; [låta] tävla, löpa, rusa, rida (segla) snabbt ~**-card** *s* kapplöpningsprogram ~**-course** *s* bana ~**-meeting** *s* kapplöpning **-r** *s* kapplöpningshäst; tävlare, tävlingsmaskin; kappseglare; 'racer'
rachitis [ræ kai'] *s* engelska sjukan
racial [rei'ʃ(ə)l] *a* ras-, folkstams-
ra'ciness *s* doft, friskhet, kraft; eld
1 **rack** I *s* 1 moln[massa] 2 *go to* ~ *and ruin* gå under II *itr* driva
2 **rack** *s* 1 [foder]häck 2 ställ[ning], racke, klädhängare 3 kuggstång
3 **rack** I *s* pin-, sträck[bänk II *tr* 1 lägga på sträckbänk; pina; bry, bråka 2 skaka 3 utpressa; utsuga
1 **rack'et** I *s* 1 larm, stoj 2 glatt liv; fest[ande] 3 S knep 4 eldprov II *itr* 1 festa om 2 larma
2 **rac'|ket -quet** [kit] *s* racket; snösko
racoon [rəku:'n] *s* sjubb, tvättbjörn
ra'cy *a* 1 stark, äkta; karakteristisk 2 livlig, kraftig; eldig 3 kärnfull; saftig
ra'di|ance *s* strålglans **-ant** I *a* [ut]strålande II *s* strålcentrum **-ate** *tr itr* radiera, [ut]stråla; utsända; sprida **-ation** *s* [ut]strål[ande, **-ning** **-ator** *s* 1 värmeelement 2 kylare
rad'ical I *a* 1 rot-, grund-, ursprunglig 2 radikal, grundlig II *s* rot[ord]
ra'dio I *s* radio[telegra[m, -fering] II

tr itr 1 radi[ograf]era 2 röntgen|behandla, -fotografera **-scopy** [ɔ'S] *s* röntgenundersökning
rad'ish *s* rädisa; *black* ~ rättika
ra'di|us (pl. *-i* [ai]) *s* radie
1 **raffle** I *s* raffel; lotteri II *tr* bortlotta III *itr* spela raffel
2 **raffle** *s* skräp, kram, bråte
raft [ɑ:] I *s* timmerflotte II *tr* flotta **-er** *s* 1 flottkarl 2 taksparre
1 **rag** S I *tr* 1 skälla ut 2 reta; bråka (skoja) med II *itr* väsnas III *s* skoj
2 **rag** *s* trasa **-amuffin** [əm] *s* trashank
rage [dʒ] I *s* 1 raseri, vrede; *fly into a* ~ bli rasande 2 passion, åtrå; yra 3 *the* ~ sista skriket (modet) II *itr* rasa
rag'||ged [id] *a* 1 trasig 2 skrovlig, ojämn; ruggig **-man** *s* lumpsamlare
ragout [rægu:'] *s* ragu
rag'||-tag *s* slödder **-time** *s* negermusik
raid I *s* 1 räd, plundringståg, infall 2 razzia II *tr itr* göra en räd [mot]
1 **rail** *itr* vara ovettig, okväda, smäda
2 **rail** I *s* 1 [led]stång, räcke, staket 2 list 3 ⚓ reling 4 skena, räls; *by* ~ på järnväg; *off the* ~*s* ur gängorna II *tr* 1 inhägna; skenlägga 2 skicka på järnväg **-ing** *s* räcke, staket
rai'llery *s* gyckel, drift, raljeri
rai'l||road [Am.], **-way** *s* järnväg
raiment [rei'mənt] *s* dräkt, skrud
rain I *s* regn II *itr* regna III *tr* ösa **-bow** *s* regnbåge **-fall** *s* 1 regnskur 2 nederbörd ~**-gauge** *s* regnmätare ~**-worm** *s* daggmask **-y** *a* regnig, regn-
raise [z] *tr* 1 [upp]resa; lyfta (hissa) upp; [upp]höja; stegra; öka 2 uppväcka; frammana; uppegga, liva 3 upp|föra, -bygga; uppföda; dra upp, odla 4 vålla 5 uppstämma 6 fram|ställa, -lägga, väcka 7 upptaga; samla [ihop], anskaffa 8 [upp]häva
raisin [reizn] *s* russin
raja[h] [rɑ:'dʒə] *s* raja, [indisk] furste
1 **rake** *s tr itr* 1 räfsa, kratta; raka, skrapa; [be]stryka 2 [genom]söka
2 **rake** *s* vivör, rucklare
3 **rake** ⚓ I *s* lutning II *itr tr* luta bakåt
ra'kish *a* 1 utsvävande 2 byggd för snabbsegling 3 nonchalant, obesvärad
1 **rall'y** I *tr* samla; återuppliva II *itr* 1 samlas 2 hämta sig; få nytt liv III *s* 1 samling 2 återhämtning, uppgång; ny ansats; dust
2 **rally** I *tr* raljera med II *s* gyckel
ram I *s* 1 bagge 2 murbräcka; ramm-[försett fartyg]; hejare 3 pistong II *tr* slå (stöta, driva, stampa) ned (in); fullstoppa; ramma
rambl||e I *itr* ströva omkring, irra; fantisera II *s* strövtur; utflykt **-er** *s* 1 vandrare 2 klängros **-ing** *a* 1 oredig 2 klängande 3 oregelbunden
ramification [ræm] *s* för-, ut|grening
ramm'er *s* 'jungfru'; hejare; laddstake
ramp I *itr* = *-age* II *s* ramp **-a'ge** F I *itr* rasa, rusa omkring II *s* vild[sint]het **-ant** *a* 1 stegrande sig 2 vild, hejdlös; överhandtagande 3 frodig
ram'part *s* vall; bålverk
ram'shackle *a* rankig, fallfärdig
ran imp. av *run*
ranch [rænʃ] *s* [Am.] boskapsfarm
ran'c||id *a* härsken **-orous** [æŋ'k] *a* hätsk **-our** [ŋk] *s* hätskhet, agg
ran'dom *a s*, [*at*] ~ på måfå, slumpvis; blind; lös
range [reindʒ] I *s* 1 rad; [bergs]kedja 2 läge, riktning 3 jakt-, betes|mark 4 skjutbana 5 [utbrednings]område, utsträckning, omfång; krets; spelrum 6 [skott]håll 7 [kok]spis II *tr* 1 [upp]ställa; [in]ordna 2 genomströva; segla längs III *itr* 1 sträcka sig, ligga, gå 2 ha sin plats 3 vara utbredd, förekomma 4 variera 5 ströva omkring; segla, fara 6 gå, nå
1 **rank** I *s* 1 rad 2 ⚔ led; ~*s*, ~ *and file* meniga; gemene man 3 ordning 4 klass, stånd; rang; *take* ~ *of* ha rang framför II *tr itr* 1 uppställa i led, ordna[s] 2 ha rang; räknas, anses
2 **rank** *a* 1 yppig, frodig 2 stinkande, frän; sur; vidrig
rankle *itr* gnaga (värka) i hjärtat
ran'sack *tr* 1 genomsöka; rannsaka 2 röva, plundra
ran'som I *s* löse|n, -summa II *tr* 1 friköpa, utlösa; återlösa 2 frigiva mot lösen 3 kräva lösen av (för)
rant I *itr* 1 orera, deklamera 2 skråla II *s* ordsvall; skrän **-ing** *a* svulstig
1 **rap** I *s* 1 rapp, smäll 2 knackning II *tr itr* 1 slå, smälla 2 knacka 3 stöta
2 **rap** *s* 'styver'; dugg, dyft, jota
rapa'ci||ous [ʃəs] *a* rovgirig; roffande, rov- **-ty** [æ's] *s* rovlystnad
1 **rape** I *tr* röva; våldtaga II *s* bortrövande; kvinnorov; våldtäkt
2 **rape** *s* rova, raps ~**-cake** *s* rapskaka
rap||'id I *a* 1 hastig, snabb; strid 2 brant II *s* fors **-id'ity** *s* hastighet
rapier [rei'piə] *s* hugg-, stick|värja
rap'ine *s* rov, röveri, plundring
rapt *a* 1 bort|förd, -ryckt 2 hänryckt 3 försjunken **-orial** [ɔ:'] *a* rov- **-ure** [ʃə] *s* 1 bortförande 2 hänryckning **-urous** [ʃə] *a* hän|ryckt, -ryckande
rar||e [rɛə] *a* 1 gles, tunn 2 rar, sällsynt [god] **-efy** [rifai] *tr itr* 1 förtunna[s] 2 rena, förfina **-ely** *adv* säll|an, -synt **-ity** *s* tunnhet, gleshet, sällsynthet; utsökthet
rascal [rɑ:'] *s* lymmel, skojare; skälm
rash *a* överilad, obetänksam; förhastad
rasher [ræ'ʃə] *s* fläsk-, skink|skiva
rash'ness *s* överilning, förhastande
rasp [ɑ:] I *s* rasp, fil II *tr itr* raspa; riva; reta
raspberry [rɑ:'zbri] *s* hallon[buske]

rasper [rɑ:'spə] *s* rasp; rivjärn
rat *s* 1 råtta; *~s!* S strunt! *smell a ~* ana oråd 2 överlöpare; strejkbrytare
ra'table *a* taxerbar, skattskyldig
rataplan' *s tr itr* trumma[nde]
ratch'[et] *s* spärrhake; spärrhjul
1 **rate** *tr* gräla på, läxa upp
2 **rate** I *s* 1 grad, mått[stock]; beräkning; [växel]kurs 2 värde, pris, belopp; *at any ~* i varje fall 3 hastighet, fart, [urs] gång 4 kommunalskatt 5 taxa, sats 6 klass [*first-~*] II *tr* 1 uppskatta 2 akta, anse 3 taxera; beräkna III *itr* räknas **-able** =*ratable* **~-payer** *s* skattebetalare
rather [rɑ:'ðə] *adv* 1 snarare, rättare sagt 2 rätt, tämligen, något; nästan 3 hellre; *I would (had) ~* jag skulle hellre (helst) vilja 4 F ja (jo) visst
ratif||ica'tion [ræt] *s* ratificering **-y** [-'--] *tr* stadfästa
1 **ra'ting** *s* uppsträckning, bannor
2 **rating** *s* klassificering, klass, grad
ratio [rei'ʃiou] *s* förhållande, proportion **-n** [ræʃn] I *s* ranson, portion; *~s* livsmedel II *tr* 1 sätta på ransonering 2 ransonera
rational [ræ'ʃ] *a* förnuftig, förståndig **-ity** [æ'l] *s* förnuft[senl]ighet
rattan [rætæ'n] *s* rotting, spanskt rör
ratt'en *tr* sabotera **-ing** *s* sabotage
rattle I *s* 1 skallra, skramla 2 skrammel, rassel; larm 3 rossling 4 prat[makare] II *itr tr* 1 skramla, slamra [med] 2 sladdra; rabbla [upp] 3 sätta fart [på] **~-box** *s* skallra **~-brained** **~-headed** *a* yr, tanklös **-r** *s* S praktexemplar **-snake** *s* skallerorm **-trap** *s* skräp[sak]; *~s* kuriosa
ratt'ling *a adv* F överdådig[t], rasande
rat-trap [ræ'ttræp] *s* råttfälla
raucous [rɔ:'kəs] *a* hes, sträv
rav'age *s tr* ödelägg|a, -else
rave *itr* 1 yra; vurma, svärma 2 rasa
rav'el I *tr itr* 1 riva[s] upp; reda ut 2 intrassla[s] II *s* trassel, oreda
1 **raven** [reivn] *s* korp
2 **rav'en** I *itr* söka efter rov, röva II *tr* sluka **-ous** *a* 1 rovlysten 2 glupsk
ravine [rəvi:'n] *s* ravin, hålväg
ra'ving *a* yrande; *~ mad* spritt galen
rav'ish *tr* 1 våldtaga 2 hänföra **-ment** *s* hänryckning
raw [rɔ:] *a* 1 rå; *~ spirit* oblandad sprit 2 oerfaren 3 hudlös, öm 4 gråkall, ruskig **~-boned** *a* skinntorr
1 **ray** [rei] *s* [zool.] rocka
2 **ray** I *s* stråle; ljus II *tr itr* [ut]stråla **-on** *s* konstsilke
raz||e *tr* rasera, slopa, förstöra; utplåna **-or** *s* rakkniv; *safety ~* rakhyvel
re [ri:] *prep* rörande, beträffande
re- *pref* åter-, ny-; om igen, tillbaka
reach I *tr* 1 sträcka ut (fram) 2 räcka 3 [upp]nå, upphinna; komma till II *itr* 1 sträcka sig 2 nå III *s* 1 räck|ande, -håll, -vidd; [skott]håll; omfång, utsträckning; makt 2 sträcka **-able** *a* åtkomlig **~-me-down** *s*, *~s* konfektionskläder
react [ri(:)æ'kt] *itr* 1 reagera; återverka 2 göra mot|stånd, -anfall **-ion** [ʃn] *s* återverkan; motstånd; bak-, om|slag **-ionary** *a s* reaktionär
read [i:] (*read read* [red]) I *tr* 1 [upp]läsa; *~ off* avläsa; *~ out* läsa upp; *~ over* läsa igenom; *~ up* sätta sig in i 2 tolka; tyda II *itr* 1 läsa; studera 2 kunna läsas; stå att läsa 3 lyda, låta III [red] *a*, *well ~* beläst IV *s* lässtund **-able** *a* läsbar, lättläst **-er** *s* 1 läsare 2 föreläsare, docent 3 läsebok
readi||ly [re'd] *adv* 1 [bered]villigt, gärna 2 raskt; lätt **-ness** *s* 1 [bered-]villighet 2 raskhet; lätthet; fyndighet; *~ of resource* rådighet; *~ of thought* kvicktänkthet 3 beredskap
rea'ding *s* 1 [upp]läsning 2 beläsenhet 3 lektyr 4 [parl.] behandling 5 avläsning 6 tolkning 7 [attr.] läs[e]-
ready [re'di] I *a* 1 färdig, redo; till hands; ⚓ klar; *~ money* reda pengar 2 snar, benägen; kvick[tänkt]; *~ wit* fyndighet 3 lätt, bekväm; *~ way* [bildl.] genväg II *adv* raskt, kvickt
real [ri'əl] *a* verklig, riktig, äkta; *~ estate* fastighet **-ity** [æ'l] *s* verklighet[sprägel] **-ize** *tr* 1 förverkliga 2 göra realistisk 3 inse, fatta 4 realisera; för|värva, -tjäna 5 inbringa, betinga **-ly** *adv* verkligen, faktiskt
realm [relm] *s* [konunga]rike
ream [ri:m] *s* ris [papper=480 ark]
reap *tr* skära, meja; skörda; inhösta **-er** *s* 1 skördeman 2 skördemaskin
reappear [ri:'əpi'ə] *itr* åter visa sig
1 **rear** [riə] *tr* 1 resa, upplyfta, höja 2 uppbygga 3 upp|föda, -fostra; odla
2 **rear** *s* bakre del; eftertrupp; *bring up the ~* bilda eftertrupp; *in the ~* i kön, efterst; *at the ~ of* bakom **~-admiral** [-'ræ'd] *s* konteramiral **~-guard** *s* eftertrupp **-most** *a* bakerst, efterst **-ward** [əd] *a adv* bak|erst, -åt
reason [ri:zn] I *s* 1 skäl, orsak, hänsyn; *by ~ of* på grund av 2 för|nuft, -stånd, reson, rimlighet; *in all ~* med rätta; *in ~* förnuftigt, rimligt; *marriage of ~* resonemangsparti; *it stands to ~* det är klart II *itr tr* 1 resonera 2 överlägga 3 förmå, bringa; *~ out* tänka ut **-able** *a* 1 resonlig, för|nuftig, -ståndig 2 skälig, hygglig **-ably** *adv* rimligt[vis]; tämligen **-ing** *s* resonemang, tankegång
reassure [ri:əʃu'ə] *tr* lugna
reba'te *s* 1 rabatt, avdrag 2 spont, fals
rebel I [rebl] *s a* uppror|sman, -isk II [e'l] *itr* göra uppror **-lion** [e'l] *s* uppror **-lious** [e'l] *a* upprorisk

re||bou'nd *itr* återstudsa; falla tillbaka; *~ing shot* rikoschett **-buff'** I *s* avslag; bakslag, hinder II *tr* avvisa **-build** [ri:'bi'] *tr* åter bygga upp; bygga om **-bu'ke** *tr s* tillrättavis|a, -ning; banna; näpst **-but'** *tr* driva tillbaka; gendriva; bemöta **-cal'citrant** *a* motspänstig, bångstyrig, tredsk **-call** [kɔ:'l] *tr* 1 åter-, hem|kalla 2 erinra om (sig) 3 åter uppväcka 4 återtaga; uppsäga **-cant'** *tr itr* åter|kalla, -taga **-cantation** [ri:] *s* åter|kallelse, -tagande **-capit'ulate** [ri:] *tr* sammanfatta **-cast** [-'-'] *tr* om|gjuta, -stöpa, om|bilda, -arbeta **-ce'de** *itr* gå (dra sig) tillbaka; vika [tillbaka]; försvinna; *~ from* frångå **-ceipt** [si:'t] *s* 1 kvitto 2 uppbörd-[sbelopp], intäkter 3 mottagande

receive [si:'v] *tr* 1 mottaga, ta emot, få, uppbära; [*payment*] *~d* [betalt] kvitteras 2 rymma 3 upptaga 4 erkänna **-r** *s* 1 uppbördsman 2 konkursförvaltare 3 tjuvgömmare 4 mottagare; mikrofon 5 behållare

re'cent *a* ny, färsk, nyligen skedd (gjord), sen **-ly** *adv* nyligen

recep't||acle *s* förvaringsrum, behållare **-ion** *s* 1 mottag|ande, -ning 2 upptagande **-ive** *a* mottaglig

recess' *s* 1 uppehåll, avbrott, ferier 2 vrå, gömsle 3 inskärning; urtagning; fördjupning **-ion** [e'ʃn] *s* 1 tillbakaträdande, återgång 2 insänkning

recip||e [re'sipi] *s* recept **-ient** [si'p] *s* mottagare

recip'roc||al *a* ömsesidig; växel-; motsvarande; reciprok **-ate** I *itr* stå i växelverkan; *~ with* motsvara II *tr* utbyta; gengälda, besvara **-ity** [prɔ'] *s* ömsesidighet; växelverkan

reci't||al *s* 1 redogörelse 2 uppläsning 3 konsert **-e** *tr itr* uppläsa, föredraga

reck'less *a* hänsynslös, oförvägen, vild

reck'on *tr itr* 1 räkna [ut]; *~ up* uppräkna; summera 2 beräkna, uppskatta; medräkna 3 räkna[s], anse 4 [Am.] tänka **-ing** *s* 1 [be-, upp]räkning 2 räkenskap

re||clai'm I *tr* 1 omvända, rädda, förbättra, reformera; tämja; uppodla 2 återfordra II *s*, *beyond* (*past*) *~* ohjälplig[t] **-clamation** [rek] *s* 1 protest 2 förbättring; räddning 3 uppodling 4 återfordrande **-cli'ne** *tr itr* 1 luta [sig]; vila 2 förlita sig **-cluse** [u:'s] I *a* avskild, enslig II *s* eremit

recogn||ition [rek] *s* erkännande; igenkännande **-i'zable** *a* igenkännlig **-ize** [re'k] *tr* erkänna; känna igen

re||coi'l I *itr* 1 draga sig tillbaka; studsa, fara tillbaka 2 falla tillbaka II *s* återstudsning; rekyl, F stöt **-collect'** [rek] *tr* minnas **-collection** [re] *s* minne

recommend' [rek] *tr* [an]befalla **-able** *a* tillrådlig, prisvärd **-ation** *s* rekommendation; tillrådan

rec'ompense I *tr* vedergälla, löna; gottgöra II *s* vedergällning, lön

rec oncil||e *tr* 1 för|lika, -sona; *~ o. s. to* finna sig i 2 bilägga **-iation** [sili] *s* för|likning, -soning; enande

recon'dite *a* för|dold, -borgad; dunkel

reconn||aissance [rikɔ'nisns] *s* rekognoscering; spaning[strupp] **-oitre** [rekənɔi'tə] *tr itr* ⚔ rekognoscera

re'||consid'er *tr* taga under förnyad omprövning **-'construct'** *tr* rekonstruera, återuppbygga

record I [re'kɔ:d] *s* 1 uppteckning, [skriftligt] vittnesbörd; *matter of ~* historiskt faktum; *on ~* [historiskt] känd, belagd 2 protokoll 3 urkund; berättelse; *~s* arkiv 4 rykte; föregåenden; vitsord 5 rekord 6 grammofonskiva II [rikɔ:'d] *tr* protokollföra, inregistrera; anteckna; bevara **-er** [ɔ:'] *s* 1 domare 2 registrator, upptecknare 3 registreringsapparat

re||count *tr* 1 [--'] berätta; uppräkna 2 [ri:'-'] räkna om **-course** [ɔ:'s] *s* tillflykt; *have ~ to* anlita, tillgripa

recover [ʌ'] *tr itr* 1 åter|vinna, -få, -finna; *~ o. s.* hämta (sansa) sig 2 rädda, återställa 3 ta igen; hämta sig [efter]; tillfriskna 4 [ri:'kʌ'] åter täcka **-y** *s* 1 åter|vinnande, -fående; tillfrisknande; räddning; *beyond* (*past*) *~* hopplöst förlorad 2 stigning

recreant [re'kriənt] I *a* feg; trolös II *s* pultron; avfälling

recreat||e *tr itr* 1 [re'krieit] vederkvicka, förströ 2 [ri:'--'] skapa på nytt **-ion** [rek] *s* vederkvickelse; nöje **-ive** *a* vederkvickande, roande

recrimination *s* motbeskyllning

recrudesce [kru:de's] *itr* bryta ut igen

recruit [u:'t] I *s* rekryt II *tr* 1 rekrytera 2 förnya, stärka III *itr* 1 värva rekryter 2 återvinna hälsan **-al** *s* återhämtning **-ment** *s* 1 rekrytering, värvning 2 förstärkning 3 = *-al*

rec't||ify *tr* rätta, beriktiga; rena **-itude** *s* rättskaffenhet **-o** *s* höger-, fram|sida

rec'tor *s* 1 kyrkoherde 2 rektor **~-ship** *s* 1 kyrkoherdebeställning 2 rektorat **-y** *s* 1 pastorat 2 prästgård

recu'perate *tr itr* återställa[s]; hämta sig

recur [rikə:'] *itr* 1 åter|komma, -gå 2 upprepas 3 ta sin tillflykt **-rence** [kʌ'r] *s* 1 åter|kommande, -gång 2 upprepande 3 tillflykt

red *a* röd; *~ book* officiell bok

redac'tion *s* redigering; omarbetning

redd'||en *tr itr* färga (bli) röd; rodna **-ish** *a* rödaktig

redee'm *tr* 1 åter|köpa, -vinna; inlösa; ta igen; *~ o.'s word* infria sitt löfte 2 friköpa; befria 3 återlösa 4 gottgöra; försona **-er** *s* befriare; återlösare

redemp'tion *s* in-, åter|lösning; friköpande; befrielse; försoning
red'||-hot *a* glöd|het, -ande **--letter** *s*, ~ *day* helgdag; lycko-, bemärkelse|dag
red'olent *a* [väl]luktande
redouble [ʌ'] *tr itr* fördubbla[s], öka[s]
redou'nd *itr* 1 lända 2 åter-, till|falla
1 redress' I *tr* 1 avhjälpa; återställa 2 gottgöra II *s* 1 avhjälpande 2 gottgörelse, upprättelse
2 re'dress' *tr itr* kläda om [sig]
red'||skin *s* rödskinn, indian **--tape** *s* formalism, byråkrati
redu'c||e *tr* 1 bringa; försätta; förvandla; driva; tvinga 2 betvinga, kuva 3 reducera; minska, inskränka 4 degradera **-tion** [ʌ'k] *s* 1 försättande, bringande; förvandling 2 betvingande 3 reducering, inskränkning; [förminskad] avbildning; nedsättning
re||dun'dant *a* överflödig; ymnig **-du'-plicate** *tr* fördubbla, upprepa
reed *s* 1 vass|rör, -strå 2 pil 3 herdepipa 4 [mus.] tunga, blad 5 vävsked
reef I *s* 1 ⚓ rev 2 klipp-, sand|rev II *tr* reva **-er** *s* 1 revknut 2 S sjökadett
reek I *s* dunst, stank; ånga II *itr* 1 ryka, ånga 2 stinka
reel I *s* 1 härvel, haspel; nystvinda; [tråd]rulle 2 ragling 3 [skotsk] dans II *tr* rulla upp; haspla ur sig III *itr* 1 snurra 2 vackla, gunga; ragla
re'-elect' *tr* återvälja **-ion** *s* omval
refect'ory *s* refektorium, matsal
refer [rifə:'] I *tr* hän|föra, -skjuta, -visa, överlämna II *itr* 1 vädja, hänvisa, åberopa sig; ~ *to* åberopa, vända sig till, rådfråga 2 ~ *to* syfta på, avse; anspela på; omnämna, mena **-ee'** [refə] *s* [skilje]domare **-ence** [re'fə] *s* 1 hänvisning, åberopande; anspelning; hänvändelse; *book of* ~ uppslagsbok 2 avseende 3 referens
refi'ne *tr itr* 1 rena[s], klara[s]; raffinera[s] 2 för|fina[s], -ädla[s]; förbättra[s]; ~*d* [äv.] utsökt **-ment** *s* renande; förfining; finess, utsökthet; spetsfundighet **-ry** *s* raffinaderi
reflect' I *tr* 1 återkasta 2 av-, åter|-spegla 3 ~ [*up*]*on* förskaffa, ådraga II *itr* 1 tänka [tillbaka], betänka; ~ *on* begrunda 2 ~ [*up*]*on* kasta skugga på, tadla **-ion** *s* 1 reflexion, åter|-kastning, spegling; reflex 2 klander 3 eftertanke, betraktelse **-ive** *a* 1 reflekter|ande, -ad 2 tankfull
re'flex *s* reflex[rörelse] **-ion** = *reflection 1*
re'flux *s* återflöde; ebb; omslag
refor'm I *tr itr* reformera, [för]bättra [sig]; avhjälpa II *s* reform III [-'-'] *tr itr* ånyo bilda[s] **-a'tion** *s* 1 [refɔ] förbättring 2 [ri:'] nybildning **-ative -atory** *a* reform[atorisk]
refract'||ion *s* brytning **-ory** *a* motspänstig, bångstyrig

1 refrai'n *s* refräng, omkväde
2 refrain *itr* avhålla sig; låta bli
refresh' *tr* uppfriska, [upp]liva; ~ *o. s.* förfriska sig **-ment** *s* 1 vederkvickelse 2 ~*s* förfriskningar
refrig'era||te [dʒ] *tr* [av]kyla; frysa **-tor** *s* kyl|apparat, -rum, -skåp
ref'uge [dʒ] *s* tillflykt[sort] **-e'** *s* flykting
refund [ri:fʌ'nd] *tr* återbetala, ersätta
refu's||al [z] *s* vägran, avslag **-e** I *tr* 1 vägra, neka 2 avvisa, försmå II [re'fju:s] *s* avfall; sopor; utskott; drägg
refu'te *tr* vederlägga, gendriva
regai'n *tr* 1 återvinna 2 åter uppnå
re'gal *a* kunglig **-e** [ei'l] I *tr* undfägna; fröjda II *itr rfl* förpläga sig, kalasa **-ia** [ei'liə] *s* kungliga insignier
regar'd I *tr* 1 betrakta; anse 2 ta hänsyn till 3 angå, beträffa II *s* 1 blick 2 avseende 3 hänsyn, uppmärksamhet 4 aktning 5 ~*s* hälsningar **-ful** *a* uppmärksam, hänsynsfull **-ing** *prep* beträffande **-less** *a* utan hänsyn
re'gency [dʒ] *s* regentskap; förmyndareregering, tillförordnad regering
regeneration [dʒ] *s* pånyttfödelse
re'gent [dʒ] *s* regent, riksföreståndare
reg'icide [dʒ] *s* kunga|mördare, -mord
regim||e [reʒi:'m] *s* styrelse, system, ordning, tillstånd **-en** [re'dʒ] *s* diet **-ent** [re'dʒ] *s* regemente **-en tal** I *a* regements-; uniforms- II *s*, ~*s* uniform
region [i:dʒn] *s* trakt; område; rymd
reg'ist||er [dʒ] I *s* 1 register; förteckning 2 spjäll; regulator II *tr* 1 [in]-registrera, anteckna, införa; in-, mantals|skriva 2 lägga på minnet 3 pollettera 4 rekommendera **-ry** *s* 1 registrering 2 byrå, kontor
regor'ge [dʒ] I *tr* utspy II *itr* återsvalla
regress I [ri:'] *s* återgång II [--'] *itr* återgå, gå tillbaka **-ion** [e'ʃn] *s* återgång **-ive** [e's] *a* återgående
regret' I *tr* 1 beklaga, ångra 2 sakna II *s* 1 ledsnad, sorg; beklagande, ånger 2 saknad **-ful** *a* bedrövad; sorglig **-table** *a* beklaglig
reg'ula||r [jul] I *a* 1 regel|bunden, -rätt; fast, stadig; stam-; ~ *army* stående här 2 formlig, korrekt 3 F riktig, äkta II *s* fast anställd [soldat] **-rity** [æ'] *s* regelbundenhet **-rize** *tr* reglera **-te** *tr* reglera, ordna, styra **-tion** *s a* 1 reglering 2 regel; stadga[d]
rehabilitation [ri:] *s* upprättelse
rehears||al [hə:'sl] *s* 1 uppläsning; upprepning 2 repetition; *dress* ~ generalrepetition **-e** *tr itr* 1 upp|läsa, -repa, -räkna 2 repetera, inöva
reign [rein] I *s* regering, välde II *itr* regera, härska; råda
re'imbur'se *tr* ersätta, gottgöra; täcka
rein [rein] I *s* tygel; töm; *draw* ~ hålla in (tillbaka); *give* ~ ge fria tyglar II *tr* tygla; ~ *in* (*up*) hålla inne

reindeer [rei'ndiə] *s* [zool.] ren
re'||infor'ce *tr* förstärka **-infor'cement** *s* förstärkning **-it'erate** *tr* upprepa [ånyo]
reject' *tr* 1 förkasta, försmå 2 avslå 3 kräkas upp **-ion** *s* av|slag, -visande
rejoi'c||e *tr itr* glädja [sig]; jubla **-ing** *s* fröjd; ~*s* glädjefest, jubel
rejoi'n *tr* 1 åter sluta sig till (uppsöka) 2 svara **-der** *s* svar, genmäle
re||ju'venate *tr itr* föryngra[s] **-lap'se** *itr s* återfall[a]; [få] recidiv
rela't||e *tr itr* 1 berätta, skildra 2 sätta (stå) i samband; hänföra [sig]; *-ing to* angående, om **-ed** *a* besläktad **-ion** *s* 1 berättelse 2 förhållande 3 släkting **-ionship** *s* samband; släktskap
rel'ative I *a* relativ; inbördes; *be* ~ *to* motsvara, beträffa II *s* släkting
relax' I *tr* 1 lossa på, släppa efter; ~ *the bowels* laxera 2 mildra, dämpa; utjämna 3 minska II *itr* 1 slapp|as, -na, slakna 2 mildras **-ation** [ri:] *s* vederkvickelse; avspänning; lindring
relay' I *s* 1 [häst]ombyte; skift, omgång; ~ *race* stafettlöpning 2 relä II *tr itr* 1 avlösa[s] 2 återutsända
relea'se [s] I *s* 1 lösgivande; frigivning; befrielse 2 överlåtelse 3 kvitto 4 utlösningsarm II *tr* [lös]släppa; befria; frikalla; avstå från; överlåta
rel'egate *tr* 1 förvisa 2 hän|föra, -visa
relent' *itr* vekna; ge efter **-less** *a* obeveklig, obarmhärtig
rel'evan||ce -cy *s* tillämplighet; samband -t *a* dit-, hit|hörande, tillämplig
relia||bil'ity [laiə] *s* tillförlitlighet **-ble** [lai'] *a* pålitlig **-nce** [ai'] *s* tillit
rel'ic *s* relik; ~*s* kvarlevor
relie||f [i:'f] *s* 1 lättnad, lindring; understöd, hjälp; undsättning; befrielse; avlösning 2 relief **-ve** [i:'v] *tr* 1 befria; undsätta; hjälpa; lätta; avlösa 2 variera; bryta av; framhäva
religi||on [i'dʒ] *s* religion **-ous** *a* 1 religiös 2 kloster- 3 samvetsgrann
reli||n'quish *tr* lämna; över|låta, -ge; släppa **-quary** [re'l] *s* relikskrin
rel'ish I *s* smak; behag, krydda; anstrykning II *tr* 1 ge smak åt 2 njuta av, tycka om III *itr* smaka
reluc'tan||ce *s* motvilja -t *a* motvillig
rely [rilai'] *itr* lita, förtrösta
remai'n I *itr* 1 återstå; finnas kvar 2 förbli 3 stanna [kvar] II *s*, ~*s* kvarlevor; efterlämnade verk; [forn]lämningar **-der** *s* återstod, rest
remar'k I *s* 1 beaktande 2 anmärkning, yttrande II *tr* 1 märka 2 anmärka, yttra III *itr*, ~ *on* yttra sig om **-able** *a* märklig, anmärkningsvärd
rem'edy I *s* 1 botemedel; hjälp[medel]; kur; *beyond* ~ obotlig[t] 2 upprättelse, ersättning II *tr* bota; avhjälpa
remem'b||er *tr* minnas; ~ *me to them* hälsa dem från mig **-rance** *s* minne
remi'nd *tr* påminna **-er** *s* påminnelse
re||minis'cence [re] *s* minne **-mi'se** [z] *tr* överlåta **-miss'** *a* slapp, efterlåten **-mission** [i'ʃn] *s* 1 förlåtelse; efterskänkande 2 minskning; lindring
remit' I *tr* 1 tillgiva; efterskänka 2 mildra, minska 3 hän|skjuta, -visa 4 översända II *itr* avta, mildras **-tal's** 1 = *remission 1* 2 hänskjutande **-tance** *s* remissa, översändande
rem'nant *s* rest, kvarleva; stuv
remon'stra||nce *s* föreställning, protest -te *itr tr* protestera; invända
remor'se *s* samvetskval, ånger **-ful** *a* ångerfull **-less** *a* samvets-, hjärt|lös
remo'te *a* avlägsen **-ness** *s* avlägsenhet
re'mou'ld [ou] *tr* om|gjuta, -arbeta
remou'nt [ri:] I *tr* 1 åter bestiga 2 hjälpa att sitta upp 3 förse med ny[a] häst[ar] II *itr* 1 åter stiga (sitta) upp 2 gå tillbaka III *s* remont
remov||able [u:'v] *a* 1 avsättlig 2 flyttbar **-al** *s* 1 avlägsnande 2 avsättning 3 flyttning **-e** I *tr* 1 flytta; avlägsna, undanröja 2 av|sätta, -skeda 3 ~*d* följd II *itr* [av]flytta III *s* 1 flyttning 2 grad; släktled
remu'nerat||e *tr* vedergälla, [be]löna **-ion** *s* lön, ersättning **-ive** *a* lönande
re||nai'ssance *s* renässans **-nas'cence** *s* pånyttfödelse; renässans
rend (*rent rent*) I *tr* slita, riva [sönder]; splittra II *itr* remna, gå sönder
ren'der *tr* 1 återgälda; hembära 2 återge; framställa 3 [över]lämna, uppgiva 4 avlägga, avge, anföra 5 erlägga; [be]visa 6 göra **-ing** *s* tolkning
ren'egade *s* överlöpare, avfälling
renew [nju:'] *tr* 1 förnya, återuppliva 2 renovera, ersätta 3 upprepa 4 omsätta [lån] **-al** *s* förny|ande, -else
rennet [re'nit] *s* 1 [kalv]löpe 2 renett
renou'nce *tr* 1 avsäga sig, avstå från, uppge 2 förneka 3 vara renons i
ren'ovate *tr* förnya; återställa
renown [au'] *s* ryktbarhet **-ed** *a* berömd
1 **rent** I imp. o. pp. av *rend* II *s* spricka, reva; remna, klyfta
2 **rent** I *s* 1 arrende 2 hyra II *tr* [ut]arrendera, hyra [ut] **-al** *s* arrende
re||nunciation *s* avsägelse; [själv]förnekelse **-'o'pen** *tr itr* åter öppna[s]
1 **repair** [ripɛ'ə] *itr* bege sig; vända sig
2 **repair** I *tr* 1 reparera, laga; läka 2 gottgöra, ersätta II *s* 1 reparation, lagning 2 gottgörelse 3 [gott] stånd, skick; *out of* ~ i dåligt skick
repartee [repɑ:ti:'] *s* [kvickt] svar
re||past [ɑ:'] *s* måltid **-pay'** *tr* 1 återbetala 2 vedergälla, löna **-pea'l** *tr s* upphäva[nde], avskaffa[nde]
repea't I *tr itr* 1 upprepa[s]; ~*ing* repeter- 2 uppläsa II *s* 1 upprepning 2 repris[tecken] **-edly** *adv* upprepade gånger **-er** *s* repeter|ur, -gevär

repel' *tr* driva (stöta) tillbaka; avvärja; förkasta **-lent** *a* motbjudande
repent' *tr itr* ångra [sig] **-ance** *s* ånger
rep'ertory *s* repertoar; skattkammare
re||petition [rep] *s* 1 upprepning 2 uppläsning 3 [konst.] replik **-pi'ne** *itr* knota, klaga **-pla'ce** *tr* 1 sätta tillbaka 2 ersätta **-plen'ish** *tr* åter fylla, påfylla **-ple'te** *a* fylld; mätt
rep'l||ica *s* [konst.] replik; kopia **-y** [riplai'] I *tr itr* svara [*to* på] II *s* svar
repor't I *tr itr* rapportera, [in]berätta, anmäla [sig] II *s* 1 rykte; *by* ~ ryktesvis 2 rapport, redogörelse, anmälan 3 betyg 4 referat 5 knall, smäll **-er** *s* rapportör; referent
repo's||e [z] *tr itr s* vila [sig]; ro, lugn **-itory** [ɔ'z] *s* förvaringsplats; museum; butik, nederlag; sista vilorum
reprehen'||d [rep] *tr* klandra **-sible** *a* klandervärd **-sion** [ʃn] *s* klander
represent [reprize'nt] *tr* 1 föreställa 2 framställa 3 fram-, före|hålla 4 uppge 5 uppföra; spela 6 representera **-ation** *s* 1 framställ|ande, -ning 2 föreställning 3 representation **-ative** *a s* represent|ativ, -erande, -ant
re||press' *tr* undertrycka **-prieve** [i:'v] *tr s* [ge] frist
rep'rimand [ɑ:] *s tr* tillrättavis|ning, -a
re'print' I *tr* omtrycka II *s* nytryck
repri'sal [z] *s* repressalier
reproach [ou'] I *s* 1 förebråelse 2 skamfläck II *tr* förebrå; klandra
rep'robate I *a s* förtappad [syndare]; usling II *tr* förkasta; fördöma
reprodu'c||e [ri:] *tr* 1 återge 2 fortplanta **-tion** [ʌ'kʃn] *s* 1 fortplantning 2 återgivande; reproduktion
repro||o'f *s* förebråelse **-ve** [u:'] *tr* förebrå
rep'tile I *s* kräldjur II *a* krälande
repub'lic *s* republik
repu'diate *tr* för|kasta, -neka, -skjuta
repug'nan||ce *s* mot|sägelse, -vilja **-t** *a* oförenlig; mot|spänstig, -bjudande
repul's||e I *tr* 1 driva (slå) tillbaka 2 avvisa II *s* avslag; bakslag **-ion** [ʃn] *s* motvilja **-ive** *a* frånstötande
rep'ut||able [ju] *a* aktningsvärd, hederlig **-ation** *s* anseende, rykte **-e** [ripju:'t] I *tr* anse; ~*d* förment; *be well* ~*d of* ha gott rykte II *s* anseende; rykte
request' I *s* 1 anhållan, begäran, anmodan 2 efterfrågan II *tr* anhålla om, begära; anmoda, be
require [wai'ə] *tr* 1 begära, fordra, önska 2 kräva, behöva **-ment** *s* behov; krav; ~*s* fordringar
requisit||e [re'kwizit] I *a* erforderlig, nödvändig II *s* förnödenhet; ~*s* rekvisita **-ion** [zi'ʃn] I *s* 1 anhållan 2 utskrivning; *put in* ~ ta i anspråk II *tr* rekvirera; begära; in-, till|kalla
requi't||al *s* vedergällning, lön **-e** *tr* 1 vedergälla, löna 2 gengälda
rescue [re'skju:] I *tr* rädda, bärga, befria II *s* räddning, befrielse; hjälp
research [risə:'tʃ] *s* 1 sökande 2 forskning, undersökning
resem'bl||ance [z] *s* likhet **-e** *tr* likna
resent' [z] *tr* harmas över, uppta illa **-ful** *a* harmsen **-ment** *s* harm
reserv||ation [rez] *s* reserv|erande, -ation; förbehåll, undantag **-e** [rizə:'v] I *tr* reservera, spara, förbehålla [sig] II *s* 1 reserv 2 reservation; förbehåll[samhet]; tillknäppthet
resi'd||e [z] *itr* 1 vistas, bo 2 ligga; finnas **-ence** [re'zidns] *s* 1 vistelse 2 boning, bostad; hus **-ent** [re'zi] *a s* bo|fast, -satt, [inne]boende **-en'tial** [ʃl] *a* bostads- **-ue** [re'zidju:] *s* rest; överskott; behållning **-uum** [zi'djuəm] *s* rest; bottensats; drägg
resign [zai'n] I *tr* 1 avsäga sig, avstå [från]; nedlägga 2 överlämna; ~ *o. s. to* foga sig i; ~*ed* undergiven II *itr* 1 avgå 2 resignera **-ation** [rezign] *s* 1 avsägelse, nedläggande; avsked, avgång 2 resignation, undergivenhet
resil'ient [z] *a* elastisk, spänstig
resin [re'z] *s* kåda, harts **-ous** *a* kådig
resist [zi'st] *tr itr* motstå, göra motstånd [mot], motsätta sig **-ance** *s* motstånd[skraft] **-less** *a* 1 oemotståndlig 2 undergiven
resol||ute [re'z] *a* beslutsam, bestämd **-u'tion** *s* 1 [upp]lösning 2 föresats; beslut 3 beslutsamhet **-ve** [rizɔ'lv] I *tr itr* 1 [upp]lösa[s], sönderdela[s], förvandla[s] 2 förklara, avgöra 3 besluta [sig] 4 förmå II *s* beslut
resonance [re'z] *s* gen|klang, -ljud
resor't [z] I *itr* ta sin tillflykt; ~ *to* tillgripa, anlita; besöka II *s* 1 tillflykt; utväg 2 besök, tillströmning 3 tillhåll; tillflyktsort; *seaside* ~ badort
resou'nd [z] I *itr* genljuda, eka II *tr* återkasta [ljud]
resource [sɔ:'s] *s* resurs, tillgång, utväg; rådighet **-ful** *a* rådig, fyndig
respect' I *s* 1 avseende; *in* ~ *of* med avseende på 2 hänsyn; aktning; ~*s* vördnad[sbetygelser], hälsning[ar] II *tr* respektera, [hög]akta **-abil'ity** *s* aktningsvärdhet, anseende **-able** *a* 1 aktningsvärd; ansenlig 2 aktad; solid **-ful** *a* vörd|nadsfull, -sam **-ing** *prep* beträffande **-ive** *a* vederbörande
respir||ation [res] *s* and[hämt]ning **-atory** [re's] *a* andnings- **-e** [rispai'ə] I *itr* 1 andas 2 hämta andan, andas u't II *tr* in-, ut|andas
res'pite I *s* uppskov, anstånd, frist II *tr* bevilja uppskov [med], uppskjuta
resplen'dent *a* glänsande, lysande
respond' *itr* 1 svara 2 ~ *to* besvara; visa sig känslig för **-ent** *a s* svarande[-]
respon's||e *s* 1 svar 2 gen|svar, -klang **-ibil'ity** *s* 1 ansvar 2 vederhäftighet

-ible *a* 1 ansvar|ig, -full 2 vederhäftig, solid -ive *a* 1 svarande, svars- 2 mottaglig; förstående
1 rest I *itr* förbli II *s* rest; reservfond
2 rest I *s* 1 vila, lugn, ro, frid; *take [a]* ~ vila sig; *set at* ~ lugna, stilla; avgöra, bilägga 2 sömn 3 viloplats, hem 4 paus 5 stöd II *itr* 1 vila [sig]; ~ *with* bero på 2 stödja sig; lita III *tr* 1 [låta] vila 2 luta, stödja
restaurant [re'stərɔ̃] *s* restaurang
rest'ful *a* lugn, rogivande, vilsam
restitution [res] *s* återställande; upprättelse; ersättning; återinsättande
res'tive *a* istadig; motspänstig
rest'less *a* rastlös, orolig, otålig
restor||ation [res] *s* 1 återställande; återupp|livande, -rättande 2 tillfrisknande 3 restaur|ering, -ation 4 återlämnande -e [ristɔ:'] *tr* 1 återställa, återupprätta 2 restaurera 3 återinsätta 4 återlämna
restrai'n *tr* hindra; återhålla; tygla; behärska; inskränka; inspärra -t *s* 1 återhållande, hinder, tvång, band; inspärrning; behärskning 2 stelhet
restrict' *tr* inskränka, begränsa -ion *s* inskränkning -ive *a* inskränkande
result' [z] I *itr* 1 resultera, sluta 2 vara resultatet II *s* resultat, följd, utgång
resu'm||e [z] *tr* 1 återta, ta tillbaka 2 sammanfatta -ption [ʌ'm] *s* åter-[upp]tagande; indragning
resurrec'tion [rez] *s* [åter]uppståndelse
resus'citate [ri] *tr* återupp|väcka, -liva
re'tail I *s* minuthandel; ~ *price* detaljpris II *adv* i minut III [--'] *tr* 1 utminutera 2 berätta i detalj -er [--'-] *s* 1 detaljhandlare 2 utmånglare
retai'n *tr* 1 kvarhålla 2 tinga, beställa 3 [bi]behålla, bevara 4 komma ihåg -er *s* vasall, klient; anhängare
retal'iate *tr itr* vedergälla; hämnas; återgälda; ge lika gott igen
retar'd *tr* för|sena, -dröja; uppehålla
retch [i:, e] *s itr* försök[a] att kräkas
re'||tell' *tr* berätta på nytt -ten'tion *s* [bi]behållande
ret'icen||ce *s* tystlåtenhet -t *a* tystlåten
reticul||ation [tikju] *s* nätverk -e [re'] *s* syväska, arbetspåse
retinue [re'tinju:] *s* följe, svit
reti'r||e I *itr tr* 1 dra sig (sjunka) tillbaka; flytta 2 [låta] retirera 3 avgå, ta avsked; avskeda II *s* reträtt[signal] -ed *a* tillbakadragen; pensionerad -ement *s* återtåg; avgång, avsked; avskildhet; undangömd vrå
re||tor't I *tr* gengälda, slunga tillbaka II *itr* svara [skarpt] III *s* 1 genmäle, svar [på tal] 2 retort -touch [ri:-'] *tr s* retuscher|a, -ing, förbättr|a, -ing -tra'ce *tr* spåra, följa (gå) tillbaka -tract' *tr itr* 1 dra [sig] tillbaka 2 ta tillbaka -trea't I *s* 1 återtåg 2 tapto 3 avgång; avskildhet 4 tillflyktsort, fristad, vrå II *itr* retirera, vika tillbaka
re||trench' *tr itr* 1 avskära, avlägsna; inskränka [sig] 2 förskansa -tribu'-tion [re] *s* vedergällning
retrieve [i:'v] I *tr* 1 [jakt.] apportera 2 åter|vinna, -få, -finna 3 rädda 4 gottgöra, ersätta II *s* räddning
re'tro *pref* tillbaka, bakåt, bakom, åter- -act' *itr* återverka -grade [re't] I *a* tillbakagående; omvänd; reaktionär; avtagande II *itr* gå tillbaka -gression [e'ʃn] *s* tillbakagång -spect -spec'tion *s* tillbakablick
retur'n I *itr* åter|vända, -komma, -gå II *tr* 1 ställa (lägga, skicka) tillbaka, åter|ställa, -lämna 2 anmäla, förklara 3 insätta, välja 4 avge, inlämna 5 besvara, ge igen, löna, gengälda 6 framföra 7 genmäla, svara 8 avkasta, inbringa III *s* 1 åter|komst, -vändande, -resa, -väg; retur[-]; *many happy* ~*s* [*of the day*] hjärtliga lyckönskningar; *by* ~ [*of post*] med omgående 2 åter|sändande, -lämnande 3 rapport, uppgift 4 recidiv 5 val 6 gengäld[ande], [be]svar[ande], vedergällning 7 avkastning, vinst
re'u'nion *s* återförening; sammankomst
Rev. = *Reverend, Revelations, Review*
re||vea'l *tr* uppenbara, avslöja, visa -veille [ve'li] *s* revelj -vel [revl] I *itr* frossa, festa, rumla, njuta II *a* fest[ande], dryckeslag -velation [rev] *s* avslöjande; *R*~*s* Uppenbarelseboken -veller [re'v] *s* rumlare -velry [re'v] *s* fest|ande, -glädje
reven'ge [dʒ] I *tr rfl* hämnas II *s* 1 hämnd[lystnad] 2 revansch -ful *a* hämn|dlysten, -ande
rev'enue *s* inkomst, intäkt; uppbörd
rever'berate *tr itr* återkasta[s], eka
reve're *tr* vörda -nce [re'və] I *s* vördnad II *tr* vörda -nd [re'və] *a* vördnadsvärd, högvördig; *the R*~ pastor
rev'erie *s* drömmeri
rever'||sal *s* 1 upphävande 2 omkastning -se I *a* motsatt, omvänd II *s* 1 motsats 2 från-, bak|sida 3 omkastning; motgång III *tr* 1 vända (kasta) om 2 omändra 3 upphäva -sion [ʃn] *s* 1 återgång, hemfall 2 livförsäkring -t *itr* åter|gå, -komma
review [vju:'] I *s* revy, mönstring; granskning; åter-, över|blick, recension II *tr* ånyo granska; revidera; överblicka; se tillbaka på; mönstra; recensera -er *s* granskare, recensent
revi'le *tr itr* smäda, skymfa, håna
revi's||e [z] *tr* granska, revidera -ion [i'ʒn] *s* granskning
revi'v||al *s* 1 återupplivande, renässans 2 väckelse -alism *s* väckelse -alist *s* väckelsepredikant -e I *tr* återupp|liva, -rätta II *itr* leva upp igen

revo'ke *tr* återkalla, upphäva
revo'lt I *itr* 1 göra uppror; ~ *to* övergå till 2 avfalla 3 bli upprörd **II** *tr* uppröra; bjuda emot **III** *s* 1 uppror 2 avfall 3 upprördhet **-er** *s* upprorsman **-ing** *a* 1 upprorisk 2 upprörande
revolu'tion *s* 1 omlopp; rotation 2 revolution **-ary** *a s* revolutionär **-ize** *tr* revolutionera, omstörta
revol've I *itr* rotera, svänga; kretsa **II** *tr* 1 svänga runt 2 överväga, välva
reward [wɔ:'] *s tr* belön|ing, -a; hittelön
rhet'oric *s* vältalighet **-al** [ɔ'r] *a* retorisk **-ian** [i'ʃn] *s* vältalare
rheumat'ic [ru] *a s* reumati|sk, **-ker**
rhinoceros [rainɔ'sərəs] *s* noshörning
rhubarb [ru:'bɑ:b] *s* rabarber
rhy'me *s itr* rim[ma] **-r** *s* rimsmidare
rhythm [riðm] *s* rytm, takt
rib *s* 1 revben 2 ådra; nerv; åder 3 spröt 4 ⚓ spant 5 utsprång 6 rand
ribald [ribld] *a* oanständig, plump **-ry** *s* rått tal (skämt)
rib'||and -bon *s* band; remsa; **S töm**
rice *s* ris; risgryn
rich *a* 1 rik [*in* på] 2 bördig; yppig; kraftig 3 fyllig, djup 4 riklig 5 F dråplig **-es** [iz] *spl* rikedom[ar] **-ness** *s* rik|lighet, -edom
rick'et||s *s* engelska sjukan **-y** *a* 1 rakitisk 2 svag; rankig
rid (~ ~) *tr* befria; *get* ~ *of* bli av med, bli kvitt **-dance** *s* befrielse
1 **riddle I** *s* såll, rissel **II** *tr* 1 **sålla** 2 genomborra; ansätta
2 **riddle I** *s* gåta **II** *tr* gissa
ride (*rode ridd'en*) **I** *itr* 1 rida; **sväva**, gunga; ~ *at anchor* ligga för ankar 2 åka 3 [om häst] bära 4 skjuta ut (fram) **II** *tr* 1 [låta] rida [på]; ~ *down* rida omkull (fatt) 2 rida genom (över) 3 ansätta **III** *s* 1 ritt; rid-, åk|tur; färd 2 ridväg **-r** *s* ryttar|e, -inna; cyklist
ridge [dʒ] **I** *s* rygg, ås, kant; list **II** *tr* 1 plöja upp 2 krusa **III** *itr* rynkas
rid'icul||e I *s* löjlighet, åtlöje; *turn into* ~ *o.* **II** *tr* förlöjliga **-ous** [di'k] *a* löjlig
1 **ri'ding** *s* förvaltningsområde
2 **riding** *s* ridning ~**-coat** *s* ridrock **R~-Hood** *s* [sagans] Rödluva
rife *a* 1 gängse; i omlopp 2 uppfylld
riff'-raff *s* slödder, pack, patrask
1 **rifle** [ai] *tr* råna, plundra; bortröva
2 **rifle** *s* 1 räffla 2 gevär 3 ~*s* fältjägare **-man** *s* skytt ~**-range** *s* 1 skotthåll 2 skjutbana
rift *s* rämna, spricka, reva
1 **rig I** *s* skoj, knep **II** *tr* lura
2 **rig I** *tr* 1 rigga, tackla 2 styra ut, utrusta, rigga upp 3 göra klar; anordna **II** *s* rigg; F klädsel **-ger** *s* ⚓ riggare **-ging** *s* rigg[ning]
right [rait] **I** *s* 1 rätt; *by* ~*s* med rätta; *be in the* ~ ha rätt 2 rättighet 3 höger [sida] **II** *a* 1 rätt, riktig; rättmätig; *not* ~ *in o.'s head* inte riktig (klok); *all* ~! F ~ *you are!* ~ *oh!* bra! klart! kör! välan! *I'm all* ~ jag har det bra; *be* ~ ha rätt; *get* ~ få (bli) i ordning; *set* (*put*) ~ ställa (hjälpa) till rätta; förlika 2 rät 3 höger **III** *adv* 1 rätt, rakt; riktigt 2 alldeles, precis 3 ända 4 till höger **IV** *itr* ⚓ komma på rätt köl **V** *tr* 1 räta upp 2 förbättra 3 gottgöra, upprätta 4 rätta ~**-about** *s adv* helt om ~**-angled** *a* rätvinklig ~**-down** *a* äkta, riktig **-eous** [ʃəs] *a* rätt|fardig; -mätig **-ful** *a* rätt|mätig, -vis, laglig ~**'-hand'ed** *a* högerhänt, höger- **-less** *a* rättslös **-ly** *adv* rätt, riktigt; med rätta **-ward** [əd] *a adv* åt höger
rig'id [dʒ] *a* styv, stel; sträng **-ity** [i'd] *s* stelhet; stränghet
rig'marole I *s* ramsa **II** *a* svamlig
rig'||orous *a* sträng; noggrann **-our** *s* 1 stränghet, hårdhet 2 nöd
rill I *s* rännil, liten bäck **II** *itr* **rinna**
rim I *s* 1 hjulring 2 kant **II** *tr* **kanta**
1 **rime** [raim] = *rhyme*
2 **rime** *s tr* [betäcka med] rimfrost
rind [raind] *s* skal, svål, kant; hud
1 **ring** (*rang rung*) **I** *itr* 1 ringa, klinga 2 skalla, [gen]ljuda **II** *tr* ringa [med, i, på] **III** *s* ringning, klingande, klang
2 **ring I** *s* 1 ring; krets[lopp] 2 bana, arena; *the* ~ boxningskonsten, -publiken; yrkesvadhållarna[s plats] **II** *tr* inringa, omge **III** *itr* springa i ring **-ed** *a* ringprydd; ringformig **-ing** *a* ljudlig, rungande **-leader** *s* ledare, anstiftare **-let** *s* 1 [liten] ring 2 [hår]lock ~**-man** *s* yrkesvadhållare ~**-master** *s* cirkusdirektör ~**-snake** *s* snok **-worm** *s* revorm
rink *s* skridskobana
rinse I *tr* skölja ur **II** *s* **sköljning**
riot [rai'ət] **I** *s* 1 upplopp, tumult, oväsen; *run* ~ leva vilt, grassera 2 utsvävning, orgie[r] **II** *itr* 1 **ställa** till upplopp 2 frossa, fira orgier **-er** *s* upprorsmakare **-ous** *a* 1 **upprorisk**, våldsam 2 utsvävande
rip I *tr* skära, sprätta, fläka, **riva**, klyva **II** *itr* 1 klyvas 2 skjuta **full** fart: löpa i väg **III** *s* reva, rispa
riparian [raipɛ'ər] *a s* strand|-, -ägare
ripe *a* mogen **-n** *tr itr* mogna, **bringa** till mognad **-ness** *s* mognad
ripp'||er *s* S överdängare **-ing** *a adv* utmärkt, charmant; prima, väldigt
ripple I *itr tr* krusa [sig]; porla, skvalpa **II** *s* krusning; vågskvalp
rise [z] (*rose ris'en*) **I** *itr* 1 stiga (gå) upp, resa sig; ~ *in arms* göra uppror 2 höja sig, stiga; ~ *to the occasion* visa sig situationen vuxen 3 framträda, bli synlig 4 tilltaga, ökas 5 upp|stå, -komma; rinna upp 6 **bryta**

upp; avslutas 7 jäsa [upp] II *s* 1 stigning; höjd, backe 2 tilltagande, höjning, stegring; hausse 3 uppståndelse 4 upp|komst, -hov; upprinnelse; *give* ~ *to* framkalla 5 napp **-r** *s*, *early* ~ morgontidig person
ris'ible [z] *a* 1 skrattlysten 2 skrattretande
ri'sing [z] I *a* uppväxande; upp[åt]gående II *s* 1 uppståndelse 2 uppstigning; resning 3 höjd 4 tilltagande 5 uppgång 6 avslutande 7 uppstötning
risk I *s* risk, fara; *at all* ~*s* kosta vad det vill II *tr* riskera, våga **-ful** *a* riskabel **-y** *a* riskabel; vågad
rit||e *s* rit, kyrkobruk **-ual** [ri'] I *a* rituell II *s* ritual[bok]
ri'val I *s* medtävlare II *tr itr* tävla [med], konkurrera **-ry** *s* tävlan
riv'er *s* flod, älv, å; ström ~**-basin** *s* flodområde **-side** *s* [flod]strand
riv'et I *s* nit[nagel] II *tr* 1 [fast]nita 2 fastnagla, fästa
rivulet [ri'vjulit] *s* [liten] å, bäck
roach [routʃ] *s* mört
road [ou] *s* 1 väg; *the rule of the* ~ trafikreglerna; *gentleman of the* ~ landsvägsriddare 2 körbana 3 ~*s* redd ~**-hog** *s* F motordrulle **-side** *s* vägkant **-stead** [sted] *s* redd **-ster** *s* 1 landsvägshäst; bil, cykel 2 vägfarande **-way** *s* körbana
roam [ou] *itr tr* ströva omkring [i]
roan [roun] I *a* rödgrå II *s* skimmel
roar [rɔ:] I *s* 1 rytande, vrål, tjut; ~ *of applause* bifallsstorm; ~ *of laughter* gapskratt 2 dån, larm II *itr* 1 ryta, vråla, [gall]skrika 2 dåna, larma; genljuda 3 ~*ing* storslagen
roast [ou] I *tr itr* 1 steka[s], rosta 2 F driva med II *s* stek[ning]; *rule the* ~ vara herre på täppan III *a* stekt, rostad **-er** *s* stekugn; kaffebrännare **-ing-jack** *s* stekvändare
rob *tr* röva, råna; ~ *of* beröva **-ber** *s* rövare **-bery** *s* röveri, rån; stöld
robe I *s* 1 [gala]klänning 2 gala-, ämbets|dräkt II *tr* kläda
rob'in *s* rödhakesångare; *R*~ *Goodfellow* tomte
robust' *a* kraftig, stark; grov, stärkande; krävande, styv; enkel, sund
1 rock *s* 1 klippa, skär; *the R*~ Gibraltar 2 berg[häll] 3 karamell
2 rock *tr itr* vagga, gunga **-er** *s* med[e]
rockery [rɔ'kəri] *s* stenparti
rocket [rɔ'kit] *s* raket
rock'ing-chair *s* gungstol
rock'||-oil *s* bergolja **-work** = *-ery* **-y** *a* 1 klippig, klipp-, sten- 2 bergfast
rod *s* käpp; spö; ris; [ämbets]stav
rode imp. av *ride*
ro'dent I *s* gnagare II *a* gnagande
rodomonta'de [rɔd] *s itr* skryt[a]
1 roe [rou] *s* rådjur [äv. ~*-deer*]
2 roe *s* rom; *soft* ~ mjölke

rogu||e [roug] *s* skojare, bov; skälm **-ery** *s* bovstreck, skälm|stycke, -aktighet **-ish** *a* skurkaktig; skälmaktig
roi'stering *a* stojande; rumlande
roll [ou] I *s* 1 rulle 2 rulla, lista, förteckning; *call the* ~ anställa upprop 3 packe 4 [frukost]bröd 5 vals, kavle 6 vält 7 rulad 8 rullande [gång] 9 [trum]virvel 10 skräll dunder II *tr* 1 rulla, välva; trilla; ~ *over* kasta omkull; ~ *up* rulla ihop; kavla upp 2 [ut]kavla, [ut]valsa, välta; ~*ed beef* rulad III *itr* 1 rulla, tumla; vältra sig; ~ *up* rulla ihop sig; F dyka upp 2 gå i vågor 3 ströva omkring 4 mullra ~**-call** *s* upprop **-er** *s* 1 rulle; ~ *rink* rullskridskobana 2 vals, kavle; vält 3 svallvåg 4 gasbinda **-er-skate** *s* rullskridsko
roll'ick *s* ysterhet; upptåg **-ing** *a* yster
ro'll||ing-mill *s* valsverk **-ing-pin** *s* brödkavle **-top** *s*, ~ *desk* jalusiskrivbord
ro'ly-po'ly I *s* syltpudding II *a* trind
Ro'man I *a* romersk II *s* 1 romare 2 romersk katolik **r-ce** [æ'ns] *s* 1 romantisk berättelse 2 romantik 3 *R*~ romanska språk 4 romans **-ic** [æ'n] *a* romansk **-ist** *s* katolik
roman'tic I *a* romantisk II *s* = *-ist* **-ism** *s* romantik **-ist** *s* romantiker
Rom'any *s* 1 zigenare 2 zigenarspråk
Rome *npr* Rom; *do in* ~ *as* ~ *does* ta seden dit man kommer
romp I *itr* 1 tumla om, stoja 2 S 'flyga' fram II *s* 1 ostyring 2 vild lek **-er[s]** *s* overall[s] **-ing** **-ish** **-y** *a* yr, yster, lekfull
roof I *s* tak II *tr* täcka
1 rook [ruk] *s* [i schack] torn
2 rook I *s* 1 råka 2 bedragare II *tr* F 'plocka', lura **-ery** *s* 1 [råk]koloni 2 hop ruckel **-ie** *s* S rekryt
room *s* 1 rum; plats; *make* ~ bereda rum (väg) 2 tillfälle **-y** *a* rymlig
roost I *s* höns|pinne, -hus; *at* ~ uppflugen, sovande II *itr* sitta (sätta sig) och sova; gå till vila, övernatta
root I *s* 1 rot; *be at the* ~ *of* vara roten till 2 ~*s* rotfrukter 3 planta II *itr* 1 slå rot 2 rota III *tr* 1 rotfästa 2 ~ *out* utrota 3 rota i (fram) **-ed** *a* fast rotad; fastnaglad **-y** *a* full av rötter
rop||e I *s* 1 rep, lina, tåg, tross; *know the* ~*s* S känna till knepen; *on the high* ~*s* F på styva linan 2 sträng II *tr* 1 binda ihop 2 inhägna med rep 3 S hålla in [häst] 4 draga i III *itr* bli seg ('lång') **-e-dancer** *s* lindans|are, -erska **-er** *s* repslagare **-y** *a* seg
ro'sary [z] *s* rosenträdgård; radband
1 rose [z] imp. av *rise*
2 rose [z] *s* 1 ros; ⚓ kompassros; ~ *diamond* rosensten 2 rosett[fönster] 3 stril, sil 4 rosenrött **-ate** [iit] *a* rosenfärgad ~**-coloured** *a* rosenröd

rosemary [rou'zm(ə)ri] *s* rosmarin
ros'in [z] I *s* harts II *tr* hartsa
ro'sy [z] *a* rödblommig, rosenröd
rot I *itr* 1 ruttna, murkna 2 S skoja II *tr* 1 röta 2 S fördärva 3 S skoja med III *s* röta, ruttenhet; S smörja
ro'ta||ry *a itr* roterande **-te** [ei't] *tr* [låta] rotera **-tion** *s* 1 rotation, svängning 2 avlösning, växling; tur; *by* (*in*) ~ växel-, tur|vis 3 växelbruk **-tive** *a* 1 roterande 2 växlings-
rote *s*, *by* ~ av gammal vana, utantill
rott'||en *a* 1 rutten, murken 2 S [ur]-usel **-er** *s* S odåga, kräk
rotund' *a* rund; ljudlig; högtravande
rouge [ru:ʒ] *s tr itr* rött puder; sminka[a] [sig] med rött
rough [rʌf] I *a* 1 skrovlig, ojämn, grov; oländig; kuperad 2 lurvig 3 svår, hård, stormig 4 hård[hänt], våldsam; kraftig; *have a* ~ *time* F slita ont 5 barsk, sträv, rå[barkad], oborstad; ~ *rider* beridare; vild ryttare 6 frän 7 enkel, simpel; oslipad; ~ *and ready* primitiv; lättvindig; tilltagsen; ~ *and tumble* a) oordnad, vild; b) nappatag; ~ *book* kladd; ~ *copy* koncept; ~ *sketch* löst utkast 8 ungefärlig II *adv* rått, vilt III *s* 1 *in the* ~ i oarbetat tillstånd, i oordning 2 buse IV *tr* 1 skarpsko, brodda 2 ~ *it* slita ont, slå sig fram 3 tillyxa 4 ~ *up* riva upp 5 illa behandla 6 rida in ~**-cast** *tr* grov|rappa, -putsa **-en** I *tr* 1 göra grov (sträv) 2 reta II *itr* bli vild **-ly** *adv* 1 grovt, rått 2 enkelt, ofullständigt; ~ [*speaking*] ungefär
roul||ade [a:'] *s* löpning **-eau** [lou'] *s* rulle
round I *a* 1 rund; ~ *voyage* (*trip*) rundresa 2 jämn, hel 3 rundlig 4 duktig, kraftig; rask; fyllig II *s* 1 klot, rund, ring; ~*s* [steg]pinnar 2 kretslopp, serie; rond; rundtur 3 rundsång 4 omgång, varv, tur; skott, salva 5 ringdans III *adv* runt, i omkrets, om[kring]; tillbaka; fram; *all* ~ över lag, på alla håll IV *prep* runt [omkring] V *tr* 1 avrunda 2 gå runt omkring; ⚓ dubblera; svänga om 3 ~ *up* hopsamla; kringränna VI *itr* vända sig [runt] om **-about** I *a* 1 indirekt; ~ *way* omväg 2 fyllig II *s* 1 omväg; omsvep 2 karusell 3 rundresa III *adv prep* [runt] omkring **-el** *s* 1 rund skiva; medaljong 2 ringdans *s* 1 ~*s* långboll 2 lopp **-head** *s* rundhuvud, puritan **-ly** *adv* öppet; grundligt
rouse [z] I *tr* 1 väcka; rycka upp, [upp]egga 2 stöta (jaga) upp 3 upp|röra, -reta II *itr* vakna
1 **rout** I *s* 1 vild flykt 2 folkmassa; upplopp II *tr* jaga på flykten
2 **rout** *tr itr* rota, böka [i]; driva, köra
rout||e [u:] *s* 1 rutt, väg 2 ⚔ marschorder **-ine** [i:'n] *s* slentrian, jämngång
rove I *itr* ströva (irra) omkring II *tr* genomströva III *s* strövtur **-r** *s* 1 vandrare; nomad 2 fribytare
1 **row** [ou] *s* 1 rad, räcka, länga 2 gata 3 [teat.] bänk
2 **row** [ou] I *tr itr* ro [mot]; ros [med] II *s* rodd[tur], båtfärd
3 **row** [au] F I *s* 1 bråk, oväsen; slagsmål, gräl 2 ovett II *tr* skälla ut **-dy** I *s* buse, slagskämpe II *a* bråkig
row||er [ou'] *s* roddare **-ing** *s* rodd
rowlock [rʌ'lək] *s* år|klyka, -tull
roy'al *a* kunglig, kungs-; ~ *speech* trontal **-ty** *s* 1 kunglighet, kungamakt, majestät 2 kungl. privilegium 3 avgift
R. S. V. P. = *please reply* o. s. a. **Rt Hon.** = *Right Honourable*
rub I *tr* 1 gnida, gno, skava, frottera, gnugga, skrapa; ~ *down* putsa; rykta; ~ *up* putsa av (upp); friska upp; skrapa ihop 2 stryka II *itr* 1 skava[s], gnidas 2 streta, knoga III *s* 1 gnidning; ~*-down* avrivning 2 hinder, svårighet 3 förtret[lighet]
1 **rubb'er** *s* robbert, omgång, spel, tur
2 **rubber** *s* 1 mass|ör, -ös 2 [*India*] ~ gummi; ~*s* F galoscher
rubb'ish *s* avfall, skräp; smörja, goja
rub||icund [ru:'] *a* röd|aktig, -lätt **-ric** *s* överskrift **-ricate** *tr* 1 rubricera 2 skriva (märka) med rött **-y** I *s* rubin; röd finne; rött vin II *a* rubinröd
1 **ruck** [rʌk] *s* hop, massa, mängd
2 **ruck** *s tr itr* veck[a] [sig]
rucksack [ru'ksæk] *s* ryggsäck
rudder [rʌ'də] *s* roder, styre
rudd'y *a* rödblommig; röd[aktig]
rude [u:] *a* 1 obildad, olärd; ohyfsad, ohövlig, rå 2 våldsam, häftig; bister 3 oförädlad; primitiv; konstlös, simpel, grov 4 vild, oländig 5 kraftig; sträv
rudiment [ru:'] *s* 1 rudiment, ansats 2 ~*s* grund|er, -drag **-ary** [e'n] *a* 1 rudimentär, outvecklad 2 elementär
rue [ru:] *tr* ångra; sörja över **-ful** *a* sorglig, ynklig; nedslagen
ruff *s* 1 [bröst]krås 2 brushane
ruffian [rʌ'fiən] *s* bandit, skurk, buse
ruffle I *tr* 1 rufsa till, burra upp 2 uppröra, störa, förarga 3 rynka, vecka II *itr* 1 uppröras 2 skrodera, vräka sig III *s* 1 krås, krus[manschett] 2 krusning 3 oro; förtret[lighet]
rug *s* filt; matta **-ged** [id] *a* 1 ojämn, skrovlig; oländig 2 fårad 3 barsk, kantig, otymplig 4 strävsam; bister
rugger [rʌ'gə] *s* S rugby[fotboll]
ruin [ru:'in] I *s* ruin; [för]fall, undergång; för|störelse, -därv II *tr* 1 förstöra, ödelägga; ~*ed* i ruiner 2 störta, fördärva; ruinera; förföra **-ous** *a* 1 förfallen 2 fördärvlig; ruinerande
rule [u:] I *s* 1 regel; norm; bruk; ~ *of three* reguladetri; *the four* ~*s* de fyra

räknesätten; ~ *of thumb* praktisk regel, 'ögonmått'; *as a* ~ i regel; *out of* ~ mot alla regler 2 föreskrift; stadga; reglemente; utslag 3 styrelse, välde, makt 4 tum-, mått|stock; linjal II *tr* 1 styra, härska över, behärska; *be* ~*ed* låta leda sig; F ta reson 2 förordna, avgöra; ~ *out* utesluta 3 linjera III *itr* 1 härska, regera 2 gälla, råda -r *s* 1 härskare 2 linjal
1 rum [rʌm] *s* rom [sprit]
2 rum *a* S konstig, besynnerlig
rumble I *itr* mullra, dåna II *s* 1 mullrande, dån 2 baksäte
ruminǁant [ru:'] *s a* idissl|are, -ande -ate *itr* idissla; grubbla
rumm'age I *tr* 1 genom|söka, -leta, vända upp och ned på 2 undersöka 3 ~ *out* leta fram (upp) II *itr* leta, F snoka III *s* 1 genomsnokande 2 F krafs, plock; ~ *sale* välgörenhetsbasar
rummer [rʌ'mə] *s* remmare
rumour [ru:'] I *s* rykte II *tr* utsprida
rump *s* 1 bakdel, gump 2 kvarleva
rum'ple *tr* skrynkla (rufsa) till
rumpsteak [rʌ'mpsteik] *s* oxstek
run (*ran run*) I *itr* 1 springa, löpa; fla, fly; flykta, förrinna; ~ *for it* F ge sig i väg 2 segla 3 skynda, rusa, störta sig; ~ *in the family* ligga i släkten; ~ *into debt* ådra sig skulder; ~ *into* rusa (köra) på; belöpa sig till, kosta 4 vara i gång; gå; ~ *into* övergå i 5 rinna, flyta, flöda; ~ *dry* sina ut, tömmas; ~ *high* stiga högt, svalla upp; ~ *low* sjunka, hålla på att ta slut, bli knapp 6 lyda, låta 7 fortgå; gälla; hålla sig 8 smälta 9 röra sig, handla [*on* om] 10 bli 11 ~ *across* stöta på; ~ *away* [äv.] fly, rymma; skena; ~ *down* resa ut; sjunka [ihop]; avtaga; gå ned; försämras; ~ *in* rusa in; F titta in; ~ *off* [äv.] rymma; ~ *on* gå på'; fortgå, förgå; ~ *out* [äv.] utlöpa; ta slut; läcka; bli utarmad; skjuta (löpa) ut; ~ *over* komma (gå) över; titta (gå) igenom; köra (rida) över; ~ *through* gå igenom; förslösa; ~ *to* [äv.] uppgå till; F ha råd till; räcka till för; alstra; övergå till (i); ~ *up* fara in; ränna (växa) upp; stiga; uppgå; krympa II *tr* 1 springa, löpa; följa; löpa omkring på (i); ~ *it fine* (*close*) noga avpassa tiden 2 bryta [blockad] 3 jaga, förfölja 4 låta löpa (springa); uppställa 5 släppa på bete 6 smuggla [in] 7 segla 8 transportera 9 ränna, driva, köra, sticka 10 föra, leda; [upp]draga 11 låta gå, insätta 12 sätta (hålla) i gång; driva, sköta 13 åtala 14 förena; förvandla 15 smälta, skira, stöpa 16 släppa ut 17 tråckla, kasta 18 ~ *down* springa (köra) omkull; borra i sank; trött-jaga; upphinna; [p. p.] utmattad, 'slut', förbi; leta ut (fram); kullstörta; prata omkull; tala illa om, häckla; ~ *in* F få in (vald); F sätta in; sticka in; ~ *off* tappa ur; köra bort; skriva ihop; haspla ur sig; [sport.] avgöra; ~ *out* avsluta; förslösa; utsuga; driva ut; ~ *o. s. out* matta ut sig; ~ *over* köra (rida) över; genomgå, titta (gå) igenom; ~ *through* genomborra; ögna igenom; stryka över; ~ *up* öka, driva upp; vräka upp; hopsummera; följa; tråckla ihop III *s* 1 löpning, språng; *on the* ~ på språng 2 löpförmåga 3 [an]sats 4 lopp; jakt; ritt 5 poäng 6 färd, tur 7 ström[ning], flöde, ras 8 fart, gång; riktning 9 fall 10 förlopp; period; serie; *in the long* ~ i längden 11 efterfrågan, rusning 12 framgång, popularitet 13 klass, typ 14 kull; drift 15 spår 16 inhägnad, betesmark 17 tillträde 18 ränna IV *a* utlupen, slut; smält, skirad; insmugglad **-about** I *s* 1 bil 2 vagabond II *a* kringvandrande **-away** I *s* flykting, rymmare II *a* för|rymd, -lupen
rune [ru:n] *s* runa ~**-stone** *s* runsten
1 rung [rʌŋ] imp. o. pp. av *1 ring*
2 rung *s* [steg]pinne
runn'ǁel *s* bäck, rännil; ränna **-er** *s* 1 löpare 2 bud[bärare] 3 kapplöpningshäst 4 snällseglare 5 stång 6 reva 7 med[e] **-ing** *a* [fort]löpande, i följd; ~ *gear* axlar och hjul; ~ *knot* löpknut; ~ *leap* hopp med ansats
rupture [rʌ'ptʃə] I *s* 1 brytning 2 bråck 3 remna, klyfta 4 bristning II *itr* brista III *tr* bryta, spränga
rural [u:'] *a* lantlig; lant-; ~ *dean* kontraktsprost
rusǁe [ru:z] *s* list, knep **-é** [ei] *a* listig
1 rush I *itr* 1 rusa, störta [sig] 2 brusa fram, forsa, strömma II *tr* 1 störta, slå 2 forcera, driva på (igenom); ~*ed* F jäktad 3 storma; kasta sig över 4 S skinna, lura III *s* 1 rusning; an|lopp, -fall; storm; tillopp 2 ström
2 rush *s* säv; *not a* ~ inte ett dugg ~**-candle -light** *s* dank
russ'et I *a* rödbrun II *s* vadmal; äpple
Russian [rʌ'ʃ] I *a* rysk II *s* ryss; ryska
rust I *s* rost II *itr* bli rostig; fördärvas
rus'tic I *a* lantlig, lant-; okonstlad; ohyfsad II *s* lantbo, bonde **-ity** [ti's] *s* lantlighet, lantliv; tölpighet; enfald
rustle [rʌsl] I *itr tr* prassla [med], frasa, smattra II *s* prassel, fras[ande]
1 rus'ty *a* 1 rostig 2 rostfärgad; 'blank' 3 uråldrig 4 vresig 5 skrovlig
2 rusty *a* 1 härsken 2 förargad
1 rut I *s* brunst II *itr* vara brunstig
2 rut *s* hjulspår; slentrian; gamla spår
ruthless [ru:'þ] *a* obarmhärtig
rutt'ǁed -y *a* spårig, sönderkörd
rye [rai] *s* råg ~**-crisp** *s* knäckebröd

S

S, s [es] *s s* **'s** F =*has, is, us* **S.** =*Saint; south[ern]* **s.** =*shilling[s]* **$** =*dollar[s]*

sabb'ath *s* sabbat **~-day** *s* vilodag

sable [ei] *s a* 1 sobel[-] 2 svart, mörk

sabot [sæ'bo(u)] *s* träsko

sabre [sei'bə] I *s* sabel II *tr* nedsabla

sacerdo'tal [sæsə] *a* prästerlig, präst-

1 **sack** *s tr* [ut]plundr|a, -ing

2 **sack** *s* sekt [spanskt vitt vin]

3 **sack** I *s* 1 säck; *get the* ~ F få sparken 2 sidensläp 3 överrock II *tr* 1 lägga i säck[ar] 2 F avskeda **-ing** *s* säckväv **~-race** *s* säcklöpning

sac'r||ament *s* sakrament **-ed** [sei'krid] *a* helgad; helig; fredad; andlig

sac'rific||e I *s* offer; uppoffring II *itr tr* [upp]offra **-ial** [fi'ʃ(ə)l] *a* offer-

sac'r||ilege [idʒ] *s* helgerån, vanhelgande **-ile'gious** [dʒəs] *a* vanhelgande, skändlig **-isty** *s* sakristia **-osanct** *a* okränkbar, helig

sad *a* 1 sorgsen, bedrövad 2 sorglig, bedrövlig, usel; mörk; *~ly* svårt 3 degig **-den** *tr itr* bedröva, fördystra[s]

saddle I *s* 1 sadel 2 bergsrygg II *tr* 1 sadla 2 betunga, be-, av|lasta **-backed** *a* svankryggig **~-bow** [ou] *s* sadelbom **~-cloth** *s* sadeltäcke **-r** *s* sadelmakare **-ry** *s* sadelmakeri, sadel- och seldon **~-tree** *s* sadelbom

safe I *a* 1 välbehållen, oskadd, i säkerhet 2 säker, trygg, ofarlig; *keep* ~ förvara 3 pålitlig II *s* 1 kassaskåp 2 matskåp **~'-con'duct** *s* lejd[ebrev], pass **-guard** I *s* 1 pass 2 skyddsvakt 3 säkerhet II *tr* säkra, trygga **-ly** *adv* tryggt; lyckligt och väl

sa'fety *s* säkerhet **~-match** *s* säkerhetständsticka **~-pin** *s* säkerhetsnål

saff'ron *s a* saffran; saffransgul[t]

sag I *itr* sjunka [ihop]; svikta; ⚓ driva II *s* 1 sjunkande, sättning; insjunkning 2 prisfall; ⚓ avdrift

sagaci||ous [səgei'ʃəs] *a* skarpsinnig, klok **-ty** [gæ's] *s* skarpsinne

1 **sage** [seidʒ] *s* [bot.] salvia

2 **sage** *a s* vis, klok, förståndig

said [sed] imp. o. pp. av *say*

sail I *s* 1 segel; ~ *ho!* skepp ohoj! *get under* ~ gå till segels 2 seglats II *itr tr* 1 segla, fara 2 av|segla, -gå **-er** *s* segelfartyg **~-maker** *s* segelsömmare **-or** *s* sjöman; *be a bad* ~ lätt bli sjösjuk **-oring** *s* sjömansliv

saint [ei, ə, i] I *a* Sankt[a] II *s* helgon III *tr* kanonisera **-ly** *a* helgonlik

sake *s, for* .. ~ (*the* ~ *of*) för .. skull

sa'lable *a* säljbar; ~ *price* salupris

sal'ad *s* sallad **~-dressing** *s* salladsås

sal'ary I *s* lön II *tr* avlöna

sale *s* 1 försäljning, avsättning; *on* (*for*) ~ till salu 2 auktion; [*clearance*] ~ [slut]realisation **-sman -swoman** *s* butiksbiträde, försäljare

sa'lient *a* utskjutande; framträdande

sali'ne I *s* 1 saltlösning 2 salt|damm, -verk II [sei'] *a* salt-, salthaltig

1 **sallow** [sæ'lo(u)] *s* [bot.] sälg

2 **sallow** *a* gulblek **-ness** *s* gulblek färg

sall'y I *s* 1 utfall 2 utflykt 3 utbrott 4 infall, kvickhet II *itr* göra utfall

salmon [æ'm] *s* lax **~-trout** *s* laxöring

saloo'n *s* sal[ong]; lokal; [Am.] krog

salt [ɔ(:)] I *s* 1 salt; *eat a p.'s* ~ äta ngns bröd; *with a grain of* ~ med kritik 2 *~s* F luktsalt 3 F sjöbjörn 4 skärpa, kvickhet II *a* 1 salt[ad] 2 bitter; magstark III *tr* 1 salta [på], insalta; *~ed* F härdad, van 2 [bildl.] krydda **~-cellar** *s* saltkar **~-horse** *s* S salt [ox]kött **-ish** *a* saltaktig **~-marsh** *s* saltäng **-ness** *s* sälta **~-pan** *s* saltgrop **-petre** [pi:tə] *s* salpeter **-y** *a* salthaltig; kryddad

salubrious [lu:'bri] *a* hälsosam, sund

sal'ut||ary [ju] *a* hälsosam, nyttig **-ation** *s* hälsning **-e** [səlu:'t] I *s* hälsning; ⚔ honnör; salut II *tr itr* hälsa; göra honnör [för]; salutera

sal'v||age I *s* bärgning, räddning; bärgat gods; bärgarlön II *tr* bärga **-ation** *s* räddning, frälsning **-a'tionist** *s* frälsningssoldat

1 **salve** [sælv] *tr* bärga, rädda

2 **salve** [sɑ:v] *s tr* [lägga] salva [på]

sal'v||er *s* bricka **-o** *s* 1 ⚔ salva 2 förbehåll **-or** *s* bärg|are, -ningsfartyg

Samaritan [æ'r] *s a* samarit[isk]

same *a* samme; *the* ~ *thing* detsamma; *all the* ~ i alla fall; likgiltigt; *just the* ~ på samma sätt; ändå; *much the* ~ ungefär detsamma **-ness** *s* 1 identitet 2 enformighet

sample [ɑ:] I *s* prov[bit] II *tr* pröva

sanc'ti||fy *tr* helga, hålla helig **-mo'nious** *a* gudsnådelig **-on** [ʃn] I *s* 1 [straffpå]följd 2 sanktion; bekräftelse; tillstånd II *tr* stadfästa, gilla; ge stöd åt **-ty** *s* helighet, helgd

sanc'tu||ary [ju] *s* 1 helgedom 2 fristad, skydd **-um** *s* helgedom, heligt rum

sand I *s* 1 sand 2 *~s* sandbank; dyner II *tr* sanda; begrava under sand

san'dal *s* 1 sandal 2 sandel[trä]

sand'||bag I *s* sandsäck II *tr* barrikadera (slå) med sandsäck[ar] **- -glass** *s* timglas **-man** *s* Jon Blund **- -piper** *s* strandvipa **- -shoes** *spl* strandskor

sandwich [sæ'nwitʃ] *s* dubbelsmörgås **~-board** *s* dubbelskylt **~-man** *s* skylt-, reklam|bärare

san'dy *a* 1 sandig, sand- 2 sandfärgad

sane *a* klok, sund, vid sunt förnuft
sang imp. av *sing*
sanguin‖ary [sæ'ŋgwin] *a* blod|ig, -törstig **-e** [in] *a* 1 blodfull; rödblommig 2 sangvinisk, hoppfull 3 blodig
san'i‖fy *tr* sanera, göra sund **-tarian** [tɛ'ə] I *s* sundhetsivrare II *o.* **-tary** *a* hälsovårds-, sundhets- **-tation** *s* hälsovård **-ty** *s* sundhet
sank imp. av *sink*
Santa Claus [klɔ:'z] *npr* jultomten
1 **sap** I *s* sav, växtsaft; livskraft II *tr* tappa saven ur; försvaga
2 **sap** I *s* 1 ⚔ sapp[örarbete], löpgrav 2 undergrävande 3 S knog 4 S plugghäst II *itr* 1 gräva löpgravar 2 S knoga III *tr* underminera
sap'id *a* smaklig, välsmakande
sa'pien‖ce *s* visdom **-t** *a s* vis [man]
sap'‖less *a* saftlös, torr **-ling** *s* telning
sapp'er *s* ⚔ sappör, ingenjörssoldat
sapphire [sæ'faiə] *s a* safir; safirblå
sap'‖py *a* saftig **--wood** *s* vitved
sarcastic [æ's] *a* spydig
sarcophagus [sɑ:kɔ'fəgəs] *s* sarkofag
sardine [sɑ:di:'n] *s* sardin
sardon'ic *a* sardonisk, bitter, hånfull
sartorial [ɔ:'r] *a* skräddar-, kläd-
1 **sash** [sæʃ] *s* skärp, gehäng
2 **sash** *s* fönsterram; skjutfönster
satchel [sætʃl] *s* skolväska
sate *tr* mätta, tillfredsställa
sateen [sæti:'n] *s* atlas, halvsiden
sat'ellite *s* följeslagare; drabant
sati‖ate I [sei'ʃieit] *tr* [över]mätta II [it] *a* mätt[ad] **-ation** *s* mättnad **-ety** [sətai'əti] *s* övermättnad, leda
sat'in I *s* satäng, atlas II *tr* satinera
sat'ir‖e [aiə] *s* satir **-ic[al]** [i'r] *a* satirisk **-ist** [ər] *s* satiriker **-ize** [ər] *tr* förlöjliga
satis‖fac'tion *s* 1 tillfredsställ|ande, -else 2 upp-, gott|görelse 3 upprättelse **-fac'tory** *a* till|fredsställande, -räcklig **-fied** [faid] *a* nöjd, belåten; mätt **-fy** *tr* 1 tillfredsställa; gottgöra, motsvara; mätta 2 sona 3 övertyga
saturate [sæ'tʃ] *tr* 1 genomdränka; ~*d* fylld, inpyrd 2 ladda, mätta
Saturday [sæ'tədi, dei] *s* lördag
saturn‖a'lian *a* vild; uppsluppen **-ine** [sæ't] *a* trög, dyster
sauce I *s* 1 sås, 'krydda' 2 F nosighet II *tr* 1 'krydda' 2 F vara nosig mot **~-boat** *s* såsskål **~-box** *s* näspärla **-pan** *s* kastrull; stekpanna **-r** *s* tefat
saucy [ɔ:'] *a* F 1 näsvis, näbbig 2 flott
saunter [ɔ:'] I *itr* flanera II *s* promenad; flanerande **-er** *s* flanör
sausage [sɔ's] *s* korv; ~ *pie* korvkaka
sav'age I *a* vild; grym; F ond II *s* vilde; barbar **-ry** *s* vildhet; grymhet
save I *tr* 1 rädda; bevara 2 frälsa 3 spara [ihop] 4 bespara [sig] 5 passa, begagna II *prep* utom
sa'ving I *a* räddande; försonande II *s* sparande; besparing III *prep* utom, ~ *your reverence* med er tillåtelse **-s-bank** *s* sparbank **-s-box** *s* sparbössa
saviour [sei'vjə] *s* frälsare
sa'vour I *s* [bi]smak, doft, anstrykning II *itr* smaka, lukta; ha en anstrykning **-less** *a* fadd **-y** *a* 1 aptitlig doftande; behaglig 2 skarp. salt
savv'y S I *tr* veta II *s* vett
1 **saw** [sɔ:] imp. av *see*
2 **saw** *s* 'ord', ordspråk, regel
3 **saw** I *s* såg II (pp. ~*n*) *tr* såga
sawder [ɔ:'] *s* smicker, fagra ord
saw'‖dust *s* sågspån **--horse** *s* sågbock **--mill** *s* sågverk **-yer** [jə] *s* sågare
Sax'on *s a* [angel]sax|are, -isk, engelsk
say [sei] I *tr* (*said said* [sed]) 1 säga, yttra, påstå; *I* ~ hör nu, hör på'! *not to* ~ för att icke säga; *that is to* ~ det vill säga; *you don't* ~ *so!* det menar ni väl inte! *it* ~*s in the Bible* det står i Bibeln 2 läsa; höra upp [läxa] II *s*, *have o.'s* ~ säga ifrån **-ing** *s* 1 yttrande; *that goes without* ~ det faller av sig självt 2 ord|stäv, -språk
scab *s* 1 skorpa 2 skabb; S strejkbrytare
scabb'ard [əd] *s* [svärd]skida, balja
sca'bi‖es [ii:z] *s* skabb **-ous** *a* skabbig
sca'brous *a* 1 sträv, skrovlig 2 slipprig
scaff'old I *s* 1 byggnadsställning [äv ~*ing*] 2 schavott II *tr* stötta; stödja
scald [ɔ:] I *tr* 1 skålla 2 koka [ur] II *s* skållsår **~-head** *s* [läk.] skorv **-ing** *a s* skåll|het, -ning
1 **scale** I *s* vågskål; ~*s* våg II *tr* väga
2 **scale** I *s* skala; måttstock; system II *tr* 1 klättra upp för (i, på), bestiga; ⚔ storma 2 avbilda i skala
3 **scal‖e** I *s* 1 fjäll, skal, flaga, skiva 2 pannsten 3 tandsten II *tr* fjälla, [av]skala III *itr* 1 fjälla av [sig], lossna 2 bilda fjäll **-ed** *a* fjällig
scallion [skæ'ljən] *s* schalottenlök
scallop [ɔ'l] *s* 1 kammussla; musselskal 2 ~*s* uddning
scall'ywag [wæg] *s* odåga, skojare
scalp I *s* 1 huvudsvål, skalp 2 hjässa, bergstopp II *tr* skalpera; kritisera
sca'ly *a* 1 fjällig, flagrig 2 S snål; usel
scamp I *s* lymmel, skälm II *tr* slarva med **-er** I *itr* skena i väg II *s* rusning; galopp; ilfärd **-ish** *a* skojaraktig
scan *tr* 1 skandera 2 granska
scan'dal *s* 1 skandal 2 förargelse, anstöt 3 skvaller 4 smädelse **-ize** *tr* 1 förarga 2 draga skam över **-ous** *a* 1 skandalös, upprörande 2 ärerörig
Scandina'vian *a s* skandinav[isk]
scant *a* knapp, ringa **-iness** *s* brist
scant'ling *s* 1 dimensioner 2 bjälke 3 ställning, bock 4 smula, del
scan'ty *a* 1 knapp, klen, trång 2 karg
sca'pe‖goat *s* syndabock **-grace** *s* vildhjärna; vildbasare
scar I *s* ärr, skråma II *itr* ärra sig

scarc||e [skɛəs] *a* 1 knapp, otillräcklig; *food is* ~ det är ont om mat; *make o. s.* ~ F försvinna 2 sällsynt, rar **-ely** *adv* knappt; knappast **-ity** *s* brist
scare [ɛə] I *tr* skrämma II *s* skräck, panik **-crow** *s* fågelskrämma
1 **scarf** *s tr* skarv[a], laska; lask[ning]
2 **scarf** *s* bindel, 'scarf'; halsduk
scarify [ɛ'ə] *tr* koppa; pina; harva
scar'let *s a* scharlakan[sröd, -srött]; ~ *runner* (*bean*) rosenböna; *the* ~ *woman* den babyloniska skökan, Rom
scarp *s* eskarp; [inner]brant **-ed** *a* brant
scarred [skɑ:d] *a* ärrig
scathe [eið] *tr* förgöra **-less** *a* oskadd
scatt'er *tr itr* 1 sprida, [ut]strö 2 beströ 3 skingra[s] ~**-brained** *a* virrig
scav'enger [indʒ] *s* gatsopare
scene [si:n] *s* 1 scen; skåde|spel, -plats 2 ~*s* kulisser ~**-painter** *s* teatermålare **-ry** *s* 1 dekorationer 2 natur[scenerier], landskap ~**-shifter** *s* scenarbetare
scenic [si:'] *a* 1 scenisk, teater-, dramatisk 2 målerisk
scent [sent] I *tr* 1 lukta, vädra 2 uppfylla med lukt (doft) II *s* 1 lukt, doft 2 väderkorn 3 spår 4 snitsel 5 parfym **-ed** *a* parfymerad; doftande
scep'tic [sk] *s* skeptiker, tvivlare **-al** *a* skeptisk **-ism** *s* tvivel[sjuka]
scep'tre [s] *s* spira **-d** *a* spirbärande
schedule [ʃe'dju:l] I *s* 1 lista, register; inventarium; bihang 2 [tid]tabell 3 lagförslag II *tr* registrera
schem||e [ski:m] I *s* 1 schema; system, översikt; diagram 2 plan, [lag]förslag II *itr tr* planera; intrigera **-er** *s* planläggare; intrigmakare **-ing** *a* beräknande, intrigant
schi||sm [sizm] *s* söndring **-st** [ʃist] *s* skiffer **-stose** [ʃ] *a* skifferartad
scholar [skɔ'lə] *s* 1 lärjunge 2 läskarl, studerande 3 vetenskapsman, lärd 4 stipendiat **-ly** *a* lärd; vetenskaplig **-ship** *s* 1 lärdom 2 stipendium
scholas'tic [sko] I *a* 1 skolastisk 2 skol-, skolmässig; pedantisk; pedagogisk II *s* skolastiker
1 **school** [sku:l] *s itr* [samla sig i] stim
2 **school** I *s* 1 skola; skol|tid, -lektioner; *high* ~ [flick]läroverk; ~ *board* skolråd; *go to* ~ gå till (i) skolan 2 [univ.] ämnesgrupp; föreläsningssal; ~*s* examen II *tr* 1 sätta i skola 2 skola, undervisa, öva 3 läxa upp **-fellow** *s* skolkamrat **-ing** *s* 1 skol[bild]ning; skolgång 2 upptuktelse **-master** *s* lärare **-mistress** *s* lärarinna
schooner [sku:'nə] *s* skonare, skonert
sciatic [saiæ't] *a* höft- **-a** *s* ischias
scien||ce [sai'əns] *s* [natur]vetenskap **-tif'ic** *a* [natur]vetenskaplig; skolad, rationell **-tist** *s* vetenskapsman
scintillate [si'n] *itr* gnistra, tindra
scion [sai'ən] *s* 1 ympkvist 2 ättling
sciss||ion [siʃn] *s* sönderskärande; splittring **-ors** [si'zəz] *spl* sax
sclero'sis [skliə] *s* skleros, förhårdning
scoff I *s* hån, gäckeri, gyckel; åtlöje II *itr*, ~ *at* driva gäck med, håna **-er** *s* bespottare **-ing** *a s* hån[full]
scold [ou] I *s* ragata, argbigga II *tr itr* banna, gräla [på] **-ing** *a s* ovett[ig]
scollop [skɔ'ləp] = *scallop*
1 **sconce** *s* F skalle, knopp
2 **sconce** *s* lampett; ljus|hållare, -pipa
3 **sconce** *s* skans, fort, fäste
scone *s* bulle
scoop I *s* 1 skopa, öskar; skovel 2 kolpyts 3 urholkning 4 skoptag 5 S vinst, 'kap' II *tr* 1 ösa, skyffla 2 urholka 3 S inhösta
scoot *itr* S kila i väg **-er** *s* sparkcykel
scope *s* 1 [räck]vidd, omfattning ram; horisont; krets; *of wide* ~ vitt omfattande 2 spelrum, frihet
scorbu'tic *a s* skörbjuggs-[patient]
scorch *tr itr* 1 förbränna[s]; sveda[s], förtorka[s] 2 F flyga (rusa) fram **-er** *s* S 1 glödhet dag 2 bitande kritik
score [skɔ:] I *s* 1 skåra, märke, repa, streck 2 [post i] räkning, konto; *run up a* ~ F ta på krita 3 poäng[summa] 4 punkt, avseende; anledning 5 startlinje 6 tjog; ~*s* tjogtals 7 S tur 8 S seger; skarpt svar 9 partitur II *tr* 1 göra skåror (märken) i, strecka för 2 stryka [över] 3 skriva upp 4 räkna, markera 5 vinna 6 ~ *off* slå, 'bräcka' 7 orkestrera III *itr* 1 föra [poäng]räkning 2 vinna [poäng]
scoria [skɔ:'riə] *s* 1 slagg 2 lava
scoring [ɔ:'] *s* markering, 'protokoll'
scorn I *s* 1 förakt; hån 2 föremål för förakt II *tr* förakta, försmå; håna
Scot *s* skotte **-ch** *a s* skotsk[a]; *the* ~ skottarna; ~ *broth* tisdagssoppa; ~ *fir* fura **-chman** *s* skotte **-chwoman** *s* skotska **-s** **-tish** *a* = *Scotch*
Scott *npr*; *Great* ~! F [o] du milde!
scou'ndrel *s* skurk **-ly** *a* skurkaktig
1 **scour** I *tr* 1 skura, feja 2 rensa II *s* 1 skurning 2 renspolning
2 **scour** I *itr* fara, löpa; ströva [omkring] II *tr* genom|ströva, -söka
scourge [skə:dʒ] I *s* gissel, plågoris II *tr* gissla, hemsöka
1 **scout** *s* [Oxf.] [student]uppassare
2 **scout** *tr* av-, tillbaka|visa
3 **scout** I *s* 1 spanare, spejare 2 scout 3 spanings|flygplan, -fartyg 4 spaning II *itr* spana III *tr* rekognoscera **-ing** *s* 1 spaning 2 scoutövningar ~**-master** *s* spanings-, scout|ledare
scowl [au] I *itr* rynka ögonbrynen; se bistert II *s* bister uppsyn (blick)
scrabble *itr* klottra; skrapa; kravla
scrag I *s* skranglig varelse; S hals II *tr* S hänga; strypa **-gy** *a* skranglig, mager

scrambl||e I *itr* 1 kravla, klättra 2 kiva[s] 3 hafsa II *tr* 1 kasta 2 ~*d eggs* äggröra 3 rafsa III *s* kravlande; nappande; rusning, kiv; hafs **-ing** *a* hafsig; tafatt; otymplig
scrap I *s* 1 bit, stycke, smula; lapp; urklipp; skräp; skrot 2 S gräl, slagsmål II *tr* kassera; skrota ned III *itr* S gräla **~-book** *s* urklippsalbum
scrap||e I *tr itr* 1 skrapa [av], skava; ~ *up* skrapa ihop 2 skrapa med 3 gnida [på]; snåla 4 ~ *through* F trassla sig igenom II *s* 1 skrapning [med foten] 2 knipa, klämma **-er** *s* 1 skrapa, raderkniv; fot-, väg|skrapa 2 F birfilare **-ing** *s*, ~*s* [av]skrap
scrapp'y *a* 1 hoprafsad 2 F grälsjuk
Scratch *npr* F *Old* ~ Hin [håle]
scratch I *tr itr* 1 klösa[s], riva[s]; repa 2 skrapa, krafsa [i], klia 3 ~ *up* rafsa ihop 4 stryka [sig]; utesluta 5 klottra 6 ~ *along* (*on*) F dra sig fram II *s* 1 rispa, skråma; repa 2 skrapande 3 startlinje 4 tävlande utan handikap 5 dust III *a* hoprafsad **~-cat** *s* argbigga **~-race** *s* tävling utan handikap **-y** *a* 1 vårdslös; hoprafsad 2 sprättande [penna]
scrawl [ɔ:] *s itr tr* klott|er, -ra [ihop]
scream I *itr tr* 1 skrika 2 tjuta, pipa II *s* 1 skri[k] 2 S löjlig episod **-er** *s* 1 S baddare 2 S skrattnummer **-ing** *a* 1 skojig 2 S prima **-y** *a* skrik|ande, -ig
screech *itr s* skrik[a], skri[a] **~-owl** [aul] *s* tornuggla
screed *s* ramsa, harang, tirad; kludd
screen I *s* 1 skärm; skydd 2 [vit] duk 3 anslagstavla 4 korskrank; skiljevägg 5 såll, rissel II *tr* 1 skydda; dölja 2 visa [film] 3 sortera, harpa
screw [skru:] I *s* 1 skruv 2 propeller[ångare] 3 [åt]skruvning 4 strut 5 S lön 6 S girigbuk 7 S [häst]krake II *tr* 1 skruva; ~ [*up*] skruva fast (till, åt); ~ *up* driva upp; spänna; rynka 2 [av]pressa; klämma [åt'] 3 förvrida III *itr* 1 skruva [sig] 2 S snåla **~-driver** *s* skruvmejsel **~-gear** *s* drev, kugghjul **~-jack** *s* domkraft; skruv **~-wrench** *s* skruvnyckel
scribb'l||e I *tr itr* klottra [ihop] II *s* klotter **-er** *s* bläcksuddare
scribe *s* skrivare; skriftlärd; F skribent
scrimm'age *s* gruff; sammanstötning
scrimp *tr itr* knussla [med] **-y** *a* knapp
script *s* 1 skrift 2 skrivstil **-ural** [ʃərəl] *a* biblisk **-ure** [tʃə] *s* 1 *S*~ den Heliga Skrift 2 bibel|ställe, -språk
scrof'ul||a [ju] *s* skrofler **-ous** *a* skrofulös
scroll [ou] *s* 1 rulle 2 snirkel, [slinga med] motto 3 arabesk; släng **-ed** *a* med slingor **~-work** *s* arabesker
scrounge [dʒ] S *itr tr* tigga [om]; snatta
1 **scrub** I *tr itr* skura; tvätta; gno II *s* 1 skurning 2 skurgumma; 'slavinna'
2 **scrub** *s* 1 buskskog, [ris]snår 2 förkrympt buske; utsliten kvast; kräk
scrubb'ing-board *s* tvättbräde
scrubb'y *a* 1 eländig 2 buskig; skäggig
scruff *s* nack|e, -bast [~ *of the neck*]
scrumm'age = *scrimmage*
scrunch [skrʌn(t)ʃ] *s tr itr* = *crunch*
scrup||le [u:] I *s* skrupler, samvetsbetänkligheter, tvivel II *itr* tveka; hysa betänkligheter **-ulous** [jul] *a* samvets-, nog|grann, nogräknad
scrut||inize [u:'] *tr* undersöka, mönstra **-iny** *s* undersökning, granskning
scud I *itr tr* ila, rusa [fram över]; ⚓ länsa undan II *s* 1 ilande, flykt 2 vindil; skur; stormskyar
scuff *itr* knega, hasa, släpa med benen
scuffle I *itr* 1 slåss, knuffas, tumla om 2 streta II *s* slagsmål, tumult
scull I *s* [vrick]åra II *tr itr* ro **-er** *s* 1 roddbåt 2 roddare
scull'ery *s* diskrum; ~ *maid* kökspiga
sculp||tor *s* bildhuggare **-tress** *s* skulptris **-tural** [tʃə] *a* skulptur- **-ture** [tʃə] I *s* skulptur; bildhuggarkonst II *tr itr* skulptera
scum *s tr* skum[ma]; slagg; avskum
scupp'er I *s* spygatt II *tr* S fälla, sänka
scurf [skə:f] *s* skorv, mjäll **-y** *a* skorvig
scurril'||ity *s* plumphet **-ous** [ʌ'] *a* plump, grovkornig
scurr'y *itr* springa, trippa
scurvy [ə:'] I *a* nedrig II *s* skörbjugg
scut *s* [kort] svans
scut'cheon [ʃn] *s* sköld; [namn]plåt
1 **scuttle** *itr* skutta, kila [i väg]; smita
2 **scuttle** I *s* ventil; läm, lucka II *tr* borra i sank
scythe [saið] I *s* lie II *tr* meja ned
S. E. = *South-East* **S/E** = *Stock Exchange*
sea *s* 1 hav, sjö; farvatten; *the high* ~*s* öppna havet; *follow the* ~ bli sjöman; *at* ~ till sjöss, på havet; F bortkommen 2 våg, [stört]sjö 3 sjö[gång]; *heavy* ~ svår sjö **~-bear** *s* 1 isbjörn 2 F sjöbjörn **-board** *s* kust **~-calf** *s* säl **~-dog** *s* 1 säl 2 hundhaj 3 F sjöbuss **-faring** *a s* sjöfar|ande, -t, sjö- **~-gauge** *s* djupgående **~-gull** *s* fiskmås **~-horse** *s* 1 valross 2 sjöhäst
1 **seal** I *s* säl[skinn] II *itr* jaga säl
2 **seal** I *s* 1 sigill[stamp]; *Keeper of the Great S*~ storsigillbevarare 2 insegel, bekräftelse 3 prägel 4 vattenlås II *tr* 1 sätta sigill på, försegla 2 prägla 3 besegla, bekräfta 4 tillsluta, fästa ihop **~-box** *s* sigillkapsel
sea'ler *s* sälfångare; sälfångstfartyg
sea'ling *s* försegling **~-wax** *s* lack
seam I *s* 1 söm, fog; ⚓ nåt 2 skikt 3 ärr II *tr* foga (sy) ihop; täcka
sea'man *s* sjöman **-like -ly** *a* sjömans-[mässig] **-ship** *s* sjömanskap
sea'-||mark *s* sjömärke **-mew** [mju:] *s* havsmås **-mile** *s* sjömil (6,080 *feet*)

sea'm||less *a* osömmad **-stress** [se'm] *s* sömmerska **-y** *a*, *the* ~ *side* söm-, avig|sidan; 'skuggsidan'
sea'||-plane *s* hydroplan **-port** *s* hamnstad **--power** *s* sjömakt
sear [iə] I *a* vissen II *tr* 1 sveda, bränna 2 förhärda
search [ə:] I *tr* genomsöka, undersöka, visitera; sondera II *itr* söka, spana, forska; ~ *for* efter|forska, -spana; ~ *into* utforska III *s* sökande, forskande, efter|forskning, -spaning; undersökning, visitering; *be in* ~ *of* söka efter **-ing** I *a* 1 forskande, spejande 2 grundlig II *s* sökande; undersökning **~-light** *s* strålkastare
sea'||-room *s* öppen sjö **--rover** *s* sjörövare **-scape** *s* marinmålning **-shore** *s* havsstrand **-sick** *a* sjösjuk **-side** *s* kust; ~ *place* kuststad, badort
season [si:zn] I *s* 1 årstid 2 säsong, [rätt] tid; *off* ~ död säsong; *in* [*due, good*] ~ i god (sinom) tid; *out of* ~ i otid, olämplig[t] II *tr* 1 bereda, härda, vänja; lagra; *~ed* inrökt; torr 2 krydda 3 mildra III *itr* mogna; ligga till sig; bli van; torka **-able** *a* 1 årstidens 2 i rätt tid, lämplig **-ing** *s* [äv.] krydda
seat I *s* 1 säte; bakdel; [sitt]plats, stolsits 2 herresäte 3 [skåde]plats, härd II *tr* 1 sätta, låta sitta; placera; ~ *o. s.* slå sig ned; *pray be ~ed* var god och tag plats 2 förse med sittplats (sits) **-ed** *a* 1 sittande 2 belägen **-er** *s* [i sms.] *two-*~ tvåsitsig bil
sea'||-urchin *s* sjöborre **--wall** *s* strandvall **-ward** [əd] *a adv* till havs **-weed** *s* sjögräs, tång **--wolf** *s* 1 havkatt 2 viking **-worthy** *a* sjö|duglig, -värdig
se||ce'de *itr* utträda, separera sig **-cession** [e'ʃn] *s* utträde, avsöndring
seclu||de [u:'] *tr* utesluta, avstänga; *~d* avskild, enslig **-sion** [ʒn] *s* uteslutning; avskildhet; avskild plats
second [seknd] I *a* 1 andre; nästa, följande; *every* ~ varannan; ~ *best* näst bäst; ~ *division* lägre tjänsteklass; mildare fängelsebehandling; ~ *sight* inre syn, siarförmåga; *on* ~ *thoughts* vid närmare betänkande 2 underlägsen [*to*] 3 sekunda; underordnad II *s* 1 andre man, tvåa 2 närmaste man 3 sekundant 4 sekund, F ögonblick 5 *~s* sekunda varor III *tr* 1 sekundera, biträda 2 instämma med (i) **-ary** *a* sekundär, senare, underordnad; ~ *education* högre skolväsen; ~ *school* läroverk **-e** [sikɔ'nd] *s* [fäkt.] sekund **~-hand** I *s* sekundvisare II [-'--'] *a* andrahands; begagnad, antikvarisk **-ly** *adv* för det andra **~-rate** *a* andraklass
se'cr||ecy *s* tystlåtenhet; diskretion; hemlighet[sfullhet] **-et** I *a* 1 hemlig, undangömd; *~ly* i hemlighet 2 tystlåten II *s* hemlighet
sec'retary *s* 1 sekreterare 2 *S*~ *of State* departementschef; minister; *Home S*~ inrikesminister; *Foreign S*~ utrikesminister 3 sekretär
secre't||e *tr* 1 dölja 2 avsöndra **-ion** *s* 1 undangömmande 2 avsöndring **-ive** *a* 1 hemlighetsfull, tystlåten 2 o. **-ory** *a* avsöndrande
sect *s* sekt **-arian** [ɛ'ər] *a s* sekteris-t[isk] **-ion** I *s* 1 [av-, genom]skärning, [tvär]snitt 2 del, [under]avdelning 3 ⚔ grupp II *tr* dela [upp]
sec'ular [ju] I *a* 1 världslig, profan 2 beståndande 3 hundraårig II *s* lekman **-ism** **-ity** [æ'r] *s* världslighet **-ize** *tr* sekularisera, indraga
secur||e [sikju'ə] I *a* trygg, säker; 1 säkerhet II *tr* 1 befästa; göra säker; stänga; fästa; knyta (göra) fast 2 [be]trygga, skydda 3 försäkra sig om, skaffa [sig]; vinna; bemäktiga sig 4 inspärra 5 tillförsäkra **-ity** *s* 1 säkerhet, trygghet 2 tillförsikt 3 skydd, garanti, borgen; *find* ~ lämna säkerhet 4 värdepapper, obligation
sed||a'te *a* lugn, sansad **-ative** [se'də-tiv] *a s* smärtstillande [medel] **-entary** [se'd] *a* [stilla]sittande
sedge [dʒ] *s* starr[gräs]
sed'iment *s* fällning, bottensats
sediti||on [i'ʃ] suppror[iskhet], uppvigling **-ous** *a* upprorisk
sedu'c||e *tr* förleda, locka; förföra **-er** *s* förförare **-ing** *a* förförisk **-tion** [dʌ'k] *s* förför|ande, -else, lockelse
sedu'l||ity *s* trägenhet **-ous** [se'] *a* trägen
1 **see** *s* stift; *Holy S*~ påvestol
2 **see** (*saw seen*) *tr itr* 1 se; bevittna; uppleva; ~ *good* finna för gott; ~ *a p. off* följa [av] ngn; ~ *things* ha syner; *I do not* ~ *my way to* jag ser mig inte i stånd att; ~ *the world* se sig om i världen; ~ *about* se till; fundera på; ~ *again* återse; ~ *into* undersöka; ~ *out* överleva; följa [ut]; ~ *over* gå igenom; ~ *through* genomskåda; hjälpa [ngn] igenom; uthärda; ~ *to* se till (efter) 2 inse, förstå; *Oh, I* ~ jaså 3 se till, sörja för 4 ta emot 5 besöka, hälsa på, träffa; *go to* (F *and*) ~ gå och hälsa på, söka upp 6 *~ing that* alldenstund
seed I *s* frö; säd; mjölke; *go* (*run*) *to* ~ gå i frö; bli gammal och skral; försämras II *itr* gå i frö, fröa sig III *tr* 1 plocka frön ur 2 beså, beströ **~-cake** *s* kumminkaka **-er** *s* såningsmaskin **~-plot** *s* fröodling; plantskola **-sman** *s* fröhandlare **-y** *a* 1 full av frön 2 aromatisk 3 F ruskig 4 F krasslig
seek (*sought sought*) *tr itr* 1 söka [efter] 2 efter|sträva, -trakta; begära; ~ *out* söka upp 3 uppsöka

seem *itr* 1 tyckas, förefalla, synas [vara]; *it would* ~ det kunde tyckas 2 tycka sig [vara] **-ing** *a* skenbar, låtsad **-ly** *a* passande, anständig
see||n pp av *see* **-r** [si(:)ə] *s* siare
seesaw [si:'sɔ:'] **I** *s* [gungning på] gungbräda **II** *a adv* svängande; *go* ~ vackla **III** *itr* gunga; svänga
seethe [si:ð] *itr* sjuda, koka
seg'regate *tr itr* avskilja[s], avsöndra[s]
seine [sein] *s tr* [fiska med] not (vad)
seismic [ai'z] *a* jordbävnings-
seiz||e [si:z] *tr* 1 gripa, fatta, rycka till sig 2 bemäktiga sig, uppbringa; lägga beslag på 3 fatta, begripa 4 sejsa, fastsurra **-in** *s* besittning[stagande] **-ure** [ʒə] *s* 1 gripande; uppbringande; beslagtagande 2 anfall
seldom [se'ldəm] *adv* sällan
select' **I** *a* utvald **II** *tr* [ut]välja, utse **-ion** *s* utväljande; [ur]val
self *s a* 1 jag; person 2 enfärgad [blomma] 3 F ngn själv **~'-absor'bed** *a* försjunken i sig själv **~'-asser'tion** *s* självhävdelse **~'-cen'tred** *a* egocentrisk **~-conceit** [-'-i:'t] *s* egenkärlek **~'-con'fident** *a* självsäker **~'-con'scious** *a* 1 självmedveten 2 generad **~'-contro'l** *s* självbehärskning **~'-defen'ce** *s* självförsvar **~'-destruc'tion** *s* självmord **~'-devo'tion** *s* självuppoffring **~'-estee'm** *s* självaktning **~'-ev'ident** *a* självklar **~-government** [-'gʌ'v] *s* självstyrelse **~'-impor'tant** *a* dryg, viktig **~'-indul'gent** *a* självsvåldig; njutningslysten **-ish** *a* självisk **~-love** [-'-'] *s* egenkärlek **~-made** [-'-'] *a*, *a* ~ *man* en som arbetat sig upp **~'-possess'ed** *a* [själv]behärskad **~'-regar'd** *s* egoism **~'-reli'ance** *s* självförtroende **~'-restrai'nt** *s* behärskning **-same** *a* just [den]samme **~'-suppor'ting** *a* självförsörjande **~'-will'ed** *a* egensinnig
sell (*sold sold*) **I** *tr* 1 sälja; ~ *up* tvångsförsälja 2 S lura **II** *itr* säljas; ~ *well* ha god åtgång **III** *s* S skoj **-er** *s* 1 [för]säljare 2 *best* ~ succébok
selv'||age **-edge** *s* stad, kant, list
selves pl. av *self*
sem'blance *s* utseende; bild; skymt
sem'icir'cular *a* halvcirkelformig
sem'ina'||l *a* frö-, sädes- **-ry** *s* [präst]seminarium; [bildl.] plantskola
sempiter'nal *a* evinnerlig, evig, ändlös
sempstress [se'm(p)stris] *s* sömmerska
senat||e [se'nit] *s* senat **-or** *s* senator
send (*sent sent*) *tr* 1 skicka, sända [*for* efter]; ~ *along* eftersända; ~ *down* [univ.] förvisa; ~ *off* avsända; följa 2 förläna, giva 3 göra 4 skicka i väg; driva; jaga; ~ *flying* slunga [i väg]; köra bort (ut); skingra
se'nile *a* ålderdomssvag, gubb-
senior [si:'njəl *a s* äldre; ~ [*man*] äldre student; ~ *partner* chef; *the* ~ *service* marinen **-ity** [iɔ'r] *s* högre tjänsteålder, åldersrätt, anciennitet
sensation *s* 1 sensation; förnimmelse, känsla 2 uppseende, uppståndelse **-al** *a* 1 sinnes- 2 sensationell
sens||e **I** *s* 1 sinne; ~*s* förnuft, besinning; sans; *in o.'s* ~*s* vid sina sinnen[s fulla bruk] 2 uppfattning, känsla, sinne 3 förstånd, omdöme; *common* (*good*) ~ sunt förnuft 4 betydelse, mening; *make* ~ ge mening 5 tänkesätt, stämning **II** *tr* märka, uppfatta **-eless** *a* 1 oförnuftig, meningslös 2 sanslös **-ibil'ity** *s* känslighet **-ible** *a* 1 förnimbar; kännbar, märkbar 2 medveten 3 förståndig, klok **-itive** *a* känslig, mottaglig **-ual** [sju, ʃu] *a* sinnlig **-ualism** **-ual'ity** *s* sinnlighet **-uous** [sju] *a* sinnlig
sen'ten||ce **I** *s* 1 utslag, dom 2 mening, sats 3 tänkespråk **II** *tr* döma **-tious** [e'nʃəs] *a* lakonisk, kärnfull
sen'tient [ʃ(i)] *a* kännande, känslig
sen'timent *s* 1 känsla 2 stämning, uppfattning, mening 3 känslosamhet 4 skåltal **-al** [me'n] *a* känslo[-]full, -sam **-alist** [me'n] *s* känslomänniska **-al'ity** *s* känslosamhet
sen'tinel *s* [vakt]post, skyltvakt
sen'try = föreg. **~-box** *s* vaktkur
sep'ar||able *a* skiljbar **-ate** **I** [it] *a* [av-, en-, sär]skild **II** *tr* 1 [av]skilja, sönderdela 2 separera; sortera **III** *itr* [åt]skiljas **-ately** [it] *adv* var för sig **-ation** *s* [av]skiljande, skilsmässa; hemskillnad **-ative** *a* [åt]skiljande
sepoy [si:'pɔi] *s* indisk infödd soldat
septenn'ial *a* sjuårig; vart sjunde år
sepul'||chral [kr] *a* grav-, begravnings-; gravlik **-chre** [se'p] *s* grav, grift **-ture** [se'pəltʃə] *s* begravning
se'||quel *s* följd, fortsättning **-quence** *s* [ordnings]följd, rad; svit
sequest'||er **I** *tr* 1 avskilja, isolera 2 beslagtaga; konfiskera **II** *itr* göra sig urarva **-rate** = **-er** *I 2* **-ration** *s* kvarstad, beslagtagande
Serb[ian] [ə:'] *s a* serb[[ier], -isk
serena'de [ser] *tr s* [ge] serenad
sere'n||e *a* klar och lugn, fridfull **-ity** [e'n] *s* klarhet, stillhet, frid
serf *s* livegen **-age** **-dom** *s* träldom
serge [sə:dʒ] *s* sars, cheviot
sergeant [sɑ:dʒnt] *s* 1 sergeant; ~ *major* fanjunkare 2 överkonstapel 3 [äv. *serjeant*] *S~-at-Arms* härold
se'ri||al *a* i serie, serie-, periodisk; ~ [*story*] följetong **-es** [i:z] *s* serie, följd
se'rious *a* allvar[lig, -sam; betydande; *to be* ~, ~*ly speaking* allvarsamt talat **-ness** *s* allvar[lighet]
ser'mon **I** *s* [straff]predikan **II** *tr* läxa upp **-ize** *tr itr* predika, läxa upp
serous [si'ərəs] *a* serös, vattenblandad

ser'pent *s* orm **~-charmer** *s* ormtjusare **-ine** *a* ormlik, slingrande; listig

ser'vant *s* tjänare; jungfru, betjänt, dräng; *civil (public)* ~ statstjänsteman **~-girl ~-maid** *s* hembiträde

serve I *tr itr* **1** tjäna, passa upp [på]; expediera **2** tjänstgöra; fungera; bistå **3** motsvara, fylla; passa, gagna, tillfredsställa; lämpa (yppa) sig; ~[s] *you right!* det var rätt åt dig! **4** behandla **5** fullgöra, sköta; avtjäna **6** servera, sätta fram, ta in, duka upp; ~ *out* ut|spisa, -dela; ~ *round (up)* servera **7** delge **8** sörva **9** ~ *up* tjäna sig upp **II** *s* sörv

ser'vice [is] *s* **1** tjänst[göring]; [*fighting*] ~*s* vapenslag; krigstjänst; *Civil S~* statsförvaltning; *preventive* ~ kust-, tull|bevakning; *public* ~ statstjänst; *secret* ~ hemlig polis; *do* ~ tjänstgöra; *have seen* ~ ha varit med [i krig]; *fit for* ~ tjänstduglig **2** nytta **3** gudstjänst, akt, [del av] mässa; *full* ~ mässa med musik **4** servering **5** servis **6** delgivning **7** sörv **8** hälsning **9** kundtjänst **-able** *a* **1** tjänlig, nyttig; hållbar **2** tjänstvillig **~-book** *s* kyrkohandbok

ser'v||ile *a* **1** slav- **2** slavisk, krypande **-il'ity** *s* kryperi **-itude** *s* slaveri

session [seʃn] *s* sammanträde; möte; session[stid]; ting; lästid

set (*set set*) **I** *tr* **1** sätta, ställa; fästa; ~ *much by* sätta stort värde på; ~ *going* sätta i gång; ~ *o. s. to* besluta sig att; gripa sig an med att; ~ *at ease* lugna; ~ *before o. s.* föresätta sig; ~ *a dog on to* tussa en hund på **2** plantera, så, sätta **3** besätta **4** insätta; infatta **5** sätta till [*sail*] **6** sätta ut; ställa fram **7** gillra [upp] **8** bestämma, fastställa; förelägga; ålägga; ~ *an example* föregå med [gott] exempel **9** duka **10** sätta på spel, våga **11** sätta (ställa) i ordning, sätta till rätta; dra i led **12** bryna; strigla **13** ⚓ pejla **14** ~ *aside* lägga undan, avsätta; upphäva; åsidosätta, förbigå; ~ *back* hejda; vrida tillbaka; ~ *down* avlämna; skriva upp (ned); tillskriva [*to*]; anse, ta [för]; ~ *forth* förkunna; framställa, skildra; ~ *off* framhäva, förhöja, pryda; sätta i gång; avsätta; ~ *on* egga, hetsa, F sätta upp; ~ *out* utplantera, sätta fram; utstaka; fram|visa, -lägga; skildra; pryda; ~ *up* slå (spika) upp; uppföra; upp-, in|rätta; lägga sig till med; etablera; uppställa; utstöta, uppge; kurera; framkalla; *be* ~ *up* vara välförsedd **II** *itr* **1** bli fastare, stelna, tjockna; sätta frukt **2** gå ned **3** strömma **4** [jakt.] stå, göra stånd **5** [dans] figurera **6** ~ *about* ta itu med, börja; ~ *at* anfalla; ~ *forth* bege sig i väg; ~ *in* inträda, börja: ~ *off* ge sig av; ~ *on* överfalla: ~ *out* b sig av; börja; utgå; ~ *to* F hugga klämma till; skrida till [verket]; ~ *up* etablera sig; ~ *up for* ge sig ut för **III** *a* stel[nad], styv, orörlig; stirrande; bestämd; fast; väl övertänkt: envis; regelrätt [batalj]; stadig; ~ *phrase* stående uttryck (talesätt); *be* ~ [*up*]*on* vara besluten för **IV** *s* **1** uppsättning, sats, serie, omgång, sätt, garnityr, servis; ~ *of teeth* tandrad **2** kotteri, lag, klick, liga, samling; *the smart* ~ F gräddan; *the whole* ~ F hela surven **3** set **4** [dans] tur **5** [poet.] nedgång **6** sätt|kvist, -planta **7** [ström]riktning **8** [pass]form, hållning **9** [jakt.] stånd; anfall **10** finputs, rappning **~-back** *s* bakslag, omkastning **~-down** *s* tillstukning **~-off** *s* **1** motfordran; vederlag **2** motvikt; kontrast; prydnad **3** avfärd **~-out** *s* **1** början **2** uppsättning, attiralj **3** utställning **-tee'** *s* soffa, kåsös; [lång] bänk **-ter** *s* **1** setter, hönshund **2** tonsättare

setting I *a* nedgående **II** *s* **1** sätt|ande, -ning **2** infattning; ram, omgivning **3** iscensättning **4** ström[sätt]ning **5** nedgång **~-box** *s* insektlåda

1 settle *s* högryggad bänk

2 settl||e I *tr* **1** sätta fast (tillrätta); fästa; sätta bo åt, etablera; installera; ~ *o. s.* slå sig ned, sätta sig tillrätta; bosätta sig; sätta bo, gifta sig; lugna sig; bestämma sig **2** ordna, uppgöra, avgöra, göra slut på, F klara; lugna; bilägga; göra upp; ~ *up* avsluta [räkning], göra upp **3** fastställa, bestämma **4** F expediera, tysta **5** låta bosätta sig; kolonisera **6** låta sjunka, klara **II** *itr* **1** sätta sig [tillrätta], slå sig ned; lägra (lägga) sig **2** ~ *down* slå sig till ro, stadga sig; etablera sig; ~ *down in life* gifta sig; ~ *down to* börja vänja sig vid **3** stadga sig **4** bestämma sig **5** göra upp **6** bosätta sig **7** sätta sig, sjunka **8** avsätta sig; klarna **-ed** *a* **1** avgjord, bestämd, uppgjord; betald **2** fast, stadig, ihållande; torr; lugn och vacker **3** fast bosatt **-ement** *s* **1** fastställande, avgörande, lösning **2** uppgörelse, betalning **3** avtal; biläggande **4** anslag; livränta **5** sättning, sjunkande **6** hemortsrätt **7** bebyggelse, koloni[sering]; 'hemgård' **-er** *s* **1** nybyggare **2** S dråpslag **3** aptitsup

set-||to [se'ttu:'] *s* F slagsmål, gruff **-up I** *s* hållning **II** *a*, *well* ~ spänstig

sev'en *räkn* *s* sju[a] **-fold** *a adv* sjufal|dig, -t **-teen** [-'-'] *räkn* sjutton **-th** *a s* sjunde[del] **-ty** *räkn* sjuttio

sev'er I *tr* **1** skilja; avhugga **2** söndra, splittra **II** *itr* brista; gå isär

sev'eral I *a* enskild, [sär]skild; respektive, olika **II** *pron* flera, åtskilliga **-ly** *adv* var för sig
sev'erance *s* avskiljande; söndring
seve'r||e *a* 1 sträng; hård, häftig, skarp 2 svår, kännbar **-ity** [e'r] *s* stränghet
sew [sou] *tr itr* (pp. äv. *~n*) 1 sy; *~ on* sy i; *~ up* sy ihop (in) 2 nåtla; häfta
sew||age [sju'] *s* kloakvatten **-er** *s* kloak, avlopp **-erage** *s* kloaksystem
sewing [sou'] *s* sömnad
sex *s* kön; *the fair ~* det täcka könet
sexagenarian [dʒinɛ'ə] *a s* sextioåri[n]g
sex'ton *s* kyrkvakt|are, -mästare
sexual [se'ksju(ə)l] *a* sexuell, köns-
shabb'y *a* 1 tarvlig 2 sjaskig; förfallen 3 snål **~'-gentee'l** *a* struntfin
shackle I *s* 1 boja, black; *~s* fjättrar 2 bygel **II** *tr* fjättra
shad||e I *s* 1 skugga; dunkel; *under the ~ of* i skydd av 2 nyans, skiftning 3 skymt, 'aning' 4 skärm; glaskupa **II** *tr itr* 1 [be]skugga, skymma [för], dämpa 2 [låta] övergå **-ow** [ʃæ'dou] **I** *s* 1 skugga 2 skuggbild; fantom, vålnad 3 skymt **II** *tr* 1 [be]skugga 2 *~ forth* skissera, antyda **-owy** [æ'] *a* skugg|ig, -lik **-y** *a* 1 skugg|ig, -rik 2 tvetydig; ljusskygg
shaft [ɑ:] *s* 1 skaft; pil 2 ljusstråle; åskvigg; spole 3 tornspira; skorsten 4 axel[ledning]; skakel 5 schakt; lufttrumma **~-horse** *s* gaffelhäst
shag *s* 1 ragg 2 schagg[tyg] 3 tobak **-gy** *a* raggig, långhårig; buskig
shagreen [ʃægri:'n] *s* [s]chagräng
shake (*shook shaken*) **I** *tr* 1 [upp]skaka; *~ up* skaka upp (om'), rycka (ruska) upp 2 rubba, försvaga, störa **II** *itr* 1 skaka, skälva, darra; *~ down* bli kompakt; komma till ro 2 drilla **III** *s* 1 skakning, skälvning; *the ~s* frossa 2 uppskakning, stöt; *in two ~s* F i ett huj 3 drill 4 spricka **-down** *s* improviserad bädd
sha'ky *a* 1 skakande, darrande 2 ostadig, skral, olustig; opålitlig, svag
shale [ʃeil] *s* [min.] lerskiffer
shall [ʃ(æ)l] *hjälpv* skall; kommer att
shallop [ʃæ'ləp] *s* [lätt, öppen] slup
shallot [ʃəlɔ't] *s* schalottenlök
shall'ow [ou] **I** *a* grund; flat: ytlig, tom **II** *s* grund **III** *itr* bli grund
shalt [ʃælt] [åld. du] skall [*thou ~*]
1 sham I *tr itr* förege, låtsa[s], simulera, förställa sig **II** *s* 1 förställning, 'spel', sken, skoj 2 humbugsmakare, hycklare **III** *a* falsk, låtsad, fingerad
2 sham *s* F (=*champagne*) 'champis'
shambles *s* [F riktig] slaktarbod
shame I *s* skam, blygsel; vanära; [*fie*] *for ~!* fy skäms! *for very ~* för skams skull **II** *tr* göra skamsen; draga vanära över **-faced** *a* blyg, försagd **-ful** *a* skamlig **-less** *a* skamlös, oblyg
shammy [ʃæ'mi] *s* sämskskinn
shampoo' *tr s* schamponer|a, -ing
sham'rock *s* vitklöver
shank *s* 1 skänkel; skenben 2 skaft
shan't [ʃɑ:nt] =*shall not*
shan'ty *s* hydda, skjul; krog; ruckel
shape I *s* 1 form, fason; växt 2 skepnad, gestalt 3 modell, mönster; stomme; stock; stoppning **II** *tr* 1 forma, gestalta, avpassa 2 inrätta, lämpa **III** *itr* gestalta (arta) sig **-less** *a* oformlig **-ly** *a* välskapad
share [ʃɛə] **I** *s* 1 [an]del; *go ~s* dela lika 2 aktie; lott 3 plogbill **II** *tr* 1 dela [med sig] 2 utdela **III** *itr* delta; ha [an]del **-holder** *s* aktieägare
shark *s* haj; F svindlare, utpressare
sharp I *a* 1 skarp, vass, spetsig 2 klar 3 tvär, plötslig, brant 4 stickande, bitande; gäll; våldsam; svår 5 rask; *~ is the word* raska på 6 skarpsinnig, intelligent; kvick, fyndig 7 [knip]slug; *~ practice* (*trick*) [tjuv]knep 8 höjd en halv ton **II** *s* [mus.] kors **III** *adv* 1 på slaget, precis; fort 2 skarpt; *look ~* passa på, raska på **IV** *itr* spela falskt; lura folk **-en I** *tr* 1 vässa, skärpa 2 höja en halv ton **II** *itr* bli skarp[are]; *~ up* rycka upp sig **-ener** *s* formerare **-er** *s* falskspelare, skojare **-ness** *s* skärpa **~-set** *a* hungrig **~-sighted** *a* skarp-, klar|synt **~-witted** *a* skarpsinnig, kvick
shatt'er I *tr* splittra, spränga sönder; förstöra, uppriva; skingra **II** *itr* splittras
shave I *tr itr* 1 raka [sig] 2 hyvla (skrapa) av 3 snudda vid (förbi) **II** *s* 1 rakning 2 *by a close ~* nätt och jämnt; *have a close ~* vara nära däran 3 svindlarknep, skoj **-n** *a* rakad **-r** *s* 1 F pojk[vasker] 2 bedragare
sha'ving||-brush *s* rakborste **-s** *spl* hyvelspån **-tackle** *s* rakdon
shawl [ʃɔ:l] *s* schal; *~ strap*[*s*] bärrem
she I *pron* hon **II** *a* hon-, -hona
shea|f I *s* (pl. *-ves*) 1 kärve 2 bunt, knippa **II** *tr* binda [i kärvar]
shear [ʃiə] (*~ed shorn*) *tr* 1 klippa [av] 3 skinna, klå; beröva [*of*] **-er** *s* fårklippare; klippmaskin **-s** *spl* sax
sheath [ʃi:þ] *s* 1 slida, skida, fodral 2 [strand]skoning **-e** [ð] *tr* 1 sticka i slidan 2 bekläda, överdraga **-ing** [ð] *s* förhydning, [bräd]beklädning
1 sheave *s* blockskiva; nyckelhålsklaff
2 sheave *tr* binda, kärva **-s** se *sheaf*
she'd [ʃid] =*she had* (*would*)
1 shed *s* skjul, lider
2 shed (*shed shed*) *tr* 1 [ut]gjuta 2 fälla, tappa, släppa 3 sprida
sheen *s* glans, sken, klarhet
sheep *s* (*pl ~*) 1 får 2 fårskinn **~-fold** *s* fårfålla **-ish** *a* fåraktig, förlägen
1 sheer [iə] **I** *a* 1 ren, idel 2 tvärbrant 3 skir **II** *adv* lodrätt, tvärt; rakt

2 **sheer** I *itr* ⚓ gira [av], vika av; ~ *off* ge sig i väg II *s* ⚓ gir
sheet I *s* 1 lakan 2 skiva, platta, plåt 3 yta, flak; lager; täcke; ~ *lightning* kornblixt; ~ *of fire* eldhav 4 ark 5 ⚓ skot II *tr* 1 [in]svepa 2 ⚓ ~ [*home*] skota 3 bilda flak av; ~*ed rain* skyfall ~**-anchor** *s* ⚓ pliktankare; räddningsplanka **-ing** *s* lakansväv
shek'el *s* sikel; ~*s* S pengar, slantar
shel|f (pl. *-ves*) *s* 1 hylla 2 avsats, kant 3 rev, blindskär
shell I *s* 1 skal, ärtbalja; mussla, snäcka 2 yttre sken 3 ⚔ granat 4 stomme II *tr* 1 skala, rensa, sprita 2 bombardera 3 S ~ *out* punga ut med III *itr* flagna, fjälla av ~**-fish** *s* mussel-, skal|djur ~**-proof** *a* bombfast **-work** *s* snäck-, mussel|arbete
shel'ter I *s* skydd, tillflykt, tak över huvudet; kiosk, skjul II *tr* skydda; hysa, inkvartera III *itr* söka skydd
shelve I *tr* 1 förse med hyllor 2 lägga på hyllan; avlägsna II *itr* slutta, luta **-s** se *shelf*
shepherd [ʃe'pəd] I *s* [fåra]herde; ~*'s pie* köttpudding; ~*'s plaid* rutigt ylletyg II *tr* valla **-ess** *s* herdinna
sheriff [ʃe'] *s* kungl. befallningshavande
she's [ʃiz] = *she is* (*has*) **shew** [ou] = *show*
shibb'oleth *s* [parti]lösen, slagord
shield [i:] I *s* 1 sköld; värn, skydd 2 skyddsplåt, skärm II *tr* skydda
shift I *tr* skifta, byta om; ändra; omstuva, [om]flytta; ~ *off* vältra över II *itr* 1 skifta, ändra sig; kasta om, växla 2 [söka] finna utvägar, reda sig 3 bruka knep 4 förskjuta sig III *s* 1 ombyte, förändring, skifte 2 skift 3 utväg, medel; *make* [*a*] ~ söka reda sig, med möda lyckas 4 fint, knep; undanflykt 5 skiftnyckel **-less** *a* råd-, hjälp|lös **-y** *a* 1 listig, finurlig 2 ostadig, ombytlig
shill'ing's-worth *s* för 1 shilling (90 öre)
shill'y-shally I *s* villrådighet II *itr* tveka
shily [ʃai'li] *adv* blygt, skyggt
shimm'er I *itr* skimra II *s* skimmer
shin I *s* skenben; ~ *of beef* oxlägg II *tr itr* 1 klättra [upp på (i)] 2 sparka
shin'dy *s* bråk, gruff, oväsen, krakel
shine I *itr* (*shone shone* [ʃɔn]) skina, lysa; briljera II *tr* F putsa, blanka III *s* 1 glans, sken 2 F solsken 3 S bråk, gruff **-r** *s*, ~*s* S pengar
1 **shingle** [ŋg] I *s* 1 spån 2 shingling II *tr* 1 spåntäcka 2 shingla
2 **shingle** *s* klappersten
shingles [ʃiŋglz] *spl* bältros
shin'-guard *s* benskydd
shi'ny *a* klar, skinande; blank[sliten]
ship I *s* skepp, fartyg; båt; ~*'s protest* sjöförklaring II *tr* 1 inskeppa, ta ombord, inmönstra; ~ *water* ta in vatten; ~ *off* (*out*) utskeppa, avsända 2 iordningställa 3 lägga ut III *itr* gå ombord; ta hyra ~**-broker** *s* skeppsklarerare ~**-chandler** [ɑ:] *s* skeppsfurnerare ~**-fever** *s* tyfus **-load** *s* skeppslast **-mate** *s* skeppskamrat **-ment** *s* skeppning ~**-owner** *s* skeppsredare **-per** *s* befraktare **-ping** *s* 1 tonnage 2 sjöfart; ~ *agent* skeppsklarerare **-shape** *a adv* sjömansmässig[t], välordnad; snyggt **-way** *s* stapelbädd **-wreck** I *s* skeppsbrott II *tr* förstöra; *be* ~*ed* förolyckas III *itr* förlisa ~**-wright** [rait] *s* skeppsbyggare **-yard** *s* skeppsvarv
shire *s* grevskap, län, landskap
shirk [ə:] *tr itr* undandraga sig, F smita [från], skolka **-er** *s* skolkare
shirt [ə:] *s* 1 skjorta; *keep your* ~ *on!* S lugna dig! 2 [dam]blus ~**-front** *s* skjort|bröst, -veck **-y** *a* S förargad
1 **shiv'er** I *s* bit, skärva, flisa II *tr itr* splittra[s], slå (gå) i kras
2 **shiver** I *itr* darra, skälva; rysa II *s* skälvning, rysning [äv. ~*ing*] **-y** *a* rysande, skälvande; isande
1 **shoal** [ou] *s* [fisk]stim; massa
2 **shoal** *a s* grund; sandrevel
1 **shock** *s tr* [lägga upp i] skyl[ar]
2 **shock** *s* kalufs; ~*head* lurvigt huvud
3 **shock** I *s* 1 stöt, sammanstötning; ⚔ chock; anfall 2 slag, knäck 3 [nerv]chock II *tr* uppröra, chockera, stöta **-er** *s* F sensation[sroman] **-ing** *a adv* upprörande, skandalös[t]
shod imp. o. pp. av *shoe II*
shodd'y I *s* 1 lump-, konst|ull 2 smörja, skoj II *a* oäkta, humbugs-
shoe [ʃu:] I *s* [låg]sko; skoning, beslag, hjulskena; *another pair of* ~*s* en helt annan sak II *tr* (*shod shod*) sko; beslå **-black** *s* skoborstare ~**-lace** *s* skosnöre ~**-lift** *s* skohorn
shone [ʃɔn] imp. o. pp. av *shine I*
shoo [ʃu:] *interj tr* schas[a bort]!
shook [ʃuk] imp. o. pp. av *shake*
shoot (*shot shot*) I *itr* 1 skjuta 2 jaga 3 skjuta (flyga, sticka) fram (ut, upp); ~*ing star* stjärn|skott, -fall; ~ *up* [äv.] gå upp (i höjden) 4 sticka (värka) till' 5 S fotografera II *tr* 1 [av]skjuta 2 [av]jaga 3 avstjälpa 4 kasta 5 driva utför; ~ *Niagara* söka ta ned månen III *s* 1 skott 2 fors 3 flott-, stört|ränna; rutschbana 4 jakt|sällskap, -tur, -mark 5 skjutning
shoo'ting *s* 1 skjutning 2 jakt; jakt|sällskap, -rätt, -mark ~**-box** *s* jaktstuga ~**-gallery** ~**-range** *s* skjutbana
shop I *s* 1 butik 2 verkstad 3 F fack, yrke 4 F fackprat II *itr* gå och handla [*go* ~*ping*] ~**-boy** *s* springpojke **-keeper** *s* handlande; krämare ~**-lifter** *s* butikstjuv **-py** *a* 1 affärs- 2 fack- **-walker** *s* kontrollör
1 **shore** [ʃɔ:] *s tr* stötta [upp]

2 **shore** *s* strand; *in* ~ intill land; *on* ~ i land **-ward** [əd] *a adv* mot land

shorn [ʃɔ:n] pp. av *shear*

short I *a* 1 kort; låg, liten; ~ *for* förkortning för; ~ *sight* när-, kort|synthet; *make* ~ *work of* göra processen kort med; *be* ~ fatta sig kort; *cut* ~ [tvärt] avbryta; *to cut it* ~ kort sagt 2 knapp, otillräcklig; ~ *of* utan; utom; *little* ~ *of* så gott som; *nothing* ~ *of* ingenting mindre än; ~ *of breath* andtäppt; ~ *of sight* närsynt; *be* ~ *of* ha ont om; [det] fattas; *come (fall)* ~ *of* ej motsvara, svika; *come (fall)* ~ tryta, komma till korta; *run* ~ lida brist [*of* på], börja ta slut 3 tvär, snäsig 4 mör; lös 5 S stark **II** *adv* kort; tvärt, plötsligt **III** *s* 1 F ~*s* kort-, idrotts|byxor 2 *for* ~ för korthetens skull; *in* ~ kort sagt; *the long and the* ~ *of it* det hela **-age** *s* brist **-bread -cake** *s* mörbakelse **-coming** *s* brist **~-dated** *a* kort[fristig] **-en** *tr itr* förkorta[s], minska[s] **-hand** *s a* stenografi[sk] **~-handed** *a* med otillräcklig arbetskraft **~-lived** [i] *a* kort|livad, -varig **-ly** *adv* [inom] kort **-ness** *s* korthet; knapphet; ~ *of breath* andtäppa **~-sighted** *a* närsynt; kortsynt **~-tempered** *a* obehärskad **~-winded** [wi] *a* andtäppt **~-witted** *a* korttänkt

1 **shot** [ʃɔt] imp. o. pp. av *shoot*

2 **shot** *s* andel [i betalning]

3 **shot I** *s* 1 skott; F försök, gissning; ~ *with ball* skarpt skott; *blank* ~ löst skott 2 kula; [bly]hagel; *fire with* ~ skjuta skarpt 3 skytt **II** *tr* ladda skarpt **-proof** *a* skottfast

should [ʃud, ʃəd] skulle, borde, bör

shoulder [ou'] **I** *s* axel; skuldra; [får]bog; utsprång; *give the cold* ~ *to* bemöta kyligt **II** *tr* 1 knuffa 2 lägga på axeln; axla; åtaga sig **~-belt** *s* axelgehäng **~-strap** *s* axelklaff

shout I *itr tr* ropa, skrika, hojta, tjuta **II** *s* rop, skrik; *my* ~ S min tur

shove [ʌ] **I** *tr* 1 skjuta, knuffa 2 F stoppa **II** *itr*, ~ *along* knuffa sig fram **III** *s* knuff, stöt

shovel [ʌ] **I** *s* skovel, skyffel; ~ [*hat*] prästhatt **II** *itr tr* skyffla, skotta

show [ou] (~*ed* ~*n*) **I** *tr* visa, röja; förete; ut-, upp|visa; utställa; ~ *a leg* stiga ur bädden; ~ *off* briljera med, uppvisa; ~ [*o. s.*] *off* briljera; ~ *up* avslöja **II** *itr* visa sig **III** *s* 1 före-, upp|visning, revy, utställning; parad; ~ *girl* balettflicka; *be on* ~ förevisas, skylta 2 skådespel, syn 3 utseende, sken; ståt, prål, effekt; skymt, tecken: *fairy* ~ feeri; *make a* ~ *of* vilja lysa med; göra min av; låtsa; *make a* ~ *of o. s.* göra sig löjlig; *make a fine* ~ göra sig utmärkt; *for* ~ för syns skull 4 S företag, 'tillställning' 5 S chans **~-card** *s* reklam|kort, -skylt **~-case** *s* monter, skyltlåda

shower [ʃau'ə] **I** *s* [regn]skur; ström **II** *itr* strömma ned; 'hagla' **III** *tr* över|hopa, -ösa **~-bath** *s* dusch **-y** *a* regnig

show||iness [ʃou'] *s* ståt **-man** *s* förevisare **~-room[s]** *s* utställningslokal **~-window** *s* skyltfönster **-y** *a* grann

shrank [ʃræŋk] imp. av *shrink*

shrap'nel *s* granatkartesch [~ *shell*]

shred I *s* remsa, trasa, bit; skymt **II** *tr* skära (klippa, riva) sönder

shrew [ʃru:] *s* 1 näbbmus 2 argbigga **-d** *a* klipsk, slug, skarp **-ish** *a* argsint

shriek [ʃri:k] *s itr* skrik[a]; tjut[a]

shrill *a* gäll, skarp; envis

shrimp *s* räka; puttifnask

shrine *s* helgon|skrin, -grav; helgedom

shrink (*shrank shrunk*) **I** *itr tr* 1 krympa, skrumpna, krypa ihop; ~ *up* krympa ihop 2 rygga tillbaka, dra sig **II** *s* krympning **-age** *s* krymp|ning, -mån

shrive (*shrove shriv'en*) *tr* bikta, skrifta

shriv'el *itr tr* skrynkla [ihop sig] **-led** *a* skrynklig, skrumpen

shroud I *s* 1 svepning; hölje, slöja 2 ⚓ ~*s* vant **II** *tr* svepa; hölja, dölja

Shrove, ~ *Sunday* fastlagssöndag; ~ *Tuesday* fettisdag **-tide** *s* fastlagen

shrub *s* buske **-bery** *s* busksnår

shrug I *tr* rycka på **II** *s* axelryckning

shrunk se *shrink* **-en** *a* hopfallen

shuck I *s* skal **II** *tr* skala

shudd'er I *itr* rysa, skälva **II** *s* rysning

shuffle I *itr tr* 1 [gå och] släpa, hasa 2 stryka med foten 3 blanda [kort] 4 slingra sig, krumbukta; smussla, krångla [sig fram] 5 ~ *off* kasta av; skjuta ifrån sig; ~ *on* kasta på sig; ~ *up* rafsa ihop **II** *s* 1 släpande [rörelse] 2 strykning med foten 3 blandning; virrvarr 4 krångel, smussel, knep

shun *tr* sky, söka undvika, fly

shunt I *tr itr* 1 växla, kasta om 2 F skjuta åt sidan **II** *s* växling; shunt

shut (*shut shut*) **I** *tr* stänga; tillsluta; ~ *in* innesluta, omge; ~ *off* stänga av, utestänga; ~ *up* stänga till; slå (fälla) igen; sluta med; inspärra; F nedtysta **II** *itr* stänga[s]; ~ *down* slå igen; ~ *up* stänga[s], F hålla mun **-ter** *s* [fönster]lucka, rulljalusi

shuttle *s* skyttel **-cock** *s* fjäderboll

1 **shy** *a* skygg, rädd; blyg; misstänksam; *be* (F *fight*) ~ *of* vilja slippa

2 **shy** F **I** *tr* slänga **II** *s* kast; gliring

sib'ilant I *a* väsande **II** *s* väsljud

sibyl [si'bil] *s* sibylla

Sicil'ian I *a* siciliansk **II** *s* sicilianare

1 **sick** *tr* bussa; ~ *him!* buss på'n!

2 **sick** *a* 1 sjuk [*of* i], illamående; ~ *fund* sjukkassa; *feel* ~ ha kväljningar; ~ *at heart* hjärtängslig; ~ *of* utledsen på 2 F förargad **-en I**

itr 1 bli sjuk (led) 2 känna äckel (vämjelse) II *tr* göra illamående; fylla med äckel **-ening** *a* vidrig, äcklig
sickle [sikl] *s* skära
sick'||-leave *s* sjukledighet **- -list** *s* sjukjournal **-ly** *a* 1 sjuklig; osund; blek 2 äcklig **-ness** *s* 1 sjukdom 2 kväljningar **- -relief** *s* sjukhjälp
side I *s* 1 sida; kant; håll; ståndpunkt, sak; lag; *classical* (*modern*) ~ latin-(real)linje; *split* (*shake*) *o.'s* ~*s with laughter* kikna av skratt; *take* ~*s with* ta parti för 2 sluttning 3 S 'mallighet' II *itr*, ~ *with a p.* ställa sig på ngns sida **-board** *s* byffé, skänk-[bord] **~-car** *s* [motorcykel med] sidvagn **~-dish** *s* mellanrätt **-light** *s* sido|belysning, -lanterna **-long** *a adv* sido-; från (på) sidan, [på] sned
si'de||-saddle *s* damsadel **- -slip I** *s* slirning II *itr* slira **- -splitting** *a* skrattretande **- -stroke** *s* 1 slag mot (från) sidan 2 sidsim[tag] **-walk** *s* gångbana, trottoar **-ward[s]** [ədz] **-ways** *a adv* åt (från) sidan, på sned
si'd||ing *s* sidospår **-le** *itr* maka sig
siege [si:dʒ] *s* belägring
sieve [siv] **I** *s* såll, sikt **II** *tr* sålla
sift I *tr* sålla, sikta; frånskilja; granska, utforska **II** *itr* sippra, falla
sigh [sai] *s itr* suck[a]; tråna; susa
sight [sait] **I** *s* 1 syn[förmåga]; åsyn, anblick; *second* ~ fjärrskådande; *catch* (*get*) ~ *of* få syn på; *at* ~ på fläcken; a vista; [spela] från bladet; *by* ~ till utseendet 2 syn|håll, -krets, sikte 3 skådespel; sevärdhet 4 sikte; syftning, observation 5 F massa **II** *tr* ⚓ sikta; observera **-less** *a* 1 blind 2 osynlig **-ly** *a* behaglig för ögat, täck **-seeing I** *a* skådelysten **II** *s*, *go* [*a-*]~ [gå och] titta på sevärdheter **-seer** *s* skådelysten, turist
sign [sain] **I** *s* 1 tecken; märke; symbol; vink 2 skylt **II** *tr* 1 underteckna; signera; ~ *away* förskriva 2 teckna **III** *itr* 1 skriva sitt namn; ~ *off* ⚓ avmönstra 2 ge tecken
signal [si'g] **I** *s* signal, tecken **II** *a* märklig **III** *tr itr* signalera **~-box** *s* signalhytt **-ize** *tr* utmärka, ge glans åt
signa||tory [si'g] *a s* signatär[makt] **-ture** [tʃə] *s* namnteckning
signi||ficance [signi'] *s* betydelse **-ficant** *a* betydelsefull **-fication** *s* betydelse **-ficative** *a* betecknande **-fy** [-'--] *tr* beteckna, betyda; tillkännage
signpost [sai'npoust] *s* vägvisare
si'len||ce I *s* tyst|nad, -het; glömska; *S*~*!* tyst! **II** *tr* [ned]tysta **-cer** *s* ljuddämpare **-t** *a* tyst[låten], stilla; stum
Silesian [saili:'ziən] *a s* schles|isk, -ier
silic||ious [i'ʃ] *a* kisel- **-on** [-'-kən] *s* kisel
silk *s* silke, siden; ~*s* siden|tyger, -varor; ~ *hat* hög hatt **-en** *a* silkes|-len, -fin **~-worm** *s* silkesmask **-y** *a* 1 silkes|len, -glänsande 2 mild; len
sill *s* 1 fönsterbräde 2 syll; tröskel
sill'y *a s* dum[bom], enfaldig, fånig
silt I *s* [flod]slam, mudder **II** *tr itr* 1 ~ *up* igenslamma[s] 2 sippra [fram]
sil'van *a* skogs-, i skogen; lantlig
sil'ver I *s* silver; bordssilver; ~ *foil* bladsilver; ~ *paper* silkes-, stanniol|papper **II** *tr itr* försilvra[s] **-y** *a* silver|glänsande, -klar
sim'ian I *a* apliknande **II** *s* apa
sim'il||ar *a* lik[nande], dylik **-arity** [æ'] *s* likhet **-arly** *adv* likaledes **-e** [li] *s* liknelse **-itude** [mi'l] *s* lik|het, -nelse
simmer *itr s* småkoka, sjud|a, -ning
sim'per I *itr* le tillgjort **II** *s* fånigt smil
simple I *a* 1 enkel 2 naturlig, rättfram 3 enfaldig, godtrogen 4 tydlig 5 ren[a] **II** *s* läkeört **~-hearted** *a* okonstlad **~-minded** *a* 1 trohjärtad 2 enfaldig **-ton** *s* våp, tok
simpl||ic'ity *s* enkelhet; naturlighet **-ification** *s* förenkling **-ify** [-'--] *tr* förenkla **-y** [-'-] *adv* [helt] enkelt
simul||a'crum [simju] *s* avbild; sken-[bild]; bedrägeri **-ate** [si'] *tr* 1 efterhärma 2 hyckla **-ation** *s* förställning
simulta'neous [simə] *a* samtidig
sin I *s* synd, försyndelse **II** *itr* synda
sinapism [si'nəpizm] *s* senapsplåster
since I *adv* sedan dess; *ever* ~ allt sedan **II** *prep* [allt] sedan; för..sedan **III** *konj* sedan; eftersom, då
since'r||e *a* uppriktig, ärlig; sann **-ity** [se'r] *s* uppriktighet, ärlighet
sinecure [sai'nikjuə] *s* latmansgöra
sinew [si'nju:] *s* 1 sena 2 ~*s* muskler, kraft; nerv, resurser **-y** *a* senig; kraftfull, stark
sinful [si'nf(u)l] *a* syndfull, syndig
sing (*sang sung*) *itr tr* sjunga
singe [sindʒ] *tr itr* sveda[s], bränna
sing||er [si'ŋə] *s* sångare **-ing** *s* sång
single [ŋg] **I** *a* 1 enda; enstaka 2 enkel, odelad; ~ *bed* enmanssäng; ~ *bill* solaväxel 3 ensam; ogift **II** *s* singel[match] **III** *tr*, ~ *out* utvälja **~-breasted** *a* enkelradig **~-handed** *a adv* 1 enhänt 2 ensam **~-hearted** *a* uppriktig **-ness** *s* 1 ensamhet 2 ~ *of heart* redbarhet **-ton** *s* singelkort
sing'ly [ŋg] *adv* 1 en och en 2 ensam
sing'song *s a* 1 entonig[t tal el. ljud] 2 banal 3 amatörkonsert, 'allsång'
singular [si'ŋgjulə] **I** *a* 1 singular 2 ovanlig, egendomlig 3 framstående **II** *s* singularis **-ity** [æ'r] *s* egen[domlig]het
sin'ister *a* 1 [her.] vänster 2 ödesdiger 3 illvillig, lömsk
sink (*sank sunk*) **I** *itr* 1 sjunka, sänka sig [ned]; falla 2 avtaga, minskas 3 slutta; ~ *in* störta in **II** *tr* 1 sänka 2 gräva [ned], borra 3 minska; amortera 4 binda; förlora 5 hemlighålla;

åsidosätta 6 gravera 7 ⚓ förlora ur sikte III *s* slaskrör, vask; 'dypöl' -**er** *s* 1 gravör 2 sänke; lod
sin'||less *a* utan synd -**ner** *s* syndare
sinuous [si'nju] *a* buktig, slingrande
sip I *tr itr* läppja, smutta [på] **II** *s* klunk
siphon [sai'f(ə)n] *s* 1 hävert 2 sifon
sir [sə:, sə] *s* 1 min herre 2 *S* ~ [*baronet*-, *knight*|titel] -**e** [sai'ə] *s* 1 fader 2 *S*~ Ers Majestät
siren [sai'ərin] *s* 1 siren 2 mistlur
sirloin [sə:'lɔin] *s* ländstycke, oxstek
sis'ter *s* syster ~-**in-law** *s* svägerska
sit (*sat sat*) *itr* 1 sitta; ligga, vara belägen; ~ *tight* F sätta sig tillrätta, stå på' sig; ~ *on* överlägga om; ~ [*up*]*on a p.* F hålla efter ngn 2 ~ *down* sätta sig; ~ *down to* hugga i' med; ~ *out* sitta ute (över); ~ *up* sitta uppe (rak); sätta sig upp 3 ligga, ruva 4 sammanträda 5 trycka, tynga 6 passa, kläda
site *s* 1 plats, tomt 2 läge
sitt'||er *s* 1 sittande 2 ligghöna 3 sittande fågel; lätt byte (sak) -**ing** *s* 1 sittning; sammanträde; *at a* (*one*) ~ i ett sträck 2 sittplats -**ing-room** *s* 1 vardagsrum 2 sittplatser
sit'uat||ed [ju] *a* belägen; ställd; *be* ~ ligga -**ion** *s* 1 läge, belägenhet 2 plats
six I *räkn* sex **II** *s* 1 sex[tal] 2 sexa -**pence** *s* sexpence-mynt -**penny** *a* värd sex pence -'**tee'n** *räkn* sexton -**th** *a s* sjätte[del] -**ty** *räkn* sextio
si'z||able *a* ganska stor -**ar** *s* [univ.] stipendiat -**e I** *s* storlek, mått; 'nummer'; *full* ~ kroppsstorlek; *of a* ~ lika stora **II** *tr* 1 ordna efter storlek 2 ~ *up* F bedöma, taxera
sizzle I *itr* fräsa **II** *s* fräsande
1 **skate** [skeit] *s* [zool.] rocka
2 **skat||e** *s itr* [åka] skridsko -**er** *s* skridskoåkare -**ing** *s* skridskoåkning
skedadd'le *itr* F skena i väg; ge sig av
skein [skein] *s* härva, docka
skel'eton *s* 1 skelett, benbyggnad; stomme; ~ *key* dyrk 2 utkast, plan
sketch I *s* skiss, konturteckning, utkast; 'sketch' **II** *tr* skissera ~-**map** *s* konturkarta -**y** *a* skisserad; lös[lig]
skew [ju:] *a* sned -**bald** [ɔ:] *a* skäckig
ski [ski:, ʃi:] *s tr itr* skida, åka skidor
skid I *s* 1 broms, hämsko 2 slirning **II** *itr* slira ~-**chain** *s* snökedja
skiff *s* julle; farkost
skil'||ful *a* skicklig -**l** *s* skicklighet -**led** *a* [yrkes]skicklig
skim *tr itr* 1 skumma [av] 2 stryka (glida) fram [över] -**mer** *s* skumslev
skimp *tr itr* vara snål [mot, med]
skin I *s* 1 hud, skinn; *with the* ~ *of o.'s teeth* med knapp nöd 2 skal 3 skinnlägel 4 hinna **II** *tr* 1 flå, skrapa [av' huden på] 2 skala 3 S skinna 4 F dra av [sig] **III** *itr*, ~ *over* läkas -**flint** *s* gnidare -**ful** *s* F ~ *of* massvis med ~-**game** *s* svindel, skoj -**ny** *a* skinntorr, utmärglad
skip I *itr tr* 1 skutta, hoppa [över] 2 F ~ [*it*] ge sig i väg **II** *s* skutt, hopp
skipp'er *s* skeppare; [F, sport.] kapten
skipping-rope [ski'piŋroup] *s* hopprep
skirl [skə:l] *s* säckpiplåt
skirmish [skə:'] *itr s* skärmytsl|a, -**ing**
skirt [ə:] **I** *s* 1 kjol; S kjoltyg 2 skört 3 ~*s* bryn, [ut]kant **II** *tr* kanta
ski-runner [ski:', ʃi:'] *s* skidlöpare
skit *s* skämtskrift; satir, burlesk -**tish** *a* yster, yr, vild av sig
skittle *s* kägla; ~*s* kägelspel, S strunt! ~-**alley** *s* kägelbana ~-**pin** *s* kägla
skulk *itr* hålla sig undan, F smita
skull *s* skalle ~-**cap** *s* kalott
skunk *s* skunk; [bildl.] S kräk
sky *s* himmel; [pl.] himmelsstreck
Skye [skai] *s* skotsk terrier
sky||er [ai'] *s* hög lyra -**ey** [i] *a* himmels|hög, -blå -**lark I** *s* 1 sånglärka 2 F lek, stoj **II** *itr* F skoja, stoja -**light** *s* takfönster - -**line** *s* horisont - -**scraper** *s* skyskrapa -**ward[s]** [əd] *adv* mot himlen - -**writing** *s* rökskrift
slab *s* [sten]platta, häll; skiva; kaka
slabber [slæ'bə] = *slobber*
slack I *a* 1 slak, lös, slapp 2 olustig, loj, trög; ~ [*water*] dödvatten 3 släckt [kalk] **II** *s*, ~*s* byxor, overalls **III** *tr* 1 slappa, lossa på, ⚓ fira 2 släcka **IV** *itr* 1 slakna 2 slappna [av'], vara (bli) slapp (lat); ~ *off* (*up*) sakta farten -**en I** *tr* 1 = *slack III 1* 2 minska, sakta **II** *itr* 1 bli slak 2 slappna 3 avtaga -**er** *s* F slöfock
slag I *s* slagg **II** *tr itr* slagga [sig]
slain [slein] pp. av *slay*
slake [sleik] *tr* släcka
slam I *tr* slå, smälla [igen] **II** *s* 1 smäll, skräll 2 [kort.] slam
slander [ɑ:'] **I** *s* förtal, skvaller **II** *tr* baktala -**er** *s* belackare -**ous** *a* smädlig
slang *s* slang -**y** *a* slangartad, slang-
slant [ɑ:] **I** *itr tr* slutta, luta **II** *s* lutning, sluttning; *on the* ~ på sned
slap I *tr* smälla, slå [till'] **II** *s* smäll, slag **III** *adv* F bums, rakt; burdus -**dash** *adv a* F burdus, tvärt; vårdslös[t] -**ping** ~-**up** *a* S flott, pampig
slash I *tr* 1 rista (fläka, slitsa) upp 2 klatscha till' (på') **II** *itr* slå omkring sig, klatscha **III** *s* hugg, slag, jack
slat I *s* spjäla; [tvär]slå **II** *tr itr* slå
slate I *s* 1 skiffer[platta] 2 griffeltavla **II** *tr* 1 täcka med skiffer 2 nedgöra: läxa upp ~-**pencil** *s* griffel
slatt'ern *s* slampa -**ly** *a* slampig
sla'ty *a* skiffrig, skifferfärgad, skiffer-
slaughter [ɔ:'t] **I** *s* slakt[ande]; massaker **II** *tr* slakta; nedhugga -**er** *s* slaktare ~-**house** *s* slakt|eri, -hus
Slav [ɑ:, æ] **I** *s* slav [folk] **II** *a* slavisk

slave I *s* slav, träl II *itr* slava
1 **slav'er** *itr tr s* dreg|la, -el; smicker
2 **sla'v||er** *s* slav|handlare, -skepp **-ery** *s* slaveri **-e-trade** *s* slavhandel **-ey** [i] *s* F hemslavinna **-ish** *a* slavisk
slay (*slew slain*) *tr* dräpa **-er** *s* dråpare
slea'zy *a* tunn; trådsliten, sjaskig
sled I *s* kälke II *tr itr* åka (köra på) kälke **-ge** [dʒ] *s itr* [åka] släde (kälke)
sled'ge[-hammer] [dʒ] *s* [smed]slägga
sleek *a* 1 slät; skinande 2 hal, sliskig
sleep (*slept slept*) I *itr tr* 1 sova 2 ligga, hysa [över natten] II *s* sömn; *drop off to* ~ somna [till']; *go* (*get*) *to* ~ somna; *put to* ~ söva; lägga **-er** *s* 1 sovare 2 sliper, syll 3 sovvagn **-ing** *a s* sovande; sov-, sömn[-]; ~*-car*[*riage*] sovvagn; ~*-draught* sömnmedel ~**-walker** *s* sömngångare **-y** *a* sömn[akt]ig **-yhead** *s* döddansare
sleet *s* snö|slask, -glopp **-y** *a* slaskig
sleeve *s* ärm; *in o.'s* ~ i mjugg; *up o.'s* ~ i beredskap ~**-link** *s* manschettknapp
sleigh [slei] =*sledge* **-ing** *s* slädåkning
slen'der *a* 1 smärt, smal, smäcker; spinkig 2 klen, skral, knapp
slept [slept] imp. o. pp. av *sleep*
sleuth[-hound] [slu:þ] *s* spårhund
slew [slu:] imp. av *slay*
slice I *s* 1 skiva; ~ *of bread and butter* smörgås 2 [an]del, smula 3 bröd-, fisk|spade II *tr* skära upp; klyva
slick F I *a* ren II *adv* ledigt; rätt, rakt
slide (*slid slid*) I *itr* glida; slå kana; falla; *let things* ~ låta det gå II *tr* låta glida, skjuta [fram] III *s* 1 glidning 2 [is]bana, kälkbacke; rutschbana 3 skred, ras 4 skjutglas; löpare ~**-rule** *s* räknesticka
sli'ding *a* glidande, skjutbar; skjut-
slight [slait] I *a* 1 smärt, spenslig; svag 2 lätt, lindrig, ringa II *tr* ringakta, försumma III *s* ringaktning **-ly** *adv* 1 lätt, något 2 ringaktande
slily [slai'li] *adv* listigt, slugt
slim *a* 1 smal, spenslig; svag 2 S slug
slim||e *s* 1 slam, gyttja 2 slem **-y** *a* 1 gyttjig 2 slemmig 3 F sliskig; hal
sling I (*slung slung*) *tr* 1 slunga, slänga, kasta 2 hänga upp 3 lägga i bindel II *s* 1 slunga 2 kast 3 slinga; ⚓ länga 4 bindel; band 5 gevärsrem
slink (*slunk slunk*) *itr* smyga [sig]
slip I *itr* 1 glida; smyga sig; ila; gå i baklås; släppa; ~ *into* S kasta sig över; kasta på sig 2 halka [omkull], snava; göra fel II *tr* 1 låta glida, smyga, sticka; draga; kasta; ~ *over* halka över 2 släppa [lös, av], ⚓ fira loss; koppla ifrån 3 und|komma, -gå, -falla; glida ur III *s* 1 glidning; halkning; fel, misstag, felsteg; ~ *of the pen* skrivfel; *get the* ~ F kuggas; *give a p. the* ~ smyga sig ifrån ngn 2 [kudd]var 3 undertröja; förkläde 4 stickling; *a* [*mere*] ~ *of a girl* en flickstumpa 5 ~*s* koppelrem 6 bit, remsa 7 ⚓ slip, stapelbädd ~**-knot** *s* löpknut **-per** *s* 1 toffel 2 hämsko **-pery** *a* hal, glatt **-py** *a* F rask, kvick **-shod** *a* slarvig, ovårdad **-slop** I *s* skvalp, 'soppa'; strunt[prat] II *a* gråtmild; usel, strunt- **-way** *s* ⚓ slip
slit I (*slit slit*) *tr* skära (sprätta) upp, klyva II *itr* klyvas, spricka upp III *s* reva, remna; springa, sprund
sliv'er I *tr* klyva II *s* flisa, spån
slobb'er I *itr tr* dregla [ned] II *s* 1 dregel 2 pjoller, fjoskighet
sloe [slou] *s* slån[buske], slånbär
slo'gan *s* härskri; partiparoll, lösen
sloid [slɔid] *s* slöjd
sloop *s* ⚓ slup; ~ *of war* kanonslup
slop I *s* 1 slask 2 ~*s* disk-, slask|vatten 3 ~*s* flytande föda II *itr tr* spilla[s] ut, skvimpa över, spilla ner ~**-basin** *s* spilkum, sköljkopp
slope I *s* slutt|ande, -ning, lutning II *itr* 1 slutta, luta 2 S gå sin väg; ~ *about* stryka omkring III *tr* luta [på], avsnedda, dosera
slopp'y *a* 1 vattnig, slaskig 2 löslig
slops *spl* [säng]kläder
slot *s* spår; fals, ränna; öppning, slits
sloth [ou] *s* 1 tröghet 2 sengångare
slot-machine *s* automat[skåp]
slouch I *s* 1 hopsjunken hållning (gång) 2 slokande 3 S klåpare II *itr* 1 gå (stå, sitta) hopsjunken, stulta; loma 2 sloka ~**-hat** *s* slokhatt
1 **slough** [slau] *s* träsk, moras; dy
2 **slough** [slʌf] *s* ormskinn; sårskorpa
sloven [slʌvn] *s* 1 slusk, smutsgris 2 slarv **-ly** *a* ovårdad, slarvig **-ry** *s* slarv
slow [ou] I *a adv* 1 långsam[t], sakta, trög 2 *be* ~ gå efter, sakta sig 3 [lång]tråkig; död II *itr tr*, ~ *down* (*up*) sakta [farten] ~**-match** *s* lunta ~**-witted** *a* trögtänkt ~**-worm** *s* ormslå
sloyd [slɔid] *s* slöjd
slubber [slʌ'bə] =*slobber*
sludge [slʌdʒ] *s* dy, gyttja; snösörja
slug *s* 1 snigel 2 rännkula **-gard** [əd] *s* latmask, drönare **-gish** *a* lat, trög
sluice [slu:s] I *s* 1 sluss; dammlucka 2 ström II *tr* 1 ~ *off* leda bort 2 översvämma 3 F skölja III *itr* strömma
slum *s* fattigkvarter, slum[kvarter]
slum'ber I *itr* slumra, vila; sova II *s* slummer **-ous** *a* sömn|ig, -givande
slumm'||er *s* slumbesökare **-y** *a* slum-
slump I *s* prisfall; kris II *itr* sjunka
slung slunk imp. o. pp. av *sling, slink*
slur [ə:] I *tr itr* 1 [ut]tala (skriva) suddigt, sluddra 2 spela legato 3 halka (glida) [över] III *s* 1 sludder, suddig stil 2 legato[båge] 3 [skam]fläck
slush *s* 1 dy; snösörja 2 F strunt, jolm
slut *s* slampa, tös **-tish** *a* slampig

sly *a* 1 [knip]slug, listig; *on the* ~ i smyg 2 klipsk **-boots** *s* F lurifax
1 **smack** I *s* [bi]smak, anstrykning II *itr*, ~ *of* smaka [av]
2 **smack** I *s* 1 smack[ning] 2 smäll, slag 3 smällkyss II *tr itr* 1 smacka [med] 2 slå, klatscha [med] III *adv* F S rakt, pladask **-er** *s* F S 1 smällkyss; smäll 2 baddare; ngt finfint
small [ɔ:] I *a* 1 liten; ~ *change* (*coin*) småpengar; ~ *talk* små-, kall|prat 2 flat, förlägen 3 tunn, fin, svag 4 småaktig II *s* 1 smal del 2 *S*~*s* F del av *B. A.*-examen **-pox** *s* koppor
smart I *a* 1 skarp, häftig, hård 2 rask, flink, frisk; *look* ~*!* raska på! 3 duktig; klämmig 4 pigg, vaken, fyndig, kvick 5 smart, slipad 6 elegant, stilig; spänstig 7 modern, fin 8 F ansenlig II *itr* 1 känna sveda; svida; lida 2 ~ *for* plikta (sota) för III *s* smärta, sveda **-en** *tr itr* fiffa upp [sig] ~**-money** *s* 1 ersättning för sveda och värk 2 gratifikation
smash I *tr* 1 krossa 2 F slå till 3 smasha 4 ruinera II *itr* 1 gå i kras (sönder) 2 'köra', rusa 3 gå omkull; göra konkurs III *s* 1 krossande; *go to* ~ gå i kras; bli ruinerad 2 sammanstötning, krock; konkurs; F skräll 3 F grogg IV *adv* F rakt, rätt; kaputt **-er** *s* S dråpslag, dräpande svar
smatt'ering *s* hum, aning
smear [smiə] I *s* [fett]fläck II *tr itr* 1 fläcka; smörja; smeta [ned] 2 sudda [till] **-y** *a* smörjig, smetig
smell I (*smelt smelt*) *tr* 1 känna [lukten av]; vädra 2 lukta på II *itr* lukta, dofta; ~ *of* lukta III *s* lukt; luktsinne **-er** *s* P S 1 näsa 2 slag **-ing-bottle** *s* luktflaska **-y** *a* F illaluktande
1 **smelt** [smelt] *s* nors
2 **smelt** *tr* smälta **-ery** *s* [smält]hytta
smile *itr tr s* le[ende] [*at* åt; *on* mot]
smirch [ə:] *s tr* fläck[a], besudla
smirk [ə:] *itr* le självbelåtet, smila
smite (*smote smitten*) *tr itr* 1 slå; *smitten with* betagen i, slagen av 2 förgöra, dräpa 3 träffa, möta
smith *s* smed **-ery** *s* smide **-y** *s* smedja
smock *s* lek-, arbets|blus [äv. ~*-frock*]
smo'kable *a s* rökbar; ~*s* rökverk
smoke I *s* 1 rök; *like* ~ S med kläm 2 S rökverk II *itr* 1 ryka 2 röka III *tr* röka ~**-ball** = ~*-bomb* ~**-black** *s* kimrök ~**-bomb** *s* rökbomb ~**-dried** *a* rökt **-less** *a* rökfri **-r** *s* rökare; F rökkupé ~**-screen** *s* rökslöja, dimbildning ~**-stack** *s* skorsten
smo'king *s* rökning ~**-compartment** *s* rökkupé ~**-jacket** *s* rökrock
smo'ky *a* 1 rykande 2 rökig; nedrökt
smooth [ð] I *a* 1 slät, jämn, glatt; lätt, flytande 2 lugn, stilla 3 len, fin; mild; blid 4 inställsam II *adv* jämnt **-[e]** *tr itr* 1 göra jämn (slät), jämna 2 släta till' (ut) 3 ~ *down* lugna [sig]; bilägga ~**-faced** *a* fryntlig, inställsam **-ing-iron** *s* strykjärn
smote [smout] imp. av *smite*
smother [ʌ'ðə] *tr* 1 kväva 2 överhölja 3 nedtysta, dämpa **-y** *a* kvävande
smoulder [ou'] *itr s* ryka, pyra; glöd[a]
smudge [dʒ] I *s* [smuts]fläck II *tr* sudda ned; fläcka
smug I *a* självbelåten II *s* S tråkmåns
smugg'le *tr itr* smuggla **-r** *s* smugglare
smut I *s* 1 sot|flaga, -fläck 2 [sädes]-rost 3 oanständigt tal (språk) II *tr* sota ned, smutsa **-ty** *a* sotig
snack *s* 1 mellanmål 2 *go* ~*s* dela lika
snaff'le *s* träns ~**-bit** *s* tränsbetsel
snag *s* knöl, stump; trasig tand; stam
snail *s* snigel; ~*'s pace* snigelfart
snake *s* orm ~**-charmer** *s* ormtjusare
snap I *itr* 1 nafsa, snappa, bitas, nappa 2 fräsa, fara ut 3 gå av (itu), knäckas 4 knäppa [till], smälla II *tr* 1 snappa bort, bita av 2 bryta av (itu) 3 knäppa av; smälla (knäppa) med (igen) III *s* 1 nafsande 2 knäp-p[ande] 3 knäppe 4 kläm, fart 5 = *-shot* IV *a adv* plötslig[t] **-per** *s* arg hund; 'bitvarg' **-pish** *a* snäsig, arg-[sint] **-py** *a* 1 arg 2 klämmig, pigg **-shot** *s* skott på måfå; ögonblicksbild
snare [ɛə] I *s* snara II *tr* snara, snärja
snarl *itr tr s* morra[nde], brumma[nde]
snatch I *tr* rycka till sig; hugga; stjäla II *itr* 1 hugga för sig 2 ~ *at* gripa efter III *s* 1 hugg, grepp, napp 2 ryck; stump; glimt
sneak I *itr* 1 smyga [sig]; ~*ing* hemlig 2 S skvallra II *tr* S knycka III *s* lurifax; S skvallerbytta
sneer I *itr* 1 hånle, kallgrina 2 ~ *at* håna, pika II *s* hån[leende]; drift, gliring **-ing** *a* hånfull
sneeze I *itr* nysa II *s* nysning
snick'er *s itr* gnägga[nde]; fnissa[nde]
snide S *a s* oäkta, falsk [juvel, mynt]
sniff I *itr* snörvla; vädra, snusa; fnysa II *tr* inandas; ~ *up* dra upp i näsan; lukta [på] III *s* 1 snusning, inandning; fnysning 2 'nypa' [luft] **-y** *a* 1 föraktfull 2 illaluktande
snigg'er *itr s* fniss[ande], flin[a]
snip I *tr itr* klippa [av'] II *s* klipp; bit
snipe *s itr* [jaga] beckasin; ⚔ skjuta
snipp'et *s* avklippt bit, remsa, urklipp
sniv'el I *itr* 1 snörvla, P snora 2 gnälla II *s* 1 snor 2 gnäll, jämmer
snob *s* 'snobb', societetsfjant **-bish** *a* snobbaktig, dumhögfärdig
snook' [snu(:)k] *s* F 'lång näsa'
snooze I *itr* ta sig en lur; sova II *s* lur
snore [ɔ:] I *itr* snarka II *s* snarkning
snort *itr s* fnysa, frusta[nde] **-er** *s* S våldsam storm; kraftprov; baddare
snout *s* nos, tryne; pip, tut; utsprång

snow [ou] I *s* snö; ~*s* snö|drivor, -fall II *itr* snöa; ~*ed in* (*up*) insnöad **-ball** *s* 1 snöboll 2 pudding **~-boot** *s* pampusch **~-capped** *a* snötäckt **~-drift** *s* snödriva **~-line** *s* snögräns **~-slip** *s* snöskred **-y** *a* snö|ig, -vit
snub I *tr* snäsa [av'] II *s* [av]snäsning III *a*, ~ *nose* trubbnäsa
1 **snuff** I *s* snopp II *tr itr* snoppa
2 **snuff** *tr itr s* snus[a]; jfr *sniff*; *up to* ~ 'full av sjutton' **~-box** *s* snusdosa
snuffle I *itr* snörvla, tala i näsan; gnälla [fram] II *s* snörvling, näston, gnäll
snug *a* 1 ombonad; trevlig, bra; *be* ~ ha det skönt 2 gömd **-gery** *s* krypin, lya; gästrum **-gle** I *itr* krypa [*to* tätt intill] II *tr* trycka intill sig
so *adv* 1 så; ~ ~ F någorlunda; *is that* ~? jaså? ~ *far* ~ *good* så långt är det bra; ~ *far as* såvitt; *if* ~ i så fall; *the more* ~ *as* så mycket mer som 2 så, [och] därför; så och så 3 *and* ~ *did we* och [det gjorde] vi också 4 det; *I hope* ~ jag hoppas det
soak [ou] I *tr itr* 1 blöt[n]a, lägga (ligga) i blöt; ~ *o. s. in* fördjupa sig i 2 [genom]dränka 3 suga[s] 4 F supa II *s* blötning; rotblöta, hällregn; F fylla **-er** *s* 1 hällregn 2 F fylltratt
so'-and-so *s* den och den; *S*~ N. N.
soap [ou] I *s* 1 såpa; *soft* ~ smicker 2 tvål II *tr* såpa (tvåla) [in] **~-boiler** *s* såp-, tvål|fabrikant **~-dish** *s* tvålkopp **~-suds** *spl* såp-, tvål|löddeı **-y** *a* 1 såp[akt]ig 2 inställsam
soar [sɔ:] *itr* sväva högt, svinga (höja) sig; stiga; ~*ing* högtsträvande
sob I *itr* snyfta; flämta II *s* snyftning
so'b‖er I *a* 1 nykter; måttlig; *in o.'s* ~ *senses* vid full besinning 2 lugn, sansad 3 diskret [färg] II *tr* göra nykter; dämpa III *itr*, ~ *down* bli sansad **-er-minded** *a* sansad, lugn **-ri'ety** *s* nykterhet; måttfullhet; lugn
soccer [sɔ'kə] *s* F fotboll[sspel]
socia‖bil'ity [souʃə] *s* sällskaplighet **-ble** [sou'] I *a* sällskaplig, trevlig II *s* F 1 bjudning, samkväm 2 soffa **-l** [sou'] I *a* 1 samhällelig, samhälls- 2 sällskaplig; sällskaps- II *s* F samkväm
soci'‖ety [sə] *s* 1 samhälle[t] 2 societet[en], sällskapslivet 3 sällskap, förening **-ologist** [sousiɔ'lədʒ] *s* sociolog
1 **sock** *s* 1 [kort]strumpa 2 [filt]sula
2 **sock** S I *tr* slänga; träffa II *s* slag
socker [sɔ'kə] = *soccer*
sock'et *s* 1 hålighet; hål; [led-, ögon-] håla 2 ljus|pipa, -manschett 3 hylsa
sod *s* gräs|matta, -mark, -torv[a]
so'da *s* soda[vatten] **~-fountain** *s* sifon
sodd'en *a* genomblött; degig; 'kladdig'
soft *a* 1 mjuk; fin, len; lös; ~ *things* komplimanger 2 lätt, lindrig 3 mild, stilla 4 F alkoholfri 5 F vek[lig]; enfaldig, fånig **~-boiled** *a* löskokt **-en** [sɔ(:)fn] I *tr* 1 uppmjuka 2 mildra II *itr* mjukna; bli mildare **~-headed** *a* enfaldig **~-hearted** *a* ömsint **~-spoken** *a* [snäll och] vänlig
1 **soil** *s* jord[mån], mull, mylla; mark
2 **soil** I *tr* smutsa [ned]; fläcka II *s* smuts[fläck] **~-pipe** *s* avloppsrör
sojourn [sɔ'dʒə:n] *itr s* vist|as, -else
solace [sɔ'ləs] *s tr itr* tröst[a]; lindra
solar [sou'lə] *a* sol- [*ray, system, year*]
sold [ou] imp. o. pp. av *sell*
sol'der I *s* lod, lödmetall II *tr itr* löda
soldier [sou'ldʒə] I *s* soldat; krigare; S rökt sill II *itr* tjäna som soldat; S skolka **-like -ly** *a* militärisk, krigar- **-ship** *s* krigsduglighet **-y** *s* krigsfolk
1 **sole** I *s* 1 sula 2 sjötunga II *tr* sula
2 **sole** *a* enda, ensam; ~*ly* uteslutande
sol'ecism *s* språkfel; brott mot god ton
solemn [sɔ'ləm] *a* högtidlig **-ity** [le'mn] *s* högtidlighet **-ize** [mn] *tr* fira
solic'it *tr* anropa, bedja [om]; söka, påkalla **-ation** *s* bön, anhållan **-or** *s* advokat, juridiskt ombud **-ous** *a* 1 angelägen 2 bekymrad **-ude** *s* omsorg; oro; bekymmer
sol'id *a* 1 solid, fast, massiv; rymd- 2 bastant 3 vederhäftig, säker 4 enhällig **-ify** [li'd] *tr itr* göra (bli) fast; samla[s], ena[s] **-ity** [li'd] *s* 1 fasthet 2 vederhäftighet 3 volym
soli‖'o‖quize [əkwaiz] *itr* prata för sig själv **-quy** [kwi] *s* monolog
sol'it‖ary *a* 1 ensam; enstaka 2 enslig, avskild 3 enda **-ude** *s* ensamhet, enslighet; enslig plats
solstice [sɔ'lstis] *s* solstånd
sol'‖uble *a* lös|lig, -bar **-u'tion** *s* [upp]lösning **-vable** *a* lös-, tyd|bar **-ve** *tr* lösa, tyda **-vency** *s* vederhäftighet **-vent** *a s* vederhäftig; lös|ande, -ningsmedel
sombre [sɔ'mbə] *a* mörk, dyster
some [ʌ] I *pron* 1 någon, en [viss]; [pl.] några, somliga; ~ *day* [*or other*] endera dagen 2 något, litet 3 F en riktig, något till II *adv* ungefär, en **-body** [bədi] *pron* någon **-how** *adv* på något sätt, i alla fall **-one** = *-body*
somersault [sʌ'm] *s* kullerbytta, volt
some‖thing [ʌ'] *pron* näg|ot, -onting; ~ *of the kind* något sådant (dit-åt); *that is* ~ det är ju alltid något **-time** *adv a* fordom; förra **-times** *adv* ibland **-what** *adv* något, tämligen **-where** *adv*, ~ [*or other*] någonstädes; ~ *else* någon annanstans
somn‖am'bulist [ju] *s* sömngångare **-if'erous** *a* sömngivande **-olent** [-'--] *a* 1 sömn[akt]ig, dåsig 2 sövande
son [ʌ] *s* son; ~*-in-law* måg, svärson
song *s* sång, visa; *the S*~ *of S*~*s* Höga visan; *for a* ~ för en spottstyver **-ster** *s* sångare
sonn'et *s* sonett **-ee'r** *s* sonettdiktare
sonny [sʌ'ni] *s* [min] lille gosse

sonor‖ity [ɔ'r] *s* klangfullhet **-ous** [ɔ:'r] *a* klangfull, sonor
soon *adv* snart; ~ *after* kort därefter (efter att); *as* ~ lika gärna; *at the* ~*est* snarast [möjligt] **-er** *adv* **1** förr; *no* ~ . . *than* knappt . . förrän; *no* ~ *said than done* sagt och gjort **2** hellre
soot [sut] **I** *s* sot **II** *tr* sota ned
sooth [su:þ] *s*, *in* ~ i sanning
soothe [ð] *tr* lugna, lindra, lirka med
soo'thsayer *s* siare, spåman
sooty [su'ti] *a* sotig, sotsvart, sot-
sop **I** *s* **1** brödbit; tröst, mutor **2** ngt uppblött **3** F mes **II** *tr* doppa, blöta; ~*ping* [*wet*] genomvåt
soph'ist *s* sofist **-ic[al]** [fi's] *a* spetsfundig **-icate** [fi's] *tr itr* framställa (resonera) sofistiskt; förvränga; ~*d* [för]konstlad **-ry** *s* ordklyveri
soporif'ic *a s* sömngivande [medel]
sor'cer‖er *s* trollkarl **-ess** *s* trollkvinna **-y** *s* trolldom, häxeri; förtrollning
sor'did *a* smutsig; tarvlig; girig
sore [sɔ:] **I** *a* **1** öm, sårig; mörbultad; *a* ~ *throat* ont i halsen **2** känslig, ömtålig **3** bedrövad **4** svår **II** *s* **1** ont (ömt) ställe; [var]sår **2** groll [äv. *-ness*] **-ly** *adv* **1** svårt **2** högeligen
1 sorr'el *a s* fux[röd], rödbrun [häst]
2 sorrel *s* [bot.] syra; harsyra
sorr'ow [ou] **I** *s* sorg, bedrövelse **II** *itr* sörja **-ful** *a* **1** sorgsen **2** sorglig
sorr'y *a* ledsen, bedrövad; ynklig; [*I am so*] ~! F förlåt! *I am* ~ *for* det gör mig ont om; *I am* ~ *to say* tyvärr
sort **I** *s* sort, slag; sätt; ~ *of* F så att säga, tämligen; *a good* ~ F en hygglig karl; *that* ~ *of thing* sådant där; *that's your* ~ det är rätta sättet; *not my* ~ inte i min smak (min typ); *what* ~ *of* hurudan; *out of* ~*s* inte riktigt kry, ur humör **II** *tr* sortera, ordna; gallra **III** *itr* stämma överens
sot *s* fyllbult **-tish** *a* för|supen, -fäad
sough [sʌf] *s itr* sus[a], sucka[nde]
sought [sɔ:t] imp. o. pp. av *seek*
soul [ou] *s* själ; *poor* ~ stackare
1 sound *s* **1** sund **2** simblåsa
2 sound **I** *a* **1** sund, frisk; ~ *sleep* djup sömn **2** oskadad, fullgod **3** välgrundad **4** säker; duktig **5** grundlig **II** *adv* sunt, grundligt; djupt
3 sound **I** *tr* **1** ⚓ pejla, loda **2** undersöka, sondera **II** *itr* loda **III** *s* sond
4 sound **I** *s* **1** ljud **2** klang, ton; *from* ~*s to things* från ord till handling **II** *itr* ljuda, klinga; låta **III** *tr* **1** låta ljuda (höra), blåsa, ringa; uppstämma; uttala **2** ⚔ blåsa till, slå [alarm] **3** förkunna ~**-boarding** *s* trossbotten **-[ing-]board** *s* **1** ljudskärm **2** resonansbotten **-less** *a* ljudlös ~**-proof** *a* ljudtät ~**-wave** *s* ljudvåg
soup [su:p] *s* soppa; *clear* ~ buljong
sour **I** *a* sur **II** *tr itr* göra (bli) sur; syra
source [ɔ:] *s* källa; upphov, ursprung
sou'r‖ish *a* syrlig **-ness** *s* surhet; syra
souse **I** *s* **1** saltlake **2** blötning, blöta **II** *tr* blöta; doppa; ösa **III** *adv* plums
south **I** *s* söder **II** *a* södra, sydlig, syd-; söder-; *the S*~ *Seas* Söderhavet **III** *adv* söderut, sydvart ~**-ea'st** *s a* sydost[lig]; ~*er* sydostvind; ~*erly*, ~*ern* sydostlig
souther‖ly [sʌ'ð] *a* sydlig **-n** *a* södra, sydlig **-ner** *s* person från södern
sou'thward [əd] **I** *a* sydlig **II** *adv* [äv. ~*s*] söderut, sydvart
sou'th-west' *s a* sydväst[lig] **-er** *s* sydvästvind **-erly -ern** *a* sydväst|lig, -ra
sou'wester [-·'-] *s* [sjömans] sydväst
sov'ereign [rin] **I** *a* **1** högst **2** suverän, oinskränkt; regerande; oberoende **3** ofelbar **II** *s* **1** härskar|e, -inna **2** sovereign, pund **-ty** *s* överhöghet
1 sow [au] *s* **1** sugga **2** [järn]tacka, 'galt'
2 sow [ou] (pp. *sown*) *tr itr* [ut]så; beså **-er** *s* såningsman **-ing** *s* sådd
soy [sɔi] *s* soja
spa [ɑ:] *s* brunnsort; hälsokälla
spac‖e **I** *s* **1** rum, [världs]rymden **2** utrymme, sträcka; plats **3** tid[rymd] **4** mellanrum **II** *tr itr* **1** ordna med (göra) mellanrum **2** ~ *out* spärra **-e-writer** *s* 'radskrivare' **-ing** *s* mellanrum **-ious** [ʃəs] *a* rymlig, vidsträckt
spade *s* **1** spader[kort] **2** spade
span **I** *tr* **1** mäta, räcka om; spänna över **2** slå bro över; överbygga **3** ⚓ surra **II** *s* **1** spännvidd; spann (9 tum) **2** kort tid (sträcka), lopp, gång **3** bro|spann, -valv
spangle [spæŋgl] *s* paljett; glitter
Span'‖iard [jəd] *s* spanjor **-ish** *a* spansk
spank **I** *tr* daska (smälla) till (på) **II** *itr*, ~ *along* trava (sätta) i väg **III** *s* smäll **-er** *s* **1** snabb häst **2** F bjässe **-ing** **I** *s* dask **II** *a* rask; S väldig, flott
spann'er *s* skruvnyckel
1 spar [spɑ:] *s* [min.] spat
2 spar *s* ⚓ bom, spira, rundhult
3 spar **I** *itr* boxas; hugga; munhuggas **II** *s* boxning; käbbel; tuppfäktning
spar‖e [ɛə] **I** *a* **1** mager; knapp, klen **2** ledig, extra, reserv-; ~ *room* gästrum **II** *tr* **1** av-, und|vara; *enough and to* ~ nog och övernog **2** [be]spara, [för]skona [för] **3** spara på **-ely** *adv* knappt, magert **-e-rib** *s* revbensspjäll **-ing** *a* **1** sparsam **2** knapp
spark **I** *s* **1** gnista **2** sprätt **II** *itr* gnistra **-[ing]-plug** *s* tändstift **-le** *itr* gnistra, spraka; spritta; mussera
sparring-‖match [ɑ:] *s* boxningsmatch **-partner** *s* träningsmotståndare
sparr'ow [ou] *s* sparv
spars‖e [ɑ:] *a* gles, tunnsådd **-ity** *s* brist
spasm [zm] *s* kramp[ryckning], 'ryck'
1 spat [spæt] imp. o. pp. av *spit*
2 spat *s*, ~*s* [korta herr]damasker

spa'tial [ʃl] *a* rum-, rymd-
spatt'er I *tr itr* 1 [ned]stänka 2 nedsvärta II *s* stänk; skur
spatula [spæ'tjulə] *s* spatel, spade
spawn [ɔ:] I *tr itr* 1 leka, lägga [rom] 2 frambringa II *s* 1 rom 2 avföda
speak (*spoke spoken*) *itr tr* tala; säga; ~ *well for* vittna gott om; ~ *up* (*out*) tala (sjunga) ut; ~ *a p. fair* tala väl vid ngn ~**-easy** *s* [Am.] S lönnkrog **-er** *s* 1 talare 2 *S*~ talman **-ies** *spl* S teaterpjäser **-ing** *a* talande; ~ *of* på tal om; *strictly* ~ strängt taget; *on* ~ *terms* så bekant att man talas vid **-ing-trumpet** *s* 1 ropare 2 lur
spear [iə] I *s* spjut, ljuster; ~ *side* svärdssida II *tr* genomborra; ljustra
special [spe'ʃəl] I *a* 1 speciell, särskild 2 extra[-]; ~ *pleading* F advokatyr II *s* extra|tåg, -upplaga **-ity** [iæ'l] *s* egendomlighet; specialitet **-ization** [aiz] *s* specialisering **-ize** *tr itr* specialisera [sig] **-ty** *s* specialitet
spe'cie [ʃi:] *s* klingande mynt **-s** [z] *s* (pl. ~) art; sort, slag
speci||f'ic *a adv* 1 art-; specifik, utmärkande 2 uttrycklig, bestämd **-fy** [spe's] *tr* specificera, i detalj ange; upp|räkna, -ge, -ta **-men** [spe's] *s* 1 prov[bit], exemp|el, -lar 2 F original; kurre **-ous** [spi:'ʃəs] *a* skenfager
speck I *s* fläck, prick, stänk, korn II *tr* fläcka **-le** *s* fläck **-led** *a* spräcklig
specs [speks] *spl* F =*spectacles*
spec't||acle *s* 1 skådespel; syn, anblick 2 ~*s* glasögon **-ac'ular** *a* anlagd på effekt, lysande **-a'tor -a'tress** *s* åskådare
spec'tr||al *a* 1 spöklik, spök- 2 spektral- **-e** [tə] *s* spöke, gengångare
spec'ulat||e [ju] *itr* spekulera; tänka **-or** *s* 1 tänkare 2 spekulant
sped [sped] imp. o. pp. av *speed*
speech *s* 1 tal[förmåga]; yttrande 2 språk ~**-day** *s* avslutning[sdag] **-ify** *itr* F hålla tal, orera **-less** *a* 1 mållös, stum 2 outsäglig
speed I *s* 1 fart, hast[ighet]; skyndsamhet 2 [åld.] lycka II *itr tr* 1 (*sped sped*) skynda, ila, jaga 2 (~*ed* ~*ed*) reglera hastighet; ~ *up* öka farten 3 *God* ~ *you* lycka till! **-om'eter** *s* hastighetsmätare **-way** *s* motorcykelbana **-y** *a* hastig, snabb
1 **spell** *s* 1 skift, omgång, tur, ⚓ törn 2 period; tag; paus; *by* ~*s* skiftesvis
2 **spell** (*spelt spelt* el. reg.) *tr itr* 1 stava; ~ *out* (*over*) tyda 2 'säga' [*c a t* ~*s cat*] 3 innebära, medföra
3 **spell** *s* 1 trollformel 2 förtrollning ~**-bound** *a* förtrollad
spen|d (*-t -t*) *tr itr* 1 ge ut [pengar], göra av med, offra; öda; använda 2 tillbringa, fördriva **-thrift** *s* slösare
spent *a* utmattad, uttömd, förbi, slut
spew [spju:] *tr itr* [ut]spy

spher||e [sfiə] I *s* 1 sfär; glob, klot 2 område, fält, krets; 'ässe' II *tr* omsluta **-ical** [sfe'r] *a* sfärisk, klotformig
spice I *s* 1 krydd|a, -or 2 anstrykning II *tr* krydda **-ry** *s* kryddor
spick' and span' *a* splitter ny, fin
spi'cy *a* krydd|lik, -ad; pikant
spi'der *s* spindel ~**-web** *s* spindelväv
spigot [spi'gət] *s* svicka, sprundtapp
spik||e I *s* 1 pigg; brodd 2 [stor] spik, nagel 3 ax; [blom]kolv II *tr* 1 brodda; ~*d helmet* pickelhuva 2 förnagla; spika [fast]; genomborra **-enard** [ɑ:d] *s* nardus **-y** *a* 1 full av piggar 2 snarstucken 3 axlik
1 **spill** (*spilt spilt* el. reg.) I *tr* 1 spilla [ut]; utgjuta 2 F förlora 3 F kasta [av] 4 ⚓ dämpa II *s* F fall
2 **spill** *s* trästicka, 'fidibus'
spin (*spun* o. *span, spun*) I *tr* 1 spinna; ~ *a yarn* F dra en historia; ~ *out* dra ut på 2 snurra med, sätta i gång; singla 3 S kugga II *itr* 1 spinna 2 snurra III *s* 1 snurrande 2 F [kort] tur
spin||ach -age [spi'nidʒ] *s* spenat
spi'nal *a* ryggrads-; ~ *cord* ryggmärg
spin'dle *s* 1 spindel, axeltapp 2 spol|e, -ten; *the* ~ *side* spinnsidan
spin'drift *s* vågskum, sjöstänk
spine *s* 1 ryggrad; ås 2 tagg, torn **-d** *a* taggig **-less** *a* ryggradslös; utan taggar
spinn'er *s* 1 spinnare 2 spinnmaskin
spinney [spi'ni] *s* skogssnår, småskog
spinn'ing *a s* spinnande; spinn-; spånad ~**-jenny** *s* spinnmaskin ~**-mill** *s* spinneri ~**-wheel** *s* spinnrock
spin||ose [spai'nous] **-ous** *a* taggig
spin'ster *s* ogift kvinna; gammal fröken
spi'ny *a* 1 taggig 2 benig, kinkig
spi'ral *a s* spiral[formig], spiral-
1 **spire** I *s* tornspira II *itr* höja sig
2 **spire** *s* spiral, vindling
spirit [i'r] I *s* 1 ande, själ 2 spöke 3 anda, stämning, läggning; lynne, humör; *high* ~ mod, stolthet; *in* [*high*] ~*s* vid gott humör; glad; *out of* ~*s* ur humör, nedstämd 4 liv, kraft, mod, fart, energi 5 andemening 6 sprit; ~*s* sprit[drycker] II *tr* [upp]liva; ~*ed* liv|lig, -full, modig, kvick **-less** *a* själlös, modlös, slö **-ual** *a* andlig **-ualist** *s* spiritist **-uous** *a* sprithaltig
spirt [spə:t] I *tr itr* spruta ut II *s* stråle
1 **spiry** [spai'əri] *a* spiralformig
2 **spiry** *a* spir|formig, -prydd
1 **spit** I *s* [stek]spett II *tr* spetsa
2 **spit** (*spat spat*) I *itr* spotta; fräsa; F stänka; sprätta II *tr* spotta [ut]; ut|spy, -slunga III *s* 1 spott[ning]; regnstänk 2 spad|tag, -blad
spite I *s* ondska, agg, groll; [*in*] ~ *of* [i] trots [av]; *in* ~ *of me* mot min vilja II *tr* förtreta **-ful** *a* hätsk, skadeglad
spit'||fire *s* brushuvud **-tle** *s* spott **-too'n** *s* spott|låda, -kopp

spitz[-dog] [spits] *s* spets[hund]
splash I *tr itr* stänka [ned]; plaska, plumsa, skvätta II *s* 1 plask, skvalp; *make a* ~ väcka uppseende 2 stänk 3 puder III *interj* pladask ~**-board** **-er** *s* stänkskärm **-y** *a* 1 slaskig 2 S fin
splatt'er *itr* 1 plaska 2 sluddra; snattra
spleen *s* 1 mjälte 2 mjältsjuka; dåligt lynne **-ful -ish -y** *a* retlig, knarrig
splend'||id *a* glänsande, praktfull, härlig; förnäm; F finfin **-our** *s* glans
splenet'ic *a* mjältsjuk, mjält-; retlig
splice *tr s* splits[a ihop]; skarv[a]
splint *s tr* spjäl[k]a **-er** *tr itr s* splittra[s], skärva, flisa [sig]
split (~ ~) I *tr* 1 splittra, klyva, spränga; hugga; ~ *hairs* bruka hårklyverier; ~ *o.'s sides with laughter* kikna av skratt 2 dela [upp], halvera II *itr* 1 splittras, klyvas, spricka, gå sönder; ~ *up* klyva (dela) sig 2 söndras, bli oense III *s* 1 splittr|ande, -ing, klyvning; spricka 2 trästicka 3 S halvt glas; halvflaska
splotch *s* fläck, stänk **-y** *a* fläckig
splurge [ə:dʒ] *s* F S stora later, prål
splutter [splʌ'tə] = *sputter*
spoil I *s* 1 rov, byte 2 partibelöning II (*-t -t* el. reg.) *tr* 1 för|därva, -störa 2 skämma bort III *itr* 1 bli förstörd, skämmas 2 ~*ing for* angelägen om
1 **spoke** *s* 1 eker 2 stegpinne 3 ⚓ [ratt]handtag 4 spak
2 **spoke -n** imp. o. pp. av *speak*
spokesman *s* talesman; förespråkare
spoliation [spoul] *s* plundring; tillgrepp; förstörande
spong||e [spʌndʒ] I *s* 1 [tvätt]svamp; *throw up the* ~ F ge tappt; *pass the* ~ *over* stryka ut; glömma 2 = *-er* II *itr* parasitera III *tr* [av]torka (tvätta) med svamp; ~ *up* suga upp **-e-cake** *s* sockerkaka **-er** *s* snyltgäst, parasit **-y** *a* svampaktig, porös
spon'sor I *s* 1 borge[n]sman 2 fadder II *tr* stå (svara) för; verka för
sponta'neous *a* spontan, frivillig
spoof S I *tr* narra II *s* skoj, spratt
spook *s* spöke **-ish -y** *a* spöklik, spök-
spool [spu:l] I *s* spole II *tr* spola
spoon I *s* 1 sked 2 F våp; förälskad tok II *tr* 1 ösa 2 S slå för III *itr* 1 fiska med skeddrag 2 S flörta; svärma ~**-bait** *s* skeddrag **-ful** *s* skedblad ~**-meat** *s* flytande föda **-y** S *a s* 1 våp[ig], tok[ig] 2 förälskad; svärmisk
spor||ad'ic *a* enstaka **-e** [ɔ:] *s* spor
sport I *s* 1 sport; idrott; lek; *athletic* ~*s* [allmän] idrott 2 S sportsman; bra karl; *a good* ~ en trevlig kamrat, en käck tös 3 skämt, skoj; lekboll; *for* ~ för ro skull; *make* ~ *of* skämta med; *what* ~*!* så roligt! 4 byte, fångst II *itr* leka, roa sig III *tr* F ståta med **-ing** *a* 1 sportande, sport- 2 sportmässig, renhårig; käck; ~ *chance* F chans **-ive** *a* skämtsam **-sman** *s* 1 sportsman, jägare, fiskare 2 käck (renhårig) karl **-smanlike** = *-ing 2* **-smanship** *s* sportmannaanda; ridderlighet
spot I *s* 1 fläck; prick; blemma 2 plats, ställe, punkt 3 F val 4 ~ *cash* betalning vid leverans II *tr* 1 fläcka 2 känna igen **-light** *s* strålkastar|e, -ljus **-ted -ty** *a* fläckig, prickig
spout I *itr* 1 spruta [ut] 2 F orera II *tr* 1 spruta ut 2 F nysta ur sig 3 S pantsätta III *s* 1 pip; avloppsrör; stupränna 2 stråle **-er** *s* pratmakare
sprain *tr s* sträcka, vrick|a, -ning
sprat *s* 1 skarpsill 2 liten stackare
sprawl [ɔ:] *itr tr* ligga och kravla (sparka); sträcka ut [sig]; speta ut
1 **spray** [sprei] *s* kvist
2 **spray** I *s* 1 stänk, skum 2 besprutningsvätska II *tr* bespruta III *itr* bilda skum **-er** *s* rafräschissör **-ey** *a* skummig ~**-nozzle** *s* stril
spread [spred] (~ ~) I *tr* 1 breda [ut], sprida [ut]; ~ *o. s.* S ta munnen full; ~ *the cloth* lägga på duken; ~ *the table* duka; ~ *about* utsprida 2 sträcka (spänna) ut II *itr* utbreda sig, sprida sig III *s* 1 utbredning, spridning 2 utsträckning, vidd 3 F kalas
spree F *s* 1 dryckeslag, festande; *be on the* ~ festa om 2 skoj, upptåg
sprig *s* 1 kvist, skott 2 telning 3 stift
sprightly [ai't] *a* livlig, munter, pigg
spring (*sprang sprung*) I *itr* 1 hoppa; rusa, störta sig, fara; ~ *open* flyga upp; ~ *to o.'s feet* rusa upp 2 fjädra sig 3 rinna upp, springa fram; spira (skjuta) upp 4 upp|komma, -stå 5 [om trä] slå sig II *tr* 1 sätta i gång, låta springa, spränga; kasta fram (upp) 2 jaga upp 3 spränga III *s* 1 språng, hopp 2 fjädring, svikt, spänstighet; sats 3 [spänn]fjäder; resår; ~ *button* tryckknapp 4 drivfjäder 5 käll|a, -språng 6 vår ~**-board** *s* språngbräde, svikt ~**-catch** *s* fjäderhake ~**-cleaning** *s* vårstädning **-e** [indʒ] *s* snara **-tide** *s* 1 spring|tid, -flod 2 o. **-time** *s* vår **-y** *a* fjädrande, spänstig
sprinkl||e I *tr itr* [ut]strö, [be]stänka; beströ; strila; dugga II *s* stänk **-er** *s* stänkborste, stril **-ing** *s* inslag; fåtal
sprin'ter-race *s* sprinterlopp
sprite [sprait] *s* ande, tomte, fe, älva
spritsail [spri'ts(ei)l] *s* ⚓ sprisegel
sprout I *itr* gro, spira upp, skjuta skott II *tr* få [skott] III *s* skott, grodd
1 **spruce** [u:] *a tr* [göra] fin, flott F
2 **spruce** *s* gran ~**-cone** *s* grankotte
sprung pp. av *spring*
spry *a* rask, pigg; *look* ~ raska på
spum||e [ju:] *s itr* skum[ma], fradga **-ous -y** *a* skummande
spun (av *spin*) *a*, ~ *yarn* sjömansgarn

spur [ə:] I *s* sporre; utsprång; *on the ~ of the moment* oförberett II *tr* sporra, egga III *itr* spränga fram[åt]
spu'rious *a* falsk, förfalskad, oäkta
spurn [ə:] *tr* sparka; avvisa, försmå
1 **spurt** [ə:] I *itr* spurta II *s* spurt
2 **spurt** *itr tr* spruta (rusa) ut, sprätta
sput'ter I *itr* 1 [små]spotta; sprätta 2 fräsa 3 sluddra II *s* sludd|rande, -er
spy I *tr* observera; granska; *~ out* utspionera; snoka upp II *itr* spionera, speja, snoka III *s* spion, spejare **~-glass** *s* kikare **~-hole** *s* titthål
squab [skwɔb] I *s* 1 duvunge 2 kluns 3 dyna; ottoman II *a* klunsig [äv. *-by*] III *adv* pladask
squabble [ɔ] *s itr* käbb|el, -la, kiv[as]
squad [ɔ] *s* ⚓ avdelning, trupp **-ron** *s* 1 skvadron 2 eskader 3 trupp
squalid [ɔ'] *a* smutsig, snuskig, eländig
squall [ɔ:] I *itr* skrika, gasta II *s* 1 skrik, skrän 2 [regn]by **-y** *a* byig
squalor [ɔ'] *s* smuts[ighet], snusk
squa'm|lose [ous] **-ous** *a* fjäll|ig, -lik
squander [ɔ'] *tr* slösa, öda **-er** *s* slösare
square [skwεə] I *s* 1 kvadrat, fyrkant; *on the ~* vinkelrätt; ärlig[t] 2 ruta, platta 3 torg, plats 4 vinkel|hake, -linjal II *a* 1 kvadratisk, fyrkantig, kvadrat-; *~ sail* råsegel 2 rätvinklig 3 undersätsig, kraftig 4 jämn, uppgjord, kvitt 5 renhårig, ärlig 6 bestämd, klar 7 bastant, stadig III *tr* 1 göra kvadratisk; kanthugga; kvadrera; *~ o.'s shoulders* sträcka på axlarna, rycka upp sig 2 reglera, utjämna, uppgöra; tillfredsställa; *~ accounts* göra upp 3 avpassa, rätta 4 S betala IV *itr* 1 bilda rät vinkel 2 intaga gardställning 3 passa ihop 4 *~ up* göra upp V o. **-ly** *adv* 1 i rät vinkel; rakt, rätt 2 rättframt; ärligt; ordentligt **-ness** *s* 1 kvadratisk form 2 ärlighet **~-shouldered** *a* bredaxlad
squash [ɔ] I *tr* 1 krama (pressa, mosa, slå) sönder, krossa 2 F stuka II *itr* 1 mosas 2 F trängas III *s* 1 mos[ande]; *~ hat* F mjuk filthatt 2 F [folk]trängsel; massa folk 3 duns
squat [ɔ] I *itr* huka (slå) sig ned II *s* hukande ställning III *a* 1 nedhukad 2 undersätsig **-ter** *s* nybyggare
squaw [skwɔ:] *s* [indian]kvinna
squeak I *itr* 1 pipa, skrika; gnissla 2 S sladdra II *s* 1 pip, skrik; gnisslande 2 S knipa **-y** *a* pipig, gäll
squeal *itr* skrika; klaga, gnälla
squea'mish *a* 1 som lätt får kväljningar 2 kräsen, kinkig 3 lättstött
squeeze I *tr itr* 1 krama [ur], klämma, trycka, pressa [fram]; *~ [o.'s way]* tränga sig fram 2 [av]pressa II *s* 1 kramning, tryckning 2 trängsel, hopklämning 3 utpressning
squelch F I *itr* klafsa II *tr* krossa; kväva
squib *s* 1 [fyrv.] svärmare 2 nidskrift
squint I *s* 1 vindögdhet 2 F titt II *itr tr* vara vindögd, skela [med]; F titta **~-eyed** *a* 1 skelögd 2 illvillig
squire [skwai'ə] *s* väpnare; godsägare
squirm [ə:] *itr* F vrida sig; pinas
squirrel [skwi'r(ə)l] *s* ekorre
squirt [ə:] I *tr itr* spruta II *s* 1 stråle 2 spruta 3 F glop
S. S. = *steamship* **S. S. E.** = *south-south-east* **St** 1 [s(ə)n(t)] = *Saint* 2 = *street*
stab I *tr* genomborra, sticka [ned]; såra II *itr* stöta, sticka III *s* 1 styng, stöt 2 smärta
1 **sta'ble** *a* stadig, säker; orubblig
2 **stable** I *s* stall II *tr* sätta in [i stall]
sta'bling *s* stall|byggnad, -utrymme
stack I *s* 1 stack 2 trave, stapel; F hög, massa 3 skorsten[sgrupp] II *tr* 1 stacka, stapla upp 2 ⚔ koppla
sta'dium *s* stadion, idrottsplats
staff [ɑ:] *s* 1 stav; stöd; *pastoral ~* biskopsstav 2 stång; skaft 3 stab; *~ college* krigshögskola; *~ officer* generalstabsofficer 4 personal, kår
stag *s* 1 [kron]hjort 2 F ensam herre
stage [dʒ] I *s* 1 plattform 2 scen; estrad; repertoar; *~ management* regi; *go on the ~* gå in vid teatern 3 dramatik 4 skådeplats 5 stadium, skede 6 skjuts|station, -håll 7 = *~-coach* II *tr* iscensätta; uppföra **~-coach** *s* diligens **~-craft** *s* regikonst **~-direction** *s* scenanvisning **~-fever** *s* teatervurm **~-fright** *s* rampfeber **~-manager** *s* regissör **-r** *s* gammal praktiker **~-struck** *a* teaterbiten
stagg'er I *itr* vackla, ragla, stappla II *tr* slå med häpnad III *s* 1 vacklande 2 *the ~s* yrsel **-er** *s* brydsam fråga
stag'n|ant [gn] *a* stillastående; förskämd; trög **-ate** *itr* stå stilla, stagnera **-ation** *s* stillastående
sta'gy [dʒ] *a* teatralisk, uppstyltad
staid [steid] *a* stadig, lugn, stadgad
stain I *tr* 1 fläcka [ned]; befläcka 2 färga, måla; betsa II *s* 1 fläck 2 färgämne **-less** *a* fläckfri; rostfri
stair [εə] *s* 1 trappsteg 2 [*flight of*] *~s* trappa **-case** *s* trapp|a, -uppgång **~-head** *s* trappavsats **~-rod** *s* mattkäpp **-way** *s* trappa
stake I *s* 1 stake, stör, påle 2 stolpe; bål[et] 3 insats; andel; *at ~* på spel 4 *~s* pris; lopp II *tr* 1 fästa, stödja 2 *~ off (out)* staka ut 3 våga, riskera
stale *a* gammal, unken, avslagen, fadd, förlegad, utsliten **-mate** [-'-'] *s* [schack] pattställning; baklås
1 **stalk** [ɔ:k] *s* stjälk; [hög] skorsten
2 **stalk** I *itr* 1 skrida fram, kliva 2 smyga sig II *tr* smyga sig på (efter) III *s* 1 stolt gång 2 smygjakt **-er** *s* krypskytt **-ing** *s* smygjakt
stall [ɔ:] I *s* 1 spilta, bås 2 korstol 3

kiosk, stånd, disk 4 parkettplats; *orchestra* ~s nedre parkett II *tr* sätta i stall, stallgöda III *itr* fastna; stoppa -ion [stæ'ljən] *s* hingst
stalwart [ɔ:'l] *a* kraftig; käck; trofast
sta'm||en *s* [bot.] ståndare **-ina** [æ'm] *s* styrka, kraft, uthållighet
stamm'er *itr tr s* [fram]stam|ma, **-ning**
stamp I *itr* stampa II *tr* 1 stampa på (med) 2 trampa på, nedtrampa; ~ *out* trampa ut, utrota 3 stämpla 4 prägla 5 [in]prägla 6 frankera III *s* 1 stampning 2 stamp, stans 3 stämpel 4 frimärke 5 prägel 6 sort
stampe'de *s* vild flykt, skräck, panik
stance [stæns] *s* [golf] slagställning
stanch [ɑ:] I *tr* hämma, stilla II *a* =*staunch* **-ion** [ʃn] *s* stötta, stolpe
stand (*stood stood*) I *itr* 1 stå; ~ *to win* se ut att vinna 2 träda, stiga, ställa sig 3 ligga [*on a river*] 4 stå kvar (fast), hålla stånd; stå sig 5 ⚓ hålla, styra 6 ~ *about* stå bredvid, stå och hänga; ~ *aside* gå undan; ~ *away* hålla sig undan; utebli; ~ *by* stå bredvid (redo); bistå; ⚓ stå klar; ~ *for* kämpa (ta parti) för; betyda; ställa upp sig som kandidat till; ⚓ styra mot; ~ *in* F kosta; ⚓ stå (styra) in; ~ *off* flytta sig; framträda; ⚓ stå (sticka) ut; ~ *on* hålla på; ~ *out* stiga fram; hålla ut; framträda; göra sig bemärkt; ~ *to* stå [fast] vid; ~ *up* stå [rak]; ställa sig upp; höja sig; ~ *up against* uppträda mot; ~ *up for* försvara; ~ *up to* trotsa II *tr* 1 ställa upp 2 hålla stånd mot; tåla, utstå; bestå 3 undergå 4 bekosta 5 ha råd till 6 hålla [mått el. kurs] 7 ~ *o.'s ground* stå på sig III *s* 1 [stilla]stående, halt; *make a* ~ sätta sig till motvärn; *bring to a* ~ hejda; *come to a* ~ [av]stanna 2 ställning, ståndpunkt 3 parkeringsplats 4 ställ 5 [salu]stånd, disk 6 estrad
stan'dard [dəd] I *s* 1 standar, fana 2 normalmått 3 norm, måttstock; *gold* ~ guldmyntfot; *up to the* ~ fullgod 4 lödighet, kvalitet 5 klass 6 stötta II *a* 1 normal[-], mönster-, fullgod; *S~ English* engelskt riksspråk 2 mönstergill, klassisk **-ize** *tr* standardisera
stan'd||ing I *a* stående; ~ *room* ståplatser II *s* 1 ställning; anseende 2 varaktighet, ålder **--off'ish** *a* hög[dragen] **-point** *s* ståndpunkt **-still** *s* stillastående, stockning; *come to a* ~ stanna [av] **--up** *a* uppstående
stank [stæŋk] imp. av *stink*
stann'ary *s* tenn|gruva, **-gruvområde**
stanza [stæ'nzə] *s* stans; strof
staple [ei] I *s* 1 stapel|plats, -vara 2 huvudbeståndsdel 3 råvara 4 fiber, tråd II *a* stapel-, förnämst
star [ɑ:] *s* 1 stjärna; *the S~s and Stripes* stjärnbaneret; *shooting* ~ stjärnfall 2 ordensstjärna 3 bläs
starboard [stɑ:'bəd] *s a* styrbord[s-]
starch [ɑ:] I *s* stärkelse; stelhet II *a* stel, styv III *tr* stärka **-y** *a* stärkelsehaltig; stärkt; stel
star||e [ɛə] I *itr tr* stirra [på]; ~ *down* förvirra II *s* stirrande, stel blick **-ing** I *a* stirrande; bjärt II se *stark II*
stark [ɑ:] I *a* 1 styv, stel 2 ren II *adv.* ~ [*staring*] *mad* spritt galen
starling [stɑ:'liŋ] *s* stare
star||red [stɑ:d] **-ry** **--spangled** [ŋg] *a* stjärn[be]strödd
start [ɑ:] I *itr* 1 rycka (spritta) till; studsa; kasta sig; fara, rusa 2 ge sig av, bryta upp; avgå, avresa; starta 3 börja; ~ *in* F sätta i gång; ~ *out* F börja 4 uppkomma II *tr* 1 [på-] börja; sätta i gång 2 hjälpa i gång 3 framkalla, komma [upp] med 4 jaga upp 5 lossa [på], förrycka III *s* 1 ryck, sprittning, studsning; *give a* ~ rycka till; *by fits and* ~*s* ryckvis 2 avfärd, uppbrott 3 början; start 4 startplats 5 försprång **-er** *s* 1 start[led]are 2 startande 3 start[-anordning] **-ing-post** *s* startpåle **-le** *tr* uppskaka, skrämma [upp], göra bestört, överraska; väcka; ~*d* häpen
starv||ation [stɑ:] *s* svält **-e** *itr tr* [låta] svälta, [ut]hungra
state I *s* 1 [till]stånd; skick; ~ *of mind* sinnesstämning; ~ *of things* förhållanden; *in quite a* ~ F alldeles ifrån sig 2 rang, värdighet 3 ståt, prakt, gala; *bed of* ~ paradsäng; ~ *call* F uppvaktning; *in* ~ i full gala; på lit de parade 4 stat; ~ *trial* politisk rättegång 5 ~*s* ständer II *tr* 1 uppge, förklara, berätta; ~*d* bestämd 2 fram|lägga, -ställa **-craft** *s* statskonst **-ly** *a* ståtlig **-ment** *s* 1 uppgift, påstående, utsago 2 framställning, översikt, utlåtande **~-room** *s* förstaklasshytt **-sman** *s* statsman **-smanship** *s* statskonst
station [eiʃn] I *s* 1 plats, post 2 station; hållplats 3 garnisonsplats 4 flottstation 5 [samhälls]ställning, stånd 6 förekomstort II *tr* 1 ⚔ postera, utsätta; förlägga 2 ~ *o. s.* placera sig **-ary** *a* stillastående, fast **-er** *s* pappershandlare **-ery** *s* skriv|materialier, -papper **-master** *s* stins
statistician [stætisti'ʃn] *s* statistiker
stat'u||ary [ju] I *a* bildhuggar- II *s* 1 skulpturer, statyer 2 bildhuggar|e, -konst **-e** [ju:] *s* staty, bildstod
stature [æ'tʃə] *s* växt, kroppsstorlek
sta'tus *s* ställning; *civil* ~ civilstånd
stat'ut||e [ju:] *s* 1 lag, författning 2 reglemente, stadga **-ory** *a* lagstadgad
staunch [ɔ:, ɑ:] *a* säker, pålitlig, ståndaktig; se äv. *stanch*

stave I *s* 1 stav i laggkärl 2 stegpinne 3 strof II *tr* 1 ~ *in* slå in (hål på) 2 ~ *off* förhala; avvärja
stay I *itr* 1 stanna [kvar]; ~ *for* vänta på; ~ *away* utebli; ~ *on* stanna kvar 2 vistas, bo 3 förbli, hålla sig; hålla ut 4 ⚓ stagvända II *tr* 1 hejda; hindra 2 uppskjuta, inställa 3 F stanna kvar till (över) 4 stödja; ⚓ staga III *s* 1 vistelse, uppehåll 2 återhållande 3 inställande 4 uthållighet 5 stöd, stötta 6 ⚓ stag, lejdare 7 ~*s* korsett **-er** *s* F uthållig person (häst); 'långdistansare'
stead [sted] *s* 1 ställe 2 *stand* (*be*) *in good* ~ vara till nytta, komma väl till pass **-fast** [fəst] *a* stadig, fast **-ing** *s* bondgård **-y I** *a* 1 stadig, säker, fast; sakta; jämn 2 stadgad II *tr itr* göra (bli) stadig (stadgad)
steak [ei] *s* stekt kött (fisk); biff
steal (*stole stolen*) I *tr* 1 stjäla 2 stjäla (lista) sig till; ~ *a march on* överflygla, lura II *itr* smyga [sig] **-er** *s* tjuv **-th** [stelþ] *s* smyg[ande] **-thy** [e'] *a* förstulen; smygande
steam I *s itr* ånga; imma II *tr* ång-, im|koka ~**-boiler** *s* ångpanna **-er** *s* 1 ångare 2 ångkokare ~**-gauge** [ei] *s* manometer ~**-launch** *s* ångslup ~**-navvy** *s* grävmaskin ~**-roller** *s* ångvält **-y** *a* 1 ångande, ång- 2 disig
steed *s* springare, gångare
steel I *s* 1 stål; klinga 2 bryn-, eld|stål 3 stålfjäder II *tr* 1 härda, stålsätta 2 ståla ~'**-engra'ving** *s* stålstick ~**-plate** *s* stål|plåt, -platta, -stick ~**-plated** *a* bepansrad ~**-points** *spl* stålbroddar **-ware** *s* stålvaror **-y** *a* 1 stål-, stålblank 2 hårdhjärtad
1 steep I *tr* 1 doppa, blöta, indränka 2 ~*ed* fördjupad, nedsjunken; sprängläd II *s* doppning; bad
2 steep I *a* 1 brant 2 F orimlig II *s* brant **-en** *itr tr* bli (göra) brant
steeple *s* kyrktorn, tornspira **-chase** *s* hinder|ritt, -löpning ~**-crowned** *a* högkullig **-d** *a* tornprydd **-jack** *s* plåtslagare, tornreparatör
1 steer [stiə] *s* stut, ungtjur
2 steer *tr itr* styra; ~ *clear of* undvika **-age** *s* ⚓ 1 styrning 2 mellandäck **-ing-gear** *s* styrinrättning **-ing-wheel** *s* ratt **-sman** *s* rorsman
stellar [ste'lə] *a* stjärn-
1 stem *s* 1 stam, stjälk 2 skaft; fot 3 stapel 4 förstäv
2 stem *tr* stämma, dämma upp, hejda
stench [sten(t)ʃ] *s* stank
sten'cil *s tr* schablon[era]; stencil[lera]
sten'ograph [æf, ɑ:f] *s* stenogram **-er** [ɔ'grəfə] *s* stenograf **-ic** [æ'f] *a* stenografisk **-y** [ɔ'g] *s* stenografi
stentorian [ɔ:'] *a* stentors-, dundrande
step I *s* 1 steg; *keep* ~ *with* hålla jämna steg med; *by* ~*s* gradvis; *in* (*out of*) ~ i (ur) takt 2 gång 3 [fot]spår 4 åtgärd; ~*s* mått och steg 5 trappsteg; [*flight of*] ~*s* trappa; *get o.'s* ~ bli befordrad 6 vagns-, fot|steg 7 stegpinne 8 ~*s* trappstege II *itr* stiga, träda; trampa; ~ *in* stiga in (på); träda emellan; ~ *out* ta ut stegen III *tr* 1 dansa 2 stega
step'||**brother** *s* styvbror **-child** *s* styvbarn **-daughter** *s* styvdotter
step-ladder [ste'plædə] *s* trappstege
step'mother *s* styvmor
stepney [ste'pni] *s* reservhjul
steppe [step] *s* stäpp, grässlätt
stepp'ing-stone *s* klivsten; språngbräde
step'||**sister** *s* styvsyster **-son** *s* styvson
steril||**e** [e'r] *a* 1 steril, ofrukt|bar, -sam 2 steriliserad **-ize** [il] *tr* sterilisera
sterling [ə:'] *a* fullödig; äkta, gedigen
1 stern [ə:] *a* sträng, barsk, hård
2 stern *s* ⚓ akter[spegel]; *by the* ~ akterut **-most** *a* akterst ~**-post** *s* akterstäv **-ward[s]** [ədz] *adv* akteröver
ste'vedore [idɔ:] *s* ⚓ stuv[eriarbet]are
1 stew [stju:] I *tr* stuva II *itr* 1 stuvas; försmäkta 2 S stormplugga III *s* 1 stuvning 2 *in a* ~ utom sig
2 stew [stju:] *s* fiskdamm
steward [stjuəd] *s* 1 förvaltare 2 skattmästare, intendent 3 ⚓ proviantmästare; uppassare 4 funktionär; marskalk; *Lord S*~ riksmarskalk **-ess** *s* ⚓ städerska
1 stick *s* 1 kvist, sticka; [takt]pinne 2 käpp; stör; stav; stång 3 tråkmåns
2 stick (*stuck stuck*) I *tr* 1 sticka; spetsa; stoppa; ~ *up* sätta upp; S förbrylla; hejda 2 klistra [upp]; fästa; ~ *no bills!* affischering förbjuden! ~ *on* lägga till; ~ *it on* F hugga för sig 3 S uthärda II *itr* 1 vara instucken 2 klibba (sitta) fast, fastna; sitta [kvar]; stanna; ~ *together* klibba (hålla) ihop; ~ *at trifles* fästa sig vid småsaker 3 hålla fast [*to* vid]; ~ *to it!* släpp inte taget! 4 ~ *out* sticka ut; härda ut; ~ *up for* F försvara; ~ *up to* bekämpa **-ing-plaster** *s* häftplåster ~**-in-the-mud** *a s* F trög[måns] **-leback** *s* spigg ~**-up** *a* uppstående **-y** *a* klibbig
stiff *a* 1 styv, stel; stram, oböjlig 2 seg 3 F svår 4 stark; dyr 5 oblyg **-en** I *tr* göra styv (stel); stärka II *itr* 1 styvna, stelna, hårdna 2 friska i' 3 stärkas **-ener -ening** *s* styvning[smedel] ~**-necked** *a* hårdnackad
stifle [ai] *tr itr* kväva[s]; undertrycka
stig'ma *s* brännmärke; skamfläck **-tize** *tr* 1 brännmärka 2 stigmatisera
stile [stail] *s* [kliv]stätta
stilett'o [sti] *s* 1 stilett 2 pryl
1 still *tr s* destiller|a, -ingsapparat
2 still I *a* stilla, tyst; ~ *life* stilleben

II *tr* stilla, lugna III *adv* 1 ännu 2 likväl, dock ~-born *a* dödfödd
stilt *s* stylta -ed *a* uppstyltad
stim'ul||ant [ju] *a s* stimulerande [medel] -ate *tr* stimulera, egga -ative *a* stimulerande -us *s* stimulans; sporre
sting (*stung stung*) I *tr itr* sticka[s]; bränna[s]; svida II *s* gadd; brännhår; stick, styng; skärpa -[ing]-nettle *s* brännässla -y [i'ndʒi] *a* snål
stink (*stank* el. *stunk*, *stunk*) I *itr* stinka, lukta [illa] II *s* stank
stint I *tr* 1 spara på, knussla med 2 missunna II *s* inskränkning -ing *a* njugg, knusslig -less *a* ospard
sti'pend *s* fast lön -iary [e'] *a* avlönad
stipple *tr itr s* punkter|a, -ing
stip'ulat||e [ju] *itr tr*, ~ [*for*] föreskriva, avtala -ion *s* bestämmelse, villkor
stir [ə:] I *tr* 1 röra; flytta; uppröra, väcka; ~ *up* röra om (upp); [upp]-väcka, uppegga, anstifta 2 röra om [i], skaka om II *itr* röra [på] sig; *anything ~ring?* ngt nytt? III *s* 1 omröring 2 rörelse; oro, väsen; uppseende -ring *a* 1 rörlig, livlig, rastlös 2 väckande, livaktig, spännande
stirrup [sti'rəp] *s* stigbygel[srem]
stitch I *s* 1 stygn 2 maska 3 stickning 4 smärta, håll II *tr itr* 1 sticka, brodera 2 sy ihop; häfta; nåtla
stoat [ou] *s* lekatt; vessla
stock I *s* 1 stam 2 stock; kloss, block 3 ~*s* stapel[bädd] 4 härstamning, ätt; ras 5 lager, förråd; *out of* ~ slutsåld; *take* ~ inventera; *take* ~ *of* mönstra, värdera 6 bestånd, materiel; uppsättning; boskap 7 lövkoja 8 statslån; värdepapper, aktier; ~*s* börspapper; ~ *department* fondavdelning; ~ *exchange* fondbörs; *take* ~ *in* intressera sig för II *a* på lager; stående III *tr* 1 förse med lager (kreatur); utrusta 2 föra på lager, lagra 3 sätta i stocken 4 så igen
stockade [stɔkei'd] *s* palissad, pålverk
stock'-||book *s* inventariebok -breeding *s* boskapsskötsel -broker *s* fondmäklare -farm *s* avelsgård -goods *spl* lagerartiklar -holder *s* aktieägare
stock'ing *s* [lång]strumpa ~-frame ~-loom *s* strumpstickningsmaskin
stock'-||in-tra'de *s* lager, utrustning -jobber *s* börsspekulant -market *s* fondmarknad -raising *s* boskapsskötsel -taking *s* inventering; överblick -y *a* undersätsig -yard *s* kreatursplats
stodg||e [dʒ] S I *s* skrovmål, bastant mat II *tr itr* proppa i sig -y *a* tung, bastant, hårdsmält
sto'ic I *s*, *S*~ stoiker II *a* stoisk, lugn
stoke *tr itr* 1 elda, sköta elden [i] 2 S kasta i sig [mat] -hold ~-hole *s* ⚓ eld-, pann|rum -r *s* eldare
stole imp. av *steal* -n pp. av *steal*
stol'id *a* trög, slö, dum; envis
stomach [stʌ'mək] I *s* 1 magsäck, mage 2 [mat]lust II *tr* kunna äta; smälta; tåla ~-ache *s* magvärk
stone I *s* 1 sten; gallsten 2 hagelkorn 3 kärna 4 14 lb. (skålpund) II *tr* 1 stena 2 rensa ~-breaker *s* 1 stenkross 2 stenarbetare ~-cutter *s* stenhuggare ~-mason *s* sten|murare, -huggare ~-pine *s* pinje ~-pit *s* stenbrott
sto'ny *a* sten|ig, -hård; känslolös; ~ *broke* S barskrapad, pank
stood [stud] imp. o. pp. av *stand*
stool *s* 1 stol, pall 2 avföring 3 stubbe
stoop I *itr* 1 luta (böja) sig 2 gå (sitta) krokig 3 förnedra sig II *tr* sänka, böja ned III *s* lutning, böjning; kutrygg -ing *a* framåtböjd
stop I *tr* 1 stoppa (täppa) till; plombera; hämma 2 hejda, stoppa, stanna, avbryta; [av]stänga; ~ *thief!* ta fast tjuven! 3 hindra 4 upphöra med, sluta, låta bli; indraga II *itr* 1 stanna, stoppa; ~ *dead* (*short*) tvärstanna 2 upphöra 3 F vistas, bo III *s* 1 halt, uppehåll, avbrott; *be at a* ~ stå stilla; *come to a* ~ avstanna; *put a* ~ *to* göra slut på 2 klaff, stämma, register 3 skiljetecken; *full* ~ punkt 4 [mek.] spärr -gap *s* ersättning -page [idʒ] *s* 1 tilltäppande; spärrning, avbrott; uppehåll; ~ *of payment* betalningsinställelse 2 avdrag -per *s* propp -ping-place *s* hållplats ~-watch *s* tidtagarur
storage [ɔ:'] *s* magasin|ering, -s|utrymme, -s|hyra
store [ɔ:] I *s* 1 förråd, lager; proviant; *in* ~ på lager, i beredskap; *set* ~ *by* sätta värde på 2 magasin 3 ~*s* varuhus 4 butik II *tr* 1 förse 2 samla, lagra; magasinera; rymma ~-cattle *s* slaktboskap -house *s* magasin, skattkammare ~-room *s* handkammare
storey [stɔ:'ri] *s* våning -ed *a* vånings-
storm I *s* 1 oväder, storm 2 [stört]skur 3 stormning II *itr* storma; rasa III *tr* storma ~-beaten *a* stormpiskad ~-tossed *a* stormdriven ~-window *s* stormlucka -y *a* stormig; oväders-
1 story [stɔ:'ri] *s* = *storey*
2 story *s* 1 historia, berättelse, saga; *short* ~ novell 2 handling 3 *tell a* ~ narras ~-teller *s* novellist; berättare
stout I *a* 1 kraftig, bastant, solid 2 käck, ståndaktig, duktig II *s* porter
stove *s* kamin, [kakel]ugn; spis
stow [ou] *tr* stuva, packa -age *s* stuv|ning, -arlön -away *s* fripassagerare
straddle *itr tr* 1 spärra ut benen, sitta grensle [över] 2 tveka
straggl||e *itr* 1 sacka efter 2 förirra sig; grena ut sig (skjuta upp) oregelbundet -er *s* eftersläntrare -ing *a* eftersläntrande; oregelbunden, rörig

straight [eit] I *a* 1 rak, rät; upprätt 2 i ordning; *get* (*make*) ~ ordna [upp]; *put* ~ göra i ordning 3 uppriktig, klar 4 renhårig, F rejäl 5 S direkt, pålitlig II *s* 1 rak linje (sträcka), upploppslinje; *out of the* ~ krokig 2 [kort.] svit III *adv* 1 rakt, rätt; ~ *on* rakt fram 2 direkt 3 rent ut; ~ *off* F genast **-en** I *tr* räta; ~ *out* jämna; reda ut II *itr* bli rak **-for'-ward** *a* 1 rättfram, ärlig 2 enkel

1 **strain** *s* 1 härkomst, familj; ras 2 anlag, drag; stil, ton; ~*s* sång, poesi

2 **strain** I *tr itr* 1 spänna [sig]; sträcka 2 [över]anstränga [sig]; trötta 3 tumma på, pressa; ~ *a point* gå för långt 4 trycka 5 sila[s] II *s* 1 sträckning, spänning 2 ansträngning, påfrestning; utmattning **-ed** *a* tvungen; krystad **-er** *s* sil, filter

strait I *a*, ~ *jacket* tvångströja II *s* 1 [ofta ~*s*] sund 2 ~*s* trångmål, knipa **-ened** *a* [be]tryckt, i trångmål **~--laced** *a* sträng, trångbröstad

1 **strand** *s* 1 sträng 2 drag; element

2 **strand** *s itr tr* strand|[a], -sätta

strange [eindʒ] *a* främmande, obekant; ovanlig, sällsam, egendomlig, märkvärdig **-r** *s* främling, obekant

stran'g||le [ŋg] *tr* strypa; kväva, undertrycka **-ulate** *tr* strypa [till], snöra åt

strap I *s* 1 rem, slejf, axelklaff 2 strigel 3 hälla; stropp 4 [järn]band II *tr* 1 fästa (binda) med rem; spänna 2 prygla 3 strigla **~-oil** *s* F 'påkolja' **-per** *s* stalldräng; F bjässe **-ping** *a* F kraftig, stöddig

strat'agem [idʒəm] *s* list, fint, knep

strat'egist [dʒ] *s* strateg

strat'||ified *a* varv|ad, -ig, lagrad **-um** [ei'] *s* skikt, varv, lager

straw [ɔ:] *s* 1 [halm]strå; *be the last* ~ råga måttet; *draw* ~*s* dra lott 2 halm; *man of* ~ halmdocka; F bulvan; nolla **-berry** *s* jordgubbe, smultron

stray I *itr* ströva, [för]irra [sig], gå (fara) vilse II *s*, ~*s* atmosfäriska störningar III *a* 1 kringströvande, vilsekommen 2 tillfällig, enstaka

streak I *s* 1 strimma, rand, ådring; [min.] streck 2 drag, anstrykning II *tr* randa; ådra **-ed -y** *a* strimmig

stream I *s* 1 ström, å, bäck, flod 2 stråle, flöde II *itr* 1 strömma [ut] 2 rinna 3 fladdra, [s]vaja, flyga **-er** *s* 1 vimpel 2 ljusstråle **-let** *s* å, bäck

street *s* gata; *High S*~ Storgata **~-car** *s* spårvagn **~-walker** *s* gatslinka

strength *s* 1 styrka, kraft[er]; *feat of* ~ kraftprov; *on the* ~ *of* med stöd av 2 fasthet **-en** *tr itr* [för]stärka[s]

stren'uous [ju] *a* ivrig, nitisk; rastlös

stress I *s* 1 tryck; spänning, påfrestning 2 vikt, eftertryck 3 betoning, accent II *tr* framhålla; betona

stretch I *tr* 1 sträcka [på], spänna, tänja [ut]; breda ut 2 överdriva; ~ *a point* gå för långt 3 S hänga II *itr* 1 sträckas; sträcka sig 2 ⚓ pressa 3 F skarva III *s* 1 sträckning, spänning 2 [rak] sträcka; omfång; rad 3 sträck 4 *on the* ~ på sträckbänk 5 över|drift, -skridande; stegring 6 riktning 7 ⚓ slag 8 F skryt, skrävel **-er** *s* 1 bindbjälke; spännram; stötta; spröte 2 bår 3 fotspjärn 4 F lögn **-er-bearer** *s* sjukbärare **-y** *a* F elastisk

strew [stru:] (pp. äv. ~*n*) *tr* [be]strö

strick'||en *a* slagen; hemsökt; ~ *in years* ålderstigen **-le** *s* stryktrå

strict *a* sträng, noga; egentlig; ~*ly speaking* strängt taget **-ness** *s* stränghet, noggrannhet; *in* ~ i egentlig mening **-ure** [tʃə] *s* förträngning; ~*s* kritik

stride I (*strode stridden*) *itr* gå med långa steg, kliva II *s* 1 långt steg, jätte-, storm|steg 2 skrev

stri'd||ent *a* skärande **-or** *s* gnissel

strife *s* strid, tvist, split; rivalitet

strike I (*struck struck*) *tr* 1 slå [till, på] 2 prägla 3 stöta emot (på); träffa [på], nå 4 stryka 5 anslå; uppstämma 6 stöta [in]; genomborra, döda 7 inställa; ~ *work* strejka 8 avlägsna, riva 9 gripa, imponera på, frappera 10 falla [ngn] in; förefalla, verka 11 [av]sluta, göra upp 12 injaga 13 ~ *an attitude* inta en pose; ~ *camp* (*tents*) bryta upp; ~ *dumb* förstumma 14 ~ *off* hugga av; stryka; dra av; improvisera; ~ *out* slå [fram]; stryka [ut]; hitta på; skissera [upp], bryta [bana]; ~ *up* stämma (spela) upp; slå på; stifta; [av]sluta II *itr* 1 slå [till], stöta, hugga 2 träffa, ta; ~ *home* träffa rätt 3 slå ned 4 ⚓ stryka flagg (segel); kapitulera 5 ⚓ stöta [på grund]; törna emot 6 tända, ta eld 7 slå rot 8 ta vägen, gå, styra 9 tränga, bryta; ila 10 strejka 11 ~ *at* slå efter; angripa; hota; ~ *in* störta in; infalla; inblanda sig; ~ *into* störta in i; slå in på; ~ *off* ta (vika) av; ~ *on* träffa, nå; verka på; ~ *out* sätta i väg; sträcka ut; ~ *up* spela (stämma) upp; fladdra (slå) upp III *s* 1 slag 2 strejk **-r** *s* 1 slagman 2 hammarsmed 3 strejkare 4 kläpp

string I *s* 1 sträng; snöre, tråd, snodd, band; *second* ~ reserv[utväg]; *the first* ~*s* de bästa 2 ledband, koppel 3 rad; följd; ramsa 4 ~*s* stråkinstrument II (*strung strung*) *tr* 1 stränga [upp] 2 spänna; stålsätta, stärka 3 trä [upp]; draga 4 skala av, plocka 5 [be]hänga **~-band** *s* stråkorkester **-ed** *a* sträng-, stråk-

strin'gen||cy [dʒ] *s* skärpa, stränghet; styrka; stramhet **-t** *a* sträng, skarp

string'y *a* 1 trådig; senig 2 klibbig, seg
strip I *tr* 1 draga (skala, kläda, taga) av; barka; flå [av]; plundra; tömma 2 rigga av 3 ~ *up* kavla upp II *itr* 1 klä av sig 2 flås av; lossna III *s* remsa; lapp; bit, stycke
stripe *s* 1 strimma, rand 2 band, remsa; galon -d *a* randig [äv. *stri'py*]
strip'ling *s* yngling, [pojk]spoling
stripp'||**ed** *a* naken -**ings** *spl* bitar, skal
striv||**e** (*strove striv'en*) *itr* sträva, bemöda sig; strida; tävla -**ing** *s* strävan; strid; [t]ävlan
strode [stroud] imp. av *stride*
1 **stroke** I *s* 1 slag, hugg, stöt; ~ *of lightning* blixt 2 simtag; stråkdrag; årtag; rodd 3 akterroddare 4 drag, streck 5 schackdrag; affär, bragd; ~ *of luck* stor tur; *not a* ~ *of work* inte ett skapande grand 6 idé, infall; ~ *of genius* snilleblixt II *tr* ro akteråran
2 **stroke** I *tr* stryka; smeka; slata [ut], glätta II *s* strykning, smekning
stro'ke||**-oar** *s* 1 takt-, akter|åra 2 o. -**sman** *s* akterroddare, strok[e]
stroll [ou] I *itr* vandra, flanera; ströva [omkring] II *s* vandring, promenad
strong I *a* 1 stark; kraft|ig, -full; häftig 2 fast; befäst 3 frisk och stark 4 solid 5 [man]stark 6 skicklig 7 ivrig, nitisk; inbiten 8 skarp, från 9 F dryg, grov 10 ~ *room* kassavalv; ~ *wall* brandmur II *adv* starkt; *go it* ~ F ligga i, knoga; överdriva; *going* ~ F kraftig ~**-box** *s* kassaskrin ~**-headed** *a* halsstarrig -**hold** *s* bålverk ~**-minded** *a* 1 viljestark 2 emanciperad ~**-set** *a* kraftigt byggd ~**-willed** *a* viljestark, orubblig
strop I *s* strigel; ⚓ stropp II *tr* strigla
strove [strouv] imp. av *strive*
struck (av *strike*) *a* slagen; betagen
struc'tur||**al** [tʃə] *a* byggnads-; organisk -**e** *s* byggnad; sammansättning
struggl||**e** I *itr* 1 kämpa, strida, brottas 2 streta, sprattla; vrida sig; knoga; -*ing* betryckt II *s* kamp; kval; möda
strum I *itr tr* hamra, slå, klinka, knäppa [på] II *s* klink, knäppande
strung [strʌŋ] imp. o. pp. av *string*
1 **strut** I *s* stötta, sträva II *tr* stötta
2 **strut** *itr* stoltsera, kråma sig
stub I *s* 1 stump; stubbe 2 kort grov spik II *tr* 1 ~ *up* röja 2 ~ *o.'s toe* stuka tån -**bed** *a* stubbig; trubbig
stubbl||**e** *s* stubb -**y** *a* stubbig; borstlik
stubb'orn [ən] *a* envis, hårdnackad, halsstarrig, omedgörlig; orubblig
stubb'y *a* stubbig; undersätsig
stucc'o *s tr* [bekläda med] stuck
stuck (av *stick*) *a* 1 fast; i knipa 2 fullsatt ~**'-up'** *a* F inbilsk
1 **stud** *s* stuteri; hästuppsättning
2 **stud** I *s* 1 spik, stift 2 [krag]knapp 3 nagel; sprint II *tr* 1 beslå 2 beströ

stu'dent *s* stud|erande, -ent; forskare
stu'di||**o** *s* studio, ateljé -**ous** *a* flitig, trägen; ivrig, mån; noggrann
stud'y I *s* 1 studium; forskning 2 ämne, fack 3 studie; etyd 4 studio-, arbets|rum 5 strävan, uppgift 6 *brown* ~ funderingar II *tr itr* 1 studera, läsa; [in]lära; undersöka, behandla; ~ *up* F plugga 2 ta hänsyn till; F göra till lags 3 bemöda sig om
stuff I *s* 1 stoff, material, ämne; *doctor's* ~ mixtur; *good* ~ gott gry 2 produkt, alster 3 [ylle]tyg 4 smörja, skräp 5 F mat, dryck II *tr* 1 stoppa; fullproppa, fylla 2 stoppa till (upp) 3 S ljuga full -**ing** *s* stoppning; fyllning -**y** *a* 1 kvav, instängd; täppt; beslöjad 2 F trumpen, tjurig
stul'tify *tr* 1 förlöjliga 2 misskreditera
stum'bl||**e** I *itr* 1 snava, stappla 2 stamma 3 fela 4 ta anstöt II *s* snavande; fel[steg] -**ing-block** *s* stötesten
1 **stump** I *s* stomp II *tr* stompera
2 **stump** I *s* 1 stump; stubbe, kubb 2 [kricket] grindpinne 3 ~*s* ben, 'påkar' 4 ~*s* stubb 5 ~ *speech* valtal II *tr* 1 hugga av 2 röja 3 F förbrylla III *itr* 1 traska 2 hålla valtal 3 S punga ut -**y** *a* kort [och tjock]
stun *tr* bedöva; överväldiga; ~*ned* häpen; ~*ning* bedövande; överväldigande; F överdådig, underbar
stung stunk imp. o. pp. av *sting, stink*
1 **stunt** *s* S glansnummer, succé; reklamtrick; [sport]evenemang
2 **stunt** *tr* hämma, förkrympa; hejda
stu'pe||**fier** [aiə] *s* bedövningsmedel -**fy** *tr* [be]döva; förslöa; göra häpen -**ndous** [e'n] *a* häpnadsväckande, oerhörd
stu'pi||**d** *a* 1 dum; slö, trög 2 tråkig -**id'ity** *s* dumhet; slöhet -**or** *s* dvala, okänslighet; slöhet; häpnad
stur'dy *a* 1 storväxt, kraftig, stark 2 käck, rakryggad, orubblig 3 härdig
sturgeon [stə:'dʒən] *s* [zool.] stör
stutt'er *itr tr s* [fram]stam|ma, -ning
1 **sty** [stai] *s* [svin]stia, svinhus
2 **sty** *s* [läk.] vagel
styl||**e** [ai] I *s* 1 stil; typ, sort, modell; mod; *good* ~ god ton; *in* ~ flott 2 gravstickel; [rader]nål 3 stift 4 sond 5 titel 6 firma[namn] II *tr* titulera, kalla -**et** *s* 1 stilett 2 sond -**ish** *a* stilig, flott -**o[graph]** *s* reservoarpenna
suave [sweiv, ɑ:] *a* ljuv[lig]; älskvärd
sub [sʌb, səb] *prefix* under-, i andra hand -**altern** [sʌ'bəl] *a s* underordnad; subaltern[officer] -**division** [i'ʒn] *s* underin-, underav|delning -**du'e** *tr* 1 [under]kuva, betvinga; tygla 2 dämpa, mildra; ~*d* behärskad -**head** [-'-'] *s* under|avdelning, -rubrik
subject I [sʌ'b] *a* 1 under|lydande, -dånig; lyd- 2 ~ *to* utsatt för, underkastad; beroende av; *be* ~ *to* bero

av (på); förutsätta **II** [sʌ'b] *s* **1** undersåte **2** subjekt **3** ämne, stoff; fråga, föremål; *on the* ~ *of* angående, om **4** motiv, ämne **5** [mus.] tema **6** anledning **7** försöksobjekt **III** [--'] *tr* **1** underkuva, betvinga, underkasta [*to*] **2** utsätta, prisge **-ion** [e'kʃn] *s* under|kuvande, -kastelse, -dånighet ~**-matter** *s* ämne, stoff
sub||joi'n *tr* bifoga **-jugate** [sʌ'b] *tr* kuva **-junc'tive** *a s* konjunktiv[isk]
sub'lim||ate I *tr* sublimera; förädla **II** [it] *s* sublimat **-e** [ai'm] *a* sublim, upphöjd **-ity** [li'm] *s* upphöjdhet
sub||lu'nary *a* under månen, jordisk **-'marine** *a s* undervattens-, u-båt
submer||ge [ə:'dʒ] **I** *tr* nedsänka; översvämma **II** *itr* dyka ned **-sion** [ʃn] *s* nedsänkning; översvämning
submiss||ion [i'ʃn] *s* **1** underkastelse, lydnad; självuppgivelse **2** hänskjutande **-ive** *a* undergiven, resignerad
submit' I *tr* **1** ~ *o. s.* underkasta sig **2** hänskjuta; föreslå, fram|lägga, -hålla **II** *itr* ge vika, böja sig [*to* för]
subor'dinat||e I [it] *a* underordnad **II** *tr* under|ordna, -kasta **-ion** *s* under|ordnande, -kastelse, lydnad
sub||or'n *tr* muta, tubba, köpa **-poena** [pi:'nə] *s* stämning [äv. *writ of* ~]
sub||scri'be I *tr* **1** under|skriva, -teckna **2** teckna [sig för], satsa **II** *itr* **1** skriva under [*to*] **2** prenumerera **3** teckna bidrag, bidraga; teckna sig; ~ *for* teckna [belopp] **-scriber** *s* undertecknare; prenumerant **-scrip'tion** *s* **1** under|tecknande, -skrift **2** teckning; insamling; bidrag **3** prenumeration; [års]avgift **-sec'tion** *s* underavdelning
sub'sequent *a* följande, senare; ~ *to* efter **-ly** *adv* senare
subser'vient *a* **1** gagnelig **2** krypande
subsi'de *itr* **1** sjunka [undan]; avsätta sig **2** avtaga, gå över **-nce** *s* sjunkande; fällning; avtagande, dämpande
subsid'||iary I *a* understöds-; hjälp-; bi- **II** *s* **1** medhjälpare; hjälp[trupp] **2** filial **-ize** [sʌ'b] *tr* [under]stödja; betala **-y** [sʌ'b] *s* understöd; anslag
subsist' I *itr* **1** bestå, existera **2** livnära sig, leva **II** *tr* livnära **-ence** *s* **1** tillvaro **2** underhåll; levebröd, utkomst
sub'||soil *s* alv[jord] **-stance** [əns] *s* **1** ämne, stoff; huvudsak **2** innehåll **3** verklighet **4** märg, kraft **5** förmögenhet
substan'ti||al [ʃl] *a* **1** verklig, kroppslig **2** stark, solid; bastant; betydande; vederhäftig, saklig; välbärgad; väsentlig **-ate** [ʃi] *tr* **1** förkroppsliga, gestalta [äv. *-alize*] **2** befästa; bekräfta
sub'stitute I *s* **1** vikarie, ersättare **2** surrogat **II** *tr* sätta i stället; ersätta
sub'||terfuge [ju:dʒ] *s* undanflykt **-ter-ra'nean** *a* underjordisk **-tilize** *tr* **1** för|fina, -ädla **2** skärpa **3** tillspetsa
subtle [sʌtl] *a* **1** subtil, skarp[sinnig]; spetsfundig **2** hårfin, obestämbar **3** raffinerad **-ty** *s* **1** skarpsinne, skärpa; spetsfundighet **2** finess **3** tunnhet
subtract' *tr* av-, från|draga; subtrahera
sub'||urb [əb] *s* för|stad, -ort **-ur'ban** *a s* förstads-[bo] **-ven'tion** *s* understöd, statsbidrag **-version** [ə:'ʃn] *s* omstörtning, fall **-ver't** *tr* störta, undergräva **-way** *s* underjordisk gång, tunnel[bana]
succeed [səksi:'d] **I** *itr* **1** följa; ~ *to* efterfölja; tillträda; ärva **2** lyckas; ha framgång **II** *tr* efter|träda, -följa
success' *s* lycka, framgång, succé **-ful** *a* framgångsrik, lyck|lig, -ad **-ion** [e'ʃn] *s* **1** [ordnings]följd, rad **2** efterträdande; tron-, arvs|följd **3** arvsrätt **4** avkomma **5** succession **-ive** *a* följande på varandra **-ively** *adv* i följd **-or** *s* efterträdare; tronföljare
succinct' *a* kortfattad, koncis, knapp
succour [sʌ'kə] *tr s* undsätt|a, -ning, hjälp[a], bistå[nd]
succulent [sʌ'kju] *a* saftig
succumb [kʌ'm] *itr* duka under; digna
succursal [səkə:'sl] *s* filial
such *pron* **1** sådan; så [~ *a late hour*]; *and* ~ [*like*] F o. d.; ~ *and* ~ den och den; ~ *a thing* något sådant; ~ *things* sådant; *no* ~ *thing!* visst inte! **2** ~ *as* sådan (den, de) som; ~ *as to* sådan (så . .) att **-like** *a* dylik
suck I *tr itr* **1** suga [på]; dia, dägga, in|suga, -supa **2** ut|pumpa, -suga **II** *s* **1** sugning **2** klunk **3** S fiasko **4** ~*s* snask ~**-bottle** *s* diflaska **-er** *s* **1** sug|apparat, -rör **2** spädgris **3** rotskott **-le** *tr* dia, amma **-ling** *s* dibarn; spädkalv
suc'tion *s* sugning ~**-pipe** *s* sugrör
su'datory *s a* **1** bastu **2** svettdrivande [medel] [= *sudorif'ic*]
sudd'en I *a* plötslig **II** *s*, [*all*] *of a* ~ [helt] plötsligt **-ly** *adv* plötsligt
suds *spl* såp-, tvål|lödder
sue [sju:] **I** *tr* stämma, lagsöka **II** *itr* **1** processa **2** bedja, anhålla
suède [sweid] *s* mockaskinn
suet [s(j)u'it] *s* [njur]talg
suff'er I *tr* **1** lida, utstå, tåla **2** [til]låta **II** *itr* **1** lida [avbräck], ta skada **2** ~ *for* få umgälla **-ing** *s* lidande; nöd
suffi'ce *itr* vara nog, räcka [till], förslå
sufficien||cy [i'ʃnsi] *s* **1** tillräcklighet **2** bärgning **-t** *a* tillräcklig, nog
suff'ocat||e *tr* kväva **-ion** *s* kvävning
suff'rag||e *s* **1** röst[rätt] **2** gillande **-ett'e** [ədʒ] *s* rösträttskvinna
suffu's||e [z] *tr* övergjuta, fukta **-ion** [ʒn] *s* övergjutning; rodnad; slöja
sugar [ʃu'gə] **I** *s* socker **II** *tr* sockra ~**-basin** *s* sockerskål ~**-beet** *s* sockerbeta ~**-cane** *s* sockerrör ~**-loaf** *s* sockertopp ~**-refi'nery** *s* sockerbruk ~**-stick** *s* slickepinne ~**-works** *spl* sockerbruk **-y** *a* socker|haltig, -söt

suggest [sədʒe'st] *tr* framkalla, väcka, påminna om; förestava; antyda; föreslå, framkasta; suggerera **-ible** *a* 1 [upp]tänkbar 2 mottaglig **-ion** [ʃn] *s* 1 ingivelse; idé, tanke, föreställning 2 antydan 3 förslag, råd 4 suggestion 5 aning, spår **-ive** *a* [tanke]väckande; idérik; talande
suici'd||al [sju:i] *a* självmords- **-e** [-'--] *s* själv|mord, -mördare
suit [sju:t] **I** *s* 1 rättegång, process, mål, åtal; *bring a* ~ *against* stämma; *go to* ~ börja process 2 bön 3 frieri 4 [kort.] färg 5 dräkt; kostym; *dress* ~ frack; ~ *of armour* rustning 6 rad **II** *tr itr* 1 passa; kläda; lämpa sig för; tillfredsställa, passa till (in i); ~ *yourself!* bestäm själv! 2 an-, av|-passa, lämpa; *~ed* lämplig, ägnad **-abil'ity** *s* lämplighet **-able** *a* lämplig, passande **~-case** *s* kostym-, res|väska
suite [swi:t] *s* 1 följe; svit 2 rad, serie
suitor [sju:'] *s* part; friare; sökande
sulk **I** *s*, *~s* trumpenhet, vresighet **II** *itr* vara sur **-y** *a* sur, vresig, trumpen
sull'age *s* slask[vatten], avskräde
sull'en *a* butter, trumpen, dyster **-ness** *s* **-s** *spl* vresighet; dysterhet
sull'y *tr* fläcka (smutsa) [ned]
sul'phur *s* svavel **-ic** [ju'ər] *a* **svavel-**
sul'tr||iness *s* kvavhet, kvalm **-y** *a* kvav, tryckande; het
sum **I** *s* 1 summa, belopp; pris; ~ *total* [slut]summa; *in* ~ kort sagt; *the* ~ *and substance* huvudsumman 2 räkneexempel, tal; *~s* räkning; *do a* ~ räkna ett tal **II** *tr itr* summera, addera; räkna; ~ *up* sammanfatta
summ'ar||ize *tr* sammanfatta **-y** **I** *a* kort[fattad]; enkel **II** *s* sammandrag
summ'er *s* sommar; ~ *lightning* kornblixt[ar] **~-house** *s* lusthus
summersault [sʌ'məsɔlt] = *somersault*
summ'it *s* topp, spets, ås, höjd[punkt]
summ'on *tr* 1 [samman]kalla, in-, till|-kalla; [in]stämma 2 uppmana 3 frammana 4 ~ *up* uppbjuda [mod] **-s** *s* 1 kallelse; stämning; ⚔ inkallande 2 befallning, [upp]maning, bud
sump'tuous [juəs] *a* kostbar, luxuös
sun **I** *s* sol[ljus] **II** *tr itr* sola [sig]; soltorka **-beam** *s* solstråle **~-blind** *s* jalusi **~-bonnet** *s* solhatt **-burn** *s* solbränna **-burnt** *a* solbränd
sundae [sʌ'ndi] *s* [frukt]glass
Sun'day [di] *s* söndag; *~out* frisöndag; ~ *best* F söndagsstass
sun'der *tr* avskilja, splittra, klyva
sun'||-dial *s* solur **-down** *s* solnedgång
sun'dr||ies *spl* varjehanda **-y** *a* flera, diverse; *all and* ~ alla och envar
sun'flower [flauə] *s* solros
sung [sʌŋ] pp. av *sing*
sunk pp. av *sink* **-en** *a* [ned-, in]-sjunken; infallen; avtärd
sun'||light *s* solljus **-lit** *a* solbelyst **-ny** *a* solig; sol- **-rise** *s* soluppgång **-set** *s* solnedgång **-shade** *s* 1 parasoll 2 markis **-shine** *s* solsken **-spot** *s* solfläck **-stroke** *s* solstyng **-struck** *a* träffad av solstyng **-wise** *adv* medsols
sup *itr tr* 1 supera 2 läppja [på]
su'per *prefix* över- **-able** *a* överkomlig **-abun'dant** *a* överflödig **-ann'uated** [ju] *a* överårig; pensionerad; oduglig
super'b [s(j)u] *a* storartad, ypperlig
super||car'go [sju:] *s* ⚓ fraktstyrman **-cil'ious** *a* högdragen, dryg **-erog'atory** *a* överflödig; överlopps-
superfici||al [i'ʃl] *a* ytlig **-es** [ii:z] *s* yta
superflu||ity [lu'] *s* 1 över|flöd, -mått 2 lyxartikel **-ous** [pə:'] *a* överflödig
superintend' *tr* övervaka, kontrollera; leda **-ence** *s* överinseende **-ent** *s* uppsyningsman; chef; inspekt|ör, -or
supe'rior [sju] **I** *a* 1 övre, över-, högre 2 överlägsen, bättre, större; förträfflig; ~ *numbers* övermakt; ~ *to* herre över **II** *s* 1 över|ordnad, -man, förman 2 prior **-ity** [ɔ'r] *s* överlägsenhet
superlative [sjupə:'l] **I** *a* ypperlig; överdriven **II** *s* superlativ; beröm
su'per||man *s* övermänniska **-nat'ural** *a* övernaturlig **-nu'merary** *a s* övertalig [person], extra[ordinarie] **-se'de** *tr* 1 undan-, ut|tränga; ersätta 2 avskaffa 3 åsidosätta 4 avskeda; förbigå **-sen'sible** *a* översinnlig **-session** [se'ʃn] *s* 1 undanträngande, insättande 2 upphävande 3 avsättning
superstiti||on [sju:pəsti'ʃn] *s* vidskepelse, [van]tro **-ous** *a* vidskeplig
su'per||structure *s* överbyggnad **-tax** *s* tilläggsskatt **-ve'ne** *itr* stöta till; inträffa, inträda; följa **-vi'se** [z] *tr* övervaka **-vision** [vi'ʒn] *s* uppsikt **-vi'sor** *s* uppsyningsman; ledare; kontrollör
supine [sjupai'n] *a* 1 liggande [på rygg], utsträckt 2 loj, slapp
supp'er *s* kvällsmat; supé; nattvard
supplant [ɑ:'] *tr* undantränga, utrota
supp'le *a* böjlig, mjuk, smidig; foglig
supp'lement **I** *s* tillägg; bilaga **II** *tr* i-, ut|fylla **-ary** [e'n] *a* tilläggs-
supp'li||ant *a s* bedjande; supplikant **-cate** *tr itr* bedja, bönfalla [om] **-cation** *s* [för]bön; åkallan
suppli'er *s* 1 leverantör 2 matare
1 **supp'ly** *adv* mjukt, böjligt, spänstigt
2 **supply** [ai'] **I** *tr* 1 [an]skaffa, tillhandahålla, lämna; leverera; betjäna; förse, utrusta 2 [ut]fylla 3 vikariera för **II** *s* 1 tillförsel, tillgång; förråd; mängd; proviant 2 fyllande; anskaffning; leverans 3 [pl.] anslag
suppor't **I** *tr* 1 [under]stödja, stötta [under], bära [upp] 2 uppe-, upprätt-, vidmakt|hålla 3 underhålla, försörja 4 tåla, fördraga 5 biträda **II** *s* 1 stöd; underlag 2 hjälp, under-

stöd 3 underhåll 4 ~s reserv **-able** *a* 1 uthärdlig 2 hållbar **-er** *s* 1 försvarare; anhängare 2 stöd, stag
suppo'sl|e [z] *tr* 1 anta[ga]; förmoda, tro; *I am ~d to be there* jag skall vara där 2 [imper.] om **-ed** *a* förment, inbillad **-edly** [id] *adv* förmodligen; förment **-ing** *konj* förutsatt att, om **-ition** [sʌpəzi'ʃn] *s* antagande; förmodan **-itory** [ɔ'z] *s* stolpiller
suppress' *tr* 1 undertrycka, kuva 2 indraga, förbjuda 3 hemlighålla 4 hämma **-ion** [e'ʃn] *s* undertryckande
supp'urate [jur] *itr* vara sig; bulna
supr|em'acy [sju] *s* 1 överhöghet 2 rangplats, överlägsenhet **-e'me** *a* 1 högst; över- 2 överlägsen; oerhörd; suverän 3 ytterst, avgörande
sur|charge [sə:tʃɑ:'dʒ] I *tr* över|[be]lasta, -ladda; över-, om|stämpla II *s* överbelastning **-cingle** [-'iŋgl] *s* sadelgjord **-coat** [-'-] *s* jacka; [vapen]rock
sure [ʃuə, ʃɔə] I *a* säker, viss; *I'm ~* verkligen; *well, I'm ~!* kors! minsann! *be ~ to come* säkert komma; *for ~* F säkert; *make ~* förvissa sig; *to make ~* för säkerhets skull; *to be ~* naturligtvis II *adv* 1 [Am.] [ja] visst 2 *~ enough* alldeles säkert; mycket riktigt **-ly** *adv* säker|ligen, -t; nog; väl **-ty** *s* säkerhet, borgen
surf [sə:f] *s* bränning[ar], vågsvall
surface [sə:'fis] I *s* yta; ytter-, ut|sida; *on the ~* ytligt sett II *a* yt-; ytlig, yttre **~-man** *s* banvakt
surf-board [sə:'fbɔ:d] *s* surfingbräda
surfeit [sə:'fit] I *s* 1 frosseri, omåttlighet; övermättnad 2 leda II *tr* över|lasta, -mätta III *itr* föräta sig
surge [sə:dʒ] I *itr* 1 svalla; vaja; brusa 2 slira II *s* [svall]våg, bränningar
surg|eon [sə:'dʒən] *s* kirurg; fält-, skepps|läkare; *~ dentist* tandläkare **-ery** *s* 1 kirurgi 2 mottagning[srum]
sur'gy [dʒ] *a* svallande
surly [sə:'li] *a* butter, tvär; dyster
sur|mi'se [z] *s tr itr* förmoda[n], antaga[nde], an|a, -ing **-mou'nt** *tr* 1 höja sig (sitta) över, kröna, täcka 2 övervinna **-name** [sə:'] *s tr* [ge] tillnamn; *~d* med tillnamnet **-pass** [ɑ:'] *tr* över|träffa, -gå; *~ing* ovanlig **-plice** [sə:'plis] *s* mässkjorta **-plus** [sə:'pləs] *s a* överskott[s-]
surpri'se [z] I *s* överraskning; förvåning; överrumpling II *tr* överraska etc.; locka, förmå **~-party** *s* knytkalas
surren'der I *tr* överlämna, avstå [från]; uppge; offra; *~ o. s.* kapitulera; [hän]ge sig II *itr* ge sig III *s* över-, ut|lämnande; kapitulation
surreptitious [ti'ʃ] *a* 1 hemlig, förstulen 2 falsk, oäkta
surrou'nd *tr* om|ge, -ringa; belägra **-ings** *spl* omgivning[ar]
surtax [sə:'] *s* tilläggs|skatt, -tull
survei'llance *s* bevakning, kontroll
survey I [ei'] *tr* 1 överblicka 2 granska, besiktiga 3 mäta, kartlägga II [sə:'] *s* 1 över|blick, -sikt 2 granskning, besiktning 3 mätning, kartläggning; karta **-or** [ei'] *s* 1 kontrollör, inspektör 2 lantmätare
survi'v|al *s* 1 över-, fort|levande 2 kvarleva[nde]; rest **-e** *tr itr* överleva; leva kvar **-or** *s* över-, efter|levande
suscep't|ible **-ive** *a* mottaglig, känslig, retlig [*of* för]; *~ of* [äv.] i stånd till
suspect' *tr a* misstänk|a, -t; misstro; ana
suspend' *tr* 1 [upp]hänga; *be ~ed* hänga [ned] 2 suspendera, avsätta; upphäva; inställa, avbryta, uppskjuta 3 *~ed* hängande; oavgjord **-ers** *spl* 1 hängslen 2 strumphållare
suspen's|e *s* 1 ovisshet, spänning 2 uppskov **-ion** [ʃn] *s* 1 upphängning; svävande; *~ bridge* hängbro 2 avsättning; upphävande; inställande, uppskov; *~ of judgment* tvekan
suspici|on [i'ʃn] *s* miss|tanke, -tro; aning; tillstymmelse; *under ~ of* misstänkt för **-ous** *a* misstänk|sam, -t
sustai'n *tr* 1 [upp]bära, [under]stödja 2 upprätt-, under|hålla 3 fördraga 4 utstå, lida 5 godtaga 6 bekräfta **-ed** *a* ihållande, konsekvent **-er** *s* stöd
sus'tenance *s* levebröd; näring; stöd
sutler [sʌ'tlə] *s* ⚔ marketentare
su'ture [tʃə] *s tr* söm, fog; hopsy[ning]
su'zerain *s* feodalherre **-ty** *s* överhöghet
S. W. = *south-west*
swab [ɔ] I *tr* skura, skrubba; ⚓ svabba II *s* skurtrasa; ⚓ svabb **-ber** *s* ⚓ 1 svabelgast 2 S drummel
swaddl|e [ɔ] *tr* linda [äv. *-ing-clothes*]
swag *s* 1 S tjuvgods 2 pack|e, -ning
swagg'er I *itr* 1 kråma sig, pösa; *~ing* viktig 2 skryta II *tr* skrämma III *s* 1 struttande [gång], viktighet 2 skryt 3 vid kappa IV *a* F snobbig **-er** *s* översittare; skrävlare
swain *s* bondpojke; herde; ungersven
1 **swallow** [swɔ'lou] I *tr* 1 svälja [ned], sluka; upptaga 2 [bildl.] smälta; undertrycka 3 lägga beslag på 4 ta tillbaka II *s* 1 svalg, strupe 2 sväljning; drag; klunk 3 glupskhet
2 **swallow** *s* svala; *~'s nest* svalbo **~-tail** *s* 1 F frack 2 tunga [i flagga]
swam [swæm] imp. av *swim*
swamp [ɔ] I *s* träsk, kärr, moras II *tr* 1 översvämma, dränka, sänka 2 överlasta 3 undertrycka, uttränga 4 ruinera III *itr* vattenfyllas, sjunka **~-fever** *s* sumpfeber **-ish** **-y** *a* sank
swan [ɔ] *s* svan
swank S I *s* skryt, bluff II *itr* stoltsera, bluffa III *a* vräkig
swap [ɔ] *tr itr s* F [göra en] bytesaffär; schackra; byta; byte **-ping** *a* F väldig

sward [ɔ:] *s* gräs|matta, -vall, -torv
swarm [ɔ:] *s itr* svärm[a]; myll|er, -ra
swarthy [swɔ:'þi] *a* svartmuskig
swash [ɔ] *itr* stänka, skvalpa **~-buckler** *s* skrävlare, sabelskramlare
swastika [swæ'stikə] *s* hakkors
swath [ɔ(:)þ] *s* [hö]sträng; lieslag **-e** [eið] *tr* linda [om, in], insvepa
sway I *itr* **1** svänga, [s]vaja, vagga **2** härska **II** *tr* **1** svänga, gunga; böja, rubba **2** föra [spiran]; svinga; hantera **3** behärska, styra; bestämma **4** ~ *up* ⚓ hissa **III** *s* **1** svängning, gungning **2** makt, välde; spira
swear [ɛə] **I** (*swore sworn*) *tr* **1** svärja, gå ed på, beediga, bedyra; ~ *off* avsvärja [sig]; F förneka **2** låta gå ed **II** *itr* **1** svär[j]a; ~ *to* bedyra **2** ~ *at* F svära mot **3** F muttra; fräsa **III** *s* F ed **-ing** *s* svär[j]ande; edgång; *false* ~ mened **-word** *s* F svordom
sweat [e] **I** *s* **1** svett; *in* (*by*) *the* ~ *of o.'s brow* i sitt anletes svett **2** svett|ning, -bad **3** F slit; oro **II** *itr* svettas; slita [hund] **III** *tr* **1** [ut]svettas; utdunsta **2** låta svettas; pressa, utsuga, underbetala **3** skrapa [svetten av] **4** S pungslå **-er** *s* **1** [arbets]slav **2** utsugare **3** ylletröja **4** svettdrivande medel **-ing-system** *s* utsugningssystem **-y** *a* svettig; knogig
Swed||e *s* **1** svensk **2** *s*~ kålrot **-en** *npr* Sverige **-ish** *a* svensk
sweep I (*swept swept*) *itr* **1** sopa **2** svepa, fara, susa, jaga; glida; kretsa; ~ *down* slå ned **3** skrida fram **4** sträcka sig; svänga **5** dragga **II** *tr* **1** sopa [bort] **2** sota **3** ~ *away* (*off*) rycka med sig; undanröja **4** rensopa; rensa **5** svepa (glida) fram över; överblicka **6** ⚔ bestryka **7** härja **8** stryka bort **9** håva in **10** dragga upp **11** fösa, föra, röra; göra, ge **III** *s* **1** sopning; *clean* ~ rent hus **2** svep, drag, tag, kast **3** krök[ning], sväng **4** framsvepande; kretsande, flykt; flöde; frasande; makt, kraft **5** [krökt] bana, linje **6** in-, upp|fart **7** sträcka **8** räck-, syn|håll; omfång; [skott]vidd; bestrykning **9** överblick **10** tabelras, slam **11** rad [hus] **12** F = *-stake* **13** o. **-er** *s* **1** sopare **2** sotare **-ing** *a* **1** häftig; väldig **2** lång[sträckt]; böjd, elegant **3** allmän; genomgripande **~-net** *s* släpnät **-stake's**] *s* insats|löpning, -spel; vinst
sweet I *a* **1** söt **2** färsk, frisk **3** ren **4** fin, fräsch **5** behaglig; ljuv, mild; vacker **6** kär, dyr; älskvärd **7** smidig **8** ~ *herbs* kryddväxter; ~ *pea* luktärt; ~ *violet* luktviol **II** *s* **1** karamell **2** ~*s* söt [efter]rätt **-bread** *s* kalvbräss **-en** *tr itr* **1** göra (bli) söt; förljuva **2** fylla med doft **3** rena **4** mildra **-ener** *s* sötningsmedel **~-gale** *s* pors **-heart** *s* fäst|man, -mö **-ies** *spl* karameller, godis **-meat** *s* karamell **-ness** *s* **1** sötma, söt smak **2** doft **3** välljud **4** friskhet **5** charm; mildhet **~'-scen'ted** *a* välluktande
swell I *itr tr* (~*ed swollen*) **1** [komma att] svälla [upp, ut]; pösa; stiga; svalla, häva sig; [ut]vidga, blåsa upp; fylla **2** svullna [upp] **3** stegra[s], öka **4** sjuda **II** *s* **1** [upp-, ut]svällning; utbuktning; utväxt, knöl; höjning; höjd **2** svall[våg], dyning **3** crescendo **4** F snobb; pamp **5** F överdängare **III** *a* F flott; förnäm **-ing I** *s* **1** svällning; svullnad, svulst; bukt[ighet] **2** [känslo]utbrott **II** *a* **1** svällande **2** brusande **3** uppblåst **4** bombastisk **-ish** *a* F flott
swel'ter I *itr* för|smäkta, -gås **II** *s* tryckande värme **-ing** *a* tryckande
swept imp. o. pp. av *sweep*
swerve *tr itr* vika, böja [av]; rubba
swift I *a* **1** snabb, hastig; rörlig **2** snar **II** *s* mur-, torn|svala
swig *s tr itr* F supa, klunk[a]
swill I *tr itr* **1** skölja, spola **2** stjälpa i sig **3** berusa [sig] **II** *s* **1** spolning **2** skulor **3** lank, usel sprit
swim I (*swam swum*) *itr* **1** simma; flyta; glida, sväva **2** översvämmas, fyllas **3** svindla, gå runt **II** *tr* **1** simma [över, på] **2** låta simma **III** *s* **1** simning, simtur; bad **2** *be in the* ~ vara med [i farten] **3** F yrsel **-mer** *s* **1** simmare **2** simfågel **3** vattenspindel
swimm'ing *s a* **1** sim|ning, -mande **2** flytande **3** yr[sel] **4** tårfylld **5** smidig **~-bath** *s* sim|bad, -hall **-ly** *adv* lekande lätt **~-place** *s* badställe **~-pond** **~-pool** *s* simbassäng
swimm'y *a* färdig att få svindel, yr
swin'dle I *tr* bedraga; lura [till sig] **II** *itr* svindla **III** *s* svindel, skoj **-r** *s* svindlare, bedragare **-ry** *s* svindleri
swine (pl. ~) *s* svin **~-sty** *s* svinstia
swing I (*swung swung*) *itr* **1** svänga; svaja; vagga, vippa; gunga; ~ *to* slå igen; ~ *wide* slå[s] upp **2** hänga[s] **II** *tr* **1** svänga [med]; gunga; svinga **2** hänga [upp] **3** [Am.] leda **III** *s* **1** sväng[ning]; gungning; *at full* ~ på vid gavel **2** fart, kläm; schvung **3** fritt lopp, spel-, sväng|rum **4** gunga **~-boat** *s* karusellgunga **~-glass** *s* vridbar spegel **-ing** *a* F svepande, livfull
swin'gle [ŋg] *s tr* skäkta; slagträ
swi'nish *a* svinaktig, snuskig, rå
swipe I *itr tr* slå till **II** *s* hårt slag
swirl [ə:] **I** *itr tr* virvla runt **II** *s* virvel
swish I *tr* **1** piska **2** släpa **II** *itr s* sus[a], prassla, vina[nde]
Swiss *a s* schweiz|isk, -are, -iska
switch I *s* **1** spö, käpp **2** växel **3** strömbrytare **4** = ~*-board* **5** lös|-fläta, -hår **II** *tr itr* **1** piska [upp], slå

[till] 2 klippa 3 svänga med; rycka [till sig] 4 växla; koppla [om], leda; ~ *off* koppla av, bryta; slå ifrån **-back** *s* sicksackbana; berg- och dalbana **~-board** *s* växel[bord] **-man** *s* växlare
swiv'el I *s* 1 svivel; [sväng]tapp 2 ⚓ svängkanon **II** *tr itr* svänga
swob [swɔb] se *swab*
swo'llen (av *swell*) *a* upp|svälld, -blåst
swoon I *itr* 1 svimma 2 dö bort **II** *s* svimning[sanfall]
swoop I *itr* slå ned **II** *tr* F rycka till sig **III** *s* [ned]slag, [an]grepp
swop [swɔp] se *swap*
sword [sɔ:d] *s* svärd; värja; sabel; *at the point of the* ~ med svärd i hand; *court* ~ paradvärja; *cross* ~*s* växla hugg; *put to the* ~ låta springa över klingan **~-belt** *s* värjgehäng **~-cutler** *s* vapensmed **~-flag** *s* svärdslilja **~-guard** *s* värjplåt **~-handle ~-hilt** *s* svärdfäste **-sman** *s* 1 fäkt[mäst]are 2 krigare **~-swallower** *s* svärdslukare
swor||e [ɔ:] imp. av *swear* **-n** (pp. av *swear*) *a* [ed]svuren; edfäst; ~ *brother* vapen-, foster|broder; *be* ~ gå ed
swot *s itr tr* S plugg[a, -häst], knog[a]
swum, swung av *swim, swing*
syc||amore [si'k] *s* 1 sykomor 2 tysk lönn **-ophant** *s* smickrare; snyltgäst
syllab'||ic [sil] *a* stavelse-[bildande] **-le** [si'l] *s* stavelse **-us** [si'l] *s* översikt
sylph *s* sylf, luftande; eterisk varelse
syl'van *a s* skogig; skogs-[gud]
sym'bol *s* sinnebild, tecken **-ic[al]** [ɔ'l] *a* symbolisk **-ize** *tr* beteckna
sympath||et'ic *a* 1 sympat[et]isk; hemlig, mystisk 2 deltagande, känslig **-ize** [-'--] *itr* hysa medkänsla, känna, deltaga **-izer** *s* själsfrände **-y** [-'--] *s* sympati, medkänsla, deltagande
sym'||phony *s* symfoni **-po'sium** [z] *s* dryckeslag **-ptom** *s* symtom; tecken
synagogue [si'nəgɔg] *s* synagoga
syn'chron||ism *s* samtidighet **-ous** *a* samtidig **-ize** *itr tr* vara (göra) samtidiga
syncop||ate [si'ŋ] *tr* synkopera **-e** [-i] *s* synkop; svimning, hjärtslag
synon'ymous [sin] *a* liktydig, synonym
syrin||ga [siri'ŋgə] *s* 1 syren 2 schersmin **-ge** [si'rindʒ] *s* spruta **-nx** [si'r] *s* pan|flöjt, -pipa
syrup [si'rəp] *s* 1 sirap; syrup 2 saft
sys'tem *s* 1 system; *the* ~ organismen; *postal* ~ postväsen 2 plan, princip; ordning **-less** *a* osystematisk

T

T, t [ti:] *s* t; *to a T* på pricken, fint
tab *s* snibb, flik, lapp; stropp, udd
tabb'y I *s* vattrad taft **II** *a tr* vattra[d]
tab'ernacle *s* tabernakel; tält; hydda; helgedom; bönehus
table [ei] **I** *s* 1 bord; skiva, platta; taffel; *at (to)* ~ till bords; *lay on the* ~ bordlägga 2 [minnes]tavla 3 tabell; register 4 [hög]platå 5 tavel-, taffel|sten 6 *turn the* ~*s upon a p.* betala ngn med samma mynt **II** *tr* 1 bordlägga 2 laska **~-glass** *s* 1 [dricks]glas 2 fönsterglas **-land** *s* högplatå **~-spoon** *s* matsked **-t** [tæ'b] *s* 1 skiva, platta 2 [minnes]tavla 3 tablett [äv. *tab'loid*]; kaka; bit **~-talk** *s* bordsamtal **~-top** *s* bordskiva **~-turning** *s* borddans
taboo [təbu:'] *s tr a* [belägga med] tabu; för|bud, -bjuda; avstänga; helig
tab'ouret [ərit] *s* 1 taburett 2 sybåge
tab'ul||ar [ju] *a* 1 platt, flat 2 tabell- **-ate** *tr* uppgöra tabell över, planslipa
tac'it *a* tyst; stilla **-urn** *a* tystlåten
tack I *s* 1 nubb, [häft]stift, spik 2 ~*s* tråckling 3 ⚓ hals[horn]; lov; slag; kurs **II** *tr* 1 fästa, sätta upp 2 tråckla **III** *itr* stagvända; ändra kurs
tackl||e I *s* 1 ⚓ tack|el, -ling, talja 2 redskap, grejor **II** *tr* 1 angripa, hugga tag i; tackla; hugga in på 2 sela [på'] **III** *itr*, ~ *to* F ta itu med **-ing** *s* 1 ⚓ tackling 2 grejor
tacky [tæ'ki] *a* klibbig
tact *s* takt **-ician** [i'ʃn] *s* taktiker **-ics** *spl* taktik **-ile** *a* känsel-
tadpole [tæ'dpoul] *s* grod|unge, -yngel
taff'eta, taff'ety *s* taft
taff'rail *s* ⚓ hackbräde [äv. *taff'erel*]
tag I *s* 1 stift, pigg; snörnål 2 stropp 3 adresslapp 4 flik, remsa; tamp 5 refräng; slutreplik 6 ta fatt, 'sistan' **II** *tr* 1 fästa, [till]foga 2 förfölja
tail *s* 1 svans, stjärt, bak; skört; släp; följe, kö; ~ *of the eye* yttre ögonvrå; *turn* ~ F smita 2 baksida; *head[s] or* ~*[s]* krona eller klave 3 bottensats 4 ~*s* = *~-coat* **II** *tr* 1 hugga av, stubba; noppa 2 fästa **III** *itr* följa (sacka) efter; ~ *off* F försvinna **~-coat** *s* frack; jackett **~-light** *s* bak|lykta, -ljus
tai'lor *s* skräddare **-ing** *s* skrädderi-[firma] **~-made** *s* [promenad]dräkt
tai'l-piece *s* [slut]vinjett
taint I *s* 1 fläck; röta; anstrykning 2 smitta **II** *tr* 1 [be]fläcka; angripa, skämma 2 [be]smitta, fördärva **III** *itr* bli skämd **-less** *a* fläckfri
tak||e I (*took taken*) *tr* 1 ta[ga], gripa 2 inta[ga], äta, dricka; använda 3 bära, forsla; lämna, föra, följa, köra; ta med sig 4 [in]hämta 5 ta emot 6 ådraga sig 7 [p]åtaga sig, övertaga 8 behöva[s], ta 9 hyra 10 hålla [sig med] 11 fatta, hysa, känna; förstå;

finna; ta upp 12 anta[ga] 13 tjäna; vinna 14 fånga, fängsla 15 överraska 16 anse 17 ⚓ uppbringa 18 *be* ~*n ill* bli sjuk; ~*n with* betagen i; drabbad av 19 ~ *to o.s.* tillskriva sig; [*as*] *I* ~ *it* [som] jag tror; ~ *the oath* gå ed; ~ *no refusal* ej vilja veta av ngt avslag; ~ *that!* där har du! 20 ~ *about* föra (visa) omkring; ~ *along* ta med [sig]; ~ *down* [äv.] nedskriva, anteckna; föra till bordet; F stuka; ~ *in* ta (föra) in; om-, upp|fatta; förstå; minska; ⚓ reva; ta emot; hålla [tidning]; F lura; ~ *off* ta (föra) bort; ta av sig; dra av (in); avbilda, kopiera; karikera; bortrycka; ~ *on* antaga; ta in; [p]åtaga sig; ~ *out* ta ut (fram, upp); ta med [sig] ut; ~ *it out of* låta det gå ut över; ~ *over* föra över (omkring i); övertaga; tillträda; ~ *up* ta upp (fram); upptaga; intaga; antaga; åta sig; gripa; avbryta; tillrättavisa; uppskatta; följa; slå sig på; ~ *upon o. s.* åtaga sig **II** *itr* 1 ta vägen, ta av, ta sin tillflykt 2 ~ *to* börja [ägna sig åt], hemfalla åt; sluta (ty) sig till; trivas med 3 ta, verka; göra lycka 4 fastna 5 nappa 6 ~ *after* likna; ~ *away* duka av; ~ [*off*] *from* minska; ~ *off* bege sig i väg; ta sats; lyfta, starta; ~ *on* F ta [illa] vid sig; ~ *up with* umgås med **III** *s* fångst; inkomst **-e-off** *s* 1 karikatyr 2 upphopp, sats; startplats **-ing** **I** ~*s spl* inkomst[er] **II** *a* betagande

tal'c *s* talk [äv. *-um*] **-ky -ous** *a* talk-

tale *s* 1 berättelse, saga; *nursery* ~ amsaga 2 prat, skvaller; *tell* ~*s* skvallra **-bearer** *s* skvallerbytta

tal'ent *s* talang, begåvning, fallenhet; [bildl.] pund **-ed** *a* begåvad

talk [tɔ:k] **I** *itr* 1 tala, prata, kåsera; ~ *big* (*tall*) F skrävla; ~*ing of* på tal om 2 ~ *at* pika; ~ *away* prata på; ~ *back* bjäbba emot; ~ *to* [äv.] F läxa upp **II** *tr* tala; ~ *down* prata omkull; ~ *into* övertala till; ~ *over* diskutera, talas vid om; övertala [äv. ~ *round*]; ~ *up* prisa **III** *s* [sam]tal, prat; kåseri; överläggning; ~ *of the town* samtalsämne [i staden] **-ative** *a* pratsam **-ee-talkee** *s* jargong **-ie** *s* F talfilm

tall [ɔ:] *a* 1 stor, lång, hög 2 F skrytsam **-boy** *s* 1 byrå 2 skorsten

tall'ow [ou] **I** *s* talg **II** *tr* talga; göda

tall'y **I** *s* 1 karvstock 2 [av]räkning; ~*-trade* kreditförsäljning 3 motstycke **II** *tr* 1 markera 2 [av]räkna 3 an-, av|passa **III** *itr* stämma

tal'on *s* 1 klo 2 talong 3 källist

ta'lus *s* 1 sluttning, dosering 2 fotled

tam'bour [uə] *s* 1 tamburin 2 sybåge 3 vindfång ~**-work** *s* tambursöm

tame **I** *a* 1 tam; spak 2 matt; modlös 3 F odlad **II** *tr* tämja; kuva

tamp *tr* 1 tillstoppa 2 packa [till]

tam'per *itr* 1 ~ *with* fingra på, manipulera med, fuska i; muta 2 intrigera **-er** *s* klåpare; intrigmakare

tam'pon *s* 1 tampong 2 hårvalk

tan **I** *tr* 1 [lo]garva 2 bryna, brunbränna 3 F prygla **II** *s* 1 bark[brun färg]; solbränna 2 S cirkus; ridbana

1 **tang** **I** *tr itr* [låta] ljuda, klirra **II** *s* 1 ljud, skrammel 2 bi-, efter|smak

2 **tang** *s* [havs]tång

tan'gible [dʒ] *a* gripbar; påtaglig

tang'le [ŋg] **I** *tr itr* 1 trassla[s] till (ihop) 2 snärja[s] [in] **II** *s* 1 trassel, oreda; härva 2 [havs]tång

tank *s* 1 tank, behållare 2 ⚔ tank **-age** *s* 1 tanks volym 2 tankning

tan'kard *s* krus, sejdel, kanna

tan'ker *s* tankfartyg

tann'|age *s* garvning **-er** *s* 1 garvare 2 S sixpence **-ery** *s* garv|eri, -ning **-ic** *a* garv- **-ing** *s* garvning; F smörj

tan'talize *tr* pina, hålla på sträckbänk

tan'tamount *a* likvärdig; liktydig

tan'trum *s* dåligt lynne, ilska, raseri

1 **tap** **I** *s* 1 tapp, plugg 2 kran 3 tappning; *on* ~ på fat **II** *tr* 1 tappa 2 utnyttja; trafikera; avlocka 3 dryfta

2 **tap** **I** *tr itr* slå, klappa; knacka [med] **II** *s* slag, knackning

tape **I** *s* band, snöre; måttband **II** *tr* binda om ~**-line** *s* måttband

ta'per **I** *s* 1 smalt [vax]ljus; vaxstapel 2 spets; avsmalnande **II** *itr* smalna; avtaga **III** *tr* göra smal (spetsig)

tap'estry *s* tapisseri, tapet, gobeläng

ta'peworm *s* bandmask; binnikemask

tap'|-house **- -room** *s* utskänkningsställe, krog **-ster** *s* kypare; krogvärd

tar **I** *s* 1 tjära 2 F sjöman **II** *tr* tjära

tar'd|igrade *s* sengångare **-y** *a* långsam

1 **tare** [εə] *s* [foder]vicker; ogräs

2 **tare** *s* [hand.] tara

tar'get [git] *s* skottavla

tariff [æ'] *s* taxa; [tull]tariff; tullar

tarn [ɑ:n] *s* skogs-, fjäll|sjö, tjärn

tar'nish **I** *tr itr* 1 göra (bli) matt 2 fläcka[s] **II** *s* glanslöshet; fläck

tarpau'lin *s* 1 presenning 2 matroshatt]

1 **tarry** [ɑ:'] *a* tjärig; tjäraktig

2 **tarry** [æ'] *itr* dröja, stanna kvar; vänta

1 **tart** *s* 1 frukt|tårta, -paj 2 S slampa

2 **tart** *a* skarp, sur, besk; vresig

tar'tan *s* 1 rutigt ylletyg 2 högländare

tartar [tɑ:'tə] *s* 1 vinsten 2 tandsten

task [ɑ:] **I** *s* uppgift, värv, arbete; läxa; *take to* ~ läxa upp **II** *tr* anstränga, pressa

tass'el *s* tofs, frans, vippa; bokmärke

tast|e [ei] **I** *s* 1 smak[sinne]; försmak 2 sinne, håg; *in good* ~ smak-, takt|full 3 smakbit, klunk; droppe **II** *tr itr* 1 smaka [av'], smutta på 2

erfara; få smak på -er s [vin]smakare -y a F 1 välsmakande 2 smakfull
tat itr slå frivoliteter; ~ting frivoliteter
tata, ta-ta [tɑ:'tɑ:'] interj F ajö; hej
tatt'er s, ~s trasor -dema'lion s trashank -ed a trasig
tattle itr s prat[a], snack, skvall|ra, -er
1 tattoo' I s tapto II itr slå, hamra
2 tattoo tr s tatuer|a, -ing
taught [tɔ:t] imp. o. pp. av teach
taunt I tr håna, smäda II s spe[ord]
taut a 1 styv, spänd 2 snygg, pyntad -en tr itr spänna[s]; styvhala
tautology [tɔ:tɔ'lədʒi] s upprepning
tav'ern s värdshus ~-keeper s krogvärd
1 taw [tɔ:] tr vitgarva
2 taw s 1 [sten]kula 2 'spela kula'
tawdry [ɔ:'] a utstyrd, brokig, grann
tawny [ɔ:'] a läderfärgad, brun; solbränd
tax I s 1 [krono]skatt 2 press, påfrestning II tr 1 beskatta, [upp]taxera; värdera 2 betunga, anstränga 3 beskylla 4 tillrättavisa -able a 1 skattskyldig 2 beskattningsbar -ation s [upp]taxering -er s taxeringsman
tax'i ~-cab s [hyr]bil -man s chaufför -meter [mi:tə] s taxameter[bil]
t. b. f. = to be forwarded f. v. b.
tea s 1 te[buske] 2 eftermiddagste; high (meat) ~ tesupé 3 infusion, spad ~-caddy s tedosa
teach (taught taught) tr itr undervisa [i], lära -able a läraktig -er s lärar|e, -inna -ing s undervisning; lära
tea'-||cup s tekopp -fight s F tebjudning -garden s uteservering
teak [ti:k] s tek|träd, -trä
team I s 1 spann, par 2 lag 3 flock II tr spänna ihop -ster s kusk -work s sam|arbete, -spel
tea'||-pot s tekanna -poy s tebord
1 tear [iə] s tår; droppe; ~s gråt
2 tear [tɛə] I (tore torn) tr riva, slita [sönder], sarga, uppriva II itr 1 riva, slita 2 gå sönder 3 rusa, flänga III s 1 hål, reva 2 sönderslitande; ~ and wear slitning, påfrestning 3 fart, fläng
tearful [i'ə] a 1 tårfylld 2 gråtmild
tea'-||rose s te[a]ros -saucer s tefat
tease [z] I tr itr 1 reta, retas [med], förarga 2 karda; rugga II o. -r s F retsticka -l s 1 kardborre 2 karda
tea'||-service --set s teservis [äv. -things] --spoon s tesked --strainer s tesil
teat [ti:t] s bröstvårta; spene
technic||al [te'k] a teknisk -al'it|y s teknisk sida (detalj); teknik -ian [i'ʃn] -ist s tekniker; expert -s s teknik; teknologi [äv. technology]
techy = tetchy
te'di||ous a lång|sam, -trådig; tråkig; tröttsam -um s tråkighet, leda
tee s 1 mål[pinne] 2 [golf] utslag
teem itr myllra, vimla
teens [ti:nz] spl tonår
teeny [ti:'ni] a F [= tiny] liten
teeth pl. av tooth -e [ð] itr få tänder -ing [ð] s tandsprickning
teeto'tal a nykterhets-; F total -ism s [hel]nykterhet -[l]er s nykterist
teeto'tum s [tärnings]snurra
tel'egraph [ɑ:f, æf] s tr itr telegraf[era] -er s telegramavsändare; [äv.] telegrafist -e'se [z] s telegram|språk, -stil -y [le'g] s telegraf|i, -ering
tel'ephon||e s tr itr telefon[era]; desk ~ bordapparat -y [e'f] s telefon|i, -ering
tel'escop||e I s kikare, teleskop II tr skjuta in (ihop), pressa in -ic [ɔ'p] a 1 teleskopisk 2 hopskjutbar
tell (told told) I tr 1 tala o'm, berätta; säga; ~ fortunes spå; ~ a lie ljuga 2 säga ti'll, be, befalla, låta 3 [ur]skilja, känna igen; veta 4 [hop]räkna; ~ off avräkna; avdela; utse II itr 1 tala, berätta; vittna 2 skvallra 3 göra verkan, ta [skruv] -er s 1 berättare 2 rösträknare 3 kassör -ing a verksam, kraftig -tale I s 1 skvallerbytta 2 visare, mätare; kontrollur II a skvallrande
tellu'rian I a jord- II s jordinvånare
temerarious [temərɛ'ə] a dumdristig
tem'per I s 1 [gott, dåligt] lynne, humör, temperament 2 lugn; besinning; out of ~ på dåligt humör 3 retlighet; häftighet 4 härdning II tr 1 blanda, arbeta 2 härda 3 mildra -ament s läggning, lynne -ance s måttlighet, nykterhet -ate [it] a 1 tempererad 2 måttfull, nykter 3 mild
tem'pest s storm -uous [e'stju] a stormig
Tem'plar s 1 tempelriddare 2 [Good] ~ godtemplare
1 tem'ple s 1 tempel 2 T~ jurist|skola, -samfund
2 temple s tinning
tem'plet s schablon, mönster
tem'por||al a 1 världslig 2 temporal -ary a tillfällig; extra -ize itr 1 vända kappan efter vinden 2 förhala tiden
tempt tr 1 fresta; locka 2 pröva; trotsa -ation s frestelse -ress s frestersk a
ten I räkn tio; the upper ~ överklassen, gräddan II s tia; tiotal
ten'||able a hållbar -a'cious [ʃəs] a fast[hållande]; klibbig; seg; orubblig; ihärdig -ac'ity s seghet; orubblighet
ten'an||cy s 1 arrende[tid] 2 besittning -t I s 1 arrendator; hyresgäst 2 innehavare II tr arrendera; hyra; bebo
tench [tenʃ] s sutare
1 tend tr vårda, sköta, se till; vakta
2 tend itr 1 syfta, sträva, tendera 2 bidraga, tjäna -ency s benägenhet, tendens; utveckling
1 ten'der s 1 skötare 2 tender
2 tender I tr erbjuda; inlämna; uttrycka II s anbud; betalningsmedel
3 tender a 1 mjuk, mör; fin, spåd;

diskret; vek, spröd, ömtålig 2 öm[sint]; kär[leksfull] -foot s S gröngöling -ness s ömhet; vekhet
tendon [te'ndən] s sena
tendril [te'ndril] s klänge, ranka
ten'ement s arrende-, frälse|gård; våning; bostad ~-house s hyreskasern
ten'et s grundsats, lära, lärosats
ten'||fold a adv tiofaldig[t] -ner s F tia
tenn'is s tennis ~-court s tennisplan
ten'on I s tapp II tr hop-, in|tappa
ten'or s 1 innehåll, lydelse; mening 2 riktning, bana 3 tenor 4 altfiol
1 **tense** [tens] s tempus, tidsform
2 **tens||e** a spänd, stram -eness s spänning, sträckning -ible -ile a tänjbar -ion [ʃn] s 1 [an]spänning 2 tryck -ity = -eness
tent I s tält[duk] II tr täcka III itr tälta
ten't||acle s trevare, spröt -ative a s försök[s-], experiment[ell]; trevande
tent'-bed s tältsäng; sparlakanssäng
ten'terhook s spännhake; on ~s på sträckbänk
tenth I räkn tionde II s tion[de]del
tenu'||ity s tunnhet -ous [te'] a tunn
ten'ure [juə] s 1 besittning[srätt] 2 arrende 3 ämbetstid; varaktighet
tep'||efy tr itr göra (bli) ljum -id a ljum
tercen't||enary -enn'ial a s trehundraårs-[dag]
ter'giversate itr göra undanflykter
term I s 1 term 2 ~s ord[alag], uttryck[ssätt] 3 ~s villkor; pris; överenskommelse; bring to ~s få att ta reson; make ~s träffa en uppgörelse 4 ~s för|hållande, -bindelse, [bildl.] fot 5 termin; kvartalsdag; tid; for ~ of life för livstiden II tr kalla
ter'magant s a arg|bigga, -sint
ter'min||al I a 1 slut-, sist, gräns- 2 termins- II s slut, spets; gräns; slutstation -ate tr itr 1 [av]sluta 2 göra slut på 3 begränsa -ation s 1 slut 2 ändelse -us s slutstation; gränssten
termite [tə:'mait] s termit, vit myra
ter'n||al -ary a trefaldig, tre-
terr'ace [is] s tr terrass[era]; husrad
terres'trial I a 1 jordisk, jord- 2 land- II s 1 jordinvånare 2 landdjur
terrible [te'r] a för|färlig, -skräcklig
terrier [te'riə] s terrier, råtthund
terri||fic [ri'f] a fruktansvärd -fy [te'r] tr förskräcka, skrämma
territor'||ial a jord-; lokal; ~ army lantvärn -y [e'r] s område; territorium
terr'or s 1 skräck, fasa 2 skräckvälde -ize tr itr, ~ [over] terrorisera ~-stricken ~-struck a skräckslagen
terr'y s sammet; ~ velvet halvsammet
ter'se a klar; koncis, skarp, kärnfull
terti||an [tə:'ʃ] I a annandags- II s annandagsfrossa -ary a tertiär[-]
tess'elate tr inlägga; ~d mosaik-
test I s 1 prov, undersökning, mätning; written ~ [skol]skrivning 2 reagens II tr prova, pröva, undersöka
testa't||or -rix s testamentsgivare
tes'ter s provare, proberare
tes'ti||fy I itr vittna [to om] II tr in-, be|tyga -mo'nial s 1 bevis, be-, in|tyg 2 hedersgåva -mony [-'-məni] s vittnes|börd, -mål; bevis
test'-||paper s 1 reagenspapper 2 prov-[skrivning] -tube s provrör
tes'ty tet'chy a retlig
teth'er [ð] I s tjuder; spelrum II tr tjudra; binda
tet'ra||d s fyrtal -syllab'ic a fyrstavig
Teuton [tju:tn] s german; tysk -ic [ɔ'n] a germansk; tysk
text s text; bibelspråk ~-book s text-, läro|bok ~-hand s [stor] skrivstil -ile a s textil[-], vävnad[s-]; vävd -ual a 1 text- 2 texttrogen -ualist s bibelsprängd; texttrogen -ure [ʃə] s väv[nad]; beskaffenhet
than [ðæn, ðən] konj än; no sooner .. ~ knappt . . förrän
thank I tr 1 tacka; ~ you [very much] tack [så mycket]; ~ God (goodness) gudskelov 2 skylla II s, ~s tack-[sägelse]; [many] ~s tack [så mycket]; ~s to tack vare -ful s tacksam -less a otacksam -sgiving s tacksägelse -worthy a erkännansvärd
that [ðæt, ðət] I (pl. those) dem pron 1 denn|e, -a, detta; den (det) [där] 2 about ~ därom; in ~ däruti 3 ~ is [to say] det vill säga, d. v. s.; ~'s a dear (a good boy) F så är du snäll; ~ is all [there is to it] det är alltihop [det]; ~'s it så är det [ja]; ~ being so då så är förhållandet; and all ~ [sort of thing] och sådant där, o. s. v.; not so silly as ~ inte så' dum; at ~ till på köpet; for all ~ i alla fall; like ~ så där II (pl. those) determ pron 1 den; det; ~ of London Londons 2 något visst III (pl. ~) rel pron som; fool ~ you are! din dumbom! IV adv 1 så [~ much] 2 då [now ~] V konj 1 att; för att 2 som [it was then [~] I learnt] 3 eftersom
thatch I s tak|halm, -täckning; halmtak II tr [halm]täcka
thaw [þɔ:] I itr tr töa, smälta, tina upp II s tö[väder]; upptinande
the [ðə, ði, ði:] I best art -en, -n, -et, -t; den, det II determ pron den, det III adv ju, desto, så mycket
theatr||e [þi'ətə] s 1 teater; skådeplats; picture ~ biograf 2 hörsal -ical [æ't] I a teater-; teatralisk II s, ~s sällskapsspektakel
thee [ði:] pron (till thou) [åld.] dig
theft [þeft] s stöld
their [ðɛə] pron [fören.] -s [z] pron [självst.] deras; sin, sitt
them [ðem, ə] pron (till they) dem; sig

theme [þi:m] *s* tema, ämne, stoff
themsel'ves *pron* [de, dem] själva; sig [själva]
then [ðen] **I** *adv* då; sedan, så; *before* ~ dessförinnan; *but* ~ men så (i stället); *by* ~ då, till dess; *till* ~ till dess; ~ *and there* strax; *what* ~? än sen då? **II** *a* dåvarande
then'ce [ð] *adv* **1** därifrån **2** följaktligen **-'for'th -for'ward** *adv* från den tiden
theolog‖ian [þiəlou'dʒ] *s* teolog **-ical** [ɔ'dʒ] *a* teologisk **-y** [ɔ'l] *s* teologi
theor‖et'ic[al] [þiə] *a* teoretisk **-ist** [þi'ə] *s* teoretiker **-y** [þi'ə] *s* teori
theosoph‖ist [ɔ's] *s* teosof **-y** *s* teosofi
therapeutics [þerəpju:'] *s* läkekonst
there [ðɛə] *adv* **1** där; däri, därvidlag; *all* ~ F vaken, klok; *from* ~ därifrån; *in* ~ därinne; ~ *you are* där (här) har ni; var så god! **2** dit; fram[me]; *in* ~ dit in **3** det; ~*'s a dear* se *that I*; ~ *is no knowing* man kan inte (aldrig) veta **4** så där! se så! nå! **-abou't[s]** *adv* [där]omkring **-by** *adv* därigenom; ungefär **-fore** *adv* därför **-upon'** *adv* därpå
therm [þə:m] *s* värmeenhet **-al** *a* värme-; varm **-ic** *a* värme- **-om'eter** *s* termometer **-os** *s* termosflaska
thesaurus [þisɔ:'] *s* uppslagsbok
these [ði:z] *pron* dessa, de här
thes|is [þi:'sis] (pl. *-es* [i:z]) *s* tes, sats; avhandling; uppsats
thews [þju:z] *spl* senor, muskler; kraft
they [ðei] *pron* de; man **-'d** = *they had* (*would*) **-'re** = *they are* **-'ve** = *they have*
thick I *a* **1** tjock; grov; tät; yvig **2** grumlig **3** hes; grötig **4** F förtrolig **5** dum **6** S fräck **II** *s, in the* ~ *of* mitt [uppe] i; *through* ~ *and thin* i alla väder, blint **-en I** *tr* **1** göra tjock[are]; öka **2** avreda **II** *itr* **1** tjockna, tätna **2** trängas **-et** *s* snår **-set I** *a* **1** tät **2** undersätsig **II** *s* snår
thie‖f [þi:f] (pl. *-ves*) *s* tjuv **-ve** *itr tr* stjäla **-very** *s* stöld **-vish** *a* tjuvaktig
thigh [þai] *s* lår ~**-bone** *s* lårben
thill *s* skakel **-er** ~**-horse** *s* gaffelhäst
thim'ble *s* fingerborg; syring; ⚓ kaus
thin I *a* tunn; mager; gles; svag; knapp; S otrevlig **II** *tr itr* göra (bli) tunn, förtunna[s]; gallra; magra; glesna
thine [ðain] *pron* [åld.] din, ditt, dina
thing *s* **1** sak, ting[est], pjäs; ~*s* saker och ting **2** varelse, människa, stackare **3** ~*s* tillhörigheter, kläder **4** ~*s* förhållanden[a]; saken, det **5** ~*s* husgeråd; servis; redskap **6** *the whole* ~ alltsammans; ~*s past* det förflutna **7** *the* ~ F fint, korrekt; kry, pigg; det viktigaste; det rätta; *and* ~*s* och sådant [där]; *for one* ~ för det första; *the first* ~ [adv.] allra först
think (*thought thought*) **I** *tr* **1** tänka [sig]; betänka **2** anse, tro, tycka; *I* [*should*] ~ *not* det tror jag inte **II** *itr* **1** tänka [efter], fundera; ~ *little of* ha en låg tanke om; ~ *nothing of* nonchalera **2** ~ *of* komma på (ihåg)
thin'ness *s* tunnhet; gleshet; magerhet
third [ə:] *räkn s* tredje[del]; [mus.] ters **-ly** *adv* för det tredje
thirst [ə:] *s itr* törst[a] **-y** *a* törstig
thir't‖ee'n [þ] *räkn* tretton **-eenth** *räkn s* trettonde[del] **-ieth** [þə:'] *räkn s* trettionde[del] **-y** [-'-] *räkn* trettio
this [ðis] **I** (pl. *these*) *pron* denn|e, -a, detta; den (det) här; ~ *is to testify* härmed intygas; *like* ~ så här; ~ *morning* i morse; ~ *year* i år; *by* ~ härigenom **II** *adv*, ~ *much* så mycket
thistl‖e [þisl] *s* tistel **-e-down** *s* tistelfjun **-y** *a* full av tistel; taggig
tho, tho' [ðou] se *though*
thole [þoul] *s* ⚓ årtull [äv. ~*-pin*]
thong *s tr* pisk|a, -snärt; läderrem
thorn *s* torn, tagg; *on* ~*s* som på nålar ~**-bush** *s* törnbuske; hagtorn **-y** *a* törnig; taggig; törnbeströdd
thorough [þʌ'rə] *a* grundlig, fullständig; riktig **-bred** *a s* fullblod[s-]; fulländad; spänstig [typ] **-fare** *s* [kör]väg; huvudgata, farled ~**-going** *a* radikal, grundlig ~**-paced** *a* durkdriven
those [ðouz] *pron* de [där], dessa
thou [ðau] *pron* [åld.] du
though [ðou] **I** *konj* **1** ehuru, fast[än] **2** även om [*even* ~] **3** *as* ~ som om **4** medan **II** *adv* F i alla fall
thought [þɔ:t] **I** imp. o. pp. av *think* **II** *s* **1** tanke **2** åsikt; idé; aning **3** fundering[ar]; eftertanke; *on second* ~*s* vid närmare eftertanke **-ful** *a* **1** tankfull **2** tankediger **3** uppmärksam; hänsynsfull
thousand [þau'zənd] *räkn s* tusen[tal] **-th** *räkn s* tusende[del]
thrall [ɔ:] *s* **1** träl **2** träldom
thrash *tr itr* **1** tröska; ~ *out* genomtröska **2** klå [upp] **-er** *s* **1** tröskare **2** tröskmaskin **-ing** *s* tröskning; smörj **-ing-floor** *s* loggolv, loge
thread [e] **I** *s* **1** tråd; sträng; *in* ~*s* trådsliten **2** gänga **3** tunn malmåder **4** strimma **II** *tr itr* **1** träda på (i, upp), leda (draga) [fram] **2** gänga **3** slingra sig fram [genom] **-bare** *a* **1** trådsliten **2** ömklig; banal **-y** *a* tråd|ig, -lik; hårfin
threat [e] *s* hot **-en** *tr itr* hota [med]
three *räkn s* tre[a] **-fold** [ou] *a adv* tredubbel[t] **-pence** [þri'pəns] *s* tre pence **-penny** [þri'] *a s* trepencе-[mynt] ~**-ply** [plai] **I** *a* tredubbel **II** *s* kryssfaner, plywood
thresh etc. = *thrash etc.*
thresh'old [(h)ould] *s* tröskel
threw [þru:] imp. av *throw*
thrice [þrais] *adv* [litt.] tre gånger
thrift *s* sparsamhet; [god] hushållning

-less *a* slösaktig -y *a* 1 sparsam 2 framgångsrik; välmående
thrill I *tr* genom|bäva, -ila II *itr* rysa, skälva III *s* rysning, skälvning; *cold* ~*s* kalla kårar -er *s* sensationsstycke -ing *a* nervkittlande
thri'v|le (*throve thriv'en*) *itr* 1 trivas, [växa och] frodas 2 ha framgång; florera -ing *a* frodig; [upp]blomstrande; framgångsrik
thro, thro' [þru:] = *through*
throat [ou] *s* 1 hals; strupe; svalg; *a sore* ~ ont i halsen; *lie in o.'s* ~ ljuga fräckt 2 öppning, passage ~-band *s* halsrem -y *a* hals-, guttural
throb I *itr* 1 slå, klappa, bulta 2 vibrera; pulsera; skälva II *s* slag
throe [ou] *s* [födslo]smärtor; ångest
throne I *s* tron II *tr* = *enthrone*
throng I *s* 1 trängsel, myller 2 [folk]massa, mängd II *itr tr* trängas [omkring, på, i] -ed *a* fullpackad
thrott'le I *s* 1 hals, strupe 2 klaff, ventil; gasspjäll II *tr* kväva, strypa
through [þru:] I *prep* genom; på grund av; medelst; *all* ~ genom hela; *be* ~ ha slutat (klarat) II *adv* igenom; till slut; direkt; ~ *and* ~ fullständigt; genom-; *be* ~ vara färdig III *a* genomgående -ou't I *adv* alltigenom II *prep* överallt i, genom (över, under) hela ~-ticket *s* direkt biljett
throve [þrouv] imp. av *thrive*
throw [ou] I (*threw thrown*) *tr* 1 kasta [av, ned, omkull]; slå [bro] 2 lägga; [för]sätta; driva, skjuta; förvandla 3 spruta 4 ömsa; fälla 5 dreja 6 tvinna 7 *be* ~*n out in* misstaga sig i; ~*n upon* hänvisad till 8 ~ *back* kasta (sätta) tillbaka; hindra; ~ *down* kullkasta; riva ned; ~ *in* [äv.] lägga till, inflicka; ~ *off* [äv.] bli kvitt, avskudda; slå av; kasta ned; släppa lös; ~ *out* [äv.] avskeda; utsända; bygga ut; framkasta; förkasta; framhäva; förvirra; distansera; ~ *over* kasta över bord, överge; ~ *to* smälla igen; ~ *up* [äv.] upp-, över|ge; nedlägga II *itr* 1 kasta [ut] 2 ~ *about* [stag]vända; ~ *back to* F gå tillbaka till; ~ *off* börja [jakten] III *s* 1 kast[ande] 2 slag, rörelse
thrum *tr itr* 1 klinka på 2 trumma
1 thrush [þrʌʃ] *s* trast
2 thrush *s* [läk.] torsk
thrust (~ ~) I *tr* 1 stöta, knuffa; tränga, skjuta; sticka, stöta, stoppa 2 tvinga II *itr* 1 tränga [sig] 2 göra utfall III *s* stöt, knuff; an-, ut|fall
thud [þʌd] *s itr* duns[a ned]; dovt slag
thug [þʌg] *s* mördare, bandit
thumb [þʌm] I *s* tumme; *Tom T*~ Tummeliten; *under a p.'s* ~ i ngns våld II *tr* 1 tumma, fingra, trycka [på] 2 klinka på, misshandla ~-mark *s* 1 [finger]märke 2 tumavtryck ~-nail I *s* tumnagel II *a* miniatyr- ~-print *s* tumavtryck ~-stall [ɔ:] *s* 1 [tum]tuta 2 syring
thump I *tr itr* slå, dunka, hamra [på] II *s* slag, stöt -er *s* F hejare; grov lögn -ing *a* F grov, bastant
thun'der I *s* 1 åska; åskknall 2 F tusan II *itr* åska; dundra, braka III *tr* utslunga; skrika ut -bolt [ou] *s* åskvigg, blixt ~-clap *s* åsksmäll -ous *a* åsklik, dånande; hotfull ~-peal *s* åskskräll ~-storm *s* åskväder ~-stroke *s* åskslag ~-struck *a* som slagen av åskan -y *a* åsklik; mörk
Thursday [þə:'zdi] *s* torsdag
thus [ðʌs] *adv* 1 så[lunda] 2 således 3 ~ *far* hittills
thwack [þwæk] se *whack*
thwart [þwɔ:t] I *s* ⚓ toft II *tr* korsa, gäcka, hindra
thy [ðai] *pron* [åld.] din -sel'f *pron* du (dig) [själv]
thyme [taim] *s* timjan
tic *s* ryckningar; ansiktskramp
1 tick I *itr* knäppa, ticka II *tr* 1 ~ *away* markera, mäta 2 ~ [*off*] avpricka, kollationera; F känna igen III *s* 1 tickande 2 prick, bock
2 tick *s* [zool.] fästing
3 tick *s* bolstervar[styg]
4 tick *s itr* F [ge (sälja på)] kredit
tick'et I *s* 1 biljett; sedel; lapp; skylt; plakat; kort 2 [Am.] kandidatlista; partiprogram 3 ⚔ S avsked 4 *the* ~ F det riktiga II *tr* förse med etikett; stämpla ~-night *s* recett ~-office *s* biljettkontor ~-window *s* biljettlucka
tickl|le I *tr* 1 kittla 2 roa; behaga, smickra; reta II *itr* klia III *s* kittling -er *s* 1 F kinkigt problem 2 kortsystem -ish *a* 1 kittlig 2 kinkig
ti'd|lal *a* tidvattens-; ~ *wave* [jätte]våg -e I *s* 1 tidvatten; flod; *high* ~ flod; *low* ~ ebb; *the* ~ *is in (out)* det är flod (ebb); *turn of the* ~ flodskifte 2 ström[ning], riktning; växling 3 tid 4 skift II *itr tr* driva på tidvattnet; ~ *over* komma (hjälpa) över
ti'dings *spl* tidender, nyheter
ti'dy I *a* 1 snygg, proper, prydlig 2 F ansenlig, nätt 3 F ganska kry II *s* överdrag III *tr* städa, snygga upp
tie [tai] I *tr* 1 binda [fast], fästa, knyta 2 underbinda 3 nå samma poäng [som] 4 hämma; inskränka 5 ~ *down* binda; ~ *up* binda upp (fast, ihop); knyta; [för]binda II *s* 1 band; knut; slejf; ögla 2 rosett; slips 3 lika poängtal; oavgjord match 4 [mus.] bind|ning, -båge 5 sliper
tier [ti'ə] *s* 1 [bänk]rad 2 varv, lager
tierce [ti'əs] *s* 1 ters 2 [vin]fat
ti'e-up *s* stagnation; järnvägsstrejk
tiff *s* 1 klunk 2 misshumör; gruff

tig [tig] *s* [lek] tagfatt
ti'ger *s* 1 tiger; *Bengal* ~ kungstiger 2 S skrän **-ish** *a* tigerlik; blodtörstig
tight [tait] I *a* 1 tät 2 åtsittande, [för] trång, snäv; sträng 3 spänd, styv 4 fast 5 F svår 6 snål 7 knapp 8 F påstruken II *adv* tätt, fast, hårt III *s*, ~*s* trikå[byxor] **-en** *tr itr* 1 göra tät[are] 2 draga[s] åt 3 skärpa
ti'gr||ess *s* tigrinna **-ish** = *tigerish*
tile I *s* 1 tegel[panna, -platta]; *Dutch* ~ kakel; *a* ~ *loose* S en skruv lös 2 F cylinder, storm II *tr* tegeltäcka **~-kiln** *s* tegelbränneri **-r** *s* tegeltäckare **-ry** **~-works** *s* tegelbruk
ti'ling *s* 1 tegeltäckning 2 taktegel
1 **till** *prep konj* till[s]; *not* ~ ej förrän
2 **till** *s* kassa[låda]
3 **till** *tr* plöja, odla **-age** *s* odling
tiller *s* ⚓ ror|pinne, -kult
1 **tilt** *tr s* 1 [täcka med] tält|duk, -tak; presenning 2 sol|segel, -tält
2 **tilt** I *itr tr* 1 luta, vippa 2 tornera; kämpa [med] 3 hälla II *s* 1 lutning; vippande 2 tornering; dust; *run a* ~ bryta [en] lans 3 stångjärnshammare **-er** *s* 1 tornerkämpe 2 hammarsmed
tilth *s* [upp]odling; plöjning
tim'ber *s* 1 timmer, virke, trä; timmer|stock, -skog 2 ⚓ spant; F skuta 3 S hinder **-ed** *a* 1 timmer- 2 skogbeväxt **~-head** *s* ⚓ pollare **-ing** *s* förtimring **~-toe** *s* S [person med] träben **~-yard** *s* brädgård
time I *s* 1 tid[punkt]; klockslag; *what* ~ *is it?* vad är klockan? [*at*] *what* ~? hur dags? 2 gång; *some* ~ [*or other*] någon gång 3 takt, tempo; *out of* ~ i otakt 4 ~! stopp! ~[s] *and again* tid efter annan; ~ *out of mind* sedan urminnes tid[er]; [*at*] *any* ~ när som helst; *do* [*o.'s*] ~ avtjäna sitt straff; *have a good* ~ [*of it*] ha roligt, ha det härligt; *have a* ~ *of it* F ha (få) det hett; *lose* ~ [om ur] dra sig efter; *take o.'s* ~ ta tid på sig; *know the* ~ *of day* veta vad klockan är slagen; *against* ~ i flygande fart; *at one* ~ förr; *at the* ~ då; *at* ~*s* emellanåt; *by* ~ på tid; *by that* ~ till dess, då; *by the* ~ när; *by this* ~ vid det här laget, nu; *for the* ~ *being* för närvarande; *in* [*the course of*] ~ med tiden; [*just*] *in* ~ lagom; *in no* ~ i ett nu; *on* ~ punktligt; *out of* ~ för sent II *tr* 1 bestämma tiden för; göra i rätt tid; *ill* ~*d* olämplig 2 datera 3 ta tid för 4 ställa, reglera 5 slå takten till; anpassa, rätta **~-bill** *s* tidtabell **~-honoured** *a* hävdvunnen **~-keeper** *s* tid|mätare, -tagare **-ly** **-ous** *a* läglig, lämplig **-piece** *s* klocka, pendyl **~-server** *s* **~-table** *s* tidtabell; schema
tim'||id *a* rädd; skygg, blyg **-idity** [i'd] *s* rädsla; blyghet **-orous** *a* rädd[hågad], ängslig
timothy [ti'məþi] *s* timotej [~-*grass*]
tin I *s* 1 tenn 2 bleck[burk, -kärl] 3 S pengar II *tr* 1 förtenna 2 konservera
tin'cture [ʃə] *s* 1 tinktur 2 färg[skiftning], nyans; [bi]smak
tin'der *s* fnöske **~-box** *s* elddon
tine *s* spets, tand, klo, pinne
tin'-foil *s* stanniol, bladtenn
tinge [dʒ] I *tr* färga; blanda; ge smak II *s* skiftning; bismak; anstrykning
tingle [tiŋgl] I *itr* 1 ringa, susa 2 sticka, svida, krypa, klia II *s* 1 susning 2 stickande känsla
tin'ker I *s* 1 kittelflickare; *a* ~*'s damn* F ett dugg 2 klåp|are, -ande; fuskverk II *tr itr* laga, lappa [ihop], fuska
tinkle *itr* klinga, klirra, klinka, ringa
tin'||man *s* 1 tenngjutare 2 bleckslagare [äv. *-ner*] **--mine** *s* tenngruva **--plate** *s* bleck[plåt] **--pot** *s* 1 tenn|panna, -kanna 2 bleckkruka
tin'sel I *s* 1 glitter, paljetter 2 brokad 3 grannlåt II *a* prålig, grann; falsk
tin'smith *s* 1 bleckslagare 2 förtennare
tint I *s* färg[ton], skiftning II *tr* färga; schattera
tin'ware *s* tenn-, bleck|varor
ti'ny *a* liten, spenslig, kort; oansenlig
1 **tip** I *s* 1 spets, topp, ända, udd 2 tåhätta; skolla; skoning; doppsko 3 pensel II *tr* beslå, sko
2 **tip** I *tr itr* 1 vippa, stjälpa [omkull, av, ur], tippa, tömma 2 klappa, slå 3 S slänga [ti'll]; ge, räcka 4 ge tips om; tippa 5 F ge dricks[pengar] II *s* 1 dricks[pengar], dusör 2 F vink, tips; *miss o.'s* ~ misslyckas 3 slag, rapp 4 avstjälpningsplats
tippet [ti'pit] *s* pälskrage
tipple I *itr tr* småsupa II *s* F sprit
tipster [ti'pstə] *s* yrkestippare
tip's|y *a* berusad; ostadig [äv. *-ified*]
tip'||toe I *s* tåspets; höjdpunkt II *adv* på tå **-top** F I *s* höjd[punkt] II *a* prima **-'-up'** *a* uppfällbar
tira'de *s* harang; ordflöde; utfall
1 **tire** *s* 1 hjul|ring, -skena 2 [bil-, cykel]ring, [bil]däck
2 **tire** I *tr* trötta [ut] II *itr* tröttna **-d** *a* trött; led **-dness** *s* trötthet **-less** *a* outtröttlig **-some** *a* tröttsam; tråkig
tiro [tai'ərou] *s* nybörjare, novis
tissue [ti'sju:, ʃu:] *s* 1 tyg; vävnad 2 o. **~-paper** *s* silkespapper
1 **tit** *s* 1 [zool.] mes [äv. *-mouse*] 2 P slyna, slinka
2 **tit** *s*, ~ *for that* lika gott igen
Ti'tan *s* titan; *t*~ jätte **t-ic** [æ'n] *a* titanisk; jättelik
tit'bit' *s* läcker-, god|bit
tith||e [taið] **-ing** *s* tionde
tit'illat||e *tr* kittla, reta **-ion** *s* retning
tit'[t]ivate *tr itr* F fiffa upp [sig]

title [ai] I *s* 1 titel 2 [rätts]anspråk; [åtkomst]handling [= *~-deed*] II *tr* betitla; kalla
titt'er *itr s* fnissa[nde], fnitt|ra, **-er**
tittle *s* 1 punkt, prick 2 grand, dugg
titt'up *itr s* hopp[a], galopp[era], dansa
tit'ular *a* titulär-, titel-; *~ly* till titeln
to [tu:, tə, tu] I *prep* 1 till 2 åt 3 i [*go ~ school (church); a visit ~ E.*] 4 på [*go ~ a concert*]; *~ a hair* på ett hår när 5 för 6 mot 7 med [*equal ~*] 8 vid [*used ~*] 9 hos 10 efter; enligt 11 om [*testify ~*] 12 *~ death* ihjäl; *a quarter ~ ten* en kvart i tio; *here's ~ you!* skål! II *infinitivmärke* 1 att 2 för att; *~ say the least of it* minst sagt 3 *he wants us ~ try* han vill att vi ska försöka; *wait for a. p. ~ come* vänta på att ngn skall komma; *times ~ come* kommande tider; *~ hear him* när man hör honom 4 *so as ~* för (så) att III *adv* 1 *~ and fro* av och an 2 igen, till
T. O.(=*turn over*) vänd!
toad [ou] *s* padda **~-eater** *s* inställsam parasit **-stool** *s* flugsvamp **-y** I *s* = *~-eater* II *tr itr* krypa [för]
toast [ou] I *s* 1 rostat bröd 2 skål 3 hedersgäst; firad skönhet II *tr* 1 rosta 2 värma 3 utbringa en skål för **-er** *s* 1 rostare 2 [bröd]rost 3 o. **~-master** *s* ceremonimästare
tobacc'o *s* tobak **-nist** *s* tobakshandlare **~-pouch** *s* tobakspung
toboggan [təbɔ'gn] *s itr* [åka] kälke
toc'sin *s* stormklocka; varning[ssignal]
to-day' I *adv* i dag; nu II *s* dagen
todd'le I *itr* tulta, lunka II *s* pys; tulta
to-do [tədu:', tu-] *s* F väsen, bråk
toe [ou] I *s* tå II *tr* 1 sätta (sy) tå i 2 S sparka III *itr*, *~ in* gå inåt med tårna **~-cap** *s* tåhätta
toff [tɔf] *s* S sprätt, snobb
toff||ee -y [tɔ'fi] *s* knäck, kola
tog I *s* F *~s* kläder II *tr* klä (rigga) upp
together [təge'ðə] *adv* 1 tillsammans; ihop 2 samtidigt 3 å rad
toggery [tɔ'g] *s* F kläder; skrud
1 toil *s*, *~[s]* nät, snara
2 toil I *itr* 1 arbeta, slita [ont]; *~ and moil* träla 2 släpa sig II *s* knog, slit
toi'let *s* 1 toalett 2 toalettbord
toi'l||ful -some *a* arbetsam
to'ken *s* 1 tecken, kännemärke; bevis 2 [minnes]gåva 3 nödmynt
told [tould] imp. o. pp. av *tell*
tol'er||able *a* 1 uthärdlig 2 dräglig, hygglig **-ably** *adv* tämligen **-ance** *s* 1 fördragsamhet 2 motståndskraft **-ant** *a* fördragsam; tålig **-ate** *tr* fördraga, tåla **-ation** *s* fördrag[samhet]; religionsfrihet
1 toll [ou] I *tr itr* 1 ringa [i], klämta 2 låta höra; slå II *s* [själa]ringning
2 toll *s* avgift, vägpengar; [kvarn]tull

Tom *npr s* 1 *~ Fool* dummerjöns 2 kyrkklocka 3 *Old ~* S brännvin 4 *t~* han[n]e, hankatt [äv. *t~-cat*]
tomato [təmɑ:'tou, Am. mei'] *s* tomat
tomb [tu:m] *s* grav, grav|valv, **-vård**
tom'boy *s* yrhätta, vildbasare
tome *s* bok, volym, verk
tom'||fool *s* narr **-foo'lery** *s* skoj
Tommy *npr*, *~ [Atkins]* F soldat
tomm'y *s* 1 ⚔ bröd[ranson] 2 matsäck 3 naturalön **~-rot** *s* nonsens
to-morrow [təmɔ'rou] I *adv* i morgon II *s* morgondagen
tomtit [tɔ'mti't] *s* mes; gärdsmyg
ton [ʌ] *s* 1 ton [1016 kg] 2 registerton
tonality [æ'l] *s* klangfärg; färgton
tone I *s* 1 ton[fall]; röst 2 färgton, nyans 3 anda, atmosfär 4 stämning 5 god kondition, 'form' II *tr* 1 ge ton åt; stämma; *~ down* dämpa 2 tona 3 stärka, stålsätta III *itr* 1 tonas 2 harmoniera, gå i färg **-d** *a* -tonig, -ljudande **-less** *a* klanglös; kraftlös
tongs [ɔ] *spl* tång; *a pair of ~* en tång
tongue [tʌŋ] *s* 1 tunga; mål; *give ~* ge hals; *ready (fluent, smooth) ~* talande tunga; *hold o.'s ~* hålla mun 2 landtunga 3 kläpp 4 spont 5 tungomål; språk; tal **~-tie** *s* tunghäfta **~-tied** *a* stum; fåordig
ton'ic I *a* 1 ton-, klang-; *~ chord* grundackord 2 stärkande II *s* 1 grundton 2 stärkande medel
to-ni'ght *adv* i kväll (natt); *~'s* kvällens
tonite [tou'nait] *s* sprängämne
tonnage [ʌ'] *s* tonnage[avgift]
ton'sil *s* [anat.] mandel, tonsill
tonsorial [ɔ:'r] *a* barberar-
too *adv* 1 alltför 2 också; till på köpet
took [tuk] imp. av *take*
tool I *s* redskap, verktyg II *tr* 1 bearbeta, [ut]forma 2 förgylla [pärm]
toot *tr itr s* tut|a, **-ning**
tooth I (pl. *teeth*) *s* 1 tand; *false ~* löstand; *~ and nail* med näbbar och klor; *in the teeth of* rakt emot; *by the skin of o.'s teeth* nätt och jämnt; *lie in o.'s teeth* ljuga fräckt; *set o.'s teeth* bita ihop tänderna 2 udd, tagg, klo 3 smak, aptit II *tr* tanda; *~ed* kugg- **-ache** [eik] *s* tandvärk **-ful** *s* tår [på tand] **-ing** *s* tandning **-pick** *s* tandpetare **-some** *a* läcker **~-wheel** *s* kugghjul
tootle [tu:tl] *itr* tuta; drilla
1 top *s* snurra; *like a ~* som en stock
2 top I *s* 1 topp, spets; krön; höjd[punkt]; *at the ~* överst; främst; *at the ~ of o.'s voice* högljutt; *on ~* ovanpå 2 [bord]skiva 3 [gryt]lock 4 kapsyl; propp 5 *~s* blast; skott 6 ⚓ märs, mastkorg II *a* 1 överst, högst 2 främst, bäst, prima III *tr* 1 toppa, kapa 2 täcka, kröna 3 höja sig över; överträffa 4 nå toppen av; uppnå 5 stå främst bland (på) **~-boot** *s* krag-

stövel ~-coat *s* överrock -gall'ant *s* bramsegel ~-hat *s* F cylinder ~-heavy *a* ostadig -hole *a* S prima
top'ic *s* [samtals]ämne, tema -al *a* 1 lokal, orts- 2 aktuell
top'‖knot *s* bandrosett; tofs -man *s* ⚓ märsgast -mast *s* märsstång -most *a* överst, högst -per *s* F 1 överdängare 2 prima vara 3 hög hatt -ping *a* finfin
topp'le I *itr* ramla II *tr* stjälpa, störta
top'‖sail *s* märssegel --sawyer *s* högsta höns[et]
top'sy-tur'vy I *adv a* huller om buller, upp och ned II *s* villervalla
torch *s* bloss; fackla ~[-fish]ing *s* fiske vid bloss; ljusterfiske
tore [tɔ:] imp. av *tear*
torment I [tɔ:'] *s* tortyr; pina II [e'nt] *tr* plåga -or [e'n] *s* plågoande
torn [tɔ:n] pp. av *tear*
torna'do *s* tornado, virvelstorm
torpe'do *s tr* torped[era]; mina
tor'p‖id I *a* stel, domnad; slö, känslolös II *s* rodd|båt, -tävling -id'ity *s* dvala, stelhet; slöhet; apati
torre‖fac'tion *s* rostning -fy [tɔ'] *tr* torka, rosta
torr'ent *s* ström; fors; flöde -ial [e'nʃl] *a* 1 strid, forsande 2 ymnig
torr'id *a* förtorkad, torr; bränd; het
torsion [tɔ:ʃn] *s* vridning; torsion
tortoise [tɔ:'təs] *s* [lant]sköldpadda
tor'tuous *a* snodd; slingrande; oärlig
tor'tur‖e [tʃə] I *s* tortyr; kval, smärtor II *tr* 1 tortera; pina 2 förvanska -er *s* plågoande -ous *a* kvalfull
Tory [tɔ:'ri] *s a* tory[-]; konservativ
tosh *s* S skräp, smörja
toss I *tr* 1 kasta [upp], slänga; ~ *hay* vända hö 2 singla 3 skaka 4 ~ *off* [äv.] kasta i sig; klara av II *itr* 1 gunga, kastas 2 kasta sig 3 singla slant III *s* 1 kast; knyck 2 singling; lottning ~-up *s* 1 singling 2 slump
1 tot *s* P 1 litet pyre 2 styrketår
2 tot F I *s* additionstal II = *total II*
to'tal I *a* fullständig; [*sum*] ~ totalsumma II *tr* 1 lägga ihop 2 belöpa sig [till] -ize *tr* sammanräkna; förena -izator -izer *s* totalisator [S *tote*]
tott'er *itr* vackla; stappla; ragla
touch [ʌ] I *tr* 1 [vid]röra, beröra; stöta till; ~ *the bell* ringa; ~ *glasses* klinga; ~ *o.'s hat to* hälsa på 2 gränsa till 3 nå 4 slå an, knäppa (spela) på 5 skissera [äv. ~ *off*] 6 uppbära, lyfta 7 mäta sig med 8 ta (bita) på 9 såra, skada 10 angå 11 ~ *up* retuschera; friska upp II *itr* 1 stöta ihop 2 ~ *at* ⚓ anlöpa; ~ *on* vidröra; gränsa till III *s* 1 vid-, be|röring; ~ *operator* automattelefon 2 känsel 3 känning; räckhåll; kontakt 4 anslag 5 [pensel]drag; färganläggning; grepp; maner; *give the finishing* ~ *to* lägga sista handen vid 6 anstrykning 7 probering; prov; *put to the* ~ pröva 8 kvalitet; halt 9 uppfattning 10 slag, stöt; pik; släng 11 *a* ~ en aning 12 *near* ~ knapp räddning 13 död boll ~-and-go *a* 1 riskabel, vågad 2 lättvindig -ed *a* 1 färgad 2 ankommen, skämd 3 smittad 4 rubbad; vriden ~-last *s* tagfatt ~-line *s* dödlinje ~-needle *s* probernål -stone *s* probersten; kriterium -wood *s* fnöske -y *a* retlig
tough [tʌf] *a* 1 seg 2 envis 3 svår, styv 4 otrolig 5 [Am.] bovaktig -en *tr itr* göra (bli) seg -ness *s* seghet
toup‖ee' [tu] -et [tu:'pei] *s* tupé
tour [tuə] I *s* 1 [rund]resa; tur, tripp; turné 2 [vakt]tjänstgöring II *itr tr* resa omkring [i] -ing-car *s* turistbil -ist *s* turist; ~'*s ticket* rundresebiljett
tourn‖ament [tu'ə, tə:'] *s* torner|ing, -spel; turnering -ey *s itr* torner|spel, -a
tou'sle [z] *tr* slita (rycka) i; rufsa till
tout I *itr* stå på utkik; ~ *for* värva II *tr* spionera på III *s* kundfiskare; spion
1 tow [tou] *s* blånor, drev
2 tow I *tr itr* bogsera[s]; släpa II *s* 1 bogsering; släp[tåg] 2 pråmrad -age *s* bogsering[savgift]
towards [tɔ:dz] [Am. *toward*] *prep* 1 mot, åt.. till 2 [gente]mot 3 för, till
towel [au'] I *s* handduk II *tr* 1 torka 2 S prygla ~-horse *s* handduksställ
tower [au'] I *s* torn; borg; fästning II *itr* torna upp sig, höja sig -ing *s* upptornande, jättehög; högtflygande; våldsam -y *a* 1 = *-ing* 2 tornprydd
tow[ing] [ou'] *s* bogsering ~-line *s* bogserlina ~-path *s* dragväg
town [au] *s* 1 stad; *man about* ~ flanör, vivör 2 [Am.] stadsområde; distrikt [äv. *-ship*] 3 ~ *council* stadsfullmäktige; ~ *hall* stads-, råd|hus; ~ *talk* stadsskvaller ~-dweller *s* stadsbo -sfolk[s] -speople *s* stadsbor
toy I *s* leksak; krimskrams, kram, stålvaror; struntsak II *itr* leka; flörta
1 trace *s* drag|lina, -rem; sele
2 trace I *tr* 1 [upp]draga; [upp]rita; skissera; markera; utstaka; [ned]skriva 2 kalkera 3 spåra [upp], följa; efterforska; upptäcka; påvisa; leda tillbaka II *s* 1 spår; märke; *a* ~ en aning 2 skiss; plan 3 linje -able *a* skönjbar -ry *s* spröjs-, flät|verk
trachea [trəki'ə] *s* luftrör; trakė
track I *s* 1 spår; *get off the* ~ spåra ur; *keep* ~ *of* följa [med] komma av sig; *keep* ~ *of* följa [med] 2 bana; stig; väg; kurs; farled II *tr* 1 spåra, följa; ~ *down* förfölja; infånga 2 bogsera; hala -way *s* spår
1 tract *s* sträcka, område, vidder
2 tract *s* [strö]skrift, broschyr
trac'table *a* medgörlig, lätthanterlig
trac't‖ion *s* dragning[skraft]; drag-

kraft; ~ *engine* lokomobil **-ive** *a* drag- **-or** *s* 1 ⚔ tank 2 traktor
trade I *s* 1 yrke, hantverk, fack; hantering 2 handel; bransch; omsättning; *go into* ~ bli affärsman; ~ *cycle* paketcykel; ~ *mark* varumärke; ~ *price* partipris; *Board of T*~ handelsdepartement 3 handelsväg, trad[e] **II** *itr* 1 handla, driva handel 2 schackra; jobba; ~ *on* ockra på 3 gå, segla **-r** *s* 1 köpman 2 handelsfartyg **-s|man** *s* handelsman **-s|people** *spl* handelsidkare; leverantörer **-[s]-union** *s* fackförening ~**-unionist** *s* fackföreningsmedlem ~**-wind** *s* passadvind
tra'ding *s a* handel[s-]; drift-
tradition [trədi'ʃn] *s* tradition; överföring, fortplantning
tradu'ce *tr* förtala **-r** *s* baktalare
traff'ic I *itr* 1 handla 2 schackra, slå mynt [av] **II** *s* 1 trafik; samfärdsel 2 handel 3 geschäft **-able** *a* framkomlig ~**-manager** *s* trafikchef
trag||edian [dʒi:'] *s* tragedi|författare, -skådespelare, tragiker **-edy** [træ'dʒ] *s* tragedi **-ic** [æ'dʒ] *a* tragisk, sorglig
trail I *s* 1 svans, kö, rad; strimma, band, ringel 2 spår 3 stig 4 släpnät **II** *tr* 1 släpa 2 dra[ga] ut 3 uppspåra 4 ~ *arms!* i handen gevär! **III** *itr* släpa [sig fram]; driva; krypa **-er** *s* släpvagn ~**-net** *s* släpnät
train I *tr itr* 1 [upp]öva; utbilda [sig]; lära; träna; exercera: dressera 2 spaljera **II** *s* 1 släp 2 [fågel]stjärt 3 rad; följe, svit; släptåg 4 gång 5 tåg; *fast* ~ snälltåg; *special* ~ extratåg; *up* ~ tåg till London; *corridor* ~ genomgångståg 6 ⚔ träng **-ed** *a* [äv.] van; utexaminerad **-er** *s* tränare; dressör **-ing** *s* [äv.] exercis; dressyr **-ing-college** (**-school**) *s* seminarium **-ing-ship** *s* skolskepp
trait [trei(t)] *s* [penn-, pensel]drag
trai'tl|or *s* förrädare **-orous** *a* förrädisk; trolös **-ress** *s* förräderska
trajec'tory [trədʒ] *s* bana, lopp
tram *s* spårvagn; spårväg
tramm'el I *s* 1 [släp]nät; not 2 gryt-krok 3 ~*s* hinder, band **II** *tr* hindra
tramp I *itr* 1 trampa; stampa 2 F traska, ströva; luffa omkring [äv. ~ *it*] **II** *tr* genomströva **III** *s* 1 tramp[ande] 2 F [fot]vandring; kringluffande 3 vandrare; luffare 4 trampångare **-le** *tr itr* [ned-, sönder]trampa; ~ *on* förtrampa; ringakta
tram'||road *s* spår **-way** *s* spårväg
trance [ɑ:] *s* extas; medvetslöshet
tran'quil *a* lugn, stilla **-lity** [i'li] *s* lugn **-lize** *tr* lugna
trans- [træns, trɑ:ns] *prefix* över-
transact' *tr* uppgöra, genomdriva **-ion** [ʃn] *s* 1 verkställande, slutförande 2 affär[soperation] 3 ~*s* handlingar, skrifter 4 överenskommelse **-or** *s* ledare; underhandlare
transcend' *tr* över|stiga, -gå, -träffa **-ent** *a* överlägsen **-en'tal** *a* 1 övernaturlig 2 abstrakt; dunkel
transcri'be *tr* 1 skriva av 2 omskriva
tran'script *s* avskrift, kopia **-ion** [ʃn] *s* avskrivning; kopia; omskrivning
tran||sec'tion *s* tvärsnitt **-sept** [æ'n] *s* tvär|skepp, -hus
transfer I [fə:'] *tr* 1 förflytta; överföra; transportera; överlåta 2 kalkera **II** [trɑ:'] *s* 1 för-, över|flyttning; överlåtelse 2 kopia; kalkering[sbild] 3 övergång[sbiljett] **-able** *a* över|flyttbar, -låtlig **-ence** [ɑ:'] *s* förflyttning; överföring; överlåtelse
trans||fig'ure [gə] *tr* omgestalta, förhärliga **-fix'** *tr* genomborra; ~*ed* stel
transfor'm *tr* för|vandla, -ändra **-ation** *s* förvandling; ombildning **-er** *s* 1 omskapare 2 transformator
transfu's||e [z] *tr* 1 ösa över; överföra 2 in-, över|gjuta; fylla **-ion** [ʒn] *s* [om]tappning; [blod]överföring
transgress' I *tr* överträda **II** *itr* synda, fela **-ion** [ʃn] *s* överträdelse; synd **-or** *s* lagbrytare; syndare
tran'sient *a* övergående; tillfällig
tran'sit I *s* 1 genom-, över|resa, färd 2 transport; transito 3 övergång **II** *tr* fara igenom (över) **-ion** [i'ʒn] *s* övergång **-ory** *a* övergående
transla't||e *tr* 1 över|sätta, -föra; tolka; förklara 2 förändra; omvandla **-ion** *s* översättning; överföring; förändring; överlåtelse **-or** *s* översättare
trans||lucent [lu:']*a* genomskinlig **-marine** [i:'n] *a* på andra sidan havet
trans'migr||ate *itr* [ut]vandra **-ation** *s* 1 [ut]vandring 2 själavandring
transmiss'||ible *a* överförbar; ärftlig **-ion** [i'ʃn] *s* 1 översändande; överföring; nedärvning; överlåtelse; överlämnande 2 utsändning; radiering
transmit' *tr* 1 över|sända, -föra, -låta, -lämna 2 genomsläppa; leda; [radio] [ut]sända **-ter** *s* över-, av|sändare
transmog'rify *tr* förvandla, omstuva
transmu't||able *a* förvandlingsbar **-ation** *s* om-, för|vandling **-e** *tr* om-, för|vandla
tran'som *s* tvärbjälke; tvär|slå, -post
transparen||ce [pɛ'ə] *s* 1 genomskinlighet 2 transparang; ljusbild **-t** *a* 1 genomskinlig 2 ärlig
transpir||ation *s* utdunstning **-e** [ai'ə] *tr itr* 1 av-, ut|dunsta; avsöndra[s] 2 sippra (komma) ut 3 P inträffa
transplant [ɑ:'nt] *tr* omplantera; för-, över|flytta **-ation** *s* omplantering &c
transport I [ɔ:'] *tr* 1 transportera, förflytta 2 ~*ed* hänförd, utom sig **II** [-'-] *s* 1 transport, förflyttning; kommunikation 2 hänförelse; utbrott

-ation *s* 1 förflyttning; deportering 2 [Am.] kommunikationer
transpo'sl|e [z] *tr* 1 omflytta, kasta om 2 transponera **-ition** *s* om-, över|-flyttning; omkastning
tran[s]ship' *tr* omlasta
tran'sverse *a* tvärgående, diagonal
1 **trap** *tr* smycka, pryda, styra ut
2 **trap** I *s* 1 fälla, snara; rävsax 2 lucka, klaff 3 F vagn, gigg 4 S 'byling' II *tr* snara, fånga; ertappa **~-door** *s* falldörr, fall-, tak|lucka
tra'pes F I *s* slampa, slarva II *itr* traska
trape'ze *s* trapets
trap'||hole *s* varggrop **-per** *s* pälsjägare
trapp'ings *spl* schabrak; grannlåt, ståt
trapp'y *a* F lömsk, farofylld
traps *spl* F pick och pack, grejor
trash *s* avfall, skräp **-y** *a* värdelös, usel
trav'el I *itr* resa, färdas; gå II *tr* fara i (över); tillryggalägga III *s* 1 [~s] resor 2 ~*s* reseskildring[ar] **-led** *a* 1 berest 2 trafikerad **-ler** *s* 1 resande; passagerare; ~*'s tale* lögn, fantasi[er] 2 rörlig plattform **-ling** I *s* att resa, resor II *a* res-, [kring]resande
trav'erse I *s* 1 tvär|stycke, -trä 2 överfart; farled; väg II *tr* 1 gå (färdas) över (genom), tillryggalägga; korsa 2 bestrida 3 motverka
trav'esty *tr s* travest|era, -i, parodi, -era
trawl [ɔ:] I *itr tr* tråla II *s* trål, släpnät **-er** *s* trål|are, -fiskare
tray *s* 1 bricka; skål 2 fack
treacher||ous [tre'tʃ] *a* förrädisk; falsk; lömsk **-y** *s* förräderi; svek
trea'cl||e *s* sirap **-y** *a* siraplik; sliskig
tread [e] I (*trod trodden*) *itr tr* [be]-träda, trampa, stiga, gå II *s* 1 steg; tramp[ning]; gång 2 trappsteg; pinne 3 tramp-, glid|yta **-le** *s itr tr* trampa
trea'son [z] *s* [hög]förräderi **-able -ous** *a* [hög]förrädisk
treasure [e'ʒə] I *s* skatt[er], dyrbarheter II *tr* 1 samla 2 bevara 3 skatta **~-house** *s* skattkammare **-r** *s* skattmästare **~-trove** *s* [penning]fynd
treasury [e'ʒəri] *s* 1 skattkammare; guldgruva 2 *T*~ finansdepartement **~-bench** *s* regeringsbänk **~-bill** *s* skattkammarväxel
treat I *tr* 1 behandla 2 anse 3 traktera, bjuda II *itr* 1 under-, för|handla 2 ~ *of* av-, be|handla 3 bjuda, bestå III *s* 1 traktering, undfägnad; *stand* ~ bjuda 2 F nöje **-ise** [is] *s* avhandling **-ment** *s* behandling **-y** *s* avtal, fördrag, underhandling
treb'l||e I *a* 1 tredubbel 2 diskant-; gäll- II *s* diskant, sopran; gäll röst III *tr itr* tredubbla[s] **-y** *adv* tredubbelt
tree *s* 1 träd; *Christmas* ~ julgran; *family* ~ stamträd; *up a* ~ F i klämma 2 skoblock **~-frog** *s* lövgroda [äv. ~*-toad*] **-nail** *s* träplugg
tref'oil *s* klöver; väppling; klöverblad
trek I *tr itr* 1 draga 2 åka; flytta II *s* 1 sträcka 2 [ut]vandring; resa
trell'is *s* galler[verk]; spaljé
trem'bl||e I *itr* darra, skälva; dallra; bäva, ängslas II *s* skälvning; frosskakning; F delirium **-ing-poplar** *s* asp
tremen'dous *a* fruktansvärd; F kolossal
trem'||or *s* skälvning, rysning; spänning **-ulant** [ju] I *a* skälvande II *s* tremulant **-ulous** *a* darrande; ängslig
trench I *tr itr* 1 gräva [upp] 2 dika 3 genomskära II *s* 1 dike; ränna; fåra 2 löpgrav **-ant** *a* skarp **~-coat** *s* soldatkappa; regnrock **-er** *s* skärbräde, platta **-er-cap** *s* F studentmössa **-er-man** *s* matvrak; snyltgäst
trend I *itr* 1 sträcka (böja) sig; svänga 2 tendera, gå II *s* riktning, tendens
trepan [tripæ'n] *s tr* trepan[era]
trepidation [tre] *s* förvirring, oro; ångest; skälvning
tres'pass [pəs] I *itr* inkräkta; synda, bryta II *s* överträdelse; intrång; våld; åverkan; synd, skuld **-er** *s* inkräktare; lagbrytare; syndare
tress *s* [hår]fläta; lock **-ed** *a* flätad
trestle [tresl] *s* [trä]bock; underrede
tri- [ai] *prefix* tre- **-ad** *s* tre|tal, -fald; trio; treklang
tri'al *s* 1 rannsakning, rättegång; process; *bring to* ~ ställa inför rätta 2 prov; försök 3 prövning; plåga
triang||le [trai'æŋgl] *s* triangel **-ular** [æ'ŋgju] *a* 1 triangulär 2 trefaldig
tri'b||al *a* stam- **-e** *s* 1 stam; släkt; familj 2 skara
tribulation [ju] *s* anfäktelse, vedermöda
tribu'n||al *s* 1 tribun; tron 2 domstol, rätt **-e** [tri'] *s* 1 folkledare 2 tribun, talarstol; tron; läktare
trib'ut||ary [bju] I *a* 1 skattskyldig; beroende, lyd- 2 bidragande; bi- II *s* biflod **-e** *s* 1 tribut, gärd, skatt 2 hyllning; *pay a* ~ *to nature* skatta åt förgängelsen 3 andel
1 **trice** *tr* hala upp [och göra fast]
2 **trice** *s*, *in a* ~ i en handvändning
trick I *s* 1 knep, list, spratt 2 konst-[grepp], trick[s], knep; *do the* ~ F klara skivan; göra susen 3 egenhet, ovana 4 trick, stick 5 ⚓ rortörn II *tr* 1 lura, narra 2 styra ut III *itr* 1 använda list 2 gyckla, driva **-er** *s* skojare **-ery** *s* knep, skoj
trick'le *itr tr* drypa, droppa, sippra
trick'||ster *s* skojare **-sy** *a* 1 nyck-, lek|-full, yster 2 = **-y**
trick'-track *s* brädspel, tricktrack
trick'y *a* bedräglig; knepig; F kvistig
tri'||colo[u]r I *a* trefärgad II *s* trikolor **-cycle** [sik] *s itr* [åka] trehjuling **-dent** *s* treudd[igt ljuster] **-enn'ial** *a* treårs-
tri'er *s* provare; expert
trifl||e [ai] I *s* 1 småsak, bagatell 2

[vin]tårta II *itr* 1 gyckla, skämta, flörta 2 fingra 3 vara sysslolös III *tr*, ~ *away* plottra bort, förslösa -er *s* gycklare, gäck; odåga -ing *a* 1 lättsinnig 2 värdelös; lumpen
trig I *a* nätt; stilig II *tr* 1 rigga upp 2 bromsa III *s* hämsko, kil, broms
trigg'er *s* avtryckare, trycke
tril'b|y *s* F 1 filthatt 2 *-ies* ben, fötter
trill *tr itr* drill[a]; ~*ed r* rullande r
trim I *a* snygg, prydlig, vårdad; flott II *tr itr* 1 pryda; garnera 2 putsa, se om, sköta; klippa, jämna 3 F klå (sträcka) upp 4 ⚓ trimma; stuva [om]; lämpa; kantsätta 5 anpassa [sig] III *s* 1 skick, [till]stånd, 'form' 2 ⚓ trimning; kantsättning; stuvning; segelställning; *out of* ~ illa stuvad; ur jämvikt 3 dräkt; utseende 4 F klippning, putsning -mer *s* 1 dekoratör; modist 2 skärmaskin 3 ⚓ kollämpare; stuvare 4 väderflöjel -ming *s* 1 dekoration; garnering 2 ~*s* rester, skal 3 stryk jfr *trim II 3*
tringle [triŋgl] *s* gardin|stång, -käpp
trin'ity *s* trefald; *T* ~ tre|enighet, -faldighet; *T* ~ *Term* termin efter påsk
trin'ket *s* grannlåt; prydnadssak
trip I *itr* 1 trippa 2 snava, snubbla 3 begå ett fel II *tr* 1 vippa omkull; sätta krokben för 2 ertappa 3 ⚓ lätta 4 släppa av, slå ifrån III *s* 1 tur, tripp, utflykt 2 [billighets]resa 3 trippande 4 snavande 5 fel[steg], misstag 6 krokben; grepp, tag
tripartition [traipɑ:ti'ʃn] *s* tredelning
tripe *s* 1 P ~*s* inälvor; mage; våm; slarvsylta 2 S skräp
trip'le *a tr itr* tredubb|el, -la[s]; tre- -t *s* trio; treradig strof; triol; trilling
tripod [trai', tri'] *s* trefot, tripod
tripoli [tri'pəli, oli] *s* trippel
tri'pos *s* [kvalif.] kandidatexamen
tripp'er *s* F söndagsfirare
trite *a* [ut]nött, banal, trivial
tri'umph I *s* seger[glädje]; hänförelse II *itr* triumfera; segra -al [ʌ'm] *a* triumf- -ant [ʌ'm] *a* triumferande
triv'et *s* trefot; *right as a* ~ F utmärkt
triv'ial *a* ringa; ytlig; banal; vardaglig
tri'-wee'kly *a adv* 1 tre gånger i veckan 2 var tredje vecka; treveckors-
troche [trou(t)ʃ, trouk(i)] *s* tablett
trochilus [trɔ'k] *s* gärdsmyg; kolibri
trod -den imp. o. pp. av *tread*
troll [ou] I *tr itr* 1 tralla, sjunga 2 slanta II *s* 1 rundsång, kanon 2 [gädd]drag [äv. *-ing-spoon*]; slantning
troll'[e]y *s* 1 dressin; tralla 2 kärra 3 [spårv.] kontakttrissa; ~ *bus* trådbuss 4 o. ~*-car s* [Am.] spårvagn
troll'op *s* slyna, slampa; gatslinka
trombone [trɔ'mboun] *s* [drag]basun
troop [u:] I *s* trupp; skara, mängd; tropp II *itr* 1 samla sig 2 gå (komma) i skaror; ~ *off* F försvinna 3 marschera III *tr*, ~ *the colour[s]* göra parad för fanan -er *s* 1 kavallerist 2 kavallerihäst 3 truppskepp
tro'phy *s* trofé, segertecken
trop'ic I *s* tropik II o. -al *a* tropisk
trot I *itr* 1 trava; gå (rida) i trav 2 F lunka II *tr* 1 låta trava 2 ~ *out* låta paradera III *s* 1 trav 2 F tult|a, -ing
troth [ou] *s* tro[het]; [*in*] ~ i sanning!
trott'||er *s* 1 travare 2 ~*s* [får-, svin]fötter -ing *s* trav[tävling]
trouble [ʌ] I *tr* oroa, bekymra; bry; plåga; besvära II *itr* besvära (oroa) sig III *s* 1 oro, bekymmer; svårighet; nöd; bråk, obehag; motgång; *in* ~ *about* ängslig för; *get into* ~ råka illa ut; S hamna i finkan; *what's the* ~? vad står på? 2 besvär, möda; *put to* ~ besvära; *take the* ~ *to* göra sig besvär att 3 åkomma 4 ~*s* oroligheter -d *a* 1 upprörd; grumlig 2 orolig; bedrövad -some *a* besvärlig
trough [ɔ(:)f] *s* tråg; ho; kar; [våg]dal
trounce *tr* slå, klå [upp]; nagelfara
troupe [tru:p] *s* [skådespelar]trupp
trou'ser||ing [z] *s* byxtyg -s *spl* byxor
trousseau [tru:'sou] *s* [brud]utstyrsel
trout *s* forell -ing *s* forellfiske
trowel [au'] *s* [mur]slev, spade
truan||cy [u'] *s* skolkning, lättja -t I *s* skolkare; dagdrivare; *play* ~ skolka II *a* skolkande; lat; kringflackande
truce [u:] *s* stillestånd; frist, paus
1 **truck** I *tr itr* [ut]byta; schackra; sälja II *s* 1 byte[shandel]; affärer 2 varjehanda; jox; skräp 3 naturalön
2 **truck** I *s* 1 hjul 2 [rull-, skjut]vagn; kärra; [Am.] lastbil 3 godsvagn 4 flaggknapp II *tr* forsla
truck'le I *itr* svansa II *s* rullsäng
truc'ulent *a* rå, barbarisk, vild; grym
trud'ge [dʒ] *itr s* traska[nde]; vandring
trud'gen [dʒən] *s*, ~ [*stroke*] kastsim
true [tru:] I *a* 1 sann; verklig; *come* ~ slå in, besannas; *hold* (*be*) ~ hålla streck, gälla; *make* ~ besanna; [*it is*] ~ visserligen 2 riktig, exakt; rätt[mätig] 3 trogen 4 rät II *tr* av-, in|passa, justera ~*-blue a* 1 äktblå 2 [tvätt]äkta, trogen ~*-born a* äkta; sann ~*-bred a* rasren; äkta
truffle [ʌ, u:] *s* tryffel -d *a* tryfferad
tru||ism [u:'] *s* självklar sanning -ly *adv* 1 sant, verkligt; i sanning 2 riktigt; med rätt[a] 3 troget
trump I *s* 1 trumf; *turn up* ~*s* F lyckas 2 F hedersprick II *tr* ta med trumf; ~ *up* hitta på III *itr* trumfa
trum'pery I *s* 1 grannlåt; skräp 2 nonsens II *a* bedräglig, ihålig, värdelös
trum'pet I *s* 1 trumpet; signalhorn 2 hörlur II *tr itr* [ut]trumpeta; utbasuna ~*-call s* trumpetstöt; signal
trun'cate *tr* stubba; stympa; avskära

trun'cheon [ʃn] *s* kommandostav; batong
trun'dle I *s* 1 hjul, trissa; vals, rulle 2 skjutvagn 3 rullsäng **II** *tr itr* rulla
trunk *s* 1 stam; huvudgren 2 bål 3 pelarskaft 4 koffert 5 [luft]trumma 6 snabel 7 ~*s* knäbyxor **~-call** *s* interurbansamtal **~-line** *s* stambana; huvudlinje
truss I *tr* 1 förstärka, stötta 2 fästa upp; dra åt, rätta till **II** *s* 1 spänn-, häng|verk; takstol; kragsten 2 bunt 3 blomklase 4 bråckband
trust I *s* 1 för|troende, -tröstan, [till]-lit; [god] tro; *in high* ~ högt betrodd 2 förvissning 3 kredit 4 ansvar; förvar; vård; beskydd 5 anförtrott gods 6 förtroendeuppdrag 7 stiftelse; trust **II** *tr* 1 lita på 2 hoppas, tro 3 [an]förtro, betro 4 ge kredit åt **III** *itr* lita, förtrösta, tro; ty sig **-ee'** *s* för|troendeman, -valtare, -myndare; vårdare; ~*s* styrelse **-worthy** *a* på-, tillför|litlig
truth [u:] *s* 1 sanning, sannfärdighet, verklighet; *home* ~*s* beska sanningar 2 riktighet, noggrannhet 3 redbarhet 4 verklighetstrohet **-ful** *a* sann[färdig] **-less** *a* falsk, oriktig
try [ai] *tr itr* 1 försöka [med]; pröva; prova; ~ *o.'s hand at* försöka sig på; *tried* beprövad 2 undersöka 3 plåga, trötta; kosta (ta) på 4 [jur.] behandla; [för]höra; döma 5 ~ *on* prova; ~ *out* utforska; ~ *over* gå igenom, pröva **-ing** *a* ansträngande, enerverande
tryst [ai, i] *s* möte[splats]
tub I *s* 1 bytta, balja, så; tunna 2 bad[kar] 3 S predikstol **II** *tr itr* F bada **-bish -by** *a* rund, trind
tube *s* 1 tub; rör; slang 2 kanal, gång; tunnel; F underjordisk järnväg
tu'ber *s* 1 knöl, svulst 2 potatis 3 tryffel **-cle** *s* 1 knöl 2 tuberkel **-cular** [ə:'kju] *a* 1 knölig 2 tuberkulös
tu'bing *s* rör[ledning]; slang; rörlängd
tubular [tju:'bjulə] *a* rörformig, rör-
tuck I *tr* 1 fästa (vika, kavla, lägga) upp 2 stoppa in (om); ~ *away* gömma undan 3 S hänga **II** *itr*, ~ *in* S lägga in **III** *s* 1 veck, uppslag 2 ⚓ låring 3 S snask **-er** *s* 1 krås 2 S mat **~-in ~-out** *s* S kalas **~-shop** *s* kondis
Tuesday [tju:'zdi, dei] *s* tisdag
tuft *s* 1 [blom]kvast; tofs; test 2 tuva; rugge; dunge **-ed** *a* 1 tofsprydd 2 buskig; tuvig **~-hunter** *s* snyltgäst
tug I *tr itr* 1 draga, släpa; rycka [i]; bogsera 2 knoga, slita **II** *s* 1 ryck, tag, drag 2 kraftprov; besvär; ~ *of war* dragkamp 3 bogserare 4 dragrem
tuition [tjui'ʃn] *s* undervisning
tulip [tju:'lip] *s* tulpan
tulle [t(j)u:l, tul] *s* tyll
tum'ble I *itr* 1 tumla [över ända], ramla; snava; falla [ihop] 2 rulla (kasta) sig; F störta 3 göra volter 4 stöta, råka 5 ~ *to* S begripa; gilla **II** *tr* 1 vräka (kasta, skuffa) omkull (ned, ut) 2 kasta omkring; rota i; skrynkla (rufsa) till 3 fälla **III** *s* 1 fall; kullerbytta 2 oordning, röra **-down** *a* fallfärdig **-r** *s* 1 akrobat 2 glas
tum'br||el -il *s* [tipp]kärra
tu'mid *a* 1 svullen 2 svulstig **-ity** [i'd] *s* 1 svullnad 2 svulst[ighet]
tumm'y *s* [barnspr.] mage
tu'mour *s* svulst, böld, tumör
tu'mult *s* upp|lopp, -ror, bråk; förvirring **-uary -uous** [ʌ'ltju] *a* oordnad; upprorisk; stormig, orolig
tu'mul|us [jul] (pl. *-i* [ai]) *s* gravhög
tun *s* tunna **~-bellied** *a* tjockmagad
tune I *s* 1 melodi; låt 2 stämning; samklang, harmoni; *in* ~ stämd; rent; tillfreds; *keep in* ~ hålla tonen 3 humör 4 *to the* ~ *of* till ett belopp av **II** *tr* 1 stämma 2 anpassa; bearbeta; ~ *up* justera, trimma 3 uppstämma **III** *itr* 1 stämma; harmoniera; ~ *in* [radio] ställa in 2 ljuda, tona **-able -ful** *a* melodisk, klangfull **-less** *a* 1 omelodisk, sträv 2 stum, tyst **-r** *s* [piano]stämmare
tu'nic *s* 1 tunik[a] 2 uniformsrock 3 hinna **-le** *s* tunika
tu'ning-fork *s* stämgaffel
tunn'el *s* 1 tunnel 2 [stoll]gång
tunny [tʌ'ni] *s* tonfisk [~-*fish*]
tuny [tju:'ni] *a* F melodisk, smekande
tur'bid *a* grumlig, tjock, oklar; virrig
turbot [tə:'bət] *s* piggvar
tur'bulent [ju] *a* orolig, upprörd; bråkig
tureen [t(j)uri:'n] *s* soppskål, terrin
turf I *s* 1 torv[a] 2 kapplöpningsbana; häst-, trav|sport, -tävlingar **II** *tr* torvtäcka **-ite** *s* hästsportsentusiast
turg||escent [dʒe'snt] *a* [upp]svällande **-id** [-'-] *a* 1 svullen 2 svulstig
Turk *s* 1 turk 2 muhammedan 3 barbar **t-ey** *s* kalkon **-ish** *a* turkisk
tur'moil *s* oro; virrvarr; tumult, larm
turn I *tr* 1 vända [på], vrida [om, på]; skruva [på]; snurra [på], svänga [runt]; veva; sno 2 svarva; dreja; [ut]forma 3 kröka, böja; välva 4 rikta, styra 5 vända (vika) om; dubblera 6 ⚔ kringgå 7 för|vandla, -ändra; göra 8 översätta 9 förvrida 10 av|vända, -leda 11 avvisa [~ *away*] 12 omsätta 13 hålla; tappa 14 göra sur 15 fylla [år] 16 ~ *about* vrida och vända på; ~ *adrift* låta driva vind för våg; ~ *aside* avvärja; ~ *away* [äv.] slå bort; avskeda; avvända; ~ *down* vända [upp och] ned; skruva (vika) ned; F tillbakavisa; ~ *off* [äv.] vrida (stänga) av; köra bort; avleda; vända (slå) bort; avvända; till-, av|verka; utföra; ~

on vrida (släppa) på; ~ *out* [äv.] köra (kasta) ut; utrymma; producera; utbilda; släppa ut; vränga; vrida av; ekipera; ⚓ purra; ~ *over* vända [upp och ned på]; kasta (slå) omkull; överväga; överlåta; ~ *up* [äv.] slå upp; gräva upp; S ge upp II *itr* 1 svänga, vrida sig 2 röra sig, handla 3 ta (vika) av 4 vända sig; bege sig; ~ *to* anlita; slå sig på 5 vända [om]; vika 6 förvandlas, övergå 7 bli 8 surna 9 ge utslag 10 vara i målbrottet 11 *his stomach* ~*s* han får kväljningar 12 ~ *in* vara vänd (böjd) inåt; gå in; törna in, gå till kojs; ~ *into* vika (slå) in på; ~ *off* vika av; ~ *on* svänga kring; bero på; ~ *out* vara vänd utåt; gå (rycka) ut; törna ut, stiga upp; strejka; utfalla; avlöpa; arta sig till, bli; visa sig vara; ~ *over* vända sig [om], rulla över; stjälpa [omkull]; [*please*] ~ *over!* vänd! ~ *to* börja; övergå till; ~ *up* [äv.] dyka upp, visa (yppa) sig III *s* 1 vändning; vridning; sväng[ning]; varv, slag 2 krök, krok; omväg; vändpunkt 3 tur 4 skift 5 tjänst 6 jobb 7 dust, strid 8 attack; utbrott; F chock 9 läggning; anlag, håg 10 ⚓ rundtörn 11 utslag, förändring 12 *at every* ~ ständigt [och jämt]; *by* (*in*) ~*s* turvis, ömsom; *to a* ~ lagom; ~ *of the tide* vändpunkt; *take* ~*s* tura om; *take a* ~ *at* ta del i **-about** *s* karusell ~**-bridge** *s* svängbro ~**-coat** *s* överlöpare, väderflöjel ~**-down** *a* dubbelvikt **-er** *s* svarvare; drejare **-ing** *s* 1 vändning; rotation, varv 2 gathörn; vägskäl **-ing-lathe** *s* svarv[stol] **-ing-wheel** *s* 1 vändkors 2 svänghjul

turnip [ə:'] *s* rova; kålrot

tur'n|key *s* fångvaktare **- -out** *s* 1 utryckning, uppställning 2 strejk 3 anslutning 4 tömmande 5 utrustning 6 ekipage 7 tillverkning **-over** *s* 1 kullstjälpning; omsvängning 2 omsättning **-pike** *s* väg-, tull|bom **- -screw** *s* skruv|nyckel, -mejsel **-stile** *s* vändkors **- -table** *s* vändskiva **- -up** I *s* 1 uppslag 2 slagsmål II *a* uppvikt

turpentine [tə:'pəntain] *s* terpentin

turquoise [tə:'k(w)ɔiz] *s* turkos

turret [ʌ'] *s* [pansar]torn; takryttare

1 tur'tle *s* turturduva [vanl. ~*-dove*]

2 turtle *s* 1 havssköldpadda 2 sköldpaddsoppa 3 *turn* ~ S kapsejsa

tusk I *s* [hugg-, rov]tand, bet[e] II *tr itr* [genom]borra, rycka upp **-er** *s* elefant; vildsvin

tuss'le I *s* strid, slagsmål II *itr* slåss

tussock [tʌ'sək] *s* tuva; rugge

tut *interj* fy! tvi! asch! tyst!

tu'tel|age *s* förmynderskap **-ary** *a* skydds-; förmyndar-

tu'tor I *s* 1 privatlärare; informator 2 [Am.] docent 3 förmyndare II *tr* 1 undervisa, öva, dressera 2 kuva, tygla **-age** *s* 1 undervisning, uppsikt 2 förmynderskap **-ess** *s* guvernant

twaddle [ɔ] *itr s* snack[a], 'dilla'

1 twang I *itr* dallra, sjunga, surra; knäppa II *tr* 1 knäppa [på]; spela 2 uttala med näston III *s* 1 surr, klirr, knäpp; ljud 2 näston 3 brytning

2 twang *s* [bi]smak, lukt; anstrykning

twan'gle [ŋg] *itr tr s* knäpp[a], klirr[a]

tweak I *tr* nypa, klämma; vrida; rycka i II *s* 1 nyp; vridning; ryck 2 knep

twee'dle *itr* spela, gnida; ljuda, gnälla

tweet I *s* [fågel]kvitter II *itr* kvittra

twee'zers *spl* tång, pincett

twelfth *a s* tolfte[del] **T~-day** *s* trettondagen **T~-night** *s* trettondagsafton

twelve *räkn* tolv **-month** *s*, *a* ~ ett år

twen't|ieth *a s* tjugonde[del] **-y** tjugo

twice *adv* två gånger; dubbelt

twidd'le *tr itr* sno [runt]; fingra på

1 twig *tr* F 1 förstå, se 2 granska

2 twig *s* 1 kvist, spö; *hop the* ~ F kola [av] 2 slagruta **-gy** *a* kvist|lik, **-ig**

twi'light *s* skymning; gryning

twill I *s* tvils, kypert II *tr* kypra

twin I *a* tvilling- II *s* tvilling

twine I *s* 1 tråd; snöre; garn 2 ringling; vindling II *tr* 1 [hop]|tvinna, -sno, -fläta 2 vira, linda III *itr* slingra sig

twin'ge [dʒ] I *itr* sticka, svida II *s* nyp; smärta; styng

twink *s*, *in a* ~ se *twinkle* **-le** I *itr* tindra, blinka, blänka II *s* blink[ning], blänk, glimt; *in a* ~ (*twink*[*ling*]) i en handvändning, med ens

twin'-screw *s* dubbelpropeller

twirl [ə:] I *tr itr* snurra, svänga, virvla, sno II *s* 1 svängning, vridning, virvel; piruett 2 släng, krumelur

twist I *s* 1 tvinning; [samman]flätning; vridning; *give a* ~ vrida [på], sno 2 tråd; snöre; snodd; fläta 3 fläť-, rull|tobak 4 strut 5 kringla 6 vrickning 7 rynkning 8 grimas 9 knut, fnurra; trassel 10 krök, bukt, sväng; ~*s and turns* krokvägar 11 egenhet 12 skruv [på boll] 13 S aptit 14 S blandning II *tr itr* 1 sno, vrida [sig]; tvinna, spinna; hopfläta; ~ *off* vrida av 2 vira, fläta, slingra [sig] 3 snedvrida; vricka 4 förvrida 5 för|vränga, -vanska 6 skruva [boll] 7 ~ [*down*] S sätta i sig

twit *tr* pika, förebrå, gå illa åt

twitch I *tr itr* 1 rycka [till], draga, nypa [i]; pläga 2 knäppa [på] II *s* ryck[ning], nyp; spasm; smärta, sting

twitt'er I *itr tr* kvittra II *s* 1 kvitter; smatter 2 spänning, oro **-y** *a* nervös

two [tu:] I *räkn* två; båda; *a day or* ~ ett par dagar; *in* ~ itu; *in* ~ *twos* F i en handvändning II *s* tvåa; *by* (*in*)

~s parvis **-fold** *a adv* dubbel[t] **-pence** [tʌ'p] *s* två pence **-penny** [tʌ'p] *a* 1 tvåpence- 2 billig, simpel ~**-ply** [plai] *a* dubbel, tvåtrådig
tympan [ti'm] *s* 1 hinna, membran 2 o. **-um** *s* 1 trumma; tamburin 2 trum|håla, -hinna 3 dörr-, gavel|fält
type I *s* 1 typ, ur-, före|bild 2 symbol 3 stil; tryck; typ[er] **II** *tr* 1 symbolisera 2 maskinskriva; kopiera ~**-setter** *s* 1 sättare 2 sättmaskin **-write** *tr itr* skriva på maskin **-writer** *s* 1 skrivmaskin 2 maskinskrivare
typhoid [tai'f] *s a* tyfus[artad]
typhoon [taifu:'n] *s* tyfon, tajfun
ty'ph||ous *a* tyfusartad **-us** *s* tyfus
typi||cal [ti'p] *a* typisk [*of* för]; symbolisk **-fy** *tr* exemplifiera; symbolisera **-st** [tai'] *s* maskinskriv|are, -erska
typog'raph||er [tai] *s* typograf; boktryckare **-y** *s* boktryckarkonst
tyrann'ical [t(a)i] *a* tyrannisk, grym
tyrann||ize [ti'r] *itr* vara [en] tyrann; ~ *over* tyrannisera, förtrycka **-izer** *s* förtryckare, tyrann **-ous** *a* tyrannisk **-y** *s* tyranni, grymhet
tyrant [tai'ə] *s* tyrann; förtryckare
tyre [tai'ə] se *1 tire* **ty'ro** se *tiro*
Tyrolese [tirəli:'z] *a s* tyrol|sk, -are
Tzigane [tsigɑ:'n] *s* zigenare

U

U, u [ju:] *s* u **U-boat** *s* u-båt
'ud [əd] = *would*
udder [ʌ'də] *s* juver
ug'l||ify *tr* förfula **-iness** *s* fulhet **-y** *a* ful; otäck, vidrig; otrevlig
ul'cer *s* [röt]sår, böld; skamfläck **-ate I** *itr* vara sig, bulna **II** *tr* framkalla sår på (i) **-ation** *s* sårbildning **-ed -ous** *a* sårig; varig
ult. = *ultimo a* sistlidna [månad]
ulte'rior *a* 1 bortre 2 senare; ytterligare 3 [för]dold
ul'tim||a *a* ytterst, sist **-ate** [it] *a* 1 slutlig 2 ursprunglig, grund- **-a'tum** *s* ultimatum, sista anbud **-o** se *ult.*
ul'tra *a s* ytterlighets-[man] ~**-mon'tane** *a s* högpåvlig
ululate [ju:'lju] *itr* tjuta, yla; gnälla
um'bel *s* [blom]flock **-lifer** [e'l] *s* parasollväxt
um'ber *s a* umbra|färg, -brun
um'br||a *s* kärnskugga **-age** *s* misstro, anstöt **-a'geous** [dʒəs] *a* 1 skuggig 2 misstänksam **-ell'a** *s* paraply
umpire [ʌ'mpaiə] *s* [skilje]domare
um'pteen [mt] *a* S många, en massa
un- [ʌn] *prefix* [vanl.] o- [jfr grundordet] **-a'ble** *a* oförmögen, oduglig; ~ *to* ur stånd att **-acquai'nted** *a* obekant; ovan **-affect'ed** *a* 1 okonstlad 2 oberörd **-altered** [ɔ:'l] *a* oförändrad
unanim'||ity [ju:] *s* enhällighet **-ous** [æ'n] *a* en[häll]ig
un||answerable [ʌnɑ:'nsə] *a* oansvarig **-appeasable** [pi:'z] *a* oförsonlig; omättlig **-apt'** *a* 1 olämplig 2 obenägen **-ar'med** *a* obeväpnad **-asha'med** *a* oblyg; frimodig **-attach'ed** *a* lös, skild, fri **-attrac'tive** *a* föga tilldragande **-avai'ling** *a* gagnlös **-avoi'dable** *a* oundviklig **-aware** [əwɛ'ə] *a* omedveten, okunnig **-awares** [əwɛ'əz] *adv* oväntat; ovetande[s] **-bar'** *tr* öppna **-bearable** [bɛ'ə] *a* odräglig
unbend' I *tr* 1 spänna ned (av), släppa, lossa på 2 lätta, mildra, dämpa **II** *itr* 1 slappas 2 bli tillgänglig, tina upp **-ing** *a* oböjlig
un||bi'assed *a* opartisk **-bidd'en** *a* 1 obedd, objuden 2 frivillig **-bi'nd** *tr* lösa [upp]; lossa, befria **-blush'ing** *a* oblyg, skamlös **-bo'lt** *tr* regla upp **-bosom** [bu'z] *tr itr* anförtro [sig], yppa **-bou'nded** *a* obegränsad; ohejdad **-bra'ce** *tr* lossa, släppa **-bred'** *a* ouppfostrad; oövad **-bri'dle** *tr* betsla av; släppa lös **-buck'le I** *tr* spänna (knäppa) upp **II** *itr* tina upp **-bur'den** *tr* avlasta, lätta **-butt'on** *tr* knäppa upp **-called** [ɔ:'] *a*, ~ *for* opåkallad, onödig **-cann'y** *a* mystisk, kuslig, hemsk; farlig **-cea'sing** *a* oavbruten **-cer'tain** *a* osäker; nyckfull **-chai'n** *tr* släppa **-chall'enged** *a* obestridd; utan hinder **-charitable** [æ'r] *a* kärlekslös, hård **-civ'il** *a* ohövlig **-clasp** [ɑ:'] *tr* spänna (knäppa) upp; öppna; släppa
uncle [ʌŋkl] *s* 1 far-, mor|bror, onkel; *U~ Sam* U. S. A. 2 S pantlånare
unclea'n *a* oren **-ly** [e'] *a* orenlig
un||clen'ch -clo'se [z] *tr itr* öppna[s] **-clo'the** [ð] *tr* avkläda, blotta **-clou'ded** *a* molnfri; ljus **-clutch'** *tr* öppna; släppa **-cock'** *tr* spänna ned hanen på **-coi'l** *tr itr* rulla upp (ut) [sig] **-comfortable** [kʌ'] *a* 1 obekväm; obehaglig, otrevlig 2 olustig; orolig **-committ'ed** *a* 1 obegången 2 obunden **-comm'on** *a* ovanlig **-com'promising** *a* [princip]fast, orubblig
unconcer'n *s* likgiltighet **-ed** *a* 1 likgiltig, oberörd 2 ej delaktig
un||conditional [i'ʃ] *a* obetingad; absolut **-conge'nial** *a* mot|satt, -bjudande
unconsci||entious [ʃie'nʃ] *a* samvetslös **-onable** [kɔ'nʃə] *a* 1 samvetslös 2 orimlig **-ous** [kɔ'nʃəs] *a* 1 omedveten; okunnig 2 medvetslös
un||constrai'ned *a* otvungen; obunden **-contro'llable** *a* 1 okontrollerbar 2 obetvinglig **-convin'ced** *a* ej övertygad **-cor'd** *tr* snöra upp, öppna

-cor'k *tr* korka (dra) upp -cou'nted *a* oräkn|ad, -elig -couple [kʌ'pl] *tr* av-, från|koppla; lössläppa -courteous [ɔ:'] *a* oartig -couth [ku:'þ] *a* 1 ödslig, vild 2 klumpig, oslipad 3 sällsam -cover [kʌ'və] *tr itr* 1 av|-täcka, -kläda; ta av 2 blotta [sitt huvud] -cred'itable *a* vanhedrande

uncrown [au'] *tr* fråntaga kronan

unct||ion [ʌ'ŋkʃn] *s* smörjelse; salvelse[fullhet]; salva; liniment -uous [tju] *a* olj[akt]ig, flottig; salvelsefull

un||cur'l *tr itr* släta[s] ut, rakna -cus'tomary *a* ovanlig -cut' *a* oskuren; ohuggen; oavkortad -dam'aged *a* oskad[a]d -dam'ped *a* oförfärad -dau'nted *a* oförskräckt -deceive [si:'v] *tr* taga ur en villfarelse; *~d* illusionslös -defi'led *a* obefläckad, ren -defi'nable *a* obestämbar -demon'strative *a* behärskad -deni'able *a* obestridlig

un'der *prep* 1 under 2 nedanför; i skydd av 3 *~ age* omyndig, minderårig; *~* [*o.'s*] *breath* lågmält; *~ the date of* daterad; *~ God* näst Guds hjälp; *~ pain of death* vid dödsstraff 4 enligt -char'ge *tr* under|debitera, -notera -cut I [-'--] *s* filé II [---'] *tr* 1 urholka 2 underbjuda -dog *s* S svag stackare; usling -done *a* för litetkokt (stekt) -dress I [-'--] *s* underkläder II [---'] *itr* klä sig för enkelt (lätt) -es'timate *tr* underskatta -fee'd *tr* undernära -foot [fu't] *adv* under fötterna; nedanför -go' *tr* undergå; utstå -grad'uate [it] *s* student -ground *a s* underjordisk [järnväg] -growth *s* under|skog, -vegetation -hand' *adv a* 1 [kastad] med handflatan uppåt 2 hemlig[t], i smyg -han'ded *a* 1 hemlig 2 fåtalig, folkfattig -let' *tr* arrendera (hyra) ut i andra hand (till underpris) -li'e *tr* uppbära; ligga till grund för -li'ne *tr* understryka -ling *s* under|ordnad, -huggare -mann'ed *a* otillräckligt bemannad -mi'ne *tr* under|minera, -gräva -most *a adv* underst, nederst -nea'th *adv prep* [in]under; nedanför -part *s* 1 under|del, -sida 2 biroll -play' *itr* maska -plot *s* [bi]intrig -proof *a* under normalstyrka -ra'te *tr* undervärdera -score [ɔ:'] *tr* understryka -sell' *tr* sälja billigare [än] -si'gn *tr* underteckna -si'zed *a* undersätsig; liten

understand' *tr* 1 fatta, förstå [sig på]; *~ how to* förstå att 2 ha sig bekant, ha erfarit, veta 3 ta för givet, förutsätta; underförstå 4 mena -able *a* begriplig -ing *s* 1 förstånd; omdöme 2 överenskommelse; samförstånd; villkor 3 S *~s* fötter, ben; skodon

un'der||sta'te *tr itr* ta till för lite (lågt) -stood [u'd] *a* [äv.] överenskommen; självklar -strapper *s* underhuggare -study *s* reserv -ta'ke *tr* 1 företa [sig], börja [göra] 2 åtaga sig; lova, försäkra -taker *s* 1 företagare 2 [begravnings]entreprenör -ta'king *s* 1 företag; arbete 2 [-'-] begravningsbyrå 3 borgen; löfte; förbindelse --ti'med *a* underexponerad -tone *s* låg ton (röst) -tow [ou] *s* underström -wear *s* underkläder, [gång]linne -wood *s* småskog -wri'te *tr itr* skriva under (ti'll); teckna [sjö|försäkri g[ar]

un||deser'ved *a* oförtjänt; oförskylld -desi'gned *a* oavsiktlig -desi'rable *a s* ej önskvärd [person]

undies [ʌ'ndiz] *spl* S underkläder

un||dig' *tr* gräva upp, öppna -dig'nified *a* ovärdig, simpel

undine [ʌ'ndi:n, --'] *s* sjöjungfru

un||direc'ted *a* utan adress -dispu'ted *a* obestridd -distur'bed *a* ostörd

un||do [du:'] *tr* 1 öppna; lösa (knyta, knäppa) upp 2 göra ogjort; upphäva 3 för|göra, -störa -doing *s* 1 upplösande 2 fördärv, olycka -done [dʌ'n] *a* 1 öppen 2 ogjord 3 förlorad -dou'bted *a* otvivelaktig -dress' I *tr itr* klä av [sig]; *~ed* av-, o|klädd II *s* negligé; morgonrock; vardagsdräkt -du'e [*adv -duly*] *a* 1 ej förfallen 2 otillbörlig; orättmätig; oskälig

un'dulat||e [ju] *itr* gå i vågor, bölja -ed *a* våg[form]ig -ion *s* våg|rörelse, -svall

un||du'tiful *a* pliktförgäten; olydig -dy'ing *a* odödlig; oförgänglig -earned [ə:'] *a* oförtjänt -earth [ə:'þ] *tr* 1 gräva upp (fram); avslöja 2 [jakt.] driva ut -earthly [ə:'þ] *a* 1 över-, o|jordisk 2 mystisk 3 F orimlig

unea's||iness [zi] *s* oro; olust -y *a* 1 orolig, ängslig; olustig 2 besvärlig, otrevlig

unea'table *a* oät|bar, -lig

unemploy'||ed *a* 1 obegagnad 2 arbetslös -ment *s* arbetslöshet

un||endu'rable *a* outhärdlig -enjoy'able *a* onjutbar -e'qual *a* olika; omaka; ojämn -e'qualled *a* oöverträffad -erring [ə:'r] *a* ofelbar, osviklig -essen'tial *a* oväsentlig -e'ven *a* ojämn -even'tful *a* händelselös -exampled [ɑ:'] *a* enastående -excep'tionable *a* oklanderlig; fullgod -expec'ted *a* oväntad -fai'ling *a* osviklig, ofelbar -fair [ɛ'ə] *a* orättvis; ofin; ohederlig; illojal -famil'iar *a* obekant, ovan -fasten [ɑ:'] *tr* lossa; lösa (låsa) upp -fa'vourable *a* ogynnsam -fee'ling *a* okänslig; hjärtlös -fett'er *tr* befria; *~ed* fri

unfit' *a* olämplig; oduglig; ovärdig -ness *s* olämplighet -ted *a* olämplig -ting *a* opassande, ovärdig

un||fix' *tr* lossa; rubba; *~ed* lös, ostadig -fled'ged *a* ej flygfärdig; oerfaren, 'grön' -flin'ching *a* ståndaktig -fo'ld I *tr* 1 veckla ut (upp); öppna 2 utveckla, framlägga II *itr* öppna sig; framträda -forese'n a förutsedd -forgiv'ing a oförsonlig -for'tunate a olycklig; ~ly olyckligt[vis]; tyvärr -fou'nded a ogrundad, grundlös -friendly [e'n] a 1 ovän[skap]lig 2 ogynnsam -frock' tr 1 avsätta 2 avslöja -fur'l tr itr utveckla[s] -gai'nly a adv klumpig[t] -gea'r tr koppla från, stoppa -ge'nial a 1 omild; osympatisk 2 onaturlig -gen'tle a 1 omild; våldsam 2 ovärdig; ofin -gif'ted a obegåvad -gir'd tr spänna av [gördeln] -gla'zed a 1 utan glas 2 oglaserad -glue [u:'] tr [upp]lösa, frigöra -god'ly a ogudaktig; F avskyvärd

ungra'c||eful a oskön, otymplig -ious [ʃəs] a 1 onådig; högdragen; ohövlig 2 otrevlig 3 = -eful

un||grad'uated a 1 utan examen 2 ograderad -gra'teful a 1 otacksam 2 motbjudande -grou'nded a 1 ogrundad 2 okunnig -grud'ging a villig, osjälvisk, ospard

unguent [ʌ'ŋgwənt] s salva; smörja

un'gulate [gjulit] a s hov|formig, -djur

unhan'dy a klumpig, besvärlig

unhapp'||ily adv olyckligt[vis]; tyvärr -iness s olycka -y a olycklig

un||har'med a oskadd -har'ness tr itr sela av, spänna från -healthy [e'] a sjuklig; ohälsosam -heard-of [ə:'] a oerhörd

unhee'd||ed a obeaktad -ful -ing a sorglös, obekymrad

un||hin'ge [dʒ] tr haka (lyfta) av; rubba, uppriva -hit'ch tr 1 haka (häkta) av 2 spänna från -ho'ly a syndig -hook' tr häkta (lyfta) av; knäppa upp -hor'se tr kasta ur sadeln; förvirra -husk' tr skala, rensa

u'ni||- prefix en- -corn s enhörning -fied a enhetlig, enhets-

u'niform I a likformig; enhetlig; lika-[lydande] II s tr uniform[era] -ity [fɔ:'] s lik-, en|formighet

u'ni||fy tr [för]ena -lat'eral a ensidig

unimag'in||able [ʌn] a otänkbar -ative a fantasilös

un||impea'chable a oskyldig; oangriplig; ojävig -impor'tant a oviktig -inhab'itable a obeboelig -intell'igible a obegriplig -inten'tional a oavsiktlig -in'teresting a ointressant, tråkig

u'nion s 1 förening, förbund; the U~ Nordamerikanska unionen 2 enighet 3 unions|märke, -flagga -ist s 1 unionsvän 2 fackföreningsmedlem

unique [ju:ni:'k] a unik, enastående

u'nison s 1 harmoni, ackord; in ~ unisont 2 endräkt -al [i's] -ous [i's] a unison; enhällig

u'nit s 1 enhet 2 ental -ary a enhetlig; enkel -e [ai't] tr itr förena [sig], samla[s]; samverka; the U~d States Förenta staterna -y s en[ig]het; överensstämmelse

univer's||al [ju:] a 1 allmän; världs- 2 hel 3 mång|kunnig, -sidig -ality [æ'l] s 1 allmängiltighet 2 mångsidighet; vidsynthet -e [-'--] s värld[sallt] -ity s universitet, högskola

un||just' a orätt|färdig, -vis -kem'pt a okammad; ovårdad -ki'nd[ly] a ovänlig -la'ce tr snöra upp -la'de tr lasta av -la'dylike a okvinnlig -lash' tr ⚓ lossa -latch' tr 1 öppna 2 snöra upp -lawful [lɔ:'] a 1 olaglig; otillåten 2 oäkta -lea'sh tr släppa lös -less' konj såvida ej -lett'ered a olärd; obeläst -li'censed a olaglig, otillåten -lick'ed a oslickad; klumpig; osnuten

unli'ke a adv prep olik[t], olika [mot], i olikhet med -lihood -liness s osannolikhet -ly a osannolik, otrolig

un||lim'ber tr ⚔ brösta av -lim'ited a obegränsad -link' tr itr lösa[s], lossa[s] -load [o'u] tr 1 lasta av, lossa 2 lätta; befria 3 ta ut laddningen ur, plundra -lock' tr låsa upp -lod'ge tr driva bort -look'ed-for a oväntad -loo'se[n] tr lösa, lossa; släppa [lös]

unluck'||ily adv olyckligt[vis] -y a olycklig; olycks-

un||ma'ke tr 1 göra ogjord, upphäva 2 tillintetgöra 3 avsätta -man' tr 1 för|råa, -fäa 2 kastrera 3 för|svaga, -vekliga 4 avfolka; ~ned obemannad -man'ageable a ohanterlig; omöjlig; omanövrerbar -mann'erly a obelevad -marr'ied a ogift -mask [ɑ:'] tr itr demaskera [sig], avslöja [sig] -mat'ched a 1 makalös 2 omaka -men'tionable a s onämnbar -mer'ciful a obarmhärtig -mit'igated a 1 oförmildrad 2 ren, äkta -mix'ed a oblandad -moo'r tr itr kasta loss -mou'nted a oberiden -muff'le tr itr demaskera [sig], blotta [sitt ansikte] -muzz'le tr ta av munkorgen -ner've tr försvaga; förlama -no'ted a okänd -no'ticeable a omärklig -obtrusive [u:'s] a tillbakadragen, försynt -occ'upied a ledig -pack' tr itr packa upp (ur) -pal'atable a oaptitlig: obehaglig -paralleled [æ'r] a enastående -people [i:'] tr avfolka -pick' tr sprätta upp -plait [æ'] tr släta (breda) ut -pleasant [e'z] a otrevlig -plea'sing a obehaglig; pinsam -pled'ged a oförpliktad -pol'ished a opolerad; obildad

unprac'ti||cal a opraktisk -sed a oövad, oerfaren; oprövad

un||prec'edented a exempellös, ny -prej'udiced a fördomsfri, opartisk -prepared [pɛ'ə] a oförberedd -presu'ming a blygsam

unpreten'||ding -tious a anspråkslös

un||prin'cipled a karaktärslös; samvetslös -prof'itable a föga givande; lönlös -provo'ked a ej ut-, fram|manad; omotiverad -qualified [kwɔ'] a

1 oduglig 2 oreserverad, full[ständig] **-quen'chable** *a* o[ut]släcklig; omättlig; okuvlig **-ques'tionable** *a* otvivelaktig; oklanderlig **-rav'el** *tr* reda ut **-ra'zored** *a* orakad **-ready** [e'] *a* oberedd; ovillig **-rea'sonable** *a* oförnuftig; oresonlig, orimlig **-rec'ognizable** *a* oigenkännlig **-recor'ded** *a* ouppteeknad, onämnd **-redee'med** *a* 1 oinlöst; oinfriad 2 förtappad; ohjälplig; usel **-ree'l** *tr* nysta av; rulla upp **-rela'ted** *a* obesläktad **-relax'ed** *a* sträng, hård **-relen'ting** *a* oböjlig, grym **-reli'able** *a* opålitlig **-relieved** [i:'v] *a* 1 hjälplös 2 entonig, oavbruten **-remitt'ing** *a* oavlåtlig, outtröttlig **-repi'ning** *a* tålig **-reser'ved** *a* oförbehållsam; öppenhjärtig

unrest' *s* oro **-ful** *a* orolig **-ing** *a* rastlös

un‖restrai'ned *a* otyglad; otvungen **-restric'ted** *a* oinskränkt **-ridd'le** *tr* lösa **-rig'** *tr* rigga av **-rip'** *tr* skära (sprätta) upp **-ri'pe** *a* omogen **-ri'valled** *a* makalös **-ro'be** *tr itr* kläda av [sig] **-ro'll** *tr itr* rulla (veckla) upp [sig] **-roo't** *tr* rycka upp; utrota **-ruff'led** *a* slät, jämn; stilla; ostörd, lugn **-ruly** [u:'] *a* motspänstig, vild **-sa'fe** *a* osäker; riskabel **-satisfac'tory** *a* otillfredsställande **-screw** [ru:'] *tr itr* skruva[s] av (lös, upp) **-scrupulous** [u:'p] *a* samvetslös, hänsynslös **-sea'l** *tr* öppna **-sea'm** *tr* sprätta upp

unsea'son‖able *a* olämplig; ogynnsam **-ed** *a* okryddad; ovan; omogen; fuktig

un‖sea't *tr* kasta ned (ur sadeln); avsätta **-see'mly** *a* 1 opassande, anstötlig 2 ful **-sett'le** *tr* bringa ur jämvikt; rubba; förrycka; förvirra; upplösa; *~d* ostadig; obeslutsam; oavgjord; grumlig **-sew** [sou'] *tr* sprätta upp **-sex'** *tr* avköna **-sha'k[e]able** *a* orubblig **-shea'the** *tr* draga [ur skidan] **-shell'** *tr* skala, sprita **-ship'** *tr* 1 lossa; landsätta 2 ta in [åror] 3 kasta av **-shrink'able** *a* krympfri **-si'ghtly** *a* ful, vanskaplig

unskil'‖ful *a* oduglig, okunnig **-led** *a* outbildad; *~ labourer* grovarbetare

un‖sla'ked *a* osläckt **-sling'** *tr* lossa, spänna av **-sophis'ticated** *a* äkta; naturlig, okonstlad **-sou'nd** *a* 1 osund; sjuk[lig] 2 svag, skör; murken, rutten; fördärvad 3 falsk, ohållbar 4 orolig **-sparing** [ɛ'ə] *a* 1 frikostig, riklig 2 skoningslös **-spea'kable** *a* outsäglig; obeskrivlig **-sta'ble** *a* ostadig; vankelmodig **-stai'd** **-steady** [e'] *a* ostadig; obeslutsam **-stin'ted** *a* frikostig, riklig **-stit'ch** *tr* sprätta upp **-stock'ed** **-stored** [ɔ:'] *a* illa försedd, blottad **-strap'** *tr* spänna upp, öppna **-stress'ed** *a* obetonad **-string'** *tr* 1 spänna av (ned) strängarna på 2 plocka av; *~* [*o.'s purse*] lossa på pungen 3 försvaga; uppriva **-strung'** *a* [äv.] nervös, deprimerad **-substan'tial** *a* 1 okroppslig; overklig 2 lös, tunn, bräcklig 3 grundlös **-success'ful** *a* misslyckad, olycklig, framgångslös **-suitable** [sju:'] *a* olämplig, oduglig **-surpassable** [ɑ:'s] *a* oöverträfflig **-suspec'ting** *a* omisstänksam **-swa'the** [ð] *tr* linda av; lösa **-swear** [ɛ'ə] *tr* svära sig fri från, förneka **-tai'nted** *a* obesmittad; ren **-tal'ented** *a* obegåvad **-tang'le** *tr* reda ut (upp); *~ o. s.* göra sig fri **-ten'able** *a* ohållbar **-think'able** *a* otänkbar, ofattbar **-thread** [e'] *tr* 1 dra tråden ur; repa upp 2 leta sig ut ur **-thrif'ty** *a* 1 slösaktig 2 oekonomisk 3 tynande, svag **-ti'dy** *a* osnygg, ovårdad, slarvig **-ti'e** *tr* lösa [upp]; lossa; öppna

until' *prep konj* [ända] till, tills; *not ~* först under (vid, i); inte förrän

un‖ti'mely *a* förtidig; ovanlig; oläglig, ogynnsam **-ti'ring** *a* outtröttlig

unto [ʌ'ntu(:)] *prep* [in]till; jfr *to*

un‖to'ld *a* oräkn|ad, -elig; omätlig **-tomb** [tu:'m] *tr* gräva upp (fram) **-toward** [tou'əd] *a* motspänstig; motig, olycklig, ödesdiger **-track'ed** *a* obanad **-tramm'elled** *a* fri, obunden **-tri'ed** *a* 1 oprövad 2 [jur.] ohörd; odömd 3 oerfaren **-trodd'en** *a* otrampad **-truss'** *tr* spänna av, knäppa upp; klä av **-truthful** [u:'þ] *a* osannfärdig, falsk **-tuck'** *tr* 1 släppa ned 2 veckla (räta) ut **-twi'ne** **-twist'** I *tr* 1 sno (repa) upp; veckla (reda) ut; lösa upp 2 vrida lös (av) II *itr* snos (gå) upp; brista **-u'sed** *a* 1 oanvänd 2 ovan **-u'sual** *a* ovanlig **-utt'erable** *a* outsäglig; obeskrivlig **-varying** [vɛ'ə] *a* oföränderlig **-vei'l** *tr* avslöja; avtäcka **-voi'ced** *a* tonlös **-wary** [ɛ'ə] *a* oförsiktig, tanklös **-watchful** [wɔ'] *a* ovaksam; ovarsam **-wea've** *tr* riva (sprätta) upp **-'well'** *a* illamående, sjuk **-wieldy** [wi:'] *a* klumpig, ohanterlig **-will'ing** *a* o-, mot|villig **-wi'nd** I *tr* nysta av, veckla upp (ut); reda ut; befria II *itr* rullas upp **-witt'ing** *a* omedveten; ovetande; oavsiktlig **-wo'nted** *a* ovan[lig] **-workable** [wə:'] *a* outförbar; svårskött; motspänstig **-worthy** [wə:'ði] *a* 1 ovärdig; oförtjänt 2 usel **-wrap'** *tr* veckla upp; öppna; befria **-wrea'the** [ri:'ð] *tr* veckla (vira) upp, reda ut **-yielding** [ji:'] *a* oböjlig, fast, motspänstig; oemottaglig **-yo'ke** *tr* spänna ifrån; befria

up I *adv* 1 upp[åt]; fram[åt]; *~ and down* upp och ner, fram och tillbaka; *~ ~~to~~ town* in till stan 2 uppe; *~ and doing* uppe och i arbete 3 över, slut; förbi 4 *~ against* mot; F inför; *wel, ~ in* F styv i; *~ in arms* i vapen

rustad; ~ *to* upp (fram) till; i jämnhöjd med; vuxen; duglig (i stånd) till; förtrogen med; ute (med) på [ofog]; *be* ~ *to* [äv.] genomskåda; passa in på; ha för sig; *it is* ~ *to you* det är din sak; *be* ~ *to time* passa tiden; ~ *with* i jämnhöjd med **5** *be* ~ vara full av liv; ligga före; vara överlägsen; vara uppretad; sjuda; jäsa; *what's* ~? vad står på? **II** *prep* uppför, upp längs; inåt; fram[åt] **III** *a* upp[åt]gående
upbrai'd *tr* förebrå; klandra, läxa upp **-ing** *s* förebråelse; klander
up'bringing *s* [upp]fostran
uphea'v||al *s* **1** [jord]höjning **2** omvälvning **-e** *tr itr* höja[s], resa [sig]
up||hill I [--'] *adv* uppåt, uppför **II** [-'-] *s* stigning, backe **III** [-'-] *a* **1** brant; uppförs- **2** knogig **-ho'ld** *tr* hålla uppe, stödja; vidmakt-, under|hålla
upho'lster *tr* stoppa, madrassera, kläda; dekorera **-er** *s* tapetserare; dekoratör **-y** *s* **1** tapetserar|yrke, -arbete; möbelstoppning **2** möbel-, draperi|-tyg[er]; rumsinredning **3** sken
up'||keep *s* underhåll **-land** *s a* hög|-land, -länt
upon [əpɔ'n] *prep* på; se äv. *on*
upp'||er I *a* övre; över-; *the* ~ *hand* överhand **II** *s*, ~*s* ovanläder; *on o.'s* ~*s* barskrapad **-ermost** *a adv* överst; främst **-ish** *a* stolt, inbilsk
up'right I *a* **1** upprätt, lodrät, rak **2** uppriktig, rätt|rådig, -skaffens **II** *s* **1** stolpe, pelare **2** pianino
up'roar [rɔ:] *s* larm, tumult, stoj, förvirring **-ious** [rɔ:'r] *a* larmande, vild
uproo't *tr* rycka upp; utrota
upset' I *tr itr* **1** slå omkull; stjälpa; kantra; kullkasta, [om]störta; upphäva **2** bringa ur fattningen; reta, såra, uppröra; oroa, rubba **II** *s* **1** stjälpning; kullkörning; kantring **2** störning; bråk, gräl **-ting** *a* förarglig
up'||shot *s* resultat; slut[sats] **-side** *s* översida; ~ *down* upp och ned-[vänd] **-stair's** *adv* uppför trappan; upp[e] [i övre våningen] **-start** *s a* uppkomling[s-]; nymodig
up'-to-date *a* [ultra]modern; tidsenlig
up'-||town *adv a* upp[e] (in[ne]) i staden **-train** *s* tåg till staden (London)
up'ward [wəd] **I** *a* uppåt|riktad, -vänd, -gående **II** = **-s** **-ly** *adv* uppåt **-s** *adv* **1** uppåt **2** *and* ~ och mer; ~ *of* mer än
urban [ə:'] *a* stads- **-e** [ei'] *a* artig, belevad **-ity** [æ'n] *s* artighet, världsvana
urchin [ə:'] *s* [rackar]unge; skälm
urge [ə:dʒ] **I** *tr* **1** driva (mana) på, påskynda; pressa, sporra **2** påyrka, kräva, tillråda; framhålla **3** enträget bedja; truga **4** anföra, påpeka **5** öka, uppdriva **II** *itr* **1** tränga, sträva, skynda **2** yrka, ivra **III** *s* eggelse; drift; kallelse **-ncy** *s* **1** [nöd]tvång, vikt, behov, tryck, överhängande fara, trångmål **2** envishet, iver; enträgen bön **3** eggelse **-nt** *a* **1** trängande, brådskande, viktig, angelägen; överhängande, farlig **2** ivrig, enträgen
u'rin||al [ın] *s* uringlas; pissoar **-e** *s* urin
urn [ə:n] *s* **1** [grav]urna **2** tekök
urus [ju'ərəs] *s* uroxe
us [ʌs; (ə)s] *pron* oss; F vi [*it's* ~]
U. S. [**A.**] [ju'esei'] = *the United States*
u s||able [z] *a* användbar **-age** *s* **1** bruk, sed, vana; ~*s* regler; *long* ~ tradition **2** behandling **3** användning **-ance** *s* uso, växelfrist
use I [ju:s] *s* **1** användning, bruk; förmåga; *out of* ~ ur bruk, obruklig **2** användbarhet, nytta; tjänst, uppgift; *no* ~ inte lönt; *what's the* ~? vad tjänar det till? **3** sed, praxis **4** ritual **5** övning **6** nyttjanderätt **II** [ju:z] *tr* **1** använda, begagna, bruka **2** ~ *up* förbruka, uttömma; F utmatta **3** behandla **III** *itr*, ~*d* brukade, plägade **-d** *a* van [*to* vid] **-ful** *a* **1** nyttig; användbar, lämplig, bra; *make o. s.* ~ hjälpa till **2** S duktig, slängd **-fully** *adv* med fördel **-less** *a* **1** onyttig, oduglig; onödig **2** lönlös; ~*ly* förgäves **3** S 'nere', slut
ush'er I *s* **1** dörrvakt[are]; vaktmästare **2** [hov]marskalk; ceremonimästare **II** *tr* **1** införa, anmäla **2** eskortera **3** ~ *in* inleda
usual [ju:'ʒu] *a* vanlig; ~*ly* vanlig|en, -t
usur||er [ju:'ʒərə] *s* ockrare **-ious** [u'ər] *a* ocker-, ockrar-
usurp [ju:zə:'p] *tr itr* **1** tillskansa sig; ~ [*on*] inkräkta på **2** låna, hämta **-ation** *s* tillvällande; inkräktande, intrång **-er** *s* usurpator, inkräktare
usury [ju:'ʒəri] *s* ocker[ränta]
uten'sil [ju] *s* husgeråd[ssak]; [köks-]kärl; redskap, verktyg
u'ter|us (pl. **-i** [ai]) *s* livmoder
util||itarian [ju:tilitɛ'ə] *a s* utilist[isk] **-ity** [ti'l] *s* nyttighet; nytta
u'tilize *tr* utnyttja, tillgodogöra sig
ut'most *a s* ytterst; störst, högst; *at the* ~ på sin höjd, i bästa fall
uto'pia [ju] *s* utopi, fantasi **-n I** *a* fantastisk **II** *s* drömmare
utt'er I *a* ytterlig, fullständig, absolut **II** *tr* **1** uppge, låta höra, utstöta **2** yttra, uttala **3** utsläppa, utprångla **-ance** *s* **1** utstötande; [ut]tal; ljud; uttryck **2** yttrande, ord **-ly** *adv* ytter|st, -ligt, i högsta grad, fullständigt **-most** *a* ytterst; sist
uvula [ju:'vjulə] *s* tungspene
uxorious [ɔ:'r] *a* under|dånig, -given

V

V, v [vi:] *s* v **v** = *versus* **Va** = *Virginia*
va'can||cy *s* 1 tomrum; lucka; tomhet 2 ledighet; ledig plats 3 fritid; sysslolöshet; slöhet **-t** *a* 1 tom; ledig 2 innehållslös; själlös; frånvarande, slö
vaca't||e I *tr* 1 tömma; utrymma, lämna 2 uppge, nedlägga 3 upphäva II *itr* flytta **-ion** *s* 1 ferier 2 utrymmande
vaccin||ate [væ'ks] *tr* vaccinera **-e** [i(:)n] *a s* 1 ko-; ~ *pox* kokoppor 2 vaccin[-]; ~ [*lymph*] vaccin
vac'illat||e *itr* vackla; svänga; sväva; fladdra **-ion** *s* vacklan, vankelmod
vacu'||ity *s* 1 tom|het, -rum 2 uttryckslöshet; ande-, tanke|fattigdom **-ous** [æ'] *a* 1 tom; uttryckslös 2 sysslolös **-um** [æ']*s* [luft]tomt rum; ~ *cleaner* dammsugare
va'de-me'cum *s* [fick]handbok
vag'abond I *a* kringflackande II *s* vagabond; lösdrivare; skojare III *itr* F ströva omkring **-age -ism** *s* kringflackande [liv]; lösdriveri
vagary [gɛ'əri, vei'g] *s* nyck, infall
va'grant I *a* kringflackande; nyckfull II *s* vandrare; lösdrivare
vague [veig] *a* obestämd, svävande
vain *a* 1 tom, innehålls-, värde|lös, dåraktig; gagnlös; *in* ~ förgäves 2 fåfäng, inbilsk **-glorious** [ɔ:'] *a* skrytsam, inbilsk **-glory** [ɔ:'] *s* högfärd, inbilskhet **-ly** *adv* förgäves **-ness** *s* fåfänglighet; fruktlöshet; fåfänga
vair [vɛ'ə] *s* gråverk
val'ance *s* [säng]gardinkappa
vale *s* dal; ~ *of tears* jämmerdal
valedic'tion [væli] *s* avsked[sord]
val'entine *s* valentin|flicka, -fästman, -brev [på Valentindagen, 14 febr.]
val'et *s* kammartjänare, betjänt
valetudinarian [væ'litjudinɛ'əriən] *a s* sjukli[n]g; klemig [person]
val'iant *a* tapper, modig, manhaftig
val'id *a* giltig; stark; gällande; vägande **-ate** *tr* stadfästa; bekräfta **-ity** [i'd] *s* giltighet; [laga] kraft
valise [vəli:'z] *s* 1 resväska 2 ⚔ ränsel
vall'ey [li] *s* dal; ~ *of tears* jämmerdal
val'||orous *a* tapper **-our** *s* tapperhet
val'u||able [ju] I *a* 1 värdefull; inbringande; värderad 2 uppskattbar II *s*, ~*s* värdesaker **-ation** *s* 1 värdering 2 värde **-e** I *s* 1 värde; valör; *ratable* ~ taxeringsvärde 2 valuta II *tr* 1 värdera, [upp]skatta, [hög]akta 2 ~ *o. s. on* berömma sig av
valv||e [æ] *s* 1 ventil, klaff 2 ~ *set* rörmottagare 3 halva [av snäckskal el. skidfrukt] **-ular** [ju] *a* ventil-, klaff-
vamo'se *tr itr* [Am.] F smita [från]
1 **vamp** I *s* 1 ovanläder 2 lapp[verk] II *tr* 1 försko 2 lappa [ihop], laga
2 **vamp** I *s* vamp[yr] II *tr* locka, förföra **-ire** *s* vampyr, blodsugare; vamp
1 **van** *s* transport-, bagage|vagn; lastbil; *guard's* ~ konduktörfinka
2 **van** *s* avantgarde, förtrupp
vandyke [ai'k] *s* udd|spets, -krage
vane *s* vindflöjel; vimpel; [kvarn]vinge; propellerblad; fan [på fjäder]
vanilla [vəni'lə] *s* vanilj
van'ish *itr* försvinna; dö bort
van'ity *s* 1 fåfänglighet, tomhet; flärd; tomt sken 2 fåfänga, egenkärlek
van'quish *tr* övervinna, besegra, kuva
vantage [vɑ:'] *s* fördel ~**-ground** *s* fördelaktig ställning
vap'id *a* duven, fadd, platt
va'por||ize I *tr* förvandla till ånga II *itr* avdunsta **-ous** *a* dunstig; oklar
va'pour I *s* 1 ånga; dunst; [d]imma; [sol]rök 2 inbillning 3 ~*s* spleen II *itr* 1 ånga, avdunsta 2 skryta **-er** *s* skrävlare **-ish** *a* 1 = -*y* 2 mjältsjuk **-y** *a* ångande; dimmig; oklar; luftig
vari||able [vɛ'ə] *a* 1 föränderlig, ombytlig, ostadig 2 ställbar **-ance** *s* 1 oenighet, tvist; *at* ~ oense; oförenlig; i strid; *set at* ~ splittra; upphetsa 2 mot|sägelse, -sättning **-ant** I *a* 1 skiljaktig; olika 2 föränderlig II *s* variant; läsart **-ation** *s* 1 förändring, [om]växling; avvikelse 2 avart
varic||ell'a [væ] *s* vattenkoppor **-ose** [væ'] *a* åderbrocks-
vari||ed [vɛ'ə] *a* växlande, skiftande; brokig **-egate** *tr* variera, nyansera; ~*d* brokig, skiftande **-egation** *s* brokighet, färgrikedom; omväxling **-ety** [rai'əti] *s* 1 mångfald, rikedom 2 om|växling, -byte 3 avart 4 sort-[ering] 5 varieté[-]
various [vɛ'ə] *a* 1 olika, mångfaldig, växlande 2 åtskilliga
vari|x [vɛ'ə] (pl. -*ces* [i:z]) *s* åderbrock
var'mint *s* 1 P odåga, slyngel 2 S räv
var'nish I *s* fernissa; lack; glasyr; glans; polityr; sken II *tr* fernissa; överdraga **-ing-day** *s* vernissage
varsity [vɑ:'siti] *s* F universitet
vary [vɛ'ə] I *tr* ändra, byta om; anpassa II *itr* 1 växla, variera 2 vara olik, avvika
vas'cul||ar *a* kärl- **-um** (pl. -*a*) *s* portör
vase [vɑ:z] *s* 1 vas; kärl 2 blomkalk
vass'al *s* vasall **-age** *s* vasallskap; slaveri
vast [ɑ:] *a* vidsträckt, väldig, ofantlig **-ness** *s* vidd, omfång; sträcka, rymd
vat *s* 1 fat, kar 2 kyp, färgbad
vaticinate [vəti's] *tr itr* profetera, sia

vaudeville [vou'] *s* 1 varieté 2 kuplett
1 **vault** I *s* 1 valv; källare; grav[valv] 2 grotta II *tr* välva [sig över]
2 **vault** I *itr* 1 hoppa, svinga sig [upp] 2 göra luftsprång II *tr* hoppa över III *s* språng, hopp **-er** *s* akrobat
vaunt *itr tr* yvas [över], berömma [sig], prisa
V. C. = *Vice-Chancellor(-Consul)*; *Victoria Cross* **'ve** F = *have* [*I've* etc.]
veal *s* kalvkött; *roast* ~ kalvstek
vedette [vide't] *s* kavalleripost
veer I *itr* 1 svänga om; ändra kurs; kovända 2 [av]vika; ~ *round* kasta om II *tr* 1 ändra 2 fira (släcka) på
veg'eta‖ble [dʒ] I *a* vegetabilisk; växt-; ~ *mould* matjord II *s* köksväxt; ~*s* grönsaker; ~ *garden* köksträdgård **-l** I *a* vegetativ; växt- II *s* växt **-rian** [tɛ'ə] *s a* vegetar|ian, **-isk** **-te** *itr* växa, vegetera; dåsa **-tion** *s* växt|liv, -lighet **-tive** *a* 1 vegetativ; växt-[kraftig] 2 bördig 3 vegeterande
ve'heman‖ce *s* häftighet, iver, lidelse **-t** *a* häftig, våldsam, stark, ivrig
ve'hic‖le *s* 1 fortskaffningsmedel; fordon; vagn 2 [uttrycks]medel; språkrör **-ular** [hi'kju] *a* åk-, vagns-, kör-
veil [veil] I *s* 1 slöja, dok; flor 2 täckelse 3 täckmantel II *tr* beslöja, hölja, insvepa; [över]skyla, dölja
vein [ei] I *s* 1 ven, [blod]åder; ~ *of thought* tankegång 2 nerv, ådra 3 lynne, läggning; *in the* ~ upplagd 4 drag, inslag; stil II *tr* ådra **-ous** **-y** *a* ådrig; knotig
vell'um *s* veläng[pergament]
velocity [vilɔ'siti] *s* hastighet
velours [vilu'ə] *s* schagg, plysch
vel‖um [vi:'ləm] (pl. *-a*) *s* gomsegel
vel'vet I *s* 1 sammet 2 S [stor]kovan; vinst II *a* sammets-[len] **-ee'n** *s* bomullssammet **-y** *a* sammetslen
ve'nal *a* 1 besticklig, fal, mutbar 2 till salu, säljbar; köpt **-ity** [æ'l] *s* bestickllighet, korruption
vend *tr* sälja; salubjuda **-ee'** *s* köpare **-er** *s* [gatu]försäljare **-ible** I *a* säljbar II *s*, ~*s* varor **-or** *s* säljare
venee'r I *tr* fanera; inlägga, piffa upp II *s* faner; fernissa, skal
ven'er‖able *a* vördnadsvärd; *V*~ högvördig **-ate** *tr* ära, vörda **-ation** *s* vördande; vördnad
vene'real *a* 1 sexuell, köns- 2 venerisk
Vene'tian [ʃn] *a s* venetian|sk, -are; ~ [*blind*] persienn; ~ *mast* flaggstång
ven'ge‖ance [dʒəns] *s* 1 hämnd 2 *with a* ~ i högsta grad **-ful** *a* hämn|dlysten, -ande
venial [vi:'njəl] *a* förlåtlig, ursäktlig
ven'ison [(i)zn] *s* rådjurs-, hjort|kött
ven'om *s* gift **-ed** **-ous** *a* giftig
vent I *s* 1 [luft]hål, springa, öppning; sprund; avlopp 2 utlopp, fritt lopp, luft II *tr* ge fritt lopp åt; utösa; sjunga ut med; utsprida **-age** *s* lufthål **-iduct** *s* lufttrör **-ilate** *tr* lufta ut, vädra **-ilator** *s* ventil, fläkt ~**-peg** *s* tapp, plugg
ven'tr‖al *a* buk- **-icle** *s* hålighet; hjärtkammare **-il'oquist** *s* buktalare
ven'ture [tʃə] I *s* 1 våg|stycke, -spel; risk; försök; *at a* ~ på måfå 2 spekulation[svaror] II *tr* 1 våga; tillåta sig 2 våga (inlåta) sig på 3 riskera, satsa, offra III *itr* ta en risk **-r** *s* våghals **-some** *a* djärv, äventyrlig
vera'ci‖ous [ʃəs] *a* sann[färdig] **-ty** [æ's] *s* sannfärdighet, trovärdighet
ver'b‖al *a* 1 verbal, verb- 2 ord-; formell 3 muntlig 4 ordagrann **-alize** *itr* orda, prata på **-a'tim** *adv a* ordagran|n(-t) **-iage** *s* svada **-o'se** [s] *a* mångordig, pratsjuk **-osity** [ɔ's] *s* mångordighet
ver'dan‖cy *s* grönska **-t** *a* grön[skande]
ver'dict *s* utslag; dom, mening
ver'd‖igris *s* spanskgröna; ärg **-ure** [dʒə] *s* grönska
1 **verge** [ə:dʒ] *itr* luta; närma sig; gränsa
2 **verge** *s* 1 rand, kant, brädd; bryn; gräns; *on the* ~ *of* nära 2 stav 3 spindel [i ur] **-r** *s* S 1 kyrkvakt[mäs-t]are 2 stavbärare
veri‖d'ical *a* sann[färdig]; verklighetstrogen **-fication** *s* 1 bekräftelse; bevis 2 verifiering, kontroll; vidimering **-fy** [ve'r] *tr* 1 bekräfta, bestyrka, bevisa 2 be-, in|tyga 3 verifiera; kontrollera; förvissa sig om
veri‖ly [e'] *adv* sannerligen **-simil'itude** *s* sannolikhet **-table** *a* verklig, äkta, riktig **-ty** *s* sanning; faktum
ver'juice [u:s] *s* sur äppel-, druv|saft
ver'meil [mil] *s* 1 förgyllt silver; förgylld brons 2 fernissa
ver'mi‖- mask- **-cell'i** *s* vermiceller **-cular** [mi'kju] *a* maskformig; mask-; slingrande **-fuge** [ju:dʒ] *s* maskmedel
vermil'ion *s a* cinnober; högröd [färg]
ver'min *s* skadedjur; ohyra; pack, pöbel **-ous** *a* full (alstrad) av ohyra; skadlig, vidrig
vernac'ular [ju] I *a* inhemsk; egen; folklig II *s* modersmål; dialekt
ver'nal *a* vårlig; vår-
ver'satil‖e *a* rörlig, snabb; mångsidig; ombytlig; vridbar **-ity** [i'l] *s* rörlighet
verse [ə:] *s* 1 vers; poesi 2 strof **-d** *a* bevandrad, hemma[stadd], kunnig **-man** **-monger** *s* rimsmidare
ver'sicoloured *a* skimrande; brokig
versi‖fication [və:si] *s* 1 vers|byggnad, -mått, metrik 2 versifiering **-fy** [və:'] *tr itr* versifiera, göra vers [av]
version [və:ʃn] *s* 1 översättning; *the Authorized V*~ 1611 års bibel 2 version, framställning, tydning
ver'so [ou] *s* baksida; vänster sida
versus [və:'səs] *prep* mot, kontra
vert F I *s* omvänd; avfälling II *itr* övergå

ver'tebr||a *s* ryggkota; *-ae* [äv.] ryggrad **-ate** [it] *a s* ryggrads[djur]
ver't||ex *s* spets, topp; hjässa; zenit **-ical** *a* lodrät; ~ *line* lodlinje
vertig'||inous [dʒ] *a* **1** roterande; virvlande **2** yr; yrsel-; svindlande **-o** [və:'] *s* svindel, yrsel
verve [ə:] *s* schvung, liv, fart, kläm
very [ve'ri] **I** *adv* **1** mycket; ~ *lately* helt nyligen; *the* ~ *same* precis samma; *not* ~ icke särdeles, inte så [värst] **2** allra **II** *a* **1** sann[skyldig], riktig **2** själv[a]; blotta; till och med; redan, just; ända; ren [*the* ~ *truth*]
vesic||le [ve's] *s* blåsa **-ular** [si'kju] *a* blåsformig; blås-
vess'el *s* **1** kär[i]l; redskap **2** fartyg
vest **I** *s* **1** undertröja **2** väst **3** isättning **II** *tr* bekläda; överlåta; *~ed* [hävd]vunnen; *be ~ed in* insättas i [ämbete] **III** *itr*, ~ *in* tillfalla
ves'ta *s* tändsticka; *fusee* ~ stormtändsticka **-l** *a s* vestal[isk]; kysk
ves'tibule [ju:] *s* förstuga, farstu, förrum
ves'tige [idʒ] *s* spår; tillstymmelse
ves'tment *s* **1** mässkrud **2** altarduk
ves'try *s* **1** sakristia; kyrksal **2** kyrko|råd, -stämma ~**-keeper** *s* klockare
vet F **I** *s* = *veterinary* **II** *tr* undersöka
vetch *s* vicker **-ling** *s* [bot.] vial
veterinar||ian [vetrinɛ'ə] *s* veterinär **-y** [ve't] *a s* veterinär[-]
vex *tr* **1** förarga, reta; pina **2** debattera **3** uppröra **-ation** *s* för|argelse, -tret; oro, sorg **-a'tious** [ʃəs] *a* förarglig, harmlig, besvärlig, kitslig
vial [vai'əl] *s* liten flaska; skål
vi'ands *s* livsmedel, mat[varor]
viat'icum [vai] *s* **1** res|pengar, -kost **2** nattvard åt [en] döende
vi'bra||nt *a* vibrerande; ljudande **-te** *itr* **1** vibrera, dallra, skälva **2** svänga, pendla **3** ljuda **-tion** *s* svängning, dallring; skälvning
vic'ar *s* kyrkoherde; *V~ of Christ* påve **-age** *s* **1** pastorat **2** prästgård **-ious** [ɛ'ə] *a* ställföreträdande
1 vice *s* **1** last; fel, brist, lyte **2** *V~* narr
2 vice **I** *s* skruvstäd **II** *tr* skruva fast
vice||- vice[-] **-roy** *s* vicekonung
vicin'ity *s* närhet, grannskap
vicious [vi'ʃəs] *a* **1** lastbar, fördärvad **2** bristfällig, oriktig; dålig; förfelad **3** elak, ond; ful; okynnig **4** oren, skämd
viciss'itude *s* växling, förändring
vic'tim *s* [slakt]offer, offer|djur, -lamm **-ize** *tr* **1** offra **2** bedraga, lura; plåga **-izer** *s* plågoande; bedragare
vic't||or *s* segrare **-o'rious** [ɔ:'r] *a* segrande, segerrik **-ory** *s* seger:
victual [vitl] **I** *s*, *~s* livsmedel, föda, proviant **II** *tr itr* **1** förse med livsmedel, proviantera **2** äta; beta **-ler** *s* **1** livsmedelsleverantör **2** krogvärd, restauratör **3** ⚓ proviantfartyg

vie [vai] *itr* tävla, strida
Vienne'se [z] *a s* wiensk; wienare
view [vju:] **I** *s* **1** [å]syn; syn|håll, -vidd, -krets; sikte; *point of* ~ synpunkt; *lost to* ~ försvunnen ur sikte; *rise into* ~ bli synlig **2** över|sikt, -blick; *take a* ~ *of* skärskåda, betrakta **3** utsikt; vy **4** syn[punkt], uppfattning **5** syfte, mål; plan; hänsyn **6** syn, besiktning **7** utseende **8** *with this in* ~ med tanke härpå; *in full* ~ inför allas ögon; fullt synlig; *in* ~ *of* inom synhåll för, [mitt] framför; med hänsyn till, på grund av; i syfte att; *on* ~ till beskådande; *on a nearer* ~ vid närmare betraktande; *out of* ~ utom synhåll: *with a* ~ *to* med tanke på, i avsikt att **II** *tr* bese, betrakta; granska, undersöka ~**-finder** *s* [fotogr.] sökare ~**-point** *s* **1** syn-, stånd|punkt **2** utsiktspunkt **-y** *a* F fantastisk, 'flugig'
vig'il [dʒ] *s* **1** vaka; nattvak **2** *~s* nattlig gudstjänst; helgdagsafton **-ance** *s* **1** vaksamhet **2** sömnlöshet **-ant** *a* vaksam, försiktig
vig'||orous *a* kraft|ig, -full, energisk **-our** *s* kraft, styrka; vigör
vil||e *a* usel, värdelös; nedrig, vidrig **-ify** [vi'l] *tr* nedsätta, baktala
vill'age *s* by **-r** *s* by|invånare, -bo
villain [vi'lən] *s* **1** skurk, bov; F rackare **2** träl **-ous** *a* bovaktig, nedrig; F urusel **-y** *s* skurk|aktighet, -streck
vim *s* F kraft, energi, kläm, fart
vin'dic||able *a* försvarlig **-ate** *tr* försvara; hävda, skydda **-ation** *s* försvar **-atory** *a* **1** försvars- **2** hämnande; straffande **-tive** [di'k] *a* hämndlysten
vine *s* **1** vin|ranka, -stock **2** reva; slingerväxt ~**-dresser** *s* vinodlare
vin'egar **I** *s* ättika; vinäger **II** *a* ättiksur ~**-plant** *s* ättikmoder
vi'ne||-grower *s* vinodlare **-ry** *s* vindrivhus **-yard** [vi'njəd] *s* vin|gård, -berg
vi'nous *a* vinaktig, vin-; vinälskande
vin't||age *s* **1** vinskörd **2** [god] årgång **3** vin **-ager** *s* vinskördare **-ner** *s* vinhandlare **-nery** *s* vinhandel
vi'ny *a* vinranks|lik, -klädd; vin-
viol [vai'əl] *s* viola; *bass* ~ violoncell
1 viola [vai'ələ] *s* **1** altfiol **2** viola
2 viola *s* viol; pensé
violable [vai'ələbl] *a* sår-, kränk|bar
vi'olat||e *tr* kränka; begå våld mot; vanhelga; överträda; göra intrång hos; störa, våldtaga **-ion** *s* kränkning [&c]; *in* ~ *of* i strid mot **-or** *s* våldsverkare; överträdare; kvinnoskändare
vi'olen||ce *s* våld[samhet]; häftighet; tvång; *do* ~ *to* förgripa sig på **-t** *a* våldsam, häftig; stark; bjärt
vi'olet *s a* **1** [lukt]viol **2** violett
violin [vaiəli'n] *s* fiol, violin[ist] ~**-bow** *s* fiolstråke ~**-case** *s* fiollåda

violoncell'o *s* violoncell, cello
vi'per *s* huggorm **-ish** *a* ormlik; giftig
virago [virei'gou] *s* argbigga, ragata
virgin [və:'dʒ] **I** *s* jungfru, [ung]mö; *the V~* jungfru Maria; *~'s bower* klematis **II** *a* jungfrulig, jungfru-; ren, kysk; o[be]rörd; ny; *~ forest* urskog **-hood** *s* jungfrulighet
Virgin'ia [ə:dʒ] *npr, ~ creeper* vildvin
viril||e [i'r] *a* manlig; manbar **-ity** [i'l] *s* manlighet; man|barhet, -dom
virtu||al [və:'] *a* verklig, reell **-e** *s* **1** dygd; förträfflighet, värde **2** kraft; verkan **-oso** [ou'sou] (pl. *-osi* [si:]) *s* **1** virtuos **2** konstälskare **-ous** *a* **1** dygdig; ärbar **2** kraftig, verksam
virulen||ce [i'r] *s* giftighet **-t** *a* giftig; elakartad; hätsk
vi'rus *s* gift[ämne], virus; bitterhet
vis||a [vi:'zə] = *-é* **-age** [vi'z] *s* ansikte
vis-a-vis [vi:'zəvi:'] *adv* mitt emot
visceral [vi'sərəl] *a* inälvs-
visc||id [vi'sid] *a* klibbig; seg [äv. *-ous* [sk]] **-osity** [kɔ's] *s* klibbighet
viscount [vai'kaunt] *s* vikomt
visé [vi:'zei] **I** *s* visum **II** *tr* visera
visib||il'ity [z] *s* synlighet; sikt **-le** [-'-] *a* **1** synlig, märkbar **2** tydlig, uppenbar **3** anträffbar
vision [viʒn] *s* syn; synsinne; synhåll; *range of ~* synvidd **-al** *a* overklig **-ary I** *a* drömmande, fantastisk, inbillad; *~ image* drömbild **II** *s* andeskådare; fantast, svärmare
vis'it [z] **I** *tr* **1** besöka; gästa; umgås med **2** visitera, inspektera **3** hemsöka; straffa **II** *itr* avlägga besök; umgås **III** *s* **1** besök; vistelse; *pay a ~* göra besök [*to* hos] **2** visitation, undersökning **-ant** *s* **1** besökare, gäst **2** flytt-, stryk|fågel **-ation** *s* **1** visit|ation, -ering **2** hemsökelse, straff **3** besök **-ing-card** *s* visitkort **-or** *s* **1** besökare; gäst; främling; turist; *~s* främmande **2** visitator
vi'sor [z] *s* visir; skärm [äv. *vizor*]
vis'ta *s* **1** utsikt; fri sikt **2** allé; glänta
visual [vi'ʒjuəl] *a* syn-; visuell **-ize** *tr* [tydligt] föreställa sig, se framför sig, frammana, levandegöra
vi'tal *a* **1** livs-; livs|befrämjande, -viktig; *~ statistics* befolkningsstatistik **2** väsentlig; vital **3** livsfarlig; ödesdiger **4** liv[giv]ande; livfull **-ity** [æ'l] *s* liv[skraft] **-ize** *tr* ge liv åt; liva
vitiate [vi'ʃi] *tr* **1** skämma, fördärva; skada **2** göra ogiltig
viticulture [v(a)i'ti] *s* vinodling
vit'reous *a* glas|aktig, -artad; glas-
vitu'perate *tr* klandra, smäda, skymfa
Vi'tus *npr, St. ~'s Dance* danssjuka
vivac||ious [v(a)ivei'ʃəs] *a* livlig; rörlig **-ity** [æ's] *s* livlighet; rörlighet
viva voce [vai'vəvou'si] *adv* muntligt
viv'id *a* livlig; levande, ljus, glad
viv'i||fy *tr* liva **-parous** [v(a)ivi'pərəs] *a* som föder levande ungar
vix'en *s* **1** rävhona **2** argbigga **-ish -ly** *a* argsint, vresig
viz[.] [läses *namely*] *adv* nämligen
vizi[e]r [vizi'ə] *s* visir
V. O. = a) *Victorian Order;* b) *very old*
vo'cab||le *s* ord, glosa **-ulary** [kæ'bju] *s* ord|lista, -förråd, -skatt
vo'cal *a* **1** röst-, stäm-; sång-; vokal; *~ c[h]ords* stämband **2** röstbegåvad; talande; ljudande **3** muntlig, ljudlig **-ic** [æ'l] *a* vokal|isk, -rik **-ist** *s* sångare **-ize** *tr itr* artikulera; [ut]tala; sjunga **-ly** *adv* i (med) ord
vocation *s* **1** kall[else]; håg **2** yrke
voc'ative *a s* tilltals-; vokativ
vocif'er||ate *tr itr* skrika, dundra **-ation** *s* skrik, larm **-ous** *a* högljudd
vogue [voug] *s* mod[esak]; popularitet; *in ~* på modet
voice I *s* **1** röst, stämma; [tal]organ; ljud; *break of ~* målbrott; *out of ~* odisponerad **2** uttryck; åsikt; stämning; vilja; språkrör **3** talan **4** form [*active ~*] **II** *tr* **1** uttala; ge uttryck åt **2** stämma **-d** *a* **1** tonande **2** -röstad **-less** *a* **1** stum; tyst **2** tonlös
void I *a* **1** tom; *~ of* blottad på, utan **2** ledig **3** ogiltig **4** gagnlös **II** *s* tomrum; rymd; lucka; tomhet **III** *tr* **1** göra ogiltig **2** [ut]tömma, avföra **-ance** *s* **1** ledighet **2** upphävande
vol'atil||e *a* flyktig; rörlig; *~ salt* luktsalt **-ize** [læ'ti] *tr itr* [låta] förflyktigas
volcan'||ic *a* vulkanisk **-o** [ei'] *s* vulkan
1 vole *s* sork
2 vole *s* storslam
volition [i'ʃn] *s* vilje|yttring, -kraft
voll'ey I *s* ⚔ salva; skur, ström **II** *itr tr* avlossa[s] i salva; avfyra [salvor]; smattra *~-gun* *s* maskingevär
vol'-plane *s itr* [gå ned i] glidflykt
volt *s* volt **-age** *s* spänning **-a'ic** *a* galvanisk; Voltas
volub||il'ity [vɔlju] *s* svada, ordflöde **-le** [-'-] *a* **1** talför, munvig; flödande; ordrik **2** [bot.] slingrande
vol'um||e [ju] *s* **1** bok, band; *speak ~s* vara ett talande bevis **2** omfång; mängd **-inous** [(j)u:'] *a* diger, väldig
vol'unt||ary I *a* frivillig; avsiktlig; vilje- **II** *s* **1** preludium **2** frikyrkovän **3** frivilligt bidrag **-ee'r I** *s a* volontär[-] **II** *tr itr* **1** frivilligt erbjuda [sig]; åta sig **2** ingå som frivillig
volup'tu||ary [tju] *a s* vällusti[n]g **-ous** *a* **1** vällustig, sinnlig **2** yppig; härlig
volu't||e *s* snirkel **-ion** *s* vindling
vom'it I *tr itr* kräkas; [ut]spy[s], vräka[s] upp **II** *s* kräkning[sanfall]; kräkmedel **-ion** [i'ʃn] *s* kräkning **-ory I** *a* kräk[nings]- **II** *s* avlopp[srör]
vora'ci||ous [ʃəs] *a* glupsk; rovgirig; omättlig **-ty** [æ's] *s* glupskhet

vor't||ex *s* virvel, malström; häxkittel **-ical** -ig'inəs [dʒ] *a* virvlande
vo'tary *s* Guds tjänare; dyrkare; anhängare; förkämpe; vän [av]
vot||e I *s* **1** röst, vot|um, -ering; *majority of ~s* röstövervikt; *a seat and ~* säte och stämma; *put to the ~* låta gå till votering **2** röstsedel **3** rösträtt **4** beslut; anslag; *~ of censure* misstroendevotum **II** *tr itr* **1** rösta [för], votera, besluta; välja **2** uttala, förklara **3** föreslå **-er** *s* röstande; väljare **-ive** *a* löftes-; lovad; skänkt; minnes-
vouch I *tr* **1** bekräfta; intyga; garantera **2** åberopa **II** *itr* [an]svara, borga **-er** *s* **1** vittne; sagesman, borgen **2** intyg; kvitto; garanti **-sa'fe** *tr* bevärdiga med; värdigas
vow [vau] **I** *s* **1** löfte; trohets-, ämbets|ed; *take a ~* avlägga ett löfte **2** önskan; bön **II** *tr* lova, svärja; bedyra; *~ed* helgad; svuren; hängiven
vo'wel [au'] *s* vokal, självljud
voy'age I *s* [sjö]resa; färd **II** *itr* resa, färdas **-r** *s* [sjö]resande
vul'canize *tr* vulkanisera
vul'gar I *a* **1** vanlig, allmän; folklig; folk-, menig; enkel; *the ~ herd* massan **2** simpel, rå, tarvlig; ohyfsad **II** *s*, *the ~* folket **-ian** [ɛ'ər] *s* vulgär typ (uppkomling) **-ism** *s* vulgärt uttryck **-ity** [æ'r] *s* simpelhet **-ize** *tr* **1** förråa **2** popularisera
vul'nerable *a* sårbar, ömtålig, svag
vul'pine *a* rävlik; räv-; rävaktig, slug
vulture [vʌ'ltʃə] *s* gam; rovdjur

W

W, w [dʌ'blju(:)] *s* w **w.** = *west[ern]*
wad [ɔ] **I** *s* **1** tuss, sudd **2** vadd, stoppning **3** ⚔ förladdning **4** [Am.] sedelbunt; S pengar **II** *tr* vaddera, stoppa
waddle [ɔ] **I** *tr* [gå och] vagga; rulta **II** *s* vaggande [gång] **-r** *s* anka
wade *itr tr* vada [över]; traska, pulsa, knoga **-r** *s* **1** vadare **2** *~s* sjöstövlar
wa'f||er *s* **1** [go]rå, rån **2** oblat; hostia; munlack **-fle** [ɔ] *s* våffla
waft [ɑ:] **I** *tr* blåsa, driva, föra **II** *s* **1** viftande; vingslag **2** [vind]fläkt; doft
wag I *tr itr* **1** vagga [på]; vifta [med]; svänga [på] **2** F knalla sig i väg **3** S skolka **II** *s* **1** vaggning; viftning **2** spefågel; *play [the] ~* S skolka
wa'ge [dʒ] **I** *s*, *~s* [arbets]lön, avlöning; ⚓ hyra; *daily ~s* dagspenning; *living ~* existensminimum **II** *tr* föra, börja [krig] *~-earner* *s* lönarbetare **-r I** *s* vad[summa]; insats; *lay a ~* hålla (slå) vad **II** *tr itr* slå vad [om]; våga **-ring** *s* vad[hållning]
wagg'||ery *s* skälm|aktighet, -stycke, upptåg **-ish** *a* skälmaktig **-le** F = *wag* **-ly** *a* F ostadig, vinglig
wag[g]'on I *s* [last]vagn; skrinda; godsvagn **II** *tr itr* köra [foror] **-er** *s* åkare, kusk **-ett'e** *s* charabang
wagtail [wæ'gteil] *s* ärla
waif *s* **1** hittegods; strand|gods, -vrak **2** hemlös, utstött; vagabond
wail I *itr tr* **1** klaga [över], jämra sig **2** begråta **II** *s* [ve]klagan, jämmer
wain *s* [last]vagn, skrinda; *Charles's W~* Karlavagnen **-scot** *s tr* boaser|ing, -a; panel[a]
waist *s* **1** midja, liv **2** smalaste del, mitt **3** klänningsliv, blus **-band** *s* skärp; byx-, kjol|linning **-coat** [äv. we'skət] *s* väst; tröja
wait I *itr* **1** vänta [*for* på]; dröja, stanna [kvar]; *he ~ed for her to come* han väntade på att hon skulle komma **2** passa upp **3** *~ in* F sitta inne och vänta; *~ on* passa upp på, betjäna; uppvakta; följa med (på) **II** *tr* **1** avvakta, [in]vänta **2** F vänta med **III** *s* **1** väntan; paus **2** bakhåll **3** *~s* julmusikanter **-er** *s* **1** kypare, vaktmästare **2** bricka **-ing** *s* **1** väntan[de] **2** uppvaktning, tjänst[göring]; *in ~* tjänstgörande, uppvaktande **-ing-maid** *s* kammarjungfru **-ress** *s* uppasserska
waive *tr* **1** avstå från; undvika **2** sätta sig över, slå bort **-r** *s* avstående
1 wake *s* kölvatten; spår, släptåg
2 wak||e (*woke woke[n]* el. reg.) **I** *itr* vakna; *~ [up] to* få upp ögonen för **II** *tr* [upp]väcka **III** *s* vaka **-eful** *a* **1** vaken; sömnlös **2** vaksam **-en I** *tr* väcka **II** *itr* vakna [upp] **-ing** *s a* nattvak; vak|ande, -en, -sam
wale *s* **1** rand, märke **2** stad, salband
walk [wɔ:k] **I** *itr* **1** gå [till fots] [F *~ it*]; vandra; stiga, träda **2** gå (rida) i skritt **3** gå igen, spöka; *~ into* F gå löst på; läxa upp; ta för sig; *~ on* fortsätta; *~ over [the course]* lätt vinna ett lopp **II** *tr* **1** gå, flanera [på, i]; *~ the chalk* avlägga nykterhetsprov **2** ta med sig [ut]; leda, stödja **3** låta gå i skritt **4** *~ off* gå av sig; dra i väg med **III** *s* **1** gång; promenad, vandring; *go for a ~* ta [sig] en promenad **2** hållning **3** skritt **4** gång[bana], allé, stig **5** fack, område **6** [samhälls]ställning; *~ of life* [äv.] yrke **7** leverne **8** rond, [rund]tur **-able** *a* framkomlig **-er** *s* vandrare, fotgängare, flanör **-ing** *s a* gående; gång[-]; *~ lady* statist **-ing-papers** *s* S avsked [äv. *~-ticket*] **-ing-stick** *s* käpp *~-out* *s* strejk
wall [ɔ:] **I** *s* **1** mur **2** vägg; *party ~* mellanvägg; brandmur; *go to the ~* ligga under, [ge] vika; göra konkurs; *have (take) the ~* gå närmast väggen;

ha (få) försteget II tr igen-, kring|-mura; omge: ~ in inmura; kring-bygga; ~ up mura igen; instänga
wallet [ɔ'] s påse; packe; väska; ränsel; verktygs-, cykel|väska; plånbok
wall-eyed [ɔ:'] a glosögd; skelande
wall||-fern [ɔ:'] s stensöta **-flower** s 1 lackviol 2 F panelhöna
wallop [ɔ'l] F tr klå [upp] **-ing** s smörj
wallow [wɔ'lou] I itr vältra sig II s dy[pöl]
wall-||paper [wɔ:'] s tapet **-pepper** s [bot.] fetknopp **-tree** s spaljéträd
walnut [wɔ:'lnət] s valnöt
walrus [wɔ(:)'lrəs] s valross
waltz [wɔ:ls] s itr [dansa] vals
wan [ɔ] a 1 blek, glåmig 2 dyster
wand [ɔ] s [troll]stav; taktpinne; spö
wander [ɔ'] itr 1 vandra; sväva, glida, gå 2 gå vilse, avvika 3 fantisera, yra **-er** s vandrare; vagabond
wane I itr avtaga, minskas, försvagas, dö [bort] II s avtagande; nedan
wangle [ŋg] tr itr F fuska, smussla [med]; smäcka ihop; lista sig till
wanness [wɔ'] s blekhet, glåmighet
want [ɔ] I s 1 brist, frånvaro; behov; *be in* ~ *of* sakna; behöva 2 nöd, armod II tr 1 sakna; behöva; *it* ~*s* det fattas; *not* ~*ea* överflödig; *if* ~*ed* om så erfordras 2 vilja [ha], önska; begära; *I* ~ *you to come* jag vill att du skall komma 3 vilja träffa; fråga efter; söka; ~*ed by the police* efterlyst av polisen; *W*~*ed* Önskas köpa (hyra &c), Lediga platser III itr 1 saknas 2 ~ *for* sakna **-ing** a saknande; erforderlig; *be* ~ saknas; *be* ~ *in* brista i; *found* ~ befunnen för lätt
wanton [wɔ'] I a s 1 lekfull, yster, yr, vild, självsvåldig 2 lättsinnig, liderlig [kvinna] 3 godtycklig, onödig, okynnig 4 frodig II itr leka, rasa
war [wɔ:] I s krig; kamp; *the* [*Great*] *W*~ världskriget; ~ *cry* stridsrop; *W*~ *Office* krigsdepartement; *seat* (*theatre*) *of* ~ krigsskådeplats; *be at* ~ ligga i krig (fejd); *make* ~ börja krig II itr föra krig **~-axe** s stridsyxa
warble [ɔ:] I itr tr drilla, slå, kvittra II s drill, kvitter, sång **-r** s sångfågel
ward [ɔ:] I s 1 rote, kvarter 2 avdelning, sal, rum 3 förmynderskap 4 myndling; skyddsling 5 vakt II tr, ~ *off* parera; av|värja, -vända
warden [ɔ:'] s 1 styresman, föreståndare, fogde; [fång]vaktare 2 kyrkvärd
warder [ɔ:'] s väktare; [fång]vaktare
wardrobe [wɔ:'] s 1 klädskåp 2 garderob, kläder
ward-room [wɔ:'] s ⚓ officersmäss
-ward[s] [wəd(z)] *suffix* -åt, mot
wardship [wɔ:'] s förmynderskap; beskydd; omyndighet
ware [wɛə] s 1 ~[s] varor; kram 2 keramik, ler|gods, -kärl; *silver* ~ silver[saker] **-house** s 1 [varu]upplag, magasin; packhus; *bonded* ~ tullnederlag 2 varuhus
warfar||e [wɔ:'] s 1 krig[stillstånd]; strid 2 krigföring **-ing** a krigisk
wari||ly [wɛ'ə] *adv* varsamt **-ness** s varsamhet
warlike [ɔ:'] a krig|isk, -ar-; tapper
warm [ɔ:] I a 1 varm; hjärtlig 2 ivrig, pigg 3 het, häftig; *he is* ~ 'det bränns' 4 F välbärgad, 'tät' 5 [om spår] färsk, ny II tr 1 [upp]värma 2 S klå upp III itr bli varm[are]; värma sig; ~ *to o.'s work* komma riktigt i gång; ~ *up to*[*wards*] bli hjärtligare mot IV s F uppvärmning; värme; *give a* ~ värma **-ing-pan** s sängvärmare **-th** s värme; hjärtlighet; iver, glöd; hetta, häftighet
warn [ɔ:] tr 1 varna; varsko; påminna; ~ *not to* varna för att 2 [upp]-mana, råda; ~ *away* köra bort; ~ *off* utestänga 3 ⚔ [in]kalla **-ing** s 1 varning; varnagel 2 uppsägning; anmälan; *give* ~ säga upp [sig]
warp [ɔ:] I tr 1 böja, kröka; förvrida 2 förvanska; feltolka; förvilla; förleda; påverka 3 varpa II itr bågna, slå sig; ~*ed* vind, skev, partisk III s 1 varp, ränning 2 bågnande; vrånghet
war-paint [wɔ:'] s krigsmålning; F gala
warrant [wɔ'] I s 1 garanti, säkerhet, borgen 2 fullmakt, befogenhet, tillstånd 3 förordning, beslut; [häktnings]order; utmätningsutslag 4 lagerbevis 5 [hand.] anvisning II tr 1 garantera, [an]svara (stå) för; F försäkra 2 bemyndiga; försvara 3 berättiga 4 intyga, bevisa **-able** a försvarlig **-ee'** s rättmätig innehavare **-or** s borgen **-y** s 1 garanti 2 anledning
warren [ɔ'] s kaningård, kyffe, hål
warrior [wɔ'riə] s krigare, kämpe
wart [wɔ:t] s vårta; utväxt
war-whoop [wɔ:'hu:p] s krigstjut
wary [ɛ'ə] a försiktig, på sin vakt
was [wɔz, wəz] [av *be*] var; blev
wash [ɔ] I tr itr 1 tvätta [sig], skölja[s], spola; diska; [ren]två; ~ *the dishes* diska; ~ *white* vitmena; rentvå 2 översvämma; slå upp över (mot) 3 urholka 4 vaska; slamma 5 lavera, tuscha; bestryka 6 gå att tvätta, F duga 7 ~ *down* skölja ned; spola [över]; ~ *off* gå bort i tvätten; ~ *up* diska [av]; kasta (vräka) upp II s 1 tvätt[ning]; byk; sköljning 2 svall[våg] 3 skulor 4 'blask', strunt 5 moras, myr 6 grund vik; lagun 7 lager **-able** a tvättäkta **-board** s tvättbräde **~-cloth** s disktrasa **~-drawing** s lavering **-er** s 1 tvätterska 2 vaskare **~-hand** *a*, ~ *basin* handfat; ~ *stand* tvättställ

washing [ɔ′] *s* 1 tvätt[ning]; spolning; diskning 2 *~s* skölj-, disk|vatten 3 slam **~-basin** *s* handfat **~-bill** *s* tvättnota **~-stand** *s* tvättställ **~-up** *s* diskning; rengöring
wash||-leather [ɔ′] *s* tvätt-, sämsk|-skinn **--out** *s* 1 urholkning 2 S bom; fiasko **--room** *s* toalett[rum] **-stand** *s* tvättställ **--tub** *s* bykkar **--water** *s* tvätt-, disk|vatten **-y** *a* vattnig, tunn
wasn't [wɔznt] F = *was not*
wasp [ɔ] *s* geting; *~'s nest* getingbo
wassail [wɔsl] *s* 1 dryckesgille 2 mumma
wast [wɔst] [åld. av *be*] var [*thou ~*]
wa'stage *s* 1 slösande 2 minskning
wa'ste I *a* 1 öde, ödslig; ouppodlad; *lay ~* ödelägga 2 avfalls-; felaktig, överbliven, utskotts-; *~ paper* makulatur II *tr* 1 ödelägga 2 utmärgla, för|tära, -störa 3 [för]slösa, ödsla (kasta) bort, [för]spilla; *~ breath (words)* spilla ord [i onödan] 4 för|-summa, -sitta 5 låta förfalla III *itr* 1 förtäras, tyna (dö) bort, mattas; magra 2 för|slösas, -faras, sina, krympa ihop 3 nedbringa sin vikt 4 slösa IV *s* 1 slös|ande, -eri; *go (run) to ~* rinna bort; gå till spillo; förfalla 2 van|hävd, -vård; husröta 3 avfall, utskott 4 avlopp[srör] 5 öken, ödemark 6 minskning, nötning **~-basket** *s* avfalls-, pappers|korg **~-bin** *s* soplår **-ful** *a* slösaktig **~-paper** *s* makulatur; *~ basket* papperskorg **~-pipe** *s* avloppsrör **-r** [äv. *wa'strel*] *s* 1 slösare; S odåga 2 utskott
watch [ɔ] I *s* 1 vakt; bevakning; *~ below* frivakt; *middle ~* hundvakt 2 [fick]ur; klocka 3 vaka II *itr* 1 vaka 2 hålla (stå på) vakt 3 hålla utkik, lura, spana 4 ⚓ [om boj] vaka, flyta III *tr* 1 bevaka; vakta, valla 2 ge akt på, iakttaga, betrakta, se [på] 3 avvakta **~-case** *s* boett **~-chain** *s* klockkedja **-er** *s* 1 bevakare; iakttagare 2 vakt **-ful** *a* vaksam, påpasslig **~-guard** *s* klockkedja **-maker** *s* urmakare **-man** *s* [natt]vakt **~-spring** *s* urfjäder **~-stand** *s* klockställ **-word** *s* lösen, slagord
water [ɔ:′] I *s* 1 vatten; *sheet of ~* vatten|samling, -spegel; *of the first ~* av renaste vatten; *holy ~* vigvatten; *get into deep ~*[s] ta sig vatten över huvudet; *make (take) ~* läcka; *by ~* sjöledes; *take the ~s* dricka brunn 2 F vattenfärg; *~s* akvareller II *tr* 1 vattna 2 blöta; utspäda 3 vattra III *itr* 1 vattnas, dricka 2 vattna sig 3 tåras; rinna 4 ta in vatten **~-bucket** *s* vattenhink **~-cock** *s* vattenkran **~-colour** *s* 1 *~s* vattenfärg 2 akvarell **-course** *s* vattendrag; kanal; strömfåra **~-gruel** *s* vattvälling **~-hen** *s* sumphöna **~-hose** *s* vattenslang **~-ice** *s* glass **-ing-place** *s* brunns-, bad|ort
water||ish [wɔ:′] = *-y* **--jacket** *s* vattenmantel, kylare **--level** *s* 1 vatten|stånd, -höjd 2 vattenpass **--lily** *s* näckros **-logged** [lɔgd] *a* översvämmad; genomdränkt, sur **--main** *s* huvudrör **-man** *s* färj-, båt|karl; roddare **-mark** *s* 1 vatten|märke, -linje 2 vattenstämpel **--meter** *s* vattenmätare **--pipe** *s* vatten[lednings]rör **--pox** *s* vatt[en]koppor **-proof** I *a* vattentät II *s* regnrock **-shed** *s* 1 vattendelare 2 flodområde **--shoot** *s* stupränna **-side** *s* strand[-brädd] **--soldier** *s* vattenaloe **-spout** *s* 1 stuprörsmynning, avlopp[sränna] 2 skydrag; störtregn **--sprite** *s* vattenande, näck **--table** *s* vattenlist **--tap** *s* vattenkran **--tub** *s* vattentunna **-works** *spl* vatten[lednings]-verk **-y** *a* vattnig, våt; utspädd, tunn
watt [wɔt] *s* [elektr.] watt
1 **wattle** [ɔ] I *s* ris, ribbor, gärdsel II *tr* hop|fläta, -binda, inhägna
2 **wattle** *s* slör; skägg[töm]; muntråd
waul [wɔ:l] *itr* jama; skrika, gasta
wave I *s* 1 våg, bölja 2 våg|ighet, -linje; vattring 3 viftning, gest 4 ondulering II *itr* 1 bölja; vaja, vagga 2 vinka 3 viftas, svängas III *tr* 1 vinka [med], svänga; *~ aside (off)* vinka (visa) bort 2 göra vågig; ondulera; *~d* vågig, vattrad
wa'ver *itr* 1 fladdra, flämta, skälva; svänga 2 vackla, svikta; tveka 3 växla **-ing** *s a* vacklan[de], tvek|an, -sam **-y** *a* vacklande, fladdrande
wa'vy *a* våg[form]ig; böljande; ostadig
1 **wax** [æ] *itr* tilltaga, växa, [åld.] bli
2 **wax** *s* S vredesutbrott, ilska
3 **wax** I *s* vax; lack; skomakarbeck II *tr* vaxa; bona; polera; becka **~-candle** *s* vaxljus **~-cloth** *s* vaxduk **-en** = *-y* **~-taper** *s* vaxstapel **-work** *s* vaxfigur[er]; *~s* vaxkabinett **-y** *a* vax-; mjuk; [vax]blek
way [wei] *s* 1 väg; håll, riktning; utväg *A* [med verb] *be in a p.'s ~* vara (stå) i vägen för ngn; *in a fair ~* på god väg; *beg o.'s ~* tigga sig fram; *clear the ~* bana väg; *cut o.'s ~* slå sig igenom (fram); *find o.'s ~* hitta [vägen]; *get out of the ~* gå ur vägen; *give ~* [ge] vika; hänge sig; svika; brista; sätta fart; *go out of o.'s ~* göra en omväg; göra sig omak; *have (get) o.'s ~* få sin vilja fram; *know o.'s ~ about* klara sig; *lead the ~* gå före, ta ledningen; *lose o.'s (the) ~* gå vilse; *make ~* lämna rum, gå undan (framåt); *make o.'s ~* gå (komma, slå sig) fram; *pay o.'s ~* betala [för] sig; *push o.'s ~* knuffa sig fram; *put (set) a p. on his ~* följa ngn ett

stycke; *put out of the* ~ undanröja; *see o.'s* ~ se var man går, se en lösning (utväg); *work o.'s* ~ arbeta sig fram; ⚓ arbeta ombord *B* [med adv. o. prep.] ~ *about* omväg; *all the* ~ *to* ända till; *by the* ~ vid vägen; i förbigående; *by* ~ *of* via; såsom, till; *out of the* ~ ur vägen, utom räckhåll; borta; avsides; malplacerad, oriktig; ovanlig; ~ *out* utväg; *over the* ~ mitt emot **2** stycke [väg]; avstånd; [*by*] *a long* ~ vida, utan jämförelse, [ej] på långa vägar **3** gång, stig; spår; *the Milky W*~ Vintergatan **4** sätt, vis; avseende; [*in*] *that* ~ på det sättet; så; *the* ~ *he works* så som han arbetar; *in a* ~ på sätt och vis; *any* ~ [äv.] i varje fall; *in the* ~ *of* i fråga om; *the other* ~ tvärtom **5** uppträdande, hållning; vana; egenhet; *bad* ~*s* odygd **6** bransch, fack, specialitet **7** tillstånd; villkor; *in a bad* ~ illa däran; *in a* ~ F ängslig, förargad; *in a small* ~ i liten skala, i små omständigheter **8** ⚓ fart, gång; *under* ~ i fart, i gång **9** ~*s and means* resurser; mått och steg; budget, anslag **10** ~*s* ⚓ slip **-lay'** *tr* lägga sig i försåt för **-lay'er** *s* stråtrövare ~**-post** *s* vägvisare **-side** *s* vägkant; *by the* ~ vid vägen **-ward** [əd] *a* egensinnig; nyckfull ~**-worn** *a* restrött

W. C. [dʌ'blju(:)si:'] = *West[ern] Central; water-closet*

we [wi:, wi] (obj. *us*) *pron* vi; man

weak *a* svag; klen, vek, skör; tunn; matt **-en** *tr itr* försvaga[s], förvekliga[s]; vekna **-ling** *s* svag stackare **-ly** *a* klen, spenslig ~**-minded** *a* enfaldig, [vilje]svag ~**-sighted** *a* svagsynt

1 weal *s* rand, strimma

2 weal *s* väl[färd]; *the public* ~ det allmänna bästa **-th** [welþ] *s* rikedom; förmögenhet; överflöd **-thy** [e] *a* rik

wean *tr* vänja av **-ling** *s* avvant barn

weapon [e'] *s* vapen; tillhygge

1 wear [wɛə] (*wore wore*) *tr itr* = *veer*

2 wear I (*wore worn*) *tr* **1** bära, vara klädd i, ha, begagna **2** nöta [ut], slita [på]; tära; trötta [ut], anstränga **3** förnöta; framsläpa; ~ *down* nöta av; smula sönder; uttrötta; ~ *into* inprägla; ~ *out* utslita; uttömma **II** *itr* **1** bäras, brukas; ~*ing apparel* gångkläder **2** nötas; avtaga, utplånas **3** [fram]skrida **4** hålla [att slita på]; bibehålla sig; ~ *down* nötas bort; minskas; ~ *into* övergå till; ~ *out* slitas ut; minskas, ta slut; ~ [*up*]*on* tära på **III** *s* **1** bruk; *in general* ~ på modet; *have in* ~ begagna **2** dräkt, beklädnad **3** slitning; påfrestning [äv. ~ *and tear*] **4** hållbarhet; *of good* ~ [slit]-stark **-able** *a* användbar, anständig

wear|ied [wi'ərid] *a* trött; blaserad **-ily** *adv* trött **-iness** *s* **1** trötthet; leda **2** plåga **-isome** *a* tröttsam, tråkig **-y I** *a* **1** trött; led, utledsen [*of* på] **2** modlös **3** mödosam; tråkig **II** *tr* trötta [ut]; plåga **III** *itr* tröttna

weasel [wi:zl] *s* vessla

weather [we'ðə] **I** *s* **1** väder[lek]; oväder; ~ *permitting* om vädret tillåter; *dry* ~ uppehållsväder; torka; *open* ~ blidväder; *rough* ~ hårt väder, storm; *wet* ~ rusk; *under the* ~ S krasslig; i olag **2** ⚓ lovart, vindsida; *make good* ~ vaka väl i sjö **II** *tr itr* **1** lufta, torka; ~, *be* ~*ed* [för]vittra; upplösas; blekas **2** ~ *out* rida ut, komma igenom **3** ta loven av **4** tåla väder och vind ~**-beaten** *a* vindpiskad, väderbiten ~**-board[ing]** *s* brädfodring **-cock** *s* vindflöjel, kyrktupp ~**-forecast** *s* väderleks|utsikter, -rapport ~**-ga[u]ge** *s* lovart, vindsida [äv. -*side*] ~**-glass** *s* barometer ~**-moulding** *s* vattenlist **-proof** *a* oberörd av väder och vind; lufttät ~**-service** *s* väderlekstjänst ~**-strip** *s* tätningslist

weav|e (*wove woven*) **I** *tr itr* **1** väva[s] **2** [samman]fläta, binda **II** *s* vävning **-er** *s* väv|are, -erska

web *s* **1** [spindel]väv; intrig[spel] **2** simhud; fan **3** nyckelax **II** *tr* inväva, överdraga **-bed** *a* med simhud [äv. -*by*] **-bing** *s* väv ~**-foot** *s* simfot

we'd [wi(:)d] = *we had* el. *would*

wed *tr itr* **1** gifta sig [med] **2** gifta [bort]; viga **3** förena **-ded** *a* gift; äktenskaplig; lagvigd; ~ *life* äktenskap

wedd'ing *s* bröllop, vigsel ~**-party** *s* bröllop[sfolk] ~**-trip** *s* bröllopsresa

wedge [wedʒ] **I** *s* kil; vigg; *the thin end of the* ~ början **II** *tr* **1** kila [fast]; klämma in **2** klyva, spränga

wed'lock *s* äktenskap, äkta stånd

Wednesday [we'nzdi, dei] *s* onsdag

wee *a* mycket liten; *a* ~ *bit* en smula

weed I *s* **1** ogräs; *ill* ~*s grow apace* ont krut förgås inte så lätt **2** sjögräs; växt; tobak; F cigarr **3** S krake **II** *tr* rensa [bort]; gallra ut

weeds *spl* änke-, sorg|dräkt

wee'dy *a* **1** full av ogräs **2** F gänglig

week *s* vecka; *to-day* ~ i dag åtta dar [sen] **-day** *s* söcken-, var|dag ~**-end** *s* veckoslut **-ly I** *a* vecko-, veckans **II** *adv* [i] varje vecka **III** *s* veckotidning

weep (*wept wept*) *itr tr* **1** gråta **2** droppa; läcka **3** gråta (sörja) över **-er** *s* **1** gråt|ande, -erska **2** ~*s* sorg|band, -flor, -dok **-ing** *a* **1** gråtande; rinnande **2** våt, regnig **3** [bot.] häng-

weevil [wi:'v(i)l] *s* [zool.] vivel

weft *s* **1** inslag, väft **2** väv

1 weigh [wei] *s*, *under* ~ i fart, i gång

2 weigh I *tr* **1** väga; av-, upp-, över|väga; ~ *down* väga (tynga) ner;

uppväga; ~ *out* väga upp (till) 2 ⚓ draga upp II *itr* 1 väga; tynga; vara av vikt, betyda; ~ *against* mot-, upp|väga; ~ *in with* F lägga till 2 ⚓ lätta ankar **~-bridge** *s* brygg-, vagn|våg **-er** *s* vägare; vågmästare
weight [weit] I *s* 1 vikt, tyngd; *be full* ~ hålla vikt 2 tryck, belastning 3 lod; motvikt 4 [sport.] kula; *put the* ~ stöta kula 5 brevpress 6 tyngd, börda 7 betydelse; inflytande, pondus; *have* ~ väga tungt; *throw in o.'s* ~ lägga sitt ord i vågskålen II *tr* 1 belasta, tynga ned 2 väga **-y** *a* tung; vägande, viktig; tryckande
weir [wiə] *s* [kvarn]damm; mjärde
weird [iə] I *s* öde II *a* 1 ödes- 2 hemsk, trolsk, spöklik 3 F egendomlig
wel'come [əm] I *a* välkommen; *and* ~ [och] håll till godo, mycket gärna; [*you are*] ~ [*to it*]! ingen orsak! väl bekomme! mycket gärna! II *s* välkomsthälsning, [hjärtligt] mottagande III (*~d ~d*) *tr* välkomna
weld I *tr itr* svetsa[s] [ihop] II *s* svets[ning] **-er** *s* svets|are, -maskin
wel'fare [ɛə] *s* väl[färd], välgång; *child* ~ barnavård; ~ *work* socialt arbete
we'll [wi:l] = *we will*
1 **well** I *s* 1 brunn; källa; *~s* hälsobrunn 2 trapp|hus, -rum; parkett [i domsal]; schakt; trång [bak]gård; hål[ighet], öppning, [mellan]rum, 'fack; bläckhus II *itr* välla [fram]
2 **well** (*better best*) *adv* 1 väl, bra, gott; *do* ~ reda sig (ha det) bra, ha hälsan; repa sig; duga [bra]; *do* ~ *to* göra rätt i att; *live and do* ~ leva och ha hälsan; *think* ~ *of* ha höga tankar om 2 träffande, riktigt 3 med rätta, med [fullt] skäl; [i nek. sats] gärna 4 långt [fram], betydligt; ~ *on* långt lidet; S pirum; ~ *up* långt framme (uppe) 5 *as* ~ lika bra (väl, gärna); också II *a* 1 frisk, kry, bra: *make* ~ bota 2 väl, bra, gott [och väl]; lämpligt; klokt; *it is all very* ~ det är gott och väl (lätt) 3 belåten; *be* ~ ha det bra; ~ *off*, ~ *to do* välbärgad III *s* väl; *leave* (*let*) ~ *alone* inte fordra för mycket IV *interj* nå! ja [visst]! jo! jaa! ~ *I never!* ~, *I declare!* kors i alla tider! *very* ~*!* ja [då]! jo! nå då så! **~'-advi'sed** *a* välbetänkt **~'-beha'ved** *a* väl|uppfostrad, -artad **~'-being** *s* välbefinnande; lycka
well'-boat *s* fisksump [båt]
well'-||bor'n *a* välboren, adlig **-bred** *a* 1 väluppfostrad 2 rasren, ädel **-'deser'ved** *a* välförtjänt **-'dispo'sed** *a* välvillig[t stämd] **-doing** *s a* 1 redlig[het], dygd 2 väl|befinnande, -färd **-'done** [ʌ'] *a* 1 välgjord 2 genom|stekt, -kokt **-'dress'ed** *a* välklädd; väl|skött, -lagad **-'estab'lished** *a* 1 solid, säker 2 välgrundad **-'fa'voured** *a* vacker, välväxt **-'fou'nd** *a* välförsedd **-'fur'nished** *a* väl|försedd, -möblerad **-'grou'nded** *a* 1 välgrundad 2 hemmastadd; grundlig
well'-||head *s* [ur]källa **-hole** *s* trapphus
well'-||infor'med *a* välunderrättad **-'knit'** *a* kraftig **-'kno'wn** *a* [väl]känd **-'ni'gh** *adv* nära nog **-'off'** *a* välbärgad **-'read'** *a* beläst **-'repu'ted** *a* aktad, ansedd
well'-room *s* brunnssalong
well'-spo'ken *a* 1 vältalig 2 träffande
well'-||spring *s* källsprång; [ur]källa **-staircase** *s* spiraltrappa
well'-||stock'ed **-'stor'ed** *s* välförsedd **-'ti'med** *a* läglig **-to-do** [-'tədu:'] *a* välbärgad **-'wish'er** *s* gynnare, vän
welsh I *tr* bedraga, lura II *itr* F smita
Welsh *a* walesisk, från (i) Wales; välsk; ~ *rabbit* rostat bröd med ost
welt *s* 1 söm; rand 2 strimma, ärr **-ed** *a* randsydd
1 **wel'ter** I *itr* 1 rulla, vräkas; sjuda, brusa 2 bada II *s* rullande, svall; massa; virrvarr
2 **welter** *s* 1 [hästsport.] tungviktare 2 F hejare **~-weight** *s* weltervikt
wen *s* hud-, fett|svulst; struma
wench *s* 1 jänta, tös 2 piga
wend *tr*, ~ *o.'s way* styra sina steg
went imp. (P äv. pp.) av *go*
wept imp. o. pp. av *weep*
were [wə:, wɛə] (av *be*) var, voro; vore; blev[o], bleve; *as it* ~ så att säga
we're [wiə] = *we are* **weren't** = *were not*
werewolf [wi'əwulf] *s* varulv
wert [åld.] var, vore; blev[e] [*thou* ~]
west I *s* 1 väst[er]; *to the* ~ västerut; [*to the*] ~ *of* väster om 2 västan-[vind] II *a* västlig, västra, väst[er]-; *the W~ End* Westend [i London] III *adv* väster[ut]; ~ *by north* väst till nord **-erly** **-ern** *a* västlig, västra, väst- **-erner** *s* väst[er]länning
west'||ing *s* västlig kurs **-ward** [əd] I *adv* *s* väster[ut] [äv. *~s*] II *a* västlig
wet I *a* 1 våt, blöt; ~ *through* genomvåt, färsk; *W~ paint!* Nymålat! 2 färsk 3 antiförbudsvänlig; berusad II *tr* 1 väta, blöta [ned], fukta 2 skölja ned III *s* 1 väta; fukt; regn-[väder] 2 F styrketår
wether [we'ðə] *s* bagge, hammel
wet'||ness *s* väta **-nurse** *s* amma
whack F I *tr* 1 slå, dunka på; klå upp 2 dela II *s* 1 slag, smäll; sittopp 2 [an]del; *go ~s* dela jämnt **-er** *s* F baddare; grov lögn **-ing** *a* F kolossal
whale I *s* val; *bull* ~ valhane; *cow* ~ valhona II *itr* idka valfångst **~-boat** *s* val[fångar]båt **-bone** *s* [val]-fiskben **-man** *s* valfångare **~-oil** *s* valfisktran **-r** *s* valfångare[fartyg]
whang F I *tr* slå, mörbulta II *itr* *s* smäll[a], dunk[a]

wharǀf [ɔ:] I (pl. ~s el. -ves) s lastǀkaj, -brygga, skeppsbro II tr förtöja, lossa **-age** s kajǀavgift, -plats **-inger** [dʒ] s hamnmästare; kajägare
what [wɔt] I *fråg pron* vad [som], vilken, hurudan; vad för [en]; [utrop] sådan; *and* ~ *not* och Gud vet vad allt; ~ *but?* vad annat än? ~ *if* tänk om; ~ *about* (*of*)? hur är det med? ~ *of it?* nå, än sen? ~ *matter?* vad betyder (gör) det? II *rel pron* det (något) som; den [fören.] som; vad [som]; *that's* ~ *it is* så är det; *but* ~ F som inte, utan att; *for* ~ *I know* inte annat än (så vitt) jag vet III *adv*, ~ *with* .. [*and*] ~ *with* [på grund] av .. eller [av] **-ev'er** I *rel pron* vad [som] än, allt vad; vilken (hurudan) än II *obest pron* [efter *no*[*thing*] &c] som helst, alls III F vad i all världen **-not** s 1 hylla 2 varjehanda **-soev'er** = *-ever I, II*
wheat s vete **-ear** s veteax
whee'dle I *tr* locka, narra II *itr* smickra; lisma
wheel I s 1 hjul; *break on the* ~ rådbråka; *put o.'s shoulder to the* ~ lägga manken till; *high on the* ~ F uppe i smöret; *go on* ~*s* gå som smort 2 drejskiva; trissa 3 ratt 4 F cykel 5 rotation, kretslopp; volt; *turn* ~*s* hjula II *tr itr* 1 [låta] svänga [runt], snurra [på], kretsa 2 rulla, skjuta 3 dreja 4 åka, köra; F cykla 5 kasta (slå) om **-barrow** s skottkärra **~-chair** s rullstol **~-drag** s hämsko **~-guard** s hjulskydd; stänkskärm **~-horse** s stånghäst **~-house** s ⚓ styrhytt **~-wright** s hjul-, vagnǀmakare
wheezǀǀe I *itr* fläsa, kikna, väsa II s fläsande **-y** *a* väsande, andfådd, hes
1 **whelk** s valthornssnäcka
2 **whelk** s utslag, blemma; rand
whelm *tr* uppsluka; förinta; krossa
whelp I s valp; unge II *itr tr* valpa, föda
when I *adv* när? ~ *ever?* när i all världen? *say* ~! säg till (stopp)! II *konj* då, när; ~ *a boy* som pojke; ~ *there* när jag [&c] kom dit **-ce** *adv* varǀifrån, -av; vadan? varför **-ev'er** **-soev'er** *konj* när .. än, så ofta [som]
where [wɛə] I *fråg adv* var[t]? ~ *ever?* var[t] i all världen? II *rel adv* där; varǀi, -på; dit; vart **-abouts** I *adv* var någonstans II s vistelseort, tillhåll **-as** [æ'z] *konj* 1 då däremot, medan 2 alldenstund **-upon'** *adv* varpå
whereǀǀv'er *adv* var[t] helst, var[t] än [litt. *-soev'er*] **-withal** [ɔ:'l] s F medel, möjlighet, råd
wherry [we'ri] s färja; [rodd]båt
whetǀ I *tr* 1 vässa 2 skärpa; egga, reta II s 1 sporre, eggelse 2 [aptit]sup
whether [we'ðə] *konj* 1 huruvida, om 2 ~ .. *or* vare sig (antingen) .. eller

whet'ǀǀstone **-ter** s brynsten; eggelse
whew [hwu:, hiu:'] *interj* usch! brr!
whey s vassla **-ey** **-ish** *a* vasslig
which I *fråg pron* vilken[dera] II *rel pron* vilken, som; *of* ~ vilkens, vars, varǀav, -om; *about* ~ varom **-ev'er** *pron* vilken[dera] än [åld. *-soev'er*]
whiff I s 1 pust, fläkt; lukt 2 drag, bloss 3 sus 4 cigarrcigarrett II *itr* 1 pusta; fläkta; vina; fnysa 2 dra[ga], blossa III *tr* 1 blåsa 2 blossa på 3 dra in (upp), vädra på **-le** I *itr tr* 1 fläkta; vina; slå om 2 vackla, snurra 3 rubba, blåsa bort II s fläkt, pust
Whig s whig, [gammal]liberal
whilǀǀe I s 1 stund; tid; *the* ~ under tiden; *between* ~*s* emellanåt; *once in a* ~ då och då; *quite a* ~ F ganska länge 2 *be worth* ~ löna sig II *konj* medan, under det att, så länge [som]; ~ *at work* under arbetet III *tr*, ~ *away* fördriva [tiden] **-st** = *while II*
whim s 1 infall, nyck 2 gång-, vindǀspel
whim'per *itr* s gnäll[a], knarr[a]
whim'sǀǀical [z] *a* nyckfull, bisarr, egen[domlig], komisk **-y** = *whim*[*sical*]
whin [win] s gultörne
whine I *itr* gnälla, jämra sig; pipa, vina II s gnäll, knarr, pip; vinande
whinn'y *itr* s gnäggǀa, -ning
whip I *tr* 1 piska; slå, klå; plåga, gissla, egga 2 vispa 3 linda, vira 4 S överträffa, slå 5 hissa, hala 6 sticka, stoppa, höra, kasta, slå, hugga, rycka, vrida, gripa; ~ *about* vira in (om); ~ *away* köra (snappa) bort; ~ *in* piska (driva) in; samla, slänga in; ~ *on* [äv.] kasta på sig; ~ *up* piska [upp, på]; rafsa till sig, smäcka ihop; S stjälpa i sig II *itr* 1 piska [på]; slå; svida, bita 2 kasta ut rev 3 rusa, jaga, kila, smita, flänga, fara; ~ *in* rusa in; slå ned, avbryta, piska ihop (in); agitera; ~ *out with* haspla ur sig III s 1 piska; gissel; piskrapp 2 spö 3 kusk 4 [jakt.] pikör 5 inpiskare; agitation; kallelse 6 vispgrädde 7 ⚓ göling **-cord** **~-lash** s pisksnärt **-'per-snapp'er** s viktigpetter; pojkspoling [äv. *-ster*]
whipp'et s 1 hund 2 ⚔ tank
whipp'ing s 1 [in]pisk[ning] 2 kastsöm **~-boy** s strykpojke **~-post** s spöpåle **~-top** s pisksnurra
whip'ǀǀ-stick **-stock** s piskskaft
whir[r] [ə:] *itr* s surr[a], sus[a], smattra
whirl [ə:] I *tr itr* 1 virvla; svänga [runt]; snurra; rulla; åka 2 slunga, kasta II s virvǀel, -lande; svängning; jäkt, oro; yrsel; ~*s of snow* yrsnö **-igig** s 1 karusell; snurra 2 kretslopp; växling **-pool** s virvel; malström **-wind** s virvel[vind]; jäkt
whisk I s 1 dammvippa 2 tofs, tapp, knippe, kvast 3 visp 4 svep, drag,

tag; fläkt 5 viftning II *tr* 1 damma, sopa, borsta 2 flytta, köra, rycka, fösa 3 svänga [med] 4 vispa III *itr* fara, flyga, svepa, kila, sno **-er** *s* 1 ~*s* polisonger 2 morrhår
whis'k[e]y *s* visky; [korn]brännvin; ~*-and-soda* viskygrogg
whis'per I *itr tr* 1 viska 2 susa II *s* viskning; mummel; rykte; knyst; sus
whist *s* [kortsp.] vist
whistle [wisl] I *itr* 1 vissla; vina; susa; blåsa; ~ *for* F bli lurad på; *go* ~ F dra åt skogen 2 viska, tissla II *tr* vissla [på, till] III *s* 1 vissling; sus; gäll ton 2 visselpipa; ångvissla; *pay for o.'s* ~ få dyrt betala nöjet; *worth the* ~ värd besväret 3 F strupe
whit *s* smul[a], grand
white I *a* 1 vit; blek; klar 2 oskyldig; ren; S hygglig 3 ~ *goods* vitvaror; ~ *horses* '[vita] gäss'; ~ *lead* blyvitt; ~ *lie (fib)* nödlögn; *W*~ *Paper* rapport; aktstycke; *the* ~ *scourge* lungsoten II *s* 1 vitt; vit färg 2 vit 3 vit[ög]a 4 ~*s* vita kläder **-bait** *s* vitfisk; småsill **~-cap** *s* våg|kam, -skum **~-face** *s* bläs **~-feathered** *a* feg **-fish** *s* 1 vitfisk 2 vitval **~-hot** *a* vitglöd|ande, -gad **~-livered** *a* feg **-n** I *tr* göra vit, vit|färga, -limma; bleka II *itr* bli vit, blekna **-ness** *s* vithet **-smith** *s* bleckslagare; finsmed **-thorn** *s* hagtorn **-wash** *tr* 1 vit|limma, -mena 2 rentvå, överskyla; bättra på
whither [wi'ðə] *adv* vart[hän]; dit
whi'tl|ing *s* 1 limfärg; putspulver 2 vitling **-low** [wi'tlou] *s* fingerböld
Whit Monday [-'-'-] *s* annandag pingst
Whit' Sun'day *s* pingstdag[en] **Whitsuntide** *s* pingst
whitt'le *tr itr* tälja, skala [av]; skära
whiz[z] *itr s* vissla[nde], vin[a], sus[a]
who [hu:] (gen. *whose* [z]; obj. *whom*) I *fråg pron* vem (vilka) [som]; ~ *ever?* vem i all världen? ~ *goes there?* ⚔ vem där? *Who's Who?* Vem är vem (det)? II *rel pron* som, vilken; *all of* ~*m* vilka alla; *as* ~ *should say* liksom för att säga
whoa [wou] *interj* ptro! håll!
who'd [hu:d] F = *who had (would)*
whoev'er *pron* vem [som] än, vilka än, var och en som; vem i all världen
whole [houl] I *a* 1 hel [och hållen]; *the* ~ *thing* alltsammans; *go the* ~ *length* ta steget fullt ut 2 välbehållen; helbrägda II *s* helt; helhet; *the* ~ *of* hela, alla **~-hearted** *a* uppriktig; helgjuten **~-length** *a s* [i] helfigur **-ness** *s* helhet **-sale** I *s adv*, [*by*] ~ en gros; i klump, i massa, massvis; över en bank II *a* gross[handels]-, parti-, mass-; okritisk; ~ *dealer (merchant)* grosshandlare; ~ *slaughter* massmord **-some** *a* hälsosam, sund; nyttig

wholly [hou'li] *adv* helt, alldeles
whom [hu:m] **-[so]ev'er** se *who, whoever*
whoop [hu:p] = *1 hoop*
whop S F I *tr* klå [upp] II *s* 1 stryk 2 duns **-per** *s* F baddare; grov lögn **-ping** *a* F väldig, grov
whore [hɔ:] *s* hora, sköka **-dom** *s* hor
whorl [ɔ:, ə:] *s* krans; vindling; virvel
whortleberry [wə:'t] *s* blåbär; *red* ~ lingon
who|'s [hu:z] F = *who is (has)* **-se** [z] gen. av *who* **-soev'er** = *-ever*
why [wai] I *adv* varför; ~ *ever?* varför i all världen? ~ *is it that?* hur kommer det sig att? *that is* ~ det är därför [som] II *interj* å[h]! kors! nå! nåå? ju; [t]jaa; ~ *yes!* ja visst!
wick *s* 1 veke 2 tampong
wick'ed [id] *a* 1 syndig, gudlös, ond, dålig 2 F elak, nedrig, fräck, okynnig; arg 3 otäck **-ness** *s* ondska [&c]
wick'er I *s* fläť-, korg|verk; vide[korg] II *a* av vide, vide-, korg-
wick'et *s* 1 [sido-, halv]dörr; portlucka; grind 2 [kricket] grind; plan 3 krocketbåge **~-keeper** *s* grindvakt
wide I *a* 1 vid; vid|sträckt, -öppen; bred; stor; rymlig 2 felriktad; sned; ~ *of* långt från II *adv* vitt, vida, långt; fel; *far and* ~ vitt och brett, vida omkring; ~ *awake* klarvaken; F slipad **-ly** *adv* vida; vitt [omkring]; allmänt; väsentligt **-n** *tr itr* [ut]-vidga[s], göra (bli) vidare; bredda; tilltaga **-ness** *s* vidd, omfång **~-spread** *a* vitt utbredd; allmän
widgeon [wi'dʒən] *s* bläsand
wid'ow [ou] *s* änka; ~ *lady* änkefru **-ed** *a* bliven änka (änkling); ensam **-er** *s* änkling **-hood** *s* änkestånd
width *s* vidd, bredd; utsträckning
wield [i:] *tr* hantera, sköta; styra
wif|e *s* hustru, fru; *a* ~ *and family* hustru och barn; *old wives' tales* käringsnack **-ie -y** *s* [lilla] gumman
wig I *s* 1 peruk, löshår 2 F domare; pamp 3 F ovett II *tr* F läxa upp **~-block** *s* perukstock
wiggle *itr* F vrida [på] sig, svänga, sno
wight [ait] *s* varelse, stackare, sate
wig'wam *s* indianhydda
wild [ai] I *a* 1 vild; öde; skygg; rasande; häftig; ~ *boy* vildbasare; ~ *men* vildhjärnor; *go* ~ växa vilt; bli vild; *run* ~ förvildas; förlora besinningen 2 bråkig; självrådig; upprorisk; otyglad; förryckt; utom sig; överspänd; befängd; galen; oregelbunden; ~ *shot* slängskott II *adv* på måfå, slumpvis, fel, galet; *talk* ~[*ly*] prata i mössan III *s*, ~*s* vildmark **-cat** I *s* vildkatt II *a* F svindel-; olaglig **-erness** [wi'l] *s* 1 vildmark, öken 2 virrvarr **-fire** *s* löpeld **~-goose** *s* [vild]gås; ~ *chase* fåfäng

möda -ing s vild|apel, -äpple -ness s vildhet; förvildning; dårskap; iver
wile I s knep, list, försåt II tr locka
wil'ful a avsiktlig; överlagd; egensinnig
wi'liness s illistighet, bakslughet
will I *hjälpverb* 1 [1. pers.] skall, ämnar, tänker 2 [isht nek.] vill; *shut that door, ~ you?* var snäll och stäng dörren! *come what ~* vad som än må komma 3 [2. o. 3. pers.] skall, kommer att 4 brukar, kan; *boys ~ be boys* pojkar äro pojkar 5 torde II *tr* 1 vilja; *God ~ing* om Gud vill 2 förmå, få 3 testamentera III s 1 vilja; *at ~* efter behag, fritt; *good ~* väl|vilja, -mening; *have (get) o.'s ~* få sin vilja fram; *with a ~* med liv och lust 2 testamente -ing a 1 [bered]villig; *be ~ to* [gärna] vilja; *~ly* gärna; [god]villigt 2 frivillig
will'-o'-the-wisp' s irrbloss, lyktgubbe
will'ow [ou] s 1 vide, pil; *wear the ~* bära sorg 2 slagträ ~-herb s [bot.] mjölke -y a smidig, slank
will'y-nill'y *adv* med eller mot sin vilja
wilt *itr* vissna, sloka; slappna, tyna av
wi'ly a illistig, [bak]slug, lömsk
wim'ple I s 1 dok; slöja 2 ringling, bukt II *itr* ringla (krusa) sig, porla
win (*won won*) I *tr* 1 vinna; *~ the day (field)* vinna slaget 2 utvinna 3 [upp]nå 4 [lyckas] övertala II *itr* 1 vinna, segra; *~ upon a p.* vinna [insteg hos] ngn 2 nå, hinna, komma II s F 1 seger 2 vinst
wince I *itr* rycka (spritta) till, fara tillbaka; *without wincing* utan att blinka II s sprittning, skälvning
winch s 1 vev[släng] 2 vindspel; rulle
1 **wind** [i] I s 1 vind, blåst; *catch the ~* få vind i seglen; *raise the ~* skaffa pengar 2 luft[ström] 3 andning, anda; lungor; *break ~* rapa; P släppa sig; *catch o.'s ~* dra andan; *short of ~* andfådd 4 väderkorn; *get ~ of* få korn (reda) på 5 väderspänning; *get the ~ up* S bli ängslig (skraj) 6 munväder, prat 7 blåsinstrument 8 *before the ~* fördevind; *by (close to) the ~* bidevind; *down [the] ~* med vinden; *in the ~* i vinden (lovart); i görningen; *in the ~'s eye, in the teeth of the ~* rakt mot vinden; *near the ~* upp i vinden; nära gränsen; *have (take) the ~ of* ta loven av; *to the ~* mot (för) vinden; *cast (throw) to the ~s* kasta (slå) bort, släppa; *to the ~s* för alla vindar; [gå] till spillo II *tr* 1 vädra, få korn på 2 lufta 3 [mus.] blåsa 4 göra andfådd 5 låta pusta ut
2 **wind** [ai] I *tr itr* (*wound wound*) 1 vinda; vrida, veva; sno, vira, linda, slingra [sig]; nysta[s] 2 hala, hissa, dra upp 3 *~ up* dra[ga] upp; [av]sluta; avveckla[s]; spänna; stegra 4 ⚓ vända [sig]; styra II s krök, vridning -er s 1 upp|vindare, -dragare 2 härvel; spole; nystvinda 3 vindspel; vev 4 *~s* [sväng]steg
win'd||fall s 1 vindfälle 2 fynd, arv --flower s [vit]sippa --ga[u]ge s vindmätare -iness s blåsighet
wi'nding s 1 slingring; vindning; vridning; varv; bukt; sväng; *~s* omsvep 2 vindhet ~-sheet s svepning ~-tackle s ⚓ gina ~-up s avslutning, slut
win'd-instrument s blåsinstrument
win'dlass I s vindspel II *tr* vinda upp
windmill [wi'n(d)mil] s väderkvarn
win'dow [ou] s 1 fönster 2 öppning; [biljett]lucka ~-bar s fönsterpost ~-blind s rullgardin; jalusi ~-case s fönsterram ~-dressing s 1 fönsterskyltning 2 falskt sken ~-ledge = ~-sill ~-pane s fönsterruta ~-sash s fönsterbåge ~-sill s fönsterbräde
wind'||pipe s luft|rör, -strupe -row [rou] s hö-, torv|sträng; skyl --screen s vindruta --sucker s krubbitare
wind-up [wai'ndʌ'p] s avslutning, slut
wind'||ward [əd] I *adv* [i] lovart; mot vinden II a s lovart[s-], vindsida; *get to ~ of* ta loven av -y a 1 blåsig, stormig 2 vindsnabb 3 väder|spänd, -alstrande 4 prålig, tom 5 S skraj
wine I s 1 vin; *take ~ = II* 2 vinfest II *itr* F dricka vin III *tr* F bjuda på vin ~-case s vinlåda ~-cask s vinfat ~-party s vinfest ~-skin s [vin]lägel ~-store s vin|lager, -handel ~-taster s vinprovare ~-trade s vinhandel ~-vat s vin|kar, -press
wing I s 1 vinge; *be on the ~* flyga; *take ~* flyga [upp]; *get ~* bli flygfärdig 2 flygel; sida 3 *~s* kulisser 4 [flygv.] eskader II *tr* 1 bevinga; påskynda 2 flyga genom 3 svinga, slunga 4 vingskjuta; lemlästa ~-spread [ed] s vingbredd
wink I *itr tr* 1 blinka [med]; *~ at* se genom fingrarna med 2 blänka, tindra II s 1 blink[ning]; vink 2 blund; *forty ~s* [tupp]lur -ers *spl* skygglappar
winkle [wiŋkl] s strandsnäcka
winn'ow [ou] *tr* vanna, rensa; skilja
win'some a vacker, vän, behaglig
win'ter I s vinter II *itr* övervintra III *tr* vinter|fodra, -föda -ly a vinter|lik, -kall, vinter- [äv. *-y, wintry*]
wi'ny a vin|aktig, -färgad; upprymd
wipe I *tr itr* 1 torka [av, bort]; gnida; *~ a p.'s eye* S klå upp (bräcka) ngn; *~ the floor with* S göra kål på; *~ off* [äv.] likvidera; *~ out* stryka ut; utplåna 2 rensa, befria 3 S klå upp II s 1 [av]torkning; *give a ~* torka av 2 S slag, hugg 3 S näsduk [äv. -r]
wire I s 1 tråd, stål|tråd, -lina; ledning[stråd]; sträng; *barbed ~* taggtråd; *pull the ~s* dra i (sköta) trå-

darna 2 tele|graf, -gram 3 snara II *tr* 1 linda om (fästa, inhägna) med ståltråd 2 telegrafera 3 snara, snärja III *itr*, ~ *in* S lugga i' ~-cloth *s* metalltrådsduk ~-drawing *s* tråddragning; uttänjande; hårklyveri ~-drawn *a* utdragen; spetsfundig ~-gauze *s* trådnät ~-haired *a* lurvig -less I *a s* trådlös [telegrafering]; radio; trådlöst [telegram]; *a set of* ~ en radio[apparat] II *itr tr* telegrafera [trådlöst] ~-netting *s* metalltrådsnät ~-puller *s* intrigmakare ~-tack *s* tråd|stift, -spik ~-work *s* 1 tråd|arbete, -nät 2 ~*s* trådd ageri
wi'ry *a* 1 ståltråds-, tråd- 2 trådlik; stripig 3 seg, senig; mager 4 tunn
wis'dom [z] *s* vis|dom, -het; klokhet
1 **wise** [z] *s* [åld. el. litt.] vis, sätt
2 **wise** *a* 1 vis, klok; försiktig; ~ *saw* visdomsord 2 förnumstig -acre [eikə] *s* snusförnuftig person, narr -ly *adv* vist; visligen, klokt [nog]
wish I *tr itr* önska, vilja [ha]; ~ *for* önska [sig], längta efter; ~ *joy* lyckönska; *it is to be* ~*ed* det är önskvärt II *s* önsk|an, -emål; längtan, 'håg'; *good* ~*es* välgångsönskningar; *to* [*o.'s*] ~ efter behag -bone *s* gaffelben
wish'-wash *s* blask; 'goja'
wisp *s* 1 [hö]tapp, sudd, bunt 2 viska, kvast 3 remsa, stycke -y *a* tovig
wist'ful *a* trån|ande, -sjuk, smäktande; tankfull
wit I *s* 1 vett, förstånd; fattningsgåva; ~*s* [äv.] sinnen; *at o.'s* ~*'s end* alldeles rådlös; *in o.'s* ~*s* vid (med) sunt förnuft; *live by o.'s* ~*s* leva för dagen; *lose o.'s* ~*s* tappa huvudet; *out of o.'s* ~*s* från vettet 2 espri, kvickhet 3 kvickhuvud; vitter person II *tr*, *to* ~ nämligen
witch I *s* trollkvinna, häxa; förtrollerska II *tr* för|häxa, -trolla; ~*ing* häx-, spök-, trolsk -craft *s* troll|dom, -tyg; trollmakt ~-doctor *s* medicinman, trollkarl -ery = *craft*
with [ð] *prep* 1 med; *be* ~ hålla med [ngn]; ~ *that* därmed; dessutom 2 hos; *be well* ~ stå väl hos 3 bland 4 av [*stiff* ~ *cold*] 5 mot [*honest* ~] 6 på [*angry* ~] 7 för [*charge* ~] 8 från; *part* ~ avstå från, skiljas vid 9 till 10 *hot* (*warm*) ~ S [varm] toddy -al [ɔ:'l] *adv* tillika
withdraw [drɔ:'] *tr itr* 1 draga [sig] tillbaka (undan); avlägsna [sig]; ta bort; indraga; ~*n* isolerad; ~ *from* [äv.] beröva; uppsäga 2 upphäva; återkalla; ta tillbaka; nedlägga -al *s* 1 tillbakadragande; avlägsnande; uttag[ande]; indragande 2 återkallande; nedläggande 3 utträde, avgång
withe [wiþ, wið] *s* vidja, hank
with'er [ð] I *tr* 1 för|torka, -bränna; göra vissen 2 tära, utmärgla; härja 3 för|inta, -stena II *itr* vissna, tyna bort; förtvina; dö [bort], försvagas -ed *a* förtorkad, vissen; förkrympt
withers [wi'ðəz] *spl* manke
withho'ld *tr* 1 återhålla; hindra, avhålla 2 neka, [för]vägra
with|in [wiði'n] I *adv* inuti, [där]inne, innanför; in; ~ *and without* utan och innan; *from* ~ inifrån II *prep* 1 inom, [inne] i, innanför; ~ *doors* inomhus; ~ *o.'s income* efter sina tillgångar; ~ *a trifle* (*little*) så när, nära på 2 ~ .. *of* [på] mindre än (icke fullt) .. från -ou't I *adv* utan|för, -på; ut[e]; *from* ~ utifrån II *prep* 1 utan; *do* (*go*) ~ [få] reda sig utan; *it goes* ~ *saying* det är självklart; *cold* ~ S grogg 2 [litt.] utanför, utom -stand' *tr* 1 motstå 2 motarbeta
withy [wi'ði] *s* 1 vide 2 vidja
wit'less *a* dåraktig, dum; rubbad
wit'ness I *s* 1 vittnesbörd; *in* ~ *whereof* till yttermera visso 2 vittne; bevis II *tr itr* 1 vittna; ~ [*to*] be-, in|tyga 2 bevittna, övervara 3 uppleva ~-box *s* vittnesbänk
witt'|icism -iness *s* kvickhet, vits -ingly *adv* med [full] avsikt -y *a* kvick, vitsig
wives [waivz] pl. av *wife*
wizard [wi'zəd] *s* troll|karl, -konstnär
wiz'en[ed] *a* skrynklig, tärd, tunn
wo [wou] *interj* stopp! p[t]ro!
woad [ou] *s* vejde -ed *a* vejdefärgad
wobb|le [ɔ] I *itr* vackla, darra, kränga, vingla, vagga II *s* slingring, gungning, gir, vacklan -y *a* ostadig, vinglig
woe [wou] *s* ve, olycka, sorg; lidande; ~ *betide you!* ve dig! -begone [-'bigɔ'n] *a* olycklig, eländig -ful *a* 1 bedrövad, olycklig 2 dyster; bedrövlig
woke [wouk] imp. o. pp. av *wake*
wol|f [u] I (pl. -*ves*) *s* varg, ulv; *cry* ~ ge falskt alarm II *tr* sluka -ish *a* varglik, varg-; glupsk
wolv|ere'ne [wu] *s* järv -es pl. av *wolf*
woman [wu'mən] (pl. *women* [wi'min]) *s* kvinna, dam; käring; [pl. äv.] kvinnfolk; ~*'s man* fruntimmerskarl; ~*'s reason* kvinnologik; ~*'s rights* kvinnosak[en]; ~ *friend* väninna -hood *s* 1 kvinnlighet 2 kvinnfolk -ish *a* kvinnlig -kind *s* kvinnokönet; kvinnfolk; damer -like -ly *a* kvinnlig
womb [u:m] *s* livmoder; moderliv, sköte
won [wʌn] imp. o. pp. av *win*
wonder [ʌ'] I *s* 1 under[verk]; fenomen; *promise* ~ lova guld och gröna skogar; *for a* ~ märkvärdigt nog; 2 [för]undran *no* ~ det är inte underligt II *itr tr* undra, förundra sig; *I* ~ *at you* ni gör mig förvånad -ful *a* underbar -ment *s* 1 [för]undran 2 under ~-stricken ~-struck *a* häpen ~-worker *s* undergörare

wondrous [wʌ'] *a adv* underbar[t] **wont** [ou] I *a s* van[a]; *be* ~ *to* bruka II (~ ~) *itr* bruka; ~*el* van[lig] **won't** [wount] F = *will not* **woo** [wu:] *tr itr* fria [till]; söka vinna **wood** [u] *s* 1 skog; *out of the* ~ utom fara 2 trä; ved; virke, timmer; *touch* ~ peppar! peppar! 3 [vin]fat 4 träblåsinstrument ~**-anemone** *s* vitsippa **-bind** [ai] **-bine** *s* kaprifolium **-cock** *s* morkulla **-craft** *s* skogsvana ~**-cut** *s* träsnitt ~**-cutter** *s* 1 vedhuggare 2 träsnidare **-ed** *a* skogig **-en** *a* 1 av trä, trä-; ~ *spoon* S jumbo 2 trä[akt]ig; dum; torr ~**-grouse** *s* tjäder **-man** *s* 1 skogs[tjänste]man 2 vedhuggare **-pecker** *s* hackspett ~**-pigeon** *s* ringduva ~**-pile** *s* vedstapel ~**-pulp** *s* trä-, pappers|massa **-ruff** *s* madra **-y** *a* 1 skogig, skogs- 2 trä[akt]ig, vedartad **wooer** [wu:'ə] *s* friare **woof** *s* 1 väft, inslag 2 väv[nad] **wool** [wul] *s* 1 ull; *much cry and little* ~ mycket väsen för ingenting 2 ylle, ullgarn; *pure* ~ helylle 3 råbomull 4 [ulligt] hår ~**-gathering** *s a* förströdd[het], tankspridd[het]; *go (be)* ~ fantisera ~**-grower** *s* ullproducent **-len** I *a* ull-, ylle- II *s* ylle[tyg] **-ly** I *a* 1 ullig, dunig 2 oklar, suddig II *s* ylleplagg **-ly-head** *s* ulligt huvud; neger ~**-oil** *s* lanolin **-sack** *s* ullsäck; lordkanslerns plats **wop** [wɔp] F se *whop* **word** [wə:d] I *s* 1 ord, glosa; *book of the* ~*s* libretto; *eat o.'s* ~*s* ta tillbaka sina ord; *have a* ~ *in the matter* ha ett ord med i laget; *put in a* ~ få ett ord med; lägga ett gott ord; *suit the action to the* ~ låta handling följa på ord; *take up a p.'s* ~*s* märka ord 2 ~*s* ordväxling, gräl; *come to* ~*s* komma i dispyt 3 hedersord, löfte; *be as good as o.'s* ~ stå vid sitt ord; *go back on o.'s* ~ återta sig; [*upon*] *my* ~*!* F minsann! 4 bud, besked; *bring* ~ meddela, hälsa; *send* ~ låta hälsa 5 befallning; order 6 lösen[sord]; *sharp's the* ~*!* raska på! 7 *by* ~ *of mouth* muntligt; *in so many* ~*s* tydligt och klart; *plain* ~*s* ord och inga visor II *tr* uttrycka, formulera ~**-catcher** *s* ordklyvare **-ing** *s* [orda]lydelse ~**-perfect** *a* okugglig ~**-splitting** *s* ordklyveri **-y** *a* ordrik **wore** [wɔ:] imp. av *wear*; pp. av *1 wear* **work** [wə:k] I *s* 1 arbete; syssla; göra; verk; uppgift; gärning; verkan; *I have my* ~ *cut out for me* F jag har fullt knog; *make good* ~ *of it* arbeta undan; *make short* ~ *of* göra processen kort med; *set to* ~ arbeta, sätta i gång; *be hard at* ~ arbeta strängt; *in full* ~ i full drift (gång); *out of* ~ arbetslös 2 ~*s* bruk, fabrik, verk[stad] 3 ~*s* befästningsverk II *itr* 1 arbeta; verka 2 brodera &c 3 fungera, gå; göra verkan; lyckas 4 vara i drift (gång) 5 rotera; löpa 6 räkna 7 jäsa 8 ⚓ arbeta, stampa, rulla 9 ~ *free* (*loose*) lossna; ~ *right* rätta till sig 10 arbeta sig, tränga, glida; ~ *off* lossna; ~ *out* tränga ut; lossna; utfalla, avlöpa; ~ *out at* belöpa sig till III *tr* 1 [be-, för]arbeta, bereda, behandla; [ut]forma, modellera; knåda 2 brodera, virka, sticka, sy 3 exploatera, bruka, odla, bryta 4 sköta, manövrera; leda; besörja 5 låta arbeta; utsuga; jäkta 6 flytta [på], rucka, böja [på] 7 köra, borra, driva 8 åstadkomma, vålla, göra; förverkliga 9 räkna ut 10 slita 11 F 'avverka' 12 ~ *in* [äv.] blanda (stoppa) in; ~ *o. s. into a temper* reta upp sig; ~ *off* bli av med; [bildl.] avfyra; S 'expediera'; ~ *out* utarbeta; utveckla; räkna ut; tjäna av; [ut]tömma; förverkliga; fullborda; ~ *up* [äv.] ut|forma, -veckla; [be]arbeta; röra ihop; upp|egga, -jaga; stegra; egga, driva; plugga in; ~*ed up* nervös **-able** *a* brukbar; utförbar; praktisk **-aday** *a* mödosam; alldaglig ~**-bag** *s* sypåse ~**-box** *s* verktygslåda; syskrin **-day** *s* arbets-, var|dag **-er** *s* 1 arbetare 2 upphov[sman] 3 arbetsbi **-house** *s* arbetsinrättning, fattighus **working** [ə:'] I *s* 1 arbet|ande, -e; verk[samhet]; funktion; gång; tilllämpning; verkan; verk 2 bearbetande; skötsel; manövrering 3 [ut]räkning 4 jäsning 5 spasm; minspel 6 ⚓ rullning, slingring II *a* 1 arbet|ande, -ar-, arbets-; drift- 2 användbar; praktisk; gångbar 3 krampaktig ~**-man** ~**-woman** *s* arbet|are, -erska **work||less** *a* arbetslös **-man** *s* arbetare **-manlike** *a* skicklig; fulländad **-manship** *s* yrkesskicklighet; utförande, arbete; konstmässighet **-people** *s* arbet|are, -sfolk **-shop** *s* verkstad **world** [wə:ld] *s* 1 värld; jord; *all over the* ~ över (i) hela världen; *see the* ~ se sig om i världen 2 [jorde]liv, bana; *the way of the* ~ världen[s gång]; ~ *without end* i evighet 3 massa, oändlighet 4 *all the difference in the* ~ en himmelsvid skillnad; *beat the* ~ slå alla rekord 5 *to the* ~ S enormt **-ling** *s* världens barn **-ly** *a* världslig; köttslig ~**-weary** *a* levnadstrött ~**-wide** *a* världsomspännande **worm** [ə:] I *s* 1 mask, larv; kräk; ~ *of conscience* samvetsagg 2 gänga 3 kylrör II *tr itr* 1 ~ [*o. s.*] slingra sig, krypa 2 ~ *out* locka, lista ut; uttränga

3 rensa från mask 4 gänga ~-eaten *a* mask-, mal|äten -wood *s* malört -y *a* full av mask; maskäten; masklik
worn [ɔ:] (pp. av *2 wear*) *a* sliten, nött; tärd, medtagen, trött
worr|y [ʌ'] I *tr* 1 riva, slita sönder, ansätta; jaga 2 oroa, plåga, pina; reta; trötta [ut]; gnata på; *-ied* ängslig; *-ying* pinsam; ~ *o. s.* [äv.] vara orolig 3 ~ *out* dra ut; klara ut II *itr* 1 bita, slita 2 oroa sig; grubbla 3 ~ *along* dra sig fram III *s* 1 angrepp 2 oro, bekymmer, sorg, plåga, besvär; gnat
worse [ə:] *a adv s* värre, sämre, uslare; ~ *off* sämre däran; ~ *luck!* gudi klagat! *to make matters* ~ till råga på olyckan; *the* ~ *for* illa medfaren (medtagen) av; *be the* ~ *for* fara illa av, lida på; *the* ~ *for drink* berusad; ~ *for wear* [mycket] sliten; *have the* ~ (*worst*) *of it* dra det kortaste strået -n *tr itr* försämra[s] -r P = *worse*
worship [wə:'] I *s* 1 dyrkan, tillbedjan, andakt, gudstjänst; *liberty of* ~ fri religionsutövning 2 *your W*~ Ers nåd II *tr itr* dyrka, tillbedja; hålla gudstjänst -ful *a* 1 andäktig; vördnadsfull 2 [äre]vördig -per *s* tillbedjare, dyrkare; ~*s* kyrkfolk
worst [ə:] I *a adv s* värst, sämst, uslast; svårast; *be* ~ *off* ha det sämst; *at* [*the*] ~ som värst (sämst); i värsta fall; *come to the* ~ gå så illa som möjligt II *tr* besegra
worsted [u'] I *s* kamgarn[styg] II *a* kamgarns-; ylle-
wort [wə:t] *s* vört
worth [wə:þ] I *a* värd; *for all he is* ~ S av alla krafter II *s* 1 värde; förtjänst 2 valuta; *a shilling's* ~ *of* för en sh. [bröd &c] -iness [ð] *s* värdighet, värde -less *a* värdelös; dålig; simpel -y [ð] I *a* 1 värdig; aktningsvärd; F hygglig, god 2 ~ *of* värd[ig] II *s* storman; hjälte; F hedersman
would [wud, wəd] (imp. av *will I*) 1 skulle 2 ville 3 [isht nek.] skulle vilja (önska); *I* ~ *to Heaven*, ~ *God* Gud give 4 brukade, kunde 5 torde ~-be *a* inbillad; tilltänkt; låtsad
1 **wound** [au] imp. o. pp. av *2 wind*
2 **wound** [u:] I *s* sår; kränkning; skada II *tr* såra; kränka; skada
wove -n imp. o. pp. av *weave*
wow [au] *s* vov-vov, skall
wrack [ræk] *s* 1 sjögräs 2 förödelse
wraith [reiþ] *s* vålnad, dubbelgångare
wrangle [ræŋgl] *itr s* gräl[a], kiv[as] -r *s* 1 grälmakare 2 [Cambr.] [*senior*] ~ primus
wrap [ræp] I *tr itr* [~ *up*] 1 svepa [in, om]; linda (vira, slå) in; hölja; ~ [*o. s.*] *up* svepa om (klä) sig 2 dölja; ~*ped* för|sjunken, -djupad; fäst[ad]; *be* ~*ped up in* gå upp i II *s*, ~*s* ytterplagg -per *s* 1 hölje; konvolut; överkast 2 överplagg, morgonrock 3 korsband -ping *s* omslag, kläder
wrath [rɔ:þ] *s* vrede, raseri -ful *a* vred
wreak [ri:k] *tr* 1 ut|ösa, -gjuta 2 utkräva 3 tillfoga
wreath [ri:þ] *s* 1 krans, girland 2 vindling, snirkel, ring -e [ð] *tr itr* 1 vira, fläta, binda [ihop] 2 [be]kransa 3 [för]vrida 4 ringla sig
wreck [rek] I *s* 1 skeppsbrott 2 vrak-[spillror]; spillra, rest[er] 3 förstöring, undergång; ruin II *tr* 1 göra till vrak; ~*ed* skeppsbruten; ~*ed goods* vrakgods 2 ödelägga -age *s* 1 [strand]-vrak 2 skeppsbrott; ruin[er]; tillintetgörelse -er *s* vrakplundrare; förstörare
wren [ren] *s* gärdsmyg; kungsfågel
wrench [ren(t)ʃ] I *s* 1 ryck, vridning 2 vrickning, stukning, sträckning 3 skruvnyckel II *tr* 1 rycka, vrida, bryta 2 vricka, stuka 3 förvanska
wrest [rest] I *tr* 1 vrida, rycka, slita 2 för|vanska, -vränga II *s* vridning, knyck -le [sl] I *itr tr* kämpa, brottas [med] II *s* brottning[smatch]; kamp [äv. *-ling*] -ler [sl] *s* brottare; atlet
wretch [retʃ] *s* stackare, usling -ed [id] *a* 1 olycklig, eländig; stackars 2 lumpen, usel, dålig, gemen
[w]**rick** *tr* sträcka, stuka, vricka
wriggle [rigl] I *itr* slingra sig II *tr* vrida, skruva [på]; ~ *o. s.* nästla sig [in] III *s* slingring, vridning; krök
wring [riŋ] I *tr* (*wrung wrung*) 1 vrida [ur]; ~*ing wet* genomvåt 2 krama; pressa; trycka 3 plåga 4 linda, vira 5 förvränga; ~ *from* (*out of*) avpressa II *s* vridning, kramning; handtryckning -er *s* vridmaskin
wrinkl|e [riŋkl] I *s* 1 rynka, skrynkla, veck 2 F vink, råd; knep II *tr itr* rynka[s], skrynkla[s], fåra[s], vecka [sig] -ed -y *a* rynkig, skrynklig, veckig
wrist [rist] *s* hand|led, -lov -band *s* handlinning -let *s* 1 armband 2 handboja ~-watch *s* armbandsur
writ [rit] *s* 1 ✝ skrift 2 skrivelse, handling; förordning; kallelse, stämning; *serve a* ~ *on* delge stämning
write [rait] (*wrote written*) *tr itr* 1 skriva; ~ *a good hand* ha en bra [hand]stil 2 beskriva 3 [in]rista, pränta 4 ~ *down* nedskriva, anteckna; nedsvärta; ~ *off* skriva ihop; [hand.] avskriva; *written all over* fullskriven; ~ *up* beskriva; prisa; fullständiga -r *s* skrivare; författare
writhe [raið] *tr itr* 1 vrida, slingra [sig] 2 förvrida[s]; våndas
writing [rai'] *s* 1 skrift; skriv|ande, -ning, -eri; författande; *in* ~ skriftlig[t]; *put* (*take*) *down in* ~ nedskriva 2 [hand]stil 3 dokument 4 inskrift 5 text, ord 6 anteckning ~-case *s*

skrivportfölj ~-desk *s* skriv|pulpet, -bord ~-pad *s* skrivunderlägg
written (pp. av *write*) *a* [äv.] skriftlig
wrong [rɔŋ] **I** *a* **1** orätt, oriktig, falsk, fel; i olag; ~ *in o.'s head* vriden; *the* ~ *way* bakvänt; tokigt; mothårs; *what's* ~ *with?* vad är det för fel med? varför inte? **2** orätt|vis, -färdig, ond **3** *be* ~ ha orätt, ta fel; fela **II** *adv* orätt, fel, galet; *go* ~ misslyckas **III** *s* orätt[visa]; ont; missförhållande; olaglighet; *be in the* ~ ha orätt; *put in the* ~ framställa i orätt dager **IV** *tr* förorätta, kränka; misstänkliggöra ~-doer *s* skyldig; brottsling ~-doing *s* oförrätt, förseelse -ful *a* orätt|vis, -färdig, -mätig; kränkande ~'-head'ed *a* förstockad, halsstarrig -ly *adv* fel; orätt[vist], med orätt -ness *s* oriktighet; orätt[visa] ~-wise *adv* bak|vänt, -fram
wrote [rout] imp. av *write*
wroth [rouþ] *a* vred, förgrymmad
wrought [rɔ:t] (imp. o. pp. av *work*) *a* **1** [be-, för]arbetad; [ut]huggen; smidd; dekorerad, broderad; färdig; ~ *iron* smidesjärn **2** ~ *up* upphetsad
wrung [rʌŋ] imp. o. pp. av *wring*
wry [rai] *a* **1** sned, krokig, [för]vriden; ~ *face* grimas **2** skev; partisk
W. S. W. = *west-south-west* **wt** = *weight*
wych-||elm [wi'tʃ] *s* alm -**hazel** *s* **1** trollhassel **2** avenbok
wye [wai] *s* y; Y-formig hake, klyka

X

X, x [eks] *s* **1** x **2** *X* = *Christ* **3** *X's* S = *expenses* **x-** *pref* utan
xiphias [zi'fiæs] *s* svärdfisk
Xmas [kri'sməs] = *Christmas*
X-rays [e'ks] *s* röntgen-, X-|strålar
xylograph [zai'ləgrɑ:f] *s* träsnitt

Y

Y, y [wai] *s* y **y.** = *year[s]*
yacht [jɔt] *s* [lust]jakt ~-**club** *s* segelsällskap -**ing** *s* jaktsegling -**sman** *s* [lust]jakt-, kapp|seglare
yah [jɑ:] *adv* [Am.] ja, jo
yank [jæŋk] *tr itr s* S ryck[a], knyck[a]
Yankee [jæ'ŋki] *s a* yankee, amerikan[sk] -**ism** *s* yankee|karaktär, -stil
yap [jæp] *itr s* gläfs[a], skälla, skall
1 yard [jɑ:d] *s* gård[splan]; inhägnad; bangård
2 yard *s* **1** yard, 0,914 m **2** ⚓ rå; *topsail* ~ märsrå ~-**arm** *s* rånock ~-**stick** *s* måttstock
yarn *s* **1** garn; ⚓ kabelgarn **2** F skepparhistoria [*spin a* ~]
yarrow [jæ'rou] *s* rölleka
yaw [jɔ:] ⚓ **I** *itr* gira **II** *s* gir
yawl [jɔ:l] *s* julle; fiskebåt; slup
yawn [jɔ:n] **I** *itr* **1** gapa, öppna sig, stå öppen **2** gäspa **II** *s* **1** gäspning **2** avgrund, gap
ye [ji:] *pron* **1** [åld.] I, Eder **2** F = *you*
yea [jei] *adv s* ja; jaröst
year [jiə] *s* år; årgång; *last* ~ i fjol; *New Y~'s Day* nyårsdag[en]; *this* ~ i år; *this day* ~ i dag om ett år; *for* ~*s* i (på) åratal; *in [the* ~*] 1938* år 1938; [*up*] *in* ~*s* till åren, åldersstigen; [*taking*] *one* ~ *with another* i medeltal [per år] räknat -**ling** *s a* årsgammal[t djur] -**ly** *a adv* årlig[en]
yearn [jə:n] *itr* längta, trängta, tråna; ~ *to* ömma för -**ing I** *s* åtrå, längtan, trånad; ömhet **II** *a* längtansfull; öm, medlidsam
yeast [ji:] *s* jäst; surdeg -**y** *a* **1** jästlik **2** jäsande **3** ytlig, tom
yell [jel] *itr s* [gall]skrik[a], skrän[a]
yell'ow [ou] *a* **1** gul; ~ *Jack* gul flagga; S gula febern; ~ *press* sensationspress **2** F dålig, felaktig ~-**hammer** *s* gulsparv -**ish** -**y** *a* gulaktig
yelp [jelp] *itr s* gläfs[a], tjut[a], skrik
yeo|man [jou'mən] (pl. -*men*) *s* **1** [odal]bonde **2** frivillig kavallerist; *Y~ of the Guard* livgardist -**ry** *s* **1** dannemän, bondestånd **2** *Y~* frivilligt kavalleri
yer [jə:] P = *you, your*
yes [jes] *adv* ja; jo; ~? va falls? *oh* ~! ja visst! ja då! -**sir** [je'sə] P = *yes, sir*
yes'terday I *adv* i går **II** *s* gårdagen
yet [jet] *adv konj* **1** än[nu]; *as* ~ ännu [så länge] **2** nu; *nor* ~ [och] ej heller **3** [först i sats] ändå, likväl, men
yew [ju:] *s* idegran [= ~-*tree*]
yiddish [ji'd] *a s* jiddisch, judetysk[a]
yield [ji:ld] **I** *tr* **1** inbringa, avkasta, ge, frambringa **2** lämna ifrån sig, uppgiva, avstå [från] **3** skänka, bevilja; erkänna; ~ *the point* ge med sig **II** *itr* **1** ge avkastning **2** ge efter (vika), böja sig; ge [med] sig, vika, kapitulera; ~ *to* [äv.] bifalla; hemfalla åt, falla för **III** *s* avkastning, vinst; halt -**ing I** *s* **1** avkastning **2** eftergift, undfallenhet **II** *a* **1** eftergiven **2** mjuk, elastisk
Y. M. C. A. = *Young Men's Christian Association* K. F. U. M.
yo'del *tr itr s* joddla[nde]

yoicks [jɔiks] *interj s* jaktrop
yoke [jouk] **I** *s* **1** ok; boja; träldom **2** par, spann **3** bärok **4** hängsle **II** *tr* **1** oka [ihop]; lägga ok på; spänna **2** förena, para **~-elm** *s* avenbok **~-fellow** *s* **1** kumpan **2** mak|e, -a **-l** *s* tölp, bondlurk **~-toed** *a* partåig
yolk [jouk] *s* **1** äggula, gula **2** ullsvett
yon'[der] **I** *pron* den där; andra **II** *adv* där borta, dit bort
yore [jɔ:] *adv, of* ~ fordom, förr
you [ju(:)] *pron* du, ni, I; dig, er; man, en, sig; ~ *fool!* din dumbom! **-'d** = *you had* (*would*) **-'ll** = *you will*
young [jʌŋ] **I** *a* **1** ung; späd, liten; ny, färsk; ~ *hand* nybörjare; ~ *woman* P fästmö; ~ *moon* nymåne; *a* ~ *one* en unge; ~ *'un* gosse [lilla]; *when* ~ som ung **2** ungdomlig **II** *spl* ungar **-ster** *s* pys, [pojk]spoling
younker [jʌ'ŋ] **1** = *youngster* **2** junker
your [jɔ:, jo] *pron* din, er; sin, ens
you're [juə, jɔə] = *you are*
yours [jɔ:z] *pron* **1** din, er; *a friend of* ~ en vän till dig; *that ring of* ~ den där ringen du har; *you and* ~ du och de dina; du och ditt **2** [hand.] Edert brev (ärade) **3** [i brev] *Y*~ [*ever*], *Ever* ~ Din [tillgivne]; *Y*~ *affectionately* Din [varmt] tillgivne; *Y*~ *sincerely* Din (Eder) tillgivne; *Y*~ *very truly* Vänskapsfullt; *Y*~ *truly* Med utmärkt högaktning; *Y*~ *faithfully* Högaktningsfullt; *Y*~ *respectfully* Vördsamt
yoursel|f' [jɔ:, jo] (pl. *-ves*) *pron* själv; dig (er, en) [själv]; du, ni; dig, er, sig; *by* ~ själv, ensam; *for* ~ själv
youth [ju:þ] *s* **1** ungdom[en] **2** yngling **-ful** *a* ung[domlig]; ungdoms-
you've [ju(:)v] = *you have*
yowl [jaul] *itr s* tjut[a], skrik[a]
Yule [ju:l] *s* jul[en] **~-log** *s* julkubb[e] **-tide** *s* jul[en]
Y. W. C. A. = *Young Women's Christian Association* K. F. U. K.

Z

Z, z [zed, [Am.] zi:] *s* z]
zeal *s* iver, nit, hänförelse **-ot** [ze'lət] *s* svärmare, fanatiker **-otry** [ze'l] *s* fanatism **-ous** [ze'ləs] *a* nitisk, ivrig, brinnande
zebra [zi:'brə] *s* sebra
zed [zed] *s* z **zee** [zi:] *s* [Am.] z
zenith [ze'niþ, zi:'] *s* zenit; höjdpunkt
zephyr [ze'fə] *s* **1** västanvind, bris **2** sefir|schal, -garn **3** [tunn] skjorta
ze'ro *s* **1** noll[a] **2** noll-, frys|punkt
zest *s* [bildl.] krydda; smak; njutning; aptit; välbehag; iver; ~ *of life* livsglädje **-ful** *a* njutningsrik
zibeline [zi'bəl(a)in] *s* sobel[päls]
zig'zag *a s adv* sicksack|formig, -linje; [i] sicksack
zinc [ziŋk] *s tr* [för]zink[a] [= *-ify*] **-ic** **-y** *a* zinkhaltig; zink- **-ous** *a* zink-
zingar|o [zi'ŋgə] (pl. *-i*) *s* zigenare
zither[n] [zi'þ] *s* cittra
zo'diac [iæk] *s* zodiak, djurkrets; **rund**
zon|e *s* **1** zon, bälte; område **2** strimma **3** *the Z* ~ Orions bälte **-ed** *a* **1** strimmig, bältformig **2** omgärdad
Zoo [zu:] F = *Zoological Garden[s]*
zoography [zouɔ'] *s* djurbeskrivning
zoolog|ical [zo(u)əlɔ'dʒ] *a* zoologisk **-ist** [ɔ'l] *s* zoolog **-y** [ɔ'l] *s* zoologi
zoom [zu:m] *itr tr* S [flyg.] gå upp **i** skarp stigning, höja
zo'|on [ɔn] (pl. *-a*) *s* organism, individ
zouave [zu(:)ɑ:'v, zwɑ:v] *s* ⚔ **zuav**
zymosis [zaimou'sis] *s* jäsning

—

SWEDISH-ENGLISH

By Astrid Tornberg

and

Margareta Ångström

TECKNENS BETYDELSE.

~ betecknar hela uppslagsordet.
- betecknar av || eller | avskurna delar av uppslagsordet.
|| och | skilja avskurna delar av uppslagsord.
[ ] omsluter vad som kan uteslutas, t. ex. [bi]cycle.
( ) omsluter vad som kan sättas i stället för föregående, t. ex. *om (på) dagen*.
[ ] sättes omkring en konstruktion, ett exempel eller en upplysning.
⚔ = militärterm F = familjärt, vardagligt språk
⚓ = sjöterm P = vulgärt, lägre språk
⊕ = teknisk term

FÖRKORTNINGAR.

a adjektiv
abstr. abstrakt
adj. adjektiv[isk]
adv adverb
a p. a person
art. artikel
a th. a thing
attr. attribut[ivt]
best. bestämd
bet. betydelse
bildl. bildlig[t]
biol. biologi
boktr. boktryckarkonst
bot. botanik
bygg[n]. byggnadskonst
dem[onstr]. demonstrativ
determ. determinativ
d. o. detta ord
el. eller
ex. exempel
farm. farmakologi
flygv. flygväsen
fotb. fotboll
fot[ogr]. fotografi
fr. franska
f. ö. för övrigt
följ. följande
föreg. föregående
fören. förenad
gen. genitiv
geol. geologi
gram. grammatik
gymn. gymnastik
hand. handel
her. heraldisk term
hist. historiskt
imp[erf]. imperfekt
imper. imperativ
indef. indefinit
inf. infinitiv
itj interjektion
interr. interrogativ
isht i synnerhet
itr intransitiv[t verb]
jakt. jaktterm
jfr jämför
jur. juridik
kok[k]. kokkonst
koll. kollektiv
komp[ar]. komparativ
konj konjunktion
konkr. konkret
kort. kortspel
litt. litterär stil
läk. läkarterm
mek. mekanisk term
min. mineralogi
mus. musik
nek. nekande
neutr. neutrum
ngn[s] någon[s]
ngt något
npr egennamn
o. och
obest. obestämd
o. d. och dylikt
opers. opersonligt verb
oreg. oregelbunden
o.s. oneself
part. particip
pass. passiv form
perf. perfekt
pers. person
pl. (*pl*) plural
poss. possessiv
pp. perfekt particip
prep preposition
pres. presens
pron pronomen
rfl reflexiv
reg. regelbunden
rel. relativ
räkn räkneord
s substantiv
s[in]g. singular
självst. självständig
spel. spelterm
sport. sportterm
subst. substantiv[isk]
sup[erl]. superlativ
sv. svenska
teat. teaterterm
t. ex. till exempel
tr transitiv[t verb]
ung. ungefär
univ. universitetsterm
utt. uttal
vanl. vanligen
vb verb
zool. zoologi
åld. ålderdomligt
äv. även

A

abbedissa abbess
abborr||e perch **-stim** shoal of perch
abbot abbot **-s|stift** abbacy
abc ABC **-bok** ABC(spelling)-book
abdiker||a *itr* abdicate **-ing** abdication
aber but; *ett* ~ a drawback
Abessinien Abyssinia
abiturient matriculation candidate
abnorm *a* abnormal
abonn||emang subscription [*på* to] **-emangs|föreställning** season-ticket performance **-ent** subscriber **-era** *itr* subscribe [*på* to (for)]
abrupt *a* abrupt
absolut **I** *a* absolute; ~ *omöjlighet* utter impossibility **II** *adv* absolutely; utterly; ~ *inte* not . . on any account **-ion** absolution **-ist** teetotaller
absolvera *tr* pass
absor||bera *tr* absorb **-ption** absorption
abstr||ahera *tr itr* abstract **-akt** **I** *a* abstract **II** *adv* abstractly
absurd *a* absurd, preposterous
accent accent; [tonvikt] stress; *musikalisk* ~ intonation **-uera** *tr* accentuate, stress
accept acceptance **-era** *tr* accept
accidenstryck job-printing
accis excise [duty]
acetylen acetylene
ack *itj* oh [dear]! [högre stil] alas!
acklamation [*med* by] acclamation
acklimatisera *tr* acclimatize
ackompanj||atris accompan[y]ist **-era** *tr* accompany
ackord [mus.] chord; [allm.] agreement, contract [*på* for]; *på* ~ by contract **-era** *itr* negotiate [*om* about], bargain [*om* for] **-s|arbete** contract (piece-)work
ackreditera *tr* **1** accredit **2** open a credit for [*hos en bank* at a bank]
ackumul||ator accumulator **-era** *tr* accumulate
ackusativ accusative
ackuschörska accoucheuse [fr.]
ackvisit||ion acquisition **-ör** insurance agent
add||era *tr* add up **-ition** addition **-itions|tecken** plus (positive) sign
adel noble birth; *~n* the nobility, [Engl. äv.] the peerage **-s|kalender** Peerage **-s|man** noble[man]
adept adept; [nybörjare] tyro
aderton *räkn* eighteen **-de** *räkn* eighteenth, 18th **-hundra** eighteen hundred; *på ~talet* in the nineteenth century; *på ~åttiotalet* in the eighties **-årig** *a* eighteen-year [old]
adjektiv adjective **-isk** *a* adjectival
adjutant aide-de-champ [fr.] [*hos* to]
adjö *itj s* good-bye
adl||a *tr* ennoble [äv. bildl.]; [Engl.] raise to the peerage, [lågadel] make a knight **-ig** *a* noble; of noble family
administr||ation administration **-ativ** *a* administrative **-era** *tr* administrate
adopt||era *tr* adopt **-iv|barn** adopted child
adress address; ~ *Hr X* c/o (care of) Mr. X **-at** addressee **-era** *tr* address; *fel ~d* misdirected **-kalender** directory **-lapp** [address (luggage-)]label
a-dur A major
advent Advent **-ist** Adventist
adverb adverb **-ial** o. **-iell** *a* adverbial
advokat lawyer; [jur. ombud] solicitor; [vid domstol] barrister **-byrå** lawyer's office; firm of solicitors **-yr** quibbling, casuistry
aero||nautisk *a* aeronautic[al] **-plan** aeroplane
affekt sentiment, gush of feeling **-erad** *a* affected **-ions|värde** sentimental value
affisch bill; [större] placard, poster
affär **1** business; [transaktion] bargain; [lokal] shop; *ha dåliga ~er* be in financial difficulties; *göra ~er* transact business; *göra ~er i* do business in; *tala om ~er* talk business (shop) **2** *göra stor ~ av* make a great fuss of
affärs||anställd shop-assistant **-förbindelse** business connection **-idkare** tradesman **-innehavare** proprietor [of a business], shopkeeper **-man** business man **-mässig** *a* businesslike
Afrika *npr* Africa **a-n** **a-nsk** *a* African
afton evening; *god* ~ good evening; *i* ~ this evening, to-night; *i går* ~ yesterday evening **-bön**, *läsa* ~ say one's prayers **-skola** night-school **-stjärna** evening star **-sång** evening song (service); [katol.] vespers
aga **I** flogging **II** *tr* flog
agat agate
ag||ent agent **-entur** agency, agentship **-era** *itr tr* act; *de ~nde* the actors
agg grudge, rancour; *hysa ~ mot* bear a grudge towards
aggregat aggregate; [elektr.] set

aggressiv *a* aggressive **-itet** aggressiveness

agio [hand.] agio

agit||ation agitation **-ations|möte** propaganda meeting **-ator** agitator; propagandist **-era** *itr* agitate; [vid val] canvass

1 agn husk; ~*ar* chaff

2 agn [fiske] bait, gudgeon **-a** *tr itr*, ~ [*på*] bait

agraff agraffe, clasp, buckle

agr||ar agrarian **-ikultur** agriculture **-onom** agronomist

ah *itj* oh! **-a** *itj* aha! ha, ha! oho!

aj *itj* ah [dear]! ~, ~! oh dear, oh dear!

ajournera *tr rfl* adjourn

akademi academy; [universitet] university **-elev** academy pupil **-ker** academician; university don **-sk** *a* academic[al]; university.. **-stat[en the]** university teaching staff

akleja columbine

akrobat acrobat **-isk** *a* acrobatic

1 akt 1 [handling; teat.] act; ceremony **2** [urkund] document

2 akt, *förklara i* ~ proscribe, outlaw

3 akt, *ge* ~ *på* pay attention to; *giv* ~! attention! *ta.. i* ~ avail o.s. of..; *ta sig i* ~ *för* be on one's guard against **-a I** *tr* **1** take care of; guard, protect [*för* from] **2** = *anse* **3** = *värdera* **II** *itr*, ~ *på* heed **III** *rfl*, ~ *sig för att* take care not to; ~ *sig för* beware of; ~ *er!* take care! look out!

akter stern; ~ *om* astern of; ~ *över* (*ut*) astern **-lanterna** stern light **-städerska** saloon stewardess

aktie share **-bolag** joint-stock company; ~*et A. B.* A.B., Limited (ltd.) **-brev** share [certificate] **-emission** issue of shares **-ägare** share-holder

akt||ion action **-iv** *a* active **-ivist** activist **-ivitet** activity

aktning respect; [allmän] esteem; [hänsyn] regard, deference; *inge* ~ inspire respect **-s|värd** *a* entitled to respect; creditable [attempt *försök*]

aktris actress

aktsam *a* careful [*med* (*om*) of] **-het** care[fulness]

aktstycke [official] document

aktuali||sera *tr* actualize **-tet** actuality; reality

akt||uarie [ung.] recording clerk, registrar **-uell** *a* of current interest, topical; *bli* ~ come to the fore **-ör** actor

akust||ik acoustics *pl* **-isk** *a* acoustic

akut *a s* acute

akv||amarin aquamarine **-arell** water-colour [drawing] **-arium** aquarium **-avit** aqua vitae **-edukt** aqueduct

al alder; *av* ~ [äv.] alder

alabaster alabaster **-lik** *a* alabastine

aladåb [ung.] aspic, galantine

alarm alarm; [friare] hubbub **-era** *tr* alarm **-klocka** alar[u]m-bell

alban Albanian **-sk** *a* Albanian

alb||inism albinism **-ino** albino **-um** album **-umin** albumin

aldrig *adv* **1** never [*i livet* in all my life]; ~ *annat än* never anything but; ~ *mera* never again, nevermore; *nästan* ~ hardly ever; *ännu* ~ never yet **2** ~ *det* ever so much; *som* ~ *det* like anything; ~ *så litet* the least little bit; *de må vara* ~ *så..* however .. they are (may be)

alf elf **alf-** [i sms.] elfish, elfin

alfabet alphabet **-isk** *a* alphabetical

alfresko *adv* [*s*] alfresco [painting]

alg alga [*pl* algae]

algebr||a algebra **-aisk** *a* algebraic[al]

Alger Algiers **-iet** Algeria

al||ias *adv* alias **-ibi** alibi

alka great aulk

alkal||i alkali **-isk** *a* alkaline

alkemi alchemy

alkohol alcohol **-fri** *a* non-alcoholic **-ism** alcoholism **-ist** inebriate

alkov alcove, recess

all I *pron* all; ~*a människor* everybody, all the people; *en gång för* ~*a* once for all; *hur i* ~ *världen?* how on earth? *en för* ~*a och* ~*a för en* jointly and severally; *i* ~*o* in all respects; *hans* ~*t i* ~*o[m]* his factotum (all in all) **-a|handa** = **-e|handa** **-a|redan** *adv* already **-bekant** *a* well-known **-daglig** *a* everyday; commonplace **-deles** *adv* quite; altogether; absolutely (perfectly) [*rätt* right]; completely [*häpen* taken aback]; *det gör mig* ~ *detsamma* it makes no difference at all to me **-denstund** *konj* inasmuch as

allé avenue, [äv.] walk

allegor||i allegory **-isk** *a* allegorical

allehanda I *a* of all sorts, miscellaneous **II** *s* sundries [pl.]

allen||a *a adv* alone **-a|rådande** *a* in sole control **-ast** *adv* only

allestädes *adv* everywhere **-närvarande** *a* omnipresent, ubiquitous

all||farväg highroad, [äv.] turnpike **-god** *a* all-good

alli||ans alliance **-erad I** *a* allied [*med* to] **II** *s* ally; *de* ~*e* the allies

alligator alligator

allitter||ation alliteration **-era** *itr tr* alliterate

allmakt omnipotence

allmoge country people(-folk); peasantry **-möbel** [ung.] cottage furniture **-stil** [ung.] rustic (rural) style

allmosa alms

allmän *a* common; ordinary; [-nelig] general; [äv.] universal; ~*na meningen* public opinion; ~ *tro* popular

belief; *~t rykte* current report; *~t rådande* prevalent; *i det ~nas tjänst* in the public service **-bildad** *a* with an all-round education **-giltig** *a* of universal application **-het 1** *i ~* generally, as a rule **2** *~en* the public **-mänsklig** *a* related to our common humanity **-nelig** *a* catholic; universal **-ning** common **-t** *adv* commonly; generally; *~ utbredd* widespread
allor [spel.] doublet
allra *adv* of all; *den ~ bästa* the best of all; *de ~ flesta* the great majority, most people; *~ helst* above all, most (best) of all; *~ helst som* more especially as; *i ~ högsta grad* in the highest possible degree
allrådande *a* omnipotent, all-powerful
alls *adv* at all; *ingenting ~* nothing whatever; *inte ~* [äv.] by no means
all||seende *a* all-seeing **-sidig** *a* all--round, comprehensive **-sköns** *a, i ~ bekvämlighet* entirely at one's ease **-s|mäktig** *a* almighty, omnipotent; *Gud ~* God Almighty
allt I *s* all; *~ möjligt* everything imaginable; *framför ~* before everything, above all; *~ utom* anything but; *när ~ kommer omkring* after all; *mitt ~* all the world to me; *för ~ i världen* for all the world **II** *adv* **1** *~ bättre och bättre* better and better; *i ~ större utsträckning* to an ever increasing extent; *~ efter* according to; *~ eftersom* according as; *~ emellanåt* from time to time, now and then; *~ ifrån* all the way from; [om tid] ever since; *~ igenom* throughout, thoroughly; *~ intill slutet* right up to the end, to the very end **2** *det vore ~ bra* it would certainly be a capital thing **-för** *adv* all (quite) too, altogether
all||tid *adv* always; *för ~* for ever (good); *som ~* as ever **-t|ihop** *pron* all [of it (them)], the whole lot [of it (them)] **-ting** everything
allt||jämt *adv* still, all the while; [ideligen] continually, constantly **-mer** *adv* more and more **-nog** *adv* in short, anyhow **-så** *adv* so; accordingly, consequently
allvar earnest; seriousness; *på ~* in earnest; *göra ~ av* set about in earnest; *tala ~ med* speak seriously to; *är det ert ~?* are you serious (in earnest)? *situationens ~* the gravity of the situation **-lig** *a* serious; grave [danger *fara*] **-sam** *a* serious
all||vetande *a* all-knowing, omniscient **-ätare** omnivore
alm elm; *av ~* elmwood
aln ell **-vis** *adv* by the ell
alp alp; *A ~erna* the Alps
alp||bestigare alpine (alp-)climber **-flora** alpine flora **-glöd** alpen-glow **-ros** rhododendron **-stav** alpenstock
alruna [bot.] mandrake
alst||er product; [friare] production; [koll.] produce **-ra** *tr* produce, bring forth, generate; [friare] engender, beget **-ring** generation, procreation; [äv. konkr.] production **-rings|drift** generative (procreative) instinct **-rings|förmåga** productiveness
alt alto, [oftast] contralto
altan roof balcony; leads
altar||bord communion-table **-e** altar; *~ts sakrament* the Eucharist **-kärl** sacred vessel **-ring -rund** altar(communion)-rails **-skåp** triptych, reredos **-tavla** altar piece
altern||ativ *a s* alternative **-at|vinkel** alternate angle **-era** *itr* alternate
alt||fiol viola **-flöjt** alto (bass) flute
altru||ism altruism **-ist[isk** *a*] altruist[ic]
aluminium aluminium
alun alum; [kem. äv.] potash alum
amanuens amanuensis; [i verk] principal clerk; [i klinik, bibliotek] assistant [surgeon, librarian]
amason Amazon **A-floden** the [River] Amazon
amatör amateur [*på* of, in]; [sport.] gentleman **-skap** amateurship
ambassad embassy **-ör** ambassador
ambition ambition; self-respect
ambul||ans ambulance **-ans|vagn** ambulance car **-erande** *a* ambulatory
amen *itj s* amen
Amerik||a America; *~s Förenta stater* the United States of America (U.S.A.) **a-an a-ansk** *a* American **a-anska 1** American **2** [kvinna] American woman (girl, lady) **a-anare** = *a-an* **a-a|-resa** journey (voyage) to America
ametist amethyst
amfibie amphibian
amiral admiral **-inna** admiral's wife **-itet** body of admirals **-s|person** flag--officer, admiral
amma I [wet-]nurse **II** *tr* nurse, suckle; feed
ammoni||ak ammoniac **-um** ammonium
ammunition ammunition **-s|fabrik** [am]munition-works
amnesti amnesty; *ge ~ åt* amnesty
amning nursing, suckling
a-moll [mus.] A minor
amorter||a *tr* amortize, redeem; [äv.] pay off **-ing** amortization, [gradual] extinction; *~ar* part payments
1 amp|el *a, -la lovord* unstinted encomiums, unqualified commendation
2 ampel hanging flower-basket ([night-]lamp)
amper *a* pungent, sharp
amputer||a *tr* amputate **-ing** amputation

amsaga nursery (old wives') tale
amulett amulet; mascot
an I [på räkning] to **II** *adv*, *av och ~* to and fro, up and down
ana *tr* have a presentiment (premonition, foreboding); *~ oråd* suspect mischief; *intetont ~nde* unsuspecting; *jag ~de ej att* I had no idea that; *~ jag ~de det* I suspected (thought) as much
anakronism anachronism
analfabet illiterate
analog *a* analogous [*med* to] **-i** analogy **-i|bildning** analogical formation
anal||ys analys|is (*pl* -es) **-ysera** *tr* analyse **-ytisk** *a* analytic[al]
anamma *tr* **1** receive; accept; partake of **2** *fan ~!* devil take it! **3** [tillägna sig] appropriate, seize
ananas pine-apple
anark||i anarchy **-ist** anarchist **-istisk** *a* anarchical, anarchist
anatom anatomist **-i** anatomy **-i|sal** dissecting-room **-isk** *a* anatomical
anbefalla *tr* **1** [ålägga] enjoin **2** [förorda] recommend **3** [anförtro] commend
an||belanga *tr*, *vad mig ~r* as far as I am concerned **-blick** sight; appearance, aspect; *vid ~en av* at the sight of; *vid första ~en* at first sight **-bringa** *tr* fix, introduce; fit; put up; [kraft] apply; [placera] place **-bud** offer; [hand. äv.] tender; *få ~ på* have an offer for ([att köpa] of); *ge ~ på* tender for
anciennitet seniority; standing
and [wild] duck
and|a = *-e 1—3*
andakt devotion; [konkr.] devotions [pl.] **-s|bok** devotional manual **-s|full** *a* devotional; devout, reverential **-s|stund** devotional hour
andas *itr tr dep* breathe; respire; *~ in* inhale; *~ ut* [bildl.] breathe freely
and|e 1 [luft] breath; *med -an i halsen* out of breath; *dra -an* draw one's breath; *hålla -an* hold one's breath; *hämta -an* get one's breath; *ge upp -an* expire, give up the ghost **2** [själ] spirit; [intelligens] mind, intellect; *-ens värld* the spiritual (intellectual) world; *de i -en fattiga* the poor in spirit; *i -anom* in the spirit **3** [väsen] spirit, [äv.] ghost, genius; [*ngns*] *onda ~* evil genius (spirit); *den Helige A~* the Holy Ghost (Spirit) **4** *besläktade -ar* kindred spirits **5** [stämning] spirit; *när -an faller på* when the spirit moves him
ande||besvärjare raiser of spirits, exorcist, exorcizer **-drag** breath; respiration **-dräkt** breath **-fattig** *a* dull-brained, fatuous; [sak] uninspired
andel share **-s|bevis** share certificate **-s|företag** co-operative (profit-sharing) undertaking
andemening spirit, inward sense
Anderna the Andes
ande||tag breath **-väsen** spiritual being, spirit
andfådd *a* out of breath; *vara ~* be winded (pumped) **-het** breathlessness
andhämtning breathing, respiration
andlig *a* **1** [okroppslig] spiritual; intellectual **2** [ej världslig] spiritual; [kyrklig] ecclesiastical, [äv.] clerical; [ej profan] sacred **-en** *adv* mentally
andlös *a* breathless **-t** *adv* breathlessly
andmat [bot.] duckweed
andning breathing, respiration **-s|organ** respiratory organ
andr|a se *-e* o. *annan*
andraga *tr* advance, set forth; state
andra||gradsekvation equation of the second degree **-hands-** second-hand **-kammar-** of the Second Chamber **-klass-** second-class; second-rate **-klassist** second-form boy
andr||e -a I se *annan* **II** *räkn* second
and||rum breathing-room; [bildl.] breathing-space **-täppa** shortness of breath
andäktig *a* **1** devout, pious **2** attentive **-het** devoutness, piety
anekdot anecdote
anem||i anæmia **-isk** *a* anæmic
anfall attack, assault, charge; [bildl. äv.] fit **-a** *tr* attack, assail **-s|krig** aggressive war **-s|vis** *adv* aggressively
anfäkt||a *tr* harass, haunt, obsess **-else** obsession
anför||a *tr* **1** command, lead **2** [säga] state, say **-ande 1** command[ing] **2** stating; statement; [tal] speech **-are** commander **-ing** discourse
anför||tro *tr* entrust, confide; *~ sig åt* confide in **-vant** relation, connection
angelägen *a* urgent; important; anxious **-het 1** urgency; importance **2** [ärende] affair, concern
angenäm *a* pleasant, agreeable
angiv||a *tr* **1** [säga] mention **2** report; denounce **-are** informer **-else** information, denunciation, accusation
anglicism Anglicism
anglosax||are -isk *a* Anglo-Saxon
angrepp attack
angrip||a *tr* attack; [skada] affect **-are** assailant, aggressor
an||gränsande *a* adjacent, adjoining **-gå** *tr* **1** concern **2** [avse] have reference to **-hang** following; gang **-hopa** pile up, amass **-hopning** piling up
anhåll||a *tr* **1** [polis.] apprehend, arrest **2** ask [*om* for], beg, request; *om svar -es* an answer will oblige **-an** request
anhängare follower, adherent
anhörig relative; *mina ~a* my family
anilin aniline

animalisk *a* animal
aning presentiment, foreboding, divination; [idé] conception, notion, idea
anka 1 duck **2** [tidnings~] canard
ankar||e anchor; *lyfta (kasta) ~* weigh (cast) anchor **-ur** lever-watch
ank||bonde drake **-damm** duck-pond
ankel ankle **-led** ankle-joint
anklag||a *tr* **1** accuse [*ngn för* a p. of] **2** [åtala] prosecute [a p. for]; *sitta på de ~des bänk* [bildl.] be the butt of the fault-finders **-are** accuser **-else** accusation **-else|skrift** [written] indictment
anklang 1 echo **2** [bifall] approval
anknyt||a I *tr* attach, unite [*till* to]; *~ förbindelse* establish intercourse **II** *itr, ~ till* link in with **-ning 1** attachment, connection **2** [konkr.] connecting-link; [tel.] private branch **-nings|punkt** point of connection
ankomm||a *itr* **1** arrive [*till* at, in] **2** [bero] depend [*på* on]; *vad därpå -er* as to (for) that **-en** *a* **1** arrived **2** [kött] tainted; [fisk] high; [frukt] decayed
ankomst arrival **-dag** day of arrival
ankr||a *itr* anchor **-ing** anchoring
ank|unge duckling
anlag 1 rudiment, embryo **2** [medfött] turn, aptitude, gift, talent; [läk.] tendency [*för* to], disposition
anledning cause; [skäl] reason [*till* for]; [tillfälle] opportunity; *ge ~ till* give occasion to, cause, lead to; *i ~ av* on account (in consequence) of
anlet||e visage, face; *i sitt ~s svett* in the sweat of one's brow **-s|drag** feature
an||lita *tr* **1** apply to [*ngn* a p.] **2** = *-vända* **-lopp 1** [sats] run **2** rush **3** = *-fall* **-lupen** *a* tarnished, discoloured
anlägg||a *tr* **1** build, erect, construct; [grunda] found; *~ en park* lay out a park **2** begin to wear **-are** builder, founder, constructor **-ning 1** foundation, erection, construction **2** [byggnad] structure, edifice
anlända *itr* arrive [*till* at, in], come
an||löpa I *tr* ⚓ call at **II** *itr* oxidize, tarnish **-maning** request, demand **-marsch** advance **-moda** *tr* request, call upon, invite **-modan** request
anmäl||a I *tr* announce; [stöld o. d.] report; *vem får jag ~?* what name, please? *~ .. till* enter .. for; *~ en bok* review a book **II** *rfl* **1** report o. s. **2** [till examen o. d.] put o. s. down, enter one's name [for an examination]; *~ sig som elev vid* apply for admission at; *~ sig som sökande till en befattning* apply for a situation **-an 1** announcement, notice **2** report **3** application[s] [*till* for] **-nings|tid,** *~en utgår ..* the last day for applications is ..

anmärk||a *itr tr* **1** [säga, uppmärksamma] remark, observe **2** find fault [*på* with]; *ingenting att ~ på* nothing to object **-ning 1** remark **2** [i bok] note **3** [skol.] bad mark **-nings|bok** conduct mark-book **-nings|värd** *a* remarkable; notable
annaler annals
annalkande I *s* approach **II** *a* approaching; [storm äv.] gathering
ann||an (andre) *pron* **a)** other; *ngn ~ tid* some other time; **b)** else; *någon ~* someone else; **c)** [ej lik] different; **d)** second; *en ~* another, somebody else; *en ~ gång* another time; *på ett eller -at sätt* in one way or other; *tid efter ~* from time to time; *allt -at än* anything but; *ingen ~ än* no other [man] but, no one but; *alla de andra* all the others; *å andra sidan* on the other hand **-an|dag,** *~ jul* the day after Christmas Day; [Engl.] Boxing-day; *~ påsk* Easter Monday; *~ pingst* Whit-Monday **-ars** *adv* otherwise **-at I** se *-an* **II** *s* something else; *ingenting ~ än* nothing but; *jag kan ej ~ än* I cannot but **III** *adv, ~ än* except
ann||ektera *tr* annex **-ex** annexe
annons advertisement [*efter* for; *om* about]; [döds~ o. d.] announcement [*om* of] **-byrå** advertisement office **-era** *itr tr* announce, advertise **-ör** advertiser
annor||ledes -lunda *adv* otherwise; differently **-städes** *adv* elsewhere, somewhere else; *ej ~* nowhere else
annot||ation note **-era** *tr* note (take) down **-ering 1** noting **2** note
annuitet yearly instalment
annullera *tr* annul, cancel
anonym *a* anonymous **-itet** anonymity
anor ancestry, ancestors, pedigree; *ha gamla ~* be of ancient lineage
anordn||a *tr* arrange, put .. in order; organize **-ing** arrangement
anpart share, portion
anpass||a *tr* adapt [*efter* to]; *~ sig* adapt o. s. [*till, efter* to] **-ning** adaptation **-nings|förmåga** adaptability
an|rik *a* of ancient line
anrop call; ⚔ challenge **-a** *tr* **1** call, challenge; ⚓ hail; [tel.] call up **2** [bönfalla] call upon, implore
anryck||a *itr* **-ande** *s* advance
anrätt||a *tr* prepare, cook **-ning 1** preparation, cooking **2** [rätt] dish; [koll.] meal
ans care, tending **-a** *tr* tend
ansats 1 [början] start; [sport.] run; *göra ~* make a spring **2** impulse **3** [försök] attempt
ansatt *a* afflicted [*av* with]; *hårt ~* hard pressed, in a tight corner
anse *tr itr* **1** [mena] think, be of opin-

ion **2** [betrakta] consider, regard **-dd** *a* respected; esteemed, distinguished; *väl* (*illa*) ~ of good (bad) repute **-ende** *s* **1** reputation, prestige **2** *i* ~ *till* considering; *utan* ~ *till* without respect of **-nlig** *a* considerable, large, big **-nligt** *adv* considerably

ansikt||e face, countenance; *han blev lång i ~t* his countenance fell; *bli röd i ~t* go red in the face; *tvätta sig i ~t* wash one's face; ~ *mot* ~ *med* face to face with **-s|drag** feature **-s|färg** complexion **-s|uttryck** expression of the face

ansjovis anchovy; tinned sprats [pl.]

an||skaffa *tr* procure, obtain; supply **-skri** cry, scream **-skriven** *a*, *väl* (*illa*) ~ *hos* in (out of) favour with **-skrämlig** *a* ugly, hideous

anslag 1 [kungörelse] notice, placard **2** [stämpling] design, plot **3** [penningmedel] grant [of money] **4** [mus.] touch **-s|tavla** notice-board

anslut||a *tr* **1** [sluta tätt] adhere [*mot* to] **2** [stå i förbindelse] connect [*till* with (on to)]; ~ *sig till* [människor] join, [åsikt] adopt, [uttalande] agree with **-en** *a* connected on [*till* to] **-ning 1** adhesion **2** association, connection **3** [*få* get] support; *i* ~ *till* referring to

anslå *tr* **1** [anvisa] assign, set aside [*till* for] **2** [pengar] grant **3** [mus.] strike **4** ~ *en kungörelse* post a notice **-ende** *a* impressive; pleasing

anspel||a *itr* allude [*på* to], hint [*på* at] **-ning** allusion

anspråk, [*göra*] ~ [*på*] claim, demand; *ha stora* ~ *på* expect a great deal of; *ta i* ~ make use of, [ngns tid] take up, occupy **-s|full** *a* pretentious, exacting **-s|fullhet** pretentiousness **-s|lös** *a* unpretentious; [pers. äv.] unassuming, modest, quiet **-s|löshet**, *i all* ~ without any pretensions

anstalt 1 institution, establishment **2** [anordning] arrangement, preparation

anstift||a *tr* cause, provoke; lay [a plot *en sammansvärjning*]; ~ *mordbrand* commit arson **-an**, *på* ~ *av* at the instigation of **-are** instigator, originator, doer

anstorm||a *tr* assault **-ning** assault

anstrykning 1 tinge, colouring **2** [aning] touch, suggestion

ansträng||a *tr* strain; ~ *ögonen* try the eyes **-ande** *a* trying, hard; *det är mycket* ~ *att* it is a great strain to **-d** *a* strained; overdone **-ning** exertion, strain **-t** *adv* in a forced manner

an||stucken *a* infected, tainted **-stå** *itr* **1** [vänta] wait, be deferred **2** [passa] be becoming (befitting) for; befit **-stånd** respite, grace

anställ||a *tr* **1** [företa] make **2** [åstadkomma] bring about, cause; ~ *förhör* hold an examination **3** [i tjänst] appoint, engage **-d** *a*, *vara* ~ be employed [*hos* by; *vid* at] **-ning** appointment; [befattning äv.] post, position, situation

anständig *a* **1** respectable **2** [friare] decent **-het** decency, propriety; *vanlig* ~ common decency **-hets|känsla** sense of propriety (decorum)

anstöt offence; *väcka* ~ cause offence, offend **-lig** *a* offensive, objectionable

ansvar responsibility; *stå till* ~ be held responsible; *utan personligt* ~ (u. p. a.) limited (Ltd.); *yrka* ~ *på ngn* demand a p.'s conviction; *vid laga* ~ under penalty **-a** *itr* be responsible, answer [*för* for] **-ig** *a* responsible; liable **-ighet** responsibility, liability **-s|full** *a* responsible **-s|lös** *a* irresponsible

ansväll||a *itr* swell [up], enlarge **-ning** swelling, enlargement

ansätta *tr* beset, attack; [besvära] harass, worry

ansök||an application [*om* for]; petition; *göra* ~ *om* apply for **-ning** application **-nings|blankett -nings|handling** application form (paper)

antag||a *tr* **1** [mottaga] take; [förslag o. d.] accept; [som elev o. d.] admit; [tillägna sig] adopt; [taga på sig] take on, assume; [anställa] engage; *-et namn* adopted name **2** [förmoda] assume, suppose **-ande 1** acceptance; admission; assumption; engagement **2** [förmodan] assumption, supposition **-lig** *a* acceptable; admissible; eligible; [rimlig] reasonable, plausible; [trolig] probable, likely **-ligen** *adv* presumably, probably, very likely **-lighet** eligibility; reasonableness; probability

antagon||ism antagonism **-ist** adversary

antal number; *till ~et* in number

antast||a *tr* assail, attack; *bli ~d* be accosted **-ande** *s* accosting

antecedentia antecedents

anteck||na I *tr* note (take; write) down **II** *rfl* put one's name down **-ning** note, memorandum **-nings|bok** note-book **-nings|lista** list of names; subscription-list

antedatera *tr* antedate

antenn antenna; [zool. äv.] feeler

antik I *a* antique, old, old-fashioned **II** *~en* classical antiquity (times)

antikv||ariat second-hand bookshop **-arie** antiquarian **-arisk** *a* antiquarian; [bok o. d.] second-hand **-ariskt** *adv* second-hand **-erad** *a* antiquated

antikvitet antiquity **-s|affär** curiosity-shop; second-hand furniture-shop **-s|samlare** curio collector

Antillerna the Antilles
antilop antelope
antingen *konj* either; whether; ~ *du eller jag* either you or I; ~ *han vill eller ej* whether he likes it or not
anti||pati antipathy **-pod** antipode **-semit** anti-Semite **-semitisk** *a* anti--Semitic **-septisk** *a* antiseptic
antologi anthology
antropologi anthropology
an||träda *tr* set out (start off) upon, begin **-träffa** *tr* find, meet with
antvard||a *tr* deliver.. up [*åt* to] **-ande** *s* delivery
antyd||a *tr* intimate [*för ngn* to a p.]; suggest, hint at; indicate **-an** = *-ning* **-ande** *a* hinting, indicatory **-ning 1** intimation; hint; insinuation; suggestion **2** [spår] vestige, trace
antågande I *a* approaching, advancing **II** *s* approach, advance
antänd||a *tr* set fire to, [set . . on] fire **-bar** *a* inflammable **-lighet** inflammability **-ning** ignition
anvis||a *tr* **1** [visa] show, indicate, point out; direct . . to [a room *ett rum*]; [tilldela] allot, assign; [ge anvisning på] help [a p.] to find **2** [utanordna] allot, assign **-ning 1** [upplysning] direction; *ge ~ på* . . recommend . . **2** [bank~] cheque
använd *a* used, applied; spent; *illa ~* misapplied **-a** *tr* use; make use of; [anlita] employ, go to **-bar** *a* usable, fit for use, useful [*till* for] **-barhet** fitness for use; serviceableness; availability **-ning** use; employment; *det har jag ingen ~ för* I can find no use for it; *komma till ~* come into use
ap||a I monkey; ape **II** *tr*, *~ efter* ape, mimic **-aktig** *a* monkeyish, apish
apat||i apathy **-isk** *a* apathetic
apel apple-tree **-kastad** *a* dapple
apelsin orange **-klyfta** orange-pig **-kärna** orange-pip **-saft** orange-juice **-skal** orange-peel **-träd** orange-tree
ap||hona female (she-)monkey **-lik** *a* monkey-like, monkeyish
apost||el apostle **A-la|gärningarna** the Acts [of the Apostles] **-la|hästar**, *med ~na* on foot **-olisk** *a* apostolic
apostrof apostrophe
apotek chemist's [shop], [Am.] drug--store; ⚓ dispensary **-are** chemist and druggist, pharmaceutical chemist **-s|vara** chemist's licensed article
apoteos apotheosis **-era** *tr* apotheosize
apparat apparatus
appell call; [jur.] appeal **-ations|domstol** court of appeal **-era** *tr* appeal
applåd applause; *en ~* a cheer **-era** *tr itr* applaud; [med handklappning] clap **-salva** round of applause
apportera *tr* fetch; [jakt.] retrieve
apposition apposition
approb||atur [betygsgrad] passed **-era** *tr* approve, [let . .] pass
approximativ *a* approximate
aprikos apricot **-träd** apricot-tree
april April **-väder** April weather
apropå I *adv* by the bye (way); *helt ~* incidentally, casually **II** *prep* apropos [of]; [äv.] talking of
aptera *tr* adapt [*till* to; *för* for]
aptit [*god, klen* healthy, poor] appetite [*på* for] **-lig** *a* appetizing; [lockande] inviting; *föga ~* unappetizing, uninviting **-lighet** appetizingness **-retande** *a*, *verka ~* tickle (stimulate) the appetite
arab Arab, Arabian **-esk** arabesque **A-ien** Arabia **-isk** *a* Arabian; Arabic **-iska 1** Arabian woman (girl, lady) **2** [språk] Arabic
arbet||a I *itr* work; [tungt] labour; [mödosamt] toil; *~ bra* do good work; *~ av* work off; *~ bort* manage to eliminate; *~ ihjäl sig* work o.s. to death; *~ upp* work up; *~ upp sig* improve [in one's work]; *~ ut sig* wear o.s. out [with hard work] **II** *tr* work **III** *rfl*, *~ sig trött* get o. s. tired; *~ sig fram* make one's way [in the world] **-ad** *a* manufactured; made; [deg] worked; [metall o. d.] wrought; *väl ~* of good workmanship **-ande** *a* working; labouring; toiling; *~ ledamot* active member; *de ~* the workers
arbetar||befolkning working-class population **-bostäder** workmen's dwellings **-demonstration** Labour demonstration **-e** workman, working--man; [jordbruks~] labourer; [fabriks~] hand; [verkstads~] mechanic; *-na* the employed **-fråga**, *~n* the Labour question **-förening** workmen's association **-hustru** working-man's wife **-parti**, *~et* the Labour Party **-personal** employees **-rörelse**, *~n* the Labour Movement
arbet||e work; [abstr. äv.] labour; [möda] toil; [sysselsättning äv.] employment, job; *svenskt ~* Swedish production; *ha ~ hos* be employed by, work for; *i ~* at work; *huset är under ~* the work on the house is proceeding **-erska** workwoman, working woman **-sam** *a* industrious, hard--working; [mödosam] laborious **-samhet** industriousness, industry
arbets||avtal contract of employment, labour contract **-betyg** character **-bi** worker [bee] **-bord** work-table **-brist** scarcity of work **-börda** load of work; *hans ~* the amount of work he has on him **-chef** [i fabrik] [works] manager **-dag** workday; working-day **-dräkt** working-attire(-clothes) **-duglig** *a* capable of [doing] work **-folk** working people; [fabriks] workpeople

-för *a* fit for work **-fördelning** distribution of work **-företag** industrial undertaking **-förmedling[s|byrå]** labour exchange **-förmåga** capacity for work; [fys.] energy **-förtjänst** earnings *pl* **-givare** employer; master **-glädje** joy in one's work **-häst** draught-(cart-)horse **-karl** working-man, workman **-kläder** = *-dräkt* **-konflikt** labour controversy **-korg** work-basket **-kraft** power of work; working-power **-lag** gang [of workmen], shift **-ledare** organizer [of the work]; [i fabrik] workmen's foreman **-lokal** workroom, factory premises **-lust** love of work **-lös** *a* out of work, unemployed; *en* ~ a man out of work; *de* ~*a* the unemployed **-löshet** unemployment **-marknad** labour-market **-myra** [bildl.] busy bee **-människa** hard worker, toiler **-oduglig** *a* incapable of work **-plats** place of work **-prestation** output of work **-ro** quiet essential for work **-rum** workroom; study **-skicklighet** skill at one's work **-styrka** staff of workmen (hands) **-sökande** *a* seeking work; *en* ~ an applicant for work **-tag**, *vara i* ~*en* be hard at work **-tid** time for work; working-hours **-träl** toiler, drudge **-uppgift** task, piece of work to do **-utskott** working (executive) committee **-år** working-year, session

areal area; [jordegendoms] acreage

arena arena

arg *a* malicious, ill-natured; angry [*över* at]; ~ *hund* savage dog; *bli* ~ get angry; *ana* ~*an list* suspect some deep-laid plot **-bigga** shrew, vixen

argentinare Argentine

argsint I *a* ill-tempered, irascible II *adv* irascibly **-het** irascibility, ill temper

argument argument **-era** *itr* argue **-ering** arguing; argumentation

argus|ögon, *med* ~ argus-eyed

aria aria

ar||ier Aryan **-isk** *a* Aryan

aristokrat aristocrat **-i** aristocracy **-isk** *a* aristocratic

aritmet||ik arithmetic **-isk** *a* arithmetical

1 **ark** ark; *Noaks* ~ Noah's Ark

2 **ark** sheet; *ett* ~ *skrivpapper* a sheet of foolscap

arkad arcade

arka||isera *itr* archaize **-istisk** *a* archaic

arkebuser||a *tr* shoot **-ing** [military] execution

arkeolog archæologist **-i** archæology **-isk** *a* archæological

arkipelag archipelago

arkitekt architect **-ur** architecture

arkiv archives [pl.]; [dokumentsamling] records, rolls [pl.] **-arie** archivist, registrar [of records]

arktisk *a* arctic; ~*a länder* the Arctic

1 **arm** *a* 1 poor [*på* in] 2 [usel] wretched; ~*a karl!* poor fellow!

2 **arm** arm; [av flod o. d.] branch; *på rak* ~ at arm's length, [bildl.] off-hand, straight off; *bära på sina* ~*ar* carry in one's arms; [bildl.] cherish; *ta ngn under* ~*en* take a p.'s arm

armatur armature; electric-light fittings [pl.]

arm||band bracelet **-bands|klocka** wrist watch **-borst** crossbow **-brott** arm fracture **-båga** *rfl*, ~ *sig fram* elbow o. s. along **-båge** elbow

armé army

armera *tr* arm; armour; ~*d betong* reinforced (armoured) concrete

arm||håla armpit, axilla **-linning** wrist-band

armod poverty, destitution

arm||pipa bone of the arm **-ring** armlet **-s|lång** *a* as long as one's arm **-s|längd**, *på* ~ at arm's length **-stake** branched candlestick, candelabrium **-s|tjock** *a* as thick as one's arm **-styrka** strength of [one's] arm **-stöd** elbow[-rest]; arm [of a chair]

arom aroma **-atisk** *a* aromatic

arrang||emang arrangement **-era** *tr* arrange **-ör** arranger, organizer

arrend||ator tenant farmer; lessee **-e** tenantship, tenancy; [avgift] rent **-e|jord** leasehold land **-e|kontrakt** lease **-era** *tr* rent; ~ [*bort, ut*] lease **-e|tid** lease

arrest custody, confinement; ⚔ arrest; *mörk* ~ confinement in a dark cell **-ant** person in custody, prisoner **-era** *tr* arrest, take into custody **-ering** arrest[ing] **-erings|order** warrant

arsenal arsenal, armoury

arsenik arsenic **-fri** *a* non-arsenical **-förgiftning** arsenic[al] poisoning **-haltig** *a* arsenical, arsenious

art [sort] kind, sort; [vetensk.] species **-a** *rfl* shape; [visa sig] turn out

artesisk *a* artesian

artificiell *a* artificial; false

artig *a* polite [*mot* to] **-het** politeness; ~*er* compliments

artikel article

artikul||ation articulation **-era** *tr* articulate

artiller||i artillery **-i|officer** artillery officer **-i|regemente** artillery regiment **-ist** artilleryman, gunner

artist artist; [teat.] artiste **-begåvning** artistic talent **-isk** *a* artistic

artär artery

arv inheritance; [konkr.] legacy; *är ett* ~ *i släkten* runs in the family; *gå i* ~ descend; *tillfalla genom* ~ come to . . [by inheritance] **-e|del** share of an (the) inheritance **-fiende** hereditary foe **-fiendskap** hereditary enmity

-följd succession -gods hereditary estate -inge heir, heiress -lös *a* disinherited; *göra* ~ disinherit
arvode remuneration [*för, åt* for]; [åt läkare m. m.] fee
arv||prins hereditary prince -rike hereditary kingdom -s|berättigad *a* entitled to an inheritance -skifte distribution of an (the) [inherited] estate -s|lott [part (share) of an (the)] inheritance, heritage -s|rätt right to inherit property -s|skatt inheritance duty -synd original sin -tagare heir -tagerska heiress
1 as [animal's] carcass; carrion
2 as [myt.] As -a|läran the Æsir cult
asbest asbestos -papp asbestos millboard
asch *itj* ugh! F golly!
asfalt asphalt -beläggning asphalting -era *tr* asphalte
as||fluga carrion-fly -gam Egyptian vulture
asiat Asiatic -isk *a* Asiatic
Asien Asia; *Mindre* ~ Asia Minor
ask 1 [träd] ash; *av* ~ ash[en] **2** box; case; packet [of cigarettes]
ask||a ash; [vanl.] ashes [pl.]; *lägga i* ~ lay in ashes; *under ~n* under the ashes; *ur ~n i elden* out of the frying-pan into the fire -artad *a* ash-like -blek *a* ashy pale -blond = -*färgad*
ask||es asceticism -et -etisk *a* ascetic
ask||färgad *a* ash-coloured -grå *a* ashen, [ash-]gray -kopp ash-tray -onsdag Ash Wednesday
Ask|ungen [sagofigur] Cinderella
ask|urna cinerary urn
asp aspen, trembling poplar[-tree]
aspir||ant aspirant; [sökande] applicant [*till* for]; candidate [for entrance] [*till* to; *vid* at] -era *itr*, ~ *på* aspire to, aim at
asplöv aspenleaf
assessor assessor
assiett dish, plate
assimil||ation assimilation -era *tr* assimilate
assist||ent assistant -era **I** *itr* assist, lend one's assistance [*vid* in] **II** *tr* render help to, succour
associ||ation association -era *tr* associate
assonans assonance
assur||ans insurance -era *tr* insure
aster [bot.] [China] aster
astigmatisk *a* astigmatical
astma asthma -tisk *a* asthmatic[al]
astrakan astrakhan; astrakhan apple
astrolog astrologer -i astrology
astronom astronomer -i astronomy -isk *a* astronomical
asyl asylum; [fristad] sanctuary
ate||ism atheism -ist atheist -istisk *a* atheistic[al]
ateljé studio; [sy~ o. d.] work-rooms
Aten Athens a-are Athenian
Atlanten the Atlantic [Ocean]
1 atlas [tyg] satin
2 atlas [kartbok] atlas [*över* of]
atlet [professional] athlete -isk *a* athletic; [äv.] strapping, Herculean
atmosfär atmosphere -isk *a* atmospheric[al]
atom atom -isk *a* atomic
att I *infinitivmärke* to; *svår* ~ *förstå* difficult to understand; ~ *döma efter utseendet* judging by appearances; *jag kan ej låta bli* ~ *tänka på det* I can't help thinking about it; *jag var rädd* ~ *störa honom* I was afraid of disturbing him; *genom* ~ *arbeta strängt* by working hard; *utan* ~ *veta varför* without knowing why; *skicklig i* ~ *sy* clever at sewing; *vanan* ~ *röka* the habit of smoking; *ingen anledning* ~ *klaga* no cause for complaining **II** *konj* that; *jag tror* ~ *han kommer* I think [that] he will come; *frånsett* ~ *han inte tycker om mig* apart from the fact that he doesn't like me; *jag vill inte* ~ *det skall göras* I don't want it to be done; *han väntade* ~ *jag skulle komma* he was waiting for me to come; *jag litar på* ~ *du gör det* I rely on your doing it; *jag är glad* ~ *han lyckats* I am delighted at his having succeeded; ~ *jag ej sände det förut berodde på* . . my not sending it before was due to . .; *jag svarar för* ~ *han kommer* I'll answer for his coming; *ursäkta* ~ *jag stör er!* excuse me disturbing you! *därför* ~ because; *på det* ~, *så* ~ that, so that; *under det* ~ while, whereas; *utan* ~ *någon visste* without anyone knowing
attaché attaché
attack attack -era *tr* attack
attentat attempt on a p.'s life; [friare] outrage [*mot* on]
attest attestation; certificate -era *tr* attest, certify
attiralj apparatus, paraphernalia
attityd attitude, pose
attr||ahera *tr* attract -aktion attraction
attribut attribute -iv *a* attributive
att|sats that-clause
audiens audience
auditorium 1 auditorium **2** [åhörare] audience
august||i August A-inus [St.] Augustine
auktion sale by auction, auction; *köpa på* ~ buy at an auction -era *tr*, ~ *bort* sell by auction -s|bridge auction bridge -s|förrättare auctioneer -s|-gods goods [to be] sold at auction -s|kammare auction-rooms
auktor||isera *tr* authorize -itativ *a* authoritative -itet authority
aula lecture-theatre; [läroverks] speech-room

Austral||asien Australasia **-ien** Australia **a-ier** Australian **a-isk** *a* Australian **a-neger** Australian negro

autentisk *a* authentic

autograf autograph **-isk** *a* autographic

automat automaton **-isk** *a* automatic

automobil automobile; [motor-]car **-fabrik** motor-car factory **-förare** motor-[car]driver **-olycka** motor-car accident **-verkstad** motor-car works

av I *prep* **1** [vanl.] of; ~ *god familj* of good family; ~ *ondo* of evil; *kungen* ~ *Sverige* the King of Sweden; *ingen* ~ *oss* none of us; *ett pris* ~ *tio kronor* a price of ten crowns; *en ring* ~ *guld* a ring of gold; ~ *sig själv* of himself; ~ *stor vikt* of great importance **2** [agent; medel] by; [*skriven*] ~ [written] by; ~ *en slump* by chance; *dra nytta* ~ profit by **3** [källa; orsak] from; *en gåva* ~ a present from; *inkomst* ~ *kapital* income from capital; *höra det* ~ hear it from; ~ *hans utseende* [*märkte jag*] from (by) his looks . .; *dra fördel* ~ derive benefit from; ~ *gammalt* from of old **4** [medverkande orsak; egenskap; tillstånd] with; *vitt* ~ *blommor* white with blossoms; *våt* ~ *tårar* wet with tears; *vimlande* ~ *folk* swarming with people; *brinna* ~ *nit* burn with zeal; *huttra* ~ *köld* shiver with cold **5** [förklaringsgrund] for; *gråta* ~ *glädje* weep for joy; ~ *rädsla att* [inf.] for fear of [-ing]; ~ *brist på* for lack of **6** [bevekelsegrund; ämne] out of; ~ *nyfikenhet* out of curiosity; *baka kakor* ~ *mjöl* bake cakes out of flour **7** [bort ifrån; från] off; *hoppa* ~ *hästen* jump off one's horse; *såga en gren* ~ *ett träd* saw a branch off a tree **8** [i vissa uttryck] on; ~ *princip* on principle; *leva* ~ *kött* live on meat; ~ *denna anledning* on that account **II** *adv* **1** [rörelse bort; avskiljande; minskning] off; *falla* ~ fall off; *kasta* ~ throw off; *stiga* ~ get off; *skjuta* ~ *ett skott* fire off a shot **2** [befrielse] up; un-; *borsta* ~ *en rock* brush up a coat; *lasta* ~ *en kärra* unload a cart; *klä* ~ [*sig*] undress; *duka* ~ clear the table **3** [sönderdelning; 'itu'] in two; *klippa* ~ cut in two; *bryta* ~ break [in two] **4** *domna* ~ go off [to sleep]; *tyna* ~ pine away **5** ~ *och an* to and fro, up and down

avanc||emang promotion **-era** *itr* advance

avant||garde van[guard] **-scen** stage foreground

av||art variety; variant species **-balka** *tr* partition off **-balk|ning 1** [-ande] partitioning off **2** [konkr.] partition **-basning** drubbing **-beställa** *tr* **-beställning** countermand **-beta** *tr* graze; crop

avbetal||a *tr* pay off; pay [for] by instalments **-ning** paying off; [belopp] instalment; *köpa på* ~ buy on the instalment system

av||bida *tr* wait and see, wait for **-bild** representation; copy, picture; image **-bilda** *tr* reproduce; [äv.] draw, paint **-bildning** reproduction **-blåsa** *tr* bring to an end **-blända** *tr* shade

av||brott 1 [uppehåll] interruption; break; pause; [upphörande] cessation, stoppage, intermission **2** [motsats] contrast **-bruten** *a* broken; *-brutet samtal* interrupted conversation **-bryta** *tr* **1** [eg.] break [off] **2** [göra -brott i] break off, interrupt; [ström] cut off **-bräck** damage, injury; *lida* ~ suffer damage **-bränd** *a*, *en* ~ *tändsticka* a spent match **-bränning** loss, deduction [from income]

avböj||a *tr* **1** [avvärja] avert; divert **2** [anbud] decline **-ande I** *a* **1** averting **2** ~ *svar* refusal, negative answer [*på* to] **II 1** averting **2** declining

av||bön apology **-börda I** *tr* unburden **II** *rfl* free oneself of **-dankad** *a* discharged **-dela** *tr* divide; divide up [*i* into]; divide off [*ett rum* a room]

avdelning [del] part; [avsnitt] section; [under~] division; [av ämbetsverk, affär] department; [av skåp, järnvägsvagn] compartment; [⚔, gymn.] detachment; [marin] division, squadron **-s|chef** [ämbetsman] head of a (the) department; [i större affär] manager **-s|kontor** branch office **-s|vis** *adv* by sections

avdrag 1 deduction; [beviljat] allowance; [rabatt äv.] reduction **2** [boktr.] impression **-a** *tr* **1** [minska] deduct, take off **2** [boktr.] pull off

av||drift ⚓ driftage; [projektils] derivation **-dunsta** *itr* evaporate **-dunstning** evaporation, vaporization **-dånad** *a*, *ligga* ~ lie in a swoon **-döma** *tr* pass [final] judgment upon

avel breeding; rearing **-s|djur** breeder; [koll.] breeding-stock **-s|hingst** stud-horse, stallion **-s|sto** brood-mare

avenbok hornbeam, yoke-elm

aveny avenue

aversion aversion [*mot* to]

avfall 1 [avskräde] refuse, waste [products]; [köks~] garbage, offal **2** [bildl.] falling away, backsliding; [från parti] defection, desertion; [relig.] apostasy **-a** *itr* fall away; turn deserter **-en** *a* fallen; [bildl.] thin, worn, pinched

av||fatta *tr* indite, word; *kort* ~*d* brief **-flytta** *itr* move away **-flyttning** removal **-flöde** outflow, effluent **-folka** *tr* depopulate **-folkning** depopula-

tion **-fordra** *tr*, ~ *ngn ngt* demand a th. of (from) a p.; ~ *ngn räkenskap* call a p. to account [*över* for] **-fyra** *tr* discharge, fire [off], let off **-fyrning** firing
avfäll‖ig *a* apostate **-ighet** apostasy **-ing** apostate, renegade, backslider
av‖färd departure, start [off] **-färda** *tr* 1 [skicka] despatch 2 [pers.] dismiss **-färdande** 1 despatch[ing] 2 dismissal **-föda** offspring, progeny, brood
avför‖a *tr* 1 [bortföra] remove, carry off 2 [stryka] cancel; [friare] remove **-ande I** *a* [läk.] ~ [medel] laxative, purgative **II** removing **-ing** 1 removal; cancelling 2 [läk.] evacuation [of the bowels]
avgift charge; fee; [års~] [annual] subscription; [bidrag] contribution; *mot halv* ~ [at] half price; *utan* ~ without [any] charge **-s|fri** *a* **-s|fritt** *adv* free [of charge]
av‖giva *tr* 1 [ge ifrån sig] emit, give off; yield 2 [avlåta] give; [om sakkunnig o. d.] bring in, hand in; ~ *ett löfte* make a vow **-gjord** *a* decided; *taga för -gjort* take for granted **-gjort** *adv* decidedly **-gjutning** cast
avgrund abyss; [klyfta] chasm; [svalg] gulf; [bildl.] pit **-s|ande** infernal spirit, fiend **-s|djup I** *a* abysmal, unfathomable **II** [pl.] depths, abysm **-s|furste** prince of darkness **-s|kval** pains of hell
avgränsa *tr* demarcate, delimit
avgud idol, god **-a** *tr* idol[atr]ize **-a|bild** idol; image of a god **-a|dyrkan** idol-worship **-a|dyrkare** idol-worshipper **-a|tempel** temple of an idol **-eri** idolatry
avgå *itr* 1 leave, start, depart (⚓ sail) [*till* for] 2 [bli avsänd] be sent off 3 [bildl.] retire; ~ *från skolan* leave [the] school; ~ *med döden* be removed by death; ~ *med seger* come off victorious 4 [vid räkning] be deducted **-ende I** leaving **II** *a* leaving; retiring; ~ *fartyg* departures [of steamers]
avgång [eg.] departure; ⚓ sailing; [friare] retirement; resignation; removal **-en** *a* left; despatched; retired **-s|betyg** leaving certificate **-s|dag** day of departure **-s|examen** final examination **-s|klass** leaving-class **-s|tid** time of departure
avgör‖a *tr* decide; [äv.] settle [a dispute *en tvist*]; [bedöma] determine **-ande I** *a*, ~ *steg* decisive step; ~ *skäl* conclusive argument; ~ *faktor* determining factor; *i ett* ~ *ögonblick* at a critical moment **II** *s* deciding; conclusion
avhandl‖a *tr* discuss, go into, deal with, treat [of] **-ing** 1 [-ande] discussion, negotiation 2 [skrift] treatise; [akademisk äv.] dissertation; [friare] essay [*över* on]
avhjälp‖a *tr* remedy; ~ *en skada* repair an injury; ~ *nöd* relieve distress **-ande** *s* remedying; relief
av‖hugga *tr* hew (lop) off; chop off **-hysa** *tr* evict
avhåll‖a I *tr* 1 [hindra] keep, prevent [*från* from] 2 [möte o. d.] hold **II** *rfl*, ~ *sig från* keep away from; ~ *sig från att röka* abstain from smoking **-en** *a* beloved; cherished **-sam** *a* temperate, abstemious **-samhet** temperateness; temperance, abstinence
avhämt‖a *tr* fetch, call for; *låta* ~ send for **-ning** fetching; *till* ~ [left] to be called for
avhända I *tr* deprive of **II** *rfl* part with, dispose of
avhängig *a* dependent [*av* on] **-het** dependence
avi notice[-paper], advice[-form]
aviat‖ik aviation **-ör** aviator
avig *a* wrong [side out]; [tafatt] awkward **-a -sida** wrong side **-t** *adv*, *sticka* ~ *och rätt* knit backwards and forwards **-vänd** *a* turned inside out
avis = *avi* **-era** *tr* advise, notify
avista *adv* [hand.] at sight, on demand **-växel** sight (demand) draft
avkast‖a *tr* 1 throw off 2 [inbringa] yield, bring in; [om jord] produce, bear **-ning** yield, proceeds [pl.]
avklipp clip, clipping[s], cutting[s] **-a** *tr* cut off; cut in two, sever
avkläd‖a I *tr* undress; divest of, strip [of] **II** *rfl* undress **-ning** undressing **-nings|rum** changing(dressing)-room
avkok decoction [*på* of] **-a** *tr* decoct
avkom‖ling descendant; child **-ma** offspring, progeny; descendants [pl.]
avkoppl‖a *tr* uncouple; disconnect **-ing** uncoupling; disconnection
avkort‖a *tr* shorten [down]; [skrift äv.] abridge, abbreviate **-ning** shortening; abbreviation; reduction
av‖krok out-of-the-way spot **-kräva** *tr*, ~ *ngn . .* demand . . from a p.
avkunn‖a *tr* [dom] pronounce, deliver, pass; [utslag] record; [lysning] publish **-ande** *s* pronouncing; delivery; publication
avkyl‖a *tr* cool; refrigerate **-ning** cooling, refrigeration
avla *tr* [om man] beget; [om kvinna] conceive; [om djur] breed
av‖lagd *a*, ~*a kläder* cast-off clothes; [handelsvara] old (second-hand) clothes **-lagras** *itr dep* stratify, be deposited in layers **-lagring** 1 stratification 2 [konkr.] layer
avlast‖a *tr* 1 [befria från last] unload 2 [varor] discharge, unship **-ning** 1 unloading, discharge 2 shipping; consignment

avlat[sbrev letter of] indulgence
avled||a *tr* carry off; [friare] turn [off], divert **-are** [bildl.] diversion **-ning** 1 carrying off; diversion 2 [konkr.] derivative **-nings|ändelse** suffix
avlelse conception
avlid||a *itr* die, pass away; *är -en* is dead **-en** *a* deceased; *-ne* .. the late ..
av||liva *tr* put to death **-locka** *tr* draw (elicit, extract) .. from; lure .. out of
avlopp outflow, escape; [isht bildl.] outlet, vent **-s|brunn** sink, gully **-s|-kanal** exhaust-passage **-s|ränna** gutter; by-wash **-s|rör** discharge-pipe; drain[-pipe]; [för ånga] exhaust pipe **-s|trumma** sewer **-s|vatten** waste water
av||lossa *tr* 1 loosen 2 [avskjuta] fire [off], discharge **-lossning** loosening; detachment **-lusa** *tr* delouse **-lusning** delousing **-lysa** *tr* declare [to be] at an end **-lyssna** *tr* overhear **-lång** *a* oblong; oval, elliptical **-låta** *tr* [avsända] send off; [utfärda] issue
avlägg||a *tr* 1 [plagg] leave off; lay aside 2 [avgiva] make; ~ *besök hos* pay a visit to, call upon; ~ [*sin*] *examen* pass one's examination **-are** [trädg.] layer, slip; [bildl.] offshoot
avlägs||en *a* distant; remote **-enhet** distance, remoteness **-et** *adv*, ~ *liggande* remote **-na I** *tr* remove; dismiss **II** *rfl* go away, leave, withdraw **-nande** *s* removal; dismissal
avlämn||a *tr* [varor] deliver; [till förvaring] leave; [inlämna] hand in **-ande** *s* delivering, delivery
avläs||a *tr* read [off] **-ning** reading
avlön||a *tr* pay, remunerate **-ad** *a* salaried; *väl ~ syssla* well remunerated (paid) post **-ing** [isht ⚔] pay; remuneration; [ämbetsmans] salary; [tjänstfolks, arbetares] wages *pl* **-ings|dag** pay-day **-ings|förmåner** emoluments
avlöpa *itr* pass off; end; turn out
avlös||a *tr* [vakt] relieve; [efterträda] succeed **-ning** 1 relieving; ⚔ relief 2 [teol.] absolution; *ge* ~ absolve
avlöva *tr* strip of [its] leaves; *~d* leafless
avmagr||a *itr* grow thin **-ing** growing thin **-ings|kur** banting treatment
avmarsch march off, departure **-era** *itr* march off, depart
avmatt||a *tr* weaken, enfeeble **-as** *itr dep* grow weak **-ning** languor, relaxed vigour
av||måla *tr* paint **-mäta** *tr* measure **-mätning** measuring, measurement
avmätt *a* measured; [bildl.] reserved **-het** deliberation; reserve
avmönstr||a I *tr* ⚔ muster out, discharge; ⚓ pay off **II** *itr* ⚓ sign off **-ing** paying-off
avog *a*, ~ *mot* unkindly disposed towards, averse to **-het** averseness [*mot* to], aversion [*mot* to, from]
av||passa *tr* fit [*efter* to]; [bildl.] adjust, suit **-pressa** *tr* extort from **-prova** *tr* test, try; [ost, vin] taste **-prägla** *rfl* impress itself **-reda** *tr* thicken; *-redd soppa* thick soup **-redning** thickening **-resa I** *itr* depart, start, leave, set off [*till* for] **II** *s* departure, leaving
av||ringning ringing off **-rinna** *itr* flow away (off) **-rita** *tr* draw [a picture of] **-riva** *tr* tear off **-rivning** 1 tearing off 2 *kall* ~ cold rub-down [with a wet towel]
avrund||ad *a* rounded[-off]; *~e tal* round numbers **-ning** rounding
avrust||a I *tr* ⚓ lay up; ⚔ demobilize **II** *itr* disarm; ⚓ lay up; ⚔ demobilize **-ning** laying up &c; disarmament
avråd||a *tr*, ~ *från* [*att*] advise (warn) against, dissuade from **-an** dissuasion; discouragement
avräkn||a *tr* deduct; allow for **-ing** deduction, reduction
avrätt||a *tr* execute; put to death **-ning** execution, putting to death
avsats offset; [på mur o. d.] ledge, shelf; [i trappa] landing; [terrass] platform
av||se *tr* 1 [ha ~ende på] bear upon, concern, refer (have reference) to 2 [ha i sikte] aim at; [åsyfta] mean, intend **-sedd** *a* intended, designed [*för* for; *att* to] **-seende I** *a* referring to, bearing upon **II** respect; *fästa ~ vid* pay attention to; *förtjäna* ~ deserve consideration; *i detta* (*intet*) ~ in this (no) respect; *i ~ på* as regards; *utan ~ på* without reference to
avsegl||a *itr* sail [*till* for] **-ing** setting sail, departure
av||sevärd *a* considerable **-sides** *adv* aside; *huset låg* ~ the house lay apart; *en ~ liggande ort* an out-of-the--way place **-sig|kommen** *a*, *se ~ ut* look shabby
avsikt intention; purpose; [uppsåt] design; [motiv] motive; [syfte] object; *i ~ att* in order to; *med* ~ on purpose; *utan* ~ unintentionally, undesignedly **-lig** *a* intentional
avskaff||a *tr* abolish, get rid of; [upphäva] repeal **-ande** abolition, extinction; repeal
avsked 1 [bortvisande] dismissal, discharge; [tillbakaträdande] resignation, retirement 2 [farväl] parting, leave-taking; *begära* ~ hand in one's resignation; *få ~ med pension* be pensioned off; *taga ~ från*.. resign, leave; *taga* ~ say farewell (goodbye) [*av ngn* to a p.] **-a** *tr* dismiss; discharge; turn off **-s|ansökan** resignation **-s|-besök** farewell call; leave-taking **visit** **-s|fest** farewell entertainment

avskild *a* retired, secluded; isolated; *leva ~ från världen* live a retired life **-het** retirement, seclusion; isolation
avskilj||a I *tr* separate; detach **II** *rfl* separate o.s. (itself) **-ande** *s* separating; separation, detachment
avskjut||a *tr* fire (shoot) [off]; *en -en pistol* a fired pistol **-ning** firing [off]
av||skrankning partition; [rum äv.] compartment **-skrap** scrapings [pl.]; refuse **-skrift** copy
avskriv||a *tr* **1** [renskriva] copy **2** [hand.] write off, cancel **3** [jur.] remove from the cause-list **-ning 1** copying, transcription **2** writing-off; reduction
avskräck||a *tr* frighten; [svagare] dishearten, discourage **-ande I** *a* deterrent; *~ exempel* warning example **II** *adv*, *~ ful* repellent, forbidding
avskräde refuse; [slakt-] offal; [friare] rubbish **-s|hög** refuse-heap
av||skudda *rfl* shake off, throw off **-skum** scum; [koll.] skimmings [pl.]; [bildl. äv.] refuse, dregs [pl.] **-skur|en** *a* cut [off], severed
avsky I *tr* detest, loathe **II** *s* disgust [*för, över* at], loathing [*för* for] **-värd** *a* abominable, detestable
av||skära *tr* cut off **-skärma** *tr* screen [off] **-skärmning** screening [off]
avslag refusal; [av förslag] rejection; *få ~* meet with a refusal; *yrka ~* move the negative
avslapp||as *itr dep* slacken, relax **-ning** slackening &c
avslut [hand.] contract, bargain
avslut||a *tr* [göra färdig] finish [off]; complete; [göra slut på] end, terminate, close; [göra upp] conclude **-ad** *a* finished; done, over **-ning 1** [-ande] finishing off, completion; concluding, conclusion **2** [-ande del] conclusion, finish; [slut] end, termination; [skol.] breaking-up [ceremony] **-nings|klass** finishing-class
avslå *tr* [vägra] refuse, decline
avslöj||a I *tr* unveil, [bildl.] disclose, reveal; *en ~d bov* a villain unmasked **II** *rfl* unveil, unmask; *~ sig som* reveal o. s. as **-ande** [bildl.] unveiling; *~n* disclosures, revelations
avsmak dislike, distaste, [starkare] aversion [*för* to], disgust [*för* with]; *känna ~* feel disgusted
avsmaln||a *itr* [till spets] taper; [bli tunnare] grow thinner **-ande** *a* narrowing
av||snitt sector **-snoppa** *tr*, *känna sig ~d* feel sat upon **-somna** *itr* fall asleep; [dö äv.] pass away; *de ~de* the departed **-spark** [fotb.] kick off
avspegl||a I *tr* reflect, mirror **II** *rfl* be reflected &c **-ing** reflection
av||spisa *tr* put off **-spänning** [bildl.] relaxation
avspärr||a *tr* block; shut off [*från* from]; [stänga] close; *~ med staket (rep)* rail (rope) off **-ning 1** blocking **2** [område] enclosure
avstanna *itr* stop, cease
avstav||a *tr* divide [into syllables] **-ning** division of words
av||steg deviation; lapse **-stickare** [utflykt] deviation; [från ämnet] digression
avstig||ande *a* alighting **-ning** alighting
avstjälp||a *tr* tilt, dump; upset **-nings|plats** dumping-ground
avstyra *tr* avert, ward off
avstyrk||a *tr* discountenance; urge the rejection of **-ande I** *a* disapproving **II** disapproval; rejection
avstå I *tr* give up [*till* to]; relinquish; *han avstod . . åt mig* he let me take over . . **II** *itr*, *~ från* give up; [avsäga sig] renounce one's rights to; [låta bli att] refrain from **-ende** *s* giving up (&c); surrender, abandonment [*från* of]
avstånd distance; *på ~* at a distance; *ta ~ från* dissociate o. s. from; [ogilla] deprecate **-s|tagande** repudiation; deprecation, disclaimer [*från* of]
avstäng||a *tr* [avhägna] fence off; [inhägna] fence in, [gata o.d.] close; [gas, vatten, ånga] turn off; [ström] cut off; [bildl. äv.] exclude **-d** *a* fenced off; shut off; *vara ~ från* be shut (cut) off from; *-t!* no admission! **-d|het** isolation, seclusion
avsvimmad *a* fainted, fainting
avsvärj||a *tr rfl* abjure; forswear **-else** abjuration, forswearing
avsyn||a *tr* inspect and certify **-ing** [official] inspection
avsäg||a *rfl* announce one's withdrawal (withdraw, retire) from; resign; give up; *~ sig en beställning* decline an order **-else** [announcement of] withdrawal, resignation; renunciation
avsänd||a *tr* send [off] **-are** sender **-ning** sending [off]
avsätt||a I *tr* **1** remove; displace; [regent] depose, dethrone **2** [varor] sell, dispose of; *är lätt (svår) att ~* sells well (badly) **3** [bottensats] deposit **II** *rfl* be deposited, deposit **-ning 1** [ämbetsmans] removal [from office]; [regents] deposition, dethronement **2** [om varor] sale, market
avsöndr||a *tr* separate [off], sever, detach; [fysiol.] secrete **-as** *itr dep* separate off; be secreted **-ing** separation, severance, detachment; secretion **-ings|organ** secretory organ
avtacka *tr* take leave of with a few words of acknowledgement
avtackla I *tr* unrig, dismantle **II** *itr* be unrigged (dismantled)
avtag||a I *tr* take off, remove **II** *itr*

decrease [*i styrka* in strength]; grow less, diminish; [om månen] wane; [om hälsa, anseende] decline, fail **-ande I** taking off; decrease, diminution, waning, decline **II** *a* decreasing (&c); ~ *syn* failing eyesight **-bar** *a* removable, detachable
avtal agreement; contract **-a I** *itr* agree **II** *tr* agree upon, settle
av||teckna I *tr* draw, sketch **II** *rfl* stand out **-tjäna** *tr* work off; [straff] serve **-tona** *tr* [mål.] shade off
avtrubb||a *tr* blunt **-ning** blunting
avtryck impression; print **-a** *tr* impress, imprint **-are** [gevär] trigger
avträd||a I *tr* give up; cede **II** *itr* withdraw, retire; leave **-ande** giving up, surrender; cession
av||tvinga *tr* extort .. from **-två** *tr* wash; [bildl.] wash away
avtyn||a *itr* languish; pine away **-ande I** *a* languishing **II** decline
avtåga *itr* march off; decamp
avtäck||a *tr* uncover; [staty] unveil **-ning** uncovering; unveiling
avtärd *a* worn, emaciated, haggard **-het** emaciation; haggardness
avund envy **-as** *tr dep* envy **-sam** *a* envious **-sjuk** *a* envious [*på* of]; jealous [*på, om* of] **-sjuka** enviousness, envy; jealousness **-s|man** envier, grudger **-s|värd** *a* enviable; *föga* ~ unenviable
avvakt||a *tr* [ankomst, svar] await; [händelsernas gång] wait and (to) see; [lura på] wait for **-an,** *i* ~ *på* while waiting for **-ande I** *s* waiting to see **II** *a* expectant
av||vand [dibarn] weaned; *jag har blivit* ~ *från att röka* I have got out of the habit of smoking **-vara** *tr* spare
avveckl||a *tr* [bildl.] wind up **-ing** winding up; liquidation
avverk||a *tr* [skog] cut, lumber **-ning** cutting &c
avvik||a *itr* **1** diverge, decline; [*från kurs*] deviate; ~ *från ämnet* digress from one's subject **2** [rymma] run away **-ande I** *a* divergent; deviating; ~ *meningar* dissentient opinions; ~ *former* aberrant forms **II** *s* divergence, deviation; [från ämnet] digression; [från orten] flight
avvis||a *tr* turn away; [ansökan] dismiss; [förslag] reject; [beskyllning] repudiate; *han lät icke* ~ *sig* he was not to be put off **-ande I** *a* repudiating, deprecatory **II** *s* turning away; rejection, dismissal
avväg [biväg] by-path, by-road; [fel väg] wrong road; *föra på* ~*ar* lead astray; *komma på* ~*ar* go astray
av||väga *tr* weigh [out]; [bildl.] weigh, balance; [avpassa] adjust **-vägning** weighing &c; adjustment **-vända** *tr* turn aside; [misstanke] divert; [fara] avert **-vänja** *tr* [dibarn] wean **-väpna** *tr* disarm **-väpnande** *a* disarming; [bildl. äv.] reassuring **-värja** *tr* ward off, avert; parry **-värjande** *a*, *med en* ~ *gest* with a parrying gesture **-yttra** *tr* dispose of, sell **-yttring** disposal, sale
ax [bot.] spike; [sädes-] ear; [på nyckel] bit, web; *gå i* ~ ear
axel 1 axis; ⊕ axle; [maskin-] shaft **2** [skuldra] shoulder; *rycka på axlarna* shrug one's shoulders; *se ngn över* ~*n* look down upon a p. **-bred** *a* broad-shouldered **-bredd** breadth across the shoulders **-klaff** shoulder-strap **-koppling** [mek.] shaft-coupling **-ryckning** shrug of the shoulders
axiom axiom **-atisk** *a* axiomatic
axla *tr* put on; [bildl.] take upon o.s.
axplockning gleaning
Azorerna the Azores
azur azure **-blå** *a* azure-blue

B

b b, B; [mus.] B flat; [betyg] pass
babb||el babbling **-la** *itr* babble
babian [zool.] baboon
babord larboard; port **-s|sida** port side
bacill bacillus; germ **-bärare** germ-carrier
back I 1 [fotb.] back **2** ⚓ forecastle **3** [kärl] bowl **II** *adv* back; *gå (slå)* ~ back, go astern **-a** *tr itr* back
backe hill; slope, hillside; *uppför (nedför)* ~*n* up (down) the hill
backfisch flapper
back||hoppare ski-jumper **-hoppning** ski-jumping **-ig** *a* hilly; undulating **-sippa** pasque-flower
bad bath; [ute] bathe **-a** *tr itr* bathe; have a bathe ([i badkar] bath) **-anstalt** bathing-establishment **-balja** bath-tub **-bassäng** swimming-bath
badd||a *tr* bathe **-are** bouncer; *vara en* ~ *i att simma* be a swell at swimming
bad||erska bathing-woman **-gäst** [vid -ort] visitor; [vid -inrättning] bather **-handduk** bath[ing]-towel **-hus** baths, bath-house **-hytt** bathing-hut **-kappa** bath-gown **-kar** bath **-lakan** bath-sheet **-läkare** spa physician **-mössa** bathing-cap **-ning** bathing **-ort** watering-place; [brunn] health-resort, spa **-strand** bathing-beach
bagage luggage **-expedition** luggage-office **-vagn** luggage-van
bagar||e baker **-stuga** bakehouse
bagatell trifle **-isera** *tr* belittle

bag||eri bakery; [bod] baker's shop -**erska** baker[ess]
bagge ram
bah! *itj* bah! pooh!
Bajer||n Bavaria **b-sk** *a* Bavarian
bajonett bayonet
1 **bak** baking
2 **bak** *adv prep* behind; ~ *och fram* = -*fram*
baka *tr itr* bake
bakben hind-leg
bakbord pastry-board
bak||del back, backside -**efter** *adv prep* behind
bakelse tart, pastry
bak||ficka coat-tail pocket -**fot** hind-foot; *få saken om* ~*en* get hold of the wrong version of the story -**fram** *adv* back to front, wrong way about -**gata** back-street -**grund** back-ground -**gård** back yard -**håll** ambush -**i** *prep* in the back of -**ifrån** *prep adv* from behind -**kropp** [zool.] abdomen -**lås**, *dörren har gått i* ~ the lock of the door has caught -**länges** *adv* backwards; *åka* ~ ride with one's back to the horses (&c) -**läxa** turned lesson -**om** *prep* behind
bakplåt baking-plate
bakport back gate
bakpulver baking-powder
bak||på I *adv* behind II *prep* at the back of -**re** *a* back -**sida** back -**slag** rebound; [bildl.] reverse -**slug** *a* insidious, sly -**slughet** insidiousness -**säte** back seat -**tala** *tr* slander -**tanke** mental reservation -**tass** hind paw
bakterie bacterium, microbe -**dödande** *a* bactericidal -**fri** *a* non-bacteritic
bak||till *adv* behind -**trappa** back stairs
bakträg kneading-trough
bak||tung *a* heavy at the back -**tå** hind toe
bakugn baker's oven
bakut *adv* behind; *slå* ~ kick
bakverk piece of pastry
bak||väg back way -**vänd** *a* reversed -**vänt** *adv*, *bära sig* ~ *åt* put the cart before the horse -**åt** *adv* backwards; [tillbaka] back
1 **bal** [*gå på* go to a] ball (dance)
2 **bal** bale, package
balans balance; [kassabrist] deficit -**era** *tr itr* balance -**gång** balance-step
balett ballet -**dansös** ballet-dancer
1 **balja** [kärl] tub
2 **balja** [fodral] sheath; [bot.] pod
balk 1 beam; [järn-] girder 2 [lag] code
bal|klänning ball-dress
balkong balcony
ballad ballad
ballong balloon
bal|sal ballroom
balsam balsam; balm [is. bildl.] -**era** *tr* embalm -**in** balsamine -**isk** *a* balsamic
balustrad balustrade
bambu bamboo -**rör** bamboo-cane
bana I path; [is. sport.] track; [järnv.] line; [levnads-] career, [yrke] profession II *tr* make a path through; ~*d väg* trodden path; ~ *sig väg* make one's way
banal *a* banal, commonplace -**isera** reduce to the commonplace -**itet** banality
banan banana
banbryt||ande *a* pioneering -**are** pioneer [*för* of]
band 1 band; [till prydnad] ribbon; [snör-] tie, lace; [bindel] sling; [boja] bond; [bildl.] tie, bond; *lägga* ~ *på ngn* lay restraint upon a p.; *lägga* ~ *på sig* control o.s. 2 [bok-] binding; [volym] volume 3 [följe] band, gang -**age** bandage -**hund** watch-dog
bandit bandit, brigand
baneman death-dealer, assassin
baner banner, standard
ban|gård railway station
1 **bank** [vall, jord] embankment; [grund] bank
2 **bank**, *över en* ~ one with another
3 **bank** bank -**affär** banking transaction -**aktie** bank share -**bok** pass-book -**direktör** bank director -**fack** safe-deposit box -**filial** bank branch -**ir** banker -**ir|firma** banking-house -**kassör** bank cashier -**konto** bank account -**plats** post in a bank -**rutt** I bankruptcy; *göra* ~ break II *a* bankrupt
bann ban -**a** *tr* scold -**bulla** bull of excommunication -**lysa** *tr* banish -**lysning** banishment -**lyst** *a* excommunicated -**or** scolding [sing.] -**stråle** anathema
bant||a *itr* bant -[**n**]**ing** banting
banvakt lineman
bapt||ism Baptist faith -**ist** Baptist
1 **bar** [disk] bar
2 **bar** *a* bare, naked; *inpå* ~*a kroppen* to the skin -**a** *adv* only; ~ *barnet* a mere child -**backa** *adv* bare-back
barbar barbarian -**i** barbarism -**isk** *a* barbarous
barbent *a* bare-legged
barberare barber
bar||fota *adv* barefoot -**frost** black frost -**frusen** *a* hard-frozen -**halsad** *a* bare-necked -**huvad** *a* bare-headed
bark bark
barka I *itr*, ~ *i väg* fly off II *tr* bark; [hud] tan
barlast ballast
barm bosom
barmhärtig *a* charitable -**het** charity
barn child, baby; *som* ~ *i huset* like

one of the family **-a|föderska** childbed woman **-a|rov** kidnapping **-a|vård** care of children **-a|vårds|man** care visitor **-a|vårds|nämnd** care committee **-barn** grandchild **-börds|hus** maternity hospital **-dom** childhood **-dop** christening **-fröken** nursery governess **-förbjuden** *a* for adults only **-jungfru** nursery-maid **-kammare** nursery **-krubba** minding-school **-lös** *a* childless **-löshet** childlessness **-morska** midwife **-s|börd** child-birth **-slig** *a* childlike; [tadlande] childish **-slighet** childishness **-säng 1** child's bed **2** [läk.] childbirth
barock I *a* baroque; F odd **II** baroque
barometer barometer
baron baron **-essa** baroness
barr needle **-skog** pine-forest **-träd** pine-tree
barsk *a* imperious, harsh
bart *adv, blott och* ~ only
1 bas [ark., kem.] base
2 bas [mus.] bass
3 bas [förman] boss
basar bazaar
bassäng basin
bast [bot.] bast
basta *adv, och därmed* ~ and there's an end of it
bastant *a* substantial
bastu Turkish ([finsk] Russian) bath
batalj battle
batist [tyg] cambric
batong baton
batteri battery
baxna *itr* be thunderstruck
be = *bedja*
beakt||a *tr* observe, notice **-ande** consideration **-ans|värd** worth notice
be||arbeta *tr* work; [bulta] pound; [bildl.] try to influence **-bo** *tr* inhabit **-bygga** *tr* build upon **-båda** *tr* announce, foreshadow **-bådelse** announcement
beck pitch **-mörk** *a* pitch-dark
bedagad *a* past one's best
bedj||a *tr* **1** ask; beg; ~ *om lov* ask for permission; *om jag får be* please; *åh, jag ber!* don't mention it! **2** [bön] pray **3** [bjuda] ask, invite **-ande** *a* imploring, entreating
be||draga I *tr* deceive, cheat; [vara otrogen] betray **II** *rfl* be mistaken **-dragare -dragerska** deceiver; impostor **-drift** exploit, feat; *snygga ~er* nice doings **-driva** *tr* carry on; ~ *studier* pursue studies
bedräg||eri deceit, cheating **-lig** *a* [pers.] deceitful, false; [sak] deceptive **-lighet** deceit
bedröv||a *tr* distress; *det ~r mig att höra* I am very sorry to hear **-ad** *a* distressed **-else** distress **-lig** *a* deplorable **-lighet** deplorableness
be||dyra *tr* protest **-dyrande** protestation [*om* of] **-dåra** *tr* infatuate **-dårande** *a* infatuating **-döma** *tr* judge, form an opinion about; [beräkna] estimate **-dömande** judging, judgment, estimate **-döva** *tr* stun; [läk.] anaesthetize **-dövande** *a* stunning; [läk.] narcotic **-dövning** unconsciousness; anaesthesia **-ediga** *tr* confirm by oath; *~d* sworn **-fall|a** *tr* order, command; *vad -s?* I beg your pardon? *som ni -er* as you please **-fallande** *a* commanding, imperious **-fallning** order, command **-fara** *tr* [frukta] fear, dread **-fatta** *rfl*, ~ *sig med* concern o.s. with; *ej vilja* ~ *sig med* not want to have anything to do with **-fattning** post, appointment
befinn||a *rfl* be; ~ *sig väl* feel well **-ande** health, condition **-as** *itr dep*, ~ *vara* prove to be
befintlig *a* existing **-het** existence
be||fogad *a* [pers.] authorized; [sak] justifiable; well-grounded **-fogenhet** authority, right **-folka** *tr* populate **-folkning** population
befordr||a *tr* **1** [sända] send, forward **2** [främja] promote **-an 1** *för vidare* ~ to be forwarded **2** promotion **-ande** *a* promotive [*för* of]
be||frakta *tr* freight **-fria** *tr* **1** set free, liberate; [frälsa] deliver; [från börda] relieve **2** [låta slippa] exempt **-friande** *a* liberating **-friare** liberator **-frielse** freeing, liberation; relief; exemption **-frukta** *tr* fertilize **-fruktning** fertilization **-fryndad** *a* related [*med* to] **-främja** *tr* further, promote **-fullmäktiga** *tr* authorize
befäl command; *ha* ~ *över* be in command of **-havare** commander
befängd *a* absurd **-het** absurdity
be||fästa *tr* fortify; [bildl.] secure **-fästning** fortification **-gagna** *tr* use: ~ *glasögon* wear spectacles; ~ *sig av* make use of, employ **-giva** *rfl* go, start [*till* for] **-given** *a, vara* ~ *på* be fond of **-givenhet** fondness **-grava** *tr* bury
begravning burial; funeral **-s|byrå** undertaker['s] **-s|marsch** funeral march **-s|tåg** funeral procession
be||grepp conception, idea; *stå i* ~ *att* be on the point of **-gripa** *tr* understand **-griplig** *a* intelligible [*för* to]: *av lätt ~a skäl* for reasons easily understood **-grunda** *tr* ponder, meditate **-grundan** meditation **-gråta** *tr* mourn; bewail **-gränsa** *tr* bound; border; [inskränka] limit **-gränsad** *a* limited, restricted **-gränsning** boundary; limitation[s]
begynn||a *tr* begin **-ande** *a* **-else** beginning **-else|bokstav** initial

be||gå *tr* commit, do; [fira] celebrate -gåva *tr* give -gåvad *a* gifted, talented, clever -gåvning talent, ability
begär desire, craving [*efter* for] -a *tr* ask for, request; [fordra] require, demand; [kort.] declare -an request, demand [*om* for]; *på* ~ by request -else desire -lig *a* 1 sought after [*för* by] 2 [lysten] covetous [*efter* of] -lighet 1 demand 2 eagerness [*efter* for]
behag 1 [lust] pleasure, delight; *efter* ~ at pleasure 2 charm 3 [yttre företräden] charms (allurements) [pl.] -a *tr* 1 [tillfredsställa] please 2 [önska] like, choose; *vad* ~*s?* what would you like? -full *a* graceful; charming -fullhet gracefulness -lig *a* pleasant; ~*t sätt* engaging manners; *ett* ~*t yttre* a pleasing exterior; *i* ~ *tid* at the right moment -lighet pleasantness -sjuk *a* coquettish
be||handla *tr* treat; [handla om] deal with; [dryfta] discuss -handling treatment; [av fråga] discussion -hjärtans|värd *a* worth earnest consideration -hornad *a* horned -hov want, need; *av* ~*et påkallad* necessary; *för eget* ~ for one's own use
behåll, *i* ~ left; *i gott* ~ safe and sound -a *tr* keep -are reservoir; [vatten-] cistern -ning [återstod] remainder; [saldo] balance; [vinst] profit
be||häftad *a*, ~ *med* afflicted with -händig *a* [bekväm] handy -händighet handiness
behärsk||a I *tr* rule over; [ha i sin makt] control II *rfl* control o.s. -ad *a* controlled; [ton] restrained -at *adv* restrainedly -ning control
behörig *a* proper; [jur.] qualified; *i* ~ *form* in due form -en *adv* properly -het competence
behöv||a *tr* need, want; [vara tvungen] have to -ande *a* needy -as *dep opers* be needed; *det* -*s inte* there's no need for it; *när så* -*s* when necessary -lig *a* necessary -lighet necessity
bejak||a *tr* answer in the affirmative -ande *a* affirmative
bekant I *a* known; [*bli* become] acquainted; *nära* ~ intimate; *göra ngn* ~ *med* introduce a p. to; *ha sig* ~ know II *adv* familiarly III acquaintance -a *rfl* make acquaintance -göra *tr* make known, publish -skap acquaintance; [kännedom] knowledge [*med* of]; *säga upp* ~*en med* cease to be friends with -skaps|krets circle of acquaintances
beklag||a I *tr* be sorry for; pity; *det är att* ~ it is (much) to be regretted; ~ *sorgen* express sympathy II *rfl* complain [*över* of] -ande I sorrow, regret II *a* complaining -ans|värd *a* [sak] regrettable; [pers.] poor; *mycket* ~ much to be pitied -lig *a* unfortunate -ligtvis *adv* unfortunately
beklädl||a *tr* 1 clothe 2 [tjänst] fill, hold -nad clothing; attire -nads|affär clothier's shop
beklämi||d *a* oppressed, anxious -mande *a* disheartening -ning oppression, anxiety
be||komm|a I *tr* receive II *itr* 1 ~ *väl* do good; [mat] agree with 2 [-röra] *det -er mig ingenting* it has no effect upon me; *utan att låta sig* ~ without taking any notice -kosta *tr* pay for -kostnad, *på min* ~ at my expense -kräfta *tr* confirm; [erkänna] acknowledge -kräftande *a* confirmatory -kräftelse confirmation
bekväm *a* 1 comfortable; [läglig] convenient 2 [maklig] indolent -a *rfl*, ~ *sig till* bring o.s. to -lighet convenience; *nutida* ~*er* modern convenience -lighets|inrättning public convenience -t *adv* comfortably; conveniently
bekymmer [omsorg] care; [starkare] trouble; [oro] anxiety; *ekonomiska* ~ financial worries -fri *a* free from anxiety, untroubled -sam *a* anxious; distressing; *ha det* ~*t* have a great deal of worry -s|lös *a* light-hearted, unconcerned
be||kymra I *tr* trouble, worry II *rfl* trouble (o.s.) [*om* about] -kämpa *tr* fight against, combat -känna *tr rfl* confess; ~ *sig till* profess; ~ *färg* follow suit -kännelse confession
be||lagd *a*, ~ *tunga* furred tongue -lamra *tr* encumber -lasta *tr* 1 load; burden; encumber 2 [hand.] charge, debit -lastad *a* loaded; *ärftligt* ~ with an hereditary taint -lastning load; [friare] affliction -ledsaga *tr* accompany; [ibl.] follow, attend -levad *a* well-bred, polite -levat *adv* politely -levenhet refinement, polish
Belg||ien Belgium b-ier b-isk *a* Belgian
be||lopp amount; sum -lysa *tr* illuminate; [bildl. äv.] illustrate -lysning lighting; illumination; light [äv. bildl.]; *elektrisk* ~ electric light -låna *tr* [pantsätta] pledge, pawn; [inteckna] mortgage; [ta lån på] raise money on; ~ *en växel* discount a bill -låten *a* contented; satisfied, pleased -låtenhet contentment; satisfaction; *utfalla till* ~ turn out satisfactory -lägen *a* situated; ~ *mot norr* facing north -lägenhet [eg. bet.] situation, position; location; site; [bildl.] condition, state; *svår* ~ plight, predicament -lägg proof [*för* of] -lägga *tr* 1 [täcka] cover; [överdraga] overlay; [mål., läk. äv.] coat 2 ~ *en plats* secure a seat 3 [bildl.]

~ *med* [straff] impose .. upon **-läggning** covering &c; layer; coating; [på tunga] fur
belägr||a *tr* besiege [äv. bildl.] **-ing** siege **-ings|tillstånd** state of siege
be||läsenhet book-learning **-läst** *a* well-read **-läte** image, likeness; [avguda~] idol **-löna** *tr* recompense, remunerate **-löning** reward; prize **-löpa** *rfl*, ~ *sig till* amount (run) to **-manna I** *tr* man **II** *rfl* take courage **-medlad** *a*, *mindre* ~ of small means **-myndiga** *tr* authorize **-myndigande** authorization **-mäktiga** *rfl* take possession of **-mälde** *a*, *den* ~ the said person **-märkelse** sense **-märkelse|dag** important day **-märkt** *a* noted, well-known; [ställning] prominent **-märkthet** notability **-mästra** *tr* master **-möda** *rfl* endeavour **-mödande** effort, exertion **-möta** *tr* 1 treat 2 [-svara] answer **-mötande** 1 treatment 2 reply [*av* to]
ben 1 bone **2** [lem; bords- o. d.] leg; *vara på ~en* be afoot
1 bena I *tr* [hår] part **II** parting
2 ben||a *tr* [fisk] bone **-brott** fracture **-byggnad** skeleton **-fri** *a* boned
Bengal||en Bengal **b-ier b-isk** *a* Bengalese
ben||hård *a* hard as bone; [bildl.] rigid **-ig** *a* bony; [bildl.] puzzling, awkward **-kläder** trousers **-k[n]ota** bone **-lindor** puttees **-mjöl** bone-dust **-pipa** shinbone **-röta** caries
bensin benzine; [motorv.] petrol **-behållare** petrol-tank **-station** petrol supply store[s]
ben||stomme skeleton **-stump** stump
be||nåda *tr* pardon **-nådning** pardon[ing] **-näg|en** *a* 1 [böjd] inclined; ~ *för att* given to 2 kind, gentle; *ert -na svar* the favour of your reply **-nägenhet** disposition; tendency **-näget** *adv* kindly **-nämna** *tr* call, name **-nämning** name; denomination **-ordra** *tr* order **-prisa** *tr* praise **-prövad** *a* [well-]tried, proved **-prövande** deliberation; consideration **-rama** *tr* arrange, plan
berberis barberry
bered||a I *tr* [tillreda] prepare; [tillverka] make; [skaffa] provide; [skänka] give; ~ *plats åt* make room for **II** *rfl* prepare [o.s.] **-d** *a* prepared, ready **-else -ning** preparation **-skap** preparedness; *i* ~ prepared, ready **-skaps|tjänst** military emergency service **-villig** *a* ready **-villighet** readyness
berest *a* travelled
berg mountain; [mindre] hill; [geol.] rock **-art** rock **-bana** mountain railway **-bestigare** mountain climber **-fast** *a* firm as a rock; steadfast **-grund** bedrock **-häll** rock-face **-ig** *a* mountainous; hilly; rocky **-kam** mountain-crest **-knalle** knob of rock **-kristall** rock crystal **-land** mountainous (hilly) country **-mästare** mine-inspector **-olja** rock-oil, petroleum **-ras** mountain-slip **-s|bo** mountaineer, highlander **-s|bruk** mining **-s|ingenjör** mining engineer **-s|kedja** mountain chain **-skreva** crevice **-spets** **-s|topp** [mountain] peak **-sträcka** mountain range **-tagen** *a* spirited away into the mountain **-uv** eagle owl **-verk** mine **-vägg** rock
be||riden *a* mounted **-riktiga** *tr* correct, rectify **-riktigande** rectification **-ro** *itr* 1 ~ *på* depend on; *det ~r på*' that's all according 2 ~ *av* be dependent on 3 *låta saken* ~ let the matter rest **-roende I** *a* dependent [*av* on]; ~ *på* owing to **II** dependence
berså arbour, bower
be||rusa *tr rfl* intoxicate [o.s.]; ~ *sig* [äv.] get drunk **-rusad** *a* intoxicated, drunk **-rusning** intoxication, drunkenness **-ryktad** *a* notorious; *illa* ~ disreputable **-råd** se *-grepp* **-rått** *a*, *med* ~ *mod* deliberately, in cold blood **-räkna** *tr* calculate; [uppskatta] estimate; *~d* [avsedd] designed, intended **-räkning** calculation; estimate; *ta med i ~en* [äv.] take into consideration, allow for; *med* ~ with due calculation
berätt||a *tr* tell; relate **-are** [story-]teller **-else** tale, short story; [redogör.] report, account
be||rättiga *tr* entitle; *~d* [äv.] justified **-rättigande** justification **-röm** praise; [ära] credit; *få* ~ be commended **-römd** *a* famous **-römdhet** celebrity **-römlig** *a* laudable; [betyg] excellent **-römma I** *tr* praise; commend **II** *rfl* boast [*av* of] **-römmande** *a* commendatory **-röm|värd** *a* praiseworthy **-rör|a** *tr* touch; [samtalsämne] touch upon; [bildl.] affect; *bli illa -d* [äv.] be hurt **-röring** contact, touch; jfr *förbindelse 1* **-röva** *tr* deprive; *~d* bereft of
be||sanna I *tr* verify **II** *rfl* be verified **-satt** *a* [bildl.] possessed; [friare] absurd **-se** *tr* see, look at **-segla** *tr* seal; ratify **-segra** *tr* vanquish, conquer; [hinder] overcome **-segrare** vanquisher; conqueror **-siktiga** *tr* inspect, examine **-siktning** inspection **-sinna I** *tr* consider, reflect upon **II** *rfl* consider; [äv.] change one's mind **-sinnande** consideration, reflection; *vid närmare* ~ on second thoughts **-sinning** consciousness; *förlora ~en* [bildl.] lose one's head **-sitta** *tr* possess **-sittning** possession **-själa** *tr* inspire, animate

besk I *a* bitter **II** [stomach-]bitter
be||skaffad *a* conditioned; constituted; *så* ~ of such a nature **-skaffenhet** nature, character; quality **-skatta** *tr* tax; impose taxes on **-skattning** taxing, taxation **-skattnings|bar** *a* taxable **-sked** answer; instructions [pl.]; *ge ngn* ~ let somebody know; *veta* ~ know all about it **-skedlig** *a* kind; good-natured; ~ *krake* (~*t våp*) milksop **-skedlighet** kindness, good-nature
beskhet bitterness
be||skickning embassy **-skjuta** *tr* fire at, bombard **-skjutning** firing &c; cannonade **-skriva** *tr* describe [*utförligt* in detail] **-skrivande** *a* descriptive **-skrivning** description [*på* of]; [recept] recipe; *på* ~*en* from the description **-skugga** *tr* shade, shadow **-skydd** protection; patronage **-skydda** *tr* protect; patronize **-skyddare** protector; patron **-skylla** *tr* accuse [*för* of] **-skyllning** accusation [*för* of] **-skåda** *tr* look at, regard **-skådande** inspection **-skäftig** *a* busy; [fjäskig] meddlesome, fussy **-skäftighet** activity; fuss[iness] **-skänkt** *a* tipsy
1 beskära *tr* [unna] vouchsafe (grant) to
2 be||skära *tr* cut [down]; ⊕ trim, dress; [trädg.] prune **-skärm** = *-skydd* **-skärma** *rfl*, ~ *sig över* lament over **-skärmelse** complaint; ~*r* lamentations [*över* about] **-skär[n]ing** [trädg.] pruning
beslag 1 [metall-] escutcheon **2** confiscation; *lägga* ~ *på* requisition, [friare] secure; *ta i* ~ confiscate; [tid o. d.] engross **-tagen** *a* confiscated
beslut [*fatta* ~ come to a] decision; [föresats] determination, resolve **-a** *tr itr* decide [upon]; [föresätta sig] resolve, determine **-ande** *a* decreeing; determinative **-en** *a* resolved, determined **-mässig** *a* competent to act **-sam** *a* resolute, determined **-samhet** resolution, decision **-samt** *adv* resolutely
be||slå *tr* **1** mount **2** ~ *ngn med lögn* catch a p. lying **-släktad** *a* related **-slöja** *tr* veil; obscure; ~*d* veiled **-smitta** *tr* infect; [bildl.] contaminate **-smittelse** infection; contamination **-spara** *tr* save **-sparing[ar]** saving[s] **-spetsa** *rfl*, ~ *sig på* look forward to **-spisa** *tr* feed **-spruta** *tr* syringe, spray
best beast; brute **-ialisk** *a* brutish, bestial **-ialitet** beastliness
be||stick 1 [rit~ o. d.] set of instruments **2** ⚓ reckoning **-sticka** *tr* bribe; corrupt **-stiga** *tr* mount **-stigning** climbing, ascent **-stjäla** *tr*, ~ *ngn på* rob a p. of **-storma** *tr* [bildl.] assail, overwhelm **-straffa** *tr* punish **-straffning** punishment **-strida** *tr* **1** [-kämpa] contest; [förneka] deny **2** [kostnad] defray, bear **3** [syssla] fill **-stridande**, *till* ~ *av* in defrayment of **-stryka** *tr* smear, daub **-stråla** *tr* irradiate **-strålning** radiation **-strö** *tr* besprinkle; dot over **-stycka** *tr* arm **-styr** task; duty; [göra] work **-styra** *tr* [göra] do; [ordna med] arrange **-styrka** *tr* confirm; [intyga] certify **-styrkande** confirming, confirmation; certification **-stå I** *tr* **1** [prov] stand **2** [-kosta] pay for; ~ *cigarrer* stand treat for cigars **II** *itr* **1** exist; [fortfara] persist, last **2** ~ *av* (*i*) consist of **-stående** *a* **1** existing **2** lasting [*värde* value] **-stånd 1** existence; *äga* ~ = *-stå II 1* **2** [träd] clump; [djur] stock **-ståndande** = *-stående 2* **-stånds|del** constituent [part]; ingredient **-ställa** *tr* **1** = *-styra*; ~ *om* arrange, put in order **2** [tinga] order **-ställning** order; *gjord på* ~ made to order
bestäm||bar *a* definable **-d** *a* **1** fixed; set; [avgjord; språkv.] definite **2** = *besluten* **3** [avsedd] intended **-ma I** *tr* **1** fix, settle; determine; [avgöra] decide **2** [definiera] define **3** [gram.] modify, qualify **II** *rfl* decide **-mande I** *a* decisive [*för* of] **II** decision; determination **-mande|rätt** [äv.] authority **-melse 1** [öde] destiny; [uppgift] mission **2** regulation, prescription **-ning** [gram. o. d.] adjunct [*till* of] **-nings|ord** attribute-word **-t** *adv* **1** definitely; [tydligt] distinctly; *lita* ~ *på* rely absolutely on **2** *han kommer* ~ *i morgon* he is certain to come to-morrow **3** *närmare* ~ more exactly
beständig *a* perpetual; [ståndaktig] constant **-het** permanence; constancy **-t** *adv* constantly
be||stänka *tr* sprinkle; splash **-stört** *a* dismayed, disconcerted **-störtning** dismay; consternation **-sudla** *tr* soil; stain; [äv.] tarnish **-sutten** *a* propertied, land-owning **-svara** *tr* answer; reply to; [vädjan o. d.] respond to; [återgälda] return **-svarande** reply, answer [*av* to] **-svikelse** disappointment [*över* at] **-sviken** *a* disappointed
besvär 1 trouble; [möda] work, pains; *tack för* ~*et!* thanks for the trouble you have taken; *gör dig inget* ~*!* don't bother yourself! **2** [jur.] appeal **-a I** *tr* trouble; bother; [äv.] annoy **II** *rfl* **1** trouble o.s. **2** [jur.] protest [*över* against]; complain [*över* about] **-ad** *a* troubled [*av* with]; *känna sig* ~ feel embarrassed

besvärj||a *tr* conjure **-else** sorcery **-else|formel** conjuration
besvär||lig *a* troublesome; difficult; [mödosam] laborious **-ligheter** troubles **-s|mål** [jur.] appeal case **-s|tid** period for the lodging of a protest
besynnerlig *a* strange; peculiar **-het** strangeness, peculiarity **-t** *adv*, ~ [*nog*] strangely [enough]
be||så *tr* sow **-sätta** *tr* 1 set, trim 2 ⚔ occupy **-sättning** 1 [på kläder] trimming 2 ⚔ garrison; ⚓ crew 3 [lantbr.] stock **-sättnings|karl** ⚓ one of the crew
besök visit; call; *ha* ~ have a caller **-a** *tr* visit; [hälsa på] go (come) to see, call on; [föredrag o. d.] attend; *talrikt -t* well attended **-ande -are** visitor; attender **-s|tid** visiting-hours [pl.]
1 bet [spelmark] counter; *gå* ~ [i spel] be looed; F be at a nonplus
2 bet = *1 bete*
1 beta I *itr tr* [boskap] graze, pasture **II** bite, morsel; *efter den ~n* after that experience
2 beta ⊕ **I** mordant **II** *tr* steep, soak
3 beta [bot.] beet
be||tacka *rfl*, ~ *sig för* decline **-taga** *tr*, ~ *ngn lusten* rob a p. of the desire **-tagen** *a*, ~ *i* charmed by; *lyssna* ~ listen spellbound
betal||a I *tr* pay; *får jag ~!* what is the charge? [restaur.] bill, please! **II** *rfl*, ~ *sig bra, dåligt* pay well, badly **-bar** *a* payable **-d** *a* paid **-ning** payment; [lön] pay; *förfalla till* ~ become due; *mot kontant* ~ for ready money **-nings|dag** pay-day **-nings|-skyldig** liable [for payment]
1 bete 1 [boskaps] pasturage 2 [fisk.] bait 3 [tand] tusk
2 be||te *rfl* behave, act **-teckna** *tr* represent; [ange] indicate; [-tyda] denote, signify; [märka] mark **-tecknande** *a adv* characteristic[ally] **-teckning** notation, designation **-teende** behaviour, conduct
betesmark pasture[-ground]
be||ting, *på* ~ by contract **-tinga I** *tr* 1 settle, stipulate 2 [medföra] involve, mean; *~s av* presuppose 3 [betalas med] command **II** *rfl* stipulate for **-tingelse** stipulation, condition **-tjäna I** *tr* serve; [passa upp] attend; [vid bordet] wait on **II** *rfl*, ~ *sig av* make use of **-tjäning 1** service; [uppassning] attendance 2 [tjänare] servants [pl.] **-tjänt** footman, valet
betodl||are beet-grower **-ing** beet-growing
betona *tr* 1 [fonet.] stress 2 [bildl.] emphasize
betong concrete
be||toning stress, accent; emphasis
-trakta *tr* regard, look at; observe **-traktande** [*ta i* take into] consideration **-traktare** observer, onlooker **-tro** *tr*, ~ *ngn med ngt* entrust a p. with a th.; *~dd* trusted **-tryck** distress; embarrassment **-tryckt** *a* oppressed, dejected; depressed **-tryckthet** oppressed condition **-trygga** *tr* secure; *~d* safe, secure; *~nde* [äv.] satisfactory **-träda** *tr* set foot on; [bildl.] tread **-träffa** *tr*, *vad mig ~r* as far as I am concerned; *vad det ~r* as for that **-träffande** *prep* concerning, regarding
bets stain **-a** *tr* stain
bets||el bridle **-la** *tr* bridle, bit
bet|socker beet-sugar
bett bite; [på betsel] bit
bettl||a *itr* beg **-are** beggar
be||tunga *tr* burden; *~nde* burdensome, heavy **-tvinga I** *tr* subdue; [starkare] subjugate; [begär o. d.] overcome, control **II** *rfl* control o.s. **-tvivla** *tr* call in question
betyd||a *tr* 1 [beteckna] denote; mean, signify; *vad ska det här ~?* what is the meaning of this? 2 [vara av vikt] be of importance; *det -er ingenting* that doesn't matter **-ande** *a* important; [sak äv.] considerable **-else** signification, meaning; *i bildlig* ~ in a figurative sense **-else|full** *a* significant; important **-else|lös** *a* insignificant, unimportant **-enhet** importance **-lig** *a* considerable **-ligt** *adv* considerably
betyg certificate; [skol.] mark; [univ.] class; *högre* (*högsta*) ~ honours **-a** *tr* 1 [intyga] certify 2 [bedyra] protest; [uttrycka] express **-s|bok** [skol.] mark-book **-sätta** *tr* pass judgment on
be||täcka *tr* cover **-täckning** cover[ing]; [eskort] convoy, escort
betänk||a I *tr* consider, reflect **II** *rfl* think it over; [tveka] hesitate **-ande 1** reflection; *inte dra i ~ att* have no hesitation in 2 [utlåtande] report **-lig** *a* suspicious; [tvivelaktig] doubtful; [farlig] precarious; [allvarlig] grave **-lighet** misgiving, suspicion; doubt; *hysa starka ~er* entertain grave doubts **-sam** *a* deliberate; hesitative **-samhet** deliberation; cautiousness **-t** *a*, *vara* ~ *på* contemplate
beundr||a *tr* admire **-an** admiration **-ans|värd** *a* admirable; wonderful **-are** admirer
be||vaka *tr* 1 guard, watch over; [se efter] look after 2 [misstänksamt] watch, spy upon **-vakning** guard; *under sträng* ~ in close custody **-vandrad** *a* acquainted [*i* with]; experienced [*i* in] **-vara** *tr* 1 [bibehålla]

preserve; maintain; [för-; ej yppa] keep 2 [skydda] protect [*från, mot* from]; *Gud -vare konungen!* God save the King! *-vare mig väl!* for goodness' sake! **-vars** *itj* goodness! *ja* ~ to be sure **-vattna** *tr* irrigate; [vattna] water **-vattning** irrigation; watering **-veka** *tr* [röra] move; [förmå] induce; *låta sig* ~[s] be persuaded; *~nde* moving, persuasive **-vekelse|grund** motive, reason **-vilja** *tr* grant, accord **-villning** revenue duty **-villnings|krona** hundredth part of assessed income **-vingad** *a* winged

bevis proof; [-ning] demonstration; *bindande* ~ conclusive proof; ~ *på deltagande* mark of sympathy **-a** *tr* demonstrate, prove; [ådagalägga] show; ~ *sin oskuld* establish one's innocence **-ande** *a* demonstrative **-föring** demonstration, argument **-kraft** conclusive power **-ligen** *adv* evidently **-materiel** evidence **-ning** demonstration, evidence

be||vista *tr* attend **-vittna** *tr* witness; [intyga äv.] certify, attest **-vuxen** *a* overgrown **-våg**, *på eget* ~ on one's own responsibility **-vågen** *a* kindly disposed towards; *om lyckan är mig* ~ if fortune favours me **-vänt**, *det är inte mycket* ~ *med det* there's not much in that **-väpna** *tr rfl* arm [o.s.] **-väpning** armament **-värdiga** *tr*, ~ *ngn med ett svar* condescend to give a p. an answer **-väring** soldier, recruit; [koll.] conscripts, recruits; *exercera* ~ do one's military service

1 **bi** *adv* 1 ⚓ by the wind 2 se *stå* [*bi*]

2 **bi** [zool.] bee

3 **bi||-** [i sms.] subordinate, secondary **-avsikt** ulterior purpose **-bana** branch

bibehåll|a *tr* keep [up]; preserve, maintain; *-en* preserved

bibel bible; *~n* the Holy Bible **-förklaring** biblical exposition **-språk** quotation from the Bible **-text** Bible text

bi|betydelse subordinate sense

bibliotek library **-s|man** librarian **-s|tjänsteman** library official

biblisk *a* biblical, scriptural

bi|bringa *tr*, ~ *ngn ngt* impart a th. to a p.

bida *itr tr* bide, wait [for]

bidevind *adv* ⚓ by the wind

bidrag contribution; [stats-] subsidy **-a** *tr itr* contribute; [samverka] combine; ~ *till* [*att*] aid in ..-ing **-ande** *a* contributory **-s|givare** contributor **-s|lista** subscription-list

bi|drottning queen bee

bifall assent; [medhåll] approval; *vinna stort* ~ win great applause; *yrka* ~ *till* support **-a** *tr* approve [of], acquiesce in; ~ *en begäran* grant a petition **-s|rop** shout of approval **-s|storm** volley of applause **-s|yttring[ar]** acclamation, applause

biff[stek] beefsteak

bi||figur accessory **-flod** affluent **-foga** *tr* attach; [närsluta] enclose **-förtjänst** extra profit

bigarrå white-heart cherry

bi|gata by-street

bigott *a* bigoted **-eri** bigotry

bi||hang appendage; [i bok] appendix, supplement **-hantering** secondary business

bijouterier jewellery goods

bikt confession **-a** *tr rfl* confess **-barn** confessant **-fader** confessor **-stol** confessional

bi|kupa [bee]hive

bil [motor-]car; motor; [Am.] auto

1 **bila** *itr* go motoring

2 **bila** [broad-]axe

bi|laga appendix, supplement; enclosure

bild picture; [tecknad i bok] figure; [avbildning äv.] image; [på mynt o. d.] effigy; *tala i ~er* use figures of speech

bild||a *tr* form; [fostra] educate, cultivate **-ad** *a* cultivated, educated, refined **-ande** *a* instructive **-bar** *a* plastic **-barhet** plasticity **-er|bok** picture-book **-huggare** sculptor **-lig** *a* figurative **-ning** 1 formation; organization 2 [odling] culture, education **-stod** statue

bil||glasögon motor goggles **-ist** motorist

biljard billiards [pl.]

biljett ticket; [brev] note **-lucka** ticket-[office] window

bi|ljud secondary sound

billig *a* 1 cheap 2 [rättvis] fair, reasonable **-het** 1 cheapness 2 justice, fairness

bil||ring motor-car tyre **-station** taxi-cabstand

bi|lägga *tr* 1 = *-foga* 2 [förlika] make up, settle

bind||a I *tr* bind; [knyta] tie; ~ *kransar* make wreaths; *jag har inget som -er mig här* I have nothing to keep me here; ~ *fast* tie up; ~ *för ngns ögon* bandage a p.'s eyes; ~ *in* [bok] bind, have .. bound; ~ *till* [*hårt*] tie .. tight II *itr* bind, hold **-ande** *a* binding; [avgörande] conclusive **-el** bandage **-e|streck** hyphen **-ning** 1 [boks].binding 2 [skid~] fastening 3 [språkv.] liaison

bingbång *itj* ding dong

binge heap

binnikemask tape-worm

biodling bee-keeping

biograf cinema; *gå på bio* go to the pictures ([Am.] movies) **-föreställ-**

ning cinema performance **-i** biography **-isk** *a* biographical
biolog biologist **-i** biology **-isk** *a* biological
bi‖omständighet minor incident **-orsak** subsidiary reason **-person** subordinate character **-plan** biplane **-produkt** by-product **-roll** subordinate part **-sak** secondary (unimportant) matter; non-essential
bisam musquash [fur] **-oxe** musk-ox **-råtta** muskrat
bisarr *a* odd, fantastic
bi|sats subordinate clause
biskop bishop **-inna** bishop's wife **-s|döme** bishopric **-s|mössa** mitre **-s|stift** diocese **-s|ämbete** episcopate
bi|smak flavour; [is. bildl.] taint
bist|er grim, stern; [väder] severe; *-ra tider* hard times **-het** grimness, severity
bi‖stå *tr* assist, help **-stånd** assistance, help
bisvärm bee-swarm
bi|syssla spare-time occupation
bisätta *tr*, ~ *ngn* deposit a p.'s remains on the catafalque
bit piece; [brottstycke] fragment; lump [of sugar *socker*]; *en bra* ~ [att gå] a good distance; *inte en* ~ *bättre* not a scrap better; *gå i* ~*ar* go to pieces **-a I** *tr* bite **II** *itr* bite; [kniv] cut; [väder] nip; *ingenting -er på honom* nothing has any effect on him; ~ *av* bite off; ~ *av ngn* cut a p. short; ~ *ihop tänderna* clench one's teeth; ~ *sönder* bite . . in two (to pieces) **III** *rfl* **1** ~ *sig i tungan* bite one's tongue **2** ~ *sig fast* cling tight on [*i* to] **-ande** *a* biting; piercing, nipping; ~ *svar* snappish reply
bi|tanke underlying thought
bitas *dep* bite
bi‖tjänst subordinate post **-ton** [mus.] secondary tone **-träda** *tr* [hjälpa] assist; [mening] accede to **-trädande** *a* assistant **-träde 1** [hjälp] assistance, help, support **2** [pers.] assistant, hand
bit|socker lump sugar
bitter *a* bitter; ~*t öde* harsh fate; *det känns* ~*t att* it feels hard to **-het** bitterness; bitter feeling **-mandel** bitter almond **-vatten** bitter-water
bittida *adv* early; *i morgon* ~ to-morrow morning
bit‖varg F bear **-vis** *adv* bit by bit
bi‖väg by-way **-ämne** subsidiary subject
bjud‖a *tr itr* [befalla] bid; [er~] offer; [in~] invite; ~ *damerna först* serve the ladies first; *det -er mig emot* it is repugnant to me; ~ *omkring* hand round; ~ *till* try; ~ *upp* ask . . for a dance **-en** *a* invited **-ning 1** [in~] invitation **2** party **-nings|kort** invitation-card
bjäfs finery
bjälke beam [äv. bildl.]
bjäll‖erklang jingle of sleigh-bells **-ra** bell
bjärt *a* gaudy, glaring
bjässe bouncing fellow
björk birch **-löv** birch-tree foliage **-ved** birchwood
björn 1 [zool.] bear; *Stora* ~*en* the Great Bear **2** F dun **-bär** blackberry **-hona** she-bear **-skinn** bearskin **-tass** bear's paw
1 black fetter, shackle
2 black *a* tawny, faded
blad [löv; i bok] leaf; [blom-] petal; [kniv-] blade **-formig** *a* leaf-shaped **-lus** leaf-louse **-lös** *a* leafless **-rik** *a* leafy **-växt** foliate plant
blam‖age disgrace **-era** *tr rfl* bring discredit on [o.s.]
bland *prep* among; ~ *annat* among other things; *några* ~ *mina läsare* some of my readers **-a I** *tr* mix; blend; mingle; [kort] shuffle; ~ *bort* muddle away; ~ *ihop* mix up; ~ *in ngn i ngt* mix a p. up in a th. **II** *rfl* [sak] mix, [pers.] mingle; ~ *sig i* interfere with **-ad** *a* mixed **-folk** mixed race **-färg** compound colour **-ning** mixture, blend; [kem.] compound; *en skön* ~*!* a fine conglomeration! **-ras** mixed breed
blank *a* **1** bright, shiny **2** [oskriven] blank **-a** *tr* polish
blankett form
blankläder patent leather
blanko, *in* ~ in blank
blank‖polera *tr* polish **-sliten** *a* shiny **-smörja** blacking, polish **-t** *adv* **1** *dra* ~ draw one's sword **2** *säga* ~ *nej* flatly refuse **-vers** blank verse
blask wash **-ig** *a* watery, washed out
blast tops [pl.]
bleck sheet **-ask -burk** tin **-flaska** tin can **-plåt** sheet-iron, tin **-slagare** tinner **-slageri** tin-shop
blek *a* pale, pallid; [svag] faint; ~ *om kinden* pale-cheeked **-a** *tr* bleach; fade **-het** paleness, pallor **-na** *itr* [pers.] turn pale [*av* with]; fade **-siktig** *a* chlorotic **-sot** chlorosis
blemma pimple
bli, *låt* ~*!* don't! *låt* ~ *att skratta!* stop laughing! *jag kan ej låta* ~ *att gråta* I cannot help crying; *låt* ~ *mig!* leave me alone! jfr *bli[va]*
blick look; [öga] eye; *kasta en* ~ *på* glance at **-a** *tr* look
blid *a* mild, soft; *två grader blitt* two degrees above zero **-het** mildness **-ka** *tr* appease, conciliate **-väder** mild weather

blind *a* blind; [obetingad] implicit **-het** blindness **-skrift** blind characters **-skär** sunken rock **-tarm** cæcum **-tarms|inflammation** appendicitis
blink, *i en* ~ in a twinkling **-a** *itr* blink **-ning** blinking, wink
bli||[va] I *hjälpv* be; [tidsutdräkt] become [*omvänd* converted] II *itr* 1 be; [utveckling] become, get; ~ *förvånad* be astonished; ~ *fattig* become poor; ~ *soldat* become a soldier; ~ *våt* get wet; *när jag* ~*r stor* when I grow up; *det* ~*r höst* autumn is coming on; ~ *om intet* come to nothing; ~ *av* take place; ~ *av med* [förlora] lose, [*slippa*] get rid of; ~ *efter* drop behind; ~ *utom sig* be beside o.s. [*av* with]; ~ *över* be over (left) 2 [*för-*] remain, stay 3 =*bli* **-vande** *a* future
blixt lightning **-ljus** flash-light **-ra** *itr* lighten; [friare] flash **-rande** *a* flashing, sparkling **-snabbt** *adv* like a flash
block block **-ad** blockade **-era** *tr* blockade, block **-hus** log-house
blod blood; *levrat* ~ gore; *det ligger i* ~*et* it runs in the blood; *väcka ond* ~ breed ill blood **-a** *tr*, ~ *ned* stain . . . with blood **-brist** anæmia **-drypande** *a* bloody **-fattig** *a* anæmic **-fläck** blood-stain **-full** *a* full-blooded **-förgiftning** blood-poisoning **-hund** blood-hound **-ig** *a* bloody, blood-stained; ~ *förolämpning* deadly insult **-igel** leech **-kropp** blood-corpuscle **-kärl** blood-vessel **-lös** *a* bloodless **-omlopp** circulation of the blood **-propp** clot of blood **-renande** *a* blood-purifying **-rik** *a* sanguineous **-röd** *a* blood-red **-s|band** blood-band **-sprängd** *a* bloodshot **-spår** track of blood **-stillande** *a* hæmostatic **-störtning** hæmorrhage **-sugare** blood-sucker **-s|utgjutelse** bloodshed **-tryck** blood pressure **-törstig** *a* bloodthirsty **-åder** vein
blom blossom; [abstr.] bloom **-blad** petal **-krona** corolla **-kruka** flower-pot **-kål** cauliflower **-ma** I flower II *itr* flower, bloom **-mig** *a* flowery **-ster** flower **-ster|handlare** florist **-ster|lök** bulb **-stjälk** flower-stalk **-stra** *itr* blossom; [bildl.] flourish, prosper **-strande** *a* flourishing; [hy] rosy **-string** =*blom;* [bildl.] prosperity
blond *a* blond, fair **-in** blonde
bloss 1 torch 2 [pip-] puff **-a** *itr* 1 flare; flush [*av* with] 2 =*bolma* **-ande** I *a* blazing, glowing, flushed II *adv*, ~ *röd* red as fire
blott I *a* mere, bare; *vid* ~*a åsynen* at the mere sight II *adv* only, but; *icke* ~ . . *utan även* not only . . but also **-a** *tr* bare, uncover **-ad** *a* destitute [*på* of] **-ställa** *tr* give . . away **-ställd** *a* exposed
bluff bluff **-a** *itr* bluff
blund wink; [lur] nap **-a** *itr* shut one's eyes [*för* to]
blus blouse
bly lead; *av* ~ leaden **-erts[penna]** pencil
blyg *a* shy [*för* of], bashful **-as** *dep* be ashamed [*för* of] **-het** shyness **-sam** *a* modest **-samhet** modesty **-sel** shame
blå *a* blue; *ett* ~*tt öga* a black eye; *i det* ~ up in the clouds **-aktig** *a* bluish **-blek** *a* livid **-bär** bilberry **-else** blue **-frusen** *a* blue with cold **-grön** *a* bluish green **-gul** *a* blue and yellow [*flagga* flag] **-klint** corn-flower **-klocka** harebell **-mes** blue tit **-märke** bruise **-nande** *a* blue **-penna** blue pencil **-röd** *a* purple
1 **blåsa** bladder, [hud-] blister; [bubbla] bubble
2 **blås||a** *itr tr* blow; *det -er inte alls* there's no wind at all; ~ *på elden* blow the fire; ~ *omkull* blow over **-ig** *a* windy, breezy **-instrument** wind instrument
blå|sippa blue anemone
blåst wind
blåögd *a* blue-eyed
bläck ink; *med* ~ in ink **-fisk** cuttle-fish **-flaska** ink-bottle **-ig** *a* inky **-plump** blot
bläddra *itr* turn over the leaves; ~ *igenom* glance through
bländ||a *tr* blind, dazzle **-verk** delusion
blänga *itr* glare [*på* at]
blänk||a *itr* shine, glisten **-fyr** flash-light
blöd||a *itr* bleed **-ning** bleeding, hæmorrhage
blöja diaper
blöt I *a* wet; watery II *ligga i* ~ be soaking; *lägga i* ~ put . . to soak **-a** I soak, shower II *tr itr* soak; ~ *ned sig* get all wet; ~ *på fingret* moisten one's finger **-djur** mollusc
bo I *itr* live; reside; [tillfälligt] stay; ~ *billigt* pay a low rent II 1 [fågels] nest; [fyrfotadjurs] lair, den 2 [egendom] estate; [bohag] furniture; *sätta* ~ set up housekeeping
boa boa **-orm** boa-constrictor
1 **bock** 1 he-goat, buck 2 [ställning] horse
2 **bock** [fel] blunder; [tecknet] tick
3 **bock** [bugning] bow **-a** *itr rfl* bow [*för* to]
bod 1 shop 2 [uthus] shed **-biträde** shop-assistant
boett watchcase
bofast *a* resident, settled
bofink chaffinch
bog 1 shoulder 2 ⚓ bow **-ankare**

bower -lanterna head-light -sera *tr* tow -ser|båt tow-boat -spröt bowsprit
bohag household goods [pl.]
bohem Bohemian
1 **boj** [tyg] baize
2 **boj** ⚓ buoy
boj|a fetter; iron[s]; *slå i -or* throw into irons
bojkott boycott -a *tr* boycott
bok 1 [bot.] beech 2 book -band book-binding -bindare bookbinder -föra *tr* enter -föring bookkeeping -förlag publishing-house -förläggare publisher -handel bookseller's shop -handlare bookseller -hylla book-shelves [pl.], bookcase -hållare bookkeeper -hålleri bookkeeping -mal book-worm -märke bookmark -pärm book-cover -skog beech woods -skåp bookcase -slut balancing; *göra ~* balance the books -stav letter; *stor (liten) ~* capital (small) letter; *efter ~en* literally -stavera *tr* spell -stavlig *a* literal -stavligen *adv* literally; [rent av] positively -stånd bookstall -titel book-title -tryckare printer -tryckeri printing-office
bolag company; *gå i ~ med* enter into partnership with -s|stämma partners' meeting
bolin ⚓ bowline
boll ball -a *itr* play ball -spel ball game -trä bat
bolm||a *itr* [sak] belch out smoke; [pers.] puff -ört henbane
bolsjev||ik Bolshevik -ism Bolshevism -istisk *a* Bolshevist
bolster feather-bed -var bedtick
1 **bom** bar; *inom lås och ~* under lock and key
2 **bom** I miss; *skjuta ~* miss the mark II *itj* boom!
bomb bomb -ardemang bombardment -ardera *tr* bombard -säker *a* bomb-proof
1 **bomma** *tr*, *~ till (igen, för)* bar up
2 **bomma** *itr* miss the mark
bomull cotton; [förbands-] cotton-wool -s|band tape -s|buske cotton-shrub -s|fabrik cotton-mill -s|fabrikant cotton-manufacturer -s|flanell flannelette -s|klänning cotton frock -s|lärft calico -s|tyg cotton material
bomärke mark; cross
bona *tr* polish
bonad hanging, tapestry
bond||aktig *a* rustic -böna broad bean -dräng farm-hand -e 1 peasant; farmer 2 [schack-] pawn -e|stånd peasantry -flicka peasant girl -folk country people -fångare flat-catcher -förstånd commonsense -gubbe aged peasant man -gård farm -kvinna peasant woman -land, *på rena ~et* right away in the country -permission French leave -pojke peasant boy -sk *a* rustic -stuga peasant's cottage -vatten cold water
boning dwelling, abode -s|hus dwelling-house -s|rum living-room
bonvax beeswax
bord 1 table; *göra rent ~* make a clean sweep; *föra till ~et* take in to dinner 2 ⚓ board; *gå om ~ på* go on board: *falla över ~* fall overboard -dans table-turning -duk tablecloth -lägga *tr* postpone -löpare table-centre -s|bön grace -silver plate -s|kniv table-knife -studsare timepiece -s|visa table song
borg castle -a *itr* go bail
borgar||e citizen -klass burgess class -stånd burgesses [pl.]
borg|en security; *gå i ~* -a -s|förbindelse bail bond, surety -s|man surety, bailsman -är creditor
borger||lig *a* 1 civil; *~t äktenskap* civil marriage 2 middle-class; common -lighet middle-class respectability -skap burghers [pl.]
borg||gård castle courtyard -mästare burgomaster; [Engl.] mayor
borr borer -a *tr itr* bore [*efter* for]; drill; [tunnel] cut; [brunn] sink; *~ ögonen i ngn* pierce a p. with one's eye -maskin boring-machine
borst bristle; *resa ~* bristle up -a *tr* brush; *~ skor* clean shoes -bindare brushmaker -binderi brush-factory -e brush -ig *a* bristly
borsyra boric acid
bort *adv* away; *långt ~* far away; *dit ~* over there; *ej så långt ~ i tiden* not so very long ago -a *adv* away; [helt] gone; [som saknas] missing, lost; *där ~* over there -bjuden *a, jag är ~ på middag* I have been invited out to dinner -bytt *a, få sin hatt ~* get somebody else's hat instead of one's own -erst *a adv* farthest (furthest) [off] -förklara *tr* explain . . away -gång departure, exit -gången *a* gone away; [död] deceased -kastad *a* thrown away; wasted -kollrad *a, han blev alldeles ~* he had his head quite turned -kommen *a* lost; [pers. äv.] absent-minded; *känna sig ~* feel like a fish out of water -om I *prep* beyond II *adv, där ~* beyond that -o|varo absence -re *a* further -rest *a* gone away -se *itr, ~ från* pass by, ignore; *~tt från* apart from -skymd *a* hidden -skämd *a* spoilt [*med* by] -sprungen *a* strayed, escaped -stött *a* expelled [*ur* from]; disowned -vänd *a* turned away; [blick] averted -åt I *adv* 1 [rum] *här (där) ~* somewhere in this (that) direction 2 *en tid ~* for a short time 3 [nära] nearly II *prep* towards

bosatt *a* resident; *vara* ~ reside, live
boskap cattle **-s|avel** cattle-breeding **-s|handlare** cattle-dealer **-s|hjord** herd of cattle **-s|skötsel** stock-raising
bo||skifte division of an inheritance **-skillnad** separation of property
bostad dwelling, abode, residence; house; [våning] flat; *fri* ~ house free; *kost och fri* ~ board and residence included **-s|brist** dearth of housing accommodation **-s|inspektör** housing inspector
bosätt||a *rfl* settle down **-ning** settling; house-furnishing **-nings|affär** house-furnisher's shop
bot 1 [medel] remedy, cure **2** [ånger] penance; *göra* ~ *och bättring* do penance **-a** *tr* **1** [läka] cure **2** [avhjälpa] remedy
botan||ik botany **-iker** botanist **-isera** *itr* botanize **-isk** *a* botanical
bot||emedel = *bot 1* **-färdig** *a* penitent **-färdighet** penitence **-görare** penitent **-görelse** penance
botten bottom; ground [äv. på tyg o. d.]; *i grund och* ~ thoroughly, after all, [pers. äv.] at heart **-färg** ground colour **-lös** *a* bottomless, [friare] unmeasurable **-sats** sediment; [i vin o. d.] dregs [pl.] **-våning** ground floor
bottna I *itr* **1** reach the bottom **2** *det* ~*r i* it has its origin in
Bottniska viken the Gulf of Bothnia
bo||uppteckning inventory **-utredning** administration of the estate
bov villain; rascal **-aktig** *a* villainous **-aktighet** villainy **-streck** rascally trick
1 box box, case
2 box [slag] blow, punch **-are** boxer **-as** *dep* box **-handske** boxing-glove **-ning** boxing **-nings|match** boxing-match
bra I *a* **1** good; excellent; all right; *det var* ~! that's good; *blir det* ~? will that do? **2** [tämligen lång] good, long **II** *adv* **1** well **2** [ganska] very, ever so; *tack, mycket* ~ very well, thanks; *se* ~ *ut* be good-looking; *smaka (lukta)* ~ taste (smell) nice
bragd exploit, feat
brak crash **-a** *itr* crash, crack; ~ *lös* break out
brand 1 fire; *sticka i* ~ set fire to . .; *stå i* ~ be on fire **2** [sjukdom] gangrene **3** [i säd] brand **4** [eld-] fire-brand **-alarm** fire-alarm **-bil** motor fire-engine **-bomb** incendiary bomb **-chef** head of a fire-brigade **-fri** *a* fire-proof **-försäkra** *tr* insure against fire **-försäkring** fire insurance **-gul** *a* flame-coloured **-kår** fire-brigade **-mur** fireproof wall **-post** fire-alarm post **-redskap** fire appliance[s] **-signal** fire-alarm **-skada** fire-damage **-soldat** fireman **-spruta** fire-engine **-station** fire-station **-stege** fire-ladder **-väsen** fire service
bransch branch
brant I *a* steep, precipitous **II** *adv* steeply **III** precipice; [bildl.] verge
brasa [log-]fire
Brasilien Brazil
brass ⚓ brace **-a** *itr* **1** ⚓ brace **2** ~ *på* fire away
bravo *itj* bravo! **-rop** cheer
braxen bream
bred *a* broad; wide; *de* ~*a folklagren* the large mass of the people **-a** *tr*, ~ [*ut sig*] spread **-bent** *a*, *stå* ~ stand with one's legs wide apart
bredd 1 breadth, width; *på* ~*en* in the breadth **2** [geogr.] latitude **-grad** degree of latitude
bred||randig *a* broad-striped **-sida** broadside **-skyggig** *a* broad-brimmed **-spårig** *a* broad-gauge **-vid I** *prep* beside; by; [angränsande] next to; *prata* ~ *munnen* blab **II** *adv* close by; *i huset* ~ in the next house
brev letter **-bärare** postman **-kort** postcard **-låda** letter-box **-papper** note-paper **-press** letter-weight **-växla** *itr* correspond **-växling** correspondence
brick||a 1 plate; [igenkänningsmärke] badge **2** [husgeråd] tray **-duk** tray-cloth
brigg ⚓ brig
briljant I *a* brilliant **II** brilliant
1 bringa breast; [kok.] brisket
2 bringa *tr* **1** bring; [till förtvivlan o. d.] drive **2** [förmå] induce
brinn||a *itr* burn; *det -er i kakelugnen* there's a fire in the stove; ~ *av otålighet* be burning with curiosity; ~ *av* go off, explode; ~ *ned* be burnt down; ~ *upp* be destroyed by fire **-ande** *a* burning; [bildl.] fervent, ardent; [huvudvärk] splitting; *ett* ~ *ljus* a lighted candle
bris breeze
brist 1 [saknad] want; [otillräcklig mängd] lack [*på* of]; [-fällighet] defect **2** ~ *i kassan* deficit **-a** *itr* **1** [bubbla o. d.] burst; [tråd o. d.] break; [tyg] split; ~ *ut i skratt* burst out laughing **2** [sakna] be lacking [*i* in] **-ande** *a* deficient; [-fällig] defective; ~ *iakttagelse* non-observance **-fällig** *a* defective, imperfect **-fällighet** defectiveness; imperfection **-färdig** *a* ready to burst **-ning** burst[ing]; break
brits bunk; camp-bed
britt Briton **-isk** *a* British
bro bridge **-avgift** bridge-toll
brock [läk.] rupture **-band** truss
brodd 1 [bot.] germ, sprout **2** spike; [sko-] rough **-a** *tr* spike; rough

broder brother; *Bäste ~!* Dear Charles, &c
broder‖a *tr* embroider **-garn** fancy wool; [silke] embroidery silk **-i** embroidery
broder‖lig *a* brotherly, fraternal **-lighet** brotherliness **-ligt** *adv* fraternally **-skap** brotherhood; fraternity
brokad brocade
brokig *a* motley; gaudy **-het** diversity of colour
brom bromine
1 broms [zool.] gadfly; horsefly
2 broms [på hjul] brake; [bildl.] check **-a** *tr* brake
bronk‖er [anat.] bronchi **-it** bronchitis
brons bronze **-era** *tr* bronze
bror brother **-s|dotter** niece **-son** nephew
brosch brooch
broschyr pamphlet
brosk [anat.] cartilage
brott 1 breaking, rupture **2** [-ställe] break, breach **3** [jur.] crime
brott‖are wrestler **-as** *itr dep* wrestle
brottmål criminal case
brottning wrestling
brottsjö breaker
brotts‖lig *a* criminal; guilty **-lighet** criminality; guilt **-ling** culprit
brottstycke fragment
brud bride; *stå ~* be married **-gum** bridegroom **-klänning** wedding-dress **-krona** bridal crown **-par** bridal couple **-slöja** bridal veil **-tärna** bridesmaid
bruk 1 use; usage **2** [sed] practice; custom **3** [odling] cultivation **4** [fabrik] works [sing. o. pl.] **-a I** *tr* **1** use, make use of **2** [odla] cultivate; farm **II** *itr* [pläga] be in the habit of; *~de* used to; *jag ~r bada varje dag* I bathe regularly every day; *som jag ~r* as I generally do; *han ~de sitta timtals utan att göra ngt* he would sit for hours doing nothing **-as** *itr dep*, *det ~ inte* it is not the fashion **-bar** *a* **1** useful **2** cultivable **-lig** *a* customary, usual **-s|anvisning** direction[s] for use
brumma *itr* growl; [insekt] hum
brun *a* brown **-aktig** *a* brownish **-ett** brunette **-grå** *a* brownish gray
brunn well; [hälso-] spring **-s|gäst** spa visitor **-s|kur** mineral-water cure **-s|ort** spa
brus roar; [vinds] sough; buzz **-a** *itr* roar; sough; buzz; [mus.] swell; *~ upp* flare up **-huvud** hotspur
brusten *a* broken; [illusion] shattered
brutal *a* brutal **-itet** brutality
bruten *a* broken
brutto I *adv* gross **II** gross
bry I *tr* **1** *~ sin hjärna* puzzle one's head **2** *~ ngn för* tease a p. about **II** *rfl*, *~ sig om* care about ([ngn] for) **-dd** *a* puzzled
bryd‖eri embarrassment; *råka i ~* be embarrassed **-sam** *a* awkward **-samhet** awkwardness
brygd brewage
1 brygga [bro] bridge
2 brygg‖a *tr* brew **-are** brewer **-eri** brewery
brylling third cousin
bryn edge, verge
1 bryna *tr* [vässa] whet, sharpen
2 bryna *tr* brown; [kok.] fry
brysk *a* brusque; blunt **-het** brusqueness
Bryssel Brussels
bryt‖a I *tr* break; [av ~] break off; [öppna] open; *~ fram* break out; *~ sönder* break to pieces; *~ upp* break open **II** *itr* **1** [våg] break **2** *~ upp* break up **III** *rfl* break; [ljus] be refracted; [viljor] clash; *~ sig igenom* break through; *~ sig in i ett hus* break into a house **-as** *itr dep* break **-ning** breaking; [gruv~] mining; [ljus] refraction; [i uttal] accent; [i smak] relish; [bildl.] breach
bråd *a* **1** hasty, sudden **2** [tid] busy **-djup I** *a* precipitous **II** precipice **-mogen** *a* precocious **-mogenhet** precocity **-ska I** hurry, haste **II** *itr* [pers.] hurry; [sak] press, be urgent; *det ~r ej* there is no hurry **-skande** *a* hasty; urgent **-störtad** *a* precipitate
bråk 1 [mat.] fraction **2** [buller] noise; [besvär] bother, trouble **-a** *itr* **1** be noisy **2** bother; [krångla] make difficulties **-ig** *a* noisy; troublesome **-makare** noisy fellow; broiler
brås *itr dep*, *~ på* take after
bråte rubbish, lumber
brått[om] *adv*, *ha ~* be in a hurry; *det är ~* there is a great hurry, there is no time to lose
bräck‖a I *tr* **1** break, crack **2** [kok.] fry **II** flaw, crack **-korv** polony **-lig** *a* **1** [sak] fragile **2** [pers.] frail **-lighet 1** fragility **2** frailness **-t** *a*, *~ vatten* brackish water
bräd|a = *-e*
brädd edge; brim **-ad** **-full** *a* brimful
bräd‖e board; *på ett ~* in a lump sum; *slå ur ~t* cut out **-gård** timber yard **-spel** backgammon
bräka *itr* bleat
bräm border; [päls-] fur-trimming
bränd *a* burnt
bränn‖a I *tr* burn; scorch; *~ vid* burn **II** *itr* burn **III** *rfl*, *~ sig på tungan* burn one's tongue **-ande** *a* burning; [hetta] scorching; [törst] parching; [smärta] acute **-as** *itr dep* burn **-bar** *a* combustible; inflammable **-barhet** combustibility **-blåsa** blister

from a burn **-eri** distillery **-het** *a* scorching **-ing**, *~ar* breakers **-märka** *tr* brand **-[n]ässla** stinging nettle **-olja** combustible oil **-punkt** focus **-skada -sår** burn **-vin** [corn-]brandy
bränsle fuel
brätte brim
bröd bread; [limpa] loaf; *franska ~* French rolls **-bit** piece of bread **-kniv** bread-knife **-lös** *a* breadless
brödrafolk sister nations [pl.]
bröd|säd bread-corn
bröllop wedding **-s|dag** wedding-day **-s|resa** wedding-trip
bröst breast; [-korg] chest; [bildl.] bosom; *ha klent ~* have a weak chest **-arvinge** heir of the body **-droppar** cough tincture **-ficka** breast-pocket **-gänges** *adv*, *gå ~ till väga* act high-handedly **-katarr** bronchitis **-medicin** pectoral preparation **-sim** breast-swimming **-sjuk** *a* consumptive **-sjukdom** chest-disease **-vårta** teat **-värn** parapet
bubbla I bubble **II** *itr* bubble
buckl||a boss, knob **-ig** *a* embossed, knobby
bud 1 order **2** [kort.] call **3** [-skap] message **4** [-bärare] messenger; *skicka ~ att* send word to say that; *skicka ~ efter* send for **-bärare** messenger **-ord** commandment **-skap** message
buffel buffalo
buffert buffer
bug||a *itr rfl* bow [*för* to] **-ning** bow
buk belly **-a** *itr*, *~ ut* bulge
bukett bouquet, nosegay
buk||ig *a* bulging **-spottkörtel** pancreas
bukt 1 [krök] bend **2** [vik] bay **3** *få ~ med* manage **-a** *rfl* bend, wind; *~ sig in* curve in; *~ sig ut* bulge
bula bump, bruise
bulgar Bulgarian **B-ien** Bulgaria
buljong bouillon, clear soup
bulle bun; roll
bull||er noise, din **-ersam** *a* noisy; [pers.] rowdy **-ra** *itr* make a noise; [dåna] roar
buln||a *itr* fester **-ad** gathering; [böld] boil
bult bolt
bulta I *tr* pound; beat **II** *itr* knock; [puls o. d.] throb
bums I *itj* plump! **II** *adv* right away
bunden *a* bound; tied; fettered; [fästad] attached [*vid* to]; *~ av sin tjänst* confined by one's duties
bundsförvant ally
bunke [metall-] pan; [trä-, ler-] bowl
bunt packet; bundle **-a** *tr*, *~ ihop* make up into packets (bundles)
bur cage; [höns-] coop
burdus I *a* abrupt; [bildl.] blunt **II** *adv* slap-dash
burk pot; jar; [bleck-] tin
burr frizz **-a** *itr*, *~ upp* ruffle up **-ig** *a* ruffled; frizzy
buse 1 [spöke] bugbear **2** F ruffian
busk||age copse, shrubbery **-e** bush, shrub **-ig** *a* bushy **-snår** thicket
1 buss [tobak] quid
2 buss *itj*, *~ på honom!* at him!
3 buss [omni]bus
bussig *a* F capital, ripping
butelj bottle **-era** *tr* bottle
butik shop **-s|biträde** shop-assistant
butter *a* sullen **-het** sullenness
buxbom box
1 by [vindil] gust
2 by [samhälle] village
byffé sideboard; dresser
by||folk village people **-gata** village street
bygd [odlad] settled country; [nejd] district, country-side
bygel bow, hoop; [beslag] mount
bygg||a *tr itr* build; construct; *~ om* rebuild; *~ på en våning* add a story; *~ till ett hus* enlarge a house **-e** building **-låda** box of bricks **-mästare** building-contractor **-nad 1** [-ande] building, construction, erection **2** building, edifice **-nads|arbetare** builder **-nads|ställning** scaffold
byk wash **-a** *tr* wash
bylte bundle, pack
by|racka mongrel
byrå 1 chest of drawers **2** [verk] office, department **-direktör** [ung.] principal clerk **-låda** drawer
byst bust
byt||a *tr* change; [ut-] exchange; *~ om* change **-e 1** exchange **2** [rov] spoil **-ing** brat
byxor trousers; [dam-] knickers
1 båda *tr* [före-] foreshadow
2 båd||a *pron* [beton.] both; [obeton.] the two **-e** *konj* both
båg||e 1 [krök] curve **2** [mus.] slur **3** ⊕ arch **4** [skjut~] bow **-formig** *a* curved **-fönster** bow-window **-na** *itr* sag **-skjutning** archery **-skytt** bowman
1 bål [anat.] trunk, body
2 bål [skål] bowl
3 bål [eld] bonfire; [lik-] pyre
bålgeting hornet
bår barrow; [sjuk-] stretcher
bård border
bårhus mortuary
bås stall, crib
båt boat **-brygga** landing-stage **-hus** boat-house **-s|hake** boat-hook
bäck brook
bäcken 1 [fat] basin **2** [anat.] pelvis
bädd bed **-a** *tr itr* make [a bed]; *~ in* embed; *~ ned* put to bed **-ning** bed-making
bägare cup; mug

bägge = *2 båda*
bälg bellows [pl.]
bälte belt; [gördel] girdle
bända *tr* prize
bänk seat; bench; [med ryggstöd] settle
bär berry
bära I *tr* carry; [hit] bring; [bort] take; [kläder] wear; [bildl.] bear [*frukt* fruit]; ~ *på sig* carry about one II *itr* 1 [om is] bear 2 [väg] lead, go; *vart skall det* ~ *av?* where are you going to? *det bär uppför (utför)* it is uphill (downhill) III *rfl* 1 pay 2 ~ *sig åt* behave; manage; ~ *sig illa åt* behave badly
bärg‖a *tr* 1 [rädda] save 2 [skörda] harvest, get in 3 ⚓ take in, shorten **-ning** 1 salvage 2 [skörd] harvest 3 ⚓ taking in 4 [utkomst] livelihood
bärnsten amber
bäst I *a* best; *i* ~*a fall* at the best; *efter* ~*a förmåga* to the best of one's ability; *det är* ~ *att jag går* I had better go II *adv* best III *konj* just as **-a** [ngns] welfare
bättr‖a I *tr* improve; ~ *på* touch up; ~ *upp* repair II *rfl* improve; [teol.] repent **-e** I *a* better; ~ *folk* better-class people: *komma på* ~ *tankar* change one's mind; *bli* ~ get better; *i brist på* ~ failing anything better II *adv* better; *så mycket* ~ all the better **-ing** improvement; [teol.] repentance; [om hälsa] recovery
bäv‖a *itr* tremble; [darra] shake **-an** dread, fear
bäver beaver
böckling smoked herring
bödel executioner
böhm‖are Bohemian **B-en** Bohemia
böj‖a I *tr itr* 1 [kröka] bend; [~ ned] bow; ~ *knä* bow the knee; ~ *ihop* bend . . up; ~ *till* bend; ~ *undan* bend . . to one side 2 [gram.] inflect II *rfl* bend (stoop) down; [för vind] nod; [foga sig] yield [*efter* to]; ~ *sig bakåt* bend back; ~ *sig ut genom fönstret* lean out of the window **-d** *a* 1 bowed, bent, stooping; ~ *näsa* arched nose 2 [hågad] inclined **-else** inclination; [tycke] fancy, liking **-lig** *a* flexible, pliant **-lighet** flexibility, pliancy **-ning** bending; bend, curve; [krök] flexion [äv. gram.]
böla *itr* bellow; [om ko] low
böld boil
bölj‖a I billow, wave II *itr* billow; [folk] surge **-ande** *a* rolling; [säd] billowing; [hår] waving
bön 1 petition [*om* for] 2 [relig.] prayer
böna bean
bön‖bok prayer-book **-dag** [ung.] intercession day **-falla** *itr* supplicate [*om* for] **-hus** chapel **-pall** praying-desk
böra *hjälpv* should; ought to; must; *vad bör jag göra nu?* what should I do now? *han bör vara framme nu* he should be there by now; *han borde vara framme nu* he ought to be there by now; *man bör aldrig narras* one ought never to tell lies; *man bör aldrig äta fort* one should never eat fast; *han bör vara rik* he must be rich
börd birth; *till* ~*en* by birth
börda burden
1 bördig *a*, *han är* ~ *från* he was born in
2 bördig *a* [fruktbar] fertile **-het** fertility
börj‖a *tr itr* begin; commence; start, [~ på med] set about; *det* ~*r bli kallt* it is getting cold; *till att* ~ *med* to begin with; ~ *om* begin again **-an** beginning; commencement; start
börs 1 purse 2 [fond-] exchange **-affärer** exchange transactions **-noteringar** exchange quotations
böss‖a gun; [räfflad] rifle **-kolv** butt-end **-kula** bullet **-pipa** gun-barrel
böt‖a *itr tr* pay a fine; ~ *för* pay for **-er** fine [sing.] **-fälla** *tr* fine

C

ceder cedar
celeb‖er *a* distinguished **-ritet** celebrity
cell cell **-fängelse** prison
cellu‖loid celluloid **-losa** cellulose
cement cement **-era** *tr* cement **-ering** cementation
cendré *a* ash-coloured
cens‖or censor **-ur** censoring **-urera** *tr* censor
center centre
centi‖gram centigramme **-liter** centilitre **-meter** centimetre
central *a* central **-isera** *tr* centralize **-station** central station **-värme** central heating
centr‖ifugal *a* centrifugal **-um** centre
ceremoni ceremony **-ös** *a* ceremonious
certifikat certificate
cess [mus.] C flat
champagne champagne
champinjon common mushroom
charad charade
charkuteriaffär pork-butcher's shop
charm charm **-ant** *a* charming
chaufför chauffeur **-skola** motoring school

check cheque
chef head [*för* of]; manager, director
chic *a* chic
chiff||er cipher **-er|skrift** cipher-writing **-rera** *tr* cipher
chimär chimera
chock charge; [bildl.] shock **-era** *tr* shock
choklad chocolate; [dryck äv.] cocoa **-kaka** cake of chocolate
ciceron cicerone
cigarr cigar **-affär** cigar-shop **-ett** cigarette **-fodral** cigar-case **-handlare** tobacconist **-låda** cigar-box **-munstycke** cigar-tube **-stump** cigar-end
cirka *prep* circa, about
cirkel 1 circle 2 [instrument] compasses [pl.] **-rund** *a* circular
cirkul||ation circulation **-era** *itr* circulate **-är** circular
cirkus circus **-föreställning** circus performance
cisel||era *tr* chase **-ör** chaser
cistern cistern, tank
cit||at quotation **-ations|tecken** quotation marks **-era** *tr* quote
citron lemon **-gul** *a* lemon yellow
cittra zither
civil *a* civil; non-military; *en* ~ a civilian **-isation** civilization **-isera** *tr* civilize **-ist** civilian **-klädd** *a* in mufti **-rätt** civil law
clown clown
cyk||el 1 [bi]cycle 2 [serie] cycle **-el|väg** cycle-road **-el|åkare** cyclist **-la** *itr* cycle
cyklon cyclone
cylinder cylinder **-hatt** top-hat
cyn||iker cynic **-isk** *a* cynical **-ism** cynicism
cypress cypress

D

dabba *rfl* make a blunder
dadel date **-palm** date-palm
dag day; ~ *för* ~ day by day; *god* ~! how do you do! ~*en därpå* the following day; *endera* ~*en* one of these days; *i* ~ to-day; *i* ~ *om ett år* this day next year; *komma i* ~*en* come to light; *om* (*på*) ~*en* in the daytime; *en gång om* ~*en* once a day; *mitt på* ~*en* in the middle of the day **-as** *itr dep* dawn **-bok** diary **-bräckning** = *-ning* **-drivare** idler **-er** light
dagg dew **-ig** *a* dewy **-mask** earthworm
dag||gryning = *-ning* **-jämning** equinox **-lig** *a* daily **-ligen** *adv* daily **-ning** dawn **-order** ⚔ order of the day **-s**, *hur* ~? what time? **-s|ljus** [*vid* ~ *by*] daylight **-slända** May fly **-s|penning** day's wages **-s|resa** day's journey **-s|verke** day-work **-tinga** *itr* negotiate **-traktamente** allowance for expenses
dahlia common dahlia
dal valley **-a** *itr* decline **-gång** glen
dallr||a *itr* tremble **-ing** tremble
dal|sänka dip [in the ground]
dam 1 lady 2 [i spel] queen
damask, ~*er* gaiters
damast damask **-duk** damask cloth
dam||frisering ladies' hairdresser **-kupé** ladies' compartment
1 **damm** 1 [vatten] pond 2 [vall] dam
2 **damm** dust **-a** I *tr* dust II *itr* 1 *det* ~*r* the dust is rising 2 [-torka] dust **-fri** *a* free from dust **-handduk** dust[ing]-cloth, duster **-ig** *a* dusty
dammlucka sluice[-gate]
dammoln dust-cloud, cloud of dust
dammsugare vacuum cleaner
dam||rum ladies' room; [toalett] ladies' cloakroom **-singel** ladies' single **-spel** draughts [pl.]
dan||a *tr* fashion, shape, form **-ing** fashioning
dank, *slå* ~ idle
Danmark Denmark
dans dance **-a** *itr tr* dance **-bana** dancing-floor
dansk I *a* Danish II Dane **-a** 1 Danish woman 2 [språk] Danish
dans||lektion dancing-lesson **-lärare** teacher of dancing **-musik** dance music **-skola** dancing-school **-ör -ös** [professional] dancer
dask slap **-a** *tr itr*, ~ [*till*] slap
darr||a *itr* tremble [*av* with] **-gräs** maidenhair [grass] **-hänt** *a* shaky in the hands **-ning** trembling, tremble **-ål** electric eel
dater||a *tr rfl* date; ~ *sig från* date from **-ing** dating
dativ dative
dat||o date; *från dags* ~ from date **-um** date
de I *best art* the II *pron* 1 they 2 ~ *här* these; ~ *där* those 3 [determ.] those; [förenat] the
debarkera *itr* disembark
debatt debate; discussion **-era** *tr itr* debate
deb||et debit; ~ *och kredit* debtor and creditor **-et|konto** debit account **-et|sedel** income-tax demand note **-itera** *tr* debit; charge
debut début [fr.] **-era** *itr* make one's début
december December
decennium decade
dechiffrera *tr* decipher

deci||gram decigramme **-liter** decilitre
decimal decimal **-bråk** decimal fraction **-komma** decimal point
decimeter decimetre
defensiv I *a* defensive **II** defensive
defini||era *tr* define **-erbar** *a* definable **-tion** definition **-tiv** *a* final
deg dough; [smör-; mör-] paste **-artad** *a* dough-like
degel ⊕ crucible; melting-pot
degener||ation degeneration **-era** *itr* degenerate
degig *a* doughy
degradera *tr* degrade
dekad||ans decadence **-ent** *a* decadent
dekanus dean
deklam||ation recitation **-era** *tr* recite
deklar||ation declaration **-era** *tr* declare
deklin||ation [gram.] declension **-era I** *tr* decline **II** *itr* go off
dekokt infusion
dekolleterad *a* decolleté[e] [fr.]
dekor||ation decoration; ornament **-ativ** *a* decorative, ornamental **-atör** decorator **-era** *tr* decorate
dekret decree, edict **-era** *itr* dictate
del part; [andel äv.] share; *en* ~ a part, [obest.] some, part of; *en* ~ *av böckerna* some of the books; *en hel* ~ *misstag* a [fair] number of mistakes; *för all* ~*!* don't mention it! *ja för all* ~ yes, to be sure! *ta* ~ *av* [innehållet] acquaint o.s. with . .; *för min egen* ~ for my part; *i alla* ~*ar* in all respects; *till en viss* ~ to some extent; *till största* ~*en* mostly **-a I** *tr* [upp~] divide; [sinsemellan; deltaga i] share; ~ *jämnt* share even; ~ *med sig åt andra* share with others **II** *rfl* divide **-aktig** *a* participant [*av, i* in]; *vara* ~ *i (av)* participate in **-aktighet** participation; share **-bar** *a* divisable **-barhet** divisibility
deleg||ation delegation **-erad** delegated
delfin dolphin
delgiva *tr.* ~ *ngn ngt* inform a p. of a th.
delikat *a* delicious **-ess** delicacy
del||ning division; partition **-o,** *komma i* ~ *med* fall out with **-s** *konj.* ~ . . ~ partly . . partly, on one hand . . on the other
del||ta[ga] *itr* **1** [i handling] take part; ~ *i samtalet* join in the conversation; ~ *i lunchen* be present at the luncheon **2** [i känsla] participate, share **-tagande I** *a* participant; sympathetic; *de* ~ those taking part **II** *adv* sympathizingly **III** taking part; participation; [bevistande] attendance [*i* at]; [medverkan] co-operation; [medkänsla] sympathy **-tagare** participant, sharer; joiner [*i* at]; [i kurs o. d.] member **-vis I** *adv* partially; partly **II** *a* partial **-ägare** partner

dem *pron* **1** [personl.] them; ~ *själva* themselves **2** [demonstr., determ.] those
dement||era *tr* contradict, deny **-i** contradiction
demokrat democrat **-i** democracy **-isk** *a* democratic
demon demon, fiend
den I *best art* the **II** *pron* **1** [personl.] he, she; [om sak] it **2** [demonstr.] that; ~ *här* this; ~ *där* that **3** [determ.; fören.] the; ~ *som . .* [pers.] the man (woman &c) who; [sak] the one that; ~ *av er, som . .* the one of you that **4** [obest.] ~ *eller (och)* ~ this or (and) that person, so or (and) so
denaturera *tr* denature
denn||a -e *pron* [den här] this; [den där] that; [om pers. vanl.] he, she **-es** [vid datum] instant
densamme *pron* the same; [äv.] it
departement department
depesch dispatch **-byrå** news-office
deponera *tr* deposit
deportera *tr* deport
depr||ession depression **-imerad** *a* depressed
deput||ation deputation **-erad** deputy
depå depot
deras *pron* **1** [personl.] their; [självst.] theirs **2** [determ.] . . of those
desamma *pron* the same, they
desert||era *itr* desert **-ör** deserter
des||illusion **-illusionera** *tr* disillusion **-infektion** disinfection **-inficera** *tr* disinfect
despot despot **-isk** *a* despotic **-ism** despotism
dess I *pron* its **II** *adv* **1** *innan* ~ before then; *sedan* ~ since then; *till* ~ till then; *till* ~ *han kommer* until he comes **2** *ju förr* ~ *bättre* the earlier the better
dessa *pron* [de här] these; [de där] those
dessemellan *adv* betweentimes
dessert dessert **-sked** dessert-spoon
dess||förinnan *adv* before then **-förutan** *adv* without it **-utom** *adv* besides, . . as well; [vidare] furthermore
destiller||a *tr* distil **-ing** distillation
destin||ation destination **-erad** *a* ⚓ bound
desto *adv, ju förr* ~ *hellre* the sooner the better; *icke* ~ *mindre* none the less
det I *best art* the **II** *pron,* se *den II*; ~ *är fullsatt i spårvagnen* the tram is full; ~ *hördes en stark smäll* there was a loud report; ~ *är en herre, som söker er* there is a gentleman to see you; *ja,* ~ *är* ~ yes, it is; *jag hoppas* ~ I hope so
detalj detail; *i* ~ [äv.] minutely

-erad *a* detailed, circumstantial **-handel** retail business; [bod] retail shop
detektiv detective **-roman** detective novel
detsamma *pron* se *densamme; det gör mig alldeles* ~ it is all the same to me; *i* ~ at that very moment; *med* ~ at once
detta *pron*, se *denna; livet efter* ~ the life hereafter
devis device; motto
di, *ge* ~ suckle, give the breast
diabolisk *a* diabolic
diadem diadem
dia||gnos diagnosis **-gonal** diagonal **-kon** deacon **-konissa** deaconess **-lekt** dialect **-log** dialogue
diamant diamond **-ring** diamond ring
diameter diameter
diarium [hand.] day-book
diarré diarrhœa
di|barn suckling, nurseling
dieselmotor Diesel motor
diet diet **-[et]isk** *a* dietetic
difteri diphtheria
diftong diphthong **-era** *tr* diphthongize
dig *pron* you; [poet. bibl.] thee
diger *a* thick **-döden** the Black Death
digna *itr*, ~ [*ned*] sink down, succumb
dik||a *tr* ditch **-e** ditch
1 dikt *adv* ⚓ close, hard
2 dikt 1 poem; *-er* [äv.] poetry **2** [lögn] fiction
1 dikta *tr* ⚓ caulk
2 dikt||a *tr itr* **1** write, compose **2** [hitta på] invent **-amen** dictation **-an,** ~ *och traktan* aim and endeavour **-are** poet **-ator** dictator **-atur** dictatorship **-era** *tr* dictate **-ning** writing **-samling** collection of poems (poetry)
di|lamm tender lamb
dill dill
dilla *itr* F rave
dim|bild phantom
dimension dimension
diminutiv *a* diminutive
dimm||a mist; [tjocka] fog **-ig** *a* misty; foggy; [bildl.] hazy
dimpa *itr* plump down; fall
din *pron* **1** [fören.] your; [poet. bibl.] thy **2** [självst.] yours; [poet. bibl.] thine; *de* ~*a* your people; ~ *idiot!* you idiot!
dingla *itr* dangle
diplom diploma **-at** diplomat **-ati** diplomacy **-atisk** *a* diplomatic
direkt I *a* direct **II** *adv* directly, immediately
direk||tion direction; [styrelse] directorate, board **-tiv** line to work upon **-tris** manager[ess] **-tör** director; manager
dirig||ent [mus.] conductor **-era** *tr* direct, conduct
dis haze
disciplin discipline
disharmon||i disharmony **-iera** *itr* disharmonize **-isk** *a* disharmonious
disig *a* hazy **-het** haziness
disk 1 [bod-] counter; [på krog] bar **2** ~[*en*] the dishes **-a** *tr itr* wash up
diskant [mus.] treble
disk||balja wash-up pan **-borste** dish-mop
diskont||era *tr* discount **-o** discount
diskret *a* discreet; [färg] decorous **-ion** discretion
disk|trasa dish-clout
diskus discus **-kastare** discus-thrower
disku||ssion discussion **-tera** *tr itr* discuss; argue
diskvalifi||cera *tr* disqualify **-cering** **-kation** disqualification
dispens exemption; *få* ~ be granted exemption **-era** *tr* exempt
dispo||nent manager **-nera** *tr itr* dispose; ~ *över* have . . at one's command **-nerad** *a* disposed **-nibel** *a* available **-sition** disposition; disposal; *till er* ~ at your service (disposal)
disp||utera *itr* dispute [*om* about]; [univers.] publicly discuss a doctor's dissertation **-yt** dispute, altercation
dis||sekera *tr* dissect **-sonans** dissonance **-tans** distance **-tansera** *tr* distance **-tingerad** *a* distinguished
distra||hera *tr*, ~ *ngn* distract a p.'s attention; ~*d* distraught **-ktion** distraction; *i* ~ in a fit of absent-mindedness
distrikt district **-[s]läkare** district medical officer
disträ *a* absent-minded
dit *adv* **1** [demonstr.] there; ~ *ned* (*upp, in, ut, bort, över*) down (up, in, out, away, over) there **2** [relat.] where **-hörande** *a* relevant, pertinent **-komst** arrival there
dito *adv* ditto
1 ditt *pron*, se *din*
2 ditt, ~ *och datt* this and that, odds and ends
dit||tills *adv* till then **-åt** *adv* **1** in that direction **2** *någonting* ~ something like that
diva diva
divan couch
diverse I *a* sundry, various **II** sundries [pl.], odds and ends [pl.] **-handel** [bod] general shop **-handlare** general dealer
divi||dera I *tr* divide [*i* into] **II** *itr* F chatter **-sion** division
djungel jungle
djup I *a* deep; [is. i högre stil o. bildl.] profound [*hemlighet* secret]; [friare] complete, great; *ligga i* ~ *sömn* be

fast asleep **II** depth[s]; *ur ~et av mitt hjärta* from the depths of my heart **-sinnig** *a* deep; profound **-sinnighet** depth; profoundness **-t** *adv* deeply; *~ rörd* profoundly moved
djur animal; [större. ofta] beast **-hud** animal's skin **-isk** *a* animal; [rå] brutal **-iskhet** animality; brutality **-plågare** ill-treater of animals **-plågeri** cruelty to animals **-tämjare** wild-beast tamer **-vän,** *vara stor ~* be very fond of animals **-värld** animal world
djärv *a* bold, audacious **-het** boldness; audacity
djävla P deuced, confounded
djävul devil **-sk** *a* devilish **-skap** devilry **-sk|het** devilishness
doc||ent [ung.] university lecturer **-era** *itr* lecture
dock *adv konj* [likväl] yet, still; [emellertid] however
1 docka ⚓ dock
2 dock||a 1 doll 2 [tråd~] skein **-aktig** *a* dollish **-skåp** doll's-house **-teater** puppet-show
doft scent, perfume, odour **-a** *itr* smell [sweet] **-ande** *a* scented, fragrant [*av* with] **-lös** *a* scentless
dogg bulldog; [större] mastiff
dogm dogma **-atisk** *a* dogmatic
dok veil
doktor doctor **-s|grad,** *~en* the doctor's degree
dokument document
dold *a* hidden, concealed; *med illa ~ förtret* with ill-concealed annoyance
dolk dagger **-stöt** dagger-blow
1 dom [kyrka] dome
2 dom judgment; [is. i brottmål] sentence; *yttersta ~en* the last judgment **-are** judge; justice; [sport.] umpire **-e|dag** judgment day
domestik [tyg] cotton cloth; calico
domherre bullfinch
dominera *itr* dominate; be predominant
domkapitel cathedral chapter
domkraft ⊕ jackscrew
domkyrka cathedral
domna *itr* go numb
domprost dean **-eri** deanery
dom||saga judicial district **-slut** judicial decision **-stol** court [of law]
domän domain
don gear, tackle
don||ation donation **-ator** donor **-era** *tr* give; give a donation of . .
dop baptism; [barn-] christening **-attest** certificate of baptism **-klänning** christening-robe **-namn** Christian name
dopp dip, dipping; *kaffe med ~* coffee and buns **-a I** *tr itr* dip **II** *rfl* have a dip **-ing** grebe **-sko** ferrule

dos dose
dosa box; [metall-] tin
dotter daughter **-dotter** granddaughter; *sons (dotters) ~* great-granddaughter **-lig** *a* daughterly **-son** grandson
dov *a* dull **-het** dullness
dovhjort fallow-deer
drabb||a *tr* [träffa] hit, strike; [hända] happen to; *~s av* meet with . ., suffer **-ning** battle
drag 1 pull; [m. penna o. d.] stroke; [schack- o. d.] move **2** [ansikts-] feature **3** [luft-] draught **-a I** *tr* **1** draw, pull; *~ in på* cut down; *~ på sig handskarna* pull on one's gloves; *~ till sig* attract; *~ åt* draw tight **2** [vrida] *~ en mangel* turn a mangle **3** *spisen drar mycket ved* the stove takes a great deal of firewood **II** *itr* **1** pull; *~ i snöret* pull the cord; *~ jämnt* pull even; *inte ~ jämnt* not pull well together; *det drar ut på tiden* it is getting rather late **2** [locka] attract **3** [kort.] draw; [schack.] move **4** [tåga] march, go **5** *det drar förskräckligt* there is a terrible draught **III** *rfl, ~ sig* [vara lättjefull] take things easy; *min klocka har dragit sig tio minuter efter* my watch is ten minutes slow; *~ sig för* shun, hesitate [*att* to]; *~ sig tillbaka* [från affärerna] retire; *~ sig ur spelet* quit the game **-are** [djur] draught-animal **-as** *itr dep, ~ med* [sjukdom] be troubled with . .; [skulder] be encumbered with . .; [fattigdom] struggle with . . **-fri** *a* draughtless
dragg grappling-iron **-a** *itr tr* drag [*efter* for]
drag||ig *a* draughty **-kamp** tug-of-war **-kärra** hand-cart **-ning 1** drawing; [böjelse] inclination [*till* for] **2** [skiftning] tinge **-nings|kraft** attraction **-nings|lista** lottery prize-list
dragon dragoon
drag||sko draw-string casing **-spel** concertina
drake dragon; [pappers-] kite
drama drama **-tik** drama **-tisera** *tr* dramatize **-tisk** *a* dramatic
draper||a *tr* drape **-i** hanging
drastisk *a* drastic
dregg||el **-la** *itr* slaver, drivel
dressera *tr* train
dressin trolley
dress||yr training; [is. bildl.] drill **-ör** trainer
drev drive **-karl** driver, beater
drick||a I beer **II** *tr itr* drink; take [*kaffe till frukost* coffee for breakfast]; *~ i botten* drain one's glass; *~ ur' flaskan* empty the bottle **-bar** *a* drinkable **-s|glas** glass **-s|pengar|** tips, a tip **-s|vatten** drinking-water

drift 1 instinct; *av egen* ~ of one's own accord 2 [skötsel] management; [gång] running 3 [gyckel] joking **-ig** *a* energetic **-ighet** energy **-kostnad** working-cost **-kucku** laughing-stock

drill 1 [mus.] trill; [fåglars] warble 2 ⚔ drill[ing] 3 [borr] drill **-a** *itr tr* 1 trill; warble 2 ⚔ drill 3 [borra] drill **-borr** spiral drill

drink drink **-are** habitual drunkard

dristig *a* bold, daring **-het** boldness

driv||a I drift; snow-drift **II** *tr* 1 drive [äv. bildl.] 2 [växter] force 3 [metall] chase 4 [be~] carry on, run **III** *itr* drive; drift; ⚓ be adrift; *gå och* ~ walk aimlessly; ~ *för ankar* drag anchor; ~ *med ngn* make fun of a p.; ~ *omkring* drift about; ~ *på* urge . . on; ~ *upp* [affär] work up **-bänk** hot-bed **-en** *a* 1 se *-a* 2 [skicklig] clever, skilful; ~ *handstil* running hand **-fjäder** mainspring; [bildl.] motive **-hus** hothouse **-is** drift-ice **-ning** drifting; forcing; chasing **-snö** drifting snow **-ved** driftwood

drog drug **-handel** [bod] drug-store **-handlare** druggist

dromedar dromedary

dropp drip **-a I** *itr* drip, fall in drops **II** *tr* drop **-e** drop; [*svett*~] bead **-vis** *adv* by drops

drosk||a cab **-bil** taxicab **-kusk** cabman **-station** cabstand

drottning queen **-gemål** prince consort **-lik** *a* queen-like

drucken *a* drunken; drunk; *en* ~ *man* a drunken man; *bli* ~ get drunk

drull||e lubber **-ig** *a* clumsy

drum||lig *a* clumsy **-lighet** clumsiness **-mel** = *tölp*

drunkn||a *itr* be drowned; *en* ~*nde* a drowning man **-ing** drowning; being drowned

druv||a grape **-klase** bunch of grapes

dryck drink; *starka* ~*er* liquor **-enskap** drunkenness **-es|broder** boon companion **-es|lag** drinking-bout **-es|visa** drinking-song

dryfta *tr* discuss, talk . . over

dryg *a* 1 *en* ~ *timme* a good hour; *en* ~ *kopp* . . a large cupful of . . 2 [betungande] heavy, hard; ~*a böter* a heavy fine 3 [varaktig] durable; lasting; *denna kakao är ganska* ~ this cocoa lasts well 4 [pers.] stuck-up, self-important **-a** *tr*, ~ *ut kaffe med cikoria* add chicory to coffee to make it go further **-het** self-importance **-t** *adv*, ~ *hälften* a good half [of]

dryp||a I *tr* drop **II** *itr* drip; *han dröp av svett* he was dripping with perspiration **-ande** *adv*, ~ *våt* dripping wet

dråp manslaughter, homicide **-are** homicide **-lig** *a* splendid; [komisk] hugely comic **-slag** deathblow

drägg dregs [pl.]

dräglig *a* tolerable, endurable **-het** tolerableness

dräkt dress; [kjol o. jacka] costume; [friare] attire

dräktig *a* pregnant **-het** 1 pregnancy 2 ⚓ burden

dräner||a *tr* drain **-ing** draining

dräng man-servant; [bond-] farm-man

dränka *tr* drown; [översvämma] flood; ~ *in med olja* soak in oil

dräp||a *tr* slay, kill **-ande** *a*, ~ *svar* crushing reply

drätselkammare borough finance committee

dröj||a I *itr* [söla] loiter, dawdle; [stanna] stay; [låta vänta på sig] be late; [vänta] wait; [uppskjutas] be delayed; [tveka] hesitate; *svaret har -t länge* the answer has been a long time in coming; ~ *vid* dwell upon **II** *opers*, *det -er länge, innan* . . it will be a long time before . .; *det -de inte länge, förrän* . . it was not long before . . **-s|mål** delay

dröm dream **-lik** *a* dream-like **-lös** *a* dreamless **-ma** *itr tr* dream **-mande** *a*, ~ *utseende* dreamy appearance **-mare** dreamer **-meri** dreaming **-syn** vision

drönare [bi] drone

du *pron* you; [bibl., poet.] thou; *kära* ~ my dear; *hör* ~, *kan jag få låna* . . I say, will you lend me **-a** *tr* call . . by his (her) Christian name

dubba *tr* dub

dubb|el *a* double; *-la beloppet* double the amount **-bössa** double-barrelled shot-gun **-dörr** double door **-gångare** double **-het** doubleness **-knäppt** **-radig** *a* double-breasted **-spel** [bedrägeri] double-dealing **-t** *adv* doubly; [två gånger] twice; ~ *upp* double the amount **-vikt** *a* doubled; ~ *krage* turn-down collar

dubbl||a *tr* double **-era** *tr* double **-ett** 1 doublet 2 [två rum] two-roomed apartment

duell duel **-ant** dueller **-era** *itr* duel

duett duet

dug||a *itr* [allm.] do; [vara lämplig] be suitable; *det -er inte!* that will never do! . . *-er ingenting till* . . is no use ([pers.] fit for nothing); *visa vad man -er till* show what one is capable of; *det -er att ha en sådan* . . it is something like to have such a . . **-ande** = *-lig*

dugg 1 = *-regn* 2 *inte ett* ~ not the least **-a** *itr* drizzle **-regn** drizzling rain, drizzle

duglig *a* [pers.] capable [*till* of]; [sak]

fit [*till* for]; *en* ~ *karl* an able man **-het** capability; fitness
duk cloth; [mål.; ⚓] canvas; [bordäv.] table-cloth; [lys-] mat **-a I** *itr tr*, ~ [*bordet*] lay (spread) the table; ~ *av* clear the table; ~ *fram* put . . on the table; ~ *upp en historia* serve up a story **II** *itr*, ~ *under* succumb [*för* to]
duktig *a* [stark] strong; [stor] large, big; [dugande] able, efficient; [frisk] well; [käck] brave; *det var* ~*t* that's fine **-het** efficiency, cleverness **-t** *adv* [ordentligt] thoroughly; [strängt] hard; *det var* ~ *gjort av honom* it was a fine performance of his; *äta* ~ eat heartily
duk|tyg table-linen, napery
dum *a* stupid; [enfaldig] silly; *ingen* ~ *karl* no fool; *så* ~ *jag var!* what a fool I was! *det vore inte så* ~*t att* . . not a bad idea to **-bom** fool, duffer **-dristig** *a* foolhardy **-dristighet** foolhardiness **-dryg** *a* vain, cocky **-dryghet** cockiness **-het** stupidity; silliness; *göra en* ~ do a foolish thing; *vad är det här för* ~*er?* what nonsense is this?
dun down **-bolster** down pillow
dund||er thunder, roll **-ra** *itr* thunder
dunge grove
dunig *a* downy, fluffy
dunka I *itr* thud; throb **II** *tr*, ~ *ngn i ryggen* thump . . on the back
dunkel I *a* **1** dusky, dark, gloomy; ~ *belysning* dim light **2** [obestämd] vague **II** dusk; gloom **-het** duskiness; obscurity
duns thud, thump **-a** *itr*, ~ *ned* thud down
dunst fume, vapour **-a** *itr*, ~ *ut* transpire; jfr *av*~, *ut*~
dun|täcke down-quilt
duplicera *tr* duplicate
dur [mus.] major
durkdriven *a* cunning; practised
dusch douche [fr.], shower-bath **-a** *itr tr* douche
dussin dozen; *ett halvt* ~ half a dozen; *per* ~ a dozen **-tals -vis** *adv* dozens of . .
dust, *ha en* ~ *med* . . have a tussle (struggle) with
duva dove, pigeon
duven *a* stale
duv|hök chicken-hawk
duvning F **1** wigging **2** [plugg] coaching
duv||slag dovecote **-unge** young pigeon; *han är ingen* ~ he is no chicken
dvala doze; trance
dväljas *itr dep* sojourn, abide
dvärg dwarf; pygmy **-träd** dwarf tree
dy mud; [is. bildl.] mire, slough
dyft, *inte ett* ~ not a jot
dygd virtue **-ig** *a* virtuous **-ighet** virtuousness
dygn day [and night]; ~*et om* throughout the twenty-four hours
dyig *a* muddy
dyk||a *itr* dive; ~ *ned* dive down [*i* into]; ~ *upp* emerge [*ur* out of] **-ar|dräkt** diving-dress **-are** diver
dylik *a* . . of that sort; such, similar; *eller* (*och*) ~*t* etcetera
dyn dune
dyna cushion
dynamit dynamite
dynga dung, muck
dyning swell
dyr *a* **1** dear; [kostsam] expensive; ~*a priser* high prices; *det är en* ~ *affär* that's a dear shop to deal at **2** [älskad] dear; [helig] sacred **-bar** *a* **1** [kostsam] costly, expensive **2** [av högt värde] valuable; precious **-barhet 1** costliness **2** expensive article; ~*er* valuables
dyrk pick
1 dyrka *tr* worship, adore
2 dyrk||a *itr*, ~ *upp* [lås] pick, open . . with a pick **-fri** *a* burglar-proof
dyr||köpt *a* dearly-bought **-t** *adv* **1** dearly, expensively; dear; *köpa* ~ buy dear **2** [högt] dearly **3** *lova* ~ promise solemnly **-tid** dear times [pl.]
dyster *a* gloomy, dismal; [till sinnes] melancholy, sad **-het** gloominess; melancholy
då I *adv* **1** [demonstr.] then; ~ *och* ~ now and then **2** [relat.] when; *den tid kommer* ~ . . the time will come when . . **3** *vilken* ~? which one? **II** *konj* **1** [tids-] when; ~ *jag var barn* . . when [I was] a child . . **2** [orsaks-] as; ~ *vädret nu är vackert* . . as the weather is fine now . .; ~ *så är förhållandet* that being the case
dåd deed, act; [bragd] feat, exploit; *med råd och* ~ by word and act **-kraftig** *a* energetic **-lös** *a* inactive **-löshet** inactivity
dåförtiden *adv* at that period
dålig *a* **1** [allm.] bad; ~ *karaktär* a bad character; *en* ~ *handling* a mean act **2** [ej fullgod] poor; *i* ~ *belysning* in a poor light; *han har* ~*t hjärta* he has a weak heart; ~*a tänder* bad teeth **3** [sjuk] indisposed **-het** badness; poorness; [till hälsan] poorliness **-t** *adv* badly; poorly; *äta* ~ have a poor appetite
dån noise, roar, boom
dåna *itr* **1** roar, boom **2** [svimma] faint, swoon
dår||aktig *a* foolish **-aktighet** foolishness **-e** fool; [sinnessjuk] madman, madwoman, lunatic **-hus** madhouse, lunatic asylum **-hus|läkare** asylum doctor **-skap** folly

dås||a *itr* doze **-ig** *a* drowsy **-ighet** drowsiness
då|varande *a*, ~ *fröken M.* Miss M., as she was then; ~ *kungen* the king of that day
däck 1 [bil-] tyre **2** ⚓ deck; *på* ~*et* on deck **-ad** *a* decked **-s|plats** steerage-berth
däggdjur mammal
dämpa *tr* moderate, subdue
där *adv* **1** [demonstr.] there; ~ *finns ingenting* there's nothing there; ~ *bak* at the back; ~ *hemma* at home **2** [relat.] where; *ett land,* ~ . . a country where . .
där||an *adv*, *vara illa* ~ be in a sad plight **-av** *adv* of (by; from; with; out of; off) it; *han dog* ~ he died of it; ~ *följer att* . . hence it follows . **-efter** *adv* after (for; about; according to; by) that; *det blev också* ~ the result was as might have been expected **-emot** *adv* **1** against it **2** [tvärtom] on the contrary; [å andra sidan] on the other hand; *då* ~ whereas, while
därest *konj* if
där||för I *adv* for (to; of; before; on; in) it; *få betala* ~ have to pay for it **II** *konj* therefore; so; ~ *att* because; *han var ute, och* ~ *kunde jag inte komma* he was out, so I could not come; *det var just* ~, *som* . . it was just on that account that . .; *inte* ~ *att jag är rädd* not because I am afraid **-hän** *adv* to that point; *lämna* ~ leave . . open **-i** *adv* in that (it, them); *det är ingenting förvånande* ~ (~, *att han* . .) there is nothing remarkable in that (in his . .-ing . .) **-ibland** *adv* among them **-ifrån** *adv* **1** [eg.] from there; *han har varit länge* ~ he has been gone from there a long time; *han reser* ~ *i morgon* he will be leaving to-morrow **2** *jag skall gärna avstå* ~ I will gladly give it up; *långt* ~ far from it **-igenom** *adv* **1** [eg.] through it (there) **2** [medelst detta] thereby; by that; *han gjorde det* ~, *att han* . . he did it by . .-ing; *jag kom för sent till tåget* ~, *att han* . . I missed my train through his . .-ing **-inifrån** *adv* from within **-innanför** *adv* inside there **-inne** *adv* in there **-intill** *adv* close by; . . *gränsar* ~ . . is adjacent to it **-inunder** *adv* under there **-jämte** *adv* besides, in addition **-med** *adv* by (with) that; thereby; ~ *menade han* . . by that he meant; ~ *gick han sin väg* with that he departed
där||nere *adv* down there **-näst** *adv* next, in the next place **-om** *adv* **1** . . *ligger öster* ~ is situated east of it **2** [ang. den saken] about that (it); *jag vet inte, vad jag skall säga* ~ I don't know what to say about it **3** *jag har bett honom* ~ I have asked him for it (el. to do so) **-omkring** *adv* **1** [omkring det] round it **2** [runt om i trakten] thereabout **3** [så ungefär] thereabouts **-på** *adv* **1** [rum] upon (on, in, to, at) it (them) **2** [tid] after that; then; *strax* ~ immediately after that; *ögonblicket* ~ the next moment **3** [bildl.] upon (of, by) it; *ett bevis* ~ *är* a proof of it is **-städes** *adv* there
där||till *adv* **1** [allm.] to (for, into, of, at, towards) it (that, them); *han bidrog* ~ he contributed to it; ~ *är jag inte beredd* I am not prepared for that; *jag skulle ej råda er* ~ I should not advise you to do so **2** [dessutom] besides, in addition [to that] **-under** *adv* **1** [rum] under (underneath) it (that, them); *det ligger bestämt ngt* ~ there must be something underneath that **2** [tid] during the time, meanwhile; ~ *fick han* . . while doing so he received . . **3** *barn på tolv år och* ~ children of twelve and below; *bananer såldes till* . . *och* ~ bananas were sold at . . and lower **-uppe** *adv* up there **-ur** *adv* out of it **-utanför** *adv* outside there **-ute** *adv* out there, outside **-utöver** *adv* above that; upwards; *100 pund sterling och* ~ £ 100 and upwards **-vid** *adv* **1** [rum] at (in, on, along, by, near, close to, beside; of; to, over) it (that, them) **2** [tid] at it; on that occasion, then **3** *ej fästa avseende* ~ pay no attention to that **-vidlag** *adv* in that respect; on that subject **-åt** *adv* [riktning] towards it, in that direction; [friare] at it (that); *skratta* ~ laugh at it **-över** *adv* over (above; across) it
däst *a* obese; [mätt] cloyed
däven *a* damp; insipid
dö *itr tr* die [*av* of, from]; ~ *bort* die away
död I *a* dead **II** death **-a** *tr* **1** kill **2** [växel o. d.] cancel **-ande** *s a* killing **-dagar,** *till* ~ till death **-född** *a* stillborn **-grävare** gravedigger **-kött** proud flesh **-lig** *a* mortal; deadly **-lighet** mortality
döds||annons death notice **-arbete,** ~*t* the death-throes **-attest** death-certificate **-bringande** *a* deadly **-bud** death-tidings *pl* **-bädd** deathbed **-dag** death-day **-dans** dance of death **-dom** sentence of death **-dömd** *a* sentenced to death; *han är* ~ [sjuk] he has been condemned by the doctors **-fall** death **-fara** deadly peril **-fiende** mortal enemy
död|skalle death's head

döds||kamp death-struggle **-orsak** cause of death **-rike** kingdom of death **-runa** necrology **-sjuk** *a* dangerously ill **-straff** penalty of death **-stund** dying hour **-synd** deadly sin **-trött** *a* dead tired **-tyst** *a* silent as the grave **-tystnad** deathly silence **-ångest** agony of death; [bildl.] mortal fear
död||tid neap **-vatten** dead water
dölja *tr* conceal, hide
döma *tr* 1 judge 2 [jur.] sentence, condemn
döp||a *tr* baptize; [barn] christen **-are** baptist **-else** baptism
dörr door **-hake** door-hinge **-handtag** door-handle **-klocka** door-bell **-knackare** beggar **-matta** door-mat **-springa** door-chink **-vaktare** doorkeeper
döv *a* deaf **-a** *tr* deafen; silence **-het** deafness **-stum** *a* deaf and dumb **-öra**, *slå ~t till* turn a deaf ear [*för* to]

E

ebb ebb, low water; ~ *och flod* ebb and flow; *det är* ~ it is low tide
ebenholts ebony
ebonit ebonite
ecklesiastik||departement Ministry of Public Instruction; [i Engl. ung.] Board of Education **-minister** Minister of Public Instruction
ed oath; *avlägga* ~ take the oath, swear; *på* ~ on oath
eder *pron* 1 [pers.] you; yourself, [pl.] yourselves 2 [poss.] [fören.] your; [självst.] yours
edition edition
ed||lig *a* sworn **-svuren I** *a* sworn **II** *s* juror
effekt effect **-iv** *a* effective **-ivitet** effectivity
efter I *prep* 1 [rum] a) [bakom] behind, after; *längs* ~ along; *närmast* ~ next to; b) [riktning åt] after; c) [för att hämta] for; *gå* ~ *läkaren* go for the doctor; d) [på] at; *kasta sten* ~ *ngn* throw stones at a p. 2 [tid] a) [allm.] after; ~ *några dagar* in a few days; b) [alltsedan] since 3 [från; av] from; of; *det har du* ~ *din mor* you get that from your mother; *spåret* ~ *en räv* the track of a fox 4 [enligt] after; according to 5 [med ledning av] by; from; ~ *skenet att döma* to judge by (from) appearances **II** *adv* 1 [tid] after, afterwards 2 [bakom, kvar] behind **III** *konj*, ~ [*det att*] after
efter||apa *tr* imitate **-beställning** supplementary order **-bilda** *tr* imitate **-bliven** *a* backward **-börd** afterbirth
efter||dyningar after-roll **-forska** *tr* make inquiries about **-forskning** inquiry [*efter* about] **-fråga** *tr* inquire (ask) for; . . *är mycket ~d* is in great demand **-frågan** inquiry; [hand.] demand **-följa** *tr* follow **-följans|värd** *a* worth following **-följare** follower; [-trädare] successor
efter||gift concession **-giva** *tr* concede **-given** *a* yielding, compliant **-givenhet** compliancy **-gjord** *a* imitated **-göra** *tr* imitate **-hand I** [kort.] younger hand **II** *adv* by and by; gradually **-hängsen** *a* obtrusive **-hängsenhet** obtrusiveness **-härma** *tr* imitate **-klang** resonance **-komma** *tr* comply with **-kommande** [pl.] descendants **-krav** cash on delivery **-kälke**, *komma på ~n* get behindhand **-känning** after-effect
efter||leva *tr* act up to **-likna** *tr* imitate **-lysa** *tr* 1 advertise . . as missing 2 [jur.] raise a hue and cry after . . **-lysning** 1 advertisement of the loss 2 issuing of a warrant [*efter ngn* for a p.'s arrest] **-låten** *a* indulgent [*mot* to] **-lämna** *tr* leave **-längtad** *a* longed-for **-middag** afternoon; *i* ~ this afternoon; *om ~arna* in the afternoon[s] **-mognad** subsequent ripening **-måle** obituary testimony **-namn** surname **-prövning** supplementary examination **-räkning** supplementary bill, [bildl.] afterclap **-rätt** sweet [dish] **-rättelse**, *tjäna till* ~ serve as a guide
efter||sats consequent clause **-se** *tr* look after **-sinna** *tr* consider **-skicka** *tr* send for **-skott**, *i* ~ subsequently **-skrift** supplement **-skänka** *tr* remit; resign **-skörd** aftercrop **-släng** return **-smak** after-taste **-som** *konj* as, since **-sommar** later part of the summer **-spana** *tr* search for **-spel** [bildl.] sequel **-st** *a adv* last **-sträva** *tr* aim at; pursue **-strävans|värd** *a* desirable **-stygn** backstitch **-syn** inspection **-säga** *tr* repeat **-sända** *tr* 1 send for 2 [skicka vidare] forward **-sökt** *a* sought after
efter||tanke reflection, consideration; *med (utan)* ~ with (without) due consideration **-trakta** = *-sträva* **-trupp** rear-guard **-tryck** emphasis **-tycklig** *a* emphatic, decisive **-träda** *tr* succeed **-trädare** successor **-tänksam** *a* thoughtful **-verkning** after-effect **-värk[ar]** after-pains [pl.] **-värld** posterity **-åt** *adv* afterwards
egen *a* 1 own; *i* ~ *person* in person

Europ||a Europe **e-é e-eisk** *a* European
evakuer||a *tr* evacuate **-ing** evacuation
evangel||isk *a* evangelical **-ium** Gospel
evenemang event, grand occasion
eventu||alitet eventuality **-ell** *a* any .. that may come (occur etc.) **-ellt** *adv* possibly
evig *a* eternal; *för ~t* for ever **-het** eternity
evinnerlig *a* eternal
evärdlig *a* eternal
exakt *a* exact; precise
exalterad *a* exalted, excited
examen examination **-s|betyg** examination certificate
examin||and examinee **-ator** examiner **-era** *tr* examine
excell||ens excellency **-era** *itr* excel
excentrisk *a* eccentric
exeku||tion execution **-tiv** *a* executive **-tor** executor
exempel example; *till ~ = -vis* **-vis** *adv* for instance
exemplar copy; [naturv.] specimen **-isk** *a* exemplary
exerc||era *tr itr* drill, train **-is** drill, training
exist||ens existence; [utkomst] living **-era** *itr* exist; live
exklusiv *a* exclusive **-e** *prep* excluding
exkonung ex-king
exkursion excursion
exotisk *a* exotic
expansion expansion
exped||iera *tr* send .. off, dispatch; [kund] attend to **-it** shop-hand **-ition 1** dispatch **2** [lokal] office **3** [färd] expedition
experiment **-era** *itr* experiment
expert expert
explo||dera *itr* explode **-sion** explosion **-siv** *a* explosive
exponera *tr* exhibit; expose
export export **-era** *tr* export **-vara** article for export
express *adv* express **-brev** express letter **-byrå** parcel delivery agency **-tåg** express train
ext||as ecstasy **-atisk** *a* ecstatic
exteriör exterior
extra *adv* extra **-blad** special edition
extrakt extract
extra||lärare assistant master **-nummer** special issue; [konsert o. d.] extra item **-ordinarie** *a* assistant; supernumerary **-tåg** special train **-vagant** *a* extravagant
extrem *a* extreme **-itet** extremity

F

fabel fable; story **-aktig** *a* fabulous
fabricera *tr* make; produce
fabrik factory **-ant** manufacturer **-at** manufacture; *av svenskt ~* of Swedish make **-ation** manufacture, make **-s|aktiebolag** manufacturing company **-s|arbetare** factory-man **-s|märke** trade-mark **-s|pris** manufacturer's price **-ör** manufacturer
fack 1 partition, box **2** [yrke] branch, line
fackeltåg torchlight procession
fack||förening trade union **-kunskap[er]** professional knowledge
fackla torch
fack||man expert **-skola** training college **-term** professional term
fadd *a* flat, stale
fadder godfather **-gåva** christening present
faddhet flatness
fader father **-lig** *a* fatherly, paternal **-lös** *a* fatherless **-mord** parricide **-s|glädje** paternal joy **-skap** fatherhood **-vår** the Lord's Prayer
fager *a* fair, good-looking
fagott [mus.] bassoon
fajans glazed pottery-ware, faïence
faktisk *a* actual
fakt||or 1 factor **2** [på tryckeri o. d.] foreman **-um** fact **-ura** invoice
fakultet faculty
fal *a* venal **-het** venality
falk falcon **-blick** falcon gaze **-unge** red-hawk
fall 1 [-ande; vatten-] fall **2** [dräkts] hang **3** [förekommande ~] case; *ett intressant ~* an interesting case; *i ~* in case; *i alla ~* at all events
fall||a I *itr* **1** fall **2** *det -er av sig självt* that is a matter of course; *~ ihop* collapse; *~ ngn in* occur to a p. **II** *rfl* [hända] happen; [vara] be **-ande|sjuka** epilepsy **-bila** axe **-en** *a* **1** fallen **2** [hågad] inclined **-enhet** predisposition; gift, talent **-frukt** fallings [pl.] **-färdig** *a* dilapidated **-grop** pitfall **-issemang** failure **-[l]ucka** trap-door **-skärm** parachute **-skärms|hoppare** ⚔ parachute troopist
falna *itr* die; [vissna] fade
fals [snick.] fillister; [ränna] groove
falsarium forgery
falsett falsetto
falsk *a* false **-het** falseness **-myntare** counterfeiter **-spelare** cheater at cards, card-sharper
familj family; *~en B.* the B. family **-e|fader** father of a family **-e|förhållanden** family circumstances **-e|liv** family life **-är** *a* familiar
famla *itr, ~ efter* grope for

famn 1 arms; *ta i* ~ embrace; *med* ~*en full av* . . with a whole armful of . . 2 [vedmått] cord **-tag** embrace
1 fan [på fjäder] web, vane
2 fan the devil; ~ *så bra!* deucedly good!
fana banner, standard
fanat‖iker fanatic **-isk** *a* fanatic **-ism** fanaticism
fanbärare standard-bearer
faner veneer **-a** *tr* veneer
fanerogam phanerogam
fanfar fanfare
fanjunkare ⚔ colour-sergeant
fantasi imagination; [föreställning] fancy **-dräkt** fancy costume **-foster** imagining[s] **-full** *a* imaginative **-lös** *a* unimaginative
fant‖ast fantast, dreamer **-astisk** *a* fantastic[al] **-isera** *itr* indulge in imagination; [yra] rave **-om** phantom
far = *fader;* jfr *farfar*
1 fara danger; [risk] risk
2 far‖a *itr* 1 go; jfr *1 resa II* 2 ~ *väl* (*illa*) be well (badly) treated; ~ *ut emot ngn* fly out at a p. **-bar** *a* trafficable; ⚓ navigable
far‖bror uncle **-far** grandfather; ~*s far* greatgrandfather **-föräldrar** grandparents
farhåga apprehension, fear
far‖kost vessel, bark **-led** passage
farlig *a* dangerous **-het** dangerousness
farm farm **-are** farmer
far|mor grandmother; jfr *-far*
fars farce **-artad** *a* farce-like
far|sot epidemic; pestilence
fart speed; *ta* ~ go ahead, [bildl.] gain ground; *i full* ~ at full speed
far‖tyg vessel, ship **-vatten** fairway, channel **-väg**, *allmän* ~ highroad
farväl *itj* farewell! goodbye! *ta* ~ *av* say goodbye to
fas phase
fasa I terror; horror; *stel av* ~ terrified **II** *itr* shudder [*för, över* at]
fasad front
fasan pheasant **-höna** hen pheasant
fas‖ansfull *a* terrible, awful **-a|väckande** *a* terrific
fascinerande *a* fascinating
fasc‖ism fascism **-ist** fascist **-istisk** *a* fascistic
fasett facet
faslig *a* dreadful, frightful
fason shape, form; [skick] manners [pl.]; *sätta* ~ *på* get . . into proper shape
fast I *a* firm; [mots. flytande] solid; [fångad] caught; [bestämd] fixed; ~ *blick* steady gaze; ~ *egendom* real property; *ta* ~ catch **II** = *fastän*
1 fasta, *ta* ~ *på* bear . . in mind
2 fasta I fasting; fast; [högtid] Lent **II** *itr* fast
fastbinda *tr* tie (fasten) . . on
faster [paternal] aunt
fast‖frysa *itr* freeze (get frozen) [*vid* to] **-göra** *tr* fasten, make . . fast **-het** firmness; solidity; stability **-hålla** *tr* hold; retain
fastighet house-property **-s|ägare** property-holder, landlord
fast‖kedja *tr* chain [*vid* to] **-kila** *tr* wedge . . in **-klämd** *a*, *vara* ~ be squeezed tight in
fastlag Lent
fast‖land continent; mainland **-limma** *tr* glue . . on [*vid* to] **-låsa** *tr* lock; [bildl.] tie up **-na** *itr* 1 get caught: [i ngt klibbigt el. trångt] get stuck 2 [om ngt klibbigt] stick, adhere **-naglad** *a*, *stå* ~ stand rooted to the spot **-sittande** *a* fixed, attached **-skruva** *tr* screw tight [*vid* on to] **-slå** *tr* settle, fix **-spika** *tr* nail . . [*vid* on to] **-ställa** *tr* fix; [stadfästa] confirm **-taga** *tr* catch hold of **-vuxen** *a* firmly rooted [*vid* to]
fastän *konj* although, though
fat 1 dish; [te-] saucer 2 [tunna] cask, barrel **-a|bur**, *ur egen* ~ out of one's own head
fatal *a* fatal **-ism** fatalism **-ist** fatalist
fatt I *a*, *hur är det* ~*?* what's the matter? **II** *ta* ~ = *fasttaga; få* ~ *i* get hold of **-a I** *tr* 1 grasp; seize; take hold of 2 [böjelse o. d.] conceive; take 3 [förstå] grasp, understand **II** *rfl*, ~ *sig kort* be brief **-as** *itr dep* be wanting (lacking); *det* ~ *mig kapital* I have not enough money; *vad* ~ *dig?* what's the matter [with you]? **-bar** *a* comprehensible
fattig *a* poor **-dom** poverty; [brist] deficiency **-doms|bevis** [bildl.] confession of poverty **-hus** poor-house; workhouse **-lapp** pauper **-vård** poor relief **-vårds|styrelse** public assistance committee
fattning 1 [sport.] hold 2 self-possession **-s|förmåga** power of apprehension
faun faun **-a** fauna
favor‖isera *tr* favour **-it** favourite
favör advantage
fe fairy
feber fever **-aktig** *a* feverish **-fri** *a* free from fever **-termometer** clinical thermometer
februari February
federation federation
feg *a* cowardly; ~ *stackare* coward **-het** cowardice
feja *tr* clean
fejd feud, strife; [bildl.] quarrel
fel I 1 fault; defect 2 [skriv- o. d.] mistake **II** *a* 1 [attrib.] ~ *nummer* the wrong number 2 [pred:s|-fylln.] *vara* ~ be wrong **III** *adv*

wrongly, wrong; *räkna* ~ miscalculate; *höra* ~ mishear; *skjuta* ~ make a miss; *ta* ~ make a mistake **-a** *itr* err; [synda] sin **-aktig** *a* wrong, incorrect, false **-as** = *fattas* **-fri** *a* free from fault[s]; correct
fe|lik *a* fairy-like
fel||läsning misreading **-skrivning** mis-writing **-slagen** *a*, ~ *förhoppning* disappointed hope **-slut** false conclusion **-stavning** mis-spelling **-steg** false step
fem *räkn* five **-dubbla** *tr* quintuple
feminin *a* feminine **-um** feminine
fem||kamp pentathlon **-kampare** pentathlete **-kantig** *a* five-edged **-ma** five; [sedel] five-crown note **-te** *räkn* fifth **-te|del** fifth [part] **-tio** *räkn* fifty **-tionde** *räkn* fiftieth **-tiondel** fiftieth [part] **-tio|tal** fifty; *ett* ~ about fifty **-tio|årig** *a* fifty-year-old **-tio|åring** man (woman) of fifty **-ton** *räkn* fifteen **-tonde** *räkn* fifteenth **-ton|årig** *a* fifteen-year-old **-årig** *a* five-year-old
fena fin
fenomen phenomenon **-al** *a* phenomenal, extraordinary
feodal *a* feudal
ferier holidays; vacation
ferm = *färm*
fernissa I varnish **II** *tr* varnish
fest festivity; entertainment; party; [helg] festival **-a** *itr* **1** go out to parties **2** [frossa] feast [*på* on] **-föremål**, ~*et* the hero of the occasion **-föreställning** festival performance **-ivitas** festivity **-lig** *a* festive, festal; sumptuous **-lighet** festivity **-prisse** F reveller **-våning** reception apartments [pl.]
fet *a* fat; [mäktig] rich; ~ *mjölk* (*jord*) rich milk (soil)
fetisch fetish
fet||lagd *a* stout[ish] **-ma I** stoutness; corpulency **II** *itr* grow fat ([om pers. äv.] stout)
fett fat; [späck] lard **-bildning** accumulation of fat **-fläck** grease spot
fettisdag Shrove Tuesday
fett||kula fatty globule **-sot** [läk.] adiposity
fiasko fiasco, failure
fib||er fibre **-rös** *a* fibrous
fick||a pocket **-lock** pocket-flap **-pengar** pocket-money [sing.] **-tjuv** pickpocket **-ur** watch
fideikommiss entailed estate **-arie** tenant in tail
fiend||e enemy **-e|land** hostile country **-skap** enmity
fientlig *a* hostile **-het** hostility
fiffig *a* smart, clever, shrewd
figur figure **-era** *itr* figure; appear **-lig** *a* figurative

fik||a *itr* hanker [*efter* after] **-en** *a*, ~ *efter* covetous of
fikon fig **-löv** fig-leaf
fikus rubber tree
1 fil [rad] row
2 fil file **-a** *tr* file
filantrop philanthropist **-isk** *a* philanthropic
filare filer
filbunke sour whole milk
filé 1 fillet **2** [knytning] netting
filial branch shop (establishment)
filigran filigree
film film **-a I** *tr* film **II** *itr* act for the cinema **-atisera** *tr* adapt . . for the cinema **-författare** film-play writer **-hjälte** hero of the screen **-inspelning** filming **-kamera** film camera **-regissör** cinema stage-manager **-skådespelare** photoplayer **stjärna** film star
filolog philologist **-i** philology
filosof philosopher **-i** philosophy; ~*e doktor* doctor of philosophy **-isk** *a* philosophical
filt 1 [ämne] felt **2** blanket
filter filter
filthatt felt hat
filtrer||a *tr* filter **-papper** filter paper
filur F keen file; sly dog
fin *a* fine; [smal] thin; [förnäm] distinguished; [bra] first-class; [tryck o. d.] small
final I *a* final **II** [mus.] finale; [sport.] final
finans||departement finance department **-er** finances **-iell** *a* financial **-man** financier **-väsen** finances [pl.]
finbageri fancy bakery
finess finesse; [med pl.] refinement
finger finger
fingera *tr* feign, simulate
finger||avtryck finger-print **-borg** thimble **-färdig** *a* nimble-fingered **-färdighet** dexterity; [mus.] skill of execution **-tuta** finger-stall **-visning** hint **-övning** finger-exercise
fingra *itr* finger [*på* at]
fin||het fineness jfr *fin* **-hyllt** *a* delicate-complexioned
fink finch
finka 1 [arrest] bridewell **2** [järnv.] luggage-van
fin||klippa *tr* cut up . . fine **-kornig** *a* fine-grained **-krossad** *a* crushed small **-känslig** *a* delicate; considerate **-känslighet** delicacy; considerateness
finn||a I *tr* **1** find **2** [tycka] think **3** ~ *på* find out, discover; ~ *upp* invent; ~ *för gott* think well (fit) **II** *rfl* **1** ~ *sig i* be content with **2** [behålla fattningen] have presence of mind **-as** *itr dep* be, exist; *det* -*s* there is (are)
1 finne [folk] Finn
2 finn||e pimple **-ig** *a* pimply; blotched
fin|polera *tr* high-polish

finsk *a* Finnish **-a 1** Finnish lady **2** [språk] Finnish
fin||skuren *a* **1** [kok.] minced small **2** [bildl.] finely chiselled **-smakare** epicure, gourmand **-smed** whitesmith **-snickare** cabinet-maker **-stött** *a* pounded small
fint [knep] trick, fetch
finurlig *a* [sak] clever; [pers.] shrewd
fiol violin **-låda** violin-case **-spelare** violin-player **-stall** bridge of a (the) violin **-stråke** violin-bow **-sträng** violin-string
1 fira *tr itr* ⚓ lower; ease
2 fira *tr* celebrate; *en ~d sångerska* a fêted prima donna
firm||a firm **-ament** firmament
fisk fish **-a** *tr itr* fish; *~ efter* [bildl.] angle for **-are** fisherman **-ben 1** fish-bone **2** [val~] whalebone **-damm** fish-pond **-e** fishing **-eri** fishery **-e|vatten** fishing-ground **-fjäll** fish-scale **-färs** fish pudding **-handel** fish-trade; [bod] fish-shop **-handlare** fish-monger **-läge** fishing-village **-mås** gull **-nät** fishing-net **-redskap** fishing-tackle **-rom** roe **-sump** fish-chest
fistel fistula **-artad** *a* fistulous
fix *a* fixed **-era** *tr* **1** fix **2** [betrakta] look hard at **-er|bad** fixing-bath **-stjärna** fixed star
fjant whipper-snapper **-ig** *a* fussy
fjol, *i ~* last year; *i ~ sommar* last summer
fjoll||a foolish woman **-ig** *a* foolish
fjord fiord; firth
fjorton *räkn* fourteen **-de** *räkn* fourteenth **-del** fourteenth
fjun down **-ig** *a* downy; flossy
fjäd|er 1 feather; *lånta -rar* borrowed plumes **2** [spänn~] spring **-beklädnad** plumage **-boll** shuttlecock **-fä** poultry **-lätt** *a* light as a feather **-moln** cirrus **-penna** feather-plume **-vagn** spring carriage **-vikt** feather-weight **-vippa** feather-duster
fjädra I *itr rfl* be elastic, spring **II** *rfl* F show oneself off
1 fjäll [berg] fjeld, mountain
2 fjäll scale **-a I** *tr* scale **II** *itr* peel **-ig** *a* squamous, scaly
fjäll||ripa ptarmigan **-topp** fjeld-(mountain-)top **-växt** fjeld plant
fjär *a* stand-off[ish]
fjärd bay, bight
fjärd||e *räkn* fourth **-e|del** fourth **-ing** firkin, firlot **-ings|väg,** *en ~* à quarter of a [Swedish] mile
fjäril butterfly **-s|håv** butterfly-net
fjärma *tr* remove; [från varandra] drive . . apart
fjärr||an I *a* distant, remote, far-off **II** *adv* afar, far away; *från när och ~* from far and near **III** *i ~* at a distance, afar off **-belägen** *a* far-distant **-skådande -synt** *a* clairvoyant **-trafik** long-distance traffic
fjäsk fuss; fawning **-a** *itr* make a fuss [*för* with] **-ig** *a* bustling, fussy
fjät 1 step **2** [spår] footmark
fjätt||ra *tr* fetter **-rar** fetters
flabb||a *itr* drivel **-ig** *a* drivelling
flack *a* flat, level **-a** *itr* rove about
fladd||ermus bat **-ra** *itr* flutter; [om fågel] flit; [om flagga] stream; [om ljus] flicker **-rig** *a* flapping; [ostadig] volatile
flaga I flake **II** *itr rfl, ~* [*av*] *sig* shed flakes
flagg||a I flag **II** *itr* fly flags (one's flag) **-duk** [tyg] bunting **-ning** display of flags **-skepp** flagship **-stång** flagstaff
flagig *a* flaky
flakvagn open-sided waggon
flamingo flamingo
flamländ||are Fleming **-sk** *a* Flemish **-ska I** Flemish woman **II** [språk] Flemish
flamm||a I flame **II** *itr* flame, blaze **-ig** *a* flamy
Flandern Flanders
flanell flannel **-byxor** flannel trousers
flanera *itr* stroll about
flank flank **-era** *tr* flank
flanör stroller, man about town
flaska bottle; [av metall] can
flat *a* **1** flat; [tallrik] shallow **2** [bildl.] aghast, dumbfounded **-het 1** flatness **2** [bildl.] dumbfoundedness **-skratt** guffaw
flau *a* [hand.] dull
flax||a *itr* flutter; [slå] flap **-ig** *a* **1** fluttering; flapping **2** [bildl.] flighty · sloppy
flegm||a phlegm **-atisk** *a* phlegmatic
fler|||[a] *pron* **1** more, more numerous **2** [utan jämför.] many, several **-dubbel** *a* manifold **-siffrig** *a* many-figure **-stavig** *a* polysyllabic **-stämmig** *a* polyphonous; *~ sång* part-song **-tal 1** majority **2** [utan jämför.] *ett ~* a number of **-årig** *a* of several years
flesta *pron, de ~* most people &c, most of them
flexion inflection
1 flicka *tr* [laga] patch
2 flick||a girl **-aktig** *a* girlish **-namn** [frus] maiden name **-skola** girls' school
flik flap; edge; [lösryckt] patch; [naturv.] lobe **-ig** *a* [naturv.] lobate
flin grin **-a** *itr* grin [*åt* at]
flinga flake
flink *a* quick, agile, nimble
flint||a flint **-lås** flint-lock
flintskall||e bald head **-ig** *a* bald[-headed]

flirt = *flört*
flisa 1 chip, splinter **2** [platta] flag
flit 1 diligence; application; industry **2** *med* ~ purposely **-ig** *a* diligent; industrious; busy; [trägen] sedulous; frequent
flitter tinsel
flock 1 flock; troop **2** [bot.] umbel **-a** *rfl* flock **-blomstrig** *a* umbelliferous **-ull** flock-wool **-vis** *adv* in flocks
flod 1 river; [bildl.] flood **2** [i havet] flood, tide **-bädd** river-bed **-häst** hippopotamus **-mynning** river mouth **-tid** high tide
1 flor [tyg] gauze; [slöja] veil; [sorg-] crape
2 flor [blomstring] blossom **-a** flora
florett fencing-foil
flossamatta pile rug
flott I grease; fat; [stek-] dripping **II** *a* **1** F fast, extravagant, stylish **2** ⚓ afloat **-a I 1** fleet **2** ⚓ navy **II** *tr* float **-e** raft **-fläck** grease spot **-ig** *a* greasy **-ilj** flotilla **-ist** sailor **-led** floatable water-course **-ning** floating **-nings|karl** floater **-yr** frying-fat **-ör** float
flug||a fly **-håv** fly-net **-papper** fly-paper **-snappare** [zool.] fly-catcher **-svamp** fly agaric
flundra flounder
flux *adv* straight [away]
fly I *itr* flee; fly **II** *tr* flee from
flyg||a *itr* fly; ~ *på ngn* fly at a p. **-are** airman, aviator **-blad** leaflet **-el 1** wing **2** [mus.] grand piano **-fisk** flying-fish **-fä** winged insect **-fält** flying-field, aerodrome **-larm** air raid alarm **-maskin** = *-plan* **-officer** flying-department officer **-olycka** aeroplane accident **-plan** flying-machine, aeroplane **-sand** blowing sand **-spaning** air-scouting **-vapen** flying arm **-väsen** flying-establishment **-övning** practice flight
flykt flight; *ta till* ~*en* take to flight; *gripa tillfället i* ~*en* seize the moment as it flies **-ig** *a* **1** passing, fugitive **2** [pers.] fickle, flighty **-ing** fugitive, refugee
flyt||a *itr* float; [rinna] flow; ~ *ovanpå* float on the top **-ande** *a* **1** floating **2** ~ *engelska* fluent English **3** [mots. 'fast'] fluid
flytt||a I *tr* move; remove **II** *rfl* move **III** *itr* move; leave **-bar** *a* movable **-fågel** bird of passage **-lass** vanload of furniture **-ning** moving; [tjänstefolks] leaving; [fåglars] migration **-saker** furniture being removed
flå *tr* flay; skin
flås||a *itr* puff; pant, breathe hard **-ande** *s a* puffing; panting
fläck stain; spot; blotch; *på* ~*en* on the spot **-a** *tr* stain; ~ *ned* stain . . all over **-fri** *a* stainless, spotless **-ig** *a* spotted **-medel** stain-remover **-tyfus** [läk.] spotted fever **-vatten** scouring-drops [pl.] **-vis** *adv* in spots
fläder elder **-buske** elder-tree
flädermus bat
fläderte elder-flower tea
fläka *tr* slit up
fläkt 1 breath; puff **2** ⊕ fan **-a I** *tr* fan **II** *itr* blow **-ande** fanning; blowing
flämt||a *itr* **1** pant **2** [fladdra] flicker **-ande** panting; flickering
fläng hurry, flurry **-a** *itr* fling; rush to and fro
flärd vanity **-fri** *a* unaffected, artless **-frihet** artlessness **-full** *a* vain; frivolous
fläsk pork; bacon **-korv** pork sausage **-pannkaka** pork-pancake **-svål** bacon skin
fläta I plait **II** *tr* plait
flöd||a *itr* flow; ~ *av* . . overflow with . . **-e** flow; torrent
flöjel weathercock
flöjt flute **-blåsning** flute-playing **-ist** flutist
flöte float
fnas husk, shuck
fnissa fnittra *itr* giggle
fnoskig *a* dotty
fnurr||a knot, tangle; *det är en* ~ *på tråden* there is a little hitch in the working **-ig** *a* huffy
fnysa *itr* sniff; snort
fnöske tinder
fob [hand.] fob
fock ⚓ foresail
focka *tr*, ~ *ngn* turn a p. off
fockmast ⚓ foremast
foder 1 lining **2** [bot.] calyx **3** [föda] food; fodder **-brist** fodder shortage **-växt** fodder-plant
fodra *tr* **1** line **2** feed
fodral case, box
fog 1 joint **2** [skäl] reason **-a I** *tr* **1** bring . . together, join **2** [ordna] ordain **II** *rfl* accommodate o.s.; give in
fogde [ung.] sheriff, bailiff
foglig *a* accommodating, compliant **-het** accommodatingness, compliancy
folk people; [äv.] nation **-bildning** education extension **-dans** national dance **-fattig** *a* poorly populated **-hjälte** popular hero **-högskola** people's high school **-ilsken** *a* vicious, savage **-ledare** popular leader **-lig** *a* popular; affable **-liv** folk-life **-lore** folklore **-lynne** national character **-massa** crowd of people **-mängd** population **-möte** democratic gathering **-rätt** law of nations **-saga** popular tale **-samling** gathering of people **-sed** popular custom **-skockning** gathering of a crowd **-skola** elementary (primary) school; [Amer.]

common school; *högre* ~ [ung.] higher-grade school **-skollärare** elementary-school teacher **-skollärar|-examen** elementary-school teacher's certificate-examination **-skygg** *a* morbidly shy of society **-slag** nationality **-stam** tribe **-sång** national anthem **-talare** popular speaker **-tom** *a* depopulated; deserted **-tro** popular belief **-trängsel** crowd **-tät** *a* densely populated **-vandring** general migration **-vett** good manners [pl.] **-visa** ballad **-välde** democracy
fond 1 [kapital] fund 2 [bakgrund] background **-börs** stock exchange **-era** *tr* fund **-mäklare** stock-and-share-dealer
fonetik phonetics [pl.]
fontän fountain
fora load; cartload; [vagn] cart
forcera *tr* force
fordom *adv* formerly; aforetime
fordon vehicle
fordr||a *tr* demand; insist upon; [er~] require; *jag har 10 kr. att ~ av honom* I have a claim of ten shillings on him **-an** demand; [penning~] claim **-ande** *a* exacting **-as** *itr dep* be required (requisite) **-ingar** 1 demands; requirements 2 [pengar] debts due to one **-ings|ägare** creditor
forell river trout
form form, shape **-a** *tr* mould; shape **-alitet** formality **-at** size **-el** formula **-ell** *a* formal **-era** *tr* 1 [penna] sharpen 2 ⚔ form **-fulländad** *a* perfect in form **-ligen** *adv* literally **-lära** [gram.] accidence **-lös** *a* shapeless; [abstr.] vague **-sinne** sense of form **-ulera** *tr* draw up; word **-ulär** form, blank
forn *a* former; [-tida] ancient **-engelsk** *a* Old English **-forskare** antiquarian **-fynd** relic of antiquity **-lämning** ancient monument **-nordisk** *a* Old Scandinavian **-svensk** *a* Old Swedish **-sägen** ancient legend **-tid** prehistoric age; *~en* ancient times [pl.] **-tida** *a* ancient
fors rapid; stream **-a** *itr* rush; gush; stream
forsk||a *itr* search; ~ *i* inquire into **-are** scientist, scholar **-ning** investigation; [vetensk.] research **-nings|-resande** explorer
forsl||a *tr* transport, convey **-ing** transportation
1 fort ⚔ fort
2 fort *adv* fast; quickly; *så ~ som* as soon as **-a** *rfl* [om ur] gain **-bestå** *itr* continue to exist **-fara** *itr* continue, go on **-farande** *adv* still **-gå** *itr* go on, proceed
fortifikation fortification
fort||leva *itr* survive; live on **-planta** *tr rfl* propagate **-plantning** propagation **-skaffa** *tr* transport, convey **-skaffnings|medel** conveyance **-skrida** *itr* proceed **-sätta** *tr itr* continue, go on [with] **-sättning** continuation **-sättnings|skola** continuation school
fosfor phosphorus **-escera** *itr* phosphoresce
fossil *a s* fossil
fostbrödralag foster-brotherhood
foster foetus; embryo; [fig.] offspring **-barn** foster-child **-fördrivning** criminal abortion **-föräldrar** foster parents **-land** native country, fatherland **-ländsk** *a* patriotic
fostr||a *tr* bring up **-an** bringing up; education **-are** fosterer
fot foot; *till ~s* on foot; *stå på god ~ med* be on an excellent footing with **-beklädnad** foot-gear **-boll** football **-bolls|spelare** football player **-fäste** foothold, footing; *få ~* obtain a foothold **-gängare** pedestrian, walker **-lampa** standing lamp **-led** ankle-joint
fotogen paraffin[-oil] **-lampa** petroleum lamp **-motor** petroleum motor
fotograf photographer **-era I** *tr itr* photograph **II** *rfl* be photographed **-i** photograph **-i|album** photograph album **-isk** *a* photographic
fot||sdjup *a* a (one) foot deep **-sid** *a* reaching to the feet **-spår** footprint **-steg** step **-sula** sole **-svett** sweaty feet **-vandring** walking excursion
frack dress coat **-kostym** dress suit
fradg||a I froth **II** *itr* foam, froth **-ig** *a* frothy, foamy
fragment fragment **-arisk** *a* fragmentary
frakt freight **-a** *tr* freight **-fri** *a* free of freight **-gods** goods [pl.] to be dispatched by goods train **-kostnad** freight charge **-sedel** consignment note; ⚓ bill of lading
fram *adv* 1 [-åt] on; [genom] through; [~ i dagen] out; [~ till målet] there; *~ till* up to; *stiga ~* come forth; *~ och tillbaka* to and fro; *ända ~ till* as far as 2 [tid] *längre ~* later on; *~ på dagen* later in the day; *ända ~ till* right on [in]to
fram||ben fore leg **-bringa** *tr* bring forth; [skapa] create; produce **-bära** *tr* take up; offer; deliver **-deles** *adv* later on **-draga** *tr* draw forth; bring to light **-fart** rampaging; [födeläggelse] ravaging **-fusig** *a* pushing; pert **-fusighet** pushingness **-föda** *tr* give birth to **-för I** *prep* in front of; [fig.] above; *~ allt* above everything **II** *adv* in front, ahead **-föra** *tr* convey, give; [-säga] deliver; [utföra] execute **-förande** delivery, execution
fram||gent *adv*, *allt ~* henceforth; in

the future **-gå** *itr* [fig.] be clear [*av* from] **-gång** success; *utan* ~ unsuccessfully **-gångs|rik** *a* successful **-hjul** front wheel **-hålla** *tr* [bildl.] point out **-härda** *itr* persist **-häva** *tr* hold up; give prominence to **-ifrån** *adv* from in front

fram||kalla *tr* 1 [bildl.] call forth; bring about, create 2 [fotogr.] develop **-kasta** *tr* [bildl.] bring up; mention **-kläckning** hatching [out] **-komlig** *a* trafficable; [vattenväg] navigable **-komma** *itr* 1 arrive 2 [bildl.] come out **-komst** arrival **-leva** *tr* live **-lägga** *tr* 1 put (set) out 2 [bildl.] present; propound; ~ *bevis* (*skäl*) adduce proofs (reasons) **-länges** *adv* forwards **-marsch** advance

fram|me *adv* 1 [-tagen] out 2 [vid målet] at one's destination, there

fram||på I *adv* in front II *prep* 1 [rum] in front of 2 [tid] a little later in.. **-ropa** *tr* [teat.] call for **-rycka** *itr* **-ryckning** advance

fram||sida front **-skjutande** *a* projecting, protruding **-skjuten** *a* [bildl.] prominent **-skriden** *a* advanced **-släpa** *tr* [bildl.] drag on **-steg** progress **-stupa** *adv* flat; prostrate **-stycke** front piece **-stå** *itr* appear **-stående** *a* prominent; eminent **-ställa** *tr* represent; [skildra] describe **-ställning** representation; description; [anhållan] petition **-stäv** stem **-stöt** advance **-synt** *a* far-sighted **-synthet** far-sightedness **-säte** front seat; [på åkdon] box

fram||tand front tooth **-tass** fore paw **-tid** future **-tida** *a* future **-tids|man** coming man **-till** *adv* in front **-träda** *itr* appear **-trädande** I appearance II *a* conspicuous **-tvinga** *tr* extort **-åt** I *adv* ahead, on II *prep* towards **-åt|böjd** *a* bent forward

franc franc

frank||era *tr* stamp **-o** *adv* post-paid

Frankrike France

frans fringe

frans||k *a* French; ~*t bröd* [ung.] breakfast roll **-man** Frenchman **-yska** 1 French woman 2 [kött] ~*n* the rump-steak piece

frapp||ant *a* striking **-era** *tr* strike

fras phrase

fras||a *itr* rustle **-ig** *a* crisp

fred peace **-a** *tr* protect

fredag Friday; *om* ~*arna* on Fridays

fred||lig *a* peaceful; [djur] gentle **-lös** *a* outlawed **-löshet** outlawry **-s**, *till* ~ satisfied

freds||anbud offer of peace **-brott** violation (breach) of the peace **-domare** justice of the peace **-fördrag** treaty of peace **-villkor** peace term[s] **-älskande** *a* peace-loving

fregatt frigate

frejd||ad *a* celebrated **-betyg** good-conduct certificate

frekven||s frequency **-tera** *tr* resort to, frequent

frenetisk *a* frenzied

fresk fresco **-o|målning** fresco-painting

frest||a *tr* tempt **-are** tempter **-else** temptation

fri *a* free; *i det* ~*a* in the open air; *bli* ~ *från* get rid of

fri||a *itr* propose **-are** suitor

fri|biljett free admission ticket

frid peace

fri|dag free day

frid||full *a* peaceful **-lysa** *tr* enclose; [villebråd] place under the protection of the law **-sam** *a* peaceable. placid

fri|elev free scholar

frieri proposal

fri||giva *tr* liberate, free **-givning** liberation **-göra** *tr* free; disentangle **-hamn** free port **-handel** free trade **-hands|teckning** freehand drawing **-herre** baron; lord **-herrlig** *a* baronial

frihet freedom; liberty **-s|begär** desire for freedom **-s|älskande** *a* liberty-loving

fri||hjul free wheel **-kalla** *tr* release **-kallelse** release **-kostig** *a* liberal; generous **-kostighet** liberality; generosity

friktion friction

fri||kyrka Free Church **-känna** *tr* acquit **-köpa** *tr* redeem **-lufts|liv** open-air life **-lufts|teater** open-air theatre **-modig** *a* frank **-murare** Freemason **-murar|orden** Order of Free and Accepted Masons **-mureri** Freemasonry **-måndag** Saint Monday **-märke** stamp **-märks|affär** postage-stamp dealer's shop **-passagerare** unbooked passenger, stowaway **-plats** free seat; [vid skola] *ha* ~ hold a bursary

1 fris [folk] Frisian

2 fris [tyg] frieze

3 fris [ark.] frieze

friser||a *tr*, ~ *ngn* dress a p.'s hair **-salong** hairdresser's

fri|sinnad *a* liberal-minded; [pol.] Liberal

frisisk *a* Frisian

frisk *a* fresh; [sund] sound; [ej sjuk] well **-a** I *tr*, ~ *upp* [bildl.] brush up II *itr*, *det* ~*r i* the wind is freshening **-betyg** clean bill of health **-na** *itr*, ~ *till* recover

fri||skola free school **-språkig** *a* outspoken

frist respite

fri||stad refuge **-stund** spare moment **-stående** *a* detached, isolated

fris||yr style of dressing the hair; hair **-ör** hairdresser
fri||taga I *tr*, ~ *ngn från* liberate a p. from **II** *rfl* exculpate o.s. **-tid** leisure time **-tänkare** free-thinker **-villig** *a* voluntary **-villighet** voluntariness
frivol *a* frivolous; flippant
frod||as *itr dep* thrive, flourish **-ig** *a* luxuriant; exuberant; [fet] fat **-ighet** luxuriance; exuberance; fatness
from *a* pious; [stillsam] quiet, gentle **-het** piety; gentleness **-ma**, *till* ~ *för* for the benefit of . .
front front **-anfall** frontal attack
1 frossa [läk.] ague
2 fross||a *itr* gorge [*på* upon], feast [äv. bildl.] **-are** glutton
fross|brytning fit of ague
frosseri gluttony
frost frost **-biten** *a* frostbitten **-fri** *a* frostless **-ig** *a* frosty **-skada** injury from frost
frottera *tr* chafe, rub
fru married woman; [hustru] wife; [titel] Mrs.
frukost breakfast **-bord** breakfast table **-dags** breakfast-time **-era** *itr* have breakfast **-gaffel** small table-fork **-rast** pause for lunch
frukt fruit
frukta *tr* fear; dread
frukt|affär fruitshop
fruktan fear **-s|värd** *a* terrible; dreadful
frukt||bar *a* fertile **-barhet** fertility **-bärande** *a* fruit-bearing; fruitful **-kött** flesh [of an apple &c] **-lös** *a* fruitless; useless **-odling** [abstr.] fruit-growing; [konkr.] fruit farm **-sam** *a* fruitful **-träd** fruit-tree **-trädgård** orchard
fruntimmer woman **-s|aktig** *a* womanish **-s|karl** ladies' man
frusen *a* 1 frozen 2 ~ [*av sig*] cold
frusta *itr* snort; sputter
fryntlig *a* genial **-het** geniality
frys||a I *itr* 1 freeze 2 [känna kyla] be cold **II** *tr* [mat] freeze **-punkt** freezing-point
fråg||a I question; *i* ~ *om* . . in the matter of . .; *utan* [*all*] ~ unquestionably **II** *tr itr* ask; ~ *efter* [bry sig om] care **-ande** *a* inquiring **-e|tecken** mark of interrogation **-vis** *a* inquisitive
från I *prep* from, of; ~ *och med i dag* from to-day onwards **II** *adv*, *det gör varken till eller* ~ it does neither good nor harm **-draga** *tr* deduct **-fälle** decease **-gå** *tr* abandon **-känna** *tr*, ~ *ngn* . pronounce a p. destitute of . . **-räkna** *tr* deduct **-se** *itr*, ~*tt detta* apart from that **-sida** reverse **-skild** *a* [jur.] divorced **-stötande** *a* repellent **-säga** *rfl* beg off; decline
-träda *tr* relinquish **-varande** *a* absent; [bildl.] absent-minded **-varo** absence; [brist] lack, want
fräck *a* impudent, insolent **-het** impudence, insolence
fräkn||e freckle **-ig** *a* freckled
fräls||a *tr* save **-are** saviour **-ning** salvation **-nings|armé**, ~*n* the Salvation Army
främj||a *tr* further, forward **-ande** furtherance
främ||ling stranger; [utlänning] foreigner **-lings|legion**, ~*en* the Foreign Legion **-mande I** *a* strange; foreign **II** guest; [koll.] guests, company
främ||re *a* fore, near; front **-st** *a* foremost; [ordning] first; *först och* ~ first and foremost; *på* ~*a bänken* on the front seat
frän *a* rank; [bildl.] acrimonious
fränd||e relative **-skap** relationship
fräsa I *tr* [kok.] fry **II** *itr* hiss, fizz; [om katt] spit
fräsch *a* fresh, healthy
frät||a *tr itr* corrode, eat into . .; [bildl.] fret, gnaw **-ande** *a* corrosive; gnawing **-medel** corrosive **-ning** corrosion
frö seed **-a I** *itr*, ~ *av sig* shed its seed **II** *rfl* go to seed **-affär -handel** seedsman's shop **-hus** seed-vessel
fröjd joy; delight **-a I** *tr* delight, give joy to **II** *rfl* rejoice [*åt* at (in)] **-e|full** *a* joyous, joyful
fröken unmarried lady; girl; [titel] Miss
frö||knopp seed-head **-mjöl** pollen **-ämne** seed-bud
fuffens, *ha* ~ *för sig* be up to mischief
fuga [mus.] fugue
fukt damp **-a I** *tr* moisten **II** *itr* be damp **-fri** *a* damp-proof; dry **-ig** *a* damp; wet **-ighet** dampness
ful *a* ugly; disagreeable; ~*t väder* bad weather **-het** ugliness
full *a* 1 full; *till* ~*o* in full 2 [berusad] drunk **-blod** thoroughbred **-blodig** *a* whole-blood; [bildl.] full-blooded **-borda** *tr* complete, accomplish **-bordan** completion; accomplishment **-bräddad** *a* brimful **-fjädrad** *a* [bildl.] full-blown **-följa** *tr* complete; follow up **-god** *a* satisfactory **-gången** *a* fully developed; mature **-göra** *tr* carry out; ~ *en skyldighet* discharge an obligation **-het** fullness **-komlig** *a* perfect; complete; *i* ~ *saknad av* . . in absolute want of . . **-komlighet** perfection **-komna** *tr* perfect; accomplish **-komning** perfection **-[l]astad** *a* fully loaded **-[l]lärd** *a*, *vara* ~ have nothing more to learn **-[l]ödig** *a* standard; consummate **-makt 1** authority **2** [på syssla] letters [pl.] of appointment; ⚔ commission

-mogen *a* fully ripe (matured) **-måne** full moon **-mäktig** authorized agent **-packad -proppad** *a* crammed [*av*: with] **-satt** *a* crowded; quite full **-ständig** *a* complete: entire **-talig** *a* numerically complete; full **-talighet** fullness of numbers **-teckna** *tr* subscribe . . in full **-tonig** *a* sonorous **-tränad** *a* fully trained **-vuxen** *a* full-grown **-ända** *tr* complete **-ändning** completion

fuml||a *itr* fumble **-ig** *a* fumbling **-ighet** fumblingness

fundament foundation **-al** *a* fundamental

funder||a *itr* ponder; consider **-ing,** *~ar* meditations: thoughts **-sam** *a* thoughtful; meditative

fun||gera *itr* function, work **-ktion** function **-ktionär** official

fur|a pine, fir-tree; *ett bord av -u* a deal table

furie fury

furir ⚔ 'furir'

furst||e prince **-en|döme** principality **-inna** princess **-lig** *a* princely

furu||skog pine wood **-virke** [red] deal

fusk 1 scamping 2 [i skola, spel] cheating **-a** *itr* 1 scamp 2 cheat **-are** 1 scamper 2 cheater **-verk** scamped job

futtig *a* paltry, mean

fux bay

fy *itj* ugh! oh!

fyll||a I *tr* fill; [bildl.] fulfil; ~ . . *på buteljer* bottle . . II F booze **-bult** boozer **-eri** drunkenness **-ig** *a* plump; [ljud o. d.] full; rich **-ighet** 1 plumpness 2 [bildl.] fullness **-nad** filling; [tillägg] supplement **-ning** filling; [kok.] stuffing

fynd finding; discovery; find **-ig** *a* 1 [pers.] inventive; [sak] ingenious 2 [geol.] metalliferous **-ighet** 1 inventiveness 2 [geol.] deposit **-ort** find-spot

1 **fyr** I fire; *ge* ~ fire! II [båk] lighthouse

2 **fyr** lad; *munter* ~ jolly dog

fyr||a *räkn s* four **-bent** *a* [djur] quadruped; [stol o. d.] four-legged **-dela** *tr* quarter **-dubbel** *a* fourfold **-fota|djur** quadruped **-händig** *a* four-handed **-hörning** quadrangle **-kant** square **-kantig** *a* square **-sidig** *a* four-sided **-sitsig** *a* four-seated **-spann** four in hand **-språng** full gallop **-stavig** *a* four-syllabled **-stämmig** *a* in four parts **-takts|motor** ⊕ four-stroke motor **-tio** *räkn* forty **-tionde** *räkn* fortieth

fyr||torn lighthouse tower **-vaktare** lighthouse-keeper **-verkeri** fireworks

fyr||våningshus four-story house **-väppling** four leaved trefoil

fysik 1 physics 2 [kroppens] physique, constitution **-alisk** *a* physical **-er** physicist

fysionomi physiognomy

fysisk *a* physical

1 **få** *pron* few; *några* ~ . . a few . .

2 **få** *tr* 1 [erhålla] have, get, obtain, receive 2 [tillåtelse] may, be allowed; [förbud] *du ~r inte* . . you must not . . 3 [tvång] have to; *han fick vänta* he had to wait

fåfäng *a* 1 [sysslolös] idle 2 [fruktlös, flärdfull] vain **-a** vanity

fågel bird **-bo** bird's nest **-bur** bird-cage **-fri** *a* outlawed **-frö** bird-seed **-fängare** bird-catcher **-holk** nesting-box **-hund** pointer **-perspektiv,** *London i* ~ a bird's eye view of L. **-skrämma** scarecrow **-sång** singing of birds **-unge** young bird **-vägen** as the crow flies, in a bee line

fåll hem

1 **fålla** *tr* hem

2 **fålla** pen, fold

fån||e fool; idiot **-eri** drivelling

fång armful **-a** *tr* catch **-e** prisoner **-en** *a* imprisoned **-enskap** captivity; imprisonment **-lina** ⚓ painter **-st** capture **-vaktare** prison-warder **-vård** prison discipline

fånig *a* idiotic; silly

få|ordig *a* taciturn

får sheep; [kött] mutton

fåra furrow

får||aherde shepherd **-aktig** *a* sheep-like, sheepish **-avel** sheep-breeding **-hund** sheep-dog **-kött** mutton **-skalle** [bildl.] blockhead **-skinn** sheep-skin **-stek** haunch of mutton **-ull** sheep's wool

fåtal, *ett* ~ a small number, a few **-ig** *a* few

fåtölj armchair, easychair

fåvitsk *a* foolish

fä beast [äv. bildl.]; [koll.] cattle **-aktig** *a* beastly **-bod** [ung.] chalet

fäderne, *på ~t* on the father's side **-arv** patrimony **-bygd** home of one's forefathers **-gods** family estate **-hem** paternal home **-s|land** [poet.] fatherland **-ärvd** *a* handed down from father to son

fägna *tr* delight

fägring beauty

fäkt||a *itr* fence; ~ *med armarna* fight the air **-are** fencer **-konst** fencing **-ning** fencing; [strid] fight

fälg fälj felloe, felly

fäll fell; skin, rug

fäll||a I trap II *tr* 1 fell; ~ *ankar* drop the anchor 2 [tårar; blad] shed 3 [döma] condemn 4 ~ *ett omdöme* express an opinion III *itr* 1 [blekas] fade 2 [om fågel] descend **-bord** folding table **-kniv** clasp-knife **-stol** deck-chair

fält field **-duglig** *a* fit for active service **-flaska** soldier's flask **-grå** *a* field-gray **-herre** military commander, general **-kikare** field glasses **-liv** camp life **-läkare** army surgeon **-präst** army chaplain **-rop** watchword **-skär** barber-surgeon **-slag** pitched battle **-spat** felspar **-tåg** campaign

fängelse prison, gaol **-håla** dungeon **-straff** imprisonment

fängsla *tr* 1 fetter 2 [sätta i fängelse] imprison 3 [bildl.] fascinate

fänrik ensign

färd journey; trip; *vara i ~ med att . .* be busy . .-ing **-as** *itr dep* travel

färdig *a* 1 finished 2 [beredd, i ordning] ready **-gjord** *a* ready-made; finished **-het** skill; *~er* talents **-sydd** *a* ready-made

färd|ledare conductor

färg colour **-a** *tr* colour; [väv o. d.] dye **-ad** *a* coloured **-are** dyer **-blind** *a* colour-blind **-glad** *a* gaily coloured **-handel** colourman's shop; dye and drug stores **-krita** coloured chalk **-låda** paint-box **-lägga** *tr* colour **-lös** *a* colourless **-nyans** colour shade **-prakt** brilliant colouring **-rik** *a* richly coloured **-stark** *a* highly coloured **-ton** tinge, hue **-ämne** dyestuff; pigment

färja I ferry II *tr* ferry

färm *a* prompt; ready

färre *a* fewer

färs forcemeat, farce

färsk *a* fresh, new

fäst|a I *tr* fasten; fix II *itr* adhere, stick [*vid* to] III *rfl*, *~ sig vid* a) become attached to, b) [~ avseende] pay attention to **-e** 1 hold 2 [himmel] firmament **-folk** engaged couple **-man** fiancé; [her] intended **-mö** fiancée; [his] intended

fästning fortress, fort

föda I food; nourishment II *tr* 1 give birth to 2 [nära] feed

född *a* born; *fru A ~ B* Mrs. A née B

födelse birth **-annons** birth announcement **-attest** birth certificate **-dag** birthday **-märke** birthmark

föd|sgeni inborn acquisitiveness **-krok** means of livelihood **-o|ämne** article of food **-sel**, *av ~* from birth **-slo|vånda** travail

föga I *adv* little II *falla till ~* submit

föl foal

följ|a *tr itr* follow; [ledsaga] accompany; *~ på* succeed; *som -er* as follows **-aktligen** *adv* accordingly **-ande** *a* following; subsequent **-as** *itr dep*, *~ åt* go together

följd 1 [rad] succession 2 [verkan] consequence; *till ~ av* in consequence of **-riktig** *a* consistent

följe 1 company 2 [svit] suite; escort 3 [pack] gang **-slagare** companion

följetong feuilleton

fönster window **-karm** window-frame; window-sill **-list** window-cornice **-lucka** shutter **-post** window-post **-ruta** window-pane **-smyg** window-splay

1 för I *prep* 1 [avsedd ~; ~ skull; såsom ersättning ~; ~ att få; på grund av] for 2 [dativförhåll.] to; *visa slottet ~ besökande* show the castle to visitors; *vara en mor ~* be a mother to 3 [genitivförhåll.] of; *målet ~ hans strävan* the goal of his endeavours 4 [rum] before, to 5 [andra prep. el. konstr.] *skriven ~ hand* written by hand; *dag ~ dag* day by day; *jag tog det ~ skämt* I took it as a joke; *han förklarades ~ invalid* he was declared a cripple; *ett skydd ~ blåsten* a shelter from the wind; *~ framtiden* for the future; *ta lektioner ~* have lessons with; *~ att* [inf.] to, in order to; *hon springer bra ~ att vara flicka* she runs well for a girl II *~ att* [konj.] 1 [emedan] because 2 [avsikt] so that III *adv* 1 *luckan är ~* the hatch is shut; *håll ~!* screen it! 2 [alltför] too

2 för I ⚓ stem, prow II *adv* ⚓ fore; *~ om* ahead of; *~ över* ahead

föra I *tr* 1 [leda] lead; *~ en bil* drive a [motor-]car 2 [ta med sig] bring: take 3 *~ oväsen* make a row; *~ dagbok* keep a diary 4 [flagga o. d.] bear II *itr* lead III *rfl* carry o.s.

förakt contempt **-a** *tr* despise **-full** *a* contemptuous **-lig** *a* contemptible

för|andliga *tr* spiritualize **-ankra** *tr* anchor **-anleda** *tr* lead; induce; occasion **-anlåt|a** *tr* cause: *finna sig -en att* find o.s. called upon to **-anstalta** *itr tr.* *~ om* make arrangements for **-arbete** preparatory work

förare driver; [an-] conductor

förarg|a *tr* provoke annoy **-else** vexation, annoyance **-else|väckande** *a* offensive; *~ beteende* disorderly behaviour **-lig** *a* provoking

förband 1 bandage 2 ⚔ unit **-s|artiklar** first-aid requisites **-s|låda** first-aid chest

för|banna *tr* curse **-bannelse** curse; malediction **-barma** *rfl* have pity [*över* on] **-barmande** compassion, pity **-behåll** reserve; reservation **-behålla** I *tr*, *~ ngn att* reserve a p. the right to II *rfl* reserve for o.s.: make it a condition [*att* that] **-behållsam** *a* reserved, reticent **-bereda** I *tr* prepare [*på* for] II *rfl* prepare o.s. **-beredelse** preparation

förbi I *prep* past, by; *gå ~* pass II *adv* 1 past, by 2 [slut] over; gone;

finished; [om pers.] done up **-fart,** *i ~en* in passing, [äv.] by the way **-gå** *tr* pass . . over **-gående I** *i ~* [bildl.] by the way **II** *a* passing; *en ~* a passer-by
förbind||a I *tr* **1** [sår] bandage **2** [förena] join [*med* to] **II** *rfl* pledge o.s. **-else 1** connection; [tåg~ o. d.] communication **2** [förpliktelse] obligation **-lig** *a* obliging
förbise *tr* overlook **-ende** oversight; *av ~* through an oversight
för||bistring confusion **-bittra** *tr* embitter **-bittring** embittering **-bjud|a** *tr* forbid; prohibit; *-en väg!* no admission! *-en tid* [jakt.] close season **-blekna** *itr* fade **-blindad** *a* [bildl.] infatuated **-blindelse** infatuation **-bli|va]** *itr* remain **-blommerad** *a* covert **-bluffa** *tr* amaze; stupefy **-blöda** *itr* bleed to death **-borgad** *a* hidden; secret **-brinna** *itr* [bildl.] burn itself out **-bruka** *tr* consume; spend **-brukning** consumption **-brylla** *tr* bewilder, confuse **-bryta I** *tr* do wrong **II** *rfl* offend [*mot* against] **-brytare** criminal **-brytelse** transgression; [brott] crime **-bränna** *tr* burn **-bränning** combustion **-brödra** *rfl* fraternize **-bud** prohibition **-bund** alliance, union, league **-bunden** *a* **1** [läk.] bandaged **2** [-enad] connected **3** [tacksam] obliged **-bunds|-regering** federal government **-bunds|-stat** federal state **-bättra** *tr* improve **-bättring** improvement; [om hälsa] recovery **-bön** intercession
för||del advantage; benefit; profit **-dela** *tr* distribute [*emellan, på* among] **-del|aktig** *a* advantageous; profitable; [gynnsam] favourable **-delning 1** distribution **2** ⚔ division **-den|skull** *adv* for that reason **-detting** F has-been **-djupad** *a* [bildl.] absorbed **-djupning** depression; excavation; hollow **-dold** *a* hidden; secret **-dom** prejudice **-doms|fri** *a* unprejudiced **-doms|full** *a* prejudiced **-drag 1** [avtal] treaty **2** [tålamod] forbearance **-draga** *tr* bear, stand **-dragsam** *a* tolerant **-driva** *tr* drive away; *~ tiden* while away the time; *~ foster* procure an abortion **-dröja** *tr* delay; detain **-dubbla** *tr* double; [bildl.] redouble **-dunkla** *tr* **1** darken, obscure **2** [överträffa] outshine **-dyra** *tr* increase the price of **-dystra** *tr* darken; cast a gloom over
för|däck foredeck
för||dämning dam **-därv 1** [ruin o. d.] ruin; destruction **2** [sedligt] corruption **-därva** *tr* ruin; destroy; [skämma] spoil **-därv|bringande** *a* fatal, ruinous **-därvlig** *a* pernicious; ruinous [*för* to] **-dölja** *tr* conceal [*för* from] **-döma** *tr* condemn; execrate **-dömelse** condemnation **-dömlig** *a* condemnable
1 före, *det är [släd]~* there is enough snow for sledging
2 före I *prep* before **II** *adv* before, ahead **-bild** pattern **-bringa** *tr* bring in **-brå** *tr* reproach **-bråelse** reproach **-bud** presage; omen **-bygga** *tr* prevent **-byggande** *a* preventive **-båda** *tr* forebode **-bära** *tr* plead, allege
före||drag 1 address, lecture [*om* on] **2** [~ningssätt] delivery **-draga** *tr* **1** [framföra] deliver **2** [ge företräde] prefer . . [*framför* to] **-döme** example; pattern **-dömlig** *a* worthy of imitation
före||falla *itr* [synas] seem **-finnas** *itr dep* exist, be **-fintlig** *a* existing **-giva** *tr* pretend, allege **-gripa** *tr* forestall **-gå** *tr* **1** precede **2** *~ med gott exempel* set a good example **-gående** *a* preceding **-gångs|man** pioneer
före||ha *tr* be about, be doing **-havande** doing **-hålla** *tr, ~ ngn* represent to a p. **-komm|a I** *tr* **1** anticipate **2** [hindra] prevent **II** *itr* be found; *på -en anledning* owing to circumstances that have occurred **-kommande** *a* **1** [vänlig] obliging **2** occurring; *ofta ~* frequent **-komst** occurrence
före||ligg|a *itr* be forthcoming; *mord -er* it is a case of murder **-lägga** *tr* **1** *~ ngn ngt* put a th. before a p. **2** [ålägga] prescribe **-läsa** *tr* **1** [uppläsa] read **2** lecture **-läsare** lecturer **-läsning** lecture **-löpare** precursor **-mål** object; subject
fören||a *tr* unite; join **-ing 1** uniting, union **2** [samfund] society; association **-ings|medlem** member of a society **-ings|punkt** point of union
för||enkla *tr* simplify **-enlig** *a* consistent **-enlighet** consistency
före||sats purpose; *goda ~er* good resolutions **-skrift** direction **-skriva** *tr* prescribe **-slå** *tr* propose; recommend **-spegla** *tr, ~ ngn* hold out to a p. the prospect of . . **-spegling** prospect **-språkare** advocate **-spå** *tr* prophesy **-stava** *tr* dictate; suggest to **-stå I** *itr* be approaching **II** *tr* be at the head of, preside over **-ståndare** manager; director **-ställa** *tr* **1** represent **2** [presentera] introduce **-ställning 1** representation; performance **2** [idé] conception **3** introduction **-ställnings|förmåga** imagination **-sväva** *tr, det ~r mig, att* I have a dim recollection that **-sätta** *rfl* make up one's mind
före||tag undertaking **-taga** *tr rfl* undertake **-tagsam** *a* enterprising **-tagsamhet** enterprisingness **-tal** preface

-te *tr* show up; [erbjuda] present **-teelse** apparition; occurrence **-träda** *tr* 1 precede 2 [representera] represent **-trädare** predecessor **-träde** 1 audience 2 [förmån] preference, precedence 3 [egenskap] advantage **-trädes|vis** *adv* preferably, especially

för|eviga *tr* perpetuate; immortalize

före||visa *tr* show; exhibit **-visning** showing; exhibition; demonstration **-vändning** pretext; excuse

förfall 1 decay, ruin 2 [hinder] excuse; *ha* ~ be prevented from appearing **-a** *itr* 1 decay; degenerate 2 [om växel] fall due 3 *låta frågan* ~ drop the question **-en** *a* 1 decayed; dilapidated 2 [växel] due **-o|dag** day of maturity

förfalsk||a *tr* falsify; forge **-are** falsifier; forger **-ning** falsification; forgery

förfar||a *itr* proceed; act **-ande** proceedings [pl.]; measure **-as** *itr dep* be wasted **-en** *a* experienced; skilled **-ings|sätt** method

författ||a *tr* write **-are** author [*till* of] **-arinna** authoress **-arskap** authorship **-ning** 1 constitution, statute 2 *gå i* ~ *om* take measures for **-nings|enlig** *a* . . according to law

för||fela *tr* miss; *~d* ineffective **-finad** *a* refined **-fining** refinement **-flugen** *a* [bildl.] heedless, unguarded **-fluten** *a* past **-flyta** *itr* pass **-flyktiga** *itr* volatilize; evaporate **-flytta** *tr* move, remove **-flyttning** removal, transference **-foga I** *itr*, ~ *över* have at one's disposal **II** *rfl* betake o.s. **-fogande** disposal **-friskning** refreshment **-frusen** *a* frost-bitten; [växt] blighted with frost **-frysa I** *itr* get frost-bitten (blighted); [om pers.] get frozen to death **II** *tr*, ~ *fötterna* get one's feet frost-bitten **-fråga** *rfl* inquire [*om* about; *hos* of] **-frågan** inquiry **-fäder** ancestors **-föra** *tr* terrify; *~s* be terror-struck **-färan** terror, horror **-färdiga** *tr* make; manufacture **-färlig** *a* terrible; dreadful; awful **-följa** *tr* pursue; [bildl.] persecute **-följelse** pursuit; persecution **-föra** *tr* seduce **-förare** seducer **-förelse** seduction **-förisk** *a* seductive

för||gapa *rfl.* ~ *sig i* go crazy about **-gasare** ⊕ carburettor **-gifta** *tr* poison **-giftning** poisoning; [bildl.] infection **-grening** ramification **-gripa** *rfl*, ~ *sig på* use violence against **-grund** foreground **-grymmad** *a* incensed, enraged **-gråten** *a, hon var alldeles* ~ she had been crying her eyes out **-grämd** *a* sorrow-stricken **-gylla** *tr* gild **-gyllning** gilding **-gå I** *itr* pass; vanish **II** *rfl* lose one's self-control; ~ *sig mot* insult **-gången** *a* past **-gård** fore-court **-gås** *itr dep* be lost; perish; ~ *av nyfikenhet* be dying with curiosity **-gängelse** corruption, decay **-gänglig** *a* perishable; corruptible **-gäta** *tr* forget **-gätmigej** forget-me-not **-gäves** *adv* in vain **-göra** *tr* destroy, annihilate; *-gjord* bewitched

för||hala *tr* draw (drag) out; retard **-hand** 1 lead 2 *på* ~ beforehand **-handen|varande** *a* present; existing **-handla** *itr tr* negotiate **-handling** deliberation; negotiation **-hasta** *rfl* be rash **-hastad** *a* rash, hasty **-hatlig** *a* hateful **-hemliga** *tr* keep . . secret **-hinder**, *få* ~ be prevented [going &c] **-hindra** *tr* prevent **-historia** previous history **-historisk** *a* prehistoric **-hoppning** hope **-hoppnings|full** *a* hopeful **-hytt** fore-cabin **-håll|a** *rfl* 1 [förbli] keep, remain 2 *så -er sig saken* that is the actual state of the case; *höjden -er sig till bredden som* . . the height is to the breadth as . . **-hållande** 1 relationship; relations [pl.]; proportion 2 [tillstånd] state (condition) of things; *~t är det att* the fact is that 3 *~n* [omständigheter] circumstances **-hållnings|order** directions [pl.] **-hänge** curtain **-härda** *tr rfl* harden **-härja** *tr* ravage **-härliga** *tr* glorify **-härskande** *a* predominant **-häva** *rfl* pride o.s. [*över* on]; boast [*över* of] **-häxa** *tr* bewitch **-höja** *tr* raise; [bildl.] heighten **-hör** examination **-höra** *tr* examine

för||inta *tr* annihilate **-intelse** annihilation **-irra** *rfl* lose one's way **-ivra** *rfl* get excited **-jaga** *tr* drive away

för||kasta *tr* reject **-kastlig** *a* reprehensible; condemnable **-klara** *tr* 1 [uttyda] explain 2 [påstå] declare, state; ~ *krig* proclaim war 3 [bibl.] glorify **-klaring** 1 explanation 2 declaration, statement **-klena** *tr* depreciate **-klinga** *itr* die away **-kläda** *tr* disguise **-kläde** apron; [bildl.] chaperon **-klädnad** disguise **-knippa** *tr* associate **-komm|a** *itr* get lost, disappear; *-en* missing, lost **-korta** *tr* shorten **-kovra** *rfl* improve; advance **-kovran** improvement; advance, progress **-kroppsliga** *tr* embody; personify **-krossad** *a* [bildl.] contrite; broken-hearted **-krympt** *a* stunted, dwarfed **-kunna** *tr* announce **-kunskaper**, *goda* ~ a good grounding **-kväva** *tr* choke **-kyla** *rfl* catch cold **-kylning** cold **-känsla** presentiment **-kärlek** partiality **-köp** advance-booking

förlag 1 [lager] stock; store 2 [bok~] publishing-house **-s|man** publisher **-s|rätt** publishing right

för||lama *tr* paralyze **-leda** *tr* mislead; seduce **-ledande** *a* seductive **-legad** *a* stale, out-of-date **-liden** *a* past; [förra] last
förlig *a*, ~ *vind* head wind
för||lika *tr* reconcile **-likning** reconciliation **-lisa** *itr* be shipwrecked; [om fartyg] be wrecked; founder **-lisning** foundering **-lita** *rfl*, ~ *sig på ngn* (*ngt*) trust in a. p. (to a th.) **-ljud|as** *itr dep*, *det -es* it is reported **-ljuva** *tr* gladden **-lopp 1** [tids] lapse **2** course **-lora** *tr* lose **-lossning** release; [läk.] delivery **-lova** *rfl* become engaged (to be married) **-lovad** *a* **1** engaged **2** *det ~e landet* the Promised Land **-lovning** engagement **-lovnings|ring** engagement ring **-lupen** *a* runaway **-lust** loss **-lustelse** amusement **-lustig** *a*, *bli* ~ lose **-låt** veil, curtain **-låta** *tr* forgive, pardon **-låtelse** forgiveness; pardon **-lägen** *a* embarrassed; disconcerted **-lägenhet** embarrassment; confusion **-lägga** *tr* **1** mislay **2** ⚔ station **3** [bok] publish **-läggare** [bok~] publisher **-läggar|sked** serving spoon **-läggning** location; ⚔ cantonment **-läna** *tr* grant **-länga** *tr* lengthen, prolong **-läning** [gods] fief **-löjliga** *tr* ridicule
för||mak drawing-room **-man** head; [arbets~] foreman **-mana** *tr* exhort; warn **-mast** ⚓ foremast **-medla** *tr* bring about; effect **-medling** intermediation **-medlings|byrå** agency **-mena I** *tr* [hindra] forbid; prevent **II** *itr* [tro] think **-menande**, *efter hans* ~ according to his opinion **-ment** *a* supposed; reputed **-mer** *a* better, superior **-middag** forenoon; morning; *i ~s* this morning; *om ~arna* in the mornings **-mildra** *tr* mitigate; *~nde omständighet* extenuating circumstance **-minska** *tr* diminish, reduce **-minskning** reduction **-moda** *tr* suppose **-modan** supposition; expectation **-modligen** *adv* presumably; ~ *kommer han* he will come, I expect **-multna** *itr* moulder **-myndare** guardian **-myndar|regering** regency **-må** *tr itr* **1** [kunna] be able to **2** [föranleda] induce **-måga** power; capacity; [duglighet] ability; capability **-mån** advantage; benefit **-månlig** *a* advantageous; profitable; remunerative **-mäla** *tr* **1** [omtala] state, tell **2** [gifta] marry **-mälning** marriage **-mäten** *a* presumptuous; bold **-mögen** *a* wealthy, well-to-do **-mögenhet** fortune **-mörka** *tr* darken; obscure **-mörkelse** eclipse
för||namn Christian name **-nedra** *tr* degrade **-nedring** degradation **-neka** *tr* deny, disown **-nimma** *tr* hear, feel; [märka] notice **-nimmelse** sense, impression **-nuft** reason; *sunt* ~ common sense **-nuftig** *a* reasonable; sensible **-numstig** *a* sapient **-nya** *tr* renew; refresh **-nyelse** renewing **-näm** *a* noble, distinguished **-närma** *tr* offend; affront **-närmelse** insult [*mot* to] **-nödenheter** necessaries **-nöja** *tr* content; gratify **-nöjd** *a* contented; satisfied **-nöjsam** *a* contented **-nöjsamhet** contentedness **-nöta** *tr* [bildl.] use up
för||olyckas *itr dep* meet with an accident; [förlisa] be wrecked **-olämpa** *tr* insult; offend **-olämpning** insult, offence **-ord 1** [i bok] foreword **2** [jur.] previous agreement **3** [rekommendation] recommendation; support **-orda** *tr* recommend **-ordna** *tr* **1** [bestämma] ordain **2** [tillsätta] appoint **-ordning** edict, decree **-orena** *tr* pollute **-orsaka** *tr* cause **-ort** suburb **-orätta** *tr* wrong, injure
för||paktare tenant; lessee **-passa** *tr* dispatch, send **-pesta** *tr* pollute; infect **-plikta** *tr* oblige **-pliktelse** duty **-pläga** *tr* treat [*med* to] **-plägnad** provisioning **-post** outpost
förr *adv* **1** [förut] before **2** [fordom] formerly **3** [tidigare] sooner **4** [hellre] rather **-a** (**-e**) *a* [the] former; ~ *kungen* the late king **-går**, *i* ~ the day before yesterday
för||ringa *tr* lessen **-rinna** *itr* run away **-ruttnelse** putrefaction **-rycka** *tr* upset **-ryckt** *a* distracted; [läk.] paranoiac **-rymd** *a* escaped **-råa** *tr* coarsen **-råd** store; supply **-råda** *tr* betray **-råds|hus** storehouse **-rädare** traitor **-räderi** treachery **-rädisk** *a* treacherous
förrän *konj* before; *icke* ~ not until; *knappt . .* ~ no sooner . . than
för||ränta *rfl*, ~ *sig bra* yield good interest **-rätt** first dish **-rätta** *tr* perform; accomplish **-rättning** function, duty
för||sagd *a* timid; bashful **-saka** *tr* resign; deny o.s. **-sakelse** privation
för|salong ⚓ fore-cabin
för||samla *tr* assemble, gather **-samling 1** assembly **2** [socken] congregation; parish **-samlings|bo** parishioner **-se I** *tr* furnish **II** *rfl* **1** furnish o.s. **2** ~ *sig på ngt* lose o.s. in admiration of .
för||segla *tr* seal **-sena** *tr* delay; *vara ~d* be late; *tåget är ~t* the train is [running] behind time **-sig|gå** *itr* take place; happen **-sig|kommen** *a* advanced **-siktig** *a* cautious; careful **-siktighet** caution; care **-siktighets|-mått** precaution **-silvra** *tr* silver **-sinka** *tr* delay **-sjunka** *itr* sink [*i* into]; [bildl. äv.] be lost [*i* in] **-skaffa** *tr* procure **-skansa I** *tr* en-

trench **II** *rfl* [bildl.] shelter oneself **-skingra** *tr* 1 disperse 2 [-snilla] embezzle **-skingring** 1 dispersion 2 embezzlement **-skjuta** *tr* 1 cast off, reject 2 [pengar] advance **-skona** *tr* spare, preserve [*från* from] **-skott** advance **-skrift** copy **-skräckas** *itr dep* be frightened [*över* at] **-skräckelse** fright **-skräcklig** *a* dreadful, frightful **-skräckt** *a* frightened **-skrämd** *a* frightened, scared **-skyllan** fault **-skämd** *a* polluted **-skärar|kniv** carving-knife **-sköna** *tr* embellish, adorn

för||slag 1 proposal; suggestion 2 [plan] scheme 3 *upprätta ~ till en plats* draw up a nomination list **-slagen** *a* cunning **-slags|vis** *adv* as a suggestion **-slappas** *itr dep* be relaxed **-slappning** weakening **-slå** *itr* suffice **-slöa** *tr* blunt **-slösa** *tr* waste, squander **-smak** foretaste **-små** *tr* disdain, scorn **-smädlig** *a* 1 [retsam] disdainful 2 [-arglig] annoying **-smäkta** *itr* pine away, languish **-snilla** *tr* embezzle **-soffad** *a* dulled **-sommar** early summer **-sona** *tr* 1 [blidka] appease 2 [förlika] reconcile **-soning** 1 appeasement 2 reconciliation **-sonings|offer** expiatory sacrifice **-sonlig** *a* conciliatory **-sorg,** *dra ~ om . .* provide for . . **-sova** *rfl* oversleep o.s. **-spel** prelude **-spilla** *tr* waste; squander **-språng** start

först *adv* first; [ej förrän] not until; [i början] at first; *för det ~a* in the first place; *~ och främst* first of all **-a** (-e) *a räkn* first; *~e bibliotekarie* principal librarian; *~e styrman* chief mate

för||stad suburb **-stads-** suburban

första|klasspassagerare first-class passenger

för||statliga *tr* bring . . under state management **-steg** precedence **-stena** *tr* petrify **-stening** fossil

först||född *a* first-born **-klassig** *a* first-class **-one,** *i ~* at first

för||stocka *tr* harden **-stoppning** constipation **-stora** *tr* enlarge **-storing** enlargement **-sträcka** *tr* [pengar] advance **-strö** *tr* [bildl.] divert; [roa] amuse **-strödd** *a* abstracted **-ströelse** diversion; [nöje] amusement **-stuga** hall **-stu|kvist** front-door landing **-stulen** *a* furtive, stealthy **-stummas** *itr dep* become silent **-stygn** running-stitch **-stå I** *tr* understand; *det ~s!* that is clear! *det ~s av sig självt* that is a matter of course **II** *rfl, ~ sig på* know all about **-ståelse** understanding **-stående** *a* sympathetic

förstånd understanding; intellect; intelligence; [förnuft] reason; [sunt förnuft] [common] sense; *vara ifrån ~et* be out of one's senses **-ig** *a* intelligent; sensible; wise **-s|gåvor** intellectual powers **-s|mässig** *a* rational

för||ståsigpåare connoisseur **-ställa I** *tr* disguise **II** *rfl* dissimulate, dissemble **-ställning** dissimulation **-stämd** *a* [bildl.] disheartened **-stämning** gloom **-stärka** *tr* strengthen; fortify **-stärkning** strengthening; ⚔ reinforcement **-stäv** stem **-störa** *tr* destroy; ruin; spoil; *~ sin hälsa* damage one's health; *~ pengar* squander money **-störelse** destruction **-sumlig** *a* negligent **-summa** *tr* 1 neglect 2 [ej passa på] miss **-summelse** omission, oversight, failure **-supen** *a* drunken **-svaga** *tr* weaken; enfeeble; reduce

försvar defence; *~et* ⚔ the national defences **-a** *tr* defend; [rättfärdiga] justify **-are** defender **-lig** *a* passable; moderate **-s|advokat** counsel for the defence **-s|krig** defensive war **-s|lös** *a* defenceless **-s|tal** apology **-s|vän** national-defence supporter **-s|väsen** national defence

för||svinna *itr* disappear; vanish **-svinnande** disappearance **-svåra** *tr* make . . more difficult; aggravate **-syn** 1 providence 2 [hänsyn] consideration **-synda** *rfl* sin [*mot* against] **-synt** *a* considerate; tactful **-såt** ambush; [svek] treachery **-såtlig** *a* treacherous **-säga** *rfl* make a slip of the tongue

försäkr||a I *tr* 1 [bedyra] assure 2 insure **II** *rfl* 1 insure one's life 2 [förvissa sig] *~ sig om* make sure of; *~ sig om ngns hjälp* secure a p.'s assistance **-an** assurance, declaration **-ing** 1 = *-an* 2 insurance **-ings|bolag** insurance company

försälj||a *tr* sell **-are** seller **-ning** selling; sale **-nings|pris** selling price **-nings|villkor** selling condition[s] **-nings|värde** selling value

för||sämra *tr* deteriorate **-sämras** *itr dep* get worse **-sämring** deterioration **-sända** *tr* dispatch **-sändelse** consignment; parcel **-sätta** *tr* put; bring; place

försök attempt; effort; experiment; *på ~* just for a trial, on trial **-a** *tr* try; attempt **-s|vis** *adv* by way of experiment

försörj||a I *tr* provide for; support **II** *rfl* get a living; support o.s. **-nings|anstalt** indoor-relief establishment

för||ta[ga] I *tr* take away **II** *rfl* overdo o.s. **-tal** slander **-tala** *tr* slander **-tappad** *a* lost **-teckning** list **-tegen** *a* reticent **-tid,** *i ~* too early **-tidig** *a* premature **-tiga** *tr* keep . . secret

-tjusande *a* charming; lovely -tjusning rapture: enthusiasm -tjust *a* charmed [*i* with]
för||tjäna *tr* 1 earn 2 [vara värd] deserve -tjänst 1 earnings, wages [pl.]; [vinst] profit 2 [merit] merit -tjänst|full *a* [very] creditable -tona *itr* die away -torka *itr* dry up, become parched -trampa *tr* trample; tread down -tret annoyance; trouble -tretlig *a* vexatious -tretlighet vexation
förtro *tr* confide -ende confidence -ende|full *a* confiding -ende|ingivande *a* reassuring -ende|post position of trust -gen *a* 1 confidential; intimate 2 [kunnig] familiar -genhet familiarity -lig *a* 1 confidential 2 [intim] intimate
förtroll||a *tr* enchant; [bildl.] bewitch -ning enchantment; bewitchment
förtrupp ⚔ advance-guard
förtryck oppression, tyranny -a *tr* oppress, tyrannize over
förtryt||a *tr* provoke, annoy -else displeasure, indignation -sam *a* provoking
förträfflig *a* excellent, splendid -het excellence, splendidness
för||trösta *itr*, ~ *på* trust -tröstan trust, reliance -tröttas *itr dep* tire, weary -tulla *tr* pay duty on -tullning custom-house examination -tvina *itr* wither away [*av* with] -tvivla *itr* despair [*om* of] -tvivlan despair -ty *adv*, *icke* ~ none the less -tydliga *tr* make . . clear -täckt *a* veiled, covert, disguised -tälja *tr* tell, relate -tänka *tr*, ~ *ngn ngt* blame a p. for a th. -tänksam *a* forethoughtful, provident -tänksamhet forethought, prudence -tära *tr* eat, take; [bildl.] consume -täring eating; consumption; [konkr.] food -täta *tr* condense; intensify -tätning condensation -töja *tr* moor [*vid* to] -törna *tr* provoke, exasperate
för||underlig *a* strange, odd -undra I *tr* make . . wonder II *rfl* wonder [*över* at] -undran wonder -undrans|värd *a* marvellous -unna *tr* vouchsafe; grant
1 förut *adv* ⚓ forward; ahead
2 för||ut *adv* before -utan *prep* without -ut|bestämd *a* predestinated -ut|fattad *a* preconceived -utom *prep* besides
förut||se *tr* foresee; anticipate -seende I *a* foreseeing II foresight, prevision -säga *tr* foretell, predict -sägelse prediction; prophecy -sätta *tr* presuppose; [*ta för givet*] take it for granted -sättning presupposition; assumption: [villkor] condition; [kvalifikation] qualification -varande *a* pre-existent; previous
för||valta *tr* administer; manage -valtare administrator -vandla *tr* transform, turn [*till* into] -vandling transformation -vanska *tr* corrupt: distort -var keeping; charge -vara *tr* keep; *låta* ~ *ngt hos ngn* give a th. into a p.'s charge -varing keeping -veckling complication -vekliga *tr* effeminate -verkliga *tr* realize -verkligande realization -vildad *a* undomesticated, wild; ~*e seder* demoralized customs -villa *tr* lead astray; misguide; confuse -villande *a* confusing -villelse error -virra *tr* confuse; bewilder; disorder -visa *tr* banish; send . . away -visning banishment -vissa I *tr* assure [*om* of] II *rfl* make sure [*om* of] -visso *adv* assuredly -vrida *tr* distort; ~ *huvudet på ngn* turn a p.'s head -vränga *tr* distort -vuxen *a* overgrown -vålla *tr* cause -vållande, *utan mitt* ~ through no fault of mine
förvån||a I *tr* surprise, astonish II *rfl* be surprised -ad *a* surprised -ing surprise, astonishment
för||väg, *i* ~ in advance, ahead, beforehand -välla *tr* [kok.] parboil -vänd *a* disguised, awkward; perverse -väntan expectation -väntans|full *a* expectant -värra *tr* make worse, aggravate -värv acquisition -värva *tr* acquire; obtain -växla *tr* confuse
för||yngra *tr* rejuvenate -yngring rejuvenation -åldrad *a* antiquated, out of date -ädla *tr* ennoble, refine; [växt o. d.] improve -ädling ennoblement; improvement
föräldra||hem parental home -lös *a* parentless, orphan -r parents
för||älska *rfl* fall in love [*i* with] -älskad *a* in love -älskelse infatuation, attachment -änderlig *a* variable, changeable -ändra *tr rfl* change; alter; *han* ~*de icke en min* he didn't move a muscle -ändring change -äta *rfl* overeat o.s. -ödelse devastation, desolation -ödmjuka *tr* humiliate; mortify -ödmjukelse humiliation -öka *rfl* multiply -ökelse increase; multiplication -öva *tr* commit
för|över *adv* ⚓ forward
fösa *tr* drive, shove

G

gadd sting
gaffel fork **-bit** tit-bit **-klo** prong
gagat jet
gage [rate of] pay, salary
gagn use; [fördel] advantage **-a** *tr* benefit; serve [a p.'s interests] **-ande** *a* of use (benefit); useful, profitable **-lös** *a* useless, of no use; unavailing
1 gala *itr* crow
2 gala, *i* ~ in state **-dräkt** gala attire **-klädd** *a* in full dress
galant I *a* 1 gallant 2 [utmärkt] capital, excellent **II** *adv* capitally, first-rate **-eri** gallantry **-eri|varor** fancy goods
gala|vagn state coach
galeas gallias; hermaphrodite schooner
gal||en *a* 1 [pers.] mad; *spritt* ~ stark staring mad; *bli* ~ go mad 2 [sak] wrong; [tokig] mad; *det är inte så -et* it is not half bad **-en|panna** madcap **-en|skap 1** [vansinne] madness; [raseri] mania 2 piece of folly; *prata* ~*er* talk nonsense **-et** *adv* wrong; *gå* ~ go ([klocka] be) wrong
galg||e gallows **-fågel** gallows-bird **-humor** grim (sinister) humour
gall *a* barren
gall||a gall; bile; [bildl.] spleen **-blåsa** gall-bladder
galler grating; [spjälverk] lattice, trellis; [radio.] grid; *med* ~ grated, latticed, trellised **-fönster** grated &c window; lattice-window
galleri gallery **-publik**, ~*en* the gallery
gallerverk lattice-(trellis-)work
gall|feber bilious fever; *reta* ~ *på ngn* stir up a p.'s bile, drive a p. mad
gallimatias galimatias; balderdash
gallion [fiddle-]head **-s|bild** figurehead
gallisk *a* Gallic
gallr||a *tr* thin; [rotfrukter] single **-ing** thinning [out]
gallsjuk *a* [atra]bilious, splenetic **-a** bilious complaint
gallskrik loud screech; yell **-a** *itr* screech (yell, howl) [at the top of one's voice]
gallsten gallstone, bilestone
galning madman
galon galloon; lace **-era** *tr* lace
galopp gallop; *kort* ~ canter **-era** *itr* gallop, career
galosch galosh, golosh
galt boar
galvan||isera *tr* galvanize **-isk** *a* galvanic
galär galley **-slav** galley-slave
gam vulture
gam|mal old; [forn] ancient; stale [*bröd* bread; *kvickhet* joke]; ~ *och van* practised; *hur* ~ *är han?* what age is he? how old is he? *av* ~*t* of old **-dags -modig** *a* old-fashioned
ganska *adv* very, pretty; rather; ~ *trevlig* quite nice
gap mouth; [hål] gap, opening **-a** *itr* 1 open one's mouth; hold one's mouth open; [stirra] gape, stare **-ande** *a* gaping; [mun] open **-skratt** loud laugh, guffaw **-skratta** *itr* roar with laughter, guffaw
garage garage
garant guarantor **-era** *tr itr* guarantee; [bildl.] warrant **-i** guarantee; warrant
gard||e guards [pl.] **-era** *rfl* guard o.s.
garderob clothes closet (cupboard); wardrobe; [teat. o. d.] cloak-room **-jär** cloak-room attendant
gardin curtain; [rull-] blind
gardist guardsman
garn 1 yarn; [ull- äv.] wool **2** [fisk.] net **-bod** hosier's shop
garner||a *tr* [kläder] trim; [friare] garnish, border **-ing** trimming; [konkr. äv.] border, piping
garnison garrison; *ligga i* ~ be garrisoned (quartered) **-s|stad** garrison town
garnityr garniture; [omgång] set
garn|ända end of yarn; thrum
garv||a *tr* tan **-ad** *a* tanned; curried **-are** tanner **-eri** tannery **-syra** [gallo-] tannic acid, tannin
1 gas [tyg] gauze
2 gas gas **-aktig** *a* gas-like, gaseous **-arm** gas-bracket(-fixture)
gas|binda gauze bandage (roller)
gasell gazelle
gas||form, *i* ~ in the form of gas **-förgiftad** *a* gassed, poisoned by gas **-kamin** gas stove (fire); [i badrum] geyser **-klocka** gas-holder(-tank), gasometer **-kran** gas-tap(-cock) **-lykta** gas-lamp **-låga** gas-flame **-mask** gas-mask **-mätare 1** [sak] gas-meter **2** [pers.] gas-meter tester **-pollett** [automatic] gas-meter disk **-rör** gaspipe; [huvudrör] gas main
gass heat, blaze **-a I** *itr* be broiling (blazing) hot **II** *rfl*, ~ *sig i solskenet* bask in the sun[shine] **-ig** *a* broiling, blazing
gas||skydd gas protection **-slang** [india-rubber] gas-tubing **-spis** gas-range(-cocker)
gast 1 ⚓ hand, seaman **2** ghost
gastkrama *tr*, *bli* ~*d* be ghostridden
gastrisk *a* [läk.] gastric
gastronomisk *a* gastronomical
gas||ugn gas oven **-verk** gasworks
gat||a street; *gammal som* ~*n* as old

as the hills; *~n avstängd!* no thoroughfare! *på ~n* in the street; *rum åt ~n* room facing the street **-flicka** street girl **-hörn** street corner **-lopp** running the gauntlet **-lykta** street lamp **-läggning** paving; [konkr.] pavement **-sopare** street-sweeper; scavenger **-sten** paving-stone
gatt 1 ⚓ hole 2 [sund] gut
gatu||arbete street-repairing [work] **-belysning** street-lighting **-övergång** street-crossing
gavel gable; [säng-] end
ge = *giva*
gedigen *a* [metall] native; [bildl.] genuine; [egenskap] sterling; [kunskap; silver] solid **-het** native state; genuineness, sterling qualities [pl.]
gehäng sword-belt
gehör ear; *spela efter ~* play by the ear; *vinna ~ hos* find ready listeners in; *skaffa sig ~* gain a hearing
gejd ⊕ guide **-a** *tr* guide
gejser geyser
gelatin gelatine **-artad** *a* gelatinous
gelé jelly; *i ~* jellied
gelik|e equal; *dina -ar* your likes
gemak apartment, state-room
gemen I *a* 1 base, low, vile 2 *~e man* the rank and file **II** *i ~* in general **-het** baseness &c, [piece of] villainy
gemensam *a* common; *~t ansvar* joint liability; *~ma intressen* interests in common **-het** community **-hets|bad** family (mixed) bathing **-t** *adv* in common, jointly
gemenskap communion, fellowship
gemyt temperament **-lig** *a* good-humoured, genial **-ligt** *adv* cosily
gemål consort
gen *a* short **-a** *itr* take a short cut
genant *a* embarrassing, awkward
genast *adv* at once, immediately
gendriva *tr* dispose; [kritik] refute
genealog genealogist **-i** genealogy
gener||a *tr* [besvära] incommode, inconvenience, hamper; [göra förlägen] embarrass **-ad** *a* embarrassed
general general **-agentur** general agency **-direktör** director general **-isera** *tr* generalize **-konsul** consul general **-repetition** full (dress) rehearsal **-stab** general staff; [ämbetsverk] army ordnance department **-stabs|karta** ordnance map
gener||ation generation **-ator** ⊕ generator **-ell** *a* generic; general **-ositet** generosity **-ös** *a* generous, liberal
genever gin
gen||gångare ghost **-gåva** present in return **-gäld**, *i ~* in return **-gälda** *tr*, *~ ngn ngt* pay a p. back for a th.
geni genius **-al[isk]** *a* brilliant **-alitet** brilliance
genitiv genitive
genius genius
gen||klang echo; *vinna ~* find response **-ljud** echo, reverberation **-ljuda** *itr* echo, reverberate [*av* with] **-mäla** *tr* [invända] object; [svara] reply, rejoin **-mäle** reply; rejoinder
genom *prep* through, by **-borra** *tr* bore through; [bildl.] pierce **-brott** [bildl.] break[ing] through **-bruten** *a* broken through; [strumpa] open-work **-driva** *tr* carry **-fart** [konkr.] thoroughfare, passage **-föra** *tr* carry through (out), realize **-gripande** *a* thorough[-going]; sweeping, radical **-gå** = *utstå* **-gående** *a* 1 pervading 2 = *grundlig* 3 through [*tåg* train] **-gång** 1 passage, thoroughfare 2 going through **-lysande** *a* translucent **-läsning** perusal **-resa** journey (passage) through **-skinlig** *a* transparent, diaphanous **-skinlighet** transparency **-skåda** *tr* see through **-skärning** section **-snitt** 1 section 2 average; *i ~* on an (the) average **-tränga** *tr* 1 break (make one's way) through 2 [-borra] pierce 3 penetrate [*hemligheten* the secret] **-trängande** *a* piercing: penetrating [*lukt* odour] **-trängd** *a* permeated [*av* with] **-tåga** *tr* march through **-tänka** *tr* meditate upon **-våt** *a* wet through **-vävd** *a* interwoven
genre genre; style
gen||saga protest **-skjuta** *tr* intercept **-t|emot** *adv* 1 opposite 2 [bildl.] against, in opposition to
gentil *a* 1 fine, stylish 2 = *frikostig*
genuin *a* genuine
genus 1 = *kön* 2 [gram.] gender
genväg, *ta en ~* take a short cut
geo||graf geographer **-grafi** geography **-grafisk** *a* geographical **-logi** geology **-metri** geometry
german Teuton **-ist** Germanist **-sk** *a* Teutonic; [språkv.] Germanic
gesims cornice
gest gesture
gestalt figure; [pers.] personage; [form] form, shape, guise **-a I** *tr* shape; form; mould **II** *rfl* turn out **-ning** formation, form; configuration
gestikulera *itr* gesticulate
gesäll journeyman
get goat **-a|bock** he-(billy-)goat **-hud** goatskin **-hår** goat's hair
geting wasp **-bo** wasp's nest
get||ost goat's-milk **-ragg** goat-wool
gevär firearm; [refflat] rifle jfr *bössa; ropa i ~* call to arms **-s|eld** rifle-fire
1 gift poison; [bildl. äv.] venom
2 gift *a* married [*med* to] **-a I** *tr*, *~ bort* marry off, give away in marriage **II** *rfl* marry; get married **-as|lysten** *a* desirous of getting married **-as|vuxen** *a* marriageable

gift||blandare poison-mixer, poisoner **-bägare** poisoned cup
gift||e marriage **-ermål** marriage
giftermåls||anbud offer of marriage **-annons** marriage advertisement
gift||flaska poison bottle **-fri** *a* non-poisonous **-gas** poisonous gas **-ig** *a* poisonous; venomous [*tunga* tongue] **-ighet** poisonousness **-mord** murder by poison **-tand** poison-tooth(-fang)
gigant giant **-isk** *a* gigantic
gigg gig
gikt gout **-bruten** *a* gouty
giljotin -era *tr* guillotine
gill *a* se *fullgod; gå sin ~a gång* pursue its appointed (due) course **-a** *tr* approve; approve of [*åsikt* view] **-ande I** *a* approving **II** approval
gille banquet
gill||er trap, gin **-ra** *tr* set
giltig *a* valid, lawful **-het** validity
ginst broom
gips gypsum, plaster[-stone] **-a** *tr* **1** plaster **2** [läk.] put into (dress in) plaster of Paris **-avgjutning** plaster cast **-figur** plaster figure
gir ⚓ yaw, sheer **-a** *itr* ⚓ yaw, sheer
giraff giraffe
girig *a* avaricious, miserly; *~a blickar* covetous glances **-buk** miser **-het** avarice, covetousness, greed
girland garland
giro endorsement **-räkning** current (cheque) account
giss [mus.] G sharp
gissa *tr itr* guess
giss||el scourge **-la** *tr* scourge
gisslan hostage
gissning guess, conjecture **-s|vis** *adv* by way of conjecture
gist||en *a* leaky **-na** *itr* become leaky
gitarr guitar
gitta = *idas*
giv [kort.] deal **-a I** *tr* give; [bevilja] grant; deal [*ngn ett slag* a p. a blow]; *~ bort* give away; *~ efter* yield, give way; *~ ifrån sig* [lukt, ljus] omit, give off; *~ upp* give up **II** *rfl* **1** give o.s. [*tid* time] **2** yield, give in **3** *~ sig in i* enter (embark) upon **-ande** *a* fertile; [bildl.] profitable **-are** giver; donor **-en** *a* given; *en ~ sak* a matter of course; *ta för -et* take for granted **-et|vis** *adv* of course **-mild** *a* open-handed, generous
gjord girth
gjut||a *tr* pour [*olja* oil]; [tårar] shed; ⊕ cast; [forma] mould; *sitta som -en* fit like a glove **-eri** foundry **-gods** cast-metal articles, castings **-järn** cast-iron **-ning** casting &c **-sand** moulding-sand
glac||éhandske kid glove **-iär** glacier
glad *a* **1** [munter] cheerful, bright, merry, jolly **2** [belåten] delighted (pleased) [*över* at]; glad, happy; *bli ~ igen* cheer up **3** [sak] cheerful [*ansikte* face]; gay [*färg* colour]; [nyhet] joyful; *glatt mod* a light heart
glada [zool.] kite
glad||eligen *adv* gladly, cheerfully **-lynt** *a* cheerful; good-humoured
glans 1 gloss; glitter; [sken] brilliance, splendour; *förlora ~en* lose its lustre **2** [bildl.] magnificence, splendour; *det gick med ~* it passed off brilliantly; *skänka ~ åt* lend lustre to **-full** *a* brilliant **-ig** *a* glossy **-[k]is** glassy ice **-lös** *a* lustreless, lack-lustre **-nummer** furore item **-period** heyday **-punkt** culminating-point, climax **-strykning** clear-starching
glappa *itr* be (have worked) loose
glas 1 [ämne] glass; *av ~* of glass; *en flaska av ~* a glass bottle **2** glass; *ett ~ vatten* a glass of water **3** ⚓ bell **-aktig -artad** *a* glassy, glazed **-bit** piece of glass **-blåsare** glass-blower **-bod** glass-shop **-bruk** glassworks [pl.] **-era** *tr* glaze; [bakverk] ice **-låda** vitrine **-mästare** glazier **-ruta** pane [of glass]
glass ice[-cream]
glas||saker glassware **-skiva** glass plate
glasyr 1 glazing **2** [kok.] icing
glasögon spectacles, glasses **-orm** cobra **-s|fodral** spectacle-frame
glatt *a* smooth; [glänsande] glossy
gles *a* thin; sparse [*befolkning* population]; open [*tänder* teeth] **-het** thinness &c **-na** *itr* grow (get) thin &c
gli [small] fry
glid [skid-] running; *på ~* on the glide **-a** *itr* glide; [sakta] slide **-flykt** gliding flight; volplane
glim||ma *itr* gleam; glitter **-mer** [min.] mica **-t** gleam
glirlng jibe, gibe, sneer
glitt||er glitter, lustre; [julgrans~] tinsel **-ra** *itr* glitter
glo *itr* stare
glob globe
glop puppy, jackanapes
gloria 1 halo, aureole **2** [tyg] gloria
glos||a 1 word **2** [spe~] gibe, sneer **-bok** vocabulary; glossary
glugg hole, aperture
glunkas *itr dep, det ~ att* the whisper goes that
glup||a *itr, ~ i sig* gobble up **-ande** *a* ravenous [appetite] **-sk** *a* voracious, ravenous; gluttonous **-skhet** voracity
glåmig *a* washed out
glåp|ord taunt, jeer
gläd||ja I *tr* give (afford) pleasure; *det -er mig* I rejoice (am very glad, am delighted) **II** *rfl* be (feel) glad (delighted) [*åt* about]; rejoice [*åt, över* at] **-jande** *a* joyful [*nyhet* piece

of news]; happy -jas *itr dep* = *-ja II* -je joy [*över* at]; *bereda ngn* ~ give a p. happiness (delight, joy) -je|lös *a* joyless; cheerless -je|störare kill-joy, spoil-sport -je|ämne subject (cause) for rejoicing
gläfs yelp -a *itr* yap-yap, yelp
gläns||a *itr* shine; glitter -ande *a* shining, resplendent; lustrous [*ögon* eyes]; glossy [*siden* silk]
glänt, *på* ~ ajar
glätta *tr* smooth [down]; [hår] sleek
glättig *a* gay; cheerful, light-hearted -het gaiety; cheerfulness
glöd 1 burning (live) coal; [koll.] embers 2 [bildl.] glow; heat; ardour, fervour, passion -a *itr* glow; be all aglow -ande *a* glowing; red-hot; burning [*begär* desire] -ga *tr* make glowing (red-hot) -het *a* red-hot -lampa glow-lamp
glögg burnt and spiced brandy
glöm||ma I *tr* forget; be forgetful of; ~ *boken hemma* leave the book at home; ~ *bort* forget II *rfl* forget o.s. -sk *a* forgetful; [frånvarande] absent-minded; oblivious [*av* of] -ska 1 forgetfulness 2 *falla i* ~ fall into oblivion
gnabb bickering[s] -as *itr dep* bicker [with each other]; wrangle
gnag||a *itr tr* gnaw; [knapra] nibble; [bildl.] fret -ande *a* gnawing; fretting -are gnawer; [zool.] rodent
gnat nagging, carping -a *itr* nag, carp
gnejs gneiss
gnid||a *tr itr* rub -are niggard, miser -ig *a* stingy, close, mean -ning rubbing; [fys.] friction
gniss||el screech[ing], squeak[ing]; grating -la *itr* creak; [penna] screech; [hjul] squeak; ~ *mot ngt* grate against a th.
gnist||a I *tr itr* wireless II spark -bildning sparking -ra *itr* send out (emit) sparks; spark -rande *a* sparking; sparkling (flashing) [*ögon* eyes]
gno I *tr* rub II *itr* 1 [knoga] toil (grind, work) [*med* at] 2 = *springa*
gnola *tr itr* hum [*en melodi* an air]
gnugga I *tr* rub [hard (away) at]; [bildl.] rub up II *rfl*, ~ *sig i ögonen* rub one's eyes
gny I din; clatter II *itr* roar, clatter
gnägg||a *itr* neigh; [tystare] whinny -ning neighing &c
gnäll whining, whimpering -a *itr* whine, whimper
gobeläng Gobelin tapestry
god *a* good; nice [*lukt* smell]; *var så* ~! please! -artad *a* non-malignant, benign -dags|pilt epicure -het goodness -hets|fullt *adv* kindly -hjärtad *a* kind-hearted -känna *tr* approve; [i examen] pass, give a pass certificate; *bli -känd* pass -kännande approbation, approval -lynt *a* good-humoured, good-tempered -man trustee -modig = *-lynt* -o, *av* ~ to advantage; *i* ~ amicably, on friendly terms; *mig till* ~ in my favour; *hålla till* ~ *med* put up with, stand
gods 1 estate 2 [som forslas] goods; [bildl.] wares 3 material -expedition goods department, parcels [delivery] office -finka luggage van -tåg goods train -ägare estate-owner, landed proprietor
god||taga *tr* approve [of], accept -templare Good Templar -trogen *a* confiding, credulous -tycke discretion; *rena* ~*t* pure arbitrariness -tycklig *a* arbitrary -villigt *a* voluntarily, of one's own free will
1 **golf** [vik] gulf
2 **golf** golf -bana golf-links(-course)
golv floor -bonare floor-polisher -drag draught to the feet -planka floor[ing]-board -springa joint in a (the) floor -tilja = *-planka*
gom palate -segel soft palate
gondol gondola -jär gondolier
gonggong gong, dinner-gong
gorilla gorilla [ape]
gorma *itr* brawl
goss||aktig *a* boyish, boy-like -e boy lad; *en glad* ~ a lively fellow -kläder boys' clothes -läroverk boys' school -år boyhood [years]
got Goth -ik Gothic -isk *a* Gothic
gott I good; ~ *om* plenty of II *adv* well; *så* ~ *jag kan* as best I can; *så* ~ *som* practically, almost -er sweetmeats, sweeties -finnande, *efter* ~ as one thinks best -göra *tr* make good (up) to [a p.]: remunerate [a p.'s work]; redress [*ett fel* a fault] -görelse indemnification, compensation, recompense -köps|affär cheap-line business -köps|fras ready-made phrase -köps|pris, *till* ~ at bargain prices (a bargain price) -skriva *tr* credit . . with
grabb F urchin
grace 1 grace, charm 2 [nåd] favour
grad 1 degree; [utsträckning] extent; *i hög* ~ to a great extent, highly; *i högsta* ~ extremely; *ta* ~*en* take one's doctor's degree; *tio* ~*er kallt* ten degrees below zero 2 *stiga i* ~*erna* rise in the ranks; *av högre* ~ of the higher grades -beteckning badge of rank -era *tr* graduate -mätare graduated scale, gauge -ual|avhandling doctor's dissertation -vis *adv* by degrees, gradually
graf||ik reproductive-graphic art -isk *a* graphic [method]
grafit graphite; plumbago
gram gram[me]

grammat||ik grammar; [bok äv.] grammar-book **-[ikal]isk** *a* grammatical **-iker** grammarian
grammofon gram[m]ophone **-skiva** grammophone-record
gran Norway spruce
1 granat 1 [bot.] pomegranate **2** [sten] garnet
2 granat ⚔ shell **-eld** shell fire **-kastare** ⚔ shell-thrower **-skärva** shell-splinter
granat|äpple pomegranate
gran|barr spruce leaf (needle)
grand 1 mote; *~et och bjälken* the mote and the beam **2** atom
granit granite **-block** granite block
gran|kotte spruce-cone
grann *a* gaudy, gay; [karl] splendid
grann||e neighbour **-gård,** *i ~en* at (in) the next house to ours (&c)
grannlag||a *a* tactful; considerate; [ömtålig] delicate **-enhet** tactfulness &c; tact, discretion
grannland neighbouring (adjacent) country
grannlåt show; display; *~er* gewgaws
grann||skap neighbourhood; vicinity **-sämja** neighbourliness
granntyckt *a* fastidious, over-nice
granris spruce[-fir] twigs
gransk||a *tr* examine; scrutinize **-are** examiner, inspector **-ning** examining &c; examination, scrutiny
grassera *itr* be rife (prevalent); [om osed] rage, run rampant
gratifikation gratuity; bonus
gratinera *tr* bake in a gratin-dish
gratis *adv* gratis, for nothing **-biljett** free ticket **-resa** gratis trip
gratul||ation congratulation **-era** *tr* congratulate jfr *lyckönska*
1 grav 1 [dike] trench **2** grave
2 grav *a* [accent] grave **-ations|bevis** deed of hypothecation
gravera *tr itr* engrave [*på* on]
grav||häll grave-slab(-cover) **-kapell** mortuary chapel **-kor** crypt **-kulle** grave[-mound]
grav||lik *a* sepulchral **-plats** burial-place, graveyard **-skrift** epitaph **-vård** memorial cross (stone)
grav||yr engraving **-ör** engraver
gredelin *a* heliotrope, lilac
grejor things, paraphernalia
grek Greek **-isk** *a* Greek; Grecian **-iska** Greek **G-land** *npr* Greece
gren branch **-a I** *itr*, *~ ut sig* form branches, branch out **II** *rfl* branch, fork **-sle** *adv* astride **-verk** [network of] branches
grep[e] 1 pitchfork **2**=*handtag*
grepp grasp [*i, om* of]; grip [*på* of]
grev||e count; [Engl.] earl; [tilltal] Your Lordship! My Lord! **-inna** countess; [tilltal] Your Ladyship! My Lady! **-lig** *a* count's [crown] **-skap** countship; [Engl.] county
griffel slate-pencil **-tavla** slate
grift tomb, grave
griljera *tr* grill
1 grill [kokk.] grill
2 grill, *~er* whims, freaks, fancies
grimas grimace, wry face **-era** *itr* make (pull) faces
grim||ma halter **-skaft** halter-chain
grin grin, leer **-a** *itr* **1** grin (leer) [*mot* at] **2** [gråta] whine, pule
grind [field-]gate **-stolpe** gate-post **-stuga** lodge **-öppning** gateway
grinig *a* whining, puling; [knarrig] discontented, peevish
grip||a *tr itr* **1** seize; catch [*en tjuv* a thief]; *~ efter* grasp (catch, snatch) at; *~ sig an med* set about **-ande** = *rörande I* **-en** *a* seized [*av* with]; [rörd] touched, moved &c **-verktyg** ⊕ clawing-tool
gris pig; [bildl.] ducky **-kulting** sucking-pig **-kött** pork
grissla [zool.] common guillemot
gro *itr* germinate; sprout
grobian boor, churl
groda 1 frog **2** [bildl.] blunder
grodd germ, sprout
grod||spott cuckoospit **-yngel** tadpoles [pl.]
grogg grog **-[g]las** grog-tumbler
groll grudge; jfr *agg*
groning germination
grop pit; hollow, cavity **-ig** *a* full of holes (pits); dimpled [*haka* chin]
gross gross [*knappar* of buttons]
grosshand||el wholesale trading (trade) **-lare** wholesale dealer
grotesk *a s* grotesque
grott||a cave, cavern **-e|kvarn** treadmill
grov *a* coarse [*salt* salt; *tråd* thread; *drag* features]; large [*maska* mesh]; rough [*utkast* sketch]; gross [*okunnighet* ignorance] **-arbetare -arbete** unskilled labourer (labour) **-byggd** *a* heavy-built **-göra** rough work **-het** coarseness &c **-huggen** *a* rough-hewn **-hyvla** *tr* rough-plane **-kornig** *a* [bildl.] coarse, gross, rude **-lek** [degree of] coarseness &c **-lemmad** *a* heavy-limbed **-tarm** colon
grubb||el brooding **-la** *itr* brood; ruminate [*på* [up]on]
gruff F row **-a** *itr* F kick up a row (fuss)
grum||la *tr* make muddy, soil **-lig** *a* muddy, turbid, soiled; [vatten] troubled **-s** grounds, dregs
grund I *a* shallow **II 1** shoal; *köra på ~* run aground **2** [mark] ground; soil **3** [underlag] foundation; *lägga ~en till* lay the foundation[s] of; *ha sin ~ i* be due to; *de första ~erna i* the elements of; *i ~* to the ground.

entirely, completely; *i ~en* at bottom, essentially; *på ~ av* owing to; *till ~en* to the bottom; *gå till ~en med* probe right through; *utan ~* without any reason (ground) **-a** *tr* 1 found [*en skola* a school]; establish [*en affär* a business]; lay the foundation of [*ngns förmögenhet* a p.'s fortune] 2 [stödja] base 3 [mål.] ground, prime **-ad** *a* founded &c; well-grounded [*misstanke* suspicion] **-are** founder **-begrepp** fundamental principle **-betingelse** essential condition **-betydelse** primary sense **-drag** 1 essential (leading) feature 2 *~en till* the main outline of **-fond** capital stock **-lag** fundamental (constitutional) law **-lags|enlig** *a* constitutional **-lig** *a* thorough[-going]; profound [*studier* study]; fundamental (radical) [*förändring* change] **-lighet** thoroughness; solidity &c **-ligt** *adv*, *missta sig ~* be utterly mistaken **-lägga** *tr* lay the foundation[s] of **-läggande** *a* fundamental; basic [*princip* principle] **-läggare** founder **-lös** *a* groundless; baseless; ungrounded **-plan** ground-plan **-plåt** nucleus **-prick** ⚓ shoal spar-buoy **-påle** foundation-pile **-ritning** outline, skeleton-drawing **-sats** 1 [mat.] axiom 2 principle; maxim; *utan ~er* unprincipled **-sten** foundation stone **-tal** cardinal number **-val** foundation; [bildl. äv.] groundwork, basis **-ämne** element

grupp group; cluster [of houses]; [polit.] fraction **-era** *tr* group

grus gravel **-a** *tr* 1 gravel 2 [bildl.] ruin, crush **-grop -tag** gravel-pit

1 **gruva** *rfl* be uneasy [in one's mind]

2 **gruv||a** mine **-arbetare** miner; [kol-] collier **-distrikt** mining-district **-drift** mining **-gång** mine-adit

gruvlig *a* dreadful, horrible; awful

gruv||ras falling in of a mine **-stolpe -stötta** pitprop

1 **gry** grit; *det är gott ~ i honom* he has got grit

2 **gry** *itr* dawn **-ende** *a* dawning; budding [*anlag* talents]

grym *a* cruel [*mot* to]; ruthless, hard **-het** cruelty; *en ~* an act of atrocity

grymt||a *itr* grunt **-ning** grunt[ing]

gryn grain; se *havre-, ris-* **-a** *rfl* grain, granulate **-ig** *a* grainy, granular

gryning dawn, morning twilight, daybreak; *i ~en* at dawn

gryt earth, burrow **-a** pot, pan **-lapp** saucepan-holder

grå *a* grey **-daskig** *a* dirty grey **-het** greyness **-hårig** *a* grey-haired **-na** *itr* turn grey; *~d* turned grey, grizzled **-papper** bastard paper **-sej** coalfish **-sparv** [house-]sparrow **-sprängd** *a* grizzled **-sten** grey stone **-sugga** wood-louse

gråt crying; **-a** *tr itr* weep, cry [*av* for] **-färdig** *a* ready to cry (burst into tears) **-mild** *a* lachrymose, tearful

grå|verk miniver

grädd||a I *tr* bake; fry [*plättar* pancakes] **II** cream **-bakelse** cream-tart[let] **-e** cream **-färgad** *a* cream-coloured **-kanna** cream-jug(-pot) **-kola** cream caramel **-ning** baking; frying **-vit** *a* creamy white **-våffla** cream-waffle

gräl 1 [tvist] quarrel; squabble; *råka i ~ med* fall out with 2 [ovett] scolding[s]; fault-finding [*över* with] **-a** *itr* 1 quarrel, squabble 2 *~ på ngn* find fault with (scold) a p.

gräll *a* loud, glaring; striking

gräl|sjuk *a* quarrelsome

gräml|a I *tr* grieve, vex, mortify **II** *rfl* grieve (worry, be mortified) [*över* at]; fret **-else** grief; mortification

gränd alley, byway

gräns 1 [geogr.] boundary; borderline; [riks-] frontier 2 [friare] limit; bounds [pl.]; *utom ~erna för* outside the scope (range) of **-a** *itr* border [*till* [up]on] **-bo** borderer **-linje** boundary-line **-lös** *a* boundless, limitless; [bildl.] unbounded **-märke** boundary-mark **-område** border-land

gräs grass; *i ~et* on the grass **-bevuxen** *a* grass-grown, verdured **-frö** grass-seed[s] **-grön** *a* grass-green **-hoppa** grasshopper; locust **-hopps|svärm** swarm of locusts **-klippnings|maskin** grass-mowing-machine, lawn-mower

gräslig *a* atrocious, horrid; terrible (awful) [*brådska* hurry] **-het** atrociousness &c; *~er* atrocities

gräs||lök chive **-mark** grass-ground **-matta** lawn **-plan** grass-plot **-slätt** grassy plain; prairie **-strå** blade (stalk) of grass, grass-blade **-torv** [green] turf **-änka -änkling** grass widow (widower)

grätten *a* fastidious

gräv||a *tr itr* dig; [bildl.] delve **-ling** badger **-ning** digging; [vetensk.] excavation **-svin** = *-ling*

gröda [growing] crops [pl.] jfr *skörd*

grön *a* green **-bete** grass-pasture **-foder** green forage (feed) **-gräs**, *i ~et* [out] on the grass **-göling** woodpecker; [bildl.] greenhorn **-kål** kale, borecole **G-land** *npr* Greenland **-rätt** vegetable course **-sak** vegetable **-saks|affär** greengrocer's shop **-saks|-land** vegetable-garden **-sallat** green salad **-ska I** verdure, green **II** *itr* be green; [bildl.] bud **-skande** *a* verdant; greening **-soppa** green soup

1 **gröpa** *tr*, *~ ur* hollow out

2 **gröp||a** *tr* grind coarsely **-e** groats [pl.]

gröt porridge **-ig** *a* 1 porridgy, pulpy,

thick 2 thick [*röst* voice] **-omslag** poultice **-slev** porridge-ladle
guano guano
gubb||e 1 old man; *min ~!* old boy! 2 *rita -ar* draw pictures; *göra -ar* pull faces; *den ~n går inte!* that story won't go down! **-hus** old men's almshouse **-stackare** [poor] old buffer
Gud *ngr* God; *~ vare lov!* God be praised! thank God! *för ~s skull* for the love of God
gud||abenådad *a* god-gifted **-a|boren** *a* god-begotten **-a|dryck** nectar **-aktig** *a* pious, devout **-a|saga** myth **-a|sänd** *a* god-sent **-barn** godchild **-fader** godfather **-fruktig** *a* god-fearing, devout **-inna** goddess **-lig** *a* godly, pious **-lighet** godliness, piety **-lös** *a* godless, impious; [leverne] wicked; profane [*tal* language] **-moder** godmother
gudom godhead; divinity **-lig** *a* divine **-lighet** divineness
guds||beläte, *~t* the likeness of God **-dyrkan** worship of God **-fruktan** fear of God; [fromhet] godliness, piety **-förnekare** atheist
gudskelov *itj* thank goodness (Heaven)!
guds||man man of God; religious man **-moder,** *Heliga G~* Holy Virgin **-nådlig** *a* sanctimonious **-tjänst** [divine] service; *allmän ~* public worship **-tro** faith in God
gul'a yellow **-a** yolk **-aktig** *a* yellowish
gulasch 1 gulasch 2 [war-]profiteer
gul|blek *a* sallow
guld gold **-armband** gold bracelet **-blond** *a* light golden **-bröllop** golden wedding **-bågad** *a* gold-rimmed **-feber** gold fever **-fisk** gold-fish **-förande** *a* auriferous, gold-bearing **-gruva** gold-mine **-grävare** gold-digger **-halt** percentage of gold **-kantad** *a* [hand.] gilt-edged; [porslin] gold-rimmed **-kedja** gold chain **-korn** grain of gold; [bildl.] precious grain **-makare** alchemist **-medalj** gold medal **-myntfot,** *~en* the gold standard **-märke** gold badge **-plomb** gold-filling &c **-smed** goldsmith; jeweller **-smidd** *a* gold-laced **-snitt** gilt-edge[s] **-ålder** golden age
gul|hyad *a* yellow-complexioned
gull||gosse spoilt darling, jewel **-regn** laburnum **-stol,** *bära ngn i ~* chair a p. **-viva** cowslip
gul||na *itr* turn (go) yellow **-nad** *a* yellowed, faded **-sot** jaundice
gumma old woman; *min ~ lilla* my old (little) lady
gummera *tr* [stick with] gum
gummi 1 [flytande] gum 2 [india-] rubber **-boll** india-rubber ball **-ring** rubber ring (tyre) **-rock** rubber-proof coat **-snodd** [piece of] elastic [cord] **-stövel** rubber knee-boot **-sula** [india-]rubber sole **-träd** 1 [Eucalyptus] gum-tree 2 [india-]rubber tree
gump uropygium, rump
gumse ram, tup
gung||a I swing II *tr* swing; [vagga] rock III *itr* swing, rock; [vaja] wave; *golvet ~de* the floor seemed to quake (rock) **-bräde** plank-seat; see-saw; *gunga ~* see-saw **-fly** quagmire **-häst** rocking-horse **-ning** swing[ing], rock[ing] **-stol** rocking-chair
gunst favour; *stå i ~ hos ngn* be in a p.'s good graces **-ig** *a* 1 well-disposed (friendly) [*mot* towards]; [gynnsam] favourable 2 *min ~ herre* my fine friend (fellow) **-ling** favourite
gunås *itj* alas! worse luck!
gupp bump; [skid-] jump **-a** *itr* jolt, jog; bump **-ig** *a* bumpy
gurg||la *tr itr rfl* gargle **-ling** gargling
gurka cucumber; [späd] gherkin **-list** cucumber-[hot]bed
guttaperka gutta-percha
guvern||ant governess **-ör** governor
gyck||el play, sport; [skämt] fun; [upptåg] joke, jest, lark **-el|makare** joker, jester, wag **-el|spel** jugglery; [bildl.] illusion[s] **-la** *itr* jest, joke **-lare** = *-el|makare*
gyllen||e *a* golden **-läder** gilt leather
gymnas||ielärare college-master **-ist** [ung.] upper-school scholar **-ium** [ung.] public (upper) school
gymnast gymnast **-ik** gymnastics **-ik|-byxor** gymnasium (F gym) trousers (shorts) **-ik|direktör** certificated gymnastics teacher **-ik|lärare** gymnastics master **-ik|sal** gymnastics (drill) hall, gymnasium **-isera** *itr* go in for (do) gymnastics **-isk** *a* gymnastic
gynn||a *tr* favour; [beskydda] patronize; jfr *främja* **-ad** *a* favoured **-are** patron **-sam** *a* favourable
gyro ⚓ gyro **-skop** ⚓ gyroscope
gyttj||a mud; slough; mire **-e|bad** mud-and-massage bath **-e|haltig** *a* containing mud **-ig** *a* muddy, miry
gyttr||a *tr, ~ ihop* cluster together, agglomerate **-ig** *a* agglomerate[d], clustered together
gå *itr tr* 1 [pers.] walk 2 [förflytta sig] go 3 [passera] pass 4 run [*på hjul* on wheels] **-ende** *a* walking &c; *en ~* a foot-passenger, a walker
gång 1 walking; *en klumpig ~* an ungainly gait; *känna igen ngn på ~en* know a p. by his (&c) step (walk) 2 [sak] going; [motor] running; action 3 [väg] path[way] 4 course; *tidens ~* the course of time 5 time; *nästa ~* next time; *en ~ i veckan* once a week; *en ~ till* once more 6 *två ~er* twice; *två ~er två är fyra* twice two is (makes) four; *fyra ~er*

nio four [multiplied] by nine **-are** 1 walker 2 [häst] pacer **-art** pace **-bana** footpath **-bar** *a* 1 walkable 2 current [*mynt* coin; *talesätt* phrase]; [vara] merchantable, marketable **-bord** gangway **-bro** foot-bridge **-bräda** foot-plank **-bud** foot-messenger **-en** *a* [förfluten] gone by; past [*tider* times] **-järn** hinge **-kläder** [pl.] wearing-apparel **-låt** marching-song **-spel** capstan **-stig** footpath **-tävlan** walking-race(-match) **-väg** [public] footpath; [ss. anslag] for pedestrians [only]
gåpåare hustler, pushful fellow
går, *i* ~ yesterday [*morse* morning]
gård 1 yard; court; *rum åt ~en* back-room 2 [egendom] [i stad] house; [på landet] farm; [större] estate
gårdag||en yesterday, the day before **-s|tidning** yesterday's paper
gård||farihandlare [itinerant] pedlar (hawker) **-s|fogde** farm bailiff **-s|folk** 1 *~et* the people living in (at) the house (on the farm) 2 [tjänstefolk] farm hands (labourers) **-s|plan** court[yard] **-var** watchdog
gås goose; *vita gäss* white horses; *ha en ~ oplockad med ngn* have a crow to pluck with a p. **-hud** gooseskin; *få ~* become goosey **-karl** gander **-lever** goose-liver **-lever|pastej** pâté de foie gras [fr.] **-marsch**, *i ~* in single file **-penna** [goose-]quill
gåt||a riddle; *lösa -or* solve riddles **-full** (**-lik**) *a* puzzling, enigmatic
gåv||a gift; present **-o|brev** deed of gift
gäck, *driva ~ med* mock (scoff) at, make fun of **-a** *tr* 1 mock 2 [svika] baffle; frustrate (thwart) [*förväntningar* expectations] **-ande** *a* mocking **-as** *dep*, *~ med* se *gäck*
gädd||a pike **-[d]rag** trolling-spoon
gäl gill; *som andas med ~ar* gill-breathing
gäld debt; jfr *skuld* **-a** *tr* pay; requite **-enär** debtor; *vara ngns ~* se *skuld*
gäll *a* shrill [*röst* voice]
gäll||a *itr tr* 1 be valid; *detsamma -er mig* the same thing holds good about (is true about) me 2 be worth, count 3 [anses] pass [*för* for, as] 4 *vad -er saken?* what is the question (is it) all about? *det -er livet* it is a question of life and death; *när det -er* in an emergency, at a pinch **-ande** *a* 1 valid [*för* for], in force 2 *göra sig ~* make one's presence felt, assert o.s.
gällen *a* on the turn, slightly turned
gäng [arbetslag] gang; [kotteri] set
gäng||a I thread; *vara ur -orna* F be off the hooks II *tr* thread **-lig** *a* slim, slender, lank; loose-limbed
gängse *adv* current; prevalent
gärd tribute [*av aktning* of esteem]
gärd||e [åker] field **-s|gård** fence **-smyg** [zool.] wren **-s|gårds|stör** hurdle-stake
gärna *adv* 1 willingly; gladly 2 *du kan ~ gå* you may just as well go; *lika ~* just as well; *~ för mig!* for aught I care! *så ~!* by all means!
gärning 1 act; deed; *på bar ~* in the [very] act 2 [göromål] work
gäsp||a *itr* yawn **-ning** yawn
gäst guest; [besökande] visitor; [på restaurang] customer **-a** *tr*, *~ ngn* visit a p., be a p.'s guest **-a|bud** feast; banquet **-fri** *a* hospitable **-frihet** hospitality **-givare** innkeeper, landlord **-givar|gård** inn, hostelry **-giveri** inn-keeping **-roll** starring (star-)part(rôle); *ge ~er* appear as a star &c **-rum** spare room, guest-chamber **-spel** [teat.] *ge ~* se *-roll*
göd||a *tr* 1 [djur] fatten, render fat; [människor] feed up, fatten 2 [jord] fertilize, fatten **-d** *a* fattened, fatted [*kalv* calf] **-ning** fattening, fertilizing **-nings|medel** fertilizing substance **-sel** manure; dung **-sel|hög** dunghill, manure-hill **-sel|stack** manure-heap **-sla** *tr* [dress with] manure; dung **-sling** manuring
gök cuckoo **-ärt** bitter vetch
göl pool
göm||ma I hiding-place; *i sina -mor* in one's drawers II *tr* 1 [dölja] hide [away] [*för* from]; *~ ansiktet i händerna* bury one's face in one's hands 2 [förvara] keep; [spara] save [up] III *rfl* hide [o.s.] **-sle** = *-ma I;* [djurs] haunt **-ställe** hiding-place
gör||a I [uppgift] business; [förelagt] task; [besvär] work, labour II *tr itr* [utföra, uträtta, åstadkomma, syssla med, jfr d. o.] do; [tillverka, skapa, utgöra, jfr d. o.] make; *vad gör du?* what are you doing? *det gör ingenting* it doesn't matter; *~ ngn lycklig* make a p. happy; *~ ett fel* (*ett försök, en resa, svårigheter*) make a fault (an attempt, a journey, difficulties); *ha att ~ med* have something to do with; *ha mycket att ~* have a great deal to do, be very busy; *vad har du här att ~?* what are you doing here? **-ande**, *~[n] och låtande[n]* doings [and dealings]
görd||el girdle **-la** *tr* girdle
gör||lig *a* feasible, practicable; *i ~aste mån* as far as possible **-ning**, *det är ngt i ~en* something is brewing **-o|mål** occupation; business, work
gös pike-perch, pickerel
Göteborg *npr* Gothenburg

H

ha *tr hjälpv* have; *jag -de kunnat göra det* I might have done it jfr *kunna; det -de jag aldrig trott* I shouldn't have thought it
Haag the Hague
hack 1 *följa ngn ~ i häl* be at the heels of a p. 2 jag, notch **-a I 1** pick[axe], mattock 2 [kort] small card **II** *tr* 1 chop [*halm* straw]; [rensa] hoe 2 *han ~de tänder* his teeth were chattering **III** *itr* 1 [fågel] peck 2 ~ *i* hack (pick) at 3 ~ *på ngn* decry (find fault with) a p. **-ad** *a* chopped, minced **-else** chaff **-mat** minced meat; [bildl.] mincemeat **-spett** woodpecker
hafs hurry-scurry, scramble
hage 1 [betes-] enclosed pasture[-ground] 2 grove 3. *hoppa ~* play [at] hop-scotch
hag‖el 1 hail; *ett ~* a hailstone 2 [gevärs-] [small] shot; *grova ~* buckshot **-el‖bössa** shotgun, fowling-piece **-el‖skur** hail-shower **-la** *itr* hail
hagtorn hawthorn[-tree]
haj shark
hak=*hack 2* **-a I** chin **II** *tr itr* hook [*i, vid* to]; *~ av* unhook; *~ upp sig på* stop dawdling over **II** *rfl, ~ sig fast vid* cling to **-e** hook; [bildl.] drawback **-grop** [chin] dimple **-kors** cross cramponnee, swastika **-lapp** bib, feeder **-rem** chin strap
hal *a* slippery [*is* ice]; oily [*skinn* skin]; *~ tunga* smooth (glib) tongue
hala *tr itr* ⚓ haul
halk‖a I slipperiness **II** *itr* slip [and fall] **-ig** *a* slippery
hall hall **-bord** hall-table
hallon raspberry **-sylt** raspberry jam
hallå *itj* halloo! hullo! **-man** announcer
halm straw **-kärve** sheaf **-stack** straw-jack(-rick) **-strå** straw **-tak** straw-hatched roof
hals 1 neck; [strupe] throat; *ha ont i ~en* have a sore throat; *få ngn på ~en* have a p. landed on to one; *~ över huvud* head over heels, precipitately; *med full ~* at the top of one's voice 2 ⚓ tack **-band** necklace; [hunds] collar **-bloss,** *dra ~* inhale a puff of smoke **-brytande** *a* breakneck **-bränna** heartburn **-duk 1** [varm] neckerchief; scarf, neck-wrap 2 [kravatt] [neck]tie **-fluss** swollen tonsils, tonsilitis **-hugga** *tr* behead, decapitate **-katarr** pharyngitis **-kota** cervical vertebra **-linning** neck-band **-läkare** throat specialist **-starrig** *a* stiff-necked, stubborn
halst‖er grill **-ra** *tr* grill
1 halt 1 [metall-] proportion, percentage 2 standard
2 halt I [rast] halt **II** *itj* ⚔ halt!
3 halt *a* lame; *bli ~* go lame, [pers.] be crippled [for life] **-a** *itr* 1 limp [*på* with] 2 [friare] halt
halv *a* half; [i sms. äv.] semi-; *~ fem* at half past four [o'clock]; *~a antalet* half the number; *en ~ dag* half a day; *på ~a vägen* half way **-a** half **-back** half-back **-blod** half-breed **-broder** half-brother **-dager** twilight **-död** *a* half dead **-enskild** *a* semi-private **-era** *tr itr* halve; divide into halves **-gud** demigod, semigod **-herre** would-be gentleman **-het** halfness **-hög** *a* semi-high **-klot** hemisphere **-måne** half-moon **-slag** ⚓ half-hitch **-sova** *itr* doze **-sula** *tr* [half-]sole **-t** *adv* half **-tid** half-time **-timme** half-hour; *en ~* half an hour **-ton** semitone **-vägs** *adv* half way; mid-way **-värld** demi-monde **-ylle** linsey-woolsey **-år** half-year; half a year **-ö** peninsula **-öppen** *a* half open; ajar
hammare hammer
1 hamn [skepnad] guise
2 hamn 1 harbour 2 [-stad] port 3 [bildl.] haven **-a** *itr* land [up]; end up **-arbetare** docker **-stad** port seaport [town]
hamp‖a hemp **-drev** hemp-tow **-frö** hempseed
hamra *tr itr* 1 hammer; beat, forge 2 *~ på pianot* strum on the piano
hamst‖er hamster **-ra** *tr* hoard
han *pron* he
hand 1 hand; *skaka ~ med* shake hands with; *för ~* by hand; *gjord för ~* hand-made 2 [sida] side, hand 3 *ha ~ om* be in charge of; *efter ~* by degrees, gradually; *i sista ~* in the last (final) resort, finally; *köpa i andra ~* buy secondhand; *ha på ~* have the option of; *på egen ~* on one's own account, by o.s. **-a,** *till ~* [to be] delivered by hand; *gå fram till ~* act as a help in the house **-arbete** hand-work; [sömnad] needlework, handicraft **-boja** handcuff, manacle **-bok** handbook, manual, textbook [*i* on (of)] **-boll** handball **-broms** hand-brake **-duk** towel
handel 1 trade; *~ och sjöfart* trade and navigation 2 [handlande] trading 3 [i stort; äv. 'yrke'] commerce **4** *är ute i ~n* has been put upon the

market 5 = *affär, butik* **6** ~ *och vandel* dealings [pl.]
handels||bod shop; [U. S.] store **-bok** account-book **-flotta** merchant navy **-högskola** commercial university **-idkare** tradesman, shopkeeper **-kammare** chamber of commerce **-resande** commercial traveller **-rörelse** business, trade **-vara** commercial (trade) commodity **-väg** commercial route
hand||fallen *a* nonplussed, taken aback **-fast** *a* sturdy; stalwart **-fat** [wash-hand] basin **-flata,** ~*n* the flat (palm) of the (one's) hand **-full** handful [of] **-gemäng** close (hand-to-hand) fight **-gjord** *a* hand-made **-granat** ⚔ hand-grenade **-grepp** hand-movement **-griplig** *a* 1 manual; ~*t skämt* practical joke 2 [påtaglig] obvious; palpable **-griplighet,** *det kom till* ~*er* it came to blows **-ha** *tr* have charge of, manage
handikapp handicap
hand||kammare storeroom **-kanna** water-jug; ewer **-klappning** clapping of hands **-klaver** concertina
handla *itr* **1** [affärsman] trade, deal, do business; traffic [*med olja* in oil] **2** [kund] deal (do one's purchasing) [*hos* at] **3** [upp~] buy; *gå ut och* ~ go [out] shopping **4** [bete sig] act **5** ~ *om* deal with, treat of, be about
hand|lag, *ha gott* ~ have a knack [for]
handlande tradesman; merchant
hand||led wrist **-leda** *tr* guide, superintend **-ledare** superintendent; tutor
handling 1 action **2** document; ~*ar* proceedings, transactions **-s|frihet** liberty of action **-s|kraft** power of action **-s|sätt** [line of] conduct; behaviour
hand||lov[e] wrist **-lån** temporary loan **-lägga** *tr* deal with; [jur.] take cognizance of **-löst** *adv, falla* ~ fall headlong (all of a heap) **-räckning** assistance; ⚔ fatigue-duty men **-rörelse** motion of the (one's) hand **-s,** *till* ~ at hand
handskas *dep,* ~ *med* handle, treat
handsk||e glove **-nummer** size in gloves
hand||skrift 1 = *-stil* **2** manuscript **-skriven** *a* written by hand **-slag** handshake **-stil** hand[writing] **-sydd** *a* hand-sewn **-tag 1** [abstr.] grip, grasp, hold; *ge ngn ett* ~ give a p. a hand **2** [konkr.] handle; haft, hilt **-tryckning 1** pressing (squeeze) of the hand **2** [dusör] tip, gratuity **-vändning,** *i en* ~ in a trice **-väska** handbag
hane 1 male; [fågel; tupp] cock **2** [gevärs-] cock, hammer
hangar hangar
han||hund male dog **-hänge** male catkin
hank 1 [garn] hank **2** *inom* ..*-s* ~ *och stör* within the boundaries of . .

han||katt tom-cat **-kön** male sex; *av* ~ male **-rej** cuckold **-räv** dog-fox
hans *pron* his
hant||el dumb-bell **-era** *tr* handle; manage **-ering 1** handling &c; treatment **2** = *näring 2* **-langare** hodman, help[er]; F tool **-verk** handicraft [trade] **-verkare** [handi]craftsman, artisan; tradesman
harang [*hålla en* make a] harangue
har||e hare; [bildl.] coward **-hjärtad** *a* timid-(hare-)hearted
harkl||a *rfl* clear one's throat **-ing** hawking; *en* ~ a hawk
har||krank daddy longlegs **-läpp** hare-lip
harm indignation [*över* at] **-a** *tr* vex, annoy **-as** *dep* get (be) annoyed **-fullt** **-ligt** *adv* provokingly, vexatiously **-lös** *a* unoffending, inoffensive
harmon||i harmony **-iera** *itr* harmonize, be in harmony **-isk** *a* harmonic; [bildl.] harmonious
harmsen *a* indignant; angry
harmynt *a* hare-lipped **-het** hare-lip
harnesk cuirass; armour; hostility
harp||a harp **-o|lek** harp-playing
harpun harpoon **-era** *tr* harpoon
har||skramla beater's rattles **-spår** [jakt.] prick[ing] **-syra** sorel
hart *adv,* ~ *när* very nearly, almost
hartass, *stryka över med* ~*en* smooth out
harts resin **-a** *tr* rosin; [fiol] resin
harv harrow **-a** *tr itr* harrow
has hock; ham, haunch **-a** *itr* shuffle
hasardspel gamble, hazard
hasp hasp **-la** *tr* reel [*ur sig* off]
hassel hazel **-nöt** hazelnut
hast haste; *i största* ~ in the greatest hurry **-a** *itr* hasten **-ig** *a* rapid; quick [*steg* steps]; *i* ~*t mod* without premeditation **-igast** *adv, som* ~ in a great hurry **-ighet 1** speed; [vetensk.] velocity; [snabbhet] rapidity **2** *i* ~*en* in his (&c) hurry (haste) **-ighets|löpning** sprint[ing]-race **-ighets|mätare** speedometer **-igt** *adv* rapidly, fast; *helt* ~ all of a sudden **-verk,** *ett* ~ a hasty performance
hat hatred; [groll] spite **-a** *tr* hate **-full** *a* full of hate (hatred), spiteful
hatt 1 hat **2** ⊕ cap, hood **-affär** hatter's shop, hat-shop **-ask** hatbox **-brätte** hat-brim **-kulle** hat-crown
haubits howitzer
hausse rise (boom) [*i vete* in wheat]
hav sea jfr *sjö; öppna* ~*et* the open sea; *vid* ~*et* at the seaside, by the sea
hav||a = *ha* **-ande** *a* pregnant **-andeskap** pregnancy
haver||era *itr* get (be) wrecked **-i** shipwreck; [flygv.] breakdown, smash **-ist** [ship]wrecked vessel &c
havre oat; *av* ~ of oats, oat **-gryn** oat grain; [koll.] hulled oats, coarse oat-

meal **-gryns|gröt** oatmeal porridge **-välling** oat-flour gruel
havs||botten sea-(ocean-)bottom **-djur** marine animal **-fisk** marine fish **-strand** seashore, beach **-yta** surface (level) of the sea; *över ~n* above sea-level **-örn** sea-eagle
hebreisk *a* Hebrew **-a** Hebrew
hed moor[land]; [ljung~] heath
hedendom heathendom
heder honour; *på ~ och ära* [up]on my honour; *ta ~ och ära av ngn* pick a p. to pieces; *med ~* creditably; *komma till ~s* be restored to its place of honour **-lig** *a* 1 honourable; honest [*i affärer* in business]; respectable [*flicka* girl]; decent [*summa* sum] **-lighet** honourableness; honour; honesty **-sam** =*hedrande* **-s|begrepp** notion[s] of honour **-s|betygelse** mark (token) of honour **-s|doktor** honorary doctor **-s|knyffel** F, *en riktig ~* a regular brick **-s|känsla** sense of honour **-s|ledamot** honorary member **-s|man** man of honour **-s|ord** word of honour **-s|sak** point of honour **-värd** *a* worthy, honest
hedn||afolk heathen people **-a|mission,** *~en* foreign missions [pl.] **-ing** heathen **-isk** *a* heathen; [antik] pagan
hedr||a I *tr* honour; do credit to **II** *rfl* do o.s. honour (credit) **-ande** *a* honouring; honourable
hej *itj* hey! hullo! **-a I** *tr itr* ⊕ ram with a (the) log-rammer **II** *itr* shout (yell) hurrah **III** *itj* hurrah! **-are 1** ⊕ log-rammer **2** =*baddare*
hejd, *det är ingen ~ på* there are no bounds (limits) to **-a I** *tr* stop, put a stop to; check; *~ strömmen* stem the current **II** *rfl* stop (check) o.s. **-lös** *a* uncontrollable [*skratt* laughter]; unrestrained; reckless [*slöseri* extravagance] **-löst** *adv, ha ~ roligt* have no end of a jolly time
hektar hectare
hektisk *a* hectic [*brådska* haste]
hekto hectogramme **-grafera** *tr* hectograph **-gram** =*hekto* **-liter** hectoliter **-vis** *adv* by the hectogramme
hel *a* whole; *under ~a dagen* throughout the day; *på det ~a taget* on the whole **-brägda** *a* whole **-brägda|göra** *tr* heal **-brägda|görelse** salvation **-butelj** whole (large) bottle **-däckad** *a* full-decked **-fet** *a* whole-fat **-figur,** *porträtt i ~* whole-length portrait
helg festival; [äv.] holiday[s] **-a** *tr* sanctify; consecrate; [vilodagen] hallow **-ad** *a* hallowed **-d** sanctity; *hålla i ~* hold sacred **-dag** holy-day; [fri-] holiday **-edom** sanctuary; holy shrine **-e|flundra** halibut **-else** sanctification **-e|rån** sacrilege **-fri** *a, ~ dag* [normal] working day
hel|gjuten *a* cast in one piece; [bildl.] harmonious, consummate
helgon saint **-förklara** *tr* canonize
helhet entirety; *i sin ~* as a whole **-s|intryck** general impression
helig *a* holy; sacred; *hålla ~* keep sacred **-het** holiness; sacredness
hel|inackordering full board and lodging; jfr *inackordering*
hell *itj* hail; *~ dig!* hail to thee!
hell||er either; *det hade inte han ~* nor had he **-re** *adv* rather
hel||lång *a* full-length **-nykter** *a* [strictly] teetotal **-nykterist** total abstainer **-omvändning** right-about turn; volte-face [fr.] **-pension** =*-inackordering* **-sida** whole page **-siden** whole silk **-skinnad** *a, komma ~ undan* get off scot-free **-skägg** full beard **-spänn,** *på ~* on tenterhooks
helst I *adv* 1 preferably; *jag ville ~* I should prefer 2 especially [*som* as; *då* when] 3 *hur som ~* anyhow, no matter how; *ingen som ~ orsak* no cause whatever; *när som ~* [at] any time [whatever]; *vad som ~* anything [whatever]; *var som ~* just anywhere; *vem som ~* anybody **II** *konj,* *~ som* especially as
hel||t *adv* (jfr *hel*) entirely; totally, completely; altogether; *~ förvånad* quite surprised; *~ om!* ⚔ right-about face! **-tid** [sport.] time
helvet||e Hell; *dra åt ~!* go to hell! **-es** =*-isk* **-es|maskin** infernal machine **-isk** *a* hellish, infernal
hel||vit *a* all white **-ylle** whole-wool **-år,** *för ~* for a whole year **-års|prenumerant** whole year subscriber
hem I home; [bostad] house **II** *adv* 1 home; *fara ~* go home; *bjuda ~* invite to one's house 2 [spelt.] *gå ~* get home **-bageri** small-scale bakery **-bakad** *a* home-baked **-biträde** domestic help[er] **-bränning** private distilling **-bygd,** *~en* one's native place (home region) **-bygds|kunskap** regional geography and folklore **-bära** *tr* present, offer **-falla** *itr* [jur.] devolve; [bildl.] yield, give way **-frids|brott** violation of domicile **-färd** homeward journey, way home **-föra** *tr* take (bring) home; carry off [a price] **-förlova** *tr* ⚔ furlough home; disband **-gift,** *i ~* as a marriage-portion (dowry) **-gjord** *a* home-made **-ifrån** *adv* from home; *gå ~* leave home **-komst** return home **-känsla** homish feeling **-kär** *a* fond of one's home **-land** native country
hemlig *a* secret; [dold] hidden; occult [*vetenskap* science]; clandestine [*kärlek* love] **-het 1** secrecy, privacy; *i ~* in secret (private); *i all ~* in all secrecy 2 secret; *ej göra ngn ~ av*

make no secret of **-hets|full** *a* mysterious; [förtegen] secretive **-hålla** *tr* keep secret [*för* from]
hem||lik *a* home-like **-liv** home life; domesticity **-längtan** homesickness; *känna* ~ feel homesick **-lös** *a* homeless **-ma** *adv* at home; ~ *hos oss* in our home; *höra* ~ *i* belong to **-man** homestead **-mans|ägare** yeoman, farmer **-ma|plan** [sport.] home ground **-ma|stadd** *a* at home **-ort** domicile, home **-orts|rätt** domiciliary rights **-resa** journey (voyage) home
hemsk *a* ghastly; frightful, gruesome; [kuslig] uncanny, weird **-t** *adv* F awfully, frightfully
hem||skillnad judicial separation **-skrivning** home composition **-slöjd** domestic crafts [pl.] **-stad** home town **-ställa** *tr*, ~ *till* submit (refer) to **-ställan** petition **-söka** *tr* visit **-sökelse** visitation **-tam** *a* domesticated **-trakt** home country **-trevlig** *a* nice and comfortable, cosy, snug **-trevnad** hominess, homelike feeling, cosiness **-vist** [place of] residence **-väg** way (road) home; *på* ~*en* on his &c way home **-åt** *adv* homewards
henne *pron* her **-s** *pron* her; hers
herald||ik heraldry **-isk** *a* heraldic
herd||e shepherd; [bibl.] pastor **-e-dikt** pastoral poem **-inna** shepherdess
hermelin ermine
hermetisk *a* hermetic
her||oisk *a* heroic[al] **-os** hero
herr Mister, Mr.; ~ *greve!* My Lord! Your Lordship! **-a|döme** dominion **-avdelning** gentlemen's department **-a|välde** domination; [välde] dominion, supremacy
herr||e 1 gentleman; *min* ~*!* Sir! *mina -ar!* Gentlemen! 2 [härskare] lord; *världsliga -ar* temporal lords; *situationens* ~ the master of the situation 3 [om Gud] Lord; *H*~*ns bön* the Lord's Prayer; *H*~ *Gud!* Good God! **-ekiperings|affär** gentlemen's outfitter **-e|lös** *a* without a master **-gård** manorial estate; [byggnad] manor[-house]; country house **-[r]um** [gentleman's] study **-skap** family; *mitt* ~ *har* my master and mistress have; *mitt* ~*!* ladies and gentlemen! **-skaps|folk** gentry, gentlefolks **-skräddare** gentlemen's tailor **-toalett** [gentle]men's lavatory
hertig duke **-inna** duchess
hes *a* hoarse; husky **-het** hoarseness
het *a* hot; ardent [*längtan* longing]
het|a *itr* be called (named), jfr *kallas; vad -er han?* what is his name? *hur -er det på engelska?* what is that in English? *som det -er* as the saying goes
het|levrad *a* hot-headed(-tempered)
hets baiting [*mot* of]; agitation **-a** *tr* bait, hound; [egga] set on, incite **-ande** *a* excitatory; [dryck] heady **-ig** *a* hot, fiery; impetuous [*tal* speech]; heated [*samtal* conversation] **-jakt** hunting (chase) [*på* of]
hett *adv* hotly, ardently **-a I** heat; [bildl.] ardour, passion, impetuosity **II** *itr* emit heat
hicka I hiccup[s] **II** *itr* hiccup
hier||arki hierarchy **-oglyf** hieroglyph
himl||a *rfl* turn (roll) up [the whites of] one's eyes **-a|fäste** firmament
him|mel sky; [motsats till: jord] heaven; *-len vare tack!* thanks be to Heaven! **-rike**, ~*t* the kingdom of heaven; *ett* ~ a heaven, a paradise **-s|blå** *a* cerulean (sky) blue **-s|färd** ascension [to heaven] **-s|hög** *a* **-s|högt** *adv* sky-high **-sk** *a* heavenly; [bildl. äv.] divine **-s|skriande** *a* crying, atrocious **-s|vid** *a* huge, immense; ~ *skillnad* all the difference in the world
hind hind
hind||er 1 obstacle [*för* to]; [besvär] impediment, encumbrance; block [*i trafiken* in the traffic]; *utgör intet* ~ is no objection; *vara till* ~*s* be a hindrance 2 [sport.] fence, hurdle **-er|bana** steeplechase course **-ersam** *a* hindering, obstructive **-ra** *tr* prevent; [avhålla] deter, withhold; [motverka] impede; [trafik] obstruct, block
hindu Hindu
hingst stallion
hink bucket
1 hinna *tr* [uppnå] reach; ~ *långt* get far; ~ *i fatt* overtake; ~ *med tåget* catch the train
2 hinna membrane; [överdrag] coat
hisklig *a* horrid; abominable; frightful
hisn||a *itr* turn (go) dizzy (giddy) **-ande** *a* dizzying; dizzy
hiss lift, elevator **-a** *tr* hoist; ~ *segel* set sail; ~ *ngn* toss a p. **-block** ⚓ pulley-block **-korg** lift-cage **-kran** hoisting-crane **-pojke** lift-boy **-trumma** lift-hoistway
histor||ia 1 history; *svenska -ien* Swedish history 2 story; *berätta en* ~ tell a story **-ie|bok** history-book **-ik** history **-iker** historian **-isk** *a* historic
hit *adv* here; *ända* ~ as far as this; ~ *och dit* hither and thither **-färd**, *på* ~*en* on the way here **-hörande** *a* relevant **-intill** *adv* thus far **-intills** = *-tills* **-om** *prep* [on] this side [of]
hitt||a I *tr* find **II** *itr* find (know) the (one's) way **-e|barn** foundling **-e|gods** article[s] found **-e|lön** compensation [paid] to the finder, reward
hit||tills *adv* up to now, hitherto **-åt** *adv* in this direction, this way
hiva *tr itr* ⚓ heave
hjord herd **-känsla** herd-instinct

hjort deer; [hanne] buck **-horn** deer-horn, antler **-läder** buckskin
hjortron cloudberry
hjul wheel **-a** *itr* turn cart-wheels **-axel** axle-tree; ⊕ shaft **-bent** *a* bow-(bandy-)legged **-eker** wheel-spoke **-nav** [wheel-]hub **-spår** wheel-track
hjälm helmet **-galler** vizor
hjälp 1 help; [bistånd] aid; [understöd] support; *komma ngn till ~* come to a p.'s assistance; *tack för ~en!* thanks for your [kind] assistance! *ropa på ~* cry out for help **2** [i sms.] auxiliary; [pers.] assistant **-a** *tr itr* **1** help; aid; assist; *så sant mig Gud -e!* so help me God! *det kan inte ~s* it can't be helped **2** [gagna] be good [*mot* for]; *det -te inte* it was of no avail (no use) **3** *~ till* help **-klass** [skol.] relief class **-kår** auxiliary corps **-lig** *a* passable, tolerable **-lös** *a* helpless **-medel** [auxiliary] means **-reda** [domestic] helper **-sam** *a* ready (willing) to help; helpful [*mot* to] **-verb** auxiliary [verb]
hjält‖e hero **-e|dyrkan** hero-worship **-e|död** heroic death **-e|mod** heroism **-e|modig** *a* heroic **-inna** heroine
hjärn‖a brain **-blödning** attack of cerebral haemorrhage **-hinne|inflammation** meningitis **-skakning** concussion of the brain
hjärt‖a heart; *lätta sitt ~* unburden one's mind; *av ~t* of (from one's) heart; *av hela mitt ~* with all my heart; *i ~t av* in the heart (very centre) of **-blad** cotyledon **-e|blod** heart's blood **-e|god** *a* truly kind-hearted **-e|lag** disposition **-er** hearts **-er|färg** heart suit
hjärte‖rot, *in i ~en* to the very marrow **-sorg** poignant grief **-sår** heart-wound **-vän** bosom friend
hjärt‖fel heart disease **-klappning** [attack of] palpitation of the heart **-lig** *a* hearty; *~a hälsningar* kind regards **-lighet** heartiness; cordiality **-lös** *a* heartless **-pulsåder** aorta **-skärande** *a* heart-rending **-slag 1** heart-beat **2** [läk.] heart-stroke **-ängslig** *a* nervous and frightened
hjäss‖a crown **-ben** parietal bone
ho trough
hojta *itr* shout, yell
holk 1 [hylsa] ferrule **2** = *fågel-*
holländ‖are Dutchman; *-arna* [äv.] the Dutch **-sk** *a* **-ska** [språk] Dutch
holme islet
homeopat homœpathist
homogen *a* homogeneous
hon *pron* she
hon‖a female **-hänge** female gamete (catkin) **-kön** female sex
honnör 1 salute **2** [kort.] honour
honom *pron* him
honor‖ar fee **-era** *tr* remunerate
honung honey **-s|kaka** honey-comb
hop [hög] heap; [mängd] lot; [pers.] crowd **-a I** *tr* heap (pile) up **II** *rfl* **1** [pers.] crowd together **2** [sak] accumulate, get heaped (piled) up
hop‖fallen *a* collapsed **-fällbar** *a* folding; collapsible [*bord* table] **-gyttrad** *a* clustered together **-kok**, *ett ~ av* a mishmash of
1 hopp hope [*om* of]; *ha gott ~* be of good hope; *i ~ om* in hopes of
2 hopp 1 jump, leap; [skutt] bound; [vid bad] dive **2** [sport.] jumping; diving **-a** *itr* jump; leap; *~ till* give a jump (start); *~ över ett dike, en sida* jump a ditch, skip a page
hopp‖as *tr dep* hope [*det bästa* for the best] **-full** *a* hopeful **-lös** *a* hopeless
hopp‖rep skipping-rope **-stav** jumping-pole
hop‖sjunken *a* shrunk up **-vikt** *a* folded up
hor adultery; [otukt] fornication
hord horde
horisont horizon **-al** *a* horisontal
horn horn; [trumpet] bugle; *ha ett ~ i sidan till ngn* bear a p. a grudge **-aktig** *a* horn-like, horny **-boskap** horned cattle **-bågad** *a* horn-rimmed **-hinna** horny coat **-ig** = *-aktig* **-ämne** horny substance
hos *prep* at, in
hospital [lunatic] asylum
host‖a I cough **II** *itr* cough **-anfall** fit of coughing **-medicin** cough-mixture **-ning** cough
hot threat; menace **-a** *tr itr* threaten; [friare] menace
hotell [*ta in på ~* put up at an] hotel **-direktör** hotel manager **-rörelse** [business of] hotel-keeping **-värd** landlord [of an (the) hotel]
hot‖else threat; menace [*mot* to] **-full** *a* menacing, full of menace
1 hov [häst-] hoof
2 hov court; *vid ~et* at court **-bal** court ball **-dam** lady in waiting
hov|djur, *~en* the hoofed animals
hov‖fröken maid of honour **-kapell** orchestra royal **-leverantör** purveyor [by [special] appointment] to H. M. the King **-man** courtier **-marskalk** master of a (the) royal household **-mästare 1** head waiter **2** [privat] butler **-narr** court jester **-predikant** court chaplain **-rätt** [ung.] circuit court of appeal **-rätts|råd** judge of appeal
hovsam *a* moderate; measured
hov‖skägg fetlock **-slag** hoof-beat **-slagare** farrier; blacksmith **-tång** [large] pincers [pl.]
hu *itj* ugh!
hud skin **-flänga** *tr* scourge **-färg 1**

colour of the skin; [hy] complexion 2 = *kött-* -**färgad** *a* flesh-coloured -**kräm** cold (complexion) cream -**lös** *a* skinless; [skavd] galled, raw -**åkomma** skin-affection
hug||ad *a*, *~e spekulanter* intending purchasers -**fästa** *tr* commemorate
hugg cut; slash, stab; *rikta ett ~ mot* aim a blow at -**a** *tr itr* **1** cut, slash, stab; *~ sten* hew (cut) stone; *~ ved* chop firewood; *~ sönder* cut to pieces **2** *~ efter* grab (snap) at; *~ klorna i* strike its claws into; *~ i sten* [bildl.] be [very] wide of the mark -**orm** adder -**tand** fang -**vapen** cutting-weapon -**värja** rapier
hug||skott passing fancy; whim -**svala** *tr* comfort; solace; soothe
huj, *i ett ~* in a twinkling
huk, *sitta på ~* squat [on one's haunches] -**a** *rfl* crouch [down]
huld *a* benignant; gracious
hull flesh; *vid gott ~* in good flesh; *med ~ och hår* hide and hair; whole
huller om buller *adv* pell-mell
hulling barb; [harpun-] flue, fluke
hum, *~ om* some idea (notion) of
human *a* humane; kind -**iora** *pl* [the] humanities -**ism** humanism -**istisk** *a* humanistic -**itet** humanity -**itär** *a* humanitarian
humbug humbug, fraud
humla humble-bee
humle hop -**stör** bean-pole
hummer lobster -**burk** tin of lobster
humor humour -**esk** humorous story -**ist** humorist -**istisk** *a* humorous
humör temperament; [lynne] temper; mood; *dåligt ~* bad temper; *hålla ~et uppe* keep up one's spirits
hund dog; [jakt-] hound, hunter -**bröd** dog biscuit -**gård** kennels [pl.] -**huvud**, *få bära ~et* have the blame laid at one's door -**hår** dog's hair -**koja** [dog-]kennel -**natur** canine nature
hundra *räkn* hundred -**de I** hundred **II** *räkn* hundredth -**del** [one-]hundredth [part] -**faldig** *a* hundredfold -**procentig** *a* one hundred per cent -**tal**, *ett ~* a hundred -**tals** *a* hundreds [*människor* of people] -**tusen** *räkn* hundred thousand -**årig** se *femtioårig*
hund||racka cur -**skall** barking of dogs (a dog) -**skatt** dog-duty -**släkte**, *~t* the canine race -**utställning** dog show -**valp** puppy -**år** hard year[s] of struggle -**öra** dog's ear
hung||er hunger [*efter* for]; [svält] starvation -**ers|nöd** famine -**er|strejk** hunger-strike -**ra** *itr* hunger; starve -**rig** *a* hungry; starving
hurra I *itj* hurrah! **II** hurrah, cheer; *ett trefaldigt ~* three cheers **III** *itr* hurrah, cheer; *~ för* raise cheers for
hurtig *a* brisk; smart -**het** briskness
hur[u] I *itj* what! **II** *adv* how; *~ ser hon ut?* what does she look like? -**dan** *a*, *~ karl?* what sort of a fellow? -**ledes** *adv* how, in what way -**som** *konj* that -**vida** *konj* whether
hus house; *som barn i ~et* as one of the family -**a** housemaid; parlourmaid
husar hussar
hus||behov, *till ~* for household use (requirements) -**bonde** master -**djur** domestic animal; *~en* the live stock -**era** *itr* **1** *~ i* [hålla till] haunt **2** [fara fram] carry on -**e|syn**, *gå ~ i* make a tour of inspection of -**fader** father (head) of a family -**fru** mistress of a household -**geråd** household utensil
hushåll 1 [domestic] establishment, ménage [fr.]; *sköta ~et* do the housekeeping **2** [personer] household, family -**a** *itr* **1** keep house **2** economize -**erska** housekeeper -**ning 1** housekeeping **2** [economic] administration, management -**nings|sällskap** rural-economy association -**s|bestyr** household (domestic) cares -**s|pengar** housekeeping allowance -**s|skola** housewifery (domestic-economy) school
hus||knut angle (corner) of a (the) house -**kur** household remedy -**lig** *a* domesticated, of a domestic turn; household (domestic) [*ting* matters] -**lighet** domesticity -**läkare** family doctor -**mans|kost** [good] homely fare -**mo[de]r 1** housewife; [matmor] mistress of a (the) household (family) **2** [föreståndarinna] matron -**rum** accommodation, lodging
hustru wife -**plågare** wife-tormentor
hus||tyrann domestic tyrant -**undersökning** house-visitation -**vill** *a* houseless; homeless -**värd** landlord
hut, *lära ngn veta ~* teach a p. manners; *vet ~!* behave yourself! for shame! -**lös** *a* shameless
huttra *itr* shiver [*av* with]
huv hood; cover -**a** hood; bonnet
huvud head; *ha gott ~* have good brains (a clear intellect); *ha sitt ~ för sig* have a will of one's own; *tappa ~et* lose one's head -**arvinge** principal heir -**bok** [general] ledger -**bonad** headgear -**bry** puzzling -**byggnad** main building -**drag** principal (main, leading) feature; *~en av* the outlines of -**form 1** shape of [the] head **2** principal form -**gata** main (principal) street -**gärd** bed's head; [kudde] pillow, bolster -**kudde** pillow -**lag** [hästs] headpiece -**lös** *a* headless; [bildl.] foolish, thoughtless -**man 1** [släkts] head **2** [jur.] principal; constituent -**näring** primary (principal) trade -**ord** [språkv.] head-word -**person** principal (chief, leading) person[age] -**prydnad** head adornment

-redaktör editor-in-chief **-roll** leading part **-räkning** mental calculation (arithmetic) **-sak** main point; principal (main, chief) thing; *i* ~ in the main, on the whole **-saklig** *a* principal, main, chief **-sats** principal sentence; head clause **-skål** brain-pan; cranium **-stad** capital [city]; metropolis **-stupa** *adv* headlong **-svål** scalp **-säte** centre **-titel** [stats] estimates [pl.] **-ton 1** [mus.] key-note **2** principal accent, main stress **-verb** head verb **-vikt** chief stress **-väg** main road **-värk** headache
hux flux *adv* F straight off
hy complexion; *vit* ~ a white skin
hyacint hyacinth
hybrid hybrid
hyckl||a I *tr* simulate, feign **II** *itr* play the hypocrite **-ad** *a* simulated; mock (sham) **-eri** hypocrisy; [i tal] cant
hydda hut, cabin; cottage
hydraulisk *a* hydraulic
hyena hyena
hyende cushion; *lägga* ~ *under lasten* bolster up vice
hyfs||a *tr* **1** trim (tidy) up **2** [bildl.] teach manners **-ad** *a* well-behaved; cultivated **-ning** good manners
hygge [timber-]felling; [konkr.] clearing
hygglig *a* **1** well-behaved; respectable; [snäll] kind **2** decent [*väder* weather] **-het** kindness; decency
hygien hygiene **-isk** *a* hygienic; sanitary
1 hylla shelf
2 hylla *tr* **1** do homage to; honour **2** [omfatta] embrace, favour
hylle [bot.] involucre
hyll|fack pigeon-hole
hyllning [act of] homage; tribute **-s|-gärd** tribute (mark) of homage
hyll||papper shelf-[lining]paper **-rad** shell **-remsa** shelf-edging
hylsa case; ⊕ socket; [kapsel] cap
hymn hymn
hynda bitch
hypno||s hypnosis **-tisera** *tr* hypnotize **-tisk** *a* hypnotic **-tisör** hypnotizer
hypo||kondrisk *a* hypochondriac[al] **-tek** mortgage; [säkerhet] security **-tenusa** hypotenuse **-tes** hypothesis
hyr||a I 1 renting, [längre] leasing **2** [lösöre] hiring **3** [belopp] rent, hire **II** *tr* [hus] rent, hire; lease; *att* ~! to let! [båt] for hire! ~ *ut* let, [lösöre] hire out **-bil** motor-car for hire **-es|gäst** tenant **-es|hus** tenement house **-es|kontrakt** lease **-es|tid** [period of] tenancy **-es|värd** landlord
hysa *tr* **1** house; harbour; [innehålla] contain **2** [bildl.] entertain; have
hyska eye; ~ *och hake* **hook** and eye
hyssja *itr* cry hush [*åt* to]
hyster||i hysteria; hysterics **-isk** *a* hysterical [*anfall* fit]

hytt cabin; [stor] state-room
hytta ⊕ smelting-house, foundry
hytt||fönster cabin window **-kamrat** cabin-mate **-plats** berth
hyv||el plane, jack-plane **-el|bänk** carpenter's bench **-el|spån** shaving **-la** *tr itr* plane; ~ *av* smooth off
håg 1 [böjelse] inclination **2** [sinne] mind; *ta Gud i* ~*en* trust to Providence; *slå ur* ~*en* dismiss from one's mind (thoughts) **-ad** *a* inclined **-komst** remembrance, recollection **-lös** *a* listless
hål hole; [öppning] aperture **-a** cave, cavern; [bildl.] den **-fot** arch [of the foot] **-ig** *a* full of holes, [pipig] honeycombed; [friare] hollow **-ighet** hollow, cavity **-järn** punch
håll 1 [tag] hold, grip **2** stitch [in one's side] **3** distance; *på långt* ~ from afar, [släkt] distantly; *på nära* ~ at close range **4** [riktning] direction; [sida] quarter; *åt var sitt* ~ their several ways; *på annat* ~ elsewhere
håll||a I *tr* **1** hold **2** [friare] keep **3** ~ *provet* stand the test **II** *itr* **1** [mot nötning] last, wear **2** ~ *på* [häst] back **III** *rfl* **1** ~ *sig i* .. have hold of .. **2** ~ *sig rak* hold o.s. straight **3** ~ *sig för skratt* restrain [o. s.] from laughing **4** [stå sig] keep; hold out **-bar** *a* **1** tenable; [teori] valid **2** durable, lasting **-barhet 1** tenability **2** durability **-fasthet** tenacity, solidity **-hake** check **-ning** carriage; attitude; *militärisk* ~ military bearing **-nings|lös** *a* vacillating, F flabby **-plats 1** [järnv.] [wayside] halt **2** [spårv.] stopping-place **-punkt** basis [to go upon], holding-ground
håll||slev perforated ladle **-söm** hemstitching **-ögd** *a* hollow-eyed
hån scorn; mockery **-a** *tr* deride; put to scorn; [i ord] scoff (sneer, gibe) at, mock **-full** *a* scornful; scoffing &c; derisive **-grin** broad grin (leer) **-le** *itr* smile scornfully &c **-leende** scornful &c smile **-skratt** derisive (mocking &c) laughter **-skratta** *itr* laugh derisively &c; guffaw
hår hair; ~*en reste sig på hans huvud* his hair stood on end; *på ett* ~ *när* within a hair's breadth **-a** *itr*, ~ *av sig* shed its hair **-band** hair-ribbon **-beklädnad** hairy coat; [zool.] pelage
hår|d *a* hard; severe [*dom* sentence]; stern [*husbonde* master]; harsh [*röst* voice]; *sätta -t mot -t* pit force against force **-handskar**, *ta i med* ~*na* handle the matter &c without mittens **-het** hardness, harshness; severity **-hjärtad** *a* hard-hearted; callous **-hänt** *a* rough-handed, severe **-knut** hard knot **-kokt** *a* hard-boiled **-na** *itr* harden; become hard; [mur-

bruk] set **-nackad** *a* obstinate; stubborn **-nad** callosity **-smält** *a* difficult to digest; [bildl.] indigestible **-sövd,** *vara* ~ be a heavy sleeper
hår||filt hair-felt **-fin** *a* **1** capillary **2** [bildl.] exceedingly fine (subtle) **-frisörska** [ladies'] hairdresser **-fäste,** *i* ~*t* at the roots of one's hair **-ig** *a* hairy **-klippning** hair-cutting **-klyveri** hair-splitting **-klädsel** head-dress **-lock** lock of hair **-lös** *a* hairless **-nål** hairpin **-piska** pigtail **-rem** coat [of hair] **-resande** *a* appalling **-rot** hair-root **-rör** capillary [tube] **-s|mån,** *icke en* ~ not a hair['s-]breadth **-strå** hair **-test** tuft of hair **-vatten** hair-lotion **-växt** growth of hair
håv 1 [hoop-]net **2** [kyrk-] collection-bag; *gå med* ~*en* fish for compliments **-a** *tr* catch with a hoop-net; ~ *in* gather (sweep) in
håvor treasures
häck 1 hedge; *bilda* ~ form a lane **2** [sport.] hurdle **-a** *itr* breed
häckla *tr* **1** heckle, dress **2** [bildl.] cavil (carp) at
häck|löpning hurdle-racing
häda *tr itr* blaspheme
hädan *adv, skiljas* ~ depart this life **-efter** *adv* henceforth, from this time forth **-färd** passing, departure
häd||else blasphemy **-isk** *a* blasphemous
häft||a I *tr* fasten, fix **II** *itr* stick, adhere **-ad** *a* sewn, stitched **-e 1** part **2** [liten bok] booklet
häftig *a* violent; vehement; hot; fierce [*längtan* longing]; impetuous [*åtbörd* gesture] **-het** violence; vehemence
häft||plåster adhesive (sticking-)plaster **-stift** drawing-pin
häger heron
hägg bird cherry
hägr||a *itr* loom **-ing** mirage
1 häkt||a I [small] hook **II** *tr* **1** hook; hitch; ~ *av* unhook; ~*A fast* hook (hitch) on **2** arrest, take up **-e** jail, gaol **-ning** arrest **-nings|order** warrant [for a p.'s arrest]
häl heel
hälft half; ~*en av arbetet* half the work; *betala* ~*en var* go halves
häll slab [of stone]
hälla *tr* pour; ~ *i* pour in, fill
hälleberg [bed]rock, solid rock
hällregn pouring rain **-a** *itr* pour [down]
hällristning rock-carving
1 hälsa health; [friskhet] healthiness
2 häls||a *tr itr* **1** greet **2** ~ *till* send one's compliments (respects, regards) to; ~ *henne från mig* give her my kind regards; ~ *hem!* remember me to your people! **3** [vid möte] bow, greet **4** ~ *på' ngn* go and see (call on, visit) a p. **-ning** greeting; bow; compliments [pl.], message; *hjärtliga* ~*ar från* dear[est] love (hearty greetings) from
hälso||lära hygiene **-sam** *a* wholesome; [klimat] salubrious **-skäl,** *av* ~ for reasons of health **-tillstånd** state (condition) of health **-vådlig** *a* insanitary **-vård** public health **-vårds|-nämnd,** ~*en* the Board of Health
hämm||a *tr* check; arrest **-ande** *a* checking; obstructive; inhibitory
hämn||a I *tr* avenge **II** *rfl, det* ~*r sig att* it brings its own revenge to **-as** *dep* **I** *tr* avenge; take one's revenge for **II** *itr* avenge (revenge) o.s., take vengeance **-d** revenge; vengeance **-d|girig** *a* revengeful; vindictive **-d|-lystnad** revengefulness
häm||ning checking; inhibition **-sko** drag
hämta I *tr* **1** fetch; send for **2** ~ *styrka* gather strength **II** *rfl* recover
hän *adv* away
händ||a *itr rfl* happen; occur **-else 1** occurrence; [episod] incident; ~*rnas gång* the course of events **2** [slump] chance; *av en* ~ by chance, accidentally **3** [fall] *i alla* ~*r* at all events; *i* ~ *av* in case of **-else|rik** *a* eventful **-else|vis** *adv* jfr *-else 2; han befann sig* ~ he happened to be
händig *a* handy; dexterous
hänför||a I *tr* **1** assign; class [*till* among] **2** [tjusa] carry away, transport **II** *rfl* [avse] have (bear) reference; relate **-ande** = *förtjusande* **-d** *a* carried away, enraptured **-else** rapture, exultation [*över* at]
häng||a I *tr* hang; ~ *huvudet* droop one's head **II** *itr* **1** hang; *stå och* ~ hang about **2** *det är därpå det -er!* that's what it depends upon! **III** *rfl* hang o. s. **-ande** *a* hanging; suspended **-are** hook; [pinne] peg; [kläd~] clothes-hanger **-björk** weeping birch **-bro** suspension bridge **-e** catkin
hängiv||a *rfl* devote o.s. **-else** surrender (devotion) of o.s. **-en** *a* devoted; affectionate **-enhet** devotion
häng||lås padlock **-matta** hammock **-ning** hanging **-sle** brace; suspender **-smycke** pendent [ornament]
hän||rycka *tr* ravish, enrapture **-ryckning** rapture, ecstasy **-seende** respect **-skjuta** *tr* refer, submit **-syfta** *itr,* ~ *på* allude to, hint at **-syftning** allusion [*på* to]; hint [*på* at] **-syn** consideration; regard; respect; *ta* ~ *till* take into consideration, pay regard to; *av* ~ *till* out of regard to **-syns|full** *a* considerate [*mot* to] **-syns|fullhet** consideration, thoughtfulness **-syns|lös** *a* regardless of other people['s feelings]; inconsiderate **-syns|löshet** regardlessness &c **-tyda**

=-*syfta* **-visa** *tr itr* direct; [till ngt sagt] refer; *vara ~d till* be restricted to **-visning** reference; direction **-vändelse** application, appeal
häp||en *a* amazed; astonished; surprised **-enhet** amazement &c; surprise, confusion **-na** *itr* be amazed &c; wonder **-nad**=*-enhet* **-nads|väckande** *a* amazing, astounding
1 här army; [bildl. äv.] host
2 här *adv* here
härad [Engl.] hundred **-s|hövding** district (circuit) [assize-court] judge
härbärg||e shelter, accommodation, lodging **-era** *tr* lodge; put up, house
härd 1 hearth **2** [bildl.] seat; centre
härd||a *tr* harden, indurate; anneal (toughen) [*stål* steel] **-ad -ig** *a* hardened; hardy; inured to hardship[s] **-ighet** hardiness **-ning** hardening
här||efter *adv* after this; from now on **-för** *adv* for this (that) &c
här|förare army leader, general
här||i *adv* in this **-ibland** *adv* among these **-ifrån** *adv* jfr *därifrån;* [bildl.] from this **-igenom** *adv* jfr *därigenom* **-inne** *adv* in here
härj||a *tr itr* ravage; commit havoc **-ning** ravaging, devastation, havoc **-nings|tåg** predatory incursion
härjämte *adv* in addition [to this]
här||komst extraction, descent **-leda I** *tr* deduce; [äv. språkv.] derive **II** *rfl* be derived
härlig *a* glorious; splendid, grand **-het** gloriousness, splendour
härma *tr* imitate; [förlöjliga] mimic
härmed *adv* with (by &c) this; hereby [I beg to . .]; *i enlighet ~* accordingly
härmning imitation; mimicry
härnad war[fare], warring; *dra i ~ mot* take the field (up arms) against
här||nere *adv* down here **-näst** *adv* next; [nästa gång] next time
härold herald
häromdagen *adv* the other day
här|ordning army organization
här||på *adv* **1** [rum] on this **2** [tid] jfr *därpå;* hereupon, after this **-röra** *itr*, *~ från* come (arise) from, originate in (from), spring from
härsk||a *itr* **1** rule, reign **2** [bildl.] prevail, predominate **-ande** *a* ruling [*smak* tastes]; dominating [*parti* party]; prevalent [*åsikt* opinion]
här|skara host
härskar||e ruler; [herre] master **-inna** mistress
härsken *a* rancid
härsk||lysten *a* desirous of power, masterful, domineering **-lystnad** desire for power, masterfulness
härskna *itr* go (turn) rancid
här||skri war-cry; [friare] outcry **-s|makt** armed force, army
härs och tvärs *adv* hither and thither
här||stamma *itr*, *~ från* be descended from; originate (derive one's origin) from **-stamning** descent, origin **-städes** *adv* here, in this place **-till** jfr *därtill* **-ur** *adv* out of this; from this **-utöver** *adv* beyond this
härv||a skein; [bildl.] tangle **-el** reel
här|vidlag *adv* in this matter (respect)
hässja I drying-hurdle **II** *tr* hurdle
häst horse; [schack.] knight; *sitta till ~* be on horseback **-hov** horse's hoof **-hovs|ört** coltsfoot **-karl** horseman **-kastanje** horse-chestnut **-kraft** horse power **-krake** hack (jade) [of a horse] **-kur** F horse-remedy **-kött** horse's flesh **-lass,** *ett ~* a horseload [of] **-längd** horse's length **-rygg**, *sitta på ~en* be on horseback **-skjuts** horsed conveyance **-sko** horseshoe **-skojare** horse-cadger **-skötare** groom **-tagel** horsehair **-täcke** horsecloth **-tävling** horse-riding (equestrian) competition
hätsk *a* malignant, envenomed, spiteful **-het** malignancy, spitefulness
hätta hood
häva *tr* **1** heave, lift; *på tå häv!* on toes rise! **2** [bildl.] remove; raise; cancel [*ett kontrakt* a contract]; cure [*en sjukdom* an illness]
hävd 1 [burskap] standing; *vinna ~* [jur.] acquire prescription **2** [chronicled] history **-a I** *tr* maintain; vindicate; *~ sin plats*=*II* **II** *rfl* hold one's own **-vunnen** *a* prescriptive; [sed] time-honoured, established
hävert siphon
häv||kraft leverage **-spak -stång** lever
häx||a witch; sorceress; [käring] old hag **-brygd** witch-broth **-eri** witchcraft, sorcery **-mästare** wizard
hö hay; *bärga ~* make hay **-bärgning** haymaking **-feber** hay fever
höft 1 hip **2** *på en ~* at random **-hållare** wrap-round, girdle **-led** hip-joint
hög I 1 heap [*av* of]; [uppstaplad] pile **2** [kulle] hillock, mound **II** *a* high; tall [*träd* tree]; lofty [*berg* mountain; *tankar* thoughts]; [ljudlig] loud **-adel**, *~n* the nobility
hö|gaffel hay-fork, pitchfork
hög||akta *tr* esteem, hold in high estimation **-aktning** esteem, estimation; [great] respect; *med utmärkt ~* with respectful regards **-aktningsfullt** *adv* respectfully; *H~* Faithfully yours, Yours truly **-altare** high altar **-boren** *a* high-born **-borg** [bildl.] stronghold **-båtsman** ⚔ ⚓ leading seaman **-djur 1** [koll.] big game **2** [bildl.] F big gun **-dragen** *a* haughty, high and mighty **-eligen** *adv* exceedingly
hög|er I *a* right; *från ~* from the right; *-ra hörnet* the right-hand corner; *till ~* to the (on your &c) right

[hand]; *till* ~ *om* to the right of **II** *adv, rättning* ~*!* right dress! ~ *om marsch!* right turn, march! **III** ~*n* the Right **-handske** right-hand glove **-hänt** *a* right-handed **-inner** jfr *-ytter* **-man** Conservative [man] **-sida** [bok] right-hand page **-sko** right-foot shoe **-styrd** *a* right-handedly steered **-trafik,** *införa* ~ adopt the keep-to-the-right rule of the road **-ytter** outside right forward

högfärd pride [*över* in]; jfr *inbilskhet, fåfänga* **-ig** *a* proud; [dryg] stuck-up **-s|galen** *a* bursting with self-importance (vanity) [*över* at]

hög||förräderi high treason **-gradig** *a* high-grade; high [*feber* fever]; extreme **-halsad** *a* high-necked **-het 1** highness &c; exaltedness, sublimity **2** *Ers Kunglig H*~ Your Royal Highness **-karmad** *a* high-backed **-klackad** *a* high-heeled **-konjunktur** boom [period] **-kvarter** ⚔ headquarters [pl.] **-kyrklig** *a* High Church **-land** upland; *Skotska -länderna* the [Scotch] Highlands **-ljudd** *a* loud; vociferous [*skrik* cry] **-mod** pride; arrogance **-modig** *a* proud, arrogant **-måls|brott** [high] treason **-mässa 1** [kat.] high mass **2** [protest.] morning service **-procentig** *a* high-percentage **-prosa** literary prose **-re I** *a* higher, more elevated &c; louder; *ett* ~ *väsen* a superior being **II** *adv* more highly &c; *tala* ~ speak louder **-rest** *a* lofty, tall **-röd** *a* vermilion **-röstad** *a* loud-voiced; noisy **-sinnad** *a* high-minded, magnanimous **-skola** university; college; academy **-slätt** plateau **-sommar,** *under* ~*en* in the height of the summer **-språk** standard language; standard (the King's) English **-spänd** *a* highly tensioned **-spänn,** *på* ~ at high tension **-spänning** high tension **-st I** *a* highest &c; *av* ~*a kvalitet* of superlative quality; *H*~*a domstolen* the Supreme Court **II** *adv* highest &c; exceedingly **-stämd** *a* high-toned (-pitched) **-säte** place of honour **-t** *adv* high; highly [*bildad* educated]; *tänka* ~ think aloud **-talare** loud speaker

högtid feast; festival **-lig** *a* solemn; impressive **-lighet** solemnity; [ståt] pomp, state; ~*er* ceremonies **-lig|hålla** *tr* celebrate **-s|dag** festival day **-s|dräkt** festival attire; [frack] evening-dress

hög||travande *a* bombastic, high-flown; [pers.] grandiloquent, pompous **-tryck** high pressure; *för* ~ at the top of its steam **-vakt** ⚔ main guard **-vatten** high water **-vilt** big game **-välboren** *a* right honourable **-välvd** *a* high-arched **-växt** *a* tall **-vördighet** Reverend **-ädel** *a* high-blooded **-ättad** *a* of high-born family

höj||a I *tr* raise; increase; [förbättra] improve **II** *rfl* raise o.s.; rise

höjd I *a* raised &c **II** height; [~-punkt] top, summit; elevation; *från* ~*en* from on high **-flygning** altitude-flying **-hopp** high jump **-mått** height-measurement **-mätare** altimeter **-punkt** highest point; [bildl.] height, climax jfr *kulmen*

höj|ning raising, rise; jfr *-ande*

hök hawk **-näsa** hawk-nose

hö||lada hay barn **-lass** load of hay

hölj||a I *tr* cover; coat; [bildl.] wrap, veil, envelop **II** *rfl* cover o.s.; wrap o.s. up **-d** *a* covered [*av* with]; clad **-e 1** envelope; [fodral] case, casing **2** [bot.] sheath

hölster holster

höna 1 hen **2** [våp] goose, goosey

höns domestic fowl; [hönor] hens; [fjäderfä] poultry; *kokt* ~ boiled chicken; *som yra* ~ like giddy geese **-avel** poultry-rearing **-buljong** chicken broth **-bur** hen-(fowl-, chicken-) coop **-gård** poultry-yard **-hjärna** F addle-pate **-hud** hen-flesh **-hus** poultry-(fowl-)house **-ägg** hen's egg

hör||a I *itr,* ~ *till* belong to **II** *tr itr* **1** hear **2** [få ~] learn **3** ~ *på* listen **III** *rfl,* ~ *sig för* make inquiries [*efter* for] **-as** *itr dep,* ~ *av* be heard of **-bar** *a* audible **-håll,** *inom* ~ *för ngn* within a p.'s hearing **-lur 1** [för döva] hearing-(ear-)trumpet **2** [telef.] ear-piece; [radio.] head-phone

hörn corner **-a** corner **-butik** corner-shop **-hus** corner-house

hör||sal lecture-room **-sam** *a* obedient **-samma** *tr* obey **-sel** hearing **-sel|nerv** auditory nerve **-sel|sinne** [sense of] hearing, auditory faculty **-sägen,** *genom* ~ by hearsay

hö||skrinda hay-wagon **-skulle** hay-loft

höst autumn; [U. S.] fall; *i* ~ this autumn; *i* ~*as* last autumn

hö|stack hayrick, haystack

höst||dag autumn day **-lik** *a* autumnal **-löv** autumn leaf **-sida,** *på* ~*n* when [the] autumn comes **-sådd** autumn sowing **-termin** autumn term

hö||säck hay-sack **-tapp** wisp of hay

höv||a, *över* ~*n* beyond measure, to excess **-as** *dep* be fitting for, befit

hövding chieftain, chief

hövisk *a* seemly, decent; [artig] courteous; [ridderlig] knightly, chivalrous **-het** seemliness, decency

hövitsman captain

hövlig *a* civil [*mot* to]; [artig] polite **-het** civility, politeness

hö|vålm haycock

I

1 i, *pricken över* ~*[i]* [bildl.] the finishing touch
2 i *prep* in; [inuti] within, inside; [intill] by, at; jfr gram.
iakttag||a *tr* observe; exercise [*försiktighet* caution] **-are** observer **-else** observation
ibland *adv* occasionally; sometimes
icke *adv* not **-fackman** non-professional
1 id [zool.] id[e]
2 id [flit] industry **-as** *itr dep* have enough energy [to]
ide hibernating-den, winter-quarters [pl.]; *ligga i* ~ [bildl.] lie torpid
idé idea; [föreställning] notion; [begrepp] conception
ideal ideal **-gestalt** ideal (idealized) figure &c **-isera** *tr* idealize **-isk** *a* ideal; perfect **-ism** idealism **-istisk** *a* idealistic **-itet** ideality; idealness
idé||association association of ideas **-drama** idea-drama
ideell *a* idealistic; non-utilitarian
idegran yew[-tree]
idel *a* pure, sheer, mere **-ig** *a* perpetual
identifier||a *tr* identify **-ing** identification
ident||isk *a* identical **-itet** identity
idé||rik *a* prolific of (fertile in) ideas; many-idea'd **-värld** world of ideas
idio||synkrasi idiosyncrasy **-t** idiot; imbecile **-t|anstalt** idiot asylum **-ti** idiocy; imbecility **-tisk** *a* idiotic
idissla *itr tr* ruminate, chew the cud; [bildl.] repeat, harp on
idka *tr* carry on [*handel* trade]; pursue [*studier* studies]
idog *a* industrious; laborious
idol idol
idrott [koll.] athletics; sports; [skol.] games; *manliga* ~*er* manly exercises **-a** *itr* go in for athletics **-s|gren** branch of athletics, [type of] game **-s|klubb** athletic association (club) **-s|ledare** athletics organizer **-s|lov** [skol.] time off for games **-s|man** athlete; games man **-s|plan** [athletic] sports ground
idyll idyll **-isk** *a* idyllic
ifall *konj* if, in case
ifrån I *prep* = *från* **II** *adv* away
igel leech **-kott** hedgehog
igen *adv* **1** [ånyo] again **2** [tillbaka] back **känd** *a* recognized **-kännings|-tecken** distinctive mark
igenom *prep adv* through
ihjäl *adv* to death; *skjuta* ~ *ngn* shoot a p. dead **-frusen** *a* frozen dead (to death) **-slagen** *a* killed
ihop *adv* **1** [tillsammans] together **2** *vika* ~ fold up
ihåg *adv*, *komma* ~ remember; recollect; *kom* ~ *att du skall* mind (remember) you are to
ihålig *a* hollow; [tom] empty
ihållande *a* prolonged; continuous
ihärdig *a* persevering; [trägen] assiduous, sedulous **-het** perseverance; assiduity, persistence
iklä||a I *tr* clothe **II** *rfl* **1** dress o.s. in; clothe o.s. **2** [bildl.] take upon o.s., assume; incur [*risk* a risk]
il gust [of wind]; [by] squall **-a** *itr* hurry, hasten; [högtidl.] speed **-ande**, ~ *i ryggen, tänderna* shooting--pains in one's back (teeth) **-bud** [pers.] express messenger; [meddelande] urgent message
ilgods express[-delivery] parcels **-expedition** [lokal] express-parcels office
illa 1 badly; *göra ngn* ~ hurt a p.; *må* ~ be poorly (out of sorts) **2** [ont, elakt] ill, evil; *tala* ~ *om folk* speak bad about (ill of) people; *tycka* ~ *vara* take it amiss **-luktande** *a* evil--smelling, malodorous **-mående I** indisposition **II** *a*, *känna sig* ~ feel poorly (unwell); [känna kväljningar] feel sick **-sinnad** *a* ill-disposed, malign **-sittande** *a* badly fitting
ill|dåd foul (evil) deed
illeg||al *a* illegal **-itim** *a* illegitimate
iller polecat
ill||fundig *a* maliciously cunning, wily **-gärning** wicked (evil) deed **-gärnings|man** evil-doer **-[l]istig** = *-fundig* **-[l]itterat** *a* illiterate, unlettered **-[l]ojal** *a* disloyal; unfair **-marig** *a* sly, knowing; cunning
ill||umination illumination **-uminera** *tr* illuminate **-usion** illusion **-usionist** illusionist **-usorisk** *a* illusory **-ustration** illustration **-ustrera** *tr* illustrate
illvil||ja spite[fulness] **-lig** *a* malign, malignant; malicious
ilmarsch ⚔ forced march
ilning thrill [*av glädje* of joy]
il||paket express parcel **-samtal** express call
ilsk||a [hot] anger, rage **-en** *a* angry; furious; [hund] savage, ferocious **-et** *adv* with hot anger, angrily
imit||ation imitation **-era** *tr* imitate
imma I 1 [ånga] vapour, mist **2** [beläggning] steam **II** *itr* get coated with moisture (steam)
immateriell *a* immaterial
immig *a* **1** [luft] misty **2** jfr *imma II*
immigr||ant immigrant **-ation** immigration **-era** *itr* immigrate [*till* into]
immun *a* immune **-itet** immunity

imperat||iv imperative **-or** imperator **im||perfektum** imperfect; *i* ~ in the past tense **-perium** empire **-ponera** *itr* command respect [*på ngn* in a p.]; make an impression **-ponerande** *a* impressive, imposing **im||populär** *a* unpopular (impopular) [*hos* with] **-port** import **-port|artikel** import[ed] article **-portera** *tr* import [*till* into] **-port|firma** firm of importers **-port|förbud** import prohibition **-pregnera** *tr* [tyg] waterproof; [trä] creosote; [allm.] impregnate **-produktiv** *a* unproductive **-provisera** *tr* improvise, extemporize **-puls** impulse **-pulsiv** *a* impulsive **-pulsivitet** impulsiveness **in** *adv* in; [i huset] inside; ~ *i* into; ~ *i landet* up country **-ackordera** *tr* board and lodge **-ackordering** board [and lodging] **-ackorderings|ställe** boarding-house **inalles** *adv* in all, [taken] all together **in||andas** *dep* inhale **-andning** inhalation **-avel** in-breeding **in||begripa** *tr* comprise, comprehend; include **-beräknad** *a* including, inclusive of **-besparing** saving, economising **-betala** *tr* pay **-betalning** payment **-billa I** *tr*, ~ *ngn ngt* make a p. believe a th.; persuade a p. of a th. **II** *rfl* imagine **-billad** *a* imagined, fancied; imaginary [*oförrätter* wrongs] **-billning** imagination **-billnings|sjuk** *a* self-imagined **in||bilsk** *a* conceited [*narr* fool] **-bilskhet** conceitedness **-bindning** binding **-biten** *a* confirmed [*ungkarl* bachelor]; inveterate [*rökare* smoker] **-bjuda** *tr* invite [*till* to]; *ha äran* ~ *ngn till* request the pleasure of the company of a p. to **-bjudan -bjudning** invitation **-blandad** *a* involved, mixed up **-blandning** interference; intervention **in blanko** *adv* in blank; in blanco **in||blick** glimpse [*i* of]; [bildl.] insight [*i* into] **-bringa** *tr* yield [*vinst* a profit] **-bringande** *a* profitable; lucrative, remunerative **-brott 1** [början] commencement; *dagens* ~ the break of day; *vid nattens* ~ at nightfall **2** *begå* ~ commit an act of house-breaking (a burglary) **-brotts|försäkring** burglary insurance **-brotts|tjuv** house-breaker; [nattetid] burglar **-bunden** *a* **1** bound **2** [bildl.] reserved **-byggd** *a* walled in **-bäddad** *a* embedded **-bördes I** *a* mutual [*aktning* respect]; *deras* ~ *avstånd* their relative distance: ~ *krig* civil war **II** *adv* mutually **indefinit** *a* indefinite **in||dela** *tr* divide [*efter* according to]; distribute; apportion [*sin tid* one's time] **-delning** division, distribution

index index [*för, till* of] **indian** [Red] Indian **-bok** Red-Indian story-book **-hövding** Red-Indian chief **-sk** *a* [Red-]Indian **-sommar** Indian summer **indicium** indication [*på* of] **Indien** *npr* India **in||different** *a* indifferent; neutral **-dignation** indignation **-dignerad** *a* indignant [*över* at] **-dikativ** indicative [mood] **-direkt I** *a* indirect [*tal* speech]; oblique [*anföring* narration] **II** *adv* indirectly; by indirect (round-about) means **indisk** *a* Indian **in||diskret** *a* indiscreet **-disponerad** *a* indisposed; out of sorts jfr *disponerad* **-disposition** indisposition **-divid** individual; [exemplar] specimen **-dividualist** individualist **-dividualitet** individuality **-dividuell** *a* individual **indo|europé** Indo-European **indolens** indolence; idleness **in||draga** *tr* draw in; [bildl.] withdraw **-dragen** *a* [bildl.], ~ *i* implicated (involved) in **-draget** *adv* on a reduced scale [of expenditure] **-dragning** withdrawal **-driva I** *itr tr* drive in **II** *tr* [bildl.] collect **-dräktig** *a* lucrative **industri** industry **-alisera** *tr* industrialize **-alism** industrialism **-chef** industrial-works manager **-ell** *a* industrial **-idkare** industrialist **inemot** *prep* towards [*kvällen* [the] evening]; [nära på] nearly, close [up]on **in||fall 1** invasion [*i* of] **2** [påhitt] fancy, idea; [nyck] whim; [kvickt] sally **-falla** *itr*, ~ *på en onsdag* fall on a Wednesday **-fallen** *a* sunken (hollow) [*kinder* cheeks] **infanteri** infantry **-regemente** infantry (foot) regiment **-st** infantry soldier foot-soldier **in||fart[s|väg]** [road of] approach **-fatta** *tr* [kanta] border; [omfatta] surround; ~ *juveler i guld* set jewels in gold **-fattning** bordering; [konkr.] border, edging; [ram] frame[work]; setting **-fektera** *tr* infect **-fektion** infection **-fektions|sjukdom** infectious complaint (disease) **-fernalisk** *a* infernal **infinitiv** infinitive **in||finna** *rfl* appear, put in an appearance, present o.s.; ~ *sig personligen på* . . attend . . in person **-flammation** inflammation **-flammera** *tr* inflame **-flicka** *tr* put in, insert **-fluensa** [the] influenza **-fluera** *tr itr*, ~ [*på*] *ngn* influence a p. **-flyta** *itr* come in **-flytande** influence; effect **-flytelse|rik** *a* influential; [mäktig] potent **-flyttning** immigration; [inom landet] removal **-flöde** influx, inflow **-foga** *tr* fit in, insert **-fordra**

tr demand, solicit **-formation** intelligence **-formator** [private] tutor **-formera** *tr* inform
in||fria *tr* redeem, fulfil **-friande** redemption **-frusen** *a* ice-bound; [bildl.] frozen in **-fusions|djur** infusorian **-fånga** *tr* catch; capture **-fälld** *a* doubled, inset; inserted [*spetsar* laces] **-född** *a* native-born; *som en* ~ like a native; *en* ~ *engelsman* a natural-born Englishman **-föding** native
inför *prep* 1 [rum] before 2 [tid] at **-a** *tr* 1 convey; put in [electricity] 2 [bildl.] introduce; [hand.] enter [*i böckerna* in the books]; import **-liva** *tr* incorporate **-sel** 1 importation 2 ~ *i lön* the impounding of salaries (of a p.'s salary) **-skriva** *tr* procure
ingalunda *adv* by no means; not at all
ingefär||a ginger **-s|päron** pear ginger
ingen *pron* 1 no, none 2 no one, nobody; none; jfr gram. **-dera** *pron* neither [of them]
ingenium [förstånd] understanding
ingenjör engineer **-s|akademi** academy of engineering **-s|trupper** ⚔ Royal Engineers
ingen||städes *adv* nowhere **-ting** *pron* nothing; ~ *alls* nothing whatever, nothing at all
in||gift *a*, *bli* ~ *i* marry into **-giva** *tr* [bildl.] inspire **-givelse** 1 inspiration 2 [påhitt] idea, impulse **-gjuta** *tr* [bildl.] infuse [*nytt liv* new life]; ~ *en ny anda i* put a new spirit into
in||grediens ingredient [*i* in] **-grepp** 1 [läk.] *göra ett* ~ make an incision [with the knife], incise 2 [bildl.] [act of] interference **-gripa** *itr* 1 se *ingrepp* 2 [bildl.] intervene [*i* in]; intrude (encroach) [*i ngns rättigheter* upon a p.'s rights] **-gripande** intervention [*av* by (on the part of)] **-grodd** *a* deeply rooted [*motvilja* aversion] **-gå I** *itr* 1 be (become) [*som beståndsdel i* an integral part of]; enter [*på detaljer* into details] 2 [börja] come, set in 3 [ankomma] arrive **II** *tr* enter into [*förbund med* alliance with] **-gående** *a* 1 incoming [*fartyg* ships] 2 [bildl.] penetrating (thorough, profound) [*kritik* criticism]; detailed **-gång** entrance
in||hemsk *a* [biol.] indigenous [*flora* flora]; native [*frukter* fruits]; home [*produkter* products]; *av* ~ *tillverkning* of domestic manufacture **-hibera** *tr* inhibit **-hys|a** *tr* house; accommodate; *-t hos* lodging with **-hyses|hjon** dependent lodger **-hägna** *tr* enclose, fence in **-hämta** *tr* [bildl.] 1 [upphinna] catch up 2 gather (pick up, glean) [*nyheter* news]; ~ *kunskaper* acquire knowledge; ~ *ngns råd* ask a p.'s advice **-höljd** *a* wrapped up **-hösta** *tr* reap, win
inifrån I *adv* from within; from [the] inside **II** *prep* from the interior of
ini||tial initial **-tiativ** initiative **-tierad** *a* initiated; well-informed
in||jaga *tr* [bildl.] ~ *skräck hos ngn* strike terror into a p., intimidate a p. **-jektion** injection
ink [veter.] wart
in||kalla *tr* call in; summon [*ett vittne* a witness] **-kallelse** summons; ⚔ calling up **-kallelse|order** ⚔ calling-up order **-kassera** *tr* collect [the proceeds of]; cash **-kasserare** collector **-kassering** collecting; *till* ~ for collection **-kasserings|byrå** draft-collecting office (firm) **-kast** [bildl.] sudden remark **-klarera** *tr* enter [*ett fartyg* a vessel] **-klusive** *adv* included; inclusive of **-klämd** *a* squeezed in; strangulated [*brock* hernia] **-knappning** reduction **-kognito s** *adv* incognito **-kokning** preserving, canning **-koknings|apparat** [fruit-and-vegetable] bottling-outfit(-jar) **-kokt** *a* preserved; [i socker] candied; jellied [*fisk* fish] **-komma** *itr* come in; ~ *med* hand in **-kommande** *a* incoming **-kompetens** incompetence; incapacity **-kompetent** *a* incompetent [*till* for]; [platssökande] not qualified
inkomst income [*av*, *på* from]; [statens ~er] revenue[s], receipts; [avkastning] yield, proceeds [pl.] **-bringande** *a* income-yielding **- och förmögenhets|skatt** income and property tax
in||konsekvens inconsistency; [log.] inconsequence **-konsekvent** *a* inconsistent; [log.] inconsequent **-korporera** *tr* incorporate **-kråm** 1 [bröd] crumb 2 = *innanmäte* **-krånglad** *a* complicated, involved **-kräkta I** *tr itr* encroach (trespass, intrude) [*på* upon]; infringe [*på ngns rättigheter* upon a p.'s rights] **II** *tr* take unrightful possession of, usurp [*en tron* a throne] **-kräktare** encroacher &c **-kubation** [läk.] incubation
in||kvartera I *tr* billet (quarter) [*hos* upon (with)] **II** *rfl* quarter o. s. [*hos* upon] **-kvartering** 1 *deras* ~ the providing them with quarters &c 2 quarters [pl.], billet **-kvisition** inquisition **-kvisitor** inquisitor **-köp** purchase **-köps|pris** buying-(cost)price; prime cost **-köps|summa** purchase sum **-körd** *a* broken in
in||laga [skrift] memorial, petition, address **-lag|d** *a* 1 [matvara] bottled; [konserverad] potted; tinned (canned) [*persikor* peaches]; pickled [*gurka* cucumber] 2 *-t arbete* inlaid

work **-lastning** ⚓ shipping; shipment **-leda** *tr* 1 [början] introduce [*en diskussion* a discussion]; usher in [*ett nytt skede* a new era]; ~ *bekantskap med* form an acquaintanceship with; ~ *underhandlingar med* start (open, enter upon) negotiations with 2 lead **-ledande** *a* introductory (opening) [*tal* speech]; [förberedande] preparatory, preliminary **-ledare** opener, introducer **-ledning** introduction **-lednings|vis** *adv* as (by way of) an introduction **-levelse** entering (penetrating) into **-lindad** *a* wrapped up **-lopp** inflow; [mynning] mouth [*till* of] **-låna** *tr* borrow; adopt [*ord* words] **-låning** 1 borrowing 2 [bank.] receiving of money on deposit **-lånings|ränta** [rate of] interest [allowed] on deposits **-låta** *rfl*, ~ *sig i (på)* embark (enter) upon; engage in [*ett samtal* a conversation] **-lägg** 1 [veck] tuck 2 insertion 3 [bildl.] contribution [*i* to] **-lägga** *tr*, ~ *ett gott ord för ngn hos ngn* put in a good word (a plea) for a p. with a p.; ~ *en särskild mening i* attach a special meaning to **-läggning**, *till* ~ for putting down &c jfr *lägga in, inlagd* **-lämning** [järnv.] cloak-room **-lärd** *a* learnt off [by heart] **-löpa** *itr* 1 ⚓ put in 2 come in, come to hand **-lösa** *tr* redeem [*ett löfte* a promise]; [växel] cash **-mεlning** mixing in in milling **-marschera** *itr* march in **-mata** *tr* ⊕ feed in **-mundiga** *tr* partake of, eat; [flytande] imbibe **-muta** *tr* take out a mining-concession for, locate **-mutare** claim-holder **-mutning** [mining-] claim **-mönstring** enrolling, enrolment

innan *konj prep* before **-döme** inside, interior **-fönster** inner window **-för** *prep* within, inside **-lår** fillet, [av oxe] thick flank **-läsning** reading [aloud (by book)] **-mäte** 1 [djurs] entrails, guts, bowels 2 [frukts] pulp **-rede**, ~*t* the internal fittings [pl.] **-till** *adv* 1 on the inside, inside 2 se *läsa* ~

in natura in kind

inne *adv* 1 [rum] in, inside; [mots. utomhus] indoors; *är han* ~*?* is he in? 2, *vara* ~ *i* know something about **-bana** [sport.] covered court **-bo** *itr* lodge (live) [*hos* with] **-boende** *a* inherent; jfr *-bo* **-bruk**, *till* ~ for indoor use **-bränd** *a*, *bli* ~ be burnt to death in one's house (&c) **-byggare** inhabitant; jfr *invånare* **-bära** *tr* imply, mean **-börd** 1 [betydelse] signification, import 2 [räckvidd] purport **-fatta** *tr* embrace, include; [-bära] imply **-ha** *tr* possess, be possessed of; hold [*en syssla* a post] **-hav** possession, ownership **-havare** possessor; [av firma] proprietor; [allm.] holder **-håll** contents [pl.]; **-hålla** *tr* contain; se *rymma II* **-hålls|förteckning** [table (list) of] contents, index **-hålls|lös** *a* vacuous, devoid of content; empty **-liggande** *a* enclosed [*biljett* note]; ~ *lager* stock in hand

inner||bana inner track **-ficka** inner (inside) pocket **-lig** *a* [förtrolig] intimate [*vänskap* friendship]; [brinnande] ardent [*kärlek* affection] **-sida** inner side **-st** I *a* innermost; *ens* ~*a tankar* one's inmost thoughts II *adv* farthest (furthest) in; ~ *inne* [bildl.] deepest down, at heart

inne||sluta *tr* enclose; [instänga] confine, encircle, shut in **-stående** *a*, *ha* ~ have still due to one; ~ *fordringar* claims remaining to be drawn; ~ *lön* salary due **-varande** *a* present

innästla *rfl* insinuate (wheedle) o.s. [*hos* into the confidence of]

inofficiell *a* inofficial, unofficial

inom *prep* 1 [rum] within [*gränserna för* the boundaries of]; in 2 [tid] within [*några få år* a few years]; in [*ett ögonblick* a moment]; ~ *mindre än* in less than **-bords** *adv* ⚓ inboard; [friare] inside **-hus** indoors **-hus|antenn** indoor aerial

in||ordna *tr* sort in [*i* into], arrange in order **-pass** sudden remark **-piskad** *a* thorough-paced, out-and-out; *en* ~ *skälm* an arch rogue **-piskare** whip

in pleno, *sammanträdet hölls* ~ the assembly (&c) was a plenary one

in||prägla I *tr* [bildl.] engrave [*i minnet* in one's memory] II *rfl* impress itself [*i* on] **-pränta** *tr* impress **-prövning** entrance examination **-pyrd** *a* reeking

inpå *prep*, ~ *bara kroppen* to the very skin; *till långt* ~ *natten* until far [on] into the night

in||rama *tr* frame **-ramning** framing; frame[work] **-rapportera** *tr* report

inre I *a* 1 [rum] inner; internal; domestic [*angelägenheter* concerns]; *den* ~ *missionen* home mission 2 [bildl.] intrinsic [*värde* value]; innate [*egenskap* quality]; inner [*liv* life]; inward [*öga* eye]; *följa en* ~ *drift* follow an impulse from within II *s*, *en människas* ~ the heart (soul) of a man

in||reda *tr* fit up, equip [*till* as]; [*med möbler*] furnish **-redd** *a* fitted up **-redning** equipment; [i rum] fittings, furniture **-rednings|ateljé** artistic house-furnishing studio **-registrera** *tr* register [*aktier* shares]; record **-resa**, *visum för* ~ a visa to permit entry **-reseförbud** prohibition for travellers to enter a country **-rese|tillstånd** permission (permit) for a visa; permit **-riden** *a* broken in, broken to the saddle **-riggad** *a* inrigged **-rikes** I *adv* within (in) the country **II** *a* inland [*brev* letter] **-rikes|politik** domestic policy; *~en* home politics **-rikes|politisk** *a*, *~a åtgärder* measures relating to home politics **-rikta I** *tr* **1** [eldvapen] sight [*mot* at]; bring to bear [*mot, på* on] **2** [bildl.] direct [*mot* towards (against)] **II** *rfl* concentrate upon **-riktad** *a* directed, concentrated; *~ på* bent on **-ringa** *tr* ring in, surround; [bildl.] hedge in **-ringnings|politik** encirclement policy **-ristad** *a* engraved **-ristning** engraving, carving; inscription **-rop 1** bid **2** [inköp] [auction-]purchase **-ropning** [teat.] calling in before the curtain; *~arna* the calls **-rotad** *a* [bildl.] deep-rooted; deep-seated [*fördomar* prejudices]; inveterate **-ruta** *tr* chequer [out] **-ryckning** assembling jfr *rycka in* **-rycknings|dag** mustering-day **-rådan**, *på min ~* on [the strength of] my advice **-rätta I** *tr* **1** [grunda] establish, set up; found [*en skola* a school] **2** [ordna] arrange, contrive **II** *rfl* settle down, adapt o.s. [*efter* to] **-rättning 1** establishment, arrangement, construction **2** [anstalt] establishment; institution **3** [mek.] contrivance, device, apparatus **-rökt** *a* smoke-impregnated

in||saltning salting **-samling** collection; [pengar äv.] subscription **-sats 1** ⊕ liner **2** [konkr., i spel] stake **3** [abstr.] contribution; achievement **-satt** *a* **1** jfr *sätta [in]* **2** initiated **-se** *tr* perceive, see; [fatta] realize **-seende**, *ha ~ över* have the supervision of **-seg|el** seal; *-let på* [bildl.] the signet of **-sekt** insect **-sekts|pulver** insect-powder **-sida** inner side; inside; [bildl.] interior **-signier** insignia **-sikt 1** [inblick] insight [*i* into]; *komma till ~ om* arrive at a realization of **2** *~er* knowledge [*i* of] **-sikts|full** *a* betraying [a] good insight (sound knowledge) **-sinuant** *a* insinuating **-sinuera** *tr* insinuate **-sistera** *tr* insist [*på att ngn gör* on a p.'s doing] **-sjukna** *itr* be taken (fall) ill [*i* with] **-sjungen** *a* rendered as a gramophone record **-sjungning 1** [övning] practising **2** singing; rendering; *i ~ av* in rendition by **-sjunken** *a* sunken [*ögon* eyes]; hollow[ed] [*kinder* cheeks] **-sjö** lake [*-fisk* fish] **-skeppa I** *tr* **1** import **2** [ombord] ship, take on board, embark **II** *rfl* go on board, embark **-skjuta** *tr* insert, throw in **-skrida** *tr* step in, intervene; *~ mot* take measures against **-skridande** stepping in, intervention **-skrift** inscription; [på byggnad] epigraph; [på grav] epitaph **-skription** inscription **-skriva** *tr* **1** inscribe [*i en cirkel* in a circle] **2** *~ ngn* enter a p.'s name **II** *rfl* enter one's name **-skriven** *a*, *~ som student* matriculated **-skrivning 1** inscribing **2** enrolling, enrolment, ⚔ enlisting, registration; matriculation [*-s|avgift* fee] **-skrivnings|bok** enrolment-book **-skrivnings|områdes|befälhavare** ⚔ registration-area superintendent **-skränka I** *tr* restrict, limit; [beskära] cut down **II** *rfl* restrict o. s. [*till att säga* to saying]; *~ sig till* confine o.s. to **-skränkning** restriction, limitation; reduction **-skränkt I** *a* **1** restricted &c **2** [pers.] poorly gifted (endowed) **II** *adv* restrictedly, in a restricted way **-skärning** incision **-skärpa** *tr* **1** inculcate [*goda grundsatser* sound principles]; bring home [*hos* to]

in||slag 1 [vävn.] weft, woof **2** [bildl.] element; feature, strain **-släppa** *tr* let in **-smickrande** *a* ingratiating **-smord** *a* well-oiled [*stövlar* boots] **-smyga** *rfl* creep in unawares **-snärja** *tr* entangle, trap **-snöad** *a*, *bli ~* get snowed up **-sockrad** *a* sugared **-solvens** insolvency **-solvent** *a* insolvent **-somna** *itr* go to sleep, fall asleep **-spektera** *tr* inspect **-spektion** inspection **-spektor 1** = *förvaltare;* steward; bailiff **2** inspector [*för, över* of]; [univ.] warden; [skola] honorary superintendent **-spektris** inspectress, woman inspector **-spektör** inspector **-spelad** *a* rendered &c, jfr *spela in* **-spelning** rendering; [grammofon] record

in||spicient stage-manager; [film] studio-manager **-spiration** inspiration **-spirera** *tr* inspire **-spirerad** *a* inspired **-sprutning** injection **-spärra** *tr* shut up; confine **-stallation** installation; [univ.] inauguration **-stallations|-affär** electric fitters **-stallera I** *tr* instal[l], inaugurate **II** *rfl* instal[l] (establish) o. s., get settled **-stans** instance; *i högsta ~* in the court of highest instance, in the court of appeal **-steg**, *vinna ~* get (obtain) a footing [*i* in, *hos* with]; establish itself; secure a hold **-stifta** *tr* institute [*en orden* an order], ordain [*nattvarden* the holy communion]; [grunda] found **-stiftare** institutor; founder **-stinkt** instinct **-stinktiv** *a* instinctive

in||stitut institute; institution **-stitution** institution **-struera** *tr*, *~ ngn i ngt* teach a p. a th. **-struktion** instruction **-struktiv** *a* instructive **-struktör** instructor **-strument** instrument **-strument|bräde** instrument-(dash)-board **-strument|låda** tool-chest **-strument|tavla** switchboard **-strödd** *a* strewed-in; [bildl.] interspersed **-strömning** inpouring, instreaming; inflow **-stucken** *a* thrust in **-studera** *tr* study [up]; ~ *en pjäs* rehearse a play **-stundande** *a* next; *för* ~ .. for the coming (approaching) .. **-ställa I** *tr* **1** se *ställa* [in] **2** [avpassa] adjust **3** [inhibera] suspend; discontinue; [föreläsning] cancel **II** *rfl* **1** appear; put in an appearance **2** [sak] make its appearance, present itself; ensue **3** se *-rikta II*

in||ställbar *a* adjustable **-ställelse** appearance **-ställning 1** adjustment **2** attitude [*till* to (towards)] **-ställsam** *a* insinuating; ingratiating **-stämd** *a* summoned to appear **-stämma** *itr* join; agree (concur) [*i ett förslag* to a proposal] **-stämmande** *a, en* ~ *nick* a nod of assent **-stängd** *a* shut up (in); *känna sig* ~ feel confined **-subordinations|brott** case of insubordination, breach of discipline **-suga** *tr* suck in; [friare] suck up, absorb, imbibe; [bildl.] drink in, devour **-supa** *tr* drink in; [bildl.] imbibe **-surgent** insurgent, rebel **-svepa** *rfl* wrap o.s. up [*i* in] **-svängd** *a* curved inwards **-syn** ⚔ observation **-sändare 1** [pers.] correspondent **2** letter to the editor **-sätta** *tr,* ~ *ngn till arvinge* put a p. into one's will as one's heir **-sättare** depositor; [i företag] investor **-sättning** deposition; [konkr.] deposit **-söva** *tr* **1** lull to sleep **2** = *invagga*

in||taga *tr* **1** take in **2** take [*föda* food; *gift* poison] **3** admit [*på sjukhus* to hospital]; receive [*i sin familj* in one's family] **4** ⚔ occupy, capture **5** [upptaga] hold, occupy; take [*sin plats* one's seat] **-tagande** *a* attractive **-tagen** *a* seized [*av medömkan* with pity]; filled [*av beundran* with admiration]; ~ *mot ngn* prejudiced against a p. **-tala I** *tr* **1** [i grammofon] speak in **2** [bildl.], ~ *ngn ngt* put a th. into a p.'s head; inspire [*ngn mod* a p. with courage] **II** *rfl* reason o.s. into believing

inte I *adv* not; ~ *bättre* no better **II,** *inte för* ~ not for nothing

inteckn||a *tr* mortgage **-ing** mortgage

integr||al integral **-erande** *a* integrating; integral [*del* part] **-itet** integrity

in||telefonera -telegrafera *tr* send in by telephone (by telegram (wire, cable)) **-tellekt** intellect **-tellektualist** intellectualist **-tellektuell** *a* intellectual

int||elligens intelligence **-elligens|prov** intelligence-test **-elligent** *a* intelligent; clever, ingenious **-endent** ⚔ quartermaster **-endentur** ⚔ commissariat [service] **-ensifiera** *tr* intensify **-ensitet** intensity **-ensiv** *a* intensive [*studier* study]; intense

inter||ims|bevis interim certificate **-iör** interior **-jektion** interjection **-mezzo** intermezzo **-n** *a* internal [*affär* matter] **-nationell** *a* international **-nat|skola** boarding-school **-nera** *tr* shut up, confine; intern [*en krigsfånge* a war-prisoner] **-nering** shutting up, confinement; internment **-pellant** interpellator **-pellation** interpellation **-pellera** *tr* interpellate **-polera** *tr* interpolate **-punktera** *tr* punctuate **-punktering -punktion** punctuation **-punktions|tecken** punctuation-mark **-urban** *a* trunk-call **-vall** interval **-vention** intervention; mediation **-vju** interview **-vjua** *tr* interview

intet *pron* **I** *a* no [*nytt* news; *gott* good]; ~ *ont anande* suspecting no mischief **II 1** nothing; *är som ett* ~ *mot* is a mere nothing in comparison to **2** *gå om* ~ miscarry **-sägande** *a* unmeaning; meaningless, insignificant; vacant [*leende* smile]

intig *a* vain; [värdelös] worthless, futile **-het** nothingness; worthlessness, futility; vanity

intill I *prep* **1** [rum] near (close, adjacent) to; ~ *väggen* right against the wall; *ända* ~ *benet* to the very bone **2** [tid] ~ [*dags*] *dato* until this date (day) **II** *adv, i rummet* ~ in the adjoining room; *huset* ~ the house next to this **III** *konj* until **-dess** *adv* until then

intim *a* intimate [*skildring* description]; [personlig] personal [*drag* traits]; *stå på* ~ *fot med* be on intimate terms (an intimate footing) with **-itet** intimacy; privacy

in||tolerans intolerance **-tolerant** *a* intolerant **-tonera** *tr* intone **-transitiv** *a* intransitive **-trasslad** *a* entangled [*i* in]; involved

intress||ant *a* interesting **-e** interest; *förlora* ~ *för* lose interest in; *visa* ~ *för* display an interest in **-e|kontor** [staff] thrift organization **-e||lös** *a* that lacks interest; uninteresting; dull **-ent** interested person **-era I** *tr* interest, be of interest to **II** *rfl,* ~ *sig för* take [an] interest in, be interested in **-erad** *a* interested **-e|sfär** sphere of interest

intrig intrigue; plot jfr *ränker* **-ant** *a* intriguing; plotting, scheming **-era** *itr* intrigue **-makare** intriguer

introdu||cera *tr* introduce [*ngn hos ngn* a p. to a p.] **-ktion** introduction

in||tryck impression **-trång** encroachment (trespass) [*i, på* on]; infringement; *göra* ~ *på* encroach (trespass) upon **-träda** *itr* **1** enter **2** [bildl.] [börja] commence, begin; [följa] ensue; ~ *i ngns ställe* take a p.'s place; ~ *i sitt ämbete* enter upon one's duties; *skymningen har -trätt* dusk has set in **-träde** entrance; [bildl.] entry [*i världen* into the world]; *fritt* ~ admission free **-trädes|ansökan** application for admission (entrance) **-trädes|avgift** entrance (admission) fee **-trädes|biljett** ticket of admission **-trädes|examen** entrance examination **-träffa** *itr* 1 [ankomma] arrive 2 [ske] happen, occur **-träffande** *s* occurrence, arrival **-tränga** *itr* = *tränga in*

in||tuition intuition **-tuitiv** *a* intuitive **-tvåla** *tr* [rub over with] soap, lather **-tyg** 1 [abstr.] certification, attestation, testimony 2 [konkr.] certificate, testimonial **-tyga** *tr* certify (attest) [*att* that]; *härmed* ~*s* this is to certify **-tåg** entry [*i* into] **-tåga** *itr* march (&c) in **-täkt** = *inkomst*

in||under I *adv* underneath; beneath; [*i våningen* in the flat] below **II** *prep* underneath **-uti** *adv prep* inside; within

in||vagga I *tr*, ~ *ngn i säkerhet* lull a p. into security; throw a p. off his guard **II** *rfl* lull o.s. [*i* into] **-val** election [as a member] **-valid** disabled (invalidated) person **-validitet** disablement; [permanent] invalidity **-vand** *a* habituated, habitual **-vandra** migrate [*till* into] **-vandrare** immigrant **-vandring** immigration [*till* into] **-vasion** invasion **-veckla** *tr* [bildl.] involve **-vecklad** *a* involved [*i* in]; [sak] complicated, intricate

in||ventari|um fixture; *-er* effects, movables, stores; [hand.] stock **-ventera** *tr* make an inventory of; [hand.] take stock of **-ventering** inventorization; [hand.] stocktaking **-ventiös** *a* ingenious

in||verka *itr* have an effect (influence) [*på* [up]on]; ~ *menligt på* prejudice **-verkan** influence, effect

invester||a *tr* invest **-ing** investment

invid I *adv* close by **II** *prep* by, close to

invig||a *tr* 1 [helga] consecrate [*ngn till biskop* a p. bishop]; [till ämbete] ordain; dedicate [*ett skolhus* a school-house] 2 [sätta ngn in i] initiate **-d** *a* 1 consecrated 2 initiated **-ning** 1 consecration, dedication 2 initiation **-nings|fest** inaugural festivity **-nings|tal** dedicatory speech

in||vit invitation; [vink] hint; intimation **-vitation** invitation **-vitera** *tr* invite **-vånar|antal**, *hela* ~*et* the [total] population **-vånare** inhabitant; [i hus] inmate; [i stadsdel &c] resident; *per* ~ per head [of the population] **-vända** *tr* object; *jag har ingenting att* ~ I have no objection [*mot* to] **-vändig** *a* internal; inside **-vändning** objection [*mot* to (against)]; *göra* ~*ar* raise objections **-vänta** *tr* wait for; [avvakta] await **-värtes I** *a* internal; inward [*suck* sigh] **II** *adv* internally, inwardly **-ympa** *tr* inoculate

inåt *adv* inwards; [mot insidan] towards the inside (interior) **-böjd** *a* bent inwards; inward-bent **-vänd** *a* turned inwards; [bildl. äv.] introvertive, introspective

in||äga [lantbr.] infield **-älvor** [djur] viscera; [människor] bowels

inöva *tr* practise [up]; rehearse

iris [anat.] iris **-era** *itr* iridate, irisate

irisk *a* Irish

Ir||land Ireland; [poet.] Erin **i-ländare** Irishman **i-ländsk** *a* Irish **i-ländska** Irishwoman, Irish girl

ironi irony **-ker** ironic[al] person **-sera** *tr* speak ironically [*om, över* about] **-sk** *a* ironical

irra *itr* go astray; ~ *omkring* wander

irrationell *a* irrational

irr||bild phantom **-bloss** ignis fatuus, [vanl.] will-o'-the-wisp

ir||reguljär *a* irregular **-religiositet** irreligiosity, irreligiousness **-reparabel** *a* irreparable

irr||färd roving (rambling) expedition; ~*er* wanderings **-gång** maze, labyrinth

irrit||abel *a* irritable **-ation** irritation **-era** *tr* irritate; [bildl. äv.] annoy, harass **-erande** *a* irritating &c

irr||lära false (erroneous) doctrine; [relig.] heresy **-lärig** *a* heretical

i||råkad se *råka* [*in i*]; *hans* ~*e obestånd* the financial straits that he has got into

is ice; ~*en låg* the lake &c remained frozen (coated with ice) **-a** *tr* cover with ice; [kok.] store on ice; [dryck] put in ice **-ande** *a* icy **-as** *itr dep*, *blodet -ades i mina ådror* my blood curdled in my veins **-bana** ice-track **-belagd** *a* coated (covered) [over] with ice **-berg** iceberg **-bit** piece of ice **-björn** polar bear **-björns|fäll** polar bearskin **-block** block of ice; ice-block **-blomma** [på fönster] ice-fern **-blåsa** ice-bag **-brytare** ice-breaker

iscensättning staging; production

ischias sciatica **-nerv** sciatic nerve

is||flak ice-floe(-raft) **-fri** *a* ice-free; open **-gata** ice-coated road **-hav** [geogr.] *Norra, Södra* ~*et* the North (South) Polar Sea, the Arctic (Antarctic) Ocean **-hinder** hindrance due to ice **-hockey** ice hockey **-ig** *a* icy **-jakt** ice-yacht **-kall** *a* ice-cold, as cold as ice; icy [*ton* tone of voice]; [blick] glacial **-källare** ice-house

Island *npr* Iceland

islossning breaking up of the ice

isländ||are Icelander **-sk** *a* Icelandic

iso||bar isobar **-lation 1** ⊕ insulation 2 isolation **-lera** *tr* 1 ⊕ insulate 2 isolate **-lering** isolation
is||palats ice palace **-pigg** icicle **-pik** ice-stick
Israel *npr* Israel **i-it** Israelite **i-itisk** *a* Israelitic, Israelitish
istadig *a* restive **-het** restiveness
ister lard **-artad** *a* adipose **-haka** double chin **-magad** *a* pot-bellied
is||tid glacial period; *I~en* the Great Ice Age **-täcke** coat[ing] of ice
i||sär *adv* 1 apart (separate) [from one another] 2 = *itu* **-sättning** insertion
Italien *npr* Italy **i-are i-sk** *a* Italian
itu *adv* in two; in half
iv||er eagerness; [nit] ardour, zeal: *arbeta med ~* work with great zest **-ra** *itr* be a zealous worker [*emot* against]; *han ~r för* he is a great champion of **-rig** *a* 1 eager 2 [nitisk] zealous 3 [brinnande] ardent; fervent 4 [angelägen] anxious **-righet** eagerness; fervour; anxiety
iögonfallande *a* striking; conspicuous

J

ja *itj adv* yes; ~ *vad skall jag säga?* well, what am I to say? ~ *men* well but
jacka 1 coat, jacket 2 [dam-] jacket
jackett morning-coat, F cut-away
jag I *pron* I; ~ *själv* I myself **II** ego; *hans bättre ~* his better self
jag||a I *tr* 1 hunt; shoot [*hare* hares] 2 chase [*varandra* each other]; give chase to **II** *itr* drive, chase; ~ *i väg* hurry off; ~ *omkring* chase around **-ad** *a* hunted **-are** ⚓ ⚔ destroyer
jaguar jaguar
jak yak
jak||a *itr* say 'yes' [*till* to] **-ande** *a* affirmative [*svar* reply]; *ge ett ~ svar* answer in the affirmative
1 jakt ⚓ yacht
2 jakt 1 hunting; shooting 2 [friare o. bildl.] hunting [*efter* for]; chasing [*efter* after]; [letande] hunt; *anställa ~ på* give chase to **-byte** bag; [djurs] prey, game, quarry **-don** hunting (shooting)-kit(-gear) **-gevär** sporting-gun(-rifle) **-hund** hunting(&c)-dog, hunter **-lopp** course steeplechasing **-lycka**, *~n* the luck of chase **-mark** 1 [allm.] hunting-ground 2 [jakt.] preserve[s] **-vård** wild-animal-(game-) -protection **-väska** game-bag
jalusi window-blind **-skrivbord** roll-top desk
jama *itr* mew
jamb [metr.] iambus, iamb
januari January
Japan *npr* Japan **j-es j-sk** *a* Japanese
jargong lingo, jargon
jasmin common (white) jasmine
jaspis [miner.] jasper
jass jazz **-a** *itr* jazz **-kapell** jazz-band
jaså *itj* Oh! indeed! is that so? really!
jeremiad jeremiad[e], lamentation
jesuit Jesuit **-er|kloster** Jesuit monastery **-er|orden** the Order of [the] Jesuits **-isk** *a* Jesuit; Jesuitical
Jesus *npr* Jesus **-barnet** the Infant Saviour, the Child Jesus
jetong [spel] counter
jo *adv* yes; Oh, yes
jobb work, job; *ett styvt ~* a tough job **-a** *itr* 1 work, be on the job; [ligga i] go at it 2 [börs o. d.] carry on speculation, speculate **-are** speculator, jobber **-eri** speculation
jobs|post, *en ~* evil tidings [pl.], [a piece of] bad news
jockej jockey
jod iodine
joddla *itr* yodel
jolle ⚓ jolly-boat, yawl; dinghy
joll||er babble; crowing **-ra** *itr* babble, crow
jongl||era *itr* juggle **-ör** juggler
jonisk *a* Ionian
jord 1 earth; *~en runt* round the world 2 [mark] ground, earth; soil 3 [mull] earth, soil **-a** *tr* 1 [begrava] bury 2 [elektr.] earth **-bruk** farming, agriculture **-brukare** farmer, agriculturist **-bruks|arbetare** farm labourer (hand) **-bunden** *a* earth-bound, earthly **-bävning** earthquake **-fästa** *tr* commit to the earth, inter **-fästning** burial **-golv** earthen floor **-gubbe** strawberry **-halva** hemisphere **-ig** *a* [smutsig] earth-soiled **-isk** *a* earthy; earthly [*lämningar* remains]; terrestrial [*kärlek* love] **-kabel** underground cable **-klot** earth; globe **-mån** soil **-ning** earthing **-nöt** earth nut **-skalv** earthquake **-skorpa** [earth-]crust **-skred** earth-slip, landslip **-yta** 1 surface of the ground 2 [rymd] area (space) of ground **-ägare** landowner **-ärtskocka** artichoke
jota, *inte ett ~* not a (one) jot
jour, *ha ~en* be on duty **-havande** *a*, ~ *läkare* physician on duty **-nal** 1 journal 2 [film.] news reel **-nalist** journalist; pressman **-nalistik** journalism **-nalistisk** *a* journalistic
ju I *adv* why; *där är han ~!* why, there he is! **II** *konj* se *desto*

jub‖el jubilation, rejoicing, exultation **-el|rop** shout of joy **-ilar** jubilarian **-ilera** *itr* celebrate a jubilee **-ileum** jubilee; celebration **-la** *itr* shout for joy, rejoice, exult **-lande** *a* jubilant, exultant, joyful

jud‖e Jew; Hebrew, Israelite **-endom** Judaism **-e|pogrom** Jew-pogrom **-inna** Jewish woman; Jewess **-isk** *a* Jewish

jul Christmas, [förk.] Xmas; *glad ~!* a merry Christmas! *i ~as* last Christmas **-afton** Christmas Eve **-dag** Christmas Day **-gran** Christmas-tree

juli July

jul‖klapp Christmas present **-lov** Christmas holidays **-otta** Christmas-Day early-service

julp fly [of the trousers]

jultomte 1, *~n* [Old] Father Christmas, Santa Claus **2** Christmas-fairy doll

jumper jumper

jungfru 1 virgin; *J~n av Orléans* the Maid of Orleans **2** maid [servant] **3** [redskap] [paving-]beetle, punner **-alkov** servant's bedstead-recess **-dom** maidenhead, virginity **-kammare** servant's [bed]room **-lig** *a* maidenly; virgin [*mark* soil] **-tal** maiden speech

jungman ⚓ youngster, deck boy

juni June

junior junior

jurid‖ik jurisprudence; *studera ~* study law **-isk** *a* juridical; judicial [*tolkning* interpretation]; *den ~a banan* the legal profession

jur‖is, *~ doktor* doctor of laws **-ist** lawyer

jury jury **-man** juryman, juror **-utslag** verdict of a jury

just *adv* just, exactly

just‖era *tr* adjust, regulate, set right; rectify; *~ protokoll* revise the minutes and pass as correct **-ering** adjustment &c

justitie‖minister minister of justice **-råd** Supreme Court judge

jute jute **-väv** gunny

juvel jewel, gem **-erare** jeweller **-halsband** diamond necklace

juver udder

jägare hunter; sportsman; [friare] huntsman **-historia** sportsman's yarn

jägmästare Crown forester

jäkt hurry, bustle, scurry **-a I** *tr* hurry on, harass **II** *itr* be on the move (stir), be in a hurry (bustle) **-ad** *a* driven, chased; harried; *ett -at utseende* a hunted look **-ig** *a* bustling

jäm‖bred *a* of uniform breadth (width) **-bredd**, *i ~ med* side by side with, on a level with **-bördig** *a* equal in birth; [bildl.] equal in merit [*med* to]; *som en ~* as an equal **-bördighet** equality **-fota** *adv*, *hoppa ~* jump with both feet together

jämför‖a *tr* compare [*med* with]; *kan ej -as med* cannot be compared to **-ande** *a* comparative **-bar** *a* comparable **-else** comparison; *anställa ~er mellan* draw (make) comparisons between; *i ~ med* in comparison with **-elsevis** *adv* comparatively **-lig** *a* comparable, to be compared; equivalent [*med* to]

jäm|god *a* of the same excellence; *de äro ~a* they are equal to one another

jämka *tr itr* **1** move, shift **2** [bildl.] adjust, adapt

jämlik *a* equal **-e** equal

jämmer groaning, wailing; [kvidan] moaning **-dal**, *i denna ~* in this vale of tears **-full** *a* doleful; woeful **-lig** *a* miserable, deplorable, pitiable **-rop** plaintive cry, cry of pain

jämn *a* **1** level [*yta* surface]; even; [slät] smooth **2** even [*tal* number] **3** uniform [*värme* heat]; even [*gång* pace; *takt* beat]; equable [*lynne* mind]; [oavbruten] continuous, steady; *med ~a mellanrum* at regular intervals; *hålla ~a steg med* keep in step with, [bildl.] keep pace with **-a** *tr* level, make level (even, smooth); *~ vägen* smooth the path **-hög** *a* of [a] uniform height **-höjd**, *vara i ~ med* be of the same level as (on a level with) **-mod** equanimity **-mulen** *a* clouded-over (overcast) [*himmel* sky] **-stor** *a* of uniform size, equal in size **-struken** *a* [bildl.] of a dead level; [medelmåttig] mediocre

jämnt *adv* level, evenly; [precis] exactly; *debet och kredit gå ~ ihop* debtor and creditor match exactly

jämn‖tjock *a* of uniform (the same) thickness **-årig** *a* of the same age [*med* as], contemporary in age; *mina ~a* persons of my own age

jämra *itr rfl* wail (moan; [stöna] groan; [klaga] complain) [*över* about]

jäms *adv*, *~ med* level with, alongside

jäm‖sides *adv* side by side; *~ med* abreast of, alongside [of]; [dessutom] in addition [to that], besides **-spelt** *a* evenly matched [*med* with] **-ställa** *tr* place side by side (on a level) [*med* with]; rank (class) in the same category [*med* as] **-ställd** *a*, *fullt ~ med* quite on a par with **-t** *adv* always, for ever; *~ och ständigt* everlastingly; [gång på gång] constantly

jämte *prep* **1** [tillika med] in addition to **2** [förutom] besides; and also

jämvikt equilibrium; balance; *i ~* [bildl.] [well-]balanced

jämväl *adv* likewise; also, as well

järn iron **-affär** ironmonger's [shop]

-arbetare iron-worker **-beslagen** *a* covered with sheet-iron; iron-sheathed **-bruk** foundry, ironworks [pl.] **-ek** [bot.] holly **-filspån** iron filings **-förande** *a* ferriferous **-grepp** [bildl.] iron grip **-halt** iron content (percentage) **-haltig** *a* containing iron; ferriferous [*malm* ore]; ferruginous [*jord* earth] **-handel** = *-affär* **-hård** *a* [as] hard as iron; iron [*beslutsamhet* determination] **-hälsa** robust health **-malm** iron ore **-natt** frosty night **-skrot** scrap (refuse) iron **-spett** iron-bar lever **-spis** iron [kitchen (cooking)-]range **-säng** iron beadstead **-tråd** [iron] wire
järnväg railway; *åka* ~ travel by railway **-s|arbetare** [railway] navvy; [anställd] railway workman (employee) **-s|bank** railway embankment **-s|biljett** **-s|hotell** **-s|kupé** **-s|linje** **-s|olycka** railway ticket (hotel, compartment, line, accident) **-s|vagn** railway carriage (coach) **-s|övergång** [konkr.] railway-crossing
järn|ålder, ~*n* the Iron Age
järpe hazel-hen
järtecken omen, portent
järv glutton, wolverine
jäs||a *itr* ferment **-ande** *a* fermenting; [bildl. äv.] seething **-ning** fermentation
jäst yeast **-pulver** yeast-(baking-) powder **-svamp** yeast(fermentation)-fungus; [bot.] yeast[-plant] **-ämne** ferment[-leavening]
jätte giant **-arbete** gigantic [piece of] work **-lik** *a* gigantic; giant-like **-stark** *a* of gigantic strength **-tall** giant pine
jättinna giantess, female giant
jäv [lag.] challenge **-a** *tr* 1 [lag.] take exception to 2 [allm.] give the lie to, belie **-ig** *a* challengeable
jökel glacier **-is** glacial ice **-sjö** glacier striae (lake) **-älv** glacier stream

K

kabaré cabaret
kabbelök marsh marigold
kabel cable
kabeljo dried [cured] codfish
kabel||telegrafera *tr* cable **-telegram** cable[gram]
kabinett cabinet
kabyss [cook's] galley, caboose
kackerlacka cockroach, black-beetle
kackl||a *itr* cackle; [höna] cluck **-ande** cackling, cluck-clucking
kadaver carcase, carcass **-lik** *a* cadaverous
kader ⚔ cadre
kadett cadet **-kår** cadet corps
kadrilj quadrille
kafé café; coffee-room **-idkare** café-keeper **-rörelse**, *idka* ~ carry on a café business
kaffe coffee **-bal** coffee-bale **-böna** coffee-berry **-frukost** 'coffee-breakfast' **-grädde** cream for coffee **-kanna** coffee-pot
kaffer Kaf[f]ir
kaffe||rep coffee-party **-servis** coffee-set **-sked** [vanl.] teaspoon
kaftan caftan
kagge keg, cask
kaj quay; wharf
kaja jackdaw
kajennpeppar cayenne pepper
kajuta cabin; [liten] cuddy
kaka cake
kakao cocoa **-böna** cocoa-berry
kakel [Dutch] glazed tile **-ugn** stove
kaki khaki
kakt||é cactaceous plant **-us** cactus
kal *a* bare; naked; [pers.] bald
kalabalik affray, fracas
kalas party **-a** *itr* feast, regale o.s.
kalcium calcium
kalejdoskop kaleidoscope
kalender calendar; almanack **-månad** calendar month
kalfaktor [officer's] servant (man)
kali potash
kaliber calibre
kalif caliph
Kaliforn||ien *npr* California **k-isk** *a* Californian
kalikå calico
kalium potassium **-hydrat** caustic potash
1 **kalk** [bägare] chalice; [bildl.] cup
2 **kalk** [*osläckt* unslaked] lime **-aktig** *a* calcareous **-brott** limestone quarry **-bruk** lime-works
kalker||a *tr* 1 calk; trace 2 [bildl.] copy **-papper** tracing-paper
kalk|halt lime content
kalkon turkey
kalkyl calculation **-era** *tr* calculate
1 **kall** calling, vocation
2 **kall** *a* cold; [kylig] cool
kall||a I *itr tr* call; summon [*till ett möte* to a meeting] II *rfl* call o.s., take the name of **-ad** *a* called; *känna sig* ~ *att* feel a vocation for; *så* ~ so-called
kall||bad cold bath **-badhus** swimming-baths **-blodig** *a* cold-blooded **-brand** gangrene **-dusch** cold douche
kallelse 1 call [*till professur* to a professorship]; summons [*till samman-*

träde to a meeting] 2 [kall] calling; vocation; *känna ~ för* feel a vocation for
kall||na *itr* cool; get cold **-sinnig** *a* cold; indifferent **-skänk** cold buffet **-svett** cold perspiration **-t** *adv* coolly; coldly
kalops Scotch collops
kalori calorie
kalott calotte, skull-cap
kalsonger drawers, pants
kalufs forelock
kalv calf; [kok.] veal **-a** *itr* calve **-bräss** sweetbread **-bullar** veal rissoles **-dans** [kok.] beestings **-filé** se *ox-*
kalvinism Calvinism
kalv||kotlett veal cutlet **-kött** [kok.] veal **-lever** calf's liver **-skinn** calf's skin **-stek** joint of veal
kam comb
kamé cameo
kamel camel
kameleont chameleon
kamelhårs|filt camel-hair rug
kamelia camelia
kamera camera **-konst** artistic photography
kameral *a* public-finance; cameral
kamfer camphor
kamin [portable (iron)] stove
kamma *tr* comb [*håret* one's hair]
kammar||e room; [polit.] chamber, [Engl.] house **-herre** chamberlain **-jungfru** lady's maid **-musik** chamber music **-tjänare** valet [*hos* to]
kamning [frisyr] coiffure
kamomillté camomile tea
kamp struggle; fight
kampanj campaign
kamp||era *itr, ~ ihop med* share the same tent ([bildl.] sphere of activity) with **-ing** camping-out
kamrat 1 comrade 2 [skol~] schoolfellow 3 [kollega] colleague; *bland ~er* among fellows **-anda** comradeship **-lig** *a* friendly
kamrer accountant
•**kan** can, may; jfr *kunna* o. gram.
kana I slide II *itr* slide
kanal 1 channel 2 [grävd] canal
kanalje blackguard, villain
kanarie||fågel canary[-bird] **K-öarna** *npr* the Canary Islands
kandelaber candelabra
kander||a *tr* candy **-ad** *a* candied
kandid||at 1 candidate [*till* for] 2 [univ.] se *filosofie* **-era** *itr* set [o.s.] up as a candidate
kanel cinnamon **-stång** cinnamon-roll
kanfas canvas; buckram
kanhända *adv* perhaps
kanik canon
kanin rabbit **-skinn** rabbit-skin(-fur)
kanna can; jug; [te-] pot
kannibal cannibal
kannstöpa *itr* dabble in politics
kanon cannon; gun **-ad** cannonade **-båt** gunboat **-kula** cannon-ball **-mynning** cannon-mouth; gun-muzzle
kanot canoe **-idrott** canoeing
kanske *adv* perhaps; maybe; *vi äro ~ inte* we may not be
kansler chancellor **-s|ämbete** chancellorship, chancellery
kansli 1 chancellery 2 [teat.] general manager's office; [allm.] secretary's office **-hus** the Government Offices [Building] **-råd** principal assistant secretary **-stil** chancery style
kant 1 edge; [bård] border 2 [bildl.] *vara på sin ~* be on the defensive; **-a** *tr* edge; line, border
kantarell chanterelle
kantat cantata
kant||hugga *tr* square, trim **-hyvel** edge-plane **-ig** *a* angular; rugged (abrupt) [*sätt* manners]
kantor cantor; precentor
kantr||a *itr tr* turn over, upset, capsize **-ing** turning over, capsizal
kant|stött *a* chipped at the edges
kanyl cannula
kaolin china-clay, kaolin
kao||s chaos **-tisk** *a* chaotic
1 kap [udde] cape
2 kap [fångst] capture
1 kapa *tr* ⚓ capture, take
2 kapa *tr* 1 cut away [*masterna* the masts] 2 crosscut [*timmer* timber]
kap||abel *a* capable **-acitet** capacity
kaparefartyg ⚓ privateer
kapell 1 [byggnad] chapel 2 [mus.] orchestra, band **-församling** [district] chapelry **-mästare** conductor [of an (the) orchestra]
kapillär *a* capillary
kapital capital **-belopp** capital sum **-försäkring** endowment insurance **-insats** capital put in (into a business) **-isera** *tr* capitalize **-ism** capitalism **-ist** capitalist **-stark** *a* well equipped with capital **-utgift** capital outlay **-ökning** increase of [the (one's)] capital
kapitel chapter **-rubrik** chapter-heading
kapitul||ation capitulation **-era** *tr* capitulate, surrender
kapitäl capital
kaplan chaplain
Kap|landet *npr* Cape Colony
kapock kapok, silk cotton
kapp *s, i ~* in competition; *simma i ~* have swimming races; *hinna i ~ ngn* catch a p. up; *springa i ~ med ngn* race a p.
kappa 1 cloak; [dams äv.] coat 2 [volang] flounce
kappas *dep* vie with (race) one another
kappe half-peck

kappkrage cloak-collar
kapp‖körning competition-driving, driving-race **-löpning** racing [*efter* for] **-löpnings|bana** race-(racing-) track **-löpnings|häst** racehorse, racer
kapprak *a* bolt upright
kapp|rum cloak-room
kapp‖rustning competing in armaments **-segla** *itr* compete in sailing--(yacht-)races **-segling** yacht-racing; *en* ~ a sailing-match, a yacht-race
kapp|säck portmanteau; bag; suit--case
kaprifol[ium] honeysuckle, woodbine
1 **kapris** [nyck] caprice
2 **kapris** [krydda] caper[s]
kapsejsa *itr* capsize; turn over
kaps‖el capsule **-la** *tr* capsule, cap
kapson cavesson; *lägga* ~ *på* put a curb on
kapsyl capsule, cap
kapten captain; [⚓ o. idrott] master
kapun capon
kapuschong hood
kar vat; large tub; jfr *bad~*, *salt~*
karaff[in] decanter, bottle; carafe
karakteris‖era *tr* characterize **-tik** characterization; descriptive account **-tika** [mat.] index, characteristic **-tisk** *a* characteristic [*för* of]
karaktär character; [beskaffenhet] quality, nature **-s|daning** character--moulding **-s|drag** trait of character; characteristic feature **-s|fast** *a* firm (steadfast) in character **-s|lös** *a* lacking in character
karamell sweet; candy
karantän quarantine
karat carat
karavan caravan **-väg** caravan route
kar|bad hot[-water] bath
karbas cane; *få smaka ~en* have a taste of the cane
karbid [calcium] carbide
karbin carbine
karbol[syra] carbolic acid
karbonat carbonate
karbunkel carbuncle
karda I card; teasel II *tr* card; ~ *ut* tease out
kardan|axel ⊕ cardan(drive)-shaft
kard|borre burdock; teasel [bur[r]]
kardemumma cardamom
kardinal cardinal
karg *a* chary [*på* of]; sparing [*på* in]; barren [*jord* earth]
karik‖atyr caricature **-atyr|tecknare** caricaturist **-era** *tr* caricature; [friare] overdraw, burlesque
karl man; male fellow; *vara ~ till att* be man enough to **-göra** man's work
karm back
karmin carmine **-röd** *a* carmine-coloured
karm|stol arm-chair

karneval carnival
karolin King Charles XII's man **-sk** *a* Caroline
kaross chariot **-eri** body
karott vegetable-dish
karp carp
karriär 1 *i full* ~ in full career 2 career
kart green fruit
kart‖a map [*över* of] **-bok** atlas
kartesch cartouche
kart‖fodral map-case **-lagd** *a* mapped **-lägga** *tr* make the (a) map of; [bildl.] map out, chart **-läsning** map--reading(-interpretation)
kart|nagel malformed (diseased) nail
kartong 1 [papp] cardboard 2 [ask] cardboard box; [måln.] cartoon
karusell merry-go-round
kaschmir cashmere
kasern barracks **-gård** barrack square
kask helmet, casque
kaskad cascade
kasper Punch **-teater** the Punch-and--Judy show
kassa 1 [pengar] purse; cash 2 fund; cash-department; cashier's desk **-bok** cash-book **-fack** safe-deposit box **-förvaltare** cashier **-kista** strong-box **-skrin** cash-box **-valv** strong-room
kasse string-bag
kassera *tr* reject, turn down; [bortkasta] discard
kassett [fotogr.] plate-holder
kassör cashier **-ska** [lady] cashier
1 **kast** [klass] caste
2 **kast** throw; toss [*på huvudet* of the head] **-a** I *itr tr* throw; [vårdslöst] fling; cast [*en blick på* a glance at]; [sömn.] overcast, whip[stitch]; ~ *i sig maten* bolt one's food; ~ *loss* let go II *rfl* throw o.s.; ~ *sig över* fling o.s. upon
kastanje [Spanish] chestnut[-tree]
kastanjett, ~*er* castanets
kast|by ⚓ gust of wind, flaw
kastrera *tr* castrate; geld
kastrull saucepan
kast|vapen missile
kast|väsen[de] caste-system
kasus case **-form** case-form
kata‖falk catafalque **-komb** catacomb
katalog catalogue **-isera** *tr* catalogue
katarakt cataract
katarr catarrh
katastrof catastrophe; disaster **-al** *a* catastrophic; disastrous
kateder 1 platform; [univ.] professorial chair 2 [skol.] master's desk
katedral cathedral
kategor‖i category; class; *alla ~er av* all types of **-isk** *a* categorical
katekes catechism
kat‖et cathetus **-od** cathode
katol‖icism Catholicism **-ik** Catholic **-sk** *a* catholic [*lära* faith]

katrinplommon French plum
katt cat **-a** she-cat **-aktig** *a* cat-like; cattish; feline **-fot** [bot.] cat's foot **-guld** gold-glimmer
kattun printed calico
kattunge kitten
kautschuk caoutchouc, [India] rubber **-snodd** elastic
kavaj jacket; coat **-kostym** lounge suit
kavaljer cavalier; [på dans] partner
kavalkad cavalcade
kavaller||i cavalry **-i|anfall** cavalry attack **-ist** cavalryman, horse-soldier
kaviar caviar[e]
kavl||a *tr* roll; ~ *upp* roll up; ~ *ned* roll down, unroll **-e** roller; rolling pin; [mun~] gag
kedj||a I chain **II** *tr* chain **-e|brev** snowball-letter **-e|länk** chain-link **-e|stygn** chain-stitch
kejsar||döme imperial power **-e** emperor **-hov** imperial court **-inna** empress **-snitt** [läk.] Caesarean section **-värdighet** emperorship
kejserlig *a* imperial
kelt Celt **-isk** *a* Celtic
kem||i chemistry **-ikalier** chemical preparations, chemicals **-isk** *a* chemical **-ist** chemist
kennel kennel **-klubb** kennel club
keram||ik ceramics **-isk** *a* ceramic
kerub cherub
kik||a *itr* F peep **-are** telescope; field-glass
kik||hosta whooping-cough **-na** *itr* whoop; choke [*av skratt* with laughter]
kil wedge **-a** *tr* wedge [*in* in]
killing kid
kilo kilo [pl. kilos] **-gram** kilogram[me] **-meter** kilometre **-watt** kilowatt **-wattimme** kilowatt hour
kil|skrift cuneiform characters
kimono kimono
kimrök smoke-black, lampblack
Kina *npr* China
kina quinine
kind cheek
kindergarten kindergarten
kines Chinaman; Chinese **-eri** Chinese ornamentation **-isk** *a* **-iska** Chinese
kinkig *a* petulant, fretful; [nogräknad] particular; exacting
kiosk kiosk
kippa *itr* **1** ~ *efter andan* gasp (pant) for breath **2** *skon* ~*r* the shoe slips down at every step
kirurg surgeon **-i** surgery **-isk** *a* surgical
kisa *itr*, ~ *mot solen* screw up one's eyes in the sun
kisel silicon **-sten** pebble
kisse pussy
kista chest; [penning~] coffer
kitslig *a* censorious, captious
kitt cement **-a** *tr* cement; putty
kittel boiling-pot **-flickare** tinker
kittl||a *tr* tickle **-ig** *a* ticklish **-ing** tickle
kiv strife, contention **-as** *dep* contend [with each other]; wrangle
kjol skirt **-linning** skirt-band
klack heel **-a** *tr* heel **-järn** heel-iron **-ning** heeling
kladd rough copy
klaff flap; [bords~] leaf **-bord** flap-table
klag||a *itr* complain; lament **-an** complaint; *utbrista i* ~ break out into lamentation **-ande** *a* complaining; plaintive [*röst* voice] **-o|låt** wailing **-o|mål** complaint **-o|skri** plaintive cry **-o|skrift** written protest
klammer bracket
klampa *itr* clamp, clump
klamra *rfl* cling [*intill* close to]
klan clan
kland||er blame, censure; criticism **-er|fri** *a* free from blame **-er|värd** *a* blameworthy, reprehensible **-ra** *tr* blame, censure; criticize; *jag* ~*r dig inte* I find no fault with you, I don't blame you **-rande** *a* fault-finding
klang ring; *saknar* ~ lacks resonance **-full** *a* sonorous **-lös** **a** lacking sonorousness
klapp tap; [smeksam] pat **-a** *tr itr* tap; pat; clap [[*i*] *händerna* one's hands] **-brygga** washing-barge **-jakt** battue
klappra *itr* clatter; *tänderna* ~*de* my &c teeth chattered
klar *a* clear; [färdig] ready [*till* for]; bright [*stjärna* star]; *vid* ~*t väder* in fair weather; *ha* ~*t för sig vad som* have a clear idea of what; *vara på det* ~*a med* be clear about **-a I** *tr* **1** clear, clarify **2** [bildl.] clear; *jag skall* ~ *det* I'll settle it **II** *rfl* get off, escape **-era** *tr* clear **-göra** *tr* make clear (bring home) [*för ngn* to a p.] **-het 1** clearness **2** [i tanken] lucidity **3** [ljus] light; *ingen* ~ *rörande* no definite light upon; *få* ~ *i* obtain clarity (light) upon; *komma till* ~ *i* see light upon
klarinett clarinet
klar||lägga *tr* make clear **-na** *itr* clear, become clear; [ljusna] brighten up; [om kaffe] settle **-synt** *a* clear-sighted; perspicacious **-synthet** clear-sightedness, clarity of vision; [skarp-] perspicacity **-t** *adv* clearly [*överlägsen* superior] **-vaken** *a* wide-awake **-ögd** *a* bright-eyed
klase bunch [*druvor* of grapes]; cluster
klass class; *första* ~*en* [skol.] the first class (form); *ett första* ~*ens hotell* a first-rate hotel; *åka tredje* ~ travel third class **-anda** class spirit **-före-**

ståndare class superintendent **-hat** class-hatred
klass‖icism classicism **-iker** classic **-isk** *a* classical; classic [*mark* ground]
klass‖kamrat class-mate(-fellow); *mina* ~*er* the fellows in my form **-rum** classroom **-skillnad** class-distinction
klatsch I *itj* crack! **II** lash, crack **-a** *itr tr* **1** [m. piska] give a crack **2** [färg] daub, splash [*på* on to]
klausul clause
klav‖bunden *a* [bildl.] shackled **-e 1** cow's collar **2** se *krona 5*
klav‖er = *piano; trampa i* ~*et* F put one's foot in it **-iatur** keyboard
klem‖a *itr*, ~ *med* pamper, coddle **-ig** *a* pampered; effeminate, soft
klen *a* **1** feeble; delicate [*barn* child] **2** ~ *ursäkt* poor excuse; ~ *till förståndet* of feeble (weak) intellect; *det var* ~*t med maten* there was a scanty (meagre) supply of food **-het** feebleness &c; delicacy **-modig** *a* timid, pusillanimous
klenod jewel; gem; [skatt] treasure
klen‖t *adv* feebly &c; *det är* ~ *beställt med* it is a poor look-out as regards **-trogen** *a* incredulous, sceptical **-trogenhet** incredulity, scepticism
kleptoman cleptomaniac **-i** cleptomania
kli bran
klia I *itr* itch **II** *tr rfl* scratch [o.s.]
klibb‖a *itr* be sticky (adhesive); [fastna] stick (cling) [*vid* [on] to] **-ig** *a* sticky [*av* with]; [limaktig] gluey
1 klick clique, set
2 klick pat [*smör* [of] butter]; [färg~] daub
klicka *itr* misfire; ~*r aldrig* never goes wrong, is never at fault
klient client; patron **-el** clientele
klimakterium menopause; climacteric
klimat climate **-feber** tropical fever **-isk** *a* climatic
klimax climax
klimp lump [of] **-a** *rfl* get lumpy
1 klinga blade
2 kling‖a *itr* [have a] ring; [re]sound; [mynt] jingle; [bjällra] tinkle **-ande** *a* [skratt] ringing; jfr *-a; i* ~ *mynt* in hard cash
klin‖ik clinic **-isk** *a* clinical
1 klinka latch
2 klinka *itr tr* [mus.] strum
klint hill
klipp [tidn.] cutting
1 klippa rock
2 klipp‖a I *itr tr* cut; pare [*naglarna* one's nails]; mow [*gräsmattan* the lawn]; *som -t och skuren till det* just cut out for it; ~ *itu* cut in two **II** *rfl*, [*låta*] ~ *sig* have one's hair cut
klipp‖block [piece of] rock **-brant** precipice **-fast** *a* rock-firm **-ig** *a* rocky
klippning haircutting
klipsk *a* shrewd; cunning
klirra *itr* jingle, clink
klisché cliché
klist‖er 1 paste **2** [bildl.] *råka i -ret* get into a scrape **-ra** *tr* paste, cement
kliva *itr* stride, stalk
klo claw; [gaffel] jaw, prong; *slå* ~*rna i* get one's jaw into
kloak sewer **-ledning** main sewer **-system** sewerage
klock‖a 1 [kyrk~, ring~] bell **2** [ur] clock; [fickur] watch; *går din* ~ *rätt?* is your watch right? ~*n fyra* at four o'clock; *vad är* ~*n?* what time is it? **-are** parish clerk; sexton **-boj** ⚓ bell-buoy **-ficka** watch-pocket **-kjol** bell[-shaped] skirt **-lik** *a* bell-like **-ren** *a* [as] clear as a bell **-slag**, *på* ~*et* at the stroke of the clock; to the minute **-stapel** detached bell-tower; campanile **-sträng** bell-pull(-cord)
klok *a* **1** [förståndig] wise, judicious; prudent [*affärsman* business man]; intelligent [*barn* child]; sensible [*människor* people]; *det vore* ~*t av dig att* you would do wisely to **2** [mots. 'vansinnig'] in one's senses, sane **-het** judiciousness, wisdom; prudence **-t** *adv* judiciously &c; *du skulle göra* ~ *i att* you would be wise to
klor chlorine **-gas** chlorine [gas] **-id** chloride **-kalcium** calcium chloride **-kalk** chlorinated lime **-oform** chloroform **-oformera** *tr* chloroform
klosett closet; [vatten~] W. C.
kloss block, clump
kloster convent; [munk-] monastery; [nunne-] nunnery **-aktig** *a* monastic, conventual **-broder** monastery brother **-gård** cloister courtyard **-liv**, ~*et* [the] conventual (monastic) life **-väsen**, ~*det* monasticism
1 klot ball
2 klot sateen, cloth **-band** cloth-binding
klot‖rund *a* round like a ball; rotund
klots block
klottra *itr* scrawl, scribble
klubb club
klubba I club; [ordförandes] mallet **II** *tr* club
klubb‖liv club-life **-lokal** club premises [pl.] **-märke** club-badge **-mästare** master of ceremonies
klubb‖slag stroke with a club; [bildl.] knock-down blow
klucka *itr* cluck
klump 1 lump **2** *i* ~ in the lump (mass) **-fot** club-foot **-ig** *a* lumbering, clumsy

klunga cluster; bunch, group
klunk, *en ~ vatten* a draught of water
klut patch; ⚓ sail
kluven *a* split [*i* into]
'klyfta 1 gorge, ravine; [**svalg**] chasm, abyss 2 [stycke] wedge
klyka fork
klys ⚓ hawse-hole
klyv||a I *tr* split; cleave, divide II *rfl* split **-ar|bom** ⚓ jib-boom **-ning** split, fissure, cleavage
klå *tr* 1 thrash, beat 2 [**bildl.**] fleece, cheat
klåda itch[ing]
klå|fingrig *a*, *vara ~* have an itch to finger things; [bildl.] be meddlesome (interfering)
klåpare bungler, tinker
kläck||a hatch; *~ fram* incubate **-nings|anstalt** hatching-station
kläd||a I *tr* 1 clothe [*och föda* and feed]; dress 2 cover [*en soffa* a sofa] II *itr* suit, be becoming III *rfl* dress [o. s.]; put on one's clothes; *~ om sig* change [*till middagen* for dinner] **-e** broadcloth **-e|dräkt** costume, dress **-er** *pl* clothes **-es|borste** clothes-brush **-es|handel** draper's [business] **-hängare** clothes-hanger **-konto** clothing-account **-korg** clothes-basket **-lyx** extravagance in dress **-nad** dress; [högtidl.] vestment, garment **-nypa** clothes-peg **-pengar** dress-allowance **-sam** *a* becoming [*för* to] **-sel** 1 dressing, attiring; [kläder] dress, attire 2 [möbels] covering, upholstering; [hatts] trimming **-skåp** clothes-cupboard **-streck** clothes-line **-sömnad** dress-making
kläm 1 *komma i ~* get into a jam 2 [bildl.] force, vigour **-ma** I pinch, straits; *råka i ~n* get into a scrape (fix) II *itr tr* squeeze, press; *~ sönder* crush [to pieces] III *rfl* get pinched (squeezed) **-mare** clip
klämt||a *itr* toll [*i klockan* the bell] **-ning** tolling
kläng||a I *itr* climb II *rfl* climb [*uppför* up]; *~ sig fast* cling [tight] on [*vid* to] **-växt** clinging plant, creeper
klänning dress; frock, gown **-s|sömmerska** dressmaker
kläpp 1 tongue 2 [**i ljuskrona**] drop
klättr||a *itr* climb **-ing** climb[ing]
klös||a *tr* **-as** *itr dep* scratch
klöv hoof, cloven-foot
klöver 1 [kort.] club[s] 2 clover; trefoil **-blad** clover-leaf; [ark.] trefoil[-leaf]; trio [of] **-fält** cloverfield
klövj||a *tr* transport pack-horse fashion **-e|häst** pack-horse **-e|sadel** pack-saddle
klöv'sjuka foot-disease
knack||a *itr tr* rap [*i bordet* on the table]; tap [*ngn i ryggen* a p.'s back]; knock [*på dörren* at the door] **-ning** knock, rap, tap
knagglig *a* rough [*yta* surface]; laboured [*vers* verse] **-t** *adv*, *det gick ~ för honom* it was rough going for him
knak||a *itr* crack; creak [*i alla fogar* in every joint] **-ande** *a* cracking; creaking [*steg* steps]
knall report; crack; [åsk-] peal, clap **-a** *itr* crack **-effekt** sensational effect **-grön** *a* vividly green **-hatt** percussion-(detonating-)cap **-pulver** detonating-powder
1 **knapp** button; [lös skjort~] stud; [prydnad] knob
2 **knapp** *a* scanty; reduced [*omständigheter* circumstances]; narrow [*seger* victory]; *i ~aste laget* of the very shortest measure (size) to suffice (do), rather scanty **-a** *tr*, *~ in på* reduce (cut down) [*utgifterna* expenses] **-ast** *adv* scarcely, hardly **-het** scantiness &c; shortage [*på* of]
knapphål buttonhole **-s|silke** buttonhole-silk **-s|stygn** buttonhole stitch
knapphändig *a* meagre; sparse, scanty
knapp||nål pin **-nåls|brev** paper (sheet) of pins **-nåls|huvud** pin's head **-nåls|-styng** pin-prick **-rad** row of buttons
knappt *adv* 1 scantily 2 *vinna ~* win by a narrow margin 3 = *-ast*
knapr||a I *itr* nibble [*på* at] II *tr*, *~ konfekt* munch sweets **-ig** *a* crisp
knarr||a *itr* creak; squeak; [om snö] [s]crunch **-ig** *a* [pers.] cross, morose
knastra *itr* crackle; [s]crunch
knekt 1 soldier 2 [kort.] knave, jack
knep trick; [list] stratagem, ruse **-ig** *a* F artful, cunning
knip|a I, *vara i ~* be in straits (at a pinch) II *itr tr* pinch [*ngn i armen* a p.'s arm]; elicit [*en applåd* a cheer]; *om det -er* in (if it comes to) a real pinch; *~ av* nip off; *~ ihop ögonen* screw up one's eyes
knipp||a bunch **-e** fascicle (cluster) [of] [*blommor* flowers]; bunch
knip|slug *a* knowing, clever, shrewd
knip|tång [pair of] pincers
knittel|vers doggerel [rhymes [pl.]]
kniv knife; *dra ~* draw one's knife **-blad** knife-blade **-hugg**, *ett ~* a stab with a knife **-kastning** knife-throwing **-s|egg** knife-edge **-skarp** *a* [as] sharp as a razor **-skuren** *a* knifed **-skåra** cut of (made by) a knife **-smed** cutler **-styng** stab with (of) a knife **-stål** cutlery steel **-ställ** knife-stand **-[s]udd** knife-point; *en ~ salt* a knife's-point of salt
knockout knock-out blow
knodd F counter-jumper
knog work, toil **-a** *itr* labour, work, plod; *~ på med* grind away at
knoge knuckle

knollrig *a* curly
knop ⚓ knot; *med tio ~s fart* at [a speed of] ten knots
knopp 1 bud; *skjuta ~* put forth buds **2** [knapp] knob **-as** *dep* bud **-ning** budding
1 knorr curl [*på svansen* in its tail]
2 knorr = *knot* **-a** *itr* murmur, grumble
knot murmuring; grumbling [*mot* at]
1 knota condyle; bone
2 knota *itr* murmur; grumble
knotig *a* **1** = *knölig* **2** [person] bony
knott 'knott'; sand-fly
knottrig *a* granulate[d]; rough
knubbig *a* plump; chubby
knuff push, shove **-a I** *tr itr* push, shove; *~ mig inte!* don't jostle (bump) into me! *~ till* push, bump **II** *rfl*, *~ sig fram* edge one's way along **-as** *dep*, *~ inte!* don't be pushing!
knuss||el niggardliness; parsimony; [starkare] stinginess **-la** *itr* be sparing (niggardly)
knut 1 [hörn] corner **2** knot; tie; *slå ~ på* tie a knot in **3** [bildl.] point **-piska** knout **-punkt** junction; centre [*för* for]
knyck jerk; twitch **-a** *itr* jerk (twitch) [*i* at]; *~ på nacken* toss one's head **-la** *tr*, *~ ihop* scrunch up
knypp||eldyna lacemaker's pillow **-el|-pinne** [lace-]bobbin **-la** *itr tr* make [bobbin-]lace **-ling** lace-making
knyst F sound **-a** *itr* utter a sound
knyt||a I *tr* tie; clench [*näven* one's fist]; [bildl.] attach [*vid* to]; *~ förbindelser med* establish connections with; *~ sitt namn till* link one's name to; *~ fast* tie securely; *~ upp* untie **II** *rfl* knot, get knotted; *~ sig i växten* become stunted **-e** bundle **-ning** tying, fastening **-näve** fist
knåda *tr* knead; [läk.] = *massera*
knåp [piece of] peddling **-a** *itr* peddle
knä knee; *~na böj!* knees bend! *sitta i ~ på ngn* sit on a p.'s knee[s] (lap); *falla på ~* kneel down **-byxor** [knee-] breeches, knickerbockers **-böja** *itr* kneel, bend one's knee[s]
1 knäck toffee, butter-scotch
2 knäck crack, flaw; [bildl.] blow; *få en svår ~* have (get) a severe blow **-a** *tr* crack, break; [problem] scotch **-e|bröd** crisp hard rye-bread
knä||fall kneeling **-hund** lap-dog **-led** knee-joint
knäpp click, snap; [knyst] sound
knäpp||a I *tr* button; fold (clasp) [*händerna* one's hands]; *~ av (upp)* unbutton; *~ igen* button [up] **II** *itr* [*med fingrarna*] snap; pluck (twang) [*på gitarren* one's guitar] **-e** clasp, snap **-ning** buttoning
knä||satt *a* established **-skydd** knee--protector **-stående** *a* kneeling **-svag** *a* weak (shaky) [in the (one's) knees] **-veck** hollow behind the knee; *darra i ~en* tremble at the knees, be ready to drop with fright
knöl 1 bump; knob, knot; [vetensk.] node **2** [bildl.] F churl, cad **-ig** *a* bumpy; knotty; [vetensk.] nodose **-påk** thick knotted stick
ko cow
koaff||yr coiffure [fr.] **-ör** coiffeur [fr.], hairdresser
koagulera *itr* coagulate
koalition coalition
kobbe islet [rock]
ko|bent *a* knock-kneed
kobolt cobalt **-blå** cobalt-blue
kobra cobra
kock cook
kod code **-ex** codex **-icill** codicil
koffein caffeine
kofferdi||kapten captain in the mercantile marine **-st 1** merchant seaman **2** [fartyg] merchantman, trader
koffert trunk, box
kofta jacket
koger quiver
ko||gubbe cowherd **-hage** cow-pasture **-handel** [bildl.] underhand deal
koj [fast] bunk; [häng~] hammock; *krypa till ~s* turn in
koja cabin, hut
koka I *tr* boil; [laga mat] cook; make [*kaffe* coffee] **II** *itr* boil, be boiling
kokain cocaine
kokard cockade
kok||bok cookery-book **-erska** cook
kokett *a* coquettish **-era** *itr* coquet[te]
kok||fru hired cook **-het** *a* boiling (steaming) hot **-konst** cookery; culinary art **-kärl** culinary (cooking-)vessel **-ning** boiling
kokong cocoon
kokos||nöt coco[a]nut **-fett** coco[a]nut oil **-palm** coco[nut] palm
kokott cocotte
kok||platta boiling-plate **-punkt**, *vid ~en* at the boiling-point
koks coke
kok||salt [*vanligt* common] salt **-spis** cooking-range **-vagn** ⚔ field-kitchen **-vrå** kitchenette
kol 1 [trä~] charcoal; [kem.] carbon **2** [bränsle] coal; *utbrända ~* cinders
1 kola caramel jfr *grädd-*
2 kol||a *tr* **1** make charcoal out of, burn to charcoal **2** [fartyg o. d.] coal **-are** charcoal-burner
kolera [malignant] cholera
kolerisk *a* choleric, irascible
kol||gruva coal-mine(-pit); [stor] colliery **-gruv[e]arbetare** collier **-halt** carbon content **-hydrat** carbohydrate
kolibri humming-bird, colibri
kolik [the] colic **-plågor** colicky pains
kolja haddock

kollaps collapse
kol|last coal-cargo
kollationera *tr* collate
kolleg||a colleague **-ial** *a* colleague-like, friendly; collegial **-ie|box** loose-leaf-notebook case **-ie|rum** staff-meeting room; [lärarrum] masters' room **-ium 1** 'collegium', collegial body **2** [skol.] [teaching-]staff **3** [sammanträde] masters' meeting
kollekt collection **-iv** *a* collective
koller staggers; vertigo
kollett ⚔ jerkin, doublet, tunic
kolli package; piece of luggage
kolli||dera *itr* come into collision [*med* with] **-sion** collision
kol||lår coal-bin **-lämpare** coal-heaver **-mila** charcoal-kiln **-mörker** pitch darkness
kolon colon
koloni colony **-al** *a* colonial **-al|varor** colonial produce **-sation** colonization **-stuga** allotment-garden cottage
kolonn column
kolor||atur coloratura **-era** *tr* colour **-it** colour-treatment, colouring
kol|os fumes from burning coke **-förgiftning** asphyxia resulting from the inhalation of coke-fumes
koloss colossus **-al** *a* colossal
koloxid carbonic oxide
kolport||age colportage [fr.] **-ör** colporteur [fr.], bible-pedlar
kol||stybb charcoalbreeze **-svart** *a* coal-(jet-)black **-syra** carbon acid **-syrad** *a* carbonated **-syre|snö** carbonic acid snow
kolt frock
kol||teckning charcoal-drawing **-trast** blackbird **-tråds|lampa** carbon-filament lamp
kolumn column
kolv 1 [*i pump*] piston **2** [på gevär] butt[-end] **3** [kem.] retort
kolväte hydrocarbon
kombin||ation combination **-era** *tr* combine **-erad** *a* combined; in one
komedi comedy; *spela* ~ act a part
komet comet **-svans** comet's tail
komfort comfort **-abel** *a* comfortable
kom||ik comic art **-iker** comic actor **-isk** *a* comic[al]
1 komma comma
2 komm||a I *tr*, ~ *ngn att tänka* make a p. think **II** *itr* come; *nu -er jag* now I'm coming! ~ *fram* get there, arrive **III** *rfl* recover [*efter* from]; come round, get better; *hur kom det sig att?* how did it come about that? how is it that? ~ *sig fram* get on; ~ *sig upp* get up **-ande** *a* coming; ~ *år* years to come, future years
kommando command; *lyda* ~ obey orders; *ta* ~[*t*] *över* assume [the] command of **-brygga** ⚓ [captain's] bridge **-rop** shouted order (command) **-ton** tone of command
kommater||a *tr* punctuate **-ing** punctuation
kommend||ant ⚔ commandant **-era I** *itr* be in command [*över* of] **II** *tr* command, order; *som ~ts till* who has been appointed to **-ering** command; appointment **-ör 1** [av orden] Knight commander **2** ⚔⚓ commodore **3** [i frälsn.armén] commissioner **-ör|kapten** commander, captain
komment||ar commentary [*till* to; *över* on]; *kortfattad* ~ brief annotations **-arier** comments **-era** *tr* comment [up]on; annotate
kommersiell *a* commercial
komminister perpetual curate
kommissar||iat commissary's office **-ie** commissary; [utställn.] commissioner
kommission commission **-s|byrå** intelligence-bureau **-s|kontor** employment-agency **-är 1** [jur.] agent **2** [hand.] commission-agent
kommitt||é [*sitta i en* ~ be on a] committee **-erad** *a* commissioner
kommod pedestal washstand
kommun 1 commune **2** [Engl.] municipality **3** [socken] parish **-al** *a* **1** communal **2** municipal **-al-fullmäktig** member of a communal (&c) council **-alisera** *tr* communalize **-al|skatt** communal &c tax **-al|-stämma** commune's meeting **-al|-utskylder** communal rates and taxes
kommunikation communication **-s|-tabell** railway[, steamboat and air-line] time-table **-s|väsen**, *~det* the transport organization
kommuniké communiqué [fr.]
kommun||ism Communism **-ist** Communist
kompakt *a* compact; dense [*mörker* darkness]
kompan||i company **-jon** partner **-jon-skap** partnership
komparera *tr* compare, form the comparison-forms of
kompass compass **-nål** compass-needle
kompendium compendium, summary
kompens||ation compensation **-era** *tr* compensate [*ngn för* a p. for]
kompet||ens competency; *utanför min* ~ outside my scope **-ent** *a* competent; ~ *till en befattning* fully qualified [to apply] for a situation
kompil||ation compilation **-era** *tr* compile
kompl||ement complement **-ement|-färg** complementary colour **-ett I** *a* complete **II** *adv* F absolutely **-ettera** *tr* complete; supplement [*från* from, *med* with]; ~ *varandra* supplement each other's qualities **-etterande** *a*

complementary; supplementary [*meddelanden* information] **-ettering** completing, supplementing; [tillägg] complementary addition, amplification

komplex 1 complex 2 [konkr.] block

kompli‖cera *tr* complicate **-kation** complication **-mang** compliment **-mentera** *tr* compliment

komplott plot; conspiracy

kompo‖nera *tr* 1 [mus.] compose 2 [friare] put together; create, design **-sition** composition; design, creation **-sitör** composer; designer, creator

kompost compost

kompott compote [*på* of]

kompr‖ess **-imera** *tr* compress

kompro‖mettera I *tr* compromise II *rfl* compromise o.s., get o.s. compromised **-miss** compromise **-missa** *itr* compromise [*i* on] **-miss|förslag** proposed compromise

kon [*stympad* frustum of a] cone

kona ⊕ conical joint, cone

koncentr‖at concentrate; [bildl.] epitome **-ation** concentration **-ations|förmåga** power of concentration **-era** I *tr* concentrate [*på* on] II *rfl* concentrate [o.s.] [*på* [up]on] **-isk** *a* concentric

koncept rough draft [*till* of]

koncern group [of companies]; concern

kon‖cession [parliamentary] sanction; *söka ~ på* apply for powers for constructing [*en järnväg* a railway] **-cessiv** *a* concessive **-ciliant** *a* conciliatory **-cipiera** *tr* conceive **-cis** *a* concise; succinct

kondens‖era *tr* condense **-or** ⊕ condenser

kondition [*i utmärkt* in first-rate] condition **-alis** conditional [mood]

konditor confectioner **-i** confectioner's shop; [ss. skylt] confectioner

kondol‖eans condolence **-eans|brev** letter of condolence **-era** *tr* condole with, express one's sympathy with

kondor condor

konduktör conductor; [järnv.] guard

konfekt [chocolates and] sweetmeats, bon-bons **-ask** sweatmeat-box

konfektion ready-made clothing **-s|affär** ready-made-clothing shop **-s|sydd** *a* ready-made

konfer‖ens conference; [enskildas] parley **-era** *itr*, *~ med ngn om* confer (consult) with a p. about (as to)

konfetti [paper-]confetti

konfidentiell *a* confidential **-t** *adv* confidentially, in confidence

konfirm‖and confirmand **-ation** confirmation **-era** *tr* confirm

kon‖fiskera *tr* confiscate **-flikt** conflict **-frontera** *tr* confront; bring face to face [*med* with] **-fundera** *tr* confuse **-fys** *a* confused, bewildered **-genial** *a* congenial **-glomerat** conglomerate **-gress** congress **-gruens** congruence, congruousness **-gruent** *a* congruent, congruous; [geom.] equal in all respects

konjak cognac; brandy

kon‖jugation conjugation **-junktion** conjunction **-junktiv** subjunctive [mood] **-junktur** [hand.] [state of the] market; economic situation; market conditions **-junktur|växling** variation in trade (market) conditions **-kav** *a* concave **-klusion** conclusion, inference **-kret** *a* concrete **-kubinat** concubinage **-kurrens** competition **-kurrens|kraftig** *a* capable of competing **-kurrent** competitor [*om* for]; rival [*-firma* firm] **-kurrera** *itr* compete; enter into competition **-kurrerande** *a* competing; competitive; *~ anspråk* rival claims **-kurs** bankruptcy **-kurs|ansökan** petition in bankruptcy **-kurs|bo** bankrupt's estate **-kurs|förbrytelse** criminal offence against the Bankruptcy Laws **-kurs|massa** = *-kurs|bo*

konossement bill-of-lading

kon‖sekutiv *a* consecutive **-sekvens** 1 [log.] consequence; consistency [*i* in] 2 [följd] consequence, sequel **-sekvent** I *a* consistent II *adv* consistently **-selj** cabinet council **-selj|president** president of the Council; [Engl.] prime minister

konsert concert **-era** *itr* give a concert (a series of concerts) **-estrad** concert-platform **-förening**, *~en* the Concert Association **-mästare** principal violinist

konserv, *~er* preserved (tinned) provisions, tinned goods **-atism** conservatism **-ativ** *a* conservative **-atorium** conservatory [of music] **-burk** preserve-tin, preserved(canned)-meat (-fruit &c) tin **-burks|öppnare** tin-opener **-era** *tr* conserve, preserve; [i burk] can **-ering** preserving &c **-fabrik** canning(tinned-foods)-factory

konsistens [*till ~en* in] consistency **-fett** heavy (consistent) grease

konsistorium 1 [kyrkl.] consistory 2 [univ.] university court

konsol bracket; console

konsolidera *tr* consolidate

konsonant consonant **-fördubbling** gemination **-isk** *a* consonantal

kon‖sortium syndicate **-spirera** *itr* conspire, plot

konst art; [skicklighet] skill; *han förstår sin ~* [yrke] he is master of his craft; *~en att vara* the art of being; *~er* tricks **-akademi** academy of art

konstant *a* constant
konstapel 1 [police-]constable **2** ⚔ gunner
konstatera *tr* establish [*faktum* the fact]; state
konstberidare circus-rider
konsternerad *a* nonplussed, dumbfounded; taken aback
konst‖flygning stunt flying **-färdighet** artistic skill **-föremål** article of virtu, artistic knick-knack **-förfar|en** *a*, *-na fingrar* the fingers of a skilled artist **-gjord** *a* artificial; imitation, false **-grepp 1** trick [of the trade] **2** [knep] [crafty] device, artifice **-gödsling** artificial manuring **-hall** art gallery **-handlare** art-dealer **-hantverk** artistic handiwork (handicraft) **-historia** history of art (the fine art) **-högskola** art college
konstig *a* strange, peculiar, odd, queer
konstitu‖era I *tr* constitute **II** *rfl* constitute o.s. **-tion** constitution
konst‖kritiker art critic **-kännare** connoisseur [of the fine arts] **-lad** *a* affected; artificial; forced [*munterhet* gaiety] **-lös** *a* artless, unaffected; [enkel] simple **-mässig** *a* artistic **-när** artist **-närlig** *a* artistic **-närlighet** artisticalness **-närs|bana** career as an artist **-närs|blick** artist's eye (vision) **-närs|kamrat** fellow-artist **-närs|krets** artists' circle **-produkt** artistic (artificial) product **-rik** *a* artistic; skilful
konstr‖uera *tr* **1** design; construct **2** [språkv.] construe **-uktion 1** [abstr.] designing; constructing **2** [konkr.] construction **-uktions|lära** ⊕ theory of constructions **-uktiv** *a* constructive **-uktör** designer; constructor
konst‖samlare art-collector **-samling** art collection **-silke** artificial silk **-sinne** artistic sense; *ha* ~ have a taste for art **-slöjd** art-handicraft **-smide** [specimen of] art-hardware **-stoppning** invisible darning **-stycke** feat of artistic skill; [trollkonst] jugglery-trick **-utställning** art exhibition **-verk** work of art **-åkare** figure-skater **-åkning** figure-skating **-älskande** *a* art-loving
konsul consul **-at** consulate **-ent** consultant **-tation** consultation **-tativ** *a* consultative **-tera** *tr* consult
konsum‖ent consumer **-era** *tr* consume **-tion** consumption **-tions|förening** consumer's (co-operative) association
kontakt 1 [abstr.] contact; *förlora* ~*en med* lose touch with **2** [konkr.] contact **-ledning** contact-wire
kontant *a* cash [*betalning* payment]; ~ *i kassan* cash in hand; ~*a medel* = *-er* **-er** ready money
konter|amiral rear admiral
kontinent continent **-al** *a* continental
kontingent ⚔ contingent [of]
konto account; *uppföra på ngns* ~ put down to a p.'s account **-kurant** account current
kontor office **-ist** office clerk **-s|anställda** office-employees **-s|chef** office-manager **-s|fröken** lady clerk **-s|personal** office-staff **-s|plats** [office] clerkship **-s|tid** office hours
kontra *prep* contra; versus **-alt** contralto **-band** contraband **-bas** double-bass **-hent** party
kontrakt contract **-era** *tr* contract, sign on for **-ion** contraction **-s|-bridge** contract bridge **-s|enlig** *a* contractual
kontra‖mandera *tr* countermand **-märke** check; countermark **-order** counter-order **-punkt** [mus.] counterpoint **-signera** *tr* countersign
kontrast contrast [*mot* to] **-era** *itr* contrast [*med, mot* with], stand out in contrast [*med* to] **-verkan** contrasting effect
kontroll control [*över* of]; [tillsyn] supervision **-ant** controller **-era** *tr* check; verify, control **-ering** checking; verifying **-stämpel** countermark **-ör** controller; [titel äv.] comptroller
kontr‖overs controversy **-är** *a* contrary
kontur contour[-line]; [friare] outline **-teckning** outline-drawing
kontusion contusion, bruise
konung king; monarch, sovereign; *Gud bevare* ~*en!* God save the King! **-a|döme** monarchy **-a|familj**, ~*en* the king's (royal) family **-a|hus** royal house (family) **-a|makt** power of a (the) king; royal (regal) power **-a|mord** regicide **-a|namn** name of King **-a|par**, *det svenska* ~*et* the Swedish royal couple, the Swedish King and Queen **-a|rike**, ~*t Sverige* the Kingdom of Sweden **-a|son** king's son **-a|säte** royal seat **-a|titel** title of King, regal title **-a|tron** [king's (royal)] throne **-a|val** election of a (the) king **-a|värdighet** royal (regal) dignity **-a|ätt** race (line) of kings **-slig** *a* kingly [*hållning* deportment]; regal [*makt* power]
konvalesc‖ens convalescence **-ent** convalescent
konvalje lily of the valley
konvenans propriety; decorum; *brott mot* ~*en* breach of etiquette
konvent convent **-ion** convention **-ionell** *a* conventional
konvers‖ation conversation **-ations|-lexikon** encyclopaedia **-era** *itr tr* converse [*om* about, on]
konverter‖a *tr* convert **-ings|lån** conversion loan
kon‖vex *a* convex **-viktorium** under-

graduates' dining-club **-voj** convoy **-vojera** *tr* convoy **-volut**; *under särskilt* ~ under separate cover **-vulsion** convulsion **-vulsivisk** *a* convulsive
ko||operativ *a*, *K~a Förbundet* the Co--operative Union **-ordinera** *tr* co--ordinate
kopi||a copy; [avskrift] transcription **-e|bläck** copying-ink **-e|bok** letter--book **-e|papper** copying-(carbon-) paper **-era** *tr* copy
kopp cup [*te* of tea]
koppar copper; [koll., -mynt] coppers **-förande** *a* cupriferous **-gruva** copper--mine **-halt** copper percentage (content) **-kastrull** copper saucepan **-malm** copper ore **-mynt** copper coin **-orm** blind-worm **-plåt** [plate of] copper-sheeting **-slagare 1** coppersmith **2** [bildl.] hot coppers **-slant** copper; F brass farthing **-stick** [copperplate] engraving **-sulfat** sulphate of copper **-vitriol** blue vitriol
kopp||el 1 [jakt] leash **2** ⚔ sword-belt **3** ⊕ coupling; joint **-la** *tr* **1** leash **2** [tekn.] couple up [*till* [on] to]; [telef. radio] connect up; ~ *ifrån* disconnect **3** [bildl.] ~ *av* disconnect o.s. [*från arbetet* from one's work] **-leri** procuring **-lerska** procuress, bawd **-ling 1** [jakt.] leashing; ⊕ connection **2** [konkr.] coupling **-lings|tavla** switchboard
kopp|ärrig *a* pock-marked
kopra copra
kor choir, quire
kora *tr* choose, select
koral choral[e] **-bok** metrical hymn--book
korall coral **-bank** coral-reef **-halsband** coral necklace **-rev** coral-reef
koranen the Koran
korda [geom.] chord
kordong cord, cordon
korg basket; *få ~en* have a refusal **-möbel** [set of] basket-work furniture
kor|gosse choir-(altar-)boy
korg|stol basket[work] (wicker) chair
korint [dried] currant **-kaka** currant cake
kork 1 [ämne] cork **2** cork; stopper; *dra ~en ur* uncork **-a** *tr*, ~ *igen* cork up **-dyna** cork pillow **-matt|a** linoleum; *-or* linoleum flooring **-skruv** corkscrew
korn 1 [frö] grain; kernel; *ett ~ av sanning* a grain of truth **2** [säd] barley **3** [på gevär] bead; ⚔ fore--sight; *ta fint ~* take fine sight; *ta på ~et* [bildl.] get to the life; *få ~ på* get sight of **-a** *rfl* granulate, grain **-ax** ear of barley **-blixt**, *en ~* a flash of summer lightning **-blå** *a* corn-flower-blue **-bod** granary
kornett cornet
korn||flingor *pl* corn-flakes **-gryn** barley-grain, grains of barley **-ig** *a* granular; granulate[d]
kornisch cornice
korn||knarr corncrake **-mjöl** barley meal (flour)
korp raven
korporation corporate body **-s|tävling** inter-works-tournament
korpral ⚔ corporal
korpul||ens stoutness, corpulence **-ent** *a* stout, corpulent
korrekt *a* correct
korrektur proof[-sheet] **-läsa** *tr* read in proof **-läsning** proof-reading
korrespond||ens correspondence **-ens|-institut** correspondence college (school) **-ent** correspondent **-era** *itr* correspond [*med* with]
korridor corridor; passage
korrigera *tr* correct; [åsikt] revise
korrugera *tr* corrugate, rib; *~d plåt* corrugated sheet-metal
korrumper||a *tr* corrupt **-ing** corruption
kors 1 cross; *Röda K~et* the Red Cross [Organization]; *lägga armarna, benen i ~* fold one's arms, cross one's legs; *lägga två saker i ~* place two things crosswise; *~ och tvärs* lengthwise and crosswise **2** [mus.] sharp **-a I** *tr* **1** cross [*ngns väg* a p.'s path]; intersect **2** thwart [*ngns planer* a p.'s plans] **II** *rfl* cross o.s. **-as** *itr dep* cross; traverse each other **-band** [postv.] [news-paper-]wrapper **-bands|försändelse** book-rate parcel **-drag** through draught **-eld** cross-fire
korsett corset, stays [*pl.*]
kors||farare crusader **-fästa** *tr* crucify **-fästelse** crucifixion **-förhör** cross--examination **-förlamning** [veter.] sway **-lagd** *a* laid crosswise; crossed [*ben* legs] **-ning 1** crossing, intersection **2** [friare] crossing; cross--breeding [*av raser* of races] **-ord** crossword **-riddare** crusader **-rygg**, *~en* the small of the back **-räv** cross-fox **-stygn** cross-stitch **-tecken**, *göra -tecknet* make the sign of the cross **-tåg** crusade **-virke** half-timber work **-virkes|hus** half-timbered house **-vis** *adv* cross-wise, traversely **-väg** crossway, cross-road; *vid ~en* at the cross-roads
1 kort card; *ett parti ~* a game of cards; *spela ~* play [at] cards
2 kort I *a* **1** [rumsbet.] short; *göra ~are* shorten **2** [tidsbet.] short, brief; *redogöra för ngt i ~a drag* give a short (brief) account of a th.; *med ~a mellanrum* at short intervals; *~ tid därefter* shortly afterwards **II** *adv* short, shortly, briefly; ~ *sagt* in short; *svara ~* answer curtly, give a

ourt reply -a I *komma till* ~ fall short [*med* in]; fail (come off second best) [*mot* in competition with] II *tr* shorten
kort|brev letter-card
kort||byxor shorts **-distanslöpare** sprinter
kortege cortège [r.]
kort||eligen *adv* in short **-fattad** *a* brief **-film** feature (short-length) film **-fristig** *a* short-dated **-het** shortness &c; brevity; *i* ~ briefly **-huggen** *a* [bildl.] abrupt
kort||hus house of cards **-hög** pile of cards
kort|klippt *a* cut short; closely cropped
kort||konst card-trick **-lek** pack [of cards] **-register** card-index
kort||sida, ~*n* the short side **-skallig** *a* brachycephalic **-slutning** short-circuiting
kortspel 1 card-game 2 [-ande] playing [at] cards
kort||synt *a* short-sighted **-tänkt** *a* short-witted; unthinking **-varig** *a* of short duration; brief **-varuhandlare** haberdasher **-vågs-** [radio] short-wave **-vägg,** *vid ena* ~*en* near one of the two short[er] walls **-växt** *a* short-statured, short of stature **-ända** = *-sida* **-ärmad** *a* short-sleeved
korum [regimental] prayers [pl.]
korus, *i* ~ in chorus; jfr *kör*
korv sausage; *smd* ~*ar* chitterlings
korvett corvette
korv||gubbe F sausage-man **-kaka** sausage-meat, toad-in-the-hole **-skinn** sausage-casing(-skin) **-spad,** *klart som* ~ F as plain as ABC
kos, *springa sin* ~ run away
kosa course, way
kosack Cossack
koschenill cochineal
ko||skälla cow-bell **-skötare** cowman
kosmet||ik cosmetique **-isk** *a* cosmetic
kosm||isk *a* cosmic **-opolit** cosmopolite, cosmopolitan **-opolitisk** *a* cosmopolitan
ko|spillning cow-dung
kost fare; *ha fri* ~ be boarded free
kosta *tr itr* cost [*pengar* money; *möda* trouble]; *vad* ~*r det?* how much is it? ~ *vad det* ~ *vill* no matter what it costs, expense no object; *det har* ~*t mig mycken möda* it has given me a great deal of trouble; ~ *på ngn ngt* spend a th. on a p.; *det* ~*r på* [bildl.] it is hard (a trial)
kost|bar *a* costly
kost|håll fare, diet
kost||lig *a* precious **-nad** 1 cost; *med stor* ~ at [a] great cost 2 [pris] charge; *vad blir* ~*en för . .?* what will be the charge[s] for . .? 3 [utgift] expense; [utlägg] outlay; *med stor* ~ at [a] great cost (expense), at a great outlay (expenditure) **-nads|beräkning** calculation (estimating) of cost (the costs) **-nads|fri** *a* free of cost (expense, charge) **-nads|förslag** estimate [of cost] **-sam** *a* costly, expensive, dear
kostym 1 suit 2 [teat.] costume **-bal** fancy-dress ball
kota vertebra
kotlett cutlet
kotte cone
kotteri coterie; set
ko||vända *itr* ⚓ [F] veer, wear **-vändning** veering, wearing **-ögd** *a* cow-eyed **-öga** cow's eye
krabat fellow, johnny
krabb *a* ⚓ choppy
krabba crab
krafs 1 scratching 2 F [bildl.] trash **-a** *itr* scratch
kraft 1 force; [förmåga, elektr. ~] power; [styrka] strength; *hans* ~*er äro uttömda* his forces are spent; *äga fysisk, andlig* ~ possess physical (intellectual) power; *hennes* ~*er avtogo* her strength was failing 2 [bildl.] *han är den ledande* ~*en* he is the leading force [*inom* in]; *skolade* ~*er* trained persons (workers); *förvärva en ny* ~ secure a new co-operator (a fresh capacity) 3 [äv. jur.] *träda i* ~ come into force; *till den* ~ *och verkan det hava kan* for what it is (may be) worth **-anläggning** [electric[al]] power plant **-ansträngning** straining of powers, strenuous effort **-full** *a* powerful; [fysiskt] vigorous, robust **-ig** *a* 1 powerful; vigorous [*anfall* attack]; strong [*vilja* will]; emphatic [*protest* protest]; ~*t bistånd* powerful (vigorous, energetic, active) assistance; *i sin* ~*aste ålder* at (in) the prime of life; in his [&c] prime 2 ~ *mat* nourishing food; ~ *måltid* substantial meal 3 [friare] big; tremendous; heavy [*nedgång i* fall in]; substantial **-karl** strong man **-källa** source of power (strength) **-ledning** [elektr.] power-line **-lös** *a* powerless, who lacks force (energy &c); [orkeslös] effete **-mätning** trial of strength **-prov** 1 [-yttring] manifestation of strength (power) 2 feat of strength [*av honom* on the part of him] **-uttryck** expletive **-verk** [elektr.] power-generating station
krag||e 1 [hals~] collar 2 cape **-handske** gauntlet **-knapp** collar-stud **-skyddare** scarf
krake 1 weakling 2 [häst] jade [of a horse]
krakel brawl, affray; jfr *gräl*
1 **kram** small wares [koll.]

2 kram I *a* wet, cloggy **II** hug **-a** *tr* 1 squeeze [*saften ur* the juice out of] 2 [omfamna] embrace, hug
kramp cramp; *få* ~ have [the] cramp [come on], be seized with cramp
krampa cramp[-iron], clamp, dog
kramp||aktig *a* spasmodic; convulsive [*gråt* crying] **-anfall** attack of cramp **-ryckning** spasmodic twitch
kran 1 [lyft-] crane **2** [rör-] cock, tap
kranium cranium
krans wreath; [girland] garland; [bildl.] ring, circle
krapp [bot. ⊕] madder
kras, *gå i* ~ go to (burst to) pieces **-a** *itr* [s]crunch
krasch crash, smash; collapse
kraschan grand star
krass *a* crass
krasse nasturtium, Indian cress
krater crater
krats ⊕ scraper **-a** *tr* worm; scrape [out]
kratta I rake **II** *tr itr* rake [over] [the gravel]
krav 1 monetary claim **2** [friare] demand; claim; *tidens* ~ the requirements of the time (age)
kravall street-disturbance
kravatt tie, necktie
krav||brev dunning letter **-bud** [bridge] forcing bid
kravla I *itr* crawl **II** *rfl* crawl
kraxa *itr* croak
kreatur animal; beast; [koll.] cattle **-s|foder** cattle-food
kredit 1 [-´-] credit; *debet och* ~ the balance-sheet [of] **2** [- -´] credit; *på* ~ [up]on credit **-aktiebolag** commercial credit company **-era** *tr* credit **-iv** [*rese*~ travelling] letter of credit **-sida**, *på* ~*n* on the credit side
kreera *tr* create
krematorium crematorium
kreosot creosote
kretin cretin
kreti och pleti F Tom, Dick, and Harry
kretong cretonne; chintz
krets circle; ring; [lokalavdeln.] branch (district) [organization]; [område] district **-gång** circle; circular course **-lopp** circulation; [årstiders] round; periodical succession **-rörelse** circular movement, gyration
krev||ad explosion **-era** *itr* explode, burst
kria, *en* ~ a [piece of] written composition **-bok** composition-book **-rättning** correcting of [written] compositions
kricket cricket **-spelare** cricketer, cricket-player
krig war; *föra* ~ carry on (conduct) war [*mot* against]; *vara i* ~ be in war; *dra ut i* ~ go off to the wars; *ligga i* ~ *med* be at war with **-are** soldier **-ar|folk** nation of soldiers **-ar|yrke**, ~*t* the soldier's profession **-förande** *a* belligerent **-föring** waging war; [form of] warfare **-isk** *a* martial; warlike [*anda* spirit]
krigs||byte war-trophy(-booty) **-domare** 'court-martial judge' **-domstol** military tribunal (court) **-duglig** *a* fit for active service **-fara**, *vid* ~ when there is a danger of war **-fartyg** warship, man-of-war **-flotta** navy **-folk** soldiers **-fot** war-footing **-fånge** prisoner of war, war-prisoner **-förklaring** declaration of war **-gud** god of war **-historia** military history **-här** army, military force **-högskola** war college **-konst** art of warfare **-kontraband** contraband of war **-korrespondent** war correspondent **-kostnad** cost of war, war-costs [*pl.*] **-lån** war loan **-makt** military power; ~*en till lands och vatten* the Army and Navy; *vid* ~*en* military . . **-man** army (navy, air-force) man **-materiel[l]** [war-]munitions (materials), **-mål** war-aim[s] **-målning** war-paint **-risk** war-risk **-råd**, *hålla* ~ hold a council of war **-rätt 1** [domstol] court martial; *ställa ngn inför* ~ court-martial a p. **2** military law **-skade|ersättning** reparation for war-damage **-skatt** war tax **-skola** military school **-skuld** war debt **-skådeplats** theatre of war **-stig** war-path **-tid**, *i* ~ in (during) wartime; in time[s] of war **-tillstånd** state of war[fare] **-tjänst** war-(active military)service **-tåg** warlike (military) expedition **-utbrott**, *vid* ~*et* at the outbreak of war
krimin||al *a* criminal **-al|dåre** criminal lunatic **-alitet** criminality **-al|konstapel** Detective-Department officer **-al|patient** lunatic convict **-ell** *a* criminal
krimskrams gewgaws [pl.]
kring *prep* round; *världen* ~ round the world **-farande** *a* itinerant **-gå** *tr* [bildl.] get round; evade [*en svårighet* a difficulty]; circumvent [*ett förbud* a prohibition] **-gående** *a* **1** *en* ~ *rörelse* a flanking movement **2** evasive [*svar* answer] **-irrande** *a* [who is] wandering about
kringla 'kringla', double-ring twist-biscuit
kring||liggande *a* surrounding [*bondgårdar* farms] **-resande** *a* itinerant; travelling; *ett* ~ *teatersällskap* a touring dramatic company **-ränd** *a* surrounded
krinolin crinoline
kris crisis
kristall crystal **-glas** crystal glass **-isera** *tr itr* crystallize **-karaff** crystal-glass decanter **-klar** *a* crystally

(crystal-)clear **-krona** chandelier with crystal-glass lustres and drops **-mottagare** [radio.] crystal receiver
kristen Christian **-dom** Christianity; [skol.] divinity **-doms|lärare** divinity-teacher **-het** Christendom
kris|tid crisis period
kristlig *a* Christian; *K~a föreningen av unge män, unga kvinnor* Young Men's (Women's) Christian Association (Y.M.C.A., Y.W.C.A.) **-t** *adv* like Christians (a Christian)
Kristus *npr* Christ **-barn**, *~et* the Christ-child **-bild** image of Christ **-gestalt** figure of Christ **-lik** *a* Christ-like
krit||a I chalk; [rit~] crayon; *ta på ~* F take on tick **II** *tr* chalk **-aktig** *a* chalky **-bit** piece of chalk
kriterium criterion
krit||ik 1 criticism **2** [recension] critique, review **-iker** critic; reviewer **-ik|lös** *a* uncritical; indiscriminate **-isera** *tr* criticize; [recensera] review **-isk** *a* critical; crucial [*punkt* point] **-iskhet** criticalness
krit||klippa chalk cliff **-pipa** clay pipe **-vit** *a* chalky white
krock||a I *tr* croquet **II** *itr* [bil] F go smash **-et** croquet **-et|klubba** croquet-mallet **-ning** F crocking
krog public-house; F pub **-rättighet[er]** public-house licence
krok 1 hook; *nappa på ~en* bite at the hook, [bildl.] take the bait **2** [krökning] bend; curve; *en stor ~* a long way round **-a** *tr* hook; *~ av* unhook
krokan ornamented pastry-cake
krok|ben, *sätta ~ för ngn* trip a p. up [by the heels]
krokett [kok.] croquette
kroki [rough] sketch
krokig *a* crooked; curved; [böjd] bent; *gå ~* walk with a stoop
krokodil crocodile **-tårar** crocodile-tears
krok||ryggig *a* with a crooked back; crook-backed **-sabel** scimitar **-väg** roundabout (circuitous) way; *~ar* [bildl.] devious paths, crooked ways; underhand methods
kroll|splint excelsior
krom chromium
kromatisk *a* chromatic
krom|gult chrome yellow
kromosom chromosome
kron||a 1 crown; *nedlägga ~n* abdicate [the throne]; *~n på . .* the crowning achievement of . .; *sätta ~n på verket* crown the work **2** [mynt] 'krona', crown **3** [träd~] tree-top **4** [tak~] chandelier **5** *~ eller klave?* head or tail? *spela ~ och klave* play [at] pitch and toss [*om* for] **6** *på ~ns mark* on land belonging to the Crown; *i ~ns tjänst* in the service of the Crown **-blad** petal **-hjort** stag, red deer
kronisk *a* chronic **-t** *adv*, *~ sjuka* chronic invalids
kron||juveler Crown Jewels **-ljus** chandelier candle
krono||arrende crown-land tenancy **-debetsedel** revenue-taxes demand-note **-domän** **-gods** public domain **-jord** Crown (demesne) land
krono||logi chronology **-logisk** *a* chronological **-meter** chronometer
krono||skatt [national] revenue-taxes [pl.] **-skog** Crown forest[s]
kron||prins crown prince **-prinsessa** crown princess **-prins|par**, *~et* the Crown Prince and Princess **-vrak** ⚔ F army wash-out **-ärtskocka** [crown] artichoke
kropp body; *närmast ~en* next to the skin; *ha ont i hela ~en* ache all over **-kaka** pork dumpling
kropps||aga bodily correction, corporal punishment **-arbetare** [manual] labourer, working-man **-arbete** physical work, manual labour **-byggnad** bodily structure; physique; constitution **-del** part of the body **-hydda** bodily frame; body **-kraft[er]** physical (bodily) strength **-kultur** physical culture **-lig** *a* bodily, physical; corporal **-storlek**, *i ~* as large as life; [attr.] life-size **-ställning** stature; [hållning] carriage **-temperatur** bodily (body-)temperature **-tyngd** weight of the body **-visitation** personal search **-visitera** *tr*, *~ ngn* search a p. [from head to foot] **-vård** care of the (one's) body **-värme** heat of the body **-övning**, *~ar* physical (bodily) exercises
kross ⊕ crushing-mill **-a** *tr* crush; smash; [bildl.] shatter, wreck; break **-[s]år** [severe] bruise (contusion)
krubba manger, crib
krucifix crucifix
kruk||a 1 pot **2** [bildl.] coward, poltroon **-fabrik** pottery [works] **-makare** potter **-växt** potted plant
krull||a *tr* curl; *~ ihop sig* curl itself up **-ig** *a* curly
krum||bukter circumlocutions **-elur** flourish, curl **-språng** caper; gambol; *göra ~* cut capers
1 krus [earthenware] jar
2 krus 1 [konkr.] ruff, ruffle, frizzle **2** [bildl.] ceremony, fuss **-a I** *tr* crisp, curl; [rynka] ruffle, frill; [hår] frizzle; [vattenyta] ripple **II** *itr* stand on ceremony; make obeisance
krusbär gooseberry **-s|kräm** gooseberry cream (fool)
krus||flor crape **-hårig** *a* curly-(frizzy)-haired **-iduller** [bildl.] frills **-ig** *a* curly **-kål** savoy [cabbage]

krustad croustade
krut gunpowder; *ont ~ förgås inte så lätt* ill weeds grow apace **-durk** powder-magazine **-tunna** powder-barrel
kry *a* well; jfr *frisk* **-a** *itr*, *~ på sig* get better, recover, come round
krycka crutch
krydd‖a I spice; [kok.] flavouring, seasoning II *tr* season, flavour; [bildl.] make spicy **-bod** grocer's shop **-lukt** spicy fragrance **-nejlika** clove **-peppar** Jamaica pepper **-smak** flavour of spice **-växt** aromatic plant, sweet-herb
krymp‖a I *tr* ⊕ shrink II *itr* shrink (get shrunk) [*i tvätten* in the wash] **-fri** *a* unshrinkable **-ling** cripple **-mån** allowance for shrinking
kryp [small] creeping (crawling) thing (creature); [ohyra] vermin **-a** *itr* 1 creep; crawl; *det -er i mig när jag ser* it gives me the creeps to see 2 go [*till kojs* to bed]; cringe (truckle) [*för ngn* to a p.] **-eri** abject servility, cringing **-hål** [bildl.] loophole **-in** nest **-skytt** stalker
krypta crypt
krysantem[um] chrysanthemum
kryss I [kors] cross II ⚓ beating, cruise **-a** *itr* beat [*mot* [up] against]; cruise **-are** ⚔ cruiser **-ning** cruise
kryst‖a *itr* strain **-ad** *a* strained, laboured
kråk‖a 1 [zool.] crow 2 [huva] bonnet 3 [märke] tick; [fel] error-mark **-fötter** pot-hooks, scrawly writing **-spark** [sömn.] feather-stitch
krål [simsätt] crawl **-a** *itr* crawl
kråma *rfl* prance [about]; [pers. äv.] strut (swagger) [about]
krångl‖el bother, trouble **-la** I *itr* make a bother (a fuss, difficulties); *klockan ~r* the watch won't go; *~ till* make a muddle of, [göra inveckIad] complicate II *rfl*, *~ sig igenom* find some way of getting (wriggling) through **-lig** *a* troublesome, bothering; [svår] difficult, complicated
krås 1 frill, ruffle, ruff 2 *smörja ~et* F do o. s. well **-nål** breast-pin
kräckla crozier
kräft‖a 1 [djur] crayfish 2 [läk.] cancer **-fiske** crayfish-catching **-gång** retrograde movement **-härd** seat of a (the) cancer; [bildl.] cancer-spot **-kalas** crayfish-feast **-skada** canker
kräk 1 = *kryp* 2 [kreatur] beast 3 [bildl.] miserable beggar (wretch); *stackars ~* poor thing
kräk‖as *itr dep* be sick, vomit **-medel** emetic, vomitory **-ning** vomiting
kräll‖a *itr* crawl; grovel **-djur** reptile
kräm cream; [saft~] 'fruit cream'
krämar‖e shopkeeper, tradesman **-politik** huckstering (mercenary) policy
krämla [bot.] russulo
krämpa ailment
kränga I *itr* cant, heel [over], lurch; [äv.] roll II *tr* turn inside out; *~ av (på) sig* struggle out of (into)
kränk‖a *tr* violate; outrage; infringe [*en lag* a law]; injure [*ngns ära* a p.'s honour] **-ande** *a* insulting; abusive **-ning** violation, outrage
kräpp crêpe [fr.] **-[p]apper** crêpe (crinkled) paper
kräs‖en *a* fastidious; particular **-lig** *a* choice, sumptuous [*mat* fare]
1 **kräva** [fågels] craw, crop, gizzard
2 **kräv‖a** *tr* demand, claim; jfr *fordra*; *~ ngn på pengar* demand payment of a p.; *~ aktning* command respect
krögare [public-house] landlord
krök bend; curve, turn **-a** *tr itr* bend, crook, curve **-ning** 1 bending &c 2 = *krök*
krön crest; top, crown **-a** *tr* 1 crown [*ngn till konung* a p. king] 2 seal with crowns
krönik‖a chronicle; annals **-ör** chronicler; [tidn.] diarist
kröning crowning; [kungs] coronation
krösus Croesus
kub cube
kubb[e] block
kub‖ik, [*upphöja i*] *~* cube **-ik-** **-isk** *a* cubic **-ist** Cubist
kuckel F jugglery
kudd‖e cushion; [säng~] pillow **-var** pillow-case
kugga *tr* take in; [*i examen*] reject, F pluck
kugge cog
kugg|fråga F poser
kugg|hjul cog-wheel
kujon coward, poltroon **-era** *tr* domineer, tyrannize over, bully
kukeliku *itj* cock-a-doodle-doo!
kul *a* F top-hole
kul‖a 1 [grotta] cave; [lya] lair, den 2 ⚔ ball, bullet 3 ball; *stöta ~* put the shot; *spela ~* play at marbles 4 *börja på ny ~* start afresh **-bana** ⚔ trajectory **-blixt** globe lightning
kulen *a* bleak, raw [and chilly]
kul‖form, *i ~* in globular form, in the shape of a ball **-hål** bullet hole
kuli coolie
kulinarisk *a* culinary
kuling ⚓ half-gale, fresh wind
kuliss coulisse; side-scene; *i ~en* in the wings; *bakom ~erna* [bildl.] behind the scenes
kull litter; [fåglar] hatch
kul|lager ball-bearing
kulle 1 [hatts] crown 2 [höjd] hill; hillock, mound
kuller‖bytta [*göra en* turn a] somersault **-sten** cobble[-stone]
kull‖kasta *tr* upset [*planer* plans] **-kör-**

ning upsetting, upset -ra *itr* roll -ridning fall with one's horse -rig *a* convex; [rundad] rounded; bulging
kulm||en highest point, summit; *nå sin* ~ reach its &c climax -inera *itr* culminate [*i* in], reach its &c maximum
kul||regn rain (hail) of bullets -spruta machine-gun -stötning putting the shot
kult cult -iverad *a* [highly] cultivated (refined, cultured)
kultje ⚓ breeze [of wind]
kultur culture; [bildl. äv.] civilization; [förfining] refinement -ell *a* cultural -fientlig *a* anti-cultural -folk civilized people -historia [the] history of culture (civilization) -personlighet person of outstanding culture
kulör colour; shade -t *a* coloured; ~ *lykta* Chinese lantern
kummin caraway, cum[m]in -ost seed-flavoured cheese
kumpan companion; jfr *medbrottsling*
kund customer; client -krets circle of customers
kung king jfr *konung; gå till ~s* appeal to the highest tribunal -a- = *konunga-* -a|längd table (list) of kings -lig *a* royal jfr *konungslig; deras ~a högheter* their Royal Highnesses -lighet royalty -ligt *adv* royally, in kingly fashion -s|gård demesne of the Crown (State) -s|ljus [bot.] mullein -s|ord, *det är inte ~ allt vad han säger* it is not gospel truth all that he says -s|tiger [royal] Bengal tiger -s|väg [bildl.] royal road -s|örn golden eagle
kungör||a *tr* announce, make known; [utropa] proclaim -else announcement; notification; proclamation
kunn||a I *tr* 1 [känna till] know [*sin läxa* one's lesson]; know how to [*sticka strumpor* knit stockings] 2 [*vara i stånd att*] be able to; can; *så gott han kunde* as he could, as best he might II *hjälpv* 1 be able to 2 se *kan* -ande skill, ability, proficiency; [kunskap] knowledge -ig *a* proficient, skilful, competent; well-informed [*i en fråga* on a question] -ighet = *-ande*
kunskap knowledge [*i* of] -a *itr* ⚔ reconnoitre -are ⚔ reconnoitrer; [military] scout -s|begär desire (craving) for knowledge -s|rik *a* possessed of wide knowledge -s|stoff material ([sum of] knowledge) acquired -s|törst thirst for knowledge
kupa I [lamp-] shade; [bi-] hive II *tr* [trädg.] mould (bank, earth) up
kupé 1 [järnv.] compartment 2 [vagn] coupé
kuper||a I *tr* [svans] dock, crop II *itr* [kort.] cut -ad *a* [landskap] hilly
kupig *a* convex; bulging [*ögon* eyes]
kuplett revue (comic, music-hall) song -författare comic-song writer
kupol cupola -formig *a* dome-shaped
kupong coupon -biljett coupon ticket
kupp coup; *en djärv* ~ a bold exploit (stroke); *dö på ~en* die in the attempt, die by it
kur 1 [läk.] course of [medical] treatment **2** *göra . . sin* ~ court
kurage courage, pluck; nerve
kur|anstalt sanatorium
kurant *a* 1 [hand.] marketable, saleable 2 [gångbar] current 3 = *kry*
kurator [univ.] 'curator'
kurera *tr* cure [*för* of]
kurfurste elector
kurios||itet curiosity -um curiosity; [pers.] odd specimen
kurir courier
kur|ort spa, health resort, watering-place
1 kurra *itr* 1 [om duva] coo 2 [i magen] croak
2 kurra F = *finka, arrest*
kurragömma, *leka* ~ play at hide-and-seek
kurre F chap, fellow
kurs 1 course [of instruction] [*i* on], [skol-, läro-] curriculum 2 ⚓ course; track; [bildl.] [line of] policy; *styra* ~ *mot* steer one's course towards 3 [hand.] rate [of exchange]; *noterad* ~ price (rate) quoted; *stå högt i* ~ be in favour (at a premium) -fall fall (drop) [in [the] prices &c]
kursiv I italics [pl.] II *a* italic -era *tr* [boktr.] italicize; [understryka] underline; *~de ord* words [printed] in italics -läsning reading at sight -stil, *med* ~ in italics -t *adv, läsa* ~ read at sight
kurtage brokerage, commission
kurtis flirtation; philandering -an courtesan -era *tr*, ~ *ngn* make love to (carry on a flirtation with, court) a p. -ör philanderer, lovemaker
kurva curve; bend
kusch *itj*, ~ *där!* [lie] down! -a I *itr* lie down II *tr* browbeat, cow
kusin cousin
kusk coachman; driver -bock [coachman's] box, driver's seat
kuslig *a* dismal (gloomy, dreary) [*väder* weather]; gruesome (uncanny) [*samtalsämne* topic]
kust coast; [sluttande, flack] shore; *bo vid ~en* live at the seaside -artilleri coast artillery -klimat coastal (littoral) climate -klippa cliff -land coastal land -ort place on a (the) coast -remsa coast fringe -sanatorium seaside sanatorium -stad coast (seaside) town -sträcka stretch of coast[-line], littoral

kut||**a** = [*gå*] *krokig* **-ig** = *krokig*
1 kutter [duvo-] cooing
2 kutter 1 ⚓ cutter **2** cutter[-block]
kutting small keg
kuttra *itr* coo
kutym custom; jfr *sed*
kuva *tr* subdue; coerce; quell [*ett uppror* a rebellion]; repress [*känslor* feelings]
kuvert 1 envelope **2** [bords-] cover
kvacksalv||**a** *itr* practise quackery **-are** quack[-doctor], charlatan
kvader ashlar, free-stone
kvadr||**ant** quadrant **-at** square; [mat.] square number; *ett tal upphöjt i* ~ a squared number, a number raised to the second power **-atisk** *a* **1** [geom.] square **2** [mat.] quadratic
kval pain; suffering; [pina] torment; *hungerns* ~ the pangs of hunger **-full** *a* agonizing, torturing; excruciating
kvali||**ficera I** *tr* qualify [*för* for] **II** *rfl* qualify o. s. **-ficer**|**ad** *a* qualified; skilled [*arbete* labour]; *-at brott* aggravated crime; ~ *majoritet* a majority of two thirds **-ficering -fikation** qualification **-tativ** *a* qualitative
kvalitet quality; [sort] sort, type; [märke] brand, line **-s**|**artikel** high-standard article **-s**|**varor** superior-quality goods
kvalm closeness; stiflingness **-ig** *a* suffocating, stifling, close
kvalster [zool.] mite
kvant||**itativ** *a* quantitative **-itet** quantity **-um** quantum
kvar *adv* jfr *stanna, vara* [*kvar*]; [igen] left **-blivande** *a* permanent, remaining **-bliven** *a* left behind **-glömd** *a*, ~*a effekter* [railway &c] lost property
kvarka [veter.] [nasal] catarrh
kvar||**leva** remnant **-levande** *a* surviving **-låtenskap**, *ngns* ~ the property left by a p.
kvarn mill **-sten** millstone **-vinge** [wind]mill-sail **-ägare** miller
kvar||**sittare** pupil who is putting in a second year; *bli* ~ *i ettan* fail to get one's remove from the first form **-stad** sequestration; *belägga med* ~ sequestrate **-stå** *itr* remain
kvart 1 quarter **2** [~*s timme*] quarter of an hour; *en* ~ *över tolv* a quarter past twelve; *en* ~ *i tre* a quarter to three **3** [på tärning] four, cater **4** [fäktn.] quart, carte **5** [mus.] fourth **6** [format] quarto **-al** quarter [of a (the) year] **-als**|**skifte**, *vid* ~*t* at the turn of the quarter **-er 1** block; quarter **2** [inkvartering] quarters [pl.]; ⚔ [äv.] billet **-ett** quartette **-ing**, *en* ~ a small bottle
kvarts [geol.] quartz
kvarts||**final** quarter-final **-flaska** quarter-bottle **-format**, *i* ~ in quarto
kvarts|**lampa** ultra-violet-ray lamp
kvartär|**tid** [geol.] Quaternary Age
kvast [birch-]broom **-prick** ⚓ broom[-head]
kvav I *a* close; stuffy [*rum* room]; sultry [*luft* air] **II** *gå i* ~ founder, go down
kvick *a* **1** [snabb] quick, swift; jfr *snabb;* ready (prompt) [*svar* answer] **2** [bildl.] witty, clever; smart [*replik* retort] **-drag** [veter.] broken wind, heaves **-het 1** quickness **2** wit; *en* ~ a witticism, a joke **-huvud** smart man, wit **-na** *itr*, ~ *till* come to life again; come round **-rot** white couch [-grass], quick-grass **-silver** quicksilver; mercury **-tänkt** *a* quick-witted, clever
kvid||**a** *itr* wail; [klaga] whine, whimper, moan **-an** wailing &c; moan
kvig||**a** heifer **-kalv** cow-calf
kvillaja|**bark** Quillaia bark
kvinn||**a** woman; *en sann* ~ a true (womanly) woman; ~*ns rösträtt* woman suffrage **-folk 1** [koll.] womankind; women[folk[s] F] **2** woman **-lig** *a* **1** female [*kön* sex] **2** womanly; feminine [*nyfikenhet* curiosity; *medlem* member] **-lighet** womanliness, womanhood
kvinno||**bröst** female breast **-gunst** favour of women **-hamn**, *i* ~ in the guise of a woman **-hatare** woman-hater, misogynist **-röst** female voice **-sak** women's (woman's) rights [pl.] **-saks**|**kvinna** [woman-]suffragist
kvint fifth, quint **-essens** quintessence
kvissla pimple
kvist 1 twig, sprig **2** [i virke] knot, knag **-a** *tr*, ~ *av* top the twigs of **-ig** *a* **1** twiggy **2** [äv. bildl.] knotty
kvitt *a* **1** *vara* ~ be quits **2** *bli* ~ *ngn* get rid of a p. **-a I** *tr* quit **II** *itr*, *det* ~*r mig lika* it is all the same to me **-ens** receipt
kvitter chirping, twitter
kvitt||**era** *tr* receipt; acknowledge [*ett belopp* a sum]; give a receipt for **-erad** *a* receipted **-o** receipt
kvittra *itr* chirp, twitter
kvot quotient
kväka *itr* croak
kväkare Quaker
kvälj||**a** *tr*, *det -er mig* I feel sick, it makes me feel sick **-ning**, ~*ar* sickness, nausea [sing.]
kväll 1 evening; *i* ~ this evening, to-night **2** *äta* ~ have [one's] supper
kvälla *itr* well [*fram* forth]
kvälls||**mat** supper **-stund** evening hour **-tidning** evening paper **-vard** supper
kväsa *tr* take down, suppress; jfr *stuka*
kväv||**a** *tr* choke, stifle, smother; [bildl.] quell, suppress [*en suck* a sigh]; *jag -s* I am suffocating **-e**

nitrogen **-e|haltig** *a* nitrogenous **-e|oxid** nitric oxide **-gas** nitrogen gas **-ning** choking, suffocation
kyckling chicken
kyffe hovel
kyl||a I cold; [-ighet] chilliness; [bildl.] coldness; chilliness **II** *tr* chill, cool down **-hus** cold-storage warehouse **-ig** *a* chilly, cool **-knöl** [ulcerated] chilblain **-salva** anti-frost-bite salve **-skada** frost-bite, chilblain **-skåp** refrigerator **-slagen** *a* slightly warmed, tepid
kyndels|mässa Candlemas
kynne [natural] disposition; character
kypare waiter
kypert twill, twilled cloth
kyrk||a church; *gå i ~n* go to (attend) church **-bok** church (parish) register **-bröllop** church wedding **-bänk** church-pew **-klocka** church bell; [tornur] church clock **-lig** *a* ecclesiastical [*angelägenhet* affair]; *~ förrättning* church service
kyrko||besök attendance at church **-besökare** church-goer **-fader** Father of the Church; *-fäder* early (apostolic) fathers **-fullmäktig** Church Commissioner **-gård** cemetary; churchyard **-handbok** service-book **-herde** rector **-herde|boställe** rectory **-historia** church (ecclesiastical) history **-musik** church (ecclesiastical; sacred) music **-möte** synod; council **-råd** parochial church council **-samfund** communion, church **-år** ecclesiastical (church) year
kyrk||port church doorway (porch) **-råtta** church mouse **-sam** *a* church-going **-torn** church tower **-vaktare** church-officer, beadle **-ängel** [chubby] cherub
kysk *a* chaste; virgin **-het** chastity; virginity
kyss kiss **-a** *tr* kiss **-as** *itr dep* exchange kisses, kiss **-täck** *a* kiss-inviting **-äkta** *a* kiss-proof
kåd||a resin **-ig** *a* resiny, resinous
kåk ramshackle (tumble-down) hut, shanty
kål 1 cabbage; kale **2** *göra ~ på* make mincemeat of; *ta ~ på ngn* do for a p. **-huvud** cabbage-head **-rabbi** kohlrabi; turnip-[rooted]cabbage **-raps** colza, rape **-rot** Swedish turnip **-soppa** cabbage soup
kånka *itr* F *~ på* struggle along with
kåpa 1 gown, robe; [präst-] frock **2** ⊕ cope, mantle
kår ⚔ corps; [allm. äv.] body
kåra 1 breeze **2** *en kall ~* a cold thrill
kår|märke corps badge
kås||era *itr* discourse informally [*över* on] **-erande** *a*, *~ föredrag* conversational (chatty) lecture **-eri** causerie [fr.] **-ör** causerie-writer; [i tidn.] writer of news pars, chronicler
kåta [cone-shaped (Laplander's)] hut
käbb||el bickering, wrangling, squabbling **-la** *itr* bicker, squabble; *~ emot* oppose quarrelsomely
käck *a* dashing [*yngling* youth]; [tapper] brave, gallant, plucky; [djärv] bold, intrepid; daring [*företag* enterprise]; [munter] sprightly **-het** dashingness &c; gallantry, intrepidity, pluck **-t** *adv* dashingly &c; *med mössan ~ på sned* with his (&c) cap jauntily on one side; *det var ~ gjort av honom* it was sporting of him, it was a sporting thing to do
käft jaw, chap; *ett slag på ~en* a blow on the chaps; *håll ~en!* shut up!
kägel||bana ninepin-alley **-formig** *a* conical, cone-shaped **-klot** skittle-ball
kägl|a 1 cone **2** [i spel] ninepin, skittle; *spela -or* play at skittles (ninepins)
käk||ben jaw-bone **-e** jaw; mandible **-håla** facial cavity **-led** maxillary joint **-parti**, *~et* the [region of the] jaws
kälk||backe toboggan[ing]-slide **-borgare** philistine **-borgerlig** *a* philistine, narrow-minded **-e** sledge; toboggan; bob-sleigh **-med[e]** sledge-runner **-åkare** sledger, tobogganer
käll|a spring, well-spring; source [äv. bildl.]; *varma -or* hot springs
källar||e 1 cellar; [jordvåning] basement **2** = *krog* **-gång** cellar passage **-mästare** restaurant-keeper **-valv** cellar vault **-våning** basement[-story]
käll||drag vein of water; [bildl.] source **-flod** source-stream **-klar** *a* clear as spring-water **-skrift** original text **-språng** fountain **-vatten** spring-water **-åder** = *-drag*
kält nagging **-a** *itr* nag, tease
kämp||a I *itr* fight [*om* for]; struggle **II** *rfl*, *~ sig fram* fight one's way (struggle) along **-a|gestalt** giant figure **-a|lek** [tournament-]game **-a|lik** *a* champion-like; of giant stature **-e** combatant; fighter; *en slagen ~* a fallen warrior
känd *a* **1** felt; *en djupt ~ sorg* a deeply felt sorrow **2** known; *det är en ~ sak* it is a well-known fact; *vara ~ under namnet* go by the name of
käng||a boot **-rem** boot-lace
känguru kangaroo
känn, *ha på ~* have an inkling (feeling)
känn||a I *ge sig till ~* make o.s. (itself) known [*för* to] **II** *tr* [förnimma] feel; [~ till] know; *lära ~* get to know, make . .'s acquaintance; *~ av (efter)* feel; *~ igen* know; *~ igen sig* know where one is; [*få*] *~ på* [have to] experience; *~ till* know **III** *rfl* feel; *~ sig för* feel one's way **-ande** *a*

feeling; sentient [*varelse* being] **-are** connoisseur; expert **-as** *itr dep* feel; *det -s inte alls* I (&c) don't feel anything at all; ~ *vid* confess [*sin skuld* one's guilt]; acknowledge [*ett barn* a child] **-bar** *a* to be felt; [svår] severe; *i* ~ *grad* in a perceptible degree; *knappast* ~ hardly noticeable
känne||dom [kunskap] knowledge [*om* of]; [vetskap] cognizance; *erhålla* ~ *om* receive information of (about); *med* ~ *om* knowing, with a knowledge of; *bringa till ngns* ~ give a p. information of, bring to a p.'s notice **-märke -tecken 1** [konkr.] [distinctive] mark, token **2** [egenskap] characteristic, distinctive feature; criterion **-teckna** *tr* characterize; distinguish; *som* ~*s av* [that is] characterized by
känning 1 touch; *bevara* ~*en med* keep [in] touch with **2** feeling, symptom; *ha* ~*ar av* feel traces (touches) of
känsel feeling; perception of touch **-förnimmelse** sensation of touch **-nerv** sentient (sensory) nerve **-organ** tactile organ **-sinne** sense of touch, tactile sense **-spröt** feeler, tentacle
känsl||a feeling; sensation [*av köld* of cold]; sense [*av ensamhet* of loneliness]; sentiment [*av aktning* of esteem] **-ig** *a* **1** sensitive [*för* to]; sensible [*för vänlighet* to kindness]; *en* ~ *själ* a kindly soul **2** = *rörande l* **3** susceptible [*för smärta* to pain] **-ighet** sensitiveness, sensitivity; sensibility; susceptibility
känslo||betonad *a* emotionally tinged; emotional **-full** *a* **1** full of feeling; emotional **2** = *-sam* **-liv** emotional life **-lös** *a* insensitive; unfeeling [*hjärta* heart]; unemotional; insensible [*för* to] **-människa** man [&c] of feeling, sentimental person **-sak** matter of sentiment **-sam** *a* sentimental; emotional **-samhet** sentimentality; emotionalism, emotionality **-stämning** emotional mood
käpp stick; [rotting] cane; *smaka* ~*en* have a taste of the stick (cane) **-häst** cockhorse; [bildl.] hobby-horse **-krycka** walking-stick crook
kär *a* **1** dear [*för* to]; beloved [*person* person]; fond [*minne* memory]; *en* ~ *gäst* a cherished (welcome) guest; *en* ~ *plikt* a privilege; *min* ~*aste önskan* my dearest wish; [i brev] *K*~*e vän!* Dear (My dear) Friend,; *mina* ~*a* my dear ones; *det vore mig* ~*t* I should be very glad **2** [förälskad] in love [*i* with]; *bli* ~ *i* fall in love with **-ande** plaintiff **-esta** sweetheart, darling, beloved
käring old woman **-aktig** *a* old-womanish **-tand** [bot.] babies' slipper
kärl vessel
kärlek love; [*sonlig* filial] affection; [lidelse] passion; *av* ~ *till* out of love for
kärleks||brev love-letter **-dryck** love-potion **-full** *a* loving, affectionate; [öm] tender **-förklaring** declaration (confession) of love **-gud** love-god; Cupid, Amor; Eros **-historia** love-affair **-kval** love-torments(-throes) [pl.] **-lös** *a* **1** uncharitable **2** loveless (love-lacking) [*barndom* childhood] **-roman** love-story novel, romance **-rus** transport of love **-verk** act (deed) of love **-äventyr** amorous adventure
1 kärna I [smör-] churn **II** *tr* churn
2 kärn||a 1 [i säd] grain **2** [nöt-] kernel **3** [äpple-, apelsin- o. d.] pip; [russin-] seed; [plommon- o. d.] stone; *ta ut -orna ur* remove the seeds (stones, pips) from **4** [bildl.] nucleus, core, kernel; ~*n av* the main body of; ~*n i* the essence of **-frisk** *a* sound to the core **-full** *a* vigorous; racy **-hus** core **-karl** sterling fellow **-lös** *a* kernelless &c
kärn|mjölk churn-milk, buttermilk
kärn||punkt, ~*en i* the principal point (the gist) of **-språk** pithy language **-sund** = *-frisk* **-svensk** *a* thoroughly Swedish **-timmer** hearty timber **-trupp[er]** picked men **-virke** heart-wood, duramen, spine
käromål lawsuit accusation (charge); plaintiff's case
kärr marsh; [sump] swamp
kärr||a cart **-lass** cartload; barrow-load
kärr||mark marshy ground (soil) **-sköldpadda** mud-tortoise
kärv *a* harsh [*smak* taste]; acrid (pungent) [*humor* humour]; strident [*röst* voice]; [vresig] crabby
kärv||a *tr* sheaf, sheave **-e** sheaf
kärvhet harshness &c; astringency, acridity
kär|vänlig *a* fond, affectionate
kättar||bål heretic's pile, stake **-e** heretic
kätte pen, [loose] box
kätter||i heresy **-sk** *a* heretical
kätting chain[-cable]
1 käx biscuit
2 käx [continual] teasing, [nag-]nagging **-a** *itr* tease [continually], [nag-]nag
käx||ask biscuit-box **-låda** biscuit-tin
kö 1 [biljard-] cue **2** queue; file (string) [*av bilar* of cars]; *bilda* ~ form a queue **3** ⚔ rear **-bildning** queuing-up
kök kitchen **-sa** kitchen-maid
köks||avfall kitchen-refuse, garbage **-handduk** kitchen cloth **-hiss** service lift **-ingång** kitchen (back) entrance

-latin dog (kitchen) Latin **-mästare** chef [fr.], master (head) cook **-trädgård** kitchen garden **-väg**, *~en* .. through (by way of) the kitchen **-växt** kitchen-garden plant, pot-herb
köl keel; *vända ~en i vädret* be (turn) bottom up[wards]; *på rätt ~* [bildl.] straight, on to the right track
köld 1 cold; cold weather; *sträng ~* severe frost; *vid tio graders ~* in (at) ten degrees of frost **2** [bildl.] coldness, frigidity **-förnimmelse** sensation of cold **-grad** degree of frost **-knäpp** cold snap
köl|hala *tr* ⚓ careen, heave down, keel
Köln *npr* Cologne
köl||rum bilge **-svin** kelson, keelson **-vatten** wake, track, wash; *i ngns ~* in a p.'s wake
kön 1 sex **2** [gram.] gender **-lig** *a* sexual **-lös** *a* sexless **-s|akt** sexual act; coitus **-s|drift** sexual instinct **-s|kärlek** sexual love **-s|liv** sexual life **-s|mogen** *a* sexually mature **-s|organ** sexual organ **-s|sjuk** *a* affected with venereal disease **-s|umgänge** sexual intercourse
köp purchase; *fördelaktigt ~* bargain; *öppet ~* sale-or-return bargain; *på ~et* into the bargain; *till på ~et* to boot; .. at that **-a** *tr* buy, purchase; *~ in (upp)* buy up **-are** buyer; purchaser **-e|anbud** bid (offer) of purchase **-e|avtal** purchase-contract **-e|brev** purchase-deed
Köpenhamn *npr* Copenhagen
köpenickiad simulation hoax
köp||enskap merchandise; trading **-e|skilling** purchase-sum(-price); *~en* the purchase-money **-ing** [small] market town **-kraft** purchasing-power **-kurs** buying-price **-man** business man, merchant; [handlande] tradesman **-manna|förbund** tradesmen's association **-slagan** bargaining **-slå** *itr* bargain, chaffer, higgle **-tvång**, *utan ~* with no obligation to purchase
1 kör choir; *i ~* in chorus
2 kör, *i ett ~* at a stretch, without ceasing
köra I *tr* drive; cart [*grus* gravel]; [forsla] convey, carry; run [*en maskin* a machine]; [stöta, sticka] thrust; *~ bort* drive away, pack off; *~ sönder ngt* drive into a th. and smash it; *~ sönder en vagn* have a break-down with a car in driving it; *~ ut ngn* turn a p. out of the room &c; *~ över ngn* run over a p. **II** *itr* drive; ride [in a bus]; [med bil] motor; *~ ifrån ngn* leave a p. behind; *~ ihop* = *kollidera*; *~ omkull* get upset in driving
kör||bana roadway **-hastighet** driving-rate, speed **-häst** carriage-horse **-kort** [chauffeur's (driving-)] licence; [privat] car-licence **-kunnig** *a* who knows how to drive **-ning** driving; *en ~* a drive **-pengar** cartage[-fee] **-riktning** driving-direction
körsbär cherry **-s|blom** cherry-blossoms [pl.] **-s|brännvin** Kirschwasser **-s|kärna** cherry-stone **-s|likör** cherry; maraschino **-s|mun** cherry-ripe mouth **-s|trä** cherry-wood **-s|träd** cherry-tree, cherry
kör||signal signal to start **-skicklighet** driving-skill(-efficiency) **-skola** driving-school **-sla** carting-job
körsnär furrier; fur-dealer
kör|sven driver
kör|sång choir-singing; [komposition] chorus
körtel gland **-aktig** *a* glandular **-preparat** gland extract **-svulst** glandular abscess
kör|tid driving-(running-)time
körvel chevril
kör||visare [direction-]indicator **-väg** carriage-road; drive
kött 1 flesh [*på benen* on one's bones]; [slaktat] meat; *benfritt ~* boned meat; *mitt eget ~ och blod* my own flesh and blood; *~ets lust* the lust of the flesh **2** [frukt-] flesh, pulp **-affär -bod** meat-shop **-bit** piece of meat **-bulle** [force]meat ball, quenelle, rissole **-ed** gross oath **-extrakt** extract of meat; liebig **-fat** meat-dish **-färgad** *a* flesh-coloured **-färs** forcemeat **-gryta** [bildl.] flesh-pot **-ig** *a* fleshy; meaty; [läk.] carnose; [frukt] pulpy **-kvarn** mincing-machine, meat-mincer **-lös** *a* fleshless; meatless [*dag* day] **-mat** animal food **-pudding** [ung.] toad-in-the-hole **-rester** meat remnants **-rik** *a* full-fleshed; *en ~ diet* a preponderatingly meat diet **-rulad** [kok.] sliced and rolled beef **-rätt** meat course (dish) **-saft** meat juice; gravy **-skiva** slice of meat **-sky** essence of meat **-slamsa** rag (scrap) of flesh (meat) **-s|lig** *a* **1** *~ broder* one's own brother; brother in blood **2** [sinnlig] fleshly (carnal) [*begär* desire] **-soppa** meat broth, gravy soup **-spad** liquor in which salt meat has been boiled **-sår** flesh-wound **-varor** butcher's stock-in-trade **-yxa** butcher's axe, meat-chopper **-ätande** *a* flesh-eating (carnivorous) [*djur* animal]; [pers.] meat-eating

L

laber *a* ⚓ light
labor||ation laboratory-work **-atorium** laboratory
labyrint labyrinth
lack 1 sealing-wax 2 [fernissa] varnish **-a** *tr* seal [with sealing-wax]
lacker||a *tr* lacquer **-ing** lacquering
lackmuspapper litmus-paper
lacksko patent-leather shoe
lada barn
ladd||a *tr* load, charge **-ning** loading, charging; [konkr.] load
ladugård cow-house **-s|karl** cattleman, cowman **-s|piga** dairymaid
1 lag [vätska] decoction; [spad] liquor
2 lag 1 company; *över* ~ all along the line; *i minsta* ~*et* as short (small) as it could be to do 2 [sport.] team
3 lag law; *i* ~ by law
1 laga *a* legal; ~ *förfall* valid excuse; *i* ~ *tid* within the time prescribed [by law]
2 laga *tr* 1 ~ *mat* cook 2 mend; repair
lag|bunden *a* regulated by law
1 lager [bot.] laurel
2 lag|er 1 layer; [bildl.] stratum 2 [hand.] stock; *på* ~ in stock
lager||bär bay berry **-krans** wreath of laurel **-träd** laurel-tree
lag||fara *tr* obtain legal ratification of **-förslag** bill
lagg [kok.] frying-pan
lag||lig *a* legal, lawful **-lydig** *a* law-abiding **-lös** *a* lawless
lagning mending, repairing
lagom I *adv* just right (enough) II *a*, *på* ~ *avstånd* at just the right distance
lagra I *tr* 1 stratify; dispose in layers 2 [samla] store, put by II *rfl* 1 [geol.] stratify 2 settle [in layers]
lag||skipning administration of the law **-stadgad** *a* fixed (laid down, prescribed) by law; legal **-stiftning** law-making; legislation **-stridig** *a* contrary to [the] law **-söka** *tr* sue
lag|tävlan team-competition
lagun lagoon
lagvigd *a* lawfully wedded
lakan sheet **-s|lärft** [linen] sheeting
1 lake = *salt-*
2 lake burbot
lakej [liveried] footman
lakonisk *a* laconic
lakrits liquorice
lam *a* 1 paralyzed 2 [matt] lame, feeble
lama [zool.] llama
lamell 1 lamella 2 ⊕ lamina
lamm||[kött] lamb **-skinn** lambskin
lamp||a lamp **-ett** bracket-candlestick **-kupa** lamp-globe **-skärm** lamp-shade
lam||slagen *a* paralyzed **-slå** *tr* paralyze
land 1 land; ⚓ shore; *gå i* ~ go ashore 2 [mots.: stad] country; *på* ~*et* in the country 3 *gå i* ~ *med* accomplish, manage **-a** *itr tr* land **-backe**, *på* ~*n* ashore, on shore **-gång** gangway[-plank] **-krabba** F land-lubber, landsman **-känning**, *få* ~ have a landfall **-ning** landing **-remsa** strip of land
lands||bygd country[side] **-del** part of the country; province **-fiskal** [ung.] district police superintendent **-flicka** country[-bred] girl **-flykt** exile **-flyktig** *a* exiled **-flykting** exile; refugee **-förrädare** traitor to one's country **-förvisa** *tr* banish [from the country], expatriate **-förvisning** banishment, expatriation **-hövding** governor
landskap 1 [område] [geographical] province 2 landscape; scenery **-s|-målare** landscape-painter, landscapist
lands||kommun rural commune **-lag** [sport.] international[-match] team **-man** fellow-countryman, compatriote **-orts|aktig** *a* provincial **-plåga** national scourge
land||stiga *itr* land **-stigning**, *göra en* ~ effect a landing **-s|ting** county council **-s|tings|man** county councillor **-storms|man** landstorm-man, militia-man **-strykare** tramp **-ställe** = *gård 2* **-s|väg** highroad, main road **-sätta** *tr* land, put on shore **-vinning** accession (recovery) of land; [bildl.] new domains conquered
lang||a *tr itr* 1 pass [along] from hand to hand; ~ *hit med* F shove over 2 ~ *sprit* carry on an illicit trade in liquor **-are** illicit liquor-seller, boot-legger
langett languet[te], point **-era** *tr* **-styng** button-hole-stitch (-stitching)
lans lance
lansera *tr* launch; introduce
lansett lancet **-lik** *a* lanceolate
lansiär lancer
lant||adel country nobility (gentry) **-befolkning** country (rural) population **-bo** countryman
lantbruk rural industry; jfr *jordbruk;* ~*s-* agricultural **-s|produkt** agricultural (farm) product
lantegendom landed (country) estate
lanterna lantern
lant||handel country business (shop) **-hushållning** rural (agricultural) economy **-junkare** country squire **-lig** *a* rural; [nedsätt.] rustic; provincial **-ligt** *adv* rurally, country-fashion **-man** farmer **-mätare** [land-]surveyor

lapa *tr* lap, lick up
lapis lunar caustic
1 lapp Laplander
2 lapp piece; patch; [friare] slip, scrap, piece **-a** *tr* patch; mend with patches; ~ *ihop* patch up
Lapp||land Lapland **l-ländsk** *a* Lapland . ., Laplandish
lappri trifle, a mere nothing
lapp||skomakare cobbler **-täcke** patch quilt **-verk** [bildl.] patchwork
lapsus lapse, slip
larm 1 noise; din **2** *slå* ~ sound the alarm **-a** *itr* clamour; make a noise **-ande** *a* clamouring, clamorous
larv larva
lasarett [communal general] hospital **-s|fartyg** hospital ship **-s|läkare** hospital surgeon
lask ⊕ scarph **-ning** scarphing
lass load **-a** *tr* load
lasso, *kasta* ~ throw the (one's) lasso
last 1 cargo [*av* of]; *med full* ~ with a full load; *ta in* ~ take in a cargo **2** *ligga till* ~ become a burden to; *låta komma sig till* ~ lay o.s. open to blame for, be guilty of **3** [synd, fel] vice **-a** *tr* **1** load [*på* on to] **2** = *klandra* **-bar** *a* vicious, depraved **-barhet** viciousness, depravity **-bil** [motor] lorry **-djur** beast of burden **-gammal** *a* stricken in years, age-stricken **-ning** loading, lading **-rum** ⚓ [cargo-]hold **-ångare** cargo-steamer
lat *a* lazy; idle **-a** *rfl* be lazy (idle)
later behaviour; *stora* ~ grand airs
latin Latin **-gymnasium -linje** classical gymnasium (side)
latitud latitude
latrin latrine
latsida, *ligga på* ~*n* take things easy
lav lichen
lava lava **-ström** lava-flow
lavemang enema
lavendel common (true) lavender
lavett ⚔ gun-carriage
lavin avalanche **-artad** *a* avalanche-like
lavoar wash-stand
lax salmon
laxer||a *itr* take an aperient **-medel** purgative
laxöring salmon trout
le *itr* smile
1 led way
2 led 1 joint; *i alla* ~*er* in every limb; *ur* ~ out of joint **2** [länk] link **3** [mat.] member **4** element **5** ⚔ rank, file; *i första* ~*et* in the front rank **6** generation; degree; *i rätt nedstigande* ~ in a direct line
3 led *a* **1** tired (weary; sick) [*på* of] **2** = *ful* **3** = *elak*
1 leda disgust; loathing
2 leda *tr* **1** lead; guide; [elektr.] conduct **2** [affär] conduct; manage **3** [bildl.] ~ *tillbaka till* trace . . back to
3 leda *tr* bend [at the joint]
ledamot member; fellow
led||ande *a* leading; guiding [*princip* principle]; *på* ~ *plats* in a prominent position **-are 1** leader; guide; manager, director **2** [fys.] conductor **3** [i tidn.] leader, leading article
ledas *itr dep* be (feel) bored
ledband [*gå i* be in] leading-strings
ledbruten *a* stiff in the (one's) joints
ledfyr leading light; [bildl.] beacon
ledgång joint, articulation **-s|reumatism** rheumatoid arthritis
ledig *a* **1** easy [*sätt* way]; agile [*gång* gait] **2** free; unoccupied; *bli* ~ [*från*] get off; *vara* ~ be off duty; *på* ~*a stunder* in [one's] leisure (spare) moments **3** [kapital] idle, uninvested; [rum] vacant **-förklara** *tr* announce (advertise) as vacant **-het 1** freedom, ease **2** freedom from work (duty); free time, leisure, time off **3** vacancy, vacant post
ledning 1 [väg-] guidance; lead, clue; [skötsel] management; *ta* ~*en av* put o.s. at the head of; *under* ~ *av* under the guidance ([affär] management) of **2** ~*en* the managers (directors) **3** [elektr.] circuit
ledsag||a *tr* accompany; escort **-are** companion
leds||am *a* **1** [tråkig] boring, tedious **2** disagreeable (unpleasant) [*händelse* event]; *det är* ~*t* it is sad (a pity) **-en** *a* sorry [*över* about]; [sorgsen] sad, down-hearted **-na** *itr* grow (get) tired [*på* of]; tire **-nad 1** = *1 leda, tråkighet* **2** distress, sorrow, grief
led||stjärna loadstar, lodestar **-stång** [staircase] hand-rail **-tråd** clue
leende I *a* smiling **II** *ett* ~ a smile
legat 1 [jur.] legacy, bequest **2** legate **-ion** legation; ~*s-* to a (the) legation
legend legend; myth **-arisk** *a* legendary
legering alloying
legio *a*, *deras antal är* ~ their number is Legion
legion legion **-är** legionary [soldier]
legitim *a* legitimate **-ation** legitim[iz]ation **-era I** *tr* legitimat[iz]e; ~*d* legitimated, licensed; certifi[cat]ed; [läkare] authorized **II** *rfl* establish one's legitimacy
leja *tr* engage; hire
lejd safe-conduct
lejon lion **-gap** snap-dragon **-klo**, *visa* ~*n* show mettle **-kula** lion's den **-part**, ~*en* the lion's share **-unge** lion's cub
lek 1 game; [med dockor] play; *på* ~ in play; *ur* ~*en* out of the game **2** [kort-] pack **3** [fiskars] spawning; [fåglars] pairing, mating **-a** *itr tr* **1**

~ [en lek] play [[at] a game]; *inte att ~ med* not [one] to be trifled with 2 [fisks] spawn; [fågels] pair, mate
lekam||en body **-lig** *a* bodily; corporcal **-ligen** *adv* bodily; in the body
lek||boll plaything, toy **-full** *a* playful **-kamrat** playmate, playfellow
lekman layman; amateur
lek||sak toy **-stuga** play-house
lektion lesson; *ge ~er i engelska åt ngn* read English with a p.; *ta ~er för* have lessons with
lekt||or 1 'lector', senior assistant master 2 [univ.] lector **-orat** 1 senior mastership 2 lectorship **-yr** reading, literature
lem limb **-lästa** *tr* main, mutilate
len *a* 1 soft [*att ta på* to the touch] 2 mellow [*röst* voice]
leopard leopard **-hona** leopardess
ler clay **-a** clay; loam **-gods** clay goods; earthenware **-golv** mud floor **-gök** toy ocarina **-ig** *a* clayey, loamy **-kruka** crock **-kärl** earthen[-ware] (clay) vessel **-välling** clay-mixture
leta *itr* search (look, hunt) [*efter* for]; ~ *efter ord* be at a loss for words; ~ *ut* pick out
lett Lett; Latvian **-isk** *a* Lettish **L-land** Latvia
lev||a I *itr* live; [finnas] exist; [vid liv] be alive; ~ *ett lyckligt liv* lead a happy life II *rfl.* ~ *sig in i* enter (penetrate) into **-ande** *a* living; animate [*väsen* being]; [mots. : död] alive; *i ~ livet* in real (actual) life; *göra ~* [bildl.] bring to life, make lifelike **-e** se *hurra II* **-e|bröd** livelihood, living
lever liver
lever||ans 1 furnishing, supplying, supply 2 [avlämnande] delivering, delivery 3 [konkr.] goods delivered **-antör** contractor; supplier; deliverer **-era** *tr* supply, furnish; deliver
lever||fläck mole **-korv** liver sausage
lev||erne 1 life; *bättra sitt ~* mend one's ways 2 = *bråk 2* **-e|rop** viva[t]
levertran cod-liver oil
levnad life **-s|beskrivning** biography **-s|glad** *a* [high-]spirited, buoyant [in spirit] **-s|kostnad[er]** cost of living
levr|ad *a* coagulated; *-at blod* gore
lexikon dictionary
lian liane, liana
liberal *a* liberal **-ism** liberalism
licens licence **-avgift** licence-fee **-innehavare** licensee
licentiat licentiate; [Engl. ung.] Master of Arts
1 **lid|a** *itr*, *tiden -er* time goes on
2 **lid||a** I *tr* suffer [*smärta* pain] II *itr* suffer [*av* from]; ~ *svårt* be in great pain **-ande** I suffering; affliction II *a* 1 suffering; afflicted [*av* by] 2 *bli ~ på* be the loser by
lidelse passion **-fri** *a* dispassionate **-full** *a* passionate; impassioned
liderlig *a* profligate; rakish **-het** profligacy, rakishness
lie scythe **-man**, *~nen* the Man with the Scythe
liga league; [con]federation; [band] gang **-pojke** [young] hooligan
ligg||a 1 lie, be lying; ~ *i sängen* be in [one's] bed; ~ *på knä* be down on one's knees 2 [om sak o. bildl.] lie; be; *huset -er vid* the house stands (is) at (&c); *staden -er mellan* the town is situated (lies) between; *hur -er saken till?* how does the matter stand? **-ande** *a* lying; [ställning] reclining, recumbent **-are** register; ledger **-stol** deck-chair; lounge-chair **-sår** bedsore
liguster privet **-häck** privet hedge
1 **lik** corpse; dead body
2 **lik** *a* like; *vara mycket ~a varandra* be very much alike; *vara sig ~* be [looking] o.s.; *han är sig ~* he is always the same **-a** I *a* equal [*i antal* in number]; the same [*som* as]; *vara ~ med ngn i* equal a p. in; *är ~ med* [mat.] makes II *adv* in the same way (manner); ~ *bra* (*litet*) just as good (little); ~ *många som vanligt* the usual number; *vara ~ stora* be of the same size **-a|berättigad** *a*, *vara ~ med* possess equality of rights with **-a|dan** *a* of the same sort (kind) **-a|ledes** *adv* likewise; *~!* the same to you! **-artad** *a* similar in character (nature) **-a|sinnad** *a* like-minded; of the same mind **-a|så** *adv* also; jfr *-a|ledes* **-a|väl** *adv* just as well
likbegängelse funeral [ceremony], obsequies [pl.]
likbent *a* [geom.] isosceles
lik||besiktning post-mortem examination **-blek** *a* ghastly (deathly) pale
lik||e equal; jfr *ge~*; *söka sin ~* be without equal (unequalled); *utan ~* unparalleled **-formig** *a* uniform
likgiltig *a* 1 indifferent [*för* to]; [håglös] listless; apathetic; insensible [*för* to] 2 [sak] indifferent; *en ~ sak* a matter of no moment, an unimportant thing **-het** 1 indifference; listlessness; apathy 2 [saks] unimportance, insignificance
likhet resemblance; *fullkomlig ~ med* identity with; *i ~ med* in conformity to [with] **-s|tecken** sign of equality
lik||kista coffin **-lukt** cadaverous smell
likn||a *itr tr* resemble, be like **-ande** *a* similar; *och ~* and the like; *på ~ sätt* in a similar manner **-else** parable [*om* of]; simile, metaphor
lik||nöjd *a* indifferent **-rikta** *tr* rectify; [polit.] unidirect **-riktning** rectifying; unidirection **-sidig** *a* equilateral

liksom I *konj* like; as well as; ~ *om* as if (though) II *adv* as if
likställ|a *tr* place (put) on an equality (a level); *-d med* on the same footing as
liktorn corn; bunion
liktydig *a* synonymous; tantamount
lik||vagn hearse **-vaka** vigil
likvid [*som* as] payment; *få* ~ be paid **-ation** liquidation **-era** *tr* liquidate
likväl *adv* nevertheless, notwithstanding
likör liqueur
lila *a* lilac
lilj||a lily **-e|konvalje** lily of the valley
lill||a I *a* small, little II *den -e* the little one **-e|bror** our (&c) baby brother **-e|putt** Lilliput[ian]; dwarf, pygmy **-finger** little finger **-gammal** *a* precocious
lim glue **-färg** size-colour; distemper **-färga** *tr* give a coat of size-colour; distemper **-ma** *tr* glue
limonad lemonade
limpa loaf; [äv.] ryemeal bread
lim||panna gluepot **-spö** limed twig
lin [common] flax
lin||a rope; cord; *löpa ~n ut* go the whole journey (to the bitter end) **-bana** funicular railway
lind lime[-tree]
linda I swaddling-clothes [pl.] II *tr* 1 wrap in swaddling-clothes, swaddle 2 [friare] bandage; ~ [*om*] wind [round]; ~ *in* wrap up III *rfl* twine (wind) itself
lin|dansare tight-rope-walker
lindr||a *tr* mitigate; [hunger] appease; soothe; [börda] lighten **-ig** *a* slight; light **-igt** *adv*, ~ *sagt* putting it mildly **-ing** mitigation; abatement
lin||frö flax-seed; [läk.] linseed **-garn** linen yarn
lingon red whortleberry, lingonberry
lin|gul *a* flaxen[-coloured]
liniment liniment
linj||al ruler **-e** line; ~ *5* No. 5 buses (trams); *över hela ~n* all along the line **-e|domare** linesman **-era** *tr* rule
linka *itr* limp; hobble
linne 1 linen 2 [plagg] chemise **-förråd** stock of linen **-skåp** linen-chest **-söm** [plain] needlework
linning band
lin|olja linseed oil
lins lens
lirka *itr* coax, work; ~ *med* [spik o. d. äv.] wriggle
lisa relief, solace
lisma *itr* fawn
1 list cunning, craft, guile
2 list [kant] border, edging
lista list [*för, på* of]
listig *a* cunning, artful, crafty
lita *itr*, ~ *på* have confidence in
liten *a* small; little; ~ *till växten* short of growth; *en ~ stund* [for] a little while
liter litre **-butelj** litre bottle **-mått** litre measure
litet I *pron* a little (some) [*vatten* water]; *för* ~ too little II *adv* a little
litograf||era *tr* litograph **-i** litography
litter||atur literature **-atur|historia** literary history **-är** *a* literary
liv 1 life; *sätta ~et till* lose one's life; *det kommer att ta ~et av honom* it will be the death of him; *i ~et* alive; *här i ~et* in this life 2 *med ~ och lust* very heartily 3 *hålla från ~et* keep at a distance; *komma ngn in på ~et* come (get) to close quarters with a p. **-aktig** *a* lively; animated **-båt** ⚓ lifeboat **-bälte** life-belt **-egenskap** villenage, serfdom **-full** *a* full of life; vivid **-försäkring** life insurance; [konkr.] life-insurance policy **-lig** *a* lively [*lynne* disposition]; [scen] animated; vivid [*fantasi* imagination]; ~ *sympati* keen sympathy **-lighet** liveliness &c **-ligt** *adv* in a lively manner, vividly &c; ~ *hoppas* earnestly hope **-lös** *a* lifeless **-moder** uterus **-nära** *tr rfl* maintain (support) [o.s.] **-rem** waist-strap(-belt) **-räddning** life-saving **-ränta** [life-] annuity
livs||fara danger (peril) to life **-farlig** *a* dangerous to life **-glädje** joy of life **-leda** satiety (disgust) with life **-levande** *a* life-like; in person **-längd** length of life **-medel** provisions; [articles of] food **-medels|affär** provision-dealer's shop **-mod** zest for life **-tecken** sign of life **-tid**, *under vår* ~ in our lifetime; *~s-* for life, lifelong **-uppgift** task (mission) in life **-villkor**, *ett* ~ a vital condition **-åskådning** conception of life
liv||tjänare body-servant **-vakt** body-guard
ljud sound **-a** *itr* sound; resound [*av* with]; *. . ljöd hennes röst . .* came the sound of her voice **-dämpare** silencer **-film** sound (vocal) film **-lag** sound (phonetic) law **-lig** *a* loud[-sounding]; resounding [kiss] **-lära** phonology **-lös** *a* soundless, noiseless **-våg** sound-wave
ljuga *itr* lie; tell lies
ljum *a* tepid, lukewarm
ljung heather, ling
ljung||a *itr* flash **-ande** *a* flashing; flaming [protest] **-eld** flash of lightning
ljus I light II *a* light[-coloured]; [idé] brilliant; [hår] fair; *stå i ~an låga* be all ablaze **-huvud** brilliant head, wit **-krona** chandelier **-na** *itr* grow light **-ning** [bildl.] improvement

-punkt bright point (spot) -sken gleam of light -skygg *a* shunning the light -stake candlestick
ljust||er fish-rig -ra *tr* spear
ljuta *tr*, ~ *döden* suffer death
ljuv *a* sweet; delicious [*doft* odour]; dulcet [sound *ljud*] -lig *a* sweet
lo lynx
1 lock cover; lid; *lägga på ~et* cover up
2 lock lock, curl, ringlet
3 lock, *med ~ eller pock* by hook or by crook -a *tr itr* 1 call [*på hönsen* the hens] 2 allure, entice; ~ *ut* draw out -bete lure -else allurement, enticement
lockig *a* curly
lockton enticing call
lod weight; ⚓ lead -a *itr* sound
lo|djur lynx
lod||lina ⚓ lead-(sounding-)line -linje, *~n* the perpendicular -rät *a* plumb; vertical, perpendicular
loft loft
logaritm logarithm -tabell system (table) of logarithms
1 loge barn
2 loge [teater- o. d.] box
log||ement ward[-room] -era *itr* put up [*hos* at]; lodge [*hos* with]
logg ⚓ log -bok ⚓ log-book
logi accommodation, lodging
log||ik logic -isk *a* logical
loj *a* indolent
lojal *a* loyal -itet loyalty
lokal I hall; room; place II *a* local -itet locality -samtal local call -sinne sense of locality -tåg local [train]
lok[omotiv] locomotive; engine -förare engine-driver
lom [fågel] diver
lomhörd *a* hard (dull) of hearing
longitud longitude
lopp running; race; *ge fritt ~ åt* give free course to; *i det långa ~et* in the long run; *under ~et av* within the course of
lopp||a flea -bett flea-bite
lord lord
lornjett lorgnette
lort muck, dirt, filth -gris little pig
loss *adv* loose -a *tr* 1 loose[n]; [last] unload 2 = *av~* -na *itr* come loose (unfastened, undone)
lots pilot -a *tr* pilot; conduct
lott 1 lot, share 2 [-sedel] lottery-ticket -a *itr* draw lots (toss) [*om* for] -ad *a*, *bättre ~* better-to-do -dragning drawing of lots -eri lottery -lös *a* portionless
lotus lotus -blomma [Egyptian] lotus
1 lov [*göra en* make a] tack
2 lov 1 praise 2 [tillåtelse] permission, leave; *får jag ~ att ?* may I? 3 [ferier] holiday
1 lova *itr* ⚓ luff
2 lov|a I *tr* [-orda] praise II *itr tr* promise
lovart, *från (i) ~* from to (to) windward
lov||dag holiday[-day] -lig *a* permissible, allowable; ~ *tid* open time (season) -ord, *idel ~* nothing but praise -orda *tr* praise -prisa *tr* eulogize; extol -sång song of praise; pæan -tal panegyric, eulogy -värd *a* commendable
lucka 1 [föremål] door, shutter: ⚓ hatch 2 hole; blank [space]; gap
luckra *tr* loosen, break up
ludd fluff, flue -a *itr rfl* cotton, rise with a nap
luden *a* hairy
luffare tramp; vagrant
lufsa *itr* lumber, shamble
luft 1 ~ *gardiner* pair of [window-]curtains 2 air; [friare] atmosphere; *få [litet] frisk ~* get a breath of air; *ge ~ åt* give vent to; *behandla som ~* treat as a thing of nought; *det är åska i ~en* there is thunder about; *det ligger i ~en* it is in the air -a *tr* air, give an airing -angrepp air-raid -blåsa air-bubble -bössa air-gun -drag current of air -fart aeronautics, aviation -flotta air-fleet -färd aerial trip -ig *a* airy; [bildl.] billowy; ethereal, aerial -kurort high-latitude health resort -lager layer (stratum) of air -ombyte change of air -post air mail -rör air-pipe(-tube) -rörs|katarr bronchitis -skepp airship -skydd air raid precautions [pl.] -slott castle in the air (in Spain) -språng = *krum-* -streck climate -strid encounter in the air -strupe trachea, windpipe -ström air-current -tom *a*, *~t rum* vacuum -tryck air-pressure -tät *a* air-tight(-proof), hermetic -värn air-defence -växling ventilation
lugg 1 [ludd] nap 2 [hår] fringe; *titta under ~* look covertly -a *tr*, ~ *ngn* pull a p.'s hair -sliten *a* threadbare
lugn I calm; calmness; [högtidligt] serenity; *störa ngns ~* disturb a p.'s tranquillity (peace of mind); *i ~ och ro* in peace and quiet II *a* calm, serene, quiet; steady (composed) [*blick* gaze]; *~t samvete* easy conscience; *hålla sig ~* remain calm, keep quiet -a I *tr* calm, quiet[en], set at rest II *rfl* calm o.s.; compose o.s.; ~ *dig!* be calm (quiet)! -ande *a* calming; ~ *medel* sedative -vatten smooth water
lukt smell; odour -a I *tr* smell II *itr* smell [*på* at]; *det ~r tobak om dig* you smell of tobacco -flaska smelling-bottle -lös *a* scentless, odourless

-**organ** organ of smell -**påse** scent-bag -**salt** smelling-salts [pl.], sal volatile -**sinne** sense of smell -**viol** sweet violet -**ärt** sweet pea
lukullisk *a* sumptuous, luxurious
lummig *a* umbrageous, thickly foliaged
lump rags [pl.] -**bod** ragshop
lumpen *a* paltry; petty, mean
lump||**hög** heap (pile) of rags -**or**, *i* ~ in rags -**samlare** rag-and-bone man
lunch lunch; luncheon -**a** *itr* take (have) one's lunch
lund grove; copse
lung||**a** lung -**inflammation** pneumonia -**katarr** pulmonary catarrh -**mos** [kok.] hashed [calf's-]lights -**röta** contagious pleuropneumonia -**siktig** -**sjuk** *a* consumptive, phthisic -**sot** consumption, phthisis -**spets** apex of one (the) lung -**säck** pleural sac -**säcks**|**inflammation** pleurisy -**tuberkulos** pulmonary tuberculosis -**ört** lungwort
lunk trot; *den gamla* ~*en* the old jog-trot -**a** *itr* jog-trot, pad
luns yokel, boor -**ig** *a* baggy, ill-fitting
lunta bundle, pile; [bok] tome
1 lur horn; trumpet
2 lur 1=*tupp*- 2 *ligga på* ~ lie in wait -**a I** *itr* lie in wait [*på* for] **II** *tr* cheat; bluff [*ngn att göra* a p. into doing]; *bli* ~*d* be taken in -**ande** *a* treacherous, false
lurvig *a* rough, tousled, matted
lus louse [pl. lice]
lust 1 [håg] inclination; bent, disposition; *ha* ~ *att* feel inclined to 2 [nöje] delight [*för* to]; *i* ~ *och nöd* in weal and woe, for better for worse -**a** lust -**barhet** amusement -**eld** bonfire -**färd** pleasure-trip, excursion -**gård**, *Edens* ~ the garden of Eden -**ig** *a* 1 amusing, funny 2 [löjlig] funny, comic[al] -**jakt** [pleasure] yacht -**resa** [pleasure-]trip -**slott** royal out-of-town residence -**spel** comedy
1 lut [tvätt-] lye
2 lut, *på* ~ a-tilt
1 luta lute; *spela* [*på*] ~ play the lute
2 luta *tr* [fisk] soak in lye[-water]
3 lut||**a** *tr itr rfl* 1 lean; ~ *sig bakåt* lean backwards 2 [bildl.] incline [*åt* towards]; *ditåt* ~*r det!* that is what it is coming to! -**ad** *a* leaning [*mot* against] -**ande** *a* leaning; slanting [*handstil* hand]; stooping [position]
luter||**an** Lutheran -**sk** *a* Lutheran
lutfisk 'lutfisk'; dried stockfish
lutning inclination; [sluttning] slope, declivity
lutt||**er** *a* sheer, pure; downright -**ra** *tr* try; purge; [bildl.] chasten
luva [woollen] cap
luxuös *a* luxurious, sumptuous

lya lair, hole, den
lyck||**a** [öde] fortune; [inre] happiness; bliss; *växlande* ~ varying fortunes; ~ *till!* good luck! *göra* ~ be successful, succeed; *göra sin* ~ make one's fortune; *vilken* ~! what a stroke of fortune! *till all* ~ by good luck -**ad** *a* successful; *vara* ~ be a success -**as** *dep* succeed [*att göra* in doing]; ~ *fly* manage to escape -**lig** *a* happy; fortunate [*färd* expedition]; successful; *i* ~*aste fall* at best; ~ *resa!* a pleasant journey! -**ligen** *adv* safely -**lig**|**göra** *tr* make (render) happy -**ligt** *adv* happily; *allt gick* ~ everything went well (all right); *leva* ~ lead a happy life -**ligtvis** *adv* fortunately, luckily -**o**|**bringande** *a* bringing fortune in its train -**o**|**sam** *a* prosperous -**salig** *a* [serenely] happy, blissful -**sökare** fortune-hunter -**träff** lucky hit, stroke of luck; *en ren* ~ a mere chance -**önska** *tr*, ~ *ngn till* congratulate a p. on -**önskan** congratulation
lyd||**a I** *tr* obey; follow [*råd* advice] **II** *itr* run, read; *domen* -*er på* the sentence is for (runs:) -**ande** *a*, *så* ~ running thus (as follows); thus worded -**else** wording, tenor -**ig** *a* obedient; docile [*barn* child] -**konung** tributary king -**nad** obedience [*för, mot* to]; *vara skyldig* ~ owe obedience to; *svärja ngn* [*tro och*] ~ swear allegiance to a p.
lyft||**a** *tr* 1 lift; raise 2 draw [*utdelning* dividend] 3 elevate [*sinnet* the mind] -**kran** [lifting(hoisting)-]crane -**ning** [bildl.] elevation; uplift
lyhörd *a* 1 with a sensitive (keen) ear 2 [rum] inefficiently sound-proof[ed]
lykt||**a** lantern; lamp; light -**sken** lantern(lamp)-light -**stolpe** lamp-post
lymf||**a** lymph -**körtel** lymph[atic] gland
lymmel blackguard
lynch||**a** *tr* lynch -**ning** lynching
lynn||**e** temperament; disposition; [humör] humour, mood; *ett häftigt* ~ a hasty temper -**ig** *a* temperamental; subject to moods; capricious
1 lyr|**a**, *fånga* -*or* catch balls
2 lyr||**a** lyre -**ik** lyrics [pl.] -**isk** *a* lyric[al]
lys||**a** *itr* 1 shine; *hans ansikte* -*te av lycka* his face was lighted up with happiness 2 *det* -*er för* the banns are to be published for -**ande** *a* 1 luminous [*kropp* body]; bright 2 [bildl.] dazzling; [idé] brilliant; ~ *församling* illustrious assembly; *ett* ~ *undantag* a shining exception -**boj** ⚓ light buoy -**e** light -**kraft** luminosity -**mask** glowworm -**ning** banns [pl.] -**nings**|**present** wedding-present

lyssna *itr* listen [*efter* for]
lyst||en *a* voluptuous; greedy (covetous) [*efter* for] **-mäte**, *få sitt ~ av* have one's fill of **-nad** greediness &c
lystr||a *itr* pay attention [*på, till* to]; answer **-ing** response
lyte defect; deformity
lytt *a* maimed, crippled
lyx luxuriance; extravagance; *leva i ~* live in luxury **-artikel** [article of] luxury **-band** de luxe binding **-blankett** greetings-telegram form
låda box; case; [byrå-] drawer
låg *a* low; [bildl. äv.] base; mean
låg||a I flame; *svag ~* feeble light; *gå upp i -or* be entirely consumed by the flames; *stå i ljusan ~* be all ablaze **II** *itr*, *~ av* be burning with **-ande** *a* blazing, flaming, burning
låg||halt *a* badger-legged; *han är ~* he walks with a [slight] hitch in his gait **-klackad** *a* low-heeled **-kyrka -kyrklig** *a* Low Church **-land** lowland area **-länd** *a* low-lying **-mäld** *a* low-voiced; [bildl.] quiet, unobtrusive **-sinnad** *a* low(base)-minded; mean **-skor** low shoes **-t** *adv* low; basely, meanly **-tryck** low (minimum) pressure **-vatten** low water **-ättad** *a* jfr *hög-*
lån loan; *ett ~ från* a borrowing from; *till ~s* on loan **-a I** *tr itr* **1** borrow [*av* from] **2** lend [*åt* to] **II** *rfl* lend o.s. **-bibliotek** circulating-library
lång *a* **1** long; *lika ~a* of equal length; *det tar inte ~ tid* it won't take long; *sedan ~ tid tillbaka* for a long time past **2** [person] tall **-bent** *a* long-legged **-byxor** [long] trousers **-distans-** long-distance **-dragen** *a* protracted **-finger** middle finger **-fingrad** *a* long-(light-)fingered **-fredag**, *L-[en]* Good Friday **-färd** long expedition **-grund** *a* [strand] shelving; [vatten] shoaling **-hårig** *a* long-haired **-lagd** *a* long[ish] **-livad** *a* long-lived **-modig** *a* long-suffering, forbearing
lån|gods borrowed property
lång||promenad, *göra en ~* go for a [good] long walk **-randig** *a* [bildl.] longwinded, tedious **-rev** trot[line]
långsam *a* slow [*i* (*med*) in (at)] **-het** slowness **-t** *adv* slowly
lång||sida long side **-sint** *a* resentful **-skallig** *a* dolichocephalous **-skepp** [ark.] nave **-sluttande** *a* gradually sloping **-smal** *a* long and narrow **-sträckt** *a* of some length, longish **-synt** *a* long-sighted **-sökt** *a* far-fetched; strained **-t** *adv* **1** far; *gå ~* walk a long way; *gå för ~* [bildl.] go too far; *så ~* thus far; *~ framme* well to the front **2** [tid] *~ om länge* at long last; *ej ~ efteråt* not long afterwards **3** [grad] far [*bättre* better]
-tråkig *a* very tedious &c **-tur** = *-färd* **-varig** *a* long; lengthy (protracted) [discussion]; lingering [disease *sjukdom*] **-väga I** *a* from a [long] distance, long-distance **II** *adv*, *~ ifrån* from afar
lån||ord loan-word **-tagare** borrower, loanee
1 lår box; chest
2 lår [ben] thigh **-ben** femur, thigh-bone **-bens|brott** thigh-bone fracture **-bens|hals** neck of the femur
låring ⚓ quarter
lås lock; [på spänne, väska] clasp; snap; *gå i ~* lock **-a I** *tr* lock; *~ in* lock up; *~ upp* unlock **II** *rfl* get locked; get stuck **-smed** locksmith **-vred** lock-handle
låt sound; melody
låt|a I *itr* sound [*som* like]; *-er illa* makes a nasty sound; *det -er som om* from what one hears it seems as if **II** *tr*, *~ sitt liv* lay down one's life **III** *hjälpv* **1** let; allow, suffer [jfr *tillåta*]; *~ bli* leave (let) alone, [upphöra med] stop; *låt vara att* even though that, although; *~ ngt ske* suffer a th. to happen **2** [föranleda] make, have; *~ trycka boken* have the book printed; *~ vänta* keep waiting
låts||a *itr* = *-as* **-ad** *a* pretended &c; sham, mock; make-believe **-as** *dep* pretend, feign; *~ om ingenting* appear as if nothing were the matter; *~ vara likgiltig* affect indifference; *~ inte om det!* don't let on about it!
lä lee; *i ~* on the lee[ward] side; *i ~ för* sheltered from
läck *a* leaky; *springa ~* spring a leak **-a I** leak **II** *itr* leak, run out
läcker *a* dainty [*anrättning* dish]; delicious **-bit** dainty morsel **-gom** gourmet **-het** daintiness
läder leather; *av ~* leather **-artad** *a* leather-like, leathery **-bit** piece &c of leather **-hud** leather-skin, cutis **-lapp** = *fladdermus* **-rem** leather strap (belt); *~mar* leather strapping
läge situation; *i rätt ~* in [proper] position
lägenhet, 1 [båt- o. d.] opportunity; *med första ~* ⚓ by the first ship sailing **2** [våning] apartment, flat **3** *efter råd och ~* according to one's means
läger 1 bed **2** *slå ~* pitch [one's] camp; encamp **-eld** camp fire **-plats** camping-place
lägervall, *i ~* in a decadent state
lägg||a I *tr* put; lay [eggs]; [placera] place; *~ an* level one's gun; *~ an på* aim at; *~ bi* ⚓ lay (heave) to; *~ bort* drop; *~ för ngn ngt* help a p. to a th.; *~ ifrån sig* put (lay) down; *~ om* [förband] lay, put; *~ till* add

[on], ⚓ put in; ~ *till vid en kaj* put to at a quay; ~ *ut* lay out, ⚓ put off II *rfl* lie down, lay o.s. [down]; [gå till sängs] go to bed; [bildl.] abate; subside; die down; ~ *sig i* [*ngt*] interfere [with a th.] -ning [bildl.] disposition -spel [jig-saw] puzzle

läglig *a* opportune; timely; seasonable; [lämplig] suitable, convenient

lägra *rfl* encamp; [dimma &c] settle [down]

läg||re I *a* **1** lower **2** [sämre] inferior II *adv* lower **-re|stående** *a* on a lower level, of a lower standing **-st I** *a* lowest; ~*a möjliga pris* minimum price II *adv*, *som* ~ at its lowest

läk||a *tr* heal; [bota] cure **-ande** *a* healing; curative **-ar|behandling** medical treatment **-ar|besiktning** medical inspection **-ar|betyg** doctor's certificate **-are** doctor; medical man; physician; *praktiserande* ~ medical practitioner; *tillkalla* ~ call in a doctor **-ar|undersökning** medical examination **-ar|vård** medical treatment **-as** *itr dep* heal **-e|dom** healing **-e|kunnig** *a* with medical knowledge **-e|medel** medicine; drug **-kött**, *ha gott* ~ have flesh that heals readily

läkt [bygg.] [rock(tile)-]lath

1 läktare ⚓ lighter

2 läktare gallery; [utomhus] platform, stand

lämmel lemming

lämn||a *tr* **1** leave; [tjänst] give up **2** [räcka] hand; ~ *bistånd* give assistance; ~ *igen* return **-ing** relic; jfr *kvarleva*

lämp||a I *tr* **1** adapt; suit **2** ⚓ trim II *rfl* adapt (accommodate, suit) o.s. [*efter* to]; ~ *sig väl för* be well adapted to (suited for) **-ad** *a* adapted, suited **-lig** *a* suitable (fitting) [*ämne* subject]; fit [*sätt* way] **-lighet** suitability; fitness [*till* for] **-or**, *med* ~ by suavity

län province

länd loin; [på djur] hind quarters

lända *itr*, ~ *till ursäkt* serve as an excuse

längd 1 length; [människas] height; *av två mils* ~ of two miles in length; *i hela sin* ~ full length **2** [tid] duration; *i* ~*en* in the end, in the long run; *till nytta i* ~*en* of ultimate benefit **-hopp** long (wide) jumping **-löpning** flat-running(-race) **-mått** linear (long) measure

länge *adv* long; *både* ~ *och väl* no end of time; ~ *än* a long time yet; *på* ~ for a long time, for ever so long; *så* ~ *som* as long as; *för* ~ *sedan* a long while (time) ago **-sedan** *adv* long ago

längre I *a* **1** longer; *göra* ~ lengthen **2** [högre] taller **3** [utan jämför.] long[ish], lengthy II *adv* **1** [rum] farther, further; longer; *litet* ~ a little further; ~ *fram* further on **2** *finns inte* ~ does not exist any longer (more)

längs *prep* along **-efter** *prep* along

längst I *a* **1** longest; *i* ~*a laget* too long, if anything; *i det* ~*a* as long as possible, to the very last II *adv* **1** [tid] longest **2** [rum] farthest, furthest [*fram* forward]; ~ *nere, uppe på sidan* at the [very] bottom (head) of the page

längt||a *itr* long [*efter* for]; ~ *bort* long to get away; ~ *hem* long to go (be longing) home **-an** longing

länk link; [kedje-] chain **-a** *tr* chain [up]

läns *a* **1** ⚓ *pumpa* ~ pump dry; *ösa* ~ bail out **2** [bildl.] empty **-a I** *itr* ⚓ run [before the wind]; ~ *undan* scud before the sea (wind) II *tr* **1** =*pumpa läns* **2** empty (drain) [*på* of]

läns||fängelse **-lasarett** county gaol (hospital) **-man** =*landsfiskal* **-styrelse**, ~*n* the County-administration

län|stol arm-chair, easy chair

läns|väsen[de] feudal system

läpp lip; *hänga* ~ hang one's lip **-ja** *itr*, ~ *på* sip [at]; [bildl.] have a taste of **-smink** lip-rouge **-stift** lipstick

lär *hjälpv* **1** *han* ~ *vara* he is said to be **2** [torde] *han* ~ *nog* he is [very] likely to

lär||a I 1 doctrine; *den rätta* ~*n* the true faith **2** *gå i* ~ *hos* be apprenticed to II *tr* **1** [~ andra] teach [*franska* French; *att fäkta* fencing] **2** [~ sig] learn [*lydnad* obedience; *att läsa* how to read; *av* from]; *ha svårt för att* ~ be slow at learning; *lär av honom!* let him teach you! ~ *bort* give away III *rfl* learn [*latin* Latin]; ~ *sig uppskatta* grow to appreciate **-aktig** *a* ready (willing) to learn; docile; apt [*elev* pupil] **-are** teacher [*för* of; *i* of (in)]; instructor [*för* of]; [ss. yrke] schoolmaster **-arinna** lady (&c) teacher; schoolmistress **-d** *a* learned; *den* ~*a banan* the academic career; *den* ~*a världen* the commonwealth of learning; *de* ~*a* the learned, men of learning **-dom 1** learning; [great] erudition; scholarship **2** [*tjäna till* serve as a] lesson; *dra* ~ *av* draw instruction (derive wisdom) from **-doms|grad** academic degree

lärft linen

lärjunge pupil; disciple

lärk||a [sky]lark **-träd** larch[-tree]

lärling apprentice

läro||anstalt educational institution **-bok** text-book; school-book **-dikt** didactic poem **-fader** master; [kyrkl.] father of the Church **-rik** *a* instructive -rum, *på ~met* in the class-room -sal lecture-room -sats precept, thesis, doctrine -spån, *göra sina ~* make one's first attempts -stol [professor's] chair -säte seat of learning -verk school; high school; secondary school -år apprenticeship--year -ämne subject of instruction

läs||a *itr tr* 1 read [*för* to]; *lära sig ~* learn [how] to read; *~ igenom* peruse; *~ på sin läxa* prepare one's lesson; *har du -t tidningen?* have you seen the paper? 2 *~ sina böner* say one's prayers 3 *~ för* be given lessons (be taught) by; *gå och ~* [*för prästen*] be prepared for one's confirmation **-are** 1 reader 2 [relig.] pietist; Methodist **-art** reading, version **-bar** *a* readable

läse||bok reader; reading-book **-cirkel** reading(book)-circle(-club) **-krets** circle of readers; public **-ri** pietism, evangelicalism **-sal** reading-room

lä|sida ⚓ lee-side

läska I *tr* 1 [törst] quench; cool; [bildl.] refresh 2 [torka] blot, dry with the blotting-paper II *rfl* refresh o.s.

läs|kamrat fellow-confirmee

läsk||edryck refreshing (cooling) drink **-papper** [sheet (piece) of] blotting--paper

läs||kunnig *a* able to read **-lig** *a* legible, readable **-ning** 1 reading 2 [tolkning] reading, interpretation 3 [genom~] perusal

läsp||a *itr* lisp; speak with a lisp **-ning** lisp

läs|rum reading-room; [privat] study

läst [sko-] last **-a** *tr*, *~ [ut]* last

läs||värd *a* worth reading **-år** session, school-year

läte sound; [djur-] call, cry

lätt I *a* 1 [ej tung] light 2 slight [*förkylning* cold]; gentle [*förebråelse* reproach] 3 [ej svår] easy; *det är inte ~ att* it is no easy matter to; *ha ~ för matematik* be good at mathematics II *adv* 1 light; *helt ~* lightly 2 gently; slightly 3 easily; *såsom ~ inses* as will be readily understood 4 *man glömmer så ~* one is so apt to forget; *händer ~* is apt (liable) to happen (occur)

lätt||a I *tr* lighten; ease [*sitt samvete* one's conscience]; relieve [*trycket* the tension]; *~ sitt hjärta* unburden one's heart II *itr* 1 be (afford) a (some) relief 2 *~ på pungen* lighten one's purse 3 become (get) lighter 4 [stiga] rise **-ad** *a* lightened; [bildl.] eased, relieved **-antändlig** *a* [highly] inflammable **-are** I *a* 1 lighter 2 slighter 3 easier, more facile 4 [utan jämför.] *i den ~ stilen* of a light type; *en ~ förkylning* a slight cold II *adv* 1 more lightly (gently) 2 more easily **-ast** *a* 1 lightest &c 2 easiest &c **-bentyl** benzole mixture **-fattlig** *a* easily comprehensible; that is easy to understand **-fotad** *a* light--footed; jfr *fot* **-färdig** *a* frivolous, lightsome; of light morals, wanton **-hanterlig** *a* easy to handle **-het** 1 lightness, slightness 2 easiness; *med ~* with ease (facility)

lätt||ing idler, lazy man **-ja** laziness; idleness **-je|full** *a* slothful, indolent

lätt||ledd *a* easily guided; tractable **-na** *itr* become lighter; [bildl. äv.] lighten **-nad** relief **-rörd** *a* easily moved (stirred); emotional **-sinne** 1 [obetänksamhet] thoughtlessness, carelessness, recklessness 2 frivolousness, wantonness **-sinnig** *a* 1 reckless &c 2 wanton, loose **-smält** *a* easily digested, digestible; [bildl.] easy to swallow (stomach) **-stött** *a* [bildl.] touchy **-såld** *a* readily saleable **-sövd** *a*, *vara ~* be a light sleeper **-[t]rogen** *a* credulous **-vikt** light--weight class **-viktare** light-weight **-vindig** *a* 1 easily made; simple 2 [slarvig] easy-going, happy-go-lucky; casual

läx||a I lesson II *itr*, *~ upp ngn* read a p. a lesson **-läsning** preparation (learning) of lessons

löda *tr* solder; *~ igen* solder up

lödd||er lather; [fradga] foam, froth **-ra** *itr rfl* lather, cream **-rig** *a* lathery; *~ häst* foaming horse

löd||ig *a* standard [silver] **-lampa** blow--pipe, soldering-lamp **-ning** soldering

löfte promise [*om* of; *om att komma* to come, of coming]; *ta ~ av* exact a promise from **-s|brott** breach of [a, one's] promise (of faith) **-s|rik** *a* full of promise, promising

lögn lie; *det är ~!* a blatant lie! **-aktig** *a* lying; mendacious **-are** liar

löja bleak, alburn

löj||e smile; [brett] grin; *väcka ~* arouse ridicule; *bli till ~* become a source of merriment **-e|väckande** **-lig** *a* ridiculous, ludicrous; [lustig] funny; *göra en ~ figur* cut a ridiculous figure **-lig|het** ridiculousness &c; absurdity

löjtnant lieutenant

lök 1 [blomster-] bulb 2 onion

lömsk *a* insidious [*förtal* slander]; sly (wily, crafty) [*uppsyn* look]; *ett ~t överfall* an attack from behind

lön 1 reward 2 [betaln.] wages [pl.]; *ha . . i fast ~* have a fixed salary of . .; *vid ~ fästes mindre vikt* salary no object **-a** I *tr* 1 reward, requite; *~ mödan* be worth while 2 = *av~* II *rfl* pay; *det ~r sig inte* it doesn't pay

[*att* to], it is no use [*att du gör det* your doing it] **-ande** *a* profitable; remunerative [*arbete* work] **-e|anspråk** wage-demands, expectations as to salary **-e|förhöjning** rise of salary (wages) **-e|grad** salary-class **-e|villkor** wage-conditions **-lös** *a* **1** wageless; unpaid **2** [obelönad] unrewarded **3** [gagnlös] useless, futile
lönn maple[-tree]
lönn||brännare illicit distiller **-dom**, *i* ~ secretly, clandestinely **-dörr** secret door **-gång** hidden passage **-krog** (**-krögare**) unlicensed gin-shop (gin-shop-keeper) **-lig** *a* secret &c; underhand **-mord** assassination **-mörda** *tr* assassinate **-mördare** assassin **-rum** secret chamber
lön|tagare salaried person; official; [arbetare] wage-earner
löp||a *itr* **1** run; *ni -er ingen fara* you are in no danger; ~ *risk[en]* run the risk **2** [sträcka sig] run; extend **-ande** *a* [hand.] running [*räkning* account]; [ärende] current **-are** **1** runner **2** [schack.] bishop **-e** rennet **-eld**, *som en* ~ like [a] wildfire **-grav** ⚔ sap **-ning** **1** running, race **2** [mus.] run, roulade **-sedel** [newspaper] placard, [news-]bill
lördag Saturday **-s-** Saturday
lös **I** *a* **1** loose; movable [*redskap* implement] **2** running [*smör* butter]; ~ *mage* relaxed bowels **3** ~*a pengar* small change; ~*a seder* loose (lax) morals; ~ *kärleksförbindelse* irregular intimacy; *ett* ~*t påstående* a casual (haphazard) statement **-a** *tr* **1** untether, unloose; ~ *en hund* unleash a dog; ~ *ngn från hans löfte* release a p. (set a p. free) from his promise **2** [göra -are] loose; loosen **3** dissolve [*i vatten* in water] **4** [problem] solve **5** ~ *upp* untie, undo **-aktig** *a* loose, dissolute **-ande** *a*, ~ [*medel*] laxative **-arbetare** casual labourer **-drivare** vagrant, vagabond **-driveri** vagrancy **-egendom** personal estate (property)
lös||en **1** [på brev] postage due; *en med* ~ *belagd* a[n] . . stamped 'insufficiently prepaid' **2** ⚔ password; [allm.] watchword **-e|penning** ransom
lös||fläta false plait **-giva** *tr* release, set free (at liberty) **-gom** artificial palate **-göra** **I** *tr* **1** [ngn] set free, release **2** detach, unfasten **II** *rfl* set o.s. free, free (emancipate) o.s. **-hår** false hair **-häst** **1** loose (led) horse **2** [bildl.] gentleman without lady; gentleman at large **-kokt** *a* lightly (soft-)boiled **-krage** [loose] collar **-lig** *a* **1** [i vätska] soluble, dissolvable **2** [slapp] lax, slack, loose **-manschett** loose cuff **-mynt** *a* talkative, loquacious; [skvalleraktig] blabbing, gossiping **-ning** solution; *gåtans* ~ the key to the riddle **-nummer** single copy **-riven** *a* torn off; detached **-ryckt** *a* torn loose; ~*a ord* disconnected (isolated) words **-släppt** *a* let loose; *en* ~ *fantasi* an unbridled imagination **-t** *adv* loosely, loose **-tagbar** *a* detachable **-tand** false teeth **-öre** personal estate (property); chattels
löv leaf **-a** *tr* adorn (deck) with leafy branches **-as** *dep* leaf, leave; burst into leaf **-fällnings|tid** defoliation-period(-time) **-koja** queen's stock, purple gillyflower **-mask** caterpillar **-rik** *a* leafy; full of leaves **-ruska** bough **-sal** arbour, bower **-skog** wood of foliiferous trees, leafy wood **-spricknings|tid** leafing-time **-såg** fretsaw **-sångare** willow warbler **-trä** leaf-wood **-träd** broadleaf tree; leafy (foliage-)tree **-verk** leafage, leafy network, foliage

M

madonnabild Madonna
madrass mattress **-era** *tr* pad
magasin **1** storehouse; warehouse; [skjul] shed **2** [butik] shop **3** [tidskr.] magazine **-era** *tr* store up
mage stomach; *ligga på* ~*n* lie on one's face; *ha dålig* ~ suffer from a bad digestion; *ont i* ~*n* a pain in one's stomach
mager *a* **1** lean; [pers.] thin **2** [bildl.] meagre; ~ *kassa* slender purse **-lagd** *a* rather lean (&c), on the lean side
mag||grop pit of the stomach **-gördel** belly-band, stomacher
mag||i magic **-isk** *a* magic[al]
mag||ister **1** schoolmaster **2** *filosofie* ~ Master of Arts (M. A.) **-istrat** [body of] borough administrators
mag||katarr gastric catarrh; gastritis **-mun** orifice of the stomach
magnat magnate; grandee
magnet magnet **-apparat** magneto **-isera** *tr* magnetize **-isk** *a* magnetic **-tändning** magnet ignition
magnifik *a* magnificent; grand, splendid
mag||plågor stomach (gastric) pains **-pumpa** *tr*, ~ *ngn* empty a p.'s stomach of its contents
magra *itr* become thin[ner], lose flesh
mag||saft gastric juice **-sur** *a* [bildl.] sour-tempered, sardonic **-syra** acid-

ity in the stomach; [bildl.] sourness of temper **-sår** gastric ulcer **-säck** stomach
mahogny mahogany
maj May **-blomma** May-Day flower
majestät majesty; *Hans, Ers* ~ His, Your Majesty **-isk** *a* majestic[al]
majonnäs mayonnaise
major major **-itet** majority **-s|grad** major's rank, majorship
majs maize, Indian corn **-ena** corn-flour **-flingor** corn-flakes **-kolv** ear of maize
maj|stång maypole
mak, *i sakta* ~ at an easy[-going] pace
1 maka **I** *a* .. to match, that are fellows **II** wife; *hans äkta* ~ his wedded wife
2 maka **I** *tr itr*, ~ [*på*] move, shift; ~ *åt sig* make room **II** *rfl* move (shift) o.s.
makadam road-metal, macadam
maka|lös *a* matchless, unmatched; incomparable
makaroner macaroni
mak|e **1** fellow, pair **2** [like] match, equal; *jag har aldrig hört på ~n!* I never heard the like! well, I never! **3** [äkta ~] husband; *äkta -ar* husband and wife, married couple
maklig *a* easy-going; lazy
makrill mackerel
makt power; *bruka* ~ use force; *bruka sin* ~ use one's power; *med all* ~ with all one's might; *ha ordet i sin* ~ have words at one's command; *sitta vid ~en* hold (be in) power **-lysten** *a* greedy for power **-lös** *a* powerless **-påliggande** *a* carrying responsibility; [viktig] [all-]important
makul||atur waste paper, spoilage **-era** *tr* [förstöra] destroy
mal moth
mala *tr* grind
malaj **-isk** *a* Malay[an]
malaria malaria
mall [rit~] curve
malm ore **-berg** metalliferous rock
mal|pulver anti-moth powder
malström Maelstrom
malt malt **-dryck** liquor
malva mallow
mal|äten *a* moth-eaten; [bildl.] threadbare
malört wormwood; ~ *i glädjebägaren* a fly in the ointment
mamma mamma, F **ma**
mammon mammon **-s|träl** slave of mammon
mammut mammoth
1 man [häst-] mane
2 man **I 1** man; *som en* ~ to a man; ~ *och* ~ *emellan* from one to another **2** [make] husband **II** *pron* one, you, we; ~ *kan aldrig veta* one never knows; ~ *trodde förr* people used to think; ~ *påstår* they say
mana *tr itr* call upon; ~ *till efterföljd* invite imitation
manbar *a* pubescent **-het** manhood; pubescence
manchester|sammet fustian
mandarin **1** mandarin **2** [frukt] mandarin[e], tangerine
mandat [uppdrag] commission; mandate; *behålla sitt* ~ retain one's seat
mandel **1** [frukt] almond **2** [anat.] tonsil **-blom** almond-blossoms [pl.] **-kvarn** almond-mincer **-massa** almond icing
mandolin mandoline
mandom manhood; virility
maner = *sätt, uppträdande*
manet jelly-fish, medusa
mangan manganese **-syr|ad** *a*, **-at** *salt* manganate
mangel mangle **-bod** mangle-house **-duk** mangling-sheet
mangl||a *tr* mangle **-ing** mangling
man||grant *adv* to a man **-haftig** *a* manly; mannish [*kvinna* woman]
mani mania
manikyr manicure **-era** *tr* manicure
maning exhortation
manipulera *tr* manipulate
manke withers [pl.]; *lägga ~n till* put one's shoulder to the wheel
mankera **I** *itr* fail [to turn up] **II** *tr*, ~ *ngn* fail a p., let a p. down
man||kön male sex **-lig** *a* male; manly (virile) [character] **-lighet** manliness, virility **-ligt** *adv* like a man, manfully
1 manna *tr*, ~ *reling* man the bulwarks
2 manna manna **-gryn** manna-croup
manna||minne, *i* ~ in (within) living memory **-mod** manly courage (&c); prowess **-mån**, *utan* ~ without any favouring **-ålder** age of manhood
mannekäng mannequin; model
manschett [sleeve] cuff **-knapp** cuff-stud(link)
man||sdräkt male attire **-s|göra** men's work **-s|hög** *a* as tall as a man **-skap** men; ⚔ crew **-s|kör** male choir **-spillan** loss of men **-stark** *a* strong in number[s] **-s|tukt** [military] discipline **-s|ålder** generation
mantal assessment unit of land **-s|längd** schedule of population **-s|skriva** *tr* register for census purposes **-s|skrivning** registration for &c
mantel **1** cloak, mantle **2** ⊕ jacket
manufaktur||affär draper's shop **-varor** drapery [sing.]
manuskript manuscript
manöv||er manœuvre; [övning] exercise, drill **-rera** *tr itr* manœuvre; ⚓ steer; [bildl.] handle, manage
mapp [hand.] file, folder

mara nightmare
mardröm nightmare dream
mareld seafire
margarin margarine
marginal margin **-anteckning** marginal note
marin I 1 naval establishment, navy **2** [konst.] marine, seascape **II** *a* marine **-ad** marinade, pickle **-attaché** naval attaché **-blå** *a* navy (marine) blue
marionett marionette, puppet **-[t]eater** puppet-show
1 mark 1 [mynt] mark **2** [spel] counter, marker
2 mark ground; *ta* ~ land; *på svensk* ~ on Swedish soil
mar|katta long-tailed monkey; [bildl.] ogress
marker||a *tr* mark; [spel] score **-ad** *a* marked (clear-cut) [*drag* features] **-ing** indication, marking
marketent||eri canteen-keeping; [lokal] canteen **-erska** [woman] canteen-keeper
1 markis [mot solen] sun-blind
2 markis marquess **-inna** marchioness
marknad market; [mässa] fair **-s|dag** Fair-day
markör marker
marmelad 1 [konfekt] pressed fruit conserve **2** marmalade **-burk** marmalade-jar
marmor marble; *av* ~ marble **-block** block of marble **-era** *tr* marble, vein **-skiva**, *ett bord med* ~ a marble-topped table
marock||an Moroccan **-ansk** *a* Morocco **M-o** *npr* Morocco
marokäng morocco [leather]
mars March
marsch I *adv* march! **II** march **-era** *itr* march **-order** marching-order **-takt** ⚔ marching-step
marsipan marzipan, marchpane
marskalk 1 usher; [bröllops-] best man **2** ⚔ marshal
mar|svin guinea-pig
marter torments, tortures **-a** *tr* torment, torture
martin|järn ⊕ open-hearth-iron
martyr martyr **-död**, *lida* ~*en* suffer the death of a martyr **-ium** martyrdom
mar|vatten, *ligga i* ~ be waterlogged
maräng meringue **-bakelse** meringue
1 mask [zool.] worm, maggot
2 mask [ansikts-] mask
1 maska *itr* pretend to work
2 maska I [stick-] mesh **II** *tr*, ~ *ihop* mesh together; ~ *upp* unravel
mask||era *tr* mask **-erad** masquerade, masked ball **-ering** [teat.] make-up
mask|form -ig *a* vermiform
maskin machine; [större] engine; *full* ~ full speed **-ell** *a* mechanical **-eri** machinery **-gjord** *a* machine-made **-hall** engine-house **-ist** engine-man; ⚓ engineer **-skriven** *a* typewritten **-skriverska** typist, typewriter **-skrivning** typewriting, typing **-styng** sewing-machine stitch
maskopi, *i* ~ in collusion
mask||ros dandelion **-stungen** *a* worm-holed(-eaten), wormy
maskulin *a* masculine; male **-um** masculine
massa 1 mass **2** = *mängd; en* ~ a lot [of]; *den stora* ~*n* the [great] crowd, the multitude **3** [gröt] pulp
massage massage
massak||er massacre **-rera** *tr* massacre; [lemlästa] mutilate, mangle
mass|artikel mass-product
massera *tr* massage
mass|fabrikation large-scale manufacture
massiv I *a* solid, massive **II** massif
mass||korsband bulk mail **-mord** massacre **-vis** *adv* in masses
massör masseur
mast mast **-korg** top
mas|ugn blast-furnace
masur|björk curly-grained birch
mat food; ~ *och husrum* board and lodging **-a** *tr* feed **-bit** bite (morsel) of food **-bord** dining-table
matemat||ik mathematics **-iker** mathematician **-isk** *a* mathematical
materi||a matter **-al** material **-alist** materialist **-e** matter **-ell** *a* material
mat||förgiftad *a* poisoned by food that has gone bad **-gäst** table-boarder **-hållning** catering **-jord** vegetable mould **-lag** mess **-lagning** cooking; preparing of food **-lukt** smell of food **-lust** appetite **-mor** mistress **-nyttig** *a* suitable as food **-olja** table-oil **-ordning** dietary **-os** = *-lukt*
matrikel list (roll) [of members]
matrona matron
matros sailor; seaman **-kostym** sailor-suit
mat||rätt dish **-sal** dining-room **-sedel** bill-of-fare, menu **-servering** eating-house, dining-rooms **-sked** table-spoon; *en* ~ . . a table spoonful of . . **-smältning** digestion **-strupe** œsophagus **-säck** provisions; food
1 matt, *schack och* ~*!* check and mate!
2 matt I *a* **1** faint [*av* from]; feeble [*försök* effort]; dull (spiritless) [*framställning* description] **2** [ej blank] mat, dead; dull, lustreless
1 matta carpet
2 matt||a *tr* weaken, enfeeble **-as** *itr dep* become (grow) weak[er]
matt|belagd *a* carpeted
matt||het -ighet feebleness
mat||varor articles of food; provisions,

eatables **-varu|affär** provisions-shop **-vrå** dining-recess
mauser|gevär Mauser rifle
mausoleum mausoleum
maxim||al *a* maximal **-i|belopp** maximum amount **-um** maximum
mecenat Mæcenas
1 med [kälk-] runner
2 med I *prep* with; ~ *bläck* in ink; ~ *våld* by force; *tala* ~ *varandra* talk to each other; *sysselsatt* ~ *att läsa* engaged in reading **II** *adv* too, also, as well; *och det är jag* ~ and so am I
medalj medal [*över* in memory of] **-era** *tr* award a medal to, bestow a medal on **-ong** medallion **-utdelning** presentation of medals **-ör** medallist
medan *konj* **1** [tid] while **2** [då däremot] while, whilst; whereas
medarbetare fellow-(co-)worker; [i tidn.] contributor, [anställd] [staff-] journalist
med||borgare citizen **-borgarrätt** citizenship, civic rights [pl.] **-borgerlig** *a* civic; *~t förtroende* [possession of] civil rights **-broder** brother **-brottsling** accomplice
meddel||a I *tr* communicate, impart; ~ *ngn ngt* inform a p. of a th.; ~ *sina villkor* state one's conditions; *vi få härmed* ~ *att* we beg herewith to inform you that **II** *rfl* communicate, converse; correspond **-ande** communication; *närmare ~n* further particulars; *jag har fått* ~ *om* I have been notified (apprised) of **-sam** *a* communicative
medel means; *av brist på* ~ from lack of means (of the wherewithal); *egna* ~ means of one's own, private means
medel||distans medium distance **-europeisk** *a*, ~ *tid* Central European time **-god** *a* of medium quality; middling **M-havet** the Mediterranean [Sea] **-klass**, *~[en]* the middle classes **-linje** median [line] **-längd** medium (average) length
medellös *a* without (destitute of) means; impecunious **-hets|intyg** want-of-means attestation
medel||måtta 1 *under, över ~n* under (above) the average **2** [pers.] *en* ~ a [mere] mediocrity **-måttig** *a* medium, average; [tadlande] middling, mediocre **-punkt** centre [*för* of]; focus
medelst *prep* by [means of]; through
medel||stor *a* medium-sized; of medium (middle) size **-tal** average; mean; *i* ~ on an (the) average **-tid** medieval period; *~en* the Middle Ages **-våg**, *en* ~ a middle course (way) **-ålder 1** mean (average) age **2** middle life (age); *över ~n* past middle age **-ålders** *a* middle-aged
med||faren *a*, [*illa*] ~ badly worn **-född** *a* inborn; innate [*stolthet* pride]; native [*livlighet* vivacity] **-föra** *tr* take (bring) with one; [bildl.] bring in its train; be accompanied by; ~ *dröjsmål* cause delay **-giva** *tr* **1** grant **2** [erkänna] admit, own, confess **-givande** allowing, consenting; *allmänt* ~ general consent **-gång** prosperity **-görlig** *a* accommodating (obliging) [*mot* to]; *vara* ~ be amenable **-hjälpare** co-operator, [fellow (co-)]assistant **-håll** support; *få* ~ meet with approval
medicin medicine **-al|styrelse**, *M~n* the [Royal] Medical Board **-al|växt** medicinal (officinal) herb **-are** medical student **-e**, ~ *doktor* doctor of medicine; ~ *kandidat* M. B., bachelor of medicine **-era** *itr* take medicine[s] **-sk** *a* medical
medikament medicine **-skåp** medicine chest
med|känsla fellow-feeling, sympathy
medl||a *itr* mediate; arbitrate, negotiate **-are** mediator
medlem member **-s|avgift** membership fee **-skap** membership **-s|kort** member's card
medlid||ande compassion [*med* for]; *ha* ~ *med* take pity on **-sam** *a* compassionate; pitying [*löje* smile]
medling mediation
med||ljud consonant [sound] **-människa** fellow-creature(-being) **-resande** fellow-traveller **-ryckande** *a* inspiriting **-räkna** *tr* include **-sols** *adv* with the sun, clockwise **-spelare 1** [teat.] fellow-actor **2** partner **-sökande** rival applicant **-tagen** *a* tired out (done up) [*av* with] **-tävlare** rival; [fellow-]competitor [*om* for] **-verka** *itr* co-operate; [bidraga] contribute [*till* towards]; assist [*vid* at] **-verkan** co-operation; [bistånd] assistance, support **-vetande** consciousness **-veten** *a* conscious; *vara* ~ *om* be aware of **-vets|lös** *a* unconscious **-vind** fair (favourable) wind; *ha* ~ be sailing before the wind **-ömkan** commiseration
meja *tr* mow
mejer||i dairy **-i|hantering** dairying **-ist** dairy-manager
mejram sweet majoram
mejs||el chisel **-la** *tr* chisel
mekan||ik mechanics **-iker** mechanician; mechanic **-isera** *tr* mechanize **-isk** *a* mechanical **-ism** mechanism
melankol||i -isk *a* melancholy
melass molasses
melerad *a* mixed
mellan *prep* between; [igenom] through; *välja* ~ [flera] choose among **-akt** interval **M-europa** Central (Mid-) Europe **-foder** interlining, inner lining

-folklig *a* international **-gift,** *i* ~ as a balance **-gärde** diaphragm **-hand** middleman; *genom flera -händer* through several middlemen's hands **-havande** account; *de ordnade sitt* ~ they arranged (settled) the [matter in] dispute **-landning** intermediate landing **-liggande** *a* in between, interjacent **-mål** snack [between meals] **-rum 1** room between [two others], intermediate room; ~ *mellan raderna* intervening space between the lines **2** [tid] interval **-spel** interlude **-tid** = *-rum 2* **-ting,** *ett* ~ *mellan* a mixture between.. **-vikt** middle weight **-öra** middle [compartment of the] ear
mellerst *a* **1** middle; *den ~a* the middle one **2** [geogr.] centre, middle
melo||di melody; *en* ~ a tune, an air **-disk** *a* melodious; melodic **-dram** melodrama
melon melon **-skiva** slice of melon
memo||arer [pl.] memoirs **-randum** memorandum **-rera** *tr* commit to memory, memorize
1 men I *konj* **1** but; yet, still **II** *många om och* ~ a lot of ifs and ans
2 men detriment; prejudice; *vara till* ~ *för* prejudice; *utan* ~ without any evil consequences
mena *tr itr* **1** think, suppose; be of [the] opinion; *jag ~r det* I should think so **2** [åsyfta] mean, intend
menageri menagerie; wild-beast show
menande *a* meaning; significant
mened perjury; *begå* ~ swear a false oath, commit perjury **-are** perjurer
menig ⚔ private **-het** community; [bibl.] congregation
mening 1 [åsikt] opinion (idea) &c [*om* about, as to, on] **2** [avsikt] intention, purpose, object **3** *i god* ~ in a good sense; *i viss* ~ in a sense **4** [gram.] sentence; clause **-s|lös** *a* meaningless; senseless; *det vore ~t* it would be futile (of no avail)
men||lig *a* injurious, detrimental, noxious **-lös** *a* innocent, guileless, harmless; ~ *som ett barn* as simple[-hearted] as a child
menstruation menses, menstruation
mentalitet mentality
menuett minuet
mer||[a] I *a* more; a greater amount of; *desto* ~ all the more; *jag kan inte göra* ~ I can do no more; *ingen* ~ *än han* no one else besides him, nobody but him **II** *adv,* ~ *eller mindre* more or less; ~ *hatad än fruktad* hated rather than feared; *långt* ~ far more; *inte* ~ *än rättvist* only (but) fair **-endels** *adv* usually, generally
meridi||an meridian **-onal** *a* meridional
merit merit; qualification **-era** *tr rfl* qualify [o. s.]
merkantil *a* commercial
1 mes 1 [zool.] tomtit, titmouse **2** *F* faint-hearted fellow, coward
2 mes [bärställn.] knapsack-carrier
mesan ⚓ mizzen **-mast** mizzen-mast
mes|ost whey-cheese
mest I *a* most; *~a tiden* most of the time; *för det ~a* for the most part **II** *adv* most; *som folket är* ~ exactly like the generality (general run) of people **-a|dels** *adv* mostly, for the most part
meta *itr* angle, fish
meta||for metaphor **-fysik** metaphysics
metall metal **-arbetare** metal-worker **-glans** metallic lustre (sheen) **-isk** *a* metallic **-ografi** metallography **-urgi** metallurgy **-varor** metal goods, metalware [sing]
metamorfos metamorphosis [pl. -phoses]
meteor meteor **-it** meteor[ol]ite **-olog** meteorologist **-ologi** meteorology
meter metre, meter **-hög** *a* a (one) metre high (in height) **-skala** metric scale **-system** metric system **-vis** *adv* by the metre
met||krok fish-hook **-mask** angling-worm
metod method **-isk** *a* methodical **-ist** Methodist
met|rev fishing-(angling-)line
metr||ik metrics, metrical composition **-isk** *a* metrical
metropol metropolis; capital
met|spö fishing-rod
metvurst German sausage
mexikansk *a* Mexican
mickel, *M~ räv* Reynard the Fox
middag 1 [tid] noon; midday, middle-day; *god ~!* good afternoon **2** dinner **-s|höjd** meridian altitude; [bildl.] meridian **-s|mål** midday meal; dinner **-s|tid,** *vid ~[en]* at (about) noon (dinner-time) **-s|upplaga** noon (midday) edition
mid||fastosöndag, *~en* mid-Lent Sunday **-ja** waist **-natt** midnight **-natts-tid** the dead of night **-skepps** *adv* amidships **-sommar** midsummer[-time] **-sommar|afton** Midsummer Eve **-vinter** midwinter
mig *pron* **1** me **2** [rfl.] myself
migrän migraine
mikro||fon microphone **-skop** microscope
mil [Swedish] mile
mild *a* mild, soft, gentle **-het** mildness &c **-ra** *tr* mitigate [*smärta* pain]
mil||is militia **-itarism** militarism
militär I 1 military force[s]; *~en* the Army **2** military man; soldier **II** *a* military **-isk** *a* military; soldier-like **-läkare** Army doctor
miljard milliard **-är** milliardaire

miljon million **-är** millionaire
miljö milieu; environment
milli||gram milligramme **-meter** millimetre
mil||sten milestone **-stolpe** mile-post; [bildl.] landmark **-s|vitt -tals** *adv*, *~ omkring* for miles around
mim||ik play of features **-isk** *a* mimic
1 min my; [självst.] mine; *de ~a* my people
2 min air, expression; *road ~* amused look; *göra fula ~er* pull an ugly face; *hålla god ~* keep one's countenance
mina mine
mindervärdig *a* inferior **-het** inferiority **-hets|komplex** inferiority complex **-hets|känsla** sense of inferiority
minderårig *a* [of] under fifteen; *~ son* young son
mindre I *a* **1** smaller; *M~ Asien* Asia Minor **2** *på ~ tid än* in less time than; *~ besvär* less trouble **3** [utan jämför.] small; slight, inconsiderable; *~ svårigheter* minor difficulties **II** *pron* less; *icke ~ än* no less than **III** *adv* less; *så mycket ~ som* the less so as **-tal** minority
mineral mineral **-haltig** *a* containing mineral[s] **-vatten** mineral water
min||ering mining; *verkställa ~ar* ⚔ lay mines **-fara** danger from [submarine] mines **-fartyg -fält** minefield
miniatyr miniature **-målare** miniaturist, miniature-painter **-målning 1** miniature-painting **2** [konkr.] miniature
minim||al *a* exceedingly small; *av ~t värde* of minimum importance (value) **-i|lön** minimum salary **-um** minimum
minist||er minister; [statsråd] secretary [of State] **-erium** ministry **-är** ministry
minn|as *dep* remember, recollect, recall; *om jag ej -s fel* if I am not mistaken
minne 1 memory; *ha (hålla) i ~t* keep (bear) in mind **2** *med ngns goda ~* with a p.'s approval (consent) **3** [hågkomst] memory, remembrance; *ett angenämt ~* a pleasant recollection (remembrance); *till ~ av* in memory (&c) of **4** [konkr.] remembrance, souvenir, keepsake **-s|beta**, *en ~* something to remember **-s|god** *a* loyal in remembrance **-s|märke** memorial [*över* to, of] **-s|rik** *a* abounding in memories **-s|teckning** biography **-s|värd** *a* memorable [*för* to], worth remembering
minoritet minority
minsann *itj* upon my word!
minsk||a I *tr* reduce [*med* by]; diminish, decrease, lessen **II** *itr* grow (become) less; diminish, decrease; *~ i vikt* go down [in weight] **-as** *itr dep* = *-a II* **-ning** reduction, diminution, decrease
min|spel play of features
minst I *a* smallest; *inte ~a aning om hur* not the least (slightest, faintest, remotest) idea [as to] how; *i ~a detalj* in the minutest detail; *till ~a möjliga kostnad* at a minimum cost **II** *pron* least; *icke det ~a* not [in] the least [degree] **III** *adv* least; *allra ~* least of all; *~ sagt* to say the least
min|svepning minesweeping
minus minus; *termometern står på ~* the thermometer is below zero
minut 1 minute; *på ~en* to the minute **2** *köpa i ~* buy [by] retail **-handel** retail trade **-visare** long (minute-) hand
mirak||el miracle **-ulös** *a* miraculous
mis||antrop misanthrope **-erabel** *a* wretched, miserable
miss miss **-a I** *tr* miss, fail to hit **II** *itr* miss one's shot (aim)
miss||aktning disrespect; disdain **-belåten** *a* displeased [*med* at] **-bildad** *a* malformed, misshapen **-bruk** misuse; abuse **-bruka** *tr* put to a wrong use, misuse; [vanhelga] profane; *~ sin ställning* abuse one's position **-dådare** malefactor; evil-doer **-fall** miscarriage, abortion; *få ~* have a miscarriage **-firma** *tr* abuse, insult **-foster** monster, abortion **-förhållande 1** disproportion, disparity **2** unsatisfactory state of things **-förstå** *tr* misunderstand **-förstånd** misunderstanding **-grepp** blunder **-gynnad** *a* unfairly dealt with **-gärning** evil deed **-hag** displeasure **-haga** *tr* displease **-handel** maltreatment, bodily harm **-handla** *tr* maltreat; ill-treat, knock about **-hugg**, *i ~* by mistake **-hällighet** discord, dissension
mission mission; *~en* missions **-s|hus** mission-hall; chapel **-s|station** missionary station **-är** missionary
miss||kläda *tr* be unbecoming to **-klädsam** *a* unbecoming **-kund** = *förbarmande* **-känd** *a* misjudged **-leda** *tr* mislead **-ljud** jarring sound, dissonance **-lyckad** *a* unsuccessful; *vara ~* be a failure **-lyckande** failure **-lyckas** *itr dep* fail to (not) succeed; prove unsuccessful **-lynt** *a* out of humour **-mod** down-heartedness; dejection [of spirits] **-modig** *a* down-hearted, dejected, depressed **-nöjd** *a* dissatisfied; displeased **-nöje** dissatisfaction (discontent; displeasure) [*över* at] **-prydande** *a* disfiguring **-riktad** *a* misdirected; misapplied [energy]
miss|roman sentimental novel
miss||räkna *rfl* make a mistake in one's calculation[s] **-räkning** dis-

appointment -tag mistake; *av* ~ by mistake -ta[ga] *rfl* make a mistake, be mistaken -tanke suspicion -tro I distrust [*mot* of] II *tr* distrust, mistrust -trogen *a* distrustful [*mot* of] -trösta *itr* despair [*om* of] -tröstan despair; despondency -tröstande *a* despairing, despondent -tycka *itr tr* take it amiss -tyda *tr* misinterpret -tänka *tr* suspect -tänklig|göra *tr* cast suspicion upon -tänksam *a* suspicious [*mot* of] -tänksamhet suspiciousness -tänkt *a* suspected; *en* ~ *person* a suspect person -unna *tr* [be]grudge -unnsam *a* envious -uppfatta *tr* misunderstand; misapprehend -uppfattning misunderstanding, misapprehension -visande *a* misleading -växt failure of the crop -öde mishap, misadventure

mist||a *tr* lose -e *adv* wrong; *gå* ~ *om* miss; *ta* ~ *på ngn* mistake a p. for someone else

mistel mistletoe

mist|lur ⚓ fog-horn

misär destitution; penury

1 mitt se *1 min*

2 mitt I middle; *i* ~*en* in the middle II *adv*, ~ *emellan* half-way between; ~ *emot* straight (right) opposite; ~ *i* (*på*) in the middle of; ~ *ibland* in the midst of; ~ [*fram*]*för* straight (right) in front [of] -bena middle-parting; *ha* ~ have one's hair parted in the middle -erst *a* most central -linje median line

mixtra *itr*, ~ *med* potter with

mjugg, *i* ~ covertly

mjuk *a* soft; [friare] gentle [*anslag* touch]; supple [*knän* knees]; [smidig] pliable, flexible; *göra* ~ soften -na *itr* soften, become soft[er]

mjäkig *a* milk-and-watery, mawkish

1 mjäll dandruff, scurf

2 mjäll *a* transparently white

mjält||e spleen -hugg stitch in the (one's) side -sjuk *a* splenetic; [bildl.] hypochondriac -sjuka [bildl.] spleen, melancholia

mjöd mead

mjöl flour; [friare] meal -a *tr* flour, sprinkle over with flour -dagg mildew -ig *a* mealy

mjölk milk -a *tr* milk -bud milkman, milk-girl -butik milkshop -droppe drop of milk -e [zool.] milt, soft roe -ning milking -nings|maskin milk[-ing]-machine -socker milk-sugar -syra lactic acid -tand milk-tooth; shedding tooth -vit *a* milky white

mjölnare miller

mjölon bearberry

mjöl||rätt farinaceous dish -säck flour-(meal)-sack -välling barley-meal gruel

mo sandy plain (heath)

mobb mob

mobiliser||a *tr itr* mobilize -ing mobilization

mockasin mocassin

1 mod courage; bravery; *tappa inte* ~*et!* don't lose heart; *vara vid gott* ~ be in good spirits; *till* ~*s* in spirit

2 mod fashion; style, mode; *på* ~*et* fashionable; *komma ur* ~*et* go (get) out of fashion

modal *a*, ~*t hjälpverb* auxiliary of mood

modd slush

mode||affär millinery (milliner's) shop -artikel fancy article -journal fashion-paper(-magazine)

modell model; [mönster] pattern -era *tr itr* model -flyg model-aeroplane-flying -klänning pattern dress

moder mother; [maternal] parent

moder||at *a* moderate; [pris] reasonable -ation moderation -era *tr* moderate

mode|riktning fashion trend

moder||land mother country, motherland -lig *a* motherly; maternal -ligt *adv* in motherly fashion

modern *a* modern; [aktuell] up-to-date; [kläder] fashionable -isera *tr* modernize -itet modernity

moder||näring primary (basic) industry (&c) -s|famn, *i* ~*en* in the maternal embrace -skap mothership; motherhood, maternity -s|mjölk, *med* ~*en* with one's mother's milk -s|mål mother tongue

mode||salong milliner's establishment -tecknare fashion-plate designer

modfälld *a* discouraged, daunted

modifi||era *tr* modify -kation modification; *en sanning med* ~ a [not un-] qualified truth

modig *a* courageous, brave, plucky

modist modiste, milliner

modlös *a* dispirited, down-hearted

modus mood

mog||en *a* ripe; [bildl.] mature -enhet ripeness; maturity -na *itr* ripen, grow ripe; [bildl.] mature, come into maturity -nad ripeness; [bildl.] maturity

mojna *itr* ⚓ fall [light], lull

molekyl molecule

1 moll, *gå i* ~ be tuned in the minor key; *h*~ B minor

2 moll [tyg] mull, light muslin

mollskinn moleskin

mollusk mollusc, mollusk

moln cloud -[be]täckt *a* cloud-covered -ig *a* cloudy; overcast [*himmel* sky] -lös *a* cloudless

moment 1 =*ögonblick* 2 [element] moment, element, factor

monark monarch; sovereign -i monarchy -isk *a* monarchical

mondän *a* fashionable

mongol Mongol[ian] **-isk** *a* Mongolian
mono||gam *a* monogamous **-grafi** monography **-gram** monogram **-kel** monocle **-log** monologue, soliloquy **-man** monomaniac [*på* as regards] **-pol** monopoly; *ha ~ på* hold a monopoly for **-ton** *a* monotonous; sing-song [*röst* voice]
monster monster
monsun monsoon
mont||era *tr* put up, erect [a machine]; rig, fix **-ering** erection, assemblage, installation **-ör** [electrical] fitter
monument monument **-al** *a* monumental
mopp mop **-a** *tr itr* mop
mops pug-dog, pug **-ig** = *nosig*
1 mor [folk] Moor
2 mor mother
moral moral; [seder] morals; [disciplin] morale **-begrepp** morality conception **-predikan** moral lecture
moras morass, swamp; [kärr] marsh
morbror [maternal] uncle, uncle on one's mother's side
mord murder [*på* of] **-brand** arson, wilful fire-raising **-brännare** incendiary, fire-raiser **-isk** *a* murderous **-lysten** *a* bloodthirsty, murder-loving **-vapen** deadly weapon **-ängel** angel of destruction, destroyer
morfar [maternal] grandfather
morfin morphia **-ist** morphinist
morgon 1 morning; *god ~* good morning! *på ~en* in the morning **2** *i ~* to-morrow **-bön** morning prayer **-dag** morrow **-rock** morning-wrapper; dressing-gown **-rodnad** dawn
morisk *a* Moorish; Moresque
mor|kulla woodcock
mormon Mormon
mormor [maternal] grandmother
morot carrot **-färgad** *a* carroty
morr||a *itr* growl, snarl **-hår** [one of the hairs in a cat's] whiskers
morse, *i ~* this morning
morsk *a* bold, dashing **-a** *rfl* take a bold line
mortel mortar **-stöt** pestle
morän moraine
mos pulp, mash **-a** *tr* reduce to pulp
mosaik mosaic **-arbete** mosaic work
mosaisk *a* Mosaic; Jewish
Mose|bok, *de fem -böckerna* the Pentateuch
mosig *a* pulpy
moské mosque
moskit mosquito
Moskva *npr* Moscow
moss||a moss **-belupen** *a* moss-covered **-e** peat-moss, bog **-grön** *a* moss-grey(-green) **-ros** moss-rose
moster [maternal] aunt
mot *prep* towards; *~ fienden* against the enemy; *~ norr* to the north, northwards; *ett hugg ~* a blow at; jfr *emot* **-a** *tr* intercept, block the way for **-arbeta** *tr* work against, counterwork **-bok** [customer's] pass-book **-drag** counter-move **-gift** antidote [*mot* to]; counterpoison **-gång** reverse, set-back; defeat; [missräkning] disappointment **-håll,** *ha ~* be in disfavour [*för* with] **-ig** *a* adverse, contrary **-ighet** adverseness; contrariety; set-back
motion 1 exercise **2** motion; *väcka ~ om* introduce a bill for **-era I** *tr* give exercise **II** *itr* **1** take exercise **2** move [*om* for]
motiv 1 motive; cause, reason **2** [mus.] motif; subject **-era** *tr* warrant, justify; state (give) one's motive[s] for **-ering** justification; argumentation; *med den ~en att* on the plea that
motor motor; engine **-båt** motor-boat **-cykel** motor-cycle(-bicycle) **-fordon** motor vehicle **-isk** *a* motory, motor **-stopp,** *få ~* have an engine-failure (-breakdown) **-vagn** [järnv.] motor-coach(-bogie)
mot||part opposite (counter-)party, opponent **-pol** anti-pole **-sats** contrast; *raka ~en* the exact opposite, quite the reverse; *bevis på ~en* proof to the contrary **-satt** *a* opposite; contrary (opposed) [*åsikter* views] **-se** *tr* look forward to; expect **-sida** opposite side **-sols** *adv* facing the sun **-spelare** adversary **-spänstig** *a* refractory, recalcitrant **-stridig** *a* conflicting **-strävig** *a* = *-spänstig;* reluctant **-stycke** [bildl.] counterpart; parallel; *utan ~* unparalleled, unprecedented **-stå** *tr* withstand, resist **-stånd 1** resistance; opposition **2** [elektr.] resistance box **-ståndare** adversary, opponent; antagonist **-stånds|kraft** power of resistance, resisting-power **-svara** *tr* correspond to; be equivalent to; [nå upp till] answer to, fulfil; *som ~r* corresponding to; *~ sitt rykte* come up to one's reputation **-svarande** *a* equivalent [to]; *i ~ grad* in a corresponding degree; in proportion **-svarighet** equivalent; counterpart **-säga** *tr rfl* contradict [o. s.] **-sägelse** contradiction; discrepancy **-sätta** *rfl* oppose **-sättning** opposition
mott moth
mottag||a *tr* receive **-ande** reception **-are 1** receiver, recipient; [post.] addressee **2** [radio.] receiver, receiving set **-lig** *a* susceptible [*för* to]; *~ för skäl* amenable to reason **-lighet** susceptibility; receptivity **-ning** reception; [läk.] consultation
motto = *tänkespråk*

mot||verka *tr* work against, run counter to; [inflytande] counteract **-vikt** counter-weight; counter-balance **-vilja** dislike [*mot* of]; antipathy [*mot* for]; *fatta* ~ *mot* take a dislike to **-villig** *a* reluctant **-villighet** reluctance **-vind**, *ha* ~ have a head-wind; *segla i* ~ sail against the wind **-väga** *tr* counter-balance **-värn** defence, resistance

mudd wristlet, loose cuff

mudd||erverk dredger **-ra** *tr* dredge

muff 1 muff 2 ⊕ coupling-box

mugg mug; [small] jug

Muhammed Mahomet **m-an** Mahometan **m-anism** Mohammedanism

mula mule

mulatt mulatto

mule muzzle

mulen *a* overcast, clouded

mull earth

mullbär mulberry

mullra *itr* rumble, roll

mullvad mole **-s|hög** mole-hill **-s|päls** moleskin fur-coat

mulna *itr* cloud over, become overcast (cloudy)

mul- och klövsjuka foot-and-mouth disease; eczema epizootic

multipli||cera *tr* multiply **-kation** multiplication

multna *itr* moulder (rot) [away]

mul|åsna mule

mumie mummy

mum||la *itr tr* mumble, mutter, murmur **-mel** mumble, mutter, murmur

mun mouth; *en* ~ *vatten* a mouthful of water; *håll* ~*!* shut up! **-art** dialect **-gipa** corner of the (one's) mouth **-huggas** *dep* bandy words, wrangle, bicker **-håla** oral (mouth-)cavity

municipal|samhälle urban district

munk 1 monk 2 [kok.] puff, fritter; dough-nut 3 [likör] benedictine

mun|kavle muzzle

munk||cell monk's (monastic) cell **-kloster** monastery **-kåpa** monk's frock, cowl **-löfte** monastic vow **-orden** monachal (monastic) order

mun|korg muzzle

munk|väsen monachism

mun||lås [mouth-]gag **-läder**, *ha gott* ~ have a glib tongue **-skänk** butler **-stycke** mouthpiece; [på cigarrett] tip

munter *a* merry; cheerful, hilarious **-het** merriness; hilarity

muntlig *a* oral **-en** *adv* verbally

muntra *tr* cheer up, exhilarate

mun||vatten mouth-wash(-water) **-vig** *a* glib [with one's tongue] **-väder** empty words

mur wall **-a** *tr itr* mason; do the bricklaying [for] **-are** bricklayer, [stone] mason **-bruk** mortar **-gröna** ivy

murken *a* decayed; rotten

murkla morel, moril

murkna *itr* decay, rot

murmeldjur marmot

murslev [mason's] trowel

mus mouse [pl. mice]

musa muse

musch mouche **-plåster** court-plaster

muselman Mussulman

museum museum

musicera *itr* play (make) music

musik music; *efter* ~ to music **-alisk** *a* musical; *M*~*a Akademien* the [Royal] Academy of Music **-ant -er** musician **-estrad** bandstand; [inomhus] concert platform **-kår** band [of music], orchestra **-lära** theory of music **-lärare** music-teacher(-master) **-nummer** musical item **-verk** musical production (composition) **-öra** musical ear, ear for music

muskel muscle **-bristning** rupture of a muscle

muskot nutmeg **-blomma** flower of the nutmeg[-tree]; [krydda] mace

muskul||atur musculature; muscles [pl.] **-ös** *a* muscular; brawny, sinewy

muslin muslin

musselskal mussel-shell

musserande *a* sparkling [*vin* wine]

mussl|a 1 *-or* lamellibranches 2 mussel

must must; [bildl.] pith

mustasch moustache

mustig *a* juicy, succulent; [bildl.] racy; salty [*svordom* oath]

mut||a *tr* bribe **-or** bribe [sing.]

mutter ⊕ [screw-]nut

muttra *itr* mutter; grumble

myck||en *a* much; great [*rikedom* wealth] **-enhet** = *mängd, massa* **-et** *pron adv* much, a great deal; ~ *folk* many people; ~ *nöje!* ever so much pleasure! ~ *riktigt* quite right

mygg||a gnat, midge; mosquito **-nät** mosquito-net

mylla mould, mull

myll||er -ra *itr* throng, swarm

myndl||ig *a* 1, *bli* ~ come of age, attain one's majority 2 [mäktig] powerful, commanding **-ighet** 1 full age, majority 2 ~*er* authorities **-ighetsdag** coming-of-age day **-ighets|person** administrative officer, magistrate **-ling** ward

mynn||a *itr*, ~ *ut* debouch (empty itself) [*i* into] **-ing** mouth; [vapens] muzzle

mynt 1 coin; *utländskt* ~ foreign money; *slå* ~ *av* make capital [out] of 2 = *-verk*

1 **mynta** mint

2 **mynt||a** *tr* [work into] coin, mint; [prägla] stamp **-enhet** monetary unit **-fot** [monetary] standard [of coinage] **-samling** collection of coins **-verk** mint

myr bog, swamp
myr||a ant **-lejon** ant-lion
myrra myrrh
myr||slok ant-bear **-stack** ant-hill
myrten [common European] myrtle
mysa *itr* smile [*vänligt* genially]
mysk musk **-oxe** musk-ox
myst||erium mystery **-icism** mysticism **-ifiera** *tr* mystify **-ifikation** mystification **-ik** mysticism **-iker** mystic **-isk** *a* 1 [relig.] mystic 2 mystical; [hemlighetsfull] mysterious
myt myth **-bildning** myth-making
myteri mutiny
myt||isk *a* mythical **-ologi** mythology
må I *itr*, ~ *bra, illa* feel well (ill); *hur* ~*r du?* how are you? II *hjälpv* may; ~ *så vara* I (we) may admit [it]
måfå, *på* ~ at random
måg son-in-law
måhända *adv* maybe, perhaps
1 mål 1 [jur.] case; cause; action 2 [power of] speech; *har du inte* ~ *i mun?* haven't you got a tongue in your head?
2 mål meal; *ett* ~ *mat* a repast
3 mål 1 [sport.] winning-post; [fotb. o. d.] goal 2 goal; [slutpunkt] end; *utan* ~ with no definite aim
mål||a I *tr* paint; [bildl.] depict II *rfl* paint o.s. (one's face) **-ande** *a* graphic **-are** painter **-ar|färg** paint **-ar|konst** painter's (painting) art **-ar|skola** school of painting
mål|brott, *han är i* ~*et* his voice is breaking
mål||eri painting **-erisk** *a* picturesque
mål|före voice; *återfå* ~*t* recover one's power of speech, find one's tongue
mållinje [sport.] winning-post; [fotb.] goal-line
mål|lös *a* speechless [*av* with]
målmedveten *a* purposeful, single-minded **-het** purposefulness &c
målning painting; [tavla äv.] picture; canvas
mål||nät goal-net **-ribba**, ~*n* the cross-bar **-s**, *kasta till* ~ throw (shy) at a mark **-skjutning** target-shooting
måls|man guardian; representative; [skol.] standing in loco parentis
mål|snöre tape
måls|ägare plaintiff; complainant
måltid meal, repast **-s|dryck** table drink (beverage)
mål|vakt goalkeeper
mån I, *i ngn* ~ in some degree, to some extent, somewhat; *i samma* ~ *som* in proportion as; *i* ~ *av behov* according to need; *i* ~ *av tillgång* as far as supplies admit II *a* careful; particular; anxious [*om* about, for]
månad month; *förra* ~*en* last month; *en gång i* ~*en* once a month **-s|lön** monthly wages
måndag Monday
mån||e moon **-förmörkelse** eclipse of the moon, lunar eclipse
mång||a *a* many; a great many (number of) **-a|handa** *a* multifarious; many kinds of **-dubbel** *a* multifold, many times [over] **-dubbla** *tr* double, duplicate **-en** *a* many a[n] **-fald** manifoldness; variety **-faldig** *a* manifold, multifold **-faldigt** *adv* many times over **-foting** polyped **-frestande** *a* versatile **-gifte** polygamy **-hörning** polygon **-hövdad** *a* manyheaded **-kunnig** *a* with (possessed of) encyclopaedic knowledge **-miljonär** multi-millionaire **-ordig** *a* verbose, wordy **-ordighet** verbosity, wordiness **-sidig** *a* [geom.] many-sided, multilateral; [allm.] versatile, all-round **-stämmig** *a* many-voiced **-tydig** *a* of many senses; equivocal [*svar* reply] **-årig** *a* of many years[' duration], long-standing
mån|ljus I moonlight II *a* moonlit
månn||e **-tro** I (we) wonder; *kommer han* ~*?* will he come, do you think?
mån||sken moonlight, moonshine **-skifte** change of the moon **-skära**, ~*n* the crescent [moon]
mård marten **-skinn** marten's skin
mås gull
måste *hjälpv* must, have to; *du* ~ you must (have [got] to, will have to)
mått measure; *ta* ~ *till* have one's measure[ments] taken for; *icke hålla* ~*et* [bildl.] be below the mark; *i rikt* ~ [äv.] on an abundant scale
1 mått|a moderation; mean; *hålla* ~ observe moderation, be moderate; *utan* ~ immoderately; *i dubbel* **-o** in a double sense
2 måtta I *tr* aim [*mot* at] II *itr* aim, take aim
måttband measuring-tape, tape-measure
måtte *hjälpv* 1 may; ~ *han komma!* I do hope he will come! 2 must; *du* ~ *ha* you must have
mått||full *a* moderate; sober [*stil* style] **-fullhet** moderation, restraint **-lig** *a* moderate, temperate **-lighet** moderation; [nykterhet] temperance **-lös** *a* measureless, unmeasured
mått||sadverb adverb of measure **-s|-enhet** unit of measure **-stock** measure, measuring-rod; [bildl.] gauge, standard **-system** system of measurements
mäkl||a *tr itr* negotiate; ~ *fred* re-establish peace **-are** broker, dealer; [*börs*~] stockbroker
mäkt||a *itr* be equal to, be able to manage **-ig** *a* powerful, mighty; *inte* ~ *att* not capable of; *icke vara sig själv* ~ not be in command (in

control) of o.s. **-ighet** powerfulness &c, potency, might
mängd multitude; *en stor* ~ a large (great) number of, a crowd of [*folk* people], a quantity of [*pengar* money]; *i* ~ in numbers, in great quantity, in abundance
människ|a man; [person] person; *ingen* ~ no one, nobody; *den moderna* ~*n* modern man; *alla -or* everybody, everyone; *-or* men, human beings, people; *djur och -or* man and beast
människo||boning human habitation **-förakt** contempt of man (mankind) **-kropp** human body **-kännare** sound (profound) judge of humankind (men) **-kärlek** love of mankind (humanity); philanthropy **-lik** *a* resembling (in the likeness (nature) of) a human being; man-like **-liv,** *ett* ~ a human life; *ett helt* ~ a whole lifetime, a p.'s whole life **-släkte,** ~*t* mankind, humankind, humanity **-son,** *M*~*en* the Son of Man **-ätare** man-eater
mänsklig *a* human **-het 1** humanness, humanity **2** = *människosläkte*
märg marrow, pith; *det gick genom* ~ *och ben* it pierced my (chilled me to the) marrow
märgel marl **-grav** marl-pit
märg||full *a* full of marrow, pithy [äv. bildl.] **-lös** *a* marrowless, pithless **-pipa** marrow-bone
märk||a *tr* **1** mark [*med bläck* in ink] **2** notice, observe, perceive **-as** *itr dep* be noticed (noticeable) **-bar** *a* noticeable; perceptible; *föga* ~ slight **-bart** *adv* noticeably, palpably **-bläck** marking-ink **-e 1** mark [*efter* of]; [spår] trace; *lägga* ~ *till* notice **2** [bot.] stigma **3** [idrotts~ o. d.] badge **-es|dag** landmark day **-lig** *a* notable, noteworthy; striking [*händelse* event] **-ning 1** lettering, monogram, initials [pl.] **2** [abstr.] marking **-värdig** *a* remarkable; [underlig] singular, strange, curious, odd **-värdighet** remarkableness &c
märla staple
märr mare
märs ⚓ top **-segel** topsail
mäsk mash
mäss 1 mess **2** [rum] mess-room; ⚓ gunroom
mäss||a I 1 [hand.] fair **2** [kyrkl.] mass; *gå i* ~*n* attend mass; *läsa* ~*n* say a mass **II** *itr* chant the Litany **-bok** missal, mass-book
mässing brass **-s|beslag** brass-mounting **-s|musik** brass-wind music **-s|-orkester** brass band
mässling [the] measles
mäs[s]||skjorta surplice **-skrud** priest's altar-service robe
mästar||e master; ~ *i tennis* champion of the tennis-court **-inna** mistress; [lady] champion
mäster master, foreman **-kupp** master-move, master-stroke of strategy **-lig** *a* masterly; excellent **-lots** senior pilot **-skap 1** mastership, masterly skill **2** [sport.] [*inneha* ~ hold the] championship; *till* ~ to the point of perfection **-skaps|klass** master's class **-skytt** crack marksman **-stycke -verk** masterpiece
mästra *tr* criticize, censure
mät, *ta i* ~ take as a distress, distrain **-a I** *tr itr* measure **II** *rfl* measure o.s. [*med* with, against]; match o.s. [*med* against] **-ning** measurement **-sticka** measuring-stick
mätt *a* satisfied ([bildl.] surfeited, sated) [*på* with]; [av mat] replete [with food]; *äta sig* ~ eat till one is satisfied **-a** *tr* satisfy, appease **-ad** *a* [bildl.] pregnant; charged **-het -nad** state of being satisfied (of repletion)
mö virgin, maiden
möb|el piece of furniture; *-ler* furniture **-magasin** furniture show-rooms **-snickare** cabinet-maker **-tyg** upholstering-material
möblemang, *ett* ~ a set of furniture
möda pains, trouble, labour, toil
möderne cognates [pl.], mother's side **-arv** maternal inheritance
mödom virginity
mödosam *a* laborious, toilsome
mögl||el mould **-el|fläck** damp-stain, spot of mould **-el|svamp** mould **-la** *itr* go (get) mouldy **-lig** *a* mouldy
möjlig *a* possible; [att utföra] feasible **-en** *adv* possibly **-göra** *tr* make (render) possible **-het** possibility; chance **-tvis** = *-en*
mönja red lead, minium
mönster model, pattern; [bildl. äv.] prototype; *efter* ~ by pattern **-gill** *a* model, standard; exemplary
mönstr||a I *tr* **1** muster; ~*nde blick* scanning glance **2** ⚔ [pass in] review; survey, inspect **II** *itr* pass muster **-ing** muster, review; inspection
mör *a* tender; ~ *i mun* mealy-mouthed **-bulta** *tr* [bildl.] maul, beat soundly
mörd||a *tr* murder **-ande** *a* murderous **-are** murderer, homicide, assassin
mörk *a* dark; [dyster] gloomy, sombre; ~ *hy* dusky complexion **-blå** *a* dark-blue **-er** dark[ness], gloom; *i -ret* in the dark **-lagd** *a* dark-complexioned, swarthy **-lägga** *tr* **-läggning** blackout **-na** *itr* darken, grow (get) dark **-rädd** *a* afraid of being [left] in the dark **-ögd** *a* dark-eyed
mörsare mortar
mört roach

möss|a cap **-kulle** crown of a cap **-[s]kärm** cap-peak
möt|a I *tr* meet; encounter; ~ *varandra* meet II *itr* meet; appear; attend **-ande** *a* meeting, coming; *en* ~ *a p.* coming the other way **-as** *itr dep* meet **-e** meeting, encounter; [upp-gjort] rendez-vous, appointment; *stämma* ~ make an appointment, agree upon a rendez-vous; jfr *tillmötes* o. *tillmötesgå* **-es|plats** place of meeting

N

nacka *tr* wring the neck of
nackdel disadvantage, drawback
nack|e back of the head (neck) **-spegel** hand-mirror **-styv** *a* stiff-necked
nafs, *i ett* ~ in a snap, jfr *huj* **-a** *itr* [make a] snap [*efter* at]
nafta naphtha **-lin** naphthalene
nag|el nail; *putsa -larna* cut (pare) one's nails **-band** nail-fold **-borste** nail-brush **-fara** *tr* scrutinize; criticize **-lack** nail-varnish **-trång** in-grown nails
nagg|a I *tr* prick II *itr* [oroa] chafe, fret; [gnata] nag **-ande** *a*, ~ *god* F jolly good
nagla *tr* nail (rivet) [*vid* to]
naiv *a* naïve; simple; [dum] silly **-itet** naïveté [fr.], simplicity
najad naiad
naken *a* naked; [kal] bare; [konst.] nude **-dansös** nude dancer **-het** nakedness
nakterhus ⚓ binnacle[-pillar]
nalkas *itr tr dep* approach, draw near [to]
namn name [*på* of]; *till ~et* by (in) name; *blott till ~et* only nominally; *vid* ~ by (of) the name of **-anrop** subscriber's name **-e** namesake **-ge** *tr* give names (a name) to, name **-kunnig** *a* renowned **-lös** *a* nameless **-s|dag** name-day **-teckning** signature
napp 1 [tröst-] teat, nipple 2 [fisk.] bite **-a** *tr itr* bite, nibble; ~ *åt sig* snatch **-a|tag** tussle
narciss[a] narcissus
narig *a* [hud] chapped, rough
narko|s narcosis; *ge* ~ administer an anaesthetic **-tika** narcotics; F drugs **-tisk** *a* narcotic[al]
narr fool; *göra* ~ *av* make fun of, poke fun at **-a** *tr* deceive, cheat; [på skoj] fool; jfr *lura* **-aktig** *a* ridiculous, foolish **-as** *itr dep* tell fibs, jfr *ljuga* **-i**, *på* ~ in jest (fun) **-kåpa** jester's hood
narv [på läder] grain **-ad** *a* grained
nar|val narwhale, sea-unicorn
nasal I *a* nasal II nasal [sound] **-era** *tr* nasalize **-ton** nasal tone (twang)
nate [bot.] pondweed
nation nation **-al|ekonom** political economist **-al|ekonomisk** *a* of (relating to) political economy **-alism** nationalism **-alitet** nationality **-al|museum** national museum **-al|socialism** National Socialism **-ell** *a* national **-s|hus** [univ.] 'nation' club-house
nativitet nativity **-s|minskning** diminution in the birthrate
natrium sodium
natt night; *god ~!* good night! jfr *dag; i går* ~ yesterday night; *i* ~ to-night, tonight; [förra] last night; *om ~en* in the night, at (by) night; *stanna över ~en* stay the night **-dräkt** night-attire, jfr *-linne* **-duks|bord** bedside table **-e|tid** at night **-fjäril** moth **-frost** night-frost **-gäst** guest for the night **-klubb** night club **-kvarter** quarters for the night, night-quarters **-kärl** chamber-vessel **-lig** *a* nocturnal **-linne** night-dress **-logi** sleeping accommodation, jfr *-kvarter* **-mössa** night-cap **-rock** dressing-gown **-skjorta** night-shirt **-stånden** *a* flat **-uggla** night-owl; [bildl.] sitter-up at nights **-vak** night-watching **-vakt** night-watch[man] **-vard**, *~en* the Holy Communion, the Blessed Sacrament **-vards|gång** communion **-viol** butterfly orchis
natur nature; [skaplynne] character; [lynne] disposition; *av ~en* from nature **-a**, *betalning i* ~ payment in kind **-alisera** *tr* naturalize **-alistisk** *a* naturalistic **-barn** child of nature **-behov**, *förrätta ett* ~ discharge a call of nature **-enlig** *a* in accordance with nature['s dictates] **-folk** primitive people **-färg** natural colour **-hinder** physical impediment **-historia** natural history **-kraft** natural (elemental) power **-lag** law of Nature **-lig** *a* natural; [medfödd] innate; [okonstlad] unaffected, ingenious **-lighet** naturalness; unaffectedness **-ligtvis** *adv* of course **-liv** 1 life of nature 2 open-air life **-lära** natural science; [bok] natural-science textbook **-makt** element **-rike**, *~t* the natural kingdom **-skildring** description of [natural] scenery **-skydd** natural-scenery preservation **-skönhet** natural beauty **-tillgång** natural asset **-tillstånd** natural state (condition) **-trogen** *a* naturalesque; true to

life, lifelike **-varelse** nature-[bred] being **-vetenskap** natural science
nautisk *a* nautical
nav ⊕ nave, hub
navel navel **-sträng** navel-string
navig‖ation navigation **-ations|hytt** chart-house **-era** *tr* navigate
naz‖ism Nazism **-ist** Nazi **-istisk** *a* Nazi[st]
Neap‖el Naples **n-olitansk** *a* Neapolitan
nebulosa nebula
necessär [fold-up] dressing-case
ned *adv* down; [-åt] downwards; *upp och ~* upside down; *längst ~ på sidan* at the foot of the page
nedan I full moon; *månen är i ~* the moon is waning II *adv* below **-för** I *prep* below II *adv* down below **-nämnd** *a* named below **-stående** *a* given (stated) below
ned‖bringa *tr* reduce **-bruten** *a* [bildl.] run (broken) down, wrecked **-dragen** *a* [gardin] drawn[-down] **-er|börd** [atmospheric] precipitation; rainfall **-er|lag** 1 [hand.] bonded stores 2 ⚔ defeat
nederländ‖are Netherlander **N-erna** the Netherlands **-sk** *a* Netherland[ic]; *N~a Indien* the Dutch East Indies
nederst I *a* lowest II *adv* at the bottom
ned‖för I *prep* down II *adv* downwards **-förs|backe** hill down, downhill stretch **-gående** *a* [sol] setting **-gång** 1 [bildl.] decline, decrease 2 [konkr.] way (stairs) down **-göra** *tr* ⚔ destroy, annihilate **-görande** *a* [bildl.] crushing, annihilating **-hängande** *a* hanging down, pendant, suspended **-ifrån** I *prep* from down II *adv* from below (underneath) **-kalla** *tr* invoke, call down **-kast** dust-chute **-kippad** *a* [trodden] down at the heel **-komma** *tr*, *~ med en son* be delivered of (give birth to) a son **-komst** = *förlossning* **-lagd** *a* 1 [affär] closed down 2 *~ möda* effort put forth, care expended **-låta** *rfl* condescend (stoop) [*att* to] **-låtande** *a* condescending, patronizing **-lägga** *tr* lay down **-om** *prep* below **-re** *a* lower
nedrig *a* heinous, infamous; abominable **-het** = *gemenhet*
ned‖rusta *itr* reduce [one's] armaments, disarm **-rustning** disarmament **-rökt** *a* impregnated with smoke **-satt** *a* [pris; krafter] reduced; [bildl.] decreased **-slag** 1 [på skrivmaskin] [down-]stroke 2 [jakt. o. flygv.] alighting 3 [skott] percussion, graze **-slagen** *a* [bildl.] down-hearted, low-spirited, dejected **-slagenhet** downheartedness &c, low spirits **-slå** *tr* jfr *-slagen; ~ ngns mod* cast a p. down, dishearten (discourage) a p. **-slående** *a* disheartening, discouraging, depressing **-smord** *a* besmeared; dirty **-stiga** *itr* alight, descend; jfr *2 led 6* **-stämd** = *-slagen* **-stänkt** *a* that has been splashed all over **-sutten** *a*, *en ~ stol* a chair rather the worse for wear in its springs **-sättande** *a* disparaging, derogatory; [förödmjukande] humiliating **-sättning** reduction **-tryckt** *a* weighed down [*av* with]; depressed [*av* by] **-vikt** *a* doubled-down **-väg**, *på ~ från* on the (one's) way down from **-åt** I *prep* down II *adv* down[-wards]; *~ böj!* downward bend! **-åt|böjd** *a* down-bent **-åt|gående** I *vara i ~* be on the down grade II *a* downwardly trending **-ärvd** *a* passed on by heredity, hereditary
neg‖ation negation **-ativ** I [fotogr.] negative II *a* negative
neger negro; F nigger
negera *tr* negate, jfr *förneka*
neger‖barn negro child; [amer.] piccaninny **-ras** negro race, negrohood
negress negress; negro woman
nej I *adv* no II nay; *säga ~* say no
nejd = *trakt*
nejlika carnation
nek‖a I *itr* deny II *tr* refuse III *rfl* deny o.s. **-ande** I denial; refusal II *a* negative III *adv*, *svara ~* reply in the negative
nekrolog obituary notice, necrology
nektar nectar
nere *adv* down; *ligga ~* [bildl.] be at a standstill; *känna sig ~* feel down (low)
nerv nerve **-ig** *a* [bot.] veined, nerved **-kittlande** *a* nerve-tickling(-racking) **-knippe** nerve-bundle; [bildl.] bundle of nerves **-krig** war of nerves; white war **-ositet** [attack of] nervousness **-sjuk** *a* neurotic **-skakning** fit (attack) of nervous spasms **-slitande** *a* nerve-racking **-värk** neuralgia **-ös** *a* nervous
nes‖a ignominy, shame **-lig** *a* ignominious, shameful
nestor [bildl.] doyen, F grand old man
netto I *adv* net[t] [cash] II *i ~* [in] net profit
neur‖algi neuralgia **-asteni** neurasthenia **-os** neurosis
neutr‖al *a* 1 neutral 2 [gram.] neuter **-alitet** neutrality **-um** neuter noun; *i ~* in the neuter gender
ni *pron* you
nia [siffra] nine
nick nod **-a** *itr* nod [one's head]
nickel nickel
nickning nod
nid‖ing miscreant, villain **-ings|dåd** dastardly (nefarious) deed; [åverkan] outrage **-skrift** libellous pamphlet, lampoon

niga *itr* curts[e]y [*för* **to**]
nihilism nihilism
nikotin nicotine **-förgiftad** *a* nicotine-poisoned **-förgiftning** nicotinism
nikt lycopode[-powder]
Nil||deltat the Delta of the Nile **-en** the [river] Nile
nimbus nimbus, jfr *gloria 1*
nio *räkn* nine; jfr *fem-* **-nde** *räkn* ninth
nipper trinkets, jewelry [sing.]
nisch niche, recess
1 nit [-lott] blank
2 nit zeal[ousness]; *med* ~ with ardour
3 nit ⊕ rivet **-a** *tr* rivet, clinch
nitisk *a* zealous, ardent, keen
nitt||io *räkn* ninety **-ionde** *räkn* ninetieth **-on** *räkn* nineteen **-onde** *räkn* nineteenth
nitälskan zeal[ousness]
niv||ellera *tr* level **-ellering** levelling **-å** level; *på samma* ~ *som* on a level with
njugg *a* niggardly, stingy [*på* of]
njur||e kidney **-sten** stone in the kidneys, nephrite **-talg** suet
njut||a I *tr itr*, ~ *av* enjoy; be delighted with **II** *itr* enjoy o.s. **-bar** *a* enjoyable **-ning** enjoyment; delight; *en sann* ~ a real treat **-nings|lysten** *a* fond of pleasure **-nings|lystnad** love of pleasure[s]
nobel =*ädel*
nock pin, peg
nog *adv* **1** enough; sufficiently; *sig själv* ~ self-sufficing **2** [tämligen] rather **3** [visserligen; sannolikt]; *han är* ~ *sjuk* I dare say he is ill; *det är* ~ it will be; *det kommer* ~ it will come all right, never fear; *det tror jag* ~ I can quite (well) believe it; *jag vet* ~ I am well aware **-a I** *a* accurate, exact, precise; ~ *med* particular about; jfr *-grann* **II** *adv* accurately &c; [iaktta] closely **-grann** *a* particular, careful; [undersökning] close **-grannhet** accuracy, precision, exactitude; carefulness **-räknad** *a* particular, exacting **-samt** *adv* [perfectly] well
nojs =*gyckel*
noll **-a** nought, naught; [vetensk.] zero **-punkt** zero[-point]
nomad nomad **-isk** *a* nomad[ic]
nom||en name, noun **-en|klatur** nomenclature **-inativ** nominative **-inell** *a* nominal **-inera** *tr* nominate
nonchalan||s nonchalance **-t** *a* nonchalant
nonsens nonsense, rubbish
nopp burls (knots) [pl.] **-a I** burl, knot **II** *tr* burl
nord *s adv* north; *N~en* the North **N-amerika** North America **-an** *adv* from the north **-an|vind** north-wind **-bo** inhabitant of the north, northener **-isk** *a* northern; ~*a språk* Scandinavian languages **N-kap** [the] North Cape **-lig** *a* [vind] northerly; [folk] northern; ~ *bredd* north latitude **-ost** north-east **-ostlig** *a* north-easterly **-pol** north pole; *N~en* the Arctic Pole **-pols|färd** arctic expedition **N-sjön** the North Sea **N-stjärnan** the North Star **-stjärne|orden** the Order of the North Star **-vart** *adv* northward[s]
Norge Norway
norm rule; standard [*för* of]; norm **-al** *a* normal **-alisera** *tr* normalize, standardize
normand Norman **N-iet** Normandy **-isk** *a* Norman
norn|a Norn; *-orna* the Fates
norr *s adv* [the] north; ~ *om* [to the] north of; ~ *ut* to[wards] the north; northward[s]; *i* ~ in the north **-a** *a* [the] north[ern] **-man** Norwegian **-sken** aurora borealis, northern lights [pl.]
nors smelt
norsk *a* Norwegian; Norse **-a 1** Norwegian woman **2** [språk] Norwegian
nos muzzle, snout, nose **-a** *itr* smell, scent; ~ *på* sniff at **-grimma** muzzle **-hörning** rhinoceros **-ig** *a* stuck-up; [näsvis] cheeky **-rem** nose-band(-piece)
1 not [haul(drag-)]seine, sweep-net
2 not [äv. mus.] note; annotation; [nedtill] foot-note; ~*er* [mus.] music; *hel* ~ semibreve; *halv* ~ minim **-a** note, list; [räkning] bill **-abel** *a* notable, of note **-abilitet** notableness; ~*er* notabilities, persons of note; celebrities **-arie** [law-court] clerk, registrar **-ariat|avdelning** legal department **-bok** music-book **-era** *tr* note, record; [hand.] book **-ering** noting; quotation **-hylla** music-stand **-is** notice, note; item [of news]; [tidnings~] paragraph; [underrättelse] information; *ta* ~ *om* pay attention to **-is|bok** memorandum(note)-book **-is|jägare** reporter **-orisk** *a* notorious **-papper** music-paper **-tecken 1** [mus.] music[al] sign, note **2** [boktr.] reference mark, asterisk **-varp** sweep with a (the) seine; haul; F omnium gatherum **-växling** exchange of notes, diplomatic correspondence
novell [short] novel, story
november November
novis novice
nu I *adv* now; ~ *för tiden* nowadays **II** *i detta* ~ this very instant (moment)
nubb [tin-]tack; small nail **-a** *tr* tack [*fast* on] **-e** dram
nucka crone

nu|mera *adv* now[adays]
numer||isk *a* numerical **-o** number (No.) **-us** number **-är** number
nummer number; [siffra] figure; [storlek] size; [tidnings-] issue **-följd** numerical order **-häst** trooper's (cavalry) horse **-tavla** number board
numrer||a *tr* [mark with a] number; *~de platser* reserved seats **-ing** numbering, numeration
nunn||a nun **-e|kloster** nunnery
nuntie [påvlig] nuncio
nutid, *~en* the present time; *~ens* present-day **-s|människa** modern person, person of the present day (age) **-s|skildring** picture of modern age (life)
nuvarande *a* [of the] present [time]; actual, now prevailing; *den ~* . . the present . .
ny I *a* new [*för* to]; fresh; [annan] [an]other; *~are* modern (recent) [books &c]; *~tt påhitt* novel invention **II** new moon, change [of the moon]
nyans shade; nuance [fr.] **-era** *tr* shade [off], tone off, graduate
ny||anskaffning refurnishing, new supply **-bakad** *a* new-made; F newly-hatched **-bildning** new formation **-bliven** *a* new[ly created (made)] **-byggare** settler, colonist **-bygge 1** settlement **2** o. **-byggnad** new building[s] **-början** beginner, novice; new hand
nyck whim; caprice, fancy
nyckel key; [bildl.] clue **-ax** key-bit **-ben** collar-bone, clavicle **-harpa** hurdy-gurdy **-hål** key-hole **-knippa** bunch of keys **-piga** lady-bird
nyckfull *a* capricious; whimsical **-het** capriciousness &c
ny||fallen *a* fresh [fallen] **-fiken** *a* curious [*på* about (as to)]; inquisitive, prying; *jag är ~ att höra* I am anxious to know **-fikenhet** curiosity; inquisitiveness **-född** *a* new-born **-gift** *a* newly married **-het 1** newness, novelty; *en ~* a novelty, something novel **2** [underrättelse] news, intelligence; *en ~* a piece of news **-hets|-krämare** newsmonger, gossip **-kom|ling** new-comer, new arrival **-kommen** *a* just arrived
nykt||er *a* sober; [avhållsam] temperate **-er|het** sobriety, soberness; temperance **-erhets|hotell** temperance hotel **-erist** teetotaller **-ra** *itr*, *~ till* become sober [again], sober down
ny||kyrklig *a* low-church **-kärnad** *a* freshly churned **-ligen** *a* recently, lately; of late
nymf nymph
ny||modig *a* new-fashioned, modern; [idé] new-fangled **-mål|ad** *a* fresh-painted; *-at!* wet paint! **-måne** new moon **-odling 1** [abstr.] reclaiming [of] land **2** [konkr.] reclaimed land; [i skog] clearing
nyp pinch **-a I** *tr* pinch, nip **II** pinch [*snus* of snuff]
nypon hip **-buske** dog(briar)-rose [shrub] **-soppa** hip soup
ny|romantik neo-romanticism
nys, *få ~ om* get wind of
nysa *itr* sneeze
ny||silver German silver; [Engl.] electroplate **-slagen** *a* new-mown
nysning sneezing, sneeze
nyss *adv* just [now] **-nämnd** *a* . . just named
nysta *tr* [garn] wind **-n** ball, clue
ny||stavning reformed orthography **-struken** *a* fresh[ly] ironed
nyter *a* blithe, cheerful
nytt 1 [nyhet] news **2** *något ~* something new
nytt||a I use (good) [*för* to]; [abstr.] usefulness, utility; *göra ~* be useful **II** = *gagna* **-ig** *a* useful [*för* to]; good [*för* for]; [hälsosam] wholesome **-ighet** usefulness **-ja** = *använda* **-jande|rätt** right to use; [lag.] usufruct
nyår new year **-s|afton** New Year's Eve **-s|dag** New Year's Day
1 nå *itj* well! why!
2 nå *tr* reach; come [up (down)] to; jfr *1 hinna*; *~ upp i taket* touch the ceiling
nåd 1 grace; [ynnest] favour; *~!* mercy! pardon! *i ~ens år* in the year of grace; *begära ~* sue for pardon; *finna ~* find favour; *få ~* be pardoned; *ge sig på ~ och onåd* surrender unconditionally; *ta till ~er* take [back] into favour [again] **2** [titel] Grace; *Ers ~* my Lord, your Lordship, Sir; *hennes ~* my Lady, her Ladyship **-e**, *Gud ~e mig!* the Lord have mercy upon me! **-e|ansökan** petition for pardon **-e|bevis** mark (token) of favour (grace) **-e|gåva** charity, gratuity **-e|stöt** coup de grâce [fr.], crowning mercy **-e|tid** day (time) of grace **-ig** *a* gracious; [barmhärtig] merciful; *~ frun* my lady **-år** year of grace
någon *pron* some, any, somebody, someone; anybody, anyone; jfr gram. **-dera** *pron* one or the other [of them] **-sin** *adv* ever; *aldrig ~* never **-städes** *adv* somewhere, anywhere **-ting** *pron* something, anything; jfr gram.
någorlunda *adv* in some degree; tolerably, fairly; F pretty [*bra* well]
något I *pron* something, anything, a little; jfr gram. **II** *adv* somewhat; a little, rather
nål needle; [knapp-, hår-] pin **-brev** paper (packet) of needles (pins) **-dyna**

sido||blick sidelong look (glance) **-byggnad** [flygel] wing **-gren** side-branch **-linje** collateral line; *bror på ~n* natural brother
siff||erkarl man of figures **-ra** figure; numeral [character]
sifon siphon
sig *pron* oneself, him-, her|self &c; *en sak för ~* a matter apart
sigill seal
signal signal **-ement** description **-era** *itr tr* signal **-ering** signalling **-horn** bugle
sign||atur signature **-era** *tr* sign, mark
sik whitefish
1 sikt visibility; *på lång ~* [bildl.] with distant aim
2 sikt [såll] sieve
1 sikta *tr* [sålla] sift, bolt
2 sikt||a I *itr* [take] aim [*på* at] **II** *tr* ⚓ sight **-e 1** sight, view; [mål] aim; *i ~* in (within) sight; *förlora ngt ur ~* lose sight of a th. **2** [konkr.] sight **-linje** line of aim **-punkt** point of aim (sight) **-skåra** sighting-notch, peep
sil strainer **-a** *tr itr* strain **-duk** filtering-cloth
sil[h]uett silhouette
silke silk **-s|len** *a* silky, [as] soft as silk **-s|mask** silkworm **-s|papper** tissue-paper **-s|strumpa** silk stocking
sill herring **-sallad** salmagundi
silver silver **-beslag** silver mount[ing] **-färgad** *a* silvery, argent[ine] **-mynt** silver-coin **-sak** silver article; *~er* silverware
sim||bassäng swimming-bath **-dräkt** bathing-costume **-fot** webbed foot **-fågel** swimmer **-gördel** swimming-girdle(-belt) **-hud** web **-kunnig** *a* able to swim **-ma** *itr* swim **-mig** *a* [kok.] well thickened
simpel *a* **1** simple, plain; *~ soldat* common soldier **2** = *nedrig* **-het** simpleness **-t** *adv* simply
sim|tag stroke
1 sin *pron* his, her, hers, its; their, theirs; one's
2 sin, *i ~* dry **-a** *itr* dry
singla *tr*, *~ slant* play head or tails
singular[is] singular [number]
1 sinka = *fördröja*
2 sinka *tr*, *~ [ihop]* rivet
sinn||ad *a* minded **-e 1** sense **2** [andligt] mind; temper; *ha ~ för* have a sense of (a taste for); *till ~s* in mind **-e|bild** emblem **-e|lag** character, turn of mind; disposition, temper
sinnes||förvirring mental aberration **-lugn** tranquillity of mind **-närvaro** presence of mind **-rubbad** *a* deranged [in mind] **-rörelse** emotion; excitement **-sjuk** *a* insane, mentally deranged; *en ~* a lunatic, a madman **-sjukdom** mental disorder; insanity **-sjukhus** = *dårhus* **-slö** *a* imbecile; [starkare] idiotic **-stämning** state (frame) of mind; mood **-tillstånd** mental condition
sinn||lig *a* **1** pertaining to sense **2** sensuous, sensual **-lighet** sensuousness; sensuality **-rik** *a* ingenious; artful
sin||om 1 *i ~ tid* in due [course of] time **2** *tusen ~ tusen* thousands and (upon) thousands **-s|emellan** *adv* between themselves
sipp *a* prudish
sippa anemone
sippra *itr* trickle, drop; *~ fram (ut)* ooze out (forth)
sira *tr* ornament, decorate
sirap treacle
sirlig *a* elegant, graceful; [pers.] ceremonious
siren [alla bet.] siren
siska [fågel] siskin
sist I *a* last; *till ~a man* to a man; *på ~a tiden* of late, lately **II** *adv* last; *komma ~* be the last; *till ~* lastly, [äntligen] at last, [slutligen] finally **-liden** *a* last **-nämnd** *a* last-mentioned
sits 1 seat **2** [kort.] lie, lay
sitt se *1 sin*
sitt||a *itr* **1** sit; *~ och läsa* sit reading; *~ i fängelse* be in prison **2** [om sak] *~ på väggen* hang on the wall; *dräkten -er bra* the dress is an excellent fit; *~ kvar* stick; *~ lös[t]* be loose; *~ åt* be tight **-ande** *a* seated; sitting [*ställning* posture]; *vid ~ bord* sitting round the table **-bad** hip-bath **-bräde** seat **-lek** sitting-down game **-opp** wake-up **-plats** seat
situation situation
sju *räkn* seven **-a** seven
sjud||a I *itr* simmer, seethe, boil **II** *tr* boil **-het** *a* boiling hot
sjuk *a* ill; sick; *bli ~* get ill; *ligga ~ i* be down with **-a** = *-dom* **-betyg** doctor's certificate **-bud** sick-call **-bår** stretcher, litter **-bädd**, *ligga på ~en* be confined to one's bed **-dom** illness, malady; [viss ~] disease **-doms|fall** case of illness **-doms|symtom** symptom (sign) of [a] disease **-gymnast** medical gymnast **-gymnastik** medical gymnastics [pl.] **-hem** nursing-home **-hjälps|kassa** sick fund **-hus** hospital; infirmary **-lig** *a* infirm, ailing [in health], suffering; *~ hy* sickly complexion; *~ idé* morbid idea **-lighet** infirmity, ill-health; sickliness **-ling** sick person, patient; invalid **-läger** sick-bed **-mat** invalid fare (diet) **-sal** [hospital] ward **-skötare** male nurse **-sköterska** [sick-]nurse **-säng** sick-bed **vård** care of the sick; medical attendance **-vårds|soldat** soldier in the ambulance corps

sjumila|stövlar seven-leagued boots
sjunde *räkn* seventh
sjunga *itr tr* sing; ~ *ut* speak [out] one's mind
sjunk||a *itr* sink; *solen -er* the sun is declining **-en** *a* degraded
sjuttio *räkn* seventy **-nde** *räkn* seventieth **-årig** *a* **-åring** (jfr *femtio-*) septuagenarian
sjutton[de] *räkn* seventeen[th]
sjå job **-are** dock-labourer
sjåp simpleton **-a** *rfl* be silly, act the ninny **-ig** *a* foolish
själ soul, mind; *~en i* the soul of **-a|herde** pastor, shepherd of souls **-a|mässa** mass for the dead, requiem **-a|nöd** distress (anguish) of [the] soul **-a|ringning** knell **-a|sörjare** spiritual guide **-a|tåg** last struggle; *ligga i ~et* be breathing one's last **-a|vandring** transmigration of souls, metempsychosis **-a|vård** cure of souls **-full** *a* soulful; animated **-lös** *a* soulless **-s|adel** nobleness of mind **-s|frände** kindred (congenial) spirit **-s|förmögenhet** faculty [of the mind], mental ability **-slig** *a* spiritual, mental **-s|liv** intellectual (spiritual) life **-s|storhet** greatness of soul **-s|strid** mental struggle **-s|styrka** strength of mind, fortitude **-s|tillstånd** mental state
själv *pron* myself, yourself [etc.]; ourselves [etc.]; *konungen ~* the king himself (in person); *~a hans fiender* his very enemies; *i ~a verket* as a matter of fact **-aktning** self-respect **-bedrägeri** self-deception **-behärskning** self-control **-belåten** *a* self-complacent **-beröm** self-praise **-bestämmelse|rätt** right of self-determination **-bevarelse|drift** [instinct of] self-preservation **-biografi** autobiography **-död** *a*, *-dött djur* animal that has died from natural causes **-förakt** self-contempt **-förbränning** spontaneous combustion **-förebråelse** self-reproach **-förnekelse** self-denial **-försakelse** self-abnegation **-försvar** [*till in*] self-defence **-försörjande** *a* self-supporting **-förtroende** self-confidence; *brist på ~* diffidence, self-distrust **-förvållad** *a* self-caused **-gjord** *a* self-made **-god** *a* self-conceited **-hjälps|förening** self-help society **-härskare** autocrat **-isk** *a* selfish **-iskhet** selfishness **-klar** *a* self-evident; *det är ~t* it is a matter of course, it goes without saying **-kostnad** prime cost **-kännedom** self-knowledge **-känsla** self-esteem **-ljud** vowel [sound] **-lysande** *a* [self-]luminous **-lärd** *a* self-taught **-mant** *a adv* of one's own accord; voluntarily **-medvetande** self-consciousness **-medveten** *a* self-conscious **-mord** **-mördare** suicide **-porträtt** portrait of the artist **-rådig** *a* self-willed, wilful **-skriven** *a*, *~ medlem* a member as a matter of course; *~ till platsen* bound to get the post **-styrelse** self-government, autonomy **-ständig** *a* self-dependent; independent **-ständighet** independence **-s|våld** licence, self-indulgence **-s|våldig** *a* self-indulgent; licentious **-säker** *a* self-confident **-tillit** self-reliance **-tillräcklig** *a* self-sufficing **-uppoffrande** *a* self-devoted(-sacrificing)
sjätte *räkn* sixth
sjö [in-] lake; [hav] sea; *till ~ss* at sea; *gå till ~ss* = [*bli*] *-man* **-buss** ancient mariner, F old salt **-duglig** *a* seaworthy, navigable **-fart** 1 navigation, seafaring 2 [verksamhet] shipping [trade] **-flygplan** hydroplane **-fågel** aquatic bird **-förklaring** [captain's] protest **-gräs** sea-grass(-weed) **-gång** roll, heavy (high) sea **-jungfru** mermaid **-kadett** naval cadet; midshipman **-kapten** [sea-]captain, master mariner **-karta** [sea-]chart **-ko** sea-cow **-kort** marine (nautical) chart **-krigs|skola** naval college **-ledes** *adv* by water (sea) **-lejon** sea-lion **-man** sailor, seaman; *bli ~* go to sea, become a sailor **-mans|blus** sailor's blouse **-mans|hus** shipping office **-mil** sea-mile, nautical mile **-märke** sea-(sailing)-mark; beacon **-nöd** distress [at sea] **-officer** naval officer **-resa** [sea-]voyage **-rövare** pirate **-röveri** piracy **-sjuk** *a* seasick **-sjuka** seasickness **-skadad** *a* sea(water)-damaged **-skum** 1 spray, sea-foam 2 [min.] meerschaum **-slag** sea-fight, naval battle **-stjärna** starfish, sea-star **-strids|krafter** naval forces **-sätta** *tr* launch **-sättning** launch[ing] **-tunga** sole **-vatten** lake(sea)-water
skabb [the] itch; scurf; [hund-] mange **-ig** *a* itchy, scabby, scurfy
skad||a I injury [*för, på* to]; damage; [personlig] harm; [kropps~ äv.] hurt; *det var ~!* what a pity! *ingen ~ skedd* no harm done; *lida ~* suffer; *ta ~n igen* recover (make up for) the loss; *av ~n blir man vis* wisdom cometh by suffering II *tr itr* hurt, injure, damage; *det ~r inte* it won't do any harm III *rfl* be (get) hurt, hurt o. s.; *~ sig i benet* hurt one's leg **-ad** *a* injured, hurt; [sak] damaged, bruised **-e|djur** noxious animal **-e|ersättning** indemnification, compensation **-e|glad** *a* spiteful, mischievous **-e|glädje** malice **-es|lös** *a*, *hålla ~* indemnify **-e|stånd** damages [pl.] **-e|stånds|anspråk** compensation claim

-lig *a* injurious [*för* to]; hurtful, harmful **-skjuta** *tr* wound
skaffa I *tr* procure, get; find [a p. work]; [bevis] furnish; ~ *fram* produce **II** *rfl* procure [for] (get) o.s. . .
ska[f]föttes *adv* head to tail
skaft handle; [på verktyg] haft; [bot.] stalk, stem
skaka *tr itr* shake; ~ *hand med* shake hands with
skak|el shaft, thill; *hoppa över -larna* [bildl.] run riot
skakning shake, shaking; *bilens* ~ the vibration of the car
skal shell; [mjukare] rind; [frukt-] peel; [potatis-] skin
1 skala [mus.] scale
2 skal‖a *tr* [un]shell; [äpple] pare; [apelsin, potatis] peel **-bagge** beetle
skald poet **-e|gåva** poetic gift (talent) **-e|konst** poesy **-inna** poetess
skal|djur crustaceous animal
1 skalk [bröd] crust of bread
2 skalk rogue, wag **-aktig** *a* roguish, waggish **-aktighet** roguishness &c
1 skall *verbform* shall, will; jfr gram.
2 skall 1 clang, ring[ing] **2** [hund-] bark; *ge* ~ bark **-a** *itr* clang, ring **-ande** *a* ringing
skalle skull; cranium
skallerorm rattlesnake
skall|gång chase, search
skallig *a* bald **-het** baldness
skallra I rattle **II** *itr* rattle; [tänder] chatter
skalm 1 shaft **2** [glasögon] bow
skalp scalp **-era** *tr* take . .'s scalp
skalv =*jord-*
skam [blygsel] shame; [vanära äv.] disgrace; ~ *till sägandes* to my &c shame; *för ~s skull* for very shame['s sake]; *få stå med ~men* have to pocket the ignominy **-fila** *tr* **1** ⚓ chafe **2** tarnish; *~d* [möbel o. d.] the worse for wear **-flat** *a* shamefaced **-fläck** stain, taint **-känsla** sense of shame **-lig** *a* shameful, disgraceful; *en ~ lögn* an atrocious lie **-ligt** *adv* outrageously **-lös** *a* shameless; [fräck] barefaced **-påle** pillory **-sen** *a* ashamed [*över* at (of)] **-vrå**, *i ~n* in the corner
skandal scandal **-isera** *tr* talk scandal of, pull to pieces; [chockera] scandalize **-press** yellow press **-ös** *a* scandalous
skandinav Scandinavian **S-ien** Scandinavia **-isk** *a* Scandinavian
skans 1 ⚔ redoubt, earthwork **2** ⚓ foc'sle
skap‖a *tr* create, make; [alstra] produce **-ad** *a* created, made; ~ *varelse* creature; *som ~ till* just cut out for **-ande I** *a* creative **II** creation, creating **-are** creator, maker **-ar|förmåga** creative spirit (genius) **-else** creation, making; *~n* creation, nature
skaplig *a* tolerable, not too bad **-t** *adv*, ~ *nog* tolerably well, middling
skar|a troop, band; [mängd] crowd, multitude; *-or av* scores (herds) **of**
skare crust [on the snow]
skarp *a* sharp, [blick] keen; [smärta, omdöme] acute **-blick** penetration **-laddad** *a* loaded with ball **-sill** sprat **-sinne** acuteness **-sinnig** *a* keen, acute; sharp-witted, penetrating **-skjutning** firing with ball **-skodd** *a* roughshod **-skytt** sharpshooter; rifleman **-slipa** *tr* sharpen **-synt** = *-sinnig* **-sås** Indian sauce **-t** *adv* sharply, keenly (etc.)
1 skarv [zool.] cormorant
2 skarv joint; [sömn.] seam, [konkr.] lengthening-piece **-a** *tr* lengthen [by adding a piece]; ~ *ihop* join; scarf; [sömn.] let in
skat‖a magpie **-bo** magpie's nest
skatt 1 treasure **2** tax; [kommunal-] rate **-a** *itr tr* **1** pay in taxes (rates) **2** [plundra] plunder **3** =*upp~* **-dragare** tax(rate)-payer **-e|uppbörd** tax-collection **-e|fri** *a* tax-free, exempt from taxation **-grävare** digger for [hidden] treasures **-kammare** treasury **-mästare** treasurer **-sedel** tax-note **-skyldig** *a* liable to taxation, taxable **-sökare** treasure-seeker
skava rub, chafe; [sko] gall
skavank flaw, fault
skav‖ning friction, abrasion; shaving **-sår** gall
ske *itr* be done; [hända] happen; ~ *din vilja* Thy will be done: ~ *alltså!* be it so!
sked spoon; *en ~ . .* a spoonful of . .
skeda *tr* [kem.] separate; analyze
sked‖and shoveller **-blad** bowl of a spoon
skede phase; period; era
skela *itr* squint; ~ *på* look askance at
skelett skeleton
skel|ögd *a* squint-eyed, squinting
1 sken 1 light; [starkt] glare, shine **2** [bildl.] appearance; *ett ~ av sanning* a semblance of truth; *för att bevara ~et* to keep up appearances
2 sken bolting
1 skena *itr* run away, bolt
2 skena rail, band
sken‖anfall feigned attack **-bar** *a* seeming, apparent **-barlig** *a* obvious
skenben shin[-bone]
sken‖bild phantom, shadow **-död I** *a* apparently dead, dead-alive **II** apparent death; [läk.] asphyxia **-helig** *a* hypocritical **-helighet** hypocrisy
skepnad shape; [spöke] phantom
skepp ship; jfr *fartyg* **-a** *tr* ship **-are**

master mariner; F skipper **-ar|-historia** sailor's yarn **-ning** shipping
skepps||brott shipwreck; *lida* ~ be shipwrecked **-bruten** *a* shipwrecked **-byggare** shipwright **-båt** ship's boat, launch **-furnerare** ship-chandler **-gosse** ship-boy **-gosse|fartyg** school ship **-klarerare** shipping agent **-klocka** watch bell **-lucka** hatch[way] **-läkare** naval surgeon **-mäklare** ship-worm (-broker) **-skorpa** ship(sea)-biscuit **-vrak** wreck, wrecked ship
skeptisk *a* sceptical
skev *a* warped; [bildl.] wry **-a** *tr* feather
skick 1 condition; state; *i gott* ~ in good order 2 = *sed, bruk* 3 [sätt] manners [pl.] **-a I** *tr* 1 send; ~ *efter* send for 2 = *foga* **II** *rfl* behave [o.s.]; jfr *foga II* **-ad** *a* fitted [*till* for] **-else**, *ödets* ~ the decree of fate, destiny **-lig** *a* skilful, clever **-lighet** skilfulness, skill; cleverness
skid||a 1 [fodral] sheath, scabbard 2 [bot.] siliqua jfr *2 balja* 3 ski, snow-shoe; *åka -or* ski **-backe** skiing-hill (-slope) **-dräkt** skiing costume **-tävling** ski-race **-åkare** ski-runner **-åkning** skiing, ski-running
skiff||er slate **-er|täcka** *tr* slate **-rig** *a* slaty
skift gang (set, shift) of workmen **-a I** *tr* 1 [arv] divide; ~ *boet* distribute the estate 2 [hugg] exchange; [färg] change **II** *itr* shift, change **-ande** *a* changing, varied, variable; [liv] eventful **-e** [växling] vicissitude; jfr *-ning* **-ning** 1 [delning] division, partition 2 nuance, change, shade **-nyckel** ⊕ adjustable spanner, monkey wrench
skikt layer; stratum **-a** *tr* stratify
skild *a* 1 [olik] separate; different, divers 2 separated; [från-] divorced
skildr||a *tr* describe, depict **-ing** picturing, painting; description
skilj||a I *itr tr* 1 [av~] separate, part 2 [åt~] divide; disjoin; part 3 [sär~] distinguish **II** *rfl* part [*från* with]; separate from (divorce) one's husband (wife) **-aktig** *a* different; [åsikt] divergent **-aktighet** difference; disparity **-as** *itr dep* part; [äkta makar] separate, be divorced **-e|dom** award; arbitration **-e|mur** partition[-wall], barrier **-e|mynt** [small] money, change **-e|tecken** punctuation mark (sign)
skill||nad difference; distinction, divergence **-s|mässa** separation, parting; [äktenskaplig] divorce
skimmel roan
skim||mer -ra *itr* shimmer, gleam
skina *itr* shine; beam [*av* with]
skingr||a *tr* disperse; ⚔ scatter; ~ *tankarna* divert one's mind (thoughts) **-as** *itr dep* disperse
skinka ham; *bräckt* ~ fried bacon
skinn skin; [päls] fur, coat; *byta* ~ change one's ([djur] cast its) skin **-a** *tr* F fleece, skin **-band** leather-binding **-fodrad** *a* fur-lined **-fri** *a*, ~ *och benfri ansjovis* skinned and boned anchovy **-fäll** skin rug **-klädd** *a* leather-covered **-skodd** *a* leather-patched **-torr** *a* skinny; dry as a bone
skioptikon magic lantern **-bild** slide
skipa *tr*, ~ *lag och rätt* administer (dispense) justice
skir *a* clear; [smör] run **-a** *tr* [smör] run; [honung] clear
skiss sketch **-artad** *a* sketchy **-bok** sketch-book **-era** *tr* sketch, outline
skiv||a 1 plate, square; [platta] slab 2 [skuren] slice 3 [vetensk.] disc, lamina **-ig** *a* sliced, in slices **-ling** [bot.] agaric
skjort||a shirt **-bröst** shirt-front **-knapp** front-(collar-)stud **-ärm** shirt-sleeve
skjul shed
skjut||a *tr itr* 1 [flytta] push; ~ *för* push to; ~ *på* push; ~ *upp* [ngt] = *upp~* 2 shoot; ~ *bra* be a good shot 3 [växt] ~ *upp* shoot (spring) up; ~ *rötter* strike roots **-bana** shooting-range **-dörr** sliding-door **-ning** shooting; ⚔ fire
skjuts 1 = *-ning* 2 [konkr.] [horse and] carriage **-a** *tr itr* convey [travellers]
skjut|skicklighet skill in shooting, marksmanship
skjutsning conveyance
skjut||tavla target, butt **-vapen** shooting-weapon, firearm
sko I 1 shoe; [känga] boot 2 [häst-] horseshoe 3 [beslag] ferrule **II** *tr* shoe **-affär** shoe-shop **-borste** shoe-brush
skock crowd, herd **-a** *rfl* crowd (troop, cluster) [together]
skodon [boots and] shoes, footgear
skog wood; [större, hög] forest **-bevuxen** *a* [well-]wooded, forest-clad **-fattig** *a* poorly wooded **-ig** *a* wooded, woody **-s|bruk** forestry **-s|bryn** edge of a (the) wood **-s|bygd** woody district, woodland **-s|dunge** grove; [mindre] copse **-s|eld** forest fire **-s|fågel** forest-bird; [koll.] black game **-s|gud** sylvan god, faun **-s|rå** wood-spirit(-nymph) **-s|vård** forestry **-vaktare** gamekeeper
skoj 1 [bedrägeri] humbug, cheating 2 = *skämt, upptåg* **-a** *itr* 1 swindle 2 lark; jfr *skämta* **-are** 1 cheat[er] 2 wag **-ig** = *lustig, glad*
sko|kräm [shoe-]blacking
1 skola *hjälpverb* (jfr *skall, skulle*) 1 [stå i begrepp att] be going (about) to 2 [förutbestämmelse] be to 3 [måste] have (be obliged) to

2 skol||a I school; *gå i ~n* go to school **II** *tr* school, train; [häst] break in **-ad** *a* trained; [röst] cultivated **-avgift** school-fees [pl.] **-barn** school child **-bildning** [school-]education **-bänk** form, seat **-föreståndare** head-master (principal) of a school **-gång** school attendance **-gård** school-yard; playground **-hus** school[-house]
skolka *itr* play [the] truant; shirk school
skol||kamrat schoolfellow, pal **-kök** school cookery-course
skolla scale, lamina, plate
skol||lov holiday **-lovs|koloni** holiday-camp **-lärare -lärarinna** school-teacher **-ning** training, schooling **-pojke** schoolboy **-ritt** manège-riding **-sal** schoolroom **-sjuk** *a*, *vara ~ = skolka* **-skepp** training-ship **-tid** schooldays [pl.] **-tvång** obligatory attendance at school **-ungdom** school-children **-väsen** = *undervisnings-* **-väska** [school-]satchel **-ålder** school age **-år** years at school, schooldays **-överstyrelse** Schools Supervisory Board
skomakare shoe(boot)maker
skona *tr* spare
skon||are -ert schooner
skoning shoeing; [sömn.] **hem-lining**
skon||ings|lös *a* unsparing, merciless **-sam** *a* forbearing; lenient **-samhet** forbearance; leniency
skopa scoop, ladle
sko||putsare boot-cleaner **-påse** shoe-bag
skorpa 1 rusk; biscuit **2** [yta] crust; [sår-] scab
skorr||a *itr* [speak with a] burr **-ning** burr
skorsten chimney; ⚓ funnel **-s|eld** chimney on fire
skorv scurf, scald-head
sko||skav galled (sore) feet **-spänne** shoe-buckle **-sula** shoe-sole **-svärta** [shoe-]blacking
skot ⚓ sheet **-a** *tr*, *~ an* sheet home
skotsk *a* Scotch; Scottish **-a 1** Scotch-woman, Scotch lady **2** [språk] Scotch
skott 1 shot **2** [bot.] shoot; sprout **3** ⚓ bulkhead **-a** *tr itr* shovel; *~ snö* clear away the snow **-dag** bissextile day
skotte Scotchman; Scot
skott||fri *a* shotfree **-glugg** loophole **-håll**, *inom ~* within range **-kärra** wheelbarrow
Skottland Scotland
skott||linje line of fire **-spole** shuttle **-[t]avla** target; [bildl.] butt [*för* of] **-år** leap-year; bissextile
skov||el shovel, scoop; ⚓ paddle **-la** *tr itr* shovel

skrake [zool.] merganser
skral *a* poor; [sjuk] poorly
skram||la I *itr* rattle, jingle **II** rattle **-mel** rattle, rattling, jingle
skranglig *a* **1** slender; lanky **2** = *ranglig*
skrank railing, barrier; [domstols-] bar **-or** bounds
skrap 1 = *-ning* **2** scrapings [pl.] **-a I** *itr tr* scrape; scratch; grate; [hud] graze **II 1** scraper **2** [sår] scratch **3** F [ovett] lecture, rating **-ning** scrape, scraping; scratching
skratt laughter, laugh; *full av ~* bursting with laughter **-retande** *a* laughable
skred slip; jfr *jord-*
skreva I *itr* straddle **II** crevice, cleft
skri scream, shriek, yell; jfr *uggle-* etc **-a** *itr* cry [out] **-ande** *a* crying
skribent writer, penman
skrida *itr* slide, glide; [allm.] proceed; *~ till verket* set (go) to work
skridsko skate; *åka ~* skate **-bana** skating-rink **-is** ice for skating **-segel** hand-sail **-åkare** skater
skrift 1 *i ~* in writing **2** paper; [tryckt] publication; *~er* writings, works; *S~en* the Scriptures [pl.] **3** = *bikt* **-a** *rfl* confess **-lig** *a* written **-ligt** *adv* in writing, [äv.] by letter **-lärd** *a* versed (learned) in the Scriptures **-språk** written (literary) language **-ställare** writer [of books], author **-växling** correspondence
skrik cry [*på* for]; [gällt] scream, shriek; [bildl.] outcry; *ge till ett ~* cry out **-a I** *itr* shriek, scream, yell; [vråla] roar, shout **II** *rfl*, *~ sig hes* roar o.s. hoarse **III** [zool.] jay **-ande** *a* screaming &c; [färg] glaring **-hals** cry-baby **-ig** *a* screaming &c
skrin box; case **-lägga** *tr* consign to oblivion
skritt, *i ~* at a walking pace
skriv||a *tr itr* write [*efter* for]; *~ av* copy; *~ om* re-write; *~ på'* [lista] put down one's name; *~ under* sign; *~ upp* write (note) down **-are** writer; clerk **-ar|sjuka** writer's cramp **-biträde** amanuensis **-bok** exercise-book **-bord** writing-table; desk **-don** writing materials [pl.] **-else** writ; [brev] letter; [meddelande] communication **-eri** writing, scribbling **-fel** slip of the pen **-karl** writer **-klåda** scribbling-itch **-konst** art of writing; penmanship **-kunnig** *a* who has learnt to write **-kunnighet** ability to write **-maskin** typewriter **-ning** writing; [skol.] written work **-papper** writing material (paper), stationery **-stil** hand[-writing] **-tecken** graphical sign
skrock superstition
skrocka *itr* cluck

skrockfull *a* superstitious
skrodera *itr* bluster, swagger, brag
skrof‖ler scrofula **-ulös** *a* scrofulous
skrot 1 = *järn- 2* ~ *och korn* standard **-a** *tr*, ~ *ned* break **-hög** scrap-heap
skrov body; ⚓ hull; [djurs] carcass
skrovlig *a* rough; rugged; [röst] raucous
skrubb [dark] closet; box-room
skrubb‖a *tr r/l* scrub (rub) [o.s.] **-hyvel** rough[ing]-plane **-or** = *snubbor* **-sår** graze[d place], scratch
skrud garb, attire; jfr *ornat*
skrump‖en *a* shrunk; shrivelled **-na** *itr* shrink; shrivel [up]
skrup‖el scruple **-ulös** *a* scrupulous
skruv screw; [fiol-] [turning-]peg; *ha en ~ lös* F be a bit touched; *ta ~* bite, take, tell **-a** *itr* screw [*fast* up] **-mejsel** screw-driver **-mutter** nut **-nyckel** screw(nut)-key; spanner **-städ** [screw-]vice
skrymm‖a *itr* take up [too much] room; be bulky **-ande** *a* bulky, voluminous
skrymsl‖a **-e** [by-]corner, nook; recess
skrymt‖a *itr* play the saint; be a hypocrite **-aktig** *a* dissembling; hypocritical **-are** dissembler; hypocrite **-eri** hypocrisy; cant
skrynkl‖a *s* o. *tr* wrinkle, crease **-ig** *a* creased, [c]rumpled
skryt boast[ing], brag[ging] **-a** *itr* boast, brag; ~ *med* make a boast of **-sam** *a* boastful; bragging
skrå guild; [livery, city] company
skrål **-a** *itr* bawl, squall, roar
skråma scratch
skräck terror; fright **-bild** fright **-injagande** *a* terrifying **-välde** terrorism
skräda *tr* pick; [mjöl] bolt; *inte ~ orden* not mince matters
skrädd‖are tailor **-ar|sydd** *a* tailor-made **-eri** tailor's [business]
skräll clash, crack, bang; crash **-a** *itr* crack, clap **-e**, *ett gammalt ~* a rickety old body **-ig** *a* cracked
skräm‖ma *tr* frighten; scare; [plötsl.] startle **-sel** fright **-skott** empty menace; bugbear
skrän yell; howl **-a** *itr* yell, shout **-ig** *a* uproarious, noisy; blustering
skräp rubbish; trash; *~!* nonsense! **-a** *itr*, *ligga och ~* lie about and make things [look] untidy; ~ *ned* litter **-hög** heap of rubbish **-ig** *a* untidy, littery **-rum** lumber-room
skräv‖el = *skryt* **-la** = *skryta* **-lare** braggart, swaggerer
skröplig *a* frail, weak; infirm
skuff push, shove **-a** *tr* push, shove
skugg‖a I shade, shadow **II** *tr* shade **-bild 1** shadow, phantom **2** = *silhuett* **-ig** *a* shaded, shady **-ning** shading **-sida** dark side
skuld 1 debt; *göra ~er* contract debts; *stå i ~ hos* be indebted to **2** [fel] fault, blame; guilt; *vara ~ till* be to blame for; *bekänna sin ~* confess one's guilt; *förlåt oss våra ~er* forgive us our trespasses **-belastad** *a* guilty
skulder|blad shoulder-blade
skuldfri *a* **1** free from debt **2** [bildl.] guiltless, blameless
skuldra shoulder
skuld‖satt *a* in debt; [egendom] encumbered **-sätta** *r/l* get [o.s.] (run) into debt
skull, *för ngns ~* for a p.'s sake
1 skulle loft
2 skulle should, would; jfr *1 skall*
skulpt‖era *tr* sculpture **-ur** [piece of] sculpture **-ör** sculptor
1 skum *a* dusky; ~ *blick* dim eyes
2 skum foam; froth **-ma I** *itr* foam, froth **II** *tr* skim **-mjölk** skim[med] milk
skumpa *itr* scamper; [vagn] jolt
skum‖rask dusk of the evening **-ögd** *a* purblind, dim-eyed
skunk [common] skunk
skur shower
skur‖a *tr* scour, scrub **-balja** scouring-pail **-borste** scrubbing-brush **-gumma** charwoman
skurk scoundrel, knave, villain **-aktig** *a* villainous **-aktighet** villainy **-streck** villainy, knavish trick
skurtrasa scouring-cloth, mop
skut‖a sailing vessel **-skeppare** skipper
skutt bounding leap, jump **-a** = *hoppa*
skvadron squadron, company of horse
skvala *itr* gush, spout; [regn] pour down
skvall‖er gossip; [skol.] sneaking; [förtal] slander **-er|aktig** *a* tattling, gossipy **-er|bytta** tell-tale, sneak **-er|historia** [old woman's] tale, piece of gossip **-er|håla** gossipy place **-er|käring** [old] gossip; tattle(scandal)-monger **-ra** *itr* tattle, gossip, tell tales
skvalp splash[ing] **-a** *itr* splash [to and fro]; [vågor] lap, ripple
skvätt splash [of water]; [rest] drop **-a** *itr tr* squirt
1 sky sky, heaven; [moln] cloud
2 sky *tr* shun; avoid; *ej ~ ngn möda* spare no pains
3 sky [kok.] gravy
skydd protection; [konkr.] shelter **-a** *tr* protect; cover, shelter **-ande** *a* protective **-s|helgon** patron [saint] **-s|hem** asylum **-sling** ward **-s|medel** [means of] protection **-s|märke** trade-mark **-s|rum** air-raid shelter **-s|tak** ⚔ fence-roof **-s|tull** protective duty **-s|ängel** guardian spirit (angel)
sky‖drag waterspout **-fall** torrent (deluge) of rain; downpour

skyff||el shovel **-la** *tr* shovel; [väg] hoe
skygg *a* shy; frightened, timid **-a** *itr* shy [*för* at] **-het** shyness **-lapp** blinker; blind
sky|hög *a* F mountains high
skyl shock, shook
skyla *tr* cover; jfr *dölja*
skyldig *a* 1 in debt; *vara ~ ngn pengar* owe a p. money 2 [pliktig] bound, obliged; *vara ~ ngn en förklaring* owe a p. an explanation 3 guilty [*till* of]; *den ~e* the culprit **-het** duty, obligation
skyldra *tr*, ~ [*gevär*] present arms
skylla *tr*, ~ *på ngn* blame a p.; *han får ~ sig själv* he has himself to blame
skylt sign[board] **-a** *itr* be exposed (exhibited); ~ *med* display; F show off **-fönster** show-window
skymf insult **-a** *tr* insult **-lig** *a* infamous; ignominious **-ord** abusive language [sing.]
skym||ma I *tr* stand in the light of; hide II *itr*, *det -mer* it is getting dusk **-ning** twilight, dusk
skymt glimpse **-a** *itr* be dimly seen
skym|undan out-of-the-way corner
skynd||a I *itr* hurry; hasten; ~ *på!* make haste! look sharp! II *rfl* hurry **-sam** *a* speedy; [svar] prompt **-samhet** speed[iness]
skynke cover[ing], wrapper[ing]
sky|skrapa sky-scraper
skytt shot, marksman **-e** shooting **-e|grav** ⚔ trench **-e|linje** firing-line
skyttel [väv.] shuttle
skåda *tr* behold, see
skåde||bana stage **-bröd** showbread **-lysten** *a* sight-loving **-penning** medal **-plats** stage; [bildl.] scene **-spel** spectacle; sight; [teat.] play, drama **-spelare** actor, [stage-]player; *bli ~* go on the stage **-spelerska** actress **-spels|författare** playwright
skål bowl; [bägare] cup; *~!* your health! here's to you! *föreslå en ~* propose a toast **-a** *itr*, ~ *med ngn* drink a p.'s health
skåll||a *tr* scald **-het** *a* scalding hot
skåp cupboard **-supa** *itr* tipple
skåra score, scotch
skäck piebald horse **-ig** *a* pied
skägg beard **-ig** *a* bearded: unshaved **-lös** *a* beardless, unbearded **-växt** [growth of] beard[s]
skäkta I swingle II *tr* [lin] swingle
skäl reason; argument; [orsak] motive, cause; *allt ~* every reason; *göra ~ för* deserve; *göra ~ för sig* give satisfaction **-ig** *a* reasonable, fair **-igen** *adv* reasonably; fairly
skäll||a I bell II *itr tr* bark, bay, bellow; ~ *ut* cry down **-s|ord** bad word; [koll.] foul language
skälm rogue; rascal **-aktig** *a* roguish; [leende] arch **-aktighet** roguishness &c **-sk** *a* arch **-stycke** roguish trick
skälv||a *itr* quake, shake; tremble **-ande** *a* tremulous **-ning** quaking; tremor
skäm||d *a* [frukt] perished; [ägg] bad **-ma** *tr*, ~ *bort* spoil; ~ *ut* put to shame **-mas** = *blygas*
skämt joke, jest **-a** *itr* joke, jest **-are** joker, jester **-lynne** humour **-sam** *a* facetious, humorous; jocose **-samhet** facetiousness, jocularity **-tidning** comic paper
skänd||a *tr* defile, pollute **-lig** *a* infamous, atrocious **-lighet** atrocity, outrage
skänk 1 sideboard, buffet 2 = *gåva* **-a** *tr* present, give
skänkel leg; shank
skänk|rum bar, tap-room
skäppa [mått] bushel; [korg] wallet
1 **skär** *a* 1 pink 2 [ren] clear
2 **skär** 1 [klippa] skerry, rocky islet 2 edge, notch **-a** I sickle II *tr itr* cut; [kött] carve; ~ *tänder* gnash (grind) one's teeth; ~ *i öronen* jar upon one's ears; ~ *upp* cut up III *rfl* 1 ~ *sig i fingret* cut one's finger 2 [mjölk] break **-ande** *a* cutting; [ljud] jarring, shrill **-bräde** cutting-board **-gård** archipelago
skärm screen **-mössa** peaked cap
skärmytsl||a *itr* **-ing** skirmish
skärning cutting; [vetensk.] section **-s|punkt** [point of] intersection
skärp belt; waistband
skärp||a I sharpness; [stränghet] rigour, severity II *tr* sharpen **-ning** sharpening
skärs|eld purgatory
skär|skåda *tr* view, examine
skär|slipare knife(scissors)-grinder
skärtorsdag Maundy Thursday
skärv mite; farthing
skärva shard; sherd; fragment; piece
sköka harlot
sköld shield **-e|märke** crest **-körtel** thyroid gland **-mö** Amazon **-padd** tortoise (turtle) shell **-padda** tortoise; turtle **-padds|soppa** turtle soup
skölj||a *tr* rinse; wash **-kopp** [finger-] bowl **-ning** rinse, wash
skön *a* beautiful; nice [bathe]; delightful [weather]; comfortable [chair]; *varm och ~* nice and warm **-het** beauty **-hets|medel** cosmetic
skönj||a *tr* discern, descry **-bar** *a* discernible, distinguishable
skön||litteratur polite literature; belles lettres [fr.] **-skrift** calligraphy
skör *a* brittle; fragile
skör|bjugg scurvy; *~s-* scorbutic
skörd harvest; [gröda] crop **-a** *tr* harvest; reap **-e|maskin** reaping-machine **-e|tid** reaping-time

skörhet brittleness, fragility
skört skirt; [rock-] tail, flap
sköt||a I *tr* take care of; look after; manage; [affär o. d.] run; [sjuk] tend II *rfl* 1 take care of o.s. 2 ~ *sig väl* do well **-are** tender
sköte lap; *i familjens* ~ in the bosom of one's family **-barn** darling; minion
sköterska nurse
sköte|synd bosom (besetting) sin
sköt||sam *a* careful; diligent; thrifty **-sel** care; attendance; management
skövl||a *tr* devastate; wreck **-ing** devastation
sladd fag-end; *komma på* ~*en* be at the fag-end
sladder = *skvaller, pladder*
sladdrig *a* flabby, limp
slafsa *itr*, ~ *i sig* lap up
slag 1 [art] kind, sort, class; species; *av alla* ~ all sorts (kinds) of . .; *av samma* ~ of the same kind; *i sitt* ~ of (in) its kind 2 blow; [hugg; -anfall] stroke; [puls-] beat; *på* ~*et 8* at eight o'clock sharp 3 ⚔ battle 4 *göra* ~ *i saken* settle the matter 5 [omgång] turn; ⚓ tack 6 = *upp- 2* **-a** flail **-björn** full-grown bear **-bom** falling-bar; [väv.] batten **-dänga** street-ballad **-en** *a* struck [*av* with]; ⚔ beaten, defeated **-fält** battlefield **-färdig** *a* quick at repartee **-färdighet** ready wit
slagg slag; clinkers [pl.]; refuse
slag||linje line of battle **-man** batsman **-ord** catchword **-ordning** battle-array **-regn** = *stört-* **-ruta** divining-rod **-sida** ⚓ *få* ~ have a list **-skepp** battleship **-skugga** cast shadow **-s|kämpe** fighter; combatant **-s|mål** fight; row; *råka i* ~ get to blows **-svärd** large sword **-trä** bat **-vatten** ⚓ bilge-water **-verk** striking apparatus
slak *a* loose; slack; limp **-na** *itr* slacken, relax
slakt slaughter **-a** *tr* kill, slaughter, butcher **-are** butcher **-bänk** butcher's bench; [bildl.] block **-eri** butchery **-offer** victim
1 **slam** [kort.] slam
2 **slam** silt; slime **-ma** *tr* wash; [kalk] purify
slammer rattle; clatter
slammig *a* slimy, full of silt
slamp||a slattern, slut **-ig** *a* slovenly
slamra *itr* rattle, clatter
slams slovenliness **-a** = *slampa*
1 **slang** 1 *slå sig i* ~ *med* strike up [an acquaintance] with 2 [språk] slang
2 **slang** tube; pipe
slank *a* slender **-ig** *a* limp
slant coin, copper
slapp *a* slack, loose; [moral] lax **-a** *tr* slack[en], loose; relax **-het** slackness; laxity **-na** *itr* slack[en]; grow lax
slarv carelessness, negligence **-a** I careless woman (girl) II *itr* be careless (negligent); ~ *bort* waste, fool away, [förlora] lose **-er** careless fellow, sloven **-ig** *a* slovenly, careless, negligent; [ej prydlig] untidy **-sylta** minced tripe
slask 1 slop[s] 2 wet (slushy) weather **-a** *itr* splash about; *det* ~*r* it is sloppy &c weather **-hink** slop-pail **-ig** *a* sloppy, splashy **-rör** waste-pipe; [i kök] sink-hole **-vatten** slops [pl.]
1 **slav** [folk] Slav
2 **slav** slave [*under* to] **-a** *itr* [work like a] slave; drudge **-eri** **-göra** slavery **-handel** slave trade **-handlare** slave merchant **-inna** [female] slave
1 **slavisk** *a* Slavic, [äv.] Slavonic
2 **slav||isk** *a* slavish; servile **-liv** = *-eri* **-skepp** slaver **-ägare** slaver; [Amer.] planter
slejf strap; loop **-sko** bar-shoe
slem slime; [vetensk.] mucus; [läk.] phlegm **-hinna** mucous membrane **-mig** *a* slimy; mucous
slentrian routine; [old] jog-trot
slev ladle; *få en släng av* ~*en* come in for a share **-a** *tr itr* ladle
slick||a *tr* lick; ~ *i sig* lap [up] **-ad** *a* sleek
slid slide-valve
slid||a sheath **-kniv** *a* sheath-knife
sling||a knot; loop; [hår~] coil; ⚓ sling **-er|bult** dodge **-er|växt** creeper, runner **-ra** I *tr* wind, twist, twine II *itr* ⚓ roll III *rfl* wind, bend; [bildl.] dodge, shuffle; ~ *sig ifrån* wriggle o.s. out of **-rande** *a* winding
slinka I *itr* [glida] slide, slip; [smyga] slink II wench, hussy
slint, *slå* ~ fail, come to nothing **-a** *itr* slip
slip ⚓ slip
slip||a *tr* grind; polish; [sten] cut; ~*d* [bildl.] crafty, sly **-are** grinder **-ho** trough [of a grindstone] **-ning** grinding
slippa *tr* escape [from]; be spared [from]; ~ *undan* get off; *be att få* ~ beg to be excused; *låt mig* ~ spare me! *om jag kan* ~ if I can avoid it
slipprig *a* slippery; [bildl.] indecent
slips necktie
slip|sten grindstone
slira *itr* slide, slip; [bil] skid
sliskig *a* insipidly (sickly) sweet; [bildl.] mawkish
slit wear and tear, worry; jfr *släp 3* **-a** I *itr* 1 [rycka] pull, tear; ~ *sönder* tear, rend 2 [nöta] wear; ~ *ut sig* use o.s. up 3 ~ *en tvist* settle a controversy 4 = *släpa I 2* II *rfl* break loose **-en** *a* worn [out], the worse for wear **-ning** [bildl.] dissension, discord

slockna *itr* go out, expire
slok slouch **-a** *itr* slouch, droop; ~ *med* droop **-hatt** slouch-hat **-örad** *a* loop-eared; F crest-fallen
slopa *tr* demolish; [förslag] reject
slott castle; palace **-s|herre** lord of a (the) castle **-s|lik** *a* palatial
sludd||er spluttering **-ra** *itr*, ~ *på målet* slur [over] one's words, sp[l]utter **-rig** *a* slurred, spluttering; thick
slug *a* shrewd, sly; jfr *listig* **-het** slyness, cunning **-huvud** sly (deep) one
sluka *tr* swallow; devour
slum[kvarter] slum
slummer slumber; doze
slump 1 [hand.] remnant **2** chance; *av en* ~ by chance **-a I** *itr*, ~ *bort* sell off in lots **II** *rfl*, *det kan* ~ *sig* it may happen (chance) **-vis** *adv* **1** by the gross **2** by chance
slumra *itr* slumber, doze; ~*nde* slumbering; [kraft] undeveloped
slunga I sling **II** *tr* sling, throw [with a sling]; [honung] run; [kasta] launch, fly
slunk drink, draught; jfr *skvätt*
slup sloop; barge; launch
slusk shabby fellow **-ig** *a* shabby
sluss [canal-]lock; sluice **-a** *tr* take (pass) through a lock **-port** lock-gate
slut I end[ing]; close; [avslutning] termination; ~*et gott allting gott* all's well that ends well; *få ett* ~ come to an end **II** *a* at an end, done, over; *ha tagit* ~ be used up; *göra* ~ *på* put an end to **-a I** *tr* **1** [av~] end, bring to an end, finish, stop **2** = *stänga* **II** *itr* **1** end; be at an end, close, cease; ~ *gråta* stop crying **2** [dra -sats] conclude, infer **-en** *a* [bildl.] reticent, uncommunicative; *-et sällskap* close (private) society **-försäljning** clearance [sale] **-giltig** *a* definitive **-ledning** deduction, conclusion **-lig** *a* final, ultimate **-ligen** *adv* finally; [till sist] in the end, ultimately **-likvid** final payment **-ord** concluding remark **-sats** conclusion; *dra en* ~ conclude **-station** terminus **-stavelse** final (last) syllable **-stycke** final piece; [mus.] finale; ⚔ breech-piece **-summa** sum total, total amount **-såld** *a* sold out; [bok] out of print
slutt||a *itr* decline, slope downward **-ande** *a* sloping **-ning** slope; declivity, descent
slyna girl in her teens; hoyden, minx
slyngel hobbledehoy, whipper-snapper, scamp **-aktig** *a* scampish, rude
slå I slat, rail **II** *tr* beat, knock, hit; ~ *i a*) [spik] drive in, *b*) [hälla i] pour out; ~ *till* strike; ~ *upp en bok* open a book; ~ *ut a*) [blomma] open, b) [sport.] beat, knock out **III** *rfl* **1** hurt o. s.; ~ *sig ned* settle down, sit down; ~ *sig på* take to **2** [trä] warp **-ende** *a* striking
slån sloe
slåss *itr dep* fight; battle
slåtter haymaking, hay-harvest **-folk** haymakers (mowers) [pl.] **-maskin** mowing-machine **-äng** hayfield
släck||a *tr* **1** extinguish, put out; [törst] quench **2** ⚓ slacken **-ning** extinction
släd||e sleigh **-före** sleigh-way
slägg||a sledge[-hammer] **-kastning** throwing the hammer
släkt family; *vara* ~ *med* be related to **-drag** family feature **-e** genus; race **-forskare** genealogist **-ing** relation, relative **-led** generation **-namn** family name **-skap** relationship, kinship **-tavla** pedigree **-tycke** family likeness
slända 1 [zool.] dragon-fly **2** distaff
släng 1 = *slag 2* **2** ~ *av gikt* touch of gout **3** [i skrift] flourish **-a I** *tr* fling, toss, jerk **II** *itr* dangle, swing; ~ *med armarna* fling one's arms about **-gunga** swing **-kappa** Spanish cloak **-kyss**, *kasta en* ~ *åt ngn* blow a p. a kiss
släp 1 train **2** *ta på* ~ take in tow **3** [slit] toil, drudgery **-a I** *itr* **1** drag, trail **2** [slita] toil, drudge **II** *tr* drag [along with one]; trail; ~ *fram* bring up, haul **-ig** *a* shuffling; [röst] drawling **-lina** guide-rope
släpp||a I *tr* let go, leave hold of; drop; [~ lös] release, let loose; ~ *fram (förbi)* let pass; ~ *in* let in, admit **II** *itr* leave hold, let go **-hänt** *a* indulgent; lax
släp||tåg se *släp 2; ha i* ~ [äv.] have in its wake **-uniform** working service uniform
slät *a* smooth; [jämn] even, level; [mark] flat; [enkel] plain **-a** *tr* smooth [down] **-borra** *tr* bore smooth **-hamra** *tr* flatten, planish **-hårig** *a* [hund] close-haired **-löpning** flat race **-rakad** *a* clean-shaven **-struken** *a* mediocre, indifferent **-t I** plain **II** *adv* smoothly, evenly **-var** brill
slö *a* blunt[ed], dull; [likgiltig] apathetic, listless
slödder = *pöbel*
slöhet bluntness &c; apathy
slöja veil
slöjd industry, handiwork; [skol.] sloyd **-a I** *itr* do sloyd (woodwork) **II** *tr* make, carve
slös||a I *tr* spend [lavishly], lavish; ~ *bort* waste **II** *itr* squander, be wasteful (lavish) **-aktig** *a* wasteful, lavish **-aktighet** extravagance; lavishness **-ande** = *-aktig* **-are** spendthrift **-eri** extravagance
smack||a *itr* smack; ~ *åt en häst* chirrup (gee) up a horse **-ning** smack[ing]

smak taste; flavour; ~*en är olika* tastes differ; *få ~ på* get a taste (relish) for; *sätta ~ på* give a flavour (relish) to, season; *ha ~* have [good] taste; *falla ngn i ~en* strike a p.'s fancy **-a** *tr itr* taste [*citron* of lemon]; *hur ~r det?* what does it taste like? **-full** *a* in good taste **-lig** *a* savoury **-lös** *a* tasteless; [bildl.] in bad taste **-råd** counsellor in matters of taste **-sak** matter of taste
smal *a* narrow; [ej tjock] thin; slender **-ben** small of the leg **-na** *itr* grow thinner, narrow [off] **-spårig** *a* narrow-gauge
smaragd emerald
smattl|er o. **-ra** *itr* patter, rattle
smed [black]smith **-ja** smithy
smek caressing, fondling **-a** *tr* caress, fondle **-ande** *a* caressing, gentle, soft **-månad** honeymoon **-namn** pet name **-ning** caress **-sam** *a* caressing, fondling
smet grease; smear; [deg] paste **-a** *itr tr* daub, smear; ~ *ned* [be]smear, bedaub **-ig** *a* smeary, pasty; [klibbig] sticky
smick|er flattery; [starkare] adulation **-ra** *tr* flatter
smid|a *tr* forge; hammer; [järn] smith **-d** *a* wrought **-es|järn** forge iron **-ig** *a* ductible, flexible; [pers.; äv. bildl.] pliable, supple **-ighet** malleability; ductibility, flexibility
smila *itr* smile
smink paint; [rött] rouge **-a I** *tr* paint **II** *rfl* paint [o.s.], use rouge
smita *itr* slink; jfr *smyga*
smitt|a I infection, contagion **II** *tr* infect **-ande** *a* catching **-koppor** small-pox [sing.] **-[o]sam** *a* infectious; contagious **-ämne** contagion, virus
smoking dinner-jacket
smolk mote
smuggl|a *tr* smuggle **-are** smuggler
1 smul *a* ⚓ smooth
2 smul =*dugg 2* **-a I** [bröd~] crumb; *en ~* a little, a trifle, a bit **II** *tr* crumble **-gråt** curmudgeon, skinflint
smultron [wild] strawberry
smuss|el shuffle **-la** *tr itr* shuffle
smuts dirt, filth **-a** *tr* [make] dirty, soil **-fläck** blotch, smudge **-ig** *a* dirty; [väg] muddy **-ighet** dirtiness **-kasta** *tr* throw dirt on **-press** gutter press **-vatten** dirty water
smutta *itr*, ~ *på* sip
smyck|a *tr* adorn; decorate **-e** ornament; [juvel] gem
smyg, *i ~* surreptitiously, stealthily **-a I** *tr* slip **II** *itr* sneak **III** *rfl* steal; sneak; jfr *in~* [*sig*] **-ande** *a* sneaking; [bildl.] lurking **-väg** secret [by-]path; ~*ar* oblique ways

små *a* se *liten; de ~* the little ones **-aktig** *a* mean **-aktighet** meanness **-barn** little children; infants **-bröd** [koll.] small cakes, dessert biscuits **-fåglar** small birds **-gräla** *itr* mutter, grumble **-kryp** insect, F bug; [ohyra] vermin **-leende I** *a* smiling **II** smile **-ningom** *adv* by degrees, gradually, little by little **-nätt** *a* neat little . . **-pengar** small change **-plock** miscellaneous trifles [pl.] **-prickig** *a* dotted **-sak** trifle, small thing **-sinnad** *a* mean, petty **-sinne** meanness **-skog** brushwood **-skola** infant[s'] school **-slug** *a* shrewd, canny **-smulor** trifles **-stad** small town **-stads|aktig** *a* o. **-stads|bo** provincial **-sten** pebbles [pl.] **-tt I** little, small; ~ *och gott* a little of everything; *i ~* in little, in a small way **II** *adv* a little, slightly **-timm|e**, *in på -arna* into the small hours [of the night] **-tting** baby, little tot **-växt** *a* small [of stature], short-statured
smäcker *a* slender, slim
smäd|a *tr* abuse, revile **-e|dikt** libellous poem **-else** abuse **-e|skrift** libel[lous pamphlet] **-lig** *a* abusive
smäktande *a* languishing
smälek disgrace, ignominy
smäll 1 [ljud] crack; smack **2** [slag] smack, slap, crack **3** [stryk] a spanking **-a I** *itr* crack, snap, smack; ~ *i dörrarna* bang (slam) the doors **II** *tr* rap, smack, slap; ~ *igen* shut with a clap (bang) **-are** cracker; detonator **-karamell** cracker **-kyss** smacking kiss
smält *a* melted; [smör] run **-a I** *tr* **1** melt; [lösa] dissolve **2** [mat] digest **II** *itr* melt; dissolve; [snö] thaw **-degel** crucible **-ning** [s]melting, dissolving **-punkt** melting(fusing)-point **-stycke** bloom **-ugn** smelting(blast)-furnace
smärgel emery **-duk** emery-cloth **-skiva** emery-wheel
smärre *a* smaller; shorter; minor
smärt *a* slender(slim)[-waisted]
smärt|a I pain; [häftig] pang; *ha -or* [äv.] suffer **II** *tr* pain; give pain; *det -ar mig* it grieves me **-fri** *a* painless **-sam** *a* painful **-stillande** *a* pain-killing; ~ *medel* anodyne
smör butter **-ask** butter-box **-bakelse** pastry cake **-blomster** buttercup **-deg** puff-paste **-gås** [piece of] bread and butter; [dubbel] sandwich; *kasta ~* play at ducks and drakes **-gås|bord** hors d'oeuvres [fr.] **-ig** *a* buttery
smörj drubbing, licking **-a I** grease; [skräp] F rubbish, trash, rot **II** *tr* grease; oil; ~ *ned* grease, besmear **III** *rfl* se *krås 2* **-else** anointing; oint-

ment -ig *a* greasy; smeary -kopp grease-cup; ⊕ oil-cup(-feeder) -ämne lubricant
smör||kärna churn -tårta butter-cake
snabb *a* swift, rapid; [flykt] speedy; [sport.] fast; [svar] quick -eld ⚔ rapid firing -fotad *a* fleet[-footed] -gående *a* fast -het speed; swiftness
snabel trunk
snappa *itr tr* snatch, snap [*efter* at]
snaps dram [of spirits]
snar *a* speedy; ~ *att* quick to; *med det ~aste* as soon as possible
snara snare, trap
snar||are *adv* 1 [tid] sooner 2 [hellre] rather -fyndig *a* quick-witted
snark||a *itr* snore -ning snore
snar||ligen *adv* soon -lik *a* [very] similar -rådig *a* resolute, quick-witted -stucken *a* quick to take offence, touchy -stuckenhet touchiness -t *adv* soon; shortly; before long
snask sweet stuff -ig *a* messy, dirty
snatta *tr* pilfer, purloin
snatt||er o. -ra *itr* quack; gabble
snava *itr* trip, stumble
sned *a* oblique; [lutande] slanting, inclined; [skev] crooked; *~a blickar* a jaundiced eye; *på ~* awry, on one side -d, *på ~en* obliquely, diagonally -da I *tr* ⊕ bevel; slant II *itr* edge; *~ över gatan* cross the street [obliquely] -gång||en, *-na skor* shoes worn down on one side -het obliqueness -kudde [wedge-shaped] bolster -språng side-leap; [bildl.] [moral] slip, lapse; escapade -vriden *a* distorted; warped -ögd *a* oblique-eyed
snegla *itr* ogle; *~ på* leer at
snett *adv* obliquely; askew, awry
snibb corner, point, tip
snick||are joiner; carpenter -ra *itr tr* carpenter
snida *tr* carve
snigel slug; [med -hus] snail
sniken *a* avaricious, greedy
snill||e genius -e||blixt flash (stroke) of genius (wit) -rik *a* brilliant -rikhet genius
snip||a ⚓ gig, boat -ig *a* pointed
snirkel twisted ornament
snitt 1 cut, incision 2 [fason] cut, pattern
sno *tr* twist; *~ upp* untwist
snobb snob, prig -ig *a* priggish
snodd string; [garner-] braid
snok 1 snake 2 F spy -a *itr* spy, pry; *~ upp* hunt up, track down
snopen *a* disappointed, baffled
snoppa *tr* snuff; [bär o. d.] pick, top and tail
snorig *a* snivelling
snubbla = *snava*
snubbor snubbing (wigging) [sing.]
snudda *itr*, *~ vid* graze, touch
snugga cutty[-pipe], bulldog
snurra I [peg-]top II *tr itr* spin, whirl
snus snuff -a *itr* take snuff -dosa snuff-box -förnuftig *a* knowing, would-be-wise
snusk filth -ig *a* filthy
snuv||a cold [in the head] -ig *a* suffering from a cold, snuffly
snyft||a *itr* sob -ning sob
snygg *a* tidy; neat, clean -a *tr*, *~ upp* tidy up -het tidiness
snylt||a *itr* be a parasite, sponge [*hos* on] -gäst sponger, parasite
snyt||a *rfl* blow one's nose -ning blow[ing] of the nose
snål *a* stingy; near, close -a *itr*, *~ in på* save -het stinginess &c -varg miser
snår thicket, copse -skog brushwood
snäck||a snail -skal snail shell
snäll *a* kind [*mot* to]; good-natured; *vara ~* [barn] be good; *var ~ och* . . kindly (please) . .; . . *så är du ~* . . there's a good boy (&c)
snälltåg fast train, express [train] -s||biljett supplementary fast train ticket
snärj||a *tr* snare; trap, entangle -ande *a* [bildl.] insidious
snärt lash -a *tr*, *~ till* lash
snäs||a *tr* snap at -ig *a* snappish, snubbing, cross -ning snub[bing]
snäv *a* narrow, scanty; [plagg] tight; [bildl.] stiff, ungracious
snö snow -a *itr* snow -klädd *a* snow-clad -boll snowball
snöd *a* sordid [*vinning* gain]
snö||droppe snowdrop -flinga snowflake -gubbe snow-man -ig *a* snowy
snöplig *a* ignominious, inglorious
snör||a *tr* lace [together] -e cord, string -hål lace-hole
snörpa *tr itr*, *~ ihop* purse (pucker) up; *~ på munnen* pucker one's lips
snör||rem lace; strap -rät *a* -rätt *adv* straight as an arrow -sko laced shoe
snö||skottning clearing away of the snow -skred avalanche -storm snowstorm -sörja snow-slush -täcke covering of snow -vit *a* [as] white as snow, snow-white -yra flurry of snow
so sow
soaré soirée [fr.]
sobel sable -päls sable coat
social *a* social -demokrat social democrat -ism socialism -ist socialist
societet society; *i ~en* in society
socka sock
sockel socle
socken parish -bo parishioner -stämma parish meeting
socker sugar -beta sugar-beet -bit piece (lump) of sugar -bruk sugar-

-works -dricka lemonade -kaka sponge-cake -lag syrup [of sugar] -rör sugar cane -rötter skirrets -sjuk *a* diabetic -sjuka diabetes -skål sugar-basin -söt *a* sugary, sweet as sugar -topp sugar-loaf -tång sugar-tongs [pl.] -ärter sugar-peas
ockra *tr itr* sweeten [with sugar]
soda soda -vatten soda-water
soff‖a sofa; [bänk] seat, bench -hörn sofa-end(corner)
sofism sophistry, sophism, quibble
soja soy -sås catchup, Ketchup
sol sun -a *rfl* sun o.s., bask in the sun -bad sun-bath -belyst *a* sunlit, sunny -blind *a* dazzled by the sun -bränd *a* sunburnt -bränna sunburn, tan
sold pay -at soldier; *bli* ~ enlist
sol‖dyrkare sun-worshipper -fjäder fan -förmörkelse eclipse of the sun -gård halo [round the sun]
solid *a* solid; [bildl.] sound -arisk *a* jointly responsible; ~ *med* loyal to -aritet solidarity -itet solidity; stability
solig *a* sunny
solist soloist, solo-performer
solk‖a *tr*, ~ *ned* soil -ig *a* soiled
sol‖klar *a* sunny, bright; [bildl.] clear as noonday, evident -ljus sunlight -nedgång sunset; *i* ~*en* at sunset
solo I *a adv* solo II solo -stämma solo part
sol‖ros sunflower -rök haze -sida sunny side -sken sunshine -stråle sunbeam -styng sunstroke -stånd solstice -system solar system -torkad *a* sun-dried -tält awning -uppgång sunrise -ur sundial
solv [väv.] heddles [pl.] -a *tr* heddle
solven‖s solvency -t *a* solvent
sol‖visare sundial -år solar year
som I *pron* who, which, that, se *vilken* II *adv konj* as, like -liga *pron* some
sommar summer; *i* ~ this ([kommande] next) summer; *i somras* last summer; *på* ~*n* in [the] summer -dag summer's day -ferier -lov summer holidays (vacation) -nöje summer residence -rock light coat -tid summer-time
somna *itr* fall (drop) asleep, go to sleep; ~ *om* go to sleep again
son son [*till* of]
sonat sonata
sond probe, sound -era *tr* probe, sound
son|dotter granddaughter
sonett sonnet
son|hustru daughter-in-law, son's wife
sonor *a* sonorous
sop‖a *tr* sweep -backe dustyard -borste broom -hög rubbish-heap -kvast broom -lår dust-bin -ning sweeping, sweep -or sweepings; dust [sing.]
sopp‖a soup; [kött-] broth -skål [soup-]tureen -tallrik soup-plate
sopran soprano; [pers. äv.] sopranist
sop‖skyffel dust-pan -åkare dustman
sordin sordine; *lägga* ~ *på* put a damper on
sorg 1 sorrow, grief; [bekymmer] trouble, care 2 mourning; [äv.] black; *bära* ~ wear (be in) mourning [*efter* for] -bunden *a* mournful, sad -dräkt mourning [attire] -e|barn child of sorrow; scapegrace -e|bud mournful tiding[s] -e|spel tragedy -flor crape -fri *a* free from sorrow, carefree -fällig *a* careful -kant black (mourning-)border; *med* ~*er* black-bordered -klädd *a* [dressed] in mourning -kläder mourning clothes -lig *a* sad; mournful -lustig *a* tragi-comical -lös *a* sorrowless, carefree; light-hearted, easy-going -marsch funeral march -sen *a* sad, mournful; ~ *uppsyn* woeful countenance
sork vole
sorl o. -a *itr* hum, murmur
sort sort, kind; *av bästa* ~ first-rate -era *tr* [as]sort -ering assortment
sot soot, grime -a I *tr* 1 sweep 2 ~ *ned* [cover with] soot II *rfl*, ~ *sig i ansiktet* black one's face -are chimney-sweep -fläck smudge, smut -ig *a* grimy, sooty -ning sweeping
sov‖a *itr* sleep, be asleep; *sov gott!* sleep well! -kupé sleeping-compartment, sleeper -plats [järnv.] sleeping-berth
sovr‖a *tr* pick; [friare] sift, winnow; purge [*från* of] -ing purging &c
sov‖rum bedroom -sal dormitory -säck sleeping-bag -vagn sleeping-car, sleeper -vagns|biljett sleeper's ticket
spackl‖a *tr* putty -ing putty
spad water; [stek-] gravy, liquor
spade spade
spader spades [pl.] -äss ace of spades
spad|tag cut (dig) with a spade, spadeful
1 spak ⊕ handspike; [växel-] lever
2 spak *a* tractable, humble; *bli* ~ relent
spaljé trellis[-work]
spalt column -fyllnad padding [matter] -vis *adv* by the column
span‖a *tr itr* spy, gaze; [speja] scout; ⚔ reconnoitre -ande *a* searching [*blick*: look] -are searcher; inquirer; [spejare] scout
Spanien Spain
span‖ing search, scouting; ⚔ reconnaissance; *ha* ~ *på* be on the track of -ings|patrull ⚔ reconnaissance
spanjor Spaniard -ska Spanish woman
spann 1 [bro- o. d.] span 2 [ämbar] pail, bucket 3 team; jfr *fyr-*

spannmål grain, corn **-s|bod** granary **-s|handel** corn-trade
spansk *a* Spanish; ~ *peppar* red pepper
spant ⚓ rib; frame-timber
spar||a *tr itr* save; [skona] spare; ~ *till en annan gång* keep for another time **-bank** savings-bank **-banks|bok** depositor's book **-bössa** savings(money)-box
spark kick **-a** *tr itr* kick; ~ *av sig* kick off . .
sparkassa savings-bank
spark|stötting skeleton sleigh
sparre spar; [tak~] rafter
sparris asparagus **-säng** asparagus-bed
sparsam *a* economical; [snål] parsimonious; saving [*med, på* of]; sparing [*med* of] **-het** economy; thrift[iness] **-t** *adv* economically; [måttfullt] sparingly
spartan o. **-sk** *a* Spartan
sparv sparrow; bunting **-hök** sparrow-hawk **-uggla** pygmy owl
spasm spasm **-odisk** *a* spasmodic
spat [geol.] spar
spatel spatula, spattle
spatsera = *promenera*
spatt spavin; *med* ~ spavined
speceri||er groceries **-handel** grocer's [shop]
speci||alisera *tr rfl* specialize **-alist** specialist, expert **-alitet** speciality **-al|vapen** ⚓ special branch [of the army] **-ell** *a* special, particular **-ficera** *tr* specify **-fik** *a* specific
spedi||era *tr* forward, despatch **-tion** forwarding [of goods] **-tör** forwarding(shipping)-agent
spe||full *a* gibing, mocking **-fågel** quiz, banterer
speg||el mirror; [looking-]glass **-el|-bild** reflection **-el|blank** *a* glassy **-el|klar** *a* bright as a mirror **-la I** = *av*~ **II** *rfl* be reflected; look at o.s. in the [looking-]glass **-ling** reflection
spe|glosa gibe, scoff, sneer
spej||a *itr* spy; scout; ~*nde blick* searching look **-are** spy; scout
spektakel 1 F row, rumpus **2** se *åtlöje: se ut som ett* ~ look a fright; *vilket* ~! what a nuisance!
spekul||ant intending (prospective) purchaser **-ation** speculation; [hand.] enterprise, venture **-era** *itr* speculate
spel 1 play; playing; [teat.] acting; [lek] game; *rent* ~ fair play **2** *stå på* ~ be at stake **3** [kort.] trick **-a** *tr itr* play; [roll] act; ~ *hasard* gamble **-are** player; [hasard~] gambler **-bank** public gaming-house **-bord** gaming-(card)-table **-e|vink** F regular rascal **-kort** playing-card **-lektion** music lesson **-lista** [teat.] repertory **-man** musician; [fiol~] fiddler **-mark** counter, jet[t]on **-parti** card-party **-passion** gambling-fever **-regler** rules of the game **-rum** [bildl.] scope, range **-skuld** gambling debt **-vinst** winnings [pl.] **-år** theatrical year
spenat spinach
spender||a *tr itr* spend [liberally], bestow **-sam** *a* open(large)-handed
spene teat, nipple
spenslig *a* [of] slender [build], slight
spets 1 point; [tunga] tip; [geom.] apex; *i* ~*en* at the head; *driva till sin* ~ bring to a head (climax **2** [tyg-] lace **-a** *tr* **1** point; tip; ~ *öronen* prick [up] one's ears **2** [genomborra] pierce **-båge** pointed arch, ogive **-fundig** *a* subtle, sophistical **-fundighet** subtlety, sophism **-glas** [tapering] dram-glass **-ig** *a* pointed; [vinkel] acute; [bildl.] cutting, sarcastic **-ighet** pointedness; jfr *gliring* **-knyppling** lacemaking **-krage** lace collar **-vinklig** *a* acute-angled
spett spit
spetälsk *a* leprous **-a** leprosy
spex burlesque
spicken *a* cured [*sill* herring]
spigg [fisk] stickleback
spik nail **-a** *tr* nail [*fast* up] **-rak** *a* dead straight, straight as an arrow
spilkum bowl, basin
spill||a *tr* spill; drop; [ord, tid] waste **-o,** *ge till* ~ give up [as lost], abandon
spillr|a splinter; *-or* fragments, wreckage [sing.]
spilta stall, box
spindel spider **-nät -väv** cobweb[s]
spink shreds (snippings) [pl.] **-ig** *a* very thin, spare
spinn||a I *tr* spin **II** *itr* [katt] purr **-eri** spinning-mill **-rock** spinning-wheel **-sidan** the distaff[-side], the spindle-side
spion spy **-era** *itr* [play the] spy; ~ *på* watch; spy [up]on **-eri** spying, espionage
spira I 1 spar; pole; [torn-] spire **2** [kungl.] sceptre **II** *itr* sprout, germinate, shoot forth
spiral spiral; [vindling] winding **-fjäder** coil-spring **-formig** *a* spiral, helical **-trappa** winding staircase
spirit||ism spiritism **-ist** spiritist **-ualitet** brilliancy, wit **-uell** *a* brilliant, witty **-uosa** [pl.] spirituous liquors, spirits
spis fireplace; [köks-] kitchen range
spis||a *tr itr* eat, have a meal **-bröd** hard rye-bread
spjut spear; lance; pike; [kast-] javelin **-kastare** javelin-thrower **-kastning** throwing the javelin **-spets** spear-head(-spike)
spjuver = *skälm*
spjäll||a I splint; slat **II** = *-ka 1*

-jalusi Venetian blind **-ka** *tr* 1 [läk.] splint 2 split [to pieces]
spjäll damper, register; *skjuta ~et* shut (draw) the damper
spjäl|staket pale-fence
spjärn, *ta ~ mot* brace one's feet against **-a** *itr*, *~ emot* spurn; *~ mot udden* kick against the pricks
splint splinters [pl.]
split discord, dissension
splits ⚓ splice **-a** *tr* splice, graft
splitt[er] *adv*, *~ ny* brand-new
splittr||a I shiver, splinter II *tr* shiver, splinter; [klyva] split; jfr *söndra* **-ing** [bildl.] split, dissension
spol||a I *tr* 1 wash; rinse 2 [garn] spool II *itr* wash **-e** spool; bobbin **-mask** belly-worm
spont tongue, rebate **-a** *tr* tongue, rebate; *~de bräder* match-boards
spontan *a* spontaneous
spor spore
sporadisk *a* sporadic[al]
sporr||a *tr* spur **-e** spur; [bildl.] stimulus **-streck**, *i ~* at full speed **-trissa** rowel
sport athletics (games, sports) [pl.] **-a** *itr* go in for games (&c) **-dräkt** tweeds [pl.] **-s|man** sportsman **-s|mässig** *a* sportsmanlike **-stuga** log hut, week-end cottage
sportler perquisites
spotsk *a* scornful **-het** disdain, scorn
spott 1 saliva, spittle 2 *bli till ~ och spe* be put to scorn **-a** *itr tr* spit; [läk.] expectorate **-låda** spittoon **-styver**, *för en ~* for án old song (a trifle)
spov [zool.] curlew
sprak||a *itr* sparkle; [ljud] crackle **-fåle** [eg.] frisky colt; jfr *vildbasare*
spratt trick, lark **-el|gubbe** jumping-jack **-la** *itr* flounder; struggle
spric||a I crack; fissure; [större] crevice II *itr* crack; [brista] break; [rämna] split; *~ av harm* burst with rage (indignation) **-ig** *a* cracked
sprid||a I *tr* spread; [skingra] disperse; [ut~] distribute II *rfl* spread; disperse; scatter
spring running **-a** I chink, fissure; cranny II *itr* 1 run [*sin väg* away] 2 [brista] burst **-brunn** fountain **-bräde** spring-board **-pojke** errand-boy, boy-messenger
sprint key, cotter; pin, peg
sprit spirits [pl.]; *ren ~* pure alcohol
sprita *tr* 1 shell, hull 2 [fjäder] strip
sprit||bolag spirit[s] monopoly company **-dryck** spirituous beverage (liquor) **-haltig** *a* spirituous, alcoholic **-kök** spirit-stove
spritt *adv*, *~ naken* stark naked
spritt||a *itr*, *~ till* [give a] start **-ande** I *a* sparkling II *adv*, *~ glad* ready to jump for joy
sprit|ärter green field-peas
sprund bung[-hole]; [i plagg] slit
sprut||a I *itr* spurt; spout; [fint] squirt II *tr* throw; *~ eld* spit fire III [brand~] fire-engine; [hand~] squirt; [liten] syringe **-hus** engine house
språk language; [ngns tal] speech **-a** *itr* talk, speak **-bruk** linguistic usage **-fel** linguistic error, grammatical blunder **-forskare** linguist; philologist **-förbistring** confusion of languages **-kunnig** *a* versed (skilled) in languages **-känsla** linguistic sense **-lig** *a* philological, linguistic **-lära** grammar **-lärare** teacher of languages **-rör** [bildl.] mouthpiece **-sam** *a* talkative **-samhet** talkativeness **-sinne** linguistic sense **-vetenskap** science of languages; philology
språng spring, leap; *med ett ~* at a bound **-bräde** spring-board **-marsch** run; *i ~* at a run, at the double
spräcka *tr* crack; break; [ben] fracture
spräcklig *a* speckled; mottled
spräckt *a* [äv. röst] cracked
spräng||a I *tr* burst; [berg] blast; [bank] break; [dörr] force [open]; *~ en häst* break a horse's wind; *~ i luften* blow up II *itr*, *~ fram mot* spur at **-granat** shell **-krut** blasting-powder **-laddning** bursting-charge **-lärd** *a* F brimful of learning **-ning** bursting &c; explosion **-skott** charge of blasting-powder **-verkan** explosive effect **-ämne** explosive [substance]
sprätt dandy; swell **-a** *tr itr* 1 rip [open], unpick; *~ upp* rip up, unrip 2 [knäppa] fillip 3 [höns] kick **-ig** *a* smart[ly dressed]; swell
spröd *a* brittle, friable, fragile
spröt 1 = *bog-* 2 [zool.] antenna, feeler **-e** stick, rib
spurt spurt **-a** *itr* spurt
spy *tr itr* vomit **-fluga** bluebottle [fly] **-gatt** ⚓ scupper[-hole]
spydig *a* ironical, sarcastic **-het** sarcasm
spå *tr itr*, *~ ngn* tell a p. his (&c) fortune; *jag ~r att* I dare say **-dom** prophecy; soothsaying **-doms|konst** art of divination **-kvinna** fortune-teller **-man** soothsayer, augur
spån chip
spånad spinning, spun wool
spång [foot-]bridge, plank
spån||korg chip-basket **-tak** shingle-roof
spår 1 track; [märke] mark [*efter* of]; [fot-] [foot]step; [hjul-] rut; [bildl.] trace; *förlora ~et* lose the track 2 [järnv.] track, rails [pl.] **-a** I *tr* track; [bildl.] trace II *itr*, *~ ur* run off the track **-hund** sleuth[-hound]; [bildl. äv.] bloodhound **-lös** *a* track-

less **-löst** *adv*, ~ *försvunnen* disappeared without a trace, [completely] vanished **-vagn** tram[car] **-väg** tramway
späck lard; [valfisk-] blubber **-a** *tr* lard; [bildl.] interlard; ~*d börs* well-lined purse
späd *a* tender; [gestalt] slender; [växt] young **-a** *tr* dilute **-barn** infant **-gris** young pig, porkling **-het** tenderness **-kalv** sucking-calf **-ning** dilution
späk||a *tr* mortify; castigate **-ning** mortification
spän||d *a* se *-na;* tight [*rep* rope]; taut, tense; [bildl.] intense, intent; *-t förhållande* strained relations [pl.]; ~ *uppmärksamhet* strained attention **-na I** *tr* **1** [sträcka] stretch; strain [every nerve]; [rep] tighten; ~ *hanen* cock the gun; ~ *ögonen i* fix with one's eyes **2** [dra åt] strap; clasp **II** *rfl* tighten; [pers.] brace o.s. **-nande** *a* exciting, thrilling **-ne** buckle, clasp **-ning** strain, stress; tension; [bildl. äv.] excitement
spänn|vidd span
spänstig *a* elastic; **springy -het** elasticity; springiness
spänta *tr* split [*ved* wood]
spärr catch, stop **-a** *tr* **1** bar; block up **2** *med* ~*d stil* in spaced-out type **-eld** curtain-fire **-hake** pawl; click
spö twig; switch; *stå som* ~*n i backen* come down in sheets
spök||a *itr*, *det* ~*r där* the place is haunted **-e** ghost, spectre; [bildl.] scarecrow **-historia** ghost-story **-lik** *a* ghostlike, ghostly; ghastly; weird **-skepp** phantom ship
spör||ja = *fråga II* **-s|mål** question
spö|straff whipping, flogging
stab staff **-s|officer** staff-officer
stack rick, stack
stackar||e [poor] wretch **-s** *a* poor
stad 1 [kant] border, list **2** town; [större] city; *i* ~*en* in [the] town
stadd *a*, *vara* ~ *på hemfärd* be on the return home
stadfäst||a *tr* confirm; establish; sanction **-else** confirmation
stadg||a I 1 stability; firmness; steadiness **2** [föreskrift] regulation; statute **II** *tr* **1** solidify, consolidate **2** [föreskriva] direct, enact **III** *rfl* become firm[er], consolidate; [väder, pers.] become settled **-ad** *a* [uppförande] staid, steady
stadig *a* steady; firm; [bildl.] stable; [mål] substantial **-het** firmness &c, stability **-varande** *a* permanent; constant
stadium stage; stadium
stads||befolkning town (urban) population **-bibliotek** town library **-bo** town-resident; ~*rna* the townspeople **-bud** commissionaire [fr.] **-del** quarter of a (the) town **-fullmäktig** town councillor **-hotell** town hotel **-hus** city hall **-liv** town (city) life
stafett|löpning relay-race
staffage figures [pl.] in a landscape
staffli easel
stag ⚓ stay; *gå över* ~ tack **-a** *tr* stay
stak||a I *tr* **1** [båt] punt (pole) [along] **2** ~ *ut* stake out (off) **II** *rfl* **1** ~ *sig fram* pole along **2** F make a blunder **-e** stake, pole
staket fence, rails [pl.], railing
stall 1 stable **2** [fiol-] bridge **-a** *itr* stale **-dräng -knekt** groom
stam 1 stem; [träd-] trunk **2** = *ätt;* [folk-] tribe **-aktie** ordinary share **-bana** trunk (main) line **-fader** ancestor **-frände** kinsman **-håll** [favourite] resort **-kund** regular customer
stamma *itr* stammer, stutter
stam|moder ancestress, first mother
stamning stammer[ing], stutter[ing]
stam||ord primitive (radical, root) word **-ort** place of origin; home
stamp stamp[er], punch **-a** *tr itr* stamp **-ande** stamping
stam||tavla pedigree **-träd** family tree **-trupp** ⚔ cadre
stand||ar standard **-ert** ⚓ [broad] pennant
stank stench, stink
stanna I *itr* stop, [come to a] halt; [upphöra] stop, cease; ~ *kvar* stay, stop **II** *tr* stop
stanniol|papper tinfoil paper
stans ⊕ stamp **-a** *tr* stamp
stap||el 1 pile **2** *löpa av* ~*n* be launched; *gå av* ~*n* [bildl.] come off, take place **3** [i bokstav] stem **-el|bädd** bed, cradle **-la** *tr* pile [up], heap up
stappla *itr* totter, shamble; [i tal] falter
stare starling
stark *a* strong; ⊕ powerful; [feber; vind] high; [fart] great **-peppar** black pepper **-t** *adv* strongly &c **-ström** heavy (strong) current
1 starr [bot.] sedge
2 starr [läk.] cataract **-blind** *a* blind from [a] cataract
start start **-a I** *itr* start, set (put) off **II** *tr* start, set . . going
stass F finery **-a** *itr* = *ståta*
stat 1 state, commonwealth jfr *rike;* ~*en* the State **2** staff jfr *kår* **3** [ekon.] estimates [pl.], budget
station station **-era** *tr* station **-s|hus** station[-house] **-s|inspektor** station-master **-s|karl** [railway] porter; signalman **-är** *a* stationary
stat||ist mute, supernumerary **-istik** statistics [pl.] **-iv** stand, foot

statlig *a* public; jfr *stats-*
stats||anslag [public] grant **-bana** State railway **-egendom** public property **-hemlighet** State secret **-historia** political history **-konst** policy, statemanship **-kunskap** political science **-kupp** coup d'état [fr.] **-kyrka** State church **-man** statesman, politician **-minister** prime minister **-obligation** government bond **-råd 1** [pers.] cabinet minister; [Engl.] secretary of state **2** ministry, cabinet [council] **-rätt** international law **-skick** [political] constitution, polity **-skuld** national debt **-tjänst** public service **-tjänsteman** public servant, government official **-understöd** subvention from the government **-understödd** *a* State-aided **-välvning** [political] revolution
statu||era *tr*, ~ *ett exempel på ngn* make an example of a p. **-ter** statutes, regulations
staty statue **-ett** statuette
stav staff; rod; [*skid-* ski-]stick; *bryta ~en över* condemn
stav||a *tr* spell **-else** syllable **-fel** orthographical error
stav||hopp pole-jumping **-rim** stave-rhime
stavning spelling, orthography
stearin stearin **-ljus** candle
steg step; *stora ~* long strides; *~ för ~* step by step **-e** ladder
steg||el wheel **-la** *tr* break upon the wheel
steglitsa goldfinch
stegr||a I *tr* raise; increase **II** *rfl* [häst] rear **-ing** increase
1 stek ⚓ hitch, bend
2 stek roast meat **-a** *tr* roast; [potatis o.d.] bake; *-t gris* roast pork
stekel [zool.] hymenopter[an]
stek||fat meat dish **-gryta** stew-pan **-os** smell of roasting [meat] **-panna** frying-(dripping-)pan **-sås** gravy
stel *a* stiff; rigid; [av köld] numb **-frusen** *a* [hard-]frozen **-bent** *a* stiff-legged **-het** stiffness; rigidity **-kramp** tetanus **-na** *itr* grow stiff, stiffen; [vätska] congeal, coagulate; [blod] clot, curdle
sten stone **-a** *tr* stone **-block** boulder-stone **-bock** steenbok **-brott** quarry **-bunden** *a* stony **-död** *a* stone dead **-döv** *a* stone deaf **-frukt** stone[d] fruit **-get** chamois **-gods** stoneware; earthenware **-huggare** stone-mason **-hus** stone (brick) house **-hård** *a* [as] hard as flint, stony **-ig** *a* stony; rough [road] **-kast**, *inom ett ~* within a stone's-throw **-kol** coal **-kols|-gruva** colliery **-kula** marble **-lägga** *tr* pave **-läggning** pavement
stenograf stenographer **-era** *tr* take down in shorthand **-i** stenography, shorthand **-isk** *a* stenographic[al], shorthand
sten||platta stone slab **-rik** *a* rolling in riches **-riket**, *~t* the mineral kingdom **-rös** pile of stones **-sätta** *tr* pave [with stones] **-söta** common fern
stentors|röst stentorian voice
sten||ålder stone age **-öken** rocky desert
stereotyp I stereotype **II** *a* stereotyped
steril *a* sterile; [ofruktbar] barren **-isera** *tr* sterilize
stick I 1 stick[ing] **2** [kort.] trick **3** *lämna i ~et* leave in the lurch **II** *adv*, *handla ~ i stäv mot* act quite contrary to **-a I** *tr* **1** prick; [kniv] stick; [bildl.] sting; *~ fram* stretch out; *~ in* stick (thrust) in; *~ ut* a) [ögon] put out, b) [huvudet] thrust out **2** [strumpor] knit **II** *itr* **1** prick, stick, thrust; *~ fram* stick out; *~ upp* stick up (out); *~ ut* stick out **2** knit **III 1** splinter, split; stick **2** = *strump~* **IV** *rfl* prick o.s.; *~ sig i fingret* prick one's finger **-ad** *a* knitted **-ling** cutting, set **-ning 1** pricking &c **2** [konkr.] knitting **-prov** test ([om vara] sample) taken at random
1 stift tack, brad
2 stift [kyrkl.] diocese **-a** *tr* found; [lag] establish; [fred] make **-ande** founding, foundation **-are** founder **-else** foundation, institution
stig path **-a** *itr* [gå] step; walk; [höja sig] rise, go up; advance; *~ ngn åt huvudet* get into a p.'s head; *~ av* get off (out); *stig in!* come in! *~ ned* descend, get down; *~ upp* rise, get up **-bygel** stirrup **-man** highwayman **-ning** rising, ascent; [ökning] increase, growth
stil 1 = *hand-* **2** style **3** = *kria* **-art** style **-full** *a* in good style, stylish **-ig** *a* stylish, fine **-isera** *tr* **1** = *formulera* **2** conventionalize **-ist** stylist, master of style **-istisk** *a* stylistic
still||a I *a* still; [lugn] calm, quiet; *ligga ~* keep quiet; *sitta ~* sit still **II** *adv* quietly **III** *tr* quiet **-a|sittande** *a* sedentary **-a|stående I** *a* standing, stationary; [vatten] stagnant **II** standstill; stagnation **-[l]eben** still-life [picture] **-e|stånd** ⚔ armistice **-het** stillness, calm; quiet, tranquillity **-sam** *a* quiet
stiltje calm
stim 1 shoal, school **2** = *stoj* **-ma** *itr* = *stoja*
stimulera *tr* stimulate
sting sting, prick **-a** *tr* sting
stinka *itr* stink
stinn *a* distended, stuffed
stint *adv*, *se ~ på* look hard at

stipendi||at stipendiary; scholar **-um** scholarship
stirra *itr* stare [*på* at]
stjäla *tr* steal; ~ *sig till* . . snatch
stjälk [foot]stalk; stem
stjälpa I *tr* turn over, overturn, upset **II** *itr* [be] upset, turn over
stjärn||a star **-baner**, ~*et* the star-spangled banner **-beströdd** *a* starred **-bild** constellation **-fall** falling-star **-himmel** starry sky **-klar** *a* star-lit
stjärt tail **-fena** caudal fin
sto mare
stock log **-a** *rfl* stagnate; ~ *sig i halsen* stick in the throat **-dum** *a* thick-headed **-eld** fire of logs **-fisk** stock-fish **-konservativ** *a* [ung.] high and dry **-ning** stagnation; [trafik] block **-ros** hollyhock
stod statue; pillar
stoff stuff; matter, material
stofil duffer; *gammal* ~ old fogey
stoft dust; [döds] ashes (remains) [pl.] **-hydda** mortal clay
stoi||ker stoic **-sk** *a* stoic[al]
stoj noise **-a** *itr* make a noise, romp
stol chair **-gång** = *avföring 2*
stoll adit, level
stoll||e fool **-ig** *a* cracked, crazy
stolpe post; [stöd] prop, pillar
stolt I *a* proud **II** *adv* proudly **-het** pride [*över* in] **-sera** *itr* glory [*med* in]
stomme frame[work]; [hus-] carcase
stop stoop, stoup
stopp 1 stop **2** [på plagg] darn **-a I** *tr* **1** stop [up], fill [up] **2** [stanna] stop, stay **3** [sticka] put; ~ *om* tuck round (up); ~ *undan* stow away **4** [fylla] fill; [strumpor] darn; ~ [*upp*] stuff **II** *itr* stop **-garn** darning-wool **-ning 1** stuffing, padding **2** darn[ing] **-nål** darning-needle **-signal** signal to stop
stor *a* [abstr.] great; [konkr.] big; [isht vidsträckt] large; *en* ~ *summa* a big sum; *hälften så* ~ half the size **-artad** *a* grand, splendid **S-britannien** Great Britain **-dåd** great (noble) deed **-furste** Grand Duke **-gråta** *itr* weep bitterly **-het 1** greatness; magnitude **2** [mat.] quantity **-hets|vansinne** delusion of grandeur, megalomania **-industri** [universal] industrialism
stork stork
storkna *itr* choke
stor||lek size; volume **-ligen** *adv* greatly **-ljugare** arrant liar
storm 1 ⚓ gale, tempest, storm **2** ⚔ *ta med* ~ take by storm **3** chimney-pot [hat] **-a I** *itr* **1** blow a gale **2** [bildl.] storm **II** *tr* ⚔ assault by force
stor||makt Great Power **-man** great man, magnate **-mast** mainmast
storm||ande *a* stormy; furious **-by** heavy squall **-hatt** [bot.] monkshood, aconite **-ig** *a* stormy, tempestuous; [scen] uproarious **-kolonn** storming party **-löpning** storming **-ning** [taking by] assault **-varning** storm forecast
stor||mästare grand master **-ordig** *a* grandiloquent; bragging **-rutig** *a* large-checked **-sinnad** = *hög-* **-sjö|-fiske** deep-sea fishing **-slagen** *a* grand, magnificent **-slagenhet** grandeur, magnificence **-stad** big town, city **-stövlar** high boots **-tjuv** master-thief **-tå** great toe **-verk** = *-dåd* **-växt** *a* tall [of stature] **-ätare** large eater, glutton **-ögd** *a* large-eyed
straff punishment; [jur.] penalty **-a** *tr* punish **-arbete** hard labour, penal servitude **-bar** *a* punishable, criminal **-dom** judgement **-[f]ånge** [penal] convict **-[f]ängelse** convict prison **-lag** criminal (penal) law (code) **-lös** *a* exempt from punishment **-löshet** impunity **-predikan** lecture **-påföljd**, *vid* ~ on penalty **-rätt** criminal law **-spark** penalty **-tid** term [of punishment]
stram *a* tight, taut, strained; [pers.] stiff **-a** *itr* be tight, pull
stramalj canvas
strand shore; [havs-] beach; [flod-] bank **-a** *itr* run ashore, be stranded; strand [äv. bildl.] **-hugg** raid upon a coast **-ning** stranding, running aground **-rätt** shore rights [pl.] **-satt** *a* at a loss **-sätta** *tr* [bildl.] fail, leave in the lurch **-vakt** coastguard
strapats fatigue, hardship
strateg||i strategy **-isk** *a* strategic[al]
strax *adv* directly, immediately; presently; ~ *bredvid* close by
streck 1 stroke, line; *hålla* ~ hold good **2** [rep] cord, line **3** = *spratt* **-a** *tr* mark with lines, line; ~ *under* underline
strejk strike **-a** *itr* strike [work] **-brytare** blackleg, scab
streta *itr* strive, struggle
strid I *a* rapid; [regn] heavy **II** struggle; contest; fight, combat [äv. ⚔]; ⚔ [slag] battle; *i* ~ *med* in opposition to; *stå i* ~ *med* be at variance with **-a** *itr* fight; [kämpa] struggle, strive; ~ *med ngn* fight a p. **-ande** *a* combatant fighting; militant; opposing [parties]; *oförenlig* incompatible **-bar** *a* fighting; [pers.] contentious **-ig** *a* contending; conflicting **-ighet 1** opposition, contrariety **2** ~*er* dissension, difference
strids||domare arbitrator, umpire **-fråga** matter in dispute **-krafter** [active] military forces **-lysten** *a* eager for battle; combative; jfr *stridbar* **-man** warrior, soldier **-rop** war(battle)-cry

-vimmel tumult of battle **-yxa** battle-axe; *begrava* ~*n* bury the hatchet **-äpple** apple of discord
strig||el -la *tr* strop, strap
stril rose[-head], spray-nozzle **-a** *itr tr* spray; [spruta] sprinkle
strim||la slice, stripe, slip **-ma** streak; strip **-mig** *a* streaked, striped
stripig *a* lank
stritt *adv regna* ~ rain heavily
strof strophe; stanza
stropp strap, strop
struken *a*, ~ *tesked* level teaspoonful
struma [läk.] goitre
strump||a stocking; [kort] sock **-e|band** garter **-garn** worsted (yarn) for stockings **-handlare** hosier **-läst**, *i* ~*en* in one's stockinged feet **-skaft** leg of a (the) stocking **-sticka** knitting-needle
strunt rubbish, trash **-a** *itr*, ~ *i* not care [a fig] for **-sak** trifle
strup||e throat; gorge **-huvud** larynx **-ljud** guttural sound
strut cornet, screw
struts ostrich **-fjäder** ostrich-feather **-mage** stomach of an ostrich
strutta *itr* strut, trip; ~*nde* strutting; stumpy [*gång* walk]
stryk *a* flogging, whipping, caning, **-a I** *tr* **1** stroke **2** [linne] iron **3** ~ *flagg* strike one's colours **4** ~ *ut* (*över*) strike out, [bildl.] cancel, cut out **II** *itr* **1** ~ *fram* go, run, pass; ~ *förbi* sweep past; ~ *omkring* rove [about], roam about **2** ⚓ strike **-ande** *a*, ~ *avsättning* rapid sale; ~ *aptit* ravenous appetite **-are** loafer, tramp **-bräde** ironing-board **-erska** ironing-woman, laundress **-järn** [smoothing-]iron
stryknin strychnin[e], strychnia
stryk||ning **1** stroke, stroking **2** ironing **-rädd** *a* afraid of getting thrashed
stryp||a *tr* strangle; throttle **-ning** strangling **-sjuka** croup
strå straw; *dra kortaste* ~*et* come off second best; *inte lägga två* ~*n i kors* be (sit) idle
stråk course, passage **-drag** stroke **-e** bow **-föring** bowing **-orkester** string-band **-väg** highway, highroad
strål||a *itr* beam [*av* with]; radiate **-ande** *a* radiant; beaming **-e** ray, beam **-formig** *a* radiate[d] **-glans** radiance **-kastare** projector; searchlight **-ning** radiation
stråt path; way, course **-rövare** highwayman
sträck, *i* ~ at a stretch **-a I** stretch; [land] extent; [järnv.] section; *hela* ~*n* the whole distance **II** *itr tr* stretch; [räta] straighten **II** *rfl* stretch o.s.; [bildl.] stretch, extend **-bänk**, *lägga på* ~[*en*] put on the rack; *ligga på* ~*en* be on tenter-hooks **-ning** stretch[ing]
1 sträng *a* severe [*mot* with]; strict; [blick] stern
2 sträng string; chord **-a** *tr* string
sträng||het severity; austerity **-t** *adv* severely; *arbeta* ~ work hard
sträv *a* rough; [svar] harsh
sträv||a I *itr* strive; toil **II** brace, shore **-an[de]** striving; endeavour, effort **-båge** arch buttress
sträv||het roughness; harshness **-hårig** *a* [hund] wire-haired
strävsam *a* industrious, hard-working
strö I *tr* strew; sprinkle **II** litter **-dd** *a* scattered
ström 1 stream; flood **2** current [äv. elektr.]; *driva med* ~*men* follow the tide **-brytare** circuit-breaker, switch **-drag** current; rapids [pl.] **-fåra** [main] channel **-linje|formad** *a* streamline **-ma** *itr* stream; flow, run **-ming** Baltic herring **-ning** current, tide **-virvel** whirl[pool], eddy
strö||skrift pamphlet **-socker** powdered sugar
ströv||a *itr*, ~ [*omkring*] stroll, ramble **-tåg** ramble, excursion; ⚔ raid
stubb||a *tr* [hund] dock **-e** stub, stump **-svans** bob[-tail] **-åker** stubble-field
stubin fuse **-tråd** match-cord, portfire
stuck stucco **-atur** stucco[-work]
stucken *a* nettled, ruffled
student student; [Engl.] undergraduate; *ta* ~*en* pass one's matriculation examination **-examen** matriculation examination **-kamrat** fellow-student **-katalog** university register **-kår** [body of] students; ~*en* the Union **-ska** girl student **-mössa** student's cap
studer||a *tr itr* study **-ande**, *en* ~ a student, a pupil at school
studi||e study; sketch **-e|plan** course of study **-e|resa**, *under en* ~ while travelling for purposes of study **-e|tid**, ~*en* college days, years at the university **-um** study
studs rebound **-a** *itr* [re]bound
stug||a cabin; cottage **-sittare** home-bird
stuka *tr* **1** ⊕ upset, stave **2** F crush **3** [fot] sprain
stulta *itr* toddle
stum *a* dumb; mute **-het** dumbness
stump stump; end
stund while; time; *en liten* ~ a few minutes; *om en* ~ in a little while **-a** = *in*~ **-ligen** *adv* hourly
stup precipice **-a** *itr* **1** fall; ~ *brant* descend abruptly **2** [i strid] fall, be killed **-ränna** spout **-stock** block [of death]
stursk *a* insolent, impudent; stuck-up

stut bullock **-eri** [breeding-]stud
stuv remnant [of cloth]; *~ar* oddments **-a** *tr* 1 [kok.] stew; *~ om* hash up, rehash 2 ⚓ stow **-are** stower, stevedore **-ning** stew
styck, *per ~* by the piece; *fem kr. ~* five crowns a piece (each) **-a** *tr* cut up **-e** 1 [del] piece; [väg] part; jfr *bit* 2 piece; *fem ~n kvar* five left; *vi voro 20 ~n* there were twenty of us **-e|gods** case-goods **-[e]vis** *adv* by the piece **-ning** cutting up; partition **-verk** fragmentary work
stygg *a* bad, wicked; [barn] naughty **-else** abomination
stygn stitch
stylta stilt
stymp||a *tr* maim, mutilate **-ad** *a* truncate **-ande** maiming, mutilation **-are** [bildl.] bungler
styng 1 = *stygn* 2 [insekt] sting
styr, *hålla i ~* keep in order **-a I** *tr* steer; *~ sina steg* direct one's steps 2 [leda] govern; rule **II** *itr* ⚓ steer **-bord** ⚓ starboard **-e** ⚓ helm **-else** government; [bolags] [board of] directors **-else|medlem** member of a board **-es|man** governor; manager **-hytt** pilot-house
styrk||a 1 strength [*hos* of]; power, force; [kropps~] vigour 2 [antal] number[s]; ⚔ force **II** *tr* strengthen; [bildl.] confirm **-ande** *a* restorative **-e|dryck** F pick-me-up
styr||man [*förste ~* chief] mate **-ning** steering **-sel** bearing **-stång** [cykel] handle-bar
styv *a* stiff; [spänd] tight
styv||barn stepchild **-bror** stepbrother
styver jfr *slant* o. *pengar*
styv|far stepfather
styv||het stiffness **-hårig** *a* bristly
styv||mor stepmother **-moderlig** *a* stepmotherly **-mors|viol** live-in-idleness
styv||na *itr* stiffen **-sint** *a* stiffnecked, obstinate **-sinthet** strong will; obstinacy
stå I *itr* stand; *~ stilla* [fabrik] be at a standstill; *~ och stirra* stand staring; *~ och vänta* wait; *~ i en bok* be in a book; *~ vid sitt ord* stand to one's word: *~ bi* hold out; *~ på sig* hold one's own; *hur står det till?* how are you [getting on]? **II** *rfl* = *hålla III 4* **-ende** *a* standing; [exempel] set; [pris] fixed; *på ~ fot* offhand
stål steel **-penna** nib **-sätta** *tr rfl* steel [o. s.] **-trad** [steel] wire
stånd 1 stand; *hålla ~* hold one's ground (own); *få till ~* bring into existence: *komma till ~* come about 2 [skick] state; *sätta i ~* put in order; *sätta ngn i ~ att* enable a p. to; *vara i ~ att* be able to; *ur ~ att* incapable of 3 *det äkta ~et* the married state 4 [klass] order, class **-aktig** *a* steadfast, staunch **-are** 1 ⊕ standard 2 [bot.] stamen **-punkt** standpoint; [bildl. äv] point of view; *hög ~* high standard **-s|fördom** class prejudice
stång pole; *hålla . . ~en* hold one's own with . . **-a** *tr* butt **-järn** bar-iron **-piska** pigtail, cue
1 **stånka** wooden can; stoup
2 **stånka** *itr* puff and blow
stå|plats standing-place
ståt display, splendour **-a** *itr* keep up a great show; *~ med* make a great display of, parade **-hållare** governor **-lig** *a* fine; stately; *~ karl* splendid-looking fellow **-lighet** magnificence, stateliness
stäcka *tr* cut short
städ anvil
städ||a *tr itr* tidy up; *~ ett rum* do a room **-ad** *a* [pers.] well-behaved **-erska** chambermaid; ⚓ stewardess
städse *adv* ever, always
ställ stand **-a I** *tr* 1 set, place, put 2 [rikta] direct; address 3 *~ till'* arrange, make **II** *rfl* 1 place o.s.; stand 2 *~ sig in hos ngn* gain a p.'s favour **-bar** *a* adjustable **-d** *a* 1 placed, located 2 *ha det bra -t* be well off 3 [växel] *~ på* payable to **-e** place, room, spot; *i hans ~* in his stead; *i ~t för* instead of; *få i ~t* get in return; *på ~t* on the spot, there and then; *på ~t marsch!* mark time! **-företrädare** deputy **-ning** 1 position; [läge] situation 2 [konkr.] stand **-nings|steg,** *göra ~* stand at salute
stäm||band vocal chord **-d** *a* disposed, inclined **-gaffel** tuning-fork **-järn** [mortise-]chisel **-ma I** *tr* 1 [hejda] stem; [blod] check 2 [mus.] tune; *~ ngn gynnsamt för* influence a p. in favour of **II** *itr* 1 agree, accord 2 *~ upp* strike up **-ning** 1 [mus.] tuning 2 mood; atmosphere; *~en var hög* spirits ruled high; *~en bland folket* the feeling among the people; *i ~ för* in the humour for 3 [jur.] summons **-nings|full** *a* impressive, instinct with feeling
stämp||el stamp **-la I** *tr* stamp; [träd] mark **II** *itr tr* plot, intrigue **-ling** 1 stamping 2 conspiracy, plot, intrigue
ständig *a* permanent **-t** *adv* perpetually
stäng||a *tr* shut; close; [låsa] lock, bolt; *~ in* shut in (up); *~ till om* close (shut, lock) up, secure; *~ ute* keep (shut) out **-dags** closing-time
stängel stalk, stem; [bot.] scape
stäng||ning shutting, closing **-sel** fence[s], rail[ing]; enclosure
stänk sprinkle; [smuts-] splash[es] **-a** *tr itr* sprinkle; splash **-bord** wash-

-board -fråga pop question -röster isolated votes -skärm splash-board
stäpp steppe
stärbhus [heirs to the] estate of a person deceased
stärk||a I *tr* 1 strengthen, fortify 2 [tvätt] starch II *rfl* strengthen o.s. -else starch -krage starched collar -ning starching -skjorta starched shirt
stätta stile
stäv stem -a *itr* ⚓ head
stävja *tr* check, counter, suppress
stöd support; [stötta] prop, stay -ja I *tr itr* 1 support, prop [up]; ~ *på benen* stand on one's legs 2 [bildl.] sustain, uphold II *rfl* support o.s.; lean, rest; [bildl.] base one's opinion -je|mur retaining-wall; buttress
stök cleaning; tidying -a = *städa*
stöld stealing; theft
stön||a *itr* -ande *s* groan, moan
stöp slosh, slush; *gå i ~et* come to nothing -a *tr* cast -slev casting-ladle
1 **stör** [fisk] sturgeon
2 **stör** pole, stick
1 **störa** *tr* [bönor] pole
2 **stör||a** *tr* disturb -ning disturbance
stör||re -st *a* se *stor; -sta delen* the best (main) part, most
stört *adv* absolutely -a I *tr* precipitate; hurl; [regering] overthrow II *itr* 1 fall (tumble) down; [häst] break down 2 ~ *fram* dash (rush) forward III *rfl* plunge, rush -bombplan dive-bomber -flod torrent, deluge -flygning nose-diving -ning precipitating; [flyg.] crashing -regn downpour, torrent of rain -regna *itr* pour down -sjö, *få en ~ över sig* ship a heavy sea -skur shower, F drencher
stöt thrust; push; [elektr.; bildl.] shock -a I *tr* 1 thrust, push; ~ *bort* [äv.] repel 2 [krossa] pestle, crush 3 [bildl.] offend, jfr *såra* II *itr* 1 knock, hit; ~ *ihop* clash; ~ *på* meet [with], come across 2 [åkdon] jolt, bump, jog; [gevär] kick 3 [gränsa] border III *rfl* hurt (bruise) o.s.; ~ *sig med ngn* offend a p.; ~ *sig på* take offence at -ande *a* offensive -e|sten stumbling-block -t *a* 1 [skadad] hurt, damaged; [frukt] bruised 2 [i mortel] pounded; ground 3 F [bildl.] offended, affronted
stött||a I prop; stay, support II *tr* prop [up]; stay, support -e|pinne = -*a I*
stöt|vis *adv* by jerks
stövare harrier
stöv||el [top-]boot -el|knekt bootjack -la *itr* stalk, march
subjekt subject -iv *a* subjective
sublim *a* sublime; august
sublimat sublimat
sub||ordinationsbrott insubordination
-skribera *itr* subscribe [*på* for] -stans substance; [ämne] matter -stantiv substantive, noun -stantivisk *a* substantive -til *a* subtle -trahera *tr* subtract -traktion subtraction
succé success
successiv *a* successive -t *adv* successively
suck sigh; *sista* ~ last (dying) breath -a *itr* sigh [*av* with; *efter* for]
sudd 1 [fläck] blur 2 [kludd] daub[ing] -a *tr itr* 1 blur, blot[ch], smudge; ~ *ut* [med gummi] rub out 2 = *festa* 1 -ig *a* blurred
suffix suffix
suffl||é [kok.] soufflé -era *tr* prompt -ett hood, folding top -ör prompter
sug||a I *tr itr* suck; sip; ~ *i sig* drink in II *rfl*, ~ *sig fast* adhere, stick -en *a* F peckish
sugga sow
sug||mun suctorial mouth -ning sucking, suction -pump suction-pump
sugg||erera *tr* suggest -estion suggestion
sug|rör suction-pipe
sukta *itr* F go without
sula *s tr* sole
sultan sultan
summ||a sum -arisk *a* summary -era *tr* sum, add -ering summing, addition
sump||ig *a* fenny, swampy, marshy -mark (-trakt) fen[land], swampy ground
1 **sund** sound; strait[s]
2 **sund** *a* sound; [frisk] healthy -het soundness, health -hets|inspektör health-officer -hets|lära hygiene, hygienics
sunnan [the] south wind
sup dram -a I *itr* tipple, booze II *rfl*, ~ *sig full* get drunk (tipsy) -broder boon companion
sup||é supper -era *itr* have supper
superlativ superlative
sup||gille = *dryckeslag* -ig *a* given to drink[ing]
suppleant deputy, substitute
sur *a* 1 sour; [syrlig] acid, sharp; *göra livet ~t för ngn* lead a p. a sad life 2 [våt] wet, damp; [pipa] foul -deg leaven -het sourness &c; acidity -kart = *kart* -kål sauerkraut -mjölk sour[ed] milk -mulen *a* sullen, morose -mulenhet sullenness, morosity -na *itr* [turn, become] sour
surr hum[ming]; buzz[ing]
1 **surra** *itr* hum; buzz, whir
2 **surra** *tr* ⚓ frap, lash
surrogat substitute, makeshift
sur|ögd *a* blear-eyed
1 **sus**, *göra ~en* settle it
2 **sus** 1 sighing; murmur; sough[ing] 2 *leva i ~ och dus* lead a wild life -a *itr* sigh, murmur, sough

suverän *a s* sovereign
svabb **-a** *tr* ⚓ swab, swob
svada volubility, flow of words
svag *a* weak; feeble; [bräcklig] frail; [ringa] slight; ~ *eld* slow fire; *vara* ~ *för* have a weakness for **-het** weakness **-sint** *a* feeble-minded; insane **-t** *adv* weakly; poorly
svaj ⚓ *ligga på* ~ [lie and] swing **-a** *itr* 1 ⚓ swing [to and fro] 2=*vaja*
sval *a* cool
svala swallow
svalg 1 throat 2=*avgrund*
svalka I *tr rfl* cool (refresh) [o.s.] II coolness, freshness
svall swell, surge **-a** *itr* surge, swell, roll; ~ *över* overflow **-våg** swell[ing wave]
svalna *itr* [get] cool, cool down
svam\|\|la *itr* ramble [on], rant **-lig** *a* rambling; ranting **-mel** rambling
svamp 1 sponge 2 [bot.] fungus; [ätbar] mushroom **-aktig** *a* spongy **-kännare** mycologist
svan swan **-dun** swan's-down **-e\|sång** swan-song
svang, *i* ~ in vogue
svank\|ryggig *a* saddle-backed, swayed
svans tail **-a** *itr* strut about **-rem** crupper
svar answer [*på* to]; reply; [genmäle] rejoinder, retort; *ge* ~ *på tal* make response (rejoinder) **-a** *tr itr* answer, [make] reply, respond; ~ *för* warrant **-ande** defendant **-o\|mål** defence, plea **-s\|lös** *a* at a loss for a reply, nonplussed **-s\|skrift** [written] rejoinder
svart *a* black; ~ *tavla* blackboard; ~ *på vitt* in black and white **-broder** black friar **-konst** 1 sorcery 2 [konst.] mezzotint[o] **-na** *itr* blacken **-sjuk** *a* jealous [*på* of] **-sjuka** jealousy **-soppa** goose-giblet soup
svarv [engine-]lathe **-a** *tr* turn [in the lathe]; ~*d* [bildl.] elaborate[d] **-stol** [turning-]lathe
svavel sulphur **-haltig** *a* sulphuric **-syra** sulphuric acid
1 **sveda** smart[ing pain]; ~ *och värk* pains and aches
2 **sved\|\|a** *tr* singe, scorch **-d** *a* burnt **-ja** *tr* burn-beat
svek treachery, perfidy **-full** *a* treacherous, guileful
sven swain, page
svensk I *a* Swedish II Swede **-a** 1 Swedish woman (lady) 2 [språk] Swedish **--amerikan** **--amerikansk** *a* Swedish-American **--engelsk** *a* Swedish-English **--norsk** *a* Swedo-Norwegian
svep sweep; go **-a** I *tr* wrap [up]; [lik] shroud, lay out II *itr* sweep **-e** involucre **-skäl** subterfuge

Sverige Sweden
svets welding **-a** *tr* weld
svett perspiration; F sweat **-as** *itr dep* perspire, sweat **-drivande** *a* sudatory **-droppe** drop (bead) of perspiration **-ig** *a* perspiring **-ning** sweat[ing], perspiration **-rem** sweat-band
svid\|a *itr* smart; *det -er i halsen* my throat is sore
svik\|\|a I *tr* deceive; betray; [gäcka] baffle, disappoint; [i kärlek] jilt; ~ *sitt ord* break one's word; *modet svek honom* his heart failed him; ~ *sin plikt* fail in one's duty II *itr* fail, be wanting; fall short **-ande** *a*, *med aldrig* ~ . . with unfailing . .
svikt 1 spring[iness], elasticity 2=*-bräde* **-a** *itr* bend, stagger; [bildl.] flinch **-bräde** spring-board
svim\|\|ma *itr* faint [away], swoon **-ning** fainting, swoon
svin swine **-aktig** *a* piggish, swinish; F beastly
svind\|\|el 1 giddiness, dizziness; [läk.] vertigo 2=*-leri* **-la** *itr* turn giddy; *i* ~*nde fart* at a breakneck speed **-lare** swindler, cheat[er] **-lar\|firma** long firm **-leri** swindle
svineri filth[iness]
svinga *tr itr rfl* swing [o.s.]
svin\|\|gård hog(pig)-pen **-herde** swineherd **-hus** pigsty **-läder** pigskin **-mat** food for swine (pigs) **-molla** pigweed **-stia** pigsty
svira *itr* revel; jfr *rumla*
sviskon prune
svit 1 suite; [kort.] sequence, flush 2 [följd] effect, sequel
svordom oath, curse
svull\|\|en *a* swollen **-na** *itr* swell, become swollen **-nad** swelling
svulst tumour **-ig** *a* bombastic
svuren *a* sworn [*fiende* enemy]
svåger brother-in-law
svål rind; jfr *huvud-*
svång\|rem F belly-strap
svår *a* 1 hard; [förlust] heavy 2 [att förstå o. d.] difficult, hard 3 [allvarlig] serious **-fattlig** *a* hard to understand **-hanterlig** *a* difficult to manage **-ighet** difficulty; ~*er* troubles; *göra* ~*er* raise difficulties **-ligen** *adv* hardly **-läkt** *a* slow-healing **-mod** melancholy, sadness; gloom **-modig** *a* melancholy, sad; gloomy **-smält** *a* heavy **-tillgänglig** *a* difficult to get at
svägerska sister-in-law
svälja *tr* swallow; [bildl.] pocket
sväll\|\|a *itr* swell **-ande** *a* swelling
svält starvation **-a** *tr itr rfl* starve [o.s.] **-född** *a* [half] starving **-kur** starvation (fasting) cure
svämma *itr*, ~ *över* [rise and] overflow
sväng 1=*-ning* 2 [krök] turn, bend **-a** *itr tr* swing **-bro** pivot-bridge **-el**

swing[le]tree **-hjul** ⊕ fly[ing-wheel] **-ning** swing; wheel[ing] **-rum** = *ut-rymme* **-tapp** pivot; swivel
svära I *tr itr* swear [*över* at; *på* to]; [färg] ~ *emot* clash with **II** *rfl*, ~ *sig fri* clear o.s. by oath
svärd 1 sword **2** ⚓ lee-board
svär|dotter daughter-in-law
svärd||segg sword's edge **-s|hugg** sword-cut **-slag**, *utan* ~ without striking a blow **-s|lilja** iris
svär||far father-in-law **-föräldrar** parents-in-law
svärm swarm **-a** *itr* **1** swarm **2** [bildl.] dream; ~ *för* admire **-are** enthusiast, fantast **-eri** enthusiasm **-isk** *a* dreamy, fanciful; enthusiastic
svär||mor -son jfr *-far, -dotter*
svärta I 1 blackness **2** [zool.] scoter **II** *tr* blacken, [make] black
sväv||a *itr* **1** float; [högt] soar; hang **2** [röra sig] flit along, glide; ~ *i ovisshet* be in [a state of] uncertainty **-ande** *a* [bildl.] vague
sy *tr itr* sew [*i* on] **-arbete** needlework, sewing **-behör** sewing materials [pl.] **-behörs|affär** haberdasher['s shop] **-bord** [lady's] work-table
syd south **S-afrika** South Africa **-frukt** southern (tropical) fruit **-lig** *a* south; southerly; [land] southern **-ländsk** *a* southern **-länning** southerner **-ost** south-east **-ostlig** *a* south-east[erly] **-pol** South (Antarctic) Pole **-staterna** the Southern States **-väst 1** south-west **2** [hatt] south-wester **-västlig** *a* south-west[erly] **-östlig** = *-ostlig*
syft||a *itr*, ~ [*på*] aim at; [häntyda] allude to, hint at, mean **-e[mål]** aim, purpose, end **-linje** ⚔ sighting line **-ning** aiming; allusion
sy||förening sewing-circle **-korg** work-basket
syl awl; *inte få en* ~ *i vädret* not get a word in edgeways
syll groundsill; [järnv.] sleeper
sylt preserve, jam **-a I** *tr* preserve, make jam of **II** brawn **-lök** preserved onion[s] **-ning** preserving
sy|maskin sewing-machine
symbol symbol **-ik** symbolism **-isera** *tr* symbolize **-isk** *a* symbolic[al]
symfon||i symphony **-isk** *a* symphonic
symmetr||i symmetry **-isk** *a* symmetric
sympat||i sympathy, liking **-isera** *itr* sympathize **-isk** *a* sympathetic; winning
sym[p]tom symptom
syn 1 [eye-]sight; *få* ~ *på* catch sight of **2** [anblick] spectacle; *för* ~*s skull* for appearance' sake **3** vision; *se i* ~*e* have visions **4** [besiktning] inspection **-a** *tr* inspect; examine
synagoga synagogue

syn||as *itr dep* **1** appear; *det -s inte* it doesn't show **2** [tyckas] appear, seem, look **-bar** *a* visible, apparent
synd sin; *det är* ~ it is a pity; *det är* ~ *om honom* I (&c) feel sorry for him **-a** *itr* sin **-a|bekännelse** confession of sin[s] **-a|bock** scapegoat **-a|fall** fall of [the first] man **-a|flod** flood, deluge; *före* ~*en* [attr.] antediluvian **-are -erska** sinner **-fri** *a* free from sin **-ig** *a* sinful; wicked
syn||fält field (range) of sight (view) **-förmåga** [eye]sight, faculty of seeing **-håll**, *inom* ~ within sight **-krets** horizon; [bildl.] range of vision **-lig** *a* visible; [märkbar] perceptible
synner||het, *i* ~ particularly, especially, in particular **-lig** *a* particular, [e]special **-ligen** *adv* particularly, [e]specially
syn|nerv optical (visual) nerve
synonym I *a* synonymous **II** synonym[e]
syn||punkt point of view **-rand** horizon
syn||tax syntax **-tetisk** *a* synthetic[al]
syn||villa optical delusion **-vinkel** visual angle; jfr *-punkt*
synål [sewing-]needle **-s|brev** packet of needles
syr||a 1 acid **2** [bot.] sorrel **-e** oxygen
syren lilac
syrlig *a* sourish, acid **-het** acidity
syrsa cricket
sy||saker sewing[-materials] **-silke** sewing-silk
syskon brother[s] and sister[s] **-barn** first (full) cousin[s]
sy|skrin work-box
syss||elsatt *a* occupied; engaged; busy **-el|sätta** *tr rfl* occupy (busy) [o.s.] **-el|sättning** occupation, employment; work **-la I 1** business, work **2** = *plats 2* **II** = *-elsätta* [*sig*]
syssling second cousin
sysslo||lös *a* idle; unemployed **-löshet** idleness **-man** manager
system system **-atisk** *a* systematic[al]
syster sister **-dotter** niece **-son** nephew
1 så [kärl] cowl
2 så *tr itr* sow
3 så *konj* **1** so; ~ *snälla barn!* such nice children! ~ *snällt!* how nice! ~ *här* in this way; ~ *du hostar!* how you are coughing! **2** ~ *att* so that; ~ .. *som* as .. as, [nek. sats] so .. as **-dan** *pron* such; *en* ~ .. such a ..; *en* ~ *som han* a man like him; *ett* ~*t barn!* what a child! *i* ~*t fall* in that (such a) case
sådd sowing
såg saw **-a** *tr* saw **-bock** sawhorse **-klinga** saw-blade **-ning** sawing **-ram** saw-frame **-spån** sawdust **-verk** sawmill

så|ledes *adv* consequently, hence; se *-lunda*
såll sieve, riddle **-a** *tr* sift, riddle
sålunda *adv* thus, in this way
sång song **-are 1** singer **2** = *-fågel* **-bar** *a* melodious **-bok** book of songs **-erska** [lady] singer **-fågel** warbler, singing bird **-gudinna** muse **-kör** choir **-mö** muse
sånings||man sower **-maskin** sowing-machine
såp||a I soft (washing) soap **II** *tr* soap **-bubbla** soap-bubble **-ig** *a* soapy **-lödder** (soap-)suds [pl.], lather
sår wound **-a** *tr* wound; [bildl.] hurt **-ande** *a* [bildl.] offensive; [ord] cutting **-bar** *a* vulnerable **-feber** wound-fever **-ig** *a* sore **-skorpa** scab, crust
sås sauce; juice
såsom *konj* as; ~ *jag* like me; ~ *straff* by way of punishment
sås||sked sauce-ladle; **gravy-spoon** **-skål** sauce(butter)-boat
såt *a*, *~a vänner* great chums
så||vida *konj* provided; ~ *icke* unless **-vitt** *konj* so (as) far as **-väl** *konj*, ~ *som* as well as
säck sack; bag **-ig** *a* baggy **-pipa** bagpipe[s] **-väv** sacking, sackcloth
säd 1 corn, grain; [på rot] crop **2** [fysiol.] sperm; seed **-es|ax** ear of corn **-es|fält** cornfield **-es|korn** grain of corn **-es|slag** corn, cereal **-es|ärla** wagtail
säg||a *tr* say; *jag skall ~ dig* I can tell you; *det -er sig självt* it goes without saying; *det vill ~* that is [to say]; *så att ~* so to speak; *vad var det jag sa?* I told you so! *vem har sagt det?* who told you? ~ *efter* repeat; ~ *emot* contradict; ~ *till* tell; ~ *till om* order; ~ *upp* [*sig*] give notice **-andes**, *så till ~* so to speak; *skam till ~* to my (&c) shame be it spoken **-en** tradition, legend
säk||er *a* sure; [trygg] secure, safe; [bestämd] positive; [viss] certain; *är du ~ på det?* are you [quite] sure about it? **-erhet 1** [visshet] certainty; sureness; [trygghet] security; safety; *för ~s skull* for safety['s sake]; *i ~* in safety, safe **-erhets|lås** burglar-proof lock **-erhets|mått** measure (step[s]) to ensure safety **-erhets|nål** safety-pin **-erhets ventil** safety-valve **-erligen** **-ert** *adv* surely; certainly **-ra** *tr itr* ⚔ lock the trigger [of]
säl seal, sea-dog **-fångst** sealing
sälg sallow
sälj||a *tr* sell **-are** seller **-bar** *a* saleable, marketable
säll *a* blissful, happy
sälla *rfl* associate [o.s.] [*till* with]
sällan *adv* seldom, rarely
sälle fellow
sällhet felicity, bliss
sällsam *a* strange, singular
sällskap society; *dåligt ~* bad company **-a** *itr*, ~ *med* associate with **-lig** *a* sociable, companionable **-s|dam** [lady's] companion [*hos* to] **-s|liv** society life **-s|talanger** social talents
säll||spord *a* singular, rare **-synt I** *a* rare, uncommon **II** *adv* exceptionally **-synthet** rarity, rare thing
säll|trä bat
sälta saltness, [äv.] salinity
sämj||a amity; harmony **-as** *dep* agree, get on [well] together
sämre I *a* worse; [underlägsen] poorer **II** *adv* worse, badly
sämsk|skinn chamois[-leather]
sämst *a adv* worst
sänd||a *tr* send jfr *skicka I 1* **-are** [radio] transmitter **-e|bud** envoy; [polit.] ambassador
sänder, *i ~* at a time; *en i ~* one by one
sändning sending; [hand.]consignment
säng bed[stead]; *i ~en* in bed; *gå till ~s* go to bed **-dags** time to go to bed **-fösare** F nightcap **-himmel** canopy **-kammare** bedroom **-kant** bedside **-kläder** bed-clothes; bedding **-liggande** *a* [lying] in bed; [sjuk] bedridden **-matta** bedside mat **-täcke** coverlet, counterpane
sänk||a I hollow, depression [in the ground] **II** *tr* sink; lower; [blick] drop; *med -t blick* with downcast eye **III** *rfl* descend, sink **-e** sinker, sinking-weight **-ning** sinking; sinkage; depression
sär||deles = *synnerligen* **-drag** characteristic **-egen** *a* peculiar **-märke** **-prägel** = *-drag* **-skild** *a* separate, distinct; peculiar **-skilja** *tr* distinguish [apart] **-skiljande** distinction **-skilt** *adv* specifically; particularly; [e]specially **-tryck** separate, off-print
säsong season **-biljett** season ticket
säte 1 seat; residence **2** bench
säter = *fäbod*
sätt manner, way; fashion; [umgänges-] manners; *på vad ~?* in what manner (way)? how? *på visst ~* in a [certain] manner, in one way
sätt||a I *tr* **1** put; set; place; ~ *fram* put (set) out; ~ *på sig* put on; ~ *undan* put by; ~ *upp* [affär] set up, start; [kontrakt] draw up **2** [boktr.] set up, compose **II** *itr*, ~ *av* (*i väg*) set out (off), start; ~ *över* cross **III** *rfl* seat o.s.; sit down; [bygg.] give way, yield; ~ *sig i spetsen för* put o.s. at the head of; *sätt dig!* sit down! ~ *sig in i* get into, [inse] realize; ~ *sig upp* sit up; ~ *sig över* disregard, not mind **-are** type-setter, compositor **-eri** composing-room **-potatis** setting-out potatoes

säv [bul]rush
sävlig *a* slow **-het** slowness
söcken, *i helg och* ~ on holidays and weekdays **-dag** week(work)-day
söder I south **II** *adv* south; ~ *ifrån* from the south; jfr *norr* **S-havet** the Southern Ocean; the South Pacific **S-havs|öarna** the South Sea Islands
sök||a I *tr itr* **1** seek; [leta] look for; *en herre -er er* a gentleman to see you [, sir, madam] **2** [an~] apply (try) for **II** *rfl,* ~ *sig bort* apply for a removal **-ande** applicant, candidate **-are** seeker; searcher [äv. ⊕]; [fotogr.] view-finder **-t** *a* far-fetched
söl delay; lagging behind **-a I** *tr,* ~ *ned* soil; befoul **II** *itr* delay; loiter; lag [behind]; be slow (sluggish) **-ig** *a* **1**=*smutsig* **2** loitering, tardy, slow
sölja small buckle, clasp; runner
söm 1 [i sko] hobnail; horse-nail **2** seam **-ma** *itr tr* sew, stitch **-merska** seamstress; dressmaker
sömn sleep; *falla i* ~ go off to sleep; *i ~en* in one's sleep
sömnad sewing; [konkr.] needlework
sömn||drucken *a* sleep-drunk; somnolent **-dryck** sleeping-draught **-givande** *a* somniferous **-gångare** sleep-walker; somnambulist **-ig** *a* sleepy; [ton] drowsy **-ighet** sleepiness **-lös** *a* sleepless **-löshet** sleeplessness; [läk.] insomnia **-sjuka** sleeping-sickness; coma, lethargy
söndag Sunday **-s|barn** Sunday-child **-s|jägare** holiday sportsman **-s|kläder** holiday-clothes; F Sunday best
sönder *adv* asunder; [itu] in two; *gå* ~ break, get broken; *skära* ~ cut to pieces; *slå* ~ break, [glas] smash **-bruten** *a* broken [in two] **-dela** *tr* break up; separate **-falla** *itr* be divided **-kokt** *a* boiled to rags **-nött** *a* worn through **-trasad** *a* tattered; in (torn to) rags (shreds)
söndr||a I *tr* divide; [bildl. äv.] disunite **II** *rfl* divide, separate **-ig** *a* broken, torn **-ing** division; rupture
sörj||a *tr itr* **1** grieve [*över* at]; regret [the loss of]; [avliden] mourn **2** ~ *för* see (attend, look) to; take care of **-ande** mourner
sörpla *itr* slabber, slobber; ~ *i sig* lap up
söt *a* sweet; lovely; [vatten] fresh; *en* ~ *flicka* a pretty girl; *~a du!* [my] dear! **-a** *tr* sweeten **-aktig** *a* sweetish **-ebröds|dagar** halcyon days **-ma** sweetness **-mandel** sweet almond[s] **-mjölks|ost** whole-milk cheese **-nos** F darling **-saker** sweets, sweet-meats **-sliskig** *a* sickly sweet, mawkish **-sur** *a* sour-sweet **-vatten** fresh-water
söv||a *tr* put to sleep; lull [to sleep]; [läk.] anaesthetize **-ande** *a* soporific; *verka* ~ be conducive to sleep, be sleepy

T

tabell table **-form,** *i* ~ in tabular form
tablett tabloid
tablå tableau; [översikt] schedule
tabu taboo
taburett 1 tabouret **2** [statsråds-] seat in the Cabinet
tack thanks; ~ *ska du ha!* [I am] very much obliged [to you]! thanks, awfully! ~ *själv!* [I say] the same to you! *vara ngn* ~ *skyldig* owe a p. thanks; *Gud vare ~!* thanks be unto God! F thank God! *till* ~ [*för*] in acknowledgement [of], by way of thanks [for]; ~ *vare* thanks to; *ja tack!* yes, please! *nej tack!* no, thanks! no thank you!
1 tacka [djur] ewe
2 tacka [järn, bly] pig; [guld, silver] bar, ingot
3 tacka *tr itr* thank; [*hur mår du?*] ~ *bra!* very (quite) well, thanks (thank you)! *ja, jag ~r* extremely obliged; *jo, jag ~r* [*jag*]*!* well, I never! dear me! ~ *vet jag!* give me ..! ~ *för det!* no wonder! [naturligtvis] so you (&c) ought to! *tack för sist!* much obliged for your late hospitality! *ha ngn att* ~ *för* .. owe .. to a p.
tackel ⚓, ~ *och tåg* [the] rigging
tackjärn pig-iron
tackl||a *tr* ⚓ rig **-ing** rigging
tacksam *a* thankful [*för, över* for]; grateful [*mot* to (towards)]; [erkännsam] appreciative [*för* of]; *jag vore er mycket* ~ I should be much obliged to you **-het** thankfulness; gratitude **-hets|bevis** mark (token) of gratitude **-hets|skuld** debt of gratitude; *min* ~ my indebtedness
tacksägelse, *frambära sina ~r* proffer one's best thanks
tad||el blame, censure **-la** =*klandra*
tafatt *a* awkward; [person] clumsy, gawky
taffel square piano **-musik** music while at meat
tafs gut; *ge ngn på ~en* give it a p. hot
taft taffeta
tag 1 grip (grasp) [*omkring* round]; hold [*i* (*om*) of]; *fatta* ~ *i* grasp, seize, catch hold of; *få* ~ *i* get hold

of, find 2 [bildl.] knack, trick 3 [gång, stund] time, spell; *ett* ~ for a time (a little while); *två i* ~*et* two at a time; *i första* ~*et* at the first try (F go) **-a I** *tr itr* take [*gestalt* shape]; [tillägna sig] seize, appropriate; [ta i] touch; ~ *hand om ngn* take charge of a p.; *det tar på hälsan* it tells on one's health; ~ *bort* take away, remove; ~ *emot* receive, accept; ~ *för sig* help o.s. [*av* to]; ~ *på sig* put on; ~ *upp* pick up; ~ *ut sina sista krafter* use up one's powers to the uttermost **II** *rfl* take; ~ *sig an* take up, interest o.s. in; *vad tar du dig till?* what[ever] are you at (up to)?

tagel horsehair **-skjorta** hair shirt

tag|en *a* taken &c: *strängt* **-et** strictly speaking: *överhuvud* **-et** on the whole, altogether

tagg prick[le]; [törn] thorn **-ig** *a* prickly; spiny; thorny **-svamp** hedgehog (spine) mushroom **-tråd** barb[ed] wire **-tråds|stängsel** barb[ed]-wire obstacle (fence)

tak roof; [i rum] ceiling; *ha* ~ *över huvudet* have [got] a roof over one's head, be under cover **-bjälke** roof-beam **-dropp**, *det är* ~ there's rain coming in through the ceiling **-lags|fest** rearing[-feast] **-lampa** pendant lamp **-list** cornice **-läggning** roofing **-lök** houseleek **-ränna** eaves-gutter **-stol** roof-truss, [pair of] couples

takt 1 [rytm] time; [mus.] measure; [ridk.] pace; [rodd] stroke; *hålla* ~ keep time; *i* ~ *efter* in time to; *gå i* ~ keep step in walking **2** [av musik] bar; [av vers] foot **3** [egenskap] tact; delicacy; [urskilln.] discretion

tak||tegel roofing-tiles **-terrass** flat roof; [äv.] roof restaurant

takt||fast *a* steady in keeping time; measured **-fullhet** tactfulness, discretion

takt||ik tactics [pl.] **-isk** *a* tactical

takt||känsla sense of tact **-lös** *a* tactless, wanting in tact; indiscreet **-mässig** *a* rhythmical; cadenced

tak|ås ridge [of a (the) roof]

tal 1 number; *i runt* ~ in round numbers (figures) **2** [räkne-] sum **3** speech; *hålla ett* ~ make a speech [*för* in honour of]; *falla i* ~*et* cut short, interrupt; *föra på* ~ bring up for discussion; *på* ~ *om* talking (speaking) of **-a I** *tr itr* speak; [prata] talk; *det är ingenting att* ~ *om* don't mention it! *för att nu icke* ~ *om* to say nothing of; ~ *till* speak to, address; ~ *om* [beton.] tell, relate **II** *rfl*, ~ *sig varm* warm to one's subject **-an** suit; *fullfölja sin* ~ pursue one's claim **-ande** *a* speaking, talking; [vältalig] eloquent; expressive

talang talent, gift; *en* ~ a gifted person, a [man of] talent **-full** *a* talented, gifted

talar||e [public] speaker **-konst** rhetorics [pl.] **-stol** desk; rostrum

tal||as *itr dep*, *höra* ~ *om ngn* hear a p. spoken of (mentioned) **-es|man** spokesman **-e|sätt** phrase; locution **-fel** speech defect **-film** talking film (picture), talkie **-för** *a* fluent [of speech] **-förmåga** [faculty of] speech

talg tallow; [njur-] suet **-dank** tallow dip **-ig** *a* tallowy; bleary **-ljus** tallow candle **-oxe** great[er] tit[mouse]

talisman talisman

talja ⚓ tackle(pulley)[-blocks]

talk talc **-sten** talc stone

tall 1 [träd] [common] pine, Scotch [Norway] fir **2** [trä] pine-wood **-barr** pine-bark(-needle[s]) **-barrs|-bad** pine-needle bath **-kotte** pine(fir)-cone, fir-apple **-kåda** common resin

tallrik plate; *en* ~ *soppa* a plate[ful] of soup

tal||lös = *otalig* **-man** speaker

talong talon; [kortsp.] stock

talorgan organ of speech; voice

talrik *a* numerous; ~*a* numbers (multitudes) of **-het** numerousness **-t** *adv* numerously; *ett* ~ *besökt möte* a largely attended meeting

tal||roll spoken part **-rör** speaking-tube, voice-pipe **-s**, *komma till* ~ *med* get to speak to **-scen** dramatic theatre **-språk**, ~*et* the spoken (colloquial) language **-teknik** voice production **-trängd** = *prutsam*

tam *a* tame; [djur] domestic[ated]

tambur hall; [kapprum] cloak-room **-major** drum-major

tand tooth [pl. teeth] **-borste** tooth-brush **-garnityr** set of false (artificial) teeth **-klinik** dental clinic **-kräm** dental (tooth-)cream **-kött**, ~*et* the gums [pl.] **-läkare** dentist **-lös** *a* toothless **-petare** toothpick **-rot** root of a (the) tooth; [på oxeltand] fang **-röta** dental caries **-sprickning** teething, [the] cutting of the teeth **-sten** tartar **-utdragning** tooth-extraction **-vård** care of the teeth; dental hygiene **-värk** toothache **-ömsning** second dentition

tang||ent 1 key **2** [mat.] tangent **-ent|bord** keyboard **-era** *tr* **1** [mat.] be [a] (fall) tangent **to**; **touch 2** [bildl.] touch upon

tanig *a* thin

tank ⚓ ⚔ tank

tank|e thought; idea; [åsikt] opinion *ha* **-arna** *med sig* have one's wits about one; *i* ~ *att* thinking that; *vara försänkt i djupa* **-ar** be deep in thought; *komma på andra* **-ar** change one's mind **-ansträngning** mental

exertion (effort) **-frihet** liberty of thought **-förmåga,** *~n* the thinking-faculty **-gång** line of thought **-läsare** thought-reader **-utbyte** exchange of ideas **-väckande** *a* suggestive **-överföring** thought-transference
tank||full *a* thoughtful; meditative, contemplative **-lös** *a* thoughtless, unreflecting **-spridd** *a* absent-minded; preoccupied **-spriddhet** preoccupation (absence) of mind **-streck** dash **-ställare,** *en ~* something to think about
tant aunt
tantiem percentage (commission) [on profits]
tapet 1 [wall-]paper; [vävd] tapestry; *~er* [äv.] paper-hangings 2 *vara på ~en* be on the tapis **-dörr** tapestried door **-sera** *tr* hang with wall-paper; *~ om* re-paper **-serare** upholsterer
tapisseri tapestry **-affär** fancy-work shop
tapp 1 tap, faucet, plug 2 [hö-] wisp; bundle; [ull-] flock
1 tappa *tr* tap; *~ på vatten* let in water; *~ ur* drain, empty, let out of
2 tappa *tr* drop, let fall; lose
tapper *a* brave; valiant; *hålla sig ~* stand one's ground **-het** bravery, valour **-hets|medalj** medal for bravery [in action]
tappt, *ge ~* give in, throw up the sponge; *ge inte ~!* never say die!
tapto, *blåsa ~* beat the tattoo
tara [hand.] tare
tariff tariff; schedule [of rates]
tarm intestine; *~ar* guts, bowels **-blödning -katarr** intestinal bleeding (catarrh) **-vred** ileus
tarv, *förrätta sitt ~* ease nature **-a** *tr* require, demand, call for
tarvlig *a* [enkel] frugal; [billig] cheap; [pers., smak] common, vulgar; [kvickhet] poor **-t** *adv, bära sig ~ åt* behave shabbily
taskspelare juggler, conjurer
tass paw; *räcka vacker ~* put out a paw **-a** *itr* patter, pad **-ande,** *ett ~* a pit-a-pat
tass||el, *tissel och ~* tittle-tattle **-la** *itr* tittle-tattle
tatar Ta[r]tar
tatt||are [Scandinavian] gipsy **-ar|följe** band of gipsies **-erska** gipsy woman
tatuer||a *tr* tattoo **-ing** tattooing
tavel||galleri -handlare -ram picture-gallery (-dealer, -frame) **-samling** collection of pictures **-utställning** picture-exhibition
tavl|a 1 picture 2 [skiva] table; *svarta ~n* the blackboard
tax badger-dog, dachshund
taxa table (list) of rates; [för åkning] fare **-meter|bil** taxi[cab], taximeter
taxer||a *tr* assess [for taxes] [*till* at]; [uppskatta] rate, estimate **-ing** assessing, assessment **-ings|kalender** taxpayers' directory **-ings|längd** assessment-book **-ings|värde** assessed value [for taxation purposes]
1 te tea
2 te *rfl* present itself, appear
teater theatre; stage; *spela ~* **have** [amateur] theatricals; [bildl.] make pretence; *gå in vid ~n* go on the stage; *gå på ~n* go to the theatre **-affisch** playbill **-besökare** theatre-goer **-biljett** theatre-ticket **-dekoration,** *~er* stage scenery **-effekt** stage effect **-föreställning** theatrical (theatre-)performance **-kikare** opera-glasses [pl.] **-program** theatre programme **-publik** theatre public **-regissör** stage manager **-scen** theatrical stage **-viskning** stage whisper
teatralisk *a* theatrical
te||bjudning tea-party **-bord** tea-table
tecken 1 sign [*på* of]; [bevis] mark (token, indication) [*på* of]; *ett tidens ~* a sign of the times; *på givet ~* at a given sign[al]; *visa ~ till* show symptoms of 2 *icke ett ~ till* not a vestige of **-alfabet** sign alphabet **-förklaring** interpretation (table) of signs **-språk** sign (gesture) language **-tydare** augur
teckn||a *tr itr* 1 sign, make signs 2 [skriva] sign, put one's name down for; *~ bidrag till* subscribe to 3 [rita] draw **-are** drawer, draugthsman **-ing** drawing, sketch **-ings|lista** subscription-list **-ings|lärare** drawing-(art-)master
te||dags, *vid ~* at tea-time **-dosa** [tea-]caddy **-fat** saucer
teg piece of ploughed land
tegel brick **-bruk** brickyard **-panna** roofing-(pan-)tile **-röd** *a* brick-red **-sten** brick **-tak** tile[d] roof **-täckt** *a* tiled **-ugn** brick-kiln
te||huv tea-cosy **-kaka** tea-cake **-kanna** tea-pot **-kittel** tea-kettle
tekn||ik technique, technic[s] **-iker** technician **-isk** *a* technical; *T~a högskolan* the College of Technology **-olog** technology man
tekopp teacup; [mått] teacupful [of]
tek||trä teak[wood] **-träd** teak[-tree]
te|kök tea-urn(-kettle)
telefon [*ha ~* be on the] telephone; *ringa upp i ~* ring (call) up on the telephone **-adress** telephonic address **-apparat** telephone [apparatus] **-bud** telephone message **-era** *itr tr* telephone **-ist** [telephone-]operator **-katalog** telephone directory **-kiosk** automatic telephone call-box **-ledning** telephone-line **-lur** [telephone-]receiver **-samtal** telephone

conversation **-station** [telephone] exchange **-stolpe** telephone-post
telegraf telegraph; *per* ~ by wire **-era** *itr tr* telegraph; cable **-i** telegraphy **-isk** *a* telegraphic **-iskt** *adv* telegraphically; *svara* ~ wire (cable) back **-ist** [female] telegraphist (telegraph-operator) **-kabel** telegraph-cable **-kommissarie** [telegraph] sub-office superintendent **-ledes** *adv* by telegraph **-station** telegraph office **-verk**, *Kungl.* **~et** the Royal Telegraph Service
telegram telegram, F wire; cable; ~ *med svar betalt* reply-paid telegram **-blankett** telegram-form **-byrå** telegraphic agency **-kod** telegram (telegraph[ic], cable) code **-pojke** telegraph-boy **-svar** telegraphic (wired, cabled) reply **-taxa** telegram rate
tele‖pati telepathy **-skop** telescope
telning offset; scion
tema 1 [ämne] theme 2 [skol.] composition 3 ~ *på ett verb* the principal parts of a verb **-bok** exercise-book
tempel temple **-herre** Knight Templar **-skändare** temple-desecrator
temperament temperament **-s|full** *a* with temperament (feeling); [häftig] high-tempered, choleric
temper‖atur temperature **-era** *tr* temper **-erad** *a* tempered [*vin* wine]; temperate [*klimat* climate]
temp‖o time; [mus.] tempo; [ridk.] pace **-oral** *a* temporal **-orär** *a* temporary **-us** tense
Temsen *npr* the [River] Thames
tendens tendency [*till* to (towards)]; trend **-fri** *a* non-tendentious **-roman** tendency novel, novel with a purpose
tendentiös *a* tendentious
tender tender
tendera *itr* tend [*till* towards]
tenn tin; *engelskt* ~ pewter **-bägare** pewter cup **-gruva** tin-mine
tennis [lawn-]tennis **-plan** tennis-court
tenn|soldat tin soldier
tenor tenor **-solo** tenor solo
tentakel tentacle, feeler
tent‖amen examination [in private]; *muntlig* ~ viva **-and** examinee, candidate [for examination] **-ator** examinator **-era** *itr* be examined [in private] [*för* by]
teolog theologian; [präst] divine; [student] divinity (theological) student **-i** theology; [ss. ämne] divinity **-ie.** ~ *doktor* doctor of divinity **-isk** *a* theological
teo‖rem theorem **-retisk** *a* theoretical **-ri** theory; *i* **~n** in theory
teosof theosophist **-i** theosophy
terap‖eutisk *a* therapeutic **-i** therapy
term term
termin 1 [tidpunkt] stated time, term; period 2 [skol.] term; *under* **~en** while term is on
terminologi terminology
terminsavgift term fee[s]
termit termite, white ant
termometer thermometer; *då* **~n** *står på noll* with the mercury at zero
termosflaska thermos flask
terpentin terpentine
terrakotta terra-cotta
terrass terrace **-era** *tr* terrace
terrier terrier
terrin tureen
territori‖alvatten territorial waters [pl.] **-um** territory
terror terror **-isera** *tr* terrorize [over]
terräng terrain; *förlora* ~ [bildl.] lose ground **-löpning** cross-country [running] **-ritt** cross-country [riding (ride)]
ters tierce; [mus. äv.] third; [sup] third glass
tertiär *a* tertiary
te‖rum tearoom **-rån** tea-wafer
tes thesis
te‖sil tea-strainer **-sked** teaspoon; [mått] teaspoonful [of] **-sort** variety (blend) of tea
testament‖arisk *a* testamentary **-e** 1 *Gamla, Nya* **~t** the Old (New) Testament 2 will; *upprätta sitt* ~ make (draw up) one's will **-era** *tr,* ~ *ngn ngt* bequeathe a th. to a p., leave a p. a th. [by will]
testator testator
testikel testicle
tevatten water for the tea
text text; [skol.] [text]book **-a** *tr itr* write text-hand, engross **-förklaring** textual interpretation
textil *a* textile **-varor** textiles
textning engrossing
tia ten; [sedel] ten-crown note
ticka *itr* tick
tid time; [period] period, space; [-punkt] hour, date, time; *få* ~ get (find) time; *har du* ~ *ett ögonblick?* have you a moment to spare? *beställa* ~ *hos* make an appointment with; *alla* **~er** *på dygnet* at all hours of the day; *den nya* **~en** the new age (era); *för en* ~ *av* for a period of; *för en* ~ *sedan* some time ago; *i* ~ in time [*för, till* for]; *i* ~ *och otid* in season and out of season; *förr i* **~en** formerly; *med* **~en** in [course of] time; *på* **~en** about time; *under* **~en** in the meantime; *gå ur* **~en** depart this life **-e|räkning** chronology **-e|varv** period, epoch, age
tidig *a* early **-are I** *a* earlier; [föregående] previous **II** *adv* earlier; at an earlier hour (&c); [förut] äv. previously, formerly **-ast** *a adv* ear-

liest -t *adv* early; ~ *på våren* in the early Spring; *vara för* ~ *ute* be a little too premature in one's efforts
tid||lös *a* timeless; ageless **-lösa** [bot.] meadow saffron **-mätare** time-measurer, chronometer
tidning newspaper; *det står i* ~*en* it is in the paper; *en stor daglig* ~ a big daily
tidnings||anka canard **-annons** (**-artikel**) newspaper advertisement (article) **-expedition** news-paper office **-försäljare** news-vendor **-kiosk** news-stand **-man** journalist **-notis** newspaper paragraph (item) **-pojke** newsboy **-prenumeration** subscription for (to) newspapers **-press** 1 newspaper printing-press 2 [tidningar] press **-redaktion** (**-redaktör**) newspaper office (-editor)
tid||punkt point [of time], time: *vid denna* ~ at (by) that (this) date: *vid* ~*en för* at the time of **-rymd** period, space of time **-s** *adv, det blir* ~ *nog i morgon* it will be early (soon) enough tomorrow
tids||adverb temporal adverb **-anda,** ~*n* the spirit of the times **-besparande** *a* time-saving **-bestämning** 1 determination of the time 2 [gram.] time adjunct **-bild** picture of the age (times) **-bisats** temporal clause **-enlig** *a* in harmony with the times; [ej föråldrad] up-to-date **-fråga** question of time **-följd** chronological order **-fördriv,** *till* ~ as a pastime **-förlust** loss of time
tidskrift periodical [publication]; review, journal
tids||läge, ~*t* the situation at the time **-skede** epoch **-skillnad** time-difference **-spillan** waste of time **-trogen** *a* with the contemporary colouring **-ålder** age; generation **-ödande** *a* time-consuming
tid||tabell time-table **-tagare** time-keeper **-tals** *adv* at times **-vatten** tide **-vis** *adv* = *-tals;* [äv.] periodically, intermittently
tiga *itr* be (remain) silent [*med* about]; keep silence; *tig!* stop talking! hold your tongue! F shut up!
tiger tiger **-färgad** *a* tigrine **-hane** **-hona** male (female) tiger **-hud** tiger's coat; [avdragen] tiger-skin
tigg||a *tr itr* beg [*av* of; *om* for] **-ar|brev** begging letter **-are** beggar; mendicant **-ar|flicka** beggar-girl **-ar|lista** begging circular **-ar|munk** mendicant friar **-eri** begging
tigrinna tigress
tik brach, bitch[-hound]
tilja board
till I *prep* 1 [rum] to; *ankomma* ~ arrive at (in); *avresa* ~ start for; ~ *landet* into the country; ~ *staden* into (down, up to) town; ~ *höger* to the right; ~ *sjöss* at sea; ~ *fots, häst, lands, sjöss* on foot, on horseback, by land, by sea 2 [dativförh.] to; *ett brev* ~ a letter for; *hans hat* ~ his hatred of 3 [tid] at, in; by; ~ *julen* at (for) Christmas; ~ *om fredag* by Friday; ~ *dess* by then; ~ *långt in på natten* until (till) far on into the night **II** *adv* [dessutom] too, besides; *litet* ~ a little more; *en dag* ~ one day longer; *det är ett par saker* ~ there is another thing or two
tillaga *tr* make [*te* [the] tea]; prepare
tillbaka *adv* back; [bakåt] backwards **-draget** *adv, leva* ~ live in retirement **-gång** retrograde movement; [bildl.] decline **-satt** *a, känna sig* ~ feel [o.s.] slighted **-slagen** *a* beaten back **-stött** *a* repulsed, rebuffed **-visa** *tr* reject; [påstående] refute; [beskyllning] repudiate
till||be *tr* worship; adore **-bedjan** worship; adoration **-bedjansvärd** *a* adorable **-bedjare** adorer; admirer **-behör** appendage; accessories [pl.] **-blivelse** coming into existence (being); genesis **-bringa** *tr* spend [*med att läsa* in reading]; pass [*tiden* the time] **-bringare** jug **-bucklad** *a* dented in **-bud** 1 offer 2 [olycks~] narrow escape [*till* of a] **-byggnad** piece built on (added) [to the (a) house &c] **-börlig** *a* due [*hänsyn till* deference to]; proper [respect *aktning*]; *på* ~*t avstånd* at a safe distance
till||dela *tr* allot (assign) to; confer (bestow) [*ngn en medalj* a medal [up]on a p.]; administer [*ngn ett slag* a blow to a p.] **-delning** allotting &c; administration; allowance [*av sprit* of liquor] **-draga** *rfl* 1 attract [*uppmärksamhet* attention] 2 happen, occur **-dragande** *a* attractive; engaging **-dragelse** occurrence; [viktig] event **-döm|a** *tr,* ~ *ngn ngt* adjudge a th. to a p.; *det honom -da skadeståndet* the damages awarded [to] him **-erkänna** *tr,* ~ *ngn ett pris* award a p. a prize **-falla** *itr* go to; *det -föll honom* it fell to his share (him) **-flykt** refuge [*undan* from]; *ta sin* ~ *till* take refuge in, resort to **-flykts|ort,** *en* ~ a place of refuge **-flöde** feeder stream **-foga** *tr* 1 affix (add on) [*till* to]; ~ *några ord* add a few words 2 ~ *ngn skada* inflict harm on a p., cause a p. harm
tillfredsställ||a *tr* satisfy; ~ *en önskan* gratify a wish; ~ *hungern* appease one's hunger **-ande** *a* satisfactory [*svar* answer] **-d** *a* satisfied, content **-else** satisfaction [*över* at]

till||friskna *itr* recover; get well again **-frisknande I** recovery **II** *a* recovering; convalescent **-frusen** *a* [that is] frozen [over] **-fråga** *tr* ask; consult; *~d om orsaken* when interrogated as to the reason **-frågan** query
tillfyllest *adv* to the full; *vara ~* be satisfactory **-göra** *tr* satisfy; fulfil
tillfångatag||a *tr* capture; *bli -en* be taken prisoner **-ande** capture
tillfäll||e occasion; *kritiskt ~* critical juncture; *lägligt ~* opportunity; *begagna ~t* take (seize, avail o.s. of) the opportunity; *få ~ att gå* find an opportunity of going; *rikligt ~ till* ample occasion for; *för ~t* for the time being, just for the present, [för närvarande] at present; *vid ~* when I (&c) have time [*skall jag* I shall]; *vid första* [*bästa*] *~* at the first opportunity; *vid vissa ~n* on certain occasions **-ig** *a* occasional; [händelsevis] accidental, chance; [kortvarig] temporary; *~a besökare* casual visitors **-ighet** accidental occurrence; chance
tillföra *tr* bring (supply) . . to
tillförlitlig *a* reliable; [who (that) is] to be relied on **-het** reliability
tillförordn||a *tr* appoint temporarily **-ad** *a, en ~ professor* a professor holding office pro tem. (tempore)
till||försel supply, provision **-försikt** confidence, assurance **-försäkra I** *tr, ~ ngn* secure a p. **II** *rfl* secure [o. s.], make sure of **-gift** forgiveness **-given** *a* attached; loving, affectionate; [starkare] devoted; *Din* (*Er*) *-givne* Yours [very] sincerely **-givenhet** attachment, devotedness, devotion [*för* to] **-gjord** *a* affected
tillgodo *adv* [se] [*till*] *godo* **-göra** *rfl* utilize, make use of, avail o. s. of **-havande** [i bank] [credit] balance [*hos* with] **-räkna** *rfl* allow o.s. **-se** *tr* do full justice to, pay due attention to; satisfy
till||grepp, *begå ett ~* commit a theft **-gripa** *tr* take unlawfully, appropriate for one's own use; [bildl.] resort (have resource) to **-gå** *tr*, *finnas att ~* be obtainable **-gång 1** access [*till* to]; [förråd] supply **2** *~ar* means **-gänglig** *a* **1** [sak] accessible [*för* to]; [som finns] available, obtainable **2** [pers.] easy to approach **-gänglighet 1** accessibility, availability **2** affability, amenability
tillhanda *adv* = [*till*] *handa* **-gå** *tr* assist **-hålla** *tr* supply
till||hjälp, *med ~ av* with the aid (assistance, help) of **-hygge** striking-weapon **-håll** haunt [*för* of] **-hålla** *tr, ~ ngn att* urge a p. to
tillhör||a *tr* **1** belong to, be a member of; *~ en släkt* come of a family **2** = *tillkomma 2* **-ande** *a* belonging (pertaining) to **-ighet** possession; *~er* belongings
tillika *adv* also, . . too, . . as well; *~ med* along with
tillintet||gjord *a* annihilated; [bildl.] exhausted **-göra** *tr* annihilate; [krossa] crush [utterly]; [plan] frustrate **-görelse** annihilation, frustration
tillit trust (confidence) [*till* in]; *icke ha ~ till* distrust **-s|full** *a* confiding, trusting
tillkalla *tr* summon, call
tillknäppt *a* [bildl.] reserved, buttoned-up
tillkom||ma *itr* **1** come into being (existence); *-me ditt rike!* thy kingdom come! **2** [bildl.] be a p.'s due (duty); *det -mer icke mig att* it is not for me to **-mande** *a* coming, future; *hennes ~* [*man*] her intended (future husband) **-st** coming into being, genesis, origin
tillkämpa *rfl* obtain, gain; *~ sig segern* win (fight one's way) through to victory
tillkänna||ge *tr* make known, notify, announce; [öppet] declare, proclaim [*för* to] **-givande** notifying &c; declaration
till||mäle, *grovt ~* opprobrious (abusive) epithet; *grova ~n* invectives **-mäta I** *tr* **1** measure out to, allot **2** [bildl.] attach **II** *rfl* attach to o.s.
tillmötes *adv, gå ~* meet **-gå** *tr* accede to (comply with) [*en begäran* a demand] **-gående I 1** *ett ~ av* an acceding of, a compliance with **2** [egenskap] obligingness, complaisance **II** *a* obliging, courteous, complaisant
till||namn surname **-närmelsevis** *adv* approximat[iv]ely; *icke ~* not anything like
till och med I *prep* up to and including; to . . inclusive **II** *adv* even
tillopp 1 influx, inflow **2** [av pers.] concourse; [av kunder] rush
tillra *itr* roll, trickle
till||reda *tr* prepare, get ready **-reds** *adv, vara* (*stå*) *~* be [all] ready **-rop** call, shout; *hälsad av glada ~* hailed (greeted) with joyous acclamations **-ropa** *tr* hail
tillrygga||lägga *tr* cover, traverse; *den -lagda vägen* the distance covered
tillråd||a *tr* advise, recommend **-an** advice, recommendation **-lig** *a* advisable
tillräcklig *a* sufficient [*för, åt* for]; *~t stor* large enough; *~a kunskaper* adequate knowledge; *~a skäl* ample reason[s] **-t** *adv* sufficiently; enough;

~ *ofta* often enough; ~ *många* quite enough
tillräkn||a I ~ *ngn förtjänsten* put the credit down for a p.; ~ *ngn skulden* impute (attribute) the blame to a p. **II** *rfl* take (attribute, ascribe) to o.s.; ~ *sig äran av* credit o. s. with **-elig** *a* accountable (responsible) [for one's actions] **-elighet** accountability, responsibility
tillrätta *adv* se *rätta I 1* **-lagd** *a* [specially] arranged to suit.. **-skaffa** *tr* find, bring to light **-visa** *tr* reprove; reprimand, rebuke [*för* for] **-visning** reproof, reprimand, rebuke
till||s I *konj* 1 [ända ~] till, until 2 [ej senare än] by the time **II** *prep* 1 up (down) to [*i dag* today] 2 ~ *vidare* until further notice; ~ *dato* to date; ~ *om lördag* until (till, by) Saturday **-sammans** *adv* together [*med* with]; [inalles] altogether, in all; [gemensamt] jointly; ~ *med* along with; *vara mycket* ~ see a great deal of each other **-sats 1** [-sättande] adding, addition 2 [ngt tillsatt] addition; added ingredient; admixture [äv. bildl.]; [krydda i mat] seasoning **-se** *tr* 1 look after, superintend 2 [friare] see, find out; [laga] see [to it] [*att* that] **-skansa** *rfl* appropriate for o.s.; ~ *sig makten* usurp [the] power **-skott** [additional (extra)] contribution; [friare] addition; access **-skriva I** *tr* [bildl.] ascribe **II** *rfl* = *-räkna II* **-skynda** *tr*, ~ *ngn en förlust* cause (occasion) a p. a loss
till||skära *tr* cut out **-skärare** cutter[-out]; [skrädd.] clothier's cutter **-sluta** *tr* close **-slutning** = *an-* **-spetsa I** *tr* sharpen, point; [bildl.] bring to a head; *~d* [bildl.] intensified, acute **II** *rfl* [bildl.] reach an acute stage, become critical
tillspillo *adv* = [*till*] *spillo* **-giva** *tr* 1 [pris-] sacrifice [*åt* to] 2 [ge förlorad] give up as (for) lost, abandon
till||spord *a* consulted **-spörja** *tr* ask **-stampa** *tr* stamp down **-strömning** streaming in; influx; [vätska] inflow; [publik] stream **-stunda** *itr* be at hand, be approaching **-stymmelse**, *inte en* ~ not an atom (a iota) of **-styrka** *tr* recommend, support **-stå** *tr* confess; [medge] admit
tillstånd 1 [tillåtelse] permission, leave; licence 2 [läge] state (condition) [of affairs]; *i berusat* ~ in a state of intoxication, when under the influence of drink **-s|bevis** licence, permit
tillstädes *adv*, *vara* ~ be on the spot, be present **-varande** *a*, *de* ~ those present
till||ställning 1 [påhitt] business, affair 2 [fest] entertainment **-stöta I** *itr tr* 1 join [*en expedition* an expedition] 2 [ägor] adjoin **II** *itr* [hända] occur, happen; [om sjukdom] supervene **-syn**, *ha* ~ *över* have (exercise) the superintendence of **-synings|man** supervisor (overseer) [*för*, *över* of] **-säga** *tr* tell; *är han -sagd?* has he been summoned? [befalld] has he had orders [given him]? **-sägelse 1** [order] order[s]; *utan* ~ without being told [to] 2 [tillrättavisning] admonition, reprimand **-sända** *tr*, ~ *ngn ngt* send (forward) a th. to a p. **-sätta** *tr* 1 add on 2 [kokk.] add, put in 3 ~ *en person* appoint a person [*som* to]
till|tag venture; [okynnigt] prank, trick; *ett djärvt* ~ a daring stroke; **-a** *itr* increase; [sjukdom] spread; *-tar med åren* grows upon one **-ande I** increasing, increase; growth **II** *a* increasing **-en** *a*, *knappt* ~ small in the measurement; [rum] small in size; [mat] scanty in quantity; *väl* ~ quite ample **-sen** *a* enterprising; [påhittig] resourceful
tilltal 1 address 2 *strängt* ~ severe talking-to **-a** *tr* 1 address, speak to; *den ~de a*) the person addressed (spoken to), *b*) se *åtalad* 2 [bildl.] appeal to; [om pers.] attract, please **-ande** *a* attractive, pleasing **-s|form** vocative form **-s|ord** word (term) of address
tilltrasslad *a* entangled; *~e affärer* involved finances
tilltro I credit [*till* in]; *vinna* ~ *hos* gain (win) credence with **II** *tr*, ~ *ngn* [*ngt*] believe a p. capable of, credit a p. with **III** *rfl*, ~ *sig att* believe o.s. capable of [*gå* walking]
tillträd||a *tr* take over; [arv] come into possession of; [tjänst] enter [up]on; ~ *regeringen* take up (assume) government **-e 1** entry [*till* into possession of]; taking over; entrance [*till ämbetet* upon office] 2 [inträde] entrance, admission; ~ *förbjudet!* No Admittance; *barn äga ej* ~ children are not admitted; for adults only
till||tvinga *rfl* obtain (secure) by force **-tyga** *tr*, ~ *ngn illa* use (treat, handle) a p. roughly; knock a p. about **-tänkt** *a* contemplated; proposed
tillvaratag||a *tr* take charge of; look after; [samla] gather up; [utnyttja] take advantage of, utilize **-ande**, *~t av* the taking charge of
tillvaro existence; *kampen för ~n* the struggle for life (for existence)
tillverk||a *tr* manufacture, make, produce **-are** manufacturer **-ning** manufacture, make, production; *en . . av svensk* ~ a Swedish-made . . **-nings|pris** manufacturer's price

tillvit||a *tr*, ~ *ngn ngt* charge a p. with a th. **-else** charge (imputation) [*för* of]
tillväga *adv*, *gå* ~ proceed, go to work **-gångs|sätt** course (line) of action, [mode of] procedure
till||välla *rfl* usurp; [titel] assume wrongfully **-växa** *itr* grow; accumulate; ~ *i antal* increase in number **-växt** growth [*av*, *i* of]; increase [*i* of (in)]
tillåt||a I *tr* allow; [samtycka till] consent to; *han -er ingen motsägelse* he won't suffer [any] contradiction **II** *rfl* permit (allow) o.s.; take the liberty **-else** permission, leave **-en** *a* permitted, allowed; lawful; *högsta -na fart* the maximum speed allowed; the speed limit
tillägg 1 addition; additional paragraph **2** [löne-] increment, bonus **3** [anmärkning] addendum **-a** *tr* add [*till* to] **-s|avgift** extra fee **-s|plats** stopping-(mooring-)place
tillägn||a I *tr*, ~ *ngn en bok* dedicate a book to a p. **II** *rfl* **1** acquire **2** [orättfärdigt] appropriate [to o.s.]; seize [upon] **-an** dedication
tillämna *tr* intend, have in view
tillämp||a *tr* apply [*på* to]; bring to bear [*på* [up]on]; ~ *lagen* enforce the law **-lig** *a* applicable (relevant) [*på* to] **-ning** application; *äger sin* ~ *på* is applicable to
tillök||a *tr* add to **-ning** increasing; enlargement; increase [*i familjen* of (in) the family]; ~ *i lönen* rise
tillönsk||a *tr* wish **-an** wish
tim||avlöning payment (wages) [paid] by the (per) hour **-glas** hour(sand)-glass
timjan [bot.] [garden] thyme
timlig *a* temporal; *lämna det ~a* depart this life
timlärar||e -inna visiting master (mistress)
timm||a (-e) hour; [lektion] lesson; ~ *efter* ~ hour after (by) hour; *i ~n* an hour; *per* ~ per (by the) hour
timmer timber, lumber **-avverkning** log-cutting **-huggare** tree-(wood-) feller, logger, lumberer **-lass** timber load **-man** carpenter **-ränna** flume, log-shoot **-stock** log, piece of timber; *dra ~ar* [bildl.] F be driving one's hogs to market **-yxa** woodman's axe
timotej[-gräs] timothy[-grass]
tim||penning hour's (hour-)wage; *arbeta för* ~ work on the hour-rate basis **-plan** time-table
timra I *tr*, ~ [*ihop* (*upp*)] build (construct) [of logs] **II** *itr* do carpentry, carpenter
tim||slång *a* of an hour's duration (length) **-tal**, *i* ~ for hours [and hours], by the hour together **-vis** *adv* by the hour **-visare** hour (small) hand

1 tina tub, bin
2 tina I *itr* thaw [äv. bildl.], melt; ~ *upp* become less reserved **II** *tr* thaw, melt
tindra *itr* twinkle, sparkle, scintillate
ting 1 [hist.] thing **2** [jur.] [district-court] sessions [pl.] **3** thing; matter; [föremål] object; *saker och* ~ things; *de yttre ~en* outward things
tinga *tr* order [beforehand (in advance)]; [pers.] retain, secure
tingest thing; [föremål] object
tings||dag sessions-day **-hus** [district] court-house **-sal** [district-court] sessions-hall; assize-court
tinktur tincture
tinn|e summit; *-ar* battlements
tinning temple
tio *räkn* ten; jfr *fem-* **-dubbel** *a* tenfold **-dubbla** *tr* multiply by ten **-kamp** [sport.] decathlon **-nde I** *räkn* tenth **II** *ge* ~ pay tithes (the tithe) **-n[de]del** tenth; *~en* the (a) tenth part [of] **-punds|sedel** ten-pound note **-tal**, *~et* [[the] number] ten; *ett* ~ about (some) ten, ten or so **-tusen** *räkn* ten thousand **-tusentals** tens of thousands **-åri[n]g** [a] ten-year-old **-års|-dag** tenth anniversary [*av* of]
1 tipp [spets] tip [*av* (*på*) of]
2 tipp [-ningsplats] tip
1 tippa *tr* [stjälpa] tip, dump
2 tippa *tr* [sport.] tip; ~ *som vinnare* spot as the (a) winner
1 tippning tipping; ~ *förbjuden!* no tipping allowed!
2 tippning winner-spotting
tips [pl.] tips; *ge några* ~ give a tip
tisdag Tuesday **-s|soppa** potato-soup
tistel thistle
tistelstång pole [of a (the) vehicle]
titan Titan **-isk** *a* Titanesque; titanic
titel title; *bära ~n . .* have the title of . . **-blad** title-page **-roll** title-rôle **-vinjett** head-piece
1 titt *adv*, ~ *och tätt* repeatedly, over and over again
2 titt 1 [blick] look; glance, peep; *ta sig en* ~ *på* have a look at **2** [besök] call [*hos* on; *på* at]; *tack för ~en!* kind of you to look me up! **-a** *itr* peep, look, glance [*igenom* through; *på* at]; ~ *fram* peep out (forth); ~ *in* look (peep) in **-glugg** spy-hole(-window) **-hål** peep-hole **-ut**, *leka* ~ play [at] bo-peep
titul||era *tr* style, call; *hur ~s han?* how is he [to be] addressed **-är** *a* titular; titulary, nominal
tivoli [open-air] place of amusement
tjat[a] = *kält*[*a*]
tjeck Czech **-isk** *a* Czech[ish]
tjo *itj* hey[day]! [heigh-]ho
tjock *a* thick; [pers.] stout; chubby [*barn* child]; [tät] dense [*rök*

topas topaz

topografi topography **-isk** *a* topographical

1 topp *itj* done! agreed! [it is] a bargain!

2 topp 1 top; [friare] pinnacle, peak, apex; *från ~ till tå* from top to toe, from head to foot; *med flaggan i ~* with (flying) the flag aloft **2** loaf [*socker* of sugar] **-a** *tr* top **-formig** *a* conical **-kurs** [börs.] top (peak) rate (course of exchange) **-mast** topmast **-mössa** pointed cap **-socker** loaf-sugar

torde will; *ni ~ observera* you will please (kindly) observe; *det ~ finnas* there are (is) probably; *det ~ vara av vikt* it would seem to be of importance

tordyvel dor-(dung-)beetle, scarab

tordön thunder **-s|röst** voice of thunder

torftig *a* poor; needy [*omständigheter* circumstances]; [tarvlig] plain **-het** poorness; neediness; plainness **-t** *adv* poorly [*klädd* dressed]; scantily [*utrustad* equipped]

torg 1 [salu-] market-place; *gå på ~et* go [out] marketing; *på ~et* in the market[-place] **2** [plats] square **-dag** (-fru) market-day (-woman) **-föra** *tr* [take (bring) to] market **-handel** market-trading, marketing **-kasse** (-korg) market[ing]-satchel (-basket) **-stånd** market-stall

tork = *-ning 1* **-a I** [*en svår* a severe] drought **II** *tr* **1** dry; get dry **2** [av-~] wipe [*händerna* one's hands]; *~ disken* dry the washed-up things (the dishes); *~ näsan* wipe one's nose **III** *itr* [get] dry; *~ bort* get dried up, wither; *~ fast* dry and stick; *~ ihop* dry up **IV** *rfl* dry o.s., wipe o.s. [dry]; *~ sig i ansiktet* wipe one's face; *~ dig om munnen, näsan!* use your napkin (handkerchief)! **-ad** *a, ~ frukt* dried fruit **-hus** drying-house **-lina** clothes-line **-ning 1** drying **2** wiping **-ugn** drying-stove(-kiln)

1 torn [på växt] spine, thorn

2 torn tower, [kyrk-] steeple; [schackpjäs] castle; rook; *försedd med ~* towered **-a** *tr, ~ upp sig* pile itself &c up; [bildl.] tower aloft

tornado tornado

torn||era *itr* tourney, joust, tilt **-ering** tournament, tourney

tornister knapsack; [för häst] feed-(nose)-bag

torn||klocka 1 tower(&c)-bell **2** tower-clock **-spets** top (apex) of a (the) steeple **-spira** spire; steeple **-svala** [common] swift **-ur** tower(&c)-clock

torp croft[er's holding] **-are** crofter, cotter

torped torpedo **-båt** torpedo-boat **-era** *tr* torpedo **-ering** torpedoing

torr *a* dry; parched [earth *jord*]; arid [*mark* ground]; *~a siffror* bald figures; *~ stil* prosy style; *varken vått eller ~t* neither bite nor sup; *på ~a land* on dry land; *vara på det ~a* [bildl.] be on terra firma; *ha sitt på det ~a* not stand to lose anything **-docka** ⚓ dry dock **-fisk** dried fish **-het** dryness; aridity **-hosta I** dry cough **II** *itr* have [got] a dry cough **-lagd** *a* drained **-lägga** *tr* drain **-läggning** draining, drainage **-mjölk** desiccated milk **-[r]olighet** drollness, dry wit (humour); *~er* drily witty remarks **-skodd** *a* dryshod; with dry feet **-t** *adv* drily; *förvaras ~!* to be stored in a dry place! *koka ~* boil dry

torsdag Thursday

1 torsk [läk.] thrush

2 torsk cod[fish]

tort||era *tr* torture **-yr** torture [*för* to]; *undergå ~* be tortured **-yr|kammare** torture-chamber **-yr|redskap** means (implement) of torture

torv 1 [geol.] peat **2** [gräs] sod, turf **-a 1** [piece (sod) of] turf **2** *den egna ~n* one's own plot of land; *bunden vid ~n* bound to the soil **-brikett** turf-brick **-lägga** *tr* turf, sod **-mosse** peat-bog(-moss, -moor) **-mull** peat-mould(-moss litter) **-myr** peat-marsh **-strö** peat (moss) litter **-tak** turf-roof **-täcka** *tr* sod; [cover with] turf

tota *itr, ~ till* try to fix up

total *a* total; entire, complete **-belopp** [sum] total **-bild** comprehensive picture **-förbud** total prohibition **-intryck** general impression **-isator** totalizator

tov||a I twisted (tangled, matted) knot [of] **II** *tr, ~ ihop* ravel, tangle **-ig** *a* snarled; tangled, matted

toxin toxin

trade ⚓ [shipping-]route

tradition tradition **-ell** *a* traditional **-s|bunden** *a* tradition-tied

trafik traffic; *upprätthålla ~en* keep the [train (&c)] service[s] going **-abel** *a* trafficable **-ant** passenger **-bil** [vanl.] taxicab, taxi **-era** *tr* use, frequent; *livligt ~de* much-frequented **-flygplan** civilian air-route aeroplane **-frekvens** traffic density **-hinder** obstacle to [the] traffic **-kultur** traffic ethics [pl.] **-led** traffic route **-olycka** traffic casualty (&c); street accident **-pulsåder** artery of traffic **-reglemente** traffic instructions [pl.]

tragedi tragedy **-enn** tragedienne

traggla *itr* go on [*om* about]; *~ igenom* plod through

trag||ik tragic art; *~en i* the tragedy of

-iker tragedian **-i|komisk** *a* tragicomic[al] **-isk** *a* tragical
trakasser|a *tr* harass, worry, pester **-i** pestering; harassment[s]; worry
trakt district; part of the country; *här i ~en* in this neighbourhood; *i dessa ~er* in these parts (regions)
trakta *itr*, *~ efter* aspire to, aim at; *~ efter ngns liv* seek a p.'s life
traktan se *diktan*
traktat treaty; [skrift] tract
trakter|a *tr* 1 treat [*med* to]; *känna sig ~d* feel flattered 2 *~ ett instrument* play an instrument **-ing** treating, entertainment
traktor tractor
trall melody, tune; F ditty
1 **tralla** trolley
2 **tralla** *itr tr* warble, troll
tramp tramping **-a I** pedal **II** *itr tr* tramp [*omkring* about]; *~ ngn på foten* tread on a p.'s foot; *~ ihjäl* trample to death; *~ sönder* tread (step, trample) on and smash **-dyna** matrix **-kvarn** treadmill
trampolin [high-diving] spring-board **-hopp** [spring-board] high dive
trams F nonsense, rubbish, drivel
tran whale (train-)oil
trana crane
tranbär cranberry
tranchera *tr* carve
trans trance; *vara i ~* be in a trance
transaktion transaction
transform|ator transformator **-era** *tr* transform
transit transit **-era** *tr* pass (convey) through [a (the) country]; pass in transit **-ering** the passing (conveyance) of . . through (&c)
transitiv *a* transitive
transito *adv* through, for through traffic
transkribera *tr* transcribe
trans|marin *a* transmarine; oversea **-mission** transmission **-ocean[i]sk** *a* transoceanic **-parang** transparency **-ponera** *tr* [mus.] transpose
transport 1 transport[ation], conveyance 2 [hand.] transfer; [i bokföring] carried (brought) forward 3 [tjänstemans] transfer[ence]; *söka ~* apply for removal **-abel** *a* transportable **-era** *tr* 1 transport; convey, carry 2 transfer; carry (bring) forward 3 transfer, remove **-försäkring** goods-in-transit insurance **-kostnad** cost of transportation (&c); carriage **-väsen** transporting, transportation-system
trapets trapeze; [geom.] trapezium
trapp|a 1 [flight of] stairs; staircase; *två -or upp* on the second floor; *en ~ högre upp* one flight [of stairs] higher up; *i ~n* on the stairs; *gå uppför ~n* walk up the stairs (upstairs) 2 ⚓ ladder **-avsats** landing; platform **-formig** *a* stair[case]-like; stepped **-gavel** stepped gable **-steg** step; *nästa ~* [bildl.] the next stage stepping-stone) **-stege** foot(step)-ladder **-uppgång** staircase
tras|a I rag; piece (bit) of rag; *känna sig som en ~* feel limp [and washed out]; *i -or* in rags **II** *tr*, *~ sönder* tear [in]to rags ([bildl.] to shreds) **-bylte**, *ett riktigt ~* a regular bundle of rags **-docka** rag-doll **-grann** *a* [shoddy and] gaudy; [pers.] cheaply and gaudily dressed **-hank** tatterdemalion, ragamuffin **-ig** *a* ragged, tattered; [sönderbruten] broken; *vara ~* be in two (in pieces); *maskinen är ~* the engine is out of order; *med ~a strumpor* with holes in one's (&c) stockings
traska *itr* trudge [*i väg* off]
trasmatta rag-rug; rag-strip carpet
trassel 1 [bomulls-] [cotton] waste 2 tangle; [bildl.] muddle, confusion, complications [pl.]; *det är något ~ med* there is some awkwardness (bother) about **-sudd** ball (tuft) of cotton waste
trass|ent [hand.] drawer [of a (the) bill] **-era** *tr itr* draw [bills [of exchange]]
trassl|a I *itr tr*, *~ in sig* get o.s. (itself) entangled; *~ till* get . . into disorder **II** *rfl* get entangled **-ig** *a* tangled; entangled; confused, muddled
trast thrush
tratt funnel
1 **tratta** [hand.] [drawn] bill [of exchange]
2 **tratta** *tr*, *~ ngt i öronen på ngn* din a th. into a p.'s ears
trattformig *a* funnel-shaped, funnelled
trav trot; *i [skarpt] ~* at a [sharp] trot; *hjälpa ngn på ~en* give a p. a start
1 **trava** *tr*, *~ upp* pile up, stack up
2 **trav|a** *itr* trot [*fram* along] **-are** trotter; trotting-horse
trave pile (stack) [of]
trav|sport trotting **-tävling** trotting-match(-race)
tre *räkn* three [jfr *fem-*]; *alla ~* all three, all [the] three of them; *alla goda ting äro ~* all good things are three in number; *~ och ~* three at a time, by (in) threes **-a** three **-dela** *tr* trisect; divide in three
tredje *räkn* third (3rd); *resa [i] ~ klass* travel third class; *vara ~ man* make a third **-del** third [part]; *två ~ar* two thirds **-klassist** se *andra-*
tredsk|a refractoriness **-ande** *a* contumacious **-as** *dep* be refractory
tredubb|el *a* threefold; *det -la [priset]*

treble (three times) the amount (price)
treenig *a* triune; *den ~e Guden* the Three in One **-het** triunity, trinity
tre||faldig *a* threefold, triplicate, treble **-faldighet** Trinity **-falt** *adv* thrice **-fas-** three-phase **-fot** tripod **-hjuling** three-wheeler **-hundra** *räkn* three hundred [jfr *fem-*] **-kant** triangle **-kantig** *a* triangular; *~ hatt* cocked (three-cornered) hat **-klang** triad **-kvarts** *a*, *under ~ timme* [for] three-quarters of an hour **-ledad** *a* three-jointed
trema diæresis
tremaktsförbund triple alliance
tremulera *itr* sing with a tremolo, quaver
trenne *räkn* three
trepanera *tr* trepan, trephine
tre||procentig *a* three-per-cent **-snibb** triangular[-shaped] cloth (&c) **-språkig** *a* trilingual; in three languages **-stavig** *a* three-syllabled **-stegs|hopp** hop-step-and-jump **-struken** *a* [mus.] thrice-accented(-marked) **-takt** three-bar **-tal** triad; *det heliga ~et* the sacred number three **-talig** *a* triple **-tiden**, *vid ~* [at] about three [o'clock]
tretti||[o] *räkn* thirty; *kl. sex och ~* at six thirty **-onde** *räkn* thirtieth **-on[de]del** thirtieth
tretton *räkn* thirteen **-dag**, *~en* Twelfth Day **-dags|afton**, *~en* Twelfth Night **-de** *räkn* thirteenth
tre||tums three-inch **-tusen** *räkn* three thousand **-udd** trident **-uddig** *a* three-pointed; [gaffel] three-pronged
trev||a I *itr* grope [about] [*efter* for]; *~ i mörkret* go groping about (around) in the darkness; *~ på ngt* feel a th. [gropingly] all over II *rfl*, *~ sig fram* grope one's way along **-ande** I groping [*efter* after] II *a* groping, fumbling; [bildl.] tentative III *adv* gropingly &c; tentatively, by way of a feeler **-are**, *kasta fram en ~* throw out a feeler
trevlig *a* [angenäm] pleasant; agreeable; nice [*flicka* girl]; enjoyable [*tid* time]; *ett ~t rum* a pleasant (nice) room; *det var en ~ historia!* that's a nice story [and no mistake]! *vi hade mycket ~t* we had a very nice (jolly) time [of it], we enjoyed ourselves very much **-t** *adv* pleasantly, agreeably; nicely; *bo ~* have got a nice (&c) home
trevnad comfort [and contentment]; sense of well-being
tre||våningshus three-storey house **-väppling** trefoil leaf **-årig** *a* three-year[s'] ; *~t barn* three-year-old child; *~ växt* triennial **-åring**, *en ~* a child of three [years of age]; *~[ar]* [om hästar] three-year-old[s] **-års** *a* = *-årig*
triang||el triangle **-ulär** *a* triangular
tribun platform, tribune **-al** tribunal
tribut tribute **-skyldig** *a* tributary
trick trick
trigonometr||i trigonometry **-isk** *a* trigonometrical
trikin trichina **-fri** *a* non-trichinized
trikolor, *~en* the tricolour [flag]
trikå tricot, stockinet[te]; *~er* tights **-affär** knitted-goods business; hosiery shop **-dräkt** knitted costume **-fabrik** knitted-goods (hosiery-)factory **-tage -varor** stockinette goods, hosiery-goods; knitted wear
1 **trilla** I *itr* roll, drop, fall II *tr* roll, wheel
2 **trilla** surrey
trilling triplet
trilogi trilogy
trilsk *a* contrary, awkward; wilful **-as** *itr dep* be (turn) contrary (&c) **-het** contrariness
trim||ma *tr* trim; get . . into trim **-ning** trimming, trim
trind *a* round[-shaped], roundish; rotund **-het** roundness; rotundity
trio trio
1 **tripp** [short] trip; *göra en ~ till* go [for] a trip to
2 **tripp**, *~ trapp trull* tit-tat-toe **-a** *itr* trip (go tripping) along; walk with mincing steps
tripplett three-room[ed] suite (flat)
trissa trundle, [small] wheel; ⊕ pulley; [*stol-*] castor
trist I *a* gloomy, dismal; [pers.] melancholy, sad; *~a förhållanden* depressing (dreary) conditions II *adv* gloomily (&c) **-ess** gloominess &c; melancholy
triumf triumph [*för* for] **-ator** triumphator **-båge** triumphal arch **-era** *itr* triumph **-erande** *a* triumphing, triumphant **-rop** shout (cry) of triumph **-tåg** triumphal procession
triv|as *itr dep* get on; *jag kommer att ~ här* I shall be happy (feel thoroughly at home) here; *hur -s ni i . .?* how do you like living in . .?
trivial *a* trivial; commonplace **-itet** triviality; commonplaceness
triv||sam *a*, *en ~ person* a person who is easy to get on with; *~ unda* homish atmosphere **-samhet** congeniality; homishness **-sel** = *trevnad*
tro I 1 belief [*på* in]; [relig.] faith [*på* in]; *den kristna ~n* the Christian faith (creed); *sätta ~ till* believe; *leva i den ~n att* be in the belief that; *i god ~* bona fide, in good faith 2 *svära ngn ~ och loven* give a p. one's plighted word II *tr itr* 1 believe; trust [*sina egna öron* one's own ears]; think, suppose;

det ~s allmänt it is a general belief; *ja, jag ~r det* yes, I believe so; *nej, det ~r jag inte* no, I believe (think) not; no, I don't think so; *det ~r jag det!* I should just think so! rather! . . *~r jag* . . I fancy (think); *jag kunde just ~ det!* I thought as much! *kan jag ~* I expect (dare say); *~ ngn om gott* expect well of a p.; *må ni ~!* I can tell you! you may be sure! 2 *~ på* believe in [*Gud* God]; *~ på ngt* trust to (put trust in, give credit to) a th. **III** *rfl* think o.s. [*säker* safe]; *~ sig vara begåvad* think (believe) that one is (think o.s., consider o.s. to be) clever; *~ sig om* believe o.s. capable of [*att se* seeing]

troende *a* believing; *en* [*sann*] *~* a [true] believer; *i ~ familj* in a Christian family

trofast I *a* faithful; loyal [*vänskap* friendship]; true (constant) [*vän* friend] **II** *adv* faithfully &c **-het** faithfulness &c; loyalty, constancy

trofé trophy

trogen *a* faithful; loyal [*undersåte* subject]; *förbli ~ sin föresats* remain true to one's resolve; *sin vana ~* true to habit

trohet fidelity; faithfulness; loyalty **-s|brott** breach of faith **-s|ed** oath of allegiance; *svära ngn ~* swear allegiance to a p. **-s|plikt** allegiance

trohjärtad *a* true-hearted; confiding [*sätt* manner]

trok||é trochee **-eisk** *a* trochaic

trolig *a* probable, likely: *det är ~t att han kommer* he will probably come; *hålla för ~t* think it likely **-en -tvis** *adv* in all probability

troll troll; hobgoblin; [*odjur*] ogre; *ditt lilla ~!* you little witch! **-a** *itr* conjure [*bort* away; *fram* forth]; perform (do) conjuring [tricks]; *tror du jag kan ~?* do you expect me to work (do) magic? **-dom** witchcraft, sorcery **-doms|konst,** *~en* [the art of] witchcraft (&c) **-dryck** magic potion **-eri** magic, enchantment **-eri|konstnär** [professional] conjurer **-formel** magic formula; charm, spell[-word] **-karl** magician, wizard; sorcerer, enchanter **-konst 1** *~er* magic **2** [-erikonstnärs] conjuring (jugglery) trick **-kraft** magic power **-krets 1** [eg. bet.] charmed circle **2** [bildl.] magic sphere; spell **-kunnig** *a* [who is] skilled in the magician's (&c) art **-kvinna -packa** witch, sorceress **-slag,** *som genom ett ~* as if by [a stroke of] magic **-slända** dragon-fly **-spö -stav** magic (magician's) rod (wand) **-trumma** troll-drum **-tyg** witchery, sorcery

trolov||a *rfl* become betrothed [*med* to] **-ad** *a, hans ~e* his betrothed **-ning** betrothal

trolsk *a* magic[al]; bewitching

trolös *a* faithless (unfaithful) [*mot* to]; disloyal (treacherous) [*mot* to (towards)] **-het** faithlessness (&c)

tromb 1 tornado **2** [läk.] thrombus

tron throne; *störta från ~en* dethrone **-a** *itr* be [en]throned [*på* on] **-arvinge** heir to the throne **-avsägelse** abdication [of the throne (crown)] **-bestigning** accession [to the throne] **-följare** successor to the (a) throne (crown); heir apparent **-följd** order of succession to the throne **-himmel** canopy **-sal** throne-room **-skifte** demise of the crown **-tal** speech from the throne, King's (&c) speech

trop||ik tropic; *~erna* the Tropics, the Tropic Zone **-ik|hjälm** pith helmet **-isk** *a* tropic

tropp troop; section; [gymn.] squad **-a** *itr, ~ av* move off [*från* from]; drop off **-chef** troop (section, squad) commander **-vis** *adv* by troops (&c)

tros||artikel article of faith; doctrine **-bekännelse** confession of [one's] faith; [tro] creed **-frihet** religious liberty **-frände** brother in the faith, fellow-believer **-iver** religious zeal

tro|skyldig = *-hjärtad*

tros|lära [religious] doctrine of faith, dogma

1 tross ⚓ hawser[-laid rope]

2 tross ⚔ baggage, wag[g]on-train; *~en* the baggage-department

tros||sak matter of religious belief **-samfund** religious community **-sats** dogma

tross|botten double floor[ing]

trosskusk baggage-[train]driver

tros||stark *a* firm (steadfast) in the (one's) faith **-strid** religious controversy **-viss** *a* full of (breathing) implicit faith **-visshet** certainty of belief **-vittne** confessor; [martyr] martyr

trotjänar||e -inna faithful old servant

trots I defiance [*mot* of]; obstinacy [*mot* to (towards)]; *visa ~* be defiant; *i ~ av* in spite of **II** *prep* in spite of; notwithstanding; despite **-a** *tr itr* defy; brave [*stormen* the storm] **-ig** *a* defiant; refractory; [styvsint] stubborn, obstinate **-ighet** refractoriness &c

trottoar [foot-]pavement; [foot]path **-kant** curb(kerb)[-stone] **-servering** pavement restaurant

trovärdig *a* credible; deserving of belief; *från ~t håll* from a reliable quarter; *ett ~t rykte* a well-authenticated report **-het** credibility &c

trubadur troubadour; minstrel

trubb||a *tr, ~ av* blunt **-ig** *a* blunt;

pointless; obtuse [*vinkel* angle] **-nos** **-näsa** snub nose, pug-nose
truga I *tr*, ~ *ngn* [*till*] *att* press (urge) a p. to **II** *rfl* force o.s. [*till* to]; ~ *sig på ngn* force o.s. [up]on a p.
trumeld drum fire
trumf trump **-a** *itr* **1** trump; play trumps **2** ~ *i ngn* drum (pound, din) into a p.['s head]: ~ *igenom* force through **-färg** trump suit **-äss**, ~[*et*] the ace of trumps
trum‖hinna drum-membrane [of the ear] **-ma I 1** [mus.] drum; *slå på* ~[*n*] beat the drum **2** [ränna] trunk, shoot **II** *itr* drum [*på* on]; ~ *ihop* drum (beat) up
trumpen *a* sullen, sulky, glum
trumpet trumpet; *blåsa* [*i*] ~ play (sound) the trumpet **-a** *itr* trumpet **-are** trumpeter **-fanfar** flourish of trumpets **-signal** trumpet-signal
trum‖pinne drumstick **-skinn** drum-skin **-slag** drum-beat **-slagare** drummer **-slagar|pojke** drummer-boy **-virvel** roll[ing] of [the] drums
trupp troop; ⚔ body of soldiers, contingent; [gymn., sport.] team; ~*er* troops, forces **-biljett**, *på* ~ at the reduced troop-transport rate **-för·band** military unit **-revy** [military] review **-rörelse** military movement (manoeuvre) **-vis** *adv* in (by) troops
trust trust, combine
trut [fågel] gull
truta *itr tr*, ~ *med munnen* pout [the (one's) lips]
tryck 1 pressure [*på* on]; oppression [*över bröstet* on one's chest]; *ekonomiskt* ~ financial strain; *utöva* ~ exercise pressure, **2** print; *ge ut i* ~, *från* ~*et* print, publish, issue from the press **-a** *tr itr* **1** press; [bildl.] weigh down, oppress; ~ *ngns hand* shake (press) a p.'s hand; *skon -er på tårna* the shoe feels tight over my (the) toes; ~ *på en fjäder* touch a spring; *tryck på knappen!* push (press) the button! **2** print; ~ *tyg* impress material **-alster** specimen of printing **-ark** printed sheet **-bokstäver** block letters **-eri** printing-works; *till, från* ~*et* to (from) the printer[s] **-fel** misprint, printer's error; *förteckning på* ~ [list of] errata
tryckfrihet, ~*en* the liberty of the press **-s|brott** breach (infringement) of the press law **-s|förordning** [organic] press law **-s|mål** **-s|process** press-law suit; libel action
tryck‖färdig *a* ready for printing (the press) **-knapp** **-knäppe** spring-fastener **-ning 1** pressing, pressure **2** printing; *är under* ~ is [in process of] being printed **-nings|kostnader**, ~*na* the costs of printing **-press** printing-press **-punkt** point at which [the] pressure acts **-sak**, ~*er* printed matter; book post **-sida** printed page; page of print **-stil** [printing-] type **-svärta** printer's ink; Frankfort black **-t** *a* **1** pressed &c **2** printed **-år** year of impression (publication)
tryffel truffle
trygg *a* safe (secure) [*för* from]; *lugn och* ~ calm and unmoved (assured) **-a** *tr* make (render) safe (secure) [*för, emot* from]; ~*d* safe [*för anfall* from attack]; proof [*för, mot* against] **-het** safety, security **-t** *adv* safely; with safety; *man kan* ~ .. it is safe to ..
trymå pier-glass
tryne snout
tryta *itr*, .. ~ *aldrig* there is never any dearth of ..; *maten började* ~ [the] food was beginning to get low (run short); *krafterna börja* ~ his (&c) strength is beginning to fail him (&c)
tråckl‖elstyng **-el|tråd** tacking(&c)-stitch (-thread) **-la** *tr itr* tack, baste; ~ *fast* tack on
tråd thread, cotton; [metall-] wire; *tappa* ~*en* lose the thread; *den röda* ~*en* the [main] thread; *som håller i* ~*arna* who pulls the wires
tråda *tr*, ~ *dansen* tread the dance
tråd‖docka twist of thread **-ig** *a* filamentous, fibrous **-lik** *a* thread-like; filamentous **-lös** *a* wireless **-rulle** [tom] bobbin; [med tråd] reel of thread **-rätt** *adv* the way of the thread[s] **-sliten** *a* [worn] threadbare, thread-worn **-smal** *a* thin as a thread **-vante** thread glove **-ända** end of cotton
tråg trough
tråk‖a *itr*, ~ *ihjäl* bore to death **-ig** *a* tedious, boring, dull; *det är* ~*t att behöva* .. it is tiresome having to .. **-igt** *adv* tediously &c; ~ *nog* unfortunately
trålare trawler
trån‖a *itr* pine (languish) [*efter* for] **-ad** pining &c
trång *a* narrow; tight [*klänning* dress]; *det är* ~*t här* it is very crowded here **-bodd** *a* overcrowded **-bröstad** *a* narrow-minded **-mål** embarrassment; distress; *vara i* ~ be in straits
trä wood; *av* ~ wooden **-aktig** *a* woodlike; [bildl.] woody, wooden **-beläte** **-ben** wooden image (leg) **-bit** piece of wood **-bjälke** timber beam **-bock** wooden trestle; [pers.] block
träck excrement[s]
träd tree
1 träda *itr* step [*åt sidan* aside]; tread; ~ *fram* come forward, appear
2 träda *tr*, ~ *på tråd* thread a piece of cotton on [to ..]; ~ *igenom* pass .. through

3 träd||a **-e** fallow [field], lay-land; *ligga i* ~ lie fallow
träd||gren [tree-]branch **-gräns**, *~en* the tree-limit(-line) **-gård** garden
trädgårds||allé garden avenue **-arkitekt** landscape gardener, garden architect **-dräng** gardener's man **-gång** (**-land**) garden walk (plot) **-mästare** [master] gardener **-odlare** horticulturist **-produkt** garden product; *~er* garden produce **-skötsel** gardening, horticulture
träd||krona crown of a (the) tree, tree-top **-skola** [tree-]nursery **-slag** [variety (type &c) of] tree **-stam** tree-trunk
träff hit **-a** *tr itr* **1** meet; ~ *ngn* see a p.; ~ *på* come across, encounter **2** hit, strike; *ej* ~ miss **-ad** *a*, *känna sig* ~ feel smitten (guilty) **-ande** *a* to the point; pertinent [*anmärkning* remark] **-as** *dep* meet **-säker** *a* sure in aim **-säkerhet** precision of aim
trägen *a* assiduous, persevering; ~ *flit* unremitting industry **-het** assiduity, perseverance
trä||golv wood[en] floor **-hantering** wood-goods industry **-hus** wooden (timber) house **-karl** dummy **-kloss** wooden block **-kol** charcoal **-kärl** wooden vessel
träl thrall; serf **-a** = *slava*
trä|last ⚓ timber (wood) cargo
träl||bunden *a* enslaved **-dom** bondage, slavery, servitude **-inna** [female] thrall, bondwoman **-natur** servile nature
trä||mask woodworm **-massa** wood-pulp **-mjöl** wood-meal(-flour)
trän||a *tr itr* train [*till* for]; practise **-ad** *a* trained, practised; *väl* ~ in excellent training **-are** trainer; coach
träng ⚔ train; *~en* the [Royal] Army Service Corps
träng||a **I** *tr itr* force, push [*undan* out of the way]; ~ *ihop* crowd (pack) together; ~ *in i* penetrate into; ~ *fram till* reach, penetrate to; *icke ett ord -de över hennes läppar* not a word escaped her **II** *rfl*, ~ *sig fram* push one's way forward; ~ *sig på* obtrude, [ngn] force o.s. upon.. **-ande** *a* urgent, pressing **-as** *itr dep* jostle one another, crowd [together]
träng||re *a* narrower, more limited; tighter; *inom den* ~ *familjekretsen* in the immediate family circle **-sel** crowding; *i* *~n* in the crush (throng)
trängt||a *itr* yearn (pine) [*efter* for] **-an** yearning[s]
träning training, practice
träns **1** [ridk.] snaffle **2** braid, cord
trä||pinne [round] piece of wood **-plugg** **-ram** wooden pin (frame)
träsk fen, marsh **-artad** *a* fenlike, marshy **-feber** marsh fever
trä||sko wooden shoe, clog **-slev** wooden ladle **-slöjd** woodwork, wood-sloyd **-snideri** wood-engraving, wood-cutting **-snitt** woodcut **-sprit** wood spirit **-sticka** wood splinter (sliver) **-stock** timber, log [of wood]
trät||a **I** quarrel, wrangle **II** *itr* quarrel, wrangle **-girig** *a* brawling, contentious
trä||tjära wood tar **-ull** wood-wool **-varor** timber; wood products **-varu|-affär** timber(&c)-business **-varu|export** timber(&c)-exportation **-varu|-handlare** timber-merchant **-virke** wood
trög *a* sluggish [*mage* bowels]; slow; dull [*i att förstå* in grasping] **-tänkt** *a* slow-witted
tröja [under-] vest; [sport-] jersey, sweater, pull-over
tröska *tr itr* thresh; ~ *igenom* [bildl.] plough through
tröskel threshold, door-sill, doorstep
tröskning threshing
tröst consolation; *skänka* ~ give solace; *hämta* ~ *av* derive consolation from **-a** **I** *tr* console [*över* for] **II** *rfl* console o.s. **-e|rik** *a* full of consolation **-lös** *a* disconsolate; hopeless [*situation* situation]
trött *a* tired [*av* with]; weary, fatigued; *arbeta sig* ~ work till one is tired [out] **-a** *tr* tire, weary, fatigue **-het** tiredness &c; fatigue **-köra** *tr* overdrive; [bildl.] overwork, jade **-na** *itr* tire, weary, get tired [*på* of] **-sam** *a* fatiguing, tiring; wearisome
tsar czar, tsar **-evitj** czarevitch
tu *räkn* two; *ett*, ~*!* one, two! *ett* ~ *tre* in the twinkling of an eye
tub tube
tubba *tr* inveigle
tuberkel tubercle **-bacill** tubercle bacillus **-fri** *a* non-tuberculous; tuberculin-tested [*mjölk* milk] **-härd** seat (focus) of tubercular lesions
tuberkul||os tuberculosis [*i* of] **-ös** *a* tuberculous; tubercular [*förändringar* changes]
tudela *tr* divide into two [parts]
tugg||a **I** chew **II** *tr itr* chew, masticate **-buss** quid [of tobacco] **-ning** mastication, chewing **-tobak** chewing-tobacco
tukt discipline; *i* ~ *och ära* in honour and chastity **-a** *tr* discipline, correct; [aga] chastise; [häck] prune **-an** chastisement, castigation, correction **-o|mästare** corrector
tull **1** [customs] duty; *belägga med* ~ impose a duty on; *i* *~en* in the Customs **2** toll-gate **-betjäning** Custom-House attendants **-bevak-**

ning customs-surveillance **-pliktig** *a* dutiable, liable to duty **-station** customs-examination station **-visitation** customs examination **-väsen,** *~det* the customs organization
tulpan tulip
tum inch
tuml‖a I *itr* fall, tumble [*av* off] **II** *rfl,* ~ *sig* roll over and over **-are 1** [glas] [glass] tumbler **2** common porpoise
tumm‖a I *tr* finger **II** *itr,* ~ *på* finger; [bildl.] tamper with **-e** thumb **-eliten** Tom Thumb
tummelplats battlefield
tums‖bred *a* an (one) inch broad (wide) **-bredd,** *en* ~ the breadth (width) of an (one) inch
tum‖skruv thumbscrew **-stock** carpenter's rule
tumult tumult; row
tum|vante woollen mitten
tumör tumour
tundra tundra
tung *a* heavy [*av* with]; weighty [*paket* packet]; hard [*lott* lot]; *göra livet ~t för* make life a burden to
1 tunga burden
2 tung‖a tongue; *hålla ~n rätt i munnen* mind one's P.'s and Q.'s; *utgöra ~n på vågen* hold the balance in one's hands; *ha på ~n* have in the tip of one's tongue **-häfta** tongue-tie **-o|-mål** tongue **-omåls|talande** *a* speaking with tongues
tung‖rodd *a* heavy-rowing(-pulling); [bildl.] difficult to move (get going), unwieldy **-sinne** [morbid] melancholy **-sint** *a* melancholy, . . of a melancholy humour (turn of mind) **-sinthet** = *-sinne*
tung‖spene uvula **-spets** tongue-tip, tip of the (one's) tongue
tungt *adv* heavily; heavy; ~ *vägande skäl* weighty reason
tungus 1 Tungus **2** [bildl.] bore, mope
tungvikt heavy weight **-are** heavy-weight [boxer]
tunik tunic, tunique
tunn *a* thin; light [*överrock* overcoat]; slender [*tråd* thread]
1 tunna *itr,* ~ *av* decrease
2 tunn‖a barrel [*äpplen* of apples] **-band** [barrel-]hoop; [leksak] hoop **-bindare** cooper, hooper
tunnel tunnel **-bana** underground [railway]
tunn‖flytande *a* thin[ly liquid] **-klädd** *a* thinly (lightly) clothed (dressed)
tunnland acre
tunn‖sådd *a* thinly (thin-)sown; *~a* few and far between **-tarm** small intestine
tunt *adv* thinly; thin
tupp cock **-fjät** cock's stride **-kam** cock's crest **-kyckling** cockerel **-lur** little (short) nap **-spatt** string-halt
1 tur 1 turn; *i ~ och ordning* by turn[s] **2** [lycka] luck; *ha* ~ be lucky; *det var ~ att* it was lucky (a good thing [for me]) that; *det är ~ för honom att han* he is lucky to . .
2 tur 1 tour; trip; *göra en ~ till . .* take (go for) a trip to . . **2** [i dans] figure, set **-a** *itr,* ~ *om att* take turns at
turban turban **-klädd** *a* turbaned
turbin ⊕ turbine
turist tourist **-byrå** tourist agency (office) **-förening,** [*Svenska*] *T~en* the Swedish Touring Association **-hotell** tourist hotel **-led** touring-route **-ort -station** tourist resort (station) **-säng** [camp] stretcher-bed **-säsong** tourist season **-väsen** tourist organization
turk Turk **T-iet** Turkey **-isk** *a* Turkish; Turkey [*matta* carpet]
turkos turquoise
tur|lista ⚓ list of sailings
turn‖é, *göra en* ~ make a tour **-era** *itr* tour [*i* in]
turtur|duva turtle-dove
tur|vis *adv* by (in) turns, in turn
tusan, *för ~!* by Jove! *hur ~?* how the devil?
tusch Indian ink
tusen *räkn* [a] thousand; *ett* ~ one thousand; ~ *gånger* a thousand times; *T~ och en natt* The Arabian Nights; *flera ~ människor* several thousand (thousands of) people; ~ *sinom* ~ thousands and thousands; *inte en på* ~ not one in a thousand; *per* ~ per mille **-de I** *räkn* thousandth **II** *~s beundran* the admiration of thousands **-[de]del** thousandth [part] **-foting** centipede **-konstnär** Jack-of-all-trades **-sköna** [common] daisy **-stämmig** *a* thousand-voiced **-tal,** *ett* ~ a (some) thousand or so; *på ~et* in the eleventh century **-tals** *a* thousands [of] **-årig** *a* a (one) thousand years old; *det ~a riket* the millennium
tuss wad
1 tuta [finger-] stall
2 tut‖a *itr tr* toot[le] [*i* on]; hoot; sound the horn **-ning** tooting &c
tuv‖a tussock, grassy hillock **-ig** *a* tussocky
tve‖dräkt dissension, discord **-egg|ad** *a* two-edged; *det är ett -at svärd* it cuts both ways **-gifte** bigamy **-hågsen** *a, vara* ~ be in two minds, not know one's own mind
tveka *itr* hesitate; be doubtful
tvekamp duel
tvek‖an hesitation **-sam** *a* hesitative [*om* about, as to whether . . .]; irresolute [*om* about]; doubtful; *vara* ~ [äv.] feel dubious, be in doubt [*om*

man whether one..] **-samhet** hesitativeness, irresolution, indecision; doubtfulness
tve|könad *a* bisexual, hermaphrodite
tvenne *räkn* two
tve||stjärt earwig **-talan,** *belå ngn med* ~ convict a p. of self-contradiction **-tydig** *a* ambiguous; equivocal [*skämt* joke]; suspicious [*individ* individual] **-tydighet** ambiguity, indecency
tvilling twin **-broder** twin-brother **-par** pair of twins, twin pair **-syskon** twin brothers and sisters; [om två] a brother and [a] sister who are twins
tvina *itr* languish (pine) [*bort* away]
tving||a I *tr* force [*ngn till ngt* a p. to do a th.]; compel [*till eftergifter* to concessions]; make [*ngn i säng* a p. go to bed] **II** *rfl,* ~ *sig till att* force o.s. to; ~ *sig igenom* force one's way through **-ande** *a* compelling, coercive, compulsory; *en* ~ *nödvändighet* a matter of [urgent] necessity; *utan* ~ *skäl* without urgent reasons
tvinna *tr* twine, twist
tvist dispute, controversy; *ligga i* ~ be at strife **-a** *itr* dispute **-e|fråga** question in dispute **-e|frö** seed of dissension **-ig** *a* disputable, open to dispute
tvivel doubt; *det råder intet* ~ *därom* there is no doubt [whatever] about that; ~ *underkastat* open (subject) to doubt; *utan* ~ without any doubt; *utan* ~*!* no doubt! undoubtedly! **-aktig** *a* doubtful, dubious; suspicious
tvivl||a *itr,* ~ *på ngt* doubt a th., be doubtful about a th. **-ande** *a* incredulous, sceptical **-are** doubter
tvungen *a* forced; compelled, obliged; constrained [*leende* smile]
1 två *tr, jag* ~*r mina händer* I wash my hands of it
2 två *räkn* two; ~ *och* ~ two and two; *kl. halv* ~ at half past one **-a** two **-bent** *a* two-legged **-faldig** *a* twofold **-hundra** *räkn* two hundred
tvål soap **-ask** soap-case **-bit** piece of soap **-fager** *a* glossy-faced **-flingor** soap-flakes **-ig** *a* soapy **-kopp** soap-dish(-cup) **-lödder** soap lather **-vatten** soapy water, soap-suds [pl.]
två||mans- for two [men (persons)]; double [*-säng* bed]
tvång compulsion, coercion, constraint; *bruka* ~ *mot* use force against **-fri** *a* free from constraint; unrestrained
tvångs||arbete forced (compulsory) labour **-föreställning** compulsorily induced idea **-förfarande** coercive proceeding **-läge,** *i* ~ in an emergency situation **-mata** *tr* subject to forced feeding **-rekrytering** ⚔ conscription **-tröja** strait-waistcoat(-jacket) **-uppfostran** reformatory upbringing **-uppfostrings|anstalt** reformatory **-åtgärd,** *tillgripa* ~*er* resort to coercion
två||språkig *a* bilingual **-spänd** *a,* ~ *vagn* two-horse carriage; carriage and pair **-stavig** *a* two-syllabled(-syllable) **-struken** *a* two-marked **-stämmig** *a* for two voices **-stämmigt** *a, sjunga* ~ sing in two parts **-vingar** [zool.], ~*na* the dipterans
tvär I *a* square [*i tån* at the toe]; steep [*backe* rise]; abrupt [*förändring* change]; blunt (brusque) [*sätt* manners]; *ett* ~*t avslag* a point-blank refusal; *en* ~ *krök* an abrupt (a sharp) turn **II** *s, på* ~*en* crosswise; *sätta sig på* ~*en* [pers.] be cross-grained, turn obstinate **-a** *tr itr* go across, cross **-bjälke** transverse (cross-)beam **-brant** *a* precipitous **-gata** cross-street; *första* ~*n till höger!* first [turn] on your (to the) right! **-genomskärning** transverse (cross-)section **-hand** hand's breadth **-huggen** *a* squared [with an axe] **-linje** transverse (diagonal) line **-randig** *a* cross-striped, banded
tvärs, ~ *över* right (straight) through (across); *gå* ~ *över gatan* cross the street
tvär||skepp transept **-snitt** transverse (cross-)section **-stanna** *itr* stop dead, come to a dead stop **-säker** *a* cock-sure; positive **-säkerhet** cock-sureness &c
tvärt *adv* squarely; abruptly &c; *komma* ~ come at once (immediately) **-emot** *adv* quite contrary to **-om** *adv* on the contrary; *eller* ~ or the other way about (round), or vice versa; *alldeles* ~ exactly the opposite (reverse); *snarare* ~ rather the reverse
tvär||vigg contrary person; cross-patch **-vägg** transverse [partition-]wall
tvätt wash, washing; *kemisk* ~ chemical (dry) cleaning; *i* ~*en* at (in) the wash; *skicka i* ~*en* send to the wash (the laundry) **-a I** *tr* wash; *tål att* ~*s* will stand washing; ~ *upp ngt* get a th. washed, put a th. through a dab-wash **II** *rfl* wash [o.s.]; ~ *sig i ansiktet* wash one's face **-balja** washing-tub **-bar** *a* washable **-björn** racoon, wash-bear **-borste** (**-bräde**) washing-brush (-board) **-erska** washerwoman; laundress **-fat** [wash-hand] basin **-inrättning** laundry; *kemisk* ~ dry-cleaning establishment **-kar** washing-tub, washtub **-kläder** clothes for the wash **-klämma** clothes-peg **-korg** clothes-basket **-lapp** washing-flannel **-medel** washing-material; lotion, wash **-ning** washing; wash **-nota** laundry list **-påse** soiled-linen

bag -rum washing-room; [toal.] lavatory -siden washing silk -skinns|handske washleather glove -stuga washhouse -ställ washstand; [vägg-fast] lavatory-basin -vante toilet-glove -vatten water for washing -äkta *a* fast; washable

1 **ty** *konj* for

2 **ty** *rfl*, ~ *sig till ngn* attach o.s. (cling) to a p.

tyck|la I *itr tr* think; consider; ~ *om* like (be fond of) [*att läsa* reading]; *just inte* ~ *om* not be very fond of, not particularly care for; *inte* ~ *illa om* not dislike, rather like II *rfl*, ~ *sig vara* think that one is, fancy (imagine) o.s. to be; ~ *sig ngt vara* think o.s. somebody, think no end of o.s. **-as** *itr dep* seem; *det -s mig att* it seems to me that (as if, as though) **-e** 1 opinion; *i mitt* ~ to my mind, in my opinion 2 *fatta* ~ *för* take a liking to 3 *ha ett visst* ~ *av* bear a certain resemblance to **-mycken** *a* fastidious

tyd|la I *tr* interpret; solve [*gåtor* riddles]; ~ *allt till det bästa* put the best construction on everything II *itr*, ~ *på* indicate; denote, point to; *ingenting -er på att* there is nothing to show that **-bar** *a* interpretable

tydlig *a* plain [*spår efter* traces of]; clear [*mening* meaning]; marked [change *förändring*]; [uppenbar] obvious, evident; ~ *stil* legible hand; ~*a bevis på* distinct proofs of **-en** *adv* evidently, obviously &c **-het** plainness &c; *för* ~*ens skull* for the sake of clearness &c **-t** *adv* plainly &c; *uttrycka sig* ~ be explicit [*om* about]

tydning interpreting &c; interpretation

tyfoid|feber enteric (typhoid) fever

tyfon typhoon

tyfus typhus [fever]

tyg material, stuff; cloth; fabric; *allt vad* ~*en hålla* at the top of one's speed

tyg|el rein; bridle; *ge hästen fria -lar* give the horse its head; *hålla ngt i -eln* hold a th. in check **-el|lös** *a* unbridled, licentious (wild) [*levnadssätt* living] **-el|löshet** unbridled behaviour; licentiousness **-la** I *tr* rein [in]; bridle, curb, restrain, check II *rfl* restrain o.s., curb one's desires &c

tyg|packe roll of cloth **-remsa** strip of cloth **-sko** cloth shoe **-sort** [kind of] cloth **-stycke** length of cloth &c

tyll bobbinet; tulle **-spets**, ~*ar* net lace [sing.]

tyna *itr* languish (pine) [*bort* away]

tyng|la *tr itr* weigh (press) heavily [*på* [up]on]; *-d av sorg* weighed down with (by) grief **-ande** *a* heavy, weighty; burdensome [*utgift* expense]

tyngd weight; heaviness; *årens* ~ the burden of [the (one's)] years **-kraft**, ~*en* the force of gravitation **-lyftning** putting of the weight **-punkt** centre of gravity; [bildl.] main point; ~*en ligger i* the preponderating importance of . . is

tyng|re *a* heavier &c **-st** I *a* heaviest &c II *adv* most heavily

typ type [*för* of]; ~*en för en* a typical . . **-isk** *a* typical [*för* of] **-ograf** typographer **-ografisk** *a* typographical

tyrann tyrant **-i** tyranny **-isera** *tr* tyrannize over **-isk** *a* tyrannical, domineering

tyrol|are Tyrolian (Tyrolese) [man] **-er|dräkt** (**-er|hatt**) Tyrolese costume (hat)

tysk I *a* German II *s* German *jfr fransk*

tyst I *a* silent; still; [lugn] quiet [street *gata*]; tacit [*överenskommelse* agreement]; mental [*förbehåll* reservation]; *var* ~! keep quiet! be silent! II *adv* silently &c **-a** *tr* silence **-het** silence; quietness; *i* ~ in secrecy, secretly **-hets|löfte** promise of secrecy **-låten** *a* taciturn, silent; uncommunicative **-låtenhet** taciturnity; silence **-na** *itr* become silent; [om ljud] cease, stop **-nad** silence; *förbigå med* ~ pass over in silence

tyvärr *adv* unfortunately; ~ *inte* I am afraid not

tå toe; *gå, stå på* ~ walk (stand) on one's toes (on tiptoe)

1 **tåg** rope

2 **tåg** 1 ⚔ march[ing]; [*fest-* &c] procession 2 train; *byta* ~ change trains; *med* ~ by train; *åka* ~ travel by train; *stiga på* ~*et* get (step) into the train; *när går* ~*et?* when does the train start? *när kommer* ~*et?* when will the train be in?

1 **tåga** 1 filament, thread 2 [bildl.] nerve, sinew; stamina

2 **tåga** *itr* march; walk in procession [*genom* through]; ~ *vidare* proceed

tåg|förbindelse train-connection **-missöde** train-mishap **-möte** crossing of trains **-olycka** railway-accident **-ombyte** change of trains **-ordning**, *Kungl. M:ts nådiga* ~ the slow-coach methods of government departments **-personal** train staff **-resa** train-journey **-sätt**, *ett* ~ *på* a train of **-tid**, ~*erna* the times of the trains **-tidtabell** railway time-table; [bok] railway-guide **-urspårning** [train-]derailment

tå|gångare digitigrades [pl.] **-hätta** toe-cap **-hävning** rising on the (one's) toes

tåla *tr* bear, endure; stand; suffer; ***jag tål honom inte*** I can't bear (stand, put up with) him; *bör icke ~s* ought not to be tolerated; ~ *motsägelse* suffer (stand) contradiction; *jag tål inte vid hummer* lobster disagrees with me; *saken tål att tänka på* the matter requires thinking about (over) (is worth considering); .. *tål intet uppskov* brooks no delay; ~ *att diskuteras* merit discussion

tålamod patience; *ha* ~ have (exercise) patience; be patient (show forbearance) **-s|prov**, *ett riktigt* ~ a real trial to (of) the (one's) patience **-s|prövande** *a* trying to the patience

tål||ig -modig *a* patient; long-suffering **-ighet -modighet** patience **-s**, *ge sig till* ~ have patience

1 tång, *en* ~ a pair of tongs

2 tång seaweed **-bank** bank of seaweed

tår 1 tear; *fälla ~ar* shed tears; *röra till ~ar* move to tears **2** *en* ~ *kaffe* a few drops of coffee **-ad** *a* filled with tears **-dränkt** *a* tearful **-flöde** flood of tears **-fylld** *a* filled with tears; tearful **-gas** tear-gas, lachrymatory [gas] **-kanal -körtel** lachrymal canal (gland) **-lös** *a* tearless; *med ~a ögon* dry-eyed **-pil** weeping willow

tårt||a cake **-bit** slice (piece) of cake **-papper** cake-doyley

tår|ögd *a* with tears in one's eyes

tå|spets tip (point) of a (the) toe

tåt piece (bit) of string

täck *a* pretty [*flicka* girl]; comely, dainty

täck||a *tr* cover [*med* with]; supply [*sina behov av* one's need of]; *för att* ~ *bristen på* to meet the lack of **-ande** covering; *till* ~ *av* for defraying (in defrayment of) [the expenses *utgifterna*] **-dika** *tr* drain by covered drains **-dike** covered drain, sub-drain **-e** cover[ing]; [*säng*~] counterpane, coverlet **-else** cover[ing]; *dra ett* ~ *över* draw a veil over **-mantel**, *under vänskapens* ~ under the cloak (guise, mask) of friendship **-ning** covering; [hand.] cover **-t** *a* covered; ~ *bil* closed car **-vagn** close[d] carriage **-vinge** wing-cover

tälja carve, cut

täljare numerator

tälj||kniv jack-knife **-sten** soapstone

tält tent **-a** *itr* **1** pitch one's tent **2** [bo i tält] camp, live a tent-life **-duk** tent-cloth **-lina** tent-cord **-läger** [tented] camp, camp of tents **-pinne** tent-peg **-stol** camp-stool **-stång** tent-pole **-säng** tent (camp) bed

tämja *tr* tame; domesticate

tämlig *a* tolerable, passable **-en** *adv* tolerably [*bra* good]; fairly [*kallt* cold; *ofta* often]; rather [*illa* bad]

tänd||a *tr* light; turn on [*elektriska ljuset* the electric light]; ~ *eld på* set fire to **-ande** *a* lighting &c; *den* ~ *gnistan* the igniting spark; *ett* ~ *tal* a stimulating (stirring) speech **-ning** lighting, igniting; ⊕ ignition **-sats** ⚔ exploding composition; igniter **-sticka** match; *tända en* ~ strike a match **-sticks|ask** match-box **-sticks|fodral** match-box case **-stift** striker, firing-pin; [på bil] spark[ing]-plug

tänj||a *tr* stretch **-bar** *a* stretchable; elastic

tänk||a I *itr* think; consider, reflect; *det var det jag -te!* just as I thought! I thought as much! *tänk bara!* only think (fancy)! ~ *på ngt* think of (about) a th.; reflect (meditate) upon (about) a th.; consider a th.; *det är inte att* ~ *på* there's no thinking of that; that is not to be thought of; *jag kom att* ~ *på* the thought occurred to me; ~ *efter* think, reflect, consider **II** *tr* intend (propose) [*göra* to do; doing]; *vad -er du nu göra?* what are you going to do (thinking of doing) now? **III** *rfl* **1** imagine, fancy; *jag har -t mig att* my idea is that; *det låter* ~ *sig att* it is conceivable that; *kan man* ~ *sig!* well, I never! ~ *sig en möjlighet* conceive of a possibility **2** se *ämna* **-ande I** thinking, meditation, cogitation, reflection, thought **II** *a*, *en* ~ *människa* a thoughtful person; *ett* ~ *väsen* a reasoning (rational) being **-are** thinker, speculator **-bar** *a* thinkable; conceivable; imaginable **-e|språk** maxim, adage, proverb **-e|sätt** way of thinking; attitude of mind **-värd** *a* worth considering; *~a ord* memorable words

1 täppa patch [of garden], garden-plot; *vara herre på ~n* rule the roast

2 täpp||a *tr* stop up, obstruct; ~ [*till*] *munnen på ngn* shut a p.'s mouth **-t** *a* stopped-(choked-)up

tär||a *tr itr* consume; ~ *på* waste away; make inroads upon (use up) [*kapitalet* the capital] **-ande** *a* consuming; wearing [*bekymmer* care[s]]; *en* ~ *sjukdom* a wasting disease **-d** *a* worn (wasted) [*av* by (with)]; ~ *av bekymmer* careworn

1 tärna [fågel] tern, sea-swallow

2 tärna maid[en]

tärning die [pl. dice]; [geom.] cube; *~en är kastad* the die is cast **-s|spel** game at (of) dice

1 tät head; *i ~en* at the head

2 tät *a* **1** close; thick [*skog* forest]; dense [*dimma* fog]; tight [*tak* roof] **2** frequent [*ombyten* changes] **-a** *tr* stop up; ~ *en båt* make a boat water-tight **-het 1** denseness; closeness

2 frequency **-na** *itr* thicken **-ning** [konkr.] packing **-t** *adv* closely [*skrivet* written; *packade* packed]; ~ *bredvid* close to (by); ~ *efter* close behind; *hålla* ~ be water-tight
tätting sparrow, passerine bird
tätört butterwort, steep-grass
tävl||a *itr* compete (contend) [*om* for]; ~ *med varandra* vie with each other; *kan* ~ *med vem som helst* can stand comparison with anybody **-an** competition; *en ädel* ~ an honourable contest; *utom* ~ without competing for a prize; *stå utom* ~ be hors concours **-ande** *a* competing &c; rival **-ing** competition; contest; [sport.] race
tö thaw; *det blir* ~ a thaw sets in **-a** *itr* thaw; *det* ~*r* it is thawing
töck||en haze, mist **-en|gestalt** misty (nebulous) form **-nig** *a* hazy [*atmosfär* atmosphere]; misty, nebulous
töj||a I *tr* stretch; ~ *ut* stretch out, extend **II** *rfl* stretch **-bar** *a* stretchable **-barhet** stretchableness; extensibleness **-ning** stretching; extension
tölp yokel, clodhopper; churl; boor **-aktig** *a* boorish, churlish
töm rein; jfr *tygel*
töm||ma *tr* empty; ~ *en bägare* drink off a glass; ~ *ur* empty out **-ning** emptying [out]; [tarms] evacuation
tör|as *dep* dare; *om jag -s fråga* if I may [venture] to ask; *jag -s inte säga om . .* I can't tell exactly whether . .
törn blow, bump; *ta* ~ ⚓ bear off, fend off **-a** *itr*, ~ *emot* strike; bump into; come into collision with
törn||beströdd *a* thorny [*stig* path] **-buske** thorn-bush; brier, briar **-e** thorn **-e|krona** crown of thorns **-e|krönt** *a* wearing a crown of thorns **-häck** thorn-(brier-)hedge **-ig** *a* thorny **-ros** rose **T-rosa**, *Prinsessan* ~ Sleeping Beauty **-ros|buske** rose-tree(-bush); [vild] brier(briar)[-bush]; wild (brier, briar) rose **-snår** thorn (bramble-)brake **-tagg** thorn, prickle
törst thirst [*efter* for]; [bildl.] longing [*efter* for] **-a** *itr* thirst; be thirsty; ~ *ihjäl* perish of thirst **-ande** *a* thirsting, thirsty **-ig** *a* thirsty
tös girl, lass
tö|väder thaw

U

ubåt submarine, U-boat
udd [sharp] point; [gaffel-] prong; [på tyg] scallop, pink
1 **udda** *a* [tal] odd; *låta* ~ *vara jämnt* not be over-particular
2 **udd||a** *tr* pink, scallop **-e** point [of land], cape; [hög] promontory **-ig** *a* scalloped; pointed [äv. bildl.] **-ighet** [bildl.] pointedness **-järn** pinking-iron
uggl||a owl **-e|lat F** croaking **-e|skri** hooting of owls, tu-whit
ugn oven; [smält-] furnace **-s|lucka** oven-door **-s|raka** fire-rake **-stekt** *a* roasted [in the oven]
ukas ukase
ull wool; *av* ~ woollen **-garn** woollen yarn; Berlin (knitting) wool; [stick-] worsted **-hårig** *a* woolly-haired **-ig** *a* woolly; fleecy **-strump|a** se *ylle-*; *gå på i -orna* pursue one's way unconcerned **-tott** ball of wool
ulster ulster
ultimatum ultimatum
ultra *a* ultra **-marin** *a* ultramarine **-violett** *a* ultra-violet
ulv wolf
umbär||a *tr* go without, jfr *försaka* **-ande** privation
um||gås *dep* associate **-gälla** *tr* pay for **-gänge** intercourse; jfr följ. **-gänges|krets** circle of [one's] acquaintances (friends)
undan I *adv* [lay] aside; *gömma* ~ conceal out of the way **II** *prep* from **-bedja** *rfl* decline **-draga I** *tr* withdraw **II** *rfl* evade, shirk **-gjord** *a* done [with], off one's hands **-gömd** *a* [plats] secluded, remote **-hålla** *tr* keep [back] (reserve) [*ngn ngt* a th. from a p.] **-tag** exception [*från* from (to)] **-tagandes** *prep* except[ing], barring **-tags|fall** exceptional case
1 **under** wonder, marvel; ~ *av lärdom* prodigy of learning
2 **under I** *prep* 1 [rum] under; [nedanför] below 2 [tid] during; ~ *hela* throughout [the evening] 3 ~ *det att* = *medan* **II** *adv* under, below, beneath **-arm** forearm **-avdelning** subdivision
under||bar *a* wonderful, marvellous **-barn** child wonder, [infant] prodigy
under||befäl ⚔ non-commissioned officers [pl.] **-betyg** failing mark; *få* ~ fail **-bjuda** *tr* underbid **-blåsa** *tr* fan the flame of **-byggnad** substructure; [allm.] foundation; [kunskap] grounding **-del** lower part; bottom **-dånig** *a* subservient [*under* to]; [begäran] humble **-dånighet** subserviency, subjection **-fund**, *komma* ~ *med* realize; [förstå sig på] make out, understand **-förstådd** *a* understood; [tacitly] implied **-given** *a* submissive

-gräva *tr* undermine **-gång 1** subway **2** [bildl.] destruction, ruin
undergör‖ande *a* miracle(wonder)-working **-are** wonder-worker
under‖haltig *a* below the standard; inferior; jfr *dålig, usel* **-handla** *itr* negotiate [*om* for] **-handlare** negotiator **-handling** negotiation; *ligga i ~ med* be in treaty with **-havande** dependent; [på gods] tenant **-huggare** F underling **-huset** the Lower House; [Engl.] the House of Commons
underhåll 1 maintenance; keeping in repair 2 [summa] allowance **-a** *tr* **1** maintain, support; [hus] keep up **2** [roa] entertain **-ande** *a* diverting, entertaining **-ning** entertainment
under‖jord lower regions [pl.]; *~en* Hades **-jordisk** *a* subterranean; [järnv.] underground
under‖kant lower (under-)edge; *i ~* barely sufficient **-kasta I** *tr* subject to **II** *rfl* submit to **-kastelse** submission **-kjol** petticoat **-klass** lower class; *~en* the lower classes [pl.] **-kläder** under-clothes; [koll.] underwear [sing.] **-klänning** under-gown, slip **-kunnig** *a* aware [*om* of] **-kuva** *tr* subdue, subjugate **-käke** lower jaw **-känd** *a* not approved, failed; *bli ~ i* fail in **-känna** *tr* not approve, reject; [elev] fail **-lag** underneath (bottom) layer; [bildl.] substratum; [grundval] foundation, ground [work], basis; [bygg.] bed[ding] **-lakan** bottom (under) sheet
underlig *a* curious, strange; [konstig] odd, queer **-het** curiousness &c; oddity
under‖liv hypogastrium, womb **-livs|lidande** uterine complaint **-lydande** = *-havande* **-låta** *tr* omit **-låtenhet** omission **-lägg** [writing-]pad **-lägsen** *a* inferior [*ngn* to a p.] **-lägsenhet** inferiority **-läkare** assistant physician **-läpp** lower lip **-lätta** *tr* facilitate, make easier **-löjtnant** ⚔ second lieutenant **-medvetande** sub-consciousness **-mening** double meaning **-minera** *tr* undermine, sap **-målig** = *-haltig* **-närd** *a* underfed **-näring** underfeeding **-officer** ⚔ non-commissioned officer **-ordna** *tr rfl* subordinate [o.s.] [to] **-ordnad** *a* subordinate; [sak] of secondary importance; *hans ~e* his subordinates **-pris**, *till ~* at a loss (a reduced price) **-rede** [bils] chassis; [järnv.] truck **-rätta** *tr* inform, tell **-rättelse** intelligence, information; news **-sida** under[neath]-side **-skatta** *tr* underrate, underestimate **-skrift** signature **-skriva** *tr* sign **-st** *a adv* undermost, lowermost **-stiga** *tr* be (fall) below **-stryka** *tr* underline **-ström** under-current **-stundom** = *ibland* **-stå** *rfl* presume, make bold **-stöd** **-stödja** *tr* support **-stöds|fond** relief fund **-såte** subject **-åtlig** *a* loyal **-sätsig** *a* thick-set, square[-built] **-söka** *tr* examine; investigate, inquire into **-sökning** examination &c; inquiry **-teckna** *tr* sign; *~d* [I,] the undersigned; [skämts.] yours truly **-trycka** *tr* suppress; repress; [kuva] subdue **-tröja** [under-]vest
undervattens‖båt submarine **-klippa** sunk[en] (submerged) rock
underverk miracle, wonder; *göra ~* work wonders
under‖visa *tr* instruct; teach **-visning** instruction; teaching **-visnings|väsen** education[al] system
und‖falla *itr*, *låta ~ sig* drop, let fall **-fallande** *a* yielding, compliant **-fly** *tr* flee from; avoid, shun **-flykt** evasion, subterfuge; excuse **-fägna** *tr* treat [*med* to]; feast [*med* on] **-gå** *tr* escape; elude **-komma** *tr itr* escape
undr‖a *itr* wonder [*över* at] **-an** wonder
undre *a* [the] lower; [låda äv.] bottom
und‖seende deference, consideration **-slippa** *tr itr* escape, get out of **-sätta** *tr* relieve, succour **-sättning** relief; rescue **-sättnings|expedition** relief expedition **-vara** *tr* do (go) without, dispense with **-vika** *tr* avoid; evade **-vikande** *a* evasive
ung *a* young; *de ~a* the young; [the] young people **-boskap** young cattle
ungdom youth; [koll.] young people; *i ~en* in [one's] youth **-lig** *a* youthful; juvenile **-lighet** youthfulness **-s|kärlek** young (early) love **-s|tid** youth **-s|vän**, *en ~ till mig* a friend of my youth (my early days) **-s|år** young (early) years
unge 1 [barn] baby [child], youngster, little one; [föraktl.] brat, chit **2** [djur] cub, whelp
ungefär *adv* about **-lig** *a* approximate
Unger‖n Hungary **u-sk** *a* Hungarian
ung‖herre young gentleman **-häst** young horse **-karl** bachelor **-karls|hotell** workman's hotel **-karls|liv** bachelorhood **-mö** maid[en]
uniform uniform **-erad** *a* uniformed, in uniform **-s|mössa** dress-cap **-s|rock** tunic
unik *a* unique
union union **-s|flagga** union flag(-jack)
unisont *adv* in unison
univers‖al|arvinge residuary legatee **-al|medicin** cure-all, panacea **-ell** *a* universal **-itet** university **-itets|bildning** university education **-um** [the] universe
unken *a* musty, fusty; [lukt] stale
unna *tr* not [be]grudge [a p. a th.]
uns ounce

upp *adv* up; [-åt] upwards; ~ *ur* out of **uppassl|are** waiter **-erska** waitress; ⚓ stewardess **-ning** waiting, service; [allm.] attendance
upp||bjuda *tr* muster, summon **-blossande** *a* blazing [up] **-blåst** *a* inflated; puffed up **-blött** *a* [thoroughly] soaked **-bragt** *a* roused, angered **-bringa** *tr* 1 [pengar] raise 2 [fartyg] capture, seize **-brott** breaking up; [avresa] departure **-brotts|order** order[s] to march **-brusning** burst of passion **-buren** *a*, *vara mycket* ~ be thought highly of, be made much of **-bygga** *tr* [bildl.] edify **-byggelse** edification **-byggelse|skrift** tract **-båd** summons to arms, calling out; [bildl.] mustering **-båda** *tr* summon [to arms], call out; [trupper] levy **-bäddad** *a* made up **-bära** *tr* [mottaga] receive **-börd** collection **-börds|man** tax-collector
upp||daga *tr* discover; detect **-drag** commission; *enligt* ~ by direction **-driva** *tr* [bildl.] raise, increase **-dämning** damming up
uppe *adv* 1 up; ~ *och nere* above and below 2 = *öppen* **-håll** 1 [vistelse] sojourn; stay 2 pause, intermission; *utan* ~ without stopping (a stop) **-hålla** I *tr* 1 support; [modet] keep up 2 [ämbete] discharge 3 [fördröja] delay, detain II *rfl* [vistas] sojourn; reside; stay **-hålls|ort** whereabouts **-hälle** subsistence; sustenance; *förtjäna sitt* ~ earn one's living
uppenbar *a* manifest, obvious **-a** I *tr* reveal II *rfl* reveal o.s. **-else** revelation; [konkr.] apparition **-ligen** *adv* manifestly, evidently
upp||fartsväg drive, entrance **-fatta** *tr* apprehend; [idé] take in, grasp; [ngns mening] catch **-fattning** comprehension; apprehension; [föreställning] idea **-finna** *tr* invent; devise **-finnare** inventor **-finning** invention **-finnings|rik** *a* inventive; ingenious **-flugen** *a* perched **-fordra** *tr* summon, call on **-fostra** *tr* bring up, educate; *illa (väl)* ~*d* ill(well)-bred **-fostran** upbringing, education **-fostrings|-anstalt** [juvenile] reformatory, Borstal institution **-friskande** *a* refreshing **-fylla** *tr* [löfte] fulfil; [önskan] meet, comply with **-fyllelse** accomplishment **-fånga** *tr* catch **-föda** *tr* bring up; [djur] rear **-för** I *prep* up II *adv* uphill **-föra** I *tr* 1 [bygga] build, erect 2 [skådespel] perform, produce II *rfl* behave [o.s.], conduct o.s. **-förande** behaviour, conduct **-förs|backe** ascent, rise, hill **-gift** 1 statement, report; information 2 [åliggande] task; *göra till sin* ~ *att* make it one's object (mission) to **-ge** *tr* 1 give up; abandon 2 [meddela] give; state [one's age] **-gjord** *a* arranged; settled **-gå** *itr* [bildl.] amount [*till* to]; ~ *i* be merged (incorporated) in **-gång** way up; ascent; [trappa] staircase; [bildl.] rise **-görelse** settlement; *träffa en* ~ come to (make) an agreement **-hetsa** *tr* excite; ~*d* heated, excited **-hetsande** *a* excitative; exciting **-hetsning** excitement; heat **-hetta** *tr* heat **-hittare** finder **-hov** cause, origin, source **-hovs|man** author [*till* of]; originator **-hällning**, *vara på* ~*en* be on the decline, be sinking; [förråd] be running short **-häva** *tr* 1 raise [one's voice]; [rop] set up 2 [avbryta] annul; [missförhållande] abolish **-höja** *tr* raise, elevate **-höjelse** elevation; exaltation **-höjning** elevation, rise **-höra** *itr* cease
upp||ifrån *adv* from above; ~ *och ned* from the top to the bottom **-ikring** *adv* round the top **-jagad** *a* excited, roused **-kalla** *tr* 1 call up, summon 2 [namnge] call, name **-kastning** vomiting **-knäppt** *a* unbuttoned **-kok** rehash [*på* of] **-komling** upstart, parvenu [fr.] **-komma** *itr* arise [*av* from] **-komst** origin; *ha sin* ~ *i* owe its origin to, take its rise in **-köp** purchase **-köpa** *tr* buy [in, up], purchase **-lag** store **-laga** edition; [tidn.] issue **-lagd** *a* F, *inte* ~ *för* not in the mood (a humour) for **-lags|plats** depot, depository **-leva** *tr* [live to] see; experience **-levelse** experience **-livande** *a* cheering, exhilarating **-livnings|försök** attempt at resuscitation **-lopp** 1 riot, tumult 2 [sport.] finish **-lupen** *a* [ränta] accruing, [fallen] due **-lyftande** *a* elevating; [anblick] sublime **-lysa** *tr* 1 [eg.] illuminate 2 [bildl.] illustrate, elucidate 3 [undervisa] enlighten 4 [underrätta] inform, give [the] information **-lysande** *a* illustrative; [lärorik] instructive **-lysning** 1 [eg.] lighting, illumination 2 enlightenment 3 information; *närmare* ~*ar* particulars **-lysnings|byrå** inquiry office **-lyst** *a* [bildl.] enlightened **-låta** *tr* give up **-läsning** reading, recital **-lösa** I *tr* 1 = *lösa* [*upp*] 2 dissolve [in water; Parliament]; break up [a meeting]; [armé] disband II *rfl* dissolve; disperse **-lösning** dissolution; break[ing] up [of a meeting] **-mana** *tr* exhort; urge **-maning** exhortation **-muntra** *tr* encourage jfr *gynna* **-muntran** encouragement; patronage **-märksam** *a* attentive [*på* to]; [starkare] intent [*på* on]; *vara* ~ *mot* pay attention[s] to **-märksamhet** [*väcka* arouse]

attention **-märksamma** *tr* notice; pay attention to **-nå** *tr* attain; [plats] reach **-näsa** turn[ed]-up (snub) nose **-näst** *a* pug-nosed
upp- och|| **avskrivning** current account **-nedvänd** *a* upside down; [bildl.] topsy-turvy
upp||offra *tr* sacrifice **-offrande** *a* self-sacrificing **-offring** sacrifice **-[p]ass-se** *uppuss-* **-[p]iggande** *a* stimulating **-repa** *tr* repeat; reiterate **-repning** repetition; reiteration **-retad** *a* irritated [*på* with]; exasperated **-riktig** *a* sincere; [öppenhjärtig] candid, frank **-riktighet** sincerity; candour **-rinnelse** origin, source **-rop 1** calling over [of names] **2** = *-maning* **-ror** insurrection, rebellion; revolt; [bildl.] tumult; *göra* ~ rise in rebellion **-rorisk** *a* rebellious, revolutionary; [lynne] mutinous **-rors|anda** rebellious spirit **-ryckning** [bildl.] shaking (stirring) up, rousing **-rymd** *a* in elevated spirits, excited **-räck|a** *tr*, *med -ta händer* with uplifted hands **-räkna** *tr* enumerate **-räkning** enumeration **-ränning** warp[ing]; [bildl.] origin **-rätt** *a* upright, erect **-rätta** *tr* **1** raise, lift up **2** [in-] raise, found **-rättelse** reparation, redress; satisfaction **-rätthålla** *tr* uphold; maintain **-röra** *tr* stir [up]; rouse, agitate **-rörande** *a* shocking, distressing **-rörd** *a* agitated; excited **-sagd** *a*, *vara* ~ be under notice **-sats** paper, essay; [skol~] composition **-satt** *a*, *en högt* ~ *person* an exalted personage **-seende** jfr *-märksamhet; väcka* ~ cause [a] sensation **-seende|väckande** *a* sensational **-sikt** superintendence **-skakad** *a* perturbed, excited, upset **-skatta** *tr* estimate [*till* at], value; [vänlighet] appreciate **-skattning** estimation, appreciation, valuation **-skjuta** *tr* put off, postpone **-skov** respite, delay **-skrämd** *a* startled, frightened
upp||slag 1 [bildl.] suggestion, idea **2** [bröst~] lapel; [ärm~] cuff **-slagen** *a*, *en* ~ *bok* an opened book; *med* ~ *rockkrage* with [one's] collar turned up **-slags|bok** reference book **-sluppen** *a* in high spirits **-sluppenhet** gaiety, jfr *-sluppen* **-snappa** *tr* snatch (pick) up **-spärrad** *a* wide open **-stoppad** *a* upholstered, padded **-struken** *a* [hår] brushed up (back) **-sträckning** [bildl.] reprimand, F wigging **-studsig** *a* refractory, insubordinate **-stå** *itr* rise [from the dead]; come (spring) into existence; arise, appear **-stående** *a* [krage] stand-up **-ståndelse 1** resurrection **2** F excitement; fuss **-ställa** *tr* [ordna] arrange; [fram-] set forth; [regel] lay down; ~ *som villkor* put forward as (make it) a condition **-ställning 1** ⚔ disposition **2** [ordning] arrangement **-stötning** eructation, belch[ing] **-sving** rise; increase; [hand.] boom **-svälld** *a* swollen **-syn 1** look[s], countenance, jfr *2 min* **2** = *-sikt* **-synings|man** overseer, supervisor **-såt** intent **-såtlig** *a* intentional; wilful [murder] **-sägning** notice; warning **-sända** *tr* send up; [bön] offer up **-sättning** [konkr.] set, supply
upp||tag|a *tr* occupy; *-en* [äv.] engaged; busy **-takt** anacrusis; [bildl.] preamble **-teckna** *tr* take (write) down; chronicle, record **-till** *adv* at the top **-tingad** *a* engaged [beforehand], booked **-trampad** *a*, ~ *väg* beaten track **-träda** *itr* appear, make one's appearance; [teat.] perform **-trädande I** *a*, *de* ~ those appearing, the performers **II** appearance; [beteende] behaviour, conduct **-träde** scene **-tuktelse**, *ta ngn i* ~ read a p. a lecture
upptåg prank, lark **-s|makare** practical joker, wag
upptäck||a *tr* discover; [ngt hemligt] detect; find out **-are** discoverer **-t** discovery; detection **-ts|resa** exploring expedition **-ts|resande** explorer
upp||tända *tr* [bildl.] inflame, excite **-tänklig** *a* devisable **-vaknande** awakening **-vakta** *tr* attend; wait upon; [efterhängset] dance attendance upon **-vaktande** *a* attendant **-vaktning 1** attendance **2** [följe] attendants [pl.]; gentlemen (ladies) in waiting **-vigla** *tr* excite (rouse) [to revolt]; instigate **-viglare** stirrer up of rebellion, incendiary **-visa** *tr* show [up, off], present **-visning** exhibition; review, muster, parade **-väcka** *tr* wake; [vrede] rouse; [avund] excite **-väga** *tr* outweigh, [counter]balance; [förlust] compensate **-värma** *tr* warm, heat **-växande** *a*, *det* ~ *släktet* the generation [now] growing up **-växt|tid** adolescence
uppåt I *prep* up to[wards]; ~ *landet* (*floden*) up country (the river) **II** *adv* upward[s] **-gående** *a* ascending; [tendens] upward **-strävande** *a* aspiring **-vänd** *a* turned up[wards], upturned
1 ur, *i* ~ *och skur* in sunshine and in rain
2 ur watch; [vägg-] clock
3 ur I *prep* out of; from [*den synpunkten* that point of view]; ~ *hand i hand* from hand to hand **II** *adv* out **-aktlåta** *tr* neglect, omit, fail **-aktlåtenhet** [act of] neglect, omission **-arta** *itr* degenerate; ~*d* [äv.] de-

graded -**arva** *a, göra sig* ~ renounce (disclaim) all interest in the estate
ur||berg primary (primitive) rock[s] -**bild** original; archetype, prototype
ur||blekt *a* faded, washed out -**bota** *a* hopeless; [pers. äv.] incorrigible
urgammal *a* extremely old; ancient (primitive) [*bruk* custom]
urhandel watch-maker's [shop]
urholk||a *tr* hollow [out]; dig out, excavate -**ad** *a* hollow[ed], concave -**ning** excavation, hollow; pit
urin urine -**blåsa** urinary bladder
ur|invånare original inhabitant, aboriginal
urklipp cutting
ur||kraft original power; [bildl.] immense power -**kund** [original] document (record) -**källa** original source
urladd||a I *tr* discharge II *rfl* explode, burst -**ning** discharge; explosion
urmakare watchmaker
ur||minnes *a, från* ~ *tid*[*er*] from time immemorial (out of mind) -**modig** *a* out of fashion, antiquated, old-fashioned
urna urn
ur||oxe aurochs -**premiär** world's première [fr.]
urring||ad *a* low-necked -**ning** low neck
ursinn||e fury, frenzy -**ig** *a* furious, infuriated, frantic
ur||skilja *tr* discern, make out, distinguish -**skillning** discernment; discrimination -**skog** primeval forest -**skulda** *tr rfl* exculpate [o.s.] -**sprung** origin; source -**sprunglig** *a* original; primitive; primary [cause]; jfr *okonstlad* -**spårad** *a* [bildl.] who has gone wrong -**spårning** derailment, running off the rails -**ståndsatt** *a* incapable
ursäkt excuse; *be ngn om* ~ ask (beg) a p.'s pardon -**a** *tr rfl* excuse [o.s.]; ~ [*mig*]! excuse me! I beg your pardon! -**lig** *a* excusable, pardonable
urtavla clock-face; dial
ur||tima *a* extraordinary -**val** choice, selection; *ett rikt* ~ a comprehensive (large) assortment -**vattnad** *a* washy; watered down
ur||verk works [pl.] of a watch (clock); *som ett* ~ like a clockwork -**visare** watch(clock)-hand
urvuxen *a, en* ~ *rock* an outgrown coat
usch *itj* faugh! ~ *då!* fie! ugh!
us||el *a* wretched; miserable; [dålig] worthless, vile, base -**elhet** wretchedness &c; misery -**ling** wretch; [skurk] villain
ut *adv* out; *år* ~ *och år in* from year's end to year's end
utan I *prep* without; ~ *arbete* out of work; ~ *värde* of no value; ~ *vidare* simply, without anything further; *vara* ~ . . have no . . II *adv*, ~ *och innan* outside and inside III *konj* but; and not
utandas *tr dep* expire, exhale; ~ *sin sista suck* breathe one's last [breath]
utan||för *prep adv* outside; ~ *dörren* before the door -**läxa** lesson [to be] learnt by heart -**på** *adv prep* outside, above -**skrift** address [on the cover] -**till** *adv* by heart
ut||arbeta *tr* work out; ~*d* [pers.] worn out [with hard work], overworked -**arma** *tr* impoverish -**bedja** *rfl* solicit -**betalning** payment; ~*ar* disbursements -**bilda** I *tr* develop; [öva] train II *rfl* train [o.s.] -**bildning** training, education -**bjuda** *tr* offer [*till salu* for sale] -**blommad** *a* faded -**blottad** *a* destitute, denuded -**breda** I *tr* spread; [vingar] expand II *rfl* spread [itself], extend -**bredd** *a* [wide]spread; [bruk] prevailing, general -**bredning** spread, distribution -**bringa** *tr* propose -**brott** breaking out; [krigs] outbreak; outburst [of indignation] -**bränd** *a* burnt away -**byggnad** piece built out -**byta** *tr* [ex]change [*mot* for] -**byte** exchange; [behållning] gain, profit -**böling** outsider; outcast
ut||delning distribution; [av brev] delivery; [hand.] dividend -**drag** extract, excerpt -**dragen** *a* drawn out; [i tid] protracted, prolonged; lengthy -**drags|soffa** [convertible] sofa-bed -**dunstning** transpiration, perspiration -**död** *a* extinct -**dömd** *a* condemned
ute *adv* 1 [rum] out; [utomhus] out of doors 2 *tiden är* ~ the time is up -**bli[va]** *itr* fail to appear; not turn up -**liv** outdoor life; *ligga* ~ F frequent public places of amusement -**lämna** *tr* leave out; omit -**lämnande** omission -**sluta** *tr* exclude -**slutande** I *a* exclusive II *adv* exclusively, solely -**stående** *a* [fordran] outstanding -**stänga** *tr* lock (shut) out; [bildl.] exclude
ut||examinerad *a* passed; certificated -**fall** ⚔ sortie, sally; [fäktn.] lunge; [bildl.] attack -**falla** *itr* 1 [flod] fall [out] 2 [pengar] fall due 3 = *avlöpa* -**fart** main road -**fattig** *a* miserably poor; destitute, penniless -**flugen** *a, är* ~ has flown -**flykt** excursion, trip -**flöde** flowing out; outflow -**fodra** *tr*, ~ . . *med* keep . . on -**fodring** feed[ing], keep -**forma** *tr* [give final] shape [to] -**forska** *tr* find out; investigate; [land] explore -**färd** = -*flykt* -**färda** *tr* issue [orders] -**fästa** *tr* offer [*en belöning* a reward]

utför I *prep* down [*en backe* a hill] II *adv* down[wards]; downhill
ut||föra *tr* 1 = *exportera* 2 [verkställa] perform; [order] carry out **-förande** performance &c **-förlig** *a* detailed **-förlighet** fullness (completeness) [of detail] **-förligt** *adv* fully, in [full] detail **-förs|backe** downhill **-försel** export[ation] **-förs|gåvor** oratorial gifts
ut||gift expense; expenditure **-giva** I *tr* issue; publish II *rfl*, ~ *sig för att vara* pretend (give o.s. out) to be **-givare** publisher; [*ansvarig* responsible] editor **-gjuta** I *tr* pour out; [tårar] shed II *rfl* overflow **-gjutelse** effusion **-grävning** excavation, digging out **-gå** *itr* 1 [härstamma] come, issue, emanate 2 [vara slut] come to an end; [kontrakt] expire 3 [lämna] leave; [från tävling] withdraw **-gång** 1 [slut] close; expiration; [*dödlig* fatal] end (issue): [resultat] result 2 [dörr] exit **-gången** *a* [gone] out **-gångs|punkt** starting point; [i diskussion] basis **-göra** *tr* 1 constitute, form, make 2 [uppgå till] amount to
ut||huggning clearing **-hus** outhouse, outbuilding **-hyrning**, *till* ~ for hire **-hyrnings|byrå** house-agency **-hållig** *a* [seg] wiry, tough; [inärdig] tenacious, persevering **-hållighets|tävlan** endurance test (race) **-härda** *tr* endure; bear (stand) [*smärta* pain; *jämförelse* comparison] **-i** *prep* = 2 *i* **-ifrån** *adv* from outside
ut||jämna *tr* level; smooth out; [göra lika] equalize **-kalla** *tr* call out **-kant** remote quarter; *stadens* ~*er* the outskirts of the town **-kast** design [*till* for]; plan; [rough] draft **-kastare** chucker-out **-kik** 1 *hålla* ~ be on the look-out, watch 2 [pers.] look-out [man] **-kiks|plats** look-out [place] **-klädd** *a* dressed up (disguised) [*till* as a] **-komst** = *uppehälle* **-kämpa** *tr* fight [out] **-körare** delivery man (boy)
ut||landet abroad **-levad** *a* decrepit; effete **-lopp** outflow **-lova** *tr* promise **-lysa** *tr* give notice of **-låtande** [formal] report, expression of opinion **-lägg** outlay, disbursement[s] **-lämna** *tr* give (hand) out; issue; [över-] deliver, hand over **-ländsk** *a* foreign **-ländska** foreigner, foreign lady &c **-länning** foreigner **-lärd** *a*, *vara* ~ be fully trained (qualified); *aldrig bli* ~ never know one's job thoroughly **-löpa** *itr* [bildl.] come to an end, expire **-löpare** offshoot **-lösning** release, redemption **-mana** *tr* challenge [*på* with] **-manande** *a* challenging; provocative; [friare] inviting, coquettish; [fräck] brazen **-maning** challenge **-mattad** *a* exhausted; F fagged out **-mattning** exhaustion; [läk.] prostration **-med** *prep* [all] along, skirting [*gångstigen* the path] **-minutera** *tr* [sell by] retail **-mynna** *itr* 1 debouch [*i* into] 2 [bildl.] finish (end) [up] [*i* with]; result [*i* in] **-måla** *tr* paint, depict **-märglad** *a* emaciated, gaunt **-märka** I *tr* mark [out]; [beteckna] denote; [känneteckna] distinguish, characterize II *rfl* distinguish o.s. [*genom* by] **-märkande** *a* characteristic [*för* of]; distinguishing **-märkelse** distinction **-märkt** *a* *adv* excellent[ly], F splendid[ly]; *jag mår* ~ I am (feel) first-rate (capital) **-mätning**, *göra* ~ [levy] distress **-nämna** *tr* appoint [*ngn till kapten* a p. captain], nominate **-nämning** appointment; nomination **-nött** *a* worn out; [well-] worn
utom *prep* 1 [utanför] outside; ~ *dörren* out of doors 2 [undantagandes] except 3 [för~] besides; beyond 4 ~ *sig* beside o.s. **-bords|motor** outboard motor **-hus** *adv* out of doors **-lands** *adv* abroad **-ordentlig** *a* extraordinary **-ordentligt** *adv* extraordinarily; exceedingly, extremely; F immensely
utopi Utopian scheme
ut||peka *tr* point out; ~ *ngn som* indicate (F tip) a p. as **-pinad** *a* harrowed, worried **-plundra** *tr* [de]spoil [*på* of] **-plåna** *tr* delete, deface; obliterate [*ur* from], efface; [minnet av ngt] blot (wipe) out **-post** outpost **-pressare** blackmailer **-pressning** blackmail **-präglad** *a* stamped; [bildl.] marked; pronounced **-rangera** *tr* discard [as unfit for use] **-reda** *tr* 1 disentangle, unravel 2 wind up [*ett bo* an estate] **-redning** investigation, analysis; jfr *bo*~ **-riggare** outrigger **-rikes** I *a* foreign II *adv* abroad **-rikes|departement** Foreign Office **-rikes|minister** Minister ([Engl.] Secretary of State) for Foreign Affairs **-rop** exclamation, cry **-ropa** *tr* 1 exclaim, cry out 2 proclaim [*ngn till kung* a p. king] **-rops|tecken** mark (note) of exclamation, exclamation mark **-rota** *tr* root out (up), uproot, eradicate; [totalt] extirpate **-rusta** *tr* equip, fit out; [förse] furnish, supply, provide **-rustad** *a* equipped; *rikt* ~*d* richly endowed **-rustning** equipment, outfit **-ryckning** ⚔ decampment **-rymma** *tr* evacuate; [hus] vacate, clear out of **-rymme** space, room **-räkning** working (reckoning) out, calculation **-rätta** *tr* [ärende] do; ~ *ngt därmed* ac-

complish something by it (that) **-röna** *tr* ascertain, find out

ut||sago, *enligt hans* ~ according to his statement **-satt** *a* 1 exposed [*för* to]; ~ *för* the object of 2 *på* ~ *dag* on the day fixed **-se** *tr* choose, select; appoint **-seende** appearance; [pers.] looks [pl.]; *känna ngn till* ~*t* know a p. by sight **-sida** outside; [bildl.] exterior **-sikt** 1 view; [tavla] scene; *med* ~ *åt* with a view of, facing, overlooking 2 [bildl.] prospect, chance; *har inte* ~ *att* is not likely to **-sikts|punkt** outlook, look-out **-sirad** *a* ornate **-skeppning** exportation, shipment **-skjutande** *a* projecting **-skott** 1 committee 2 damaged (defective) goods [pl.]; rejects [pl.] **-skrattad** *a* laughed to scorn **-skriva** *tr* 1 [från sjukhus] discharge 2 ~ *skatter* (*trupper*) levy taxes (troops) **-skyld** rate **-skämd** *a* disgraced **-skänknings|lokal** licensed premises [pl.] **-skänknings|rättighet** bar [spirit-]licence **-skärning** cutting out; carving; [kir.] excision **-slag** 1 [läk.] eruption, rash, exanthema 2 deflexion; [på våg] deviation; [bildl.] *ge* ~*et* turn the scale 3 [dom] decision; *fälla* ~ give a decision (verdict); pronounce judgment 4 [yttring] manifestation **-slag|en** *a* 1 in blossom, out 2 *med* -*et hår* with one's hair hanging loose **-slags|givande** *a* decisive **-slags|röst** casting vote **-sliten** *a* worn out; [bildl.] threadbare **-slockna** *itr* [bildl.] die out, become extinct **-smyckning** adornment, ornament **-socknes** [pers.] of another parish **-spel** lead **-spisa** *tr* feed, diet **-språng** projecting part, projection **-spy** *tr* vomit, belch forth, disgorge **-spädd** *a* diluted **-stakad** *a* marked out; [plan] fixed **-stråla I** *itr* emanate, issue **II** *tr* [ir]radiate **-sträcka** *tr* stretch [out]; [tid] extend **-sträckning** extension; *i stor* ~ to a large extent, largely

ut||strömning discharge, escape **-studerad** *a* studied; [beräknande] calculating, cunning; [durkdriven] thorough-paced **-styrd** *a* dressed (decked) out **-styrsel** outfit; [montering] mounting, garniture **-stå** *tr* suffer, endure **-stående** *a* projecting, protuberant **-ställa** *tr* exhibit, display, expose **-ställare** exhibitor; [av växel] drawer **-ställning** exhibition **-ställnings|föremål** exhibit **-ställnings|lokal** showrooms [pl.] **-stöta** *tr* [ljud, isht ed] ejaculate; [rop] utter; [-driva] expel **-stött** outcast, pariah **-svulten** *a* famished, starved **-svängd** *a* curved, bent out[wards] **-svävande** *a* dissipated, dissolute **-svävningar** excesses; extravagances **-syning** [av träd] marking out **-såld** *a* sold out; -*t hus* a full house; -*t!* house full! **-säde** sowing [of the seed]; [konkr.] seed[-corn, -grain] **-sätta I** *tr* [dag] fix **II** *rfl* expose o.s. [*för* to]; run (incur) the risk [*att* inf. of ..-ing] **-sökt** *a* exquisite, choice **-söndra** *tr* separate off, jfr *av-* **-sövd** *a* thoroughly rested

ut||tal pronunciation **-tala I** *tr* pronounce; [önskan] express **II** *rfl* speak (pronounce o.s.) [*över* on] **-talande** pronouncement, expression of opinion, statement **-taxering** assessment

utter otter **-skinn** otter's skin

ut||tjänt *a* who (which) has served his (&c) time **-tryck** expression; *stående* ~ set phrase; *ge* ~ *för* give expression (vent) to **-trycka** *tr rfl* express [o.s.] **-trycklig** *a* express, explicit **-uttryckligen** *adv* expressly, explicitly **-trycks|full** *a* expressive, full of expression **-trycks|lös** *a* expressionless; [blick] vacant **-tråkad** *a* [utterly] bored **-träde** withdrawal, retirement **-tröttad** *a* weary, tired out, jaded **-tyda** *tr* decipher **-tåg** march[ing] out; departure **-tåga** *itr* march out, depart **-tömd** *a* emptied, empty; [krafter] exhausted **-tömning** [läk.] evacuation

ut||ur *prep* out of **-vakad** *a* spent, washed out, vigil-worn **-vald** *a* chosen, select[ed]; [-korad] elect **-vandra** *itr* emigrate **-vandrare** emigrant **-vandring** [e]migration **-veckla I** *tr* develop; [värme] generate; unfold [*synpunkter* views] **II** *rfl* develop [*till* into]; ~ *sig till* grow into **-veckling** development; [vetensk.] evolution; [framsteg] progress **-verka** *tr* obtain, procure, secure **-vidga I** *tr* widen; [fys.] dilate, distend; ~ *en affär* enlarge a business **II** *rfl* widen, dilate, expand **-vidgning** expansion, extension &c **-vikning** digression **-vilad** *a* thoroughly rested **-visa** *tr* 1 send out; expel (banish) [from the country] 2 [visa] indicate; *framtiden får* ~ time must show **-visning** expulsion **-vissla** *tr* hiss **-väg** [bildl.] [means of] escape, expedient **-välja** *tr* choose [out], select **-vändig** *a* outward, external **-vändigt** *adv* outwardly **-värtes** *a*, *till* ~ *bruk* for outward application **-växla** *tr* exchange **-växling** exchange; ⊕ gear[ing] **-växt** [out]growth; protuberance; [bildl.] excrescence

utåt I *adv* outward[s] **II** *prep*, ~ *landet* out into the country **-vänd** *a* turned (directed) outwards

ut||ägor outlying fields **-öva** *tr* practise, [yrke äv.] pursue; [inflytande o. d.] exercise

utöver *prep* above, beyond

uv horned (eagle-)owl

uvertyr overture

V

vaccin vaccine **-era** *tr* vaccinate

vacker *a* **1** beautiful; fine, nice; [söt] pretty; [om man] handsome; *en ~ dag* . . one fine day . . **2** [iron.] fine, pretty **3** [ansenlig] good; *en ~ summa* a good sum

vackla *itr* stagger; [bildl.] waver

1 vad [på ben] calf

2 vad bet; wager; *slå ~* make a bet

3 vad *pron* what; *~ för en* [adj.] what, [subst.] which; *~ hon är vacker!* how pretty she is! *~ som helst* anything whatever; *~ helst* . . whatever . .

4 vad = *-ställe* **-a** *itr* wade

vadan = *varifrån* o. *varför*

vadar||e **-fågel** wader

vadd wadding; padding **-era** *tr* wad; pad

vadhållning betting

vadmal frieze, homespun

vadställe ford

vafalls *itj* [I beg your] pardon? what did you say?

vag *adj* vague, undefined

vagel [i ögat] sty

vagg||a **I** cradle **II** *tr itr* rock; *gå ~nde* waddle **-visa** cradle-song, lullaby

vagn carriage; car; [last~] cart, waggon **-makare** carriage-builder **-s|korg** body of a carriage **-s|last** carriage(cart)-load **-s|lider** shed, coach-house

vaja *itr* float, fly

vak hole in the ice

vaka **I** vigil, watch **II** *itr* watch; keep watch; *~ hos* [sjuk] sit up with

vakan||s vacancy **-t** *a* vacant

vak||en *adj* **1** waking; awake; *vara ~* be awake **2** [bildl.] alert **-en|het** **1** wakefulness **2** alertness **-na** *itr* awake, wake [up] **-sam** *a* vigilant, watchful **-samhet** vigilance, watchfulness

vakt **1** watch; ⚔ guard; *på ~* on guard (duty); *vara på sin ~* be on one's guard **2** [pers.] guard **-a** *tr itr* guard; keep watch **-are** watcher; guardian; [sjuk~] warder

vaktel quail **-hund** spaniel

vakt||havande *a*, *~ officer* the officer on duty **-hållning** watching, guarding **-kur** sentry-box **-mästare** porter, caretaker; [kypare] waiter **-ombyte** changing guard **-post** guard; sentry **-tjänst** guard-duty

1 val [zool.] whale

2 val **1** choice; selection; *vara i ~et och kvalet* be in a dilemma **2** [polit. o. d.] election; *företa ~* proceed to an election **-bar** *a* electable; eligible **-barhet** eligibility **-berättigad** *a* entitled to vote

valborgsmässoafton Walpurgis night

val||dag election day **-distrikt** voting district

valfisk whale **-ben** whalebone **-unge** whale calf

valfri *a* optional **-het** option

valhänt *a*, *vara ~* have numb hands

valk **1** callus, callosity **2** [hår-] pad, roll **-ig** *a* callous, horny

valkyria valkyr

vall **1** [gräs-] grass slope; [betes-] grazing-ground; *gå i ~* be grazing **2** [upphöjning] embankment; bank **-a** *tr* tend; herd, watch, guard **-are** shepherd; herdsman

vall||färd pilgrimage **-färda** *itr* go on a pilgrimage

vall||grav moat, foss **-hund** shepherd-dog

vallmo poppy

val||lokal polling-booth(-place)

vallpojke shepherd-boy

val||längd register of electors **-man** elector **-möte** election meeting

valnöt walnut

valp puppy, cub **-a** *itr* pup

val||plats field of battle

valp|sjuka distemper

val||rike elective kingdom **-rätt** right to elect, elective franchise

valross walrus

vals **1** [dans] waltz **2** ⊕ roller **-a** **I** *itr* waltz **II** *tr* ⊕ roll, flatten [out]

val||sedel = *röst-* **-språk** motto **-strid** election contest **-sätt** mode of election

valthorn French horn

val|urna ballot-box

valuta value; [vederlag] equivalent; *få ~ för* . . get fair value for . .

valv vault **-båge** arch **-gång** archway, arcade **-lik** *a* vaulted

valör value

vampyr vampire

van *a* practised, experienced; *gammal och ~* trained by long experience; *~ vid* accustomed (used) to **-a** **1** [-het] habituation [*vid* to]; experience [*vid* of]; familiarity [*vid* with]

2 [sed~] custom; [individuell] habit; *bli en* ~ grow into a habit; *av gammal* ~ by habit; *efter* (*mot*) *sin* ~ according (contrary) to one's usual practice
van||artad *a* depraved, demoralised **-artig** *a* vicious **-bördig** *a* base-born
vandal [bildl.] vandal **-isera** *tr* vandalize **-ism** vandalism
vandel conduct, behaviour; *föra en hedrande* ~ lead an irreproachable life
vandr||a *itr* wander, stroll, walk [*omkring* about] **-are** wanderer **-ing** wandering; [nöjes~] walk[ing excursion] **-ings|folk** migratory people **-ings|pris** challenge prize
vanemänniska slave of one's habits
van||frejd infamy **-för** *a* disabled, lame **-föreställning** misconception; wrong idea **-heder** dishonour, disgrace **-hederlig** *a* dishonourable, disgraceful **-hedra** *tr* dishonour, disgrace **-helga** *tr* profane, desecrate **-hävd** waste, neglect
vanilj vanilla **-glass** vanilla ice
vank defect; *utan* ~ flawless
vanka *itr* saunter, wander
vankas *itr dep*, *det kommer att* ~ *smörj* there is a thrashing in store for you (&c)
vankelmod fickleness; inconstancy **-ig** *a* fickle, inconstant; unsettled
vanlig *a* ordinary; common; [bruklig] usual; [sed~] customary; *som ~t* as usual; *mer än ~t* more than usual; *på ~t sätt* in the ordinary (usual) way **-en** *adv* usually, generally **-het** usualness; frequency; *mot ~en* contrary to the usual practice **-tvis** = *-en*
van||lottad *a* ill-treated by fortune **-makt** 1 impotence 2 = *medvetslöshet* **-mäktig** *a* 1 impotent 2 unconscious **-pryda** *tr* disfigure; spoil the look of **-rykte** disrepute, bad repute **-sinne** insanity; madness **-sinnig** *a* insane, mad **-skapt** *a* deformed, mis-shapen
vansklig *a* hazardous; risky; [brydsam] delicate; embarrassing
van||sköta *tr* mismanage; neglect **-skötsel** mismanagement, neglect **-släktad** *a* degenerate **-släktas** *itr dep* degenerate **-ställa** *tr* disfigure; deform; [bildl.] misrepresent
vant ⚓ shroud
vant|e mitten, glove; *lägga -arna på* lay hands upon
van||trevnad discomfort **-trivas** *itr dep* be uncomfortable (ill at ease); not feel at home **-tro** superstition **-vett** dementia, mania **-vettig** *a* demented, maniacal; [friare] absurd **-vårda** *tr* neglect **-vördig** *a* disrespectful **-vördnad** disrespect; irreverence **-ära** *s tr* dishonour, disgrace

vapen weapon; [koll. o. sköldemärke] arms; *gripa till* ~ take up arms; *sträcka* ~ surrender **-broder** companion in arms **-fabrik** small-arms factory **-för** *a* fit for military service **-hus** church porch **-rock** tunic **-sköld** coat-of-arms **-smed** armourer **-stillestånd** **-vila** armistice
1 **var** [läk.] pus
2 **var** I *pron* each, every; ~ *och en* everybody, everyone, each; ~ *tredje dag* every third day; ~ *åttonde dag* once a week; *de äga* ~ *sin stuga* each of them has his cottage; *de gå åt* ~ *sitt håll* each of them goes his way; ~ *för sig* each by himself II *adv* where; ~ *som helst* anywhere
1 **vara** I *itr* [finnas till] be, exist II *hjälpv* 1 be; *han är utgången* he has gone out; *när är han född?* when was he born? 2 *för att* ~ *utlänning är han . .* for a foreigner he is . . 3 ~ *av med* have lost; ~ *inne i* [bildl.] be well acquainted with; ~ *kvar* remain, be left; *får jag* ~ *med?* may I join [in]? *vad skall det här* ~ *till?* what is this meant for?
2 **vara** I *itr* [räcka] last [*till* till; *i* for] II *ta* ~ *på* take care of, look after; *ta sig till* ~ *för* beware of
3 **vara** *rfl* [läk.] suppurate, fester
4 **var|a** article; *-or* [äv.] goods, wares
varaktig *a* lasting, enduring; permanent **-het** lastingness, enduringness; permanency
var||andra *pron* each other, one another; *efter* ~ one after the other; *under tio dagar efter* ~ during ten successive days; *efter vartannat* successively; *om* ~ promiscuously **-annan** *a* every other (second); ~ *dag* every other day; ~ *vecka* every fortnight **-av** *adv* whence; [av vad (vilken)] from (of, by) what (which)
varbildning suppuration
vardag week-day **-lig** *a* every-day; [banal] commonplace, trivial **-lighet** triviality **-s|kläder** every-day clothes **-s|lag**, *i* ~ in every-day life **-s|liv** every-day (common) life **-s|middag** family dinner **-s|människa** commonplace person **-s|rum** sitting-room **-s|språk** colloquial language
vardera *pron* each
vare, ~ *sig . . eller* either . . or
var|efter *adv* after (by, from) which
varelse being, creature
var||emot *adv* against which; [utbyte] in return for which **-enda** *pron* every; ~ *en* every single one
var||est *adv* where **-för** *adv* 1 [rel.] for which reason 2 [fråg.] why? for what reason?
varg wolf **-inna** she-wolf **-unge** wolf's cub

var||helst *adv* wherever **-i** *adv* wherein; in which
variation variation
var|ibland *adv* among which
vari||era *tr itr* vary **-eté** music-hall **-etet** variety
varifrån *adv* from where, whence
varig *a* purulent
var||igenom *adv* 1 [rel.] by which 2 [fråg.] by what means? **-je** *pron* every, each; *lite av* ~ a little of everything **-je|handa** *a* miscellaneous, various **-jämte** *adv* and besides
varken *konj*, ~ . . *eller* neither . . nor
varlig *a* gentle, soft
varm *a* warm; hot; [hjärtlig] hearty, cordial **-bad** hot bath **-blodig** *a* warm-blooded; [friare] passionate
varmed *adv* [rel.] with which; [fråg.] with (by) what? ~ *kan jag stå till tjänst?* what can I do for you?
varm|hjärtad *a* warm-hearted
varn||a *tr* warn [*för* of]; caution **-ing** warning, caution; ~ *för* . . *!* beware of . . !
varom *adv* about (of) what (which)
varp 1 ⚓ warp 2 [väv.] warp **-a I** *tr.* warp **II** warping-machine
varpå *adv* 1 [tid] after which, whereupon 2 on which
varsam *a* wary, cautious **-het** wariness, caution
vars||ebli *tr* perceive, observe, notice **-el** premonitory sign
var|sko *tr* notify; warn [*om, för* of]
varsla *itr*, ~ *om* foretoken
var||stans *adv*, *lite* ~ here, there and everywhere **-t I** *pron* se *2 var I* **II** *adv* whither, where **III** *inte komma ngn* ~ make no progress **-till** *adv* whereto; [rel.] to which; [fråg.] for what purpose? **-t|åt** *adv* where
varu||hus stores [pl.], warehouse **-magasin** warehouse **-märke** trade mark
varunder *adv* under which; [tid] during which time
1 varv 1 [omgång] turn, round; revolution 2 [i stickning o. d.] row; [lager] layer; course
2 varv ⚓ shipbuilding yard
var||vid *adv* at which **-över** *adv* over (at) which
vas vase
vasall vassal
vask [i kök] sink **-a** *tr* wash **-tråg** washing-sink
1 vass [bot.] reed
2 vass *a* sharp; keen
vassla whey
vasstrå reed
vatten water **-brist** scarcity of water **-drag** watercourse **-droppe** drop of water **-fall** waterfall **-fattig** *a* short of water **-färg** water-colour **-kanna** water-jug; [trädgårds~] watering-can **-klosett** water-closet **-konst** fountain **-koppor** chicken-pox [sing.] **-kraft** water-power **-kran** water-tap **-ledning** water-conduit **-puss** puddle **-samling** body of water **-sjuk** *a* watery, swampy **-slang** water-hose **-stånd** water-level **-stämpel** water-mark **-torn** water tower **-tät** *a* [om tyg] water-proof; [om kärl] water-tight **-yta** surface of the water **-ånga** steam
vatt||koppor = *-en-* **-na** *tr* water; [fält] irrigate **-nas** *itr dep*, *det -nades i munnen på honom* his mouth watered **-nig** *a* watery **-ning** watering; [be~] irrigation **-rad** *a* tabby **-u|skräck** rabies
vax wax **-a** *tr* wax **-artad** *a* waxy, ceraceous **-duk** oil-cloth **-gul** *a* wax-coloured **-kabinett** wax-works [pl.]
ve I *itj*, ~ *dig!* woe betide you! *o* ~*!* alas! **II** woe
veck fold; [i tyg] plait; [rynka] crease
1 vecka week; *en gång i* ~*n* once a week; *om en* ~ in a week
2 veck||a I *tr* plait **II** *rfl* crease **-ad** *a* plaited **-la** *tr*, ~ *ihop* fold . . up; ~ *om* wrap . . round; ~ *ut* unfold
vecko||dag day of the week **-tidning** weekly
ved wood; [bränsle äv.] firewood **-bod** wood-house **-brand** fire-wood
veder||börande I *a* proper, the . . concerned **II** the proper person; *höga* ~ the authorities **-börlig** *a* due **-börligen** *adv* duly, properly **-faras** *tr dep* befall **-gälla** *tr* repay, return; [löna] reward **-gällning** retribution; reward **-häftig** *a* solvent, responsible **-häftighet** solvency, responsibility **-kvicka** *tr* refresh, reinvigorate **-kvickelse** refreshment, reinvigoration **-lag** compensation **-lägga** *tr* confute, refute **-möda** hardship **-sakare** adversary **-stygglig** *a* abominable, horrid **-tagen** *a* recognised; established **-vilja** repugnance [*mot* to], disgust [*mot* for] **-värdig** *a* repulsive, disgusting
ved||handel fire-wood business **-huggare** wood-cutter **-lår** fire-wood bin **-trä** log
veget||abilisk *a* vegetable **-arian** vegetarian **-ation** vegetation
vek *a* soft, gentle, tender
veke wick
vek||het softness, gentleness **-hjärtad** *a* soft-hearted **-lig** *a* delicate; [man] effeminate **-na** *itr* grow tender, soften
vem *pron* who? ~*s?* whose? ~ *som helst* anybody, anyone **-helst** *pron*, ~ *som* whoever
vemod melancholy, sadness **-ig** *a* melancholy, sad

ven vein
venerisk *a* venereal
ventil ⊕ valve; [i rum] ventilator **-era** *itr tr* ventilate
veranda veranda
verb verb
verifi||era *tr* verify **-kation** voucher
verk 1 [arbete, äv. litt.] work 2 [ämbets-] Government office, department 3 [gas-, järn- o. d.] works 4 [ur- o. d.] works, mechanism 5 *i själva ~et* in reality **-a** *itr* work; *~ lugnande* act soothingly; *det ~r barnsligt* it seems childish; *~ för* work to promote **-an** effect; *göra ~* be effective **-lig** *a* real; [faktisk] actual: [äkta] true **-ligen** *adv* really; indeed **-lighet** reality: *i ~en* in reality **-lighets|trogen** *a* realistic **-mästare** foreman **-sam** *a* active; energetic **-samhet** activity: [arbete] work **-stad** workshop: works **-ställa** *tr* execute, perform: carry out **-ställighet** execution **-tyg** tool; instrument
vermut vermouth
vers verse **-byggnad** metrical structure **-form** metrical form **-lära** metrics [pl.] **-mått** metre
vertikal *a* vertical
vessla weasel
vestibul entrance-hall
vet||a *tr itr* know; *få ~* get to know; *han vill inte ~ av henne* he won't have anything to do with her; *~ med sig* be conscious of . .; *~ om* know about (of) **-ande** knowledge; *mot bättre ~* contrary to one's knowledge
vete wheat **-bröd** white bread **-mjöl** wheat-flour
vetenskap science **-lig** *a* scientific **-s|man** scientist; scholar
veteran veteran
veterinär veterinary surgeon
vet||erligen *adv* so far as is known **-girig** *a* eager to learn **-girighet** desire for knowledge **-skap** knowledge
vett sense; *från ~et* out of one's senses; *med ~ och vilja* knowingly
vetta *itr*, *~ åt* face to (on to)
vett||ig *a* sensible **-skrämd** *a* scared out of one's senses
vev crank, handle **-a I** *tr* turn [the handle of] **II** *i den ~n* at that juncture
vi *pron* we; *~ själva* we ourselves
via *prep* via; by **-dukt** viaduct
vibr||ation vibration **-era** *itr* vibrate
vice vice- **-värd** deputy landlord
vicka *itr* rock, sway
vicker [bot.] vetch[es]
1 vid *prep* 1 at; *ligga ~ gränsen* be situated on the border; *bo ~ torget* live in the market-place 2 [nära] near; [bredvid] by 3 *~ armén* in the army; *vara ~ teatern* be on the stage 4 [tid] at; [ungefär] about; *~* [efter] *sin fars död* on his father's death . .; *~ den här tiden* by this time 5 *~ besök* when paying a visit; *~ fara* in case of danger; *~ vackert väder* in fine weather
2 vid *a* wide **-a** *adv* 1 [rum] widely; *~ känd* widely known 2 [grad] [by] far [*överlägsen* superior] 3 *så till ~* so far **-are I** *a* 1 wider 2 [ytterligare] further, more; *tills ~* until further notice 3 *han har inga ~ utsikter* his chances are not very good **II** *adv* 1 more widely, wider; *~!* go on! *läsa ~* continue to read; *skicka ~* pass . . on 2 [ytterligare] further, more 3 [tid] longer 4 *~ meddelas* it is further stated; *och så ~* and so on 5 *inte ~* . . not particularly . .
vid||bliva *tr* adhere to: insist on **-bränd** *a*, *är ~* has got burnt **-bränna** *tr* burn
vidd width, wideness; [bildl.] extent
vide osier, willow
vid|foga *tr* append [to]
vidga *tr rfl* widen, dilate
vid|hålla *tr* hold (keep) to
vidimer||a *tr* attest **-ing** attestation
vidja switch
vid||kommande, *för hans ~* as far as he is concerned **-kännas** *tr dep* bear **-lyftig** *a* extensive; [i levnadssätt] fast; *~a affärer* risky transactions **-lyftighet** extensiveness: *~er* F escapades **-låda** *tr* attach to, be inherent in **-makt|hålla** *tr* keep up, maintain **-makt|hållande** maintenance
vidrig *a* repulsive, disgusting **-het** repulsiveness
vid||räkning settlement of accounts **-röra** *tr* touch: [omnämna] touch upon
vidskep||else superstition **-lig** *a* superstitious **-lighet** superstitiousness
vid||sträckt *a* extensive, wide, vast **-synt** *a* broad-minded
vid||taga *tr*, *~ åtgärder* take steps **-tala** *tr* arrange with
vidunder monster **-lig** *a* monstrous
vidöppen *a* wide open
Wien Vienna
vift, *ute på ~* out on the spree **-a** *itr* wave; *~ bort* whisk away; *~ med svansen* wag its tail
vig *a* agile, nimble
viga *tr* 1 [in-] consecrate 2 marry
vighet agility, nimbleness
vig||sel marriage, wedding **-sel|formulär** marriage service **-vatten** holy water
vigör vigour
vik bay; [mindre] creek, cove
vika I *ge ~* yield [*för* to] **II** *tr* 1 *~* [*ihop*] fold; *~ in* [vid sömnad] tuck in 2 *~ ett bord* secure a table **III** *itr* 1 yield, give in [*för* to] 2 *~ av* turn [aside]; *~ tillbaka* recede

vikari||e substitute **-era** *itr.* ~ *för ngn* supply a p.'s place **-erande** *a* deputy
viking viking
vikt 1 weight **2** [bildl.] weight, importance **-ig** *a* **1** important **2** [dryg] self-important, consequential **-ighet 1** importance **2** self-importance
vil||a I rest **II** *itr* rest **III** *rfl* rest, have a rest **-ande** *a* quiescent
vild *a* wild; [otämd] savage; ~*a djur* wild animals; ~*a seder* barbarous customs; *i* ~ *fart* at a furious pace **-basare** scapegrace **-djur** wild beast **-e** savage **-fågel** wild bird **-hjärna** madcap **-mark** wilderness **-sint** *a* fierce, savage **-svin** boar **-vin** Virginia creeper **-äpple** crab apple
vilj||a I will; [önskan] wish; *sista* ~ last wish[es]; *få sin* ~ *fram* get one's own way; *med* ~ on purpose; *göra ngn till -es* do as a person wishes **II** *tr hjälpv* will; [önska] wish, want; [ha lust till] like; [ämna] intend **-e|lös** *a* will-less **-e|stark** *a* determined, resolute **-e|svag** *a* weak-willed
vilken *pron* **1** [rel.; pers.] who; [sak] which, that; jfr *vem* **2** [fråg.] which; what; ~ *hjälte!* what a hero! ~ *dårskap!* what folly! **-dera** *pron* which
1 villa I illusion **II** *itr*, ~ *bort* confuse
2 villa [hus] villa; [enplans] bungalow; [mindre] cottage **-samhälle** [ung.] suburb [of villa residences]
villebråd game
villervalla confusion, chaos
vill|fara *tr* comply with, grant
vill|farelse error, mistake
vill||ig *a* willing **-ighet** willingness **-kor** condition; *på inga* ~ on no condition **-korlig** *a* conditional **-korlighet** conditionality
vill||ospår, *på* ~ on the wrong track **-rådig** *a* hesitative, irresolute [*om* as to] **-rådighet** hesitation, indetermination **-sam** *a* confusing
vilo|dag day of rest; sabbath-day
vilse *adv* astray; *råka (gå)* ~ get lost **-leda** *tr* lead . . astray
vilstol easy-chair, lounging-chair
vilt I = *villebråd* **II** *adv* wildly; *växa* ~ grow wild
vim||la *itr* swarm; *det* ~*r av folk* there are swarms (crowds) of people **-mel** swarm; throng **-mel|kantig** *a* giddy, dizzy
vimpel streamer
1 vin [växt] vine; [dryck] wine
2 vin [pil o. d.] whiz; whistle **-a** *itr* whiz, whistle; *i* ~*nde fart* at a headlong speed
vin||bergssnäcka edible snail **-bär**, *röda (svarta)* ~ red (black) currants
1 vind wind; *ha* ~ *i seglen* sail with a fair wind; *låta allt gå* ~ *för våg* let everything go as it can
2 vind [i hus] garret, attic; jfr *-s|kontor*
3 vind *a* [sned] warped, cast **-a I** [bot.] bindweed **II** *itr*, ~ [*med ögonen*] squint **-brygga** drawbridge
vindel whorl **-trappa** well-staircase
vind||fläkt puff, whiff **-flöjel** weather-cock **-il** blast, gust
vindling = *vindel*
vindruv||a grape **-s|klase** bunch of grapes
vinds||kammare attic room **-kontor** box-room
vind|spel windlass
vind||stilla calm **-stöt** gust, blast
vinds|våning attic story
vindögd *a* squinting, cross-eyed; *vara* ~ squint
ving||ad *a* winged **-e** wing; [kvarn- o. d.] sail
vingl||a *itr* sway; wabble **-ig** *a* unsteady
ving||lös *a* wingless **-penna** wing-quill, pinion
vin||gård vineyard **-handel** [bod] wine-shop
vinjett vignette
vink beck; nod; wave; sign; [bildl.] hint **-a** *itr* beckon; give a sign; [med handen] wave
vinkel angle; [vrå] corner **-hake -linjal** square **-rät** *a* at right angles (perpendicular) [*mot* to]
vinlista wine-card
vinn||a I *tr* gain; [i tävlan] win **II** *itr* gain; *han -er mer och mer* he grows on you **-ande** *a* winning; [bildl.] engaging **-ing** gain **-ings||lysten** *a* greedy of gain **-lägga** *rfl*, ~ *sig om* strive after, labour [*att* to]
vinranka grape-vine
vinsch winch
vinskörd wine-harvest, vintage
vinst gain; [isht hand.] profit; [på lotteri o. d.] prize; ~ *och förlust* profit and loss; *på* ~ *och förlust* at a venture **-givande** *a* profitable **-nummer** winning number
vinter winter; *i* ~ this winter; *i vintras* last winter **-gatan** the Milky Way **-lig** *a* wintry
vinthund greyhound
vinättika vinegar
viol violet **-ett** *a* violet; purple
viol||in violin **-oncell** cello
vipa [zool.] lapwing
vipp, *vara på* ~*en att* only just miss (be within an ace of) . . **-ing -a I** [bot.] panicle **II** *tr itr* tilt, tip; [vifta] wave; wag
vips *itj* pop! like a shot
vira *tr* wind; wrap
virka *tr* crochet

virke wood, timber
virk‖ning crochet **-nål** crochet-needle
virr‖ig *a* muddle-headed; confused **-varr** confusion, muddle
virtuos virtuoso; master **-itet** virtuosity
virv‖el whirl, swirl; eddy **-el|vind** whirlwind **-la** *itr* whirl, swirl; [vatten] eddy
1 vis manner, way; fashion
2 vis *a* wise; sage
1 visa song; ballad
2 vis‖a I *tr* show; [peka] point [*på* to]; ~ *bort* dismiss, turn . . away **II** *rfl* show o.s., appear; ~ *sig vara* prove (turn out) to be; ~ *sig vänlig* be kind **-are** pointer; [på ur] hand
visbok song-book
visdom wisdom **-s|tand** wisdom-tooth
vise [bi-] queen
visera *tr* visa, visé
vishet wisdom
vision vision **-är** *a* visionary
visit visit, call: *göra* ~ *hos* . . pay . . a visit, call [up]on . . **-ation** inspection **-era** *tr* inspect; [tull~] examine **-kort** card
visk‖a *tr itr* whisper **-ning** whisper
visky whisky
vismut bismuth
visning showing, exhibition
visp whisk **-a** *tr itr* whip; beat; *~d grädde* whipped cream
viss *a* **1** [säker] certain, sure [*på* of]; *för ~o* certainly **2** [obestämd] certain; *en ~ herr H.* a certain Mr. H.; *i ~ mån* to a certain extent (degree)
visselpipa whistle
vissen *a* withered, faded
viss‖erligen *adv* certainly, indeed, to be sure; *jag var ~ trött men* . . I was tired, it is true, but . . **-het** certainty; certitude; *få ~ om* [äv.] find out
vissl‖a *itr* whistle **-ing** whistle
vissna *itr* wither, fade
visst *adv* **1** certainly; *helt* ~ no doubt **2** [förmodligen] . . I think, . . I am sure
vista [hand.], *a* ~ at sight
vist‖as *itr dep* stay; live **-else** stay, sojourn **-else|ort** abode; residence
vit *a* white [*av* with] **-a** [i ägg, öga] white **-aktig** *a* whitish
vital *a* vigorous; vital
vitamin vitamin
vit‖beta white beet **-bok** [bot.] hornbeam
vite fine, penalty; *vid ~ av* under a penalty of
vit‖glödgad *a* white-hot **-klädd** *a* dressed in white **-kål** white cabbage **-limma** = *-mena* **-ling** [zool.] whiting **-lök** garlic **-mena** *tr* whitewash **-na** *itr* whiten, grow white
vits [ordlek] pun; joke **-ig** *a* witty
vit|sippa wood-anemone
vits|orda *tr* testify to
vitt‖bekant *a* widely known **-berest** *a*, *vara* ~ be a great traveller **-berömd** *a* illustrious
vitter *a* literary **-het** literature; letters [pl.]
vittja *tr* empty
vittn‖a *itr* witness, testify [*om* to]; ~ *om* [visa] show; [inför domstol] give evidence [*för* for; *mot* against] **-e** witness **-es|börd** witness; testimony **-es|mål** evidence
vitt|omfattande *a* comprehensive
vittra *itr* weather
vit‖varuaffär linen draper's [shop] **-öga** white of the eye
vokal vowel
volang [på klänning] flounce
1 volt [elektr.] volt
2 volt somersault, tumble
vol‖uminös *a* bulky **-ym** volume
vot‖era *itr* vote **-um** vote
vrak 1 [skepp] wreck **2** [pers.] worthless fellow **-pris**, *till* ~ dirt-cheap **-spillror** wreckage [sing.]
1 vred [handtag] handle
2 vred *a* wrathful; angry **-e** wrath, anger **-es|mod**, *i* ~ in wrath (anger) **-gas** *itr dep* get angry
vresig *a* [ond] cross **-het** crossness
vricka I *tr* **1** [ur led] sprain, dislocate **2** ⚓ swell **II** *rfl* sprain one's ankle &c
vrid‖a I *tr* [vända] turn; [sno] twist, wind; [hårt] wring; wrench; ~ *fram* [klocka] wind on **II** *rfl* turn; twist; [i plågor] writhe **-bar** *a* made to turn **-en** *a* twisted; F crazy **-maskin** wringing-machine
vrist instep
vrå corner, nook
vråk [zool.] buzzard
vrål **-a** *itr* roar, bellow
vrång *a* **1** [avig] wrong **2** perverse **-bild** distorted picture **-strupe**, *i ~n* down the wrong way
vräk‖a I *tr* **1** heave, toss away **2** [avhysa] evict **II** *itr* **1** [sjö] heave **2** [regn] ~ *ned* come down heavily **III** *rfl* lounge about **-ig** *a* jaunty, extravagant
vulgär *a* vulgar
vulkan volcano **-isk** *a* volcanic
vurm craze **-a** *itr* have a craze
vuxen *a* **1** grown up **2** *vara ngn* ~ be equal to a p.
vy view **-kort** picture postcard
vyss *itj* hushaby! **-a** *tr* lull
våd breadth
våd‖a misadventure, accident **-eld** accidental fire **-lig** *a* perilous, fatal
våffla waffle
våg 1 balance; [hushålls-] scales [pl.] **2** [bölja] wave
våg‖a I *tr itr* venture; [töras] dare **II**

rfl, ~ *sig på ngn* venture to attack a p. **-ad** *a* [djärv] daring; [farlig] risky
våg||brytare breakwater **-formig** *a* wave-like, undulatory
våghals daredevil **-ig** *a* foolhardy
våg||ig *a* wavy **-längd** wave-length **-rät** *a* horizontal
vågsam *a* venturesome
vågskål scale
våg||spel -stycke bold venture
våld [makt] power; [tvång] force; [misshandel] assault; *med* ~ by force; *bruka* ~ use force **-föra** *tr* violate, outrage **-sam** *a* violent **-samhet** violence **-taga** *tr* ravish
vålla *tr* cause; give
vålnad ghost
vånda agony **-s** *itr dep* suffer agony
våning 1 story, floor; *första* (*andra*) ~*en* the ground (first) floor **2** [bostad] flat, apartment
våp goose **-ig** *a* soft
1 vår *pron* [fören.] our; [självst.] ours; *de* ~*a* our people
2 vår spring **-as** *itr dep, det* ~ spring sets in
vård 1 monument **2** care; [uppsikt] custody **-a** *tr* take care of, look after; [sjuk] nurse **-ad** *a* neat
vår|dagjämning vernal equinox
vård||are caretaker; custodian: [sjuk-~] nurser **-arinna** nurse **-s|lös** *a* careless; heedless
vårfrudag, ~*en* Lady (Annunciation) Day
vårlig *a* vernal, . . of spring
vårta wart
vår|termin spring term
vårt||ig *a* warty **-svin** wart-hog
våt *a* wet [*av* with]; *bli* ~ *om fötterna* get wet feet **-varor** liquids **-värmande** *a* fomenting
väck||a *tr* wake [up]; call; [bildl.] arouse; create **-ar|klocka** alarum-clock **-else** [relig.] revival **-else|möte** revivalist meeting **-ning** waking, calling
väder weather; [vind] wind **-biten** *a* weather-beaten **-korn** scent **-kvarn** windmill **-lek** weather **-streck** quarter; cardinal point
vädj||a *itr* appeal **-an** appeal
vädra I *tr* **1** [lufta] air **2** scent **II** *itr* sniff, snuff
vädur ram
väg way; [is. konkr.] road; [stig; bana, lopp] path; [levnads-] career; *vara i* ~*en för* be in the way of; *något i den* ~*en* something of that sort; *gå till* ~*a* proceed, act
väg||a *tr itr* weigh; *det -er jämnt* the scales are even **-ande** *a* weighty
väg|farande wayfarer, traveller
vägg wall; *bo* ~ *i* ~ *med* live next door to; *uppåt* ~*arna* all wrong **-bonad** hanging[s] **-fast** *a* fixed to the wall **-kontakt** wall-plug **-lus** bedbug
väg||kant roadside, wayside **-lag,** *det är dåligt* ~ the roads are in a bad condition **-leda** *tr* guide
vägnar, *på* . .*s* ~ on behalf of . .
väg- och vattenbyggnad road and canal construction
vägr||a *tr* refuse **-an** refusal
väg||skäl parting of [the] ways **-visare** sign-post
väja *itr*, ~ *för* avoid
väktare watchman
väl I welfare, well-being; ~ *och ve* weal and woe, good and ill **II** *adv* **1** *så* ~ *som* as well as, both . . and . . **2** well; *hålla sig* ~ *med* keep in with; *råka* ~ *ut* be fortunate; *det vore* ~ *om* it would be a good thing if **3** ~ *ung* rather [too] young **4** *när han* ~ *har somnat* . . once asleep [he . .] **5** *du är* ~ *inte sjuk?* surely you are not ill? *han är* ~ *framme nu* he will be there by now **-an** *itj* well! **-befinnande** well-being **-behag** satisfaction **-behållen** *a* in good condition, safe and sound **-behövlig** *a* badly needed **-bekant** *a* well-known **-boren** *a* honourable **-bärgad** *a* well-to-do
väld||e dominion **-ig** *a* mighty; huge; [vidsträckt] immense
väl||frejdad *a* of good character **-färd** welfare, well-being **-född** *a* well-fed; plump **-försedd** *a* well-supplied **-gång** welfare, prosperity **-gärning** kind deed **-görande** *a* charitable; beneficent; [sak] beneficial, salutary **-görare** benefactor **-görenhet** charity
välj||a *tr* **1** choose **2** [polit.] elect **-are** elector
väl||kommen *a* welcome **-komna** *tr* welcome **-komst|hälsning** welcome **-känd** *a* well-known **-levnad** high living
välling gruel
väl||ljud euphony **-lukt** perfume, scent **-luktande** *a* sweet-scented, fragrant **-lust** voluptuousness **-lustig** *a* voluptuous **-makt** prosperity **-menande** *a* well-meaning **-mående** *a* thriving **-måga** prosperity **-signa** *tr* bless **-signelse** blessing **-skapad** *a* well-shaped **-stånd** prosperity
vält roller **-a I** *tr* **1** [med vält] roll **2** tilt up; upset; ~ *ut* tip out **II** *itr* upset, overturn
vältal||are orator **-ig** *a* eloquent **-ighet** eloquence
vältra *rfl* roll; wallow
välva *tr* [bildl.] revolve
välvil||ja good will, kindness **-lig** *a* kind, benevolent
vämj||as *itr dep* nauseate; ~ *vid* loathe

-elig *a* nauseous; loathesome **-else** loathing, nauseation
1 **vän** *a* fair; sweet
2 **vän** friend; *vara* ~ *med* be friends with: *en* [*god*] ~ *till mig* a friend of mine
vänd||**a** *tr itr rfl* turn; ~ *om* turn back; ~ *sig om* turn round; ~ *sig till ngn* [i tal] address o.s. ([för att få ngt] apply) to a p. **-krets** tropic **-ning** turning; [is. bildl.] turn **-punkt** turning-point; crisis
vän||**fast** *a* constant in friendship **-inna** [girl] friend
vänja *tr rfl* accustom [o.s.] [*vid* to]; ~ *sig vid* (*av med*) *att* get into (out of) the habit of . .-ing
vän||**lig** *a* kind [*mot* to]; friendly **-lighet** kindness **-skap** friendship **-skaplig** *a* friendly
vänster I *a* left; *till* ~ to the left; *till* ~ *om* [on the] left [side] of II ~*n* the Left **-hänt** *a* left-handed **-sinnad** *a* liberal
vänt||**a** I *tr* expect II *itr* wait [*på* for] III *rfl* expect; look forward to **-an** waiting **-rum -sal** waiting-room
väpn||**a** *tr* arm **-are** [e]squire
väppling [bot.] trefoil; clover
1 **värd** host; [värdshus-, hyres-] landlord
2 **vär**|**d** *a* worth; *det är mödan -t* it is worth while; *det är inte -t att du gör det* you had better not do it
värd||**e** worth; value; *sätta* ~ *på* set value on (store by) **-e**|**full** *a* valuable **-e**|**försändelse** registered letter ([paket] parcel) **-e**|**lös** *a* valueless, worthless **-e**|**papper** bond, security **-era** *tr* value; estimate; [högakta] esteem **-ering** valuation **-e**|**sak** article of value
värdig *a* 1 dignified 2 *en* ~ *efterträdare* a worthy successor **-as** *itr dep* deign, condescend **-het** dignity; [rang] honour; *under min* ~ beneath me
värd||**inna** hostess **-s**|**hus** inn; [krog] public-house
värja I sword II *tr rfl* defend [o.s.]
värk ache, pain[s] **-a** *itr* ache
värld world **-s**|**alltet** the universe **-s**|**bekant** *a* universally known **-s**|**berömd** *a* world-renowned **-s**|**dam** lady of fashion **-s**|**del** continent **-s**|**erfarenhet** experience of the world **-s**|**hav** ocean **-s**|**historia** universal history **-s**|**historisk** *a* historic **-s**|**händelse** historic event **-s**|**klok** *a* world-wise **-s**|**krig** world war **-slig** *a* worldly; [mots. till kyrklig] secular **-slighet** worldliness; secularity **-s**|**man** man of the world **-s**|**rykte** world-wide fame **-s**|**rymd** universal space
värm||**a** *tr rfl* warm [o.s.]; [starkare] heat **-e** warmth; heat; [bildl.] fervour **-e**|**ledning** central heating **-e**|**slag** heat-stroke
värn defence; safeguard; protection **-a** *tr* defend, protect **-lös** *a* defenceless **-plikt** [universal] military service **-pliktig** *a* liable to military service
värp||**a** *tr itr* lay [eggs] **-höna** layer
vär||**re** I *a* worse; harder, more difficult II *adv* worse; more seriously **-st** I *a* worst; hardest; *i* ~*a fall* at worst II *adv* 1 worst 2 *inte så* ~ not very
värv task; function **-a** *tr* ⚔ enlist **-ning** enlistment, recruiting; *ta* ~ enlist
väsa *itr* hiss; ~ *fram* hiss out
väsen 1 [buller] noise, row; [bråk] fuss, ado 2 [varelse] being 3 [natur] essence; nature 4 system; jfr *un erv sninqs*~ etc. **-tlig** *a* essential; fundamental **-tligen** *adv* essentially; mainly
väska bag; [portfölj] portfolio
väsnas *itr dep* be noisy
vässa *tr* sharpen, whet
1 **väst** [plagg] waistcoat; [äv.] vest
2 **väst** west **-er** I *adv* west; jfr *norr* II *V*~*n* the West (Occident) **V-europa** Western Europe **-europeisk** *a* West-European **V-indien** the West Indies [pl.] **-lig** *a* west[ern] **-makterna** the Western Powers **-nordväst** *adv* west-north-west
vät||**a** I wet II *tr itr* wet; ~ *igenom* wet . . through **-e** hydrogen **-gas** hydrogen gas
vätska liquid; fluid
väv web; [tyg] fabric, material **-a** *tr* weave **-eri** weaving-mill **-nad** textile fabric; [naturvet., bildl.] tissue **-stol** loom
växa *itr* grow; [tillta] increase; ~ *bort* grow off; ~ *fast vid* grow on to; ~ *i* grow to fill out; ~ *ifrån* outgrow; ~ *över* overgrow
växel 1 [hand.] bill; *prima* (*sekunda*) ~ first (second) of exchange 2 [småpengar] change 3 ⊕ switch; [motor] [speed] gear **-blankett** bill-of-exchange form **-kontor** exchange-office **-spak** ⊕ gear lever **-spår** siding **-ström** alternating current **-verkan** interaction **-vis** *adv* alternately, by turns
växl||**a** I *tr* 1 [utbyta] exchange 2 [pengar] change 3 ⊕ switch; [motor] change gear II *itr* [skifta] vary; change; *om* alternate **-ing** change; interchange; alternation; variation
växt 1 growth 2 [kropps-] shape, build; *lång till* ~*en* tall in stature 3 [planta] plant 4 [ut-] tumour **-hus** conservatory, greenhouse **-lighet** vegetation

vörd||a *tr* revere, venerate **-ig** *a* reverend **-nad** reverence, veneration **-nads|bjudande** *a* venerable; imposing **-nads|full** *a* respectful **-nads|värd** *a* venerable; reverend **-sam** *a* respectful
vört wort

Y

ylle woollen, wool **-strumpa** woollen stocking (sock) **-tröja** [under-] woollen vest; [sport-] sweater **-tyg** woollen cloth
ymnig *a* abundant, copious **-het** abundance, copiousness
ymp||a *tr* 1 [en|graft 2 [läk.] inoculate **-ning** 1 grafting 2 inoculation **-vax** grafting-wax
yng||el brood **-la** *itr* litter
yng||ling youth, young man **-re** *a* younger; junior; *av ~ datum* of a later date **-st** *a* youngest, latest
ynk||lig *a* pitiable, pitiful **-rygg** milksop
ynnest favour; benefit **-bevis** favour
yppa I *tr* reveal; disclose **II** *rfl* present itself; arise
ypper||lig *a* excellent; capital **-st** *a* best, finest; grandest
yppig *a* luxuriant; exuberant; [figur] full **-het** luxuriance, richness
yr *a* giddy, dizzy **-a I** delirium; intoxication **II** *itr* 1 be delirious, wander; rave 2 [virvla] fly; whirl; blow **-hätta** romp
yrk||a *tr itr* 1 [fordra] demand, claim 2 [föreslå] move **-ande** 1 demand, claim 2 motion, proposition
yrke [*till ~t* by] profession **-s|arbete** skilled labour **-s|inspektör** factory inspector **-s|mässig** *a* professional **-s|skicklig** *a* skilled **-s|skola** trade--school, industrial school
yr||sel dizziness, giddiness **-snö** driving snow **-vaken** *a* dazed **-väder** snow--storm
ysta I *itr* make cheese **II** *rfl* curdle
yster *a* frisky, romping; lively **-het** friskiness; wildness
yt||a surface; [utsida] outside; [område] area **-lig** *a* superficial; shallow **-lighet** superficiality
ytter [sport.] outside forward **-dörr** outer door **-kläder** outer garments, F outdoor things **-lig** *a* extreme; [överdriven] excessive **-ligare** *a adv* further; *~ en* one more **-lighet** extreme; excess; *~erna beröra varandra* extremes meet **-rock** overcoat; greatcoat **-sida** outer side, outside **-st I** *a* 1 [rum] outmost, extreme, utmost; [längst bort] farthest, furthest 2 [tid] last 3 [grad] utmost, extreme **II** *adv* 1 [rum] farthest (furthest) out; at the outside 2 [i sista hand] ultimately 3 [förstärkande] extremely; exceedingly
yttr||a I *tr* utter; pronounce; say **II** *rfl* 1 [visa sig] manifest (show) itself 2 express an opinion; speak **-ande** remark; statement; speech **-e I** *a* 1 exterior; external; outside; outer 2 [bildl.] external; outward 3 [som avser ytan] outward **II** exterior, outside; *till det ~* externally **-ing** manifestation, mark
ytvidd superficial extent, area
yv||as *itr dep* be proud [*över* of] **-ig** *a* bushy
yx||a I ax[e] **II** *tr*, *~ till* rough out **-skaft** axe-shaft

Z

zenit zenith
zigen||are -erska gipsy [woman]
zink zinc **-plåt** zinc plate
zon zone **-tariff** zone-tariff
zoolog zoologist **-i** zoology **-isk** *a* zoological

Å

1 å [flod] river
2 å = *på*
3 å (åh) *itj* oh!
åberopa I *tr* cite; [framhålla] urge **II** *rfl*, *~ sig på* refer to
åbäke clumsy creature (thing)
ådagalägga *tr* 1 manifest; show; display 2 [bevisa] prove
åder vein **-brock** varix **-låta** *tr* bleed **-låtning** bleeding
ådraga I *tr* bring down . . upon **II** *rfl* contract; incur; attract
ådrig *a* veiny; veined
åhör||a *tr* hear; listen to; [bevista] attend **-are** hearer, listener; [koll.] auditory
åka *itr* drive; [i vagn] ride; [glida] slide; *~ bil* motor; *~ cykel* [bi]cycle; *~ skidor* go on skis; *~ skridsko* skate
åkalla *tr* invoke **-n** invocation

åk||are carrier; jobmaster **-don** conveyance; carriage; [arbets~] cart
åker [-jord] cultivated ground; [-fält] field **-bruk** = *jord-*
åkeri jobmaster's
åker||senap charlock **-tistel** common corn thistle **-ärter** field-peas
åklag||a *tr* prosecute **-are** prosecutor
åkomma complaint
åktur drive
ål eel
ålder age; *vid 50 års* ~ at the age of fifty **-dom** old age **-domlig** *a* ancient; [gammaldags] old-fashioned **-domlighet** ancientness; old-fashionedness **-doms|hem** almshouse **-doms|svaghet** decrepitude **-stigen** *a* aged **-s|-tillägg** increment for years of service
åldr||as *itr dep* age, grow old **-ig** *a* aged **-ing** old man
å||ligga *itr tr* be incumbent on; be [a p.'s] duty **-liggande** duty; function **-lägga** *tr* enjoin . . on; command, direct
åminnelse remembrance **-dag** memorial day
ång||a I steam II *itr* steam [*av* with] **-are** **-båt** steamer **-båts|brygga** jetty **-båts|förbindelse** steamship connection **-båts|linje** steamship line
ånger repentance; remorse **-full** *a* repentant; remorseful
ångest agony; anguish **-full** *a* agonized
ång||fartyg steamship **-färja** steam-ferry **-koka** *tr* steam **-maskin** steam-engine **-panna** boiler
ångra *tr rfl* repent
ånyo *adv* anew; again
år year; ~ *1940* . . in 1940 . .; *ett sju ~s barn* a child of seven; *han fyller* ~ it is his birthday; ~ *från* ~ from year to year; *i* ~ this year; *två gånger om ~et* twice a year; *om två* ~ in two years; *sedan några* ~ for some years past
åra oar; [paddel-] paddle
åratal, *i* ~ for years
årblad blade of an oar
år||gång annual volume; [av vin] vintage **-hundrade** century **-lig** *a* annual, yearly **-ligen** *adv* annually; yearly; every year **-s|bok** year-book **-s|dag** anniversary **-s|klass**, *min* ~ the fellows [etc.] of my year **-s|skifte** turn of the year **-s|tid** season
årtag stroke, pull
år||tal date; year **-tionde** decennium
år|tull rowlock
år|tusende, *ett* ~ a thousand years
ås ridge
å||samka = *-draga* **-se** *tr* look at, watch **-sido** *adv* aside **-sido|sätta** *tr* set aside; neglect **-sikt** opinion, view [*om* about]
ásk||a I thunder; [-väder] thunderstorm II *opers*, *det* ~*r* it thunders (is thundering) **-knall** thunder-clap (-peal) **-ledare** lightning-conductor **-väder** se *-a*
åskåd||a *tr* watch **-are** spectator, onlooker **-lig** *a* clear; graphic **-lighet** clearness; graphicness
åsn||a donkey; [bibl., bildl.] ass **-inna** she-ass
åstad *adv* off **-komma** *tr* effect, bring about; [förorsaka] cause; [frambringa] produce
å||stunda *tr* desire; long for **-stundan** desire; longing **-syfta** *tr* aim at; intend, mean **-syn** sight; *i ngns* ~ in the presence of a p.
åt *prep* 1 to; ~ *pojken* to the boy; [göra ngt] ~ *ngn* for a p.; *göra ngt ~ saken* do something in the matter 2 [riktn.] to, towards; ~ *vänster* to the left 3 *två* ~ *gången* two at a time
å||taga *rfl* undertake; [iklädа sig] assume **-tal** prosecution; *väcka* ~ *mot* bring an action against **-tala** *tr* prosecute **-tanke** remembrance; *ha i* ~ remember
åtbörd gesture
åter *adv* 1 [tillbaka] back 2 [ånyo] again; once more; ~ *fylla* [äv.] refill 3 [däremot] again, on the other hand **-betalning** repayment **-blick** retrospect **-bud**, *skicka (ge)* ~ a) send word to say one cannot come, b) send word [to a p.] not to come **-bära** *tr* return **-börda** *tr* restore **-erövra** *tr* recapture **-fall** relapse **-falla** *itr* 1 relapse; fall back 2 ~ *på* return upon **-finna** *tr* find [. . again]; ~*s* . . are to be found **-fordra** *tr* demand . . back; reclaim **-få** *tr* get . . back; recover **-färd** = *-resa* **-föra** *tr* bring . . back; restore **-förena** *tr* reunite **-förening** reunion **-försälja** *tr* retail **-försäljare** retail dealer **-försäljning** resale
åter||ge *tr* 1 give back, return 2 [tolka] render; reproduce; [framställa] represent **-givande** 1 return 2 rendering; reproduction; representation **-glans** reflected lustre **-gå** *itr* 1 go back; return 2 [köp] be cancelled **-gång** return; [köp] annulment **-gälda** *tr* repay; [gen-] return
åter||hålla I *tr* restrain; suppress II *rfl*, ~ *sig från* refrain from **-hållsam** *a* abstemious; temperate **-hållsamhet** abstemiousness; temperance **-hämta** I *tr* fetch . . back; recover II *rfl* recover **-igen** *adv* again **-införa** *tr* reintroduce **-insätta** *tr* reinstall **-inträda** *itr* re-enter **-kalla** *tr* 1 recall; call back 2 [-taga] revoke; countermand **-kallelse** 1 recall 2 revocation **-kasta** *tr* [ljus] reflect; [ljud] reverberate

-**klang** resonance -**klinga** *itr* resound -**knyta** *tr* [bildl.] renew; resume -**komma** *itr* return; come back (again); [i tal] recur -**komst** return

åter||ljuda *itr* echo, resound -**lämna** *tr* return, give back -**lösa** *tr* redeem -**resa** journey (voyage) back -**se** *tr* see . . again -**sken** reflection -**skänka** *tr* give back; restore -**spegla** *tr* reflect -**stod** rest; remainder -**studsa** *itr* rebound -**stå** *itr* remain; be left -**ställa** *tr* restore; return -**sända** *tr* send back; return -**taga** *tr* **1** recapture **2** [-kalla] withdraw, take back **3** = -*upptaga* -**tåg** retreat

återupp||bygga *tr* rebuild -**liva** *tr* revive, reanimate -**repa** *tr* reiterate -**rätta** *tr* re-establish -**taga** *tr* take up again

åter||verka *itr* react; retroact -**verkan** reaction -**vinna** *tr* win back; regain -**väg** way back, return -**vända** *itr* turn back; return -**vändo** turning back

åt||följa *tr* accompany; attend -**gång** consumption; sale -**gärd** measure; step -**görande** doing -**hävor** gestures -**komlig** *a* within reach [*för* of] -**lyda** *tr* obey -**lydnad** obedience -**löje** ridicule; laughing-stock -**minstone** *adv* at least; anyhow -**njuta** *tr* enjoy; [erhålla] receive -**njutande** enjoyment; possession

åtra *rfl* alter one's mind

åtrå I ardent desire, lust [*efter* for] **II** *tr* desire

åt||sittande *a* tight[-fitting] -**skild** *a* separate; apart -**skilja** *tr* separate; part -**skillig** *a* [många] a good many; [flera] several; [vissa] certain -**skils** *adv* apart, asunder

ått||a I *räkn* eight; ~ *dagar* a week **II** eight -**a|sidig** *a* eight-sided -**foting** octoped -**io** *räkn* eighty -**ionde** *räkn* eightieth -**i|tal** eighty; *på ~et* in the eighties -**onde** *räkn* eighth

å||verkan injury, damage -**väga|bringa** *tr* bring about, effect

Ä

äckl||el nausea; disgust -**la** *tr* nauseate; disgust -**lig** *a* nauseous; sickening

ädel *a* noble -**het** nobleness -**mod** generosity; magnanimity -**modig** *a* noble-minded, generous -**sten** gem, jewel

ädling noble; nobleman

äg||a *tr* **1** own; possess; have **2** ~ *att* have (be required) to -**ande|rätt** ownership; [litterär] copyright -**are** -**arinna** owner

ägg egg -**formig** *a* egg-shaped -[**g**]**ula** yolk -**kopp** egg-cup -**röra** scrambled eggs [pl.] -**stock** ovary -**vita 1** white of egg; [vetensk.] albumen **2** [läk.] Bright's disease -**vite|ämne** albumin

ägn||a I *tr* devote; give; pay **II** *rfl* **1** ~ *sig åt* devote o.s. to; [utöva] follow, pursue; [slå sig på] take up, go in for **2** ~ *sig för* be suited for -**ad** *a* suited, adapted; ~ *att* calculated to

ägo possession -**del[ar]** property -**r** land, property [sing.]

äkta I *a* **1** genuine; [verklig] real; [sann] true **2** ~ *barn* legitimate child; ~ *man* husband; ~ *stånd* married state **II** *tr* marry, wed

äktenskap marriage; matrimony -**lig** *a* matrimonial; married -**s|brott** adultery -**s|förord** marriage settlement -**s|skillnad** divorce

äkthet genuineness

äld||re *a* older; elder; senior; ~ *än* older than; *min* ~ *bror* my elder brother; *en* ~ *man* an elderly man -**st** *a* oldest; eldest

älg elk -**ko** cow (female) elk

älsk||a *tr* love -**are** lover -**arinna** mistress -**lig** *a* charming; sweet -**ling** darling; pet; ~*s*- favourite -**värd** *a* amiable; agreeable -**värdhet** amiability

älv river

älv||a fairy; elf -**dans** fairy dance -**drottning** Fairy Queen -**lik** *a* fairy-like, elfish

ämbar pail, bucket

ämbet||e office -**s|broder** colleague -**s|förrättning** official function -**s|-lokal** office -**s|man** official; functionary -**s|verk** civil service department

ämna I *tr* intend (mean) to; ~*d för* intended for **II** *rfl,* ~ *sig hem* intend to go home

ämne 1 [material] material; [bildl.] making [*till* of] **2** [materia] matter **3** [samtals-, skol- o. d.] subject -**s|omsättning** metabolism

än I *adv* **1** = -*nu 2* **2** [också] even; *om det* ~ . . even if . . **3** ever; *vem (vad) han* ~ *må vara* whoever (whatever) he may be **4** ~ . . ~ now . . now **II** *konj* than; *äldre* ~ older than; *allt annat* ~ anything but

ända I end; [bakdel] posterior; *dagen i* ~ all through the day; *vara till* ~ be at an end **II** *itr* end **III** *adv* right; all the way; as far as; ~ *fram till* right on to; ~ *till* [antal] up to, as many as; ~ *tills* till, until; ~ *ut i*

fingerspetsarna to the very finger-tips **-mål** purpose **-måls|enlig** *a* adapted to its purpose **-måls|lös** *a* purposeless
änd||else ending, termination **-lös** *a* interminable **-punkt** terminal point, end; se *-station*
ändr||a **I** *tr* alter; [byta] change **II** *rfl* alter; change **-ing** alteration; change
änd||station terminus **-tarm** rectum
ändå *adv* **1** [likväl] nevertheless, yet, still **2** [vid komp.] still **3** *om han ~ vore här!* if he were only here!
äng meadow
äng||el angel **-la|lik** *a* angelic
ängsl||an anxiety; alarm **-ig** *a* **1** anxious; [oroande] alarming **2** [rädd av sig] timid
ängs||nejlika maiden-pink **-ull** cotton-grass
änk||a widow; [av högadel] dowager **-e- och pupillkassa** widows' and orphans' fund **-e|stånd** widowhood **-e|säte** dowager seat **-ling** widower
ännu *adv* **1** yet; [fortfarande] still; *~ i går* only yesterday; *~ så länge* for the present **2** [ytterligare] more; *~ en gång* once more **3** [vid komp.] still
äntligen *adv* **1** at last **2** [nödv.] needs
äntra **I** *tr* board **II** *itr* climb
äpp||elkart green apple **-el|mos** apple-cheese **-el|träd** apple-tree; *vilt ~* crab-tree **-el|vin** cider **-le** apple
är||a **I** honour; . . *i all ~* with all respect for . . **II** *tr* honour **-ad** *a* honoured; esteemed; *högt ~* greatly honoured; *~e herre!* Dear Sir, **-bar** *a* modest, decent **-barhet** modesty, decency **-e|girig** *a* ambitious **-e|kränkande** *a* libellous, slanderous **-e|kränkning** libel, slander **-e|lysten** *a* ambitious **-e|lystnad** ambition **-e|lös** *a* infamous

ärende **1** errand **2** [sak] matter
ärenpris [bot.] speedwell
äre||port triumphal arch **-stod** honorary statue **-vördig** *a* venerable
ärftlig *a* hereditary **-het** hereditariness
ärg ærugo **-ig** *a* patinated, æruginous
ärke||biskop archbishop **-dum** *a* hopelessly stupid **-nöt** consummate ass **-stift** archbishopric **-tjuv** archthief **-ängel** archangel
ärla wagtail
ärlig *a* honest **-het** honesty
ärm sleeve
äro||full **-rik** *a* glorious
ärr scar; [rispa] scratch **-a** *rfl* scar **-ig** *a* scarred
ärt||a pea **-soppa** pea soup **-törne** furze
ärva *tr* inherit [*av, efter* from]; *~ ngn* be a p.'s heir[ess]
äska *tr* ask for, demand
äss ace; *spader ~* ace of spades
ässe element
ässja forge
ät||a *tr itr* eat; have (take) one's meals; *~ frukost* have breakfast; *~ upp* eat up, consume **-bar** *a* eatable **-lig** *a* edible
ätt family; [kungl. o. d.] dynasty
ättik||a vinegar **-s|gurka** pickled cucumber **-sprit** acetone **-syra** acetic acid
ättling descendant, offspring
även *adv* [också] also, too; [t. o. m.] even; *icke blott utan ~* not only . . but also . . **-som** *konj* as well as
äventyr adventure; *vid ~ av* at the risk of **-a** *tr* risk, hazard **-are** adventurer **-erska** adventuress **-lig** *a* adventurous; risky; [underlig] strange **-lighet** adventurousness; adventurous undertaking

Ö

ö island; isle **-bo** islander
öda *tr* waste
1 öde [lott] fate; destiny
2 öde *a* waste; deserted; desolate **-kyrka** abandoned church **-lägga** *tr* waste; [förstöra] ruin, destroy **-mark** desert, waste **-s|diger** *a* fatal; disastrous
ödla lizard; [vatten-] eft
ödmjuk *a* humble **-a** *rfl, ~ sig för* humble o.s. for **-het** humility, humbleness
ödsla *itr* be wasteful; *~ bort* waste
ödslig *a* desolate, deserted; [dyster] dreary **-het** desolateness; desolation
ög|a eye; *ha ett gott ~ till* have [an] eye to; *falla i -onen* catch the eye
ögla loop, eye

ögon||blick moment, instant; *i första ~et* at the first moment; *om ett ~* in a moment **-blicklig** *a* instantaneous; immediate **-blickligen** *adv* instantly; immediately; at once **-bryn** eyebrow **-frans** eyelash **-håla** eye-socket **-lock** eye-lid **-läkare** eye-specialist, oculist **-mått,** *ha gott ~* have a correct eye; *efter ~* by the eye **-sten** [bildl.] the apple of [a p.'s] eye **-vittne** eye-witness
öka *tr itr* increase
öken desert
öknamn nickname
ökning increase; addition
ökänd *a* notorious
öl beer; ale **-glas** beer-glass, tumbler **-stuga** beer-house

öm *a* 1 tender; sore 2 [kärleksfull] tender, loving **-het** 1 tenderness; soreness 2 tenderness; affection **-hets|bevis** proof of affection **-hjärtad** *a* tender-hearted
ömk||a *tr* commiserate, pity **-lig** *a* pitiful, miserable
ömma *itr*, ~ *för* feel compassion for
ömsa *tr* change
ömse *a* both; *å* ~ *håll* on both sides **-sidig** *a* mutual; reciprocal **-sidighet** mutuality; reciprocity
ömsint *a* tender-hearted
ömsom *adv* now; alternately
ömtålig *a* easily damaged; frail; delicate; . . *är* ~ *för regn* will not stand the rain **-het** delicacy
önsk||a I *tr* wish; desire; want II *rfl* 1 wish for; desire 2 ~ *sig långt bort* wish o.s. far away **-an** wish; desire **-lig** *a* desirable **-värd** *a* desirable **-vardhet** desirability
öpp||en *a* open; *ligga i* ~ *dag* be obvious to everybody; *vara* ~ *mot* be open (frank) with **-enhet** openness **-en|hjärtig** *a* open-hearted, frank **-na** *tr rfl* open **-ning** opening; aperture
ör|a ear; *vara idel* ~ be all ears; [*upp*] *över -onen* over head and ears
öre, *inte ett* ~ not a farthing
Öresund the Sound
ör||fil box on the ear **-fila** *tr*, ~ *upp ngn* box a p.'s ears **-hänge** ear-drop
örlogs||fartyg warship, man-of-war **-flagga** naval flag **-flotta** fleet of warships
örn eagle **-bo** eagle's nest
örngott pillow-case **-s|kudde** pillow
örn||näsa acquiline nose **-unge** young eagle, eaglet
ör||onbedövande *a* deafening **-on|läkare** ear-specialist **-ring** ear-ring **-snibb** ear-lap **-språng** ear-ache
ört herb, plant
örvax ear-wax
ös||a I *tr* scoop; [hälla] pour II *opers*, *det -er ned* it pours [wit hrain] **-regna** = *-a II*
öst east, eastern; jfr *norr* **-an** *adv* from the east **-an|vind** east wind **-er** I *adv*, ~ *ifrån* from the east II o. **-er|landet** the East (Orient) **-er|ländsk** *a* **-er|länning** Oriental, Eastern **-er|rikare** Austrian **Ö-er|rike** Austria; ~*-Ungern* Austria-Hungary **-er|rikisk** *a* Austrian **Ö-er|sjön** the Baltic **-europeisk** *a* East-European **-lig** *a* east[ern] **-ra** *a* eastern, East
öva I *tr* exercise; train II *rfl* practise; ~*d* [äv.] trained. experienced
över I *prep* 1 [rum] over; [ovanför] above 2 [tvärs ~] across; *klättra* ~ *en mur* climb over a wall 3 [ned på] [up]on 4 ~ *hela* . . all over . . 5 [tid] over; [klockslag] past; ~ *jul[en]* over Christmas; ~ *10* past ten 6 [-lägsenhet; mer än] over; ~ *6 fot* over six feet; *seger* ~ victory over 7 [ut~] beyond; ~ *sina tillgångar* beyond one's means 8 *svära* ~ swear at; *rörd* ~ touched by; *stolt* ~ proud of II *adv* 1 over; above; across 2 [slut] over, at an end; past 3 [kvar] over, left
över||allt *adv* everywhere; ~ *där* wherever . . **-anstränga** *tr rfl* overstrain (overwork) [o.s.] **-ansträngning** overexertion; overwork **-arbeta** = *-se 1* **-arm** upper arm **-balans**, *ta* ~*en* lose one's balance **-befolka** *tr* overpeople; overcrowd **-befäl** 1 chief command 2 [konkr.] officers [pl.] **-befälhavare** commander-in-chief **-belasta** *tr* overload **-betyg** honours [pl.] **-bevisa** *tr* convict [*om* of] **-bibliotekarie** principal librarian **-bjuda** *tr* outbid; [bildl.] try to outdo, rival **-blick** survey **-blicka** *tr* overlook, survey **-bliven** *a* remaining **-direktör** director-in-chief **-drag** [på möbel] cover **-draga** *tr* cover; coat **-drift** exaggeration; excess **-driva** *tr itr* exaggerate, overdo **-dåd** extravagance **-dådig** *a* 1 extravagant 2 [utmärkt] splendid **-dängare** ripper
överens *adv* agreed, in accord; *komma väl* ~ get on well **-komma** *itr* agree; [göra upp] arrange **-kommelse** agreement, arrangement **-stämma** *itr* agree, accord **-stämmande** *a* [förenlig] consistent [*med* with] **-stämmelse** agreement, conformity, consistency
över||fall o. **-falla** *tr* assault, attack **-fart** crossing, passage **-flytta** *tr* transport, convey **-flyttning** transport, conveyance **-flöd** superfluity; abundance; luxury; *finnas i* ~ be abundant **-flödig** *a* superfluous; abundant; *känna sig* ~ feel o.s. one too many **-full** *a* too full, overcrowded; [bildl.] brimming over **-föra** *tr* transfer; convey
över||giv|a *tr* abandon; desert; leave; *-en* abandoned, forlorn, [enslig] lonely **-glänsa** *tr* outshine **-grepp** aggression **-gå** I *tr* 1 cross, exceed 2 [drabba] pass over 3 [-träffa] pass II *itr* go over; pass over; [förändras] change, turn **-gående** *a* passing; [kortvarig] of short duration
övergång 1 crossing; passage; transition; change 2 [på spårv.] transfer **-s|bestämmelse** temporary regulation **-s|ålder** transition age
över||halning lurch **-hand** predominance [*över* of]; *få* ~ *över* get the better of; *ta* ~ become predominant, spread **-het**, ~*en* the authorities *pl* **-hetta** *tr* overheat **-hopa** *tr* load; ~*d*

med arbete overwhelmed with work **-hud** epidermis **-hus,** *~et* the House of Lords **-huvud I** head; chief **II** *adv* on the whole **-hängande** *a* overhanging, impending; [notande] imminent **-höghet** supremacy **-ila** *rfl* be rash; [bli ond] lose one's temper **-jordisk** *a* celestial; ethereal **-klaga** *tr* appeal against **-klass,** *~en* the upper classes [pl.] **-kläder** outer garments **-komlig** *a* [pris] reasonable **-konstapel** police-sergeant **-kropp** upper body **-käk[e]** upper jaw **-körd** *a* run over

över‖lagd *a* considered; [uppsåtlig] premeditated **-lakan** top sheet **-lasta I** *tr* overload **II** *rfl* [med mat] gorge o.s.; [berusa sig] get intoxicated **-leva I** remnant; [bildl.] survival **II** *tr* survive, outlive; [uthärda] get over; *de ~nde* the survivors **-lista** *tr* outwit; get round **-lopps,** *till ~* to spare **-lupen** *a* overrun **-låta** *tr* transfer, make . . over; [avträda] commit; [hänskjuta] leave **-låtelse** transfer **-lägga** *itr* deliberate [*om* on] **-läggning** deliberation **-lägsen** *a* superior [to]; *han är mig ~* he is my superior **-lägsenhet** superiority [*över* to, *i* in] **-läkare** medical superintendent **-lämna I** *tr* deliver; surrender; [fram-] hand over; *~d till sig själv* left to o.s. **II** *rfl* surrender [o.s.] **-läpp** upper lip **-lärare** [ung.] superintendent **-löpare** deserter

över‖makt superior numbers [pl.]; superiority of force; *kämpa mot ~en* fight against odds **-man** superior; master **-manna** *tr* overpower **-mod** recklessness; [förmätenhet] arrogance; [hög-] haughtiness **-modig** *a* reckless; arrogant; haughty **-mogen** *a* overripe **-morgon,** *i ~* the day after to-morrow **-mått** excess; exuberance **-måttan** *adv* . . beyond measure; [i högsta grad] extremely **-mäktig** *a* superior; overwhelming **-människa** overman **-mänsklig** *a* superhuman **-mätta** *tr* surfeit **-natta** *itr* pass the night **-naturlig** *a* supernatural **-ord** boasting words [pl.] **-ordnad** *a* superior

över‖plagg outer garment **-produktion** over-production **-raska** *tr* surprise; *~d över* surprised at **-raskning** surprise **-resa** crossing **-reta** *tr* overexcite **-rock** overcoat **-rumpla** *tr* surprise; catch unawares **-rösta** *tr* **1** cry louder than **2** [val] outvote

över‖se I *tr* [genomse] revise **II** *itr, ~ med* overlook, jfr följ., ex. **-seende** indulgence, leniency; *ha ~ med* be indulgent with **-sida** upper side **-sikt** survey; [sammandrag] summary **-sinnlig** *a* supersensible, transcendental **-sittare** bully; *spela ~ mot* bully **-skatta** *tr* overrate; overestimate **-skattning** overrating **-skjutande** *a* overlapping; [bildl.] surplus **-skott** surplus **-skrida** *tr* overstep; exceed **-skrift** heading **-skugga** *tr* overshadow **-skyla** *tr* cover **-skåda** *tr* survey **-skådlig** *a* surveyable; [-siktlig] perspicuous, clear **-skådlighet** surveyability; perspicuousness **-sköterska** head nurse **-slag** [rough] estimate **-snöad** *a* buried in snow **-spänd** *a* high-strung; eccentric **-spändhet** exaltation

överst I *a* uppermost, topmost **II** *adv* uppermost; at the top **-e** colonel **-[e]löjtnant** lieutenant-colonel **-e|-präst** pontifex

över‖stiga *tr* [bildl.] surmount, exceed **-stycke** upper piece; top **-styrelse** supervisory board **-stånden** *a* surmounted; over **-ståthållare** governor **-svallande** *a* overflowing; exuberant **-svämma I** *itr* overflow **II** *tr* inundate **-svämning** inundation **-sålla** *tr* strew; *~d med* studded with **-sända** *tr* send, transmit **-sätta** *tr* translate [*till* into] **-sättare** translator **-sättning** translation

över‖tag [bildl.] advantage **-ta[ga]** *tr* take over **-tala** *tr* persuade; *låta ~ sig* be persuaded [*att* into] **-talig** *a* supernumerary **-talning** persuasion **-tid** [*arbeta på ~* work] overtime **-ton** overtone **-tro** superstition **-träda** *tr* transgress; [kränka] violate **-trädare** transgressor **-trädelse** transgression **-träffa** *tr* surpass, outdo **-tyga I** *tr* convince **II** *rfl, ~ sig om* make sure of **-tygelse** conviction; [tro] belief **-täcka** *tr* cover **-tänka** *tr* think over, consider

över‖vaka *tr* superintend **-vara** *tr* attend, be present at **-vikt 1** overweight **2** [bildl.] predominance **-vinna** *tr* conquer, overcome **-vinnelig** *a* conquerable **-vintra** *itr* overwinter; hibernate **-väga** *tr* consider; deliberate upon **-vägande I** consideration **II** *a* predominant; *den ~ delen* the greater part **-väldiga** *tr* overpower, overwhelm **-årig** *a* superannuated **-ösa** *tr, ~ ngn med . .* heap . . upon a p.

övning 1 [vana] practice **2** [med pl.] exercise

övre *a* upper; *~ änden* [äv.] the top end

övrig *a* [återstående] remaining; [annan] other; *för ~t* for the rest, [vidare] further, [dessutom] moreover, besides, [i själva verket] indeed, as a matter of fact